I0809375

התנ"ך המבואר
ויקרא

התנ"ך המבואר

ויקרא

עם פירוש

הרב עדין אבן־ישראל (שטיינזלץ)

המכון הישראלי לפרסומים תלמודיים ירושלים

ירושלים

התנ״ך המבואר
ויקרא
עם פירוש הרב עדין אבן־ישראל (שטיינזלץ)

מהדורה ראשונה © 2016
הוצאת קורן ירושלים
ת״ד 4044 ירושלים 91040
טל׳: 02-6330533 פקס: 02-6330534

www.korenpub.com

© כל הזכויות על הפירוש שמורות למכון הישראלי לפרסומים תלמודיים ירושלים.
הספר רואה אור בשיתוף המכון הישראלי לפרסומים תלמודיים ירושלים.

© כל הזכויות שמורות על גופן תנ״ך קורן, 1962. הוצאת קורן ירושלים בע״מ, 2016

© כל הזכויות שמורות על גופן סידור קורן, 1981. הוצאת קורן ירושלים בע״מ, 2016

אין לשכפל, להעתיק, לצלם, להקליט, לאחסן במאגר מידע, לשדר או לקלוט בכל דרך או בכל אמצעי אלקטרוני, אופטי, מכני או אחר כל חלק שהוא מן החומר שבספר זה. שימוש מסחרי מכל סוג שהוא בחומר הכלול בספר זה אסור בהחלט אלא ברשות מפורשת בכתב מהמו״ל.

מסת״ב ISBN 978-965-301-974-4

MATANEL FOUNDATION
GRANTED TO GIVE

הספר יצא לאור
בסיוע קרן MATANEL

ביצירת הביאור של כרך זה השתתפו:

עורך ראשי: הרב יוסף בן ארזה
עורכים: שרה פרידלנד בן ארזה, הרב מאיר קליין
ריכוז ראליה ותמונות: הרב דניאל אליאב
מרכז המערכת: הרב מאיר הנגבי
הגהות: גילה מאירסון
עימוד: חיה זיידבנד
איכוף תמונות ועיבודן: רזיה ריצ'מן
איורים: אמונה ש"ץ
ייעוץ גרפי: הרב מאיר הנגבי, אליאב סטולמן
אליהו משגב

בהכנת החומש ופירוש רש"י השתתפו:

הרב דוד פוקס
הרב חנן בניהו
הרב ינון חן
הרב כרמיאל כהן
אפרת גרוס

תוכן העניינים

הקדמה קצרה למהדורת 'התנ"ך המבואר'

יודעים המעיינים ואפילו הקורא הפשוט שיצירת פירוש חדש למקרא היא מעשה לא פשוט הזקוק לשפע ברכות שמים מעל ולמאמצים רבים מתחת. בכתיבת פירוש למקרא, ולתורה בפרט, כרוכים שני קשיים מהותיים. הקושי האחד נתון בעצם היומרה להתייחס לטקסט העליון ביותר והמקודש ביותר שבגדר הנמצא ולהיצמד אליו בצורה כלשהי. הקושי השני נובע מכך שכבר נכתבו למקרא במשך 3,000 שנה פירושים רבים מאוד, והפירושים הללו נוצרו על ידי אנשים גדולים מכל ההיסטוריה שלנו; ומי יכול להתיימר להצטרף אל חבורה קדושה זו, ואפילו רק להיאחז בשוליה?!

את מפתח הכניסה למעשה נכבד זה אפשר למצוא בדברים שאמר רש"י לנכדו הרשב"ם (שכתב גם הוא פירוש לתורה), שאילו היה בכוחו, היה כותב עוד פירוש לפי "הפשטות המתחדשים בכל יום".[1] בכל דור ובכל יום עשוי להיפתח אור חדש או זווית ראייה חדשה. אכן, לא רק פירושים וחידושים מתחדשים בעולם, בכל דור מתעוררות שאלות חדשות בקרב לומדי התנ"ך, הן מתוך מה שמעסיק את הלומד באופן אישי הן מתוך עניינים האופייניים לתקופתו ולזמנו. כך אפשר לראות בדברי המפרשים הגדולים שכתבו במשך הדורות כי שאלות שעסק בהן האחד אינן מסוג השאלות שהטרידו את חברו. גם היום יש, תודה לא-ל, לומדים ומעיינים בתנ"ך ושאלות חדשות באמתחותיהם המצריכות תשומת לב, עיון והסבר חדשים. כל אלה מאירים את דברי תורת הנצח במגוון הסתכלויות המולידות "פשטות המתחדשים בכל יום".

הביאור שלפנינו מבקש לפרש את התורה במישור הפשט. לכאורה זהו המישור הפשוט ביותר, אך לאמתו של דבר הוא הקשה ביותר. הפירושים על דרך הרמז, הדרש או הסוד פתוחים יותר. המפרשים בדרכים אלו הם

1. פירוש הרשב"ם בראשית לז,ב.

בני חורין לקשר בין הפסוקים שלפניהם לבין דברים אחרים המצויים במרחבי הרמז, הדרש או הסוד, והם כבולים פחות למלות התורה שבכתב ולמושגיה. לעומת זאת, בהגדרתו של הפשט ובדרכי יישומו התחבטו רבים. שכן פירוש פשוטו של מקרא צריך להיות אחוז באופן הדוק במשמעות המילולית והדקדוקית של המלים ולא להניח ידו גם מהקשרן התחבירי והענייני. אכן, בעיית היחס שבין 'פשוטו' ל'משמעו', אין לה פתרון מלא.[2] קושי עקרוני יותר הוא שבכתיבתו של פירוש על דרך הפשט מנסה המבאר לעמוד על דעתו של המחבר, ואולם לתודעה האינסופית של נותן התורה אין חקר ואין תכלית.[3]

לביאור זה הוצמדו מראי מקומות המפנים למפרשים רבים, אולם אין הוא לקט מן המפרשים הללו. הוא לא נוצר בדרך זו, ואינו מתכוון להיות לקט או מבחר פירושים שנכתבו במשך הדורות. מראי המקומות מובאים כאן כדי להראות שיש לביאור ביסוס במקורות אחרים, או על כל פנים 'חברה'. אכן, אין תכליתו של הביאור הזה להציג חידושים מהפכניים; אדרבא, עיקר עניינו הוא לשמש ביאור שקוף. מגמתו היא להיות כה בלתי מורגש, עד שהקורא-הלומד לא יבחין בקיומה של מחיצה בינו לבין הכתובים. מעשה ההנגשה הזה מבקש לאפשר לתורה לדבר בעצמה, לנביאים לנבא את נבואתם ולחכמים ללמד את חכמתם. כדי שלא להפריע לקולם של הפסוקים להישמע, מנוסח הביאור בקיצור, כך שלא יהיה בגדר שריון מכביד ומסתיר אלא מעטה קל שאיננו ניכר.

במעמד הר סיני שמעו כל ישראל קוֹל גָּדוֹל וְלֹא יָסָף,[4] וחכמים ביארו כי קול גדול זה לא פסק.[5] תקוותי שמפעל זה יעזור לאנשים לשמוע את הקול המידבר מן התורה גם בעולם העסוק והרעשני שלנו.

הרב עדין אבן ישראל (שטיינזלץ)

2. ראו למשל הקדמתו של רבי אברהם אבן עזרא לפירושו.
3. ראו הקדמת פירוש הרמב"ן לתורה.
4. דברים ה,יח.
5. אונקלוס; סנהדרין יז ע"א.

טיבו של החיבור

ביאור התנ"ך שלפנינו בא להקל על הקורא במקרא בן זמננו, לגשר על פערי השפה, תפיסת העולם והתרבות שבינו לבין התורה שבכתב, להבהיר במידת האפשר עמימויות, ולענות על תמיהות וקשיים, מודעים וסמויים, בהבנתה.

לחיבור שני חלקים המשלימים זה את זה אך אינם זוקקים זה את זה: **ביאור** צמוד המשולב במלות המקרא, ו**הרחבות פרשניות וראליות** נפרדות בתחתיתו.

הביאור מחולק ליחידות ענייניות, חלוקה שאינה עולה בקנה אחד עם חלוקת הפרקים המקובלת. כל עניין תָּחום לעצמו, מוגדר בכותרת ופותח במבוא קצר. אין לראות בתבנית המופיעה כאן חלוקה פסוקה של המקרא, אלא מעין הצעת הגשה כחלק מהביאור, לנוחות הקורא והתמצאותו. מוצעת כאן גם תת-חלוקה לפסקאות בתוך כל עניין, וכן פתיחת כל דיבור בשיחה בשורה נפרדת.[6]

בביאור מתפרשים לשון הכתוב והקשרי המשפטים ברובד הפשוט ביותר, מתוך חתירה לקיצור ולהקלה על שטף הקריאה במקרא. כיוון שכך אין הפירוש צמוד לשיטה פרשנית אחת או לפירושים ידועים ומקובלים דווקא. למרות מגמה זו במקרים בודדים מוזכרים גם פירושים חלופיים, כאשר יש יותר מפירוש פשוט אחד. אף כאשר המסורת ההלכתית מפרשת את המקרא בדרך שונה, יוזכר הדבר וינומק בקיצור בביאור עצמו או בהפניות המצוינות בו, כדי לדבוק בפשט העולה מן הכתוב עצמו וגם לעמוד על פירוש הכתוב כפי שנלמד בתורה שבעל פה.

6. בטקסט המשלב בין פסוקי המקרא לבין הביאור מתקיימות זו בצד זו שתי מערכות פיסוק - סימני הפיסוק שנבחרו לפסוק עצמו, וסימני הפיסוק המתייחסים למהלך הביאור. משום כך ומסיבות דידקטיות רבים בו סימני פיסוק, גם שלא לפי כללי האקדמיה ללשון העברית הנוהגים היום.

יש לציין כי גם כשהדברים כתובים בלשון סתמית ופסקנית, הפירוש אינו מתיימר לקבוע כי זהו הפשט ואין בלתו. אין בכך אלא הצעה - לעתים חדשה - המתיישבת על פשוטו של מקרא ועל לב הקורא. מטעמים דידקטיים לא נפרשו כאן השיקולים הפרשניים העומדים מאחורי הבחירה לבאר כך ולא אחרת.

בצדו הימני של כל מִפְתָּח מופיע רצף הפסוקים המנוקד והמפוסק בטעמי המקרא כבתנ"ך קורן, ובצדו השמאלי מופיעות שנית כל מלות הפסוקים,[7] וביניהן משובצים דברי הביאור הצמוד. כך יוכל הלומד לשוב תמיד לעיין בהקשר הרצוף של מילות התנ"ך, והקריאה בביאור לא תחליף את קריאת המקור.

ההרחבות כוללות חומרי רקע, מקבילות פנים-מקראיות, פירושים חלופיים, העשרה בדברי מדרש ומחשבת ישראל לדורותיה, תעודות חיצוניות והערות לשוניות. בצדם של אלו מופיע חומר ראלי מילולי וחזותי לגבי מקומות, עמים, צמחים ועצמים המוזכרים במקרא - בהתאם לידע המדעי המעודכן ביותר. חומרים אלו מופיעים בצד הכותרת 'העולם'.

בסוף הספר מצוינים **מקורות** והפניות המסומנים בביאור. המקורות, שנכתבו על ידי העורכים, מתייחסים בדרך כלל לפסוקים ולביאוריהם במקומות אחרים במקרא, לדברי חז"ל בתלמודים ובמדרשים, פרשנים מקראיים, ספרי מחשבה, שאלות-ותשובות של חכמים ראשונים ועוד. כאשר המקור אינו זהה לגמרי לכתוב בביאור, הוא צוין כהפניה בלבד ("ראו...") ולא כמקור סתמי.

רצף הפסוקים של התנ"ך המובא במהדורה זו הוא הנוסח המדוקדק שנבחן היטב בהוצאת 'קורן'.[8] המהדורה יכולה להתאים ללימוד אישי, ללימוד של חבורת לומדים ולבית הכנסת. בנוסח זה יצוינו בתורה שלוש חלוקות עתיקות: החלוקה לפרשות השבוע, החלוקה לפרשות הפתוחות

7. בתוך הביאור הובא הנוסח המקראי כקריאתו. כלומר, הקרי הוכנס במקום הכתיב, ושמות הוי"ה מסומנים בדרך כלל: 'ה", או 'ה' אלוהים' כשהצירוף הוא 'אדוני ה"', בהתאם לצורת הקריאה המקובלת.
מכיוון שבביאור ניטעים שברי הפסוק בתוך הקשר טקסטואלי חדש, יש שהניקוד המקורי אינו מופיע בשלמותו בעקבות אילוצי התחביר החדש. כמו כן הוסרו במקומות אחדים המקפים כאשר צירוף מקראי מוקף נשבר במילות הביאור.

8. לשם דיוק הקריאה הובחן כאן השווא הנע מן השווא הנח. סימנו של השווא הנע בולט יותר, למשל: **נַפְשְׁךָ**. כדי לבדל את הקמץ הקטן מן הקמץ הגדול סומן הקמץ הקטן באמצעות סימן גדול, דוגמת **חָכְמָה**.
עוד על שיטת הניקוד של תנ"ך קורן ראו באתר ההוצאה:
https://korenpub.com/koren/isrnis/koren-isrnis-about/witt-hniqvd.html

והסתומות והחלוקה לסדרים המסומנת בשוליים החיצוניים של העמוד. כמו כן צוינה בתורה החלוקה לעליות בשחרית של שבת, ועליות מנחה של שבת ושני וחמישי סומנו בסימן ◂. בכל פרשה צוינו עוד שני מקומות אפשריים להוספת עולים על שבעת הקרואים לתורה בשבת באמצעות הסימן ★. את פסוקי התורה מלווה פירוש רש"י, שהתקבל בכל הדורות כפירוש הקלאסי של התורה. הפירוש הועמד לפי עדי הנוסח הטובים ואף נוקד לנוחות הקורא. בסוף כל חומש הובאו ההפטרות המבוארות תוך התייחסות לקשר בין ההפטרה לבין השבת שבה היא נקראת.

מחשבה ועבודה רבות הושקעו בעיצוב הנאה והנוח ביותר. עיצוב זה הוא פרי שיתוף הפעולה בין מסורת העיצוב המוקפד של הוצאת קורן לבין הניסיון הרב שנצבר במכון לפרסומים תלמודיים. תודתנו לר' מאיר הנגבי שריכז את הפרויקט בתבונה, בעדינות וביעילות. ייזכר לברכה ר' חנוך בן ארזה ע"ה, אוהב תורה ושוחר ספר, אביהם של שניים מהעורכים, שרוחו והכבוד שחלק למלים שרו עליהם בעת העבודה על החיבור.

סגנון הכתיבה ישראלי–עכשווי. על אף המגמה הכללית לשמר ככל האפשר את שגב המקרא, נושבת על פני החיבור גם רוח מרעננת ורלוונטית לדורנו.

העורכים

מבוא לחומש ויקרא

במקורות עתיקים נקרא ספר ויקרא בשם 'תורת כהנים'[1] בשל עיסוקו הרב בעניינים המיוחדים לכהנים - דיני הקרבנות, ההדרכות לגבי תפקידי הכהנים וחניכתם, מצוותיהם המיוחדות והמתנות הניתנות להם. ואולם למרות המקום הנכבד שנודע לכהנים בספר ויקרא, נידונים בו לא מעט נושאים שאינם נוגעים לכהנים במיוחד. גם עניינים אלו שייכים לתחומי המצוות והחוק, ואין בהם כמעט סיפורי מאורעות.

אפשר למצוא למצוות המגוונות הללו צד פנימי משותף, שהוא המשך, ואולי הרחבה, של האמור בספר הקודם. ספר שמות הסתיים בבניית המשכן, שהוא הביטוי הגשמי, התְּחום בזמן ובמקום, של הקדושה. בספר ויקרא נושא זה מתפרט ומתפשט הרבה מעבר לממדי המשכן–המקדש, והוא מקיף בסופו של דבר עולם מלא.

ההצהרה וְאַתֶּם תִּהְיוּ לִי מַמְלֶכֶת כֹּהֲנִים וְגוֹי קָדוֹשׁ, שהוכרזה בספר שמות[2] ומיצתה את הברית שבין ישראל לה', מתפרטת בספר ויקרא לתורה מעשית מסועפת. המצוות שבספר ויקרא, המרובות מכל ספר אחר בתורה, מורות כיצד ישראל ייעשו גוי קדוש, ומלמדות כי תפיסת הקדושה איננה אחוזה רק במקום הקדוש ובמעשים הנעשים בו, אלא היא נוגעת במציאות כולה.

במקדש מוקרבים קרבנות ונערכים טקסים המבטאים את יחסו של האדם לקדושה. מתוכם עולה גם היפוכה של הקדושה, המקבל אף הוא ביטוי מפורט בדיני הקרבנות - חטא, עוון, פשע או טומאה. ככל שהקדושה מוגדרת יותר, כך הולכות ומתגלות הגדרותיו של מה שאינו קדוש או של מה שהוא מנוגד לקדושה. המשכן הוא מעין תבנית סמלית של העולם כולו, ובנייתו היא מעין מהדורה חוזרת של בריאת העולם בזעיר אנפין.

1. ראו לדוגמא משנה מגילה ג,ה; גמרא מנחות מה ע"ב.
2. יט,ו.

כשם שבבריאת העולם לא נוצרו רק ישויות חדשות אלא גם הבחנות, (למשל, עם בריאת האור נוצרה גם הגדרת החושך), כך ככל שהקדושה נעשית מובהקת ומוגדרת יותר, מתבחן ובולט היפוכה.

בין הקדושה, המאפיינת את המקדש וקרבנותיו, לבין הטהרה קיים קשר פנימי. לטומאות השונות יש משמעות בעיקר בהתייחס למקדש; בהיעדר מקדש מסתלקת כמעט כל משמעותם של דיני הטומאה והטהרה. ספר ויקרא עוסק בהרחבה במגוון סוגי הטומאה. בו נזכרים ומבוארים רוב דיני הטומאה, משום שדווקא במקום שמאיר בו אור קדושת המקדש, מתגלים ביתר שאת צדדי החשֵׁכה–הטומאה שכנגד.

כאמור, המסר המרכזי של ספר ויקרא הוא שהקדושה אינה נעצרת במקדש, מרכזה הגלוי. היא מוּחלת על מכלול עולמם של בני האדם ועל פעולותיהם. על ישראל מוטל לבטא את הקדושה בכל דרכי החיים. הפסוק קְדֹשִׁים תִּהְיוּ כִּי קָדוֹשׁ אֲנִי, נשנה בספר ויקרא כמה פעמים.[3] הוא מופיע בצורות ובהקשרים שונים הנוגעים הן בחלקי החיים האינטימיים והסוערים ביותר והן בחלקים הבינאישיים והציבוריים. משום כך כולל ספר ויקרא גם מערך גדול של איסורי עריות בצד סדרת איסורים הנוגעים למאכליב שאינם הולמים את בניו של עם קדוש, הדרכות חברתיות ההולמות חברה קדושה, כמו איסור לקיחת רבית או מצוות וְאָהַבְתָּ לְרֵעֲךָ כָּמוֹךָ, וכדומה.

הקודש, כפי שהוא מבואר בספר ויקרא, יוצא אפוא מהתחום המופשט ומהחוויה הדתית ונוגע בחיים עצמם. הוא קונקרטי מאוד ומתבטא בכל חלק וצד של החיים: באיסורים הדתיים–פולחניים כמו גם במעשים של יום–יום. הקדושה והיעדר הקדושה מתייחסים גם למסחר ולכל סוגי המשא ורמתן בין בני האדם וליחסים בין בני המשפחה - הן המשפחה המצומצמת והן המשפחה הרחבה של בית ישראל - שכן בכל דבר ועניין יש מקום להבחנה בין אור וחושך, בין מצווה לעברה ובין קדושה לטומאה. הקדוש, שמקורו ושורשו בעולם העליון והמופשט של כבוד ה', מגיע לידי התגלות והתגשמות בתוך העולם הזה, עולמם של בני האדם ושל היצורים המקיפים אותם, שכולם נעשים חלק ממערכת הקדושה המתגלה בו. ספר ויקרא הוא אפוא ספר הקדושה המתגשמת.

3. ראו יא,מד-מה; יט,ב; כ,כו; כב,לב.

תאריך אמירתן המדויק של המצוות שבספר אינו מפורש, ולפי הכלל הפרשני "אין מוקדם ומאוחר בתורה",[4] אין הכרח שפרשיות סמוכות התרחשו בקרבת זמן זו לזו. עם זאת, יש להניח שהתכנים המובאים כאן נאמרו לפני תחילת העבודה במשכן, מפני שמרבית הספר קשורה לנעשה באוהל מועד.[5]

4. ראו פסחים ו ע"ב.
5. ראו רמב"ן שמות מ,ב; במדבר ז,א; ר"י בכור שור ויקרא א,ב; שו"ת הרא"ש יג,כא.

ויקרא

ויקרא א וַיִּקְרָא אֶל־מֹשֶׁה וַיְדַבֵּר יהוה אֵלָיו מֵאֹהֶל מוֹעֵד א א
לֵאמֹר: דַּבֵּר אֶל־בְּנֵי יִשְׂרָאֵל וְאָמַרְתָּ אֲלֵהֶם אָדָם ב
כִּי־יַקְרִיב מִכֶּם קָרְבָּן לַיהוה מִן־הַבְּהֵמָה מִן־הַבָּקָר
וּמִן־הַצֹּאן תַּקְרִיבוּ אֶת־קָרְבַּנְכֶם: אִם־עֹלָה קָרְבָּנוֹ ג

רש"י | פרק א

א) **ויקרא אל משה.** לכל דברות ולכל אמירות ולכל צוויים קדמה קריאה, לשון חבה, לשון שמלאכי השרת משתמשין בו, שנאמר: "וקרא זה אל זה" (ישעיה ו, ג). אבל לנביאי אומות העולם נגלה עליהן בלשון עראי, בלשון טומאה, שנאמר: "ויקר אלהים אל בלעם" (במדבר כג, ד): **ויקרא אל משה.** הקול הולך ומגיע לאזניו וכל ישראל לא שומעין. יכול אף להפסקות היתה קריאה? תלמוד לומר: "וידבר", לדבור היתה קריאה ולא להפסקות. ומה היו הפסקות משמשות? ליתן ריוח למשה להתבונן בין פרשה לפרשה ובין ענין לענין, קל וחומר להדיוט הלמד מן ההדיוט: **אליו.** למעט את אהרן. רבי יהודה בן בתירה אומר: שלשה עשר דברות נאמרו בתורה למשה ולאהרן, וכנגדן נאמרו שלשה עשר מעוטין, ללמדך, שלא לאהרן נאמרו, אלא למשה שיאמר לאהרן. ואלו הן שלשה עשר מעוטין: "לדבר אתו" (במדבר ז, פט), "מדבר אליו" (שם), "וידבר אליו" (שם), "ונועדתי לך" (שמות כה, כב), כלן בתורת כהנים (פרק ב, ב). יכול ישמעו את קול הקריאה? תלמוד לומר, קול לו, קול אליו, משה שמע וכל ישראל לא שמעו: **מאהל מועד.** מלמד שהיה הקול נפסק ולא היה יוצא חוץ לאהל. יכול מפני שהקול נמוך? תלמוד לומר: "את הקול" (במדבר ז, פט), מהו "הקול"? הוא הקול המתפרש בכתובים: "קול ה' בכח, קול ה' בהדר, קול ה' שבר ארזים" (תהלים כט, ד-ה). אם כן, למה נאמר: "מאהל מועד"? מלמד שהיה הקול נפסק. כיוצא בו: "וקול כנפי הכרובים נשמע עד החצר החיצנה" (יחזקאל י, ה), יכול מפני שהקול נמוך? תלמוד לומר: "כקול אל שדי בדברו" (שם), אם כן, למה נאמר: "עד החצר החיצנה"? שכיון שמגיע שם היה נפסק: **מאהל מועד לאמר.** יכול מכל הבית? תלמוד לומר: "מעל הכפרת" (במדבר ז, פט). יכול מעל הכפרת כלה? תלמוד לומר: "מבין שני הכרבים" (שם): **לאמר.** צא ואמר להם דברי כבושין: בשבילכם הוא נדבר עמי. שכן מצינו, שכל שמונה ושלשים שנה שהיו ישראל במדבר כמנדים, מן המרגלים ואילך, לא נתיחד הדבור עם משה, שנאמר: "ויהי כאשר תמו כל אנשי המלחמה למות... וידבר ה' אלי לאמר" (דברים ב, טז-יז). דבר אחר, צא ואמר להם דברי והשיבני אם יקבלום, כמו שנאמר: "וישב משה את דברי העם" וגו' (שמות יט, ח):

ב) **אדם כי יקריב מכם.** כשיקריב, בקרבנות נדבה דבר הענין: **אדם.** למה נאמר? מה אדם הראשון לא הקריב מן הגזל, שהכל היה שלו, אף אתם לא תקריבו מן הגזל: **הבהמה.** יכול אף חיה בכלל? תלמוד לומר: "בקר וצאן": **מן הבהמה.** ולא כלה, להוציא את הרובע ואת הנרבע: **מן הבקר.** להוציא את הנעבד: **מן הצאן.** להוציא את המקצה: **ומן הצאן.** להוציא את הנוגח שהמית. כשהוא אומר למטה מן הענין: "מן הבקר" (פסוק ג), שאין תלמוד לומר – להוציא את הטרפה: **תקריבו.** מלמד ששנים מתנדבים עולה בשתפות: **קרבנכם.** מלמד שהיא באה נדבת צבור, היא עולת קיץ המזבח, הבאה מן המותרות:

קרבן עולה

פרק א

הקרבן הראשון שדיניו מופיעים בספר הוא קרבן העולה, שבעיקרו הוא קרבן נדבה המבטא את רצונו של המקריב, כעין מתנה שאדם מעניק לה'.[1] שלא כקרבנות אחרים, שבהם שותפים הכהן או הבעלים באיבריו של הקרבן, וחלק מהם נאכל בצורה זו או אחרת, בשר קרבן עולה נשרף לחלוטין ועולֶה כולו לה'.

מתוך המעט שידוע על הקרבנות מן הספרים הקודמים – בעיקר מספר בראשית, נראה שבדורות ראשונים הוקרבו בעיקר קרבנות עולה, הנשרפים כליל. מסתבר, שעניינו הבסיסי של הקרבן הוא הנתינה המוחלטת של דבר כלשהו לשם ה'.[2]

מתודעתו של האדם המודרני רחוקה הקרבת קרבנות. שחיטתם של בעלי חיים לצורך פולחן אינה מצויה בדורותינו. מכל מקום, הקרבן אינו אלא ביטוי סמלי לנתינה. המקריב יודע שאלוקים אינו לוקח את הבהמה בפועל לעצמו. עם זאת, את הקרבת העולה מלווה הרגשה של נתינת מתנה לה', שכן המקריב מוותר לגמרי על מה ששייך לו, שורף אותו באש ומבער אותו מן העולם. מעשה זה מבטא את הדבקות השלמה של אדם הנשרף באהבה או ביראה כלפי ה'. במצב כזה לא משאיר האדם דבר לעצמו, מלבד, אולי, שרידים חסרי חשיבות. באמצעות קרבן העולה הוא יכול לעשות זאת באופן סמלי.

ביאור

פרק א א **וַיִּקְרָא ה' אֶל מֹשֶׁה**. כפי שנאמר בסוף ספר שמות, משה לא
יכול היה להיכנס למשכן שהתמלא בענן כבוד ה'. משום כך קרא לו
ה' פנימה, בדומה לקריאה שהזמינה אותו לבוא אל תוך ענן הכבוד
בהר סיני.[3] **וַיְדַבֵּר ה' אֵלָיו מֵאֹהֶל מוֹעֵד**, שמכאן ואילך הפך להיות
המקום המוסדר לקבלת הדיבור האלוהי ולגילוי שכינה,[4] **לֵאמֹר:**
ב **דַּבֵּר אֶל בְּנֵי יִשְׂרָאֵל וְאָמַרְתָּ אֲלֵהֶם: אָדָם כִּי יַקְרִיב מִכֶּם קָרְבָּן לַה'**,
כאשר יקריב קרבן **מִן הַבְּהֵמָה**, שהיא אחת האפשרויות, כפי שיבוא
בהמשך – **מִן הַבָּקָר וּמִן הַצֹּאן תַּקְרִיבוּ אֶת קָרְבַּנְכֶם.**
ג הכתוב פותח בקרבן עולה, אחד מתוך ארבעה סוגי הקרבנות
שיתבארו בעניינים הבאים. **אִם** קרבן **עֹלָה קָרְבָּנוֹ מִן הַבָּקָר – זָכָר תָּמִים**

בקר

הרחבות

'אדם כי יקריב מכם קרבן' מבחינה דקדוקית לשון הכתוב נראית קצת מהופכת, שכן ראוי היה לכתוב 'אדם מכם כי יקריב'. שינוי זה מרמז שבהבאת קרבן האדם מקריב כביכול את עצמו: יַקְרִיב מִכֶּם קָרְבָּן – מעצמכם אתם מקריבים (על פי ספורנו. רמזים נוספים – ראו ראב"ע, עוד יוסף חי, מי השלוח).

מִן־הַבָּקָר זָכָר תָּמִים יַקְרִיבֶנּוּ אֶל־פֶּתַח אֹהֶל מוֹעֵד
יַקְרִיב אֹתוֹ לִרְצֹנוֹ לִפְנֵי יהוה: וְסָמַךְ יָדוֹ עַל רֹאשׁ ד
הָעֹלָה וְנִרְצָה לוֹ לְכַפֵּר עָלָיו: וְשָׁחַט אֶת־בֶּן הַבָּקָר ה
לִפְנֵי יהוה וְהִקְרִיבוּ בְּנֵי אַהֲרֹן הַכֹּהֲנִים אֶת־הַדָּם
וְזָרְקוּ אֶת־הַדָּם עַל־הַמִּזְבֵּחַ סָבִיב אֲשֶׁר־פֶּתַח אֹהֶל

רש"י

ג| **זָכָר.** וְלֹא נְקֵבָה. כְּשֶׁהוּא אוֹמֵר: "זָכָר" לְמַטָּה (פסוק י), שֶׁאֵין תַּלְמוּד לוֹמַר – זָכָר וְלֹא טֻמְטוּם וְאַנְדְּרוֹגִינוֹס: **תָּמִים.** בְּלֹא מוּם: **אֶל פֶּתַח אֹהֶל מוֹעֵד.** מִטַּפֵּל בַּהֲבָאָתוֹ עַד הָעֲזָרָה. מַהוּ אוֹמֵר "יַקְרִיב יַקְרִיב"? אֲפִלּוּ נִתְעָרְבָה עוֹלַת רְאוּבֵן בְּעוֹלַת שִׁמְעוֹן, יַקְרִיב כָּל אַחַת לְשֵׁם מִי שֶׁהוּא. וְכֵן עוֹלָה בְּחֻלִּין, יִמָּכְרוּ הַחֻלִּין לְצָרְכֵי עוֹלוֹת, וַהֲרֵי הֵן כֻּלָּן עוֹלוֹת, וְתִקְרַב כָּל אַחַת לְשֵׁם מִי שֶׁהוּא. יָכוֹל אֲפִלּוּ נִתְעָרְבָה בִּפְסוּלִין, אוֹ בְּשֶׁאֵינוֹ מִינוֹ? תַּלְמוּד לוֹמַר: "יַקְרִיבֶנּוּ": **יַקְרִיב אֹתוֹ.** מְלַמֵּד שֶׁכּוֹפִין אוֹתוֹ. יָכוֹל בְּעַל כָּרְחוֹ? תַּלְמוּד לוֹמַר: "לִרְצֹנוֹ", הָא כֵּיצַד? כּוֹפִין אוֹתוֹ עַד שֶׁיֹּאמַר: 'רוֹצֶה אֲנִי': **לִפְנֵי ה' וְסָמַךְ.** אֵין סְמִיכָה בְּבָמָה:

ד| **עַל רֹאשׁ הָעֹלָה.** לְהָבִיא עוֹלַת חוֹבָה לִסְמִיכָה, וּלְהָבִיא עוֹלַת הַצֹּאן: **הָעֹלָה.** פְּרָט לְעוֹלַת הָעוֹף: **וְנִרְצָה לוֹ.** עַל מָה הוּא מְרַצֶּה לוֹ? אִם תֹּאמַר עַל כָּרֵתוֹת וּמִיתוֹת בֵּית דִּין אוֹ מִיתָה בִּידֵי שָׁמַיִם אוֹ מַלְקוּת – הֲרֵי עָנְשָׁן אָמוּר, הָא אֵינוֹ מְרַצֶּה אֶלָּא עַל עֲשֵׂה וְעַל לָאו שֶׁנִּתַּק לַעֲשֵׂה:

ה| **וְשָׁחַט... וְהִקְרִיבוּ... הַכֹּהֲנִים.** מִקַּבָּלָה וְאֵילָךְ מִצְוַת כְּהֻנָּה, לִמֵּד עַל הַשְּׁחִיטָה שֶׁכְּשֵׁרָה בְּזָר: **לִפְנֵי ה'.** בָּעֲזָרָה: **וְהִקְרִיבוּ.** זוֹ קַבָּלָה שֶׁהִיא רִאשׁוֹנָה, וּמַשְׁמָעָהּ לְשׁוֹן הוֹלָכָה, לָמַדְנוּ שְׁתֵּיהֶן: **בְּנֵי אַהֲרֹן.** יָכוֹל חֲלָלִים? תַּלְמוּד לוֹמַר: "הַכֹּהֲנִים": **אֶת הַדָּם וְזָרְקוּ אֶת הַדָּם.** מַה תַּלְמוּד לוֹמַר: 'דָּם' 'דָּם' שְׁתֵּי פְעָמִים? לְהָבִיא אֶת שֶׁנִּתְעָרֵב בְּמִינוֹ אוֹ בְּשֶׁאֵינוֹ מִינוֹ. יָכוֹל אַף בִּפְסוּלִים, אוֹ בַּחַטָּאוֹת הַפְּנִימִיּוֹת אוֹ בַּחַטָּאוֹת הַחִיצוֹנִיּוֹת, שֶׁאֵלּוּ לְמַעְלָה וְהִיא לְמַטָּה? תַּלְמוּד לוֹמַר בְּמָקוֹם אַחֵר: "דָּמוֹ" (להלן פסוק יא): **וְזָרְקוּ.** עוֹמֵד לְמַטָּה וְזוֹרֵק מִן הַכְּלִי לְכֹתֶל הַמִּזְבֵּחַ לְמַטָּה מֵחוּט הַסִּקְרָא כְּנֶגֶד הַזָּוִיּוֹת, לְכָךְ נֶאֱמַר: "סָבִיב", שֶׁיְּהֵא הַדָּם נָתוּן בְּאַרְבַּע רוּחוֹת הַמִּזְבֵּחַ. אוֹ יָכוֹל יַקִּיפֶנּוּ כְּחוּט? תַּלְמוּד לוֹמַר: "וְזָרְקוּ", וְאִי אֶפְשָׁר לְהַקִּיף

הרחבות

הסמיכה ידוע לנו כיצד סמכו על קרבנות בימי בית שני (ראו משנה יומא ג,ח ועוד). אין סיבה להניח שחל בסמיכה שינוי, ועל כן נראה שכך התבצעה הסמיכה מקדמת דנא: מביא הקרבן הניח את שתי ידיו על ראש הקרבן בין קרניו, והוא נשען עליו בשתי ידיו ובכל כוחו (חגיגה טז ע"ב; מנחות צג ע"א. וראו רמב"ן על אתר).

הסמיכה מתבצעת כמעט בכל קרבן. בבסיס פעולת הסמיכה מצוי רעיון של מעין חילופין – ואולי גם התקשרות – בין המקריב לקרבנו. בהנחת הידיים על הבהמה ובהישענות עליה הסומך מבטא הזדהות עמה. הקרבת קרבן לה' – על הבשר והדם שבו – מסמלת את הקרבתו העצמית של האדם. (ראו רמב"ן פס' ט). במעשה הסמיכה מתרחשת כביכול המרתו של האדם בבהמה. משום כך נאמר הביטוי וְנִרְצָה לוֹ כבר לאחר הסמיכה ולא בסוף ההקרבה כולה.

מבחינה זו סיפור עקדת יצחק – שבמקומו הוקרב איל, יכול לשמש בניין אב לכל הקרבנות. בעל החיים החליף את האדם. כך ניתן להבין גם את הביטוי התמוה: "אפרו של יצחק שצבור על גבי המזבח" (ראו לדוגמא ירושלמי תענית ב,א) –

ביאור

יַקְרִיבֶנּוּ. עליו להיות זכר ובלי מומים,[5] **אֶל פֶּתַח אֹהֶל מוֹעֵד יַקְרִיב אֹתוֹ**.
הן במשכן והן במקדש, מקום הקרבת העולה הוא במזבח החיצון,
מִזְבַּח הָעוֹלָה.[6] על בעל הקרבן להביא את קרבנו למשכן, ואין זה
תפקידו של הכהן.[7] הקרבן יוקרב **לִרְצֹנוֹ**, מתוך רצון טוב של אדם, קרבן
נדבה,[8] או: להיות רצוי,[9] זהו קרבן של ריצוי ומציאת חן, שתכליתו
להיות רצוי **לִפְנֵי ה׳**.[10] ד **וְסָמַךְ**, מביא הקרבן יישען[11] באמצעות
יָדוֹ עַל רֹאשׁ הבהמה **הָעֹלָה**. זוהי התחלת סדר ההקרבה. **וְנִרְצָה לוֹ**,
הקרבן יגרום לאדם שהביאו להיות רצוי ומקובל **לְכַפֵּר עָלָיו**. ה **וְשָׁחַט
אֶת בֶּן**, צעיר ולא זקן,[12] **הַבָּקָר לִפְנֵי ה׳**. גם המקריב – או כל אדם
אחר – רשאי לשחוט את הקרבנות.[13] השחיטה נצרכת לכל אכילת
בהמה, ואינה נחשבת חלק מעבודת ההקרבה ממש אלא כהכנה
אליה. **וְהִקְרִיבוּ בְּנֵי אַהֲרֹן הַכֹּהֲנִים אֶת הַדָּם**. מכאן מתחילה עבודת
הכהנים. הכהנים מקבלים את הדם היוצא משחיטת הקרבן – או
חלק ניכר ממנו – בכלי המכונה מִזְרָק.[14] הם מוליכים את הדם ממקום
השחיטה עד המזבח, **וְזָרְקוּ אֶת הַדָּם עַל הַמִּזְבֵּחַ סָבִיב**, לפי המסורת,
לא נזרק דם העולה על כל צדי המזבח, ואכן קשה למדי לעשות זאת
על ידי זריקה. זרקו את הדם בשתי פינות נגדיות של המזבח, וכיוון
שמכל פינה הוא ניתז על שני קירות, נמצא שבפועל הגיע דם אל
כל סביבות המזבח[15] **אֲשֶׁר פֶּתַח אֹהֶל מוֹעֵד**, במזבח העולה שמחוץ

למרות שיצחק עצמו לא נשחט, כמובן, מפני שהא־ל עלה לעולה במקומו ממש.

׳ונרצה לו לכפר עליו׳ אף על פי שקרבן העולה אינו בא לכפר על חטא מסוים, היו מביאים קרבן כזה על חטא שאינו מחייב קרבן כפרה, כגון ביטול של מצוות עשה (תוספתא מנחות י,יב; בבלי זבחים ה–ז). אדם שנמנע מלקיים מצווה, ומרגיש שהוא רוצה לכפר על הפגם ולהתרצות לפני ה׳, מבטא זאת באמצעות קרבן נדבה. מלבד מחדלים, גורם נוסף להבאת עולה הוא הרהור הלב (ירושלמי יומא ח,ז. וראו איוב

הרחבות

א,ה: וַיְהִי כִּי הִקִּיפוּ יְמֵי הַמִּשְׁתֶּה וַיִּשְׁלַח אִיּוֹב וַיְקַדְּשֵׁם וְהִשְׁכִּים בַּבֹּקֶר וְהֶעֱלָה עֹלוֹת מִסְפַּר כֻּלָּם, כִּי אָמַר אִיּוֹב אוּלַי חָטְאוּ בָנַי וּבֵרְכוּ אֱלֹהִים בִּלְבָבָם. כָּכָה יַעֲשֶׂה אִיּוֹב כָּל הַיָּמִים). מחשבות רעות העולות בלבו של אדם בוודאי אינן נתונות לבקרה חיצונית. גם במקרה זה יכול אדם להביא קרבן עולה כחלק מתיקון עצמו, כביטוי לנתינה עצמית ולהזדהות. קרבן עולה בא גם בעקבות בשורה טובה, ואפשר להביאו גם לכפרה כללית של חטאים שאינם ידועים. (ראו במדבר רבה י,ה; בכור שור על אתר).

מוֹעֵד: וְהִפְשִׁיט אֶת־הָעֹלָה וְנִתַּח אֹתָהּ לִנְתָחֶיהָ: ו
וְנָתְנוּ בְּנֵי אַהֲרֹן הַכֹּהֵן אֵשׁ עַל־הַמִּזְבֵּחַ וְעָרְכוּ עֵצִים ז
עַל־הָאֵשׁ: וְעָרְכוּ בְּנֵי אַהֲרֹן הַכֹּהֲנִים אֵת הַנְּתָחִים ח
אֶת־הָרֹאשׁ וְאֶת־הַפָּדֶר עַל־הָעֵצִים אֲשֶׁר עַל־הָאֵשׁ
אֲשֶׁר עַל־הַמִּזְבֵּחַ: וְקִרְבּוֹ וּכְרָעָיו יִרְחַץ בַּמָּיִם וְהִקְטִיר ט
הַכֹּהֵן אֶת־הַכֹּל הַמִּזְבֵּחָה עֹלָה אִשֵּׁה רֵיחַ־נִיחוֹחַ
לַיהוָה: ◂ וְאִם־מִן־הַצֹּאן קָרְבָּנוֹ מִן־ י

רש"י | בִּזְרִיקָה. אִי "וְזָרְקוּ", יָכוֹל בִּזְרִיקָה אַחַת? תַּלְמוּד לוֹמַר: "סָבִיב". אָא כֵּיצַד? נוֹתֵן שְׁתֵּי מַתָּנוֹת שֶׁהֵן אַרְבַּע: **אֲשֶׁר פֶּתַח אֹהֶל מוֹעֵד.** וְלֹא בִּזְמַן שֶׁהוּא מְפֻרָּק:

ו| **וְהִפְשִׁיט אֶת הָעֹלָה.** מַה תַּלְמוּד לוֹמַר "הָעֹלָה"? לְרַבּוֹת אֶת כָּל הָעוֹלוֹת לְהֶפְשֵׁט וְנִתּוּחַ: **אֹתָהּ לִנְתָחֶיהָ.** וְלֹא נְתָחֶיהָ לִנְתָחִים:

ז| **וְנָתְנוּ אֵשׁ.** אַף עַל פִּי שֶׁהָאֵשׁ יוֹרֶדֶת מִן הַשָּׁמַיִם, מִצְוָה לְהָבִיא מִן הַהֶדְיוֹט: **בְּנֵי אַהֲרֹן הַכֹּהֵן.** כְּשֶׁהוּא בִּכְהֻנּוֹ, הָא אִם עָבַד בְּבִגְדֵי כֹּהֵן הֶדְיוֹט עֲבוֹדָתוֹ פְּסוּלָה:

ח| **בְּנֵי אַהֲרֹן הַכֹּהֲנִים.** כְּשֶׁהֵם בִּכְהֻנָּם, הָא כֹּהֵן הֶדְיוֹט שֶׁעָבַד בִּשְׁמוֹנָה בְּגָדִים עֲבוֹדָתוֹ פְּסוּלָה: **אֵת הַנְּתָחִים אֶת הָרֹאשׁ.** לְפִי שֶׁאֵין הָרֹאשׁ בִּכְלַל הֶפְשֵׁט, שֶׁכְּבָר הֻתַּז בִּשְׁחִיטָה, לְפִיכָךְ הֻצְרַךְ לִמְנוֹתוֹ לְעַצְמוֹ: **וְאֶת הַפָּדֶר.** לָמָּה נֶאֱמַר? לְלַמֶּדְךָ שֶׁמַּעֲלֵהוּ עִם הָרֹאשׁ וּמְכַסֶּה בּוֹ אֶת בֵּית הַשְּׁחִיטָה, וְזֶהוּ דֶּרֶךְ כָּבוֹד שֶׁל מַעְלָה: **אֲשֶׁר עַל הַמִּזְבֵּחַ.** שֶׁלֹּא יִהְיוּ הַגְּזִירִין יוֹצְאִין חוּץ לַמַּעֲרָכָה:

ט| **עֹלָה.** לְשֵׁם עוֹלָה יַקְטִירֶנּוּ: **אִשֵּׁה.** כְּשֶׁיִּשְׁחָטֶנּוּ יְהֵא שׁוֹחֲטוֹ לְשֵׁם הָאֵשׁ. וְכָל 'אִשֶּׁה' לְשׁוֹן אֵשׁ, פוּאִיד"א בְּלַעַז: **נִיחוֹחַ.** נַחַת רוּחַ לְפָנַי שֶׁאָמַרְתִּי וְנַעֲשָׂה רְצוֹנִי:

י| **וְאִם מִן הַצֹּאן.** וָי"ו מוֹסִף עַל עִנְיָן רִאשׁוֹן. וְלָמָּה הֻפְסַק? לִתֵּן רֶוַח לְמֹשֶׁה לְהִתְבּוֹנֵן בֵּין פָּרָשָׁה לְפָרָשָׁה: **מִן הַצֹּאן**

הרחבות | **'ונתח אתה לנתחיה'** אחדים מחלקי הקרבן המנותח מבוארים בכתוב עצמו או מובנים ממנו, כגון הראש והכרעיים. במשנה מופיע פירוט גדול של אופן ניתוח הבהמה. (ראו משנה יומא ז,ב; תמיד ד,ב-ג). החלקים היו צריכים להיות מכובדים וגדולים מספיק כך שאפשר יהיה להחזיק בהם, אבל לא גדולים מכדי שאפשר יהיה לשאת אותם. (ראו חולין יא ע"א). אחד הנתחים של קרבן בקר היה רגלו האחורית, וכאשר השור גדול – אין בכוחו של אדם אחד לשאתה. (עם זאת, בסוכה נב ע"ב מסופר על כהנים שהיו גיבורים באופן יוצא דופן, ויכלו לקחת בעצמם רגל כזו, אבל בדרך כלל הולכתם והעלאתם על המזבח של נתחי הבקר הייתה נעשית בשני כהנים או שלושה). אולי זהו פשר שינוי הניסוח בין עריכת האיברים בבָקר, הכתובה בפס' ז בלשון רבים, ובין עריכתם בצאן הכתובה בפס' יב בלשון יחיד. (ראו בעלי התוספות ורמב"ן).

'ריח ניחוח לה'' אדם רגיל רחוק מלהתבשם מריחו של קרבן העולה. אין זה ריח של בשר צלוי – שעשוי להנעים לאנשים מסוימים, שהרי בשר העולה נחרך ונשרף לגמרי. סדר המעשים כולל גם את השחיטה, קבלת

ביאור

לאוהל. ו לאחר מכן – **וְהִפְשִׁיט אֶת** עור **הָעֹלָה**, שאותו אין מעלים
לקרבן, **וְנִתַּח אֹתָהּ**, את העולה **לִנְתָחֶיהָ**, לחלקיה. ז **וְנָתְנוּ בְּנֵי אַהֲרֹן**
הַכֹּהֵן אֵשׁ עַל הַמִּזְבֵּחַ. חובת הכהנים להדליק אש על המזבח אינה
קשורה במישרין דווקא לעולה או לקרבן אחר.[16] **וְעָרְכוּ**, הכהנים
יסדרו **עֵצִים עַל הָאֵשׁ**. ח **וְעָרְכוּ בְּנֵי אַהֲרֹן הַכֹּהֲנִים אֵת הַנְּתָחִים, אֶת**
הָרֹאשׁ וְאֶת הַפָּדֶר, השומן של החלקים הפנימיים, החֵלב,[17] ואולי
הפדר כולל גם חלקים פנימיים אחרים,[18] **עַל הָעֵצִים אֲשֶׁר עַל הָאֵשׁ**
אֲשֶׁר עַל הַמִּזְבֵּחַ. ט **וְקִרְבּוֹ**, חלקיו הפנימיים של הקרבן, כולל קיבתו
ומעיו, **וּכְרָעָיו**, רגליו **יִרְחַץ**, כל אדם, כהן או אחר[19] **בַּמָּיִם**. הקרביים
בוודאי מלאים במאכלים מעוכלים למחצה ובזבל, וגם הרגליים לרוב מלוכלכות. לכן לא ראוי להעלותם על המזבח כפי שהם, ויש לרחצם תחילה. **וְהִקְטִיר**, ישרוף **הַכֹּהֵן אֶת הַכֹּל**, את ראש הבהמה, חֶלבה, איבריה הפנימיים ושאר חלקי גופה – **הַמִּזְבֵּחָה**. זהו קרבן **הָעֹלָה**, **אִשֵּׁה**, קרבן שנשרף באש, כדי שיהיה **רֵיחַ נִיחוֹחַ לַה'**. הקרבן הוא מתנה מיוחדת שגורמת לה' נחת רוח – כריח נעים – מכך שנעשה רצונו.[20]

י **וְאִם מִן הַצֹּאן קָרְבָּנוֹ**, ולא מן הבקר – **מִן הַכְּשָׂבִים אוֹ מִן הָעִזִּים לְעֹלָה**.
צאן הוא שם כולל לכל מה שייקרא בלשון חכמים 'בהמה דקה', כלומר

מימין: עז
משמאל: כבש ('כשב')

הרחבות

הדם וזריקתו והוצאת האיברים הפנימיים, ועל כן יש להניח שהוא עלול להיראות לאנשים שונים מאוס – ולא רק לבני דורנו. עניינו של הקרבן מבוסס על כך שאדם מביא אותו מרצון ולשם ריצוי. (ראו מנחות קי ע"א ורש"י שם). זהו הליך עמוק מאוד של הזדהות, שעל מנת שתהיה לו משמעות בעבור המקריב, נדרשת מעורבות נפשית פנימית ועמוקה, עד כדי חוויה אקסטטית. בעקבות מעורבות כזאת עשויה הנפש לעבור תמורות דרמטיות, שבעקבותיהן אפילו דברים הנתפסים כבלתי אסתטיים או כדוחים וכמעוררי גועל, יוכלו להפוך קרובים אל הלב בעבור מי שמעורב במעשה בתכלית, מזדהה עמו, מתלהב ממנו או אפילו מתמכר אליו. מעורבות מעין זו, שאותה חווה כל אדם באופנים שונים במהלך חייו, אמורה להתרחש בהקרבתו של קרבן. רק אז ייחשב האדם כמקריב דבר שיש בו רֵיחַ נִיחוֹחַ לַה'.

'ואם מן הצאן קרבנו...' בין הקרבנות קיים דמיון רב, אך חזרתם המפורטת נובעת מן התוספות בדיניהם, ובמקרה זה – במקום השחיטה. קודם לכן נאמר שקרבן העולה נשחט לפני ה', כלומר אל מול פתח המשכן

הַכְּשָׂבִ֛ים א֥וֹ מִן־הָעִזִּ֖ים לְעֹלָ֑ה זָכָ֥ר תָּמִ֖ים יַקְרִיבֶֽנּוּ׃
יא וְשָׁחַ֨ט אֹת֜וֹ עַ֣ל יֶ֧רֶךְ הַמִּזְבֵּ֛חַ צָפֹ֖נָה לִפְנֵ֣י יְהוָ֑ה וְזָרְק֡וּ
יב בְּנֵי֩ אַהֲרֹ֨ן הַכֹּהֲנִ֧ים אֶת־דָּמ֛וֹ עַל־הַמִּזְבֵּ֖חַ סָבִֽיב׃ וְנִתַּ֤ח
אֹתוֹ֙ לִנְתָחָ֔יו וְאֶת־רֹאשׁ֖וֹ וְאֶת־פִּדְר֑וֹ וְעָרַ֤ךְ הַכֹּהֵן֙
אֹתָ֔ם עַל־הָעֵצִים֙ אֲשֶׁ֣ר עַל־הָאֵ֔שׁ אֲשֶׁ֖ר עַל־הַמִּזְבֵּֽחַ׃
יג וְהַקֶּ֥רֶב וְהַכְּרָעַ֖יִם יִרְחַ֣ץ בַּמָּ֑יִם וְהִקְרִ֨יב הַכֹּהֵ֤ן אֶת־
הַכֹּל֙ וְהִקְטִ֣יר הַמִּזְבֵּ֔חָה עֹלָ֣ה ה֗וּא אִשֵּׁ֛ה רֵ֥יחַ נִיחֹ֖חַ
לַיהוָֽה׃ •
יד וְאִ֥ם מִן־הָע֛וֹף עֹלָ֥ה קָרְבָּנ֖וֹ לַיהוָ֑ה וְהִקְרִ֣יב מִן־ שני
טו הַתֹּרִ֔ים א֥וֹ מִן־בְּנֵ֥י הַיּוֹנָ֖ה אֶת־קָרְבָּנֽוֹ׃ וְהִקְרִיב֤וֹ הַכֹּהֵן֙
אֶל־הַמִּזְבֵּ֔חַ וּמָלַק֙ אֶת־רֹאשׁ֔וֹ וְהִקְטִ֖יר הַמִּזְבֵּ֑חָה

רש״י | **מִן הַכְּשָׂבִים מִן הָעִזִּים.** הֲרֵי אֵלּוּ שְׁלֹשָׁה מִעוּטִין: פְּרָט לְזָקֵן וּלְחוֹלֶה וְלַמְזֹהָם:

יא | **עַל יֶרֶךְ הַמִּזְבֵּחַ.** עַל צַד הַמִּזְבֵּחַ: **צָפֹנָה לִפְנֵי ה׳.** וְאֵין צָפוֹן בְּבָמָה:

יד | **מִן הָעוֹף.** וְלֹא כָּל הָעוֹף, לְפִי שֶׁנֶּאֱמַר: ״תָּמִים זָכָר בַּבָּקָר בַּכְּשָׂבִים וּבָעִזִּים״ (להלן כב, יט), תַּמּוּת וְזַכְרוּת בִּבְהֵמָה וְאֵין תַּמּוּת וְזַכְרוּת בְּעוֹפוֹת, יָכוֹל אַף מְחֻסַּר אֵבֶר? תַּלְמוּד לוֹמַר: ״מִן הָעוֹף״: **תֹּרִים.** גְּדוֹלִים וְלֹא קְטַנִּים: **בְּנֵי יוֹנָה.** קְטַנִּים וְלֹא גְּדוֹלִים: **מִן הַתֹּרִים אוֹ מִן בְּנֵי הַיּוֹנָה.** פְּרָט לִתְחִלַּת הַצִּהוּב שֶׁבָּזֶה וְשֶׁבָּזֶה שֶׁהוּא פָּסוּל, שֶׁגָּדוֹל הוּא אֵצֶל בְּנֵי יוֹנָה וְקָטָן אֵצֶל תּוֹרִים:

טו | **וְהִקְרִיבוֹ.** אֲפִילּוּ פְּרִידָה אַחַת יָבִיא: **הַכֹּהֵן וּמָלַק.** אֵין מְלִיקָה בִּכְלִי אֶלָּא בְּעַצְמוֹ שֶׁל כֹּהֵן, קוֹצֵץ בְּצִפָּרְנוֹ מִמּוּל הָעֹרֶף, וְחוֹתֵךְ הַמַּפְרֶקֶת עַד שֶׁמַּגִּיעַ

הרחבות | ובקרבתו, ואילו כאן נזכר פרט נוסף, המלמד גם על המקרא הסתום שמקודם: בהמת עולה של בקר או של צאן אינה נשחטת בדיוק מול הפתח אלא בצפונה של חצר המשכן. גם לדורות השתמרה ההלכה שקרבנות מיוחדים, כגון העולה, קרבים רק בצד צפון של העזרה. (כך שנו בבית מדרשו של רבי ישמעאל: ״כל פרשה שנאמרה ונשנית, לא נשנית אלא בשביל דבר שנתחדש בה״. סוטה ג ע״ב; וראו רמב״ן על אתר).

׳מן התֹּרים או מן בני היונה׳ מן התורים מביאים עופות בוגרים, ואילו בני היונה

ביאור

הבהמות הקטנות יותר, לעומת הבקר שייקרא 'בהמה גסה' – בהמות
גדולות. זָכָר תָּמִים יַקְרִיבֶנּוּ. גם במקרה זה יש להקריב זכר ובלא
מום. יא וְשָׁחַט אֹתוֹ עַל יֶרֶךְ, צד הַמִּזְבֵּחַ צָפֹנָה לִפְנֵי ה'. וְזָרְקוּ בְּנֵי אַהֲרֹן
הַכֹּהֲנִים אֶת דָּמוֹ עַל הַמִּזְבֵּחַ סָבִיב, כמו שנאמר על דם הפר.[21] יב וְנִתַּח
אֹתוֹ, את גוף הקרבן לִנְתָחָיו, וְאֶת רֹאשׁוֹ, שנחתך לחוד וְאֶת פִּדְרוֹ,
חלבו, שמפרידו משאר הבשר. וְעָרַךְ הַכֹּהֵן אֹתָם, את הנתחים, את
הראש ואת הפדר, עַל הָעֵצִים אֲשֶׁר עַל הָאֵשׁ אֲשֶׁר עַל הַמִּזְבֵּחַ. יג וְאֶת
הַקֶּרֶב, מעיו של בן הצאן, וְאת הַכְּרָעַיִם יִרְחַץ בַּמָּיִם לנקותם. וְהִקְרִיב
הַכֹּהֵן אֶת הַכֹּל, את כל חלקי הקרבן, כולל הקרב והכרעיים, וְהִקְטִיר
הַמִּזְבֵּחָה. עֹלָה הוּא, אִשֵּׁה, קרבן שנשרף, רֵיחַ נִיחֹחַ לַה'.

מלבד קרבנות עולה מן הבקר ומן הצאן, יש אפשרות נוספת: יד וְאִם
מִן הָעוֹף עֹלָה קָרְבָּנוֹ לַה', וְהִקְרִיב אחד מִן הַתֹּרִים, עופות בר, אוֹ מִן בְּנֵי,
צעירי הַיּוֹנָה אֶת קָרְבָּנוֹ. טו וְהִקְרִיבוֹ הַכֹּהֵן, את העוף כולו, אֶל הַמִּזְבֵּחַ,
וּמָלַק, הכהן יתיז אֶת רֹאשׁוֹ. וְהִקְטִיר הַמִּזְבֵּחָה, הראש יימלק ויופרד
מן הגוף, ואז יוקטר על אש המזבח בנפרד מן הגוף,[22] אך קודם

מימין: תור
משמאל: יונה

העולם

תֹּר, יוֹנָה שני סוגי עופות במשפחת היוניים. גופה של היונה (באנגלית: pigeons. שם מדעי: Columba livia) מגושם, צווארה קצר וראשה עגול וקטן. התור (באנגלית: dove, שם מדעי: Sterptopelia turtur) הוא עוף נודד המצוי בארץ באביב ובקיץ, קטן יותר מהיונה. מבנה גופו דק משל היונה, כנפיו קצרות יותר וזנבו ארוך. צבעו אפור או חום, ובצדי צווארו כתם ובו פסים שחורים ולבנים.

הרחבות

המוקרבים הם גוזלים. (ראו חולין כב). זהו קרבן זול לאין ערוך מקרבן הצאן ובוודאי מקרבן הבקר. ערכם של גוזלי יונה הוא פחות – במיוחד בהתחשב בכך שהיונים מטילות ביצים כמעט בכל חודש, ואף התורים הם יצורי הפקר שצידתם אינה מרובה בהוצאות. 'ומלק את ראשו' לפי המסורת, הכהן מלק את ראש העוף מעורפו באמצעות ציפורן הבוהן שלו. (ראו להלן ה,ח; זבחים סד-סה). פעולה זו שונה משחיטה – המתבצעת בחלקו הקדמי של הצוואר, אך הדבר אפשרי בעופות קטנים אלו.

וְנִמְצָ֣ה דָמ֔וֹ עַ֖ל קִ֥יר הַמִּזְבֵּֽחַ׃ וְהֵסִ֥יר אֶת־מֻרְאָת֖וֹ טז
בְּנֹצָתָ֑הּ וְהִשְׁלִ֨יךְ אֹתָ֜הּ אֵ֤צֶל הַמִּזְבֵּ֙חַ֙ קֵ֔דְמָה אֶל־
מְק֖וֹם הַדָּֽשֶׁן׃ וְשִׁסַּ֨ע אֹת֤וֹ בִכְנָפָיו֙ לֹ֣א יַבְדִּ֔יל וְהִקְטִ֨יר יז
אֹת֤וֹ הַכֹּהֵן֙ הַמִּזְבֵּ֔חָה עַל־הָעֵצִ֖ים אֲשֶׁ֣ר עַל־הָאֵ֑שׁ
עֹלָ֣ה ה֗וּא אִשֵּׁ֛ה רֵ֥יחַ נִיחֹ֖חַ לַֽיהוָֽה׃ וְנֶ֗פֶשׁ א ב

רש"י | לַסִּימָנִין וְקוֹצְצָן: **וְנִמְצָה דָמוֹ.** לְשׁוֹן "וּמִיץ אַפַּיִם" (משלי ל, לג), "כִּי אָפֵס הַמֵּץ" (ישעיה טז, ד). כּוֹבֵשׁ בֵּית הַשְּׁחִיטָה עַל קִיר הַמִּזְבֵּחַ וְהַדָּם מִתְמַצֶּה וְיוֹרֵד: **וּמָלַק וְהִקְטִיר וְנִמְצָה.** אֶפְשָׁר לוֹמַר כֵּן, מֵאַחַר שֶׁהוּא מַקְטִיר הוּא מוֹצֶה?! אֶלָּא, מַה הַקְטָרָה הָרֹאשׁ בְּעַצְמוֹ וְהַגּוּף בְּעַצְמוֹ אַף מְלִיקָה כֵּן. וּפְשׁוּטוֹ שֶׁל מִקְרָא, מְסֹרָס הוּא: "וּמָלַק וְהִקְטִיר", וְקֹדֶם הַקְטָרָה "וְנִמְצָה דָמוֹ" כְּבָר:

טז | **מֻרְאָתוֹ.** מְקוֹם הָרְאִי, זֶה הַזֶּפֶק: **בְּנֹצָתָהּ.** עִם בְּנֵי מֵעֶיהָ. וְ'נוֹצָה' לְשׁוֹן דָּבָר הַמָּאוּס, כְּמוֹ: "כִּי נָצוּ גַּם נָעוּ" (איכה ד, טו), וְזֶהוּ שֶׁתִּרְגֵּם אוּנְקְלוֹס: "בְּאוּכְלֵיהּ", וְזֶהוּ מִדְרָשׁוֹ שֶׁל אַבָּא יוֹסֵי בֶּן חָנָן, שֶׁאָמַר: נוֹטֵל אֶת הַקָּרְקְבָן עִמָּהּ. וְרַבּוֹתֵינוּ זִכְרוֹנָם לִבְרָכָה אָמְרוּ: קוֹדֵר סְבִיב הַזֶּפֶק בְּסַכִּין כְּעֵין אֲרֻבָּה, וְנוֹטְלוֹ עִם הַנּוֹצָה שֶׁעַל הָעוֹר. בְּעוֹלַת בְּהֵמָה שֶׁאֵינָהּ אוֹכֶלֶת אֶלָּא בְּאֵבוּס בְּעָלֶיהָ, נֶאֱמַר: "וְהַקֶּרֶב וְהַכְּרָעַיִם יִרְחַץ בַּמַּיִם וְגוֹ' וְהִקְטִיר" (לעיל פסוק יג), וּבָעוֹף, שֶׁנִּזּוֹן מִן הַגָּזֵל, נֶאֱמַר: "וְהִשְׁלִיךְ" אֶת הַמֵּעַיִם שֶׁאָכְלוּ מִן הַגָּזֵל: **אֵצֶל הַמִּזְבֵּחַ קֵדְמָה.** בְּמִזְרָחוֹ שֶׁל כֶּבֶשׁ: **אֶל מְקוֹם הַדָּשֶׁן.** מָקוֹם שֶׁנּוֹתְנִין שָׁם תְּרוּמַת הַדֶּשֶׁן בְּכָל בֹּקֶר וְדִשּׁוּן מִזְבֵּחַ הַפְּנִימִי וְהַמְּנוֹרָה, וְכֻלָּם נִבְלָעִים שָׁם בִּמְקוֹמָן:

יז | **וְשִׁסַּע.** אֵין שִׁסּוּעַ אֶלָּא בַּיָּד, וְכֵן הוּא אוֹמֵר בְּשִׁמְשׁוֹן: "וַיְשַׁסְּעֵהוּ כְּשַׁסַּע הַגְּדִי" (שופטים יד, ו): **בִּכְנָפָיו.** עִם כְּנָפָיו, אֵינוֹ צָרִיךְ לִמְרֹט כַּנְפֵי נוֹצָתוֹ: **בִּכְנָפָיו.** נוֹצָה מַמָּשׁ. וַהֲלֹא אֵין לְךָ הֶדְיוֹט שֶׁמֵּרִיחַ רֵיחַ כְּנָפַיִם נִשְׂרָפִים וְאֵין נַפְשׁוֹ קָצָה עָלָיו, וְלָמָּה אָמַר הַכָּתוּב יַקְרִיב? כְּדֵי שֶׁיְּהֵא הַמִּזְבֵּחַ שָׂבֵעַ וּמְהֻדָּר בְּקָרְבָּנוֹ שֶׁל עָנִי: **לֹא יַבְדִּיל.** אֵינוֹ מַפְרִיקוֹ לְגַמְרֵי לִשְׁתֵּי חֲתִיכוֹת, אֶלָּא קוֹרְעוֹ מִגַּבּוֹ. נֶאֱמַר בָּעוֹף 'רֵיחַ נִיחֹחַ' וְנֶאֱמַר בַּבְּהֵמָה 'רֵיחַ נִיחֹחַ' (לעיל פסוקים ט; יג), לוֹמַר לְךָ, אֶחָד הַמַּרְבֶּה וְאֶחָד הַמַּמְעִיט, וּבִלְבַד שֶׁיְּכַוֵּן אֶת לִבּוֹ לַשָּׁמַיִם:

ביאור | לכן – **וְנִמְצָה דָמוֹ** של העוף באמצעות לחיצתו,[23] **עַל קִיר הַמִּזְבֵּחַ**. דמו
הממוצה של העוף לא ייזרק על המזבח מן הכלי או באצבע כמו
דם הקרבנות האחרים. ואולם לכל קרבן מבעלי החיים משותף
סדר המעשים הזה – מתחילה נותנים מדמו על המזבח, ורק לאחר
מכן מקטירים את גופו. טו אולם קודם שיקטיר את העוף על
המזבח – **וְהֵסִיר אֶת מֻרְאָתוֹ**, הזפק שלו, החלק המורחב של הוושט
הדומה לכיס, שבו המזון מאוחסן לפני שהוא עובר לקיבה, **בְּנֹצָתָהּ**,
עם הנוצות המקיפות את המוראה. הכהן חותך ועוקר את הזפק
והנוצות מבחוץ **וְהִשְׁלִיךְ אֹתָהּ**, את המוראה המלוכלכת, שמלאה
במזון מעוכל למחצה, **אֵצֶל הַמִּזְבֵּחַ קֵדְמָה**, לידו בצד מזרח **אֶל מְקוֹם
הַדָּשֶׁן**. שם נמצא חלק מהאפר שמורידים מעל המזבח.[24] יז **וְשִׁסַּע
אֹתוֹ בִכְנָפָיו**. אחרי שהוצא הזפק, יחלק הכהן את העוף בכנפיו,
אך **לֹא יַבְדִּיל**. הוא מושך את שתי הכנפיים לכאן ולכאן בלא להפריד
אותן לשני חלקים ממש. **וְהִקְטִיר אֹתוֹ** – את העוף **הַכֹּהֵן הַמִּזְבֵּחָה עַל
הָעֵצִים אֲשֶׁר עַל הָאֵשׁ. עֹלָה הוּא, אִשֵּׁה רֵיחַ נִיחֹחַ לַה׳**. אלו שלושת מיני
קרבנות העולה – עולת הבקר, עולת הצאן ועולת העוף.

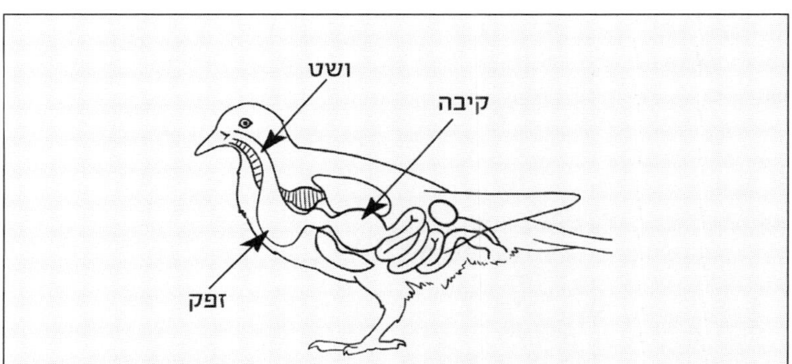

מערכת העיכול בעוף ('והסיר את מֻראתו')

כִּי־תַקְרִיב קָרְבַּן מִנְחָה לַיהוָה סֹלֶת יִהְיֶה קָרְבָּנוֹ
וְיָצַק עָלֶיהָ שֶׁמֶן וְנָתַן עָלֶיהָ לְבֹנָה׃ וֶהֱבִיאָהּ אֶל־ ב
בְּנֵי אַהֲרֹן הַכֹּהֲנִים וְקָמַץ מִשָּׁם מְלֹא קֻמְצוֹ מִסָּלְתָּהּ
וּמִשַּׁמְנָהּ עַל כָּל־לְבֹנָתָהּ וְהִקְטִיר הַכֹּהֵן אֶת־
אַזְכָּרָתָהּ הַמִּזְבֵּחָה אִשֵּׁה רֵיחַ נִיחֹחַ לַיהוָה׃ וְהַנּוֹתֶרֶת ג

רש"י | פרק ב

א) **ונפש כי תקריב.** לא נאמר 'נפש' בכל קרבנות נדבה אלא במנחה. מי דרכו להתנדב מנחה? עני. אמר הקדוש ברוך הוא: מעלה אני עליו כאלו הקריב נפשו: **סלת יהיה קרבנו.** האומר: 'הרי עלי מנחה' סתם, מביא מנחת סלת שהיא הראשונה שבמנחות, ונקמצת כשהיא סלת כמו שמפורש בענין. לפי שנאמרו כאן חמשה מיני מנחות וכלן באות אפויות קודם קמיצה חוץ מזו, לכך קרויה מנחת סלת: **סלת.** אין 'סלת' אלא מן החטין, שנאמר: "סלת חטים" (שמות כט, ב), ואין מנחה פחותה מעשרון, שנאמר: "ועשרון סלת... למנחה" (ויקרא יד, כא), עשרון לכל מנחה: **ויצק עליה שמן.** על כלה: **ונתן עליה לבנה.** על מקצתה, מניח קמץ לבונה עליה לצד אחד. ומה ראית לומר כן? שאין רבוי אחר רבוי בתורה אלא למעט. דבר אחר, שמן על כלה מפני שהוא נבלל עמה ונקמץ עמה, כמו שנאמר: "מסלתה ומשמנה" (פסוק ב), ולבונה על מקצתה, שאינה נבללת עמה ולא נקמצת עמה, שנאמר: "על כל לבנתה", שלאחר שקמץ מלקט את הלבונה כלה מעליה ומקטירה: **ויצק, ונתן, והביאה.** מלמד שיציקה ובלילה כשרים בזר:

ב) **הכהנים וקמץ.** מקמיצה ואילך מצות כהנה: **וקמץ משם.** ממקום שרגלי הזר עומדות, ללמדך שהקמיצה כשרה בכל מקום בעזרה, אף באחת עשרה אמה של מקום דריסת רגלי ישראל: **מלא קמצו.** יכול מבורץ, מבצבץ ויוצא לכל צד? תלמוד לומר במקום אחר: "והרים ממנו בקמצו" (להלן ו, ח), לא יהא כשר אלא מה שבתוך הקמץ. אי "בקמצו", יכול חסר? תלמוד לומר: "מלא". הא כיצד? חופה שלש אצבעותיו על פס ידו, וזהו "קמץ" במשמע לשון העברית: **על כל לבנתה.** לבד כל הלבונה יהא הקמץ מלא: **לבנתה והקטיר.** אף הלבונה בהקטרה: **מלא קמצו מסלתה ומשמנה.** הא אם קמץ ועלה בידו גרגיר מלח או קרט לבונה פסולה: **אזכרתה.** הקמץ העולה לגבוה הוא זכרון המנחה, שבו נזכר בעליה לטובה ולנחת רוח:

הרחבות | **סלת** אחרי טחינת חיטה ברחיים של יד נשארים חלקי גרגירים עבים וקשים שלא נטחנו לגמרי. הפירורים הדקים הטחונים הם הקמח, ואילו החלקים העבים יותר הם מרכז גרעין החיטה, והם הנקראים סולת, הנחשבת לחלק הטעים והחשוב יותר של החיטה. מראה הסולת דומה למה שנקרא כיום 'קוסקוס'.

'וקמץ משם מלא קֻמצו' לפי מסורת ההלכה, הקומץ איננו מלוא תכולתה של כף יד קמוצה אלא רק מה שנכנס בתוך שלוש האצבעות הפנימיות כאשר הן כפופות ומגיעות לכף היד. שתי האצבעות האחרות משמשות כדי לסלק את העודפים, ומה שנשאר בפנים הוא הקומץ (מנחות יא ע"א).

קרבן מנחה

פרק ב

לאחר שהעניין הקודם עסק בקרבן העולה ובבעלי החיים השונים שמהם מביאים אותו, יידון כאן קרבן מנחה הבא מן הצומח, שאין בו שום מרכיב מן החי.

פירוש המלה 'מנחה' הוא מתנה. באופן כללי קרבן מנחה ניתן להבעת הכרתו של הנותן בטובתו של המקבל או באדנותו עליו. המנחה יכולה לבוא בנדבה, אך יש גם מנחות שהן חובת הציבור או היחיד. קרבן זה שונה מן העולה לא רק מבחינת מינו ודרך עשייתו; גם אופן עבודתו דומה הרבה יותר לקרבן זבח השלמים, שיבוא אחריו.

אמנם פרטים מסוימים בנוגע למנחה לא ייאמרו עדיין בעניין זה, אבל עיקרי דיניה, אופן עשייתה וסוגיה השונים - כל אלה נזכרים כאן.

ביאור | פרק ב א **וְנֶפֶשׁ כִּי תַקְרִיב קָרְבַּן מִנְחָה לַה' - סֹלֶת יִהְיֶה קָרְבָּנוֹ. וְיָצַק**
עָלֶיהָ שֶׁמֶן, וְנָתַן עָלֶיהָ לְבֹנָה. ב **וֶהֱבִיאָהּ אֶל בְּנֵי אַהֲרֹן הַכֹּהֲנִים,**
וְקָמַץ הכהן **מִשָּׁם מְלֹא קֻמְצוֹ**. הכהן לוקח הן **מִסָּלְתָּהּ** והן **מִשַּׁמְנָהּ**
של המנחה. מכיוון שהם מעורבים יחד, והשמן נספג בסולת,[25] הוא
יכול להיות מוחזק ביד. **עַל**, עם **כָּל לְבֹנָתָהּ**, מלבד הסולת והשמן שבתוך
קומצו, הוא מלקט גם את הלבונה שניתנה על המנחה -[26] **וְהִקְטִיר**
הַכֹּהֵן אֶת אַזְכָּרָתָהּ, חלק המנחה שבא לזיכרון לפני ה', מלוא קומץ
סולת וכל הלבונה שעולים **הַמִּזְבֵּחָה**, האזכרה היא **אִשֵּׁה**, חלק הנשרף
באש, **רֵיחַ נִיחֹחַ לַה'.** ג **וְהַנּוֹתֶרֶת מִן הַמִּנְחָה**, כל שאר חלקי המנחה שלא

גרגרי שרף הלבונה

העולם | **לְבֹנָה** כנראה על שם הגרגירים הלבנבנים-צהבהבים רמופקים משרף עצי הלבונה שממשפחה הבשמיים (שם מדעי: Boswellia). העצים גדלים בסומליה, אתיופיה ודרום חצי-האי ערב. השרף הנוזלי מטפטף אל כלי איסוף לאחר שחורצים את קליפת העץ, והוא מתקשה ומתגבש לגרגירים.

מִן־הַמִּנְחָה לְאַהֲרֹן וּלְבָנָיו קֹדֶשׁ קָדָשִׁים מֵאִשֵּׁי
יְהוָה׃ וְכִי תַקְרִב קָרְבַּן מִנְחָה מַאֲפֵה ד
תַנּוּר סֹלֶת חַלֹּת מַצֹּת בְּלוּלֹת בַּשֶּׁמֶן וּרְקִיקֵי מַצּוֹת
מְשֻׁחִים בַּשָּׁמֶן׃ וְאִם־מִנְחָה עַל־הַמַּחֲבַת ה
קָרְבָּנֶךָ סֹלֶת בְּלוּלָה בַשֶּׁמֶן מַצָּה תִהְיֶה׃ פָּתוֹת אֹתָהּ ו
שלישי פִּתִּים וְיָצַקְתָּ עָלֶיהָ שָׁמֶן מִנְחָה הִוא׃ וְאִם־ ז
מִנְחַת מַרְחֶשֶׁת קָרְבָּנֶךָ סֹלֶת בַּשֶּׁמֶן תֵּעָשֶׂה׃ וְהֵבֵאתָ ח
אֶת־הַמִּנְחָה אֲשֶׁר יֵעָשֶׂה מֵאֵלֶּה לַיהוָה וְהִקְרִיבָהּ
אֶל־הַכֹּהֵן וְהִגִּישָׁהּ אֶל־הַמִּזְבֵּחַ׃ וְהֵרִים הַכֹּהֵן מִן־ ט

רש"י

ג| **לְאַהֲרֹן וּלְבָנָיו.** כֹּהֵן גָּדוֹל נוֹטֵל חֵלֶק בָּרֹאשׁ שֶׁלֹּא בְּמַחֲלֹקֶת, וְהַהֶדְיוֹט בְּמַחֲלֹקֶת: **קֹדֶשׁ קָדָשִׁים.** הִיא לָהֶם "מֵאִשֵּׁי ה'" – אֵין לָהֶם חֵלֶק בָּהּ אֶלָּא לְאַחַר מַתְּנוֹת הָאִשִּׁים:

ד| **וְכִי תַקְרִב וְגוֹ'.** שֶׁאָמַר: 'הֲרֵי עָלַי מִנְחַת מַאֲפֵה תַנּוּר', וְלִמֵּד הַכָּתוּב שֶׁיָּבִיא אוֹ חַלּוֹת אוֹ רְקִיקִין, הַחַלּוֹת בְּלוּלוֹת וְהָרְקִיקִין מְשׁוּחִין. וְנֶחְלְקוּ רַבּוֹתֵינוּ בִּמְשִׁיחָתָן, יֵשׁ אוֹמְרִים: מוֹשְׁחָן וְחוֹזֵר וּמוֹשְׁחָן עַד שֶׁכָּלֶה כָּל הַשֶּׁמֶן שֶׁבַּלֹּג, שֶׁכָּל הַמְּנָחוֹת טְעוּנוֹת לֹג שֶׁמֶן. וְיֵשׁ אוֹמְרִים: מוֹשְׁחָן כְּמִין כ"י וּשְׁאָר הַשֶּׁמֶן נֶאֱכָל בִּפְנֵי עַצְמוֹ לַכֹּהֲנִים. מַה תַּלְמוּד לוֹמַר "בַּשֶּׁמֶן" "בַּשֶּׁמֶן" שְׁתֵּי פְעָמִים? לְהַכְשִׁיר שֶׁמֶן שֵׁנִי וּשְׁלִישִׁי הַיּוֹצֵא מִן הַזֵּיתִים, וְאֵין צָרִיךְ שֶׁמֶן רִאשׁוֹן אֶלָּא לַמְּנוֹרָה, שֶׁנֶּאֱמַר בּוֹ: "זָךְ" (שמות כז, כ). וְשָׁנִינוּ בִּמְנָחוֹת (דף עו ע"א): כָּל הַמְּנָחוֹת הָאֲפוּיוֹת לִפְנֵי קְמִיצָתָן וְנִקְמָצוֹת עַל יְדֵי פְתִיתָה, כֻּלָּן בָּאוֹת עֶשֶׂר עֶשֶׂר חַלּוֹת, וְהָאָמוּר בָּהּ 'רְקִיקִין' בָּאָה עֶשֶׂר רְקִיקִין:

ה| **וְאִם מִנְחָה עַל הַמַּחֲבַת.** שֶׁאָמַר: 'הֲרֵי עָלַי מִנְחַת מַחֲבַת'. וּכְלִי הוּא שֶׁהָיָה בַּמִּקְדָּשׁ שֶׁאוֹפִין בּוֹ מִנְחָה עַל הָאוּר בַּשֶּׁמֶן, וְהַכְּלִי אֵינוֹ עָמֹק אֶלָּא צָף, וּמַעֲשֵׂי הַמִּנְחָה שֶׁבְּתוֹכוֹ קָשִׁין, שֶׁמִּתּוֹךְ שֶׁהִיא צָפָה הָאוּר שׂוֹרֵף אֶת הַשֶּׁמֶן. וְכֻלָּן טְעוּנוֹת מַתְּנוֹת שֶׁמֶן: יְצִיקָה וּבְלִילָה וּמַתַּן שֶׁמֶן בַּכְּלִי קֹדֶם לַעֲשִׂיָּתָן: **סֹלֶת בְּלוּלָה בַשֶּׁמֶן.** מְלַמֵּד שֶׁבּוֹלְלָן בְּעוֹדָן סֹלֶת:

ו| **פָּתוֹת אֹתָהּ פִּתִּים.** לְרַבּוֹת כָּל הַמְּנָחוֹת הַנֶּאֱפוֹת קֹדֶם קְמִיצָה – לִפְתִיתָה: **וְיָצַקְתָּ עָלֶיהָ שָׁמֶן מִנְחָה הִוא.** לְרַבּוֹת כָּל הַמְּנָחוֹת לִיצִיקָה. יָכוֹל אַף מִנְחַת מַאֲפֵה תַנּוּר כֵּן? תַּלְמוּד לוֹמַר: "עָלֶיהָ". אוֹצִיא אֶת הַחַלּוֹת וְלֹא אוֹצִיא אֶת הָרְקִיקִין? תַּלְמוּד לוֹמַר: "הִוא":

ז| **מַרְחֶשֶׁת.** כְּלִי הוּא שֶׁהָיָה בַּמִּקְדָּשׁ, עָמֹק, וּמִתּוֹךְ שֶׁהִיא עֲמֻקָּה, שַׁמְנָהּ צָבוּר וְאֵין הָאוּר שׂוֹרְפוֹ, לְפִיכָךְ מַעֲשֵׂי מִנְחָה הָעֲשׂוּיִין לְתוֹכָהּ רוֹחֲשִׁין. כָּל דָּבָר רַךְ עַל יְדֵי מַשְׁקֶה נִרְאֶה כְּרוֹחֵשׁ וּמְנַעֲנֵעַ:

ח| **אֲשֶׁר יֵעָשֶׂה מֵאֵלֶּה.** מֵאֶחָד מִן הַמִּינִים הַלָּלוּ: **וְהִקְרִיבָהּ.** בְּעָלֶיהָ "אֶל הַכֹּהֵן": **וְהִגִּישָׁהּ.** הַכֹּהֵן: **אֶל הַמִּזְבֵּחַ.** מַגִּיעָהּ לְקֶרֶן דְּרוֹמִית מַעֲרָבִית שֶׁל מִזְבֵּחַ:

ביאור

נכללו במנה הקטנה שנשרפה על המזבח, ניתנים **לְאַהֲרֹן וּלְבָנָיו**, והיא **קֹדֶשׁ קָדָשִׁים מֵאִשֵּׁי ה'**. אף על פי שקרבן זה איננו עולה כולו באש כקרבן עולה, והכהנים אוכלים את חלקו הגדול, הוא קרבן חשוב ונקרא 'קודש קודשים' כדרגת קדושת העולה.

מלבד האפשרות הראשונה, שבה בוללים סולת ושמן יחד לעיסה, יש אפשרות נוספת: ד **וְכִי תַקְרִב** בנדבה **קָרְבַּן מִנְחָה מַאֲפֵה תַנּוּר**, גם היא כקודמתה תוכן **מסֹלֶת** חיטים,[27] אפויה **חַלּוֹת**, כיכרות **מַצֹּת**, שאינן חמץ **בְּלוּלֹת בַּשֶּׁמֶן**, ולחלופין אפשר להביאה **רְקִיקֵי מַצּוֹת**, מאפים דקים ושטוחים יותר, **מְשֻׁחִים** מרוחים[28] **בַּשָּׁמֶן**.

ואפשרות אחרת: ה **וְאִם מִנְחָה** מטוגנת **עַל הַמַּחֲבַת**, כלי שטוח שמטגנים עליו בשמן,[29] **קָרְבָּנֶךָ**, גם היא תיעשה **מסֹלֶת בְּלוּלָה בַשֶּׁמֶן**, ואף היא **מַצָּה תִהְיֶה** ולא חמץ. ו **פָּתוֹת**, חתוך **אֹתָהּ פִּתִּים**, לחתיכות קטנות. **וְיָצַקְתָּ עָלֶיהָ שָׁמֶן** פעם נוספת[30] **מִנְחָה הִוא**, וכך דרכן של מנחות.[31]

ז **וְאִם מִנְחַת מַרְחֶשֶׁת**. מנחה המטוגנת טיגון עמוק תבחר **לְקָרְבָּנֶךָ – סֹלֶת בַּשֶּׁמֶן תֵּעָשֶׂה** אף היא.

ח **וְהֵבֵאתָ אֶת הַמִּנְחָה אֲשֶׁר יֵעָשֶׂה מֵאֵלֶּה לַה'**. מנחת הסולת הבלולה, מאפה התנור, מנחת המחבת או המרחשת – בכולם נעשים אותם המעשים:[32] **וְהִקְרִיבָהּ** המביא את המנחה **אֶל הַכֹּהֵן**, **וְהִגִּישָׁהּ** הכהן **אֶל הַמִּזְבֵּחַ**. כחלק מהטקס יגיש הכהן את המנחה כולה אל המזבח בתוך הכלי. ט **וְהֵרִים הַכֹּהֵן מִן הַמִּנְחָה אֶת אַזְכָּרָתָהּ**, הקומץ והלבונה,

הרחבות

מַרְחֶשֶׁת כלי טיגון עמוק, שנקרא כך כנראה מתוך הזיקה לפועל 'מְרַחֶשֶׁת' – מדברת, לוחשת. בכלים כאלה נדמה כאילו השמן לוחש ומרחש. (ראו משנה מנחות ה,ח; רש"י ורא"ב"ע על אתר).

הַמִּנְחָה֙ אֶת־אַזְכָּרָתָ֔הּ וְהִקְטִ֖יר הַמִּזְבֵּ֑חָה אִשֵּׁ֛ה רֵ֥יחַ
י נִיחֹ֖חַ לַיהוָֽה׃ וְהַנּוֹתֶ֙רֶת֙ מִן־הַמִּנְחָ֔ה לְאַהֲרֹ֖ן וּלְבָנָ֑יו
יא קֹ֥דֶשׁ קָֽדָשִׁ֖ים מֵאִשֵּׁ֥י יְהוָֽה׃ כָּל־הַמִּנְחָ֗ה אֲשֶׁ֤ר תַּקְרִ֙יבוּ֙
לַֽיהוָ֔ה לֹ֥א תֵעָשֶׂ֖ה חָמֵ֑ץ כִּ֤י כָל־שְׂאֹר֙ וְכָל־דְּבַ֔שׁ לֹֽא־
יב תַקְטִ֥ירוּ מִמֶּ֛נּוּ אִשֶּׁ֖ה לַֽיהוָֽה׃ קָרְבַּ֥ן רֵאשִׁ֛ית תַּקְרִ֥יבוּ
אֹתָ֖ם לַֽיהוָ֑ה וְאֶל־הַמִּזְבֵּ֥חַ לֹא־יַעֲל֖וּ לְרֵ֥יחַ נִיחֹֽחַ׃
יג וְכָל־קָרְבַּ֣ן מִנְחָתְךָ֮ בַּמֶּ֣לַח תִּמְלָח֒ וְלֹ֣א תַשְׁבִּ֗ית מֶ֚לַח
בְּרִ֣ית אֱלֹהֶ֔יךָ מֵעַ֖ל מִנְחָתֶ֑ךָ עַ֥ל כָּל־קָרְבָּנְךָ֖ תַּקְרִ֥יב
יד מֶֽלַח׃ וְאִם־תַּקְרִ֛יב מִנְחַ֥ת בִּכּוּרִ֖ים לַֽיהוָ֑ה

רש"י

ט | **אֶת אַזְכָּרָתָהּ.** הִיא הַקֹּמֶץ:

יא | **וְכָל דְּבַשׁ.** כָּל מְתִיקַת פְּרִי קְרוּיָה דְּבַשׁ:

יב | **קָרְבַּן רֵאשִׁית תַּקְרִיבוּ אֹתָם.** מַה יֵּשׁ לְךָ לְהָבִיא מִן הַשְּׂאוֹר וּמִן הַדְּבַשׁ? "קָרְבַּן רֵאשִׁית", שְׁתֵּי הַלֶּחֶם שֶׁל עֲצֶרֶת הַבָּאִים מִן הַשְּׂאוֹר, שֶׁנֶּאֱמַר: "חָמֵץ תֵּאָפֶינָה" (ויקרא כג, יז), וּבִכּוּרִים מִן הַדְּבַשׁ, כְּמוֹ בִּכּוּרֵי תְאֵנִים וּתְמָרִים:

יג | **מֶלַח בְּרִית.** שֶׁהַבְּרִית כְּרוּתָה לַמֶּלַח מִשֵּׁשֶׁת יְמֵי בְרֵאשִׁית, שֶׁהֻבְטְחוּ הַמַּיִם הַתַּחְתּוֹנִים לִקָּרֵב בַּמִּזְבֵּחַ בַּמֶּלַח, וְנִסּוּךְ הַמַּיִם בֶּחָג: **עַל כָּל קָרְבָּנְךָ.** עַל עוֹלַת בְּהֵמָה וָעוֹף וְאֵמוּרֵי כָּל הַקֳּדָשִׁים כֻּלָּן:

יד | **וְאִם תַּקְרִיב.** הֲרֵי "אִם" מְשַׁמֵּשׁ בִּלְשׁוֹן 'כִּי', שֶׁהֲרֵי אֵין זֶה רְשׁוּת, שֶׁהֲרֵי בְּמִנְחַת הָעֹמֶר הַכָּתוּב מְדַבֵּר, שֶׁהִיא חוֹבָה. וְכֵן: "וְאִם יִהְיֶה הַיֹּבֵל" וְגוֹ' (במדבר לו, ד): **מִנְחַת בִּכּוּרִים.** בְּמִנְחַת הָעֹמֶר הַכָּתוּב מְדַבֵּר, שֶׁהִיא בָּאָה אָבִיב, בִּשְׁעַת בִּשּׁוּל הַתְּבוּאָה, וּמִן הַשְּׂעוֹרִים הִיא בָּאָה, נֶאֱמַר כָּאן: "אָבִיב" וְנֶאֱמַר לְהַלָּן: "כִּי הַשְּׂעֹרָה אָבִיב"

הרחבות

'כל שאר וכל דבש לא תקטירו ממנו' האיסור על הקרבת החמץ קשור גם לאיסורו בפסח. החמץ נתפס כתוספת מלאכותית, ואילו הלחם הבסיסי הוא מצה נטולת כל תוספות. כשם שבגדי הכהנים – למרות היותם עשויים לכבוד ולהדר – הם בגדים פשוטים העשויים מחומרים פשוטים, כך כל מה שנעשה במזבח – וגם מבנה המזבח עצמו (ראו שמות כ,כא) – נושא אופי פשוט וראשוני. המנחה היא תערובת בסיסית שאין בה חומרים נוספים; לא שאור – המשנה את המרקם, ולא דבש – המוסיף לה טעם.

'מלח ברית' בבריתות בעולם העתיק השתמשו בדברים המסמלים התמדה וקיום, או דברים שמסמלים את גורלו השלילי של מי שיפר את הברית, כגון שחיטת בעלי חיים והתכת שעווה. תכונות המלח וחשיבותו כמוצר בסיסי בהכשרת

ביאור | וְהִקְטִיר הַמִּזְבֵּחָה, אִשֵּׁה רֵיחַ נִיחֹחַ לַה׳. י וְהַנּוֹתֶרֶת מִן הַמִּנְחָה תינתן לְאַהֲרֹן וּלְבָנָיו, והיא נחשבת לקֹדֶשׁ קָדָשִׁים הניתן מֵאִשֵּׁי ה׳, אף על פי שאינה עולה על המזבח, אלא נאכלת על ידי הכהנים.

יא כָּל הַמִּנְחָה אֲשֶׁר תַּקְרִיבוּ לַה׳ – לֹא תֵעָשֶׂה חָמֵץ. בכללו של דבר, אסור לעשות את המנחה מחמץ. יתר על כן – כִּי כָל שְׂאֹר, בצק חמוץ וְכָל דְּבַשׁ, הנוזל המתוק הזב מפֵרות שונים,[33] לֹא תַקְטִירוּ מִמֶּנּוּ קרבן אִשֶּׁה לַה׳.

כאן מעיר הכתוב כי לפעמים יש להקריב שאור ודבש: יב קָרְבַּן רֵאשִׁית, קרבן הביכורים תַּקְרִיבוּ אֹתָם לַה׳. לחם הביכורים היה עשוי חמץ,[34] וגם בביכורים עצמם, שהוגשו אל המזבח, הובא הדבש בצורת פרות שלא הובאו למקדש בדרך כלל.[35] מנחות אלו הוגשו אל המזבח, וְאולם אֶל הַמִּזְבֵּחַ לֹא יַעֲלוּ לְרֵיחַ נִיחֹחַ, לא נשרפו עליו.

כלל נוסף: יג וְכָל קָרְבַּן מִנְחָתְךָ שאתה מביא למקדש – בַּמֶּלַח תִּמְלָח. אין להביא קרבן מנחה בלי מלח. וְלֹא תַשְׁבִּית, תבטל מֶלַח בְּרִית אֱלֹהֶיךָ מֵעַל מִנְחָתֶךָ. נוסף על כך – עַל כָּל קָרְבָּנְךָ תַּקְרִיב מֶלַח, ולא על המנחות בלבד.

יד וְאִם, כאשר תַּקְרִיב מִנְחַת בִּכּוּרִים לַה׳. לפי פירוש חכמים זוהי מנחת העומר – המבוארת במקום אחר,[36] המובאת ראשונה מן התבואה

הרחבות | מזון ובשימורו, בחיטוי ורפואה – מחד גיסא, וכחומר המשמש ייבוש והשבתת פוריות אדמה – מאידך גיסא, הפך אותו כסמל להתמדה, נצחיות וטיהור, ועל כן נעשה בו שימוש בברית. מי שאכל מלחמו וממלחו של אדם אחר, הרי הוא נחשב כמקורב אליו. (ראו עוד בראשית לא,נד; במדבר יח,יט; דברי הימים ב׳ יג,ה).

המלח נחשב סימן של ברית עולם. כשרצו ליצור קשר או לכרות ברית, גם בין בני אדם, השתמשו בדברים המסמלים התמדה וקיום, כמו לחם ומלח.

הקרבנות העולים על המזבח באים מכל חלקי המציאות הפיזית הפשוטים והמורכבים: מן הדומם – המלח, מן הצומח – המנחה, ומן החי – הבהמות והעופות. והמלח, שהוא הפשוט מכולם, נמצא בכל הקרבנות. (ראו רש״י ורמב״ן פס׳ יג).

אָבִיב קָלוּי בָּאֵשׁ גֶּרֶשׂ כַּרְמֶל תַּקְרִיב אֵת מִנְחַת
בִּכּוּרֶיךָ: וְנָתַתָּ עָלֶיהָ שֶׁמֶן וְשַׂמְתָּ עָלֶיהָ לְבֹנָה מִנְחָה טו
הִוא: וְהִקְטִיר הַכֹּהֵן אֶת־אַזְכָּרָתָהּ מִגִּרְשָׂהּ וּמִשַּׁמְנָהּ טז
עַל כָּל־לְבֹנָתָהּ אִשֶּׁה לַיהוָה:

רביעי וְאִם־זֶבַח שְׁלָמִים קָרְבָּנוֹ אִם מִן־הַבָּקָר הוּא מַקְרִיב א ג
אִם־זָכָר אִם־נְקֵבָה תָּמִים יַקְרִיבֶנּוּ לִפְנֵי יְהוָה: וְסָמַךְ ב
יָדוֹ עַל־רֹאשׁ קָרְבָּנוֹ וּשְׁחָטוֹ פֶּתַח אֹהֶל מוֹעֵד וְזָרְקוּ
בְּנֵי אַהֲרֹן הַכֹּהֲנִים אֶת־הַדָּם עַל־הַמִּזְבֵּחַ סָבִיב:
וְהִקְרִיב מִזֶּבַח הַשְּׁלָמִים אִשֶּׁה לַיהוָה אֶת־הַחֵלֶב ג

רש״י (שמות ט, לח): **קָלוּי בָּאֵשׁ.** שֶׁמְּיַבְּשִׁין אוֹתָהּ עַל הָאוּר בְּאַבּוּב שֶׁל קַלָּאִים, שֶׁאִלּוּלֵי כֵן אֵינָהּ נִטְחֶנֶת בָּרֵחַיִם, לְפִי שֶׁהִיא לַחָה: **גֶּרֶשׂ כַּרְמֶל.** גְּרוּסָה בְּעוֹדָהּ לַחָה: **גֶּרֶשׂ.** לְשׁוֹן שְׁבִירָה וּטְחִינָה גַּסָּה בְּרֵחַיִם שֶׁל גְּרוֹסוֹת, כְּמוֹ: ״וַיַּגְרֵס בֶּחָצָץ״ (איכה ג, טז), וְכֵן: ״גָּרְסָה נַפְשִׁי״ (תהלים קיט, כ): **כַּרְמֶל.** בְּעוֹד הַכַּר מָלֵא, שֶׁהַתְּבוּאָה לַחָה וּמְלֵאָה בַּקַּשִּׁין שֶׁלָּהּ, וְעַל כֵּן נִקְרָאִים הַמְּלִילוֹת ׳כַּרְמֶל׳, וְכֵן: ״וְכַרְמֶל בְּצִקְלֹנוֹ״ (מלכים ב׳ ד, מב):

פרק ג

א **שְׁלָמִים.** שֶׁמַּטִּילִים שָׁלוֹם בָּעוֹלָם. ״שְׁלָמִים״ – שֶׁיֵּשׁ בָּהֶם שָׁלוֹם לַמִּזְבֵּחַ וְלַכֹּהֲנִים וְלַבְּעָלִים:

חלבי הבקר המוקטרים

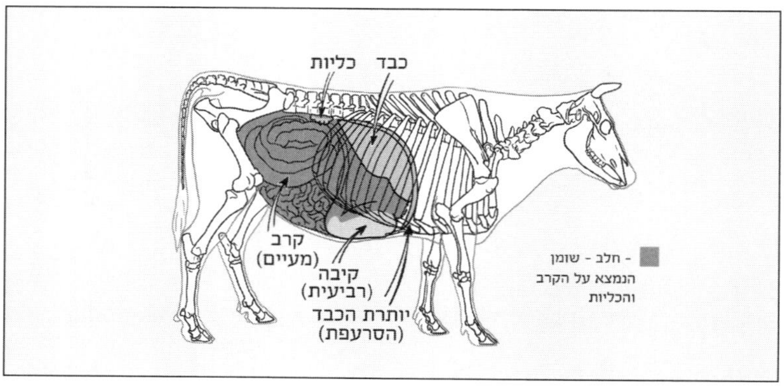

העולם **חֵלֶב** שכבת השומן המכסה על השרירים לשם הגנה על האיברים הפנימיים, ויסות החום והפעילות ההורמונלית. החלב משמש גם כאוצר מזון המתעכל בגוף בעל החיים בעת מחסור. שכבה שומנית זו קיימת בכל בהמה, אך עוביה משתנה מבהמה לבהמה.

ביאור | החדשה, מהשעורים. אופן עשייתה הוא **אָבִיב**, מצב התבואה בשלבי
צמיחה, לפני גמר הבשלתה[37] **קָלוּי בָּאֵשׁ, גֶּרֶשׂ**, גרגרים הגרוסים בגריסת
כַּרְמֶל – גרגרים רכים שעדיין לא התייבשו והצטמקו. כך **תַּקְרִיב אֵת**
מִנְחַת בִּכּוּרֶיךָ. טו **וְנָתַתָּ** גם **עָלֶיהָ שֶׁמֶן, וְשַׂמְתָּ עָלֶיהָ לְבֹנָה** – **מִנְחָה**
הִוא, וכך דרכה של מנחה.[38] טז **וְהִקְטִיר הַכֹּהֵן אֶת אַזְכָּרָתָהּ מִגִּרְשָׂהּ**,
מגרגיריה הגרוסים **וּמִשַּׁמְנָהּ עַל**, עם **כָּל לְבֹנָתָהּ**, אלו יהיו **אִשֶּׁה לַה׳**.[39]

קרבן זבח שלמים

פרק ג

זבח השלמים, שכבר נזכר מעט בספר שמות,[40] גם הוא על פי רוב קרבן מתנה. עם זאת, שלא כמו העולה, שהיא קרבן של נתינה ומסירות גמורה, ובשונה מן המנחה, שחלק ממנה עולה למזבח וחלק אוכל הכהן, כמתנה שנתן לו ה׳ מאִשו, בזבח השלמים הכול משתתפים – חלק מסוים ממנו עולה למזבח, חלק אחר ניתן לכהנים וחלק גדול נשאר אצל הבעלים.[41] בסעודה הקדושה שהבעלים עורכים כרוכה חוויה שונה מזו המתעוררת בהבאת קרבנות העולה והמנחה. גם שמו של קרבן השלמים מורה על שלמות, על אווירת השלום וההרמוניה הנלווית לקרבן זה.[42] אולי גם הכינוי ׳זבח׳ המיוחד לשלמים (ולקרבן פסח) בא על שם הסעודה החגיגית המאפיינת קרבן זה.[43]

אל דיניו של זבח השלמים נספח גם האיסור הכללי לאכול חֵלב ודם בכל הקשר שהוא. כיוון שרק חלק מקרבן שלמים מובא אל ה׳ – וחלק זה כולל תמיד את החלב הנשרף ואת הדם המוזה על המזבח, חלבה ודמה של כל בהמה נאסרים באכילת אדם.

פרק ג א **וְאִם זֶבַח שְׁלָמִים קָרְבָּנוֹ, אִם מִן הַבָּקָר הוּא מַקְרִיב** את הקרבן,
אִם, בין זָכָר אִם, בין נְקֵבָה – **תָּמִים יַקְרִיבֶנּוּ לִפְנֵי ה׳**. זבח השלמים
מוגבל פחות מאשר קרבן העולה שהוא רק זכר, ואולם עדיין נשארת
הדרישה, הקיימת בכל הקרבנות, שלא יהיו בו מומים. ב **וְסָמַךְ**
המקריב את **יָדוֹ עַל רֹאשׁ קָרְבָּנוֹ**, לביטוי הזדהותו עם הקרבן והעברת
עצמו אל הקרבן שהוא מביא. **וּשְׁחָטוֹ פֶּתַח אֹהֶל מוֹעֵד**, בחצר המשכן,
ומאוחר יותר – בעזרה הסמוכה לבית המקדש. **וְזָרְקוּ בְּנֵי אַהֲרֹן הַכֹּהֲנִים**
אֶת הַדָּם עַל הַמִּזְבֵּחַ סָבִיב. השחיטה איננה חלק ישיר מעבודת הקרבן
אלא היא הכשרתו, ולכן כל אחד יכול לבצעה. רק בעבודת הדם
מתחילה עבודת הכהנים. ג **וְהִקְרִיב מִזֶּבַח**, מתוך קרבן **הַשְּׁלָמִים אִשֶּׁה**,
חלק שיישרף על המזבח **לַה׳**. לא כל הבהמה נשרפת. הוא מקריב

הרחבות | **׳אביב׳** שימושיה השונים של מלה זו קשורים לראשית הצמיחה ולתקופת השנה שבה היא מתרחשת.

חֵלב בהלכה קיימת הבחנה משמעותית בין חֵלב לשומן. אמנם גם החלב הוא רקמה שומנית, אבל רקמה זו קבועה ומוצקה יותר, ואילו השומן נמצא בתוך הבשר

הַֽמְכַסֶּה אֶת־הַקֶּרֶב וְאֵת כָּל־הַחֵלֶב אֲשֶׁר עַל־הַקֶּרֶב׃
ד וְאֵת שְׁתֵּי הַכְּלָיֹת וְאֶת־הַחֵלֶב אֲשֶׁר עֲלֵהֶן אֲשֶׁר
עַל־הַכְּסָלִים וְאֶת־הַיֹּתֶרֶת עַל־הַכָּבֵד עַל־הַכְּלָיוֹת
ה יְסִירֶנָּה׃ וְהִקְטִירוּ אֹתוֹ בְנֵי־אַהֲרֹן הַמִּזְבֵּחָה עַל־
הָעֹלָה אֲשֶׁר עַל־הָעֵצִים אֲשֶׁר עַל־הָאֵשׁ אִשֵּׁה רֵיחַ
נִיחֹחַ לַיהוָה׃
ו וְאִם־מִן־הַצֹּאן קָרְבָּנוֹ לְזֶבַח שְׁלָמִים לַיהוָה זָכָר אוֹ
ז נְקֵבָה תָּמִים יַקְרִיבֶנּוּ׃ אִם־כֶּשֶׂב הוּא־מַקְרִיב אֶת־
ח קָרְבָּנוֹ וְהִקְרִיב אֹתוֹ לִפְנֵי יְהוָה׃ וְסָמַךְ אֶת־יָדוֹ עַל־
רֹאשׁ קָרְבָּנוֹ וְשָׁחַט אֹתוֹ לִפְנֵי אֹהֶל מוֹעֵד וְזָרְקוּ בְּנֵי
ט אַהֲרֹן אֶת־דָּמוֹ עַל־הַמִּזְבֵּחַ סָבִיב׃ וְהִקְרִיב מִזֶּבַח
הַשְּׁלָמִים אִשֶּׁה לַיהוָה חֶלְבּוֹ הָאַלְיָה תְמִימָה לְעֻמַּת

רש"י

ג) **וְאֵת כָּל הַחֵלֶב וְגוֹ'.** לְהָבִיא חֵלֶב שֶׁעַל הַקֵּבָה, דִּבְרֵי רַבִּי יִשְׁמָעֵאל. רַבִּי עֲקִיבָא אוֹמֵר: לְהָבִיא חֵלֶב שֶׁעַל הַדַּקִּין:

ד) **הַכְּסָלִים.** פלנק"ש בְּלַעַז, שֶׁהַחֵלֶב שֶׁעַל הַכְּלָיוֹת כְּשֶׁהַבְּהֵמָה חַיָּה הוּא בְּגֹבַהּ הַכְּסָלִים וְהֵם לְמַטָּה, וְזֶהוּ הַחֵלֶב שֶׁתַּחַת הַמָּתְנַיִם שֶׁקּוֹרִין בְּלַעַז לונביל"ש, לְבַן הַנִּרְאֶה לְמַעְלָה בְּגֹבַהּ הַכְּסָלִים, וּבְתַחְתִּיתוֹ הַבָּשָׂר חוֹפֵהוּ: **הַיֹּתֶרֶת.** הוּא דֹּפֶן הַמָּסָךְ שֶׁקּוֹרִין איבל"ש, וּבְלָשׁוֹן אֲרַמִּי "חַצְרָא": **עַל הַכָּבֵד.** שֶׁיִּטֹּל מִן הַכָּבֵד עִמָּהּ מְעַט, וּבְמָקוֹם אַחֵר הוּא אוֹמֵר: "וְאֶת הַיֹּתֶרֶת מִן הַכָּבֵד" (ויקרא ט, י): **עַל הַכָּבֵד עַל הַכְּלָיוֹת.** לְבַד מִן הַכָּבֵד וּלְבַד מִן הַכְּלָיוֹת "יְסִירֶנָּה" לָזוֹ:

ה) **עַל הָעֹלָה.** מִלְּבַד הָעוֹלָה, לְמַדְנוּ שֶׁתִּקְדֹּם עוֹלַת תָּמִיד לְכָל קָרְבָּן עַל הַמַּעֲרָכָה:

ז) **אִם כֶּשֶׂב.** לְפִי שֶׁיֵּשׁ בְּאֵמוּרֵי הַכֶּשֶׂב מַה שֶּׁאֵין בְּאֵמוּרֵי הָעֵז, שֶׁהַכֶּשֶׂב אַלְיָתוֹ קְרֵבָה, לְכָךְ נֶחְלְקוּ לִשְׁתֵּי פָּרָשִׁיּוֹת:

ח) **וְזָרְקוּ.** שְׁתֵּי מַתָּנוֹת שֶׁהֵן אַרְבַּע, וְעַל יְדֵי הַכְּלִי הוּא זוֹרֵק, וְאֵינוֹ נוֹתֵן בְּאֶצְבַּע אֶלָּא חַטָּאת:

ט) **חֶלְבּוֹ.** הַמֻּבְחָר שֶׁבּוֹ, וּמַהוּ זֶה? "הָאַלְיָה

הרחבות | והשרירים ולא על גביהם. (ראו הוריות ב ע"א; רמב"ן פס' ט).

שיכול האותיות בין כֶּשֶׂב לְכֶבֶשׂ נמצא בעוד כמה מלים, כמו למשל שִׂמְלָה ושַׂלְמָה. שתי הצורות נכונות ושתיהן משמשות בשפה, ולא ברור אם הן מתחלפות באופן חופשי או שיש הבדל

ביאור | רק **אֶת** ש**ִ**כבת **הַחֵלֶב**, הרקמה השומנית, **הַמְכַסֶּה אֶת הַקֶּרֶב וְאֵת כָּל הַחֵלֶב אֲשֶׁר עַל הַקֶּרֶב**, חלקי חלב נוספים שנמצאים בצדי האיברים הפנימיים.[44] ד **וְאֵת שְׁתֵּי הַכְּלָיֹת, וְאֶת הַחֵלֶב אֲשֶׁר עֲלֵהֶן**, מסביבן, **אֲשֶׁר עַל הַכְּסָלִים**, בשר מותני הבהמה.[45] זהו החלב שנמצא על הכליות ומגיע עד למותניים, **וְאֶת הַיֹּתֶרֶת**, הסרעפת[46] **שֶׁעַל הַכָּבֵד**, בלי עיקר הכבד,[47] **עַל**, עם **הַכְּלָיוֹת יְסִירֶנָּה** – את היותרת מן הכבד. ה **וְהִקְטִירוּ**, ישרפו **אֹתוֹ**, את כל החלקים הללו כיחידה אחת[48] **בְנֵי אַהֲרֹן הַמִּזְבֵּחָה עַל הָעֹלָה**, אִתה או לאחריה.[49] אמנם אין הכרח שהעולָה תהיה תמיד על האש, אבל היא מצויה תדיר על המזבח, מפני שהיא מן הקרבנות התמידיים שמ**ּ**ביא הציבור בתחילת כל יום ובסופו, או מפני שבכל עת שלא היה קרבן אחר, דאגו להקריב עולה.[50] **אֲשֶׁר** היא נתונה **עַל הָעֵצִים אֲשֶׁר עַל הָאֵשׁ**, כאמור למעלה,[51] **אִשֵּׁה רֵיחַ נִיחֹחַ לַה׳**.

ו **וְאִם מִן הַצֹּאן**, ולא מן הבקר **קָרְבָּנוֹ לְזֶבַח שְׁלָמִים לַה׳**, גם אז הוא **זָכָר אוֹ נְקֵבָה**, ובלבד ש**תָּמִים יַקְרִיבֶנּוּ**. בכל מיני זבח השלמים מופיע סדר מעשים זהה, והוא חוזר שלוש פעמים – בהבדלים דקים – במהלך העניין.[52] ז **אִם כֶּשֶׂב**, כבש **הוּא מַקְרִיב אֶת קָרְבָּנוֹ, וְהִקְרִיב אֹתוֹ לִפְנֵי ה׳**, בפתח אוהל מועד, ח **וְסָמַךְ אֶת יָדוֹ עַל רֹאשׁ קָרְבָּנוֹ, וְשָׁחַט אֹתוֹ לִפְנֵי אֹהֶל מוֹעֵד**. ושוב, אותו סדר: **וְזָרְקוּ בְּנֵי אַהֲרֹן אֶת דָּמוֹ עַל הַמִּזְבֵּחַ סָבִיב**. ט **וְהִקְרִיב** הכהן **מִזֶּבַח הַשְּׁלָמִים אִשֶּׁה**, החלק שנשרף באש **לַה׳** – אך כאן יש שינוי, שבגללו מפורט כל סדר המעשים פעם נוספת: מן הכבש הכהן מביא גם את **חֶלְבּוֹ**: **הָאַלְיָה**, זנב גדול, רחב ושומני,

חלקי הכבש המוקטרים ('אימורים')

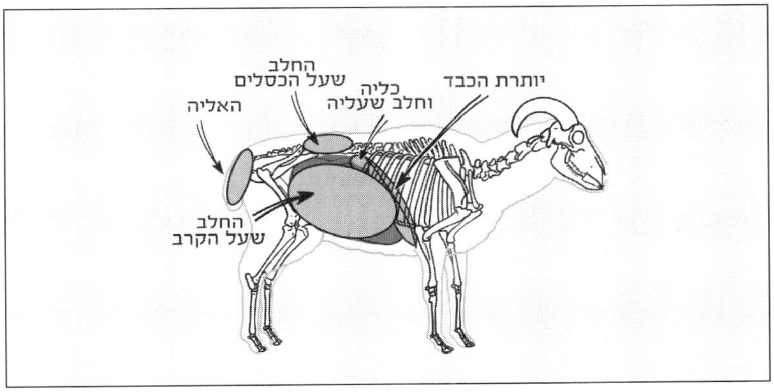

משמעות בלשהו ביניהן. (ראו רד"ק לשמואל ב' כ,יד; בעל הטורים על אתר; משך חכמה להלן ה,ו; מלבי"ם, אילת השחר רעט).

הרחבות | **האַליה** זנב מעובה כזה מצוי בכבשים שבארץ ישראל ובסביבותיה, אך לא בכל מיני הכבשים, ובוודאי שאין הוא נמצא בבקר ובעזים. ייתכן שזו הסיבה שקרבן

הֶעָצֶה יְסִירֶנָּה וְאֶת־הַחֵלֶב הַמְכַסֶּה אֶת־הַקֶּרֶב וְאֵת
כָּל־הַחֵלֶב אֲשֶׁר עַל־הַקֶּרֶב: וְאֵת שְׁתֵּי הַכְּלָיֹת וְאֶת־ י
הַחֵלֶב אֲשֶׁר עֲלֵהֶן אֲשֶׁר עַל־הַכְּסָלִים וְאֶת־הַיֹּתֶרֶת
עַל־הַכָּבֵד עַל־הַכְּלָיֹת יְסִירֶנָּה: וְהִקְטִירוֹ הַכֹּהֵן יא
הַמִּזְבֵּחָה לֶחֶם אִשֶּׁה לַיהוָה:
וְאִם־עֵז קָרְבָּנוֹ וְהִקְרִיבוֹ לִפְנֵי יְהוָה: וְסָמַךְ אֶת־יָדוֹ יב יג
עַל־רֹאשׁוֹ וְשָׁחַט אֹתוֹ לִפְנֵי אֹהֶל מוֹעֵד וְזָרְקוּ בְּנֵי
אַהֲרֹן אֶת־דָּמוֹ עַל־הַמִּזְבֵּחַ סָבִיב: וְהִקְרִיב מִמֶּנּוּ יד
קָרְבָּנוֹ אִשֶּׁה לַיהוָה אֶת־הַחֵלֶב הַמְכַסֶּה אֶת־הַקֶּרֶב
וְאֵת כָּל־הַחֵלֶב אֲשֶׁר עַל־הַקֶּרֶב: וְאֵת שְׁתֵּי הַכְּלָיֹת טו
וְאֶת־הַחֵלֶב אֲשֶׁר עֲלֵהֶן אֲשֶׁר עַל־הַכְּסָלִים וְאֶת־
הַיֹּתֶרֶת עַל־הַכָּבֵד עַל־הַכְּלָיֹת יְסִירֶנָּה: וְהִקְטִירָם טז
הַכֹּהֵן הַמִּזְבֵּחָה לֶחֶם אִשֶּׁה לְרֵיחַ נִיחֹחַ כָּל־חֵלֶב
לַיהוָה: חֻקַּת עוֹלָם לְדֹרֹתֵיכֶם בְּכֹל מוֹשְׁבֹתֵיכֶם כָּל־ יז
חֵלֶב וְכָל־דָּם לֹא תֹאכֵלוּ:

רש"י | תְּמִימָה": לְעֻמַּת הֶעָצֶה. לְמַעְלָה מִן הַכְּלָיוֹת הַיּוֹעֲצוֹת:

יא | לֶחֶם אִשֶּׁה לַה'. לַחְמוֹ שֶׁל אֵשׁ לְשֵׁם גָּבוֹהַּ: לֶחֶם. לְשׁוֹן מַאֲכָל, וְכֵן: "נַשְׁחִיתָה עֵץ בְּלַחְמוֹ" (ירמיה יא, יט), "עֲבַד לְחֶם רַב" (דניאל ה, א), "לִשְׂחוֹק עֹשִׂים לֶחֶם" (קהלת י, יט):

הרחבות | הכבשים נכתב בנפרד מקרבן העזים (על פי ספרא; פסחים צו ע"ב). לכן בקרבן עולה, שכולה עולה על המזבח, לא הפריד הכתוב בין הכבשים לעזים אלא כללם יחד. (ראו לעיל א,י).

'כל חֵלֶב וכל דם לא תאכלו' למרות שאיסור אכילת חלב ודם מוצג כאן כבלתי תלוי בקרבנות, והוא מוגדר כחוק, כלומר כמעשה שאין לו הסבר אלא מעין גזרת מלך (ראו במדבר רבה יט,ח) – הוא מופיע כאן, מפני שקיים בכל זאת קשר בינו לבין הקרבנות. כיוון שהחלב והדם הם חלקי הבהמה המוקרבים לה' בעבודת הקודש, נאסר על בני אדם לאכלם בשום אופן. (ראו רמב"ן חולין ה ע"ב; ר"י בכור שור ויקרא יא,ב; וראו עוד משך חכמה ויקרא יז,י).

כך מתבאר הביטוי כָּל חֵלֶב לַה', שסיכם את הקטר חלקי הקרבן על המזבח והקדים

ביאור | **תְּמִימָה**, האליה בשלמותה.[53] **לְעֻמַּת הֶעָצֶה** – החוליה האחרונה בעמוד השדרה. **יְסִירֶנָּה**. עליו להסיר אותה עד הקצה התחתון של עמוד השדרה, וכמו בבקר[54] הוא יקטיר **אֶת הַחֵלֶב הַמְכַסֶּה אֶת הַקֶּרֶב וְאֵת כָּל הַחֵלֶב אֲשֶׁר עַל הַקֶּרֶב** י **וְאֵת שְׁתֵּי הַכְּלָיֹת וְאֶת הַחֵלֶב אֲשֶׁר עֲלֵהֶן אֲשֶׁר עַל הַכְּסָלִים וְאֶת הַיֹּתֶרֶת עַל הַכָּבֵד עַל הַכְּלָיֹת יְסִירֶנָּה.** יא **וְהִקְטִירוֹ הַכֹּהֵן הַמִּזְבֵּחָה**, את החלק הראוי, והוא **לֶחֶם**, כינוי לכל דבר הנאכל, שאנשים חייב עליו,[55] הכולל גם את חלקי הקרבן הניתנים מתנה לה' והנאכליב על המזבח, **אִשֶּׁה לַה'**.

יב **וְאִם עֵז קָרְבָּנוֹ – וְהִקְרִיבוֹ לִפְנֵי ה'**. אף על פי שהפרשה חוזרת כמעט מלה במלה על מה שנאמר בכבש, ולמרות שהכבשים והעזים כמעט משפחה אחת. אכן יש, יש ביניהם הפרש לגבי דין האליה, לפיכך פורט כל אחד לעצמו.[56] יג **וְסָמַךְ אֶת יָדוֹ עַל רֹאשׁוֹ, וְשָׁחַט אֹתוֹ לִפְנֵי אֹהֶל מוֹעֵד. וְזָרְקוּ בְּנֵי אַהֲרֹן אֶת דָּמוֹ עַל הַמִּזְבֵּחַ סָבִיב.** יד **וְהִקְרִיב מִמֶּנּוּ קָרְבָּנוֹ אִשֶּׁה לַה': אֶת הַחֵלֶב הַמְכַסֶּה אֶת הַקֶּרֶב וְאֵת כָּל הַחֵלֶב אֲשֶׁר עַל הַקֶּרֶב** טו **וְאֵת שְׁתֵּי הַכְּלָיֹת וְאֶת הַחֵלֶב אֲשֶׁר עֲלֵהֶן אֲשֶׁר עַל הַכְּסָלִים וְאֶת הַיֹּתֶרֶת עַל הַכָּבֵד עַל הַכְּלָיֹת יְסִירֶנָּה.** אולם האליה אינה נזכרת – משום שזנב העז, שאינו שומני כשל כבש, אינו מוקטר על המזבח. טז **וְהִקְטִירָם הַכֹּהֵן הַמִּזְבֵּחָה, לֶחֶם אִשֶּׁה לְרֵיחַ נִיחֹחַ, כָּל חֵלֶב לַה'**. כל החלב שנמצא בבהמה נשרף כקרבן לה'.

יז **חֻקַּת עוֹלָם**, חוק נצחי שאינו כרוך בקרבנות בהכרח, אלא ינהג **לְדֹרֹתֵיכֶם**, בזמן שהמקדש קיים ובזמן שאיננו, **וּבְכֹל מוֹשְׁבֹתֵיכֶם**, בכל מקום בו יושבים בני ישראל, בארץ ישראל או חוצה לה: **כָּל חֵלֶב וְכָל דָּם לֹא תֹאכֵלוּ**, אסור לכם לאכלם.

הרחבות | את איסור אכילת החלב, בשני אופנים; מחד גיסא, החלב הנחשב החלק הטוב, השמן והמובחר, (ראו בראשית מה,יח), הוא המובא למקדש ה'. ומאידך גיסא, כיוון שהחלב הוא חלקו של ה' בבהמה, הוא שייך לה' בלבד, ומכאן האיסור לאכלו.

לפי מסורת חכמים, מן האיסור על אכילת חלב חורג חלב האליה – למרות שהוא עולה למזבח, אין הוא אסור באכילה, והוא אכן נאכל עד היום הזה. נושא זה היה מקור לוויכוח עם הקראים, שאסרו גם את חלב האליה. לדעת חכמים, הגדרת האיסור מתייחסת רק לחלבים המצויים גם בבקר ובעזים. (ראו חולין קיז ע"א; ספרא ג,ט וראב"ד בפירושו לספרא שם). האליה אינה נכללת בחלבים הרגילים – והיא אף שונה מהם במקצת הן במבנה והן בפונקציה שהיא ממלאת בגוף הבהמה.

חמישי ב וַיְדַבֵּר יְהוָה אֶל־מֹשֶׁה לֵּאמֹר׃ דַּבֵּר אֶל־בְּנֵי יִשְׂרָאֵל א ב ד
לֵאמֹר נֶפֶשׁ כִּי־תֶחֱטָא בִשְׁגָגָה מִכֹּל מִצְוֺת יְהוָה
אֲשֶׁר לֹא תֵעָשֶׂינָה וְעָשָׂה מֵאַחַת מֵהֵנָּה׃ אִם הַכֹּהֵן ג
הַמָּשִׁיחַ יֶחֱטָא לְאַשְׁמַת הָעָם וְהִקְרִיב עַל חַטָּאתוֹ
אֲשֶׁר חָטָא פַּר בֶּן־בָּקָר תָּמִים לַיהוָה לְחַטָּאת׃
וְהֵבִיא אֶת־הַפָּר אֶל־פֶּתַח אֹהֶל מוֹעֵד לִפְנֵי יְהוָה ד

רש"י | פרק ד

ב | **מִכֹּל מִצְוֺת ה'.** פֵּרְשׁוּ רַבּוֹתֵינוּ: אֵין חַטָּאת בָּאָה אֶלָּא עַל דָּבָר שֶׁזְּדוֹנוֹ לָאו וְכָרֵת: **מֵאַחַת מֵהֵנָּה.** מִמִּקְצָת אַחַת מֵהֶן, כְּגוֹן הַכּוֹתֵב בְּשַׁבָּת 'שֵׁם' מִ'שִּׁמְעוֹן', 'נֹחַ' מִ'נָּחוֹר', 'דָּן' מִ'דָּנִיֵּאל':

ג | **אִם הַכֹּהֵן הַמָּשִׁיחַ יֶחֱטָא לְאַשְׁמַת הָעָם.** מִדְרָשׁוֹ, אֵינוֹ חַיָּב אֶלָּא בְּהֶעְלֵם דָּבָר עִם שִׁגְגַת מַעֲשֶׂה, כְּמוֹ שֶׁנֶּאֱמַר בְּאַשְׁמַת הָעָם: "וְנֶעְלַם דָּבָר מֵעֵינֵי הַקָּהָל וְעָשׂוּ" (להלן פסוק יג). וּפְשׁוּטוֹ לְפִי הָאַגָּדָה, כְּשֶׁכֹּהֵן גָּדוֹל חוֹטֵא "אַשְׁמַת הָעָם" הִיא, שֶׁזֶּה שֶׁהֵן תְּלוּיִין בּוֹ לְכַפֵּר עֲלֵיהֶם וּלְהִתְפַּלֵּל בַּעֲדָם נַעֲשָׂה מְקֻלְקָל: **פַּר.** יָכוֹל זָקֵן? תַּלְמוּד לוֹמַר: "בֶּן". אִי "בֶּן", יָכוֹל קָטָן? תַּלְמוּד לוֹמַר: "פַּר", הָא כֵּיצַד? זֶה פַּר בֶּן שָׁלֹשׁ:

קרבנות חטאת הבהמה (על פי הכתוב בפרק ד)

	'חטאות פנימיות'		'חטאות חיצוניות'	
	חטאת כהן משיח	**חטאת העדה**	**חטאת נשיא**	**חטאת אחד מהעם**
מין הקרבן	פר		שעיר	כשבה או שעירה
העובד	הכהן המשיח		כל כהן	
מתנות הדם	הזאות כנגד הפרוכת ונתינות על קרנות המזבח הפנימי		נתינות על קרנות מזבח החיצון	
הבשר והעור (מלבד החלקים המוקטרים)	נשרפים בחוץ		לכהנים	

הרחבות | **'מִכֹּל מצות ה' אשר לא תֵעָשֶׂינָה'** למרות הניסוח לא נכללים כאן כל מיני המעשים האסורים. לפי המסורת, וכך גם ניתן להבין מתוך המשך הפרשה ומפרשה מקבילה, (ראו במדבר טו,כז-לא), יש להביא קרבן חטאת רק אם עוברים

קרבנות חטאת

פרק ד – פרק ה פס׳ יג

מקרבנות הנדבה, שהספר עסק בהם עד כה, עובר הכתוב לקרבנות החובה. העניין שלפנינו עוסק באופנים השונים של קרבן החטאת. קרבן זה בא בדרך כלל על חטאים הנעשים מתוך שכחה, חוסר מודעות ותשומת לב. מן הקרבנות הללו ניתן ללמוד כי במידה מסוימת אדם אשם גם במעשה שנעשה בלא שהתכוון לחטוא. השוכח שמעשה מסוים הוא חטא ועושהו אינו דומה לעושה מתוך חוסר תודעה מוחלט. אשמתו אינו גמורה, אך רובצת עליו אחריות מסוימת, והקרבן בא לכפר על אשמה מוגבלת זו. לעומת זאת, המזיד, הפועל מתוך תודעה ורצון רע, איננו מביא קרבן חטאת, משום שמעשה כזה לא יתכפר באמצעות קרבן. במקרים מסוימים מתחייב המזיד עונש בבית דין אנושי, ובכל אופן הוא נענש בבית דין של מעלה. מכל מקום, התשובה והכפרה על חטא בזדון אינן באות בדרך כלל באמצעות קרבן.[57] יתר על כן, כשאדם חטא מתוך שכחה, והיה חוטא באותה שעה גם כו זכר את החטא – אין הוא מביא קרבן.[58] כפרת קרבן החטאת חלה אפוא בתחום החטאים שנעשו שלא ביודעין ולא היו נעשים ביודעין.

בחלקו הראשון של העניין יפורטו חמישה מינים של קרבן חטאת המתייחסים לארבע דרגות של החוטאים: קרבן הכהן הגדול, קרבן בית הדין, קרבן הנשיא ושני סוגי קרבן שמביאים כל שאר ישראל. סדרם בנוי לפי דרגות הקדושה והיקף האחריות המוסרית, ולא לפי המעמדות האזרחיים, שכן הוא פותח בכהן המשיח – האיש הקדוש בישראל מבחינת מעמדו – ומסיים באנשים הפשוטים. בכל אלו מדובר בחטאים כבדים, שכאשר הם נעשים במזיד עונשם כרת.

בחלקו השני של העניין יפורטו קרבנות חטאת על עוונות מסוימים שאין בהזדתם עונש כרת בהכרח. בקרבנות חטאת אלה המינים שמהם יבוא הקרבן ייקבעו בהתאם לאפשרויותיו הכלכליות של החוטא.

פרק ד א **וַיְדַבֵּר ה׳ אֶל מֹשֶׁה לֵּאמֹר:** ב **דַּבֵּר אֶל בְּנֵי יִשְׂרָאֵל לֵאמֹר: נֶפֶשׁ** ביאור
כִּי תֶחֱטָא בִשְׁגָגָה. בטעות הנובעת משכחה, החלפה וכדומה. מחד
גיסא, אין זה חטא שנעשה בזדון ובכוונה תחילה, ומאידך גיסא, גם
אינו נעשה מתוך כפייה או בחוסר מודעות מוחלט, כמו בשכרות
גמורה.[59] באחת **מִכֹּל מִצְוֹת ה׳ אֲשֶׁר לֹא תֵעָשֶׂינָה,** ׳מצוות לא תעשה׳,
איסורים, **וְעָשָׂה מֵאַחַת מֵהֵנָּה.** עבר על אחת מהן.

קרבנות חטאת חלוקים בדיניהם בהתאם לזהותו של החוטא.
אפשרות אחת: ג **אִם הַכֹּהֵן הַמָּשִׁיחַ,** הכהן הגדול,[60] שבמשך דורות
מונה לתפקידו באמצעות משיחה בשמן המשחה.[61] **יֶחֱטָא,** מתוך
שיורה לעצמו היתר בדבר האסור – הרי זה **לְאַשְׁמַת הָעָם.** חטאו של
האיש הנבחר, הגדול מכל אחיו, קשור באשמה כללית יותר, לא רק
משום שהכהן מייצג את העם, אלא משום שהוא מבטא את מצבו
של העם, וגם משפיע עליו במעשיו.[62] לכן קרבנו שונה מקרבנו של
אדם פרטי שחטא – **וְהִקְרִיב עַל חַטָּאתוֹ אֲשֶׁר חָטָא פַּר בֶּן בָּקָר תָּמִים**
לַה׳ לְחַטָּאת. ד **וְהֵבִיא אֶת הַפָּר אֶל פֶּתַח אֹהֶל מוֹעֵד לִפְנֵי ה׳,** לחצר

הרחבות

בשוגג עברות חמורות שעל עשייתן במזיד היו נענשים בכרת. למשל, אדם שמחלל שבת משום ששכח שהיום שבת, או שלא ידע שהדבר שהוא עושה אסור. (ראו משנה כריתות א,א-ב; ספרא על אתר).

וְסָמַךְ אֶת־יָדוֹ עַל־רֹאשׁ הַפָּר וְשָׁחַט אֶת־הַפָּר לִפְנֵי
יְהוָה׃ וְלָקַח הַכֹּהֵן הַמָּשִׁיחַ מִדַּם הַפָּר וְהֵבִיא אֹתוֹ ה
אֶל־אֹהֶל מוֹעֵד׃ וְטָבַל הַכֹּהֵן אֶת־אֶצְבָּעוֹ בַּדָּם וְהִזָּה ו
מִן־הַדָּם שֶׁבַע פְּעָמִים לִפְנֵי יְהוָה אֶת־פְּנֵי פָּרֹכֶת
הַקֹּדֶשׁ׃ וְנָתַן הַכֹּהֵן מִן־הַדָּם עַל־קַרְנוֹת מִזְבַּח קְטֹרֶת ז
הַסַּמִּים לִפְנֵי יְהוָה אֲשֶׁר בְּאֹהֶל מוֹעֵד וְאֵת ׀ כָּל־דַּם
הַפָּר יִשְׁפֹּךְ אֶל־יְסוֹד מִזְבַּח הָעֹלָה אֲשֶׁר־פֶּתַח אֹהֶל
מוֹעֵד׃ וְאֶת־כָּל־חֵלֶב פַּר הַחַטָּאת יָרִים מִמֶּנּוּ אֶת־ ח
הַחֵלֶב הַמְכַסֶּה עַל־הַקֶּרֶב וְאֵת כָּל־הַחֵלֶב אֲשֶׁר עַל־
הַקֶּרֶב׃ וְאֵת שְׁתֵּי הַכְּלָיֹת וְאֶת־הַחֵלֶב אֲשֶׁר עֲלֵיהֶן ט

רש"י

ה | אֶל אֹהֶל מוֹעֵד. לַמִּשְׁכָּן, וּבְבֵית עוֹלָמִים – לַהֵיכָל:

ו | אֶת פְּנֵי פָּרֹכֶת הַקֹּדֶשׁ. כְּנֶגֶד מְקוֹם קְדֻשָּׁתָהּ, מְכֻוָּן כְּנֶגֶד בֵּין הַבַּדִּים, וְלֹא הָיוּ נוֹגְעִים דָּמִים בַּפָּרֹכֶת, וְאִם נָגְעוּ נָגְעוּ:

ז | וְאֵת כָּל דַּם. שְׁיָרֵי הַדָּם:

ח | וְאֶת כָּל חֵלֶב פַּר. 'חֶלְבּוֹ' הָיָה לוֹ לוֹמַר, מַה תַּלְמוּד לוֹמַר: "פַּר"? לְרַבּוֹת פַּר שֶׁל יוֹם הַכִּפּוּרִים לִכְלָיוֹת וְלַחֲלָבִים וְיוֹתֶרֶת: הַחַטָּאת. לְהָבִיא שְׂעִירֵי עֲבוֹדָה זָרָה לִכְלָיוֹת וְלַחֲלָבִים וְיוֹתֶרֶת: יָרִים מִמֶּנּוּ. מִן הַמְחֻבָּר, שֶׁלֹּא יְנַתְּחֶנּוּ קֹדֶם הֲסָרַת חֶלְבּוֹ. תּוֹרַת כֹּהֲנִים:

מזבח העולה במשכן

ביאור

המשכן מול הפתח,[63] **וְסָמַךְ אֶת יָדוֹ עַל רֹאשׁ הַפָּר, וְשָׁחַט אֶת הַפָּר לִפְנֵי**
ה׳, ה **וְלָקַח הַכֹּהֵן הַמָּשִׁיחַ מִדַּם הַפָּר, וְהֵבִיא אֹתוֹ אֶל אֹהֶל מוֹעֵד.** במקרה
מיוחד זה החוטא והמכפר אינם אנשים שונים. הכהן המשיח הוא
שמביא את קרבן הכפרה על חטאו שלו. ייתכן שהסיבה לחריגה
זו קשורה לכך שהדם מוזה לעבר קודש הקודשים, ולכן עבודה זו
צריכה להיעשות על ידי הכהן הקדוש ביותר.[64] ו **וְטָבַל הַכֹּהֵן אֶת**
אֶצְבָּעוֹ בַּדָּם, וְהִזָּה מִן הַדָּם שֶׁבַע פְּעָמִים לִפְנֵי ה׳ אֶת פְּנֵי, כלפי **פָּרֹכֶת**
הַקֹּדֶשׁ שמאחוריה ארון הברית. הכהן הגדול נכנס אל הקודש ומתיז
מן הדם לכיוון קודש הקודשים, שלא כברוב הקרבנות, שבהם הדם
נזרק או מוזה רק על המזבח החיצון. ז **וְנָתַן הַכֹּהֵן** באצבעו **מִן הַדָּם**
עַל קַרְנוֹת מִזְבַּח קְטֹרֶת הַסַּמִּים לִפְנֵי ה׳, אֲשֶׁר בְּאֹהֶל מוֹעֵד. על מזבח
הקטורת אין מעלים עולה או מנחה, ובאופן רגיל מזים עליו דם רק
פעם אחת בשנה – ביום הכיפורים.[65] למרות זאת, דם החטאת של
הכהן המשיח ניתן אף הוא על המזבח הפנימי. **וְאֵת כָּל דַּם** הנפש של
הַפָּר שנותר במזרק, שהוא כלי קיבול גדול למדי ונשארה בו כמות
הגונה של דם, **יִשְׁפֹּךְ אֶל יְסוֹד**, בסיס **מִזְבַּח הָעֹלָה אֲשֶׁר פֶּתַח אֹהֶל מוֹעֵד**,
בצד המערבי של המזבח החיצון, הפונה אל פתח המשכן.[66] אופן
נתינת הדם שונה אפוא מקרבן לקרבן: דם העולה וזבח השלמים
נזרק על המזבח החיצון בלבד, ואילו דם החטאת של הכהן הגדול
נכנס לקודש, ניתז לעבר הפרוכת וניתן על מזבח הקטורת. ח אולם
מבחינת הקרבת חלקי הקרבן על המזבח אין הבדל בין השלמים
לבין החטאת – **וְאֶת כָּל חֵלֶב**, הרקמה השומנית של **פַּר הַחַטָּאת יָרִים**,
יסיר, יפריש. **מִמֶּנּוּ: אֶת הַחֵלֶב הַמְכַסֶּה עַל הַקֶּרֶב וְאֵת כָּל הַחֵלֶב אֲשֶׁר**
עַל הַקֶּרֶב ט **וְאֵת שְׁתֵּי הַכְּלָיֹת וְאֶת הַחֵלֶב אֲשֶׁר עֲלֵיהֶן, אֲשֶׁר עַל הַכְּסָלִים,**

אֲשֶׁר עַל־הַכְּסָלִים וְאֶת־הַיֹּתֶרֶת עַל־הַכָּבֵד עַל־
הַכְּלָיוֹת יְסִירֶנָּה׃ כַּאֲשֶׁר יוּרַם מִשּׁוֹר זֶבַח הַשְּׁלָמִים י
וְהִקְטִירָם הַכֹּהֵן עַל מִזְבַּח הָעֹלָה׃ וְאֶת־עוֹר הַפָּר יא
וְאֶת־כָּל־בְּשָׂרוֹ עַל־רֹאשׁוֹ וְעַל־כְּרָעָיו וְקִרְבּוֹ וּפִרְשׁוֹ׃
וְהוֹצִיא אֶת־כָּל־הַפָּר אֶל־מִחוּץ לַמַּחֲנֶה אֶל־מָקוֹם יב
טָהוֹר אֶל־שֶׁפֶךְ הַדֶּשֶׁן וְשָׂרַף אֹתוֹ עַל־עֵצִים בָּאֵשׁ
עַל־שֶׁפֶךְ הַדֶּשֶׁן יִשָּׂרֵף׃
וְאִם כָּל־עֲדַת יִשְׂרָאֵל יִשְׁגּוּ וְנֶעְלַם דָּבָר מֵעֵינֵי הַקָּהָל יג
וְעָשׂוּ אַחַת מִכָּל־מִצְוֹת יְהוָה אֲשֶׁר לֹא־תֵעָשֶׂינָה
וְאָשֵׁמוּ׃ וְנוֹדְעָה הַחַטָּאת אֲשֶׁר חָטְאוּ עָלֶיהָ וְהִקְרִיבוּ יד
הַקָּהָל פַּר בֶּן־בָּקָר לְחַטָּאת וְהֵבִיאוּ אֹתוֹ לִפְנֵי אֹהֶל
מוֹעֵד׃ וְסָמְכוּ זִקְנֵי הָעֵדָה אֶת־יְדֵיהֶם עַל־רֹאשׁ הַפָּר טו

רש"י | ט-יא | **כַּאֲשֶׁר יוּרַם.** כְּאוֹתָן אֵמוּרִין הַמְפֹרָשִׁין בְּשׁוֹר זֶבַח הַשְּׁלָמִים. וְכִי מַה פֵּרַשׁ בְּזֶבַח הַשְּׁלָמִים שֶׁלֹּא פֵּרַשׁ כָּאן? אֶלָּא לְהַקִּישׁוֹ לִשְׁלָמִים: מַה שְּׁלָמִים לִשְׁמָן, אַף זֶה לִשְׁמוֹ; וּמַה שְּׁלָמִים שָׁלוֹם לָעוֹלָם, אַף זֶה שָׁלוֹם לָעוֹלָם. וּבִשְׁחִיטַת קָדָשִׁים מַצְרִיכוֹ לִלְמֹד הֵימֶנּוּ שֶׁאֵין לְמֵדִין לָמֵד מִן הַלָּמֵד בְּקָדָשִׁים, בְּפֶרֶק 'אֵיזֶהוּ מְקוֹמָן' (זבחים מט ע"ב): **עַל הַכָּבֵד, עַל הַכְּלָיוֹת, עַל רֹאשׁוֹ, וְעַל כְּרָעָיו.** כֻּלָּן לְשׁוֹן תּוֹסֶפֶת הֵן, כְּמוֹ: 'מִלְּבַד'.

יב | **אֶל מָקוֹם טָהוֹר.** לְפִי שֶׁיֵּשׁ מִחוּץ לָעִיר מָקוֹם מוּכָן לְטֻמְאָה, לְהַשְׁלִיךְ אֲבָנִים מְנֻגָּעוֹת וּלְבֵית הַקְּבָרוֹת, הֻצְרַךְ לוֹמַר בְּ"מִחוּץ לַמַּחֲנֶה" זֶה, שֶׁהוּא חוּץ לָעִיר, שֶׁיְּהֵא הַמָּקוֹם טָהוֹר: **מִחוּץ לַמַּחֲנֶה.** חוּץ לְשָׁלֹשׁ מַחֲנוֹת, וּבְבֵית עוֹלָמִים – חוּץ לָעִיר, כְּמוֹ שֶׁפֵּרְשׁוּהוּ רַבּוֹתֵינוּ בְּמַסֶּכֶת יוֹמָא (דף סח ע"א) וּבְסַנְהֶדְרִין (דף מב ע"ב): **אֶל שֶׁפֶךְ הַדֶּשֶׁן.** מָקוֹם שֶׁשּׁוֹפְכִין בּוֹ הַדֶּשֶׁן הַמְסֻלָּק מִן הַמִּזְבֵּחַ, כְּמוֹ שֶׁנֶּאֱמַר: "וְהוֹצִיא אֶת הַדֶּשֶׁן אֶל מִחוּץ לַמַּחֲנֶה" (להלן ו, ד): **עַל שֶׁפֶךְ הַדֶּשֶׁן יִשָּׂרֵף.** שֶׁאֵין תַּלְמוּד לוֹמַר, אֶלָּא לְלַמֵּד שֶׁאֲפִלּוּ אֵין שָׁם דֶּשֶׁן:

יג | **עֲדַת יִשְׂרָאֵל.** אֵלּוּ סַנְהֶדְרִין: **וְנֶעְלַם דָּבָר.** טָעוּ לְהוֹרוֹת בְּאַחַת מִכָּל כָּרֵתוֹת שֶׁבַּתּוֹרָה שֶׁהוּא מֻתָּר: **הַקָּהָל וְעָשׂוּ.** שֶׁעָשׂוּ הַצִּבּוּר עַל פִּיהֶם:

הרחבות | **'ונודעה החטאת אשר חטאו עליה והקריבו הקהל פר'** במקרה שבית הדין שוגה בהוראה, רק בית הדין עצמו הוא שחוזר והופך את פסק הדין, מפני שאין סמכות אחרת שיכולה לעשות זאת. כאשר הדיינים מגיעים למסקנה שהתירו דבר שהוא בעצם אסור, עליהם להביא קרבן על שגגתם. בכל פרטי הנושא של טעות

ביאור | מותני הבהמה, הסמוכות לבסיס רגליה האחוריות **וְאֶת הַיֹּתֶרֶת עַל**
הַכָּבֵד עַל הַכְּלָיוֹת יְסִירֶנָּה – י **כַּאֲשֶׁר יוּרַם** לה׳ **מִשּׁוֹר זֶבַח הַשְּׁלָמִים**,
אותם חלקים – החֵלב והאיברים הפנימיים[67] – **וְהִקְטִירָם הַכֹּהֵן עַל**
מִזְבַּח הָעֹלָה. יא לאחר שהוסרו החלקים העולים על המזבח, נשאר
עדיין עיקרו של הפר – **וְאֶת עוֹר הַפָּר וְאֶת כָּל בְּשָׂרוֹ, עַל רֹאשׁוֹ וְעַל כְּרָעָיו**
וְקִרְבּוֹ וּפִרְשׁוֹ, יב **וְהוֹצִיא אֶת כָּל הַפָּר אֶל מִחוּץ לַמַּחֲנֶה**, מחוץ ליישוב,
אֶל מָקוֹם טָהוֹר – **אֶל שֶׁפֶךְ הַדֶּשֶׁן**, המקום הטהור ששופכים אליו את
האפר הרב שנותר מן הקרבנות הנשרפים על המזבח.[68] **וְשָׂרַף אֹתוֹ**
עַל עֵצִים בָּאֵשׁ, עַל שֶׁפֶךְ הַדֶּשֶׁן יִשָּׂרֵף. כל מה שנותר מן הפר שלא
עלה על המזבח, נשרף שלא כקרבן, בחוץ, משום שאין לעשות בו
שימוש אחר.

האפשרות השנייה של חטאת: יג **וְאִם כָּל עֲדַת יִשְׂרָאֵל יִשְׁגּוּ**. קשה
להעלות על הדעת שגגה של הציבור כולו. על כן פורש הביטוי
כמתייחס אל שגגתו של בית הדין הגדול של ישראל, הסנהדרין
הגדולה,[69] וכתוצאה ממנה **נֶעְלַם דָּבָר מֵעֵינֵי הַקָּהָל**. בעקבות פסק הדין
השגוי של חברי בית הדין, שהתירו פרט כלשהו בעברה חמורה,
הוטעה שלא מדעת כל הציבור המציית להוראתם.[70] **וְעָשׂוּ** כלל
הציבור **אַחַת מִכָּל מִצְוֹת ה׳ אֲשֶׁר לֹא תֵעָשֶׂינָה**, מצוות ׳לא תעשה׳
חמורות, שרק עליהן מביאים חטאת,[71] **וְאָשֵׁמוּ** בכך שהגיעו למסקנה
מוטעית מתוך חוסר הבנה או ידיעה. יד **וְנוֹדְעָה** לאחר זמן **הַחַטָּאת**
אֲשֶׁר חָטְאוּ עָלֶיהָ. וְהִקְרִיבוּ הַקָּהָל פַּר בֶּן בָּקָר לְחַטָּאת, וְהֵבִיאוּ אֹתוֹ לִפְנֵי
אֹהֶל מוֹעֵד. טו **וְסָמְכוּ זִקְנֵי הָעֵדָה**, שהם האחראים לשגגה **אֶת יְדֵיהֶם**

הרחבות | בית הדין הגדול, התחומים המשפטיים שבהם חלה הטעות וההתייחסויות למפרע לטעויות הללו, עוסק התלמוד בעיקר במסכת הוריות. כאן מדובר רק בקרבן החטאת. קרבן הציבור על השגגה הקולקטיבית מכונה בלשון חכמים ׳פר הֶעלם דבר של ציבור׳ (זבחים מא ע״א ועוד).

לִפְנֵ֣י יְהוָ֑ה וְשָׁחַ֥ט אֶת־הַפָּ֖ר לִפְנֵ֥י יְהוָֽה׃ וְהֵבִ֛יא הַכֹּהֵ֥ן טז
הַמָּשִׁ֖יחַ מִדַּ֣ם הַפָּ֑ר אֶל־אֹ֖הֶל מוֹעֵֽד׃ וְטָבַ֧ל הַכֹּהֵ֛ן יז
אֶצְבָּע֖וֹ מִן־הַדָּ֑ם וְהִזָּ֞ה שֶׁ֤בַע פְּעָמִים֙ לִפְנֵ֣י יְהוָ֔ה אֶ֖ת־
פְּנֵ֥י הַפָּרֹֽכֶת׃ וּמִן־הַדָּ֞ם יִתֵּ֣ן ׀ עַל־קַרְנֹ֣ת הַמִּזְבֵּ֗חַ אֲשֶׁר֙ יח
לִפְנֵ֣י יְהוָ֔ה אֲשֶׁ֖ר בְּאֹ֣הֶל מוֹעֵ֑ד וְאֵ֣ת כָּל־הַדָּ֗ם יִשְׁפֹּךְ֙
אֶל־יְסוֹד֙ מִזְבַּ֣ח הָעֹלָ֔ה אֲשֶׁר־פֶּ֖תַח אֹ֥הֶל מוֹעֵֽד׃ וְאֵ֥ת יט
כָּל־חֶלְבּ֖וֹ יָרִ֣ים מִמֶּ֑נּוּ וְהִקְטִ֖יר הַמִּזְבֵּֽחָה׃ וְעָשָׂ֣ה לַפָּ֔ר כ
כַּאֲשֶׁ֤ר עָשָׂה֙ לְפַ֣ר הַֽחַטָּ֔את כֵּ֖ן יַעֲשֶׂה־לּ֑וֹ וְכִפֶּ֧ר עֲלֵהֶ֛ם
הַכֹּהֵ֖ן וְנִסְלַ֥ח לָהֶֽם׃ וְהוֹצִ֣יא אֶת־הַפָּ֗ר אֶל־מִחוּץ֙ כא
לַֽמַּחֲנֶ֔ה וְשָׂרַ֣ף אֹת֔וֹ כַּאֲשֶׁ֣ר שָׂרַ֔ף אֵ֖ת הַפָּ֣ר הָרִאשׁ֑וֹן
חַטַּ֥את הַקָּהָ֖ל הֽוּא׃
אֲשֶׁ֥ר נָשִׂ֖יא יֶחֱטָ֑א וְעָשָׂ֡ה אַחַ֣ת מִכָּל־מִצְוֺת֩ יְהוָ֨ה כב

רש״י

יז | **אֶת פְּנֵי הַפָּרֹכֶת.** וּלְמַעְלָה הוּא אוֹמֵר: "אֶת פְּנֵי פָּרֹכֶת הַקֹּדֶשׁ" (לעיל פסוק ו)! מָשָׁל לְמֶלֶךְ שֶׁסָּרְחָה עָלָיו מְדִינָה, אִם מִעוּטָהּ סָרְחָה – פַּמַּלְיָא שֶׁלּוֹ מִתְקַיֶּמֶת, וְאִם כֻּלָּהּ סָרְחָה – אֵין פַּמַּלְיָא שֶׁלּוֹ מִתְקַיֶּמֶת. אַף כָּאן, כְּשֶׁחָטָא כֹּהֵן מָשִׁיחַ עֲדַיִן שֵׁם קְדֻשַּׁת הַמָּקוֹם עַל הַמִּקְדָּשׁ, מִשֶּׁחָטְאוּ כֻּלָּם חַס וְשָׁלוֹם נִסְתַּלְּקָה הַקְּדֻשָּׁה:

יח | **יְסוֹד מִזְבַּח הָעֹלָה אֲשֶׁר פֶּתַח אֹהֶל מוֹעֵד.** זֶה יְסוֹד מַעֲרָבִי שֶׁהוּא כְּנֶגֶד הַפֶּתַח:

יט-כ | **וְאֵת כָּל חֶלְבּוֹ יָרִים.** אַף עַל פִּי שֶׁלֹּא פֵּרֵשׁ כָּאן יוֹתֶרֶת וּשְׁתֵּי כְלָיוֹת, לְמֵדִין הֵם מִ"וְעָשָׂה לַפָּר כַּאֲשֶׁר עָשָׂה" וְגוֹ'. וּמִפְּנֵי מָה לֹא נִתְפָּרְשׁוּ בּוֹ? תָּנָא דְּבֵי רַבִּי יִשְׁמָעֵאל: מָשָׁל לְמֶלֶךְ שֶׁזָּעַם עַל אוֹהֲבוֹ, וּמִעֵט בְּסָרְחוֹנוֹ מִפְּנֵי חִבָּתוֹ: **וְעָשָׂה לַפָּר.** זֶה, "כַּאֲשֶׁר עָשָׂה לְפַר הַחַטָּאת", כְּמוֹ שֶׁמְּפֹרָשׁ בְּפַר כֹּהֵן מָשִׁיחַ, לְהָבִיא יוֹתֶרֶת וּשְׁתֵּי כְלָיוֹת שֶׁפֵּרֵשׁ שָׁם (לעיל פסוק ט), שֶׁלֹּא פֵּרֵשׁ כָּאן, וְלִכְפֹּל בְּמִצְוַת הָעֲבוֹדוֹת, לְלַמֵּד שֶׁאִם חִסֵּר אַחַת מִכָּל הַמַּתָּנוֹת – פָּסַל, לְפִי שֶׁמָּצִינוּ בַּנִּתָּנִין עַל הַמִּזְבֵּחַ הַחִיצוֹן שֶׁנְּתָנָן בְּמַתָּנָה אַחַת – כִּפֵּר, הֻצְרַךְ לוֹמַר כָּאן שֶׁמַּתָּנָה אַחַת מֵהֶן מְעַכֶּבֶת:

כב | **אֲשֶׁר נָשִׂיא יֶחֱטָא.** לְשׁוֹן 'אַשְׁרֵי', אַשְׁרֵי הַדּוֹר שֶׁהַנָּשִׂיא שֶׁלּוֹ נוֹתֵן לֵב לְהָבִיא

הרחבות

'ונסלח להם' לפי רמב"ן (פס' יא), בחטא הכהן המשיח לא נאמר 'ונסלח לו', כי אולי דווקא בשל מעלתו היתרה לא ייסלח לו לגמרי עד שיתחנן לאלוקיו.

'כאשר שרף את הפר הראשון. חטאת הקהל הוא' גם חטאו של הכהן המשיח נתפס כאַשְׁמַת הָעָם, כאמור לעיל, ולפיכך קרבנו זהה לקרבן חַטַּאת הַקָּהָל. שניהם

ביאור

עַל רֹאשׁ הַפָּר לִפְנֵי ה׳, וְשָׁחַט השוחט **אֶת הַפָּר לִפְנֵי ה׳.** טז **וְהֵבִיא הַכֹּהֵן**
הַמָּשִׁיחַ מִדַּם הַפָּר אֶל אֹהֶל מוֹעֵד. גם כאן הכהן הגדול הוא שמביא
את הדם אל הקודש פנימה, ולא כהן אחר כבשאר הקרבנות שדמם
ניתן בחוץ. יז **וְטָבַל הַכֹּהֵן אֶצְבָּעוֹ מִן הַדָּם, וְהִזָּה שֶׁבַע פְּעָמִים לִפְנֵי ה׳**
אֶת פְּנֵי הַפָּרֹכֶת. יח **וּמִן הַדָּם יִתֵּן** גם **עַל קַרְנֹת הַמִּזְבֵּחַ,** מזבח הקטורת
אֲשֶׁר לִפְנֵי ה׳, אֲשֶׁר בְּאֹהֶל מוֹעֵד, וְאֵת כָּל הַדָּם הנותר בכלי **יִשְׁפֹּךְ אֶל**
יְסוֹד מִזְבַּח הָעֹלָה אֲשֶׁר פֶּתַח אֹהֶל מוֹעֵד. יט **וְאֵת כָּל חֶלְבּוֹ יָרִים מִמֶּנּוּ,** לפי
הפרטים שכבר הוזכרו, **וְהִקְטִיר הַמִּזְבֵּחָה.** כ **וְעָשָׂה לַפָּר כַּאֲשֶׁר עָשָׂה**
לְפַר הַחַטָּאת של הכהן הגדול האמור לעיל, **כֵּן יַעֲשֶׂה לּוֹ. וְכִפֶּר עֲלֵהֶם,**
על עדת ישראל **הַכֹּהֵן, וְנִסְלַח לָהֶם.** בעקבות מעשה הכהן מגיעה
להם הכפרה והסליחה על שגגתם. כא **וְהוֹצִיא אֶת הַפָּר אֶל מִחוּץ**
לַמַּחֲנֶה, וְשָׂרַף אֹתוֹ כַּאֲשֶׁר שָׂרַף אֵת הַפָּר הָרִאשׁוֹן, פר הכהן המשיח,
באותו מקום ובאותו אופן – **חַטַּאת הַקָּהָל הוּא.**

האפשרות השלישית: כב **אֲשֶׁר,** כאשר[72] **נָשִׂיא,** מלך, או האדם בעל
המעמד הציבורי הרם ביותר בעם[73] **יֶחֱטָא, וְעָשָׂה אַחַת מִכָּל מִצְוֹת**

הרחבות

מכונים בתלמוד 'החטאות הפנימיות' משום שדמן נכנס אל תוך מבנה הקודש.

'אשר נשיא יחטא' בספר דברים (יז,יד-טו) מופיעה פרשה מפורטת הקשורה לדיני המלך. יש לשים לב לכינויו החריג כאן – 'נשיא'. מלך הוא תואר שלטוני מוגדר, ואילו משמעותו הלשונית של הכינוי 'נשיא' היא האיש המרומם ביותר, המנושא מעל אחרים. ייתכן שבשל הבעייתיות הכרוכה בעצם מושג המלוכה נמנעה התורה מלהשתמש בו כאן. גם בדברי הנביא יחזקאל נקרא ראש בני ישראל כמעט תמיד 'נשיא' ולא 'מלך'. (ראו למשל יחזקאל יב,יב; מה; מח,כב; וראו עוד הרחבה לשמואל א' ח,כב ולמלכים ב' כ,ה).

אמנם בכינוי 'נשיא' אפשר לציין גם ראש שבט או ראש משפחה, אך כאן הכתוב מתייחס רק לשליט העליון. הנחה פרשנית זו נובעת, בין היתר, מן הביטוי מִצְוֹת ה' אֱלֹקָיו, המייחס את המנהיג לה' בייחוד, ובכך מציב אותו במעמד גבוה ומיוחד. לעומת כל מקריבי החטאת האחרים, שלגביהם נאמר רק מִצְוֹת ה', נשיא ישראל הוא מי שאין על גביו אלא ה' אלוקיו. עם זאת, בדיון התלמודי הניחו שיכולים להיות בעם ישראל שני מנהיגים כאלה בה בעת. בזמן פיצול הממלכה, למשל, היו הן מלך יהודה והן מלך ישראל בגדר זה, ואיש מהם לא היה כפוף לחברו. (ראו הוריות יא).

כל שאר פרשיות החטאת פותחות במלה 'אם' או 'כי', ורק בפרשייה זו נאמר אֲשֶׁר נָשִׂיא יֶחֱטָא. אכן, פירושו הפשוט הוא 'כאשר יחטא הנשיא', ועם זאת, ייתכן שהשימוש במלה זו מבטא מציאות עגומה שבה אֲשֶׁר נָשִׂיא – יֶחֱטָא. לעומת הכהן הגדול, הדיינים ושאר אנשים, שחטאם הוא בגדר אפשרות בלבד, אצל הנשיא הדבר מצוי יותר. כביכול, חטאו של הנשיא הוא רק שאלה של זמן (על פי ספורנו פס' כב).

את המלה 'אשר' דרשו חכמים – בפרשנות שאיננה פשוטו של המקרא – גם מלשון אושר. האושר כמובן איננו נובע מעובדת חטאו של הנשיא, אלא מכך שהוא חש אשמה ומביא קרבן על כך, שהרי בדרך כלל גם במצבים כאלה המנהיג מכבד את עצמו ורואה את עצמו כאילו הוא מעל כל אפשרות של טעות. מלכים רבים חשים עצמם כנתונים מעל החוק, ואילו כאן המלך, המנושא מכל אזרח אחר, כפוף לתורה. (ראו הוריות י ע"ב; רש"י פס' כב).

כג אֱלֹהָיו אֲשֶׁר לֹא־תֵעָשֶׂינָה בִּשְׁגָגָה וְאָשֵׁם: אוֹ־הוֹדַע
אֵלָיו חַטָּאתוֹ אֲשֶׁר חָטָא בָּהּ וְהֵבִיא אֶת־קׇרְבָּנוֹ שְׂעִיר
כד עִזִּים זָכָר תָּמִים: וְסָמַךְ יָדוֹ עַל־רֹאשׁ הַשָּׂעִיר וְשָׁחַט
אֹתוֹ בִּמְקוֹם אֲשֶׁר־יִשְׁחַט אֶת־הָעֹלָה לִפְנֵי יהוה
כה חַטָּאת הוּא: וְלָקַח הַכֹּהֵן מִדַּם הַחַטָּאת בְּאֶצְבָּעוֹ
וְנָתַן עַל־קַרְנֹת מִזְבַּח הָעֹלָה וְאֶת־דָּמוֹ יִשְׁפֹּךְ אֶל־
כו יְסוֹד מִזְבַּח הָעֹלָה: וְאֶת־כׇּל־חֶלְבּוֹ יַקְטִיר הַמִּזְבֵּחָה
כְּחֵלֶב זֶבַח הַשְּׁלָמִים וְכִפֶּר עָלָיו הַכֹּהֵן מֵחַטָּאתוֹ
וְנִסְלַח לוֹ:

ששי
כז וְאִם־נֶפֶשׁ אַחַת תֶּחֱטָא בִשְׁגָגָה מֵעַם הָאָרֶץ בַּעֲשֹׂתָהּ
כח אַחַת מִמִּצְוֺת יהוה אֲשֶׁר לֹא־תֵעָשֶׂינָה וְאָשֵׁם: אוֹ
הוֹדַע אֵלָיו חַטָּאתוֹ אֲשֶׁר חָטָא וְהֵבִיא קׇרְבָּנוֹ שְׂעִירַת
כט עִזִּים תְּמִימָה נְקֵבָה עַל־חַטָּאתוֹ אֲשֶׁר חָטָא: וְסָמַךְ
אֶת־יָדוֹ עַל רֹאשׁ הַחַטָּאת וְשָׁחַט אֶת־הַחַטָּאת

רש"י | כַּפָּרָה עַל שִׁגְגָתוֹ, קַל וָחֹמֶר שֶׁמִּתְחָרֵט עַל זְדוֹנוֹתָיו:

כג **או הודע.** כְּמוֹ: אִם הוֹדַע הַדָּבָר, הַרְבֵּה 'אוֹ' יֵשׁ מְשַׁמְּשִׁין בִּלְשׁוֹן 'אִם' וְ'אִם' בִּמְקוֹם 'אוֹ', וְכֵן: "אוֹ נוֹדַע כִּי שׁוֹר נַגָּח הוּא" (שמות כא, לו): **הודע אליו.** כְּשֶׁחָטָא הָיָה סָבוּר שֶׁהוּא הֶתֵּר, וּלְאַחַר מִכָּאן נוֹדַע לוֹ שֶׁאִסּוּר הָיָה:

כד **במקום אשר ישחט את העלה.** בַּצָּפוֹן, שֶׁהוּא מְפֹרָשׁ בָּעוֹלָה (לעיל א, יא): **חטאת הוא.** לִשְׁמוֹ כָּשֵׁר, שֶׁלֹּא לִשְׁמוֹ פָּסוּל:

כה **ואת דמו.** שְׁיָרֵי הַדָּם:

כו **כחלב זבח השלמים.** כְּאוֹתָן אֵמוּרִין הַמְפֹרָשִׁים בְּעֵז הָאָמוּר אֵצֶל שְׁלָמִים (לעיל ג, יד-טו):

הרחבות | **'שעיר עזים'** בספרא מובא שמביא זכר עז בשנתו הראשונה. (וראו ראב"ע במדבר טו,כז). ולפי גרסאות אחדות בדברי הרמב"ם - כעבור שנה (ראו הקדמת הרמב"ם לסדר קדשים ובהלכות מעשה הקרבנות א,יד, כסף משנה ומשנה למלך שם; חזון איש, פרה א,יא). במשנה (פרה א,ד) מובא שקרבנות החטאת באים מבן חודש ומעלה. נראה שה'שעיר' בעיקרו הוא בוגר יחסית, שיצא מגדר 'גדי', אף על פי שאם הביא גדי רך יצא ידי חובתו.

ביאור | ה' אֱלֹהָיו אֲשֶׁר לֹא תֵעָשֶׂינָה בִּשְׁגָגָה, וְהוּא אָשֵׁם בשגגתו. הנשיא נזכר או הבין בעצמו שחטא, כג אוֹ הוֹדַע אֵלָיו על ידי אחרים[74] חַטָּאתוֹ אֲשֶׁר חָטָא בָּהּ, וְהֵבִיא אֶת קָרְבָּנוֹ המיוחד לו – שְׂעִיר עִזִּים, תיש שיצא מגדר גדי ואינו רך, זָכָר תָּמִים. כד וְסָמַךְ יָדוֹ עַל רֹאשׁ הַשָּׂעִיר, וְשָׁחַט אֹתוֹ בִּמְקוֹם אֲשֶׁר יִשְׁחַט אֶת הָעֹלָה, על ירך המזבח צפונה,[75] לִפְנֵי ה', חַטָּאת הוּא. כה וְלָקַח הַכֹּהֵן מִדַּם הַחַטָּאת בְּאֶצְבָּעוֹ, וְנָתַן עַל קַרְנֹת מִזְבַּח הָעֹלָה. שלא כבקרבנות אחרים, שאת דמם זורקים על המזבח באמצעות המזרק, מדם החטאת לוקחים באצבע ומזים או מורחים על המזבח. הכהן נותן ארבע נתינות דם, נתינה אחת על כל קרן מקרנות המזבח. וְאֶת דָּמוֹ הנשאר יִשְׁפֹּךְ אֶל יְסוֹד מִזְבַּח הָעֹלָה. כיוון שמדובר בטבילה ולא בזריקה, נשאר דם רב בכלי. כו וְאֶת כָּל חֶלְבּוֹ יַקְטִיר הַמִּזְבֵּחָה כְּחֵלֶב זֶבַח הַשְּׁלָמִים. הנוהל זהה לזה של קרבן השלמים. וְכִפֶּר עָלָיו הַכֹּהֵן מֵחַטָּאתוֹ וְנִסְלַח לוֹ.

האפשרות הרביעית נוגעת לשאר העם: כז וְאִם נֶפֶשׁ אַחַת תֶּחֱטָא בִשְׁגָגָה מֵעַם הָאָרֶץ, בַּעֲשֹׂתָהּ אַחַת מִמִּצְוֹת ה' אֲשֶׁר לֹא תֵעָשֶׂינָה, וְאָשֵׁם. כאמור, אין להאשים באופן פלילי על השגגה, ובכל זאת קיימת אשמה מסוימת גם לגבי מעשים הנובעים משכחה, מידיעה חלקית או מן התת-מודע. כח אוֹ הוֹדַע אֵלָיו, נודע לו על ידי אחר דָּבָר[76] חַטָּאתוֹ אֲשֶׁר חָטָא. וְהֵבִיא את קָרְבָּנוֹ שְׂעִירַת עִזִּים תְּמִימָה נְקֵבָה עַל חַטָּאתוֹ אֲשֶׁר חָטָא. לעומת הנשיא, המביא שעיר זכר, האדם הפשוט מביא שעירה, עז נקבה. כט וְסָמַךְ אֶת יָדוֹ עַל רֹאשׁ הַחַטָּאת, וְשָׁחַט אֶת

הרחבות | 'ולקח הכהן מדם החטאת באצבעו ונתן על קרנת מזבח העלה' דם קרבן חטאת הנשיא ניתן על מזבח העולה כמו חטאת יחיד, 'חטאת חיצונית', ולא על המזבח הפנימי. בניגוד לכהן הגדול ולבית הדין הגדול, המנהיגים הרוחניים, הפנימיים של ישראל, המלך הוא מנהיג פוליטי, ולכן דם החטאת שלו ניתן במזבח החיצוני, העומד בחצר המשכן. אמנם בהיותו מורם מעם, קרבנו ייחודי – שעיר עזים ולא שעירה או כשבה כאדם אחר, ובכל זאת חטאו האישי הוא בעיקרו עניין פרטי, כחטאו של כל אדם אחר מהציבור. (ראו ר"י בכור שור פס' ג).

בִּמְקוֹם הָעֹלָה: וְלָקַח הַכֹּהֵן מִדָּמָהּ בְּאֶצְבָּעוֹ וְנָתַן ל
עַל־קַרְנֹת מִזְבַּח הָעֹלָה וְאֶת־כָּל־דָּמָהּ יִשְׁפֹּךְ אֶל־
יְסוֹד הַמִּזְבֵּחַ: וְאֶת־כָּל־חֶלְבָּהּ יָסִיר כַּאֲשֶׁר הוּסַר חֵלֶב לא
מֵעַל זֶבַח הַשְּׁלָמִים וְהִקְטִיר הַכֹּהֵן הַמִּזְבֵּחָה לְרֵיחַ
נִיחֹחַ לַיהוָה וְכִפֶּר עָלָיו הַכֹּהֵן וְנִסְלַח לוֹ:
וְאִם־כֶּבֶשׂ יָבִיא קָרְבָּנוֹ לְחַטָּאת נְקֵבָה תְמִימָה לב
יְבִיאֶנָּה: וְסָמַךְ אֶת־יָדוֹ עַל רֹאשׁ הַחַטָּאת וְשָׁחַט לג
אֹתָהּ לְחַטָּאת בִּמְקוֹם אֲשֶׁר יִשְׁחַט אֶת־הָעֹלָה:
וְלָקַח הַכֹּהֵן מִדַּם הַחַטָּאת בְּאֶצְבָּעוֹ וְנָתַן עַל־קַרְנֹת לד
מִזְבַּח הָעֹלָה וְאֶת־כָּל־דָּמָהּ יִשְׁפֹּךְ אֶל־יְסוֹד הַמִּזְבֵּחַ:
וְאֶת־כָּל־חֶלְבָּהּ יָסִיר כַּאֲשֶׁר יוּסַר חֵלֶב־הַכֶּשֶׂב לה
מִזֶּבַח הַשְּׁלָמִים וְהִקְטִיר הַכֹּהֵן אֹתָם הַמִּזְבֵּחָה עַל
אִשֵּׁי יְהוָה וְכִפֶּר עָלָיו הַכֹּהֵן עַל־חַטָּאתוֹ אֲשֶׁר־חָטָא
וְנִסְלַח לוֹ:
* וְנֶפֶשׁ כִּי־תֶחֱטָא וְשָׁמְעָה קוֹל אָלָה וְהוּא עֵד אוֹ רָאָה א ה
אוֹ יָדָע אִם־לוֹא יַגִּיד וְנָשָׂא עֲוֺנוֹ: אוֹ נֶפֶשׁ אֲשֶׁר תִּגַּע ב
בְּכָל־דָּבָר טָמֵא אוֹ בְנִבְלַת חַיָּה טְמֵאָה אוֹ בְּנִבְלַת
בְּהֵמָה טְמֵאָה אוֹ בְּנִבְלַת שֶׁרֶץ טָמֵא וְנֶעְלַם מִמֶּנּוּ

רש"י

לא) כַּאֲשֶׁר הוּסַר חֵלֶב מֵעַל זֶבַח הַשְּׁלָמִים. כְּאֵמוּרֵי עֵז הָאֲמוּרִים בִּשְׁלָמִים (לעיל שם):

לג) וְשָׁחַט אֹתָהּ לְחַטָּאת. שֶׁתְּהֵא שְׁחִיטָתָהּ לְשֵׁם חַטָּאת:

לה) כַּאֲשֶׁר יוּסַר חֵלֶב הַכֶּשֶׂב. שֶׁנִּתְרַבּוּ אֵמוּרִין בְּאַלְיָה, אַף חַטָּאת כְּשֶׁהִיא בָאָה כִּבְשָׂה טְעוּנָה אַלְיָה עִם הָאֵמוּרִין: עַל אִשֵּׁי ה'. עַל מְדוּרוֹת הָאֵשׁ הָעֲשׂוּיוֹת לַשֵּׁם, פוֹאיילי"ש בְּלַעַז:

פרק ה

א) וְשָׁמְעָה קוֹל אָלָה. בְּדָבָר שֶׁהוּא עֵד בּוֹ, שֶׁהִשְׁבִּיעוּהוּ שְׁבוּעָה שֶׁאִם יוֹדֵעַ לוֹ בְּעֵדוּת שֶׁיָּעִיד לוֹ:

ב) אוֹ נֶפֶשׁ אֲשֶׁר תִּגַּע וְגוֹ'. וּלְאַחַר הַטֻּמְאָה

ביאור

הַחַטָּאת בִּמְקוֹם הָעֹלָה. ל וְלָקַח הַכֹּהֵן מִדָּמָהּ בְּאֶצְבָּעוֹ וְנָתַן עַל קַרְנֹת
מִזְבַּח הָעֹלָה, וְאֶת כָּל דָּמָהּ שבכלי יִשְׁפֹּךְ אֶל יְסוֹד הַמִּזְבֵּחַ. לא וְאֶת כָּל
חֶלְבָּהּ יָסִיר, כַּאֲשֶׁר הוּסַר הַחֵלֶב מֵעַל זֶבַח הַשְּׁלָמִים, וְהִקְטִיר אותו הַכֹּהֵן
הַמִּזְבֵּחָה לְרֵיחַ נִיחֹחַ לַה׳, וְכִפֶּר עָלָיו הַכֹּהֵן וְנִסְלַח לוֹ.

לב וְאִם כֶּבֶשׂ יָבִיא קָרְבָּנוֹ לְחַטָּאת במקום העז – גם אז נְקֵבָה תְמִימָה
יְבִיאֶנָּה. לג וְסָמַךְ אֶת יָדוֹ עַל רֹאשׁ הַחַטָּאת, וְשָׁחַט אֹתָהּ לְחַטָּאת
בִּמְקוֹם אֲשֶׁר יִשְׁחַט אֶת הָעֹלָה. לד וְלָקַח הַכֹּהֵן מִדַּם הַחַטָּאת בְּאֶצְבָּעוֹ
וְנָתַן עַל קַרְנֹת מִזְבַּח הָעֹלָה, וְאֶת כָּל דָּמָהּ הנשאר בכלי יִשְׁפֹּךְ אֶל יְסוֹד
הַמִּזְבֵּחַ. לה וְאֶת כָּל חֶלְבָּהּ יָסִיר, כַּאֲשֶׁר יוּסַר חֵלֶב, הכולל גם את
האליה[77] של הַכֶּשֶׂב, הכבש, מִזֶּבַח הַשְּׁלָמִים. וְהִקְטִיר הַכֹּהֵן אֹתָם הַמִּזְבֵּחָה
עַל אִשֵּׁי ה׳, וְכִפֶּר עָלָיו הַכֹּהֵן עַל חַטָּאתוֹ אֲשֶׁר חָטָא וְנִסְלַח לוֹ.

שלא כחטאות שנמנו עד כה, קרבנות החטאת שיוזכרו עתה מתייחסים למספר עוונות מסוימים, שאין בהזדתם עונש כרת בהכרח, והמשותף לקרבנות אלו הוא שהם תלויים ביכולתו הכלכלית של החוטא. לעומת החטאת על שאר עברות, המכונה 'חטאת קבועה', קרבן חטאת שלהלן נקרא בתלמוד 'קרבן עולה ויורד',[78] מפני שערכו עשוי לעלות ולרדת בהתאם לרכושו של המביא:

פרק ה א וְנֶפֶשׁ כִּי תֶחֱטָא – וְשָׁמְעָה, בכך ששמעה קוֹל אָלָה, שבועה
שהופנתה כלפיה, וְהוּא, השומע עֵד, אוֹ על ידי שֶׁרָאָה דבר-מה אוֹ שֶׁיָּדָע
דבר. אדם שחברו השביע אותו שיעיד לגבי הידוע לו בעניינו. אִם
לוֹא יַגִּיד העד את מה שהוא- יודע – וְנָשָׂא עֲוֹנוֹ, יקבל עונשו. מכיוון
שחברו השביעו על כך, והוא שיקר ביודעין ואמר שאינו יודע להעיד
לגביו – עוונו מצריך כפרה בקרבן.

ב אוֹ נֶפֶשׁ אֲשֶׁר תִּגַּע בְּכָל דָּבָר טָמֵא: אוֹ בְנִבְלַת חַיָּה טְמֵאָה אוֹ בְּנִבְלַת
בְּהֵמָה טְמֵאָה אוֹ בְּנִבְלַת שֶׁרֶץ טָמֵא, וְנֶעְלַם, והטומאה נשכחה מִמֶּנּוּ,
כרוב רובם של קרבנות החטאת, הבאים על עברות שבשגגה, וְהוּא

הרחבות

דינו של הבשר בחטאות האחרונות, 'החיצוניות', אינו מבואר כאן. על החטאות הראשונות נאמר שבשרן יוצא בשלמותו ונשרף על שפך הדשן, ואילו בשר החטאות האחרונות ייאכל על ידי הכהנים, כפי שיוזכר להלן (ו,יט). כבשר קרבן השלמים, גם בשר החטאות הללו נאכל, אלא שקדושתו חמורה יותר, בכך שאוכליו הם הכהנים בלבד, ועליהם לאכלו במקום קדוש וזמן אכילתו מצומצם יותר, כפי שיפורש שם.

ג וְהוּא טָמֵא וְאָשֵׁם: אוֹ כִי יִגַּע בְּטֻמְאַת אָדָם לְכֹל
טֻמְאָתוֹ אֲשֶׁר יִטְמָא בָּהּ וְנֶעְלַם מִמֶּנּוּ וְהוּא יָדַע
ד וְאָשֵׁם: אוֹ נֶפֶשׁ כִּי תִשָּׁבַע לְבַטֵּא בִשְׂפָתַיִם לְהָרַע ׀
אוֹ לְהֵיטִיב לְכֹל אֲשֶׁר יְבַטֵּא הָאָדָם בִּשְׁבֻעָה וְנֶעְלַם
ה מִמֶּנּוּ וְהוּא־יָדַע וְאָשֵׁם לְאַחַת מֵאֵלֶּה: וְהָיָה כִי־
יֶאְשַׁם לְאַחַת מֵאֵלֶּה וְהִתְוַדָּה אֲשֶׁר חָטָא עָלֶיהָ:
ו וְהֵבִיא אֶת־אֲשָׁמוֹ לַיהוָה עַל חַטָּאתוֹ אֲשֶׁר חָטָא
נְקֵבָה מִן־הַצֹּאן כִּשְׂבָּה אוֹ־שְׂעִירַת עִזִּים לְחַטָּאת
ז וְכִפֶּר עָלָיו הַכֹּהֵן מֵחַטָּאתוֹ: וְאִם־לֹא תַגִּיעַ יָדוֹ דֵּי
שֶׂה וְהֵבִיא אֶת־אֲשָׁמוֹ אֲשֶׁר חָטָא שְׁתֵּי תֹרִים אוֹ־
שְׁנֵי בְנֵי־יוֹנָה לַיהוָה אֶחָד לְחַטָּאת וְאֶחָד לְעֹלָה:
ח וְהֵבִיא אֹתָם אֶל־הַכֹּהֵן וְהִקְרִיב אֶת־אֲשֶׁר לַחַטָּאת
רִאשׁוֹנָה וּמָלַק אֶת־רֹאשׁוֹ מִמּוּל עָרְפּוֹ וְלֹא יַבְדִּיל:

רש"י

הַזּוֹ יֹאכַל קָדָשִׁים אוֹ יִכָּנֵס לַמִּקְדָּשׁ, שֶׁהוּא דָּבָר שֶׁזְּדוֹנוֹ כָּרֵת. בְּמַסֶּכֶת שְׁבוּעוֹת (דף ו ע"ב – ז ע"ב; יד ע"ב) נִדְרָשׁ כֵּן: **וְנֶעְלַם מִמֶּנּוּ.** הַטֻּמְאָה: **וְאָשֵׁם.** בַּאֲכִילַת קֹדֶשׁ אוֹ בְּבִיאַת מִקְדָּשׁ:

ג) **בְּטֻמְאַת אָדָם.** זוֹ טֻמְאַת מֵת: **לְכֹל טֻמְאָתוֹ.** לְרַבּוֹת טֻמְאַת מַגַּע זָבִין וְזָבוֹת: **אֲשֶׁר יִטְמָא.** לְרַבּוֹת הַנּוֹגֵעַ בְּבוֹעֵל נִדָּה: **בָּהּ.** לְרַבּוֹת בּוֹלֵעַ נִבְלַת עוֹף טָהוֹר, **וְלֹא יָדַע,** שֶׁשָּׁכַח הַטֻּמְאָה: **וְאָשֵׁם.** בַּאֲכִילַת קֹדֶשׁ אוֹ בְּבִיאַת מִקְדָּשׁ:

ד) **בִּשְׂפָתַיִם.** וְלֹא בַלֵּב: **לְהָרַע.** לְעַצְמוֹ: **אוֹ לְהֵיטִיב.** לְעַצְמוֹ, כְּגוֹן אֹכַל וְלֹא אֹכַל, אִישַׁן וְלֹא אִישַׁן: **לְכֹל אֲשֶׁר יְבַטֵּא.** לְרַבּוֹת לְשֶׁעָבַר: **וְנֶעְלַם מִמֶּנּוּ.** וְעָבַר עַל שְׁבוּעָתוֹ. כָּל אֵלֶּה בְּקָרְבָּן עוֹלֶה וְיוֹרֵד כַּמְפֹרָשׁ כָּאן, אֲבָל שְׁבוּעָה שֶׁיֵּשׁ בָּהּ כְּפִירַת מָמוֹן אֵינָהּ בְּקָרְבָּן זֶה אֶלָּא בְּאָשָׁם (להלן פסוקים כ-כו):

ח) **וְהִקְרִיב אֶת אֲשֶׁר לַחַטָּאת רִאשׁוֹנָה.** חַטָּאת קוֹדֶמֶת לְעוֹלָה. לְמָה הַדָּבָר דּוֹמֶה? לִפְרַקְלִיט שֶׁנִּכְנַס לְרַצּוֹת, רִצָּה פְּרַקְלִיט, נִכְנַס דּוֹרוֹן אַחֲרָיו: **וְלֹא יַבְדִּיל.** אֵינוֹ מוֹלֵק אֶלָּא סִימָן אֶחָד: **עֹרֶף.** הוּא גֹּבַהּ הָרֹאשׁ הַמְשֻׁפָּע לְצַד הַצַּוָּאר. 'מוּל עֹרֶף' – מוּל הָרוֹאֶה אֶת הָעֹרֶף, וְהוּא אֹרֶךְ כָּל אֲחוֹרֵי הַצַּוָּאר:

ביאור | טָמֵא וְאָשֵׁם. אין האשמה בעצם טומאתו, שהרי מותר לאדם להיות
טמא.[79] ההיטהרות מן הטומאה היא מעשה חיובי, אבל אינה חובה
אישית. אשמתו של הטמא שבה מדובר כאן, כרוכה בכך שנהג
כטהור; הוא נכנס למקדש או אכל קודש מתוך שכחה, ובכך חילל
את הקודש והמקדש.[80] ג **אוֹ כִי יִגַּע בְּטֻמְאַת אָדָם, לְכֹל טֻמְאָתוֹ אֲשֶׁר**
יִטְמָא בָּהּ, וְנֶעְלַם מִמֶּנּוּ, מן האיש הנוגע, **וְהוּא יָדַע וְאָשֵׁם**. אדם שלא
ידע כלל שנטמא, כגון שנגע בדבר טמא בלילה וכדומה, אינו נכלל
בדין זה. כאן מדובר במי שידע שנטמא ואחר כך שכח.[81]

ד **אוֹ נֶפֶשׁ כִּי תִשָּׁבַע לְבַטֵּא בִשְׂפָתַיִם**, שיצאה שבועה מפיה שבה חייבה
את עצמה **לְהָרַע**, לאסור על עצמה, להימנע מדבר כלשהו **אוֹ לְהֵיטִיב**
לחייב את עצמה לעשות דבר **לְכֹל אֲשֶׁר יְבַטֵּא הָאָדָם בִּשְׁבֻעָה**, ובסופו
של דבר – **וְנֶעְלַם מִמֶּנּוּ**, הוא שכח את השבועה ועבר עליה, **וְהוּא**
יָדַע לאחר מכן, **וְאָשֵׁם לְאַחַת** מֵהשבועות **הָאֵלֶּה**. שלא כמו במקרה
הראשון, 'שבועת העדות',[82] שהושבע על ידי אחרים להעיד להם,
'שבועת ביטוי'[83] הנדונה כאן היא יזמתו של הנשבע, שלאחר מכן לא
קיים את דבריו מתוך שגגה – בין במעשה ובין בהימנעות מעשייה.

ה **וְהָיָה כִי יֶאְשַׁם לְאַחַת** מֵהעבֵרות **הָאֵלֶּה**; השתמט מעדות לחברו אף
על פי שהלה השביע אותו להעיד לו, נכנס למקדש או אכל קודש
בטומאה, או נשבע ועבר על שבועתו – **וְהִתְוַדָּה** את החטאת **אֲשֶׁר חָטָא**
עָלֶיהָ. ראשית כול עליו להודות בחטא. לא די בכך שנודע לו שהוא
אשם, אלא עליו להתוודות על מעשהו בפיו.[84] ו ולאחר ההודאה
יש גם היקון מעשי – **וְהֵבִיא אֶת אֲשָׁמוֹ לַה' עַל חַטָּאתוֹ אֲשֶׁר חָטָא**.
מעבר לחטא הפרטי, יש במעשים הללו היבט המגדיר אותם כאשמה
בדבר בלתי ראוי כלפי ה'.[85] החוטא יבטא את אשמתו בהבאת
נְקֵבָה דווקא **מִן הַצֹּאן, כִּשְׂבָּה**, כבשה **אוֹ שְׂעִירַת עִזִּים לְחַטָּאת. וְכִפֶּר**
עָלָיו הַכֹּהֵן מֵחַטָּאתוֹ, בדרך שתוארה בקרבנות החטאת בפרק הקודם.

ז **וְאִם לֹא תַגִּיעַ יָדוֹ דֵּי שֶׂה**, אם שה יקר מדי בשבילו, **וְהֵבִיא אֶת** קרבן
אֲשָׁמוֹ אֲשֶׁר חָטָא, שְׁתֵּי תֹרִים אוֹ שְׁנֵי בְנֵי יוֹנָה לַה': אֶחָד לְחַטָּאת וְאֶחָד
לְעֹלָה. במקום קרבן חטאת מן הצאן, יביא העני שני עופות, שהם
בוודאי זולים הרבה יותר, ורק אחד מהם קרב כחטאת. ח **וְהֵבִיא**
אֹתָם אֶל הַכֹּהֵן, וְהִקְרִיב הכהן **אֶת** התור או גוזל היונה **אֲשֶׁר** מיועד
לַחַטָּאת – **רִאשׁוֹנָה, וּמָלַק אֶת רֹאשׁוֹ**, יחתוך בציפורן את מפרקתו

הרחבות | 'והתוַדה' חכמים למדו מכאן שגם עם כל החטאות, ועם הקרבנות בכלל, צריך להתוודות. (ראו יומא לו ע"א; זבחים ז ע"ב; כריתות יב ע"א).

ט וְהִזָּה מִדַּם הַחַטָּאת עַל־קִיר הַמִּזְבֵּחַ וְהַנִּשְׁאָר בַּדָּם
י יִמָּצֵה אֶל־יְסוֹד הַמִּזְבֵּחַ חַטָּאת הוּא׃ וְאֶת־הַשֵּׁנִי
יַעֲשֶׂה עֹלָה כַּמִּשְׁפָּט וְכִפֶּר עָלָיו הַכֹּהֵן מֵחַטָּאתוֹ
שביעי יא אֲשֶׁר־חָטָא וְנִסְלַח לוֹ׃ וְאִם־לֹא תַשִּׂיג יָדוֹ
לִשְׁתֵּי תֹרִים אוֹ לִשְׁנֵי בְנֵי־יוֹנָה וְהֵבִיא אֶת־קָרְבָּנוֹ
אֲשֶׁר חָטָא עֲשִׂירִת הָאֵפָה סֹלֶת לְחַטָּאת לֹא־
יָשִׂים עָלֶיהָ שֶׁמֶן וְלֹא־יִתֵּן עָלֶיהָ לְבֹנָה כִּי חַטָּאת
יב הִוא׃ וֶהֱבִיאָהּ אֶל־הַכֹּהֵן וְקָמַץ הַכֹּהֵן ׀ מִמֶּנָּה מְלוֹא
קֻמְצוֹ אֶת־אַזְכָּרָתָהּ וְהִקְטִיר הַמִּזְבֵּחָה עַל אִשֵּׁי
יג יְהוָה חַטָּאת הִוא׃ וְכִפֶּר עָלָיו הַכֹּהֵן עַל־חַטָּאתוֹ
אֲשֶׁר־חָטָא מֵאַחַת מֵאֵלֶּה וְנִסְלַח לוֹ וְהָיְתָה לַכֹּהֵן

רש"י

ט] **וְהִזָּה מִדַּם הַחַטָּאת.** בָּעוֹלָה לֹא הִטְעִין אֶלָּא מִצּוּי (לעיל א, טו) וּבַחַטָּאת הַזָּאָה וּמִצּוּי, אוֹחֵז בָּעוֹף וּמַתִּיז וְהַדָּם נִתָּז וְהוֹלֵךְ לַמִּזְבֵּחַ: **חַטָּאת הוּא.** לִשְׁמָהּ כְּשֵׁרָה, שֶׁלֹּא לִשְׁמָהּ פְּסוּלָה:

י] **כַּמִּשְׁפָּט.** כַּדָּת הָאֲמוּרָה בְּעוֹלַת הָעוֹף שֶׁל נְדָבָה בְּרֹאשׁ הַפָּרָשָׁה:

יא] **כִּי חַטָּאת הִוא.** וְאֵין דִּין שֶׁיְּהֵא קָרְבָּנָהּ מְהֻדָּר:

יב] **חַטָּאת הִוא.** נִקְמְצָה וְנִקְטְרָה לִשְׁמָהּ כְּשֵׁרָה, שֶׁלֹּא לִשְׁמָהּ פְּסוּלָה:

יג] **עַל חַטָּאתוֹ אֲשֶׁר חָטָא.** כָּאן שִׁנָּה הַכָּתוּב, שֶׁהֲרֵי בַּעֲשִׁירוּת וּבְדַלּוּת נֶאֱמַר: "מֵחַטָּאתוֹ" (לעיל פסוק ו ופסוק י), וְכָאן בְּדַלֵּי דַלּוּת נֶאֱמַר: "עַל חַטָּאתוֹ", דִּקְדְּקוּ רַבּוֹתֵינוּ מִכָּאן, שֶׁאִם חָטָא כְּשֶׁהוּא עָשִׁיר וְהִפְרִישׁ מָעוֹת לְכִשְׂבָּה אוֹ שְׂעִירָה וְהֶעֱנִי, יָבִיא מִמִּקְצָתָן שְׁתֵּי תוֹרִים. הִפְרִישׁ מָעוֹת לִשְׁתֵּי תוֹרִים וְהֶעֱנִי, יָבִיא מִמִּקְצָתָן עֲשִׂירִית הָאֵיפָה. הִפְרִישׁ מָעוֹת לַעֲשִׂירִית הָאֵיפָה וְהֶעֱשִׁיר, יוֹסִיף עֲלֵיהֶן וְיָבִיא קָרְבַּן עָשִׁיר, לְכָךְ נֶאֱמַר כָּאן: "עַל חַטָּאתוֹ": **מֵאַחַת מֵאֵלֶּה.** מֵאַחַת מִשָּׁלֹשׁ כַּפָּרוֹת הָאֲמוּרוֹת בָּעִנְיָן: אוֹ בַּעֲשִׁירוּת, אוֹ בְּדַלּוּת, אוֹ בְּדַלֵּי דַלּוּת. וּמַה תַּלְמוּד לוֹמַר? שֶׁיָּכוֹל הַחֲמוּרִים שֶׁבָּהֶם יִהְיוּ בְּכִשְׂבָּה אוֹ שְׂעִירָה, וְהַקַּלִּין יִהְיוּ בְּעוֹף, וְהַקַּלִּין שֶׁבַּקַּלִּין יִהְיוּ בַּעֲשִׂירִית הָאֵיפָה? תַּלְמוּד לוֹמַר: "מֵאַחַת מֵאֵלֶּה", לְהַשְׁווֹת קַלִּין לַחֲמוּרִין לְכִשְׂבָּה וּשְׂעִירָה אִם הִשִּׂיגָה יָדָם, וְאֶת הַחֲמוּרִין לַקַּלִּין לַעֲשִׂירִית הָאֵיפָה בְּדַלֵּי דַלּוּת: **וְהָיְתָה לַכֹּהֵן כַּמִּנְחָה.** לְלַמֵּד עַל מִנְחַת חוֹטֵא שֶׁיִּהְיוּ שְׁיָרֶיהָ נֶאֱכָלִין, זֶהוּ לְפִי פְשׁוּטוֹ. וְרַבּוֹתֵינוּ דָּרְשׁוּ, "וְהָיְתָה לַכֹּהֵן", וְאִם חוֹטֵא זֶה כֹּהֵן הוּא, תְּהֵא כְּשְׁאָר מִנְחַת נִדְבַת כֹּהֵן, שֶׁהִיא בְּ"כָלִיל תִּהְיֶה לֹא תֵאָכֵל" (להלן ו, טז):

ביאור

של העוף מִמּוּל עָרְפּוֹ, אחורי הצוואר מתחת לגולגולת.[86] וְלֹא יַבְדִּיל הכהן את הראש מן הגוף.[87] ט וְהִזָּה, יתיז מִדַּם הַחַטָּאת שבצוואר העוף החתוך עַל קִיר הַמִּזְבֵּחַ, וְהַנִּשְׁאָר בַּדָּם יִמָּצֵה, ייסחט מן העוף אל קיר המזבח[88] כדי ששארית הדם תצא ותיזל אֶל יְסוֹד הַמִּזְבֵּחַ. קרבן חַטָּאת הוּא. י בקרבן חטאת העוף אין חלקים שנשרפים על המזבח כבחטאת בהמה, ולכן יש להביא עמו קרבן נוסף[89] – וְאֶת הָעוף הַשֵּׁנִי יַעֲשֶׂה עֹלָה כַּמִּשְׁפָּט, כמו שהתפרש משפטה למעלה,[90] ימלוק ויבדיל את הראש, ימצה דמה על קיר המזבח, ויעלה את כולה על המזבח לאחר הסרת הזפק. וְכִפֶּר עָלָיו הַכֹּהֵן באמצעות שני העופות מֵחַטָּאתוֹ אֲשֶׁר חָטָא, וְנִסְלַח לוֹ.

יא וְאִם הוא עני עד כדי כך שלֹּא תַשִּׂיג יָדוֹ אפילו לשלם לִשְׁתֵּי תֹרִים אוֹ לִשְׁנֵי בְנֵי יוֹנָה – וְהֵבִיא אֶת קָרְבָּנוֹ אֲשֶׁר חָטָא, עֲשִׂירִת הָאֵפָה סֹלֶת לְקרבן חַטָּאת. אולם לֹא יָשִׂים עָלֶיהָ שֶׁמֶן וְלֹא יִתֵּן עָלֶיהָ לְבֹנָה, כִּי חַטָּאת הִוא. מכיוון שקרבן זה בא על חטא עושים אותו בצניעות ובמיעוט, ולא כמנחת נדבה, שבה מוסיפים על הסולת שמן ולבונה.[91] יב וֶהֱבִיאָהּ אֶל הַכֹּהֵן, וְקָמַץ הַכֹּהֵן מִמֶּנָּה מְלוֹא קֻמְצוֹ. הוא מוציא באמצעות שלוש אצבעות מן הסולת אֶת אַזְכָּרָתָהּ, חלק הקרבן שיעלה לזיכרון, וְהִקְטִיר הַמִּזְבֵּחָה עַל אִשֵּׁי ה׳, על האש שעל המזבח, חַטָּאת הִוא. יג וְכִפֶּר עָלָיו הַכֹּהֵן עַל חַטָּאתוֹ אֲשֶׁר חָטָא מֵאַחַת מֵאֵלֶּה, וְנִסְלַח לוֹ. וְהָיְתָה החטאת – בחלקה שאינו נשרף לַכֹּהֵן כַּמִּנְחָה, ומצווה עליו לאכלה.

★ כַּמִּנְחָה: וַיְדַבֵּר יְהוָה אֶל־מֹשֶׁה לֵּאמֹר: יד
נֶפֶשׁ כִּי־תִמְעֹל מַעַל וְחָטְאָה בִּשְׁגָגָה מִקָּדְשֵׁי יְהוָה טו
וְהֵבִיא אֶת־אֲשָׁמוֹ לַיהוָה אַיִל תָּמִים מִן־הַצֹּאן
בְּעֶרְכְּךָ כֶּסֶף־שְׁקָלִים בְּשֶׁקֶל־הַקֹּדֶשׁ לְאָשָׁם: וְאֵת טז
אֲשֶׁר חָטָא מִן־הַקֹּדֶשׁ יְשַׁלֵּם וְאֶת־חֲמִישִׁתוֹ יוֹסֵף
עָלָיו וְנָתַן אֹתוֹ לַכֹּהֵן וְהַכֹּהֵן יְכַפֵּר עָלָיו בְּאֵיל הָאָשָׁם
וְנִסְלַח לוֹ:
וְאִם־נֶפֶשׁ כִּי תֶחֱטָא וְעָשְׂתָה אַחַת מִכָּל־מִצְוֺת יְהוָה יז
אֲשֶׁר לֹא תֵעָשֶׂינָה וְלֹא־יָדַע וְאָשֵׁם וְנָשָׂא עֲוֺנוֹ: וְהֵבִיא יח

רש"י

טו| **כִּי תִמְעֹל מַעַל.** אֵין מְעִילָה בְּכָל מָקוֹם אֶלָּא שִׁנּוּי, וְכֵן הוּא אוֹמֵר: "וַיִּמְעֲלוּ בֵּאלֹהֵי אֲבֹתֵיהֶם וַיִּזְנוּ אַחֲרֵי אֱלֹהֵי עַמֵּי הָאָרֶץ" (דברי הימים א' ה, כה), וְכֵן הוּא אוֹמֵר בְּסוֹטָה: "וּמָעֲלָה בוֹ מָעַל" (במדבר ה, יב):

וְחָטְאָה בִּשְׁגָגָה מִקָּדְשֵׁי ה'. שֶׁנֶּהֱנָה מִן הַהֶקְדֵּשׁ. וְהֵיכָן הֻזְהַר? נֶאֱמַר כָּאן 'חֵטְא' וְנֶאֱמַר לְהַלָּן 'חֵטְא' בִּתְרוּמָה: "וְלֹא יִשְׂאוּ עָלָיו חֵטְא" (להלן כב, ט), מַה לְּהַלָּן הִזְהִיר, אַף כָּאן הִזְהִיר. אִי מַה לְּהַלָּן לֹא הִזְהִיר אֶלָּא עַל הָאוֹכֵל אַף כָּאן לֹא הִזְהִיר אֶלָּא עַל הָאוֹכֵל? תַּלְמוּד לוֹמַר: "תִמְעֹל מַעַל", רִבָּה: **מִקָּדְשֵׁי ה'.** הַמְיֻחָדִים לַשֵּׁם, יָצְאוּ קָדָשִׁים קַלִּים: **אַיִל.** לְשׁוֹן 'קָשֶׁה', כְּמוֹ: "וְאֶת אֵילֵי הָאָרֶץ לָקָח" (יחזקאל יז, יג), אַף כָּאן קָשֶׁה, בֶּן שְׁתֵּי שָׁנִים: **בְּעֶרְכְּךָ כֶּסֶף שְׁקָלִים.** שֶׁיְּהֵא שָׁוֶה שְׁתֵּי סְלָעִים:

טז| **וְאֵת אֲשֶׁר חָטָא מִן הַקֹּדֶשׁ יְשַׁלֵּם.** קֶרֶן וְחֹמֶשׁ לַהֶקְדֵּשׁ:

יז| **וְלֹא יָדַע וְאָשֵׁם וְהֵבִיא.** הָעִנְיָן הַזֶּה מְדַבֵּר בְּמִי שֶׁבָּא סָפֵק כָּרֵת לְיָדוֹ וְלֹא יָדַע אִם עָבַר עָלָיו אִם לָאו, כְּגוֹן חֵלֶב וְשֻׁמָּן לְפָנָיו וּכְסָבוּר שֶׁשְּׁתֵּיהֶן הֶיתֵּר וְאָכַל אֶת הָאַחַת. אָמְרוּ לוֹ: אַחַת שֶׁל חֵלֶב הָיְתָה, וְלֹא יָדַע אִם זוֹ שֶׁל חֵלֶב אָכַל – הֲרֵי

הרחבות

'והביא את אשמו לה' איל תמים מן הצאן בערכך כסף שקלים' לקרבן חטאת אין ערך מוגדר. אדם עשוי להביא לחטאת כבשה קטנה, ולעתים אף שני עופות או עישרון סולת, כפי שנאמר לעיל (פס' ה-יא). לעומת זאת, לאשם נקבע סכום כסף מסוים – שני שקלים. כך לפעמים משלם האדם על ספק עברה, בו הוא מחויב ב'אשם תלוי', יותר מאשר על הוודאי – שמביא חטאת. נראה שכאשר אדם מודע לחטאו, מתעוררת בו חרטה, והחרטה והקרבן יחד מכפרים על עוונו. לעומת זאת, במצבי הספק מכבידים עליו באמצעות קרבן יקר יותר, כדי שיזכור את חטאו ויכיר בו. קרבן האשם התלוי מיועד אפוא לכפר על מצבי ספק ואי-בהירות, שהאשמה בהם סמויה ומודחקת מזו של השגגות הוודאיות. (ראו זבחים מח ע"א; רמב"ן על אתר; תלמיד רבנו יונה תחילת ברכות).

'(בְּ)עֶרְכְּךָ' מלה זו חוזרת כאן כמה פעמים וכן להלן בפרק כז ובבמדבר יט. צורתה הדקדוקית אינה ברורה כלל. משמעותה קשורה לערך, אך קשה לדעת אם ה-ך הסופית מציינת כינוי לנוכח (כדעתו של רש"ר הירש), או – כפי שנראה יותר

קרבנות אשם

פרק ה פס׳ יד–כו

לאחר פירוט החטאות הקבועות של האישים השונים ושל שלושה חטאים מסוימים שעליהם מובא קרבן חטאת ׳עולה ויורד׳, יפורטו שלושה מקרים שבהם יש להקריב קרבן אשם. כמו החטאת, אף האשם בעיקרו הוא קרבן חובה. כאן יבואר רק מינו של הקרבן ועל אֵילו חטאים הוא בא, ואִילו מעשה הקרבתו, עבודותיו ואכילתו יפורטו בהמשך.[92]

ביאור

יד **וַיְדַבֵּר ה׳ אֶל מֹשֶׁה לֵּאמֹר:** טו **נֶפֶשׁ כִּי תִמְעֹל מַעַל**, השתמשה לצורכי
עצמה בדבר לא לה, **וְחָטְאָה בִּשְׁגָגָה מִקָּדְשֵׁי ה׳**, מן הרכוש השייך
לקודש, כגון שנהנתה ממאכל או מחפץ קדוש בלי לדעת שהוא קדוש.
כאשר המועל יגלה שנהנה מן הקודש – **וְהֵבִיא אֶת אֲשָׁמוֹ**, קרבן על
אשמתו **לַה׳** – **אַיִל**, כבש בוגר **תָּמִים מִן הַצֹּאן. בְּעֶרְכְּךָ**, בערך, בשווי של
כֶּסֶף שְׁקָלִים, לפחות שני שקלים **בְּשֶׁקֶל הַקֹּדֶשׁ**, יחידת משקל כפולה
מהשקל הרגיל, המקבילה למטבע ׳סלע צורי׳ בתקופה מאוחרת
יותר,[93] **לְקרבן אָשָׁם**.[94] טז ונוסף על כך, **אֵת אֲשֶׁר חָטָא** ולקח **מִן
הַקֹּדֶשׁ** – **יְשַׁלֵּם, וְאֶת חֲמִישִׁתוֹ** חמישית מערך המעל **יוֹסֵף עָלָיו** כעין
קנס, **וְנָתַן אֹתוֹ**, את התשלום כולו, ההחזר והחמישית, **לַכֹּהֵן. וְהַכֹּהֵן
יְכַפֵּר עָלָיו בְּאֵיל הָאָשָׁם**, שנקרא ׳אשם מעילות׳[95] – **וְנִסְלַח לוֹ.**

מכאן למין אחר של אשם: יז **וְאִם נֶפֶשׁ כִּי תֶחֱטָא, וְעָשְׂתָה אַחַת מִכָּל
מִצְוֹת ה׳ אֲשֶׁר לֹא תֵעָשֶׂינָה, וְלֹא יָדַע** אם חטא, **וְאָשֵׁם** – **וְנָשָׂא עֲוֹנוֹ**, ייטול

הרחבות

מהצורות וההקשרים השונים של המלה (ראו למשל להלן כז,כג) – שאינה אלא כ׳ מיוחדת של הכפלה. ׳ערכך׳ היא אפוא צורה מיוחדת של שם העצם ׳ערך׳, (המופיע בתורה רק במשמעות של מערכת, כמו עֵרֶךְ לֶחֶם). בדומה לשמות עצם אחרים המופיעים בתוספת צורן, המשמש במקרים אחדים כצורה דקדוקית ידועה. (כדעת רשב״ם ויקרא כז,ג וראו שם ראב״ע פס׳ ב).

׳ואת חמישתו יוסף עליו׳ בהלכה הסיקו כי החמישית האמורה בתורה היא ׳חמישית מלבר׳, כלומר חמישית מהסך הכולל של הקרן עם החומש, רבע מסכום הקרן (ספרא; בבא מציעא נג ע״ב – נד ע״א).

׳ולא ידע ואשם׳ את חוסר הידיעה במקרה זה יש להסביר בצורה שונה מזו שדובר בה עד עתה, שהרי אם מדובר על אי-ידיעה בשעת החטא, הלוא כבר נתייחד קרבן חטאת על השגגה. אכן מסרו חכמים כי המלים וְלֹא יָדַע מתייחסות למצבו הנוכחי. מדובר באדם שעשה מעשה ולאחר מעשה אינו יודע אם הייתה זו עברה, (ראו כריתות יט ע״ב), כגון שהוא

אַיִל תָּמִים מִן־הַצֹּאן בְּעֶרְכְּךָ לְאָשָׁם אֶל־הַכֹּהֵן וְכִפֶּר
עָלָיו הַכֹּהֵן עַל שִׁגְגָתוֹ אֲשֶׁר־שָׁגָג וְהוּא לֹא־יָדַע
וְנִסְלַח לוֹ: אָשָׁם הוּא אָשֹׁם אָשַׁם לַיהוָה: יט
וַיְדַבֵּר יְהוָה אֶל־מֹשֶׁה לֵּאמֹר: נֶפֶשׁ כִּי תֶחֱטָא וּמָעֲלָה כ כא
מַעַל בַּיהוָה וְכִחֵשׁ בַּעֲמִיתוֹ בְּפִקָּדוֹן אוֹ־בִתְשׂוּמֶת יָד

רש"י | זֶה מֵבִיא אָשָׁם תָּלוּי, וּמֵגֵן עָלָיו כָּל זְמַן שֶׁלֹּא נוֹדַע לוֹ שֶׁוַּדַּאי חָטָא, וְאִם יִוָּדַע לוֹ לְאַחַר זְמַן, יָבִיא חַטָּאת: **וְלֹא יָדַע וְאָשֵׁם וְנָשָׂא עֲוֹנוֹ.** רַבִּי יוֹסֵי הַגְּלִילִי אוֹמֵר: הֲרֵי הַכָּתוּב עָנַשׁ אֶת מִי שֶׁלֹּא יָדַע, עַל אַחַת כַּמָּה וְכַמָּה שֶׁיֵּעָנֵשׁ אֶת מִי שֶׁיָּדַע. רַבִּי יוֹסֵי אוֹמֵר: אִם נַפְשְׁךָ לֵידַע מַתַּן שְׂכָרָן שֶׁל צַדִּיקִים, צֵא וּלְמַד מֵאָדָם הָרִאשׁוֹן, שֶׁלֹּא נִצְטַוָּה אֶלָּא עַל מִצְוַת לֹא תַעֲשֶׂה וְעָבַר עָלֶיהָ, רְאֵה כַּמָּה מִיתוֹת נִקְנְסוּ עָלָיו וּלְדוֹרוֹתָיו. וְכִי אֵיזוֹ מִדָּה מְרֻבָּה, שֶׁל טוֹבָה אוֹ שֶׁל פֻּרְעָנוּת? הֱוֵי אוֹמֵר מִדָּה טוֹבָה. אִם מִדַּת פֻּרְעָנוּת מְעֻטָּה, רְאֵה כַּמָּה מִיתוֹת נִקְנְסוּ לוֹ וּלְדוֹרוֹתָיו, מִדָּה טוֹבָה הַמְרֻבָּה, הַיּוֹשֵׁב לוֹ מִן הַפִּגּוּלִין וְהַנּוֹתָרוֹת וְהַמִּתְעַנֶּה בְּיוֹם הַכִּפּוּרִים, עַל אַחַת כַּמָּה וְכַמָּה שֶׁיִּזְכֶּה לוֹ וּלְדוֹרוֹתָיו וּלְדוֹרוֹת דּוֹרוֹתָיו עַד סוֹף כָּל הַדּוֹרוֹת. רַבִּי עֲקִיבָא אוֹמֵר: הֲרֵי הוּא אוֹמֵר: "עַל פִּי שְׁנַיִם עֵדִים אוֹ שְׁלֹשָׁה" וְגוֹ' (דברים יז, ו), אִם מִתְקַיֶּמֶת הָעֵדוּת בִּשְׁנַיִם, לָמָּה פָּרַט לְךָ הַכָּתוּב שְׁלֹשָׁה, אֶלָּא לְהָבִיא שְׁלִישִׁי לְהַחֲמִיר עָלָיו כְּאִלּוּ הוֹעִיל וְלַעֲשׂוֹת דִּינוֹ כַּיּוֹצֵא בְּאֵלּוּ לְעִנְיַן עֹנֶשׁ וַהֲזַמָּה; אִם כָּךְ עָנַשׁ הַכָּתוּב לַנִּטְפָּל לְעוֹבְרֵי עֲבֵרָה כְּעוֹבְרֵי עֲבֵרָה, עַל אַחַת כַּמָּה וְכַמָּה שֶׁיְּשַׁלֵּם שָׂכָר טוֹב לַנִּטְפָּל לְעוֹשֵׂי מִצְוָה כְּעוֹשֵׂי מִצְוָה. רַבִּי אֶלְעָזָר בֶּן עֲזַרְיָה אוֹמֵר: "כִּי תִקְצֹר קְצִירְךָ בְּשָׂדֶךָ וְשָׁכַחְתָּ עֹמֶר בַּשָּׂדֶה" (דברים כד, יט), הֲרֵי הוּא אוֹמֵר: "לְמַעַן יְבָרֶכְךָ" וְגוֹ' (שם), קָבַע הַכָּתוּב בְּרָכָה לְמִי שֶׁבָּאת עַל יָדוֹ מִצְוָה בְּלֹא יָדַע, אֱמֹר מֵעַתָּה: הָיְתָה סֶלַע צְרוּרָה בִּכְנָפָיו וְנָפְלָה הֵימֶנּוּ וּמְצָאָהּ הֶעָנִי וְנִתְפַּרְנֵס בָּהּ, הֲרֵי הַקָּדוֹשׁ בָּרוּךְ הוּא קוֹבֵעַ לוֹ בְּרָכָה:

יח | **בְּעֶרְכְּךָ לְאָשָׁם.** בָּעֵרֶךְ הָאָמוּר לְמַעְלָה (פסוק טו): **אֲשֶׁר שָׁגָג וְהוּא לֹא יָדַע.** הָא אִם יָדַע לְאַחַר זְמַן, לֹא נִתְכַּפֵּר לוֹ בְּאָשָׁם זֶה, עַד שֶׁיָּבִיא חַטָּאת. הָא לְמָה זֶה דּוֹמֶה? לְעֶגְלָה עֲרוּפָה שֶׁנִּתְעָרְפָה וְאַחַר כָּךְ נִמְצָא הַהוֹרֵג – הֲרֵי זֶה יֵהָרֵג:

יט | **אָשָׁם הוּא אָשֹׁם אָשַׁם.** הָרִאשׁוֹן כֻּלּוֹ קָמוּץ, שֶׁהוּא שֵׁם דָּבָר, וְהָאַחֲרוֹן חֶצְיוֹ קָמַץ וְחֶצְיוֹ פַּתָּח, שֶׁהוּא לְשׁוֹן פָּעַל. וְאִם תֹּאמַר, מִקְרָא שֶׁלֹּא לְצֹרֶךְ הוּא! כְּבָר דָּרוּשׁ הוּא בְּתוֹרַת כֹּהֲנִים (ג, ו): "אָשֹׁם אָשַׁם", לְהָבִיא אֲשַׁם שִׁפְחָה חֲרוּפָה שֶׁיְּהֵא אֵיל בֶּן שְׁתֵּי שָׁנִים. יָכוֹל שֶׁאֲנִי מְרַבֶּה אֲשַׁם נָזִיר וַאֲשַׁם מְצֹרָע? תַּלְמוּד לוֹמַר: "הוּא":

כא | **נֶפֶשׁ כִּי תֶחֱטָא.** אָמַר רַבִּי עֲקִיבָא: מַה תַּלְמוּד לוֹמַר: "וּמָעֲלָה מַעַל בַּה'"? לְפִי שֶׁכָּל הַמַּלְוֶה וְהַלֹּוֶה וְהַנּוֹשֵׂא וְהַנּוֹתֵן אֵינוֹ עוֹשֶׂה אֶלָּא בְּעֵדִים וּבִשְׁטָר, לְפִיכָךְ בִּזְמַן שֶׁהוּא מְכַחֵשׁ, מְכַחֵשׁ בָּעֵדִים וּבַשְּׁטָר; אֲבָל הַמַּפְקִיד אֵצֶל חֲבֵרוֹ וְאֵינוֹ רוֹצֶה

הרחבות | אינו בטוח אם דבר שאכל היה אסור או מותר, חֵלב או שומן, או אם מלאכה שביצע נעשתה ביום השבת או במוצאיו. האשם המובא בעקבות מעשים כאלה נקרא בלשון חכמים 'אשם תלוי' (משנה זבחים ה,ה), משום שהוא תלוי ועומד עד

ביאור | את עונשו.[96] יח **וְהֵבִיא אַיִל תָּמִים מִן הַצֹּאן בְּעֶרְכְּךָ**, בערך הנקוב[97]
לְאָשָׁם אֶל הַכֹּהֵן, וְכִפֶּר עָלָיו הַכֹּהֵן עַל שִׁגְגָתוֹ אֲשֶׁר שָׁגָג וְהוּא לֹא יָדַע עד
עתה אם חטא אם לאו,[98] **וְנִסְלַח לוֹ.** יט **אָשָׁם הוּא** הקרבן הזה. וכדי
שלא יחשבו ש׳אין זה אלא ספק זניח, חוזר הכתוב ומדגיש: **אָשֹׁם**
אָשַׁם לַה׳.[99]

כ **וַיְדַבֵּר ד׳ אֶל מֹשֶׁה לֵּאמֹר:** כא **נֶפֶשׁ כִּי תֶחֱטָא וּמָעֲלָה מַעַל בַּה׳, וְכִחֵשׁ**
בַּעֲמִיתוֹ בְּפִקָּדוֹן. מעילה זו מתרחשת כשאדם משתמש לצורכי עצמו
בפיקדון שלקח מחברו, והוא מתכחש לכך, **אוֹ בִתְשׂוּמֶת יָד**, הונח
בידו כסף, בהלוואה או בעסקה, והוא איננו מחזיר אותו, **אוֹ בְגָזֵל** של

החטאות והאשמות שבפרשת ויקרא

	קרבן חטאת קבועה	קרבן חטאת 'עולה ויורד'	קרבן אשם
העבֵרה	שגגת עברה שזדונה 'כרת'	שבועת שקר על אי־ידיעת עדות לזולת ('שבועת העדות'); טומאת מקדש וקודשיו בשגגה; עברה בשוגג על שבועה ('שבועת ביטוי')	מעילה מקודשי ה' בשגגה ('אשם מעילות'); עברה מסופקת שעל ודאה מביאים חטאת ('אשם תלוי'); כפירת ממון לחברו בשבועת שקר במזיד ('אשם גזלות')
החיוב	כשבה או שעירה (ביחיד מן העם)	כשבה או שעירה (בעשיר) קן עופות (בעני) מנחת סולת חיטים (בדלי דלות)	איל בשני שקלים כסף

הרחבות | שהדבר יתברר. אם יתברר שחטא – יהא עליו להביא קרבן חטאת הראוי לאותו חטא, ואם יתברר שלא חטא – קרבן האשם יחשב כמעט כקרבן נדבה. (לפי דעה אחת, יכול אדם להתנדב אשם תלוי בכל עת, אף על פי שאינו מסופק במעשה מסוים. כך מסופר על בבא בן בוטא, אחד החסידים שחי בימי בית שני, שהיה מתנדב אשם תלוי בכל יום חוץ מיום אחד אחר יום הכיפורים. ראו כריתות כה ע"א). למעשה הקרבן נועד לתקופת הביניים המסופקת, לשכך את מצפונו ולהקל מדינו לפי שעה. (ראו כריתות כג ע"ב; כה ע"א. וראו עוד רש"י כתובות כב ע"ב וחולין מא ע"ב; צדקת הצדיק נז). מביאו מרגיש שעשה ככל יכולתו כדי לכפר על אשמתו.

'נפש כי תחטא ומעלה מעל בה' וכחש בעמיתו' לכאורה מעשי הגזל או העוול הממוני הללו אינם קשורים לה' באופן ישיר, אלא זוהי פגיעה בחבר. אף על פי כן התורה מדגישה שהחוטא בהם מועל מעל בה'. בהכחשת הדברים שנעשו באין רואה, החוטא מתכחש או מתעלם מקיומה של עין עליונה המשגיחה על הכול. ועוד, ה' כביכול סמך על האדם ונתן את ערבותו לישרה שבין הבריות, והמתכחש אינו מועל רק באמונו של חברו אלא גם באמון שנתן בו ה'. (ראו רש"י פס' כא).

אוֹ בְגָזֵל אוֹ עָשַׁק אֶת־עֲמִיתוֹ׃ אוֹ־מָצָא אֲבֵדָה וְכִחֶשׁ כב
בָּהּ וְנִשְׁבַּע עַל־שָׁקֶר עַל־אַחַת מִכֹּל אֲשֶׁר־יַעֲשֶׂה
הָאָדָם לַחֲטֹא בָהֵנָּה׃ וְהָיָה כִּי־יֶחֱטָא וְאָשֵׁם וְהֵשִׁיב כג
אֶת־הַגְּזֵלָה אֲשֶׁר גָּזָל אוֹ אֶת־הָעֹשֶׁק אֲשֶׁר עָשָׁק אוֹ
אֶת־הַפִּקָּדוֹן אֲשֶׁר הָפְקַד אִתּוֹ אוֹ אֶת־הָאֲבֵדָה אֲשֶׁר
מפטיר מָצָא׃ אוֹ מִכֹּל אֲשֶׁר־יִשָּׁבַע עָלָיו לַשֶּׁקֶר וְשִׁלַּם אֹתוֹ כד
בְּרֹאשׁוֹ וַחֲמִשִׁתָיו יֹסֵף עָלָיו לַאֲשֶׁר הוּא לוֹ יִתְּנֶנּוּ
בְּיוֹם אַשְׁמָתוֹ׃ וְאֶת־אֲשָׁמוֹ יָבִיא לַיהוָה אַיִל תָּמִים כה
מִן־הַצֹּאן בְּעֶרְכְּךָ לְאָשָׁם אֶל־הַכֹּהֵן׃ וְכִפֶּר עָלָיו כו
הַכֹּהֵן לִפְנֵי יְהוָה וְנִסְלַח לוֹ עַל־אַחַת מִכֹּל אֲשֶׁר־
יַעֲשֶׂה לְאַשְׁמָה בָהּ׃

צו וַיְדַבֵּר יְהוָה אֶל־מֹשֶׁה לֵּאמֹר׃ צַו אֶת־אַהֲרֹן וְאֶת־ א ב ו
בָּנָיו לֵאמֹר זֹאת תּוֹרַת הָעֹלָה הִוא הָעֹלָה עַל מוֹקְדָה

רש"י שֶׁתֵּדַע בּוֹ נְשָׁמָה אֶלָּא שְׁלִישִׁי שֶׁבֵּינֵיהֶם, לְפִיכָךְ בִּזְמַן שֶׁהוּא מְכַחֵשׁ מְכַחֵשׁ בַּשְּׁלִישִׁי שֶׁבֵּינֵיהֶם: בִּתְשׂוּמֶת יָד. שֶׁשָּׂם בְּיָדוֹ מָמוֹן לְהִתְעַסֵּק אוֹ בְּמִלְוֶה: אוֹ בְגָזֵל. שֶׁגָּזַל מִיָּדוֹ כְּלוּם: אוֹ עָשַׁק. הוּא שְׂכַר שָׂכִיר:

כב וְכִחֶשׁ בָּהּ. שֶׁכָּפַר עַל אַחַת מִכָּל אֵלֶּה "אֲשֶׁר יַעֲשֶׂה הָאָדָם", לַחֲטֹא וּלְהִשָּׁבַע עַל שֶׁקֶר לְכַפִּירַת מָמוֹן:

כג כִּי יֶחֱטָא וְאָשֵׁם. כְּשֶׁיַּכִּיר בְּעַצְמוֹ לָשׁוּב בִּתְשׁוּבָה וְלָדַעַת וּלְהוֹדוֹת כִּי חָטָא וְאָשֵׁם:

כד בְּרֹאשׁוֹ. הוּא הַקֶּרֶן, רֹאשׁ הַמָּמוֹן: לַאֲשֶׁר הוּא לוֹ. לְמִי שֶׁהַמָּמוֹן שֶׁלּוֹ:

פרק ו

ב צַו אֶת אַהֲרֹן. אֵין 'צַו' אֶלָּא לְשׁוֹן זֵרוּז, מִיָּד וּלְדוֹרוֹת. אָמַר רַבִּי שִׁמְעוֹן: בְּיוֹתֵר צָרִיךְ הַכָּתוּב לְזָרֵז מָקוֹם שֶׁיֵּשׁ בּוֹ חֶסְרוֹן כִּיס: זֹאת תּוֹרַת הָעֹלָה וְגוֹ'. הֲרֵי הָעִנְיָן הַזֶּה בָּא לְלַמֵּד עַל הֶקְטֵר חֲלָבִים וְאֵבָרִים, שֶׁיְּהֵא כָּשֵׁר כָּל הַלַּיְלָה, וּלְלַמֵּד עַל הַפְּסוּלִין, אֵיזֶה אִם עָלָה יֵרֵד וְאֵיזֶה אִם עָלָה לֹא יֵרֵד, שֶׁכָּל 'תּוֹרַת' לְרַבּוֹת

ביאור

ממש, **אוֹ עָשַׁק אֶת עֲמִיתוֹ** שלא בגזלה גלויה, כגון מי שמסרב לשלם
לחברו את שכרו המגיע לו.[100] כב **אוֹ** מי **שמָּצָא אֲבֵדָה** וכשתבעו אותה
ממנו – **כִחֶשׁ בָּהּ**, הכחיש וטען שלא מצא דבר. **וְ**נוסף על כך, **נִשְׁבַּע
עַל שָׁקֶר עַל אַחַת מִכֹּל** העברות הללו **אֲשֶׁר יַעֲשֶׂה הָאָדָם לַחֲטֹא בָהֵנָּה.**
בכל המקרים שלקח ממון של אחרים, הוא מכחיש וגם נשבע על
כך לשקר. כג **וְהָיָה כִּי יֶחֱטָא וְאָשֵׁם – וְהֵשִׁיב** לבעליו **אֶת הַגְּזֵלָה אֲשֶׁר
גָּזָל אוֹ אֶת הָעֹשֶׁק אֲשֶׁר עָשָׁק אוֹ אֶת הַפִּקָּדוֹן אֲשֶׁר הָפְקַד אִתּוֹ אוֹ אֶת
הָאֲבֵדָה אֲשֶׁר מָצָא**, בין שהיה זה כסף או חפץ. כד **אוֹ מִכֹּל** מקרה
דומה **אֲשֶׁר יִשָּׁבַע עָלָיו לַשֶּׁקֶר, וְשִׁלַּם אֹתוֹ בְּרֹאשׁוֹ**, את הסכום הראשוני,
את מה שקיבל, לקח או גזל, **וַחֲמִשִׁתָיו**, חמישית ממנו **יֹסֵף**, יוסיף **עָלָיו**
כעין קנס. **לַאֲשֶׁר הוּא לוֹ**, למי שהדבר שייך לו **יִתְּנֶנּוּ**, את סכום הכסף
בְּיוֹם אַשְׁמָתוֹ, ביום שבו הוא יכיר ויודה באשמתו, יתהה ויתחרט
על מעשיו.[101] כה ולאחר מכן[102] **אֶת אֲשָׁמוֹ**, את הקרבן על אשמתו,
הנקרא 'אשם גזלות'[103] **יָבִיא לַה', אַיִל תָּמִים מִן הַצֹּאן בְּעֶרְכְּךָ**, בערך
הנקוב **לְאָשָׁם אֶל הַכֹּהֵן.** כו **וְכִפֶּר עָלָיו הַכֹּהֵן לִפְנֵי ה'**, באופן הראוי
לקרבן זה,[104] **וְנִסְלַח לוֹ עַל אַחַת מִכֹּל אֲשֶׁר יַעֲשֶׂה לְאַשְׁמָה בָהּ.**

פרשת צו

תורת הקרבנות לכהנים

פרקים ו–ז

כאן יפורט הצד המעשי של הקרבנות שהוזכרו מתחילת הספר. ה' מורה למשה ללמד את אהרן ובניו הכהנים את מעשיו והלכותיו של כל קרבן וקרבן. חלק מן הדברים כבר נזכרו בעניינים הקודמים, אך בחזרה זו נוספים היבטים המשלימים את התמונה.

עד כה הייתה הפנייה אל כל ישראל, שכן למרות שחלק מתוכנה התייחס למעשי הכהנים, סיווג הקרבנות וכיבות הבאתם הם מעניינו של העם כולו. עתה פונה תורת הקרבנות אל הכהנים, ועיקרה עוסק בתחום פיקוחם, תפקידיהם וזכויותיהם בקרבנות. כאן אין מדובר בנסיבות להבאת הקרבן אלא במצוות ובאזהרות הנלוות אליו.

סדר הקרבנות בעניין זה שונה מסדרם הקודם: תחילה מפורטים הקרבנות שקדושתם חמורה, 'קודשי קודשים' – עולה, מנחה, חטאת ואשם, ואחר כך אלו שקדושתם קלה – זבחי השלמים של היחיד. גם כאן שב ונזכר איסור אכילת חֵלב ודם, בתוספת אזכור העונש המוטל על אוכלם.

פרק ו א **וַיְדַבֵּר ה' אֶל מֹשֶׁה לֵּאמֹר:** ב **צַו אֶת אַהֲרֹן וְאֶת בָּנָיו לֵאמֹר.** כיוון שהציוויים הללו קשורים לאחריותם של הכהנים ולחלקם, הם מופנים אל אהרן ובניו. **זֹאת תּוֹרַת הָעֹלָה.** דיני העולה כבר התבארו בעיקרם

הרחבות

קרבנות האשם המבוארים כאן באים לכפר על עברות הקשורות לאדישות וטשטוש גבולות הנעשות תוך כדי הרחבת השליטה והפעילות האישית; מעילה בממון הקדש בשגגה, עשיית מעשים שאיסורם מוטל בספק וכפירה בממון חברו באימות שבועה שקרית.

עַל־הַמִּזְבֵּחַ כָּל־הַלַּיְלָה עַד־הַבֹּקֶר וְאֵשׁ הַמִּזְבֵּחַ
תּוּקַד בּוֹ׃ וְלָבַשׁ הַכֹּהֵן מִדּוֹ בַד וּמִכְנְסֵי־בַד יִלְבַּשׁ ג
עַל־בְּשָׂרוֹ וְהֵרִים אֶת־הַדֶּשֶׁן אֲשֶׁר תֹּאכַל הָאֵשׁ אֶת־
הָעֹלָה עַל־הַמִּזְבֵּחַ וְשָׂמוֹ אֵצֶל הַמִּזְבֵּחַ׃ וּפָשַׁט ד
אֶת־בְּגָדָיו וְלָבַשׁ בְּגָדִים אֲחֵרִים וְהוֹצִיא אֶת־הַדֶּשֶׁן
אֶל־מִחוּץ לַמַּחֲנֶה אֶל־מָקוֹם טָהוֹר׃ וְהָאֵשׁ עַל־ ה
הַמִּזְבֵּחַ תּוּקַד־בּוֹ לֹא תִכְבֶּה וּבִעֵר עָלֶיהָ הַכֹּהֵן עֵצִים

רש״י | הוּא בָּא, לוֹמַר, תּוֹרָה אַחַת לְכָל הָעוֹלִים וְאִפִלּוּ פְּסוּלִין, שֶׁאִם עָלוּ לֹא יֵרְדוּ: **הוא הָעֹלָה.** מִעֵט אֶת הָרוֹבֵעַ וְאֶת הַנִּרְבָּע וְכַיּוֹצֵא בָּהֶן, שֶׁלֹּא הָיָה פְּסוּלָן בַּקֹּדֶשׁ, שֶׁנִּפְסְלוּ קֹדֶם שֶׁבָּאוּ לָעֲזָרָה:

ג| **מִדּוֹ בַד.** הִיא הַכְּתֹנֶת, וּמַה תַּלְמוּד לוֹמַר "מִדּוֹ"? שֶׁתְּהֵא כְּמִדָּתוֹ: **עַל בְּשָׂרוֹ.** שֶׁלֹּא יְהֵא דָּבָר חוֹצֵץ בֵּינְתַיִם: **וְהֵרִים אֶת הַדֶּשֶׁן.** הָיָה חוֹתֶה מְלֹא הַמַּחְתָּה מִן הַמְּאֻכָּלוֹת הַפְּנִימִיּוֹת, וְנוֹתְנָן בְּמִזְרָחוֹ שֶׁל כֶּבֶשׁ: **הַדֶּשֶׁן אֲשֶׁר תֹּאכַל הָאֵשׁ אֶת הָעֹלָה.** וַעֲשָׂאתָהּ דֶּשֶׁן, מֵאוֹתוֹ דֶּשֶׁן יָרִים תְּרוּמָה "וְשָׂמוֹ אֵצֶל הַמִּזְבֵּחַ":

ד| **וּפָשַׁט אֶת בְּגָדָיו.** אֵין זוֹ חוֹבָה אֶלָּא דֶּרֶךְ אֶרֶץ, שֶׁלֹּא יְלַכְלֵךְ בְּהוֹצָאַת הַדֶּשֶׁן בְּגָדִים שֶׁהוּא מְשַׁמֵּשׁ בָּהֶן תָּמִיד; בְּגָדִים שֶׁבִּשֵּׁל בָּהֶן קְדֵרָה לְרַבּוֹ אַל יִמְזֹג בָּהֶן כּוֹס לְרַבּוֹ, לְכָךְ: "וְלָבַשׁ בְּגָדִים אֲחֵרִים", פְּחוּתִין מֵהֶן: **וְהוֹצִיא אֶת הַדֶּשֶׁן.** הַצָּבוּר בַּתַּפּוּחַ, כְּשֶׁהוּא רַבָּה וְאֵין מָקוֹם לַמַּעֲרָכָה מוֹצִיאוֹ מִשָּׁם. וְאֵין זֶה חוֹבָה בְּכָל יוֹם, אֲבָל הַתְּרוּמָה חוֹבָה בְּכָל יוֹם:

ה| **וְהָאֵשׁ עַל הַמִּזְבֵּחַ תּוּקַד בּוֹ.** רִבָּה כָּאן יְקִידוֹת הַרְבֵּה: "עַל מוֹקְדָה" (לעיל פסוק ב), "וְאֵשׁ הַמִּזְבֵּחַ תּוּקַד בּוֹ" (שם), "וְהָאֵשׁ עַל הַמִּזְבֵּחַ תּוּקַד בּוֹ", "אֵשׁ תָּמִיד תּוּקַד עַל

תל אלמסאבין
מצפון לירושלים
(1925)
(מקום שפך הדשן?)

ביאור | בתחילת הספר,[1] אך כאן מופיעה תוספת מסוימת – **הִוא הָעֹלָה עַל מוֹקְדָה**, שעולה על האש הבוערת **עַל הַמִּזְבֵּחַ כָּל הַלַּיְלָה עַד הַבֹּקֶר**. רוב עבודות המקדש נעשות ביום, ובכללן שחיטת העולה וזריקת דמה על המזבח,[2] אולם שרפת הקרבן על המזבח יכולה להיעשות גם בלילה. בימים שמצטברים בהם קרבנות מרובים על גבי המזבח, נמשכת בערתם כל הלילה. מלבד העצים שהיו על המזבח, חלק גדול מהאֵמורים, חלקי הבהמה הנשרפים, הם חלבים הבוערים בעצמה רבה. העולה נשרפת לאט יותר משאר הקרבנות, משום שנוסף על החלב יש בה גם בשר רב, והיא גם קרבה אחרי כל קרבנות היום.[3] על כן היא נמצאת על המזבח כל הלילה,[4] **וְאֵשׁ הַמִּזְבֵּחַ תּוּקַד**, תבער **בּוֹ**. ג ובכוף הלילה – **וְלָבַשׁ הַכֹּהֵן מִדּוֹ**, בגדו המותאם למידתו[5] **בַד**, כתונת עשויה מפשתן, **וּמִכְנְסֵי בַד**, שאף הם חלק מלבושו הבסיסי, **יִלְבַּשׁ עַל בְּשָׂרוֹ**. **וְהֵרִים**, יפנה מעל המזבח **אֶת הַדֶּשֶׁן**, אפר הקרבנות השמנוני **אֲשֶׁר תֹּאכַל הָאֵשׁ אֶת הָעֹלָה עַל הַמִּזְבֵּחַ**. הרמת הדשן המצטבר נעשתה כטקס יומיומי של העלאה, ואפילו מעין הקרבה – **וְשָׂמוֹ אֵצֶל**, ליד **הַמִּזְבֵּחַ**. ד **וּפָשַׁט** הכהן **אֶת בְּגָדָיו, וְלָבַשׁ בְּגָדִים אֲחֵרִים**, שגם הם היו מדי כהונה מיוחדים, אבל פחותים מהראשונים.[6] לפי המסורת אסור לבגדי הכהונה להיות מלוכלכים או שחוקים,[7] ומשום כך עליו להחליף בגדים לעבודה פשוטה ומלכלכת יותר. מלבד ההרמה הסמלית שנעשית לאחר עבודותיו של כל יום וקודם בואו של היום החדש, בעת הצורך, כשהצטברו שאריות הדשן על המזבח – **וְהוֹצִיא אֶת הַדֶּשֶׁן אֶל מִחוּץ לַמַּחֲנֶה**.[8] בתקופת המשכן הוצא הדשן אל מחוץ לשטח אוהלי ישראל, ובדורות מאוחרים יותר – מחוץ לחומת ירושלים. חכמים מסרו כי היו שופכים את הדשן מצפון לעיר.[9] **אֶל מָקוֹם טָהוֹר**. הדשן שהיה בקודש לא הוצא מפני שהוא פחות, אלא משום שאינו מותר בשימוש. לפיכך הוציאוהו דווקא אל מקום טהור מחוץ למחנה.[10] ה **וְהָאֵשׁ עַל הַמִּזְבֵּחַ תּוּקַד בּוֹ**. אש המזבח צריכה להישאר דולקת, ולכן יוסיפו בכל עת עצים או קרבנות חדשים. **לֹא תִכְבֶּה**, אסור לכבותה. **וּבִעֵר עָלֶיהָ** – על האש **הַכֹּהֵן עֵצִים בַּבֹּקֶר בַּבֹּקֶר**. בכל

העולם | **מקום שפך הדשן בירושלים** מצפון לשרידי החומה השלישית. סמוך לקברות מלכי חדייב ושמעון הצדיק ישנו תל אפר הנקרא בפי הערבים תל אלמסאבין. בגלל ממצאי האפר מן החי היו שקבעו כי שם היו שופכים את הדשן מן המקדש.

בַּבֹּקֶר בַּבֹּקֶר וְעָרַךְ עָלֶיהָ הָעֹלָה וְהִקְטִיר עָלֶיהָ
חֶלְבֵי הַשְּׁלָמִים: אֵשׁ תָּמִיד תּוּקַד עַל־הַמִּזְבֵּחַ לֹא ו
תִכְבֶּה: • וְזֹאת תּוֹרַת הַמִּנְחָה הַקְרֵב ז
אֹתָהּ בְּנֵי־אַהֲרֹן לִפְנֵי יהוה אֶל־פְּנֵי הַמִּזְבֵּחַ: וְהֵרִים ח
מִמֶּנּוּ בְּקֻמְצוֹ מִסֹּלֶת הַמִּנְחָה וּמִשַּׁמְנָהּ וְאֵת כָּל־
הַלְּבֹנָה אֲשֶׁר עַל־הַמִּנְחָה וְהִקְטִיר הַמִּזְבֵּחַ רֵיחַ
נִיחֹחַ אַזְכָּרָתָהּ לַיהוה: וְהַנּוֹתֶרֶת מִמֶּנָּה יֹאכְלוּ אַהֲרֹן ט
וּבָנָיו מַצּוֹת תֵּאָכֵל בְּמָקוֹם קָדֹשׁ בַּחֲצַר אֹהֶל־מוֹעֵד
יֹאכְלוּהָ: לֹא תֵאָפֶה חָמֵץ חֶלְקָם נָתַתִּי אֹתָהּ מֵאִשָּׁי י

רש"י

"הַמִּזְבֵּחַ" (להלן פסוק ו). כֻּלָּן נִדְרְשׁוּ בְּמַסֶּכֶת יוֹמָא (דף מה ע"א) שֶׁנֶּחְלְקוּ רַבּוֹתֵינוּ בְּמִנְיַן הַמַּעֲרָכוֹת שֶׁהָיוּ שָׁם: **וְעָרַךְ עָלֶיהָ הָעֹלָה.** עוֹלַת תָּמִיד הִיא תִּקְדֹּם: **חֶלְבֵי הַשְּׁלָמִים.** אִם יָבִיאוּ שָׁם שְׁלָמִים. וְרַבּוֹתֵינוּ לָמְדוּ מִכָּאן: "עָלֶיהָ", עַל עוֹלַת הַבֹּקֶר, הַשְׁלֵם כָּל הַקָּרְבָּנוֹת כֻּלָּם, מִכָּאן שֶׁלֹּא יְהֵא דָּבָר מְאֻחָר לְתָמִיד שֶׁל בֵּין הָעַרְבַּיִם:

ו **אֵשׁ תָּמִיד.** אֵשׁ שֶׁנֶּאֱמַר בָּהּ "תָּמִיד", הִיא שֶׁמַּדְלִיקִין בָּהּ אֶת הַנֵּרוֹת, שֶׁנֶּאֱמַר בָּהּ: "לְהַעֲלֹת נֵר תָּמִיד" (שמות כז, כ), אַף הִיא מֵעַל הַמִּזְבֵּחַ הַחִיצוֹן תּוּקָד: **לֹא תִכְבֶּה.** הַמְכַבֶּה אֵשׁ עַל הַמִּזְבֵּחַ עוֹבֵר בִּשְׁנֵי לָאוִין:

ז **וְזֹאת תּוֹרַת הַמִּנְחָה.** תּוֹרָה אַחַת לְכֻלָּן, לְהַטְעִינָן שֶׁמֶן וּלְבוֹנָה הָאֲמוּרִין בָּעִנְיָן, שֶׁיָּכוֹל אֵין לִי טְעוּנוֹת שֶׁמֶן וּלְבוֹנָה אֶלָּא מִנְחַת יִשְׂרָאֵל שֶׁהִיא נִקְמֶצֶת, מִנְחַת כֹּהֲנִים שֶׁהִיא כָּלִיל מִנַּיִן? תַּלְמוּד לוֹמַר: "תּוֹרַת": **הַקְרֵב אֹתָהּ.** הִיא הַגָּשָׁה בְּקֶרֶן דְּרוֹמִית מַעֲרָבִית: **לִפְנֵי ה'.** הוּא מַעֲרָב, שֶׁהוּא לְצַד אֹהֶל מוֹעֵד: **אֶל פְּנֵי הַמִּזְבֵּחַ.** הוּא הַדָּרוֹם שֶׁהוּא פָּנָיו שֶׁל מִזְבֵּחַ, שֶׁהַכֶּבֶשׁ נָתוּן לְאוֹתוֹ הָרוּחַ:

ח **בְּקֻמְצוֹ.** שֶׁלֹּא יַעֲשֶׂה מִדָּה לַקֹּמֶץ: **מִסֹּלֶת הַמִּנְחָה וּמִשַּׁמְנָהּ.** מִכָּאן שֶׁקּוֹמֵץ מִמָּקוֹם שֶׁנִּתְרַבָּה שַׁמְנָהּ: **וְאֵת כָּל הַלְּבֹנָה אֲשֶׁר עַל הַמִּנְחָה וְהִקְטִיר.** שֶׁמְּלַקֵּט אֶת לְבוֹנָתָהּ לְאַחַר קְמִיצָה וּמַקְטִירוֹ. וּלְפִי שֶׁלֹּא פֵּרֵשׁ כֵּן אֶלָּא בְּאַחַת מִן הַמְּנָחוֹת בְּ'וַיִּקְרָא' (לעיל ב, ב), הֻצְרַךְ לִשְׁנוֹת פָּרָשָׁה זוֹ, לִכְלֹל כָּל הַמְּנָחוֹת כְּמִשְׁפָּטָן:

ט **בְּמָקוֹם קָדֹשׁ.** וְאֵיזֶהוּ? "בַּחֲצַר אֹהֶל מוֹעֵד":

י **לֹא תֵאָפֶה חָמֵץ חֶלְקָם.** אַף הַשְּׁיָרִים

הרחבות

'והנותרת ממנה יאכלו אהרן ובניו, מצות תֵּאָכֵל במקום קדש' ההוראה שהכהנים צריכים לאכול את המנחה בקדושה, משמעה שהמנחה כולה קדושה. שייריה אינם ניתנים לכהנים רק מפני שהם נותרו מההקרבה, אלא משום שעצם אכילתם היא מעשה של עבודת הקודש, המקביל במידה מסוימת לשרפה על גבי המזבח; חלק מן הקרבן נאכל באש, ואת החלק האחר אוכלים הכהנים מתוך

ביאור | בוקר יסדר הכהן מערכה, מבנה של עצים שיבערו על המזבח. **וְעָרַךְ עָלֶיהָ** את נתחי **הָעֹלָה, וְהִקְטִיר עָלֶיהָ** גם את **חֶלְבֵי הַשְּׁלָמִים**. השלמים אינם הקרבן היחידי שחלבו קרב על המזבח, אך מסתבר שלא רצה הכתוב להזכיר חטאת ואשם בהקשר זה, ולכן מוזכרים רק העולה, שהיא קרבן קבוע וראשון, והשלמים. ו ושוב, כחיוב תמידי[11] – **אֵשׁ תָּמִיד תּוּקַד עַל הַמִּזְבֵּחַ – לֹא תִכְבֶּה**.

דינים אלה השלימו את עניין העולה, אך נתפרשו בהם גם מצוות אחרות – תרומת הדשן, הוצאתו, סידור העצים שעליו ושמירת אש התמיד. מצוות אלה נוגעות בעולת התמיד הקרֵבה בתחילתו של כל יום ובסופו.[12]

ז **וְזֹאת תּוֹרַת הַמִּנְחָה**. בתחילת הספר הופיע כבר תיאור כללי של המנחה, וכאן מודגשת בייחוד חובת הכהנים. **הַקְרֵב**, זו שיקריבו[13] **אֹתָהּ בְּנֵי אַהֲרֹן לִפְנֵי ה׳ אֶל פְּנֵי הַמִּזְבֵּחַ**. ח לאחר הגשתה אל חזית המזבח – **וְהֵרִים** הכהן **מִמֶּנּוּ** – מקרבן המנחה **בְּקֻמְצוֹ**, באמצעות שלוש אצבעות שמכניס לתוך המנחה, **מִסֹּלֶת הַמִּנְחָה וּמִשַּׁמְנָהּ**. בסיס המנחות הוא הסולת ובדרך כלל נבלל עמה שמן רב, **וְאֵת כָּל הַלְּבֹנָה אֲשֶׁר עַל הַמִּנְחָה**. על גבי תערובת הסולת והשמן היו מפזרים גרגרי לבונה לריח. בהקרבת המנחה הכהן לוקח ממנה קומץ – שהוא חלק קטן למדי, וגם מלקט את כל הלבונה, **וְהִקְטִיר** את שניהם על **הַמִּזְבֵּחַ, רֵיחַ נִיחֹחַ**, להנחת רוח,[14] היא **אַזְכָּרָתָהּ**, חלק המנחה שבא לזיכרון **לַה׳**. ט **וְ**את **הַנּוֹתֶרֶת מִמֶּנָּה יֹאכְלוּ אַהֲרֹן וּבָנָיו**, הכהנים שבמקדש. **מַצּוֹת תֵּאָכֵל**, שהרי אין מביאים חמץ למקדש כמעט בשום מקרה.[15] כאן מודגש שגם את שיירי המנחה יאכלו הכהנים רק מצות ולא חמץ. **בְּמָקוֹם קָדֹשׁ, בַּחֲצַר אֹהֶל מוֹעֵד יֹאכְלוּהָ**. י **לֹא תֵאָפֶה** המנחה **חָמֵץ**. מלבד האיסור הכללי להחמיץ את המנחה, מופיע איסור מיוחד לאפות אותה חמץ.[16] **חֶלְקָם** של הכהנים, **נָתַתִּי אֹתָהּ** להם **מֵאִשָּׁי**, מן האש

הרחבות | המנחה שבכלי מרובה ממנו, ואף על פי כן מכונה רובו הגדול והמכריע של הקרבן ׳נותר׳. בכך מודגשת העובדה שלמעשה הקרבן בעיקרו אינו אלא הקמיצה והקרבת הקומץ על המזבח.

תחושה של תפקיד ושירות, כלשון חכמים: ״כהנים אוכלים ובעלים מתכפרים״. (ראו פסחים נט ע״ב על פי שמות כט, לג).

עם זאת, הקומץ הוא מועט למדי, ואילו

קֹדֶשׁ קָדָשִׁים הִוא כַּחַטָּאת וְכָאָשָׁם: כָּל־זָכָר בִּבְנֵי יא
אַהֲרֹן יֹאכְלֶנָּה חָק־עוֹלָם לְדֹרֹתֵיכֶם מֵאִשֵּׁי יְהוָה כֹּל
אֲשֶׁר־יִגַּע בָּהֶם יִקְדָּשׁ: •
שני ג וַיְדַבֵּר יְהוָה אֶל־מֹשֶׁה לֵּאמֹר: זֶה קָרְבַּן אַהֲרֹן וּבָנָיו יב יג
אֲשֶׁר־יַקְרִיבוּ לַיהוָה בְּיוֹם הִמָּשַׁח אֹתוֹ עֲשִׂירִת
הָאֵפָה סֹלֶת מִנְחָה תָּמִיד מַחֲצִיתָהּ בַּבֹּקֶר וּמַחֲצִיתָהּ
בָּעָרֶב: עַל־מַחֲבַת בַּשֶּׁמֶן תֵּעָשֶׂה מֻרְבֶּכֶת תְּבִיאֶנָּה יד
תֻּפִינֵי מִנְחַת פִּתִּים תַּקְרִיב רֵיחַ־נִיחֹחַ לַיהוָה: וְהַכֹּהֵן טו
הַמָּשִׁיחַ תַּחְתָּיו מִבָּנָיו יַעֲשֶׂה אֹתָהּ חָק־עוֹלָם לַיהוָה
כָּלִיל תָּקְטָר: וְכָל־מִנְחַת כֹּהֵן כָּלִיל תִּהְיֶה לֹא טז
תֵאָכֵל:
וַיְדַבֵּר יְהוָה אֶל־מֹשֶׁה לֵּאמֹר: דַּבֵּר אֶל־אַהֲרֹן וְאֶל־ יז יח
בָּנָיו לֵאמֹר זֹאת תּוֹרַת הַחַטָּאת בִּמְקוֹם אֲשֶׁר תִּשָּׁחֵט

רש"י | חֲסוּרִים כְּחָמֵץ: כַּחַטָּאת וְכָאָשָׁם. מִנְחַת חוֹטֵא הֲרֵי הִיא כַּחַטָּאת, לְפִיכָךְ קְמָצָהּ שֶׁלֹּא לִשְׁמָהּ פְּסוּלָה. מִנְחַת נְדָבָה הֲרֵי הִיא כָּאָשָׁם, לְפִיכָךְ קְמָצָהּ שֶׁלֹּא לִשְׁמָהּ כְּשֵׁרָה:

יא| כָּל זָכָר. אֲפִלּוּ בַּעַל מוּם. לָמָּה נֶאֱמַר? אִם לַאֲכִילָה, הֲרֵי כְּבָר אָמוּר: "לֶחֶם אֱלֹהָיו מִקָּדְשֵׁי הַקֳּדָשִׁים" וְגוֹ' (להלן כא, כב), אֶלָּא לְרַבּוֹת בַּעֲלֵי מוּמִין לְמַחֲלֹקֶת: כֹּל אֲשֶׁר יִגַּע וְגוֹ'. קָדָשִׁים קַלִּים אוֹ חֻלִּין שֶׁיִּגְּעוּ בָּהּ וְיִבְלְעוּ מִמֶּנָּה: יִקְדָּשׁ. לִהְיוֹת כָּמוֹהָ, שֶׁאִם פְּסוּלָה יִפָּסְלוּ, וְאִם כְּשֵׁרָה יֵאָכְלוּ כְּחֹמֶר הַמִּנְחָה:

יג| זֶה קָרְבַּן אַהֲרֹן וּבָנָיו. אַף הַהֶדְיוֹטוֹת מַקְרִיבִין עֲשִׂירִית הָאֵיפָה בַּיּוֹם שֶׁהֵן מִתְחַנְּכִין לַעֲבוֹדָה, אֲבָל כֹּהֵן גָּדוֹל בְּכָל יוֹם, שֶׁנֶּאֱמַר: "מִנְחָה תָּמִיד... וְהַכֹּהֵן הַמָּשִׁיחַ תַּחְתָּיו מִבָּנָיו... חָק עוֹלָם":

יד| מֻרְבֶּכֶת. חֲלוּטָה בְּרוֹתְחִין כָּל צָרְכָּהּ: תֻּפִינֵי. אֲפוּיָה אֲפִיּוֹת הַרְבֵּה: אַחַר חֲלִיטָתָהּ אוֹפָהּ בַּתַּנּוּר וְחוֹזֵר וּמְטַגְּנָהּ בַּמַּחֲבַת: מִנְחַת פִּתִּים. מְלַמֵּד שֶׁטְּעוּנָה פְּתִיתָה:

טו-טז| הַמָּשִׁיחַ תַּחְתָּיו מִבָּנָיו. הַמָּשִׁיחַ מִבָּנָיו תַּחְתָּיו: כָּלִיל תָּקְטָר. אֵין נִקְמֶצֶת לִהְיוֹת שְׁיָרֶיהָ נֶאֱכָלִין, אֶלָּא כֻּלָּהּ כָּלִיל, וְכֵן "כָּל מִנְחַת כֹּהֵן" שֶׁל נְדָבָה, "כָּלִיל תִּהְיֶה": כָּלִיל. כֻּלָּהּ שָׁוָה לַגָּבוֹהַּ:

ביאור

שלי. **קֹדֶשׁ קָדָשִׁים הִוא**, המנחה בכללה **כַּחַטָּאת וְכָאָשָׁם**. יא משמעותה
המעשית של דרגת קדושה זו – **כָּל זָכָר בִּבְנֵי אַהֲרֹן יֹאכֲלֶנָּה**, ולא
משפחת הכהן כולה. זהו סימן נוסף לכך שאכילת הכהנים היא חלק
מעבודת הקודש של הקרבן. דברים אחרים הניתנים לכהן כמתנה
בלבד, נאכלים על ידי כל בני משפחתו.[17] **חָק עוֹלָם לְדֹרֹתֵיכֶם מֵאִשֵּׁי**
ה׳. ודין נוסף – **כֹּל אֲשֶׁר יִגַּע בָּהֶם**, בקודשים הללו – **יִקְדָּשׁ**. מכיוון
שאפשר היה לאכול את המנחה, החטאת והאשם עם מאכלים
אחרים, כל מה שנגע בהם ובלע מהם, חלים עליו אותם דיני קדושה
שנוהגים בקודשים.

מתורת המנחה בכללה, שעיקרה בפרטי הדינים הנוגעים לאכילת
הכהנים, עובר הכתוב לדבר במנחות מסוימות השייכות רק
לכהנים: יב **וַיְדַבֵּר ה׳ אֶל מֹשֶׁה לֵּאמֹר:** יג **זֶה קָרְבַּן אַהֲרֹן וּבָנָיו אֲשֶׁר**
יַקְרִיבוּ לַה׳ בְּיוֹם הִמָּשַׁח אֹתוֹ, ביום הראשון לשימושו בקודש של כל
כהן. זוהי מנחת חניכה לכהנים, ׳מנחת חינוך׳ בלשון הראשונים,
אך כפי שיפורש להלן, אותו קרבן יביא גם הכהן הגדול בכל יום,
והוא נקרא בלשון חכמים ׳מנחת חביתין׳:[18] **עֲשִׂירִת הָאֵפָה סֹלֶת**
מִנְחָה תָּמִיד, בכל יום **מַחֲצִיתָהּ בַּבֹּקֶר וּמַחֲצִיתָהּ בָּעָרֶב**. חכמים פירשו
שחלוקתה להקרבה בבוקר ובערב תנהג רק במנחתו היומיומית
של הכהן הגדול ולא במנחה הבאה כמנחת חינוך.[19] יד **עַל מַחֲבַת**
בַּשֶּׁמֶן תֵּעָשֶׂה המנחה, בטיגון ולא בבלילה, **מֻרְבֶּכֶת**, חלוטה ברותחים,
מבושלת[20] **תְּבִיאֶנָּה**. **תֻּפִינֵי**, מאכלים אפויים שטיבם אינו ברור,[21] **מִנְחַת**
פִּתִּים, לחמים. המנחה אינה נאפית כיחידה אחת.[22] נראה שמנחה
זו צריכה להיעשות כארוחה ולא כמנחות הנאכלות בדרך עראי.
את המנחה **תַּקְרִיב רֵיחַ נִיחֹחַ לַה׳**. טו קרבן זה אינו מוטל רק על כל
כהן ביום הראשון לכהונתו, אלא גם – **וְהַכֹּהֵן הַמָּשִׁיחַ**, הכהן הגדול
תַּחְתָּיו מִבָּנָיו של אהרן **יַעֲשֶׂה אֹתָהּ** בכל יום ויום כקרבן קבוע, **חָק**
עוֹלָם לַה׳, **כָּלִיל**, בשלמות היא **תָּקְטָר**, תישרף על המזבח.

טז ובדומה לזו, **כָּל מִנְחַת כֹּהֵן**, מנחה שיביא כהן בנדבה או באופן אחר,
כָּלִיל תִּהְיֶה, תישרף לחלוטין באש, **לֹא תֵאָכֵל**, שלא כמנחה של ישראל,
שחלק קטן ממנה עולה באש ורובה ניתן מה׳ לכהנים לאכילה.

יז **וַיְדַבֵּר ה׳ אֶל מֹשֶׁה לֵּאמֹר:** יח **דַּבֵּר אֶל אַהֲרֹן וְאֶל בָּנָיו לֵאמֹר: זֹאת תּוֹרַת**
הַחַטָּאת. לאחר שהוזכרו דיניה הבסיסיים,[23] מתפרשת תורתה של
החטאת: **בִּמְקוֹם אֲשֶׁר תִּשָּׁחֵט הָעֹלָה**, על ירך המזבח צפונה,[24] **תִּשָּׁחֵט**

הָעֹלָה תִּשָּׁחֵט הַחַטָּאת לִפְנֵי יְהוָה קֹדֶשׁ קָדָשִׁים
יט הִוא: הַכֹּהֵן הַמְחַטֵּא אֹתָהּ יֹאכְלֶנָּה בְּמָקוֹם קָדֹשׁ
כ תֵּאָכֵל בַּחֲצַר אֹהֶל מוֹעֵד: כֹּל אֲשֶׁר־יִגַּע בִּבְשָׂרָהּ
יִקְדָּשׁ וַאֲשֶׁר יִזֶּה מִדָּמָהּ עַל־הַבֶּגֶד אֲשֶׁר יִזֶּה עָלֶיהָ
כא תְּכַבֵּס בְּמָקוֹם קָדֹשׁ: וּכְלִי־חֶרֶשׂ אֲשֶׁר תְּבֻשַּׁל־בּוֹ
יִשָּׁבֵר וְאִם־בִּכְלִי נְחֹשֶׁת בֻּשָּׁלָה וּמֹרַק וְשֻׁטַּף בַּמָּיִם:
כב כג כָּל־זָכָר בַּכֹּהֲנִים יֹאכַל אֹתָהּ קֹדֶשׁ קָדָשִׁים הִוא: וְכָל־
חַטָּאת אֲשֶׁר יוּבָא מִדָּמָהּ אֶל־אֹהֶל מוֹעֵד לְכַפֵּר
בַּקֹּדֶשׁ לֹא תֵאָכֵל בָּאֵשׁ תִּשָּׂרֵף:

רש"י

יט) **הַמְחַטֵּא אֹתָהּ.** הָעוֹבֵד עֲבוֹדוֹתֶיהָ, שֶׁהִיא נַעֲשֵׂית חַטָּאת עַל יָדוֹ: **הַמְחַטֵּא אֹתָהּ יֹאכְלֶנָּה.** הָרָאוּי לַעֲבוֹדָה, יָצָא טָמֵא בִּשְׁעַת זְרִיקַת דָּמִים, שֶׁאֵינוֹ חוֹלֵק בַּבָּשָׂר. וְאִי אֶפְשָׁר לוֹמַר שֶׁאוֹסֵר שְׁאָר כֹּהֲנִים בַּאֲכִילָתָהּ חוּץ מִן הַזּוֹרֵק דָּמָהּ, שֶׁהֲרֵי נֶאֱמַר לְמַטָּה: "כָּל זָכָר בַּכֹּהֲנִים יֹאכַל אֹתָהּ" (להלן פסוק כב):

כ) **כֹּל אֲשֶׁר יִגַּע בִּבְשָׂרָהּ.** כָּל דְּבַר אֹכֶל אֲשֶׁר יִגַּע וְיִבְלַע מִמֶּנָּה: **יִקְדָּשׁ.** לִהְיוֹת כָּמוֹהָ, אִם פְּסוּלָה תִּפָּסֵל, וְאִם הִיא כְּשֵׁרָה תֵּאָכֵל כַּחֹמֶר שֶׁבָּהּ: **וַאֲשֶׁר יִזֶּה מִדָּמָהּ עַל הַבֶּגֶד.** וְאִם הֻזָּה מִדָּמָהּ עַל הַבֶּגֶד, אוֹתוֹ הַבֶּגֶד מְקוֹם הַדָּם "אֲשֶׁר יִזֶּה עָלֶיהָ תְּכַבֵּס" בְּתוֹךְ הָעֲזָרָה: **אֲשֶׁר יִזֶּה.** יְהֵא נִזֶּה, כְּמוֹ: "וְלֹא יִטֶּה לָאָרֶץ מִנְלָם" (איוב טו, כט), יְהֵא נָטוּי:

כא) **יִשָּׁבֵר.** לְפִי שֶׁהַבְּלִיעָה שֶׁנִּבְלַעַת בּוֹ נַעֲשֵׂית נוֹתָר, וְהוּא הַדִּין לְכָל הַקֳּדָשִׁים: **וּמֹרַק.** לְשׁוֹן "תַּמְרוּקֵי הַנָּשִׁים" (אסתר ב, יב), אישקורי"מנט בְּלַעַ"ז: **וּמֹרַק וְשֻׁטַּף.** לִפְלֹט אֶת בְּלִיעָתוֹ. אֲבָל כְּלִי חֶרֶס לִמֶּדְךָ הַכָּתוּב כָּאן שֶׁאֵינוֹ יוֹצֵא מִידֵי דָּפְיוֹ לְעוֹלָם:

כב) **כָּל זָכָר בַּכֹּהֲנִים יֹאכַל אֹתָהּ.** הָא לָמַדְתָּ שֶׁ"הַמְחַטֵּא אֹתָהּ" הָאָמוּר לְמַעְלָה (פסוק יט) לֹא לְהוֹצִיא שְׁאָר הַכֹּהֲנִים, אֶלָּא לְהוֹצִיא אֶת שֶׁאֵינוֹ רָאוּי לְחִטּוּי:

כג) **וְכָל חַטָּאת וְגוֹ'.** שֶׁאִם הִכְנִיס מִדַּם חַטָּאת הַחִיצוֹנָה לִפְנִים פְּסוּלָה:

הרחבות | **'הכהן המחטא אֹתה'** במשמעותו של מושג החיטוי והחטאת שבתורה – כמו במושג הרחב יותר: 'כפרה' – כלול מובן מסוים של ניקיון וטיהור, כמו בפסוק תְּחַטְּאֵנִי בְאֵזוֹב וְאֶטְהָר (תהלים נא,ט). הכהן המקריב את החטאת הוא גם מי שמחטא את החטא. כפי שכבר הוזכר, קרבן החטאת אינו בא כתשלום על עוונותיו של אדם, כביכול,

ביאור | הַחַטָּאת לִפְנֵי ה׳ – קֹדֶשׁ קָדָשִׁים הִוא. ההבדל בין ׳קודש׳ ל׳קודש
קודשים׳ אינו מופשט בלבד; הוא מתבטא גם באופן עשיית הקרבן.
מכיוון שהחטאת והעולה הן קודשי קודשים, הן נשחטות בצדו
הצפוני של המזבח דווקא. יט ונוסף על כך – הַכֹּהֵן הַמְחַטֵּא אֹתָהּ,
העושה אותה ׳חטאת׳,[25] יֹאכְלֶנָּה. לכהן העוסק בקרבן החטאת יש
זכות ראשונה באכילת בשרו. כפי שייאמר להלן, הזכות הזו נתונה
למעשה לכל הכהנים המשרתים באותו יום במקדש. בְּמָקוֹם קָדֹשׁ
תֵּאָכֵל – בַּחֲצַר אֹהֶל מוֹעֵד, כי אכילת החטאת עצמה היא מעשה
מקודש. כ כֹּל אֲשֶׁר יִגַּע בִּבְשָׂרָהּ של החטאת יִקְדָּשׁ. צריך לנהוג בו
בקדושה, ויש לאכלו בדומה לה – במקום קדוש, על ידי הכהנים
ובהגבלת זמן אכילתה של החטאת.[26] וַאֲשֶׁר יִזֶּה, יותז, ייטוף מִדָּמָהּ
עַל הַבֶּגֶד בדם אֲשֶׁר יִזֶּה עָלֶיהָ, בגללה על המזבח, כלומר אם נשפך על
בגד כלשהו מדם החטאת העומד להזאה על קרנות המזבח, אסור
להוציא בגד זה מן הקודש, כשם שאין מוציאים את דם החטאת,
ולכן תְּכַבֵּס אותו בְּמָקוֹם קָדֹשׁ. כא מכיוון שהחטאת נאכלת על ידי
הכהנים לאחר בישול או צלייה, יש לדון גם בכלי הבישול – וּכְלִי חֶרֶשׂ
אֲשֶׁר תְּבֻשַּׁל בּוֹ החטאת – יִשָּׁבֵר, יש לשברו, שכן דפנות החרס בולעים
משהו מתכולתו בבישול, ושאריות הקרבן שעבר עליהן זמן מסוים
נפסלות ויש לאבדן,[27] משום כך לכלי החרס אין תקנה ועליו להישבר
בסוף הזמן הקצוב לאכילה.[28] לעומת זאת – וְאִם בִּכְלִי נְחֹשֶׁת בֻּשָּׁלָה
החטאת – וּמֹרַק, יש לצחצח את הכלי, להגעיל את הבלוע בדפנותיו
כדי להכשירו לשימוש חוזר, ולאחר מכן – וְשֻׁטַּף בַּמָּיִם.[29] כב כבר נאמר
כי הזכות הראשונה לאכילת החטאת מוענקת לכהן המקריב, אבל
כעת מוסיף הכתוב: כָּל זָכָר בַּכֹּהֲנִים יֹאכַל אֹתָהּ. הכהנים האחרים אינם
אסורים מלאכול את בשרה. כאמור, אכילת הכהנים מהקרבנות היא
חלק ממעשה הכפרה. החטאת כולה קֹדֶשׁ קָדָשִׁים הִוא. כג החטאת
שדובר עליה עד כה היא חטאת רגילה שנאכלת, אבל בפרקים
הקודמים הוזכרו גם חטאות מסוג אחר – חטאת הכהן הגדול וחטאת
הסנהדרין שאת דמן אין מזים על מזבח העולה – וְכָל חַטָּאת כזו אֲשֶׁר
יוּבָא מִדָּמָהּ אֶל אֹהֶל מוֹעֵד לְכַפֵּר בַּקֹּדֶשׁ, להזות כנגד הפרוכת ועל מזבח
הקטורת, ׳חטאת פנימית׳ בלשון חכמים[30] – לֹא תֵאָכֵל כלל, אלא בָּאֵשׁ

הרחבות | שהרי ביחס לעברות שנעשו בזדון אין הקרבן מועיל. החטאת באה בעקבות עברות שנעשו אמנם בטעות, אך יצרו פגם בנפש, ופגם זה ׳מתקנת׳ ובא על תיקונו באמצעות הקרבן. (ראו רש״י, רס״ג וראב״ע).

ז א ב וְזֹאת תּוֹרַת הָאָשָׁם קֹדֶשׁ קָדָשִׁים הוּא׃ בִּמְקוֹם
אֲשֶׁר יִשְׁחֲטוּ אֶת־הָעֹלָה יִשְׁחֲטוּ אֶת־הָאָשָׁם וְאֶת־
ג דָּמוֹ יִזְרֹק עַל־הַמִּזְבֵּחַ סָבִיב׃ וְאֵת כָּל־חֶלְבּוֹ יַקְרִיב
מִמֶּנּוּ אֵת הָאַלְיָה וְאֶת־הַחֵלֶב הַמְכַסֶּה אֶת־הַקֶּרֶב׃
ד וְאֵת שְׁתֵּי הַכְּלָיֹת וְאֶת־הַחֵלֶב אֲשֶׁר עֲלֵיהֶן אֲשֶׁר
עַל־הַכְּסָלִים וְאֶת־הַיֹּתֶרֶת עַל־הַכָּבֵד עַל־הַכְּלָיֹת
ה יְסִירֶנָּה׃ וְהִקְטִיר אֹתָם הַכֹּהֵן הַמִּזְבֵּחָה אִשֶּׁה לַיהוָה
ו אָשָׁם הוּא׃ כָּל־זָכָר בַּכֹּהֲנִים יֹאכְלֶנּוּ בְּמָקוֹם קָדוֹשׁ
ז יֵאָכֵל קֹדֶשׁ קָדָשִׁים הוּא׃ כַּחַטָּאת כָּאָשָׁם תּוֹרָה
ח אַחַת לָהֶם הַכֹּהֵן אֲשֶׁר יְכַפֶּר־בּוֹ לוֹ יִהְיֶה׃ וְהַכֹּהֵן
הַמַּקְרִיב אֶת־עֹלַת אִישׁ עוֹר הָעֹלָה אֲשֶׁר הִקְרִיב
ט לַכֹּהֵן לוֹ יִהְיֶה׃ וְכָל־מִנְחָה אֲשֶׁר תֵּאָפֶה בַּתַּנּוּר וְכָל־
נַעֲשָׂה בַמַּרְחֶשֶׁת וְעַל־מַחֲבַת לַכֹּהֵן הַמַּקְרִיב אֹתָהּ

רש"י | פרק ז

א) **קֹדֶשׁ קָדָשִׁים הוּא.** הוּא קָרֵב וְאֵין תְּמוּרָתוֹ קְרֵבָה:

ג) **וְאֵת כָּל חֶלְבּוֹ וגו'.** עַד כָּאן לֹא נִתְפָּרְשׁוּ אֵמוּרִין בָּאָשָׁם, לְכָךְ הֻצְרַךְ לְפָרְשָׁם כָּאן, אֲבָל חַטָּאת כְּבָר נִתְפָּרֵשׁ בָּהּ בְּפָרָשַׁת וַיִּקְרָא (לעיל פרק ד). **אֵת הָאַלְיָה.** לְפִי שֶׁאָשָׁם אֵינוֹ בָּא אֶלָּא אַיִל אוֹ כֶּבֶשׂ, וְאַיִל וְכֶבֶשׂ נִתְרַבּוּ בְּאַלְיָה (לעיל ג, ט):

ה) **אָשָׁם הוּא.** עַד שֶׁיִּנָּתֵק שְׁמוֹ מִמֶּנּוּ, לִמֵּד עַל אָשָׁם שֶׁמֵּתוּ בְּעָלָיו אוֹ שֶׁנִּתְכַּפְּרוּ בְּעָלָיו, אַף עַל פִּי שֶׁעוֹמֵד לִהְיוֹת דָּמָיו עוֹלָה לְקַיִץ הַמִּזְבֵּחַ, אִם שְׁחָטוֹ סְתָם אֵינוֹ כָּשֵׁר לְעוֹלָה קֹדֶם שֶׁנִּתַּק לִרְעִיָּה. וְאֵינוֹ בָא לְלַמֵּד עַל הָאָשָׁם שֶׁיְּהֵא פָּסוּל שֶׁלֹּא לִשְׁמוֹ, כְּמוֹ שֶׁדָּרְשׁוּ "הוּא" הַכָּתוּב בְּחַטָּאת (לעיל ד, כד), לְפִי שֶׁאָשָׁם לֹא נֶאֱמַר בּוֹ "אָשָׁם הוּא" אֶלָּא לְאַחַר הַקְטָרַת אֵמוּרִין, וְהוּא עַצְמוֹ שֶׁלֹּא הֻקְטְרוּ אֵמוּרָיו כָּשֵׁר:

ו) **קֹדֶשׁ קָדָשִׁים הוּא.** בְּתוֹרַת כֹּהֲנִים הוּא נִדְרָשׁ:

ז) **תּוֹרָה אַחַת לָהֶם.** בְּדָבָר זֶה: **הַכֹּהֵן אֲשֶׁר יְכַפֶּר בּוֹ.** הָרָאוּי לְכַפָּרָה חוֹלֵק בּוֹ, פְּרָט לִטְבוּל יוֹם וּמְחֻסַּר כִּפּוּרִים וְאוֹנֵן:

ח) **עוֹר הָעֹלָה אֲשֶׁר הִקְרִיב לַכֹּהֵן לוֹ יִהְיֶה.** פְּרָט לִטְבוּל יוֹם וּמְחֻסַּר כִּפּוּרִים וְאוֹנֵן, שֶׁאֵינָן חוֹלְקִים בָּעוֹרוֹת:

ט) **לַכֹּהֵן הַמַּקְרִיב אֹתָהּ וגו'.** יָכוֹל לוֹ לְבַדּוֹ? תַּלְמוּד לוֹמַר: "לְכָל בְּנֵי אַהֲרֹן

ביאור **תִּשָּׂרֵף**. כאמור לעיל, חלקים מסוימים מחטאת זו יוקטרו על המזבח, וכל השאר יישרף מחוץ למחנה. כאן באה אזהרה מפורשת להימנע מאכילתה.[31]

פרק ז א **וְזֹאת תּוֹרַת הָאָשָׁם**, שהסיבות להבאתו הוזכרו כבר לעיל,[32] וכעת מתווספים פרטים בעשייתו. **קֹדֶשׁ קָדָשִׁים הוּא.** ובכך הוא שונה מזבח השלמים שיפורט להלן, המכונה בפי חכמים 'קודשים קלים', משום שהוא אמנם קודש, אך אין חלים עליו כל דיני החומרה של 'קודשי קודשים'.[33] ב אחת ההשלכות המעשיות של הבחנה זו נוגעת למקום שחיטת הקרבן – **בִּמְקוֹם אֲשֶׁר יִשְׁחֲטוּ אֶת הָעֹלָה יִשְׁחֲטוּ אֶת הָאָשָׁם**, לצד המזבח, בצפון.[34] השוואת האשם לעולה משמעותית, מפני שלכאורה דרגתו נחותה משל העולה הנשרפת כליל. **וְאֶת דָּמוֹ יִזְרֹק** הכהן מהכלי **עַל הַמִּזְבֵּחַ סָבִיב**, כמו בעולה, ובניגוד לחטאת, שדמה ניתן באצבע על קרנות המזבח. ג אם בעבודות הדם דומה האשם לעולה, בעניינים אחרים האשם דומה דווקא לחטאת: **וְאֵת כָּל חֶלְבּוֹ יַקְרִיב מִמֶּנּוּ: אֵת הָאַלְיָה**, של האשם, שהוא איל או כבש[35] **וְאֶת הַחֵלֶב הַמְכַסֶּה אֶת הַקֶּרֶב**, שכבת החלב הגדולה שעל הקרביים. ד **וְאֵת שְׁתֵּי הַכְּלָיֹת וְאֶת הַחֵלֶב אֲשֶׁר עֲלֵיהֶן**, אותו חלב **אֲשֶׁר עַל הַכְּסָלִים**, בשר המותניים, **וְאֶת הַיֹּתֶרֶת עַל הַכָּבֵד**, הסרעפת, **עַל**, עם **הַכְּלָיֹת יְסִירֶנָּה** מהכבד שעיקרו אינו מוקטר. ה **וְהִקְטִיר אֹתָם הַכֹּהֵן הַמִּזְבֵּחָה אִשֶּׁה לַה'**, קרבן **אָשָׁם הוּא.** ו ובאשר לשאר הבשר שלא הועלה על המזבח – **כָּל זָכָר בַּכֹּהֲנִים יֹאכְלֶנּוּ. בְּמָקוֹם קָדוֹשׁ יֵאָכֵל, קֹדֶשׁ קָדָשִׁים הוּא.** אף החובה לאכלו בחצר המשכן, או בעזרה שבמקדש, נובעת מהגדרתו כ'קודש קודשים', שלא כ'קודשים קלים' הנאכלים בכל העיר. ז **כַּחַטָּאת כָּאָשָׁם, תּוֹרָה אַחַת לָהֶם.** בכלל זה הדין **שֶׁהַכֹּהֵן אֲשֶׁר יְכַפֶּר בּוֹ – לוֹ יִהְיֶה** בשר הקרבן. הזכות לאכול את הבשר ניתנת לכהן המשתתף בהקרבת הקרבן, והוא רשאי לאכלו או לחלקו בין ידידיו, כפי רצונו.

ח באותו הקשר, מובא דין נוסף שלא הוזכר קודם לכן: **וְהַכֹּהֵן הַמַּקְרִיב אֶת עֹלַת אִישׁ**, והרי אין הוא אוכל דבר מן העולה, אבל **עוֹר הָעֹלָה אֲשֶׁר הִקְרִיב – לַכֹּהֵן, לוֹ יִהְיֶה** ולא למביא הקרבן. הלכה זו נוגעת גם לשאר קרבנות הבהמה, מלבד השלמים, השייכים לבעליהם.[36] ט כמו כן, **וְכָל מִנְחָה אֲשֶׁר תֵּאָפֶה בַּתַּנּוּר, וְכָל נַעֲשָׂה**, המנחות שמטגנים **בַמַּרְחֶשֶׁת**, כלי עמוק **וְעַל מַחֲבַת** שטוחה – **לַכֹּהֵן הַמַּקְרִיב אֹתָהּ, לוֹ תִהְיֶה.** י **וְכָל**

לוֹ תִהְיֶה: וְכָל־מִנְחָה בְלוּלָה־בַשֶּׁמֶן וַחֲרֵבָה לְכָל־ י
בְּנֵי אַהֲרֹן תִּהְיֶה אִישׁ כְּאָחִיו:
שלישי וְזֹאת תּוֹרַת זֶבַח הַשְּׁלָמִים אֲשֶׁר יַקְרִיב לַיהוָה: יא
אִם עַל־תּוֹדָה יַקְרִיבֶנּוּ וְהִקְרִיב ׀ עַל־זֶבַח הַתּוֹדָה יב
חַלּוֹת מַצּוֹת בְּלוּלֹת בַּשֶּׁמֶן וּרְקִיקֵי מַצּוֹת מְשֻׁחִים
בַּשָּׁמֶן וְסֹלֶת מֻרְבֶּכֶת חַלֹּת בְּלוּלֹת בַּשָּׁמֶן: עַל־חַלֹּת יג
לֶחֶם חָמֵץ יַקְרִיב קָרְבָּנוֹ עַל־זֶבַח תּוֹדַת שְׁלָמָיו:
וְהִקְרִיב מִמֶּנּוּ אֶחָד מִכָּל־קָרְבָּן תְּרוּמָה לַיהוָה לַכֹּהֵן יד
הַזֹּרֵק אֶת־דַּם הַשְּׁלָמִים לוֹ יִהְיֶה: וּבְשַׂר זֶבַח תּוֹדַת טו
שְׁלָמָיו בְּיוֹם קָרְבָּנוֹ יֵאָכֵל לֹא־יַנִּיחַ מִמֶּנּוּ עַד־בֹּקֶר:

רש"י

תִּהְיֶה" (להלן פסוק י). יָכוֹל לְכֻלָּן? תַּלְמוּד לוֹמַר: "לַכֹּהֵן הַמַּקְרִיב", הָא כֵּיצַד? לְבֵית אָב שֶׁל יוֹם שֶׁמַּקְרִיבִין אוֹתָהּ:

י] **בְלוּלָה בַשֶּׁמֶן.** זוֹ מִנְחַת נְדָבָה: **וַחֲרֵבָה.** זוֹ מִנְחַת חוֹטֵא וּמִנְחַת קְנָאוֹת שֶׁאֵין בָּהֶן שֶׁמֶן:

יב] **אִם עַל תּוֹדָה יַקְרִיבֶנּוּ.** אִם עַל דְּבַר הוֹדָאָה עַל נֵס שֶׁנַּעֲשָׂה לוֹ, כְּגוֹן יוֹרְדֵי הַיָּם וְהוֹלְכֵי מִדְבָּרוֹת וַחֲבוּשֵׁי בֵּית הָאֲסוּרִים וְחוֹלֶה שֶׁנִּתְרַפֵּא שֶׁהֵן צְרִיכִין לְהוֹדוֹת, שֶׁכָּתוּב בָּהֶן: "יוֹדוּ לַה' חַסְדּוֹ וְנִפְלְאוֹתָיו לִבְנֵי אָדָם" (תהלים קז, ח ועוד), "וְיִזְבְּחוּ זִבְחֵי תוֹדָה" (שם פסוק כב), אִם עַל אַחַת מֵאֵלֶּה נָדַר שְׁלָמִים הַלָּלוּ, שַׁלְמֵי תוֹדָה הֵן, וּטְעוּנוֹת לֶחֶם הָאָמוּר בָּעִנְיָן, וְאֵינָן נֶאֱכָלִין אֶלָּא לְיוֹם וָלַיְלָה כְּמוֹ שֶׁמְּפֹרָשׁ כָּאן (להלן פסוק טו): **וְהִקְרִיב עַל זֶבַח הַתּוֹדָה.** אַרְבָּעָה מִינֵי לֶחֶם: חַלּוֹת וּרְקִיקִין וּרְבוּכָה – שְׁלֹשָׁה מִינֵי מַצָּה, וּכְתִיב: "עַל חַלֹּת לֶחֶם חָמֵץ" וְגוֹ' (להלן פסוק יג). וְכָל מִין וָמִין עֶשֶׂר חַלּוֹת, כָּךְ מְפֹרָשׁ בִּמְנָחוֹת (דף עז ע"א), וְשִׁעוּרָן חָמֵשׁ סְאִין יְרוּשַׁלְמִיּוֹת שֶׁהֵן שֵׁשׁ מִדְבָּרִיּוֹת, עֶשְׂרִים עִשָּׂרוֹן: **מֻרְבֶּכֶת.** לֶחֶם חָלוּט בִּרְוֹתְחִין כָּל צָרְכּוֹ:

יג] **יַקְרִיב קָרְבָּנוֹ עַל זֶבַח.** מַגִּיד שֶׁאֵין הַלֶּחֶם קָדוֹשׁ קְדֻשַּׁת הַגּוּף לִפָּסֵל בְּיוֹצֵא וּטְבוּל יוֹם וּמִלָּצֵאת לְחֻלִּין בְּפִדְיוֹן, עַד שֶׁיִּשָּׁחֵט הַזֶּבַח:

יד] **אֶחָד מִכָּל קָרְבָּן.** לֶחֶם אֶחָד מִכָּל מִין וָמִין יִטֹּל תְּרוּמָה לַכֹּהֵן הָעוֹבֵד עֲבוֹדָתָהּ, וְהַשְּׁאָר נֶאֱכָל לַבְּעָלִים. וּבְשָׂרָהּ לַבְּעָלִים חוּץ מֵחָזֶה וָשׁוֹק שֶׁבָּהּ, כְּמוֹ שֶׁמְּפֹרָשׁ לְמַטָּה תְּנוּפַת חָזֶה וָשׁוֹק בִּשְׁלָמִים (להלן פסוקים כט-לד), וְהַתּוֹדָה קְרוּיָה שְׁלָמִים:

טו] **וּבְשַׂר זֶבַח תּוֹדַת שְׁלָמָיו.** יֵשׁ כָּאן רִבּוּיִין הַרְבֵּה, לְרַבּוֹת חַטָּאת וְאָשָׁם וְאֵיל נָזִיר וַחֲגִיגַת אַרְבָּעָה עָשָׂר שֶׁיִּהְיוּ נֶאֱכָלִין לְיוֹם וָלַיְלָה: **בְּיוֹם קָרְבָּנוֹ יֵאָכֵל.** וְכִזְמַן בְּשָׂרָהּ זְמַן לַחְמָהּ: **לֹא יַנִּיחַ מִמֶּנּוּ עַד בֹּקֶר.** אֲבָל אוֹכֵל הוּא כָּל הַלַּיְלָה. אִם כֵּן, לָמָּה אָמְרוּ עַד חֲצוֹת? כְּדֵי לְהַרְחִיק אָדָם מִן הָעֲבֵרָה:

ביאור | **מִנְחָה בְלוּלָה בַשֶּׁמֶן**, כגון מנחת נדבה של סולת בלולה,[37] **וַחֲרֵבָה**, כמנחת
החוטא שהוזכרה למעלה, שאין שמים עליה שמן[38] – **לְכָל בְּנֵי אַהֲרֹן
תִּהְיֶה, אִישׁ כְּאָחִיו.**

יא **וְזֹאת תּוֹרַת זֶבַח הַשְּׁלָמִים אֲשֶׁר יַקְרִיב לַה׳.** זבח השלמים, שאותו אוכל
המקריב במשותף, כביכול, עם ה׳, כבר הוזכר לפרטיו.[39] כאן מוזכר
קרבן מיוחד מזבחי השלמים שדיניו שונים. יב **אִם עַל**, בעקבות דבר
תּוֹדָה יַקְרִיבֶנּוּ, למרות שמבחינת קדושתו ואופן עשייתו הוא קרבן
שלמים, יש בו תוספת: **וְהִקְרִיב עַל**, נוסף על בהמת **זֶבַח הַתּוֹדָה חַלּוֹת
מַצּוֹת**, שאינן חמץ **בְּלוּלֹת בַּשֶּׁמֶן וּרְקִיקֵי מַצּוֹת**, מעין פיתות, **מְשֻׁחִים
בַּשָּׁמֶן, וְסֹלֶת מֻרְבֶּכֶת**, חלוטה תחילה במים רותחים,[40] ונאפית בצורת
חַלֹּת בְּלוּלֹת בַּשָּׁמֶן. יג **עַל**, עם **חַלֹּת לֶחֶם חָמֵץ יַקְרִיב קָרְבָּנוֹ.** באופן
חריג, עם הקרבן הזה מביאים גם חלות של חמץ, **עַל זֶבַח תּוֹדַת
שְׁלָמָיו.** יד **וְהִקְרִיב מִמֶּנּוּ** – מהלחם **אֶחָד מִכָּל קָרְבָּן**, יחידה אחת מחלות
המצות, אחת מרקיקי המצות, מהסולת המורבכת ומחלות החמץ[41]
תְּרוּמָה לַה׳ – **לַכֹּהֵן הַזֹּרֵק אֶת דַּם הַשְּׁלָמִים, לוֹ יִהְיֶה**, ואילו כל שאר הלחם
שייך לבעלים. טו **וּבְשַׂר זֶבַח תּוֹדַת שְׁלָמָיו** שנשאר לאחר שהסירו ממנו
את כל האֵמורים למזבח, כדרך שנעשה בכל זבח שלמים, **בְּיוֹם קָרְבָּנוֹ
יֵאָכֵל.** דינו המיוחד של זבח תודת השלמים הוא שבשרו נאכל רק
ביום הקרבן, **וְלֹא יַנִּיחַ** חלקים **מִמֶּנּוּ עַד בֹּקֶר** שלמחרת.

הרחבות

׳...לכהן המקריב אתה לו תהיה... לכל בני אהרן תהיה׳ לכאורה נראה שהכתוב מבחין בין המנחות הנאפות והמיטגנות, שמלאכתן מורכבת, ובאכילתן זוכה הכהן המקריב אותן, כמו בקרבנות הבהמה, לבין המנחות הפשוטות שאינן כרוכות בעבודה מרובה, המתחלקות לכל הכהנים. עם זאת, מסורת ההלכה אינה מפרשת כך את הכתוב. מכיוון שאין כהן אחד יכול לבצע את כל עבודות הקרבן מתחילתן ועד סופן, ובהכרח מסייעים לו כהנים נוספים, וגם כאשר כהן אחד עוסק בקרבן מסוים, מוטל ממילא על כהנים אחרים לעסוק בעבודות אחרות, הרי שההקרבה נעשית בסופו של דבר בסיוע כל הכהנים המשרתים במקדש באותו היום. על כן בסופו של חשבון לכולם יש חלק בכל קרבן, והם חולקים עם המקריב. אופן החלוקה המדויק ביניהם תלוי בסוגי הקרבנות ובהסכמים הנעשים ביניהם. (ראו ספרא, רש״י, ר״י בכור שור ורמב״ן; דברים יח,ח ורש״י שם; סוכה נה ע״ב – נו ע״א).

׳והקריב ממנו אחד מכל קרבן תרומה לה׳׳ מספר החלות ואופן הבאתן לא התפרשו, אך חכמים השלימו פרטים אלה. לפי המסורת, מכל אחד מארבעת קרבנות הלחם – חלות המצות, רקיקי המצות, הרביכה וחלות החמץ – עליו להביא עשר יחידות. אחת מהן ניתנת כתרומה לכהן, בדומה לשיעור ההפרשה לכהן או ללוי במקומות אחרים. (ראו מנחות עז ע״ב; רש״י פס׳ יב). כדרכם של דברי תורה, דיני הקרבנות אינם נמסרים בשלמות במקום אחד, ומסקנת ההלכה למעשה נובעת מחיבורם של כל הקטעים הרלוונטיים במקומות השונים.

וְאִם־נֶ֣דֶר ׀ א֣וֹ נְדָבָ֗ה זֶ֚בַח קָרְבָּנ֔וֹ בְּי֛וֹם הַקְרִיב֥וֹ אֶת־ טז
זִבְח֖וֹ יֵאָכֵ֑ל וּמִֽמָּחֳרָ֔ת וְהַנּוֹתָ֥ר מִמֶּ֖נּוּ יֵאָכֵֽל׃ וְהַנּוֹתָ֖ר יז
מִבְּשַׂ֣ר הַזָּ֑בַח בַּיּוֹם֙ הַשְּׁלִישִׁ֔י בָּאֵ֖שׁ יִשָּׂרֵֽף׃ וְאִ֣ם יח
הֵאָכֹ֣ל יֵ֠אָכֵ֠ל מִבְּשַׂר־זֶ֨בַח שְׁלָמָ֜יו בַּיּ֣וֹם הַשְּׁלִישִׁי֮ לֹ֣א
יֵרָצֶה֒ הַמַּקְרִ֣יב אֹת֔וֹ לֹ֥א יֵחָשֵׁ֛ב ל֖וֹ פִּגּ֣וּל יִהְיֶ֑ה וְהַנֶּ֛פֶשׁ
הָאֹכֶ֥לֶת מִמֶּ֖נּוּ עֲוֺנָ֥הּ תִּשָּֽׂא׃ וְהַבָּשָׂ֞ר אֲשֶׁר־יִגַּ֤ע בְּכָל־ יט
טָמֵא֙ לֹ֣א יֵאָכֵ֔ל בָּאֵ֖שׁ יִשָּׂרֵ֑ף וְהַ֨בָּשָׂ֔ר כָּל־טָה֖וֹר יֹאכַ֥ל
בָּשָֽׂר׃ וְהַנֶּ֜פֶשׁ אֲשֶׁר־תֹּאכַ֣ל בָּשָׂ֗ר מִזֶּ֤בַח הַשְּׁלָמִים֙ כ

רש״י

טז) **וְאִם נֶדֶר אוֹ נְדָבָה.** שֶׁלֹּא הֱבִיאָהּ עַל הוֹדָאָה שֶׁל נֵס, אֵינָהּ טְעוּנָה לֶחֶם, וְנֶאֱכֶלֶת לִשְׁנֵי יָמִים, כְּמוֹ שֶׁמְּפֹרָשׁ בָּעִנְיָן: **וּמִמָּחֳרָת וְהַנּוֹתָר מִמֶּנּוּ.** בָּרִאשׁוֹן, יֵאָכֵל. וָי״ו זוֹ יְתֵרָה הִיא, וְיֵשׁ כָּמוֹהָ הַרְבֵּה בַּמִּקְרָא, כְּגוֹן: ״וְאַיָּה בְנֵי צִבְעוֹן וְאַיָּה וַעֲנָה״ (בראשית לו, כד), ״תֵּת וְקֹדֶשׁ וְצָבָא מִרְמָס״ (דניאל ח, יג).

יח) **וְאִם הֵאָכֹל יֵאָכֵל וְגוֹ׳.** בִּמְחַשֵּׁב בִּשְׁחִיטָה לְאָכְלוֹ בַּשְּׁלִישִׁי הַכָּתוּב מְדַבֵּר. יָכוֹל אִם אָכַל מִמֶּנּוּ בַּשְּׁלִישִׁי יִפָּסֵל לְמַפְרֵעַ? תַּלְמוּד לוֹמַר: ״הַמַּקְרִיב אֹתוֹ לֹא יֵחָשֵׁב״, בִּשְׁעַת הַקְרָבָה הוּא נִפְסָל, וְאֵינוֹ נִפְסָל בַּשְּׁלִישִׁי. וְכֵן פֵּרוּשׁוֹ: בִּשְׁעַת הַקְרָבָתוֹ לֹא תַּעֲלֶה זֹאת בְּמַחֲשָׁבָה, וְאִם חָשַׁב – ״פִּגּוּל יִהְיֶה״. **וְהַנֶּפֶשׁ הָאֹכֶלֶת מִמֶּנּוּ.** אֲפִלּוּ בְּתוֹךְ הַזְּמַן, ״עֲוֺנָהּ תִּשָּׂא״.

יט) **וְהַבָּשָׂר.** שֶׁל קֹדֶשׁ שְׁלָמִים ״אֲשֶׁר יִגַּע בְּכָל טָמֵא לֹא יֵאָכֵל״. **וְהַבָּשָׂר.** לְרַבּוֹת אֵבֶר שֶׁיָּצָא מִקְצָתוֹ, שֶׁהַפְּנִימִי מֻתָּר: **כָּל טָהוֹר יֹאכַל בָּשָׂר.** מַה תַּלְמוּד לוֹמַר? לְפִי שֶׁנֶּאֱמַר: ״וְדַם זְבָחֶיךָ יִשָּׁפֵךְ... וְהַבָּשָׂר תֹּאכֵל״ (דברים יב, כז), יָכוֹל לֹא יֹאכְלוּ שְׁלָמִים אֶלָּא הַבְּעָלִים? לְכָךְ נֶאֱמַר: ״כָּל טָהוֹר יֹאכַל בָּשָׂר״.

הרחבות

׳ביום הַקריבו את זבחו׳ לעניין הקרבנות מוגדר ׳יום׳ כיום ההקרבה והלילה שלאחריו. שלא כמו בשאר דיני התורה, שהיממה בהם מתחילה בלילה, בהקשר של קודשים הלילה נגרר אחר היום הקודם. עבודות הקרבן נעשות ביום, ואילו הקטרתו על המזבח נעשית בלילה שאחריו.

׳ביום הקריבו את זבחו יאכל וממחרת והנותר ממנו יֵאָכֵל׳ הרמב״ן כתב על פי הספרא, שמשמעות הכתוב היא שמצווה לאכלו ביום הראשון, ורק אם נותר, יש לאכלו בשני.

מותר אפוא לאכול את זבח השלמים בשני הימים ובלילה שביניהם, אבל לא בלילה שלאחר היום השני, למרות ששרפת הנותר מתבצעת רק מבוקרו של היום השלישי – כך דרשו חכמים מהכתוב להלן יט,ו. (ראו זבחים נו ע״ב; פסחים ג ע״א ורמב״ן על אתר).

׳והנותר מבשר הזבח ביום השלישי באש ישרף׳ דין כללי זה נקרא בלשון חכמים ׳נותר׳: קרבן שלא נאכל או לא הוקטר בזמנו – נפסל, ויש לשרפו ביום דווקא. (ראו פסחים כג ע״ב – כד ע״א; זבחים כח). יש בדבר הגדרות שונות של זמן: קרבנות בדרגת ׳קודשי קודשים׳ וכן זבח תודה וזבח הפסח נאכלים רק באותו יום, כלומר ביום ההקרבה והלילה

ביאור

טז לעומת קרבן התודה, שנאכל רק ביום ההקרבה ולילו – **וְאִם נֶדֶר**,
קרבן שאדם חִיב את עצמו להביאו, **אוֹ נְדָבָה**, שנדב אדם מרכושו
בהמה מסוימת **לֶזֶבַח קָרְבָּנוֹ**, ולא כתודה – **בְּיוֹם הַקְרִיבוֹ אֶת זִבְחוֹ**
יֵאָכֵל וגם **מִמָּחֳרָת**, **וְהַנּוֹתָר מִמֶּנּוּ** ביום הראשון **יֵאָכֵל** גם במשך היום
השני. מותר לאכלו אפוא בשני הימים ובלילה שביניהם. יז **וְ**אולם
הַנּוֹתָר מִבְּשַׂר הַזָּבַח, שלא נאכל בשני הימים, **בַּיּוֹם הַשְּׁלִישִׁי**, מבוקרו
בָּאֵשׁ יִשָּׂרֵף.

כאן מגיע דין שעליו התבססו דיונים רבים בדברי חכמים: יח **וְאִם**
הֵאָכֹל יֵאָכֵל מִבְּשַׂר זֶבַח שְׁלָמָיו בַּיּוֹם הַשְּׁלִישִׁי – **לֹא יֵרָצֶה**; **הַמַּקְרִיב**
אֹתוֹ – **לֹא יֵחָשֵׁב לוֹ**, לזכותו, אלא **פִּגּוּל**, מאוס ודחוי **יִהְיֶה**. חכמים
פירשו שמדובר באדם המגלה בזמן ההקרבה את כוונתו להשאיר מן
הבשר ביום השלישי. מחשבתו זו מפגלת את הקרבן, **וְהַנֶּפֶשׁ הָאֹכֶלֶת**
מִמֶּנּוּ, שהרי הוא מאוס רק מבחינה הלכתית, ואין הוא נראה שונה
מכל בשר אחר – **עֲוֹנָהּ תִּשָּׂא**, תיענש.

דין דומה לדיני הנותר והפיגול שנזכרו, הפוסלים את הקרבן ואוסרים
אותו באכילה: יט **וְהַבָּשָׂר** של הקרבנות **אֲשֶׁר יִגַּע בְּכָל טָמֵא** – **לֹא**
יֵאָכֵל. הפיגול והנותר אינם טמאים מדין התורה, למרות שחכמים
גזרו עליהם טומאה מסוימת,[42] אבל בשר קודשים שנטמא בפועל,
גם אם לא הפגל ולא נותר – אין לאכלו, אלא **בָּאֵשׁ יִשָּׂרֵף**. **וְהַבָּשָׂר**,
סתם בשר שלמים, שאיננו טמא – **כָּל** אדם **טָהוֹר יֹאכַל בָּשָׂר**, ולאו
דווקא בעליו.[43] כ **וְהַנֶּפֶשׁ אֲשֶׁר תֹּאכַל בָּשָׂר מִזֶּבַח הַשְּׁלָמִים אֲשֶׁר לַה'**

הרחבות

שלאחריו, ושאר 'קודשים קלים' נאכלים גם למחרת יום ההקרבה, אך לא מאוחר מכך. אכילת קודשים לאחר שנעשו 'נותר' היא עברה חמורה, הנזכרת גם בדברי התוכחה של הנביאים. (ראו עמוס ד,ד ורש"י שם).

'ואם הֵאָכֹל יֵאָכֵל מבשר זבח שלמיו ביום השלישי לא יֵרָצה, המקריב אֹתו לא יחשב לו, פִּגּוּל יהיה' מהבנת הכתוב כפשוטו יוצא שאדם שהקריב קרבן כראוי, השאיר מבשרו ואכל ממנו ביום השלישי – אכילתו המאוחרת פוסלת את הקרבן למפרע. אולם בשום מקום בתורה לא מוזכרת פסילה רטרואקטיבית של דבר. מאורע שחל לאחר מעשה אינו משנה את הדין ואת המצב של מה שנעשה קודם לכן, לא בדיני עונשים וכנראה גם לא בדינים אחרים. אכן, חכמים הבינו את האמור כאן באופן אחר: אין הכתוב מדבר באכילה ממשית של בשר זבח השלמים ביום השלישי, אלא באדם המגלה עוד בזמן ההקרבה את כוונתו להשאיר מן הבשר ליום השלישי. (ראו זבחים כט ע"א; ראב"ע על אתר). קרבן כזה נפסל ואינו מְרַצה, משום שהוא מפר את חוק התורה. יתר על כן, גם הבשר נעשה פיגול ואסור באכילה באיסור חמור, גם אם לא השאירו אותו בפועל עד היום השלישי.

אֲשֶׁר לַיהוָה וְטֻמְאָתוֹ עָלָיו וְנִכְרְתָה הַנֶּפֶשׁ הַהִוא
מֵעַמֶּיהָ׃ וְנֶפֶשׁ כִּי־תִגַּע בְּכָל־טָמֵא בְּטֻמְאַת אָדָם כא
אוֹ ׀ בִּבְהֵמָה טְמֵאָה אוֹ בְּכָל־שֶׁקֶץ טָמֵא וְאָכַל
מִבְּשַׂר־זֶבַח הַשְּׁלָמִים אֲשֶׁר לַיהוָה וְנִכְרְתָה הַנֶּפֶשׁ
הַהִוא מֵעַמֶּיהָ׃ וַיְדַבֵּר יְהוָה אֶל־מֹשֶׁה לֵּאמֹר׃ דַּבֵּר כב כג
אֶל־בְּנֵי יִשְׂרָאֵל לֵאמֹר כָּל־חֵלֶב שׁוֹר וְכֶשֶׂב וָעֵז
לֹא תֹאכֵלוּ׃ וְחֵלֶב נְבֵלָה וְחֵלֶב טְרֵפָה יֵעָשֶׂה לְכָל־ כד
מְלָאכָה וְאָכֹל לֹא תֹאכְלֻהוּ׃ כִּי כָּל־אֹכֵל חֵלֶב מִן־ כה
הַבְּהֵמָה אֲשֶׁר יַקְרִיב מִמֶּנָּה אִשֶּׁה לַיהוָה וְנִכְרְתָה
הַנֶּפֶשׁ הָאֹכֶלֶת מֵעַמֶּיהָ׃ וְכָל־דָּם לֹא תֹאכְלוּ בְּכֹל כו
מוֹשְׁבֹתֵיכֶם לָעוֹף וְלַבְּהֵמָה׃ כָּל־נֶפֶשׁ אֲשֶׁר־תֹּאכַל כז
כָּל־דָּם וְנִכְרְתָה הַנֶּפֶשׁ הַהִוא מֵעַמֶּיהָ׃

רש"י

כ | **וְטֻמְאָתוֹ עָלָיו.** בְּטֻמְאַת הַגּוּף הַכָּתוּב מְדַבֵּר, אֲבָל טָהוֹר שֶׁאָכַל אֶת הַטָּמֵא אֵינוֹ עָנוּשׁ כָּרֵת אֶלָּא בְּאַזְהָרָה: "וְהַבָּשָׂר אֲשֶׁר יִגַּע בְּכָל טָמֵא" וְגוֹ' (לעיל פסוק יט). וְאַזְהָרַת טָמֵא שֶׁאָכַל אֶת הַטָּהוֹר אֵינָהּ מְפֹרֶשֶׁת בַּתּוֹרָה, אֶלָּא חֲכָמִים לְמָדוּהָ בִּגְזֵרָה שָׁוָה: שָׁלֹשׁ כָּרֵתוֹת אֲמוּרוֹת בְּאוֹכְלֵי קָדָשִׁים בְּטֻמְאַת הַגּוּף, וּדְרָשׁוּם רַבּוֹתֵינוּ בִּשְׁבוּעוֹת (דף ז ע"א) אַחַת לִכְלָל, וְאַחַת לִפְרָט, וְאַחַת לְלַמֵּד עַל קָרְבַּן עוֹלֶה וְיוֹרֵד שֶׁלֹּא נֶאֱמַר אֶלָּא עַל טֻמְאַת מִקְדָּשׁ וְקָדָשָׁיו:

כד | **יֵעָשֶׂה לְכָל מְלָאכָה.** בָּא וְלִמֵּד עַל הַחֵלֶב שֶׁאֵינוֹ מְטַמֵּא טֻמְאַת נְבֵלוֹת: **וְאָכֹל לֹא תֹאכְלֻהוּ.** אָמְרָה תּוֹרָה: יָבוֹא אִסּוּר נְבֵלָה וּטְרֵפָה וְיָחוּל עַל אִסּוּר חֵלֶב, שֶׁאִם אֲכָלוֹ יִתְחַיֵּב אַף עַל לָאו שֶׁל נְבֵלָה, וְלֹא תֹאמַר אֵין אִסּוּר חָל עַל אִסּוּר:

כו | **לָעוֹף וְלַבְּהֵמָה.** פְּרָט לְדַם דָּגִים וַחֲגָבִים: **בְּכֹל מוֹשְׁבֹתֵיכֶם.** לְפִי שֶׁהִיא חוֹבַת הַגּוּף וְאֵינָהּ חוֹבַת קַרְקַע, נוֹהֶגֶת בְּכָל מוֹשָׁבוֹת, וּבְמַסֶּכֶת קִדּוּשִׁין בְּפֶרֶק רִאשׁוֹן (דף לז ע"ב) מְפֹרָשׁ לָמָּה הֻצְרַךְ לוֹמַר:

ביאור

וְטֻמְאָתוֹ עָלָיו, אדם שגופו טמא שיאכל מבשר השלמים,[44] עונשו חמור ביותר – **וְנִכְרְתָה הַנֶּפֶשׁ הַהִוא מֵעַמֶּיהָ.** כא ומדובר לא רק בטומאה שמקורה בגוף האדם אלא אף בזו הבאה לו מבחוץ – **וְנֶפֶשׁ כִּי תִגַּע בְּכָל טָמֵא, בְּטֻמְאַת אָדָם**, באחת מהטומאות האחרות שיש בבני אדם, שעוד ידובר בהן בהמשך,[45] **אוֹ בִּבְהֵמָה טְמֵאָה**, בנבלה **אוֹ בְּכָל שֶׁקֶץ טָמֵא**, שרץ מת.[46] כיוון שנגע באחד מאלה – נטמא, **וְ**לכן אם **אָכַל מִבְּשַׂר זֶבַח הַשְּׁלָמִים אֲשֶׁר לַה'** – **וְנִכְרְתָה הַנֶּפֶשׁ הַהִוא מֵעַמֶּיהָ.**

עד כה נמנו שלושה מיני פסול בזבח השלמים, החלים על כל הקרבנות: הנותר, שבא על ידי מחדל; הפיגול, שבא על ידי מחשבה; והטמא התלוי במעשה – במגע עם טומאה. עונשו של האוכל ממינים אלו חמור – כריתות מעמו. הדין הבא אינו מתייחס לקרבנות, אך יש לו זיקה וצד דימה לאמור לעיל: כב **וַיְדַבֵּר ה' אֶל מֹשֶׁה לֵּאמֹר:** כג **דַּבֵּר אֶל בְּנֵי יִשְׂרָאֵל לֵאמֹר: כָּל חֵלֶב שׁוֹר וְכֶשֶׂב וָעֵז לֹא תֹאכֵלוּ.** את החֵלב של בעלי החיים שמהם מעלים לקרבן אין לאכול, גם כאשר אין הם קרבן. כד **וְחֵלֶב נְבֵלָה**, בהמה טהורה שמתה מעצמה, **אוֹ חֵלֶב טְרֵפָה**, בהמה שנטרפה על ידי יצור אחר או שהיא פגומה בגופה במצב דומה – **יֵעָשֶׂה לְכָל מְלָאכָה.** אין איסור ליהנות ממנו,[47] ומותר להשתמש בו לכל מלאכה, **ו**אולם **אָכֹל לֹא תֹאכְלֻהוּ.** כה **כִּי כָּל אֹכֵל חֵלֶב מִן הַבְּהֵמָה אֲשֶׁר יַקְרִיב מִמֶּנָּה אִשֶּׁה לַה'**, האוכל חֵלב שקרב לה' ממיני הבהמה הקרבה – **וְנִכְרְתָה הַנֶּפֶשׁ הָאֹכֶלֶת מֵעַמֶּיהָ.** בפרשה זו פורש איסור חֵלב גם לגבי בהמות שאינן ראויות להיות מוקרבות בפועל, כגון הנבלה והטרפה, וגם מפורש כאן עונש 'כָּרֵת'. שני העניינים הללו לא פורשו בפרשה המקבילה לעיל.[48]

עניין מקביל נוסף: כו **וְכָל דָּם לֹא תֹאכְלוּ בְּכֹל מוֹשְׁבֹתֵיכֶם, לָעוֹף וְלַבְּהֵמָה.** כפי שנאמר בפרשה המקבילה,[49] גם הדם ניתן כקרבן לה' על המזבח, ולכן אינו נאכל על ידי בני אדם. האיסור לאכלו מקיף יותר מן החֵלב והוא חל הן על הבהמה והן על העוף, שהרי ישנם גם קרבנות עוף שדמם ניתן על המזבח. כז יתר על כן, **כָּל נֶפֶשׁ אֲשֶׁר תֹּאכַל כָּל דָּם**, גם דם חיות אחרות שאינן באות לקרבן[50] – **וְנִכְרְתָה הַנֶּפֶשׁ הַהִוא מֵעַמֶּיהָ.** שני איסורי האכילה – של החֵלב ושל הדם – דומים זה לזה ברעיון העומד בבסיסם, אם כי חלוקים בדיניהם. שניהם חלים לא רק על בהמות הקודשים עצמן אלא גם על בהמות חולין; אולם לעומת איסור חלב, הנוהג רק במיני הבהמות הראויות לקרבן, איסור דם כולל בעלי חיים נוספים מפני טעם אחר, המפורש בהמשך הספר.[51]

כח כט וַיְדַבֵּר יְהוָה אֶל־מֹשֶׁה לֵּאמֹר: דַּבֵּר אֶל־בְּנֵי יִשְׂרָאֵל
לֵאמֹר הַמַּקְרִיב אֶת־זֶבַח שְׁלָמָיו לַיהוָה יָבִיא אֶת־
ל קָרְבָּנוֹ לַיהוָה מִזֶּבַח שְׁלָמָיו: יָדָיו תְּבִיאֶינָה אֵת
אִשֵּׁי יְהוָה אֶת־הַחֵלֶב עַל־הֶחָזֶה יְבִיאֶנּוּ אֵת הֶחָזֶה
לא לְהָנִיף אֹתוֹ תְּנוּפָה לִפְנֵי יְהוָה: וְהִקְטִיר הַכֹּהֵן אֶת־
לב הַחֵלֶב הַמִּזְבֵּחָה וְהָיָה הֶחָזֶה לְאַהֲרֹן וּלְבָנָיו: וְאֵת
שׁוֹק הַיָּמִין תִּתְּנוּ תְרוּמָה לַכֹּהֵן מִזִּבְחֵי שַׁלְמֵיכֶם:
לג הַמַּקְרִיב אֶת־דַּם הַשְּׁלָמִים וְאֶת־הַחֵלֶב מִבְּנֵי אַהֲרֹן
לד לוֹ תִהְיֶה שׁוֹק הַיָּמִין לְמָנָה: כִּי אֶת־חֲזֵה הַתְּנוּפָה
וְאֵת ׀ שׁוֹק הַתְּרוּמָה לָקַחְתִּי מֵאֵת בְּנֵי־יִשְׂרָאֵל
מִזִּבְחֵי שַׁלְמֵיהֶם וָאֶתֵּן אֹתָם לְאַהֲרֹן הַכֹּהֵן וּלְבָנָיו
לה לְחָק־עוֹלָם מֵאֵת בְּנֵי יִשְׂרָאֵל: זֹאת מִשְׁחַת אַהֲרֹן

רש"י

ל) **יָדָיו תְּבִיאֶינָה וגו'.** שֶׁתְּהֵא יַד הַבְּעָלִים מִלְמַעְלָה וְהַחֵלֶב וְהֶחָזוֹת נְתוּנִין בָּהּ, וְיַד כֹּהֵן מִלְּמַטָּה וּמֵנִיפָן: **אֵת אִשֵּׁי ה'.** וּמַה הֵן הָאִשִּׁים? "אֶת הַחֵלֶב עַל הֶחָזֶה יְבִיאֶנּוּ", כְּשֶׁמְּבִיאוֹ מִבֵּית הַמִּטְבָּחַיִם נוֹתֵן חֵלֶב עַל הֶחָזֶה, וּכְשֶׁנּוֹתְנוֹ לְיַד הַמֵּנִיף נִמְצָא הֶחָזֶה לְמַעְלָה וְהַחֵלֶב לְמַטָּה, וְזֶהוּ הָאָמוּר בְּמָקוֹם אַחֵר: "שׁוֹק הַתְּרוּמָה וַחֲזֵה הַתְּנוּפָה עַל אִשֵּׁי הַחֲלָבִים יָבִיאוּ לְהָנִיף" וגו' (להלן י, טו). וּלְאַחַר הַתְּנוּפָה נוֹתְנוֹ לַכֹּהֵן הַמַּקְטִיר, וְנִמְצָא הֶחָזֶה לְמַטָּה, וְזֶהוּ שֶׁנֶּאֱמַר: "וַיָּשִׂימוּ אֶת הַחֲלָבִים עַל הֶחָזוֹת וַיַּקְטֵר הַחֲלָבִים הַמִּזְבֵּחָה" (להלן ט, כ). לָמַדְנוּ שֶׁשְּׁלֹשָׁה כֹּהֲנִים זְקוּקִין לָהּ, כָּךְ מְפֹרָשׁ בִּמְנָחוֹת (דף סב ע"א): **אֶת הַחֵלֶב עַל הֶחָזֶה יְבִיאֶנּוּ.** וְ"אֶת הֶחָזֶה" לָמָּה מְבִיאוֹ? "לְהָנִיף אֹתוֹ" הוּא מְבִיאוֹ, וְלֹא שֶׁיְּהֵא הוּא מִן הָאִשִּׁים. לְפִי שֶׁנֶּאֱמַר: "אֶת אִשֵּׁי ה'" "אֶת הַחֵלֶב עַל הֶחָזֶה", יָכוֹל שֶׁיְּהֵא אַף הֶחָזֶה לָאִשִּׁים? לְכָךְ נֶאֱמַר: "אֶת הֶחָזֶה לְהָנִיף" וגו':

לא) **וְהִקְטִיר הַכֹּהֵן אֶת הַחֵלֶב.** וְאַחַר כָּךְ "וְהָיָה הֶחָזֶה לְאַהֲרֹן", לָמַדְנוּ שֶׁאֵין הַבָּשָׂר נֶאֱכָל בְּעוֹד הָאֵמוּרִים לְמַטָּה מִן הַמִּזְבֵּחַ:

לב) **שׁוֹק.** מִן הַפֶּרֶק שֶׁל אַרְכֻּבָּה הַנִּמְכֶּרֶת עִם הָרֹאשׁ עַד הַפֶּרֶק הָאֶמְצָעִי שֶׁהוּא סֹבֶךְ שֶׁל רֶגֶל:

לג) **הַמַּקְרִיב אֶת דַּם הַשְּׁלָמִים וגו'.** מִי שֶׁהוּא רָאוּי לִזְרִיקָתוֹ וּלְהַקְטִיר חֲלָבָיו, יָצָא טָמֵא בִּשְׁעַת זְרִיקַת דָּמִים אוֹ בִּשְׁעַת הֶקְטֵר חֲלָבִים שֶׁאֵינוֹ חוֹלֵק בַּבָּשָׂר:

לד) **תְּנוּפָה, תְּרוּמָה.** מוֹלִיךְ וּמֵבִיא, מַעֲלֶה וּמוֹרִיד:

ביאור | מכאן לדינים אחרים הקשורים למעשה קרבן השלמים שלא הוזכרו
קודם לכן: כח **וַיְדַבֵּר ה׳ אֶל מֹשֶׁה לֵּאמֹר:** כט **דַּבֵּר אֶל בְּנֵי יִשְׂרָאֵל לֵאמֹר:**
הַמַּקְרִיב אֶת זֶבַח שְׁלָמָיו לַה׳ **יָבִיא** בעצמו[52] **אֶת קָרְבָּנוֹ לַה׳ מִזֶּבַח**
שְׁלָמָיו. ל **יָדָיו תְּבִיאֶינָה אֵת אִשֵּׁי,** קרבנות ה׳: **אֶת הַחֵלֶב עַל הֶחָזֶה**
יְבִיאֶנּוּ, החלב מונח על החזה כששניהם מוגשים בידיו, אלא שבסופו
של דבר רק החלב יעלה באש, ואילו **אֵת הֶחָזֶה לְהָנִיף,** להרים **אֹתוֹ**
תְּנוּפָה לִפְנֵי ה׳ לראווה,[53] ואין מקריבים אותו. לא **וְהִקְטִיר הַכֹּהֵן אֶת**
הַחֵלֶב הַמִּזְבֵּחָה, וְהָיָה הֶחָזֶה לְאַהֲרֹן וּלְבָנָיו. זהו חלקם של הכהנים
בקרבן השלמים, הנאכל ברובו על ידי הבעלים לפני ה׳ ועִמו, כביכול,
אם רואים את האמורים כנאכלים על המזבח לשם ה׳. לב **וְנוסף**
על החזה, גם **אֵת שׁוֹק הַיָּמִין** של הקרבן **תִּתְּנוּ תְרוּמָה לַכֹּהֵן מִזִּבְחֵי**
שַׁלְמֵיכֶם. לג ושוב – **הַמַּקְרִיב אֶת דַּם הַשְּׁלָמִים וְאֶת הַחֵלֶב מִבְּנֵי אַהֲרֹן,**
הכהן העובד באותו הקרבן, וכל כהן המסייע לו בהקרבה באופן ישיר
או עקיף – **לוֹ תִהְיֶה שׁוֹק הַיָּמִין לְמָנָה.** לד **כִּי אֶת חֲזֵה הַתְּנוּפָה וְאֵת שׁוֹק**
הַתְּרוּמָה, הנתרם כמתנה לכהן, **לָקַחְתִּי מֵאֵת בְּנֵי יִשְׂרָאֵל מִזִּבְחֵי שַׁלְמֵיהֶם.**
כשם שלקחתי את החלב ואת שאר האֵמורים, כך אני לוקח גם את
החזה ואת השוק, אך אלה אינם נאכלים על המזבח – **וָאֶתֵּן אֹתָם**
לְאַהֲרֹן הַכֹּהֵן וּלְבָנָיו לְחָק עוֹלָם מֵאֵת בְּנֵי יִשְׂרָאֵל. חכמים אמרו שהכהנים
אוכלים ׳משולחן גבוה׳.[54] אין האדם המביא את הקרבן אמור לראות
בחזה ובשוק מתנות שהוא מעניק לכהן, כי חלקים אלה היו צריכים
להיקטר על המזבח, אבל ה׳ מסרם לאכילת הכהנים. לה **זֹאת מִשְׁחַת,**

חזה התנופה
ושוק התרומה

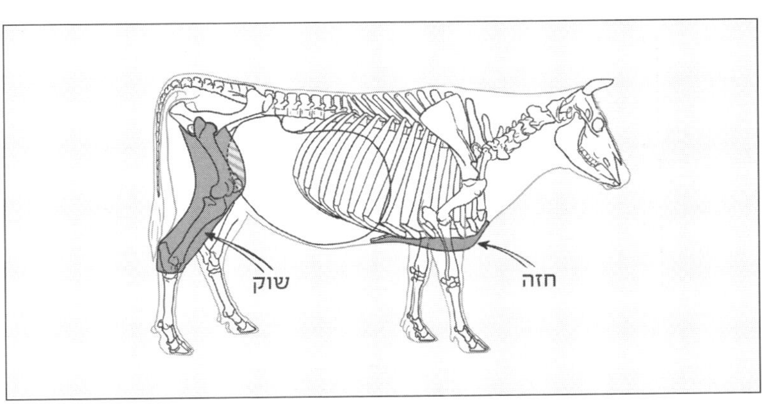

וּמִשְׁחַת בָּנָיו מֵאִשֵּׁי יְהוָה בְּיוֹם הִקְרִיב אֹתָם לְכַהֵן
לַיהוָה: אֲשֶׁר צִוָּה יְהוָה לָתֵת לָהֶם בְּיוֹם מָשְׁחוֹ אֹתָם לו
מֵאֵת בְּנֵי יִשְׂרָאֵל חֻקַּת עוֹלָם לְדֹרֹתָם: זֹאת הַתּוֹרָה לז
לָעֹלָה לַמִּנְחָה וְלַחַטָּאת וְלָאָשָׁם וְלַמִּלּוּאִים וּלְזֶבַח
הַשְּׁלָמִים: אֲשֶׁר צִוָּה יְהוָה אֶת־מֹשֶׁה בְּהַר סִינָי בְּיוֹם לח
צַוֹּתוֹ אֶת־בְּנֵי יִשְׂרָאֵל לְהַקְרִיב אֶת־קָרְבְּנֵיהֶם לַיהוָה
בְּמִדְבַּר סִינָי:

רש"י | לז | וְלַמִּלּוּאִים. לְיוֹם חִנּוּךְ הַכְּהֻנָּה:

	עולה	שלמים
מיני הקרבן	בן בקר או צאן - זכרים תורים או בני יונה - זכרים או נקבות	בקר או צאן - זכרים או נקבות
מתנות הדם	בבהמה - זריקה סביב המזבח החיצון בעוף - מיצוי על קיר המזבח החיצון	זריקה סביב המזבח החיצון
הבשר	מוקטר כליל	החלבים, הכליות ויותרת הכבד (ובכבשים גם האליה) מונפים ומוקטרים; החזה והשוק - לכהנים; שאר הבשר - לבעלים
דרגת קדושה ומגבלות מקום וזמן	קודשי קודשים בבהמה - עבודות בצפון	קודשים קלים העבודות בכל מקום בחצר המשכן; נאכלים במקום טהור גם למחרת יום ההקרבה

ביאור

מנת, או: מתנת הגדולה של **אַהֲרֹן וּמִשְׁחַת בָּנָיו מֵאִשֵּׁי ה׳ בְּיוֹם** אשר **הִקְרִיב אֹתָם לְכַהֵן לַה׳.** לו **אֲשֶׁר צִוָּה ה׳ לָתֵת לָהֶם בְּיוֹם מָשְׁחוֹ אֹתָם.** עם מינויים זכו הכהנים בזכויות מסוימות **מֵאֵת בְּנֵי יִשְׂרָאֵל.** הציווי נאמר ביום שקיבלו את תפקידם, אך מתנות הכהנים יהיו **חֻקַּת עוֹלָם לְדֹרֹתָם,** ויינתנו להם בכל דור שבו יוקרבו קרבנות.

לסיכום כל האמור: לז **זֹאת הַתּוֹרָה,** החוקים, המשפטים והדינים **לָעֹלָה, לַמִּנְחָה וְלַחַטָּאת וְלָאָשָׁם וְלַמִּלּוּאִים,** קרבנות החניכה המיוחדים של אהרן ובניו בשבעת ימי המילואים. אמנם קרבנות אלו לא הוזכרו כאן באופן מפורש אלא בספר שמות,[55] אך אין הם שונים לחלוטין מן הקרבנות שנמנו ברשימה זו. לחלופין: **לַמִּלּוּאִים** – מנחת החינוך של כל כהן הנכנס לתפקידו בפעם הראשונה, שנזכרה בפרשה זו.[56] **וּלְזֶבַח הַשְּׁלָמִים.** לח **אֲשֶׁר צִוָּה ה׳ אֶת מֹשֶׁה בְּהַר סִינָי.** אולי: באוהל מועד שהוקם לנוכח הר סיני,[57] **בְּיוֹם צַוֹּתוֹ אֶת בְּנֵי יִשְׂרָאֵל לְהַקְרִיב אֶת קָרְבְּנֵיהֶם לַה׳** במשכן[58] **בְּמִדְבַּר סִינָי.**

קרבנות מהחי על פי פרשיות ויקרא וצו

חטאת	אשם
פר (כהן משיח, בית דין); שעיר (נשיא); כשבה או שעירה (עם הארץ); שתי תורים או שני בני יונה (עני בקרבן 'עולה ויורד')	איל
בפר – הזאה כנגד הפרוכת ונתינה על קרנות המזבח הפנימי; בשעיר, שעירה או כשבה – נתינה על קרנות המזבח החיצון; בעוף – היאה ומיצוי על קיר מזבח החיצון	זריקה סביב המזבח החיצון
בבהמה – החלבים, הכליות ויותרת הכבד (ובכבשה – גם האליה) מוקטרים; שאר הבשר – בפר, נשרף מחוץ למחנה, בצאן – לכהנים, בעוף – כל הבשר לכהנים	החלבים, הכליות, יותרת הכבד והאליה – מוקטרים; השאר לכהנים
קודשי קודשים בבהמה – עבודות בצפון; בנאכלות (צאן ועוף) – אכילה ע"י הכהנים בחצר המשכן ביום ההקרבה	קודשי קודשים אכילה ע"י הכהנים בחצר המשכן ביום ההקרבה

הרחבות

המשחה איננה רק פעולת המשיחה בשמן, אלא היא הענקת חלק, גדולה ומעלה עליונה. (ראו זבחים כח ע"א; ספרי במדבר על יח,ח; העמק דבר על אתר).

רביעי ד וַיְדַבֵּר יְהוָה אֶל־מֹשֶׁה לֵּאמֹר: קַח אֶת־אַהֲרֹן וְאֶת־ א ב ח
בָּנָיו אִתּוֹ וְאֵת הַבְּגָדִים וְאֵת שֶׁמֶן הַמִּשְׁחָה וְאֵת ׀ פַּר
הַחַטָּאת וְאֵת שְׁנֵי הָאֵילִים וְאֵת סַל הַמַּצּוֹת: וְאֵת ג
כָּל־הָעֵדָה הַקְהֵל אֶל־פֶּתַח אֹהֶל מוֹעֵד: וַיַּעַשׂ מֹשֶׁה ד
כַּאֲשֶׁר צִוָּה יְהוָה אֹתוֹ וַתִּקָּהֵל הָעֵדָה אֶל־פֶּתַח אֹהֶל
מוֹעֵד: וַיֹּאמֶר מֹשֶׁה אֶל־הָעֵדָה זֶה הַדָּבָר אֲשֶׁר־צִוָּה ה
יְהוָה לַעֲשׂוֹת: וַיַּקְרֵב מֹשֶׁה אֶת־אַהֲרֹן וְאֶת־בָּנָיו ו
וַיִּרְחַץ אֹתָם בַּמָּיִם: וַיִּתֵּן עָלָיו אֶת־הַכֻּתֹּנֶת וַיַּחְגֹּר ז
אֹתוֹ בָּאַבְנֵט וַיַּלְבֵּשׁ אֹתוֹ אֶת־הַמְּעִיל וַיִּתֵּן עָלָיו אֶת־

רש"י | פרק ח

ב | **קַח אֶת אַהֲרֹן.** פָּרָשָׁה זוֹ נֶאֶמְרָה שִׁבְעַת יָמִים קֹדֶם הֲקָמַת הַמִּשְׁכָּן, שֶׁאֵין מֻקְדָּם וּמְאֻחָר בַּתּוֹרָה: **קַח אֶת אַהֲרֹן.** קָחֶנּוּ בִּדְבָרִים וּמָשְׁכֵהוּ: **וְאֵת פַּר הַחַטָּאת וְגוֹ'.** אֵלּוּ הָאֲמוּרִים בְּעִנְיַן צַוָּאַת הַמִּלּוּאִים בִּ"וְזֶה הַדָּבָר אֲשֶׁר תַּעֲשֶׂה" (שמות כט), וְעַכְשָׁיו בְּיוֹם רִאשׁוֹן לַמִּלּוּאִים חָזַר וְזֵרְזוֹ בִּשְׁעַת מַעֲשֶׂה:

ג | **הַקְהֵל אֶל פֶּתַח אֹהֶל מוֹעֵד.** זֶה אֶחָד מִן הַמְּקוֹמוֹת שֶׁהֶחֱזִיק מוּעָט אֶת הַמְּרֻבֶּה:

ה | **זֶה הַדָּבָר.** דְּבָרִים שֶׁתִּרְאוּ שֶׁאֲנִי עוֹשֶׂה לִפְנֵיכֶם צִוַּנִי הַקָּדוֹשׁ בָּרוּךְ הוּא לַעֲשׂוֹת, וְאַל תֹּאמְרוּ לִכְבוֹדִי וְלִכְבוֹד אָחִי אֲנִי עוֹשֶׂה. כָּל הָעִנְיָן הַזֶּה פֵּרַשְׁתִּי בִּ"וְזֶה הַדָּבָר אֲשֶׁר תַּעֲשֶׂה" (שמות כט, א-לז):

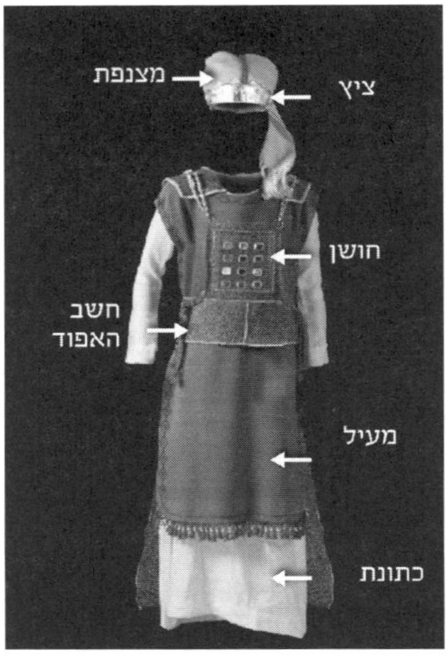

בגדי הכהן הגדול

הקדשת הכהנים והמשכן

פרק ח

לאחר שמשה הקים את המשכן, ולאחר שהצטווה על תורת הקרבנות, הוא מצֻווה להתחיל בהקדשת המשכן ועובדיו. בעניין זה יתואר החלק האנושי הפותח את מעשה הקדשת המשכן, הכולל את הקדשת הכהנים ומשיחתם בשמן המשחה, משיחת מבנה המשכן וכליו והקרבת קרבנות המילואים במשך שבעה ימים. משה מבצע בעצמו את סדר העבודות, כפי שפורט בספר שמות.[59] הוא הכהן לפי שעה. חכמים שאלו אילו בגדים לבש כשכיהן בשבעת ימי המילואים, שהרי רק בגדי אהרן ובניו מפורטים בכתוב, ואמרו שמשה שימש בחלוק פשתן לבן.[60] למעשה משה מילא את כל תפקידי ההנהגה: הוא הנביא, הוא נשיא בית הדין, הוא הכהן והוא המלך. בהמשך הוא יִפנה את תפקיד הכהונה לאחיו, אבל בינתיים הוא משמש כשליח ה' למטה בכל המובנים.

ביאור | פרק ח א **וַיְדַבֵּר ה' אֶל מֹשֶׁה לֵּאמֹר:** ב **קַח אֶת אַהֲרֹן וְאֶת בָּנָיו אִתּוֹ, וְאֵת הַבְּגָדִים** שעליהם ללבוש בשעת השירות, **וְאֵת שֶׁמֶן הַמִּשְׁחָה וְאֵת פַּר הַחַטָּאת וְאֵת שְׁנֵי הָאֵילִים וְאֵת סַל הַמַּצּוֹת** הנצרכים למינוי הכהנים. על כל הפריטים הללו ועל מעשיהם משה נצטווה מכבר,[61] ועתה ניתנת לו פקודת הביצוע. ג **וְאֵת כָּל הָעֵדָה הַקְהֵל אֶל פֶּתַח אֹהֶל מוֹעֵד** על מנת שיעמדו ויראו. גם אם לא יהיו פעילים, הם ישתתפו בעניין ההקדשה, המכוננת את הקשר של הכהנים כלפי מעלה – כשלוחי ה', וכלפי מטה – כשלוחי ישראל.

ד **וַיַּעַשׂ מֹשֶׁה כַּאֲשֶׁר צִוָּה ה' אֹתוֹ.** משה לקח את האנשים ואת הפריטים והורה לעדה להתקבץ. **וַתִּקָּהֵל הָעֵדָה אֶל פֶּתַח אֹהֶל מוֹעֵד.** ה **וַיֹּאמֶר מֹשֶׁה אֶל הָעֵדָה: זֶה הַדָּבָר אֲשֶׁר צִוָּה ה' לַעֲשׂוֹת.** הוא הדגיש באוזניהם שכל מעשיו הם חלק מטקס מקודש, ועליהם להתבונן במהלך הדברים.

ו **וַיַּקְרֵב מֹשֶׁה אֶת אַהֲרֹן וְאֶת בָּנָיו וַיִּרְחַץ אֹתָם,** ציווה עליהם לטבול[62] **בַּמָּיִם.** ז **וַיִּתֵּן עָלָיו** – על אהרן **אֶת הַכֻּתֹּנֶת וַיַּחְגֹּר אֹתוֹ בָּאַבְנֵט וַיַּלְבֵּשׁ אֹתוֹ אֶת הַמְּעִיל וַיִּתֵּן עָלָיו אֶת הָאֵפֹד וַיַּחְגֹּר אֹתוֹ בְּחֵשֶׁב,** בחגורת

הרחבות | 'העדה' לעומת המלה 'קהל', שמשמעה רחב הרבה יותר, הכינוי 'עדה' מגדיר בדרך כלל קבוצה מובחרת של הנהגה. לפעמים זוהי קבוצה מסוימת, כמו בית הדין הגדול או בית דין אחר, (ראו במדבר לה,כד-כה; יהושע כ,ו; ספרא ד; סנהדרין טז ע"א), ולפעמים קבוצה רחבה יותר, (ראו שמות יב,ג-ו; במדבר טז,א-יא. וראו עוד בהערה לפס' ד,יג לעיל), דוגמת האנשים המתכנסים לקבוע חוקים והנהגות. (וראו ראב"ע).

הָאֵפֹד וַיַּחְגֹּר אֹתוֹ בְּחֵשֶׁב הָאֵפֹד וַיֶּאְפֹּד לוֹ בּוֹ׃ וַיָּשֶׂם ח
עָלָיו אֶת־הַחֹשֶׁן וַיִּתֵּן אֶל־הַחֹשֶׁן אֶת־הָאוּרִים וְאֶת־
הַתֻּמִּים׃ וַיָּשֶׂם אֶת־הַמִּצְנֶפֶת עַל־רֹאשׁוֹ וַיָּשֶׂם עַל־ ט
הַמִּצְנֶפֶת אֶל־מוּל פָּנָיו אֵת צִיץ הַזָּהָב נֵזֶר הַקֹּדֶשׁ
כַּאֲשֶׁר צִוָּה יְהוָה אֶת־מֹשֶׁה׃ וַיִּקַּח מֹשֶׁה אֶת־שֶׁמֶן י
הַמִּשְׁחָה וַיִּמְשַׁח אֶת־הַמִּשְׁכָּן וְאֶת־כָּל־אֲשֶׁר־בּוֹ
וַיְקַדֵּשׁ אֹתָם׃ וַיַּז מִמֶּנּוּ עַל־הַמִּזְבֵּחַ שֶׁבַע פְּעָמִים יא
וַיִּמְשַׁח אֶת־הַמִּזְבֵּחַ וְאֶת־כָּל־כֵּלָיו וְאֶת־הַכִּיֹּר וְאֶת־
כַּנּוֹ לְקַדְּשָׁם׃ וַיִּצֹק מִשֶּׁמֶן הַמִּשְׁחָה עַל רֹאשׁ אַהֲרֹן יב
וַיִּמְשַׁח אֹתוֹ לְקַדְּשׁוֹ׃ וַיַּקְרֵב מֹשֶׁה אֶת־בְּנֵי אַהֲרֹן יג
וַיַּלְבִּשֵׁם כֻּתֳּנֹת וַיַּחְגֹּר אֹתָם אַבְנֵט וַיַּחֲבֹשׁ לָהֶם
חמישי מִגְבָּעוֹת כַּאֲשֶׁר צִוָּה יְהוָה אֶת־מֹשֶׁה׃ וַיַּגֵּשׁ אֵת פַּר יד
הַחַטָּאת וַיִּסְמֹךְ אַהֲרֹן וּבָנָיו אֶת־יְדֵיהֶם עַל־רֹאשׁ
פַּר הַחַטָּאת׃ וַיִּשְׁחָט וַיִּקַּח מֹשֶׁה אֶת־הַדָּם וַיִּתֵּן טו
עַל־קַרְנוֹת הַמִּזְבֵּחַ סָבִיב בְּאֶצְבָּעוֹ וַיְחַטֵּא אֶת־
הַמִּזְבֵּחַ וְאֶת־הַדָּם יָצַק אֶל־יְסוֹד הַמִּזְבֵּחַ וַיְקַדְּשֵׁהוּ
לְכַפֵּר עָלָיו׃ וַיִּקַּח אֶת־כָּל־הַחֵלֶב אֲשֶׁר עַל־הַקֶּרֶב טז

רש"י

ח) אֶת הָאוּרִים. כְּתָב שֶׁל שֵׁם הַמְפֹרָשׁ:

ט) וַיָּשֶׂם עַל הַמִּצְנֶפֶת. פְּתִילֵי תְּכֵלֶת הַקְּבוּעִים בַּצִּיץ נוֹתֵן עַל הַמִּצְנֶפֶת, נִמְצָא הַצִּיץ תָּלוּי בַּמִּצְנֶפֶת:

יא) וַיַּז מִמֶּנּוּ עַל הַמִּזְבֵּחַ. לֹא יָדַעְתִּי הֵיכָן נִצְטַוָּה בַּהַזָּאוֹת הַלָּלוּ:

יב) וַיִּצֹק, וַיִּמְשַׁח. בַּתְּחִלָּה יוֹצֵק עַל רֹאשׁוֹ, וְאַחַר כָּךְ נוֹתֵן בֵּין רִיסֵי עֵינָיו וּמוֹשֵׁךְ בְּאֶצְבָּעוֹ מִזֶּה לָזֶה:

יג) וַיַּחֲבֹשׁ. לְשׁוֹן קְשִׁירָה:

טו) וַיְחַטֵּא אֶת הַמִּזְבֵּחַ. חִטְּאוֹ וְטִהֲרוֹ מִזָּרוּת לִכָּנֵס לִקְדֻשָּׁה: וַיְקַדְּשֵׁהוּ. בַּעֲבוֹדָה זוֹ, "לְכַפֵּר עָלָיו" מֵעַתָּה כָּל הַכַּפָּרוֹת:

טז) "עַל הַכָּבֵד" (שמות כט, יג), לְבַד הַכָּבֵד, שֶׁהָיָה נוֹטֵל מְעַט מִן הַכָּבֵד עִמָּהּ:

ביאור

הָאֵפֹד וַיֶּאְפֹּד, הלביש, הקיף וקישט לוֹ בּוֹ – באפוד הנתון מעל הבגדים
האחרים. ח וַיָּשֶׂם עָלָיו אֶת הַחֹשֶׁן וַיִּתֵּן אֶל הַחֹשֶׁן אֶת הָאוּרִים וְאֶת
הַתֻּמִּים, הסוד הפנימי שבתוך החושן.[63] ט וַיָּשֶׂם אֶת הַמִּצְנֶפֶת עַל
רֹאשׁוֹ של אהרן וַיָּשֶׂם עַל הַמִּצְנֶפֶת אֶל מוּל פָּנָיו, על מצחו של אהרן
אֵת צִיץ הַזָּהָב נֵזֶר הַקֹּדֶשׁ, עטרתו של הכהן הגדול, כַּאֲשֶׁר צִוָּה ה׳ אֶת
מֹשֶׁה. י וַיִּקַּח מֹשֶׁה אֶת שֶׁמֶן הַמִּשְׁחָה וַיִּמְשַׁח אֶת, מרח ממנו מעט על
הַמִּשְׁכָּן וְאֶת כָּל אֲשֶׁר בּוֹ, וַיְקַדֵּשׁ אֹתָם במשיחה זו. יא וַיַּז, היזה מִמֶּנּוּ,
משמן המשחה עַל הַמִּזְבֵּחַ שֶׁבַע פְּעָמִים, וַיִּמְשַׁח אֶת הַמִּזְבֵּחַ וְאֶת כָּל
כֵּלָיו וְאֶת הַכִּיֹּר וְאֶת כַּנּוֹ לְקַדְּשָׁם, ובכך קידשם. יב וַיִּצֹק מִשֶּׁמֶן הַמִּשְׁחָה
עַל רֹאשׁ אַהֲרֹן, וַיִּמְשַׁח גם אֹתוֹ לְקַדְּשׁוֹ. יג וַיַּקְרֵב מֹשֶׁה אֶת בְּנֵי אַהֲרֹן
וַיַּלְבִּשֵׁם כֻּתֳּנֹת וַיַּחְגֹּר אֹתָם אַבְנֵט וַיַּחֲבֹשׁ לָהֶם מִגְבָּעוֹת, כובעים שאינם
דומים למצנפת הכהן הגדול,[64] כַּאֲשֶׁר צִוָּה ה׳ אֶת מֹשֶׁה. לאחר הקידוש
הראשוני של המשכן והכהנים התחילה עבודת הקרבנות: יד וַיַּגֵּשׁ
אֵת פַּר הַחַטָּאת. וַיִּסְמֹךְ אַהֲרֹן וּבָנָיו אֶת יְדֵיהֶם, ככל מביא קרבן הסומך
את שתי ידיו עַל רֹאשׁ פַּר הַחַטָּאת. טו וַיִּשְׁחָט משה[65] וַיִּקַּח מֹשֶׁה, דווקא
הוא, אֶת הַדָּם, וַיִּתֵּן עַל קַרְנוֹת הַמִּזְבֵּחַ שבחצר סָבִיב בְּאֶצְבָּעוֹ, וַיְחַטֵּא,
עשה את מעשה החטאת, וגם: טיהר[66] אֶת הַמִּזְבֵּחַ, וְאֶת הַדָּם יָצַק אֶל
יְסוֹד הַמִּזְבֵּחַ, וַיְקַדְּשֵׁהוּ לְכַפֵּר עָלָיו. בעבודה זו התקדשו והיטהרו הן
המזבח והן הכהנים הסומכים על הקרבן. לפי שעה, משה רבנו הוא
ששימש כהן. טז וַיִּקַּח אֶת כָּל הַחֵלֶב אֲשֶׁר עַל הַקֶּרֶב וְאֵת יֹתֶרֶת הַכָּבֵד

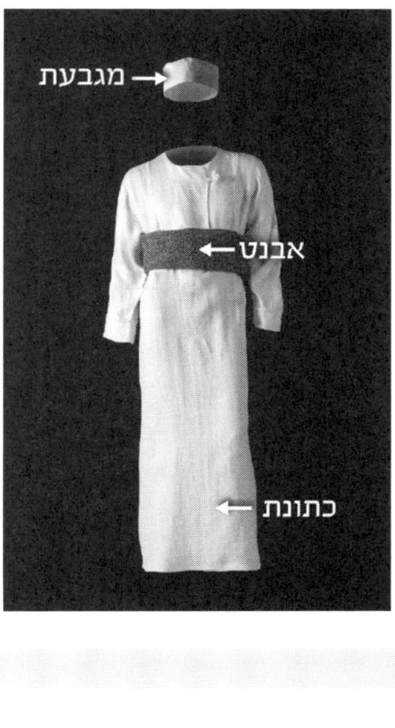

בגדי כהן הדיוט

וְאֵת יֹתֶרֶת הַכָּבֵד וְאֶת־שְׁתֵּי הַכְּלָיֹת וְאֶת־חֶלְבְּהֶן
וַיַּקְטֵר מֹשֶׁה הַמִּזְבֵּחָה׃ וְאֶת־הַפָּר וְאֶת־עֹרוֹ וְאֶת־ יז
בְּשָׂרוֹ וְאֶת־פִּרְשׁוֹ שָׂרַף בָּאֵשׁ מִחוּץ לַמַּחֲנֶה כַּאֲשֶׁר
★ צִוָּה יְהוָה אֶת־מֹשֶׁה׃ וַיַּקְרֵב אֵת אֵיל הָעֹלָה וַיִּסְמְכוּ יח
אַהֲרֹן וּבָנָיו אֶת־יְדֵיהֶם עַל־רֹאשׁ הָאָיִל׃ וַיִּשְׁחָט יט
וַיִּזְרֹק מֹשֶׁה אֶת־הַדָּם עַל־הַמִּזְבֵּחַ סָבִיב׃ וְאֶת־ כ
הָאַיִל נִתַּח לִנְתָחָיו וַיַּקְטֵר מֹשֶׁה אֶת־הָרֹאשׁ וְאֶת־
הַנְּתָחִים וְאֶת־הַפָּדֶר׃ וְאֶת־הַקֶּרֶב וְאֶת־הַכְּרָעַיִם כא
רָחַץ בַּמָּיִם וַיַּקְטֵר מֹשֶׁה אֶת־כָּל־הָאַיִל הַמִּזְבֵּחָה
עֹלָה הוּא לְרֵיחַ־נִיחֹחַ אִשֶּׁה הוּא לַיהוָה כַּאֲשֶׁר
ששי צִוָּה יְהוָה אֶת־מֹשֶׁה׃ וַיַּקְרֵב אֶת־הָאַיִל הַשֵּׁנִי אֵיל כב
הַמִּלֻּאִים וַיִּסְמְכוּ אַהֲרֹן וּבָנָיו אֶת־יְדֵיהֶם עַל־רֹאשׁ
הָאָיִל׃ וַיִּשְׁחָט ׀ וַיִּקַּח מֹשֶׁה מִדָּמוֹ וַיִּתֵּן עַל־תְּנוּךְ כג
אֹזֶן־אַהֲרֹן הַיְמָנִית וְעַל־בֹּהֶן יָדוֹ הַיְמָנִית וְעַל־בֹּהֶן
רַגְלוֹ הַיְמָנִית׃ וַיַּקְרֵב אֶת־בְּנֵי אַהֲרֹן וַיִּתֵּן מֹשֶׁה מִן־ כד
הַדָּם עַל־תְּנוּךְ אָזְנָם הַיְמָנִית וְעַל־בֹּהֶן יָדָם הַיְמָנִית
וְעַל־בֹּהֶן רַגְלָם הַיְמָנִית וַיִּזְרֹק מֹשֶׁה אֶת־הַדָּם
★ עַל־הַמִּזְבֵּחַ סָבִיב׃ וַיִּקַּח אֶת־הַחֵלֶב וְאֶת־הָאַלְיָה כה

רש"י | כב) **אֵיל הַמִּלֻּאִים.** אֵיל הַשְּׁלָמִים, שֶׁ'מִּלּוּאִים' לְשׁוֹן שְׁלָמִים, שֶׁמְּמַלְּאִין וּמַשְׁלִימִין אֶת הַכֹּהֲנִים בִּכְהֻנָּתָם.

ביאור

וְאֶת שְׁתֵּי הַכְּלָיֹת וְאֶת חֶלְבְּהֶן, וַיַּקְטֵר מֹשֶׁה הַמִּזְבֵּחָה. יז **וְאֶת הַפָּר וְאֶת עֹרוֹ וְאֶת בְּשָׂרוֹ וְאֶת פִּרְשׁוֹ**, הזבל שבמעיו **שָׂרַף בָּאֵשׁ מִחוּץ לַמַּחֲנֶה**, אף על פי שלא הוזה מדמו בתוך הקודש, כ'חטאות פנימיות' – **כַּאֲשֶׁר צִוָּה ה' אֶת מֹשֶׁה.**

ומן החטאת לעולה. זהו הסדר הרגיל, מפני שההתחטאות קודמת להבאת דורון.[67] יח **וַיַּקְרֵב אֵת אֵיל הָעֹלָה, וַיִּסְמְכוּ אַהֲרֹן וּבָנָיו**, מביאי הקרבן, **אֶת יְדֵיהֶם עַל רֹאשׁ הָאָיִל.** יט ושוב – **וַיִּשְׁחָט, וַיִּזְרֹק מֹשֶׁה אֶת הַדָּם עַל הַמִּזְבֵּחַ סָבִיב**, כמצוות העולה. כ **וְאֶת הָאַיִל נִתַּח לִנְתָחָיו, וַיַּקְטֵר מֹשֶׁה אֶת הָרֹאשׁ וְאֶת הַנְּתָחִים וְאֶת הַפָּדֶר.** כא **וְאֶת הַקֶּרֶב וְאֶת הַכְּרָעַיִם רָחַץ בַּמָּיִם**, כפי שצריך לעשות בקרבן העולה, **וַיַּקְטֵר מֹשֶׁה**[68] **אֶת כָּל הָאַיִל הַמִּזְבֵּחָה. עֹלָה הוּא לְרֵיחַ נִיחֹחַ, אִשֶּׁה הוּא לַה', כַּאֲשֶׁר צִוָּה ה' אֶת מֹשֶׁה.**

כב **וַיַּקְרֵב אֶת הָאַיִל הַשֵּׁנִי, אֵיל הַמִּלֻּאִים**, האיל המיוחד לטקס מילוי ידיהם של הכהנים[69] – מינוים למשרה וכניסתם לשירות. **וַיִּסְמְכוּ אַהֲרֹן וּבָנָיו אֶת יְדֵיהֶם עַל רֹאשׁ הָאָיִל.** כג **וַיִּשְׁחָט, וַיִּקַּח מֹשֶׁה מִדָּמוֹ וַיִּתֵּן עַל תְּנוּךְ**, אחד מחלקי **אֹזֶן אַהֲרֹן הַיְמָנִית. וְעַל בֹּהֶן יָדוֹ הַיְמָנִית** של אהרן **וְעַל בֹּהֶן רַגְלוֹ הַיְמָנִית.** כד **וַיַּקְרֵב** גם **אֶת בְּנֵי אַהֲרֹן. וַיִּתֵּן מֹשֶׁה מִן הַדָּם עַל תְּנוּךְ אָזְנָם הַיְמָנִית וְעַל בֹּהֶן יָדָם הַיְמָנִית וְעַל בֹּהֶן רַגְלָם הַיְמָנִית, וַיִּזְרֹק מֹשֶׁה אֶת הַדָּם** שנותר בכלי, **עַל הַמִּזְבֵּחַ סָבִיב.** כה **וַיִּקַּח אֶת הַחֵלֶב**

נתחי האיל

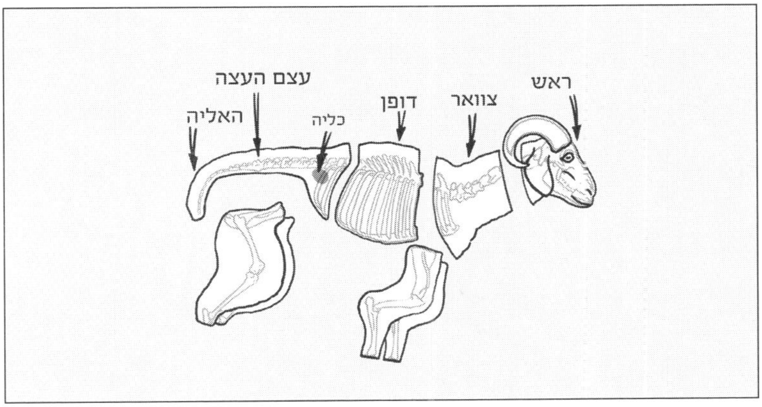

הרחבות

תנוך מקורה של מלה זו אינו ידוע. בלשון ימינו היא מציינת את החלק הסחוסי שבתחתית האוזן, אך חכמים לא הבינו אותה כך, אף על פי שגם זה פירוש אפשרי (ראו רס"ג וראב"ע שמות כט,כ; ר"י בן ג'אנח ורד"ק בספרי השורשים שלהם). היו שאמרו שהתנוך הוא אמצע האוזן, והיו שאמרו כי זהו חלקה העליון. (ראו ספרא מצורע ג,ה; פירוש הרמב"ם למשנה נגעים יד,ט).

וְאֶת־כׇּל־הַחֵלֶב אֲשֶׁר עַל־הַקֶּרֶב וְאֵת יֹתֶרֶת הַכָּבֵד
וְאֶת־שְׁתֵּי הַכְּלָיֹת וְאֶת־חֶלְבְּהֶן וְאֵת שׁוֹק הַיָּמִין׃
כו וּמִסַּל הַמַּצּוֹת אֲשֶׁר ׀ לִפְנֵי יְהוָה לָקַח חַלַּת מַצָּה
אַחַת וְחַלַּת לֶחֶם שֶׁמֶן אַחַת וְרָקִיק אֶחָד וַיָּשֶׂם עַל־
כז הַחֲלָבִים וְעַל שׁוֹק הַיָּמִין׃ וַיִּתֵּן אֶת־הַכֹּל עַל כַּפֵּי
אַהֲרֹן וְעַל כַּפֵּי בָנָיו וַיָּנֶף אֹתָם תְּנוּפָה לִפְנֵי יְהוָה׃
כח וַיִּקַּח מֹשֶׁה אֹתָם מֵעַל כַּפֵּיהֶם וַיַּקְטֵר הַמִּזְבֵּחָה עַל־
הָעֹלָה מִלֻּאִים הֵם לְרֵיחַ נִיחֹחַ אִשֶּׁה הוּא לַיהוָה׃
כט וַיִּקַּח מֹשֶׁה אֶת־הֶחָזֶה וַיְנִיפֵהוּ תְנוּפָה לִפְנֵי יְהוָה
מֵאֵיל הַמִּלֻּאִים לְמֹשֶׁה הָיָה לְמָנָה כַּאֲשֶׁר צִוָּה יְהוָה
שביעי ל אֶת־מֹשֶׁה׃ וַיִּקַּח מֹשֶׁה מִשֶּׁמֶן הַמִּשְׁחָה וּמִן־הַדָּם
אֲשֶׁר עַל־הַמִּזְבֵּחַ וַיַּז עַל־אַהֲרֹן עַל־בְּגָדָיו וְעַל־בָּנָיו
וְעַל־בִּגְדֵי בָנָיו אִתּוֹ וַיְקַדֵּשׁ אֶת־אַהֲרֹן אֶת־בְּגָדָיו
לא וְאֶת־בָּנָיו וְאֶת־בִּגְדֵי בָנָיו אִתּוֹ׃ וַיֹּאמֶר מֹשֶׁה אֶל־
אַהֲרֹן וְאֶל־בָּנָיו בַּשְּׁלוּ אֶת־הַבָּשָׂר פֶּתַח אֹהֶל מוֹעֵד
וְשָׁם תֹּאכְלוּ אֹתוֹ וְאֶת־הַלֶּחֶם אֲשֶׁר בְּסַל הַמִּלֻּאִים
לב כַּאֲשֶׁר צִוֵּיתִי לֵאמֹר אַהֲרֹן וּבָנָיו יֹאכְלֻהוּ׃ וְהַנּוֹתָר
מפטיר לג בַּבָּשָׂר וּבַלָּחֶם בָּאֵשׁ תִּשְׂרֹפוּ׃ וּמִפֶּתַח אֹהֶל מוֹעֵד
לֹא תֵצְאוּ שִׁבְעַת יָמִים עַד יוֹם מְלֹאת יְמֵי מִלֻּאֵיכֶם
לד כִּי שִׁבְעַת יָמִים יְמַלֵּא אֶת־יֶדְכֶם׃ כַּאֲשֶׁר עָשָׂה בַּיּוֹם

רש"י | כו) וְחַלַּת לֶחֶם שֶׁמֶן. הִיא רְבוּכָה, שֶׁהָיָה מַרְבֶּה בָּהּ שֶׁמֶן כְּנֶגֶד הַחַלּוֹת וְהָרְקִיקִין, כָּךְ מְפֹרָשׁ בִּמְנָחוֹת (דף עח ע"א).

כח) וַיַּקְטֵר הַמִּזְבֵּחָה. מֹשֶׁה שִׁמֵּשׁ כָּל שִׁבְעַת יְמֵי הַמִּלּוּאִים בְּחָלוּק לָבָן: עַל הָעֹלָה. אַחַר הָעֹלָה, וְלֹא מָצִינוּ

ביאור

וְאֶת הָאַלְיָה, וְאֶת כָּל הַחֵלֶב אֲשֶׁר עַל הַקֶּרֶב וְאֵת יֹתֶרֶת הַכָּבֵד, הסרעפת
וְאֶת שְׁתֵּי הַכְּלָיֹת וְאֶת חֶלְבְּהֶן וְאֵת שׁוֹק הַיָּמִין, והביא את כל אלה
אל המזבח. כו וּמִסַּל הַמַּצּוֹת אֲשֶׁר היה לִפְנֵי ה׳ לָקַח חַלַּת מַצָּה אַחַת
וְחַלַּת לֶחֶם שֶׁמֶן אַחַת וְרָקִיק אֶחָד, וַיָּשֶׂם עַל הַחֲלָבִים וְעַל שׁוֹק
הַיָּמִין. כז וַיִּתֵּן אֶת הַכֹּל – את הלחמים וחלקי הקרבן, עַל כַּפֵּי אַהֲרֹן
וְעַל כַּפֵּי בָנָיו, וַיָּנֶף אֹתָם, את אהרן ובניו, או: את כפיהם ועליהן חלקי
הקרבנות[70] תְּנוּפָה לִפְנֵי ה׳. כח וַיִּקַּח מֹשֶׁה אֹתָם מֵעַל כַּפֵּיהֶם וַיַּקְטֵר
הַמִּזְבֵּחָה עַל, אחרי הָעֹלָה, מִלֻּאִים הֵם לְרֵיחַ נִיחֹחַ, אִשֶּׁה הוּא לַה׳.

כט וַיִּקַּח מֹשֶׁה אֶת הֶחָזֶה וַיְנִיפֵהוּ – גם אותו תְנוּפָה לִפְנֵי ה׳, מֵאֵיל הַמִּלֻּאִים
לְמֹשֶׁה הָיָה החזה לְמָנָה, כַּאֲשֶׁר צִוָּה ה׳ אֶת מֹשֶׁה.

ל וַיִּקַּח מֹשֶׁה מִשֶּׁמֶן הַמִּשְׁחָה וּמִן הַדָּם אֲשֶׁר ניתנו עַל הַמִּזְבֵּחַ, וַיַּז, היזה
עַל אַהֲרֹן, עַל בְּגָדָיו וְעַל בָּנָיו וְעַל בִּגְדֵי בָנָיו אִתּוֹ. וַיְקַדֵּשׁ קידוש נוסף אֶת
אַהֲרֹן, אֶת בְּגָדָיו וְאֶת בָּנָיו וְאֶת בִּגְדֵי בָנָיו אִתּוֹ.

לא וַיֹּאמֶר מֹשֶׁה אֶל אַהֲרֹן וְאֶל בָּנָיו: בַּשְּׁלוּ אֶת הַבָּשָׂר שנשאר מאיל
המילואים ליד פֶּתַח אֹהֶל מוֹעֵד, וְשָׁם תֹּאכְלוּ אֹתוֹ וְאֶת הַלֶּחֶם אֲשֶׁר בְּסַל
הַמִּלֻּאִים. אסור שקודשים אלו יצאו מתחום המקדש, כדין ׳קודשי
קודשים׳, כַּאֲשֶׁר צִוֵּיתִי לֵאמֹר: אַהֲרֹן וּבָנָיו יֹאכְלֻהוּ. לב וְהַנּוֹתָר בַּבָּשָׂר
וּבַלָּחֶם, אם יישאר מהבשר ומהלחם עד הבוקר שלמחרת[71] – בָּאֵשׁ
תִּשְׂרֹפוּ. לג וּמִפֶּתַח אֹהֶל מוֹעֵד לֹא תֵצְאוּ שִׁבְעַת יָמִים עַד יוֹם מְלֹאת,
השלמת יְמֵי מִלֻּאֵיכֶם, השתלמותכם לתפקיד, כִּי שִׁבְעַת יָמִים יְמַלֵּא אֶת
יֶדְכֶם, יסמיך אתכם לכהן. לד כַּאֲשֶׁר עָשָׂה בַּיּוֹם הַזֶּה, אותן ההזאות

לה הַזֶּה צִוָּה יְהוָה לַעֲשֹׂת לְכַפֵּר עֲלֵיכֶם׃ וּפֶתַח אֹהֶל
מוֹעֵד תֵּשְׁבוּ יוֹמָם וָלַיְלָה שִׁבְעַת יָמִים וּשְׁמַרְתֶּם
לו אֶת־מִשְׁמֶרֶת יְהוָה וְלֹא תָמוּתוּ כִּי־כֵן צֻוֵּיתִי׃ וַיַּעַשׂ
אַהֲרֹן וּבָנָיו אֵת כָּל־הַדְּבָרִים אֲשֶׁר־צִוָּה יְהוָה בְּיַד־
מֹשֶׁה׃

שמיני

ט

א וַיְהִי בַּיּוֹם הַשְּׁמִינִי קָרָא מֹשֶׁה לְאַהֲרֹן וּלְבָנָיו וּלְזִקְנֵי
ב יִשְׂרָאֵל׃ וַיֹּאמֶר אֶל־אַהֲרֹן קַח־לְךָ עֵגֶל בֶּן־בָּקָר
לְחַטָּאת וְאַיִל לְעֹלָה תְּמִימִם וְהַקְרֵב לִפְנֵי יְהוָה׃
ג וְאֶל־בְּנֵי יִשְׂרָאֵל תְּדַבֵּר לֵאמֹר קְחוּ שְׂעִיר־עִזִּים
ד לְחַטָּאת וְעֵגֶל וָכֶבֶשׂ בְּנֵי־שָׁנָה תְּמִימִם לְעֹלָה׃ וְשׁוֹר

רש"י

שׁוֹק שֶׁל שְׁלָמִים קָרֵב בְּכָל מָקוֹם חוּץ מִזֶּה:

לד] צִוָּה ה' לַעֲשֹׂת. כָּל שִׁבְעַת הַיָּמִים. וְרַבּוֹתֵינוּ דָּרְשׁוּ: "לַעֲשֹׂת" – זֶה מַעֲשֵׂה פָרָה, "לְכַפֵּר" – זֶה מַעֲשֵׂה יוֹם הַכִּפּוּרִים, וּלְלַמֵּד שֶׁכֹּהֵן גָּדוֹל טָעוּן פְּרִישָׁה קֹדֶם יוֹם הַכִּפּוּרִים שִׁבְעַת יָמִים, וְכֵן הַכֹּהֵן הַשּׂוֹרֵף אֶת הַפָּרָה:

לה] וְלֹא תָמוּתוּ. הָא אִם לֹא תַעֲשׂוּ כֵן הֲרֵי אַתֶּם חַיָּבִים מִיתָה:

לו] וַיַּעַשׂ אַהֲרֹן וּבָנָיו. לְהַגִּיד שִׁבְחָן, שֶׁלֹּא הִטּוּ יָמִין וּשְׂמֹאל:

פרק ט

א] וַיְהִי בַּיּוֹם הַשְּׁמִינִי. לַמִּלּוּאִים, הוּא רֹאשׁ חֹדֶשׁ נִיסָן, שֶׁהוּקַם הַמִּשְׁכָּן בּוֹ בַיּוֹם, וְנָטַל עֶשֶׂר עֲטָרוֹת הַשְּׁנוּיוֹת בְּסֵדֶר עוֹלָם: וּלְזִקְנֵי יִשְׂרָאֵל. לְהַשְׁמִיעָם שֶׁעַל פִּי הַדִּבֵּר אַהֲרֹן נִכְנָס וּמְשַׁמֵּשׁ בִּכְהֻנָּה גְּדוֹלָה, וְלֹא יֹאמְרוּ: מֵאֵלָיו נִכְנָס:

ב] קַח לְךָ עֵגֶל. לְהוֹדִיעַ שֶׁמְּכַפֵּר לוֹ

ביאור | והקרבנות **צִוָּה ה׳ לַעֲשֹׂת לְכַפֵּר עֲלֵיכֶם.** לה **וּפֶתַח אֹהֶל מוֹעֵד תֵּשְׁבוּ יוֹמָם**
וָלַיְלָה שִׁבְעַת יָמִים, במשך כל ימי ההכנה **וּשְׁמַרְתֶּם** כמשמר כבוד **אֶת**
מִשְׁמֶרֶת ה׳, וְלֹא תָמוּתוּ, כִּי כֵן צֻוֵּיתִי. אין להניח שהם לא יישנו במשך
שבוע, אלא שיחליפו משמרות כדרך השומרים.[72]

לו **וַיַּעַשׂ אַהֲרֹן וּבָנָיו אֵת כָּל הַדְּבָרִים אֲשֶׁר צִוָּה ה׳ בְּיַד מֹשֶׁה.**

פרשת שמיני

היום השמיני

פרק ט

בעניין הקודם דובר בדברים שנעשו בשבעת ימי המילואים. בימים אלו יצאה אל הפועל מערכת המשכן ורקודש, ובכלל זה גם התמנו הכהנים לשירות. ימי המילואים היו ימי הכנה, ובהם משה, אהרן ובניו הקיפו במעשיהם את מרבית העבודות הנעשות במקדש. בשבעת הימים היו אהרן ובניו שומרי המשמרת, ומשה שימש הכהן בפועל. עתה מגיע הרגע שבו מוחלף התפקיד.

המשכן נעשה באופן מורכב ומדויק מאוד. על כן הוראותיו ותיאורי בנייתו על פרטיהם הרבים חזרו ונשנו בספר שמות. טקס חנוכת המשכן הוא השיא – ואולי נקודת המבחן – לכל התהליך שקדם לו: האם המשכן אכן ישמש אמצעי לקשר בין עם ישראל לבין ה׳? לקראת הרגע שיקבע את ערכו של המפעל העצום הזה, מצפה העם למופת, שיעיד על הצלחתו, ומופת כזה אכן מתרחש.

לא ברור באיזה תאריך חל היום השמיני. לפי דעה אחת, התחילו ימי המילואים באחד לחודש הראשון – כך שהיום השמיני היה ח׳ בניסן, ולפי דעה אחרת, היום השמיני היה א׳ בניסן.[1] מכל מקום הבנייה האינטנסיבית של המשכן, שהכול היו שותפים לה, ארכה כחצי שנה, אם כי ייתכן שהכנת המשכן וכליו הושלמה מהר יותר, והמתינו עד שתתקבל ההוראה לבנותו.[2]

פרק ט א **וַיְהִי בַּיּוֹם הַשְּׁמִינִי** לימי המילואים **קָרָא מֹשֶׁה לְאַהֲרֹן וּלְבָנָיו**
וּלְזִקְנֵי יִשְׂרָאֵל. ביום זה נחנך המשכן. חנוכתו הייתה הטקס המשמעותי
של המעבר משלב ההכנה אל תחילת העבודה בפועל. ב **וַיֹּאמֶר**
משה **אֶל אַהֲרֹן: קַח לְךָ עֵגֶל בֶּן בָּקָר לְחַטָּאת וְאַיִל לְעֹלָה** – **תְּמִימִם,**
וְהַקְרֵב לִפְנֵי ה׳. זהו היום הראשון לשימושו של אהרן ככהן. ג אהרן
צריך לצוות לעם על הקרבנות – **וְאֶל בְּנֵי יִשְׂרָאֵל תְּדַבֵּר לֵאמֹר: קְחוּ**
שְׂעִיר עִזִּים לְחַטָּאת וְעֵגֶל וָכֶבֶשׂ בְּנֵי שָׁנָה תְּמִימִם לְעֹלָה ד **וְשׁוֹר וָאַיִל**

מימין: תיש ('שעיר עזים')
משמאל: עגל

וְאַ֨יִל לִשְׁלָמִ֜ים לִזְבֹּ֙חַ֙ לִפְנֵ֣י יְהֹוָ֔ה וּמִנְחָ֖ה בְּלוּלָ֣ה בַשָּׁ֑מֶן
כִּ֣י הַיּ֔וֹם יְהֹוָ֖ה נִרְאָ֥ה אֲלֵיכֶֽם׃ וַיִּקְח֗וּ אֵ֚ת אֲשֶׁ֣ר צִוָּ֣ה ה
מֹשֶׁ֔ה אֶל־פְּנֵ֖י אֹ֣הֶל מוֹעֵ֑ד וַֽיִּקְרְבוּ֙ כָּל־הָ֣עֵדָ֔ה וַיַּֽעַמְד֖וּ
לִפְנֵ֥י יְהֹוָֽה׃ וַיֹּ֣אמֶר מֹשֶׁ֔ה זֶ֧ה הַדָּבָ֛ר אֲשֶׁר־צִוָּ֥ה יְהֹוָ֖ה ו
תַּעֲשׂ֑וּ וְיֵרָ֥א אֲלֵיכֶ֖ם כְּב֥וֹד יְהֹוָֽה׃ וַיֹּ֨אמֶר מֹשֶׁ֜ה אֶֽל־ ז
אַהֲרֹ֗ן קְרַ֤ב אֶל־הַמִּזְבֵּ֙חַ֙ וַעֲשֵׂ֞ה אֶת־חַטָּֽאתְךָ֙ וְאֶת־
עֹ֣לָתֶ֔ךָ וְכַפֵּ֥ר בַּֽעַדְךָ֖ וּבְעַ֣ד הָעָ֑ם וַעֲשֵׂ֞ה אֶת־קָרְבַּ֤ן הָעָם֙
וְכַפֵּ֣ר בַּעֲדָ֔ם כַּאֲשֶׁ֖ר צִוָּ֥ה יְהֹוָֽה׃ וַיִּקְרַ֥ב אַהֲרֹ֖ן אֶל־ ח
הַמִּזְבֵּ֑חַ וַיִּשְׁחַ֛ט אֶת־עֵ֥גֶל הַֽחַטָּ֖את אֲשֶׁר־לֽוֹ׃ וַ֠יַּקְרִ֠בוּ ט
בְּנֵ֨י אַהֲרֹ֣ן אֶת־הַדָּם֮ אֵלָיו֒ וַיִּטְבֹּ֤ל אֶצְבָּעוֹ֙ בַּדָּ֔ם וַיִּתֵּ֖ן
עַל־קַרְנ֣וֹת הַמִּזְבֵּ֑חַ וְאֶת־הַדָּ֣ם יָצַ֔ק אֶל־יְס֖וֹד הַמִּזְבֵּֽחַ׃
וְאֶת־הַחֵ֨לֶב וְאֶת־הַכְּלָיֹ֜ת וְאֶת־הַיֹּתֶ֤רֶת מִן־הַכָּבֵד֙ י
מִן־הַ֣חַטָּ֔את הִקְטִ֖יר הַמִּזְבֵּ֑חָה כַּאֲשֶׁ֛ר צִוָּ֥ה יְהֹוָ֖ה אֶת־
מֹשֶֽׁה׃ וְאֶת־הַבָּשָׂ֖ר וְאֶת־הָע֑וֹר שָׂרַ֣ף בָּאֵ֔שׁ מִח֖וּץ יא
לַֽמַּחֲנֶֽה׃ וַיִּשְׁחַ֖ט אֶת־הָעֹלָ֑ה וַ֠יַּמְצִאוּ בְּנֵ֨י אַהֲרֹ֤ן אֵלָיו֙ יב
אֶת־הַדָּ֔ם וַיִּזְרְקֵ֥הוּ עַל־הַמִּזְבֵּ֖חַ סָבִֽיב׃ וְאֶת־הָעֹלָ֗ה יג
הִמְצִ֧יאוּ אֵלָ֛יו לִנְתָחֶ֖יהָ וְאֶת־הָרֹ֑אשׁ וַיַּקְטֵ֖ר עַֽל־

רש״י | הַקָּדוֹשׁ בָּרוּךְ הוּא עַל יְדֵי עֵגֶל זֶה עַל מַעֲשֵׂה הָעֵגֶל שֶׁעָשָׂה:

ד | כִּי הַיּוֹם ה׳ נִרְאָה אֲלֵיכֶם. לְהַשְׁרוֹת שְׁכִינָתוֹ בְּמַעֲשֵׂה יְדֵיכֶם, לְכָךְ קָרְבָּנוֹת הַלָּלוּ בָּאִין חוֹבָה לַיּוֹם זֶה:

ז | קְרַב אֶל הַמִּזְבֵּחַ. שֶׁהָיָה אַהֲרֹן בּוֹשׁ וְיָרֵא לָגֶשֶׁת, אָמַר לוֹ מֹשֶׁה: לָמָּה אַתָּה בּוֹשׁ? לְכָךְ נִבְחַרְתָּ: אֶת חַטָּאתְךָ. עֵגֶל בֶּן בָּקָר: וְאֶת עֹלָתֶךָ. אַיִל: קָרְבַּן הָעָם. שְׂעִיר עִזִּים וְעֵגֶל וָכֶבֶשׂ. כָּל מָקוֹם שֶׁנֶּאֱמַר 'עֵגֶל' בֶּן שָׁנָה הוּא, וּמִכָּאן אַתָּה לָמֵד:

יא | וְאֶת הַבָּשָׂר וְאֶת הָעוֹר וְגוֹ׳. לֹא מָצִינוּ חַטָּאת חִיצוֹנָה נִשְׂרֶפֶת אֶלָּא זוֹ וְשֶׁל מִלּוּאִים (שמות כט, יד), וְכֻלָּן עַל פִּי הַדִּבֵּר:

יב | וַיַּמְצִאוּ. לְשׁוֹן הוֹשָׁטָה וְהַזְמָנָה:

ביאור | לִשְׁלָמִים לִזְבֹּחַ לִפְנֵי ה׳ וּמִנְחָה, סולת בְּלוּלָה בַשָּׁמֶן. אלו שלושת מיני הקרבנות הבאים בנדבה, כדורון: עולה, שלמים ומנחה – כִּי הַיּוֹם ה׳ נִרְאָה אֲלֵיכֶם במשכן.

ה וַיִּקְחוּ אֵת אֲשֶׁר צִוָּה מֹשֶׁה אֶל פְּנֵי אֹהֶל מוֹעֵד, וַיִּקְרְבוּ כָּל הָעֵדָה וַיַּעַמְדוּ לִפְנֵי ה׳.

ו וַיֹּאמֶר מֹשֶׁה: זֶה הַדָּבָר אֲשֶׁר צִוָּה ה׳ תַּעֲשׂוּ, וְיֵרָא, יֵראה אֲלֵיכֶם כְּבוֹד ה׳. אם תצייתו לדברי בדיוק, ה׳ יתגלה אליכם.

ז וַיֹּאמֶר מֹשֶׁה אֶל אַהֲרֹן: קְרַב אֶל הַמִּזְבֵּחַ. עד עכשיו היה אהרן כאדם מישראל שמקריבים בעבורו קרבן; עד עכשיו היה בגדר מתלמד. כעת עליו לגשת בעצמו לעבודה. וַעֲשֵׂה אֶת חַטָּאתְךָ וְאֶת עֹלָתֶךָ וְכַפֵּר בַּעַדְךָ ואחר כך בְּעַד הָעָם, וַעֲשֵׂה אֶת קָרְבַּן הָעָם וְכַפֵּר בַּעֲדָם כַּאֲשֶׁר צִוָּה ה׳.

ח וַיִּקְרַב אַהֲרֹן אֶל הַמִּזְבֵּחַ שבחצר המשכן וַיִּשְׁחַט אֶת עֵגֶל הַחַטָּאת אֲשֶׁר
לוֹ, ששייך לו[3] ומיועד לכפרתו, כדי שייכנס נקי לכהונה.[4] ט וַיַּקְרִבוּ
בְּנֵי אַהֲרֹן, שאף עליהם הוטל ללמוד את דרכי העבודה, ועתה התחנכו
לכהונה.[5] הם הגישו אֶת הַדָּם הנתון בכלי אֵלָיו, אל אביהם. וַיִּטְבֹּל
אהרן את אֶצְבָּעוֹ בַּדָּם, וַיִּתֵּן עַל קַרְנוֹת הַמִּזְבֵּחַ, כפי שעושים בחטאת,
וְאֶת שאר הַדָּם יָצַק אֶל יְסוֹד הַמִּזְבֵּחַ. י וְאֶת הַחֵלֶב וְאֶת הַכְּלָיֹת וְאֶת
הַיֹּתֶרֶת מִן הַכָּבֵד מִן הַחַטָּאת הִקְטִיר הַמִּזְבֵּחָה, כַּאֲשֶׁר צִוָּה ה׳ אֶת
מֹשֶׁה. יא וְאולם אֶת הַבָּשָׂר וְאֶת הָעוֹר שָׂרַף בָּאֵשׁ מִחוּץ לַמַּחֲנֶה. שלא
כבשרן של חטאות רגילות, שנאכל לכהנים, בחטאת הזו הוא נשרף.
כקרבנות רבים בטקס פתיחת העבודה, גם חטאת חיצונה זו נידונה
באופן מיוחד כחטאת פנימית, זו שמדמה ניתן בתוך הקודש ואינה
נאכלת כלל, חלביה מוקטרים על המזבח וכל השאר נשרף מחוץ
למחנה.[6] יב ולאחר החטאת – וַיִּשְׁחַט אֶת הָעֹלָה. וַיַּמְצִאוּ, הושיטו בְּנֵי
אַהֲרֹן אֵלָיו אֶת הַדָּם, וַיִּזְרְקֵהוּ באמצעות הכלי עַל הַמִּזְבֵּחַ סָבִיב, כנהוג
בקרבן עולה.[7] יג וְאֶת הָעֹלָה הִמְצִיאוּ אֵלָיו לִנְתָחֶיהָ, וְאֶת הָרֹאשׁ. במשך
שבעת הימים תרגלו בני אהרן את העבודות השונות, הסתכלו
כיצד מבצע אותן משה ולמדו את תפקידם. כעת חתכו את הקרבן
כראוי והוליכו את החלקים אל אביהם, וַיַּקְטֵר אהרן את הנתחים

הַמִּזְבֵּחָה׃ וַיִּרְחַץ אֶת־הַקֶּרֶב וְאֶת־הַכְּרָעָיִם וַיַּקְטֵר יד
עַל־הָעֹלָה הַמִּזְבֵּחָה׃ וַיַּקְרֵב אֵת קָרְבַּן הָעָם וַיִּקַּח טו
אֶת־שְׂעִיר הַחַטָּאת אֲשֶׁר לָעָם וַיִּשְׁחָטֵהוּ וַיְחַטְּאֵהוּ
כָּרִאשׁוֹן׃ וַיַּקְרֵב אֶת־הָעֹלָה וַיַּעֲשֶׂהָ כַּמִּשְׁפָּט׃ ▸ טז
שני וַיַּקְרֵב אֶת־הַמִּנְחָה וַיְמַלֵּא כַפּוֹ מִמֶּנָּה וַיַּקְטֵר עַל־ יז
הַמִּזְבֵּחַ מִלְּבַד עֹלַת הַבֹּקֶר׃ וַיִּשְׁחַט אֶת־הַשּׁוֹר וְאֶת־ יח
הָאַיִל זֶבַח הַשְּׁלָמִים אֲשֶׁר לָעָם וַיַּמְצִאוּ בְּנֵי אַהֲרֹן
אֶת־הַדָּם אֵלָיו וַיִּזְרְקֵהוּ עַל־הַמִּזְבֵּחַ סָבִיב׃ וְאֶת־ יט
הַחֲלָבִים מִן־הַשּׁוֹר וּמִן־הָאַיִל הָאַלְיָה וְהַמְכַסֶּה
וְהַכְּלָיֹת וְיֹתֶרֶת הַכָּבֵד׃ וַיָּשִׂימוּ אֶת־הַחֲלָבִים עַל־ כ
הֶחָזוֹת וַיַּקְטֵר הַחֲלָבִים הַמִּזְבֵּחָה׃ וְאֵת הֶחָזוֹת וְאֵת כא
שׁוֹק הַיָּמִין הֵנִיף אַהֲרֹן תְּנוּפָה לִפְנֵי יְהוָה כַּאֲשֶׁר צִוָּה
מֹשֶׁה׃ וַיִּשָּׂא אַהֲרֹן אֶת־יָדָו אֶל־הָעָם וַיְבָרְכֵם וַיֵּרֶד כב
מֵעֲשֹׂת הַחַטָּאת וְהָעֹלָה וְהַשְּׁלָמִים׃ וַיָּבֹא מֹשֶׁה כג

רש"י

טו) וַיְחַטְּאֵהוּ. עֲשָׂהוּ כְּמִשְׁפַּט חַטָּאת: כָּרִאשׁוֹן. כָּעֵגֶל שֶׁלּוֹ:

טז) וַיַּעֲשֶׂהָ כַּמִּשְׁפָּט. הַמְּפֹרָשׁ בְּעוֹלַת נְדָבָה בְּ'וַיִּקְרָא' (לעיל פרק א):

יז) וַיְמַלֵּא כַפּוֹ. הִיא קְמִיצָה: מִלְּבַד עֹלַת הַבֹּקֶר. כָּל אֵלֶּה עָשָׂה אַחַר עוֹלַת הַתָּמִיד:

יט) וְהַמְכַסֶּה. חֵלֶב הַמְכַסֶּה אֶת הַקֶּרֶב:

כ) וַיָּשִׂימוּ אֶת הַחֲלָבִים עַל הֶחָזוֹת. לְאַחַר הַתְּנוּפָה נְתָנָן כֹּהֵן הַמֵּנִיף לְכֹהֵן אַחֵר לְהַקְטִירָם, נִמְצְאוּ הָעֶלְיוֹנִים לְמַטָּה:

כב) וַיְבָרְכֵם. בִּרְכַּת כֹּהֲנִים: יְבָרֶכְךָ, יָאֵר, יִשָּׂא: וַיֵּרֶד. מֵעַל הַמִּזְבֵּחַ:

כג) וַיָּבֹא מֹשֶׁה וְאַהֲרֹן. לָמָּה נִכְנְסוּ? מָצָאתִי בְּפָרָשַׁת מִלּוּאִים בְּבָרַיְתָא הַנּוֹסֶפֶת עַל תּוֹרַת כֹּהֲנִים שֶׁלָּנוּ (מכילתא דמלואים, פרשתא א, ל): לָמָּה נִכְנַס מֹשֶׁה עִם אַהֲרֹן? לְלַמְּדוֹ עַל מַעֲשֵׂה הַקְּטֹרֶת. אוֹ לֹא נִכְנַס אֶלָּא לְדָבָר אַחֵר? הֲרֵינִי דָן: יְרִידָה וּבִיאָה טְעוּנוֹת בְּרָכָה, מָה יְרִידָה מֵעֵין עֲבוֹדָה, אַף בִּיאָה מֵעֵין עֲבוֹדָה, הָא לָמַדְתָּ, לָמָּה נִכְנַס מֹשֶׁה עִם אַהֲרֹן – לְלַמְּדוֹ עַל מַעֲשֵׂה הַקְּטֹרֶת. דָּבָר אַחֵר, כֵּיוָן שֶׁרָאָה אַהֲרֹן שֶׁקָּרְבוּ כָּל הַקָּרְבָּנוֹת וְנַעֲשׂוּ כָּל הַמַּעֲשִׂים וְלֹא יָרְדָה שְׁכִינָה לְיִשְׂרָאֵל, הָיָה מִצְטַעֵר וְאוֹמֵר: יוֹדֵעַ אֲנִי שֶׁכָּעַס הַקָּדוֹשׁ בָּרוּךְ הוּא עָלַי וּבִשְׁבִילִי לֹא יָרְדָה שְׁכִינָה

ביאור ואת הראש עַל הַמִּזְבֵּחַ. יד וַיִּרְחַץ אֶת הַקֶּרֶב וְאֶת הַכְּרָעָיִם, וַיַּקְטֵר גם
אותם עַל הָעֹלָה הַמִּזְבֵּחָה.

טו לאחר שאהרן הקריב את החטאת ואת העולה שלו – וַיַּקְרֵב אֵת קָרְבַּן
הָעָם. על הכהן להקדים את כפרתו שלו להבאת הכפרה על זולתו.[8]
וַיִּקַּח אֶת שְׂעִיר הַחַטָּאת אֲשֶׁר לָעָם, וַיִּשְׁחָטֵהוּ וַיְחַטְּאֵהוּ כָּרִאשׁוֹן – כעגל
החטאת של אהרן, כלומר מתן דם באצבע על קרנות המזבח, העלאת
האמורים להקטרה ואולי גם שרפת שאר הבשר.[9] טז וַיַּקְרֵב אֶת
הָעֹלָה, וַיַּעֲשֶׂהָ כַּמִּשְׁפָּט האמור בעולה.[10] יז וַיַּקְרֵב אֶת הַמִּנְחָה, וַיְמַלֵּא
כַפּוֹ, קמץ מִמֶּנָּה וַיַּקְטֵר עַל הַמִּזְבֵּחַ, מִלְּבַד עֹלַת הַבֹּקֶר, שהיא מסדר
העבודה הרגיל ולא מהקרבנות המיוחדים למילואים. יח וַיִּשְׁחַט
אֶת הַשּׁוֹר וְאֶת הָאַיִל, זֶבַח הַשְּׁלָמִים אֲשֶׁר לָעָם. וַיַּמְצִאוּ בְּנֵי אַהֲרֹן אֶת
הַדָּם אֵלָיו, וַיִּזְרְקֵהוּ עַל הַמִּזְבֵּחַ סָבִיב כמשפט זבחי שלמים.[11] יט וְאֶת
הַחֲלָבִים מִן הַשּׁוֹר וּמִן הָאַיִל – הָאַלְיָה של האיל וְהַמְכַסֶּה, חֶלבם של
השור והאיל המכסה חלקים שונים בבהמה, וְהַכְּלָיֹת וְיֹתֶרֶת הַכָּבֵד –
כ וַיָּשִׂימוּ אֶת הַחֲלָבִים עַל הֶחָזוֹת, וַיַּקְטֵר הַחֲלָבִים הַמִּזְבֵּחָה. כא וְאילו
אֵת הֶחָזוֹת וְאֵת השוק של הַיָּמִין הֵנִיף אַהֲרֹן תְּנוּפָה לִפְנֵי ה', כַּאֲשֶׁר צִוָּה
מֹשֶׁה.

כב וַיִּשָּׂא אַהֲרֹן אֶת יָדָיו אֶל הָעָם וַיְבָרְכֵם. נוסח הברכה אינו מופיע
כאן, אבל הוא יופיע במקומו בברכת הכהנים שהיא חלק מסדר
העבודה,[12] וַיֵּרֶד מן המזבח, מֵעֲשֹׂת הַחַטָּאת וְהָעֹלָה וְהַשְּׁלָמִים.

כג וַיָּבֹא מֹשֶׁה וְאַהֲרֹן אֶל אֹהֶל מוֹעֵד. עד כה נעשתה כל העבודה
בחצר המשכן, שבה עומד מזבח העולה ובה קרבים כל הקרבנות.
עתה נכנסו משה ואהרן אל הקודש, האוהל המכוסה ביריעות

וְאַהֲרֹן אֶל־אֹהֶל מוֹעֵד וַיֵּצְאוּ וַיְבָרְכוּ אֶת־הָעָם וַיֵּרָא
שלישי כד כְבוֹד־יְהוָה אֶל־כָּל־הָעָם: וַתֵּצֵא אֵשׁ מִלִּפְנֵי יְהוָה
וַתֹּאכַל עַל־הַמִּזְבֵּחַ אֶת־הָעֹלָה וְאֶת־הַחֲלָבִים וַיַּרְא
א כָּל־הָעָם וַיָּרֹנּוּ וַיִּפְּלוּ עַל־פְּנֵיהֶם: וַיִּקְחוּ בְנֵי־אַהֲרֹן נָדָב י
וַאֲבִיהוּא אִישׁ מַחְתָּתוֹ וַיִּתְּנוּ בָהֵן אֵשׁ וַיָּשִׂימוּ עָלֶיהָ
קְטֹרֶת וַיַּקְרִבוּ לִפְנֵי יְהוָה אֵשׁ זָרָה אֲשֶׁר לֹא צִוָּה
ב אֹתָם: וַתֵּצֵא אֵשׁ מִלִּפְנֵי יְהוָה וַתֹּאכַל אוֹתָם וַיָּמֻתוּ
ג לִפְנֵי יְהוָה: וַיֹּאמֶר מֹשֶׁה אֶל־אַהֲרֹן הוּא אֲשֶׁר־דִּבֶּר

רש"י לְיִשְׂרָאֵל. אָמַר לוֹ לְמֹשֶׁה: מֹשֶׁה אָחִי, כָּךְ עָשִׂיתָ לִי, שֶׁנִּכְנַסְתִּי וְנִתְבַּיַּשְׁתִּי; מִיָּד נִכְנַס מֹשֶׁה עִמּוֹ וּבִקְּשׁוּ רַחֲמִים וְיָרְדָה שְׁכִינָה לְיִשְׂרָאֵל: **וַיֵּצְאוּ וַיְבָרְכוּ אֶת הָעָם.** אָמְרוּ: "וִיהִי נֹעַם ה' אֱלֹהֵינוּ עָלֵינוּ" (תהלים צ, יז), יְהִי רָצוֹן שֶׁתִּשְׁרֶה שְׁכִינָה בְּמַעֲשֵׂה יְדֵיכֶם; לְפִי שֶׁכָּל שִׁבְעַת יְמֵי הַמִּלּוּאִים שֶׁהֶעֱמִידוֹ מֹשֶׁה לַמִּשְׁכָּן וְשִׁמֵּשׁ בּוֹ וּפֵרְקוֹ בְּכָל יוֹם, לֹא שָׁרְתָה בּוֹ שְׁכִינָה, וְהָיוּ יִשְׂרָאֵל נִכְלָמִים וְאוֹמְרִים לְמֹשֶׁה: מֹשֶׁה רַבֵּנוּ, כָּל הַטֹּרַח שֶׁטָּרַחְנוּ שֶׁתִּשְׁרֶה שְׁכִינָה בֵּינֵינוּ וְנֵדַע שֶׁנִּתְכַּפֵּר לָנוּ עֲוֹן הָעֵגֶל, לְכָךְ אָמַר לָהֶם: "זֶה הַדָּבָר אֲשֶׁר צִוָּה ה' תַּעֲשׂוּ וְיֵרָא אֲלֵיכֶם כְּבוֹד ה'" (לעיל פסוק ו), אַהֲרֹן אָחִי כְּדַאי וְחָשׁוּב מִמֶּנִּי, שֶׁעַל יְדֵי קָרְבְּנוֹתָיו וַעֲבוֹדָתוֹ תִּשְׁרֶה שְׁכִינָה בָּכֶם, וְתֵדְעוּ שֶׁהַמָּקוֹם בָּחַר בּוֹ:

כד **וַיָּרֹנּוּ.** כְּתַרְגּוּמוֹ:

פרק י

ב **וַתֵּצֵא אֵשׁ.** רַבִּי אֱלִיעֶזֶר אוֹמֵר: לֹא מֵתוּ בְּנֵי אַהֲרֹן אֶלָּא עַל יְדֵי שֶׁהוֹרוּ הֲלָכָה בִּפְנֵי מֹשֶׁה רַבָּן. רַבִּי יִשְׁמָעֵאל אוֹמֵר: שְׁתוּיֵי יַיִן נִכְנְסוּ לַמִּקְדָּשׁ; תֵּדַע, שֶׁאַחַר מִיתָתָן הִזְהִיר הַנּוֹתָרִים שֶׁלֹּא יִכָּנְסוּ שְׁתוּיֵי יַיִן לַמִּקְדָּשׁ. מָשָׁל לְמֶלֶךְ שֶׁהָיָה לוֹ בֶּן בַּיִת וְכוּ' [נאמן, מצאו עומד על פתח חנויות והתיז את ראשו בשתיקה, ומינה בן בית אחר תחתיו, ואין אנו יודעים מפני מה הרג את הראשון, אלא ממה שמצוה את השני ואמר לא תכנס בפתח חנויות, אנו יודעין שמתוך כך הרג הראשון], כִּדְאִיתָא בְּוַיִּקְרָא רַבָּה (יב, א):

ג **הוּא אֲשֶׁר דִּבֶּר וְגוֹ'.** הֵיכָן דִּבֵּר? "וְנֹעַדְתִּי שָׁמָּה לִבְנֵי יִשְׂרָאֵל וְנִקְדַּשׁ בִּכְבֹדִי" (שמות כט, מג), אַל תִּקְרֵי 'בִּכְבֹדִי' אֶלָּא 'בִּמְכֻבָּדַי'. אָמַר לוֹ מֹשֶׁה לְאַהֲרֹן:

הרחבות **'ויברכו את העם'** חכמים אמרו שאמרו: וִיהִי נֹעַם ה' אֱלֹהֵינוּ עָלֵינוּ, וּמַעֲשֵׂה יָדֵינוּ כּוֹנְנָה עָלֵינוּ וּמַעֲשֵׂה יָדֵינוּ כּוֹנְנֵהוּ (תהלים צ,יז). שפירושה: עשינו מה שביכולתנו, ועכשיו יהי רצון שנועם ה' ייראה עלינו (ספרי במדבר קמג; רש"י על אתר). ואכן ברכה זו מופיעה במזמור תהלים שכותרתו 'תפילה למשה'.

'ויקרבו לפני ה' אש זרה אשר לא צוה אתם' ייתכן שנדב ואביהוא היו סמוכים בגילם זה לזה, אולי אפילו תאומים, ולכן הם באו יחד. במהלך הטקס התעורר בהם רצון להביא משהו נוסף בהתנדבות, שמא בעקבות ההתלהבות הגדולה ששררה במקום, אולי היו שיכורים במקצת או על כל פנים לא מאוזנים ביותר. (ראו פס' ט

ביאור
ובעורות, כנראה לשם תפילה.[13] **וַיֵּצְאוּ וַיְבָרֲכוּ אֶת הָעָם.** ואמנם – **וַיֵּרָא**
כְבוֹד ה׳ אֶל כָּל הָעָם. הדבר לא אירע בזמן הקרבת הקרבן, ואפילו לא
אחרי ברכת הכהנים; הרגע המכריע הגיע דווקא בעקבות ברכתם
של משה ואהרן. כד **וַתֵּצֵא אֵשׁ מִלִּפְנֵי ה׳, וַתֹּאכַל עַל הַמִּזְבֵּחַ אֶת הָעֹלָה**
וְאֶת הַחֲלָבִים.

וַיַּרְא כָּל הָעָם את האש השורפת את הקרבנות, שהיא אות להיענותו של ה׳ לעבודה ולתפילה, **וַיָּרֹנּוּ**, שרו, או: הריעו[14] **וַיִּפְּלוּ עַל פְּנֵיהֶם** מחמת המראה שהתגלה להם.[15] עתה ידעו שהמשכן הושלם כראוי, ואלוקים שוכן בו.

מות קדושים והוראות שבעקבותיו

פרק י׳

חנוכת המשכן הגיעה לשיאה כאשר ירדה אש מן השמים וכבוד ה׳ נראה אל העדה. זו הייתה ראיה לכך שמעשה המשכן אכן מושלם. לפתע אירע אסון בלתי צפוי. שניים מתוך חמשת הכהנים שנתחנכו זה עתה, מתו.

פרק י׳ א **וַיִּקְחוּ** שני **בְנֵי אַהֲרֹן** הגדולים, **נָדָב וַאֲבִיהוּא, אִישׁ מַחְתָּתוֹ,**
כל אחד מהם לקח מחתה, **וַיִּתְּנוּ בָהֵן** גחלי **אֵשׁ, וַיָּשִׂימוּ עָלֶיהָ** – על
האש **קְטֹרֶת, וַיַּקְרִבוּ לִפְנֵי ה׳ אֵשׁ זָרָה אֲשֶׁר לֹא צִוָּה אֹתָם.** ב **וַתֵּצֵא אֵשׁ**
מִלִּפְנֵי ה׳, לא ברור מאין בדיוק,[16] **וַתֹּאכַל אוֹתָם, וַיָּמֻתוּ לִפְנֵי ה׳**, בתוך
הקודש. להלן יתברר שאף שהאש המיתה אותם, הם לא נשרפו
כמו בשרפה רגילה. מותם היה דומה יותר למוות ממכת חשמל או
ברק, שכן גם לאחר שמתו נשארו גופותיהם כמות שהיו.[17]

ג **וַיֹּאמֶר מֹשֶׁה אֶל אַהֲרֹן**: המאורע הזה הוא הדבר **אֲשֶׁר דִּבֶּר ה׳ לֵאמֹר**:

הרחבות
להלן; רש"י פס׳ ב, ויקרא רבה יב,א). מכל מקום, הם הביאו ביזמתם קטורת, ונראה שהכניסו אותה אל הקודש פנימה. אלא שמאורע זה חייב להיות מאורגן ומסודר מאוד, ואין בו מקום לספונטניות כלל; אין הוא מבטא את רצונו הפרטי של משה או של אהרן, אלא כולו מושתת על ציות לפקודות. כל פרט צריך להיעשות תוך צירוף נכון של כלי המשכן, של האנשים הפועלים בו ושל אופן העשייה המדויק, שכולם יחד הופכים את משכן העדות למנגנון שיפעל. אשר על כן, גם אם האש שהביאו בניו הגדולים של אהרן נבעה מכוונות טובות, זוהי אש זרה, שכן היא זרה לאופיו של האירוע, ואף מפֵרה את מהלכו.

יְהוָה ׀ לֵאמֹר בִּקְרֹבַי אֶקָּדֵשׁ וְעַל־פְּנֵי כָל־הָעָם אֶכָּבֵד
וַיִּדֹּם אַהֲרֹן׃ וַיִּקְרָא מֹשֶׁה אֶל־מִישָׁאֵל וְאֶל אֶלְצָפָן ד
בְּנֵי עֻזִּיאֵל דֹּד אַהֲרֹן וַיֹּאמֶר אֲלֵהֶם קִרְבוּ שְׂאוּ אֶת־
אֲחֵיכֶם מֵאֵת פְּנֵי־הַקֹּדֶשׁ אֶל־מִחוּץ לַמַּחֲנֶה׃ וַיִּקְרְבוּ ה
וַיִּשָּׂאֻם בְּכֻתֳּנֹתָם אֶל־מִחוּץ לַמַּחֲנֶה כַּאֲשֶׁר דִּבֶּר
מֹשֶׁה׃ וַיֹּאמֶר מֹשֶׁה אֶל־אַהֲרֹן וּלְאֶלְעָזָר וּלְאִיתָמָר ׀ ו
בָּנָיו רָאשֵׁיכֶם אַל־תִּפְרָעוּ ׀ וּבִגְדֵיכֶם לֹא־תִפְרֹמוּ
וְלֹא תָמֻתוּ וְעַל כָּל־הָעֵדָה יִקְצֹף וַאֲחֵיכֶם כָּל־בֵּית
יִשְׂרָאֵל יִבְכּוּ אֶת־הַשְּׂרֵפָה אֲשֶׁר שָׂרַף יְהוָה׃ וּמִפֶּתַח ז
אֹהֶל מוֹעֵד לֹא תֵצְאוּ פֶּן־תָּמֻתוּ כִּי־שֶׁמֶן מִשְׁחַת
יְהוָה עֲלֵיכֶם וַיַּעֲשׂוּ כִּדְבַר מֹשֶׁה׃

רש"י | אהרן אחי, יודע הייתי שיתקדש הבית במיודעיו של מקום, והייתי סבור או בי או בך, עכשיו רואה אני שהם גדולים ממני וממך: **וידם אהרן.** וקבל שכר על שתיקתו, ומה שכר קבל? שנתיחד עמו הדבור, שנאמרה לו לבדו פרשת שתויי יין: **בקרבי.** בבחירי: **ועל פני כל העם אכבד.** כשהקדוש ברוך הוא עושה דין בצדיקים, מתירא ומתעלה ומתקלס; אם כן באלו, כל שכן ברשעים. וכן הוא אומר: "נורא אלהים ממקדשיך" (תהלים סח, לו), אל תקרי 'ממקדשיך', אלא 'ממקודשיך':

ד| **דד אהרן.** עוזיאל אחי עמרם היה, שנאמר: "ובני קהת" וגו' (שמות ו, יח): **שאו את אחיכם וגו'.** כאדם האומר לחברו: העבר את המת מלפני הכלה, שלא לערבב את השמחה:

ה| **בכתנתם.** של מתים, מלמד שלא נשרפו בגדיהם אלא נשמתם, כמין שני חוטין של אש נכנסו לתוך חטמיהם:

ו| **אל תפרעו.** אל תגדלו שער, מכאן שאבל אסור בתספורת, אבל אתם אל תערבבו שמחתו של מקום: **ולא תמתו.** הא אם תעשו – תמותו: **ואחיכם כל בית ישראל.** מכאן שצרתן של תלמידי חכמים מטלת על הכל להתאבל בה:

הרחבות | 'בקרבי אקדש' נדב ואביהוא פרצו גדר אולי בגלל התלהבותם המרובה. כאשר חצו את הגבול, נענשו מיד ובחריפות. לו קרה הדבר לרחוקים, לא היה נעשה רושם כה גדול. רושמו הדרמטי העז של מותם ביום חגיגי זה הועצם דווקא בשל קרבתם לאלוקים, שהרי היו מועמדים למלא את תפקידו של אהרן אביהם ביום מן הימים. הטרגדיה של בני אהרן גורמת לקדושתו של ה' להיראות, שכן בקדושה יש תמיד ממד של ריחוק ושגב. לעיני העם כולו הומחשה בחדות הסכנה

ביאור | **בִּקְרֹבַי אֶקָּדֵשׁ**, קדושתי תהיה ניכרת בתוך אלה שקרובים אלי, וְאז **עַל פְּנֵי כָל הָעָם אֶכָּבֵד**, אתכבד.

וַיִּדֹּם, השתתק **אַהֲרֹן**. ייתכן שקודם לכן בכה בזעזוע מן המוות הפתאומי של שני בניו,[18] אבל כששמע את דברי משה, לא בא בטענות ולא אמר דבר. ברור שאהרן לא התייחס אל המאורע בשוויון נפש אלא בדממה שיש בה קבלה.

ד **וַיִּקְרָא מֹשֶׁה אֶל מִישָׁאֵל וְאֶל אֶלְצָפָן, בְּנֵי עֻזִּיאֵל דֹּד אַהֲרֹן**, אחד מדודיו. והרי הם לויים וקרובי משפחה. **וַיֹּאמֶר אֲלֵהֶם: קִרְבוּ שְׂאוּ אֶת אֲחֵיכֶם**, בני דודכם **מֵאֵת פְּנֵי**, מלפני **הַקֹּדֶשׁ אֶל מִחוּץ לַמַּחֲנֶה**.

ה **וַיִּקְרְבוּ וַיִּשָּׂאֻם בְּכֻתֳּנֹתָם**. כאן מתברר שהם לא נשרפו בשרפה רגילה, שהרי הרימו אותם באמצעות הבגדים שעליהם, שעדיין היו שלמים וחזקים כדי למשוך באמצעותם את לובשיהם[19] **אֶל מִחוּץ לַמַּחֲנֶה**, כי לא השאירו מתים בתוך המחנה, **כַּאֲשֶׁר דִּבֶּר מֹשֶׁה**.

ו **וַיֹּאמֶר מֹשֶׁה אֶל אַהֲרֹן וּלְאֶלְעָזָר וּלְאִיתָמָר בָּנָיו** האחרים: אמנם קרה אסון, אבל **רָאשֵׁיכֶם אַל תִּפְרָעוּ**. אל תגדלו את שערות ראשכם בזמן האבלות עד כדי הזנחה ופרע.[20] **וּבִגְדֵיכֶם לֹא תִפְרֹמוּ**, תקרעו, כדרך שעושים האבלים, **וְלֹא תָמֻתוּ**. אם תנהגו במנהגי האבלות הרגילים, אתם עלולים למות, ולא רק אתם תיענשו על כך, אלא **עַל כָּל הָעֵדָה יִקְצֹף**, יכעס ה׳, כי עכשיו אתם כּהניה.[21] **וַאֲחֵיכֶם כָּל בֵּית יִשְׂרָאֵל** הם **שֶׁיִּבְכּוּ אֶת הַשְּׂרֵפָה אֲשֶׁר שָׂרַף ה׳**. אכן מתעורר אֵבל ובכי על המתים, אבל כיוון שאתם התקדשתם, עליכם להישאר במעמדכם בתוך תחום הקודש שבו אתם נמצאים; על כן אל למוות להשפיע עליכם. ז **וּמִפֶּתַח אֹהֶל מוֹעֵד לֹא תֵצְאוּ** כל זמן שאתם אמורים להימצא במתחם הקודש, **פֶּן תָּמֻתוּ, כִּי שֶׁמֶן מִשְׁחַת ה׳ עֲלֵיכֶם**. כיוון שנמשחתם והתקדשתם לתפקיד, כבר אינכם אנשים פרטיים שיכולים לעשות כרצונם.

וַיַּעֲשׂוּ כִּדְבַר מֹשֶׁה. אהרן ובניו הנותרים פעלו בהתאם לציוויו של משה: לא הראו שום סימני אבלות ונשארו בתוך המשכן.

הרחבות | הטמונה בטשטוש הגבולות. נוכח מותם של שני האחים, קרובי ה׳, חשו הכול יראת כבוד כלפי המשכן. מראה האש האלוקית האוכלת את שני בניו של אהרן ביום חגיגת חנוכת המשכן, לימד את העם באופן המובהק ביותר עד כמה נצרכת זהירות בכבודו של מקדש ה׳ ובנעשה בתוכו. (ראו רש״י).

׳ומפתח אהל מועד לא תצאו׳ אף על פי שכהן הדיוט מתאבל על קרוביו שמתו, מעמדם של אלעזר ואיתמר ביום משיחתם היה

ה וַיְדַבֵּר יהוה אֶל־אַהֲרֹן לֵאמֹר: יַיִן וְשֵׁכָר אַל־תֵּשְׁתְּ ׀ ח ט
אַתָּה ׀ וּבָנֶיךָ אִתָּךְ בְּבֹאֲכֶם אֶל־אֹהֶל מוֹעֵד וְלֹא
תָמֻתוּ חֻקַּת עוֹלָם לְדֹרֹתֵיכֶם: וּלֲהַבְדִּיל בֵּין הַקֹּדֶשׁ י
וּבֵין הַחֹל וּבֵין הַטָּמֵא וּבֵין הַטָּהוֹר: וּלְהוֹרֹת אֶת־בְּנֵי יא
יִשְׂרָאֵל אֵת כָּל־הַחֻקִּים אֲשֶׁר דִּבֶּר יהוה אֲלֵיהֶם בְּיַד־
מֹשֶׁה:

רביעי וַיְדַבֵּר מֹשֶׁה אֶל־אַהֲרֹן וְאֶל אֶלְעָזָר וְאֶל־אִיתָמָר ׀ יב
בָּנָיו הַנּוֹתָרִים קְחוּ אֶת־הַמִּנְחָה הַנּוֹתֶרֶת מֵאִשֵּׁי יהוה
וְאִכְלוּהָ מַצּוֹת אֵצֶל הַמִּזְבֵּחַ כִּי קֹדֶשׁ קָדָשִׁים הִוא:
וַאֲכַלְתֶּם אֹתָהּ בְּמָקוֹם קָדוֹשׁ כִּי חָקְךָ וְחָק־בָּנֶיךָ יג
הִוא מֵאִשֵּׁי יהוה כִּי־כֵן צֻוֵּיתִי: וְאֵת חֲזֵה הַתְּנוּפָה יד
וְאֵת ׀ שׁוֹק הַתְּרוּמָה תֹּאכְלוּ בְּמָקוֹם טָהוֹר אַתָּה

רש"י

ט| יַיִן וְשֵׁכָר. יַיִן דֶּרֶךְ שִׁכְרוּתוֹ: בְּבֹאֲכֶם אֶל אֹהֶל מוֹעֵד. אֵין לִי אֶלָּא בְּבוֹאֲכֶם לַהֵיכָל, בְּגִשְׁתָּם לַמִּזְבֵּחַ מִנַּיִן? נֶאֱמַר כָּאן בִּיאַת אֹהֶל מוֹעֵד וְנֶאֱמַר בְּקִדּוּשׁ יָדַיִם וְרַגְלַיִם בִּיאַת אֹהֶל מוֹעֵד (שמות ל, כ), מַה לְּהַלָּן עָשָׂה גִּישַׁת מִזְבֵּחַ כְּבִיאַת אֹהֶל מוֹעֵד, אַף כָּאן עָשָׂה גִּישַׁת מִזְבֵּחַ כְּבִיאַת אֹהֶל מוֹעֵד:

י| וּלֲהַבְדִּיל. כְּדֵי שֶׁתַּבְדִּילוּ בֵּין עֲבוֹדָה קְדוֹשָׁה לִמְחֻלֶּלֶת. הָא לָמַדְתָּ שֶׁאִם שָׁתָה - עֲבוֹדָתוֹ פְּסוּלָה:

יא| וּלְהוֹרֹת. לִמֵּד שֶׁאָסוּר שִׁכּוֹר בְּהוֹרָאָה. יָכוֹל יְהֵא חַיָּב מִיתָה? תַּלְמוּד לוֹמַר: "אַתָּה וּבָנֶיךָ אִתָּךְ... וְלֹא תָמֻתוּ" (לעיל פסוק ט), כֹּהֲנִים בַּעֲבוֹדָתָם בְּמִיתָה וְאֵין חֲכָמִים בְּהוֹרָאָתָם בְּמִיתָה:

יב| הַנּוֹתָרִים. מִן הַמִּיתָה, מְלַמֵּד שֶׁאַף עֲלֵיהֶן נִקְנְסָה מִיתָה עַל עֲוֹן הָעֵגֶל, הוּא שֶׁנֶּאֱמַר: "וּבְאַהֲרֹן הִתְאַנַּף ה' מְאֹד לְהַשְׁמִידוֹ" (דברים ט, כ), וְאֵין הַשְׁמָדָה אֶלָּא כִּלּוּי בָּנִים, שֶׁנֶּאֱמַר: "וָאַשְׁמִיד פִּרְיוֹ מִמַּעַל" (עמוס ב, ט), וּתְפִלָּתוֹ שֶׁל מֹשֶׁה בִּטְּלָה מֶחֱצָה, שֶׁנֶּאֱמַר: "וָאֶתְפַּלֵּל גַּם בְּעַד אַהֲרֹן בָּעֵת הַהִוא" (דברים שם): קְחוּ אֶת הַמִּנְחָה. אַף עַל פִּי שֶׁאַתֶּם אוֹנְנִין וְאַף עַל פִּי שֶׁהַקֳּדָשִׁים אֲסוּרִים לְאוֹנֵן: אֶת הַמִּנְחָה. זוֹ מִנְחַת שְׁמִינִי וּמִנְחַת נַחְשׁוֹן (במדבר ז, ג): וְאִכְלוּהָ מַצּוֹת. מַה תַּלְמוּד לוֹמַר? לְפִי שֶׁהִיא מִנְחַת צִבּוּר וּמִנְחַת שָׁעָה וְאֵין כַּיּוֹצֵא בָהּ לְדוֹרוֹת, הֻצְרַךְ לְפָרֵשׁ בָּהּ דִּין שְׁאָר מְנָחוֹת:

יג| וְחָק בָּנֶיךָ. אֵין לַבָּנוֹת חֹק בַּקֳּדָשִׁים: כִּי כֵן צֻוֵּיתִי. בַּאֲנִינוּת יֹאכְלוּהָ:

יד| וְאֵת חֲזֵה הַתְּנוּפָה. שֶׁל שַׁלְמֵי צִבּוּר: תֹּאכְלוּ בְּמָקוֹם טָהוֹר. וְכִי אֶת הָרִאשׁוֹנִים

ביאור

ח וַיְדַבֵּר ה׳ אֶל אַהֲרֹן לֵאמֹר: ט יַיִן וְשֵׁכָר, שם כללי למשקה משכר[22] אַל
תֵּשְׁתְּ, תשתה אַתָּה וּבָנֶיךָ אִתָּךְ בְּבֹאֲכֶם אֶל אֹהֶל מוֹעֵד, וְלֹא תָמֻתוּ, חֻקַּת
עוֹלָם לְדֹרֹתֵיכֶם. האיסור להיכנס שתוי למשכן ולבית המקדש אינו
מוגבל לשעה המיוחדת של טקס המילואים וההקדשה, אלא עומד
בתוקפו בכל דור ודור שבו מתקיימת עבודת הכהנים. י האיסור
המוטל על הכהנים העובדים בקודש לדורותיהם לשתות יין אינו נובע
רק משירותם באוהל מועד. מעבר לפולחן נדרשים מהם תפקידים
נוספים – וּלְהַבְדִּיל את העם בֵּין הַקֹּדֶשׁ וּבֵין הַחֹל וּבֵין הַטָּמֵא וּבֵין
הַטָּהוֹר יא וּלְהוֹרֹת אֶת בְּנֵי יִשְׂרָאֵל אֵת כָּל הַחֻקִּים אֲשֶׁר דִּבֶּר ה׳ אֲלֵיהֶם
בְּיַד מֹשֶׁה. גם תפקידי ההוראה וההבדלה בין קודש לחול מצריכים
התרחקות מן השכרות, העלולה להביא לידי טעות ושיבוש.[23]

בעוד האירוע הדרמטי מהדהד בתודעת כל הנוכחים, וביותר בלבם
של אהרן, אלעזר ואיתמר, החזיר משה את אהרן ושני בניו שנותרו
בחיים אל טקס הקדשת המשכן וכניסת הכהנים לתפקידיהם
שבעיצומו הם נמצאים – יב וַיְדַבֵּר מֹשֶׁה אֶל אַהֲרֹן וְאֶל אֶלְעָזָר וְאֶל
אִיתָמָר בָּנָיו הַנּוֹתָרִים: קְחוּ אֶת הַמִּנְחָה הַנּוֹתֶרֶת מֵאִשֵּׁי ה׳, שאריות
המנחה, שהקומץ ממנה כבר עלה לה׳, וְאִכְלוּהָ מַצּוֹת, ולא חמץ אֵצֶל
הַמִּזְבֵּחַ, בחצר המשכן, כִּי קֹדֶשׁ קָדָשִׁים הִוא. יג וַאֲכַלְתֶּם אֹתָהּ בְּמָקוֹם
קָדֹשׁ, כִּי חָקְךָ, מתוך הקבועה והקצובה לך, אהרן, וְחָק בָּנֶיךָ הִוא מֵאִשֵּׁי
ה׳, שהרי רוב המנחות נאכלות על ידי הכהנים, וזה לחמם. כִּי כֵן צֻוֵּיתִי.
אין זו אכילת רשות או מתנה שאני מעניק לכם אישית, אלא כך
ציווה ה׳ לעשות. יד וְאֵת חֲזֵה הַתְּנוּפָה שהניף אהרן, וְאֵת שׁוֹק הַתְּרוּמָה
שהרימו תֹּאכְלוּ בְּמָקוֹם טָהוֹר, ולאו דווקא במקדש. הוראה זו רחבה

הרחבות

דומה למעמד אהרן אביהם, הכהן הגדול, שאינו נטמא לקרוביו אף לדורות, מאותו טעם: כִּי נֵזֶר שֶׁמֶן מִשְׁחַת אֱלֹהָיו עָלָיו (להלן כא,יב; רשב״ם ור״י בכור שור על אתר. וראו רמב״ם וראב״ד, הלכות ביאת המקדש ב,ה).

׳וידבר ה׳ אל אהרן לאמר׳ זוהי פנייה לא רגילה, שכן בדרך כלל הנבואות נאמרות למשה. כבר דנו המפרשים אם גם נבואה זו נמסרה לאהרן באמצעות משה, או שזהו מקרה יוצא דופן של התגלות ישירה לאהרן בלבד. (ראו ראב״ע).
היו שהסבירו את הנבואה הפרטית שאהרן זכה בה, כפרס על שתיקתו. אילו בכה, יצא מן המקום, קרע את בגדיו וכיוצא באלה, הייתה זו תגובה טבעית ואנושית, אך לא הייתה הולמת את מעלתו היתרה. כיוון שגבר על עצמו ושמע להוראותיו של משה עד הפרט האחרון, ה׳ זיכה אותו בפנייה אישית ובמסר פרטי לעצמו. (ראו ויקרא רבה יב,ב; רש״י פס׳ ג).

׳יין ושכר אל תשת אתה ובניך אתך בבאכם אל אהל מועד ולא תמתו׳ למרות שהדבר לא נאמר במפורש, סמיכות הציווי הזה למותם של בני אהרן יכולה לרמז על קשר בינו לבין נסיבות מותם (רש״י פס׳ ב; ויקרא רבה יב,א. ראו הרחבה לעיל פס׳ א). על כל פנים איסור זה מתייחס לקדושת המקדש באופן כללי.

וּבָנֶ֥יךָ וּבְנֹתֶ֖יךָ אִתָּ֑ךְ כִּֽי־חָקְךָ֤ וְחָק־בָּנֶ֙יךָ֙ נִתְּנ֔וּ מִזִּבְחֵ֖י
טו שַׁלְמֵ֥י בְּנֵ֥י יִשְׂרָאֵֽל׃ שׁ֣וֹק הַתְּרוּמָ֞ה וַחֲזֵ֣ה הַתְּנוּפָ֗ה עַ֣ל
אִשֵּׁ֤י הַחֲלָבִים֙ יָבִ֔יאוּ לְהָנִ֥יף תְּנוּפָ֖ה לִפְנֵ֣י יהוָ֑ה וְהָיָ֨ה
טז לְךָ֜ וּלְבָנֶ֤יךָ אִתְּךָ֙ לְחָק־עוֹלָ֔ם כַּאֲשֶׁ֖ר צִוָּ֥ה יהוָֽה׃ וְאֵ֣ת ׀ חמישי
שְׂעִ֣יר הַֽחַטָּ֔את דָּרֹ֥שׁ דָּרַ֖שׁ מֹשֶׁ֑ה וְהִנֵּ֣ה שֹׂרָ֔ף וַ֠יִּקְצֹף
עַל־אֶלְעָזָ֤ר וְעַל־אִיתָמָר֙ בְּנֵ֣י אַהֲרֹ֔ן הַנּֽוֹתָרִ֖ם לֵאמֹֽר׃
יז מַדּ֗וּעַ לֹֽא־אֲכַלְתֶּ֤ם אֶת־הַֽחַטָּאת֙ בִּמְק֣וֹם הַקֹּ֔דֶשׁ כִּ֛י
קֹ֥דֶשׁ קֳדָשִׁ֖ים הִ֑וא וְאֹתָ֣הּ ׀ נָתַ֣ן לָכֶ֗ם לָשֵׂאת֙ אֶת־
יח עֲוֺ֣ן הָֽעֵדָ֔ה לְכַפֵּ֥ר עֲלֵיהֶ֖ם לִפְנֵ֥י יהוָֽה׃ הֵ֚ן לֹֽא־הוּבָ֣א

רש"י

אָכְלוּ בְּמָקוֹם טָמֵא?! אֶלָּא הָרִאשׁוֹנִים שֶׁהֵם קָדְשֵׁי קָדָשִׁים הִזְקִקָה אֲכִילָתָם בְּמָקוֹם קָדוֹשׁ, אֲבָל אֵלּוּ אֵין צְרִיכִים תּוֹךְ הַקְּלָעִים, אֲבָל צְרִיכִים הֵם לְאָכֵל תּוֹךְ מַחֲנֵה יִשְׂרָאֵל, שֶׁהוּא טָהוֹר מִלְּהִכָּנֵס שָׁם מְצֹרָעִים. מִכָּאן שֶׁקֳּדָשִׁים קַלִּים נֶאֱכָלִין בְּכָל הָעִיר: **אַתָּה וּבָנֶיךָ וּבְנֹתֶיךָ.** אַתָּה וּבָנֶיךָ בַּחֵלֶק, אֲבָל בְּנוֹתֶיךָ לֹא בַּחֵלֶק, אֶלָּא אִם תִּתְּנוּ לָהֶם מַתָּנוֹת רַשָּׁאוֹת הֵן לֶאֱכֹל בְּחָזֶה וָשׁוֹק. אוֹ אֵינוֹ אֶלָּא אַף הַבָּנוֹת בַּחֵלֶק? תַּלְמוּד לוֹמַר: "כִּי חָקְךָ וְחָק בָּנֶיךָ נִתְּנוּ", חֹק לַבָּנִים וְאֵין חֹק לַבָּנוֹת:

טו **עַל אִשֵּׁי הַחֲלָבִים.** מִכָּאן שֶׁהַחֲלָבִים לְמַטָּן בִּשְׁעַת תְּנוּפָה. וְיִשּׁוּב הַמִּקְרָאוֹת שֶׁלֹּא יַכְחִישׁוּ זֶה אֶת זֶה, כְּבָר פֵּרַשְׁתִּי בִּשְׁלָשְׁתָּן בְּ'צַו אֶת אַהֲרֹן' (לעיל ז, ל):

טז **שְׂעִיר הַחַטָּאת.** שְׂעִיר מוּסְפֵי רֹאשׁ חֹדֶשׁ. וּשְׁלֹשָׁה שְׂעִירֵי חַטָּאוֹת קָרְבוּ בוֹ בַּיּוֹם: "קְחוּ שְׂעִיר עִזִּים" (לעיל ט, ג), וּשְׂעִיר נַחְשׁוֹן, וּשְׂעִיר רֹאשׁ חֹדֶשׁ. וּמִכֻּלָּן לֹא נִשְׂרַף אֶלָּא זֶה. וְנֶחְלְקוּ בַּדָּבָר חַכְמֵי יִשְׂרָאֵל: יֵשׁ אוֹמְרִים מִפְּנֵי טֻמְאָה שֶׁנָּגְעָה בוֹ נִשְׂרַף, וְיֵשׁ אוֹמְרִים מִפְּנֵי אֲנִינוּת נִשְׂרַף, לְפִי שֶׁהוּא קָדְשֵׁי דוֹרוֹת, אֲבָל בְּקָדְשֵׁי שָׁעָה סָמְכוּ עַל מֹשֶׁה שֶׁאָמַר לָהֶם בַּמִּנְחָה: "וְאִכְלוּהָ מַצּוֹת" (לעיל פסוק יב): **דָּרֹשׁ דָּרַשׁ.** שְׁתֵּי דְרִישׁוֹת – מִפְּנֵי מָה נִשְׂרַף זֶה, וּמִפְּנֵי מָה נֶאֶכְלוּ אֵלּוּ. כָּךְ הִיא בְּתוֹרַת כֹּהֲנִים (פרק ב, ב): **עַל אֶלְעָזָר וְעַל אִיתָמָר.** בִּשְׁבִיל כְּבוֹדוֹ שֶׁל אַהֲרֹן, הָפַךְ פָּנָיו כְּנֶגֶד הַבָּנִים וְכָעַס: **לֵאמֹר.** אָמַר לָהֶם: הֲשִׁיבוּנִי עַל דְּבָרַי:

יז **מַדּוּעַ לֹא אֲכַלְתֶּם אֶת הַחַטָּאת בִּמְקוֹם הַקֹּדֶשׁ.** וְכִי חוּץ לַקֹּדֶשׁ אֲכָלוּהָ?! וַהֲלֹא שְׂרָפוּהָ! וּמַהוּ אוֹמֵר "בִּמְקוֹם הַקֹּדֶשׁ"? אֶלָּא אָמַר לָהֶם: שֶׁמָּא חוּץ לַקְּלָעִים יָצְאָה וְנִפְסְלָה?: **כִּי קֹדֶשׁ קָדָשִׁים הִוא.** וְנִפְסֶלֶת בְּיוֹצֵא. וְהֵם אָמְרוּ לוֹ: לָאו. אָמַר לָהֶם: הוֹאִיל וּבִמְקוֹם הַקֹּדֶשׁ הָיְתָה, מַדּוּעַ לֹא אֲכַלְתֶּם אוֹתָהּ?: **וְאֹתָהּ נָתַן לָכֶם לָשֵׂאת וְגוֹ'.** שֶׁהַכֹּהֲנִים אוֹכְלִים וּבְעָלִים מִתְכַּפְּרִים: **לָשֵׂאת אֶת עֲוֹן הָעֵדָה.** מִכָּאן לָמַדְנוּ שֶׁשְּׂעִיר רֹאשׁ חֹדֶשׁ הָיָה, שֶׁהוּא מְכַפֵּר עַל עֲוֹן טֻמְאַת מִקְדָּשׁ וְקָדָשָׁיו, שֶׁחַטַּאת שְׁמִינִי וְחַטַּאת נַחְשׁוֹן לֹא לְכַפָּרָה בָאוּ:

יח **הֵן לֹא הוּבָא וְגוֹ'.** שֶׁאִלּוּ הוּבָא הָיָה לָכֶם לְשָׂרְפָהּ, כְּמוֹ שֶׁנֶּאֱמַר: "וְכָל חַטָּאת

ביאור

יותר: אַתָּה וּבָנֶיךָ וּבְנֹתֶיךָ אִתָּךְ, כולם יכולים לאכלם. ושוב – כִּי חָקְךָ
וְחָק בָּנֶיךָ נִתְּנוּ מִזִּבְחֵי שַׁלְמֵי, מקרבן השלמים של בְּנֵי יִשְׂרָאֵל. טו שׁוֹק
הַתְּרוּמָה וַחֲזֵה הַתְּנוּפָה עַל אִשֵּׁי הַחֲלָבִים יָבִיאוּ למזבח, אך לא להיקטר
על האש כמו החלבים אלא לְהָנִיף תְּנוּפָה לִפְנֵי ה׳, וְהָיָה לְךָ וּלְבָנֶיךָ אִתְּךָ
מתנה מאת המזבח, כביכול, לְחָק עוֹלָם, כַּאֲשֶׁר צִוָּה ה׳.

טז וְאֵת שְׂעִיר הַחַטָּאת דָּרֹשׁ דָּרַשׁ מֹשֶׁה. משה בדק וחקר מה אירע
לשעיר החטאת, שלאחר הסרת החלקים המיוחדים להקטרה
על המזבח הוא אמור להיאכל על ידי הכהנים כחלק מעבודתם.
התברר למשה – וְהִנֵּה שֹׂרָף. וַיִּקְצֹף, כעס עַל אֶלְעָזָר וְעַל אִיתָמָר בְּנֵי
אַהֲרֹן הַנּוֹתָרִם. אולי מפני הנימוס לא ביטא את כעסו כלפי אחיו
הגדול, ואולי משום שבני אהרן, שהיו אנשים צעירים, הם שהיו
האחראים, משום שהם שביצעו את העבודה.[24] לכן משה פנה אליהם
לֵאמֹר: יז מַדּוּעַ לֹא אֲכַלְתֶּם אֶת הַחַטָּאת בִּמְקוֹם הַקֹּדֶשׁ? כִּי, הרי קֹדֶשׁ
קָדָשִׁים הִיא, ויש לאכלה במקום הקודש. יתר על כן, לעומת אכילת
החזה והשוק – שהם מתנה שניתנת לכהנים בתור משרתי המקדש,
והם מחלקים אותה לכל בני ביתם – לאכילת החטאת יש משמעות
אחרת – וְאֹתָהּ נָתַן לָכֶם לָשֵׂאת אֶת עֲוֹן הָעֵדָה לְכַפֵּר עֲלֵיהֶם לִפְנֵי ה׳.
אכילת החטאת בפי הכהנים היא חלק מסדר מעשי הכפרה, בצד
הזאת הדם והקרבת הקרבן. מכיוון שאכילה זו היא חלק מחובת
העבודה, ואינה תלויה ברצונכם או בתיאבונכם – מדוע לא אכלתם
את החטאת?! יח הֵן לֹא הוּבָא אֶת דָּמָהּ אֶל הַקֹּדֶשׁ פְּנִימָה. משה כבר

הרחבות

'אתה ובניך ובנתיך אתך' החזה והשוק נאכלים "לכהנים, לנשיהם ולבניהם ולעבדיהם", בלשון המשנה (זבחים ה,ו). הם מעין רכוש הכהן, ואף על פי שהם נאכלים בקדושה, אין הם קודשי קודשים ואין חובה לאכלם דווקא במקום קדוש, שהרי נשי הכהנים אינן נמצאות בתוך המקדש.

אֶת־דָּמָהּ אֶל־הַקֹּדֶשׁ פְּנִימָה אָכוֹל תֹּאכְלוּ אֹתָהּ
בַּקֹּדֶשׁ כַּאֲשֶׁר צִוֵּיתִי׃ וַיְדַבֵּר אַהֲרֹן אֶל־מֹשֶׁה הֵן יט
הַיּוֹם הִקְרִיבוּ אֶת־חַטָּאתָם וְאֶת־עֹלָתָם לִפְנֵי יְהוָה
וַתִּקְרֶאנָה אֹתִי כָּאֵלֶּה וְאָכַלְתִּי חַטָּאת הַיּוֹם הַיִּיטַב
בְּעֵינֵי יְהוָה׃ וַיִּשְׁמַע מֹשֶׁה וַיִּיטַב בְּעֵינָיו׃ כ

רש״י | "אֲשֶׁר יוּבָא מִדָּמָהּ" וְגוֹ' (לעיל ו, כג): **אָכוֹל תֹּאכְלוּ אֹתָהּ.** הָיָה לָכֶם לְאָכְלָהּ אַף עַל פִּי שֶׁאַתֶּם אוֹנְנִים: **כַּאֲשֶׁר צִוֵּיתִי.** לָכֶם בַּמִּנְחָה (לעיל פסוק יב):

יט | **וַיְדַבֵּר אַהֲרֹן.** אֵין לְשׁוֹן 'דִּבּוּר' אֶלָּא לְשׁוֹן עַז, שֶׁנֶּאֱמַר: "וַיְדַבֵּר הָעָם" וְגוֹ' (במדבר כא, ה). אֶפְשָׁר מֹשֶׁה קָצַף עַל אֶלְעָזָר וְעַל אִיתָמָר וְאַהֲרֹן מְדַבֵּר? הָא יָדַעְתָּ שֶׁלֹּא הָיְתָה אֶלָּא מִדַּת כָּבוֹד, אָמְרוּ: אֵינוֹ בַּדִּין שֶׁיְּהֵא אָבִינוּ יוֹשֵׁב וְאָנוּ מְדַבְּרִים לְפָנָיו, וְאֵינוֹ בַּדִּין שֶׁיְּהֵא תַּלְמִיד מֵשִׁיב אֶת רַבּוֹ. יָכוֹל מִפְּנֵי שֶׁלֹּא הָיָה בְּאֶלְעָזָר לְהָשִׁיב? תַּלְמוּד לוֹמַר: "וַיֹּאמֶר אֶלְעָזָר הַכֹּהֵן אֶל אַנְשֵׁי הַצָּבָא" וְגוֹ' (שם לא, כא), הֲרֵי כְּשֶׁרָצָה דִּבֵּר לִפְנֵי מֹשֶׁה וְלִפְנֵי הַנְּשִׂיאִים. זוֹ מָצָאתִי בְּסִפְרֵי שֶׁל פָּנִים שֵׁנִי (ספרי זוטא לא, כא): **הֵן הַיּוֹם הִקְרִיבוּ.** מַהוּ אוֹמֵר? אֶלָּא אָמַר לָהֶם מֹשֶׁה: שֶׁמָּא זְרַקְתֶּם דָּמָהּ אוֹנְנִים, שֶׁאוֹנֵן שֶׁעָבַד חִלֵּל? אָמַר לוֹ אַהֲרֹן: וְכִי הֵם הִקְרִיבוּ שֶׁהֵם הֶדְיוֹטוֹת? אֲנִי הִקְרַבְתִּי, שֶׁאֲנִי כֹּהֵן גָּדוֹל וּמַקְרִיב אוֹנֵן: **וַתִּקְרֶאנָה אֹתִי כָּאֵלֶּה.** אֲפִלּוּ לֹא הָיוּ הַמֵּתִים בָּנַי, אֶלָּא שְׁאָר קְרוֹבִים שֶׁאֲנִי חַיָּב לִהְיוֹת אוֹנֵן עֲלֵיהֶם כְּאֵלּוּ, כְּגוֹן כָּל הָאֲמוּרִים בְּפָרָשַׁת כֹּהֲנִים (להלן כא, ב-ג) שֶׁהַכֹּהֵן מִטַּמֵּא לָהֶם: **וְאָכַלְתִּי חַטָּאת.** וְאִם אָכַלְתִּי, "הַיִּיטַב" וְגוֹ'?: **הַיּוֹם.** אֲבָל אֲנִינוּת לַיְלָה מֻתָּר, שֶׁאֵין אוֹנֵן אֶלָּא יוֹם קְבוּרָה: **הַיִּיטַב בְּעֵינֵי ה'.** אִם שָׁמַעְתָּ בְּקָדְשֵׁי שָׁעָה, אֵין לְךָ לְהָקֵל בְּקָדְשֵׁי דוֹרוֹת:

כ | **וַיִּיטַב בְּעֵינָיו.** הוֹדָה, וְלֹא בוֹשׁ לוֹמַר: לֹא שָׁמַעְתִּי:

הרחבות | **'וידבר אהרן אל משה הן היום הקריבו... הייטב בעיני ה'?'** סברתו של אהרן שהוא ובניו צריכים להימנע מאכילת קרבנות בזמן האבל, הופכת לחלק מחוקת המקדש. אפילו על הכהן הגדול שנאמר עליו שאינו יוצא מן המקדש גם בשעת אסון (להלן כא,י-יב) – נאסר לאכול מבשר הקודש מחמת אבלותו. (ראו זבחים טו ע"ב – טז ע"ב; קא ע"א; רש"י פס' יט). הצגת הדברים כאן מעמידה את מהותם של הקודש והמקדש ואת הדמויות המופיעות בענייננו באור מעניין. מעשים מסוימים שאינם חלק מסדר העבודה הם פריצת גדר הקדושה, אש זרה, ונענשים

ביאור | הסביר להם שבשרה של חטאת שדמה מוכנס אל הקודש אינו נאכל אלא נשרף,[25] אך אם הדם לא הוכנס – **אָכוֹל תֹּאכְלוּ אֹתָהּ בַּקֹּדֶשׁ כַּאֲשֶׁר צִוֵּיתִי**. הוריתי לכם לאכול את החטאת, אם כן מדוע שרפתם אותה?!

יט **וַיְדַבֵּר אַהֲרֹן אֶל מֹשֶׁה**. משה פנה אל בני אהרן וגער בהם מחמת הנימוס, אך ברור שאהרן מעורב בעניין, וכנראה בניו לא עשו זאת מדעת עצמם אלא בהוראתו. משום כך, הוא מקבל על עצמו את האחריות ועונה למשה:[26] **הֵן הַיּוֹם הִקְרִיבוּ אֶת חַטָּאתָם וְאֶת עֹלָתָם לִפְנֵי ה׳, וַתִּקְרֶאנָה אֹתִי** צרות **כָּאֵלֶּה, וְאָכַלְתִּי**, אם אוכל **חַטָּאת הַיּוֹם – הַיִּיטַב בְּעֵינֵי ה׳** שאעשה זאת במצב אבלות?! אמנם קיבלתי את דבריך בעניין חובת השהייה במקדש; קיבלתי עלי שלא להראות ביטויי אֵבל חיצוניים, אֲבל עדיין בתוכי אני חש צער וכאב על האבדן[27] – האם באמת מותר לי ולבני, שאחיהם מתו היום, לאכול קודשים במצב זה?! דווקא משום שאכילה זו היא עבודת קודש, אנו סבורים שאין לנו רשות לעשותה בשעה של שבר. עבודת ה׳ צריכה להיעשות בשלמות ובשמחה.[28]

כ **וַיִּשְׁמַע מֹשֶׁה, וַיִּיטַב בְּעֵינָיו**. אף על פי שלא הורה כך, משה הסכים שאהרן ובניו פעלו כראוי, ופירוש הדבר – שהנהגה זו טובה גם בעיני ה׳.

הרחבות | עליהם בכל חומר הדין; ואילו הנהגות אחרות, שאף הן נובעות מתחושה פנימית – האינטואיציה הוודאית של אהרן שיש לחרוג מן ההוראה המקובלת כשזו אינה מתאימה לדרך הקודש – אף על פי שנהג בהן בלא הוראה מגבוה, זוכות לאישור אלוקי ולהיקבעותן לדורות. העניין הזה מציג מעין איזון ושילוב בין ההכרח למלא את כל הפקודות כלשונן, לבין הצורך בכך שאנשים יעמדו בכנות נוכח התחדשות המציאות והפעולה הנדרשת מול תמורותיה.

ששי ו **וַיְדַבֵּר יְהוָה אֶל־מֹשֶׁה וְאֶל־אַהֲרֹן לֵאמֹר אֲלֵהֶם:** א **יא**
דַּבְּרוּ אֶל־בְּנֵי יִשְׂרָאֵל לֵאמֹר זֹאת הַחַיָּה אֲשֶׁר תֹּאכְלוּ ב
מִכָּל־הַבְּהֵמָה אֲשֶׁר עַל־הָאָרֶץ: כֹּל ׀ מַפְרֶסֶת פַּרְסָה ג
וְשֹׁסַעַת שֶׁסַע פְּרָסֹת מַעֲלַת גֵּרָה בַּבְּהֵמָה אֹתָהּ

רש"י | פרק יא

א] **אֶל מֹשֶׁה וְאֶל אַהֲרֹן.** לְמֹשֶׁה אָמַר שֶׁיֹּאמַר לְאַהֲרֹן: **לֵאמֹר אֲלֵהֶם.** אָמַר שֶׁיֹּאמַר לְאֶלְעָזָר וּלְאִיתָמָר. אוֹ אֵינוֹ אֶלָּא לוֹמַר לְיִשְׂרָאֵל? כְּשֶׁהוּא אוֹמֵר: "דַּבְּרוּ אֶל בְּנֵי יִשְׂרָאֵל", הֲרֵי דִּבּוּר אָמוּר לְיִשְׂרָאֵל, הָא מָה אֲנִי מְקַיֵּם "לֵאמֹר אֲלֵהֶם"? לְבָנָיו, לְאֶלְעָזָר וּלְאִיתָמָר:

ב] **דַּבְּרוּ אֶל בְּנֵי יִשְׂרָאֵל.** אֶת כֻּלָּם הִשְׁוָה לִהְיוֹת שְׁלוּחִים בְּדִבּוּר זֶה, לְפִי שֶׁהֻשְׁווּ בִּדְמִימָה וְקִבְּלוּ עֲלֵיהֶם גְּזֵרַת הַמָּקוֹם מֵאַהֲבָה: **זֹאת הַחַיָּה.** לְשׁוֹן חַיִּים, לְפִי שֶׁיִּשְׂרָאֵל דְּבוּקִים בַּמָּקוֹם וּרְאוּיִין לִהְיוֹת חַיִּים, לְפִיכָךְ הִבְדִּילָם מִן הַטֻּמְאָה וְגָזַר עֲלֵיהֶם מִצְוֹת, וּלְאֻמּוֹת לֹא אָסַר כְּלוּם. מָשָׁל לְרוֹפֵא שֶׁנִּכְנַס לְבַקֵּר אֶת הַחוֹלֶה וְכוּ', כִּדְאִיתָא בְּמִדְרַשׁ רַבִּי תַּנְחוּמָא (1) [משל למה הדבר דומה? לרופא שהלך לבקר שני חולים, ראה אחד מהם שהיה בסכנה, אמר לבני ביתו: תנו לו כל מאכל שהוא מבקש. ראה האחד שעתיד לחיות, אמר להם: כך וכך מאכל יאכל, כך וכך לא יאכל. אמרו לרופא: מה זה, לזה אתה אומר יאכל כל מאכל שהוא מבקש, ולאחר אמרת לא יאכל כך וכך? אמר להם הרופא: לזה שהוא לחיים אמרתי לו זה אכול וזה לא תאכל, אבל אותו שהוא למיתה אמרתי להם כל מה שהוא מבקש תנו לו, שאינו לחיים]: **זֹאת הַחַיָּה.** מְלַמֵּד שֶׁהָיָה מֹשֶׁה אוֹחֵז בַּחַיָּה וּמַרְאֶה אוֹתָהּ לְיִשְׂרָאֵל: זֹאת תֹּאכְלוּ וְזֹאת לֹא תֹּאכְלוּ. "אֶת זֶה תֹּאכְלוּ" וְגוֹ' (להלן פסוק ט) – אַף בְּשִׁרְצֵי הַמַּיִם אוֹחֵז מִכָּל מִין וּמִין וּמַרְאֶה לָהֶם, וְכֵן בָּעוֹף: "וְאֶת אֵלֶּה תְּשַׁקְּצוּ מִן הָעוֹף" (להלן פסוק יג), וְכֵן בִּשְׁרָצִים: "וְזֶה לָכֶם הַטָּמֵא" (להלן פסוק כט): **זֹאת הַחַיָּה... מִכָּל הַבְּהֵמָה.** מְלַמֵּד שֶׁהַבְּהֵמָה בִּכְלַל חַיָּה:

ג] **מַפְרֶסֶת.** כְּתַרְגּוּמוֹ: "סְדִיקָא": **פַּרְסָה.** פלנט"א בְּלַעַז: **וְשֹׁסַעַת שֶׁסַע.** שֶׁמֻּבְדֶּלֶת מִלְמַעְלָה וּמִלְמַטָּה בִּשְׁתֵּי צִפָּרְנַיִם, כְּתַרְגּוּמוֹ: "וּמַטִּלְפָן טִלְפִין", שֶׁיֵּשׁ שֶׁפַּרְסוֹתָיו סְדוּקוֹת מִלְמַעְלָה וְאֵין שְׁסוּעוֹת וּמֻבְדָּלוֹת

העולם | **'מפרסת פרסה ושסעת שסע פרסת, מעלת גרה בבהמה – אתה תאכלו'** בעלי חיים אלה מוגדרים למדי מבחינה זואולוגית בתוך קבוצה הנקראת 'מכפילי פרסה', הכוללת כמה משפחות (שם מדעי: Artiodactyla). רובן כשרות לאכילה לאדם מישראל.

'מעלת גרה' מעלי הגרה הם בעלי החיים שלהם ארבע קיבות. המזון יורד כמעט ללא לעיסה לקיבתם הראשונה – קיבת האיסוף (pantex), ובה הוא מותסס ומפורק. משם הוא חוזר לפיה של הבהמה, ורק לאחר שהבהמה לועסת אותו בפעם השנייה, הוא עובר לקיבות השלישית והרביעית.

הרחבות | **'זאת החיה אשר תאכלו מכל הבהמה'** בדורות מאוחרים הוגדרו המונחים 'חיה' ו'בהמה': בדרך כלל את הבהמה מגדלים בני אדם, ואילו החיה היא בעל חיים שאינו מבוית.

אולם, במקרא שני המושגים הללו לפעמים חופפים או דומים זה לזה, ומשמעויותיהם רחבות יותר. המלים זֹאת הַחַיָּה אֲשֶׁר תֹּאכְלוּ מִכָּל הַבְּהֵמָה אֲשֶׁר עַל הָאָרֶץ... מורות

הטמאים והטהורים בבעלי החיים

פרק יא

לאחר שהתבארה תורת הקרבנות הנאכלים על המזבח, תתפרש תורת מאכלו של אדם מישראל האוכל מבעלי החיים; ולאחר שהושלם קידושו של המשכן, כליו והעובדים בו, נחוצה ההבחנה בין הטמא, המרוחק מן הקודש, לבין הטהור שאינו מרוחק.

המושג 'טומאה', המתייחס לדברים שיש לדחות ולתעב באופן כלשהו,[29] משמש כאן בשני מובנים שונים: בעל חיים טמא הוא זה שאסור לישראל לאכלו, אך דבר טמא הוא גם מה שטומאתו יכולה לדבוק אף בבני אדם, בחפצים או במאכלים אחרים. לטומאה מהסוג השני – שעליה מדובר ברוב המקומות בספר ויקרא – יש משמעות רחבה הרבה יותר הן משים שהיא מתפשטת, והן משום זיקתה לדיני הקודש והמקדש. דבר טמא אסור שיימצא בתוך המקדש או יגע בדברים קדושים. לפיכך, אף על פי שאיסורי האכילה שיופיעו כאן חלים על כל ישראל, אך טומאה המצריכה היטהרות – המוזכרת גם היא בעניין – קשורה בעיקר למקדש ולתחומם של הכהנים. כך אפשר להסביר את מיקומו של העניין שלפנינו בהקשר של הקמת המשכן וקידושו. בכך יש גם כדי להסביר מדוע העניין מופנה אף אל אהרן.[30]

לגופם של דברים, מקצת מן הפרטים ניתנים להבנה כלשהי, ואחרים נשארים בגדר גזרות מלך.

ביאור | פרק יא א **וַיְדַבֵּר ה' אֶל מֹשֶׁה וְאֶל אַהֲרֹן לֵאמֹר אֲלֵהֶם.** ה' פונה גם
לאהרן הן בגלל הקשר בין טומאה וטהרה לענייני מקדש וקודשיו,
הן מפני שהכהנים אמורים להיות מורי התורה לעם.[31] ב **דַּבְּרוּ אֶל**
בְּנֵי יִשְׂרָאֵל לֵאמֹר: זֹאת הַחַיָּה אֲשֶׁר תֹּאכְלוּ, שמותר לכם לאכול **מִכָּל**
הַבְּהֵמָה אֲשֶׁר עַל הָאָרֶץ, מכלל בעלי החיים היבשתיים: ג **כֹּל** חיה
שהיא **מַפְרֶסֶת פַּרְסָה.** רגליהן של חיות או בהמות טהורות אינן כרגלי
כלבים ורתולים, דובים ואריות, אלא יש להן פרסה,[32] שהיא כיסוי
קרני קשה הצומח בתחתית הרגל. ובתוספת פירוט – **וְשֹׁסַעַת שֶׁסַע**
פְּרָסֹת, פרסותיה מחולקות לשתיים, כפרסות הכבשים, העזים והפרות.
תנאי נוסף הוא, שהבהמה צריכה להיות **מַעֲלַת גֵּרָה,** שמעלה לפיה

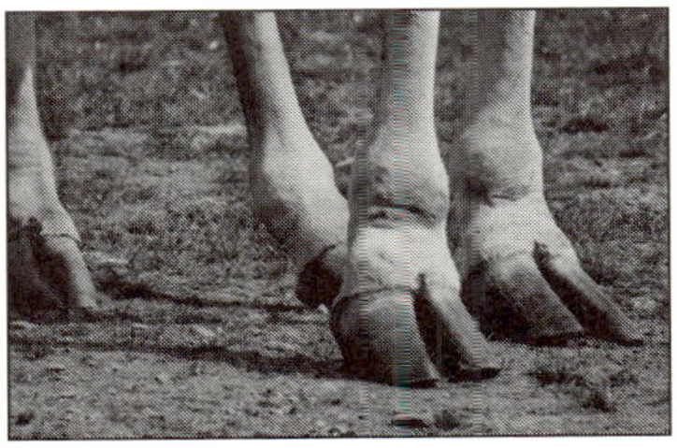

מימין: מפריס ושוסע שסע
משמאל: מפריס ואינו שוסע שסע

הרחבות | שבהמות הבית עשויות להיכלל בשם 'חיה'. (ויש ש'חיה' כוללת גם רמשים ועופות – ראו בראשית א,כח; ח,א). ומאידך גיסא, הן מלמדות ש'בהמה' היא מושג מקיף, שיכול לכלול את כל היצורים החיים – בעיקר יונקים למיניהם. (ראו עוד דברים יד,ד-ה; לב,כד; משלי ל,ל; חולין ע ע"ב – עא ע"א).

תֹּאכֵלוּ: אַךְ אֶת־זֶה לֹא תֹאכְלוּ מִמַּעֲלֵי הַגֵּרָה ד
וּמִמַּפְרִסֵי הַפַּרְסָה אֶת־הַגָּמָל כִּי־מַעֲלֵה גֵרָה הוּא
וּפַרְסָה אֵינֶנּוּ מַפְרִיס טָמֵא הוּא לָכֶם: וְאֶת־הַשָּׁפָן ה
כִּי־מַעֲלֵה גֵרָה הוּא וּפַרְסָה לֹא יַפְרִיס טָמֵא הוּא
לָכֶם: וְאֶת־הָאַרְנֶבֶת כִּי־מַעֲלַת גֵּרָה הִוא וּפַרְסָה לֹא ו
הִפְרִיסָה טְמֵאָה הִוא לָכֶם: וְאֶת־הַחֲזִיר כִּי־מַפְרִיס ז
פַּרְסָה הוּא וְשֹׁסַע שֶׁסַע פַּרְסָה וְהוּא גֵּרָה לֹא־יִגָּר
טָמֵא הוּא לָכֶם: מִבְּשָׂרָם לֹא תֹאכֵלוּ וּבְנִבְלָתָם לֹא ח

רש"י | לְגַמְרֵי, שֶׁמִּלְמַטָּה מְחֻבָּרוֹת: **מַעֲלַת גֵּרָה.** מַעֲלָה וּמְקִיאָה הָאֹכֶל מִמֵּעֶיהָ וּמַחְזֶרֶת אוֹתוֹ לְתוֹךְ פִּיהָ לְכָתְשׁוֹ וּלְטָחֲנוֹ הָדֵק: **גֵּרָה.** כָּךְ שְׁמוֹ, וְיִתָּכֵן לְתִתּוֹ מִגִּזְרַת: "מַיִם הַנִּגָּרִים" (שמואל ב׳ יד, יד), שֶׁהוּא נִגְרָר אַחַר הַפֶּה. וְתַרְגּוּמוֹ: "פִּשְׁרָא", שֶׁעַל יְדֵי הַגֵּרָה הָאֹכֶל נִפְשָׁר וְנִמּוֹחַ: **בַּבְּהֵמָה.** תֵּבָה יְתֵרָה הִיא לִדְרָשָׁה, לְהַתִּיר אֶת הַשְּׁלִיל הַנִּמְצָא בִּמְעֵי אִמּוֹ: **אֹתָהּ תֹּאכֵלוּ.** וְלֹא בְּהֵמָה טְמֵאָה. וַהֲלֹא בְּאַזְהָרָה הִיא (להלן פסוק ח)? אֶלָּא לַעֲבֹר עָלֶיהָ בַּעֲשֵׂה וְלֹא תַעֲשֶׂה:

ח| **מִבְּשָׂרָם לֹא תֹאכֵלוּ.** אֵין לִי אֶלָּא אֵלּוּ, שְׁאָר בְּהֵמָה טְמֵאָה שֶׁאֵין לָהּ שׁוּם סִימַן טָהֳרָה, מִנַּיִן? אָמַרְתָּ קַל וָחֹמֶר: וּמָה אֵלּוּ שֶׁיֵּשׁ בָּהֶן קְצָת סִימָנֵי טָהֳרָה אֲסוּרוֹת וְכוּ׳: **מִבְּשָׂרָם.** עַל בְּשָׂרָם בְּאַזְהָרָה, וְלֹא עַל עֲצָמוֹת וְגִידִין וְקַרְנַיִם וּטְלָפַיִם: **וּבְנִבְלָתָם**

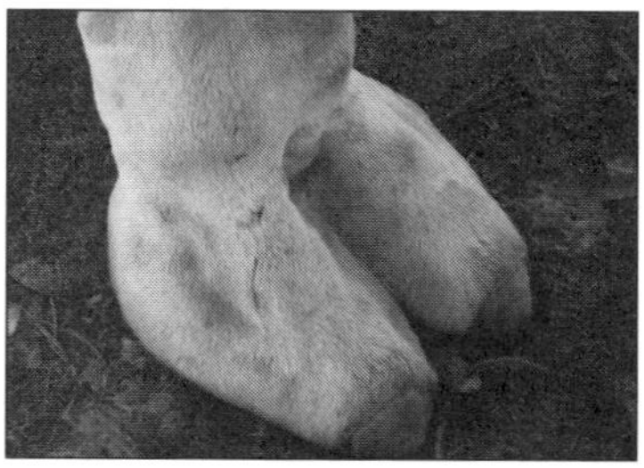

מימין: רגל גמל וּפַרְסָה אֵינֶנּוּ מַפְרִיס
משמאל: שפן סלע

העולם | **שָׁפָן** נזכר בתהלים (קד,יח) ובמשלי (ל,כו) כבעל חיים השוכן באזורים מסולעים. על כן מקובל לזהותו עם שפן הסלע, (באנגלית: rock hyrax, שם מדעי: Procavia capensis syriaca), המצוי באזורי מצוקים בארץ ישראל. אורכו כ-50 ס"מ, ומשקלו 2-5 ק"ג. למרות שבמראהו הוא דומה במקצת למכרסם ענק, השפן הוא יצור ששייך מבחינה זואולוגית למשפחה קרובה לפילים. היו מי שזיהו את השפן המקראי עם הארנב, והיה אף מי שטען שהשפן שנזכר בתנ"ך אינו ידוע לנו, ושמא נכחד (ראו רש"ר הירש).

אַרְנֶבֶת נקבת יונק מכרסם הנפוץ ברחבי ארץ ישראל, למעט החורש הצפוף בגליל ובכרמל (שם מדעי: Lepus capensis).

ביאור

את המאכל שנלעס ונבלע כדי ללעוס אותו שנית, **בַּבְּהֵמָה**, מבין הבהמות. את הבהמה הממלאת אחר התנאים הללו – פרסותיה שסועות והיא מעלה גרה – **אֹתָהּ תֹּאכֵלוּ**.

ד **אַךְ אֶת זֶה לֹא תֹאכְלוּ מִמַּעֲלֵי הַגֵּרָה וּמִמַּפְרִיסֵי הַפַּרְסָה**, יצורים העונים רק על אחד התנאים, מעלי גרה או מפריסי פרסה – **אֶת הַגָּמָל, כִּי** אמנם **מַעֲלֵה גֵרָה הוּא**, כבעלי החיים הטהורים, ואולם **פַּרְסָה אֵינֶנּוּ מַפְרִיס**. הגמל צועד על כמה אצבעות רכות למדי, ולכן **טָמֵא הוּא לָכֶם**, ואסור לאכלו.
ה **וְאֶת הַשָּׁפָן**, החי בסלעים בארץ ישראל ובארצות אחרות, לא תאכלו **כִּי** אמנם **מַעֲלֵה גֵרָה הוּא** באופן חלקי. אף על פי שאין לו ארבע קיבות כבהמות מעלות גרה, הוא נראה למסתכל כמעלה גרה, ואולם **פַּרְסָה לֹא יַפְרִיס**. אמנם בקצות אצבעותיו יש פרסות קטנות, אך אין לו פרסה אחת שכוללת כמה אצבעות, ולכן **טָמֵא הוּא לָכֶם**.
ו **וְאֶת הָאַרְנֶבֶת**,[33] המוכרת יותר מקרוב, משום שחלק מהארנבות הן גם יצורי בית, **כִּי מַעֲלַת גֵּרָה הִוא** לעיני המסתכל, ואולם **פַּרְסָה לֹא הִפְרִיסָה**, ולכן **טְמֵאָה הִוא לָכֶם**.
ז **וְאֶת הַחֲזִיר, כִּי מַפְרִיס פַּרְסָה הוּא וְשֹׁסַע שֶׁסַע פַּרְסָה**, כמו בעלי החיים הטהורים, וְאולם **הוּא גֵּרָה לֹא יִגָּר**, יעלה כלל. על כן **טָמֵא הוּא לָכֶם**.
ח **מִבְּשָׂרָם לֹא תֹאכֵלוּ, וּבְנִבְלָתָם לֹא תִגָּעוּ**. חכמים דרשו על פי כתובים נוספים, שלא כל מגע בנבלה אסור אלא מגע עמה בזמנים שאדם קרב אל

מימין: ארנבת
משמאל: חזיר בר

העולם

אורכו כ–50 ס"מ, משקלו 4–5 ק"ג, ואוזניו ארוכות. צבע פרוותו – חום–אדמדם ואפור – מסווה אותו בקלות על רקע האדמה. כמו השפן אף הארנבת מניעה את פיה בתנועות הדומות להעלאת גרה. (ראו רד"צ הופמן).

חֲזִיר (שם מדעי: Sus scrofa), בעל חיים גדול ממשפחת החזיריים. אורך גופו עד מטר וחצי, וגובהו עד מטר אחד. גופו שעיר והוא מכוסה זיפים חזקים. הוא אוכל כול: צמחים, ביצי עופות, אפרוחים, מכרסמים קטנים ואף נבלות. שלא כמעלי הגרה, הוא בעל קיבה אחת בלבד. נפוץ בצפון הארץ ובמרכזה בביצות, בחורש ובשטחי חקלאות. שרידי עצמות חזיר נמצאו כמעט בכל היישובים שאינם ישראליים בארץ.

ט תִגָּעוּ טְמֵאִים הֵם לָכֶם: אֶת־זֶה תֹּאכְלוּ מִכֹּל אֲשֶׁר
בַּמָּיִם כֹּל אֲשֶׁר־לוֹ סְנַפִּיר וְקַשְׂקֶשֶׂת בַּמַּיִם בַּיַּמִּים
י וּבַנְּחָלִים אֹתָם תֹּאכֵלוּ: וְכֹל אֲשֶׁר אֵין־לוֹ סְנַפִּיר
וְקַשְׂקֶשֶׂת בַּיַּמִּים וּבַנְּחָלִים מִכֹּל שֶׁרֶץ הַמַּיִם וּמִכֹּל
יא נֶפֶשׁ הַחַיָּה אֲשֶׁר בַּמָּיִם שֶׁקֶץ הֵם לָכֶם: וְשֶׁקֶץ יִהְיוּ
לָכֶם מִבְּשָׂרָם לֹא תֹאכֵלוּ וְאֶת־נִבְלָתָם תְּשַׁקֵּצוּ:
יב כֹּל אֲשֶׁר אֵין־לוֹ סְנַפִּיר וְקַשְׂקֶשֶׂת בַּמָּיִם שֶׁקֶץ הוּא

רש"י | **לֹא תִגָּעוּ.** יָכוֹל יְהוּ יִשְׂרָאֵל מֻזְהָרִים עַל מַגַּע נְבֵלָה? תַּלְמוּד לוֹמַר: "אֱמֹר אֶל הַכֹּהֲנִים" וְגוֹ' (להלן כא, א), כֹּהֲנִים מֻזְהָרִין וְאֵין יִשְׂרָאֵל מֻזְהָרִין. קַל וָחֹמֶר מֵעַתָּה: וּמָה טֻמְאַת מֵת חֲמוּרָה לֹא הִזְהִיר בָּהּ אֶלָּא כֹּהֲנִים, טֻמְאַת נְבֵלָה קַלָּה לֹא כָּל שֶׁכֵּן? וּמָה תַּלְמוּד לוֹמַר "לֹא תִגָּעוּ"? בָּרֶגֶל:

ט| **סְנַפִּיר.** אֵלּוּ שֶׁשָּׁט בָּהֶם: **קַשְׂקֶשֶׂת.** אֵלּוּ קְלִפִּין הַקְּבוּעִים בּוֹ, כְּמוֹ שֶׁנֶּאֱמַר: "וְשִׁרְיוֹן קַשְׂקַשִּׂים הוּא לָבוּשׁ" (שמואל א' יז, ה):

י| **שֶׁרֶץ.** בְּכָל מָקוֹם מַשְׁמָעוֹ דָּבָר נָמוּךְ שֶׁרוֹחֵשׁ וְנָד עַל הָאָרֶץ:

יא| **וְשֶׁקֶץ יִהְיוּ.** לֶאֱסֹר אֶת עֵרוּבֵיהֶם, אִם יֵשׁ בּוֹ בְּנוֹתֵן טַעַם: **מִבְּשָׂרָם.** אֵינוֹ מֻזְהָר עַל הַסְּנַפִּירִים וְעַל הָעֲצָמוֹת: **וְאֶת נִבְלָתָם תְּשַׁקֵּצוּ.** לְרַבּוֹת יַבְחוּשִׁין שֶׁסִּנְּנָן. יַבְחוּשִׁין מוישרו"ש בְּלַעַז:

יב| **כֹּל אֲשֶׁר אֵין לוֹ וְגוֹ'.** מַה תַּלְמוּד לוֹמַר? שֶׁיָּכוֹל אֵין לִי שֶׁיְּהֵא מֻתָּר אֶלָּא הַמַּעֲלֶה סִימָנִין שֶׁלּוֹ לַיַּבָּשָׁה, הִשִּׁירָן בַּמַּיִם מִנַּיִן? תַּלְמוּד לוֹמַר: "כֹּל אֲשֶׁר אֵין לוֹ סְנַפִּיר וְקַשְׂקֶשֶׂת בַּמָּיִם" – הָא אִם הָיוּ לוֹ בַּמַּיִם, אַף עַל פִּי שֶׁהִשִּׁירָן בַּעֲלִיָּתוֹ, מֻתָּר:

העולם | **סְנַפִּיר** בליטה גרמית היוצאת מצד בטן הדג ומשמשת כמשוט לדג. בגב הדג ובזנבו יש גם סנפירים שאינם נעים.

קַשְׂקֶשֶׂת בליטות שטוחות על עור הדג החופפות זו על גבי זו כרעפים, וקצותיהם פונים לעבר הזנב. יש דגים שקשקשיהם מתנוונים, חיבורם אל גוף הדג רופף, ועם הגיל הם נושרים.

הרחבות | **'מבשרם לא תאכלו ובנבלתם לא תגעו'** אף שלהלכה אין איסור מגע בנבלה אלא בקודשים, כפי שלמדו חכמים, (ראו ראש השנה טז ע"ב; רש"י ובעל הטורים על אתר. וראו ספרא ד,י וראב"ע על אתר), פשוטו של המקרא מיושב לפי מה שנאמר במקום אחר (ראו דברים יב,כ-כא וברש"י) שישראל במדבר לא אכלו בשר חולין, אלא היה עליהם להקריב את הבהמה תחילה לאוהל מועד ולאכלה בתור קודשים. מובן אפוא שבהקשר של אכילת בשר נאסרו אנשי אותו הדור בכל מגע עם נבלה. (וראו עוד להלן טו,לא; יז,טז).

'את זה תאכלו מכל אשר במים כל אשר לו סנפיר וקשקשת' הגדרתם של יצורי המים הכשרים באכילה כבעלי סנפיר וקשקשת, אינה כוללת את כל בריות המים אלא

ביאור

המקדש וקודשיו, כגון בזמני עלייה לרגל[34] – **טְמֵאִים הֵם לָכֶם** בשני המובנים של 'טומאה': אסורים באכילה, וכשמתו מטמאים אחרים הבאים עמם במגע. עד כאן דובר בעיקר ביונקים בעלי הפרסות או מעלי גרר. שאר בעלי החיים ההולכים על כפיהם ולא על פרסות, שהם רוב היונקים, אסורים באכילה. להלן יוזכר שהם גם מטמאים במגע נבלתם.

ט **אֶת זֶה תֹּאכְלוּ מִכֹּל** היצורים **אֲשֶׁר בַּמָּיִם: כֹּל אֲשֶׁר לוֹ סְנַפִּיר**
וְקַשְׂקֶשֶׂת בַּמַּיִם, גם אם הם נושרים בצאתו מן המים,[35] **בין בַּיַּמִּים**
ובין בַּנְּחָלִים – אֹתָם תֹּאכֵלוּ. י **וְכֹל אֲשֶׁר אֵין לוֹ סְנַפִּיר וְקַשְׂקֶשֶׂת**
בַּיַּמִּים וּבַנְּחָלִים, מִכֹּל שֶׁרֶץ הַמַּיִם, היצורים הקטנים השורצים, הנעים
לאִטם, **וּמִכֹּל נֶפֶשׁ הַחַיָּה אֲשֶׁר בַּמָּיִם**, בין שהם דגים, דוגמת הצלופחים
ורוב דגי הסחוס, כמו כרישים, ובין שאינם דגים, כגון היונקים
הימיים – הלוויתנים, הדולפינים וכיוצא בהם. כל אלה שאין להם
קשקשים, בין שהם עולים ליבשה ובין שאינם עושים זאת – **שֶׁקֶץ**,
דבר מאוס **הֵם לָכֶם.** יא **וְשֶׁקֶץ יִהְיוּ לָכֶם.** כלומר – **מִבְּשָׂרָם לֹא תֹאכֵלוּ**
וְאֶת נִבְלָתָם תְּשַׁקֵּצוּ, הרחיקו אותם מלאכלם.[36] יב ושוב – **כֹּל אֲשֶׁר**
אֵין לוֹ סְנַפִּיר וְקַשְׂקֶשֶׂת בַּמָּיִם, שהם רוב יצורי המים – **שֶׁקֶץ הוּא לָכֶם.**

סימני כשרות הדג

הרחבות

את הדגים, ובאופן מצומצם יותר ולא מדויק לגמרי – את דגי הגרם. אמנם לא נאמר במפורש שמדובר רק בדגים, אך שני הסימנים הללו – סנפירים, שבהם נעזר היצור כדי לשוט במים, וקשקשים הקבועים בעורו אך אינם חלק מגופו – מצויים כנראה בדגים בלבד. (ראו עבודה זרה לט ע"א; מ ע"א; רמב"ם, הלכות מאכלות אסורות ב,יב). כל הדגים שאין להם קשקשים כלל או שקשקשיהם אינם אמתיים, כגון קשקשים גנואידים, שהם מעין שִׁני עור שאינם נקלפים המצויים בכרישים, ייחשבו כדגים טמאים. (ראו חולין סו). הגדרתם ההלכתית של מיני דגים אחדים אינה ברורה לחלוטין, ובמשך הדורות נסבו עליה מחלוקות ודיונים.

לָכֶם: וְאֶת־אֵלֶּה תְּשַׁקְּצוּ מִן־הָעוֹף לֹא יֵאָכְלוּ שֶׁקֶץ יג
הֵם אֶת־הַנֶּשֶׁר וְאֶת־הַפֶּרֶס וְאֵת הָעָזְנִיָּה: וְאֶת־ יד
הַדָּאָה וְאֶת־הָאַיָּה לְמִינָהּ: אֵת כָּל־עֹרֵב לְמִינוֹ: וְאֵת טו טז

רש"י | יג| **לֹא יֵאָכְלוּ.** לְחַיֵּב אֶת הַמַּאֲכִילָן לִקְטַנִּים, שֶׁכָּךְ מַשְׁמָעוֹ: לֹא יְהוּ נֶאֱכָלִין עַל יָדְךָ. אוֹ אֵינוֹ אֶלָּא לְאָסְרָן בַּהֲנָאָה? תַּלְמוּד לוֹמַר: "לֹא תֹאכְלוּ" (דברים יד, יב), בַּאֲכִילָה אֲסוּרִין, בַּהֲנָאָה מֻתָּרִין. כָּל עוֹף שֶׁנֶּאֱמַר בּוֹ 'לְמִינָהּ', 'לְמִינוֹ', 'לְמִינֵהוּ', יֵשׁ בְּאוֹתוֹ הַמִּין שֶׁאֵין דּוֹמִין זֶה לָזֶה לֹא בְּמַרְאֵיהֶם וְלֹא בִּשְׁמוֹתֵיהֶם, וְכֻלָּן מִין אֶחָד:

מימין: נשר
משמאל: עָזְנִיָּה

העולם | **נֶשֶׁר** (באנגלית: Vulture, שם מדעי: Gyps Fukvus), עוף גדול המאופיין בדאייתו ובקינונו הגבוהים, ובכך שעט במהירות על מזונו. (ראו ירמיה מח,מ; עובדיה א,ד; איוב לט,כז-כח; מיכה א,טז). עוף זהה היה סמל מלכותי במצרים ואשור. מוטת כנפיו מגיעה ל-2.5 מ', והוא שוקל כ-10 ק"ג. ראשו וצוואר חשופים מנוצות, כאילו נשרו נוצותיו, וייתכן שמכאן שמו. יש שזיהו אותו עם העיט (באנגלית: Eagle, שם מדעי: Aquila chrysaetos), המופיע בסמלים מהתקופה הרומית, והיו חוקרים שטענו ש'נשר' הוא שם כללי למספר עופות דורסים.

פֶּרֶס כיום מקובל לזהותו עם העוף הדורס הגדול הקרוי כך גם בימינו (שם מדעי: Gypaetus barbatus), משום שהוא פורס, שובר, את עצמות הפגרים או בעלי החיים שהוא דורס באמצעות השלכתם מגובה רב. (בערבית הוא מכונה מוכלפה, כאסר אל עט'אם - "שובר העצמות"). במאה ה-19 קינן בכל אזורי המצוקים בארץ. אורך גופו 100-115 ס"מ; מוטת כנפיו 265-280 ס"מ, משקלו 4.5-8 ק"ג. קצות כנפיו מחודדים, וזנבו מעוין.

עָזְנִיָּה שמה נגזר מהשורש ע,ז,ז, שמשמעו חוזק ועוז (רד"ק). בלשון המשנה (כלים יז,יד) היא קרויה עוז. על פי חז"ל, אין היא שוכנת במקומות יישוב (חולין סב ע"א). לפי תרגום השבעים היא מזוהה עם עיט הים (שם מדעי: Haliaetus albicilla) הנדיר בארץ ישראל, ועל כן במחקר מקובל

הרחבות | **'ואת אלה תשקצו מן העוף'** שלא כיונקים והדגים שהוזכרו קודם, שהתורה פירטה את סימני הטהרה שלהם, כך שאפשר לבדקם, לגבי העופות לא ניתנים סימנים כלליים, אלא מופיעה רשימת עופות טמאים, שהם מיעוט מכלל העופות. (ראו חולין סג ע"ב). העופות הדורסים, הגדולים והקטנים אסורים באכילה. (ראו חולין נט ע"א; סא ע"א).
חכמים ניסו למצוא כללים כלשהם ולקבוע סימנים שיגדירו את העופות הטמאים והטהורים, אך כללים אלו אינם מושלמים.

ביאור

יג **וְאֶת אֵלֶּה תְּשַׁקְּצוּ**, הרחיקו מעצמכם **מִן הָעוֹף – לֹא יֵאָכְלוּ, שֶׁקֶץ הֵם:**
אֶת הַנֶּשֶׁר וְאֶת הַפֶּרֶס וְאֵת הָעָזְנִיָּה. הפרס והעזניה הם עופות מדבריים
שאינם מזדמנים תמיד לידי האדם. זהותם המדויקת לא הייתה
ידועה לכול כבר בזמן המשנה, וגם לגבי זיהויו של הנשר היו הדעות
חלוקות.[37] יד **וְאֶת הַדָּאָה וְאֶת הָאַיָּה**. כנראה מיני דורסים בינוניים
שזיהוים אינו ודאי. האיה אסורה **לְמִינָהּ**. האיסור אינו מתייחס לעוף
מסוים אלא לקבוצת עופות מזנים קרובים או זהים.[38] טו **אֵת כָּל עֹרֵב
לְמִינוֹ**. רבים ממיני העורבים ניתנים לזיהוי בשל הדמיון שביניהם,
אך ישנם יצורים שזיהוים כעורבים שנוי במחלוקת.[39] טז **וְאֵת בַּת**

מימין: דיה ('דאה'?)
משמאל: איית הצרעים ('איה'?)

העולם

לזהותו עם עזנית הנגב (שם מדעי: Torgos tracheliotus) ממשפחת הנציים, שצווארה וראשה קרחים וורודים, מוטת כנפיה 3 מ', ומשקלה מגיע ל–14 ק"ג. לעוף זה מקור גדול וחזק המסוגל לקרוע עורן של חיות ולשבור עצמות. היו שזיהו אותה עם העזניה השחורה (שם מדעי: Aegypius monachus), המכונה בפי הערבים 'ניסר אסוואד' החולפת בארץ, וכיום היא נדירה מאוד (אנציקלופדיה מקראית).

דָּאָה חז"ל התייחסו אל הדאה והאיה כשמות כוללים למיני עופות שונים בעלי תכונות דומות (חולין סג). הדאה מכונה גם דיה, וכך תרגם אונקלוס. היא מתוארת כעוף מדברי המתקבץ בלהקה ללינה ואבילה (ראו ישעיה לד,טו), ומזוהה עם הדיה השחורה (באנגלית: black kite, שם מדעי: Milvus migrans), עוף דורס ממשפחת הנציים יציב בארץ ישראל. משקלו 600–1000 גרם, אורכו 55–60 ס"מ, ומוטת כנפיו 135–150 ס"מ. צד עכברים, עופות בינוניים ואפרוחיהם, ניזון גם מפגרים וזבל ולעתים חוטף מזון נטוש או גלוי לעין. מקנן בעצים או על סלעים.

אַיָּה נזכרת באיוב (כח,ז) כעוף היכול לראות למרחקים. מזוהה עם עקב החורף (שם מדעי: Buteo buteo), עוף דורס נודד ממשפחת הנציים שמוטת כנפיו כ–120 ס"מ, ומשקלו המרבי כ–900 גרם (פליקס), או עם איית הצרעים (שם מדעי: Pernis apivorus), עוף דורס נודד ממשפחת הנציים המצוי בארץ ישראל, גודלו בינוני – אורך גופו 53–58 ס"מ, מוטת כנפיו 145 ס"מ, ומשקלו 460–800 גרם.

הרחבות

יש להניח שעוף שמצויים בו כמה סימני הטהרה שציינו חכמים הוא טהור, אך לא כל העופות שנעדרות מהם תכונות אלה – טמאים. באופן ודאי קיימת רק רשימת השמות שבתורה, ולא כל העופות המופיעים בה מזוהים במסורת. גם כשהיו ישראל על אדמתם בדורות הראשונים לא היו כל העופות הטמאים ידועים, ועל אחת כמה וכמה לאחר שגלו ממנה. (ראו חולין סא; סג ע"ב).

בַּ֣ת הַֽיַּעֲנָ֔ה וְאֶת־הַתַּחְמָ֖ס וְאֶת־הַשָּׁ֑חַף וְאֶת־הַנֵּ֖ץ
לְמִינֵֽהוּ׃ וְאֶת־הַכּ֥וֹס וְאֶת־הַשָּׁלָ֖ךְ וְאֶת־הַיַּנְשֽׁוּף׃ וְאֶת־ יז יח

רש"י | טז הַנֵּץ. אוסטור"ר:
יז שָׁלָךְ. פֵּרְשׁוּ רַבּוֹתֵינוּ, זֶה הַשּׁוֹלֶה דָּגִים מִן הַיָּם, וְזֶהוּ שֶׁתִּרְגֵּם אוּנְקְלוֹס: "וְשָׁלֵינוּנָא":
כּוֹס וְיַנְשׁוּף. הֵם צואיטו"ש הַמּוֹעֲקִים

מימין:
יען
('בת היענה'?)
משמאל:
סיס
('תחמס'?)

מימין:
בז מצוי
('תחמס'?)
משמאל:
שחף
('שחף'?)

העולם | **בַּת הַיַּעֲנָה** נזכרת בחברת חיות ועופות מדבריים (ישעיה לד,יג; ירמיה נ,לט; מיכה א,ח). משערים ששמה בא מן השורש ו,ע,ן/ י,ע,ן, שפירושו בארמית-סורית רעבתן, או מן השורש ע,נ,י / ע,נ,ה על שם קול הצווחה שהיא משמיעה. מכיוון שבפסוק היא סמוכה לדורסי לילה ממשפחת הינשופים, היו שזיהו אותה עם האוח המדברי (שם מדעי: Bubo ascalaphus), שגודלו כ-40 ס"מ, משקלו כ-2 ק"ג, וקולותיו דומים ליללות. אחרים זיהו אותה עם העוף המכונה היום יען (שם מדעי: Struthio camelusao), על סמך אונקלוס ויונתן, שתרגמוהו נעמיתא (רס"ג, מלבי"ם). היען היה מצוי בעבר במדבריות סוריה, עירק, חצי-האי ערב והנגב. גובהו מגיע ל-2.5 מ', ומשקלו ל-150 ק"ג.

תַּחְמָס לפי שורש השם, ח,מ,ס, זיהו אותו מפרשים וחוקרים עם ציפור המאופיינת בחטיפה וגזל. כך תורגם בתרגום ירושלמי 'חטופיתא', ובאונקלוס - 'ציצא', שהוא הסיס (Swift), המתאפיין בחטיפת חרקים מעופפים בעת מעופו. היו שזיהו אותו עם העוף הדורס הלילי הקטן המכונה בימינו בשם זה (שם מדעי: Caprimulgus). משקלו של עוף זה כ-80 גרם, ואף הוא מאופיין בציד חרקים תוך כדי מעופו. אחרים זיהו אותו עם הבז המצוי (שם מדעי: Falco tinnunculus), שגם שמו בא מביזה ושוד. זהו עוף דורס זריז חום המצוי בכל הארץ, גודלו כיונה גדולה, מוטת כנפיו 70-80 ס"מ, משקלו כ-150 גרם, והוא ניזון מציפורים, ממכרסמים ומחרקים.

שָׁחַף בעקבות השבעים, שתרגמו λάρονα (=laron), יש המזהים אותו עם עוף הים המכונה כיום שחף (שם מדעי: Larus), שמספר מינים שלו מצויים ליד מקורות מים בישראל. גודלו נע בין 25-70 ס"מ, כנפיו ארוכות וחדות, ושלוש אצבעותיו הקדמיות מחוברות בקרום שחייה. השחף ניזון מדגים, נבלות וזבל.

נֵץ בעקבות תרגום השבעים, (ιέρακα =ieraka), זוהה עם הנץ המצוי (שם מדעי: Accipiter nisus). זהו אחד העופות הדורסים השכיחים והבולטים בישראל.

ביאור

הַיַּעֲנָה, המזוהה לפי השערה אחת עם היען, הנעמית. יצור גדול
מאוד בעל כנפיים שאיננו יכול לעוף, ונמצא בעיקר במדבריות.
וְאֶת הַתַּחְמָס, אולי הוא עוף דורס או עוף לילי, **וְאֶת הַשָּׁחַף**, שנהוג
לזהותו עם עוף מים מסוים, **וְאֶת הַנֵּץ לְמִינֵהוּ**, קבוצת עופות דורסים
קטנים המכונה כך גם היום. יז **וְאֶת הַכּוֹס וְאֶת הַשָּׁלָךְ**, עוף החי
על החוף ושולה דגים מן המים,[40] **וְאֶת הַיַּנְשׁוּף**, אולי הוא עוף לילי,

מימין: נץ
משמאל: כוס החרבות

מימין: קטופה ('שָׁלָךְ'?)
משמאל: ינשוף השדות

העולם

כך עולה גם מדברי רש"י (על אתר ובחולין סג ע"א). אורך גופו 30–40 ס"מ, מוטת כנפיו מגיער עד 65 ס"מ, צבע גבו חום-אפור, וזנבו מפוספס. עם זאת, נראה כי 'הנץ למינהו' בפסוק כולל מיני דורסים אחרים השכיחים בארץ ישראל ודומים לו בגודלם, כגון הבז הנודד (שם מדעי: Falco peregrinus), בז העצים (שם מדעי: Falco subbuteo) בז הצוקים (שם מדעי: Falco biarmicus) ובז הציידים (שם מדעי: Falco cherrug). היותו צייד ציפורים באה לביטוי גם בדברי המכילתא בשלח (מסכתא דויהי ב): "למה היו ישראל דומים באותה שעה? ליונה שברחה מפני הנץ".

כּוֹס מופיע בתהלים (קב,ז) כעוף מדברי החי בבדידות בשממה ובחורבות. התרגומים הארמיים, השבעים (νυκτικόρακα) ומרבית המפרשים והחוקרים זיהו אותו כעוף דורס לילי קטן ממשפחת הינשופים (שם מדעי: Athene noctua saharae). אורכו מגיע ל-21 ס"מ, מוטת כנפיו כ-60 ס"מ, ומשקלו של הכוס הבוגר מגיע ל-150 גרם. הכוס נפוץ בעיקר בשטחים פתוחים, והוא שוכן בתלי חורבות ובאזורים טרשיים או סלעיים. היו שפירשוהו כעוף מים, כגון שקנאי, בגלל הסמיכות בפסוק לשלך.

שָׁלָךְ לפי התרגומים וחז"ל, עוף זה שולה דגים מן הים (חולין סג ע"א). היו שזיהו אותו עם עיט הים, המכונה גם עיט הדגים (שם מדעי: Pandion haliaetus), הניזון מדגים. השבעים תרגמוהו καταρράκτην (katarráktin), הוא הקורמורן הצד דגים בצלילה ומצוי במקווי מים גדולים בארץ. במחקר הועלו אפשרויות נוספות: השקנאי (שם מדעי: Pelican), שלדג לבן חזה (שם מדעי: Halcyon smyrnensis) או פרפור עקוד (שם מדעי: Ceryle rudis). בשל הסמיכות לינשוף היו שזיהו אותו עם קטופה, (שם מדעי: Ketupa zeylonensis), דורס לילי קטן ממשפחת הינשופים הצד דגים.

יַנְשׁוּף לפי ישעיה (לד,י-יא), הוא עוף השוכן בחורבות ושממה. מפרשי המקרא

הַתִּנְשֶׁמֶת וְאֶת־הַקָּאָת וְאֶת־הָרָחָם׃ וְאֵת הַחֲסִידָה יט

רש"י | בַּלַּיְלָה, וְיֵשׁ לָהֶם לְסָתוֹת כְּאָדָם. וְעוֹד אַחֵר דּוֹמֶה לוֹ שֶׁקּוֹרִין ייב"ן:

יח| תִּנְשֶׁמֶת. הִיא קלב"א סורי"ץ, וְדוֹמָה לְעַכְבָּר, וּפוֹרַחַת בַּלַּיְלָה, וְ'תִנְשֶׁמֶת' הָאֲמוּרָה בַּשְּׁרָצִים הִיא דּוֹמָה לָהּ, וְאֵין לָהּ עֵינַיִם, וְקוֹרִין לָהּ טלפ"א:

יט| הַחֲסִידָה. זוֹ דַּיָּה לְבָנָה, ציגוני"א, וְלָמָּה נִקְרָא שְׁמָהּ 'חֲסִידָה'? שֶׁעוֹשָׂה חֲסִידוּת

מימין: תנשמת
משמאל: אוח עיטי ('קאת'?)

העולם | ראו בו עוף לילי ששמו נגזר משם העצם נֶשֶׁף, שמשמעו לילה (ראב"ע, רד"ק), או מקולות הנשיפה שהוא משמיע. בתרגום ובגמרא (נדה כג ע"א) הוא מזוהה עם 'קפופא' בארמית, עוף דומה לקוף, שעיניו בקדמת פניו. תיאור זה מתאים לדורסי הלילה ממשפחת הינשופים. היום מקובל לזהותו עם העוף המכונה היום ינשוף, ששני מינים ממנו מצויים בישראל: ינשוף העצים (שם מדעי: Asio otus) וינשוף השדות (שם מדעי: Asio flammeuls). אורכם מגיע ל־40 ס"מ, מוטת כנפיהם כמטר, ומשקלם עד 300 גרם.

תִּנְשֶׁמֶת ציפור לילה נפוצה ממשפחת הינשופים (אנגלית: barn owl, שם מדעי: Tyto alba), 'בותא' לפי מסורת התרגום, ובגמרא: 'באות' (חולין סג ע"א). אורכה 34 ס"מ, והיא ניכרת בנוצות הערוכות סביב עיניה בצורת לב. התנשמת שוכנת בבורות, חורבות ומערות וניזונה מציד עכברי שדה וציפורים קטנות.

קָאָת עוף השוכן בצייה ובשממה (ישעיה לד,יא; צפניה ב,יד; תהלים קב,ז). שמו מעיד שהוא נוהג להקיא צנפה (פסולת מזון בלתי מעוכל), כפי שמצוי בעיקר אצל דורסי לילה. יש המזהים אותו עם האוח העיטי (Eagle Owl), הפעיל במדבר, משום שהוא נזכר בפסוק סמוך לדורסי לילה, והיו ששיערו שהוא החוברה המדברית, עוף קרקע גדול ארך רגליים וצוואר, שאורכו מגיע ל־65 ס"מ ומוטת כנפיו ל־150 ס"מ.

ביאור | וכן לגבי העופות הסמוכים אליו ברשימה. יח **וְאֶת הַתִּנְשֶׁמֶת, וְאֶת הַקָּאָת וְאֶת הָרָחָם**, השרקרק, וייתכן שהוא הדורס הקטן הנקרא כך כעת. יט **וְאֵת הַחֲסִידָה**. כבר בימי הביניים הטילו ספק בזיהויו של העוף המכונה כך היום. יהודים שחיו באירופה המרכזית והמזרחית החשיבו את העוף המכונה חסידה לטמא, ואילו בספרד נחשב אותו

שרקרק ('רָחָם'?)

מימין: רחם ('רחם'?)
משמאל: חסידה

העולם | **רָחָם** שרקרק, לפי הגמרא (חולין סג ע"א), תרגום יונתן, וכן בערבית. ציפור צבעונית נודדת, שאורכה מגיע עד 29 ס"מ, הנודדת לישראל בחורף. רש"י מפרש שהיא נקראת בשמה מכני שמבשרת את בוא הגשמים, הנקראים רחמיב. רס"ג זיהה את הרחם עם העוף הדורס ממשפחת הנציים הקרוי בערבית רחם (שם מדעי: Neophron percnopterus), שאורכו כ-65 ס"מ, מוטת כנפיו כ-150–170 ס"מ, ומשקלו מגיע ל-2.1 ק"ג. היו חוקרים שזיהו את הרחם עם אחד מדורסי הלילה, משום שהוא נזכר בפסוק ליד הקאת והתנשמת.

חֲסִידָה מוזכרת בתנ"ך כעוף נודד דואה המקנן בברושיב (ירמיה ח,ז; זכריה ה,ט; תהלים קד,יז; איוב לט,יג). בחז"ל היא מתוארת כציפור העושה חסד עם בניה וחברותיה (חולין סג ע"א, מדרש תהלים כב,יד). לפי המפרשים, השם מתאר תכונה ואינו בהכרח שם פרטי של עוף מסוים. על כן הוצעו לה זיהויים שונים לפי הקשרי הופעתה בתנ"ך. בתרגומים הארמיים, בגמרא (חולין סג ע"א) וברס"ג זוהתה עם הדיה הלבנה או הנץ. בתרגום השבעים, הוולגטה ורש"י זוהתה עם עוף מסדרת החסידאיים, עופות החיים בדרך כלל בביצה או על גדות נחלים, כגון שקנאי, אנפה, והציפור הקרויה היום חסידה (שם מדעי: Cigogne), שבתרבויות העולם העתיק שימשה סמל לכיבוד הורים ומסירות. זיהוי זה של החסידה התקבל על ידי מרבית החוקרים.

הָאֲנָפָה לְמִינָהּ וְאֶת־הַדּוּכִיפַת וְאֶת־הָעֲטַלֵּף׃ כֹּל כ
שֶׁרֶץ הָעוֹף הַהֹלֵךְ עַל־אַרְבַּע שֶׁקֶץ הוּא לָכֶם׃ אַךְ כא
אֶת־זֶה תֹּאכְלוּ מִכֹּל שֶׁרֶץ הָעוֹף הַהֹלֵךְ עַל־אַרְבַּע
לוֹ אֲשֶׁר־לא כְרָעַיִם מִמַּעַל לְרַגְלָיו לְנַתֵּר בָּהֵן עַל־
★ הָאָרֶץ׃ אֶת־אֵלֶּה מֵהֶם תֹּאכֵלוּ אֶת־הָאַרְבֶּה לְמִינוֹ כב
וְאֶת־הַסָּלְעָם לְמִינֵהוּ וְאֶת־הַחַרְגֹּל לְמִינֵהוּ וְאֶת־
הֶחָגָב לְמִינֵהוּ׃ וְכֹל שֶׁרֶץ הָעוֹף אֲשֶׁר־לוֹ אַרְבַּע רַגְלָיִם כג

רש״י | עִם חַבְרוֹתֶיהָ בִּמְזוֹנוֹת: **הָאֲנָפָה.** הִיא דַּיָּה רַגְזָנִית, וְנִרְאֶה לִי, שֶׁהוּא שֶׁקּוֹרִין היירו״ן: **הַדּוּכִיפַת.** תַּרְנְגוֹל הַבָּר, וְכַרְבָּלְתּוֹ כְּפוּלָה, וּבְלַעַז הרופ״א, וְלָמָּה נִקְרָא שְׁמוֹ ׳דּוּכִיפַת׳? שֶׁהוֹדוֹ כָּפוּת, וְזוֹ הִיא כַּרְבָּלְתּוֹ, וְ׳נַגַּר טוּרָא׳ נִקְרָא עַל שֵׁם מַעֲשָׂיו, כְּמוֹ שֶׁפֵּרְשׁוּ רַבּוֹתֵינוּ בְּמַסֶּכֶת גִּטִּין בְּפֶרֶק ׳מִי שֶׁאֲחָזוֹ׳ (דף סח ע״ב)

כ| **שֶׁרֶץ הָעוֹף.** הֵם הַדַּקִּים הַנְּמוּכִים הָרוֹחֲשִׁין עַל הָאָרֶץ, כְּגוֹן זְבוּבִים וּצְרָעִין וְיַתּוּשִׁין וַחֲגָבִים:

כא| **עַל אַרְבַּע.** אַרְבַּע רַגְלַיִם: **מִמַּעַל לְרַגְלָיו.** סָמוּךְ לְצַוָּארוֹ יֵשׁ לוֹ כְּמִין שְׁתֵּי רַגְלַיִם לְבַד אַרְבַּע רַגְלָיו, וּכְשֶׁרוֹצֶה לָעוּף וְלִקְפֹּץ מִן הָאָרֶץ מִתְחַזֵּק בְּאוֹתָן שְׁתֵּי כְּרָעַיִם וּפוֹרֵחַ. וְיֵשׁ מֵהֶן הַרְבֵּה בְּאוֹתָן שֶׁקּוֹרִין לנגושט״א, אֲבָל אֵין אָנוּ בְּקִיאִין בָּהֶן, שֶׁאַרְבָּעָה סִימָנֵי טָהֳרָה נֶאֶמְרוּ בָּהֶם: אַרְבַּע רַגְלַיִם וְאַרְבַּע כְּנָפַיִם וְקַרְסֻלַּיִן – אֵלּוּ הַכְּתוּבִים כָּאן, וּכְנָפָיו חוֹפִין אֶת רֻבּוֹ. וְכָל סִימָנִים הַלָּלוּ מְצוּיִים בְּאוֹתָן שֶׁבֵּינוֹתֵינוּ, אֲבָל יֵשׁ שֶׁרֹאשָׁן אָרֹךְ, וְיֵשׁ שֶׁאֵין לָהֶם זָנָב, וְצָרִיךְ שֶׁיְּהֵא שְׁמוֹ ׳חָגָב׳, וּבָזֶה אֵין אָנוּ יוֹדְעִים לְהַבְדִּיל בֵּינֵיהֶן:

כג| **וְכֹל שֶׁרֶץ הָעוֹף וְגוֹ׳.** בָּא וְלִמֵּד שֶׁאִם יֵשׁ לוֹ חָמֵשׁ טָהוֹר:

העולם | **אֲנָפָה** לפי התלמוד (חולין סג ע״א), לאנפה ולחסידה מראה ותעופה דומים. מקובל לזהותה עם מה שמכונה היום ׳משפחת האנפות׳ (אנגלית: heron, שם מדעי: Andea), הדומה לחסידה, וכך זיהה גם רש״י. בארץ יש מספר מיני אנפות בגדלים שונים בעלות רגליים, צוואר ומקור ארוכים וציצית בולטת לראשן. האנפות שוכנות בדרך כלל בקרבת מקור מים

דּוּכִיפַת על פי התלמוד (חולין סג ע״א), היא עוף ש׳הודו כפות׳ - בעל כרבולת בולטת וכפותה. בתרגומים ארמיים ובתלמוד (גיטין סח ע״א) היא

ביאור | עוף לטהור.[41] **הָאֲנָפָה**, הדומה לחסידה, **לְמִינָהּ, וְאֶת הַדּוּכִיפַת**, שיש
המזהים אותה עם העוף הקרוי כך היום, שבראשו ציצית נוצות,
וְאֶת הָעֲטַלֵּף, המוכר כך היום. למרות שמבחינה זואולוגית הוא יונק,
הוא נמנה עם העופות מפני שהוא מעופף המוגדר כיונק רק בעקבות
בדיקות ביולוגיות מדוקדקות.

כ **כֹּל שֶׁרֶץ הָעוֹף הַהֹלֵךְ עַל אַרְבַּע**, חרקים מעופפים בעלי ארבע רגליים
ושתי גפיים נוספות שאינן רגליים המשמשות להליכה מפני שהם
משתמשים בהן כמו בידיים, דוגמת נמלה[42] – **שֶׁקֶץ הוּא לָכֶם.** כא **אַךְ
אֶת זֶה תֹּאכְלוּ מִכֹּל שֶׁרֶץ הָעוֹף הַהֹלֵךְ עַל אַרְבַּע: אֲשֶׁר לוֹ כְרָעַיִם מִמַּעַל
לְרַגְלָיו לְנַתֵּר בָּהֵן עַל הָאָרֶץ.** יש חרקים ממשפחת החגבים שמלבד ארבע
רגלי ההליכה הרגילות יש להם עוד שתי רגליים גדולות וגבוהות
שבהן הם מקפצים ממקום למקום. מינים אלה מותרים באכילה,
אם כי גם כאן הזיהויים והגדרות המינים אינם ברורים כל צורכם.[43]

כב **אֶת אֵלֶּה מֵהֶם תֹּאכֵלוּ: אֶת הָאַרְבֶּה לְמִינוֹ וְאֶת הַסָּלְעָם לְמִינֵהוּ
וְאֶת הַחַרְגֹּל לְמִינֵהוּ וְאֶת הֶחָגָב לְמִינֵהוּ.** השרצים המעופפים אסורים
באכילה, להוציא כמה מינים מותרים. כג **וְכֹל שֶׁרֶץ הָעוֹף אֲשֶׁר לוֹ
אַרְבַּע רַגְלָיִם – שֶׁקֶץ הוּא לָכֶם.**

מימין: אנפה
משמאל: דוכיפת ('דוכיפת'?)

מימין: עטלף
משמאל: חגב בעל ארבע רגליים ושתי כרעיים

העולם | מזוהה עם תרנגול הבר 'נגר טורא'. על פי תרגום השבעים וכן בלטינית היא (ἔποπα=epopa), כלומר העוף המכונה דוכיפת גם היום (שם מדעי: Upupa epops), ציפור בולטת בצבעיה שבראשה כרבולת או ציצית נוצות המתקפלת ונפרשת לסירוגין. אורך גופה כ-28 ס"מ, מוטת כנפיה כ-44 ס"מ ומשקלה 46-70 גרם.

עֲטַלֵּף (שם מדעי: Chiroptera), יונק מעופף שעיניו מנוונות, שוכן בעצים ובמערות, פעיל בלילה וניזון מחרקים ומפֵּרות. בארץ ישראל יש עשרות מיני עטלפים.

שֶׁקֶץ הוּא לָכֶם: וּלְאֵלֶּה תִּטַּמָּאוּ כָּל־הַנֹּגֵעַ בְּנִבְלָתָם כד
יִטְמָא עַד־הָעָרֶב: וְכָל־הַנֹּשֵׂא מִנִּבְלָתָם יְכַבֵּס בְּגָדָיו כה
וְטָמֵא עַד־הָעָרֶב: לְכָל־הַבְּהֵמָה אֲשֶׁר הִוא מַפְרֶסֶת כו
פַּרְסָה וְשֶׁסַע ׀ אֵינֶנָּה שֹׁסַעַת וְגֵרָה אֵינֶנָּה מַעֲלָה
טְמֵאִים הֵם לָכֶם כָּל־הַנֹּגֵעַ בָּהֶם יִטְמָא: וְכֹל ׀ הוֹלֵךְ כז
עַל־כַּפָּיו בְּכָל־הַחַיָּה הַהֹלֶכֶת עַל־אַרְבַּע טְמֵאִים
הֵם לָכֶם כָּל־הַנֹּגֵעַ בְּנִבְלָתָם יִטְמָא עַד־הָעָרֶב:
וְהַנֹּשֵׂא אֶת־נִבְלָתָם יְכַבֵּס בְּגָדָיו וְטָמֵא עַד־הָעָרֶב כח
טְמֵאִים הֵמָּה לָכֶם: וְזֶה לָכֶם הַטָּמֵא בַּשֶּׁרֶץ כט
הַשֹּׁרֵץ עַל־הָאָרֶץ הַחֹלֶד וְהָעַכְבָּר וְהַצָּב לְמִינֵהוּ:

רש״י

כד] **וּלְאֵלֶּה.** הָעֲתִידִין לְהֵאָמֵר בָּעִנְיָן לְמַטָּה: **תִּטַּמָּאוּ.** כְּלוֹמַר, בִּנְגִיעָתָם יֵשׁ טֻמְאָה:

כה] **וְכָל הַנֹּשֵׂא מִנִּבְלָתָם.** כָּל מָקוֹם שֶׁנֶּאֶמְרָה טֻמְאַת מַשָּׂא, חֲמוּרָה מִטֻּמְאַת מַגָּע, שֶׁהִיא טְעוּנָה כִּבּוּס בְּגָדִים:

כו] **מַפְרֶסֶת פַּרְסָה וְשֶׁסַע אֵינֶנָּה שֹׁסַעַת.** כְּגוֹן גָּמָל, שֶׁפַּרְסָתוֹ סְדוּקָה לְמַעְלָה אֲבָל לְמַטָּה הִיא מְחֻבֶּרֶת. כָּאן לִמֶּדְךָ שֶׁנִּבְלַת בְּהֵמָה טְמֵאָה מְטַמְּאָה, וּבָעִנְיָן שֶׁבְּסוֹף הַפָּרָשָׁה (להלן פסוקים לט-מ) פֵּרַשׁ עַל בְּהֵמָה טְהוֹרָה:

כז] **עַל כַּפָּיו.** כְּגוֹן כֶּלֶב וְדֹב וְחָתוּל: **טְמֵאִים הֵם לָכֶם.** לְמַגָּע:

כט] **וְזֶה לָכֶם הַטָּמֵא.** כָּל טֻמְאוֹת הַלָּלוּ אֵינָן לְאִסּוּר אֲכִילָה, אֶלָּא לְטֻמְאָה מַמָּשׁ, לִהְיוֹת טָמֵא בְּמַגָּעָן, וְנֶאֱסָר לֶאֱכֹל תְּרוּמָה וְקָדָשִׁים וְלִכָּנֵס לַמִּקְדָּשׁ: **הַחֹלֶד.** מוסטיל״ח: **וְהַצָּב.** פרויי״ט שֶׁדּוֹמֶה לִצְפַרְדֵּעַ:

העולם | **חֹלֶד** לפי הספרא (שמיני ה,ד) ותרגום אונקלוס, זהה לחולדה (שם מדעי: Raatus) (פליקס). אולם מרבית המפרשים והחוקרים זיהו אותו עם היצור המכונה היום חולד (שם מדעי: Spalax ehrenbergi), ובלשון המשנה – 'אישות'. זהו מכרסם חסר זנב ובעל רגליים קצרות מאוד ממשפחת החולדיים הנפוץ בכל הארץ. אורכו 12–25 ס"מ, גופו גלילי ומסורבל, והוא מכוסה בפרווה קטיפתית אפורה. עיניו מנוונות ושקועות תחת העור. החולד חי במחילות תת־קרקעיות, ניזון משורשים ומפקעות

ביאור

כד **וּלְאֵלֶּה** שיבוארו מיד **תִּטַּמָּאוּ**, לא רק במשמעות איסור אכילה,
אלא גם **כָּל הַנֹּגֵעַ בְּנִבְלָתָם יִטְמָא עַד הָעָרֶב.** כה ונוסף על כך, **כָּל הַנֹּשֵׂא**
מִנִּבְלָתָם אף אם אינו נוגע,[44] כגון שנושא אותם בתוך שק - **יְכַבֵּס**
בְּגָדָיו וְטָמֵא עַד הָעָרֶב. הנשיאה מטמאת אותו ואת הבגדים שעליו.
כו בין היצורים שנבלתם מטמאת במגע ובמשא נכללים גם - **לְכָל**
הַבְּהֵמָה אֲשֶׁר הִוא מַפְרֶסֶת פַּרְסָה וְשֶׁסַע אֵינֶנָּה שֹׁסַעַת, כמו סוס
למשל, שיש לו פרסה עגולה אחת, אך אין היא שסועה, או - **וְגֵרָה**
אֵינֶנָּה מַעֲלָה, כאמור - **טְמֵאִים הֵם לָכֶם, כָּל הַנֹּגֵעַ בָּהֶם**, בנבלתם
המתה - **יִטְמָא.** כז וכן **כֹּל הוֹלֵךְ עַל כַּפָּיו**, שאין לו פרסות **בְּכָל הַחַיָּה**
הַהֹלֶכֶת עַל אַרְבַּע, בכלל זה רוב מיני היונקים - **טְמֵאִים הֵם לָכֶם; כָּל**
הַנֹּגֵעַ בְּנִבְלָתָם יִטְמָא עַד הָעָרֶב, כח וכן **הַנֹּשֵׂא אֶת נִבְלָתָם יְכַבֵּס בְּגָדָיו**
וְטָמֵא עַד הָעָרֶב, טְמֵאִים הֵמָּה לָכֶם.

כט **וְזֶה לָכֶם הַטָּמֵא בַּשֶּׁרֶץ הַשֹּׁרֵץ**, המתהלך ומתרבה **עַל הָאָרֶץ**. אלה הם
יצורים נמוכים, שאינם משתייכים בהכרח לקבוצה זואולוגית אחת:
הַחֹלֶד, שאולי הוא אישות, בעל חיים הדומה לחפרפרת **וְהָעַכְבָּר**,
המזוהה בוודאות עם היצור המכונה כך היום **וְהַצָּב לְמִינֵהוּ**. אמנם
יש שקישרו את הצב, המופיע באזכור יחידאי במקרא, ליצור המוקף
שריון שנקרא כך גם בימינו, אבל לפי דעות רבות אחרות זהו יצור

מימין: חֹלֶד
משמאל: חרדון צב ('צב'?)

העולם

ופוגע בחקלאות. יש הרואים בחולד שם כללי לכל קבוצת המכרסמים הגדולים מעכבר (מ' כסלו).

צָב לפי חז"ל (ספרא ו,ז; חולין קכז ע"א) ותרגומים ארמיים (יונתן, השומרוני, הפשיטתא), הוא חרדון, כלומר מין לטאה. גם תרגום השבעים והלטיני אינם מזהים אותו עם בעל החיים המכונה בפינו צב, אלא עם התנין (κροκόδειλος=crocodilus). במחקר הוא מזוהה עם חרדון הצב (שם מדעי: Uromastix aegyptius), לטאה גדולה ממשפחת החרדוניים הנפוצה בנגב. אורכה כ־75 ס"מ ומשקלה מגיע עד 3 ק"ג.

וְהָאֲנָקָה וְהַכֹּחַ וְהַלְּטָאָה וְהַחֹמֶט וְהַתִּנְשָׁמֶת׃ אֵלֶּה ל לא
הַטְּמֵאִים לָכֶם בְּכָל־הַשָּׁרֶץ כָּל־הַנֹּגֵעַ בָּהֶם בְּמֹתָם
יִטְמָא עַד־הָעָרֶב׃ וְכֹל אֲשֶׁר־יִפֹּל־עָלָיו מֵהֶם ׀ בְּמֹתָם לב
יִטְמָא מִכָּל־כְּלִי־עֵץ אוֹ בֶגֶד אוֹ־עוֹר אוֹ שָׂק כָּל־כְּלִי
אֲשֶׁר־יֵעָשֶׂה מְלָאכָה בָּהֶם בַּמַּיִם יוּבָא וְטָמֵא עַד־
שביעי הָעֶרֶב וְטָהֵר׃ וְכָל־כְּלִי־חֶרֶשׂ אֲשֶׁר־יִפֹּל מֵהֶם אֶל־ לג
תּוֹכוֹ כֹּל אֲשֶׁר בְּתוֹכוֹ יִטְמָא וְאֹתוֹ תִשְׁבֹּרוּ׃ מִכָּל־ לד

רש"י | ל| **אֲנָקָה.** הריצו"ן: **הַלְּטָאָה.** לויסרד"א: **חֹמֶט.** לימצ"א: **תִּנְשָׁמֶת.** טלפ"א: לב| **בַּמַּיִם יוּבָא.** וְאַף לְאַחַר טְבִילָתוֹ טָמֵא הוּא לִתְרוּמָה "עַד הָעֶרֶב", וְאַחַר כָּךְ "וְטָהֵר" בְּהַעֲרֵב שֶׁמֶשׁ:

לג| **אֶל תּוֹכוֹ.** אֵין כְּלִי חֶרֶס מְטַמֵּא אֶלָּא מֵאֲוִירוֹ: **כֹּל אֲשֶׁר בְּתוֹכוֹ יִטְמָא.** הַכְּלִי חוֹזֵר וּמְטַמֵּא מַה שֶּׁבַּאֲוִירוֹ: **וְאֹתוֹ תִשְׁבֹּרוּ.** לָמַד שֶׁאֵין לוֹ טָהֳרָה בְּמִקְוֶה:

מימין: חדף ('אנקה'?)
משמאל: עלוקה ('אנקה'?)

העולם | **אֲנָקָה** אונקלוס תרגם: 'ילא', שעל פי התיאור התלמודי (בבא בתרא ד ע"א) היא מה שאנו מכנים קיפוד (שם מדעי: Erinaceus concolor), ובעקבותיו פירש גם רש"י. לפי השבעים והתרגום הלטיני האנקה היא החדף (שם מדעי: Crocidura), מין עכבר קטן. יש חוקרים המפרשים את שמה כמציין קול אנקה, ולכן מזהים אותה עם לטאה המשמיעה קול, כגון שממית הבית (שם מדעי: Gecko), מניפנית מצויה (שם מדעי: Ptyodactylus hasselquistii guttatus) או זיקית (שם מדעי: Chamaeleon vulgaris). והערוך פירש כי היא העלוקה (שם מדעי: Hirudinida), מין תולעת טפילה המתקיימת ממציצת דמם של בעלי חיים.

כֹּחַ לפי תרגום השבעים והתרגום הלטיני, הוא (χαμαιλέων=chamaeleon), כלומר זיקית. כיום מקובל לזהותה עם הלטאה הנקראת 'הכוח האפור' (שם מדעי: Varanus griseus), הלטאה הארוכה בארץ ישראל, העשויה להגיע לאורך של 1.5 מ'. צבעה אפור–צהבהב, והיא מצויה בעיקר בנגב. מכיוון שהיא

ביאור |
אחר.[45] ל וְהָאֲנָקָה וְהַכֹּחַ וְהַלְּטָאָה. ייתכן שהיא היצור הקרוי כך היום,
והוא השכיח מכל אלה. וְהַחֹמֶט וְהַתִּנְשָׁמֶת, מיני זוחלים. התנשמת
שהופיעה ברשימת העופות לעיל, שונה כנראה מן השרץ הקרוי
תנשמת, שזיהויו אינו ודאי. היו שהסבירו שייחסו את שמו לקול
הנשיפה שהוא משמיע. לא אֵלֶּה הַטְּמֵאִים לָכֶם בְּכָל הַשָּׁרֶץ, במובן זה
שכָּל הַנֹּגֵעַ בָּהֶם בְּמֹתָם יִטְמָא עַד הָעָרֶב. מלבד האיסור לאכלם – שנובע
מהיעדר סימני הטהרה מהם, הם גם מטמאים כשהם מתים את
הנוגע בהם. יצורים כאלה שכיחים בסביבת בני אדם, בפרט באזורים
כפריים. לכן טומאת שרץ רווחת במיוחד.

לב לא רק אדם הנוגע בהם נטמא – וְכֹל דבר אֲשֶׁר יִפֹּל עָלָיו מֵהֶם,
אחד מהשרצים הללו בְּמֹתָם – יִטְמָא. ועתה יפורט הכלל: מִכָּל כְּלִי
עֵץ אוֹ בֶגֶד אוֹ עוֹר אוֹ שָׂק – כָּל כְּלִי מעוצב אֲשֶׁר יֵעָשֶׂה מְלָאכָה בָּהֶם,
שמיועד למלאכה, ולא חומר גלם או כלי באמצע תהליך עיצובו –[46]
בַּמַּיִם יוּבָא, יוטבל וְטָמֵא עַד הָעֶרֶב, ואז – וְטָהֵר. לג וְכָל כְּלִי חֶרֶשׂ, חרס
אֲשֶׁר יִפֹּל מֵהֶם אֶל תּוֹכוֹ – כֹּל אֲשֶׁר נמצא בְּתוֹכוֹ יִטְמָא, גם אם השרץ
המת לא נגע בו. כל חללו של כלי החרס נעשה טמא, לעומת שאר
מיני הכלים הנטמאים ומטמאים במגע ולא באוויר. הבדל נוסף בין

מימין: כֹּחַ
משמאל: חֹמֶט

העולם |

ניצודת ונאכלת, יש מקום לאסור את אכילתה.

חֹמֶט לפי השבעים (σαῦρα=saura) ולפי התרגום הלטיני (lacerta), זהו שם כללי ללטאה. היו שזיהו את החומט עם לטאה מסוימת: רס"ג תרגם לערבית 'אל חדבה', כלומר זיקית, וחוקרים זיהו אותו עם לטאות ממשפחת החומטיים (Scincida) – לטאות דמויות נחש, שרגליהן לעתים מנוונות, ועורן קשה, הדוק ומתוח, כגון נחושית החולות (שם מדעי: Trachylepis acutilabris) (אהרוני, פליקס). רש"י ומפרשים אחרים פירשוהו כמין חילזון או שבלול. (וראו תוספות הרי"ד חגיגה יא ע"ב).

תִּנְשֶׁמֶת (שרץ) התרגומים לארמית זיהו אותה עם הסלמנדרה; לחלופין היו שפירשו כי שמה מייצג את קולות נשימתה ונשיפתה, ולכן זיהו אותה עם שרצים המשמיעים קולות בעת נשימתם, כגון שממית (שם מדעי: Gekko) או זיקית (שם מדעי: Chamaeleon vulgaris); היו שהסבירו את משמעות השם במראה החריג של השרץ, המעורר השתוממות והתפעלות (ראב"ע); ואחרים זיהו את התנשמת עם החפרפרת (רש"י) והכוח.

הָאֹכֶל אֲשֶׁר יֵאָכֵל אֲשֶׁר יָבוֹא עָלָיו מַיִם יִטְמָא
וְכָל־מַשְׁקֶה אֲשֶׁר יִשָּׁתֶה בְּכָל־כְּלִי יִטְמָא׃ וְכֹל לה
אֲשֶׁר־יִפֹּל מִנִּבְלָתָם | עָלָיו יִטְמָא תַּנּוּר וְכִירַיִם
יֻתָּץ טְמֵאִים הֵם וּטְמֵאִים יִהְיוּ לָכֶם׃ אַךְ מַעְיָן וּבוֹר לו

רש"י

לד | מִכָּל הָאֹכֶל אֲשֶׁר יֵאָכֵל. מוּסָב עַל מִקְרָא הָעֶלְיוֹן: כֹּל אֲשֶׁר בְּתוֹכוֹ יִטְמָא, מִכָּל הָאֹכֶל אֲשֶׁר יֵאָכֵל אֲשֶׁר בָּאוּ עָלָיו מַיִם, וְהוּא בְּתוֹךְ כְּלִי חֶרֶס הַטָּמֵא, יִטְמָא. לָמַדְנוּ מִכָּאן דְּבָרִים הַרְבֵּה: לָמַדְנוּ שֶׁאֵין אֹכֶל מֻכְשָׁר וּמְתֻקָּן לְקַבֵּל טֻמְאָה עַד שֶׁיָּבוֹאוּ עָלָיו מַיִם פַּעַם אַחַת, וּמִשֶּׁבָּאוּ עָלָיו מַיִם פַּעַם אַחַת מְקַבֵּל טֻמְאָה לְעוֹלָם וַאֲפִלּוּ נָגוּב; וְהַיַּיִן וְהַשֶּׁמֶן וְכָל הַנִּקְרָא מַשְׁקֶה מַכְשִׁיר זְרָעִים לְטֻמְאָה כַּמַּיִם, שֶׁכָּךְ יֵשׁ לִדְרֹשׁ הַמִּקְרָא: "אֲשֶׁר יָבוֹא עָלָיו מַיִם" אוֹ "כָּל מַשְׁקֶה אֲשֶׁר יִשָּׁתֶה בְּכָל כְּלִי, יִטְמָא" הָאֹכֶל. וְעוֹד לָמְדוּ רַבּוֹתֵינוּ מִכָּאן שֶׁאֵין וְלַד הַטֻּמְאָה מְטַמֵּא כֵּלִים, שֶׁכָּךְ שָׁנִינוּ: יָכוֹל יְהוּ כָּל הַכֵּלִים מִטַּמְּאִין מֵאֲוִיר כְּלִי חֶרֶס? תַּלְמוּד לוֹמַר: "כֹּל אֲשֶׁר בְּתוֹכוֹ יִטְמָא... מִכָּל הָאֹכֶל" – אֹכֶל וּמַשְׁקֶה מִטַּמֵּא מֵאֲוִיר כְּלִי חֶרֶס, וְאֵין כָּל הַכֵּלִים מִטַּמְּאִין מֵאֲוִיר כְּלִי חֶרֶס; לְפִי שֶׁהַשֶּׁרֶץ אַב הַטֻּמְאָה וְהַכְּלִי שֶׁנִּטְמָא מִמֶּנּוּ וְלַד הַטֻּמְאָה, לְפִיכָךְ אֵינוֹ חוֹזֵר וּמְטַמֵּא כֵּלִים שֶׁבְּתוֹכוֹ. וְלָמַדְנוּ עוֹד, שֶׁהַשֶּׁרֶץ שֶׁנָּפַל לַאֲוִיר תַּנּוּר וְהַפַּת בְּתוֹכוֹ, וְלֹא נָגַע הַשֶּׁרֶץ בַּפַּת, הַתַּנּוּר רִאשׁוֹן וְהַפַּת שְׁנִיָּה, וְלֹא נֹאמַר רוֹאִין אֶת הַתַּנּוּר כְּאִלּוּ מָלֵא טֻמְאָה וּתְהֵא הַפַּת תְּחִלָּה, שֶׁאִם אַתָּה אוֹמֵר כֵּן, לֹא נִתְמַעֲטוּ כָּל הַכֵּלִים מִלִּטַּמֵּא מֵאֲוִיר כְּלִי חֶרֶס, שֶׁהֲרֵי טֻמְאָה עַצְמָהּ נָגְעָה בָּהֶן מִגַּבָּן. וְלָמַדְנוּ עוֹד עַל בִּיאַת מַיִם שֶׁאֵינָהּ מַכְשֶׁרֶת זְרָעִים אֶלָּא אִם כֵּן נָפְלוּ עֲלֵיהֶן מִשֶּׁנִּתְלְשׁוּ, שֶׁאִם אַתָּה אוֹמֵר מְקַבְּלִין הֶכְשֵׁר בִּמְחֻבָּר, אֵין לְךָ שֶׁלֹּא בָּאוּ עָלָיו מַיִם, וּמַהוּ אוֹמֵר: "אֲשֶׁר יָבוֹא עָלָיו מַיִם"? וְלָמַדְנוּ עוֹד שֶׁאֵין אֹכֶל מְטַמֵּא אֲחֵרִים אֶלָּא אִם כֵּן יֵשׁ בּוֹ כַּבֵּיצָה, שֶׁנֶּאֱמַר: "אֲשֶׁר יֵאָכֵל" – אֹכֶל הַנֶּאֱכָל בְּבַת אַחַת, וְשִׁעֲרוּ חֲכָמִים אֵין בֵּית הַבְּלִיעָה מַחֲזִיק יוֹתֵר מִבֵּיצַת תַּרְנְגֹלֶת:

לה | תַּנּוּר וְכִירַיִם. כֵּלִים הַמִּטַּלְטְלִין הֵן, וְהֵן שֶׁל חֶרֶס וְיֵשׁ לָהֶן תּוֹךְ, וְשׁוֹפֵת עַל נֶקֶב הֶחָלָל אֶת הַקְּדֵרָה, וּשְׁנֵיהֶם פִּיהֶם לְמַעְלָה: יֻתָּץ. שֶׁאֵין לִכְלִי חֶרֶס טָהֳרָה בִּטְבִילָה: וּטְמֵאִים יִהְיוּ לָכֶם. שֶׁלֹּא תֹּאמַר מְצֻוֶּה אֲנִי לְנָתְצָם, תַּלְמוּד לוֹמַר: "וּטְמֵאִים יִהְיוּ לָכֶם", אִם רָצָה לְקַיְּמָן בְּטֻמְאָתָן – רַשַּׁאי:

הרחבות | 'ואֹתו תשבֹּרו' ראוי להעיר, כי אין האדם חייב לטהר את כליו או לשבור כלי חרס שנטמא. אמנם כל מה שייכנס לתוך הכלי מכאן והלאה יטמא, אבל מותר לאדם לשמור את הכלי בטומאתו, אם אין הוא מעוניין להיזהר מטומאה. (ראו רש"י פס' לה ובביאור לעיל פס' ח ולהלן יז,טז).

'מכל האֹכל אשר יֵאָכל אשר יבוא עליו מים יטמא' לפני קטיפתו של פרי או של ירק אין הוא נטמא, משום שעדיין איננו

ביאור | כלי החרס לבין שאר הכלים, שאותם מטהרת הכנסתם במים, **וְאֹתוֹ** – את כלי החרס **תִשְׁבֹּרוּ**, שכן הוא נשאר טמא כל עוד הוא בגדר כלי.

לד לא רק אדם וכלים שהשרץ או טומאות אחרות דוגמתו נוגעים בהם נטמאים. **מִכָּל הָאֹכֶל אֲשֶׁר יֵאָכֵל, אֲשֶׁר יָבוֹא עָלָיו** – על המאכל **מַיִם** – **יִטְמָא**, יוכל לקבל טומאה. המאכל המוצק יכול לקבל טומאה רק אם בא במים, ולעומתו – **וְכָל מַשְׁקֶה אֲשֶׁר יִשָּׁתֶה**, שהוא ראוי לשתייה[47] **בְּכָל כְּלִי** – **יִטְמָא**, ואיננו טעון הכשרה אחרת.[48]

לה **וְכֹל אֲשֶׁר יִפֹּל מִנִּבְלָתָם** של השרצים **עָלָיו** – **יִטְמָא**. למשל, **תַּנּוּר וְכִירַיִם**, מתקן בישול העשוי ככיור ושופתים בתוכו או מעליו קדרות.[49] התנור והכיריים עשויים מחרס, ואם ייפול לתוכם שרץ – **יֻתָּץ**, יש לנתצם, כי **טְמֵאִים הֵם** למרות שהם קבועים בקרקע, **וּטְמֵאִים יִהְיוּ לָכֶם**, ואין דרך לטהר אותם.

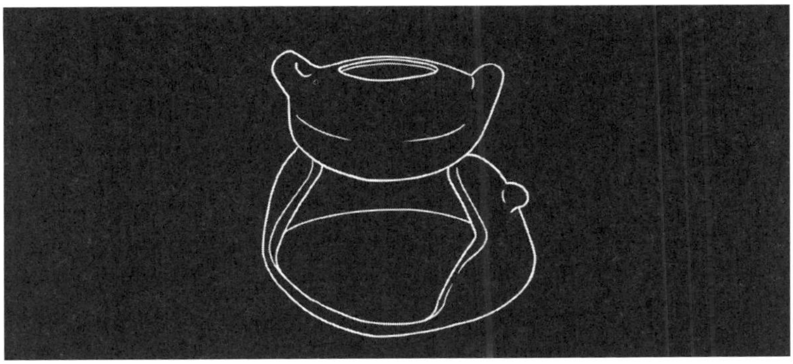

כירה
ועליה קדֵרה

הרחבות | נחשב מאכל. לאחר קטיפתו הוא נטמא רק אם נפלו עליו מים – כנראה רק מים שנועדו לשימוש או לתיקון והשבחה כלשהם – נעשה 'מוכשר לקבל טומאה'. (ראו מכשירין א,א והלאה; תוספתא טהרות י,ד; קדושין נט ע"ב ועוד). פֵּרות פזורים על האדמה שירד עליהם גשם, למשל, אינם נחשבים בגדר זה, משום שלא הורטבו בכוונת אדם. (ראו מכשירין א; רמב"ם, הלכות טומאת אוכלין יב).

לז מִקְוֵה־מַ֖יִם יִהְיֶ֣ה טָה֑וֹר וְנֹגֵ֥עַ בְּנִבְלָתָ֖ם יִטְמָֽא׃ וְכִ֤י
יִפֹּל֙ מִנִּבְלָתָ֔ם עַל־כָּל־זֶ֥רַע זֵר֖וּעַ אֲשֶׁ֣ר יִזָּרֵ֑עַ טָה֖וֹר
לח ה֑וּא׃ וְכִ֤י יֻתַּן־מַ֙יִם֙ עַל־זֶ֔רַע וְנָפַ֥ל מִנִּבְלָתָ֖ם עָלָ֑יו טָמֵ֥א
לט ה֖וּא לָכֶֽם׃ וְכִ֤י יָמוּת֙ מִן־הַבְּהֵמָ֔ה אֲשֶׁר־
הִ֥יא לָכֶ֖ם לְאָכְלָ֑ה הַנֹּגֵ֥עַ בְּנִבְלָתָ֖הּ יִטְמָ֥א עַד־הָעָֽרֶב׃
מ וְהָֽאֹכֵל֙ מִנִּבְלָתָ֔הּ יְכַבֵּ֥ס בְּגָדָ֖יו וְטָמֵ֣א עַד־הָעָ֑רֶב
וְהַנֹּשֵׂא֙ אֶת־נִבְלָתָ֔הּ יְכַבֵּ֥ס בְּגָדָ֖יו וְטָמֵ֥א עַד־הָעָֽרֶב׃
מא וְכָל־הַשֶּׁ֖רֶץ הַשֹּׁרֵ֣ץ עַל־הָאָ֑רֶץ שֶׁ֥קֶץ ה֖וּא לֹ֥א יֵאָכֵֽל׃

רש"י

לו) **אַךְ מַעְיָן וּבוֹר מִקְוֵה מַיִם.** הַמְחֻבָּרִים לַקַּרְקַע, אֵין מְקַבְּלִין טֻמְאָה. וְעוֹד יֵשׁ לְךָ לִלְמֹד, "יִהְיֶה טָהוֹר" הַטּוֹבֵל בָּהֶם מִטֻּמְאָתוֹ: **וְנֹגֵעַ בְּנִבְלָתָם יִטְמָא.** אֲפִלּוּ הוּא בְּתוֹךְ מַעְיָן וּבוֹר וְנוֹגֵעַ בְּטֻמְאָתָם – יִטְמָא, שֶׁלֹּא תֹּאמַר קַל וָחֹמֶר: אִם מְטַהֵר אֶת הַטְּמֵאִים מִטֻּמְאָתָם, קַל וָחֹמֶר שֶׁיַּצִּיל אֶת הַטָּהוֹר מִלִּטַּמֵּא, לְכָךְ נֶאֱמַר: "וְנֹגֵעַ בְּנִבְלָתָם יִטְמָא":

לז) **זֶרַע זֵרוּעַ.** זְרִיעָה שֶׁל מִינֵי זֵרְעוֹנִין. 'זֵרוּעַ' שֵׁם דָּבָר הוּא, כְּמוֹ: "וְיִתְּנוּ לָנוּ מִן הַזֵּרֹעִים" (דניאל א, יב): **טָהוֹר הוּא.** לִמֶּדְךָ הַכָּתוּב שֶׁלֹּא הֻכְשַׁר וְנִתְקַן לִקְרוֹת אֹכֶל לְקַבֵּל טֻמְאָה עַד שֶׁיָּבוֹאוּ עָלָיו מַיִם:

לח) **וְכִי יֻתַּן מַיִם עַל זֶרַע.** לְאַחַר שֶׁנִּתְלַשׁ, שֶׁאִם תֹּאמַר יֵשׁ הֶכְשֵׁר בִּמְחֻבָּר, אֵין לְךָ זֶרַע שֶׁלֹּא הֻכְשַׁר: **מַיִם עַל זֶרַע.** בֵּין מַיִם בֵּין שְׁאָר מַשְׁקִין, בֵּין הֵם עַל הַזֶּרַע בֵּין זֶרַע נוֹפֵל לְתוֹכָן, הַכֹּל נִדְרָשׁ בְּתוֹרַת כֹּהֲנִים (פרק יא, ו, ט): **וְנָפַל מִנִּבְלָתָם עָלָיו.** אַף מִשֶּׁנִּגַּב מִן הַמַּיִם, שֶׁלֹּא הִקְפִּידָה תּוֹרָה אֶלָּא לִהְיוֹת עָלָיו שֵׁם אֹכֶל, וּמִשֶּׁיָּרַד לוֹ הֶכְשֵׁר קַבָּלַת טֻמְאָה פַּעַם אַחַת, שׁוּב אֵינוֹ נֶעֱקָר הֵימֶנּוּ:

לט) **בְּנִבְלָתָהּ.** וְלֹא בַּעֲצָמוֹת וְגִידִים וְלֹא בְּקַרְנַיִם וּטְלָפַיִם וְלֹא בְּעוֹר:

מ) **וְהַנֹּשֵׂא אֶת נִבְלָתָהּ.** חֲמוּרָה טֻמְאַת מַשָּׂא מִטֻּמְאַת מַגָּע, שֶׁהַנּוֹשֵׂא מְטַמֵּא בְּגָדִים, וְהַנּוֹגֵעַ אֵין בְּגָדָיו טְמֵאִין, שֶׁלֹּא נֶאֱמַר בּוֹ: "יְכַבֵּס בְּגָדָיו": **וְהָאֹכֵל מִנִּבְלָתָהּ.** יָכוֹל תְּטַמְּאֶנּוּ אֲכִילָתוֹ? כְּשֶׁהוּא אוֹמֵר בְּנִבְלַת עוֹף טָהוֹר: "לֹא יֹאכַל לְטָמְאָה בָהּ" (להלן כב, ח), בָּהּ אַתָּה מְטַמֵּא בְּגָדִים בַּאֲכִילָתָהּ, וְאֵין נִבְלַת בְּהֵמָה מְטַמְּאָה בְּגָדִים בַּאֲכִילָתָהּ בְּלֹא מַגָּע אוֹ בְּלֹא מַשָּׂא, כְּגוֹן אִם תְּחָבָהּ לוֹ חֲבֵרוֹ בְּבֵית הַבְּלִיעָה. אִם כֵּן, מַה תַּלְמוּד לוֹמַר: "הָאֹכֵל"? לִתֵּן שִׁעוּר לַנּוֹשֵׂא וְלַנּוֹגֵעַ כְּדֵי אֲכִילָה, וְהוּא כַּזַּיִת: **וְטָמֵא עַד הָעָרֶב.** אַף עַל פִּי שֶׁטָּבַל, צָרִיךְ הַעֲרֵב שֶׁמֶשׁ:

מא) **הַשֹּׁרֵץ עַל הָאָרֶץ.** לְהוֹצִיא אֶת הַיַּתּוּשִׁין שֶׁבִּכְלִיסִין וְשֶׁבַּפּוֹלִין וְאֶת הַזִּיזִין שֶׁבַּעֲדָשִׁים, שֶׁהֲרֵי לֹא שָׁרְצוּ עַל הָאָרֶץ אֶלָּא בְּתוֹךְ הָאֹכֶל, אֲבָל מִשֶּׁיָּצְאוּ לָאֲוִיר וְשָׁרְצוּ הֲרֵי נֶאֶסְרוּ: **לֹא יֵאָכֵל.** לְחַיֵּב עַל הַמַּאֲכִיל כָּאוֹכֵל. וְאֵין קָרוּי שֶׁרֶץ אֶלָּא דָּבָר נָמוּךְ קְצַר רַגְלַיִם שֶׁאֵינוֹ נִרְאֶה אֶלָּא כְּרוֹחֵשׁ וָנָד:

ביאור

לו **אַךְ מַעְיָן וּבוֹר, מִקְוֵה מַיִם יִהְיֶה טָהוֹר**, המים שבמעיין או הקוויים
והאסופים בקרקע נשארים בטהרתם. וְעם זאת, כל **נֹגֵעַ בְּנִבְלָתָם**
של שרצים **יִטְמָא**. שרץ שנופל לתוך מקווה מים, נשאר שרץ טמא,
וגם מטמא את מי שייגע בו.[50] אולם המקווה עצמו יישאר בטהרתו.

לז **וְכִי יִפֹּל מִנִּבְלָתָם** של אותם השרצים, או של בעלי החיים הנזכרים,
עַל כָּל זֶרַע זֵרוּעַ אֲשֶׁר יִזָּרֵעַ, על זרעים סתם, שאינם מאכל מתוקן – **טָהוֹר
הוּא**. לח אולם – **וְכִי יֻתַּן מַיִם עַל זֶרַע**, אם הזרע איננו במצבו הטבעי,
אלא נתנו עליו מים בכוונה, **וְנָפַל מִנִּבְלָתָם** של השרצים הללו
עָלָיו – **טָמֵא הוּא לָכֶם**, כפי שכבר נזכר על מאכלים בכלל. בניגוד
לכלים, שעוצבו ונגמרו על ידי אדם, זרעים או מאכלים אחרים
צריכים לעבור 'הכשרה לקבל טומאה' באמצעות מים או שאר
נוזלים המוגדרים כמשקים.[51] אם נפלו נוזלים אלה במודע על הזרע
או על דבר מאכל אחר, הוא נחשב מאכל מותקן, ומכאן ואילך הוא
עשוי להיטמא.

לט **וְכִי יָמוּת מִן הַבְּהֵמָה אֲשֶׁר הִיא לָכֶם לְאָכְלָה**, בהמה שמצד סוגה
הייתה מותרת באכילה, ובכל זאת, אם היא מתה – **הַנֹּגֵעַ בְּנִבְלָתָהּ
יִטְמָא עַד הָעָרֶב**. מ **וְהָאֹכֵל מִנִּבְלָתָהּ יְכַבֵּס בְּגָדָיו וְטָמֵא עַד הָעָרֶב, וְהַנֹּשֵׂא
אֶת נִבְלָתָהּ**, גם ללא מגע,[52] **יְכַבֵּס בְּגָדָיו וְטָמֵא עַד הָעָרֶב**. טומאת המגע
וטומאת המשא מתייחסות לבהמות שבעודן חיות הן טהורות,
ולמרות זאת נבלתן לא רק אסורה באכילה, אלא אף מטמאה.

מא **וְכָל הַשֶּׁרֶץ הַשֹּׁרֵץ עַל הָאָרֶץ**, היצורים הקטנים שאינם נכללים
ברשימת השרצים המטמאים את הנוגע בהם במותם[53] – **שֶׁקֶץ הוּא**,

הרחבות

'מקוה מים יהיה טהור' זהו מקור השם 'מקווה' למאגר מים שנועד לטהרה. הגדרותיהם של מקוואות ושיעוריהם הם נושא מורכב ומפורט. באופן כללי כדי שמקווה יטהר, עליו להיות גדול דיו להכיל את כל גופו של אדם. (ראו חגיגה יא ע"א). גם שאר מקוואות – כמו מים שנקוו בשלולית, למשל – יכולים לשמש לטהרה במקרים מסוימים, אך אין הם מועילים כמקווה לבני אדם הן מחמת קוטנם והן משום שאינם יציבים וקבועים. (ראו מקוואות א א-ז).
האמירה אַךְ מַעְיָן וּבוֹר, מִקְוֵה מַיִם יִהְיֶה טָהוֹר שהיא המקור להגדרת הטהרה, מעוררת תמיהה: מצד אחד, נאמר לעיל שכאשר מים נוגעים במאכל כלשהו, הם הופכים אותו 'מוכשר לקבל טומאה'. וכן המים עצמם, הם בכלל כָּל מַשְׁקֶה אֲשֶׁר יִשָּׁתֶה בְּכָל כְּלִי, המקבל טומאה. ומצד שני, אנשים וכלים נטהרים על ידי טבילה במים, ככתוב: בַּמַּיִם יוּבָא; וְרָחַץ בַּמַּיִם (להלן יא,לב; טו,ה-יא). השאלה היא אפוא אם המים עצמם מטהרים או מטמאים. מכאן עולה, שהמים המטמאים הם דווקא מים שאינם טבעיים לחלוטין, שנאגרו בכלי או שנעשה בהם שימוש אחר. מים טבעיים, כמי מעיין או בור, אינם יכולים להיטמא או לטמא. מקווה המים הטבעי טהור במהותו, ולכן כאשר מכניסים אדם או חפץ טמאים לתוכו הם מיטהרים. חילוק זה נרמז בייתור המלים כָּל מַשְׁקֶה אֲשֶׁר יִשָּׁתֶה בְּכָל כְּלִי (ראו ספרא ורמב"ן).

כֹּל הוֹלֵךְ עַל־גָּחוֹן וְכֹל ׀ הוֹלֵךְ עַל־אַרְבַּע עַד כָּל־ מב
מַרְבֵּה רַגְלַיִם לְכָל־הַשֶּׁרֶץ הַשֹּׁרֵץ עַל־הָאָרֶץ לֹא
תֹאכְלוּם כִּי־שֶׁקֶץ הֵם׃ אַל־תְּשַׁקְּצוּ אֶת־נַפְשֹׁתֵיכֶם מג
בְּכָל־הַשֶּׁרֶץ הַשֹּׁרֵץ וְלֹא תִטַּמְּאוּ בָּהֶם וְנִטְמֵתֶם בָּם׃
כִּי אֲנִי יהוה אֱלֹהֵיכֶם וְהִתְקַדִּשְׁתֶּם וִהְיִיתֶם קְדֹשִׁים מד
כִּי קָדוֹשׁ אָנִי וְלֹא תְטַמְּאוּ אֶת־נַפְשֹׁתֵיכֶם בְּכָל־
מפטיר הַשֶּׁרֶץ הָרֹמֵשׂ עַל־הָאָרֶץ׃ כִּי ׀ אֲנִי יהוה הַמַּעֲלֶה מה
אֶתְכֶם מֵאֶרֶץ מִצְרַיִם לִהְיֹת לָכֶם לֵאלֹהִים וִהְיִיתֶם
קְדֹשִׁים כִּי קָדוֹשׁ אָנִי׃ זֹאת תּוֹרַת הַבְּהֵמָה וְהָעוֹף מו
וְכֹל נֶפֶשׁ הַחַיָּה הָרֹמֶשֶׂת בַּמָּיִם וּלְכָל־נֶפֶשׁ הַשֹּׁרֶצֶת
עַל־הָאָרֶץ׃ לְהַבְדִּיל בֵּין הַטָּמֵא וּבֵין הַטָּהֹר וּבֵין מז
הַחַיָּה הַנֶּאֱכֶלֶת וּבֵין הַחַיָּה אֲשֶׁר לֹא תֵאָכֵל׃

רש"י

מב) **הוֹלֵךְ עַל גָּחוֹן.** זֶה נָחָשׁ, וּלְשׁוֹן 'גָּחוֹן' – שְׁחִיָּה, שֶׁהוֹלֵךְ שַׁח וְנוֹפֵל עַל מֵעָיו: **וְכֹל הוֹלֵךְ.** לְהָבִיא הַשִּׁלְשׁוּלִין וְאֶת הַדּוֹמֶה לַדּוֹמֶה: **הוֹלֵךְ עַל אַרְבַּע.** זֶה עַקְרָב: **כֹּל.** לְהָבִיא אֶת הַחִפּוּשִׁית, אשקרבו"ט בְּלַעַז, וְאֶת הַדּוֹמֶה לַדּוֹמֶה: **מַרְבֵּה רַגְלַיִם.** זֶה נָדָל, שֶׁרֶץ שֶׁיֵּשׁ לוֹ רַגְלַיִם מֵרֹאשׁוֹ וְעַד זְנָבוֹ לְכָאן וּלְכָאן, וְקוֹרִין ענטפיד"ש:

מג) **אַל תְּשַׁקְּצוּ.** בַּאֲכִילָתָן, שֶׁהֲרֵי כְּתִיב: "נַפְשֹׁתֵיכֶם", וְאֵין שִׁקּוּץ נֶפֶשׁ בְּמַגָּע, וְכֵן: אַל תִּטַּמְּאוּ בַּאֲכִילָתָן: **וְנִטְמֵתֶם בָּם.** אִם אַתֶּם מִטַּמְּאִין בָּהֶם בָּאָרֶץ, אַף אֲנִי מְטַמֵּא אֶתְכֶם בָּעוֹלָם הַבָּא וּבִישִׁיבַת מַעְלָה:

מד) **כִּי אֲנִי ה' אֱלֹהֵיכֶם.** כְּשֵׁם שֶׁאֲנִי קָדוֹשׁ שֶׁאֲנִי ה' אֱלֹהֵיכֶם, כָּךְ "וְהִתְקַדִּשְׁתֶּם", קַדְּשׁוּ עַצְמְכֶם לְמַטָּה: **וִהְיִיתֶם קְדֹשִׁים.** לְפִי, שֶׁאֲנִי אֲקַדֵּשׁ אֶתְכֶם לְמַעְלָה וּבָעוֹלָם הַבָּא: **וְלֹא תְטַמְּאוּ וְגוֹ'.** לַעֲבֹר עֲלֵיהֶם בְּלָאוִין הַרְבֵּה, וְכָל לָאו – מַלְקוּת. וְזֶהוּ שֶׁאָמְרוּ בַּתַּלְמוּד: אָכַל פּוּטִיתָא לוֹקֶה אַרְבַּע, נְמָלָה לוֹקֶה חָמֵשׁ, צִרְעָה לוֹקֶה שֵׁשׁ:

מה) **כִּי אֲנִי ה' הַמַּעֲלֶה אֶתְכֶם.** עַל מְנָת שֶׁתְּקַבְּלוּ מִצְוֹתַי הֶעֱלֵיתִי אֶתְכֶם:

מז) **לְהַבְדִּיל.** לֹא בִּלְבַד הַשּׁוֹנֶה, אֶלָּא שֶׁתְּהֵא יוֹדֵעַ וּמַכִּיר וּבָקִי בָּהֶן: **בֵּין הַטָּמֵא וּבֵין הַטָּהֹר.** צָרִיךְ לוֹמַר בֵּין חֲמוֹר לְפָרָה? וַהֲלֹא כְּבָר מְפֹרָשִׁים הֵם! אֶלָּא בֵּין טְמֵאָה לָךְ לִטְהוֹרָה לָךְ, בֵּין נִשְׁחַט חֶצְיוֹ שֶׁל קָנֶה לְנִשְׁחַט רֻבּוֹ: **וּבֵין הַחַיָּה הַנֶּאֱכֶלֶת וְגוֹ'.** צָרִיךְ לוֹמַר בֵּין צְבִי לְעָרוֹד? וַהֲלֹא כְּבָר מְפֹרָשִׁים הֵם! אֶלָּא בֵּין שֶׁנּוֹלַד בָּהּ סִימָנֵי טְרֵפָה כְּשֵׁרָה לְנוֹלַד בָּהּ סִימָנֵי טְרֵפָה פְּסוּלָה:

ביאור

לֹא יֵאָכֵל. מב ולכן **כֹּל הוֹלֵךְ עַל גָּחוֹן**, כמו נחשים, תולעים ושלשולים,
וְכֹל הוֹלֵךְ עַל אַרְבַּע רגליים, בין יונקים ובין יצורים אחרים, כמו
עקרב,[54] ולא רק על ארבע אלא גם על שש, שמונה **וְעַד כָּל מַרְבֵּה
רַגְלַיִם, לְכָל הַשֶּׁרֶץ הַשֹּׁרֵץ עַל הָאָרֶץ – לֹא תֹאכְלוּם כִּי שֶׁקֶץ**, יצורים
מורחקים **הֵם.** מג **אַל תְּשַׁקְּצוּ אֶת נַפְשֹׁתֵיכֶם בְּכָל הַשֶּׁרֶץ הַשֹּׁרֵץ, וְלֹא
תִטַּמְּאוּ בָּהֶם וְנִטְמֵתֶם בָּם.**

מד **כִּי אֲנִי ה' אֱלֹהֵיכֶם, וְהִתְקַדִּשְׁתֶּם וִהְיִיתֶם קְדֹשִׁים כִּי קָדוֹשׁ אָנִי.** אחת
הדרכים להתקדש ולהתקרב אלי היא בהדרת עצמכם ממאכלים
מסוימים. **וְ**לכן **לֹא תְטַמְּאוּ אֶת נַפְשֹׁתֵיכֶם בְּכָל הַשֶּׁרֶץ הָרֹמֵשׂ עַל
הָאָרֶץ.** מה **כִּי אֲנִי ה' הַמַּעֲלֶה אֶתְכֶם מֵאֶרֶץ מִצְרַיִם לִהְיֹת לָכֶם לֵאלֹהִים,
וִהְיִיתֶם קְדֹשִׁים כִּי קָדוֹשׁ אָנִי.** הדינים הללו אינם חלים על המין האנושי
בכללותו אלא על עם ה'. כיוון שעם ישראל נבחר על ידי ה' להיות
מַמְלֶכֶת כֹּהֲנִים וְגוֹי קָדוֹשׁ,[55] עליו להיזהר מאכילתם וממגעם של
כל המוגדרים כטמאים.

ולסיכום: מו **זֹאת תּוֹרַת הַבְּהֵמָה וְהָעוֹף וְכֹל נֶפֶשׁ הַחַיָּה הָרֹמֶשֶׂת,**
המתנועעת והמתרבה **בַּמָּיִם וּלְכָל נֶפֶשׁ הַשֹּׁרֶצֶת עַל הָאָרֶץ.** מז בכולם
יש **לְהַבְדִּיל בֵּין הַטָּמֵא וּבֵין הַטָּהֹר**, בצדדים השונים של טומאה וטהרה
שהוזכרו כאן, החל מטומאה הנובעת ממוות ובה כרוך ריחוק ממגע
וכדומה, כגון טומאת נבלות שנזכרה כאן, ועד המשמעות הנוספת
של חלוקת 'טמא' ו'טהור' –[56] **וּבֵין הַחַיָּה הַנֶּאֱכֶלֶת וּבֵין הַחַיָּה אֲשֶׁר
לֹא תֵאָכֵל.**

הרחבות

'ונטמתם בם' הכתיב החריג של המלה וְנִטְמֵתֶם רומז כי אין כאן רק התייחסות לטומאה אלא גם לטמטום – כיסוי ואטימות. על ידי אכילת היצורים הללו אתם נעשים מעובים, גסים ומטומטמים (יומא לט ע"א); אין הם טובים לא לגופכם ולא לנפשכם. זהו יסוד חשוב ביחס לכל איסורי האכילה, שכן הכתוב אינו טוען שהארנבת גרועה מן הכבש, או שהעופות הכשרים עדיפים במהותם על הטמאים, אלא שאכילתם של אלו תשפיע על האדם לרעה.

'והייתם קדשים' כל הניסיונות להציע טעמים והסברים לאיסורים הללו אינם תקפים. מעין בסיס לאיסורים אלו הוא הנימוק הכללי המופיע כאן, שמהותם וטבעם של ישראל שונים ממהותן וטבען של שאר האומות. (ראו אברבנאל ורש"ר הירש. כפי שכתוב שֶׁקֶץ הֵם לָכֶם – בעבורכם, לא 'שקץ הם' סתם).

תזריע ז וַיְדַבֵּר יְהוָה אֶל־מֹשֶׁה לֵּאמֹר: דַּבֵּר אֶל־בְּנֵי יִשְׂרָאֵל א ב יב
לֵאמֹר אִשָּׁה כִּי תַזְרִיעַ וְיָלְדָה זָכָר וְטָמְאָה שִׁבְעַת
ג יָמִים כִּימֵי נִדַּת דְּוֹתָהּ תִּטְמָא: וּבַיּוֹם הַשְּׁמִינִי יִמּוֹל
ד בְּשַׂר עָרְלָתוֹ: וּשְׁלֹשִׁים יוֹם וּשְׁלֹשֶׁת יָמִים תֵּשֵׁב
בִּדְמֵי טָהֳרָה בְּכָל־קֹדֶשׁ לֹא־תִגָּע וְאֶל־הַמִּקְדָּשׁ לֹא
ה תָבֹא עַד־מְלֹאת יְמֵי טָהֳרָהּ: ס וְאִם־נְקֵבָה תֵלֵד

רש"י | פרק יב

ב | **אִשָּׁה כִּי תַזְרִיעַ.** אָמַר רַבִּי שִׂמְלַאי: כְּשֵׁם שֶׁיְּצִירָתוֹ שֶׁל אָדָם אַחַר כָּל בְּהֵמָה חַיָּה וָעוֹף בְּמַעֲשֵׂה בְרֵאשִׁית, כָּךְ תּוֹרָתוֹ נִתְפָּרְשָׁה אַחַר תּוֹרַת בְּהֵמָה חַיָּה וָעוֹף: **כִּי תַזְרִיעַ.** לְרַבּוֹת שֶׁאֲפִלּוּ יְלָדַתּוּ מְחוּי, שֶׁנִּמְחָה וְנַעֲשָׂה כְּעֵין זֶרַע, אִמּוֹ טְמֵאָה לֵדָה: **כִּימֵי נִדַּת דְּוֹתָהּ תִּטְמָא.** כְּסֵדֶר כָּל טֻמְאָה הָאֲמוּרָה בְּנִדָּה מְטַמְּאָה בְּטֻמְאַת לֵדָה, וַאֲפִלּוּ נִפְתַּח הַקֶּבֶר בְּלֹא דָם: **דְּוֹתָהּ.** לְשׁוֹן דָּבָר הַזָּב מִגּוּפָהּ. לָשׁוֹן אַחֵר, לְשׁוֹן מַדְוֶה וָחֹלִי, שֶׁאֵין אִשָּׁה רוֹאָה דָם שֶׁלֹּא תֶּחֱלֶה, וְרֹאשָׁהּ וְאֵבָרֶיהָ כְּבֵדִין עָלֶיהָ:

ד | **תֵּשֵׁב.** אֵין 'תֵּשֵׁב' אֶלָּא לְשׁוֹן עַכָּבָה, כְּמוֹ: "וַתֵּשְׁבוּ בְקָדֵשׁ" (דברים א, מו), "וַיֵּשֶׁב בְּאֵלֹנֵי מַמְרֵא" (בראשית יג, יח): **בִּדְמֵי טָהֳרָה.** אַף עַל פִּי שֶׁרוֹאָה דָם, טְהוֹרָה: **בִּדְמֵי טָהֳרָה.** לֹא מַפִּיק הֵ"א, וְהוּא שֵׁם דָּבָר, כְּמוֹ 'טֹהַר': **יְמֵי טָהֳרָהּ.** מַפִּיק הֵ"א, יְמֵי טֹהַר שֶׁלָּהּ: **לֹא תִגָּע.** אַזְהָרָה לָאוֹכֵל, כְּמוֹ שֶׁשְּׁנוּיָה בִּיבָמוֹת (דף עה ע"א): **בְּכָל קֹדֶשׁ וְגוֹ'.** לְרַבּוֹת אֶת הַתְּרוּמָה, לְפִי שֶׁזּוֹ טְבוּלַת יוֹם אָרֹךְ, שֶׁטָּבְלָה לְסוֹף שִׁבְעָה, וְאֵין שִׁמְשָׁהּ מַעֲרִיב לְטַהֲרָהּ עַד שְׁקִיעַת הַחַמָּה שֶׁל יוֹם אַרְבָּעִים, שֶׁלְּמָחָר תָּבִיא אֶת כַּפָּרַת טָהֳרָתָהּ:

הרחבות | **'כימי נדת דותה תטמא'** דיני הנידה לא פורשו עד כה בכתוב, והם יפורטו בהמשך (להלן טו,יט; יח,יט). טומאת הנידה חמורה, והיא כוללת הן את טומאת האשה עצמה ביחסה אל המקדש והקודש, הן טומאה שהיא גורמת לאחרים ביחס לקודשים, והן איסור על מגע מיני כלשהו, שאינו קשור למקדש וקודשיו אלא נוהג בכל מקום ובכל זמן.

'וביום השמיני ימול' טיב הקשר בין טומאת הלידה לברית המילה אינו ברור. ייתכן שזו אחת הפעמים שהדרש אינו רחוק מפשוטו של המקרא. לפי המדרש, במשך שבעה ימים מכונסת האשה, והיא שרויה במצב של מנוחה כביכול, שכן היא טמאה ואסורה לבעלה, ורק ביום השמיני – שבו היא נעשית טהורה באופן עקרוני- חוגגים ההורים יחד את ברית המילה. (ראו נדה לא ע"ב. עוד על הקשר העניינים ראו פירושי רש"ר הירש ומלבי"ם).

'ושלשים יום ושלשת ימים תשב בדמי טהרה' בפועל, ההלכה שהתקבלה היא שכל אשה שרואה דם מרחמה, סופרת לאחר פסיקת הדימום 'שבעה נקיים', כלומר שבעה ימים בדוקים מכל חשש דם, ואז היא טובלת ונטהרת – בין שהיא לאחר לידה בין

טומאת היולדת והיטהרותה

פרק יב

עד כאן דובר בעניני הקרבנות, המאכלים המותרים והאסורים מן החי ובעלי החיים המטמאים במותם. שלא כבעלי חיים אחרים, שאין להם טומאה, אלא לאחר שמתו, בחיי אדם יש מצבים של טומאה בשל מאורעות שחלו בגופו – במערכות הרבייה והעור. העניין שלפנינו – הפותח חטיבה חדשה בספר העוסקת בדיני טומאה וטהרה של האדם – דן בטומאת היולדת, טומאה הנכרכת דווקא בהבאת חיים לעולם.

על אף הרמזים ודברי ההגות שנאמרו בהלכות אלו, הטומאות והטהרות בעיקרן הן חוק בלא טעם, וההסברים ההיגייניים שהועלו – אין בהם ממש.[1]

ביאור | פרק יב א וַיְדַבֵּר ה׳ אֶל מֹשֶׁה לֵּאמֹר: ב דַּבֵּר אֶל בְּנֵי יִשְׂרָאֵל לֵאמֹר: אִשָּׁה
כִּי תַזְרִיעַ, תקלוט זרע, תהרה, וְהיה אם יָלְדָה זָכָר – וְטָמְאָה שִׁבְעַת
יָמִים, כִּימֵי, כמו משך נִדַּת, הרחקת[2] דְּוֹתָהּ, חוליה או סבלה הכרוך
בדם הנידה,[3] כך יולדת זכר תִּטְמָא.

ג מכיוון שמדובר ביולדת זכר, הכתוב מוסיף בדרך אגב את המצווה האמורה בספר בראשית[4] שנוהגת לאחר שבעת הימים הללו – וּבַיּוֹם הַשְּׁמִינִי יִמּוֹל בְּשַׂר עָרְלָתוֹ.

ד לאחר שבעת ימי הטומאה – וּשְׁלֹשִׁים יוֹם וּשְׁלֹשֶׁת יָמִים תֵּשֵׁב, תשהה בִּדְמֵי טָהֳרָה. למרות שתיתכן שתיתת דם גם לאחר השבוע הראשון, דם זה נחשב דם טהרה. במשך שלושים ושלושה הימים הבאים – המשלימים לארבעים יום מאז הלידה – כבר לא חלים עליה דיני ההרחקה מבעלה של אשה נידה או יולדת. ועם זאת – בְּכָל קֹדֶשׁ לֹא תִגָּע, וְאֶל הַמִּקְדָּשׁ לֹא תָבֹא עַד מְלֹאת יְמֵי טָהֳרָהּ. רק בסוף ארבעים היום היא תיטהר לחלוטין מהטומאה הכרוכה בלידה.

ה וְאִם נְקֵבָה תֵלֵד, וְטָמְאָה שְׁבֻעַיִם כְּנִדָּתָהּ, כדין ריחוקה בימי הנידות

הרחבות | בימים רגילים. (ראו נדה לז ע״א ורא״ש שם; שולחן ערוך יורה דעה קצד,א; אנציקלופדיה תלמודית, כרך ז עמ׳ תקג-תקד).

׳ואם נקבה תלד וטמאה שבֻעים כנדתה׳ אף שטעמי הדברים נעלמים מעינינו, היו שהסבירו את ההבדל בין מחזור הטומאה והטהרה בלידת בן לבין זה המחויב בלידת בת באופן הבא: מחזור הטומאה והטהרה של היולדת קשור לשעבודו ולחירותו של גוף היולדת ביחס לאירוע הטראומטי שעבר עליו. כפי שנזכר גם בפרשה זו, ביום השמיני ללידתו של בן מכניסו אביו בבריתו של אברהם אבינו. כריתת ברית המילה משמשת נקודת מעבר מימי טומאת היולדת לימי תהליך הטהרה. אות הברית, המסמל את שחרור הגוף מטבעו הראשוני, היצרי, לחירות מוסרית המכוונת לרצון ה׳, מקצר כביכול את מחזור הטומאה והטהרה של היולדת במחצית. (ראו רש״ר הירש).

הסבר אחר להבדל משך ימי טומאת היולדת נעוץ בקללות שנתקללו אדם וחוה בעקבות אכילתם מעץ הדעת טוב ורע. לאדם נאמר: בְּעִצָּבוֹן, ואילו חוה, אם כל חי, נתקללה בכפליים: הַרְבָּה אַרְבֶּה עִצְּבוֹנֵךְ וְהֵרֹנֵךְ בְּעֶצֶב תֵּלְדִי בָנִים (על פי צרור המור).

וְטָמְאָה שְׁבֻעַיִם כְּנִדָּתָהּ וְשִׁשִּׁים יוֹם וְשֵׁשֶׁת יָמִים
ו תֵּשֵׁב עַל־דְּמֵי טָהֳרָה׃ וּבִמְלֹאת ׀ יְמֵי טָהֳרָהּ לְבֵן
אוֹ לְבַת תָּבִיא כֶּבֶשׂ בֶּן־שְׁנָתוֹ לְעֹלָה וּבֶן־יוֹנָה
אוֹ־תֹר לְחַטָּאת אֶל־פֶּתַח אֹהֶל־מוֹעֵד אֶל־הַכֹּהֵן׃
ז וְהִקְרִיבוֹ לִפְנֵי יהוה וְכִפֶּר עָלֶיהָ וְטָהֲרָה מִמְּקֹר דָּמֶיהָ
ח זֹאת תּוֹרַת הַיֹּלֶדֶת לַזָּכָר אוֹ לַנְּקֵבָה׃ וְאִם־לֹא
תִמְצָא יָדָהּ דֵּי שֶׂה וְלָקְחָה שְׁתֵּי־תֹרִים אוֹ שְׁנֵי בְּנֵי
יוֹנָה אֶחָד לְעֹלָה וְאֶחָד לְחַטָּאת וְכִפֶּר עָלֶיהָ הַכֹּהֵן
וְטָהֵרָה׃

רש"י | ז| **וְהִקְרִיבוֹ.** לִמֶּדְךָ שֶׁאֵין מְעַכְּבָהּ לֶאֱכֹל בַּקֳּדָשִׁים אֶלָּא אֶחָד מֵהֶם, וְאֵי זֶה הוּא? זֶה חַטָּאת, שֶׁנֶּאֱמַר: "וְכִפֶּר עָלֶיהָ הַכֹּהֵן וְטָהֵרָה" (להלן פסוק ח), מִי שֶׁהוּא בָּא לְכַפֵּר, בּוֹ הַטָּהֳרָה תְּלוּיָה: **וְטָהֲרָה.** מִכְּלָל שֶׁעַד כָּאן קְרוּיָה טְמֵאָה:

ח| **אֶחָד לְעֹלָה וְאֶחָד לְחַטָּאת.** לֹא הִקְדִּימָהּ הַכָּתוּב אֶלָּא לְמִקְרָאָהּ, אֲבָל

הרחבות | **'והקריבו לפני ה' וכפר עליה וטהרה'** כמו בטומאות הזיבה והצרעת, טהרתה הגמורה של היולדת אינה תלויה רק בזמן אלא גם בהבאת קרבן. בלשון חכמים קרויים טמאים כאלה, שכבר הגיע זמן טהרתם אך טרם הובא קרבנם: 'מחוסרי כיפורים', משום שהם עדיין זקוקים לכפרה נוספת. (ראו זבחים יט ע"ב; כריתות ח ע"ב). נראה שקרבן העולה מבטא תודה על הלידה שעברה בשלום, (ראו אברבנאל), אך

ביאור

מבעלה ומכל דבר שהיא עלולה לטמא. **וְשִׁשִּׁים יוֹם וְשֵׁשֶׁת יָמִים תֵּשֵׁב עַל דְּמֵי טָהֳרָה.** ימי הטומאה וימי הטהרה מן הטומאה בלידת בת כפולים מאלה של הבן.

ו **וּבִמְלֹאת יְמֵי טָהֳרָהּ,** כאשר תסתיים תקופה זו – ארבעים יום **לְבֵן אוֹ**
שמונים יום **לְבַת,** על מנת להיטהר לגמרי – **תָּבִיא** למקדש, בעצמה
או על ידי שליח, **כֶּבֶשׂ בֶּן שְׁנָתוֹ לְ**קרבן **עֹלָה,** ועוף **בֶּן יוֹנָה אוֹ תֹר,** לפי
בחירתה, **לְחַטָּאת, אֶל פֶּתַח אֹהֶל מוֹעֵד אֶל הַכֹּהֵן.** ז **וְהִקְרִיבוֹ** הכהן את
הקרבן **לִפְנֵי ה',** כדרך שמקריבים עולה וחטאת, **וְכִפֶּר עָלֶיהָ, וְטָהֲרָה**
מִמְּקֹר, ממוצא **דָּמֶיהָ,** מרחמה. רק אז היא נטהרת מן הדמים, שהפסיקו
לצאת מגופה מזמן, אם הלידה הייתה רגילה. **זֹאת תּוֹרַת הַיֹּלֶדֶת**
לַזָּכָר אוֹ לַנְּקֵבָה. אלה הן ההלכות השייכות לה.

ח קרבן עולה מובא בדרך כלל מתוך נדבת לבו של אדם, וכבר נאמר שאפשר להביאו בכמה דרכים: אדם עשוי להביא שור גדול, גדי קטן או עוף.[5] היולדת אינה מביאה את העולה כנדבה, אלא היא מחויבת להביאה בעקבות הלידה. לכן באה ההתייחסות גם ליולדות מחוסרות אמצעים – **וְאִם לֹא תִמְצָא יָדָהּ דֵּי שֶׂה,** אם אין לה מספיק כסף לקנות שה לעולה, **וְלָקְחָה שְׁתֵּי תֹרִים אוֹ שְׁנֵי בְּנֵי יוֹנָה,** זוג עופות הנקרא בלשון חכמים 'קן',[6] עוף **אֶחָד לְעֹלָה** במקום הכבש, **וְאֶחָד לְחַטָּאת,** שבין כה וכה עליה להביא, **וְכִפֶּר עָלֶיהָ הַכֹּהֵן** בהקרבתם, **וְטָהֵרָה** לכל דבר ועניין, והיא מותרת להיכנס למקדש ולאכול את הקודשים.

הרחבות

מהו עניינה של הכפרה? מתוך דברי חכמים נראה – אם כי לא בהכרח לפי פשטם של הכתובים – שייתכן שהיו לאשה מכשולים, חטאים או מחשבות רעות כלשהן בעקבות ההיריון או הלידה. מתוך סבלה וציריה עלולה האשה להתבטא באופן לא ראוי, ועל כן היא מביאה את כפרתה לאחר פרק זמן שבו הספיקה להתחרט על אותם דברים. (ראו נדה לא ע"ב; ראב"ע וכלי יקר על אתר).

· וַיְדַבֵּר יְהוָה אֶל־מֹשֶׁה וְאֶל־אַהֲרֹן לֵאמֹר׃ אָדָם א ב יג
כִּי־יִהְיֶה בְעוֹר־בְּשָׂרוֹ שְׂאֵת אוֹ־סַפַּחַת אוֹ בַהֶרֶת
וְהָיָה בְעוֹר־בְּשָׂרוֹ לְנֶגַע צָרָעַת וְהוּבָא אֶל־אַהֲרֹן
הַכֹּהֵן אוֹ אֶל־אַחַד מִבָּנָיו הַכֹּהֲנִים׃ וְרָאָה הַכֹּהֵן ג
אֶת־הַנֶּגַע בְּעוֹר־הַבָּשָׂר וְשֵׂעָר בַּנֶּגַע הָפַךְ ׀ לָבָן
וּמַרְאֵה הַנֶּגַע עָמֹק מֵעוֹר בְּשָׂרוֹ נֶגַע צָרַעַת הוּא
וְרָאָהוּ הַכֹּהֵן וְטִמֵּא אֹתוֹ׃ וְאִם־בַּהֶרֶת לְבָנָה הִוא ד
בְּעוֹר בְּשָׂרוֹ וְעָמֹק אֵין־מַרְאֶהָ מִן־הָעוֹר וּשְׂעָרָה
לֹא־הָפַךְ לָבָן וְהִסְגִּיר הַכֹּהֵן אֶת־הַנֶּגַע שִׁבְעַת יָמִים׃

רש״י | לְהַקְדָּמָה חַטָּאת קוֹדֶם לְעוֹלָה. כָּךְ שָׁנִינוּ בִּזְבָחִים בְּפֶרֶק ׳כָּל הַתָּדִיר׳ (דף צ ע״א):

פרק יג

ב | **שְׂאֵת אוֹ סַפַּחַת וְגוֹ׳.** שְׁמוֹת נְגָעִים הֵם, וּלְבָנוֹת זוֹ מִזּוֹ: **בַּהֶרֶת.** חֲבַרְבּוּרוֹת, טיי״א בְּלַעַז, וְכֵן: ״בָּהִיר הוּא בַּשְּׁחָקִים״ (איוב לז, כא): **אֶל אַהֲרֹן וְגוֹ׳.** גְּזֵרַת הַכָּתוּב הִיא שֶׁאֵין טֻמְאַת נְגָעִים וְטָהֳרָתָן אֶלָּא עַל פִּי כֹּהֵן:

ג | **הָפַךְ לָבָן.** מִתְּחִלָּה שָׁחוֹר וְהָפַךְ לְלָבָן בְּתוֹךְ הַנֶּגַע. וּמִעוּט שֵׂעָר – שְׁנַיִם: **עָמֹק מֵעוֹר בְּשָׂרוֹ.** כָּל מַרְאֶה לָבָן עָמֹק הוּא, כְּמַרְאֵה חַמָּה עֲמֻקָּה מִן הַצֵּל: **וְטִמֵּא אֹתוֹ.** יֹאמַר לוֹ: ׳טָמֵא אַתָּה׳, שֶׁשֵּׂעָר לָבָן סִימַן טֻמְאָה הוּא גְּזֵרַת הַכָּתוּב:

ד | **וְעָמֹק אֵין מַרְאֶהָ.** לֹא יָדַעְתִּי פֵּרוּשׁוֹ: **וְהִסְגִּיר.** יַסְגִּירֶנּוּ בְּבַיִת אֶחָד וְלֹא יֵרָאֶה עַד סוֹף הַשָּׁבוּעַ, וְיוֹכִיחוּ סִימָנִים עָלָיו:

הרחבות | **׳והובא אל אהרן הכהן או אל אחד מבניו הכהנים׳** ההכרעה ההלכתית בדינים אלה נתונה בידי הכהנים, לאו דווקא משום שהם בקיאים בהם יותר – אם כי יש להניח שהיו להם ידיעות בנושא זה (ראו למשל המעשה המובא במדרש תנחומא, תזריע ו, על כהן שביקש לצאת לחו״ל ולימד את אשתו כיצד רואים נגעים) – אלא משום שלתפקיד זה אין רק משמעות של ייעוץ; הוא נושא גם משמעות מהותית וטקסית. על כן ייתכן שחכם המלומד בפרטי הדינים של הנגעים יורה לכהן שיטהר או שיטמא את הנגע, אך רק דברי הכהן הם שיקבעו את מעמדו ההלכתי של הנגע. (ראו ספרא סוף פרק ט; משנה נגעים ג,א; ערכין ג ע״א ותוספות שם).

׳לבנה הוא בעור בשרו׳ מראה הנגע בעור תלוי בין השאר בצבע העור. בתקופת

נגעי צרעת אדם

פרק יג פס׳ א–מו

עניין זה והבאים אחריו עוסקים בסוגיה ארוכה ומורכבת בדיני טומאה – נגע הצרעת. הצרעת מטמאת את האדם והיא נושאת מסר. לפי התיאור שמופיע בתורה ובדברי חכמים, אין זו המחלה הנקראת כך כיום, וגם אין היא זהה למחלות עור אחרות. נראה שאינה מחלה מן המחלות הפיזיות המוכרות, שכן היא מחלה נסית, מעין אות משמים שמשהו אינו תקין, שהלוקה בה צריך להתרחק מתוך הקהל. לכן הטיפול בצרעת לא נמסר בידיו של רופא אלא בידי מי שעוסק בדברים שבקדושה – הכהן. הן מתיאורי הצרעת הן מן ההלכות, שאינן תלויות בטיפול הקליני במחלה עולה שהצרעת אינה מחלת עור טבעית.[7]

חכמים ביקשו לברר מָהם הפגמים שבעקבותיהם מגיע נגע הצרעת. המצורעים שנזכרים במקרא אינם אנשים פשוטים אלא בעלי שם, מנהיגים או פטריוטים. הצרעת עלולה לפגוע בגאותנים ובאנשים שבדיבוריהם או במעשיהם פלשו אל תחום לא להם, ובמיוחד אל הקודש ואל משרתיו.[8] יש שהצרעת פוגעת במי שבא בעלילות על זולתו ומי שיחסו לחברה לקוי.[9]

פרק יג א **וַיְדַבֵּר ה׳ אֶל מֹשֶׁה וְאֶל אַהֲרֹן.** מכיוון שלכהנים תפקיד פעיל | ביאור
בענייני הצרעת, ה׳ פנה גם אל אהרן, המשמש כנציגם של הכהנים
לדורותיהם.[10] **לֵאמֹר:** ב **אָדָם,** איש או אשה, קטן או גדול[11] **כִּי יִהְיֶה**
בְעוֹר בְּשָׂרוֹ שְׂאֵת אוֹ סַפַּחַת אוֹ בַהֶרֶת, סוגי כתמים בעור,[12] **וְהָיָה בְעוֹר**
בְּשָׂרוֹ לְנֶגַע צָרָעַת. וְהוּבָא אֶל אַהֲרֹן הַכֹּהֵן אוֹ אֶל אַחַד מִבָּנָיו הַכֹּהֲנִים,
שהם בעלי הסמכות בנושא הצרעת. ג **וְרָאָה הַכֹּהֵן אֶת הַנֶּגַע** ככתם
לבן **בְּעוֹר הַבָּשָׂר, וְשֵׂעָר בַּנֶּגַע הָפַךְ לָבָן.** הנגע איננו שטחי אלא מגיע
לשורשי השֵׂער, כך שבגלל הנגע הלבינו גם השערות שבמקום.[13]
ונוסף על כך, **מַרְאֵה הַנֶּגַע עָמֹק מֵעוֹר בְּשָׂרוֹ.** אף על פי שהנגע נמצא
על העור, צבעו או תכונות אחרות גורמות לנגע להיראות כאילו
היה שקוע בתוך העור.[14] נתונים אלו מורים כי **נֶגַע צָרַעַת הוּא** מכל
צד, ולכן **וְרָאָהוּ הַכֹּהֵן – וְטִמֵּא אֹתוֹ.** הוא קובע שאיש זה מצורע.

ד ולעומת זאת, **אִם בַּהֶרֶת לְבָנָה הִוא בְּעוֹר בְּשָׂרוֹ,** אך אין מופיעים
הסימנים האחרים – **וְעָמֹק אֵין מַרְאֶהָ מִן הָעוֹר וּשְׂעָרָה לֹא הָפַךְ**
לָבָן – וְהִסְגִּיר הַכֹּהֵן הכהן יורה לבודד[15] לצורך מעקב **אֶת** בעל **הַנֶּגַע שִׁבְעַת**

הרחבות | המשנה דנו רכמים בנושא והסבירו שצבע עורם הטבעי של ישראל לא היה לבן ממש אלא גוון של חום בהיר הדומה לעץ האשכרוע (Buxus). ראו משנה נגעים ב,א). בעור בהיר מאוד לא יבלוט נגע לבן, ולא ייראה עָמֹק מֵעוֹר בְּשָׂרוֹ, אבל על גבי עור שחמחם הנגע יבלוט מאוד.

׳והסגיר הכהן את הנגע׳ אמנם המצורע המוסגר נתון בבידוד (ראו מגילה ח ע״ב שטעון שילוח מהמחנה. וראו רש״י ופירוש הטור על אתר; רש״י ותוספות מועד קטן ז ע״א), אך יש מפרשים שהסגר הנגע על ידי הכהן אינו הבידוד אלא קביעה דינית של טומאה עד שיתברר טיב הנגע (ראו משנה למלך הלכות טומאת צרעת יד,ה), או: שרטוט מסגרת לנגע (ראו פירוש הטור בשם אביו הרא״ש).

ה וְרָאָהוּ הַכֹּהֵן בַּיּוֹם הַשְּׁבִיעִי וְהִנֵּה הַנֶּגַע עָמַד בְּעֵינָיו
לֹא־פָשָׂה הַנֶּגַע בָּעוֹר וְהִסְגִּירוֹ הַכֹּהֵן שִׁבְעַת יָמִים
ו שֵׁנִית: ׀ וְרָאָה הַכֹּהֵן אֹתוֹ בַּיּוֹם הַשְּׁבִיעִי שֵׁנִית וְהִנֵּה שני
כֵּהָה הַנֶּגַע וְלֹא־פָשָׂה הַנֶּגַע בָּעוֹר וְטִהֲרוֹ הַכֹּהֵן
ז מִסְפַּחַת הִוא וְכִבֶּס בְּגָדָיו וְטָהֵר: וְאִם־פָּשֹׂה תִפְשֶׂה
הַמִּסְפַּחַת בָּעוֹר אַחֲרֵי הֵרָאֹתוֹ אֶל־הַכֹּהֵן לְטָהֳרָתוֹ
ח וְנִרְאָה שֵׁנִית אֶל־הַכֹּהֵן: וְרָאָה הַכֹּהֵן וְהִנֵּה פָּשְׂתָה
הַמִּסְפַּחַת בָּעוֹר וְטִמְּאוֹ הַכֹּהֵן צָרַעַת הִוא:
ט י נֶגַע צָרַעַת כִּי תִהְיֶה בְּאָדָם וְהוּבָא אֶל־הַכֹּהֵן: וְרָאָה
הַכֹּהֵן וְהִנֵּה שְׂאֵת־לְבָנָה בָּעוֹר וְהִיא הָפְכָה שֵׂעָר לָבָן
יא וּמִחְיַת בָּשָׂר חַי בַּשְׂאֵת: צָרַעַת נוֹשֶׁנֶת הִוא בְּעוֹר
יב בְּשָׂרוֹ וְטִמְּאוֹ הַכֹּהֵן לֹא יַסְגִּרֶנּוּ כִּי טָמֵא הוּא: וְאִם־
פָּרוֹחַ תִּפְרַח הַצָּרַעַת בָּעוֹר וְכִסְּתָה הַצָּרַעַת אֵת כָּל־

רש"י

ה **בְּעֵינָיו.** כְּמַרְאֵהוּ וּכְשִׁעוּרוֹ הָרִאשׁוֹן: **וְהִסְגִּירוֹ שֵׁנִית.** הָא אִם פָּשָׂה בְּשָׁבוּעַ רִאשׁוֹן – טָמֵא מֻחְלָט (נגעים ג, ג):

ו **כֵּהָה.** הִכְהָה מִמַּרְאִיתוֹ. הָא אִם עָמַד בְּמַרְאִיתוֹ אוֹ פָּשָׂה – טָמֵא: **מִסְפַּחַת.** שֵׁם נֶגַע טָהוֹר: **וְכִבֶּס בְּגָדָיו וְטָהֵר.** הוֹאִיל וְנִזְקַק לְהֶסְגֵּר נִקְרָא טָמֵא וְצָרִיךְ טְבִילָה:

ח **וְטִמְּאוֹ הַכֹּהֵן.** וּמִשֶּׁטִּמְּאוֹ הֲרֵי הוּא מֻחְלָט, וְזָקוּק לְצִפֳּרִים וּלְתִגְלַחַת וּלְקָרְבָּן הָאָמוּר בְּפָרָשַׁת 'זֹאת תִּהְיֶה' (להלן יד, ח-לב): **צָרַעַת הִוא.** הַמִּסְפַּחַת הַזֹּאת: **צָרַעַת.** לְשׁוֹן נְקֵבָה, "נֶגַע" לְשׁוֹן זָכָר:

י **וּמִחְיַת.** שינמינ"ט בְּלַעַז, שֶׁנֶּהְפַּךְ מִקְצָת הַלֹּבֶן שֶׁבְּתוֹךְ הַשְּׂאֵת לְמַרְאֵה בָּשָׂר, אַף הוּא סִימַן טֻמְאָה, שֵׂעָר לָבָן בְּלֹא מִחְיָה, וּמִחְיָה בְּלֹא שֵׂעָר לָבָן. וְאַף עַל פִּי שֶׁלֹּא נֶאֶמְרָה מִחְיָה אֶלָּא בַּשְּׂאֵת, אַף בְּכָל הַמַּרְאוֹת וְתוֹלְדוֹתֵיהֶן הוּא סִימַן טֻמְאָה:

יא **צָרַעַת נוֹשֶׁנֶת הִוא.** מַכָּה יְשָׁנָה הִיא תַּחַת הַמִּחְיָה, וְחַבּוּרָה זוֹ נִרְאֵית בְּרִיאָה מִלְמַעְלָה וְתַחְתֶּיהָ מְלֵאָה לֵחָה, שֶׁלֹּא תֹּאמַר הוֹאִיל וְעָלְתָה מִחְיָה אֲטַהֲרֶנָּה:

הרחבות

'מספחת' שלא כמו הסַפַּחַת המוזכרת לעיל (פס' ב) כנגע טמא, שחכמים פירשוה כנגע הנספח לבהרת או לשאת, המִסְפַּחַת אינה נגע טמא. אך ייתכן שמספחת וספחת אחת הן, ודינה שהיא טמאה רק כשהיא מתפשטת. (ראו ר"י בכור שור פס' ב).

ביאור | יָמִים. ייתכן שהכהן סימן תחילה את גבולותיו של הנגע הראשוני.
ה וְרָאָהוּ הַכֹּהֵן שוב בַּיּוֹם הַשְּׁבִיעִי של ההסגר, וְהִנֵּה הַנֶּגַע עָמַד בְּעֵינָיו,
נשאר במראהו כשהיה, לֹא פָשָׂה, התפשט הַנֶּגַע בָּעוֹר מגודלו
המקורי – וְהִסְגִּירוֹ הַכֹּהֵן שִׁבְעַת יָמִים שֵׁנִית. ו וְרָאָה הַכֹּהֵן אֹתוֹ בַּיּוֹם
הַשְּׁבִיעִי שֵׁנִית, ולמעשה זוהי הראייה השלישית, וְהִנֵּה כֵּהָה הַנֶּגַע,
לבנוניתו הוחלשה, או על כל פנים –[16] וְלֹא פָשָׂה הַנֶּגַע בָּעוֹר – וְטִהֲרוֹ
הַכֹּהֵן, מִסְפַּחַת, מין מחלת עור שאין בה שום טומאה, הִוא. וְכִבֶּס
אותו אדם שהיה בהסגר את בְּגָדָיו – וְטָהֵר. ז ואולם אִם פָּשֹׂה תִפְשֶׂה
הַמִּסְפַּחַת בָּעוֹר, החלק הנגוע גדל אַחֲרֵי הֵרָאֹתוֹ, שנראה בתום ההסגר
הראשון אֶל הַכֹּהֵן לְשם טָהֳרָתוֹ – וְנִרְאָה שֵׁנִית, שוב אֶל הַכֹּהֵן. ח וְרָאָה
הַכֹּהֵן, וְהִנֵּה פָּשְׂתָה הַמִּסְפַּחַת בָּעוֹר – וְטִמְּאוֹ הַכֹּהֵן, צָרַעַת הִוא.

עד כאן נאמר שכדי שהכהן יקבע כי הנגע הוא צרעת, עליו להיווכח
באחד משני סימנים: שֵׂעָר לבן, או התפשטות הנגע בימי ההסגר.
עתה יפורש סימן נוסף: ט נֶגַע צָרַעַת כִּי תִהְיֶה בְּאָדָם – וְהוּבָא אֶל
הַכֹּהֵן. י וְרָאָה הַכֹּהֵן, וְהִנֵּה שְׂאֵת לְבָנָה בָּעוֹר, נגע שנראה מוגבה ממה
שסביבו, גם אם איננו מוגבה בפועל,[17] וְהִיא הָפְכָה, שינתה את מראהָ,
כך שהשֵׂעָר שבה הפך לָבָן, וּמִחְיַת, או צמיחת[18] בָּשָׂר חַי בַּשְׂאֵת. בחלק
הנגוע מופיעה רקמה שנראית בריאה לגמרי,[19] יא צָרַעַת נוֹשֶׁנֶת,
ממושכת הִוא בְּעוֹר בְּשָׂרוֹ – וְטִמְּאוֹ הַכֹּהֵן. צמיחת הבשר הבריא איננה
גורם מטהר, אדרבא, היא מוכיחה על התיישנותה של הצרעת. לֹא
יַסְגִּרֶנּוּ, אין צורך להסגיר אותו, כִּי טָמֵא הוּא מיד.

לעומת סימני הטומאה, יש גם מקרה אחר: יב וְאִם פָּרוֹחַ תִּפְרַח

הרחבות | **'וכבס בגדיו וטהר'** אדם זה, שנשא מעין טומאה (ראו רש"י ור"י בכור שור), יוגדר בלשון חכמים 'מצורע מוסגר' (משנה מגילה א,ז). אמנם הוא לא נטמא טומאה חמורה כמצורע גמור, אך עליו לכבס את בגדיו כשהוא נטהר.

עוֹר הַנֶּגַע מֵרֹאשׁוֹ וְעַד־רַגְלָיו לְכָל־מַרְאֵה עֵינֵי הַכֹּהֵן׃
וְרָאָה הַכֹּהֵן וְהִנֵּה כִסְּתָה הַצָּרַעַת אֶת־כָּל־בְּשָׂרוֹ יג
וְטִהַר אֶת־הַנָּגַע כֻּלּוֹ הָפַךְ לָבָן טָהוֹר הוּא׃ וּבְיוֹם יד
הֵרָאוֹת בּוֹ בָּשָׂר חַי יִטְמָא׃ וְרָאָה הַכֹּהֵן אֶת־הַבָּשָׂר טו
הַחַי וְטִמְּאוֹ הַבָּשָׂר הַחַי טָמֵא הוּא צָרַעַת הוּא׃ אוֹ טז
כִי יָשׁוּב הַבָּשָׂר הַחַי וְנֶהְפַּךְ לְלָבָן וּבָא אֶל־הַכֹּהֵן׃
וְרָאָהוּ הַכֹּהֵן וְהִנֵּה נֶהְפַּךְ הַנֶּגַע לְלָבָן וְטִהַר הַכֹּהֵן יז
אֶת־הַנֶּגַע טָהוֹר הוּא׃

שלישי וּבָשָׂר כִּי־יִהְיֶה בוֹ־בְעֹרוֹ שְׁחִין וְנִרְפָּא׃ וְהָיָה בִּמְקוֹם יח יט
הַשְּׁחִין שְׂאֵת לְבָנָה אוֹ בַהֶרֶת לְבָנָה אֲדַמְדָּמֶת
וְנִרְאָה אֶל־הַכֹּהֵן׃ וְרָאָה הַכֹּהֵן וְהִנֵּה מַרְאֶהָ שָׁפָל כ
מִן־הָעוֹר וּשְׂעָרָהּ הָפַךְ לָבָן וְטִמְּאוֹ הַכֹּהֵן נֶגַע־צָרַעַת
הִוא בַּשְּׁחִין פָּרָחָה׃ וְאִם ׀ יִרְאֶנָּה הַכֹּהֵן וְהִנֵּה אֵין־ כא
בָּהּ שֵׂעָר לָבָן וּשְׁפָלָה אֵינֶנָּה מִן־הָעוֹר וְהִיא כֵהָה

רש"י

יב) מֵרֹאשׁוֹ. שֶׁל אָדָם "וְעַד רַגְלָיו": לְכָל מַרְאֵה עֵינֵי הַכֹּהֵן. פְּרָט לְכֹהֵן שֶׁחָשַׁךְ מְאוֹרוֹ:

יד) וּבְיוֹם הֵרָאוֹת בּוֹ בָּשָׂר חַי. אִם צָמְחָה בוֹ מִחְיָה הֲרֵי כְּבָר פֵּרַשׁ שֶׁהַמִּחְיָה סִימַן טֻמְאָה, אֶלָּא הֲרֵי שֶׁהָיָה הַנֶּגַע בְּאֶחָד מֵעֶשְׂרִים וְאַרְבָּעָה רָאשֵׁי אֵבָרִים שֶׁאֵין מְטַמְּאִין מִשּׁוּם מִחְיָה, לְפִי שֶׁאֵין נִרְאֶה הַנֶּגַע כֻּלּוֹ כְּאֶחָד שֶׁשּׁוֹפֵעַ אֵילָךְ וְאֵילָךְ, וְחָזַר רֹאשׁ הָאֵבֶר וְנִתְגַּלָּה שִׁפּוּעוֹ עַל יְדֵי שֻׁמָּן, כְּגוֹן שֶׁהִבְרִיא וְנַעֲשָׂה רָחָב וְנִרְאֵית בּוֹ הַמִּחְיָה, לִמְּדָנוּ הַכָּתוּב שֶׁתְּטַמֵּא: וּבְיוֹם. מַה תַּלְמוּד לוֹמַר? יֵשׁ יוֹם שֶׁאַתָּה רוֹאֶה בוֹ וְיֵשׁ יוֹם שֶׁאֵין אַתָּה רוֹאֶה בוֹ; מִכָּאן אָמְרוּ, חָתָן נוֹתְנִין לוֹ כָּל שִׁבְעַת יְמֵי הַמִּשְׁתֶּה לוֹ וּלְאִצְטְלִיתוֹ וְלִכְסוּתוֹ, וְכֵן בָּרֶגֶל נוֹתְנִין לוֹ כָּל יְמֵי הָרֶגֶל:

טו) צָרַעַת הוּא. הַבָּשָׂר הַהוּא, "בָּשָׂר" לְשׁוֹן זָכָר:

יח) שְׁחִין. לְשׁוֹן חִמּוּם, שֶׁנִּתְחַמֵּם הַבָּשָׂר בְּלִקּוּי הַבָּא לוֹ מֵחֲמַת מַכָּה שֶׁלֹּא מֵחֲמַת הָאוּר: וְנִרְפָּא. הַשְּׁחִין הֶעֱלָה אֲרוּכָה, וּבִמְקוֹמוֹ הֶעֱלָה נֶגַע אַחֵר:

יט) אוֹ בַהֶרֶת לְבָנָה אֲדַמְדֶּמֶת. שֶׁאֵין הַנֶּגַע לָבָן חָלָק, אֶלָּא פָּתוּךְ וּמְעֹרָב בִּשְׁתֵּי מַרְאוֹת – לָבָן וְאָדֹם:

כ) מַרְאֶהָ שָׁפָל. וְאֵין מַמָּשָׁהּ שָׁפָל, אֶלָּא

ביאור | **הַצָּרַעַת**, הכתם גדל וגדל **בָּעוֹר, וְכִסְּתָה הַצָּרַעַת אֵת כָּל עוֹר הַנֶּגַע**, את כל עור האדם **מֵרֹאשׁוֹ וְעַד רַגְלָיו, לְכָל מַרְאֵה עֵינֵי הַכֹּהֵן**, כל צבע העור החשוף למבט הכהן התבהר כגון הנגע. יג **וְרָאָה הַכֹּהֵן, וְהִנֵּה כִסְּתָה הַצָּרַעַת אֶת כָּל בְּשָׂרוֹ**, ולא נשאר מקום גלוי שאינו נגוע, **וְטִהַר אֶת הַנָּגַע**. מאחר **שכֻּלּוֹ הָפַךְ לָבָן – טָהוֹר הוּא**. כתם אחד בעור האדם מטמא אותו, אבל אם פורחת הצרעת בכל גופו, הוא נחשב טהור. יד **ואולם בְּיוֹם הֵרָאוֹת בּוֹ בָּשָׂר חַי**, כאשר חוזר מקצת הבשר למראהו הטבעי, החי – דווקא אז **יִטְמָא**. טו **וְרָאָה הַכֹּהֵן אֶת הַבָּשָׂר הַחַי – וְטִמְּאוֹ**, יחרוץ את טומאתו. **הַבָּשָׂר הַחַי טָמֵא הוּא, צָרַעַת הוּא**. באופן פרדוקסלי, אם כולו נגוע – הוא טהור; אם רק מקצתו – טמא. טז **אוֹ כִי**, אך אם לאחר שנראה בו בשר חי כלשהו ונטמא, **יָשׁוּב** אותו חלק של **הַבָּשָׂר הַחַי וְנֶהְפַּךְ לְלָבָן – וּבָא אֶל הַכֹּהֵן**. יז **וְרָאָהוּ הַכֹּהֵן, וְהִנֵּה נֶהְפַּךְ** עור **הַנֶּגַע לְלָבָן – וְטִהַר הַכֹּהֵן אֶת הַנֶּגַע, טָהוֹר הוּא**. הוא יחזור וייטהר.

עד כאן דובר בנגע המופיע על עור בריא. יש שהנגע מופיע באופן אחר: יח **וּבָשָׂר כִּי יִהְיֶה בוֹ**, כלומר **בְעֹרוֹ שְׁחִין**, מחלת עור מסוימת, אולי דלקתית. לדעת חכמים, שחין הוא מחלה שקשורה לחום יתר – מין כווייה שאיננה מכנית,[20] **וְנִרְפָּא**. יט **וְהָיָה בִּמְקוֹם הַשְּׁחִין**, שעדיין לא נתאחה בו העור לחלוטין,[21] **שְׂאֵת לְבָנָה אוֹ בַהֶרֶת לְבָנָה אֲדַמְדָּמֶת**. נגע זה, שגווניו לבנים ואדום לא הוזכר עד כה –[22] **וְנִרְאָה אֶל הַכֹּהֵן**. כ **וְרָאָה הַכֹּהֵן, וְהִנֵּה מַרְאֶהָ** של הבהרת[23] **שָׁפָל**, נמוך **מִן הָעוֹר, וּשְׂעָרָהּ הָפַךְ לָבָן**, כאמור, זהו אחד מסימני הטומאה – **וְטִמְּאוֹ הַכֹּהֵן, נֶגַע צָרַעַת הוּא**, שכן במקום שהיה בו קודם **שְׁחִין פָּרָחָה**. כא **וְאִם יִרְאֶנָּה הַכֹּהֵן, וְהִנֵּה אֵין בָּהּ שֵׂעָר לָבָן, וּשְׁפָלָה אֵינֶנָּה מִן הָעוֹר, וְהִיא כֵהָה**, הלובן

הרחבות | 'עור הַנגע' הוא עור האדם שהנגע בו; או שמשמעות המלה הַנֶּגַע כאן היא הנגוע. (וראו עוד רמב"ן).

וְהִסְגִּירוֹ הַכֹּהֵן שִׁבְעַת יָמִים׃ וְאִם־פָּשֹׂה תִפְשֶׂה בָּעוֹר כב
וְטִמֵּא הַכֹּהֵן אֹתוֹ נֶגַע הִוא׃ וְאִם־תַּחְתֶּיהָ תַּעֲמֹד כג
הַבַּהֶרֶת לֹא פָשָׂתָה צָרֶבֶת הַשְּׁחִין הִוא וְטִהֲרוֹ
רביעי / שני / הַכֹּהֵן׃ אוֹ בָשָׂר כִּי־יִהְיֶה בְעֹרוֹ מִכְוַת־ כד
אֵשׁ וְהָיְתָה מִחְיַת הַמִּכְוָה בַּהֶרֶת לְבָנָה אֲדַמְדֶּמֶת
אוֹ לְבָנָה׃ וְרָאָה אֹתָהּ הַכֹּהֵן וְהִנֵּה נֶהְפַּךְ שֵׂעָר לָבָן כה
בַּבַּהֶרֶת וּמַרְאֶהָ עָמֹק מִן־הָעוֹר צָרַעַת הִוא בַּמִּכְוָה
פָּרָחָה וְטִמֵּא אֹתוֹ הַכֹּהֵן נֶגַע צָרַעַת הִוא׃ וְאִם ׀ כו
יִרְאֶנָּה הַכֹּהֵן וְהִנֵּה אֵין־בַּבַּהֶרֶת שֵׂעָר לָבָן וּשְׁפָלָה
אֵינֶנָּה מִן־הָעוֹר וְהִוא כֵהָה וְהִסְגִּירוֹ הַכֹּהֵן שִׁבְעַת
יָמִים׃ וְרָאָהוּ הַכֹּהֵן בַּיּוֹם הַשְּׁבִיעִי אִם־פָּשֹׂה תִפְשֶׂה כז
בָּעוֹר וְטִמֵּא הַכֹּהֵן אֹתוֹ נֶגַע צָרַעַת הִוא׃ וְאִם־ כח
תַּחְתֶּיהָ תַעֲמֹד הַבַּהֶרֶת לֹא־פָשְׂתָה בָעוֹר וְהִוא כֵהָה
שְׂאֵת הַמִּכְוָה הִוא וְטִהֲרוֹ הַכֹּהֵן כִּי־צָרֶבֶת הַמִּכְוָה
הִוא׃

רש"י | מִתּוֹךְ לַבְנוּנִיתוֹ הוּא נִרְאֶה שָׁפָל וְעָמֹק, כְּמַרְאֵה חַמָּה עֲמֻקָּה מִן הַצֵּל:

כב | נֶגַע הִוא. הַשְּׂאֵת הַזֹּאת אוֹ הַבַּהֶרֶת:

כג | תַּחְתֶּיהָ. בִּמְקוֹמָהּ: צָרֶבֶת הַשְּׁחִין. כְּתַרְגּוּמוֹ: "רֹשֶׁם שִׁחְנָא", אֵינוֹ אֶלָּא רֹשֶׁם הַחִמּוּם הַנִּכָּר בַּבָּשָׂר. כָּל 'צָרֶבֶת' לְשׁוֹן רְגִיעַת עוֹר הַנִּרְגָּע מֵחֲמַת חִמּוּם, כְּמוֹ: "וְנִצְרְבוּ בָהּ כָּל פָּנִים" (יחזקאל כא, ג), רייטריי"ר בְּלַעַז. צָרֶבֶת. רטריחמנ"ט בְּלַעַז:

כד | מִחְיַת הַמִּכְוָה. שנמנ"ט, כְּשֶׁחָיְתָה הַמִּכְוָה, נֶהֶפְכָה לְבַהֶרֶת פְּתוּכָה אוֹ לְבָנָה חֲלָקָה:

הרחבות | **דיני צרעת השחין או המכווה** דומים מאוד לצרעת עור בשר. גם בהם נקבע מעמדו המטמא של הנגע לפי השאלות אם השֵׂער צמח לבן, ואם הנגע פושה בעור. ההבדלים הנראים בכתובים הם שניים: בנגעי שחין ומכווה, אם לא נראו סימני הטומאה לאחר שבוע אחד של הסגר – הנגע טהור, שכן העור כבר היה פגוע.

ביאור

שבה חלש יחסית ומשום כך אינו נראה עמוק מהעור –[24] וְהִסְגִּירוֹ
הַכֹּהֵן במקום מסוים[25] שִׁבְעַת יָמִים. כב וְאחרי שבעה ימים חוזרים
ובודקים אותו: אִם פָּשֹׂה תִפְשֶׂה, תתפשט בָּעוֹר – וְטִמֵּא הַכֹּהֵן אֹתוֹ,
נֶגַע הִוא. כג ואולם אִם תַּחְתֶּיהָ תַּעֲמֹד הַבַּהֶרֶת, אם נשארה באותו
גודל וְלֹא פָשָׂתָה – צָרֶבֶת, רושם דלקת, צלקת הַשְּׁחִין הִוא. אין היא
אלא תוצאה טבעית מן השחין, ואינה משמעותית לענייני טומאה
וטהרה, ולכן – וְטִהֲרוֹ הַכֹּהֵן.

דומה לכך: כד אוֹ בָשָׂר כִּי יִהְיֶה בְעֹרוֹ מִכְוַת, כווית אֵשׁ. וְהָיְתָה,
תופיע במקום מִחְיַת, התרפאות הַמִּכְוָה בַּהֶרֶת לְבָנָה אֲדַמְדֶּמֶת אוֹ
לְבָנָה, כה וְרָאָה אֹתָהּ הַכֹּהֵן, וְהִנֵּה נֶהְפַּךְ שֵׂעָר לָבָן בַּבַּהֶרֶת וּמַרְאֶהָ עָמֹק
מִן הָעוֹר – צָרַעַת הִוא, בַּמִּכְוָה, במקום הכוויה פָּרָחָה. וְטִמֵּא אֹתוֹ הַכֹּהֵן,
נֶגַע צָרַעַת הִוא. כו וְאִם יִרְאֶנָּה הַכֹּהֵן, וְהִנֵּה אֵין בַּבַּהֶרֶת שֵׂעָר לָבָן, וּשְׁפָלָה
אֵינֶנָּה מִן הָעוֹר, וְהִוא כֵהָה[26] – וְהִסְגִּירוֹ הַכֹּהֵן שִׁבְעַת יָמִים. כז וְרָאָהוּ הַכֹּהֵן
בַּיּוֹם הַשְּׁבִיעִי. אִם פָּשֹׂה תִפְשֶׂה הבהרת בָּעוֹר – וְטִמֵּא הַכֹּהֵן אֹתוֹ, משום
שנֶגַע צָרַעַת הִוא. כח וְאִם תַּחְתֶּיהָ, במקומה תַעֲמֹד הַבַּהֶרֶת, לֹא פָשְׂתָה
בָעוֹר, וְהִוא כֵהָה, שאינה בהירה כמו שהייתה מתחילה[27] – שְׂאֵת
הַמִּכְוָה הִוא, וְטִהֲרוֹ הַכֹּהֵן כִּי צָרֶבֶת, צלקת שנותרה מן הַמִּכְוָה, הכוויה
הִוא.

הרחבות

לעומת זאת, בנגעי עור בשר דרוש שבוע הסגר נוסף לשם בדיקה. הבדל נוסף: בנגעי שחין ומכווה לא הוזכרו אלא שני סימני טומאה, ואין בהם סימן טומאה שלישי – מחיית בשר. (ראו משנה נגעים ג,ג-ד; ט,א).

חמישי ח כט וְאִישׁ אוֹ אִשָּׁה כִּי־יִהְיֶה בוֹ נָגַע בְּרֹאשׁ אוֹ בְזָקָן:
ל וְרָאָה הַכֹּהֵן אֶת־הַנֶּגַע וְהִנֵּה מַרְאֵהוּ עָמֹק מִן־הָעוֹר
וּבוֹ שֵׂעָר צָהֹב דָּק וְטִמֵּא אֹתוֹ הַכֹּהֵן נֶתֶק הוּא
לא צָרַעַת הָרֹאשׁ אוֹ הַזָּקָן הוּא: וְכִי־יִרְאֶה הַכֹּהֵן אֶת־
נֶגַע הַנֶּתֶק וְהִנֵּה אֵין־מַרְאֵהוּ עָמֹק מִן־הָעוֹר וְשֵׂעָר
שָׁחֹר אֵין בּוֹ וְהִסְגִּיר הַכֹּהֵן אֶת־נֶגַע הַנֶּתֶק שִׁבְעַת
לב יָמִים: וְרָאָה הַכֹּהֵן אֶת־הַנֶּגַע בַּיּוֹם הַשְּׁבִיעִי וְהִנֵּה
לֹא־פָשָׂה הַנֶּתֶק וְלֹא־הָיָה בוֹ שֵׂעָר צָהֹב וּמַרְאֵה
לג הַנֶּתֶק אֵין עָמֹק מִן־הָעוֹר: וְהִתְגַּלָּח וְאֶת־הַנֶּתֶק
לֹא יְגַלֵּחַ וְהִסְגִּיר הַכֹּהֵן אֶת־הַנֶּתֶק שִׁבְעַת יָמִים
★ לד שֵׁנִית: וְרָאָה הַכֹּהֵן אֶת־הַנֶּתֶק בַּיּוֹם הַשְּׁבִיעִי וְהִנֵּה
לֹא־פָשָׂה הַנֶּתֶק בָּעוֹר וּמַרְאֵהוּ אֵינֶנּוּ עָמֹק מִן־
לה הָעוֹר וְטִהַר אֹתוֹ הַכֹּהֵן וְכִבֶּס בְּגָדָיו וְטָהֵר: וְאִם־
לו פָּשֹׂה יִפְשֶׂה הַנֶּתֶק בָּעוֹר אַחֲרֵי טָהֳרָתוֹ: וְרָאָהוּ
הַכֹּהֵן וְהִנֵּה פָּשָׂה הַנֶּתֶק בָּעוֹר לֹא־יְבַקֵּר הַכֹּהֵן

רש״י

כט) בְּרֹאשׁ אוֹ בְזָקָן. בָּא הַכָּתוּב לְחַלֵּק בֵּין נֶגַע שֶׁבִּמְקוֹם שֵׂעָר לְנֶגַע שֶׁבִּמְקוֹם בָּשָׂר, שֶׁזֶּה סִימָנוֹ בְּשֵׂעָר לָבָן וְזֶה סִימָנוֹ בְּשֵׂעָר צָהֹב:

ל) וּבוֹ שֵׂעָר צָהֹב. שֶׁנֶּהְפַּךְ שֵׂעָר שָׁחוֹר שֶׁבּוֹ לְצָהֹב: נֶתֶק הוּא. כָּךְ שְׁמוֹ שֶׁל נֶגַע שֶׁבִּמְקוֹם שֵׂעָר:

לא) וְשֵׂעָר שָׁחֹר אֵין בּוֹ. הָא אִם הָיָה בּוֹ שֵׂעָר שָׁחוֹר – טָהוֹר וְאֵין צָרִיךְ לְהַסְגֵּר, שֶׁשֵּׂעָר שָׁחוֹר סִימַן טָהֳרָה הוּא בִּנְתָקִים, כְּמוֹ שֶׁנֶּאֱמַר: ״וְשֵׂעָר שָׁחֹר צָמַח בּוֹ״ וְגוֹ׳ (להלן פסוק לז):

לב) וְהִנֵּה לֹא פָשָׂה וְגוֹ׳. הָא אִם פָּשָׂה אוֹ הָיָה בוֹ שֵׂעָר צָהֹב – טָמֵא:

לג) וְהִתְגַּלָּח. סְבִיבוֹת הַנֶּתֶק: וְאֶת הַנֶּתֶק לֹא יְגַלֵּחַ. מַנִּיחַ שְׁתֵּי שְׂעָרוֹת סָמוּךְ לוֹ סָבִיב, כְּדֵי שֶׁיְּהֵא נִכָּר אִם פָּשָׂה, שֶׁאִם יִפְשֶׂה יַעֲבֹר הַשְּׂעָרוֹת וְיֵצֵא לִמְקוֹם הַגִּלּוּחַ:

לה) אַחֲרֵי טָהֳרָתוֹ. אֵין לִי אֶלָּא פּוֹשֶׂה לְאַחַר הַפְּטוּר. מִנַּיִן אַף בְּסוֹף שָׁבוּעַ רִאשׁוֹן וּבְסוֹף שָׁבוּעַ שֵׁנִי? תַּלְמוּד לוֹמַר: ״פָּשֹׂה יִפְשֶׂה״:

ביאור
עד כה דובר על נגעים בעור חשוף, בין שהוא שעיר ובין שהוא חלק.
כעת יידונו נגעים הנמצאים באזורים שיש בהם שֵׂעָר מרובה. כט **וְאִישׁ**
אוֹ אִשָּׁה כִּי יִהְיֶה בוֹ נָגַע בְּרֹאשׁ אוֹ בְזָקָן. ל **וְרָאָה הַכֹּהֵן אֶת הַנֶּגַע**, אך
אינו יודע אם הנגע הוא סימפטום של מחלה, בא בעקבות תאונה
או שמא הוא סימן לצרעת.[28] **וְהִנֵּה מַרְאֵהוּ עָמֹק מִן הָעוֹר, וּבוֹ שֵׂעָר**
צָהֹב ולא לבן, אך גם לא צבעו הטבעי, **דָּק** - השֵׂער שונה מן הרגיל
בצבעו ובעוביו[29] - **וְטִמֵּא אֹתוֹ הַכֹּהֵן, נֶתֶק הוּא**. כך שמו של סוג הנגע
הזה, מפני ניתוק השער הטבעי משֶׁטח הנגע. **צָרַעַת הָרֹאשׁ אוֹ הַזָּקָן**
הוּא. לא **וְכִי יִרְאֶה הַכֹּהֵן אֶת נֶגַע הַנֶּתֶק, וְהִנֵּה אֵין מַרְאֵהוּ עָמֹק מִן הָעוֹר**
וְעם זאת **שֵׂעָר שָׁחֹר**, שהוא הצבע השכיח של שערותיו של בן ישראל,
אֵין בּוֹ כדרכה של קרקפת בריאה - **וְהִסְגִּיר הַכֹּהֵן אֶת נֶגַע הַנֶּתֶק שִׁבְעַת**
יָמִים. לב **וְרָאָה הַכֹּהֵן אֶת הַנֶּגַע בַּיּוֹם הַשְּׁבִיעִי, וְהִנֵּה לֹא פָשָׂה הַנֶּתֶק,**
וְלֹא הָיָה בוֹ שֵׂעָר צָהֹב, וּמַרְאֵה הַנֶּתֶק אֵין עָמֹק מִן הָעוֹר. לג במקרה
זה יש להמשיך ולבדוק את הנגע: **וְהִתְגַּלָּח**, המצורע המוסגר יגלח
את השֵׂער שמסביב לנגע,[30] ואילו **אֶת הַנֶּתֶק**, השער שצומח בנתק
או בגבולותיו[31] **לֹא יְגַלֵּחַ**. ובכך ניתן לבדוק את גבולות הנגע וכיצד
הוא מתפתח. **וְהִסְגִּיר הַכֹּהֵן אֶת הַנֶּתֶק שִׁבְעַת יָמִים שֵׁנִית**, במעין
מעמד ביניים בין טהור לטמא. לד **וְרָאָה הַכֹּהֵן אֶת הַנֶּתֶק** שוב **בַּיּוֹם**
הַשְּׁבִיעִי, וְהִנֵּה לֹא פָשָׂה הַנֶּתֶק בָּעוֹר, וּמַרְאֵהוּ אֵינֶנּוּ עָמֹק מִן הָעוֹר - **וְטִהַר**
אֹתוֹ הַכֹּהֵן, וְכִבֶּס בְּגָדָיו וְטָהֵר. לה **וְאִם** בזמן ההסגר הנתק אמנם לא
התפשט, אבל **פָּשֹׂה יִפְשֶׂה הַנֶּתֶק בָּעוֹר אַחֲרֵי טָהֳרָתוֹ** - לו **וְרָאָהוּ הַכֹּהֵן,**
וְהִנֵּה פָּשָׂה הַנֶּתֶק בָּעוֹר, כיוון שכך - **לֹא יְבַקֵּר**, לא יצטרך לבחון **הַכֹּהֵן**

לַשֵּׂעָר הַצָּהֹב טָמֵא הוּא: וְאִם־בְּעֵינָיו עָמַד הַנֶּתֶק לז
וְשֵׂעָר שָׁחֹר צָמַח־בּוֹ נִרְפָּא הַנֶּתֶק טָהוֹר הוּא וְטִהֲרוֹ
הַכֹּהֵן: וְאִישׁ אוֹ־אִשָּׁה כִּי־יִהְיֶה בְעוֹר־ לח
בְּשָׂרָם בֶּהָרֹת בֶּהָרֹת לְבָנֹת: וְרָאָה הַכֹּהֵן וְהִנֵּה לט
בְעוֹר־בְּשָׂרָם בֶּהָרֹת כֵּהוֹת לְבָנֹת בֹּהַק הוּא פָּרַח
ששי / שלישי / בָּעוֹר טָהוֹר הוּא: וְאִישׁ כִּי יִמָּרֵט רֹאשׁוֹ מ
קֵרֵחַ הוּא טָהוֹר הוּא: וְאִם מִפְּאַת פָּנָיו יִמָּרֵט רֹאשׁוֹ מא
גִּבֵּחַ הוּא טָהוֹר הוּא: וְכִי־יִהְיֶה בַקָּרַחַת אוֹ בַגַּבַּחַת מב
נֶגַע לָבָן אֲדַמְדָּם צָרַעַת פֹּרַחַת הִוא בְּקָרַחְתּוֹ אוֹ
בְגַבַּחְתּוֹ: וְרָאָה אֹתוֹ הַכֹּהֵן וְהִנֵּה שְׂאֵת־הַנֶּגַע לְבָנָה מג
אֲדַמְדֶּמֶת בְּקָרַחְתּוֹ אוֹ בְגַבַּחְתּוֹ כְּמַרְאֵה צָרַעַת עוֹר
בָּשָׂר: אִישׁ־צָרוּעַ הוּא טָמֵא הוּא טַמֵּא יְטַמְּאֶנּוּ הַכֹּהֵן מד
בְּרֹאשׁוֹ נִגְעוֹ: וְהַצָּרוּעַ אֲשֶׁר־בּוֹ הַנֶּגַע בְּגָדָיו יִהְיוּ מה

רש"י

לז) **וְשֵׂעָר שָׁחֹר.** מִנַּיִן אַף הַיָּרֹק וְהָאָדֹם שֶׁאֵינוֹ צָהֹב? תַּלְמוּד לוֹמַר: "וְשֵׂעָר", וְלָמָּה צָהֹב דּוֹמֶה? לְתַבְנִית הַזָּהָב. **טָהוֹר הוּא וְטִהֲרוֹ הַכֹּהֵן.** הָא טָמֵא שֶׁטִּהֲרוֹ הַכֹּהֵן לֹא טָהַר:

לח) **בֶּהָרֹת.** חֲבַרְבּוּרוֹת:

לט) **כֵּהוֹת לְבָנֹת.** שֶׁאֵין לֹבֶן שֶׁלָּהֶן עַז אֶלָּא כֵּהֶה: **בֹּהַק.** כְּמִין לֹבֶן הַנִּרְאֶה בִּבְשַׂר אָדָם אָדֹם שֶׁקּוֹרִין רו"ס בֵּין חֲבַרְבּוּרוֹת אַדְמִימוּתוֹ, קָרוּי בֹּהַק, כְּאִישׁ עַדְשָׁן, שֶׁבֵּין עֲדָשָׁה לַעֲדָשָׁה מַבְהִיק הַבָּשָׂר בְּלֹבֶן צַח:

מ) **קֵרֵחַ הוּא טָהוֹר הוּא.** מִטֻּמְאַת נְתָקִין, שֶׁאֵין נִדּוֹן בְּסִימָנֵי רֹאשׁ וְזָקָן שֶׁהֵם מְקוֹם שֵׂעָר, אֶלָּא בְּסִימָנֵי נִגְעֵי עוֹר בָּשָׂר – מִחְיָה וּפִשְׂיוֹן:

מא) **וְאִם מִפְּאַת פָּנָיו.** מִשִּׁפּוּעַ קָדְקֹד כְּלַפֵּי פָּנָיו קָרוּי 'גַּבַּחַת', וְאַף הַצְּדָעִין שֶׁמִּכָּאן וּמִכָּאן בִּכְלָל, וּמִשִּׁפּוּעַ קָדְקֹד כְּלַפֵּי אֲחוֹרָיו קָרוּי 'קָרַחַת':

מב) **נֶגַע לָבָן אֲדַמְדָּם.** פָּתוּךְ. מִנַּיִן שְׁאָר הַמַּרְאוֹת? תַּלְמוּד לוֹמַר: "נֶגַע":

מג) **כְּמַרְאֵה צָרַעַת עוֹר בָּשָׂר.** כְּמַרְאֵה הַצָּרַעַת הָאָמוּר בְּפָרָשַׁת עוֹר בָּשָׂר: "אָדָם כִּי יִהְיֶה בְעוֹר בְּשָׂרוֹ" (לעיל פסוק ב), וּמָה אָמוּר בּוֹ? שֶׁמִּטַּמֵּא בְּאַרְבָּעָה מַרְאוֹת וְנִדּוֹן בִּשְׁנֵי שָׁבוּעוֹת, וְלֹא כְּמַרְאֵה צָרַעַת הָאָמוּר בִּשְׁחִין וּמִכְוָה שֶׁהוּא נִדּוֹן בְּשָׁבוּעַ אֶחָד, וְלֹא כְּמַרְאֵה נְתָקִין שֶׁל מְקוֹם שֵׂעָר שֶׁאֵין מְטַמְּאִין בְּאַרְבַּע מַרְאוֹת:

מד) **בְּרֹאשׁוֹ נִגְעוֹ.** אֵין לִי אֶלָּא נְתָקִין. מִנַּיִן לְרַבּוֹת שְׁאָר הַמְנֻגָּעִים? תַּלְמוּד לוֹמַר: "טַמֵּא יְטַמְּאֶנּוּ", לְרַבּוֹת אֶת כֻּלָּן, עַל כֻּלָּן

ביאור

לַשֵּׂעָר הַצָּהֹב, אם יש או אין בו שער צהוב – **טָמֵא הוּא.** הפשיון
לבדו מהווה סימן להחליט את טומאת הנגע. לז **וְאִם בְּעֵינָיו עָמַד
הַנֶּתֶק** לאחר ההסגר, **וְשֵׂעָר שָׁחֹר צָמַח בּוֹ**, סימן הוא **שנִּרְפָּא הַנֶּתֶק,
טָהוֹר הוּא – וְטִהֲרוֹ הַכֹּהֵן.** אף על פי שנרפא הנתק וכבר אין בו סיבה
לטומאה, צריך שהכהן יקבע את טהרתו.

בדומה לנתק שיש בו שער שחור, שאיננו נגע טמא – לח **וְאִישׁ אוֹ
אִשָּׁה כִּי יִהְיֶה בְעוֹר בְּשָׂרָם בֶּהָרֹת בֶּהָרֹת לְבָנֹת**, כתמים לבנים, לט **וְרָאָה
הַכֹּהֵן, וְהִנֵּה בְעוֹר בְּשָׂרָם בֶּהָרֹת כֵּהוֹת לְבָנֹת**, לבנבנות, שאינן לבנות
לחלוטין – **בֹּהַק**, מחלת עור מסוימת **הוּא, פָּרַח בָּעוֹר**, ולכן **טָהוֹר הוּא.**

לאחר שהתבארו דיני נגעי 'עור הבשר' ונגעי הראש במקום השער,
מוסיפים פרט – מ **וְאִישׁ כִּי יִמָּרֵט רֹאשׁוֹ**, ובכלל זה מי שינשור שערו
מסיבות אחרות –[32] **קֵרֵחַ הוּא, טָהוֹר הוּא**, שהרי לקרחת כשלעצמה
אין משמעות מבחינת דיני הטומאה. מא וכן **אִם מִפְּאַת פָּנָיו**, מן
הצד הקדמי **יִמָּרֵט רֹאשׁוֹ** –[33] **גִּבֵּחַ הוּא**, ואף זו תופעה טבעית, ולכן
טָהוֹר הוּא. מב ואולם **כִּי יִהְיֶה בַקָּרַחַת אוֹ בַגַּבַּחַת נֶגַע לָבָן אֲדַמְדָּם**,
כאשר יש בקרחת נגע לבן בגוון אדום – **צָרַעַת פֹּרַחַת הִוא בְּקָרַחְתּוֹ אוֹ
בְגַבַּחְתּוֹ.** מג **וְרָאָה אֹתוֹ הַכֹּהֵן, וְהִנֵּה שְׂאֵת הַנֶּגַע לְבָנָה אֲדַמְדֶּמֶת בְּקָרַחְתּוֹ
אוֹ בְגַבַּחְתּוֹ**, והיא **כְּמַרְאֵה צָרַעַת עוֹר בָּשָׂר**, זהה למראה הצרעת הרגילה
שבעור הבשר – מד **אִישׁ צָרוּעַ הוּא. טָמֵא הוּא. טַמֵּא יְטַמְּאֶנּוּ הַכֹּהֵן,
בְּרֹאשׁוֹ** הופיע **נִגְעוֹ.** זוהי צרעת עור רגילה, אלא שנעדר ממנה סימן
הטומאה של צבע השער, מאחר שמדובר באזור קירח בקרקפת.[34]

עד כאן פירוט מראות הנגעים. מכאן לדיניו של הצרוע: מה **וְהַצָּרוּעַ
אֲשֶׁר בּוֹ הַנֶּגַע**, שהכהן הכריז עליו שהוא מצורע, **בְּגָדָיו יִהְיוּ פְרֻמִים**,

הרחבות

'ואם בעיניו עמד הנתק ושער שחר צמח בו' מן הניסוח לא ברור אם כדי לטהר נדרשים שני התנאים או די באחד מהם, כלומר בין אם הנגע לא פשה או אפילו פשה, אלא שצמח בו שער שחור – צמיחת השער הזה היא סימן טהרה. וכך לפי מסורת חכמים, מתפרש הכתוב לקולא. (ראו משנה נגעים י,ג; ר"י בכור שור וחזקוני על אתר).

פְּרֻמִים וְרֹאשׁוֹ יִהְיֶה פָרוּעַ וְעַל־שָׂפָם יַעְטֶה וְטָמֵא ׀
טָמֵא יִקְרָא: כָּל־יְמֵי אֲשֶׁר הַנֶּגַע בּוֹ יִטְמָא טָמֵא הוּא מו
בָּדָד יֵשֵׁב מִחוּץ לַמַּחֲנֶה מוֹשָׁבוֹ: וְהַבֶּגֶד מז
כִּי־יִהְיֶה בוֹ נֶגַע צָרָעַת בְּבֶגֶד צֶמֶר אוֹ בְּבֶגֶד פִּשְׁתִּים:
אוֹ בִשְׁתִי אוֹ בְעֵרֶב לַפִּשְׁתִּים וְלַצָּמֶר אוֹ בְעוֹר אוֹ מח
בְּכָל־מְלֶאכֶת עוֹר: וְהָיָה הַנֶּגַע יְרַקְרַק ׀ אוֹ אֲדַמְדָּם מט

רש"י | הוּא אוֹמֵר: "בְּגָדָיו יִהְיוּ פְרֻמִים" וְגוֹ' (להלן פסוק מה):

מה | **פְּרֻמִים.** קְרוּעִים: **פָּרוּעַ.** מְגֻדָּל שֵׂעָר: **וְעַל שָׂפָם יַעְטֶה.** כְּאָבֵל: **שָׂפָם.** שְׂעַר הַשְּׂפָתַיִם, גרנו"ן בְּלַעַז: **וְטָמֵא טָמֵא יִקְרָא.** מַשְׁמִיעַ שֶׁהוּא טָמֵא וְיִפְרְשׁוּ מִמֶּנּוּ:

מו | **בָּדָד יֵשֵׁב.** שֶׁלֹּא יִהְיוּ טְמֵאִים יוֹשְׁבִים עִמּוֹ. וְאָמְרוּ רַבּוֹתֵינוּ: מַה נִּשְׁתַּנָּה מִשְּׁאָר טְמֵאִים לֵישֵׁב בָּדָד? הוֹאִיל וְהוּא הִבְדִּיל בִּלְשׁוֹן הָרָע בֵּין אִישׁ לְאִשְׁתּוֹ, בֵּין אִישׁ לְרֵעֵהוּ, אַף הוּא יִבָּדֵל: **מִחוּץ לַמַּחֲנֶה.** חוּץ לְשָׁלֹשׁ מַחֲנוֹת:

מח | **לַפִּשְׁתִּים וְלַצָּמֶר.** שֶׁל פִּשְׁתִּים אוֹ שֶׁל צֶמֶר: **אוֹ בְעוֹר.** זֶה עוֹר שֶׁלֹּא נַעֲשָׂה בּוֹ מְלָאכָה: **אוֹ בְּכָל מְלֶאכֶת עוֹר.** עוֹר שֶׁנַּעֲשָׂה בּוֹ מְלָאכָה:

מט | **יְרַקְרַק.** יָרֹק שֶׁבִּירֻקִּין: **אֲדַמְדָּם.** אָדֹם שֶׁבַּאֲדֻמִּים:

הרחבות | **מנהגי אבלות** הצרעת היא טומאה חמורה יחסית, בדומה לטומאת מת. היא נתפסת כחדירת המוות אל הגוף החי. אמנם החדירה הזו מתחוללת רק ברמז ועל פני השטח – על העור – אבל היא מסמלת שהמצורע כביכול מת בחייו, והוא מנותק מהחברה האנושית. (ראו במדבר יב,יב; נדרים סד ע"ב). אולי מכך נובעים מנהגי האבל של המצורע, כאילו הוא מתאבל על חייו בעודנו חי. (ראו עוד מדרשו של רבי פינחס בן יאיר המצביע על מקבילות נוספות בין המצורע למת, בדיניהם ובתהליך טהרתם. אייזנשטיין, אוצר מדרשים עמ' 482).

'ועל שפם יעטה' בזמן המקרא היו נוהגים ללבוש יריעת בד או צמר גדולה. בלבוש כזה אפשר להתעטף בנקל. כיסוי הפנים הוא אחד ממנהגי אבל (ראו שמואל ב' טו,ל; יט,ה), כמו פרימת בגדים ופריעת ראש (ראו לעיל י,ו).

'בדד ישב מחוץ למחנה מושבו' תיאור זה מתייחס למחנה ישראל במדבר, שהיו לו

ביאור | קרועים. עליו לקרוע בגדיו, בין השאר כאות אבל,[35] **וְרֹאשׁוֹ יִהְיֶה פָרוּעַ,** מגודל.[36] **וְעַל שָׂפָם יַעְטֶה,** יעטוף. פיו ושפמו יכוסו בבגדו העליון, **וְ"טָמֵא, טָמֵא" יִקְרָא.** הוא יכריז ויודיע לאחרים שהוא טמא. מו **כָּל יְמֵי אֲשֶׁר הַנֶּגַע בּוֹ - יִטְמָא. טָמֵא הוּא. בָּדָד יֵשֵׁב, מִחוּץ לַמַּחֲנֶה מוֹשָׁבוֹ.** שם הוא מנותק כמעט לחלוטין מחברתם של בני אדם.

צרעת הבגד

פרק יג פס׳ מז–נט

לאחר שהוזכרו דיני הצרעת בגוף האדם, דנה התורה בתופעה מוזרה אף יותר: צרעת הבגד, פקעת החוט או כלי העור. תופעה זו, שהיא ייחודית לישראל, נתפסת כאיתות משמים.[37] ושמא פירוט המינים הנטמאים, החוזר כמעט בכל פסוק ופסוק בעניין, בא להדגיש את פלאיותה.

דין צרעת הבגד נבדל מצרעת הגוף הן בסימני הטומאה והטהרה הן בדין הבסיסי הקובע שיש לשרוף את הבגד הטמא. עם זאת, יש דמיון מסוים בין המקרים: בשניהם יש להביא את הנגע החשוד לבדיקה אצל הכהן, והכהן הוא שיקבע אם אכן יש מקום לחשד, ואם יש להשאיר את הנגע תחת השגחה; כעבור שבוע יבדוק שוב. אם הנגע גדל - הרי זו צרעת מטמאת בהחלט, ואם לאו - יימשך תהליך המעקב, בהסגר נוסף (באדם) או בכיבוס (בבגד).

מז **וְהַבֶּגֶד כִּי יִהְיֶה בוֹ נֶגַע צָרָעַת, בְּבֶגֶד צֶמֶר אוֹ בְּבֶגֶד פִּשְׁתִּים.** אין מדובר בכתם שבא מגורם חיצוני או כזה שאפשר להסירו בפשטות ברחיצה וכדומה, אלא בכתם חריג הצומח על הבגד בלא סיבה גלויה. מח ולא רק בבגד ארוג יכול להימצא הנגע - **אוֹ בִשְׁתִי,** בחוטי האורך היסודיים שעליהם מושתת האריג **אוֹ בְעֵרֶב,** החוטים הנארגים בחוטי השתי לרוחב **לַפִּשְׁתִּים וְלַצָּמֶר, אוֹ בְעוֹר** המשמש בגד או כלי, דוגמת מעיל או שטיח העשויים מחתיכת עור של בעל חיים כמות שהיא,[38] **אוֹ בְּכָל מְלֶאכֶת עוֹר,** כלי העשוי בין השאר מפיסות או מרצועות של עור.[39] מט **וְהָיָה הַנֶּגַע יְרַקְרַק אוֹ אֲדַמְדָּם** שאיננו נראה טבעי, ועל כן

הרחבות

גבולות ואפשר היה לשהות מחוצה לו. בארץ ישראל ישבו המצורעים לבד מחוץ לחומות העיר. (ראו מלכים ב׳ ז,ג; טו,ה; משנה כלים א,ז).

באופן עקרוני יכול הבידוד להימשך כל חיי האדם. זה היה מצבו של עוזיהו מלך יהודה, שנצטרע ונאלץ לשבת ב׳בית החופשית׳ - מקום מבודד מחוץ לעיר - במשך שנים רבות, עד סוף ימיו (דברי הימים ב׳ כו,כא).

׳ירקרק או אדמדם׳ במשך דורות נחלקו חכמים לגבי משמעות המלים יְרַקְרַק וַאֲדַמְדָּם. ברור ששינוי זה בצורת התארים ׳ירוק׳ ו׳אדום׳ מבטא משהו לגבי הצבע. אולם האם ההכפלה מורה על הדגשת הגוון או על קלישותו? בעברית מודרנית משמש התואר יְרַקְרַק כירוק מעט, אך נראה שבמקרא פירושו דווקא ירוק מאוד, וַאֲדַמְדָּם - אדום מאוד. (ראו ספרא, רש״י וראב״ע; משנה נגעים יא,ד-ה והגר״א שם; ירושלמי סוכה ג,ו; רמב״ם, הלכות טומאת צרעת יב,א; שו״ת חות יאיר א ד״ה ובגמרא).

בַבֶּגֶד אוֹ בָעוֹר אוֹ־בַשְּׁתִי אוֹ־בָעֵרֶב אוֹ בְכָל־כְּלִי־
עוֹר נֶגַע צָרַעַת הוּא וְהָרְאָה אֶת־הַכֹּהֵן: וְרָאָה הַכֹּהֵן נ *
אֶת־הַנָּגַע וְהִסְגִּיר אֶת־הַנֶּגַע שִׁבְעַת יָמִים: וְרָאָה נא
אֶת־הַנֶּגַע בַּיּוֹם הַשְּׁבִיעִי כִּי־פָשָׂה הַנֶּגַע בַּבֶּגֶד אוֹ־
בַשְּׁתִי אוֹ־בָעֵרֶב אוֹ בָעוֹר לְכֹל אֲשֶׁר־יֵעָשֶׂה הָעוֹר
לִמְלָאכָה צָרַעַת מַמְאֶרֶת הַנֶּגַע טָמֵא הוּא: וְשָׂרַף נב
אֶת־הַבֶּגֶד אוֹ אֶת־הַשְּׁתִי | אוֹ אֶת־הָעֵרֶב בַּצֶּמֶר
אוֹ בַפִּשְׁתִּים אוֹ אֶת־כָּל־כְּלִי הָעוֹר אֲשֶׁר־יִהְיֶה בוֹ
הַנָּגַע כִּי־צָרַעַת מַמְאֶרֶת הִוא בָּאֵשׁ תִּשָּׂרֵף: וְאִם נג
יִרְאֶה הַכֹּהֵן וְהִנֵּה לֹא־פָשָׂה הַנֶּגַע בַּבֶּגֶד אוֹ בַשְּׁתִי
אוֹ בָעֵרֶב אוֹ בְּכָל־כְּלִי־עוֹר: וְצִוָּה הַכֹּהֵן וְכִבְּסוּ אֵת נד
שביעי / רביעי / אֲשֶׁר־בּוֹ הַנָּגַע וְהִסְגִּירוֹ שִׁבְעַת־יָמִים שֵׁנִית: וְרָאָה נה
הַכֹּהֵן אַחֲרֵי | הֻכַּבֵּס אֶת־הַנֶּגַע וְהִנֵּה לֹא־הָפַךְ
הַנֶּגַע אֶת־עֵינוֹ וְהַנֶּגַע לֹא־פָשָׂה טָמֵא הוּא בָּאֵשׁ

רש"י

נא) **צָרַעַת מַמְאֶרֶת.** לְשׁוֹן "סִלּוֹן מַמְאִיר" (יחזקאל כח, כד), פוֹינְי"ט בְּלַעַז. וּמִדְרָשׁוֹ, תֵּן בּוֹ מְאֵרָה, שֶׁלֹּא תֵּהָנֶה הֵימֶנּוּ:

נב) **בַּצֶּמֶר אוֹ בַפִּשְׁתִּים.** שֶׁל צֶמֶר אוֹ שֶׁל פִּשְׁתִּים, זֶהוּ פְּשׁוּטוֹ. וּמִדְרָשׁוֹ, יָכוֹל יָבִיא גִּזֵּי צֶמֶר וַאֲנִיצֵי פִשְׁתָּן וְיִשְׂרְפֵם עִמּוֹ? תַּלְמוּד לוֹמַר: "הִוא בָּאֵשׁ תִּשָּׂרֵף", אֵינָהּ צְרִיכָה דָּבָר אַחֵר עִמָּהּ. אִם כֵּן מָה תַּלְמוּד לוֹמַר: "בַּצֶּמֶר אוֹ בַפִּשְׁתִּים"? לְהוֹצִיא אֶת הָאִמְרִיּוֹת שֶׁבּוֹ שֶׁהֵן מִמִּין אַחֵר. 'אִמְרִיּוֹת' לְשׁוֹן שָׂפָה, כְּמוֹ: 'אִמְרָא':

נד) **אֵת אֲשֶׁר בּוֹ הַנָּגַע.** יָכוֹל מְקוֹם הַנֶּגַע בִּלְבַד? תַּלְמוּד לוֹמַר: "אֵת אֲשֶׁר בּוֹ הַנָּגַע". יָכוֹל כָּל הַבֶּגֶד כֻּלּוֹ טָעוּן כִּבּוּס? תַּלְמוּד לוֹמַר: "הַנֶּגַע". הָא כֵּיצַד? יְכַבֵּס מִן הַבֶּגֶד עִמּוֹ:

נה) **אַחֲרֵי הֻכַּבֵּס.** לְשׁוֹן הֵעָשׂוֹת: **לֹא הָפַךְ הַנֶּגַע אֶת עֵינוֹ.** לֹא הֻכְהָה מִמַּרְאִיתוֹ: **וְהַנֶּגַע לֹא פָשָׂה.** שָׁמַעְנוּ שֶׁאִם לֹא הָפַךְ וְלֹא פָשָׂה טָמֵא, וְאֵין צָרִיךְ לוֹמַר לֹא הָפַךְ וּפָשָׂה. הָפַךְ וְלֹא פָשָׂה אֵינִי יוֹדֵעַ מַה יֵּעָשֶׂה לוֹ? תַּלְמוּד לוֹמַר: "וְהִסְגִּיר אֶת הַנֶּגַע", מִכָּל מָקוֹם, דִּבְרֵי רַבִּי יְהוּדָה. וַחֲכָמִים אוֹמְרִים וְכוּ', כִּדְאִיתָא בְּתוֹרַת כֹּהֲנִים (פרק טו, ז), וּרְמַזְתִּיהָ כָּאן לְיַשֵּׁב

ביאור

בוודאי הוא מראה שצמח מהבגד עצמו. כאשר מופיע כתם כזה **בַּבֶּגֶד**
אוֹ בָעוֹר אוֹ בַשְּׁתִי אוֹ בָעֵרֶב אוֹ בְּכָל כְּלִי עוֹר – נֶגַע צָרַעַת הוּא, וְהָרְאָה אֶת
הַכֹּהֵן. יש להראותו לכהן. נ **וְרָאָה הַכֹּהֵן אֶת הַנָּגַע, וְהִסְגִּיר אֶת הַנֶּגַע**
שִׁבְעַת יָמִים בבידוד למעקב. נא שלא כבצרעת הגוף, כאן לעולם
אי אפשר לקבוע בהחלט את טומאת הבגד בראייתו הראשונה של
הכהן אלא רק בראייה חוזרת – **וְרָאָה אֶת הַנֶּגַע בַּיּוֹם הַשְּׁבִיעִי כִּי פָשָׂה**,
התפשט **הַנֶּגַע בַּבֶּגֶד אוֹ בַשְּׁתִי אוֹ בָעֵרֶב אוֹ בָעוֹר, לְכֹל אֲשֶׁר יֵעָשֶׂה הָעוֹר**
לִמְלָאכָה – צָרַעַת מַמְאֶרֶת, מחסרת ופוגעת בלא תקנה[40] **הַנָּגַע. טָמֵא**
הוּא. זהו אות משמים המורה שהבגד מורחק. נב לכן – **וְשָׂרַף אֶת**
הַבֶּגֶד אוֹ אֶת הַשְּׁתִי אוֹ אֶת הָעֵרֶב, בַּצֶּמֶר אוֹ בַפִּשְׁתִּים, אוֹ אֶת כָּל כְּלִי
הָעוֹר אֲשֶׁר יִהְיֶה בוֹ הַנָּגַע, הבגד או הכלי כולו טמא, **כִּי צָרַעַת מַמְאֶרֶת**
הִוא – בָּאֵשׁ תִּשָּׂרֵף. נג **וְאִם יִרְאֶה הַכֹּהֵן** בתום שבעת הימים, **וְהִנֵּה לֹא**
פָשָׂה הַנֶּגַע בַּבֶּגֶד אוֹ בַשְּׁתִי אוֹ בָעֵרֶב אוֹ בְּכָל כְּלִי עוֹר – נד **וְצִוָּה הַכֹּהֵן**,
ולפי הוראתו – **וְכִבְּסוּ** בחומרים מסוימים[41] **אֵת** הדבר **אֲשֶׁר בּוֹ הַנָּגַע,**
וְהִסְגִּירוֹ שִׁבְעַת יָמִים שֵׁנִית. נה **וְרָאָה הַכֹּהֵן אַחֲרֵי הֻכַּבֵּס**, שכיבסו **אֶת**
הַנֶּגַע, וְהִנֵּה לֹא הָפַךְ הַנֶּגַע אֶת עֵינוֹ, מראהו. גון הנגע נשאר כמו שהיה,
וְאף אם **הַנֶּגַע לֹא פָשָׂה** – בכל זאת **טָמֵא הוּא, בָּאֵשׁ תִּשְׂרְפֶנּוּ. פְּחֶתֶת,**

תִּשְׂרְפֶנּוּ פְּחֶתֶת הִוא בְּקָרַחְתּוֹ אוֹ בְגַבַּחְתּוֹ: וְאִם נו
רָאָה הַכֹּהֵן וְהִנֵּה כֵּהָה הַנֶּגַע אַחֲרֵי הֻכַּבֵּס אֹתוֹ וְקָרַע
אֹתוֹ מִן־הַבֶּגֶד אוֹ מִן־הָעוֹר אוֹ מִן־הַשְּׁתִי אוֹ מִן־
מפטיר הָעֵרֶב: וְאִם־תֵּרָאֶה עוֹד בַּבֶּגֶד אוֹ־בַשְּׁתִי אוֹ־בָעֵרֶב נז
אוֹ בְכָל־כְּלִי־עוֹר פֹּרַחַת הִוא בָּאֵשׁ תִּשְׂרְפֶנּוּ אֵת
אֲשֶׁר־בּוֹ הַנָּגַע: וְהַבֶּגֶד אוֹ־הַשְּׁתִי אוֹ־הָעֵרֶב אוֹ־ נח
כָל־כְּלִי הָעוֹר אֲשֶׁר תְּכַבֵּס וְסָר מֵהֶם הַנָּגַע וְכֻבַּס
שֵׁנִית וְטָהֵר: זֹאת תּוֹרַת נֶגַע־צָרַעַת בֶּגֶד הַצֶּמֶר ׀ נט
אוֹ הַפִּשְׁתִּים אוֹ הַשְּׁתִי אוֹ הָעֵרֶב אוֹ כָּל־כְּלִי־עוֹר
לְטַהֲרוֹ אוֹ לְטַמְּאוֹ:

רש"י | המקרח על חכנו: **פחתת הוא.** לשון גומץ, כמו: "באחת הפחתים" (שמואל ב' יז, ט), כלומר שפלה היא, נגע שמראיו שוקעין: **בקרחתו או בגבחתו.** כתרגומו: "בשחיקותיה או בחדתותיה". **קרחתו.** שחקים, ישנים. ומפני המדרש שהוצרך לגזרה שוה: מנין לפריחה בבגדים שהיא טהורה? נאמרה קרחת וגבחת באדם (לעיל פסוק מב) ונאמרה קרחת וגבחת בבגדים, מה להלן פרח בכלו טהור (לעיל פסוק יג), אף כאן פרח בכלו טהור – לכך אחז הכתוב לשון קרחת וגבחת. ולענין פרושו ותרגומו זהו משמעו, קרחת לשון ישנים וגבחת לשון חדשים, כאלו נכתב: 'באחריתו או בקדמותו', שהקרחת לשון אחורים והגבחת לשון פנים, כמו שכתוב: "ואם מפאת פניו" וגו' (לעיל פסוק מא), והקרחת כל ששופע ויורד מן הקדקד ולאחריו. כך מפרש בתורת כהנים (פרק טו, ט):

נו) **וקרע אתו.** יקרע מקום הנגע מן הבגד וישרפנו:

נז) **פרחת הוא.** דבר החוזר וצומח: **באש תשרפנו.** את כל הבגד:

נח) **וסר מהם הנגע.** אם כשכבסוהו בתחלה על פי כהן סר ממנו הנגע לגמרי: **וכבס שנית.** לשון טבילה. תרגום של כבוסין שבפרשה זו לשון לבון, 'ויתחור', חוץ מזה שאינו ללבון אלא לטבול, לכך תרגומו: "ויצטבע". וכן כל כבוסי בגדים שהן לטבילה מתרגמין: 'ויצטבע':

הרחבות | **'בקרחתו או בגבחתו'** פירוש נוסף: בבגד שחוק או חדש; בגד קרוח הוא בגד חלק ואילו בגד בעל גבחת הוא בגד שיש בו נימי צמר בולטים, כלומר שהנגע בו מוגבה. (ראו ספרא ופסקתא זוטרתי; רמב"ם, הלכות טומאת צרעת יב,ט ובפירושו למשנה נגעים יא,יא).

קביעת הטומאה בצרעת הבגד לעומת צרעת הגוף הקביעה ההחלטית שנגע הגוף

ביאור

מגרעת, הפסד,[42] או: גומה[43] הִוא. כך מכונה צרעת הבגד בְּקָרַחְתּוֹ,
בצדו האחורי של הבגד אוֹ בְגַבַּחְתּוֹ, בצדו הקדמי.[44] לעומת צרעת
הגוף, שלעולם לא יהיה האדם מצורע מוחלט בלא אחד מסימני
הטומאה, בצרעת הבגד ייתכן הדבר – אם יעמוד במראהו לאחר
הכיבוס. נו וְאִם רָאָה הַכֹּהֵן, וְהִנֵּה כֵּהָה, הוחלש צבע הַנֶּגַע אַחֲרֵי הֻכַּבֵּס
אֹתוֹ – וְקָרַע אֹתוֹ, את החלק המנוגע מִן הַבֶּגֶד אוֹ מִן הָעוֹר אוֹ מִן הַשְּׁתִי
אוֹ מִן הָעֵרֶב. נז וְאִם תֵּרָאֶה הצרעת עוֹד, שוב בַּבֶּגֶד אוֹ בַשְּׁתִי אוֹ בָעֵרֶב
אוֹ בְכָל כְּלִי עוֹר. הוא אמנם חתך והסיר את האזור הנגוע, אך הנגע
שב להיראות בבגד או בעור – צרעת פֹּרַחַת הִוא, ולכן בָּאֵשׁ תִּשְׂרְפֶנּוּ,
אֵת הדבר אֲשֶׁר בּוֹ הַנָּגַע. נח וְהַבֶּגֶד אוֹ הַשְּׁתִי אוֹ הָעֵרֶב אוֹ כָל כְּלִי הָעוֹר
אֲשֶׁר תְּכַבֵּס, וְסָר מֵהֶם הַנָּגַע. אם בעקבות הכיבוס נעלם הנגע ולא
חזר – וְכֻבַּס שֵׁנִית, יוטבל במקווה מים[45] וְטָהֵר מטומאתו.

נט זֹאת תּוֹרַת משפטיו וחוקיו של נֶגַע צָרַעַת בֶּגֶד הַצֶּמֶר אוֹ הַפִּשְׁתִּים
אוֹ הַשְּׁתִי אוֹ הָעֵרֶב אוֹ כָּל כְּלִי עוֹר, לְטַהֲרוֹ אוֹ לְטַמְּאוֹ.

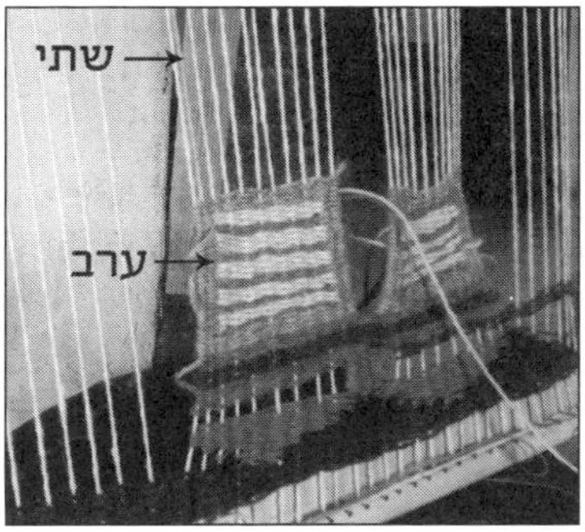

חוטי השתי והערב

הרחבות

טמא בטומאה צרעת תלויה רק בסימני טומאה – אם נראו בנגע סימני טומאה הוא טמא אף בראיה ראשונה, ואם לא נראו בו סימנים הוא טהור גם אם הנגע נשאר קבוע בגוף. לעומת זאת, בנגעי בגדים מרכיב הזמן הוא הקובע את החלטת הנגע; מצד אחד, לעולם אין החלטה מידית אלא לפחות כעבור שבוע מהראייה הראשונה, ומצד שני, בזמן מסוים ייפסק בוודאות שהבגד טמא גם בלא הופעת סימני טומאה נוספים.

מצרע ט וַיְדַבֵּר יְהוָה אֶל־מֹשֶׁה לֵּאמֹר: זֹאת תִּהְיֶה תּוֹרַת א ב יד
הַמְּצֹרָע בְּיוֹם טָהֳרָתוֹ וְהוּבָא אֶל־הַכֹּהֵן: וְיָצָא הַכֹּהֵן ג
אֶל־מִחוּץ לַמַּחֲנֶה וְרָאָה הַכֹּהֵן וְהִנֵּה נִרְפָּא נֶגַע־
הַצָּרַעַת מִן־הַצָּרוּעַ: וְצִוָּה הַכֹּהֵן וְלָקַח לַמִּטַּהֵר ד
שְׁתֵּי־צִפֳּרִים חַיּוֹת טְהֹרוֹת וְעֵץ אֶרֶז וּשְׁנִי תוֹלַעַת
וְאֵזֹב: וְצִוָּה הַכֹּהֵן וְשָׁחַט אֶת־הַצִּפּוֹר הָאֶחָת אֶל־ ה
כְּלִי־חֶרֶשׂ עַל־מַיִם חַיִּים: אֶת־הַצִּפֹּר הַחַיָּה יִקַּח ו
אֹתָהּ וְאֶת־עֵץ הָאֶרֶז וְאֶת־שְׁנִי הַתּוֹלַעַת וְאֶת־הָאֵזֹב
וְטָבַל אוֹתָם וְאֵת ׀ הַצִּפֹּר הַחַיָּה בְּדַם הַצִּפֹּר הַשְּׁחֻטָה
עַל הַמַּיִם הַחַיִּים: וְהִזָּה עַל הַמִּטַּהֵר מִן־הַצָּרַעַת ז

רש"י | פרק יד

ב| **זֹאת תִּהְיֶה תּוֹרַת הַמְּצֹרָע בְּיוֹם טָהֳרָתוֹ.** מְלַמֵּד שֶׁאֵין מְטַהֲרִין אוֹתוֹ בַּלַּיְלָה:

ג| **אֶל מִחוּץ לַמַּחֲנֶה.** חוּץ לְשָׁלֹשׁ מַחֲנוֹת שֶׁנִּשְׁתַּלַּח שָׁם בִּימֵי חִלּוּטוֹ:

ד| **חַיּוֹת.** פְּרָט לִטְרֵפוֹת: **טְהֹרוֹת.** פְּרָט לְעוֹף טָמֵא. לְפִי שֶׁהַנְּגָעִים בָּאִין עַל לָשׁוֹן הָרָע שֶׁהוּא מַעֲשֵׂה פִטְפּוּטֵי דְבָרִים, לְפִיכָךְ הֻזְקְקוּ לְטָהֳרָתוֹ צִפֳּרִים, שֶׁמְּפַטְפְּטִין תָּמִיד בְּצִפְצוּף קוֹל: **וְעֵץ אֶרֶז.** לְפִי שֶׁהַנְּגָעִים בָּאִין עַל גַּסּוּת הָרוּחַ: **וּשְׁנִי תוֹלַעַת וְאֵזֹב.** מַה תַּקָּנָתוֹ וְיִתְרַפֵּא? יַשְׁפִּיל עַצְמוֹ מִגַּאֲוָתוֹ כְּתוֹלַעַת וּכְאֵזוֹב: **עֵץ אֶרֶז.** מַקֵּל שֶׁל אֶרֶז: **וּשְׁנִי תוֹלַעַת.** לָשׁוֹן שֶׁל צֶמֶר צָבוּעַ זְהוֹרִית:

ה| **עַל מַיִם חַיִּים.** נוֹתֵן אוֹתָם תְּחִלָּה בִּכְלִי כְּדֵי שֶׁיְּהֵא דַּם צִפּוֹר נִכָּר בָּהֶם, וְכַמָּה הֵם? רְבִיעִית:

ו| **אֶת הַצִּפֹּר הַחַיָּה יִקַּח אֹתָהּ.** מְלַמֵּד שֶׁאֵינוֹ אוֹגְדָהּ עִמָּהֶם, אֶלָּא מַפְרִישָׁהּ לְעַצְמָהּ, אֲבָל הָעֵץ וְהָאֵזוֹב כְּרוּכִין יַחַד בִּלְשׁוֹן הַזְּהוֹרִית, כָּעִנְיָן שֶׁנֶּאֱמַר: "וְאֶת עֵץ הָאֶרֶז וְאֶת שְׁנִי הַתּוֹלַעַת וְאֶת הָאֵזֹב", קִיחָה אַחַת לִשְׁלָשְׁתָּן. יָכוֹל כְּשֵׁם שֶׁאֵינָהּ בִּכְלַל אֲגֻדָּה כָּךְ לֹא תִהְיֶה בִּכְלַל טְבִילָה? תַּלְמוּד לוֹמַר: "וְטָבַל אוֹתָם וְאֵת הַצִּפֹּר הַחַיָּה", הֶחֱזִיר אֶת הַצִּפּוֹר לִכְלַל טְבִילָה:

העולם | **אֶרֶז** (שם מדעי: Cedrus), עץ מחט ממשפחת האורנים מרשים בגודלו והדרו, מגיע לגובה של 30 מ' ועובי גזעו עד 3 מ', גדל באזורים גבוהים וקרים, ומצוי בעיקר בלבנון. בזכות חוזקו וענפיו הישרים והארוכים שימש כחומר בניין, במיוחד במבנים ציבוריים וארמונות. משמש כדימוי וסמל לחוזק וחוסן.

שְׁנִי תוֹלַעַת צבע אדום המופק מסוג כנימה ששמה בערבית קרמז (kermes), וכך פירשו גם המפרשים (רס"ג, רש"י, רד"ק). מזוהה על ידי החוקרים עם כנימת הקוצים

טהרת המצורע

פרק יד פס׳ א–לב

העניין הקודם עסק בצרעת הבגד, אבל תורת האדם המצורע שבה עסק העניין שלפניו טרם הושלמה. שם דובר באופנים שבהם אדם יכול להיטמא בנגע הצרעת, ועל ההתנהגות הנדרשת מהמצורע בזמן טומאתו. העניין שלפנינו יחתום את פרשת צרעת האדם, ויפורט בו הליך הטהרה מן הצרעת. זהו סדר פעולות מדורג המורכב ממעשים שונים. אין בתורה הליך המכיל שלבים ופרטים כה מרובים כמו בטהרת המצורע.[1]

ביאור

פרק יד א **וַיְדַבֵּר ה׳ אֶל מֹשֶׁה לֵּאמֹר:** ב **זֹאת תִּהְיֶה תּוֹרַת הַמְּצֹרָע בְּיוֹם,**
בזמן **טָהֳרָתוֹ,** בשלב הריפוי **וְהוּבָא אֶל הַכֹּהֵן.** על המצורע לשוב אל
הכהן, שכן לו הסמכות הבלעדית לטפל בנגע הצרעת. ג **וְיָצָא**
הַכֹּהֵן אֶל מִחוּץ לַמַּחֲנֶה, והמצורע יבוא לפניו לבדיקה.[2] **וְרָאָה הַכֹּהֵן**
וְהִנֵּה נִרְפָּא, נעלם כלעומת שבא **נֶגַע הַצָּרַעַת מִן הַצָּרוּעַ,** או הופיעו
בו סימני טהרה[3] – ד **וְצִוָּה הַכֹּהֵן וְלָקַח** אדם כלשהו **לַמִּטַּהֵר** בעבור
המצורע הנטהר מן הצרעת **שְׁתֵּי צִפֳּרִים חַיּוֹת טְהֹרוֹת** כלשהן. סתם
ציפור שבמקרא היא דרור, או אולי ציפור קטנה מצייצת אחרת.[4]
וְעֵץ אֶרֶז, לפי המסורת זהו כפיס עץ, לא גדול במיוחד.[5] **וּשְׁנִי תוֹלַעַת,**
צמר שצבוע בצבע אדום מסוים,[6] **וְאֵזֹב.** ה **וְצִוָּה הַכֹּהֵן וְשָׁחַט אֶת הַצִּפּוֹר**
הָאֶחָת מן השתיים **אֶל כְּלִי חֶרֶשׂ,** חרס, כך שדמה יישפך **עַל מַיִם חַיִּים**
שנמצאים כבר בתוך הכלי. ו **אֶת הַצִּפֹּר הַחַיָּה יִקַּח אֹתָהּ, וְאֶת עֵץ הָאֶרֶז**
וְאֶת שְׁנִי הַתּוֹלַעַת וְאֶת הָאֵזֹב, וְטָבַל אוֹתָם, את שלושת החומרים הללו
האגודים יחד[7] **וְאֵת הַצִּפֹּר הַחַיָּה,** בראש גפיה וזנבה הסמוך לגוף[8] **בְּתוֹךְ**
דַּם הַצִּפֹּר הַשְּׁחֻטָה שֶׁעַל הַמַּיִם הַחַיִּים. ז **וְהִזָּה** יתיז מתערובת דם המתה

מימין: עץ ארז

משמאל: אזוב

העולם

(שם מדעי: Kermes echinatus), החיה על עצי אלון, (ראו תמונה בעמ׳ 167) שממנה מופק צבע אדום בהיר הנוטה לכתום על ידי ייבוש הכניכות, טחינתן ובישולן.

אֵזוֹב מזוהה עם האזוב המצוי (שם מדעי: Majorana syriacaao), שיח ממשפחת

השפתניים שגובהו כ-40 ס"מ הגדל במסלע של גיר וקירטון ובשטחי בתה, כלומר צמחייה נמוכה. האזוב הוא מרכיב מרכזי בתבלין הזעתר ונחשב כבעל סגולות מרפא. בתנ"ך הוא משמש גם לטיהור טמאי מת ונזכר כסמל לנמיכות ושפלות (מלכים א׳ ה ,יג).

שֶׁבַע פְּעָמִים וְטִהֲרוֹ וְשִׁלַּח אֶת־הַצִּפֹּר הַחַיָּה עַל־פְּנֵי
הַשָּׂדֶה׃ וְכִבֶּס הַמִּטַּהֵר אֶת־בְּגָדָיו וְגִלַּח אֶת־כָּל־ ח
שְׂעָרוֹ וְרָחַץ בַּמַּיִם וְטָהֵר וְאַחַר יָבוֹא אֶל־הַמַּחֲנֶה
וְיָשַׁב מִחוּץ לְאָהֳלוֹ שִׁבְעַת יָמִים׃ וְהָיָה בַיּוֹם הַשְּׁבִיעִי ט
יְגַלַּח אֶת־כָּל־שְׂעָרוֹ אֶת־רֹאשׁוֹ וְאֶת־זְקָנוֹ וְאֵת גַּבֹּת
עֵינָיו וְאֶת־כָּל־שְׂעָרוֹ יְגַלֵּחַ וְכִבֶּס אֶת־בְּגָדָיו וְרָחַץ
אֶת־בְּשָׂרוֹ בַּמַּיִם וְטָהֵר׃ · וּבַיּוֹם הַשְּׁמִינִי יִקַּח שְׁנֵי־ י
כְבָשִׂים תְּמִימִם וְכַבְשָׂה אַחַת בַּת־שְׁנָתָהּ תְּמִימָה
וּשְׁלֹשָׁה עֶשְׂרֹנִים סֹלֶת מִנְחָה בְּלוּלָה בַשֶּׁמֶן וְלֹג
אֶחָד שָׁמֶן׃ וְהֶעֱמִיד הַכֹּהֵן הַמְטַהֵר אֵת הָאִישׁ יא
הַמִּטַּהֵר וְאֹתָם לִפְנֵי יהוה פֶּתַח אֹהֶל מוֹעֵד׃ וְלָקַח יב
הַכֹּהֵן אֶת־הַכֶּבֶשׂ הָאֶחָד וְהִקְרִיב אֹתוֹ לְאָשָׁם וְאֶת־
שני לֹג הַשָּׁמֶן וְהֵנִיף אֹתָם תְּנוּפָה לִפְנֵי יהוה׃ · וְשָׁחַט יג
אֶת־הַכֶּבֶשׂ בִּמְקוֹם אֲשֶׁר יִשְׁחַט אֶת־הַחַטָּאת וְאֶת־

רש"י | ח| **וְיָשַׁב מִחוּץ לְאָהֳלוֹ.** מְלַמֵּד שֶׁאָסוּר בְּתַשְׁמִישׁ הַמִּטָּה:

ט| **אֶת כָּל שְׂעָרוֹ וְגוֹ׳.** כְּלָל וּפְרָט וּכְלָל, לְהָבִיא כָּל מְקוֹם כִּנּוּס שֵׂעָר וְנִרְאֶה:

י| **וְכַבְשָׂה אַחַת.** לְחַטָּאת: **וּשְׁלֹשָׁה עֶשְׂרֹנִים.** לְנִסְכֵּי שְׁלֹשָׁה כְּבָשִׂים הַלָּלוּ, שֶׁחַטָּאתוֹ וַאֲשָׁמוֹ שֶׁל מְצֹרָע טְעוּנִין נְסָכִים: **וְלֹג אֶחָד שָׁמֶן.** לְהַזּוֹת עָלָיו שֶׁבַע וְלִתֵּן מִמֶּנּוּ עַל תְּנוּךְ אָזְנוֹ וּמַתַּן בְּהוֹנוֹת:

יא| **לִפְנֵי ה׳.** בְּשַׁעַר נִיקָנוֹר וְלֹא בָּעֲזָרָה עַצְמָהּ, לְפִי שֶׁהוּא מְחֻסַּר כִּפּוּרִים:

יב| **וְהִקְרִיב אֹתוֹ לְאָשָׁם.** יַקְרִיבֶנּוּ לְתוֹךְ הָעֲזָרָה לְשֵׁם אָשָׁם: **וְהֵנִיף.** שֶׁהוּא טָעוּן תְּנוּפָה חַי: **וְהֵנִיף אֹתָם.** אֶת הָאָשָׁם וְאֶת הַלֹּג:

יג| **בִּמְקוֹם אֲשֶׁר יִשְׁחַט וְגוֹ׳.** עַל יֶרֶךְ הַמִּזְבֵּחַ בַּצָּפוֹן. וּמַה תַּלְמוּד לוֹמַר? וַהֲלֹא כְבָר נֶאֱמַר בְּתוֹרַת אָשָׁם בְּפָרָשַׁת "צַו אֶת

הרחבות | **'ושלח את הצִפֹּר החיה על פני השדה'** אף על פי שאין בכתוב הסבר למסתורין של נגע הצרעת והליך טהרתו, ייתכן ששילוח הציפור רומז לפריחתה של הטומאה ולהסתלקותה מן האדם ואולי גם לשחרורו מבידודו החברתי. (ראו ר"י בכור שור; וראו עוד רבנו בחיי ורש"ר הירש).

'והעמיד הכהן המְטהר את האיש המִטהר ואֹתם לפני ה' פתח אהל מועד' מכיוון שאין

ביאור | והמים החיים שנספחה לפריטים הללו **עַל הַמִּטַּהֵר מִן הַצָּרַעַת שֶׁבַע פְּעָמִים**, **וְטִהֲרוֹ** באמצעות ההזאה הזו ובאמירת פיו,[9] **וְשִׁלַּח**, ישחרר **אֶת הַצִּפֹּר הַחַיָּה עַל פְּנֵי הַשָּׂדֶה**, ובכך יסתיים תפקידה.

עד כאן סדר ראשון של פעולות, שנעשה במצורע בשדה מחוץ
למחנה. ח השלב הבא – **וְכִבֶּס**, יטביל **הַמִּטַּהֵר אֶת בְּגָדָיו**, כי גם הם
נטמאו בלבשו אותם, **וְגִלַּח אֶת כָּל שְׂעָרוֹ**, **וְרָחַץ**, יטבול[10] **בַּמַּיִם** – **וְטָהֵר**.
וְאַחַר כך **יָבוֹא אֶל** תוך **הַמַּחֲנֶה**, **וְיָשַׁב** מחוץ **לְאָהֳלוֹ שִׁבְעַת יָמִים**. אמנם
הוא כבר בתוך העיר או בתוך מחנה ישראל, אך עדיין נתון בבידוד
מסוים – הוא מרוחק מביתו ומאשתו.[11] לפי מסורת חכמים הוא
מטמא במגעו אדם או כלים.[12]

ט **וְהָיָה בַיּוֹם הַשְּׁבִיעִי יְגַלַּח** שנית **אֶת כָּל שְׂעָרוֹ**: **אֶת רֹאשׁוֹ וְאֶת זְקָנוֹ וְאֵת
גַּבֹּת עֵינָיו וְאֶת כָּל שְׂעָרוֹ יְגַלֵּחַ** מכל הגוף, או רק מהמקומות השעירים.[13]
וְכִבֶּס אֶת בְּגָדָיו שנית, **וְרָחַץ אֶת בְּשָׂרוֹ בַּמַּיִם** – **וְטָהֵר**.

אף על פי שהמצורע נטהר הוא עדיין נחשב 'מחוסר כפרה' ומרוחק
מן המקדש וקודשיו. י **וּבַיּוֹם הַשְּׁמִינִי יִקַּח שְׁנֵי כְבָשִׂים** זכרים **תְּמִימִים
וְכַבְשָׂה**, כִּבְשָׂה **אַחַת בַּת שְׁנָתָהּ תְּמִימָה וּשְׁלֹשָׁה עֶשְׂרֹנִים**, שהם למעלה
מ-7 ליטר במידות ימינו.[14] **סֹלֶת מִנְחָה בְּלוּלָה בַשֶּׁמֶן וְלֹג אֶחָד**, כשליש
ליטר[15] **שָׁמֶן**. יא **וְהֶעֱמִיד הַכֹּהֵן הַמְטַהֵר אֵת הָאִישׁ הַמִּטַּהֵר וְאֹתָם** – את
הכבשים **לִפְנֵי ה'**, מול **פֶּתַח אֹהֶל מוֹעֵד**. יב **וְלָקַח הַכֹּהֵן אֶת הַכֶּבֶשׂ הָאֶחָד**
מבין שני הכבשים האמורים, **וְהִקְרִיב אֹתוֹ לְ**קרבן **אָשָׁם**, וְכן יקריב **אֶת
לֹג הַשָּׁמֶן** שהביא המיטהר. **וְהֵנִיף אֹתָם** – את הכבש החי יחד[16] עם הלוג
תְּנוּפָה לִפְנֵי ה'. יג **וְשָׁחַט אֶת הַכֶּבֶשׂ** באותו **מקוֹם אֲשֶׁר יִשְׁחַט אֶת** קרבן

הרחבות | זה רק הליך של כפרה אלא גם של היטהרות, דנו חכמים בשאלה כיצד נכנס המצורע למקדש, הרי לטמאים אסור להיכנס אליו. חכמים אמרו שבזמן היטהרותו יעמוד המצורע בשער ניקנור, שער העזרה שלא נתקדש בקדושת הקודש הפנימי, ולשם פעולות הטהרה הוא יושיט חלקים מגופו פנימה. (ראו משנה נגעים יד,ח-ט; תוספתא שם ח,ט-י; רש"י פס' יא).

הָעֹלָה בִּמְקוֹם הַקֹּדֶשׁ כִּי כַּחַטָּאת הָאָשָׁם הוּא לַכֹּהֵן
קֹדֶשׁ קָדָשִׁים הוּא׃ וְלָקַח הַכֹּהֵן מִדַּם הָאָשָׁם וְנָתַן יד
הַכֹּהֵן עַל־תְּנוּךְ אֹזֶן הַמִּטַּהֵר הַיְמָנִית וְעַל־בֹּהֶן יָדוֹ
הַיְמָנִית וְעַל־בֹּהֶן רַגְלוֹ הַיְמָנִית׃ וְלָקַח הַכֹּהֵן מִלֹּג טו
הַשָּׁמֶן וְיָצַק עַל־כַּף הַכֹּהֵן הַשְּׂמָאלִית׃ וְטָבַל הַכֹּהֵן טז
אֶת־אֶצְבָּעוֹ הַיְמָנִית מִן־הַשֶּׁמֶן אֲשֶׁר עַל־כַּפּוֹ
הַשְּׂמָאלִית וְהִזָּה מִן־הַשֶּׁמֶן בְּאֶצְבָּעוֹ שֶׁבַע פְּעָמִים
לִפְנֵי יְהוָה׃ וּמִיֶּתֶר הַשֶּׁמֶן אֲשֶׁר עַל־כַּפּוֹ יִתֵּן הַכֹּהֵן יז
עַל־תְּנוּךְ אֹזֶן הַמִּטַּהֵר הַיְמָנִית וְעַל־בֹּהֶן יָדוֹ הַיְמָנִית
וְעַל־בֹּהֶן רַגְלוֹ הַיְמָנִית עַל דַּם הָאָשָׁם׃ וְהַנּוֹתָר בַּשֶּׁמֶן יח
אֲשֶׁר עַל־כַּף הַכֹּהֵן יִתֵּן עַל־רֹאשׁ הַמִּטַּהֵר וְכִפֶּר עָלָיו
הַכֹּהֵן לִפְנֵי יְהוָה׃ וְעָשָׂה הַכֹּהֵן אֶת־הַחַטָּאת וְכִפֶּר יט
עַל־הַמִּטַּהֵר מִטֻּמְאָתוֹ וְאַחַר יִשְׁחַט אֶת־הָעֹלָה׃

רש״י | אהלן״ שהאשם טעון שחיטה בצפון (לעיל ז, ב)? לפי שיצא זה מכלל אשמות לדון בהעמדה, יכול תהא שחיטתו במקום העמדתו? לכך נאמר: "ושחט במקום אשר ישחט" וגו': כי כחטאת. כי ככל החטאות האשם הזה הוא לכהן, בכל עבודות התלויות בכהן השוה אשם זה לחטאת, שלא תאמר הואיל ויצא דמו מכלל שאר אשמות לנתן על תנוך ובהונות, לא יהא טעון מתן דמים ואמורים לגבי מזבח, לכך נאמר: "כי כחטאת האשם הוא לכהן". יכול יהא דמו נתן למעלה כחטאת? תלמוד לומר וכו'. בתורת כהנים (פרק ג, ח):

יד | תנוך. גדר אמצעי שבאזן, ולשון 'תנוך' לא נודע לי, והפותרים קורים לו טנדרו"ס: בהן. גודל:

טז | לפני ה'. כנגד בית קדשי הקדשים:

הרחבות | 'ויצק על כף הכהן השמאלית, וטבל הכהן את אצבעו הימנית מן השמן אשר על כפו השמאלית והזה' מכאן עולה בבירור ההנחה ההלכתית, שעבודות הכהונה העיקריות ייעשו כולן ביד ימין. (ראו זבחים כה ע"א. כהנים איטרי יד ימין לא הותרו לשמש במקדש. ראו בכורות מה ע"ב).

ביאור | **הַחַטָּאת וְאֶת** קרבן **הָעֹלָה, בִּמְקוֹם הַקֹּדֶשׁ.** כבר נאמר שאת החטאת
יש לשחוט במקום העולה, על ירך המזבח צפונה,[17] ולא במקום אחר
בחצר המשכן כמו קודשים קלים, **כִּי כַּחַטָּאת** כך **הָאָשָׁם הוּא לַכֹּהֵן**, בכל
הקשור לעבודת הכהן,[18] או: בכך שהוא ניתן לכהן ולא לאחרים.[19]
סימן הוא כי **קֹדֶשׁ קָדָשִׁים הוּא**, מהקודשים החמורים. יד **וְלָקַח הַכֹּהֵן
מִדַּם** קרבן **הָאָשָׁם** שנשחט, **וְנָתַן הַכֹּהֵן** מהדם **עַל תְּנוּךְ**, חלק מסוים[20]
באוזן **הַמִּטַּהֵר הַיְמָנִית וְעַל בֹּהֶן יָדוֹ הַיְמָנִית וְעַל בֹּהֶן רַגְלוֹ הַיְמָנִית.** טו **וְלָקַח
הַכֹּהֵן** ביד ימין **מִלֹּג הַשָּׁמֶן** שהביא המיטהר, **וְיָצַק עַל כַּף הַכֹּהֵן**, על כף
כהן אחר או על כפו שלו[21] **הַשְּׂמָאלִית** הקעורה. טז **וְטָבַל הַכֹּהֵן אֶת
אֶצְבָּעוֹ הַיְמָנִית מִן הַשֶּׁמֶן**, בשמן **אֲשֶׁר** אגור **עַל כַּפּוֹ הַשְּׂמָאלִית, וְהִזָּה מִן
הַשֶּׁמֶן בְּאֶצְבָּעוֹ שֶׁבַע פְּעָמִים לִפְנֵי ה'**, לכיוון הקודש. יז **וּמִיֶּתֶר הַשֶּׁמֶן
אֲשֶׁר** נשאר בוודאי **עַל כַּפּוֹ, יִתֵּן הַכֹּהֵן עַל תְּנוּךְ אֹזֶן הַמִּטַּהֵר הַיְמָנִית
וְעַל בֹּהֶן יָדוֹ הַיְמָנִית וְעַל בֹּהֶן רַגְלוֹ הַיְמָנִית, עַל דַּם הָאָשָׁם** שנתן באותם
המקומות. גם לאחר שניתנות שלוש טיפות נוספות על גוף המיטהר,
עוד נשאר שמן בכף היד הקעורה. יח **וְהַנּוֹתָר בַּשֶּׁמֶן אֲשֶׁר עַל כַּף הַכֹּהֵן,
יִתֵּן**, ימרח הכהן **עַל רֹאשׁ הַמִּטַּהֵר. וְכִפֶּר** בכך **עָלָיו הַכֹּהֵן לִפְנֵי ה'.** יט **וְעָשָׂה
הַכֹּהֵן אֶת** עבודת כבשת **הַחַטָּאת** שהביא המיטהר, **וְכִפֶּר עַל הַמִּטַּהֵר
מִטֻּמְאָתוֹ, וְאַחַר יִשְׁחַט אֶת** כבש **הָעֹלָה.**

הרחבות | **'ואחר ישחט את העלה'** את החטאת מביאים כדי להתחטא – להתנקות ולבקש סליחה, ואילו העולָה בעיקרה היא קרבן נדבה הבאה 'לרצונו' (ראו לעיל א,ג; להלן כב,יט) של המביא, ועל כן הוגדרה על ידי חכמים כדורון. לפיכך, תחילה עליו להגיש את קרבן החטאת, ורק אחרי שביקש סליחה וכפרה – והוא מקווה שה' נענה לו ואכן סלח – מתנתו ראויה. (ראו זבחים ז ע"ב).

וְהֶעֱלָה הַכֹּהֵן אֶת־הָעֹלָה וְאֶת־הַמִּנְחָה הַמִּזְבֵּחָה כ
שלישי / חמישי / וְכִפֶּר עָלָיו הַכֹּהֵן וְטָהֵר׃ וְאִם־דַּל הוּא כא
וְאֵין יָדוֹ מַשֶּׂגֶת וְלָקַח כֶּבֶשׂ אֶחָד אָשָׁם לִתְנוּפָה
לְכַפֵּר עָלָיו וְעִשָּׂרוֹן סֹלֶת אֶחָד בָּלוּל בַּשֶּׁמֶן לְמִנְחָה
וְלֹג שָׁמֶן׃ וּשְׁתֵּי תֹרִים אוֹ שְׁנֵי בְּנֵי יוֹנָה אֲשֶׁר תַּשִּׂיג כב
יָדוֹ וְהָיָה אֶחָד חַטָּאת וְהָאֶחָד עֹלָה׃ וְהֵבִיא אֹתָם כג
בַּיּוֹם הַשְּׁמִינִי לְטָהֳרָתוֹ אֶל־הַכֹּהֵן אֶל־פֶּתַח אֹהֶל־
מוֹעֵד לִפְנֵי יְהוָה׃ וְלָקַח הַכֹּהֵן אֶת־כֶּבֶשׂ הָאָשָׁם כד
וְאֶת־לֹג הַשָּׁמֶן וְהֵנִיף אֹתָם הַכֹּהֵן תְּנוּפָה לִפְנֵי יְהוָה׃
וְשָׁחַט אֶת־כֶּבֶשׂ הָאָשָׁם וְלָקַח הַכֹּהֵן מִדַּם הָאָשָׁם כה
וְנָתַן עַל־תְּנוּךְ אֹזֶן־הַמִּטַּהֵר הַיְמָנִית וְעַל־בֹּהֶן יָדוֹ
הַיְמָנִית וְעַל־בֹּהֶן רַגְלוֹ הַיְמָנִית׃ וּמִן־הַשֶּׁמֶן יִצֹק כו
הַכֹּהֵן עַל־כַּף הַכֹּהֵן הַשְּׂמָאלִית׃ וְהִזָּה הַכֹּהֵן בְּאֶצְבָּעוֹ כז
הַיְמָנִית מִן־הַשֶּׁמֶן אֲשֶׁר עַל־כַּפּוֹ הַשְּׂמָאלִית שֶׁבַע
פְּעָמִים לִפְנֵי יְהוָה׃ וְנָתַן הַכֹּהֵן מִן־הַשֶּׁמֶן ׀ אֲשֶׁר עַל־ כח
כַּפּוֹ עַל־תְּנוּךְ אֹזֶן הַמִּטַּהֵר הַיְמָנִית וְעַל־בֹּהֶן יָדוֹ
הַיְמָנִית וְעַל־בֹּהֶן רַגְלוֹ הַיְמָנִית עַל־מְקוֹם דַּם הָאָשָׁם׃
וְהַנּוֹתָר מִן־הַשֶּׁמֶן אֲשֶׁר עַל־כַּף הַכֹּהֵן יִתֵּן עַל־רֹאשׁ כט
הַמִּטַּהֵר לְכַפֵּר עָלָיו לִפְנֵי יְהוָה׃ וְעָשָׂה אֶת־הָאֶחָד ל
מִן־הַתֹּרִים אוֹ מִן־בְּנֵי הַיּוֹנָה מֵאֲשֶׁר תַּשִּׂיג יָדוֹ׃ אֵת לא

רש"י | כ| וְאֶת הַמִּנְחָה. מִנְחַת נְסָכִים שֶׁל בְּהֵמָה:

כא| וְעִשָּׂרוֹן סֹלֶת אֶחָד. לְכֶבֶשׂ זֶה שֶׁהוּא אֶחָד, יָבִיא עִשָּׂרוֹן אֶחָד לִנְסָכָיו: וְלֹג שָׁמֶן. לָתֵת מִמֶּנּוּ עַל הַבְּהוֹנוֹת. וְשֶׁמֶן שֶׁל נִסְכֵּי הַמִּנְחָה לֹא הִזְקִיק הַכָּתוּב לְפָרֵשׁ:

כג| בַּיּוֹם הַשְּׁמִינִי לְטָהֳרָתוֹ. שְׁמִינִי לַצִּפֳּרִים וּלְהַזָּיַת עֵץ אֶרֶז וְאֵזוֹב וּשְׁנִי תוֹלַעַת:

כח| עַל מְקוֹם דַּם הָאָשָׁם. אֲפִלּוּ נִתְקַנֵּחַ הַדָּם. לִמֵּד שֶׁאֵין הַדָּם גּוֹרֵם אֶלָּא הַמָּקוֹם גּוֹרֵם:

ביאור

כ וְהֶעֱלָה הַכֹּהֵן אֶת הָעֹלָה וְאֶת הַמִּנְחָה העשויה משלושה עשרונים
סולת בלולה בשמן שהביא המיטהר, הַמִּזְבֵּחָה, על המזבח וְכִפֶּר עָלָיו
הַכֹּהֵן על ידי המעשים הללו – וְטָהֵר.

כא וְאִם דַּל, עני הוא, המצורע, וְאֵין יָדוֹ מַשֶּׂגֶת – וְלָקַח כֶּבֶשׂ אֶחָד אָשָׁם
לִתְנוּפָה לְכַפֵּר עָלָיו, כמו קרבן העשיר, ואולם רק עִשָּׂרוֹן סֹלֶת אֶחָד
בָּלוּל בַּשֶּׁמֶן לְמִנְחָה, ולא שלושה עשרונים, וְלֹג שָׁמֶן. כב ובמקום כבשת
החטאת וכבש העולה יביא שְׁתֵּי תֹרִים אוֹ שְׁנֵי בְּנֵי יוֹנָה אֲשֶׁר תַּשִּׂיג יָדוֹ,
כפי שיכול להרשות לעצמו לקנות, וְהָיָה אֶחָד מהם חַטָּאת, וְהָאֶחָד
עֹלָה. כג וְהֵבִיא אֹתָם – את הכבש ואת שתי הציפורים בַּיּוֹם הַשְּׁמִינִי
לְטָהֳרָתוֹ אֶל הַכֹּהֵן, אֶל פֶּתַח אֹהֶל מוֹעֵד לִפְנֵי ה׳. כד וְלָקַח הַכֹּהֵן אֶת כֶּבֶשׂ
הָאָשָׁם וְאֶת לֹג הַשָּׁמֶן, וְהֵנִיף אֹתָם הַכֹּהֵן תְּנוּפָה לִפְנֵי ה׳, כה וְשָׁחַט אֶת
כֶּבֶשׂ הָאָשָׁם וְלָקַח הַכֹּהֵן מִדַּם הָאָשָׁם וְנָתַן עַל תְּנוּךְ אֹזֶן הַמִּטַּהֵר הַיְמָנִית
וְעַל בֹּהֶן יָדוֹ הַיְמָנִית וְעַל בֹּהֶן רַגְלוֹ הַיְמָנִית. כו וּמִן הַשֶּׁמֶן יִצֹק הַכֹּהֵן עַל
כַּף הַכֹּהֵן הַשְּׂמָאלִית. כז וְהִזָּה הַכֹּהֵן בְּאֶצְבָּעוֹ הַיְמָנִית מִן הַשֶּׁמֶן אֲשֶׁר
עַל כַּפּוֹ הַשְּׂמָאלִית שֶׁבַע פְּעָמִים לִפְנֵי ה׳. כח וְנָתַן הַכֹּהֵן מִן הַשֶּׁמֶן אֲשֶׁר
עַל כַּפּוֹ עַל תְּנוּךְ אֹזֶן הַמִּטַּהֵר הַיְמָנִית וְעַל בֹּהֶן יָדוֹ הַיְמָנִית וְעַל בֹּהֶן רַגְלוֹ
הַיְמָנִית, עַל מְקוֹם דַּם הָאָשָׁם. כט וְהַנּוֹתָר מִן הַשֶּׁמֶן אֲשֶׁר עַל כַּף הַכֹּהֵן
– יִתֵּן עַל רֹאשׁ הַמִּטַּהֵר, לְכַפֵּר עָלָיו לִפְנֵי ה׳. ל וְעָשָׂה אֶת הָאֶחָד מִן הַתֹּרִים,
אוֹ מִן בְּנֵי הַיּוֹנָה, – מֵאֲשֶׁר תַּשִּׂיג יָדוֹ, את אלו או את אלו. התורים הם
ציפורי בר שלעתים קל להשיגם ללא צורך בתשלום, ואילו בני היונה
היו מצויים יותר בארץ, אך פעמים רבות השגתם כרוכה בתשלום

הרחבות

'ואם דל הוא...' כל הפעולות מתבצעות באותו אופן שהן מתבצעות במצורע עשיר. למעשה, היה מספיק לומר 'ועשה הכהן כאשר עשה'. ייתכן שהחזרה באה להדגיש שאין הבדל בין טהרת המצורע העשיר לבין טהרתו של המצורע העני. אף על פי שקרבנו של העני נראה נחות והנאת הכהנים ממנו פחותה, סדר המעשים והתוצאה שלהם זהים.

אֲשֶׁר־תַּשִּׂיג יָדוֹ אֶת־הָאֶחָד חַטָּאת וְאֶת־הָאֶחָד עֹלָה
עַל־הַמִּנְחָה וְכִפֶּר הַכֹּהֵן עַל הַמִּטַּהֵר לִפְנֵי יְהוָה׃
זֹאת תּוֹרַת אֲשֶׁר־בּוֹ נֶגַע צָרָעַת אֲשֶׁר לֹא־תַשִּׂיג יָדוֹ לב
בְּטָהֳרָתוֹ׃
רביעי / ששי י וַיְדַבֵּר יְהוָה אֶל־מֹשֶׁה וְאֶל־אַהֲרֹן לֵאמֹר׃ כִּי תָבֹאוּ לג לד
אֶל־אֶרֶץ כְּנַעַן אֲשֶׁר אֲנִי נֹתֵן לָכֶם לַאֲחֻזָּה וְנָתַתִּי
נֶגַע צָרַעַת בְּבֵית אֶרֶץ אֲחֻזַּתְכֶם׃ וּבָא אֲשֶׁר־לוֹ לה
הַבַּיִת וְהִגִּיד לַכֹּהֵן לֵאמֹר כְּנֶגַע נִרְאָה לִי בַּבָּיִת׃ וְצִוָּה לו
הַכֹּהֵן וּפִנּוּ אֶת־הַבַּיִת בְּטֶרֶם יָבֹא הַכֹּהֵן לִרְאוֹת אֶת־
הַנֶּגַע וְלֹא יִטְמָא כָּל־אֲשֶׁר בַּבָּיִת וְאַחַר כֵּן יָבֹא הַכֹּהֵן

רש"י

לד) **וְנָתַתִּי נֶגַע צָרַעַת.** בְּשׂוֹרָה הִיא לָהֶם שֶׁהַנְּגָעִים בָּאִים עֲלֵיהֶם, לְפִי שֶׁהִטְמִינוּ אֱמוֹרִיִּים מַטְמוֹנִיּוֹת שֶׁל זָהָב בְּקִירוֹת בָּתֵּיהֶם כָּל אַרְבָּעִים שָׁנָה שֶׁהָיוּ יִשְׂרָאֵל בַּמִּדְבָּר, וְעַל יְדֵי הַנֶּגַע נוֹתֵץ הַבַּיִת וּמוֹצְאָן:

לה) **כְּנֶגַע נִרְאָה לִי בַּבָּיִת.** אֲפִלּוּ הוּא חָכָם שֶׁיּוֹדֵעַ שֶׁהוּא נֶגַע וַדַּאי, לֹא יִפְסֹק דָּבָר בָּרוּר לוֹמַר: 'נֶגַע נִרְאָה לִי', אֶלָּא: "כְּנֶגַע נִרְאָה לִי":

לו) **בְּטֶרֶם יָבֹא הַכֹּהֵן וְגוֹ'.** שֶׁכָּל זְמַן שֶׁאֵין כֹּהֵן נִזְקָק לוֹ אֵין שָׁם תּוֹרַת טֻמְאָה: **וְלֹא יִטְמָא כָּל אֲשֶׁר בַּבָּיִת.** שֶׁאִם לֹא יְפַנֵּהוּ וְיָבֹא הַכֹּהֵן וְיִרְאֶה הַנֶּגַע, נִזְקָק לְהֶסְגֵּר, וְכָל מַה שֶּׁבְּתוֹכוֹ יִטְמָא. וְעַל מָה חָסָה תּוֹרָה? אִם עַל כְּלֵי שֶׁטֶף, יַטְבִּילֵם

הרחבות

המנחה נלווית תמיד לקרבנות בהמה ולא לעופות, ורק לקרבנות עולה ושלמים ולא לחטאת ואשם. (ראו במדבר טו, יא-יב). קרבנות חטאת ואשם של מצורע יוצאים מן הכלל הזה, שכן מובאת עמם מנחה. על כן מצורע עשיר המביא בהמות לחטאתו ולאשמו, מביא עמן מנחה – עישרון לכל כבש, כמשפט. ואילו העני שמביא רק כבש אחד לאשם, ואילו חטאתו ועולתו עופות – מביא עישרון אחד בלבד למנחה. (ראו מנחות צ ע"ב).

'כי תבאו אל ארץ כנען' צרעת הבית נכתבה לבסוף, לאחר צרעת הגוף והבגד ולאחר תורת טהרתם, אולי משום שדיניהם של צרעת הגוף והבגד היו נחוצים כבר בזמן אמירתם, ואילו דיניה של צרעת הבית ישמשו רק לעתיד (על פי אור החיים).

ביאור | או בטרחה גדולה יותר. לא אֵת אֲשֶׁר תַּשִּׂיג יָדוֹ יעשה הכהן אֶת הָאֶחָד
חַטָּאת וְאֶת הָאֶחָד עֹלָה עַל, עם הַמִּנְחָה. וְכִפֶּר הַכֹּהֵן בכך עַל הַמִּטַּהֵר
לִפְנֵי ה׳. לב זֹאת תּוֹרַת אֲשֶׁר בּוֹ נֶגַע צָרָעַת, אֲשֶׁר לֹא תַשִּׂיג יָדוֹ בְּטָהֳרָתוֹ.

צרעת הבית

פרק יד פס׳ לג–נז

כשם שצרעת הגוף והבגד אינן מחלות טבעיות אלא אותות משמים שדבר-מה אינו נעשה כרצון ה׳, אף נגעי הבית – מעטפת האדם הרחוקה, לאחר העור והבגד – אינם תופעה טבעית, כטחב וכיוצא בזה, אלא הם סימן. הכתם הירוק, הכתם האדום או שניהם יחד, מסמנים בדרך נס שהבית אינו טהור, ובעקבות הופעתם נדרש טיפול חלקי או הרס מוחלט. היו חכמים שטענו שמעולם לא הופיעה צרעת הבית בפועל, והיו שאמרו שאירע כך לעתים רחוקות מאוד.[22]

הצרעת היא מעין התגלות לא מילולית. ה׳ רומז לאדם באמצעותה כי ענייניו אינם מתנהלים כשורה. בעניין שלאחר צרעת הבית יבוא תיאורה של טומאה אחרת – טומאת הזוב, שהיא אכן כחלה, אך מעורב בה גם צד של טומאה, ובהתאם לכך מפורט אופן הטיפול בה. סדר הטהרה מן הצרעת ארוך ומורכב הרבה יותר מאשר תהליך ההיטהרות מן הזיבה. השוואה זו מדגישה עוד כי אין הצרעת בגדר מחלה, אלא היא מופת יוצא דופן.[23]

לג וַיְדַבֵּר ה׳ אֶל מֹשֶׁה וְאֶל אַהֲרֹן לֵּאמֹר: לד כִּי תָבֹאוּ אֶל אֶרֶץ כְּנַעַן
אֲשֶׁר אֲנִי נֹתֵן לָכֶם לַאֲחֻזָּה, וְנָתַתִּי נֶגַע צָרַעַת בְּבֵית, באחד הבתים
בְּאֶרֶץ אֲחֻזַּתְכֶם. הדמיון בין כל הנגעים הוא רק בהופעתו של הכתם ובמסגרת הכללית של דין הצרעת, אך ברור שכתם בעור האדם שונה מאוד מכתם המופיע בבגד או על אבנים.[24]

לה וּבָא מִי אֲשֶׁר לוֹ הַבַּיִת, וְהִגִּיד לַכֹּהֵן לֵאמֹר: כְּנֶגַע נִרְאָה לִי בַּבָּיִת. איני יכול להעיד שזוהי צרעת, שכן קביעה זו אינה בסמכותי. עד שהכהן לא יאבחן את הנגע, בעל הבית יכול לטעון רק לחשד נגע בביתו.[25]

ההנחיה הבאה אינה שייכת לעצם הטיפול בנגע, אך היא נוגעת
להיבט מסוים בדין זה: לו וְצִוָּה הַכֹּהֵן וּפִנּוּ אֶת הַבַּיִת מן הכלים שבו,
בְּטֶרֶם יָבֹא הַכֹּהֵן לִרְאוֹת אֶת הַנֶּגַע, וכך לֹא יִטְמָא כָּל אֲשֶׁר בַּבָּיִת, וְאַחַר

'וצוה הכהן ופנו את הבית בטרם יבא הכהן לראות הנגע ולא יטמא כל אשר בבית' פינוי הבית אינו חלק ממעשה הטהרה. הוא נעשה בעיקר כדי לחסוך לאנשי הבית טרחה והפסד שהרי אם הכהן ייכנס אל הבית ויטמא אותו – באותו רגע כל מה שבבית יטמא; את כלי החרס יצטרכו לשבור, ואת הכלים האחרים יהיה צורך להטביל. התורה מצווה על הכהן להתחשב בבעל הבית ולצמצם במידת הנזק. על כן הוא נקרא להוציא מן הבית את כל החפצים שקיים חשש שייטמאו. (ראו ספרא ורש"י; משנה נגעים יב,ה ובפירושים השונים עליה. ושם דעות אחרות הרואות בפינוי הבית כולו חובה מן הדין כחלק מתהליך הטיפול בנגע עד לטהרתו. וכן נראה מדברי הרמב"ם, הלכות טומאת צרעת נד,ד, שיש לפנות אפילו חבילי עצים וחבילי קנים שאינם מקבלים טומאה). | הרחבות

לז לִרְאוֹת אֶת־הַבָּיִת׃ וְרָאָה אֶת־הַנֶּגַע וְהִנֵּה הַנֶּגַע
בְּקִירֹת הַבַּיִת שְׁקַעֲרוּרֹת יְרַקְרַקֹּת אוֹ אֲדַמְדַּמֹּת
לח וּמַרְאֵיהֶן שָׁפָל מִן־הַקִּיר׃ וְיָצָא הַכֹּהֵן מִן־הַבַּיִת אֶל־
לט פֶּתַח הַבָּיִת וְהִסְגִּיר אֶת־הַבַּיִת שִׁבְעַת יָמִים׃ וְשָׁב
הַכֹּהֵן בַּיּוֹם הַשְּׁבִיעִי וְרָאָה וְהִנֵּה פָּשָׂה הַנֶּגַע בְּקִירֹת
מ הַבָּיִת׃ וְצִוָּה הַכֹּהֵן וְחִלְּצוּ אֶת־הָאֲבָנִים אֲשֶׁר בָּהֵן
הַנָּגַע וְהִשְׁלִיכוּ אֶתְהֶן אֶל־מִחוּץ לָעִיר אֶל־מָקוֹם
מא טָמֵא׃ וְאֶת־הַבַּיִת יַקְצִעַ מִבַּיִת סָבִיב וְשָׁפְכוּ אֶת־
הֶעָפָר אֲשֶׁר הִקְצוּ אֶל־מִחוּץ לָעִיר אֶל־מָקוֹם טָמֵא׃
מב וְלָקְחוּ אֲבָנִים אֲחֵרוֹת וְהֵבִיאוּ אֶל־תַּחַת הָאֲבָנִים
מג וְעָפָר אַחֵר יִקַּח וְטָח אֶת־הַבָּיִת׃ וְאִם־יָשׁוּב הַנֶּגַע
וּפָרַח בַּבַּיִת אַחַר חִלֵּץ אֶת־הָאֲבָנִים וְאַחֲרֵי הִקְצוֹת
מד אֶת־הַבַּיִת וְאַחֲרֵי הִטּוֹחַ׃ וּבָא הַכֹּהֵן וְרָאָה וְהִנֵּה
פָּשָׂה הַנֶּגַע בַּבָּיִת צָרַעַת מַמְאֶרֶת הִוא בַּבַּיִת טָמֵא

רש"י

וְיִטַּהֲרוּ, וְאִם עַל אֳכָלִין וּמַשְׁקִין, יֹאכְלֵם בִּימֵי טֻמְאָתוֹ, הָא לֹא חָסָה תּוֹרָה אֶלָּא עַל כְּלֵי חֶרֶס שֶׁאֵין לָהֶם טָהֳרָה בְּמִקְוֶה:

לז] **שְׁקַעֲרוּרֹת.** שׁוֹקְעוֹת בְּמַרְאֵיהֶן:

מ] **וְחִלְּצוּ אֶת הָאֲבָנִים.** כְּתַרְגּוּמוֹ "וִישַׁלְּפוּן", יִטְּלוּם מִשָּׁם, כְּמוֹ "וְחָלְצָה נַעֲלוֹ" (דברים כה, ט), לְשׁוֹן הֲסָרָה: **אֶל מָקוֹם טָמֵא.** מָקוֹם שֶׁאֵין טָהֳרוֹת מִשְׁתַּמְּשׁוֹת שָׁם. לִמֶּדְךָ הַכָּתוּב שֶׁהָאֲבָנִים הַלָּלוּ מְטַמְּאוֹת מְקוֹמָן בְּעוֹדָן בּוֹ:

מא] **יַקְצִעַ.** רדוניי"ר בְּלַעַז, וּבִלְשׁוֹן מִשְׁנָה יֵשׁ הַרְבֵּה: **מִבַּיִת.** מִבִּפְנִים: **סָבִיב.** סְבִיבוֹת הַנֶּגַע, בְּתוֹרַת כֹּהֲנִים נִדְרַשׁ כֵּן (פרק ד, ה), שֶׁיִּקְלֹף הַטִּיחַ שֶׁסָּבִיב אַבְנֵי הַנֶּגַע: **הִקְצוּ.** לְשׁוֹן קָצֶה, אֲשֶׁר קִצְּעוּ בִּקְצוֹת הַנֶּגַע סָבִיב:

מג] **הִקְצוֹת.** לְשׁוֹן הֵעָשׂוֹת, וְכֵן "הִטּוֹחַ", אֲבָל "חִלֵּץ אֶת הָאֲבָנִים" מוּסָב הַלָּשׁוֹן אֶל הָאָדָם שֶׁחִלְּצָן, וְהוּא מִשְׁקַל לְשׁוֹן כָּבֵד, כְּמוֹ 'כִּפֵּר', 'דִּבֵּר': **וְאִם יָשׁוּב הַנֶּגַע וְגוֹ'.** יָכוֹל חָזַר בּוֹ בַּיּוֹם יְהֵא טָמֵא? תַּלְמוּד לוֹמַר: "וְשָׁב הַכֹּהֵן", "וְאִם יָשׁוּב", מַה 'שִׁיבָה' הָאֲמוּרָה לְהַלָּן בְּסוֹף שָׁבוּעַ, אַף 'שִׁיבָה' הָאֲמוּרָה כָּאן בְּסוֹף שָׁבוּעַ:

מד] **וּבָא הַכֹּהֵן וְרָאָה וְהִנֵּה פָּשָׂה.** יָכוֹל לֹא יְהֵא הַחוֹזֵר טָמֵא אֶלָּא אִם כֵּן פָּשָׂה? נֶאֱמַר: "צָרַעַת מַמְאֶרֶת" בְּבָתִּים, וְנֶאֱמַר: "צָרַעַת מַמְאֶרֶת" בִּבְגָדִים (לעיל יג, נא-נב), מַה לְּהַלָּן טִמֵּא אֶת הַחוֹזֵר אַף עַל פִּי שֶׁאֵינוֹ פּוֹשֶׂה, אַף כָּאן טִמֵּא אֶת הַחוֹזֵר אַף עַל פִּי שֶׁאֵינוֹ פּוֹשֶׂה. אִם כֵּן, מַה תַּלְמוּד לוֹמַר: "וְהִנֵּה פָּשָׂה"? אֵין כָּאן מְקוֹמוֹ שֶׁל

ביאור

כֵּן יָבֹא הַכֹּהֵן לִרְאוֹת אֶת הַבָּיִת. לז וְרָאָה הכהן אֶת הַנֶּגַע לאחר שנכנס
לבית, וְהִנֵּה הַנֶּגַע בְּקִירֹת הַבַּיִת נראה כִּשְׁקַעֲרוּרֹת, אזורים שקועים בתוך
הקיר, כעין קערות יְרַקְרַקֹּת אוֹ אֲדַמְדַּמֹּת, ירוקות או אדומות מאוד
וּמַרְאֵיהֶן שָׁפָל מִן הַקִּיר. נראה כאילו הן עמוקות מחמת צבען, אף על
פי שאין הן שקועות. לח וְיָצָא הַכֹּהֵן מִן הַבַּיִת החוצה אֶל פֶּתַח הַבָּיִת,
וְהִסְגִּיר אֶת הַבַּיִת, יורה על סגירת הבית[26] שִׁבְעַת יָמִים.

לט וְשָׁב הַכֹּהֵן בַּיּוֹם הַשְּׁבִיעִי וְרָאָה, וְהִנֵּה פָּשָׂה, התפשט הַנֶּגַע בְּקִירֹת
הַבָּיִת. הנגע היה קודם בקיר מסוים, ובינתיים עבר לקירות אחרים
או התרחב. מ וְצִוָּה הַכֹּהֵן וְחִלְּצוּ אֶת הָאֲבָנִים אֲשֶׁר בָּהֵן הַנָּגַע. בבית
האבנים שבו מדובר לא הייתה הבנייה כנראה כה הדוקה, כך שאפשר
היה לעקור מן הקיר אבנים אחדות. וְהִשְׁלִיכוּ אֶתְהֶן אֶל מִחוּץ לָעִיר
משום שהן טמאות, אֶל מָקוֹם טָמֵא. מחוץ לעיר היו גם מקומות
טהורים, אך היו שם גם מקומות שהוקצו להשלכת טומאה, אולי
מקומות שיש בהם אשפה וקברים, שנושאי טהרות אינם באים
לשם.[27] מא וְאֶת הַבַּיִת שנוצרו בו חורים, יַקְצִעַ, יקלף ויסיר את ציפוי
הטיח[28] מִבַּיִת, מבפנים סָבִיב.[29] וְשָׁפְכוּ אֶת הֶעָפָר אֲשֶׁר הִקְצוּ, גירדו
אֶל מִחוּץ לָעִיר, אֶל מָקוֹם טָמֵא. מב וְלָקְחוּ אֲבָנִים אֲחֵרוֹת וְהֵבִיאוּ אֶל
תַּחַת, מקום הָאֲבָנִים שהוציאו מן הקיר, וְעָפָר אַחֵר יִקַּח וְטָח אֶת הַבָּיִת.
אחר כך יטייחו את הבית, ואז הוא ישוב לשמש למגורים. מג יש
שפעולות אלה מספיקות, ובכך יסולק הנגע, וְאולם אִם יָשׁוּב הַנֶּגַע
וּפָרַח, ויתפתח בַּבַּיִת, לְאַחַר חִלֵּץ, שחילצו אֶת הָאֲבָנִים וְאַחֲרֵי הִקְצוֹת,
שהקצו אֶת הַבַּיִת וְאַחֲרֵי הִטּוֹחַ, טיוחו – מד וּבָא הַכֹּהֵן וְרָאָה, וְהִנֵּה
פָּשָׂה, התפשט הַנֶּגַע שוב בַּבָּיִת באותו מקום או במקום אחר. צָרַעַת
מַמְאֶרֶת, צרעת שיש בה קללה[30] הִוא בַּבַּיִת, אין היא חלה על האבנים

אבנים וטיח בקירות הבית

העולם

׳ועפר אחר יקח וטח את הבית׳ עד היום נהוגה בכל ארצות המזרח בנייה באבנים או לבנים מצ״פות באדמה או חֵמר כדי להחליק את הקיר ולאטום רווחים וסדקים. לעתים הקירות בנויים משתי שכבות אבן שביניהן עפר לשם עיבוי הקיר ובידוד.

הוּא: וְנָתַץ אֶת־הַבַּיִת אֶת־אֲבָנָיו וְאֶת־עֵצָיו וְאֵת מה
כָּל־עֲפַר הַבָּיִת וְהוֹצִיא אֶל־מִחוּץ לָעִיר אֶל־מָקוֹם
טָמֵא: וְהַבָּא אֶל־הַבַּיִת כָּל־יְמֵי הִסְגִּיר אֹתוֹ יִטְמָא מו
עַד־הָעָרֶב: וְהַשֹּׁכֵב בַּבַּיִת יְכַבֵּס אֶת־בְּגָדָיו וְהָאֹכֵל מז

רש"י

מִקְרָא זֶה, אֶלָּא: "וְנָתַץ אֶת הַבַּיִת" הָיָה לוֹ לִכְתֹּב אַחַר: "וְאִם יָשׁוּב הַנֶּגַע", "וְרָאָה וְהִנֵּה פָּשָׂה" הָא לֹא בָא לְלַמֵּד אֶלָּא עַל נֶגַע הָעוֹמֵד בְּעֵינָיו בְּשָׁבוּעַ רִאשׁוֹן, וּבָא בְּסוֹף שָׁבוּעַ שֵׁנִי וּמְצָאוֹ שֶׁפָּשָׂה, שֶׁלֹּא פֵּרֵשׁ בּוֹ הַכָּתוּב לְמַעְלָה (לעיל פסוק לט) כְּלוּם בְּעוֹמֵד בְּעֵינָיו בְּשָׁבוּעַ רִאשׁוֹן, וְלִמֶּדְךָ כָּאן בְּפִשְׁיוֹן זֶה, שֶׁאֵינוֹ מְדַבֵּר אֶלָּא בְּעוֹמֵד בָּרִאשׁוֹן וּפָשָׂה בַּשֵּׁנִי. וּמַה יַּעֲשֶׂה לוֹ? יָכוֹל יִתְּצֶנּוּ כְּמוֹ שֶׁסָּמַךְ לוֹ: "וְנָתַץ אֶת הַבַּיִת"? תַּלְמוּד לוֹמַר: "וְשָׁב הַכֹּהֵן" (לעיל פסוק לט) "וּבָא הַכֹּהֵן", נִלְמַד בִּיאָה מִשִּׁיבָה, מַה שִּׁיבָה חוֹלֵץ וְקוֹצֶה וְטָח וְנוֹתֵן לוֹ שָׁבוּעַ, אַף בִּיאָה חוֹלֵץ וְקוֹצֶה וְטָח וְנוֹתֵן לוֹ שָׁבוּעַ, וְאִם חוֹזֵר – נוֹתֵץ, לֹא חָזַר – טָהוֹר. וּמִנַּיִן שֶׁאִם עָמַד בָּזֶה וּבָזֶה חוֹלֵץ וְקוֹצֶה וְטָח וְנוֹתֵן לוֹ שָׁבוּעַ? תַּלְמוּד לוֹמַר: "וּבָא" "וְאִם בֹּא יָבֹא" (להלן פסוק מח), בַּמֶּה הַכָּתוּב מְדַבֵּר? אִם בְּפוֹשֶׂה בָּרִאשׁוֹן – הֲרֵי כְּבָר אָמוּר, אִם בְּפוֹשֶׂה בַּשֵּׁנִי – הֲרֵי כְּבָר אָמוּר, הָא אֵינוֹ אוֹמֵר "וּבָא" "וְאִם בֹּא יָבֹא" אֶלָּא אֶת שֶׁבָּא בְּסוֹף שָׁבוּעַ רִאשׁוֹן וּבָא בְּסוֹף שָׁבוּעַ שֵׁנִי "וְרָאָה וְהִנֵּה לֹא פָשָׂה". זֶה הָעוֹמֵד – מַה יַּעֲשֶׂה לוֹ? יָכוֹל יִפָּטֵר וְיֵלֵךְ, כְּמוֹ שֶׁכָּתוּב כָּאן: "וְטִהַר אֶת הַבַּיִת"? תַּלְמוּד לוֹמַר: "כִּי נִרְפָּא הַנָּגַע", לֹא טִהַרְתִּי אֶלָּא אֶת הָרָפוּי. מַה יַּעֲשֶׂה לוֹ? בִּיאָה אֲמוּרָה לְמַעְלָה וּבִיאָה אֲמוּרָה לְמַטָּה (להלן פסוק מח), מַה בָּעֶלְיוֹנָה חוֹלֵץ וְקוֹצֶה וְטָח וְנוֹתֵן לוֹ שָׁבוּעַ, דְּגָמַר לָהּ זֶהוּ שִׁיבָה זֶהוּ בִּיאָה, אַף בַּתַּחְתּוֹנָה כֵּן וְכוּ', כִּדְאִיתָא בְּתוֹרַת כֹּהֲנִים (פרשתא ז, ד-ט). גְּמָרוֹ שֶׁל דָּבָר, אֵין נְתִיצָה אֶלָּא בְּנֶגַע הַחוֹזֵר אַחַר חֲלִיצָה וְקִצּוּעַ וְטִיחָה, וְאֵין הַחוֹזֵר צָרִיךְ פִּשְׂיוֹן. וְסֵדֶר הַמִּקְרָאוֹת כָּךְ הוּא, "וְאִם יָשׁוּב" (מג), "וְנָתַץ" (מה), "וְהַבָּא אֶל הַבַּיִת" (מו), "וְהָאֹכֵל בַּבַּיִת" (מז), "וּבָא הַכֹּהֵן וְרָאָה וְהִנֵּה פָּשָׂה" (מד), וְדִבֶּר הַכָּתוּב בְּעוֹמֵד בָּרִאשׁוֹן שֶׁנּוֹתֵן לוֹ שָׁבוּעַ שֵׁנִי לְהֶסְגֵּרוֹ, וּבְסוֹף שָׁבוּעַ שֵׁנִי לְהֶסְגֵּרוֹ בָּא וּרְאָהוּ שֶׁפָּשָׂה, וּמַה יַּעֲשֶׂה לוֹ? חוֹלֵץ וְקוֹצֶה וְטָח וְנוֹתֵן לוֹ שָׁבוּעַ. חָזַר – נוֹתֵץ, לֹא חָזַר – טָעוּן צִפֳּרִים, שֶׁאֵין בִּנְגָעִים יוֹתֵר מִשְּׁלֹשָׁה שָׁבוּעוֹת. "וְאִם בֹּא יָבֹא" (מח) לְסוֹף שָׁבוּעַ שֵׁנִי, "וְרָאָה וְהִנֵּה לֹא פָשָׂה", מִקְרָא זֶה בָא לְלַמֵּד בְּעוֹמֵד בְּעֵינָיו בָּרִאשׁוֹן וּבַשֵּׁנִי. וּמַה יַּעֲשֶׂה לוֹ? יָכוֹל יְטַהֲרֶנּוּ כְּמַשְׁמָעוֹ שֶׁל מִקְרָא "וְטִהַר הַכֹּהֵן אֶת הַבַּיִת"? תַּלְמוּד לוֹמַר: "כִּי נִרְפָּא הַנָּגַע", לֹא טִהַרְתִּי אֶלָּא אֶת הָרָפוּי, וְאֵין רָפוּי אֶלָּא הַבַּיִת שֶׁהֻקְצָה וְהוּטַח וְלֹא חָזַר הַנֶּגַע, אֲבָל זֶה טָעוּן חֲלִיצָה וְקִצּוּי וְטִיחָה וְשָׁבוּעַ שְׁלִישִׁי. וְכֵן הַמִּקְרָא נִדְרָשׁ: "וְאִם בֹּא יָבֹא" בַּשֵּׁנִי "וְרָאָה וְהִנֵּה לֹא פָשָׂה", יְטִיחֶנּוּ, וְאֵין טִיחָה בְּלֹא חִלּוּץ וְקִצּוּי. וְ"אַחֲרֵי הִטּוֹחַ אֶת הַבַּיִת, וְטִהַר הַכֹּהֵן אֶת הַבַּיִת" אִם לֹא חָזַר לְסוֹף הַשָּׁבוּעַ, "כִּי נִרְפָּא הַנָּגַע", וְאִם חָזַר, כְּבָר פֵּרַשׁ עַל הַחוֹזֵר שֶׁטָּעוּן נְתִיצָה:

מו **כָּל יְמֵי הִסְגִּיר אֹתוֹ.** וְלֹא יָמִים שֶׁקָּלַף אֶת נִגְעוֹ. יָכוֹל שֶׁאֲנִי מוֹצִיא הַמֻּחְלָט שֶׁקָּלַף אֶת נִגְעוֹ? תַּלְמוּד לוֹמַר: "כָּל יְמֵי": **יִטְמָא עַד הָעָרֶב.** מְלַמֵּד שֶׁאֵין מְטַמֵּא בְּגָדִים. יָכוֹל אֲפִלּוּ שָׁהָה בִּכְדֵי אֲכִילַת פְּרָס? תַּלְמוּד לוֹמַר: "וְהָאֹכֵל בַּבַּיִת יְכַבֵּס

ביאור | המסוימות אלא על הבית עצמו – **טָמֵא הוּא.** מה **וְנָתַץ** אדם כלשהו **אֶת הַבַּיִת** כולו – **אֶת אֲבָנָיו וְאֶת עֵצָיו וְאֵת כָּל עֲפַר הַבָּיִת, וְהוֹצִיא** את כל אלה **אֶל מִחוּץ לָעִיר, אֶל מָקוֹם טָמֵא.**

על הבית הנגוע חלים דיני טומאה מיוחדים: מו **וְהַבָּא אֶל הַבַּיִת כָּל יְמֵי הִסְגִּיר אֹתוֹ,** כל זמן שהוא מוסגר – **יִטְמָא עַד הָעָרֶב.** מז **וְהַשֹּׁכֵב,** מי שנשאר ללון **בַּבַּיִת** – **יְכַבֵּס אֶת בְּגָדָיו** שהוא לבוש בהם. **וְהָאֹכֵל**

בַּבַּ֔יִת יְכַבֵּ֖ס אֶת־בְּגָדָֽיו׃ וְאִם־בֹּ֨א יָבֹ֜א הַכֹּהֵ֗ן וְרָאָה֙ מח
וְהִנֵּ֨ה לֹֽא־פָשָׂ֤ה הַנֶּ֙גַע֙ בַּבַּ֔יִת אַחֲרֵ֖י הִטֹּ֣חַ אֶת־הַבָּ֑יִת
★ וְטִהַ֤ר הַכֹּהֵן֙ אֶת־הַבַּ֔יִת כִּ֥י נִרְפָּ֖א הַנָּֽגַע׃ וְלָקַ֛ח לְחַטֵּ֥א מט
אֶת־הַבַּ֖יִת שְׁתֵּ֣י צִפֳּרִ֑ים וְעֵ֣ץ אֶ֔רֶז וּשְׁנִ֥י תוֹלַ֖עַת וְאֵזֹֽב׃
וְשָׁחַ֖ט אֶת־הַצִּפֹּ֣ר הָאֶחָ֑ת אֶל־כְּלִי־חֶ֖רֶשׂ עַל־מַ֥יִם נ
חַיִּֽים׃ וְלָקַ֣ח אֶת־עֵֽץ־הָ֠אֶרֶז וְאֶת־הָ֨אֵזֹ֜ב וְאֵ֣ת ׀ שְׁנִ֣י נא
הַתּוֹלַ֗עַת וְאֵת֮ הַצִּפֹּ֣ר הַחַיָּה֒ וְטָבַ֣ל אֹתָ֗ם בְּדַם֙ הַצִּפֹּ֣ר
הַשְּׁחוּטָ֔ה וּבַמַּ֖יִם הַחַיִּ֑ים וְהִזָּ֥ה אֶל־הַבַּ֖יִת שֶׁ֥בַע
פְּעָמִֽים׃ וְחִטֵּ֣א אֶת־הַבַּ֔יִת בְּדַם֙ הַצִּפּ֔וֹר וּבַמַּ֖יִם הַחַיִּ֑ים נב
וּבַצִּפֹּ֣ר הַחַיָּ֗ה וּבְעֵ֥ץ הָאֶ֛רֶז וּבָאֵזֹ֖ב וּבִשְׁנִ֥י הַתּוֹלָֽעַת׃
וְשִׁלַּ֞ח אֶת־הַצִּפֹּ֧ר הַחַיָּ֛ה אֶל־מִח֥וּץ לָעִ֖יר אֶל־פְּנֵ֣י נג
חמישי הַשָּׂדֶ֑ה וְכִפֶּ֥ר עַל־הַבַּ֖יִת וְטָהֵֽר׃ זֹ֖את הַתּוֹרָ֑ה לְכָל־ נד
נֶ֥גַע הַצָּרַ֖עַת וְלַנָּֽתֶק׃ וּלְצָרַ֥עַת הַבֶּ֖גֶד וְלַבָּֽיִת׃ וְלַשְׂאֵ֥ת נה נו
וְלַסַּפַּ֖חַת וְלַבֶּהָֽרֶת׃ לְהוֹרֹ֕ת בְּי֥וֹם הַטָּמֵ֖א וּבְי֣וֹם הַטָּהֹ֑ר נז
זֹ֥את תּוֹרַ֖ת הַצָּרָֽעַת׃

רש"י

אֶת בְּגָדָיו" (להלן פסוק מז), אֵין לִי אֶלָּא אוֹכֵל, שׁוֹכֵב מִנַּיִן? תַּלְמוּד לוֹמַר: "וְהַשֹּׁכֵב". אֵין לִי אֶלָּא אוֹכֵל וְשׁוֹכֵב, לֹא אוֹכֵל וְלֹא שׁוֹכֵב מִנַּיִן? תַּלְמוּד לוֹמַר: "יְכַבֵּס" "יְכַבֵּס" רִבָּה. אִם כֵּן לָמָּה נֶאֱמַר: 'אוֹכֵל' וְ'שׁוֹכֵב'? לִתֵּן שִׁעוּר לַשּׁוֹכֵב כְּדֵי אֲכִילַת פְּרָס:

נז) לְהוֹרֹת בְּיוֹם הַטָּמֵא וְגוֹ'. אֵיזֶה יוֹם מְטַהֲרוֹ וְאֵיזֶה יוֹם מְטַמְּאוֹ:

ביאור

בַּבַּיִת, גם אם לא ישן בו, אך שהה בו כדי אכילה –[31] **יְכַבֵּס אֶת בְּגָדָיו.**
אלה דיני הטומאה השייכים לבית בתקופת ההסגר, שבה עדיין לא
ברור אם הבית יטהר.

עד כה דובר על המקרה שבו הנגע חזר והופיע לאחר החילוץ
והקיצוע. עתה המקרה החלופי: מח **וְאִם בֹּא יָבֹא הַכֹּהֵן וְרָאָה, וְהִנֵּה**
לֹא פָשָׂה הַנֶּגַע בַּבַּיִת אַחֲרֵי הִטֹּחַ אֶת, טיוח **הַבָּיִת** – **וְטִהַר הַכֹּהֵן אֶת הַבַּיִת**
כִּי נִרְפָּא הַנָּגַע – מט **וְלָקַח לְחַטֵּא**, לטהר **אֶת הַבַּיִת שְׁתֵּי צִפֳּרִים וְעֵץ אֶרֶז**
וּשְׁנִי תוֹלַעַת וְאֵזֹב, נ **וְשָׁחַט אֶת הַצִּפֹּר הָאֶחָת אֶל כְּלִי חֶרֶשׂ, עַל מַיִם**
חַיִּים. נא **וְלָקַח אֶת עֵץ הָאֶרֶז וְאֶת הָאֵזֹב וְאֵת שְׁנִי הַתּוֹלַעַת וְאֵת הַצִּפֹּר**
הַחַיָּה, וְטָבַל אֹתָם בְּדַם הַצִּפֹּר הַשְּׁחוּטָה וּבַמַּיִם הַחַיִּים, וְהִזָּה אֶל הַבַּיִת
שֶׁבַע פְּעָמִים. ההליך כולו דומה מאוד למה שנעשה לטהרת האדם
המצורע, אלא שכאן מזים על הבית הנגוע ולא על האדם. נב **וְחִטֵּא**
בכך **אֶת הַבַּיִת בְּדַם הַצִּפּוֹר וּבַמַּיִם הַחַיִּים וּבַצִּפֹּר הַחַיָּה וּבְעֵץ הָאֶרֶז**
וּבָאֵזֹב וּבִשְׁנִי הַתּוֹלָעַת. נג **וְשִׁלַּח אֶת הַצִּפֹּר הַחַיָּה אֶל מִחוּץ לָעִיר אֶל פְּנֵי**
הַשָּׂדֶה, וְכִפֶּר עַל הַבַּיִת, סילק את עונשו – **וְטָהֵר.**

נד **זֹאת הַתּוֹרָה לְכָל נֶגַע הַצָּרַעַת**, שהוא בעיקר בעור הבשר **וְלַנָּתֶק,**
נגע הראש או הזקן נה **וּלְצָרַעַת הַבֶּגֶד וְלַבָּיִת.** נו ובפירוט – **וְלַשְׂאֵת**
וְלַסַּפַּחַת וְלַבֶּהָרֶת, ניתנה תורה זו נז **לְהוֹרֹת** מה עושים **בְּיוֹם הַטָּמֵא,**
בזמן שצריכים לטמא את הנגוע, **וּבְיוֹם הַטָּהֹר**, כיצד יש לטהר אותו.
זֹאת תּוֹרַת הַצָּרָעַת.

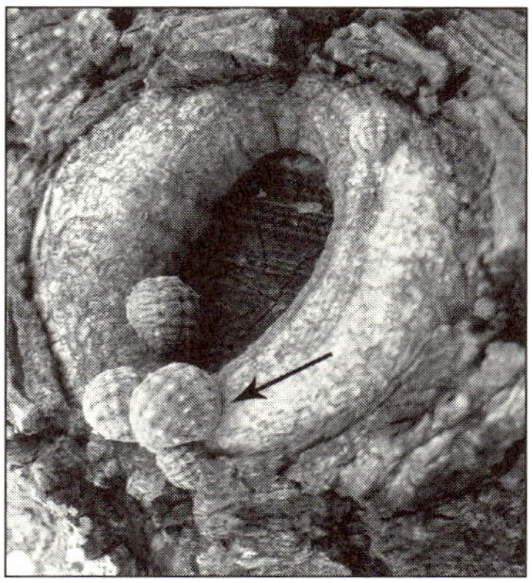

כרמיל הקוצים על עץ אלון ('שני התולעת')

ראו הרחבה בעמ' 152

הרחבות

'והבא אל הבית... יטמא' טומאה חריגה זו דומה ל'טומאת אוהל' המת (במדבר יט,יא). בשתי הטומאות הללו נטמא כל הנמצא בתוך הבית, גם אם לא נגע בדבר טמא. (ראו תוספתא מגילה א,יב). כאמור, יש בטומאת הצרעת מעין מוות בזעיר אנפין. (ראו הרחבה לעיל יד,מה).

יא וַיְדַבֵּ֣ר יְהוָ֔ה אֶל־מֹשֶׁ֥ה וְאֶֽל־אַהֲרֹ֖ן לֵאמֹֽר׃ דַּבְּרוּ֙ אֶל־ א ב טו
בְּנֵ֣י יִשְׂרָאֵ֔ל וַאֲמַרְתֶּ֖ם אֲלֵהֶ֑ם אִ֣ישׁ אִ֗ישׁ כִּ֤י יִהְיֶה֙ זָ֣ב
ג מִבְּשָׂר֔וֹ זוֹב֖וֹ טָמֵ֥א הֽוּא׃ וְזֹ֛את תִּהְיֶ֥ה טֻמְאָת֖וֹ בְּזוֹב֑וֹ
רָ֣ר בְּשָׂר֞וֹ אֶת־זוֹב֗וֹ אֽוֹ־הֶחְתִּ֤ים בְּשָׂרוֹ֙ מִזּוֹב֔וֹ טֻמְאָת֖וֹ
ד הִֽוא׃ כָּל־הַמִּשְׁכָּ֗ב אֲשֶׁ֨ר יִשְׁכַּ֥ב עָלָ֛יו הַזָּ֖ב יִטְמָ֑א
ה וְכָֽל־הַכְּלִ֛י אֲשֶׁר־יֵשֵׁ֥ב עָלָ֖יו יִטְמָֽא׃ וְאִ֕ישׁ אֲשֶׁ֥ר יִגַּ֖ע
בְּמִשְׁכָּב֑וֹ יְכַבֵּ֧ס בְּגָדָ֛יו וְרָחַ֥ץ בַּמַּ֖יִם וְטָמֵ֥א עַד־הָעָֽרֶב׃
ו וְהַיֹּשֵׁב֙ עַֽל־הַכְּלִ֔י אֲשֶׁר־יֵשֵׁ֥ב עָלָ֖יו הַזָּ֑ב יְכַבֵּ֧ס בְּגָדָ֛יו
ז וְרָחַ֥ץ בַּמַּ֖יִם וְטָמֵ֥א עַד־הָעָֽרֶב׃ וְהַנֹּגֵ֖עַ בִּבְשַׂ֣ר הַזָּ֑ב
ח יְכַבֵּ֧ס בְּגָדָ֛יו וְרָחַ֥ץ בַּמַּ֖יִם וְטָמֵ֥א עַד־הָעָֽרֶב׃ וְכִֽי־יָרֹ֛ק

רש"י | פרק טו

ב) **כִּי יִהְיֶה זָב.** יָכוֹל זָב מִכָּל מָקוֹם יְהֵא טָמֵא? תַּלְמוּד לוֹמַר: "מִבְּשָׂרוֹ", וְלֹא כָּל בְּשָׂרוֹ. אַחַר שֶׁחִלֵּק הַכָּתוּב בֵּין בָּשָׂר לְבָשָׂר, זָכִיתִי לָדוּן: טִמֵּא בְּזָב וְטִמֵּא בְּזָבָה, מַה זָּבָה מִמָּקוֹם שֶׁהִיא מְטַמְּאָה טֻמְאָה קַלָּה – נִדָּה, מְטַמְּאָה טֻמְאָה חֲמוּרָה – זִיבָה, אַף הַזָּב מִמָּקוֹם שֶׁמְּטַמֵּא טֻמְאָה קַלָּה – קֶרִי, מְטַמֵּא טֻמְאָה חֲמוּרָה – זִיבָה: **זוֹבוֹ טָמֵא.** לִמֵּד עַל הַטִּפָּה שֶׁהִיא מְטַמְּאָה. זוֹב דּוֹמֶה לְמֵי בָצֵק שֶׁל שְׂעוֹרִין, וְדָחוּי, וְדוֹמֶה לְלֹבֶן בֵּיצָה הַמּוּזֶרֶת. שִׁכְבַת זֶרַע, קָשׁוּר כְּלֹבֶן בֵּיצָה שֶׁאֵינָהּ מוּזֶרֶת:

ג) **רָר.** לְשׁוֹן רִיר, שֶׁזָּב בְּשָׂרוֹ "אֶת זוֹבוֹ", כְּמוֹ רִיר שֶׁיּוֹצֵא צָלוּל: **אוֹ הֶחְתִּים.** שֶׁיּוֹצֵא עָב וְסוֹתֵם אֶת פִּי הָאַמָּה, וְנִסְתַּם בְּשָׂרוֹ מִטִּפַּת זוֹבוֹ, זֶהוּ פְּשׁוּטוֹ. **וּמִדְרָשׁוֹ**, מָנָה הַכָּתוּב הָרִאשׁוֹן רְאִיּוֹת שְׁתַּיִם וּקְרָאוֹ טָמֵא, שֶׁנֶּאֱמַר: "זָב מִבְּשָׂרוֹ זוֹבוֹ טָמֵא הוּא", וּמָנָה הַכָּתוּב הַשֵּׁנִי רְאִיּוֹת שָׁלֹשׁ וּקְרָאוֹ טָמֵא, שֶׁנֶּאֱמַר: "טֻמְאָתוֹ בְּזוֹבוֹ רָר בְּשָׂרוֹ אֶת זוֹבוֹ אוֹ הֶחְתִּים בְּשָׂרוֹ מִזּוֹבוֹ טֻמְאָתוֹ הִוא", הָא כֵּיצַד? שְׁתַּיִם לְטֻמְאָה וְהַשְּׁלִישִׁית מַזְקִיקָתוֹ לְקָרְבָּן:

ד) **כָּל הַמִּשְׁכָּב.** הָרָאוּי לְמִשְׁכָּב. יָכוֹל אֲפִלּוּ מְיֻחָד לִמְלָאכָה אַחֶרֶת? תַּלְמוּד לוֹמַר: "אֲשֶׁר יִשְׁכַּב", 'אֲשֶׁר שָׁכַב' לֹא נֶאֱמַר, אֶלָּא "אֲשֶׁר יִשְׁכַּב", הַמְיֻחָד תָּמִיד לְכָךְ, יָצָא זֶה שֶׁאוֹמְרִין לוֹ: 'עֲמֹד וְנַעֲשֶׂה מְלַאכְתֵּנוּ': **אֲשֶׁר יֵשֵׁב.** 'יָשַׁב' לֹא נֶאֱמַר, אֶלָּא "אֲשֶׁר יֵשֵׁב עָלָיו" הַזָּב, בִּמְיֻחָד תָּמִיד לְכָךְ:

ה) **וְאִישׁ אֲשֶׁר יִגַּע בְּמִשְׁכָּבוֹ.** לִמֵּד עַל הַמִּשְׁכָּב שֶׁחָמוּר מִן הַמַּגָּע, שֶׁזֶּה נַעֲשֶׂה אַב הַטֻּמְאָה לְטַמֵּא אָדָם לְטַמֵּא בְגָדִים, וְהַמַּגָּע שֶׁאֵינוֹ מִשְׁכָּב אֵינוֹ אֶלָּא וְלַד הַטֻּמְאָה, וְאֵינוֹ מְטַמֵּא אֶלָּא אֳכָלִין וּמַשְׁקִין:

ו) **וְהַיֹּשֵׁב עַל הַכְּלִי.** אֲפִלּוּ לֹא נָגַע, אֲפִלּוּ עֲשָׂרָה כֵּלִים זֶה עַל זֶה כֻּלָּן מְטַמְּאִין מִשּׁוּם מוֹשָׁב, וְכֵן בְּמִשְׁכָּב:

טומאות הגוף הקשורות להפרשותיו

פרק טו

אחרי ההרחבה הגדולה בטומאת הצרעת, נידונות כאן כמה טומאות נוספות, שעיקרן סוגים שונים של זיבה, כלומר הפרשות מאיברי הרבייה. שלא כצרעת, הזוב היה ידוע כמחלה בעבר, והוא קיים גם בזמן הזה. זיבה היא בעיקרה מחלת מין מדבקת, שגם האנטיביוטיקה אינה מצליחה לבערה לגמרי.

עניין זה חותם את חוקי הטומאות והטהרות בספר. למרות שענייני הטומאה והטהרה נזכרים גם במקומות אחרים,[32] כאן מרוכזים רוב דיניו בתורה.

ביאור | פרק טו א **וַיְדַבֵּר ה׳ אֶל מֹשֶׁה וְאֶל אַהֲרֹן לֵאמֹר:** ב **דַּבְּרוּ אֶל בְּנֵי יִשְׂרָאֵל**
וַאֲמַרְתֶּם אֲלֵהֶם: אִישׁ אִישׁ כִּי יִהְיֶה זָב מִבְּשָׂרוֹ, מאיבר המין שלו[33]
זוֹבוֹ, הפרשתו – **טָמֵא הוּא.** ג **וְזֹאת תִּהְיֶה טֻמְאָתוֹ בְּזוֹבוֹ: רָר**, הפריש ריר
בְּשָׂרוֹ אֶת זוֹבוֹ, זוב נוזלי יוצא מן האיבר, **אוֹ הֶחְתִּים**, נסתם **בְּשָׂרוֹ מִזּוֹבוֹ**,
הקרוב יותר למוצק, ועל כן נדבק לאיבר.[34] בשתי הצורות – **טֻמְאָתוֹ**
הִוא.

ד **כָּל הַמִּשְׁכָּב**, חפץ או רהיט המיועד לשכיבה **אֲשֶׁר יִשְׁכַּב עָלָיו**
הַזָּב – יִטְמָא, וְכָל הַכְּלִי אֲשֶׁר יֵשֵׁב עָלָיו, המיועד לישיבה – **יִטְמָא.** כל כלי
המיוחד להישענות, כגון מיטה או כיסא, נטמא על ידי שימוש הזב
בו, גם אם לא נגע בו בגופו החשוף. ה **וְאִישׁ אֲשֶׁר יִגַּע בְּמִשְׁכָּבוֹ – יְכַבֵּס**
בְּגָדָיו וְרָחַץ בַּמַּיִם וְטָמֵא עַד הָעָרֶב. משכב ומושב הזב מקבלים טומאה
יסודית – ׳אב הטומאה׳ בלשון חכמים – שהיא טומאה חמורה, כמו
הזב עצמו, המטמאת אדם, על הבגדים שהוא לבוש בהם באותה
שעה שנגע. ו **וְגַם הַיֹּשֵׁב עַל הַכְּלִי אֲשֶׁר יֵשֵׁב עָלָיו הַזָּב**, אף על פי שלא
נגע גופו החשוף, לא של הזב ולא של הטהור במישרין בכלי, גם הוא
יְכַבֵּס בְּגָדָיו וְרָחַץ בַּמַּיִם וְטָמֵא עַד הָעָרֶב.

מלבד טומאת הכלים והחפצים שהזב נשען עליהם, ישנה גם טומאת
גופו: ז **וְהַנֹּגֵעַ בִּבְשַׂר** הגוף של **הַזָּב – יְכַבֵּס בְּגָדָיו וְרָחַץ בַּמַּיִם וְטָמֵא**
עַד הָעָרֶב.

הַזָּ֖ב בַּטָּה֑וֹר וְכִבֶּ֥ס בְּגָדָ֛יו וְרָחַ֥ץ בַּמַּ֖יִם וְטָמֵ֥א עַד־
ט הָעָֽרֶב׃ וְכָל־הַמֶּרְכָּ֗ב אֲשֶׁ֨ר יִרְכַּ֥ב עָלָ֛יו הַזָּ֖ב יִטְמָֽא׃
י וְכָל־הַנֹּגֵ֗עַ בְּכֹל֙ אֲשֶׁ֣ר יִהְיֶ֣ה תַחְתָּ֔יו יִטְמָ֖א עַד־הָעָ֑רֶב
וְהַנּוֹשֵׂ֣א אוֹתָ֔ם יְכַבֵּ֧ס בְּגָדָ֛יו וְרָחַ֥ץ בַּמַּ֖יִם וְטָמֵ֥א עַד־
יא הָעָֽרֶב׃ וְכֹ֨ל אֲשֶׁ֤ר יִגַּע־בּוֹ֙ הַזָּ֔ב וְיָדָ֖יו לֹא־שָׁטַ֣ף בַּמָּ֑יִם
יב וְכִבֶּ֧ס בְּגָדָ֛יו וְרָחַ֥ץ בַּמַּ֖יִם וְטָמֵ֥א עַד־הָעָֽרֶב׃ וּכְלִי־
חֶ֛רֶשׂ אֲשֶׁר־יִגַּע־בּ֥וֹ הַזָּ֖ב יִשָּׁבֵ֑ר וְכָל־כְּלִי־עֵ֔ץ יִשָּׁטֵ֖ף
יג * בַּמָּֽיִם׃ וְכִֽי־יִטְהַ֤ר הַזָּב֙ מִזּוֹב֔וֹ וְסָ֨פַר ל֜וֹ שִׁבְעַ֥ת יָמִ֛ים
לְטׇהֳרָת֖וֹ וְכִבֶּ֣ס בְּגָדָ֑יו וְרָחַ֧ץ בְּשָׂר֛וֹ בְּמַ֥יִם חַיִּ֖ים וְטָהֵֽר׃
יד וּבַיּ֣וֹם הַשְּׁמִינִ֗י יִֽקַּֽח־לוֹ֙ שְׁתֵּ֣י תֹרִ֔ים א֥וֹ שְׁנֵ֖י בְּנֵ֣י יוֹנָ֑ה

רש"י

ח| **וְכִי יָרֹק הַזָּב בַּטָּהוֹר.** וְנָגַע בּוֹ אוֹ נְשָׂאוֹ, שֶׁהָרֹק מְטַמֵּא בְּמַשָּׂא:

ט| **וְכָל הַמֶּרְכָּב.** אַף עַל פִּי שֶׁלֹּא יָשַׁב עָלָיו, כְּגוֹן הַתְּפוּס שֶׁל סַרְגָּא שֶׁקּוֹרִין אַרְצוֹ"ן, טָמֵא מִשּׁוּם מֶרְכָּב, וְהָאֻכָּף שֶׁקּוֹרִין אַלְוּי"שׂ טָמֵא טֻמְאַת מוֹשָׁב:

י| **וְכָל הַנֹּגֵעַ בְּכֹל אֲשֶׁר יִהְיֶה תַחְתָּיו.** שֶׁל זָב, בָּא וְלִמֵּד עַל הַמֶּרְכָּב שֶׁיְּהֵא הַנּוֹגֵעַ בּוֹ טָמֵא וְאֵין טָעוּן כִּבּוּס בְּגָדִים, וְהוּא חֹמֶר בַּמִּשְׁכָּב מִבַּמֶּרְכָּב: **וְהַנּוֹשֵׂא אוֹתָם.** כָּל הָאָמוּר בְּעִנְיַן הַזָּב, זוֹבוֹ וְרֻקּוֹ וְשִׁכְבַת זַרְעוֹ וּמֵימֵי רַגְלָיו וְהַמִּשְׁכָּב וְהַמֶּרְכָּב, מַשָּׂאָן מְטַמֵּא אָדָם לְטַמֵּא בְּגָדִים:

יא| **וְיָדָיו לֹא שָׁטַף בַּמָּיִם.** בְּעוֹד שֶׁלֹּא טָבַל מִטֻּמְאָתוֹ, וַאֲפִלּוּ פָּסַק מִזּוֹבוֹ וְסָפַר שִׁבְעָה וּמְחֻסַּר טְבִילָה, מְטַמֵּא בְּכָל טֻמְאוֹתָיו. וְזֶה שֶׁהוֹצִיא הַכָּתוּב טְבִילַת גּוּפוֹ שֶׁל זָב בִּלְשׁוֹן שְׁטִיפַת יָדַיִם, לְלַמֶּדְךָ שֶׁאֵין בֵּית הַסְּתָרִים טָעוּן בִּיאַת מַיִם, אֶלָּא אֵיבָר הַגָּלוּי כְּמוֹ הַיָּדַיִם:

יב| **וּכְלִי חֶרֶשׂ אֲשֶׁר יִגַּע בּוֹ הַזָּב.** יָכוֹל אֲפִלּוּ נָגַע בּוֹ מֵאֲחוֹרָיו וְכוּ', כִּדְאִיתָא בְּתוֹרַת כֹּהֲנִים (פרשתא ג, ח-ב), עַד אֵיזֶהוּ מַגָּעוֹ שֶׁהוּא בְּכֻלּוֹ, הֱוֵי אוֹמֵר זֶה הֶסֵּטוֹ:

יג| **וְכִי יִטְהַר.** כְּשֶׁיִּפְסֹק: **שִׁבְעַת יָמִים לְטָהֳרָתוֹ.** שִׁבְעַת יָמִים טְהוֹרִים מִטֻּמְאַת זִיבָה, שֶׁלֹּא יִרְאֶה זוֹב, וְכֻלָּן רְצוּפִין:

הרחבות

'וכל אשר יגע בו הזב וידיו לא שטף במים וכבס בגדיו ורחץ במים וטמא עד הערב' הכתוב הזה נראה כמיותר, שהרי כבר נאמר לעיל וְהַנֹּגֵעַ בִּבְשַׂר הַזָּב יְכַבֵּס בְּגָדָיו וְרָחַץ בַּמַּיִם וְטָמֵא עַד הָעָרֶב. חכמים דרשו את ייתור הכתוב ל'טומאת היסט' – כלומר אדם או כלי שהזב הזיז אותו, כמוהו כנוגע. זוהי דרך היטמאות יחידאית לזב, שאינה קיימת בכל הטומאות האחרות. (ראו נדה מג ע"א ושבת פג ע"ב).

ביאור

ח **וְכִי יָרֹק**, יירק **הַזָּב בַּטָּהוֹר** – **וְכִבֶּס** הטהור את **בְּגָדָיו, וְרָחַץ בַּמַּיִם וְטָמֵא**
עַד הָעָרֶב. לא רק הפרשת הזוב עצמה או גופו של הזב אלא גם הרוק
שלו טמא ומטמא, וכדברי חכמים: כל 'מעיינות הזב',[35] מטמאים
את האדם הנוגע בהם.

ט **וְכָל הַמֶּרְכָּב אֲשֶׁר יִרְכַּב עָלָיו הַזָּב** – **יִטְמָא**. בדומה למשכב ולמושב,
גם חפצים שהזב רוכב עליהם, כגון אוכף או מרדעת,[36] נטמאים אף
בלא מגע ישיר של גוף הזב בהם.

י **וְכָל הַנֹּגֵעַ בְּכֹל אֲשֶׁר יִהְיֶה תַחְתָּיו** – תחת הזב. כגון הנוגע במשכב,
מושב ומרכב האמורים[37] – **יִטְמָא עַד הָעָרֶב**, כאמור. וכאן באה תוספת:
וְהַנּוֹשֵׂא אוֹתָם – את הכלים הללו, אף על פי שאינו נוגע בהם, **יְכַבֵּס**
בְּגָדָיו וְרָחַץ בַּמַּיִם וְטָמֵא עַד הָעָרֶב. שתי דרכי ההיטמאות הן מגע ישיר
במה שהזב נשען עליו, או משא והישענות[38] גם בלא מגע ישיר.

יא **וְכֹל** אדם **אֲשֶׁר יִגַּע בּוֹ הַזָּב** ואת **יָדָיו** של הזב **לֹא שָׁטַף בַּמָּיִם**, כלומר
בשעה שהזב לא טבל עדיין מטומאתו –[39] **וְכִבֶּס בְּגָדָיו וְרָחַץ בַּמַּיִם**
וְטָמֵא עַד הָעָרֶב. מגע בגופו של זב מטמא גם כאשר הזיבה פסקה, אלא
שעדיין לא טבל לטהרתו. יב **וּכְלִי חֶרֶשׂ**, חרס **אֲשֶׁר יִגַּע בּוֹ הַזָּב** – **יִשָּׁבֵר**,
ואין לו תקנה להיטהר כשהוא שלם.[40] **וְכָל כְּלִי עֵץ** וכיוצא בו גם
חומרים אחרים, כגון מתכת[41] – **יִשָּׁטֵף בַּמָּיִם**, טובלים אותו והוא נטהר.

טהרתו של הזב: יג **וְכִי יִטְהַר הַזָּב מִזּוֹבוֹ**, לאחר שנרפא – **וְסָפַר לוֹ שִׁבְעַת**
יָמִים, 'שבעה נקיים' בלשון חכמים, כלומר שבעה ימים בדוקים
שאין בהם זיבה, **לְטָהֳרָתוֹ, וְכִבֶּס**, יטבול במים את **בְּגָדָיו** שהיה לבוש
בהם בעודו זב, **וְרָחַץ בְּשָׂרוֹ בְּמַיִם חַיִּים**, מים המחוברים אל מקור
נביעתם, מי מעיין.[42] רק לגבי זבים מוזכר שהמים צריכים להיות
חיים. בטומאות אחרות יכול הטמא לטבול גם במקווה מים אחר.
וְטָהֵר. יד **וּבַיּוֹם הַשְּׁמִינִי יִקַּח לוֹ שְׁתֵּי תֹרִים אוֹ שְׁנֵי בְּנֵי יוֹנָה, וּבָא לִפְנֵי ה'**

מימין:
כלי חרס
משמאל:
כלי עץ עתיק

וּבָא לִפְנֵי יְהוָה אֶל־פֶּתַח אֹהֶל מוֹעֵד וּנְתָנָם אֶל־
הַכֹּהֵן: וְעָשָׂה אֹתָם הַכֹּהֵן אֶחָד חַטָּאת וְהָאֶחָד עֹלָה טו
וְכִפֶּר עָלָיו הַכֹּהֵן לִפְנֵי יְהוָה מִזּוֹבוֹ: וְאִישׁ טז
ששי / שביעי /
כִּי־תֵצֵא מִמֶּנּוּ שִׁכְבַת־זָרַע וְרָחַץ בַּמַּיִם אֶת־כָּל־
בְּשָׂרוֹ וְטָמֵא עַד־הָעָרֶב: וְכָל־בֶּגֶד וְכָל־עוֹר אֲשֶׁר־ יז
יִהְיֶה עָלָיו שִׁכְבַת־זָרַע וְכֻבַּס בַּמַּיִם וְטָמֵא עַד־הָעָרֶב:
וְאִשָּׁה אֲשֶׁר יִשְׁכַּב אִישׁ אֹתָהּ שִׁכְבַת־זָרַע וְרָחֲצוּ יח
בַמַּיִם וְטָמְאוּ עַד־הָעָרֶב:
וְאִשָּׁה כִּי־תִהְיֶה זָבָה דָּם יִהְיֶה זֹבָהּ בִּבְשָׂרָהּ שִׁבְעַת יט
יָמִים תִּהְיֶה בְנִדָּתָהּ וְכָל־הַנֹּגֵעַ בָּהּ יִטְמָא עַד־
הָעָרֶב: וְכֹל אֲשֶׁר תִּשְׁכַּב עָלָיו בְּנִדָּתָהּ יִטְמָא וְכֹל כ
אֲשֶׁר־תֵּשֵׁב עָלָיו יִטְמָא: וְכָל־הַנֹּגֵעַ בְּמִשְׁכָּבָהּ יְכַבֵּס כא
בְּגָדָיו וְרָחַץ בַּמַּיִם וְטָמֵא עַד־הָעָרֶב: וְכָל־הַנֹּגֵעַ כב
בְּכָל־כְּלִי אֲשֶׁר־תֵּשֵׁב עָלָיו יְכַבֵּס בְּגָדָיו וְרָחַץ בַּמַּיִם

רש"י

יח] **וְרָחֲצוּ בַמַּיִם.** גְּזֵרַת מֶלֶךְ הִיא שֶׁתִּטָּמֵא הָאִשָּׁה בְּבִיאָה, וְאֵין הַטַּעַם מִשּׁוּם נוֹגֵעַ בְּשִׁכְבַת זֶרַע, שֶׁהֲרֵי מַגַּע בֵּית הַסְּתָרִים הוּא:

יט] **כִּי תִהְיֶה זָבָה.** יָכוֹל מֵאֶחָד מִכָּל אֵיבָרֶיהָ? תַּלְמוּד לוֹמַר "וְהִיא גִּלְּתָה אֶת מְקוֹר דָּמֶיהָ" (להלן כ, יח), אֵין דָּם מְטַמֵּא אֶלָּא הַבָּא מִן הַמָּקוֹר: **דָּם יִהְיֶה זֹבָהּ בִּבְשָׂרָהּ.** אֵין זוֹבָהּ קָרוּי זוֹב לְטַמֵּא אֶלָּא אִם כֵּן הוּא אָדֹם: **בְּנִדָּתָהּ.** כְּמוֹ "וּמִתֵּבֵל יְנִדֻּהוּ" (איוב יח, יח), שֶׁהִיא מְנֻדָּה מִמַּגַּע כָּל אָדָם: **תִּהְיֶה בְנִדָּתָהּ.** אֲפִלּוּ לֹא רָאֲתָה אֶלָּא רְאִיָּה רִאשׁוֹנָה:

הרחבות

דיני טומאת הזב כוללים אפוא טומאת מגע, טומאת משא וטומאת הכלים הרגילים להימצא תחת כובד גופו של הזב – 'טומאת מדרס' בלשון חכמים. חומרת טומאתו של הזב מתבטאת בעניינים אחדים: משכבו ומושבו נעשים טמאים כמוהו; הזב צריך לטבול במים חיים, ואילו מים קוויים אינם מספיקים לטהרתו; וכן קיבלו חכמים שרק הזב מטמא דבר בהזזת כלי כלשהו ('טומאת היסט'), גם אם אין הוא נוגע בו. (ראו שבת פג ע"ב). פרטי הלכות הזב נידונו בהרחבה במסכת זבים בתלמוד.

ביאור | אֶל פֶּתַח אֹהֶל מוֹעֵד וּנְתָנָם אֶל הַכֹּהֵן. טו וְעָשָׂה אֹתָם הַכֹּהֵן אֶחָד חַטָּאת
וְהָאֶחָד עֹלָה, וְכִפֶּר עָלָיו הַכֹּהֵן לִפְנֵי ה׳ מִזּוֹבוֹ.

טומאה אחרת שיש לה דמיון חלקי לזיבה: טז וְאִישׁ כִּי תֵצֵא מִמֶּנּוּ
שִׁכְבַת זָרַע. פליטה של זרע מגבר היא טומאה קלה שאינה קשורה
לחולי, כטומאת הזב. מי שכך אירע לו – וְרָחַץ, יטבול בַּמַּיִם אֶת כָּל
בְּשָׂרוֹ, גופו וְטָמֵא עַד הָעָרֶב. יז וְכָל בֶּגֶד וְכָל עוֹר אֲשֶׁר יִהְיֶה עָלָיו שִׁכְבַת
זָרַע – וְכֻבַּס בַּמַּיִם וְטָמֵא עַד הָעָרֶב. יח וְאִשָּׁה אֲשֶׁר יִשְׁכַּב אִישׁ אֹתָהּ
שִׁכְבַת זָרַע, גם במקרה זה, כיוון שגם האיש וגם האשה שותפים
בדבר – וְרָחֲצוּ בַמַּיִם וְטָמְאוּ עַד הָעָרֶב.

יט וְאִשָּׁה כִּי תִהְיֶה זָבָה, לא בזיבה כמו זו של הגבר, אלא דָּם יִהְיֶה זֹבָהּ
בִּבְשָׂרָהּ. אין מדובר כאן במחלה אלא בדם מחזור הווסת.[43] שִׁבְעַת
יָמִים תִּהְיֶה טמאה בְנִדָּתָהּ. טומאה חמורה זו נמשכת שבעה
ימים ללא קשר למשך זמן שתיתת הדם בתוך אותם הימים. וְכָל
הַנֹּגֵעַ בָּהּ במשך הימים הללו יִטְמָא עַד הָעָרֶב. כ וְכֹל אֲשֶׁר תִּשְׁכַּב עָלָיו
בְּנִדָּתָהּ – יִטְמָא, וְכֹל אֲשֶׁר תֵּשֵׁב עָלָיו – יִטְמָא, בין שהיא נוגעת בהם ובין
שאיננה נוגעת במישרין. מבחינה זו טומאת הנידה מקבילה לטומאת
הזב. כא וְכָל הַנֹּגֵעַ בְּמִשְׁכָּבָהּ – יְכַבֵּס בְּגָדָיו וְרָחַץ בַּמַּיִם וְטָמֵא עַד
הָעָרֶב. כב וְכָל הַנֹּגֵעַ בְּכָל כְּלִי אֲשֶׁר תֵּשֵׁב עָלָיו – יְכַבֵּס בְּגָדָיו וְרָחַץ

הרחבות | מבחינה רפואית, זיבה היא מחלת מין הפוגעת גם בנשים וגם בגברים, אבל במובן ההלכתי הזיבה היא טומאתם של גברים בלבד. אשה החולה במחלה המכונה כך היום אינה נחשבת לטמאה.

׳ואיש כי תצא ממנו שכבת זרע...׳ הזיבה איננה זרע אלא פליטה ממין אחר. הדבר היה ידוע לחכמינו, אך לא היה ידוע בעולם עד לפני קרוב לאלף וחמש מאות שנה. חכמינו ערכו בדיקות טכניות כדי להבחין בין זיבה ושכבת זרע (תוספתא זבים ב,ד. וראו בבלי נדה לה ע״ב).

וְטָמֵא עַד־הָעָרֶב׃ וְאִם עַל־הַמִּשְׁכָּב הוּא אוֹ עַל־ כג
הַכְּלִי אֲשֶׁר־הִוא יֹשֶׁבֶת־עָלָיו בְּנָגְעוֹ־בוֹ יִטְמָא עַד־
הָעָרֶב׃ וְאִם שָׁכֹב יִשְׁכַּב אִישׁ אֹתָהּ וּתְהִי נִדָּתָהּ עָלָיו כד
וְטָמֵא שִׁבְעַת יָמִים וְכָל־הַמִּשְׁכָּב אֲשֶׁר־יִשְׁכַּב עָלָיו
יב יִטְמָא׃ וְאִשָּׁה כִּי־יָזוּב זוֹב דָּמָהּ יָמִים כה
רַבִּים בְּלֹא עֶת־נִדָּתָהּ אוֹ כִי־תָזוּב עַל־נִדָּתָהּ כָּל־
יְמֵי זוֹב טֻמְאָתָהּ כִּימֵי נִדָּתָהּ תִּהְיֶה טְמֵאָה הִוא׃
כָּל־הַמִּשְׁכָּב אֲשֶׁר־תִּשְׁכַּב עָלָיו כָּל־יְמֵי זוֹבָהּ כְּמִשְׁכַּב כו
נִדָּתָהּ יִהְיֶה־לָּהּ וְכָל־הַכְּלִי אֲשֶׁר תֵּשֵׁב עָלָיו טָמֵא
יִהְיֶה כְּטֻמְאַת נִדָּתָהּ׃ וְכָל־הַנּוֹגֵעַ בָּם יִטְמָא וְכִבֶּס כז
בְּגָדָיו וְרָחַץ בַּמַּיִם וְטָמֵא עַד־הָעָרֶב׃ וְאִם־טָהֲרָה כח

רש"י

כג | **וְאִם עַל הַמִּשְׁכָּב הוּא.** הַשּׁוֹכֵב אוֹ הַיּוֹשֵׁב עַל מִשְׁכָּבָהּ אוֹ עַל מוֹשָׁבָהּ, אֲפִלּוּ לֹא נָגַע בּוֹ, אַף הוּא בְּדַת טֻמְאָה הָאֲמוּרָה בַּמִּקְרָא הָעֶלְיוֹן, שֶׁטָּעוּן כִּבּוּס בְּגָדִים: **עַל הַכְּלִי.** לְרַבּוֹת אֶת הַמֶּרְכָּב: **בְּנָגְעוֹ בוֹ יִטְמָא.** אֵינוֹ מְדַבֵּר אֶלָּא עַל הַמֶּרְכָּב שֶׁנִּתְרַבָּה מֵ"עַל הַכְּלִי": **בְּנָגְעוֹ בוֹ יִטְמָא.** וְאֵינוֹ טָעוּן כִּבּוּס בְּגָדִים, שֶׁהַמֶּרְכָּב אֵין מַגָּעוֹ מְטַמֵּא אָדָם לְטַמֵּא בְּגָדִים:

כד | **וּתְהִי נִדָּתָהּ עָלָיו.** יָכוֹל יַעֲלֶה לְרַגְלָהּ, שֶׁאִם בָּא עָלֶיהָ בַּחֲמִישִׁי לְנִדָּתָהּ לֹא יִטְמָא אֶלָּא שְׁלֹשָׁה יָמִים כְּמוֹתָהּ? תַּלְמוּד לוֹמַר: "וְטָמֵא שִׁבְעַת יָמִים". וּמַה תַּלְמוּד לוֹמַר: "וּתְהִי נִדָּתָהּ עָלָיו"? מַה הִיא מְטַמְּאָה אָדָם וּכְלִי חֶרֶס, אַף הוּא מְטַמֵּא אָדָם וּכְלִי חֶרֶס:

כה | **יָמִים רַבִּים.** שְׁלֹשָׁה יָמִים: **בְּלֹא עֶת נִדָּתָהּ.** אַחַר שֶׁיָּצְאוּ שִׁבְעַת יְמֵי נִדָּתָהּ: **אוֹ כִי תָזוּב.** אֶת שְׁלֹשֶׁת הַיָּמִים הַלָּלוּ: **עַל נִדָּתָהּ.** מֻפְלָג מִנִּדָּתָהּ יוֹם אֶחָד, זוֹ הִיא זָבָה, וּמִשְׁפָּטָהּ חָרוּץ בְּפָרָשָׁה זוֹ, וְלֹא כְּדַת הַנִּדָּה, שֶׁזּוֹ טְעוּנָה סְפִירַת שִׁבְעָה נְקִיִּים וְקָרְבָּן, וְהַנִּדָּה אֵינָהּ טְעוּנָה סְפִירַת שִׁבְעָה נְקִיִּים, אֶלָּא "שִׁבְעַת יָמִים תִּהְיֶה בְנִדָּתָהּ" (לעיל פסוק יט), בֵּין רוֹאָה בֵּין שֶׁאֵינָהּ רוֹאָה. וְדָרְשׁוּ בְּפָרָשָׁה זוֹ אַחַד עָשָׂר יוֹם שֶׁבֵּין סוֹף נִדָּה לִתְחִלַּת נִדָּה, שֶׁכָּל שְׁלֹשָׁה רְצוּפִין שֶׁתִּרְאֶה בְּאַחַד עָשָׂר יוֹם הַלָּלוּ תְּהֵא זָבָה:

הרחבות | **טומאות פליטת זרע ונידה** באופן כללי דיני הטומאה קשורים למוות. אמנם שכבת הזרע כרוכה לכאורה בחיים, אך אפשר לראותה כמותם של התאים, שכן בין כשנפלט זרע החוצה ובין בזמן משכב עם אשה, רובו הגדול הולך לאיבוד. בכל אחד מתאי הזרע אצורים חיים, ומשום כך, כאשר אין הם מביאים חיים אל העולם אלא מתים, נוצרת טומאה. אין טומאה זו קשורה לאשמה הכרוכה בפליטת זרע, אלא לעצם העובדה שיש בה מעין מוות קטן. כיוצא בזה, גם

ביאור | בַּמַּיִם וְטָמֵא עַד הָעָרֶב. כג וְאִם עַל הַמִּשְׁכָּב הוּא, האדם הטהור,[44] הכלי[45] או: הדם המוזכר לעיל,[46] אוֹ עַל הַכְּלִי אֲשֶׁר הִוא יֹשֶׁבֶת עָלָיו – בְּנָגְעוֹ בוֹ יִטְמָא עַד הָעָרֶב.

כד וְאִם שָׁכֹב יִשְׁכַּב אִישׁ אֹתָהּ בתקופת הווסת או לאחריה, כל עוד לא נטהרה – וּתְהִי טומאת נִדָּתָהּ עָלָיו. אין הכוונה שטומאתה דבקה בו, אלא שבעקבות המגע הוא נעשה טמא בדרגה של טומאת הנידה[47] – וְטָמֵא שִׁבְעַת יָמִים, וְגם כָּל הַמִּשְׁכָּב אֲשֶׁר יִשְׁכַּב עָלָיו – יִטְמָא.[48]

כה וְאִשָּׁה כִּי יָזוּב זוֹב דָּמָהּ יָמִים רַבִּים בְּלֹא עֶת נִדָּתָהּ. לפעמים עלולה האשה לדמם שלא בזמן הווסת, המופיעה בדרך כלל בקביעות מסוימת, הן לגבי זמן הופעתה והן לגבי משכה. אוֹ באופן אחר – כִי תָזוּב נוסף עַל נִדָּתָהּ, כלומר שתיתת הדם של המחזור תימשך מעבר לרגיל. במקרים האלה, כָּל יְמֵי זוֹב טֻמְאָתָהּ – האשה הזבה כִּימֵי נִדָּתָהּ תִּהְיֶה, טְמֵאָה הִוא. דימום זה נחשב מעין חולי ויש בו טומאה. ה'זבה' ההלכתית היא אפוא זו המדממת שלא במסגרת מחזור הווסת. כו ולכן, כָּל הַמִּשְׁכָּב אֲשֶׁר תִּשְׁכַּב עָלָיו כָּל יְמֵי זוֹבָהּ – כְּמִשְׁכַּב נִדָּתָהּ יִהְיֶה לָּהּ מבחינת הטומאה. וְכָל הַכְּלִי, כולל המצעים אֲשֶׁר תֵּשֵׁב עָלָיו – טָמֵא יִהְיֶה כְּטֻמְאַת נִדָּתָהּ. כז וְכָל הַנּוֹגֵעַ בָּם, בכלים, ברהיטים או במצעים שהנידה ישבה או שכבה עליהם – יִטְמָא, וְכִבֶּס בְּגָדָיו וְרָחַץ בַּמַּיִם וְטָמֵא עַד הָעָרֶב.

הרחבות | אולי גם טומאת היולדת קשורה להיבטים מסוימים של מוות בניתוק החיים שרחשו בגופה, במצב הנפש שבעקבות הלידה או בסכנת החיים שהייתה נתונה בה בעת הלידה).

מחזור הווסת של האשה הוא מוות קטן של תאים. כאשר הביצית מתה, מופיע המחזור, והדבר השותת מכיל גם רקמות אחרות שעברו תהליך של בלייה ושל מוות. (ראו הכוזרי ח"ב ס; רמב"ן פס' יא.

שביעי מִזּוֹבָהּ וְסָפְרָה־לָּהּ שִׁבְעַת יָמִים וְאַחַר תִּטְהָר׃ וּבַיּוֹם כט
הַשְּׁמִינִי תִּקַּח־לָהּ שְׁתֵּי תֹרִים אוֹ שְׁנֵי בְּנֵי יוֹנָה
וְהֵבִיאָה אוֹתָם אֶל־הַכֹּהֵן אֶל־פֶּתַח אֹהֶל מוֹעֵד׃
וְעָשָׂה הַכֹּהֵן אֶת־הָאֶחָד חַטָּאת וְאֶת־הָאֶחָד עֹלָה ל
מפטיר וְכִפֶּר עָלֶיהָ הַכֹּהֵן לִפְנֵי יהוה מִזּוֹב טֻמְאָתָהּ׃ וְהִזַּרְתֶּם לא
אֶת־בְּנֵי־יִשְׂרָאֵל מִטֻּמְאָתָם וְלֹא יָמֻתוּ בְּטֻמְאָתָם
בְּטַמְּאָם אֶת־מִשְׁכָּנִי אֲשֶׁר בְּתוֹכָם׃ זֹאת תּוֹרַת הַזָּב לב
וַאֲשֶׁר תֵּצֵא מִמֶּנּוּ שִׁכְבַת־זֶרַע לְטָמְאָה־בָהּ׃ וְהַדָּוָה לג
בְּנִדָּתָהּ וְהַזָּב אֶת־זוֹבוֹ לַזָּכָר וְלַנְּקֵבָה וּלְאִישׁ אֲשֶׁר
יִשְׁכַּב עִם־טְמֵאָה׃

רש"י

לא) **וְהִזַּרְתֶּם.** אֵין נְזִירָה אֶלָּא פְּרִישָׁה, וְכֵן "נָזֹרוּ אָחוֹר" (ישעיה א, ד), וְכֵן "נְזִיר אֶחָיו" (בראשית מט, כו). **וְלֹא יָמֻתוּ בְּטֻמְאָתָם.** הֲרֵי הַכָּרֵת שֶׁל מְטַמֵּא מִקְדָּשׁ קָרוּי מִיתָה:

לב) **זֹאת תּוֹרַת הַזָּב.** בַּעַל רְאִיָּה אַחַת, וּמַהוּ תּוֹרָתוֹ? **וַאֲשֶׁר תֵּצֵא מִמֶּנּוּ שִׁכְבַת זֶרַע.** הֲרֵי הוּא כְּבַעַל קֶרִי, טָמֵא טֻמְאַת עֶרֶב:

לג) **וְהַזָּב אֶת זוֹבוֹ.** בַּעַל שְׁתֵּי רְאִיּוֹת וּבַעַל שָׁלֹשׁ רְאִיּוֹת, שֶׁתּוֹרָתָן מְפֹרֶשֶׁת לְמַעְלָה:

הרחבות

הנידה והזבה בעניין זה שונה טומאת הנידה מטומאת הזבה מדין התורה – אם כי לא בהלכה הנוהגת כיום. מן התורה, הנידה סופרת שבעה ימים של טומאה מתחילת הדימום, למרות שברוב המקרים הנורמליים שתיתת דם הווסת נמשכת פחות זמן. זהו נושא אינדיווידואלי מאוד, וכפי שכבר הזכירו חכמים, הוא כנראה משתנה לא רק בין אשה לאשה אלא גם בזמנים שונים בחייה של אותה אשה. למרות שהווסת נובעת בעיקרה ממחזור הורמונלי עצמאי, ישנם יסודות המשפיעים על המערכת ההורמונאלית ועלולים לשנות או לשבש את המחזור הסדיר. כמו כן, שתיתת הדם עשויה להתרחש עקב סיבות שאינן מחלה מוגדרת, כמו שיבושים גופניים או פסיכוסומטיים. (ראו סוטה כ ע"ב; נדה כ ע"ב). לעומת זאת, טומאת הזיבה חלה כל

ביאור

כח **וְאִם טָהֲרָה מִזּוֹבָהּ**, כאשר תגיע שתיתת הדם לסיומה – **וְסָפְרָה**
לָּהּ שִׁבְעַת יָמִים וְאַחַר כך **תִּטְהָר**. ספירת 'שבעה נקיים' מדין התורה
אמורה רק בזב ובזבה, שדימומה נחשב מעין חולי, בניגוד לדימום
הווסת השגרתי.[49] כט יתר על כן, על הזבה – כמו הזב – להביא
קרבנות לכפרה ולאפשרות גישה אל הקודש – **וּבַיּוֹם הַשְּׁמִינִי**, לאחר
שבעת הימים הנקיים מדימום, **תִּקַּח לָהּ** האשה הזבה **שְׁתֵּי תֹרִים אוֹ**
שְׁנֵי בְּנֵי יוֹנָה, וְהֵבִיאָה אוֹתָם אֶל הַכֹּהֵן, אֶל פֶּתַח אֹהֶל מוֹעֵד, כמו שיעשה
הזב. ל **וְעָשָׂה הַכֹּהֵן אֶת הָאֶחָד חַטָּאת וְאֶת הָאֶחָד עֹלָה, וְכִפֶּר עָלֶיהָ הַכֹּהֵן**
לִפְנֵי ה' מִזּוֹב טֻמְאָתָהּ.

לא **וְהִזַּרְתֶּם**, הרחיקו[50] **אֶת בְּנֵי יִשְׂרָאֵל מִטֻּמְאָתָם, וְלֹא יָמֻתוּ בְּטֻמְאָתָם**
בְּטַמְּאָם אֶת מִשְׁכָּנִי אֲשֶׁר בְּתוֹכָם. מהגדרה משמעותית זו עולה שדיני
הטומאה הם מעין מקבילה ניגודית לעניינו של המקדש. טומאה בכלל
איננה מצב רצוי, אבל בטומאות כשלעצמן אין כל איסור. צד האיסור
של הטומאה והצורך באזהרה ובהקפדה עליה מתייחסים לנגיעה
בקודש ובמקדש. המשמעות המעשית של טומאת אדם היא שאין
הוא יכול לנגוע בדברים הקדושים או להיכנס למקום המקודש.[51]

חתימה: לב **זֹאת תּוֹרַת הַזָּב** ותורת האדם **אֲשֶׁר תֵּצֵא מִמֶּנּוּ שִׁכְבַת זֶרַע**
לְטָמְאָה בָהּ, לג ותורת **הַדָּוָה**, הסובלת[52] **בְּנִדָּתָהּ**, בזמן וסתה. ותורת
הַזָּב אֶת זוֹבוֹ, לַזָּכָר וְלַנְּקֵבָה, וכן **לְאִישׁ אֲשֶׁר יִשְׁכַּב עִם טְמֵאָה**, נידה,
זבה או יולדת.[53]

הרחבות

זמן שישנו דימום שלא בזמן הווסת, ושלא כמו בדין הנידה, טהרתה כרוכה בספירת שבעה ימים 'נקיים' (נדה לה ע"ב). עם זאת, היום אין דרך להבחין בבירור בין דם נידה לדם זיבה, כלומר בין דם ששייך באופן נורמלי למחזור הווסת לבין דם שאינו כזה, ולכן עוד מתקופת התלמוד נהוג לספור שבעה ימים 'נקיים' לאחר כל דימום (ברכות לא ע"א; נדה סו ע"א).

לעומת הנידה, שהיא תהליך טבעי, הזיבה המרובה היא חולי. אמנם גם תהליך טבעי יכול להביא לטומאה, כשם שהמוות – שהוא מדרך הטבע – גורם לטומאה חמורה, אך אין צורך בכפרה בעבורו. משום כך, הנידה, שכבת הזרע וטומאת המת אינם מחייבים בקרבן, ואילו חוליי הזיבה או הצרעת – בין של האיש ובין של האשה – כרוכים בקרבן כפרה. (ראו רמב"ן וספורנו).

אחרי מות

וַיְדַבֵּר יהוה אֶל־מֹשֶׁה אַחֲרֵי מוֹת שְׁנֵי בְּנֵי אַהֲרֹן א טז
בְּקָרְבָתָם לִפְנֵי־יהוה וַיָּמֻתוּ: וַיֹּאמֶר יהוה אֶל־מֹשֶׁה ב
דַּבֵּר אֶל־אַהֲרֹן אָחִיךָ וְאַל־יָבֹא בְכָל־עֵת אֶל־הַקֹּדֶשׁ
מִבֵּית לַפָּרֹכֶת אֶל־פְּנֵי הַכַּפֹּרֶת אֲשֶׁר עַל־הָאָרֹן וְלֹא
יָמוּת כִּי בֶּעָנָן אֵרָאֶה עַל־הַכַּפֹּרֶת: בְּזֹאת יָבֹא אַהֲרֹן ג
אֶל־הַקֹּדֶשׁ בְּפַר בֶּן־בָּקָר לְחַטָּאת וְאַיִל לְעֹלָה:
כְּתֹנֶת־בַּד קֹדֶשׁ יִלְבָּשׁ וּמִכְנְסֵי־בַד יִהְיוּ עַל־בְּשָׂרוֹ ד
וּבְאַבְנֵט בַּד יַחְגֹּר וּבְמִצְנֶפֶת בַּד יִצְנֹף בִּגְדֵי־קֹדֶשׁ הֵם
וְרָחַץ בַּמַּיִם אֶת־בְּשָׂרוֹ וּלְבֵשָׁם: וּמֵאֵת עֲדַת בְּנֵי ה

רש"י | פרק טז

א) **וַיְדַבֵּר ה' אֶל מֹשֶׁה אַחֲרֵי מוֹת שְׁנֵי בְּנֵי אַהֲרֹן וְגוֹ'.** מַה תַּלְמוּד לוֹמַר? הָיָה רַבִּי אֶלְעָזָר בֶּן עֲזַרְיָה מוֹשְׁלוֹ מָשָׁל, לְחוֹלֶה שֶׁנִּכְנַס אֶצְלוֹ רוֹפֵא, אָמַר לוֹ: אַל תֹּאכַל צוֹנֵן וְאַל תִּשְׁכַּב בְּטַחַב. בָּא אַחֵר וְאָמַר לוֹ: אַל תֹּאכַל צוֹנֵן וְאַל תִּשְׁכַּב בְּטַחַב, שֶׁלֹּא תָמוּת כְּדֶרֶךְ שֶׁמֵּת פְּלוֹנִי; זֶה זֵרְזוֹ יוֹתֵר מִן הָרִאשׁוֹן, לְכָךְ נֶאֱמַר: "אַחֲרֵי מוֹת שְׁנֵי בְּנֵי אַהֲרֹן":

ב) **וַיֹּאמֶר ה' אֶל מֹשֶׁה דַּבֵּר אֶל אַהֲרֹן אָחִיךָ וְאַל יָבֹא.** שֶׁלֹּא יָמוּת כְּדֶרֶךְ שֶׁמֵּתוּ בָנָיו: **וְלֹא יָמוּת.** שֶׁאִם בָּא, הוּא מֵת: **כִּי בֶּעָנָן אֵרָאֶה.** כִּי תָמִיד אֲנִי נִרְאֶה שָׁם עִם עַמּוּד עֲנָנִי. וּלְפִי שֶׁגִּלּוּי שְׁכִינָתִי שָׁם, יִזָּהֵר שֶׁלֹּא יַרְגִּיל לָבֹא, זֶהוּ פְּשׁוּטוֹ. וּמִדְרָשׁוֹ, אַל יָבֹא כִּי אִם בַּעֲנַן הַקְּטֹרֶת בְּיוֹם הַכִּפּוּרִים:

ג) **בְּזֹאת.** גִּימַטְרִיָּא שֶׁלּוֹ אַרְבַּע מֵאוֹת וְעֶשֶׂר, רֶמֶז לְבַיִת רִאשׁוֹן: **בְּזֹאת יָבֹא אַהֲרֹן וְגוֹ'.** וְאַף זוֹ לֹא בְּכָל עֵת, כִּי אִם בְּיוֹם הַכִּפּוּרִים, כְּמוֹ שֶׁמְּפֹרָשׁ בְּסוֹף הַפָּרָשָׁה: "בַּחֹדֶשׁ הַשְּׁבִיעִי בֶּעָשׂוֹר לַחֹדֶשׁ" (להלן פסוק כט):

ד) **כְּתֹנֶת בַּד וְגוֹ'.** מַגִּיד שֶׁאֵינוֹ מְשַׁמֵּשׁ לִפְנִים בִּשְׁמוֹנָה בְגָדִים שֶׁהוּא מְשַׁמֵּשׁ בָּהֶן בַּחוּץ, שֶׁיֵּשׁ בָּהֶן זָהָב, לְפִי שֶׁאֵין קָטֵגוֹר נַעֲשֶׂה סָנֵגוֹר, אֶלָּא בְּאַרְבָּעָה כְּכֹהֵן הֶדְיוֹט, וְכֻלָּן שֶׁל בּוּץ: **קֹדֶשׁ יִלְבָּשׁ.** שֶׁיִּהְיוּ מִשֶּׁל הֶקְדֵּשׁ: **יִצְנֹף.** כְּתַרְגּוּמוֹ 'יַחֵית בְּרֵישֵׁיהּ', יַנִּיחַ בְּרֹאשׁוֹ, כְּמוֹ: "וַתַּנַּח בִּגְדוֹ" (בראשית לט, טז), 'וְאַחֵיתְתֵּיהּ': **וְרָחַץ בַּמַּיִם.** אוֹתוֹ הַיּוֹם טָעוּן טְבִילָה בְּכָל חֲלִיפוֹתָיו, וְחָמֵשׁ פְּעָמִים הָיָה מַחֲלִיף מֵעֲבוֹדַת פְּנִים לַעֲבוֹדַת חוּץ וּמִחוּץ לִפְנִים, וּמְשַׁנֶּה מִבִּגְדֵי זָהָב לְבִגְדֵי לָבָן וּמִבִּגְדֵי לָבָן לְבִגְדֵי זָהָב, וּבְכָל חֲלִיפָה טָעוּן טְבִילָה וּשְׁנֵי קִדּוּשֵׁי יָדַיִם וְרַגְלַיִם מִן הַכִּיּוֹר:

כניסת הכהן אל קודש הקודשים

פרק טז

העניינים האחרונים עסקו בקדושת ישראל המתבטאת באיסורי האכילה ובדיני הטומאה והטהרה. העניין שלפנינו חוזר לעסוק בתורת הכהנים ובדינים המיוחדים להם.

לא רק הטמאים מתרחקים מן המקדש; גם אנשים טהורים אינם רשאים לגשת אל הקודש בכל אוות נפשם. אפילו אהרן הכהן הגדול לא ייכנס בכל עת אל בית הקודש הפנימי אלא באופן מסוים ובתאריך מסוים. אין הוא נכנס בידיים ריקות. כניסתו מלווה בהקטרת קטורת ובהזאות דם חטאות, והיא מכפרת על העם כולו מכל טומאה, חטא ופשע. כל מקרי הטומאות שאירעו במשך הזמן כלפי המקדש והקודש, הן על ידי הכהנים הן על ידי שאר כל בני ישראל, מתכפרות במפגש האינטימי של הכהן עם הקודש אחת בשנה – ביום הכיפורים. יחד עם הכפרה הזו, התופסת מקום עיקרי בקרבנות הכהן, מורחקים ונעלמים הסיאוב והעוון שדבקו בעם במשך כל השנה. הם חוזרים כביכול אל מקומם הראשוני, אי-שם מחוץ לתחומם של בני האדם.

ביאור | פרק טז א **וַיְדַבֵּר ה׳ אֶל מֹשֶׁה אַחֲרֵי מוֹת שְׁנֵי בְּנֵי אַהֲרֹן.** ישנם רמזים
שונים בתורה לגבי הסיבה למותם של בני אהרן.[1] ההסבר הניתן
כאן הוא – **בְּקָרְבָתָם לִפְנֵי ה׳** – **וַיָּמֻתוּ.** הם מתו משום שהתקרבו יתר
על המידה בלא רשות.[2] ב **וַיֹּאמֶר ה׳ אֶל מֹשֶׁה: דַּבֵּר אֶל אַהֲרֹן אָחִיךָ,**
וְאַל יָבֹא בְכָל עֵת אֶל הַקֹּדֶשׁ מִבֵּית לַפָּרֹכֶת, אל העבר הפנימי של
הפרוכת, **אֶל פְּנֵי,** לנוכח **הַכַּפֹּרֶת אֲשֶׁר עַל הָאָרֹן** – **וְלֹא יָמוּת.** אמירה זו
קשורה גם למות נדב ואביהוא: אף על פי שאהרן משמש בקודש
ככהן גדול, אין הוא יכול להיכנס בכל עת אל הקודש פנימה, **כִּי בֶּעָנָן**
אֵרָאֶה, אני נראה תמיד **עַל הַכַּפֹּרֶת.** שכינת ה׳ נמצאת על הכפורת.[3]

ג **בְּזֹאת יָבֹא אַהֲרֹן** או אחד מצאצאיו הכהנים הגדולים **אֶל הַקֹּדֶשׁ,**
יש דרך אחת שבה מותר לו להיכנס: **בְּפַר בֶּן בָּקָר לְחַטָּאת וְאַיִל לְעֹלָה.**
עליו להביא קרבנות ולפעול בהתאם לסדר המתואר להלן. אכן, מן
ההמשך עולה שגם פעולות אלו אינן מאפשרות לכהן הגדול להיכנס
אל הקודש בכל עת אלא רק ביום אחד בשנה.[4] ד הכהן הגדול לא
ילבש שם את בגדיו המפוארים הרגילים, העשויים תכלת, ארגמן
וזהב ומשובצים באבנים יקרות, אלא **כְּתֹנֶת בַּד קֹדֶשׁ יִלְבָּשׁ וּמִכְנְסֵי**
בַד יִהְיוּ עַל בְּשָׂרוֹ וּבְאַבְנֵט בַּד יַחְגֹּר וּבְמִצְנֶפֶת בַּד יִצְנֹף. אלו הם ארבעה
בגדים פשוטים, שלובשים אותם גם שאר הכהנים. התלבושת כולה
עשויה בד לבן, ונראה שרק המצנפת עדיין מבדילה אותו מכהן
הדיוט החובש מגבעת על ראשו.[5] **בִּגְדֵי קֹדֶשׁ הֵם,** אף על פי שהם
פשוטים, **וְרָחַץ בַּמַּיִם אֶת בְּשָׂרוֹ** ורק אז – **וּלְבֵשָׁם.**

יִשְׂרָאֵל יִקַּח שְׁנֵי־שְׂעִירֵי עִזִּים לְחַטָּאת וְאַיִל אֶחָד
ו לְעֹלָה׃ וְהִקְרִיב אַהֲרֹן אֶת־פַּר הַחַטָּאת אֲשֶׁר־לוֹ
ז וְכִפֶּר בַּעֲדוֹ וּבְעַד בֵּיתוֹ׃ · וְלָקַח אֶת־שְׁנֵי הַשְּׂעִירִם
ח וְהֶעֱמִיד אֹתָם לִפְנֵי יהוה פֶּתַח אֹהֶל מוֹעֵד׃ וְנָתַן
אַהֲרֹן עַל־שְׁנֵי הַשְּׂעִירִם גֹּרָלוֹת גּוֹרָל אֶחָד לַיהוה
ט וְגוֹרָל אֶחָד לַעֲזָאזֵל׃ וְהִקְרִיב אַהֲרֹן אֶת־הַשָּׂעִיר
אֲשֶׁר עָלָה עָלָיו הַגּוֹרָל לַיהוה וְעָשָׂהוּ חַטָּאת׃
י וְהַשָּׂעִיר אֲשֶׁר עָלָה עָלָיו הַגּוֹרָל לַעֲזָאזֵל יָעֳמַד־חַי
לִפְנֵי יהוה לְכַפֵּר עָלָיו לְשַׁלַּח אֹתוֹ לַעֲזָאזֵל הַמִּדְבָּרָה׃
יא וְהִקְרִיב אַהֲרֹן אֶת־פַּר הַחַטָּאת אֲשֶׁר־לוֹ וְכִפֶּר בַּעֲדוֹ
יב וּבְעַד בֵּיתוֹ וְשָׁחַט אֶת־פַּר הַחַטָּאת אֲשֶׁר־לוֹ׃ · וְלָקַח

רש״י

ו) **את פר החטאת אשר לו.** האמור למעלה (פסוק ג), ולמדך כאן שמשלו הוא בא ולא משל צבור: **וכפר בעדו ובעד ביתו.** מתודה עליו עונותיו ועונות ביתו:

ח) **ונתן אהרן על שני השעירם גרלות.** מעמיד אחד לימין ואחד לשמאל, ונותן שתי ידיו בקלפי, ונוטל גורל בימין וחברו בשמאל ונותן עליהם, את שכתוב בו לשם הוא לשם, ואת שכתוב בו לעזאזל משתלח לעזאזל: **עזאזל.** הוא הר עז וקשה, צוק גבוה, שנאמר: "ארץ גזרה" (להלן פסוק כב), חתוכה:

ט) **ועשהו חטאת.** כשמניח הגורל עליו קורא לו שם ואומר: 'לה׳ חטאת':

י) **יעמד חי.** כמו 'יֻעֲמַד חַי', על ידי אחרים, ותרגומו: "יתקם כד חי". מה תלמוד לומר? לפי שנאמר: "לשלח אתו לעזאזל", ואיני יודע שלוחו אם למיתה אם לחיים, לכך נאמר: "יעמד חי", עמידתו חי עד שישתלח, מכאן ששלוחו למיתה: **לכפר עליו.** שיתודה עליו, כדכתיב: "והתודה עליו" וגו׳ (להלן פסוק כא):

יא) **וכפר בעדו וגו׳.** ודוי שני, עליו ועל אחיו הכהנים, שהם כלם קרויים 'ביתו', שנאמר: "בית אהרן ברכו את ה׳" וגו׳ (תהלים קלה, יט), מכאן שהכהנים מתכפרים בו. וכל כפרתן אינה אלא על טמאת מקדש וקדשיו, כמו שנאמר: "וכפר על הקדש מטמאת" וגו׳ (להלן פסוק טז):

הרחבות

'ונתן אהרן על שני השעירים גורלות' לפי עדויותיהם של חכמים על מה שהתרחש בפועל בימי בית המקדש, שני הגורלות היו שתי פיסות עץ, ובזמן מאוחר יותר – פיסות זהב. הגורלות היו נתונים בקלפי – קופסת עץ שיוחדה למטרה זו. הכהן ערבב את הגורלות, הכניס את שתי ידיו לקלפי, והוציא בחטף את שניהם. את הגורל שעלה בידו הימנית היה מניח על השעיר העומד בימין, ואת הגורל השמאלי – על השעיר השמאלי. (ראו יומא לט ע״א; רש״י שם ופירוש הערוך; ירושלמי יומא ד,א).

ביאור | כניסתו של הכהן אל הקודש איננה עניין פרטי. הוא יְיצג שם את בני ישראל. משום כך אל לו להסתפק בפר ובאיל שנזכרו לעיל, קרבנותיו הפרטיים לטהרתו ולכפרתו; ה **וּמֵאֵת עֲדַת בְּנֵי יִשְׂרָאֵל יִקַּח שְׁנֵי שְׂעִירֵי עִזִּים**, האמורים להיות זהים לגמרי זה לזה[6] **לְחַטָּאת וְאַיִל אֶחָד לְעֹלָה**. קרבנות אלו יובאו בעבור כל ישראל. ו **וְהִקְרִיב**, יגיש **אַהֲרֹן אֶת פַּר הַחַטָּאת** האמור **אֲשֶׁר לוֹ**, המובא מכספו הפרטי, **וְכִפֶּר** 'כפרת דברים',[7] כלומר הכהן יסמוך על הפר ויתוודה **בַּעֲדוֹ וּבְעַד בֵּיתוֹ**, משפחתו הקטנה, או: כל בית אהרן, הכהנים.[8]

לאחר וידויו האישי והמשפחתי ייגש הכהן לכפרת העם. ז **וְלָקַח אֶת שְׁנֵי הַשְּׂעִירִם** המיועדים לחטאת בעבור כל העדה, **וְהֶעֱמִיד אֹתָם לִפְנֵי ה' בְּפֶתַח אֹהֶל מוֹעֵד**. ח **וְנָתַן אַהֲרֹן עַל שְׁנֵי הַשְּׂעִירִם גֹּרָלוֹת**. ייעודו של כל אחד משני השעירים הזהים ייקבע על פי גורל. על **גּוֹרָל אֶחָד** ייכתב: "**לַה'**"[9] **וְעל גּוֹרָל אֶחָד** – "**לַעֲזָאזֵל**".

ט **וְהִקְרִיב אַהֲרֹן אֶת הַשָּׂעִיר אֲשֶׁר עָלָה עָלָיו הַגּוֹרָל לַה'**, **וְעָשָׂהוּ**, הכהן יכין ויקדיש אותו להיות קרבן **חַטָּאת**,[10] או: הגורל יעשהו חטאת.[11] י **וְהַשָּׂעִיר** השני **אֲשֶׁר עָלָה עָלָיו הַגּוֹרָל לַעֲזָאזֵל, יָעֳמַד חַי לִפְנֵי ה' לְכַפֵּר עָלָיו**, בו, בסמיכה עליו ובווידוי כדי **לְשַׁלַּח אֹתוֹ לַעֲזָאזֵל הַמִּדְבָּרָה**.

אחרי שייחד את שעירי העם, יחזור הכהן לקרבנו. יא **וְהִקְרִיב אַהֲרֹן אֶת פַּר הַחַטָּאת אֲשֶׁר לוֹ וְכִפֶּר בַּעֲדוֹ וּבְעַד בֵּיתוֹ**. זו כפרת דברים שנייה הסמוכה לשחיטה. כחלק מן ההקרבה, יסמוך הכהן הגדול את ידיו על הקרבן, ויתוודה על עוונותיו ועל עוונות בית אהרן,[12] ואז – **וְשָׁחַט אֶת פַּר הַחַטָּאת אֲשֶׁר לוֹ**.

הרחבות | **'לשלח אתו לעזאזל המדברה'** חכמי התורה ומפרשיה הרבו לעסוק בעניינו של עזאזל ושל השעיר לעזאזל. (ראו רמב"ן פס' ח; מורה נבוכים ח"ג מו). נראה שהעזאזל הוא כינוי לרע או לכוחות הטומאה, הנקראים בלשון נקייה גם 'הסטרא אחרא' – הצד האחר, האפל, השומם והעז. כוחות אלו מגולמים במדבר, שאינו מקום יישוב לבני אדם. אמנם השעיר אינו נשחט ואין הוא קרבן, אך הוא נשלח לעזאזל – שבין שהוא ציון של מקום או של הוויה – הוא מצוי במדבר.

מְלֹא־הַמַּחְתָּה גַּחֲלֵי־אֵשׁ מֵעַל הַמִּזְבֵּחַ מִלִּפְנֵי יְהוָה
וּמְלֹא חָפְנָיו קְטֹרֶת סַמִּים דַּקָּה וְהֵבִיא מִבֵּית
לַפָּרֹכֶת: וְנָתַן אֶת־הַקְּטֹרֶת עַל־הָאֵשׁ לִפְנֵי יְהוָה יג
וְכִסָּה ׀ עֲנַן הַקְּטֹרֶת אֶת־הַכַּפֹּרֶת אֲשֶׁר עַל־הָעֵדוּת
וְלֹא יָמוּת: וְלָקַח מִדַּם הַפָּר וְהִזָּה בְאֶצְבָּעוֹ עַל־פְּנֵי יד
הַכַּפֹּרֶת קֵדְמָה וְלִפְנֵי הַכַּפֹּרֶת יַזֶּה שֶׁבַע־פְּעָמִים מִן־
הַדָּם בְּאֶצְבָּעוֹ: וְשָׁחַט אֶת־שְׂעִיר הַחַטָּאת אֲשֶׁר טו
לָעָם וְהֵבִיא אֶת־דָּמוֹ אֶל־מִבֵּית לַפָּרֹכֶת וְעָשָׂה אֶת־
דָּמוֹ כַּאֲשֶׁר עָשָׂה לְדַם הַפָּר וְהִזָּה אֹתוֹ עַל־הַכַּפֹּרֶת
וְלִפְנֵי הַכַּפֹּרֶת: וְכִפֶּר עַל־הַקֹּדֶשׁ מִטֻּמְאֹת בְּנֵי יִשְׂרָאֵל טז
וּמִפִּשְׁעֵיהֶם לְכָל־חַטֹּאתָם וְכֵן יַעֲשֶׂה לְאֹהֶל מוֹעֵד
הַשֹּׁכֵן אִתָּם בְּתוֹךְ טֻמְאֹתָם: וְכָל־אָדָם לֹא־יִהְיֶה ׀ יז

רש"י

יב| **מֵעַל הַמִּזְבֵּחַ.** הַחִיצוֹן: **מִלִּפְנֵי ה'.** מִצַּד שֶׁלִּפְנֵי הַפֶּתַח, וְהוּא צַד מַעֲרָבִי: **דַּקָּה.** מָה תַּלְמוּד לוֹמַר "דַּקָּה"? וַהֲלֹא כָּל הַקְּטֹרֶת דַּקָּה הִיא, שֶׁנֶּאֱמַר: "וְשָׁחַקְתָּ מִמֶּנָּה הָדֵק" (שמות ל, לו)! אֶלָּא שֶׁתְּהֵא דַּקָּה מִן הַדַּקָּה, שֶׁבְּעֶרֶב יוֹם הַכִּפּוּרִים הָיָה מַחֲזִירָהּ לַמַּכְתֶּשֶׁת:

יג| **עַל הָאֵשׁ.** שֶׁבְּתוֹךְ הַמַּחְתָּה: **וְלֹא יָמוּת.** הָא אִם לֹא עֲשָׂאָהּ כְּתִקְנָהּ חַיָּב מִיתָה:

יד| **וְהִזָּה בְאֶצְבָּעוֹ.** הַזָּאָה אַחַת בְּמַשְׁמָע: **וְלִפְנֵי הַכַּפֹּרֶת יַזֶּה שֶׁבַע.** הֲרֵי אַחַת לְמַעְלָה וְשֶׁבַע לְמַטָּה:

טו| **אֲשֶׁר לָעָם.** מַה שֶּׁהַפָּר מְכַפֵּר עַל הַכֹּהֲנִים, מְכַפֵּר הַשָּׂעִיר עַל יִשְׂרָאֵל, וְהוּא הַשָּׂעִיר שֶׁעָלָה עָלָיו הַגּוֹרָל לַשֵּׁם: **כַּאֲשֶׁר עָשָׂה לְדַם הַפָּר.** אַחַת לְמַעְלָה וְשֶׁבַע לְמַטָּה:

טז| **מִטֻּמְאֹת בְּנֵי יִשְׂרָאֵל.** עַל הַנִּכְנָסִין לַמִּקְדָּשׁ בְּטֻמְאָה וְלֹא נוֹדַע לָהֶם בַּסּוֹף, שֶׁנֶּאֱמַר: "לְכָל חַטֹּאתָם", וְחַטָּאת הִיא שׁוֹגֵג: **וּמִפִּשְׁעֵיהֶם.** אַף הַנִּכְנָסִין מֵזִיד בְּטֻמְאָה: **וְכֵן יַעֲשֶׂה לְאֹהֶל מוֹעֵד.** כְּשֵׁם שֶׁהִזָּה מִשְּׁנֵיהֶם בִּפְנִים אַחַת לְמַעְלָה וְשֶׁבַע לְמַטָּה, כָּךְ מַזֶּה עַל הַפָּרֹכֶת מִבַּחוּץ מִשְּׁנֵיהֶם אַחַת לְמַעְלָה וְשֶׁבַע לְמַטָּה: **הַשֹּׁכֵן אִתָּם בְּתוֹךְ טֻמְאֹתָם.** אַף עַל פִּי שֶׁהֵם טְמֵאִים, שְׁכִינָה בֵּינֵיהֶם:

הרחבות

"ונתן את הקטרת על האש לפני ה'" לפי סדר הכתובים – ורבותינו הדגישו זאת, להוציא מדעות אחרות – הכהן ישים את הקטורת על הגחלים לאחר כניסתו לקודש הקודשים, למרות שזהו חדר חשוך למדי (ספרא; יומא נג ע"א).

לא ברור היכן בדיוק הוא יניח את המחתה. בימי הבית הראשון, כשהמקדש היה

ביאור | לאחר הווידוי, השחיטה וקבלת הדם – קודם שילך להזות מדמה בקודש הקודשים – הוא יעזוב את החטאת. יב **וְלָקַח מְלֹא הַמַּחְתָּה** – מעין כף לחתיית גחלים ולהעברתן ממקום למקום. **גַּחֲלֵי אֵשׁ** בוערות[13] **מֵעַל הַמִּזְבֵּחַ**, כזבח העולה **מִלִּפְנֵי ה'**. ונוסף על כך **מְלֹא חָפְנָיו**, כמות שיכול אדם להכיל בשתי ידיים צמודות, **קְטֹרֶת סַמִּים דַּקָּה, וְהֵבִיא** אותה בתוך כלי אל **מִבֵּית**, פנימה **לַפָּרֹכֶת**, לקודש הקודשים. יג **וְנָתַן אֶת הַקְּטֹרֶת עַל** גחלי **הָאֵשׁ** שבמחתה, **לִפְנֵי ה'. וְכִסָּה עֲנַן הַקְּטֹרֶת אֶת הַכַּפֹּרֶת אֲשֶׁר עַל הָעֵדוּת – וְלֹא יָמוּת.** הקטורת היא מעין קרבן, אך ענן העשן שלה משמש גם מסווה השומר על הכהן ממיתה. כביכול, הענן מסתיר את התגלות ה'. כאשר ניגשו בני אהרן אל הקודש פנימה, הם מתו משום שאין אדם יכול לראות את הקודש ולבוא אליו כאוות נפשו. אפילו אביהם, אהרן הכהן הגדול, אסור שייחשף אל הקודש.[14] אולי רק משה רבנו יכול היה להיכנס לפני ולפנים ולדבר עם ה' מבין הכרובים.[15]

לאחר שיתכלא הבית עשן, יחזור הכהן לקרבן שהתחיל במעשיו. יד **וְלָקַח מִדַּם הַפָּר** ששחט קודם. הוא ייטול את הכלי שבתוכו דם הפר, ייכנס עמו שוב אל מבית לפרוכת, **וְהִזָּה בְאֶצְבָּעוֹ** מן הדם **עַל פְּנֵי הַכַּפֹּרֶת קֵדְמָה**, כלפי החזית המזרחית שלה. ואחר כך גם **לִפְנֵי הַכַּפֹּרֶת יַזֶּה שֶׁבַע פְּעָמִים מִן הַדָּם בְּאֶצְבָּעוֹ**. בלשון חכמים הזאות אלו הן 'אחת למעלה ושבע למטה'.[16]

לאחר שכיפר במתן דם פרו, יכפר הכהן על העם.[17] טו הוא יצא אל חצר המשכן **וְשָׁחַט אֶת שְׂעִיר הַחַטָּאת אֲשֶׁר לָעָם**, השעיר שגורלו לה'. **וְהֵבִיא אֶת דָּמוֹ** בכלי[18] **אֶל מִבֵּית לַפָּרֹכֶת**, לקודש הקודשים, **וְעָשָׂה אֶת דָּמוֹ כַּאֲשֶׁר עָשָׂה לְדַם הַפָּר, וְהִזָּה אֹתוֹ עַל הַכַּפֹּרֶת וְלִפְנֵי הַכַּפֹּרֶת.** טז **וְכִפֶּר עַל הַקֹּדֶשׁ**, בעצם כניסתו אל הקודש ובהזאותיו שם מדם החטאות הוא מטהר את הקודש **מִטֻּמְאֹת בְּנֵי יִשְׂרָאֵל** שפגעו בקודש, **וּמִפִּשְׁעֵיהֶם לְכָל חַטֹּאתָם**, מהטומאה הכללית של כל חטאי ישראל.[19] **וְכֵן יַעֲשֶׂה**, כאותן הזאות[20] **לְאֹהֶל מוֹעֵד הַשֹּׁכֵן**, החונה **אִתָּם בְּתוֹךְ טֻמְאֹתָם.**

כאן באה הערה: יז **וְכָל אָדָם לֹא יִהְיֶה בְּאֹהֶל מוֹעֵד.** גם לכהנים,[21]

הרחבות | בשלמות כתיקונו, ובתוכו עמד ארון הברית, הכהן היה מניח אותה על הקרקע בין שני הבדים. בקודש הקודשים של הבית השני לא היה ארון, והכהן הניח את המחתה באותו מקום, בין בדי הארון, אילו היו שם. לפי המסורת, היה מניח את המחתה על אבן קדומה – 'אבן השתייה' – שהייתה מוגבהת מעט מן הקרקע ועמדה בתוך קודש הקודשים (יומא נב ע"ב; נג ע"ב).

בְּאֹהֶל מוֹעֵד בְּבֹאוֹ לְכַפֵּר בַּקֹּדֶשׁ עַד־צֵאתוֹ וְכִפֶּר
שני בַּעֲדוֹ וּבְעַד בֵּיתוֹ וּבְעַד כָּל־קְהַל יִשְׂרָאֵל: • וְיָצָא יח
אֶל־הַמִּזְבֵּחַ אֲשֶׁר לִפְנֵי־יְהוָה וְכִפֶּר עָלָיו וְלָקַח מִדַּם
הַפָּר וּמִדַּם הַשָּׂעִיר וְנָתַן עַל־קַרְנוֹת הַמִּזְבֵּחַ סָבִיב:
וְהִזָּה עָלָיו מִן־הַדָּם בְּאֶצְבָּעוֹ שֶׁבַע פְּעָמִים וְטִהֲרוֹ יט
וְקִדְּשׁוֹ מִטֻּמְאֹת בְּנֵי יִשְׂרָאֵל: וְכִלָּה מִכַּפֵּר אֶת־ כ
הַקֹּדֶשׁ וְאֶת־אֹהֶל מוֹעֵד וְאֶת־הַמִּזְבֵּחַ וְהִקְרִיב אֶת־
הַשָּׂעִיר הֶחָי: וְסָמַךְ אַהֲרֹן אֶת־שְׁתֵּי יָדָו עַל־רֹאשׁ כא
הַשָּׂעִיר הַחַי וְהִתְוַדָּה עָלָיו אֶת־כָּל־עֲוֺנֹת בְּנֵי יִשְׂרָאֵל
וְאֶת־כָּל־פִּשְׁעֵיהֶם לְכָל־חַטֹּאתָם וְנָתַן אֹתָם עַל־
רֹאשׁ הַשָּׂעִיר וְשִׁלַּח בְּיַד־אִישׁ עִתִּי הַמִּדְבָּרָה: וְנָשָׂא כב
הַשָּׂעִיר עָלָיו אֶת־כָּל־עֲוֺנֹתָם אֶל־אֶרֶץ גְּזֵרָה וְשִׁלַּח
אֶת־הַשָּׂעִיר בַּמִּדְבָּר: וּבָא אַהֲרֹן אֶל־אֹהֶל מוֹעֵד כג

רש"י

יח) **אֶל הַמִּזְבֵּחַ אֲשֶׁר לִפְנֵי ה'.** זֶה מִזְבַּח הַזָּהָב שֶׁהוּא לִפְנֵי ה' בַּהֵיכָל. וּמַה תַּלְמוּד לוֹמַר "וְיָצָא"? לְפִי שֶׁהִזָּה הַהַזָּאוֹת עַל הַפָּרֹכֶת וְעָמַד מִן הַמִּזְבֵּחַ וְלִפְנִים וְהִזָּה, וּבְמַתְּנוֹת הַמִּזְבֵּחַ הִזְקִיקוֹ לָצֵאת מִן הַמִּזְבֵּחַ וְלַחוּץ וְיַתְחִיל מִקֶּרֶן מִזְרָחִית צְפוֹנִית: **וְכִפֶּר עָלָיו.** וּמַה הִיא כַּפָּרָתוֹ? "וְלָקַח מִדַּם הַפָּר וּמִדַּם הַשָּׂעִיר" – מְעֹרָבִין זֶה לְתוֹךְ זֶה:

יט) **וְהִזָּה עָלָיו מִן הַדָּם.** אַחַר שֶׁנָּתַן מַתְּנוֹת בְּאֶצְבָּעוֹ עַל קַרְנוֹתָיו, מַזֶּה שֶׁבַע הַזָּאוֹת עַל גַּגּוֹ: **וְטִהֲרוֹ.** מִמַּה שֶּׁעָבַר: **וְקִדְּשׁוֹ.** לֶעָתִיד לָבֹא:

כא) **אִישׁ עִתִּי.** הַמּוּכָן לְכָךְ מִיּוֹם אֶתְמוֹל:

כג) **וּבָא אַהֲרֹן אֶל אֹהֶל מוֹעֵד.** אָמְרוּ רַבּוֹתֵינוּ שֶׁאֵין זֶה מְקוֹמוֹ שֶׁל מִקְרָא זֶה, וְנָתְנוּ טַעַם לְדִבְרֵיהֶם בְּמַסֶּכֶת יוֹמָא (דף לב ע"א) וְאָמְרוּ, כָּל הַפָּרָשָׁה כֻּלָּהּ נֶאֶמְרָה עַל הַסֵּדֶר חוּץ מִבִּיאָה זוֹ, שֶׁהִיא אַחַר עֲשִׂיַּת עוֹלָתוֹ וְעוֹלַת הָעָם וְהַקְטָרַת אֵמוּרֵי פַּר

הרחבות

'ולקח מדם הפר ומדם השעיר' דעות חכמים חלוקות בשאלה אם הדמים הניתנים על הקרנות ניתנים כל אחד לעצמו, או שהכהן צריך לערב את דם הפר ודם השעיר בכלי אחד ולתת מהדם המעורב (ראו יומא נז–נח ותוספות; רמב"ם, מעשה הקרבנות ה,יב).

'ושלח ביד איש עתי המדברה' המקדש היה מרוחק מן המדבר. האופן בו הייתה נעשית הולכת השעיר ברגל כמה וכמה קילומטרים, מפורט במשנה (יומא ו,ח). השעיר לא נעזב לנפשו, אלא נזרק מעל המצוק והתפרק לחלקיו בדרכו למטה (משנה יומא ו,ו). אמנם לא נאמר במפורש שצריך להרוג

ביאור | שבדרך כלל כניסתם אל המקדש מותרת, אסור להימצא באוהל
מועד **בְּבֹאוֹ לְכַפֵּר**, משעת כניסת אהרן לעבודות הקטורת והדם
בַּקֹּדֶשׁ ובקודש הקודשים **עַד צֵאתוֹ**.[22] **וְכִפֶּר בַּעֲדוֹ וּבְעַד בֵּיתוֹ וּבְעַד כָּל
קְהַל יִשְׂרָאֵל.**

בזה תמה העבודה בקודש הקודשים, אך טרם הושלמה עבודת
החטאות. יח **וְיָצָא** מן הקודש **אֶל הַמִּזְבֵּחַ אֲשֶׁר לִפְנֵי ה'**, מזבח הזהב,
הפנימי, **וְכִפֶּר עָלָיו** כך: **וְלָקַח מִדַּם הַפָּר** שלו **וּמִדַּם הַשָּׂעִיר** של העם,
וְנָתַן עַל קַרְנוֹת הַמִּזְבֵּחַ סָבִיב. יט לאחר מתן הדם על הקרנות – **וְהִזָּה
עָלָיו** – על המזבח הפנימי **מִן הַדָּם בְּאֶצְבָּעוֹ שֶׁבַע פְּעָמִים, וְטִהֲרוֹ וְקִדְּשׁוֹ
מִטֻּמְאֹת בְּנֵי יִשְׂרָאֵל.** אף על פי שעל המזבח הזה אין מקריבים אלא
קטורת בלבד, במקרים הבודדים של הקרבת 'חטאת פנימית' מזים
עליו גם דם.[23]

כ **וְכִלָּה מִכַּפֵּר**, כאשר יסיים לכפר **אֶת הַקֹּדֶשׁ** בכניסתו ובעבודתו שם
וְאֶת אֹהֶל מוֹעֵד וְאֶת הַמִּזְבֵּחַ, עם גמר עבודות הכפרה הללו[24] – **וְהִקְרִיב**,
הוא יגיש **אֶת הַשָּׂעִיר הֶחָי**, שהועמד מוכן לשילוח. כא **וְסָמַךְ אַהֲרֹן
אֶת שְׁתֵּי יָדָיו עַל רֹאשׁ הַשָּׂעִיר הַחַי, וְהִתְוַדָּה עָלָיו אֶת כָּל עֲוֹנֹת בְּנֵי יִשְׂרָאֵל
וְאֶת כָּל פִּשְׁעֵיהֶם לְכָל חַטֹּאתָם.** אין הוא יכול, כמובן, לפרט את כל
פשעי ישראל וחטאיהם, אבל הוא מתוודה באופן כללי על כל מה
שחטא העם במשך השנה, **וְנָתַן אֹתָם** – את עוונות ישראל ופשעיהם,
כביכול, **עַל רֹאשׁ הַשָּׂעִיר, וְשִׁלַּח** אותו **בְּיַד אִישׁ עִתִּי**, מזומן וכשיר לכך[25]
הַמִּדְבָּרָה, אל המדבר. כב **וְנָשָׂא הַשָּׂעִיר עָלָיו אֶת כָּל עֲוֹנֹתָם אֶל אֶרֶץ
גְּזֵרָה**, מקום הררי שבו הארץ חתוכה, מעין מצוק סלעי.[26] גם במשמע:
ארץ שוממה, גזורה ומנועה מכל טוב.[27] **וְשִׁלַּח אֶת הַשָּׂעִיר בַּמִּדְבָּר.**

כג **וּבָא אַהֲרֹן אֶל אֹהֶל מוֹעֵד, וּפָשַׁט אֶת בִּגְדֵי הַבָּד אֲשֶׁר לָבַשׁ בְּבֹאוֹ**

הרחבות | ישראל על ראש השעיר, והופך אותו לנושא החטאים. שילוח החטאים אל המדבר, אל העזאזל – שהוא במובן מסוים מקור החטאים כולם – מבטא את חזרתם אליו, היבלעותם בתוכו והיעלמם. (ראו עוד מורה נבוכים ח"ג מו; ראב"ע ורמב"ן על אתר).

אותו, ותיאורטית הוא יכול גם לברוח, אך בדרך כלל הוא נהרג מחמת הנפילה על גבי הסלעים. (ראו יומא סח ע"ב "כיון שהגיע שעיר למדבר – נעשית מצוותו". וראו רשב"ב פס' י). באמצעות הסמיכה והווידוי מניח הכהן, כביכול, את כל חטאי

וּפָשַׁט אֶת־בִּגְדֵי הַבָּד אֲשֶׁר לָבַשׁ בְּבֹאוֹ אֶל־הַקֹּדֶשׁ
וְהִנִּיחָם שָׁם: וְרָחַץ אֶת־בְּשָׂרוֹ בַמַּיִם בְּמָקוֹם קָדוֹשׁ כד
וְלָבַשׁ אֶת־בְּגָדָיו וְיָצָא וְעָשָׂה אֶת־עֹלָתוֹ וְאֶת־עֹלַת
שלישי / שני / הָעָם וְכִפֶּר בַּעֲדוֹ וּבְעַד הָעָם: וְאֵת חֵלֶב הַחַטָּאת כה
יַקְטִיר הַמִּזְבֵּחָה: וְהַמְשַׁלֵּחַ אֶת־הַשָּׂעִיר לַעֲזָאזֵל כו

רש"י | וְשָׂעִיר שֶׁנַּעֲשִׂים בַּחוּץ בְּבִגְדֵי זָהָב, וְטוֹבֵל וּמְקַדֵּשׁ וּפוֹשְׁטָן וְלוֹבֵשׁ בִּגְדֵי לָבָן, וּבָא אֶל אֹהֶל מוֹעֵד לְהוֹצִיא אֶת הַכַּף וְאֶת הַמַּחְתָּה שֶׁהִקְטִיר בָּהּ הַקְּטֹרֶת לִפְנַי וְלִפְנִים: **וּפָשַׁט אֶת בִּגְדֵי הַבָּד.** אַחַר שֶׁהוֹצִיאָם, וְלוֹבֵשׁ בִּגְדֵי זָהָב לְתָמִיד שֶׁל בֵּין הָעַרְבַּיִם. וְזֶהוּ סֵדֶר הָעֲבוֹדוֹת: תָּמִיד שֶׁל שַׁחַר בְּבִגְדֵי זָהָב, וַעֲבוֹדַת פַּר וְשָׂעִיר הַפְּנִימִיִּים וּקְטֹרֶת שֶׁל מַחְתָּה בְּבִגְדֵי לָבָן, וְאֵילוֹ וְאֵיל הָעָם וּמִקְצָת הַמּוּסָפִין בְּבִגְדֵי זָהָב, וְהוֹצָאַת כַּף וּמַחְתָּה בְּבִגְדֵי לָבָן, וּשְׁיָרֵי הַמּוּסָפִין וְתָמִיד שֶׁל בֵּין הָעַרְבַּיִם וּקְטֹרֶת הַהֵיכָל שֶׁעַל מִזְבַּח הַפְּנִימִי בְּבִגְדֵי זָהָב. וְסֵדֶר הַמִּקְרָאוֹת לְפִי סֵדֶר הָעֲבוֹדוֹת כָּךְ הוּא: "וְשִׁלַּח אֶת הַשָּׂעִיר בַּמִּדְבָּר" (לעיל פסוק כב), "וְרָחַץ אֶת בְּשָׂרוֹ בַמַּיִם וְגוֹ', וְיָצָא וְעָשָׂה אֶת עֹלָתוֹ וְגוֹ', וְאֵת חֵלֶב הַחַטָּאת" וְגוֹ', וְכָל הַפָּרָשָׁה עַד "וְאַחֲרֵי כֵן יָבוֹא אֶל הַמַּחֲנֶה" (להלן פסוקים כד-כח), וְאַחַר כָּךְ "וּבָא אַהֲרֹן" (פסוק כג): **וְהִנִּיחָם שָׁם.** מְלַמֵּד שֶׁטְּעוּנִין גְּנִיזָה, וְלֹא יִשְׁתַּמֵּשׁ בְּאוֹתָן אַרְבָּעָה בְּגָדִים לְיוֹם כִּפּוּרִים אַחֵר:

כד | **וְרָחַץ אֶת בְּשָׂרוֹ וְגוֹ'.** לְמַעְלָה לָמַדְנוּ מִ"וְרָחַץ... אֶת בְּשָׂרוֹ וּלְבֵשָׁם" (לעיל פסוק ד) שֶׁכְּשֶׁהוּא מְשַׁנֶּה מִבִּגְדֵי זָהָב לְבִגְדֵי לָבָן טָעוּן טְבִילָה, שֶׁבְּאוֹתָהּ טְבִילָה פָּשַׁט בִּגְדֵי זָהָב שֶׁעָבַד בָּהֶן עֲבוֹדַת תָּמִיד שֶׁל שַׁחַר וְלָבַשׁ בִּגְדֵי לָבָן לַעֲבוֹדַת הַיּוֹם, וְכָאן לָמַדְנוּ שֶׁכְּשֶׁהוּא מְשַׁנֶּה מִבִּגְדֵי לָבָן לְבִגְדֵי זָהָב טָעוּן טְבִילָה: **בְּמָקוֹם קָדוֹשׁ.** הַמְקֻדָּשׁ בִּקְדֻשַּׁת עֲזָרָה, וְהִיא הָיְתָה בְּגַג בֵּית הַפַּרְוָה, וְכֵן אַרְבַּע טְבִילוֹת הַבָּאוֹת חוֹבָה לַיּוֹם, אֲבָל הָרִאשׁוֹנָה הָיְתָה בַּחֹל: **וְלָבַשׁ אֶת בְּגָדָיו.** שְׁמוֹנָה בְּגָדִים שֶׁהוּא עוֹבֵד בָּהֶן כָּל יְמוֹת הַשָּׁנָה: **וְיָצָא.** מִן הַהֵיכָל אֶל הֶחָצֵר, שֶׁמִּזְבַּח הָעוֹלָה שָׁם: **וְעָשָׂה אֶת עֹלָתוֹ.** אַיִל לְעוֹלָה הָאָמוּר לְמַעְלָה, "בְּזֹאת יָבֹא אַהֲרֹן" וְגוֹ' (לעיל פסוק ג): **וְאֶת עֹלַת הָעָם.** "וְאַיִל אֶחָד לְעֹלָה" הָאָמוּר לְמַעְלָה: "וּמֵאֵת עֲדַת בְּנֵי יִשְׂרָאֵל" וְגוֹ' (לעיל פסוק ה):

כה | **וְאֵת חֵלֶב הַחַטָּאת.** אֵמוּרֵי פַּר וְשָׂעִיר: **יַקְטִיר הַמִּזְבֵּחָה.** עַל מִזְבֵּחַ הַחִיצוֹן, דְּאִלּוּ בַּפְּנִימִי כְּתִיב: "לֹא תַעֲלוּ עָלָיו קְטֹרֶת זָרָה וְעֹלָה וּמִנְחָה" (שמות ל, ט):

הרחבות | **סדר עבודת יום הכיפורים** במקדש כולל דברים שאינם מפורשים בפרשה. ביום הכיפורים נעשות במקדש גם העבודות היומיומיות, כמו הכנת המזבח, קרבנות התמיד, הקטרת הקטורת והדלקת הנרות, וגם קרבנות המיוחדים לחגים - 'קרבנות המוספים' שהתפרשו בספר במדבר (פרק כט). את העבודות הללו עשה הכהן בבגדיו המפוארים, 'בגדי זהב', המבטאים את ההדר האנושי; ואילו את העבודות האמורות בפרשה, הקשורות בכניסה אל הקודש פנימה, עשה בבִגְדֵי הַבָּד (פשתן

ביאור

אֶל הַקֹּדֶשׁ, וְהִנִּיחָם שָׁם. חכמים פירשו שבבגדים אלו לא ישתמשו
עוד, ויגנזו אותם.[28] כד **וְרָחַץ אֶת בְּשָׂרוֹ בַמַּיִם בְּמָקוֹם קָדוֹשׁ**, במקווה
מים בתחום המקדש. **וְלָבַשׁ אֶת בְּגָדָיו**, בגדי הכהונה הרגילים
שלו – 'שמונה בגדים'[29] בלשון חכמים – שהם ארבעת הבגדים הלבנים
הבסיסיים ועליהם בגדי השרד המיוחדים לכהן הגדול. **וְיָצָא וְעָשָׂה אֶת
עֹלָתוֹ וְאֶת עֹלַת הָעָם, וְכִפֶּר בַּעֲדוֹ וּבְעַד הָעָם.** כה **וְאֵת חֵלֶב הַחַטָּאת**
שהוזכרה **יַקְטִיר הַמִּזְבֵּחָה.**

עבודת הכהן הגדול ביום הכיפורים

על הטבלה - ראו בהרחבות

	העבודות	הקרבנות
בגדי זהב	תרומת הדשן כחצות הלילה, סידור המערכות, דישון המזבח הפנימי	
	שחיטת קרבן התמיד כשמאיר המזרח וזריקת דמו	כבש, עולה
	הקטרת קטורת, הטבת הנרות	
	הקטרת אברי התמיד, מנחת התמיד, מנחת חביתין, ניסוך היין	
	הקרבת רוב קרבנות המוספים (במדבר כט,ח)	פר ושבעה כבשים, עולות
בגדי לבן	וידוי אישי ומשפחתי תוך כדי סמיכה על פרו (פס' ו)	
	נתינת גורלות על השעירים (ח)	
	וידוי שני, הבולל את בני אהרן בסמיכה על פרו, שחיטתו וקבלת דמו (יא)	פר, חטאת פנימית
	הקטרת קטורת בקודש הקודשים (יג), תפילה קצרה בהיכל	
	הזאה מדם פרו בקודש הקודשים (יד)	
	שחיטת השעיר שעלה בגורל לה', הזאה מדמו בקודש הקודשים (טו)	שעיר, חטאת פנימית
	הזאות בהיכל מדם החטאות הפנימיות - הפר והשעיר (יח-יט)	
	וידוי על בית ישראל תוך כדי סמיכה על השעיר המשתלח (כ-כא)	
	שילוח השעיר למדבר (כא-כב), מסירת בשר החטאות הפנימיות לשריפה בחוץ, קריאת התורה ושמונה ברכותיה	
בגדי זהב	השלמת המוספים וקרבנות היום (כד; במדבר כט,יא)	שעיר, חטאת חיצונית
	הקטרת אימורי החטאות הפנימיות - הפר והשעיר (כה)	איל הכהן, עולה
		איל העם, עולה
	הקרבת תמיד של בין הערביים	כבש, עולה
בגדי לבן	הוצאת כף ומחתה מקודש הקודשים (כג. ראו רש"י)	
	(יש מקדימים הוצאת כף ומחתה לתמיד של בין הערביים)	
בגדי זהב	הקטרת קטורת של בין הערביים, הדלקת הנרות	

הרחבות

ביום הכיפורים הכהן הגדול טובל חמש פעמים ורוחץ ידיו ורגליו עשר פעמים. ברשימה שלמעלה מוצג סדר היום הכולל הנשען על מדרשי המקראות (כשיטת הרמב"ם). האותיות המוקטנות בתרשים מציינות דברים הנעשים במקדש בכל יום.

לבן), המסמלים פשטות, ביטול ו'מלאכיות'. לפי המסורת, בכל פעם שהכהן לבש את בגדי הכהונה היה טובל כל גופו במים. כמו כן, כל לבישה וכל פשיטה של בגדי הכהונה מחייבות קידוש (רחיצה) ידיים ורגליים מרכיור שעמד בעזרה. נמצא כי

יְכַבֵּ֣ס בְּגָדָ֔יו וְרָחַ֥ץ אֶת־בְּשָׂר֖וֹ בַּמָּ֑יִם וְאַחֲרֵי־כֵ֖ן יָב֥וֹא
כז אֶל־הַֽמַּחֲנֶֽה׃ וְאֵת֩ פַּ֨ר הַֽחַטָּ֜את וְאֵ֣ת ׀ שְׂעִ֣יר הַֽחַטָּ֗את
אֲשֶׁ֨ר הוּבָ֤א אֶת־דָּמָם֙ לְכַפֵּ֣ר בַּקֹּ֔דֶשׁ יוֹצִ֖יא אֶל־מִח֣וּץ
לַֽמַּחֲנֶ֑ה וְשָׂרְפ֣וּ בָאֵ֔שׁ אֶת־עֹרֹתָ֥ם וְאֶת־בְּשָׂרָ֖ם וְאֶת־
כח פִּרְשָֽׁם׃ וְהַשֹּׂרֵ֣ף אֹתָ֔ם יְכַבֵּ֣ס בְּגָדָ֔יו וְרָחַ֥ץ אֶת־בְּשָׂר֖וֹ
כט בַּמָּ֑יִם וְאַחֲרֵי־כֵ֖ן יָב֥וֹא אֶל־הַֽמַּחֲנֶֽה׃ וְהָיְתָ֥ה לָכֶ֖ם
לְחֻקַּ֣ת עוֹלָ֑ם בַּחֹ֣דֶשׁ הַ֠שְּׁבִיעִ֠י בֶּעָשׂ֨וֹר לַחֹ֜דֶשׁ תְּעַנּ֣וּ
אֶת־נַפְשֹֽׁתֵיכֶ֗ם וְכָל־מְלָאכָה֙ לֹ֣א תַעֲשׂ֔וּ הָֽאֶזְרָ֔ח וְהַגֵּ֖ר
ל הַגָּ֥ר בְּתוֹכְכֶֽם׃ כִּֽי־בַיּ֥וֹם הַזֶּ֛ה יְכַפֵּ֥ר עֲלֵיכֶ֖ם לְטַהֵ֣ר
לא אֶתְכֶ֑ם מִכֹּל֙ חַטֹּ֣אתֵיכֶ֔ם לִפְנֵ֥י יְהוָ֖ה תִּטְהָֽרוּ׃ שַׁבַּ֨ת ★
שַׁבָּת֥וֹן הִיא֙ לָכֶ֔ם וְעִנִּיתֶ֖ם אֶת־נַפְשֹׁתֵיכֶ֑ם חֻקַּ֖ת עוֹלָֽם׃

רש"י | כז | אֲשֶׁר הוּבָא אֶת דָּמָם. לַהֵיכָל וְלִפְנַי וְלִפְנִים:

הרחבות | **'כי ביום הזה יכפר עליכם לטהר אתכם'** ליום זה שתי פנים מקבילות: מחד גיסא, הוא שַׁבַּת שַׁבָּתוֹן, 'קודש קודשים', יום של טהרה שבו ה' מכפר על כל העוונות, וכנגד כפרה זו צמים ישראל במשך יממה תמימה ושובתים מכל מלאכה. מאידך גיסא, זהו היום היחיד שבו הכהן הגדול – שאף הוא צם – רשאי להיכנס לקודש הקודשים בתור שליחם ונציגם של ישראל לפגוש את הקדושה עצמה. מבחינה זו

ביאור

כו מכיוון שבשילוח השעיר יש נגיעה כלשהי בכוחות אפלים – **וְהַמְשַׁלֵּחַ**
אֶת הַשָּׂעִיר לַעֲזָאזֵל יְכַבֵּס בְּגָדָיו וְרָחַץ אֶת בְּשָׂרוֹ בַּמָּיִם, ורק **אַחֲרֵי כֵן יָבוֹא**
אֶל הַמַּחֲנֶה. כז **וְאֵת** גופת **פַּר הַחַטָּאת** של אהרן **וְאֵת** גופת **שְׂעִיר**
הַחַטָּאת של העם, שהיה בן זוגו של השעיר לעזאזל, **אֲשֶׁר הוּבָא**
אֶת דָּמָם לְכַפֵּר בַּקֹּדֶשׁ, יוֹצִיא אֶל מחוץ **לַמַּחֲנֶה. וְשָׂרְפוּ בָאֵשׁ אֶת עֹרֹתָם**
וְאֶת בְּשָׂרָם וְאֶת פִּרְשָׁם. כך נאמר כבר קודם לגבי כל החטאות
הפנימיות – אלה שאין מזים את דמן על מזבח העולה בחוץ, אלא
הדם נכנס פנימה אל הקודש; קרבנות אלה אינם נאכלים אלא
נשרפים לחלוטין מחוץ ליישוב.[30] כח **וְהַשֹּׂרֵף אֹתָם יְכַבֵּס בְּגָדָיו וְרָחַץ**
אֶת בְּשָׂרוֹ בַּמָּיִם, וְאַחֲרֵי כֵן יָבוֹא אֶל הַמַּחֲנֶה. מכיוון שאף הוא מתעסק
בשיירים של קדושה שירדו מקדושתם – גם הוא צריך טהרה משלו.

כאמור, הטקס כולו צריך להתבצע כאשר אהרן רוצה להיכנס אל
הקודש פנימה. אולם, אף על פי שלא נאמר הדבר מתחילה, אין הוא
רשאי להיכנס בכל רגע כרצונו, אלא נקבע לכך זמן מסוים. כט **וְהָיְתָה**
לָכֶם לְחֻקַּת עוֹלָם: בַּחֹדֶשׁ הַשְּׁבִיעִי למניין החודשים. הוא החודש שנקרא
מאוחר יותר תשרי, **בֶּעָשׂוֹר לַחֹדֶשׁ**, שנקבע להיות יום הכיפורים,
תְּעַנּוּ אֶת נַפְשֹׁתֵיכֶם. אין זו מצווה על ייסורים באשר הם אלא ביטוי
טכני שפירושו הימנעות מאכילה, משתייה ומשאר תענוגות הגוף
הרגילים.[31] ונוסף על איסור האכילה והשתייה, **כָּל מְלָאכָה לֹא תַעֲשׂוּ,**
הָאֶזְרָח וְהַגֵּר הַגָּר בְּתוֹכְכֶם, הגרים שנעשו חלק מעם ישראל, ל **כִּי**
בַיּוֹם הַזֶּה יְכַפֵּר עֲלֵיכֶם לְטַהֵר אֶתְכֶם, מִכֹּל חַטֹּאתֵיכֶם לִפְנֵי ה' תִּטְהָרוּ. יום
זה נועד לכפרה ולמחילת עוונות ישראל, הן באמצעות הקרבנות
הנעשים בקודש, הן על ידי השעיר לעזאזל והן בעיצומו של היום
גרידא.[32] ישראל מצדם יכינו את עצמם לכפרה בהימנעותם מאכילה,
שתייה ושאר תענוגות הגוף. לא **שַׁבַּת שַׁבָּתוֹן הִיא לָכֶם** התענית הזו.
או: שבת זו היא שביתה גמורה, לא כשביתת חג אלא כשביתת
שבת – יום שבו אסורה כל מלאכה שהיא.[33] ולא שביתה ממלאכה
בלבד אלא השבתת שאר צורכי הגוף – **וְעִנִּיתֶם אֶת נַפְשֹׁתֵיכֶם**. וזוהי
חֻקַּת עוֹלָם. גם כאשר אין מקדש ואין כהן גדול, הכפרה והטהרה הן
חוק לעולם.[34] דיני קדושת יום הכיפורים והציוויים המוטלים על

הרחבות

במרכז היום עומד מפגש האדם עם הקודש.
מעניין שיום זה מופיע כאן בציון התאריך בלבד, ולא בשמו – יום הכיפורים – שבו הוא חלק ממערכת החגים. (ראו במדבר כט,ז–יא). זהו יום מיוחד של עלייה, שבו חוזרים הדברים כולם אל מקורם הראשון, הכול נטהר, וקדושת ה' חלה על עם ישראל.

וְכִפֶּר הַכֹּהֵן אֲשֶׁר־יִמְשַׁח אֹתוֹ וַאֲשֶׁר יְמַלֵּא אֶת־יָדוֹ לב
לְכַהֵן תַּחַת אָבִיו וְלָבַשׁ אֶת־בִּגְדֵי הַבָּד בִּגְדֵי הַקֹּדֶשׁ׃
וְכִפֶּר אֶת־מִקְדַּשׁ הַקֹּדֶשׁ וְאֶת־אֹהֶל מוֹעֵד וְאֶת־ לג
הַמִּזְבֵּחַ יְכַפֵּר וְעַל הַכֹּהֲנִים וְעַל־כׇּל־עַם הַקָּהָל יְכַפֵּר׃
וְהָיְתָה־זֹּאת לָכֶם לְחֻקַּת עוֹלָם לְכַפֵּר עַל־בְּנֵי יִשְׂרָאֵל לד
מִכׇּל־חַטֹּאתָם אַחַת בַּשָּׁנָה וַיַּעַשׂ כַּאֲשֶׁר צִוָּה יְהֹוָה
אֶת־מֹשֶׁה׃

רביעי יג וַיְדַבֵּר יְהֹוָה אֶל־מֹשֶׁה לֵּאמֹר׃ דַּבֵּר אֶל־אַהֲרֹן וְאֶל־ יז א ב
בָּנָיו וְאֶל כׇּל־בְּנֵי יִשְׂרָאֵל וְאָמַרְתָּ אֲלֵיהֶם זֶה הַדָּבָר
אֲשֶׁר־צִוָּה יְהֹוָה לֵאמֹר׃ אִישׁ אִישׁ מִבֵּית יִשְׂרָאֵל ג
אֲשֶׁר יִשְׁחַט שׁוֹר אוֹ־כֶשֶׂב אוֹ־עֵז בַּמַּחֲנֶה אוֹ אֲשֶׁר
יִשְׁחַט מִחוּץ לַמַּחֲנֶה׃ וְאֶל־פֶּתַח אֹהֶל מוֹעֵד לֹא ד
הֱבִיאוֹ לְהַקְרִיב קׇרְבָּן לַיהֹוָה לִפְנֵי מִשְׁכַּן יְהֹוָה דָּם

רש״י | לב| **וְכִפֶּר הַכֹּהֵן אֲשֶׁר יִמְשַׁח וְגוֹ'.** כַּפָּרָה זוֹ שֶׁל יוֹם הַכִּפּוּרִים אֵינָהּ כְּשֵׁרָה אֶלָּא בְּכֹהֵן גָּדוֹל, לְפִי שֶׁנֶּאֶמְרָה כָּל הַפָּרָשָׁה בְּאַהֲרֹן, הֻצְרַךְ לוֹמַר בְּכֹהֵן גָּדוֹל הַבָּא אַחֲרָיו שֶׁיְּהֵא כָּמוֹהוּ: **וַאֲשֶׁר יְמַלֵּא אֶת יָדוֹ.** אֵין לִי אֶלָּא הַמָּשׁוּחַ בְּשֶׁמֶן הַמִּשְׁחָה, מְרֻבֶּה בְגָדִים מִנַּיִן? תַּלְמוּד לוֹמַר: "וַאֲשֶׁר יְמַלֵּא אֶת יָדוֹ" וְגוֹ', וְהֵם כָּל הַכֹּהֲנִים הַגְּדוֹלִים שֶׁעָמְדוּ מִיֹּאשִׁיָּהוּ וָאֵילָךְ, שֶׁבְּיָמָיו נִגְנְזָה צְלוֹחִית שֶׁל שֶׁמֶן הַמִּשְׁחָה: **לְכַהֵן תַּחַת אָבִיו.** לְלַמֵּד שֶׁאִם בְּנוֹ מְמַלֵּא אֶת מְקוֹמוֹ הוּא קוֹדֵם לְכָל אָדָם:

לד| **וַיַּעַשׂ כַּאֲשֶׁר צִוָּה ה' וְגוֹ'.** כְּשֶׁהִגִּיעַ יוֹם הַכִּפּוּרִים עָשָׂה כַּסֵּדֶר הַזֶּה, וּלְהַגִּיד שִׁבְחוֹ שֶׁל אַהֲרֹן, שֶׁלֹּא הָיָה לוֹבְשָׁן לִגְדֻלָּתוֹ, אֶלָּא כִּמְקַיֵּם גְּזֵרַת הַמֶּלֶךְ:

פרק יז

ג| **אֲשֶׁר יִשְׁחַט שׁוֹר אוֹ כֶשֶׂב.** בְּמֻקְדָּשִׁין הַכָּתוּב מְדַבֵּר, שֶׁנֶּאֱמַר: "לְהַקְרִיב קָרְבָּן": **בַּמַּחֲנֶה.** חוּץ לָעֲזָרָה:

הרחבות | **'לכפר על בני ישראל מכל חטאתם אחת בשנה'** יום הכיפורים ביסודו הוא יום הכפרה הבאה מלמעלה. לעומת התשובה – שהיא תיקון אנושי, הנעשה מלמטה, הכפרה היא צעד מלמעלה, חנינה ושמיטת כל חובותיהם של ישראל אחת בשנה. ישראל מצדם מכינים עצמם לכפרה בהימנעותם מאכילה ושתייה ושאר תענוגות הגוף. (ראו משך חכמה, תחילת הפרשה ד"ה כן בשנה וד"ה בקרבתם). אילו נתלתה הכפרה בעשיית כל התיקונים הראויים מלמטה, והעוונות היו מצטברים

ביאור | ישראל ביום הזה אינם תלויים בכניסת הכהן הגדול לקודש הקודשים ובעבודתו במקדש, ולכן הם מופיעים כאן כקטע בפני עצמו.

ושוב לעבודת הכהן: לב **וְכִפֶּר הַכֹּהֵן אֲשֶׁר יִמְשַׁח**, המושח **אֹתוֹ**, הכהן
הגדול שיימשח בשמן, **וַאֲשֶׁר יְמַלֵּא אֶת יָדוֹ**, שיינתן לו התפקיד **לְכַהֵן**
תַּחַת אָבִיו בכהונה הגדולה, כי הכהונה בעיקרה היא מורשת. **וְלָבַשׁ**
גם הוא כאביו **אֶת בִּגְדֵי הַבָּד, בִּגְדֵי הַקֹּדֶשׁ**, לג **וְכִפֶּר אֶת מִקְדַּשׁ הַקֹּדֶשׁ**,
המקום המקודש שבקודש, קודש הקודשים, **וְאֶת אֹהֶל מוֹעֵד וְאֶת**
הַמִּזְבֵּחַ יְכַפֵּר, וְעַל הַכֹּהֲנִים וְעַל כָּל עַם הַקָּהָל יְכַפֵּר. לד **וְהָיְתָה זֹּאת לָכֶם**
לְחֻקַּת עוֹלָם, לְכַפֵּר עַל בְּנֵי יִשְׂרָאֵל מִכָּל חַטֹּאתָם אַחַת בַּשָּׁנָה.

וַיַּעַשׂ כַּאֲשֶׁר צִוָּה ה' אֶת מֹשֶׁה. כשהגיע יום הכיפורים, עשה אהרן כאשר צֻווה.[35]

הדינים הקשורים לאכילת בשר בעלי חיים

פרק יז

עניין זה עוסק בעיקר בשחיטת בעלי חיים, על פרטיה והדינים שבעקבותיה.

פרק יז א **וַיְדַבֵּר ה' אֶל מֹשֶׁה לֵּאמֹר**: ב **דַּבֵּר אֶל אַהֲרֹן וְאֶל בָּנָיו וְאֶל כָּל**
בְּנֵי יִשְׂרָאֵל וְאָמַרְתָּ אֲלֵיהֶם. מה שייאמר להלן קשור אמנם למשכן,
אך באופן חלקי בלבד; בעיקרן אלה הוראות הנוגעות לכלל ישראל.
זֶה הַדָּבָר אֲשֶׁר צִוָּה ה' לֵאמֹר: ג **אִישׁ אִישׁ מִבֵּית יִשְׂרָאֵל אֲשֶׁר יִשְׁחַט**
שׁוֹר אוֹ כֶשֶׂב אוֹ עֵז בַּמַּחֲנֶה. מחנה ישראל היה גדול מאוד, שהרי במדבר עמד לרשותם כל השטח שהיו צריכים לו. יש להניח אפוא שהיושבים בחלקו הפנימי של המחנה לא תמיד טרחו לצאת מחוץ לגבולותיו כדי לשחוט. **אוֹ אֲשֶׁר יִשְׁחַט מִחוּץ לַמַּחֲנֶה**, כגון במקום מרעה
הצאן, ד **וְאֶל פֶּתַח אֹהֶל מוֹעֵד לֹא הֱבִיאוֹ לְהַקְרִיב קָרְבָּן לַה' לִפְנֵי מִשְׁכַּן**

הרחבות | **לה**[35] נחלקו חכמים בפירושה של הלכה זו. (ראו חולין טז ע"ב - יז ע"א). הפירוש המוצע כאן הוא לפי רבי ישמעאל שם, (כפי שכתבו ר"י בכור שור ורמב"ן על אתר על פי הפשט). ואילו לדעת רבי עקיבא היה מותר לישראל במדבר לאכול 'בשר

מיום ליום ומשנה לשנה, אי אפשר היה לשאת את כל בובד משאם. על כן מתנקזים כל החטאים ליום אחד בשנה, ובו מתנקים. (ראו ספר החינוך קפה).

ד'ואל פתח אהל מוע־ לא הביאו להקריב קרבן

יֵחָשֵׁב לָאִישׁ הַהוּא דָּם שָׁפָךְ וְנִכְרַת הָאִישׁ הַהוּא
מִקֶּרֶב עַמּוֹ: לְמַעַן אֲשֶׁר יָבִיאוּ בְּנֵי יִשְׂרָאֵל אֶת־ ה
זִבְחֵיהֶם אֲשֶׁר הֵם זֹבְחִים עַל־פְּנֵי הַשָּׂדֶה וֶהֱבִיאֻם
לַיהוָה אֶל־פֶּתַח אֹהֶל מוֹעֵד אֶל־הַכֹּהֵן וְזָבְחוּ זִבְחֵי
שְׁלָמִים לַיהוָה אוֹתָם: וְזָרַק הַכֹּהֵן אֶת־הַדָּם עַל־ ו
מִזְבַּח יְהוָה פֶּתַח אֹהֶל מוֹעֵד וְהִקְטִיר הַחֵלֶב לְרֵיחַ
נִיחֹחַ לַיהוָה: וְלֹא־יִזְבְּחוּ עוֹד אֶת־זִבְחֵיהֶם לַשְּׂעִירִם ז
אֲשֶׁר הֵם זֹנִים אַחֲרֵיהֶם חֻקַּת עוֹלָם תִּהְיֶה־זֹּאת לָהֶם
לְדֹרֹתָם: וַאֲלֵהֶם תֹּאמַר אִישׁ אִישׁ מִבֵּית יִשְׂרָאֵל ח
וּמִן־הַגֵּר אֲשֶׁר־יָגוּר בְּתוֹכָם אֲשֶׁר־יַעֲלֶה עֹלָה אוֹ־
זָבַח: וְאֶל־פֶּתַח אֹהֶל מוֹעֵד לֹא יְבִיאֶנּוּ לַעֲשׂוֹת ט

חמישי / שלישי /

רש״י | ד] דָּם יֵחָשֵׁב. כְּשׁוֹפֵךְ דַּם הָאָדָם, שֶׁמִּתְחַיֵּב בְּנַפְשׁוֹ: דָּם שָׁפָךְ. לְרַבּוֹת אֶת הַזּוֹרֵק דָּמִים בַּחוּץ:

ה] אֲשֶׁר הֵם זֹבְחִים. אֲשֶׁר הֵם רְגִילִים לִזְבֹּחַ:

ז] לַשְּׂעִירִם. לַשֵּׁדִים, כְּמוֹ: "וּשְׂעִירִים יְרַקְּדוּ שָׁם" (ישעיה יג, כא):

ח] אֲשֶׁר יַעֲלֶה עֹלָה. לְחַיֵּב עַל הַמַּקְטִיר אֵיבָרִים בַּחוּץ כְּשׁוֹחֵט בַּחוּץ, שֶׁאִם שָׁחַט אֶחָד וְהֶעֱלָה חֲבֵרוֹ שְׁנֵיהֶן חַיָּבִין:

הרחבות | נחירה', כלומר בשר חולין שאינו שחוט, ורק משנכנסו לארץ נאסרו בכך. והציווי שבפרשתנו להביא זבחיהם למשכן מתייחס לשחיטה דווקא – יש אומרים רק בקרבנות, ויש אומרים אף בחולין. (ראו רמב״ן שם; רמב״ם, הלכות שחיטה ד,יז). מכל מקום מדובר בדין שנהג כשהיו ישראל במדבר. אז נאסרה עליהם אכילת 'בשר תאווה'. (כך כינו זאת חכמים, על פי לשון הכתוב בדברים יב,כ: וְאָמַרְתָּ אֹכְלָה בָשָׂר כִּי תְאַוֶּה נַפְשְׁךָ לֶאֱכֹל בָּשָׂר – בְּכָל אַוַּת נַפְשְׁךָ תֹּאכַל בָּשָׂר). כלומר אכילת בשר שאין בה כלום מלבד הרצון באכילה. בבואם לארץ הותר הדבר. (ראו דברים שם. לפי אחת הדעות גם בבואם ארצה, בזמנים שטרם התייחד מקום מסוים להקרבת קרבנות, והיה מותר להקריב קרבן בכל מקום, נהג איסור זה. ראו ר״י קרא שמואל א' יד,לב). משמעות האיסור היא שכל אכילת בשר אינה אלא אכילת בשר קרבנות. כך הופכת שחיטת בהמה לשם אכילת בשרה ממעשה הנובע מתאוות אכילה גרידא, הנחשבת בפסוק זה כשפיכות דמים, למעשה שיש בו קדושה. שחיטתם של בעלי חיים לאכילה מותרת רק בתור קרבן.

הגבלות שונות חלות על קרבנות: אכילה בטהרה, במקומות ובזמנים מוגבלים. כך מוסיף עיקרון זה קדושה וטהרה בבתי ישראל. גם לאחר שיותר להם איסור זה, כשיתפזרו בני ישראל בארץ וישבו רחוק מבית המקדש, הורו חכמים על כמה וכמה מגבלות רוחניות-מוסריות באכילת בשר, ביניהן: עם הארץ אסור לאכול בשר (פסחים מט ע״ב), לא יאכל אדם בשר תדיר, ולא לשובע (ראו חולין פד ע״א; וראו עוד ספרא כאן) ועוד.

ביאור

ה׳ – **דָּם יֵחָשֵׁב לָאִישׁ הַהוּא, דָּם שָׁפָךְ**. כל בהמה שמבקשים לשחוט
צריכה להישחט במשכן כקרבן. מי שלא נהג כך – **וְנִכְרַת הָאִישׁ
הַהוּא מִקֶּרֶב עַמּוֹ**. ה **לְמַעַן אֲשֶׁר**, כדי **שֶׁיָּבִיאוּ בְּנֵי יִשְׂרָאֵל אֶת זִבְחֵיהֶם**,
קרבנותיהם **אֲשֶׁר הֵם זֹבְחִים** כעת **עַל פְּנֵי הַשָּׂדֶה, וֶהֱבִיאֻם לַה׳ אֶל פֶּתַח
אֹהֶל מוֹעֵד, אֶל הַכֹּהֵן, וְזָבְחוּ זִבְחֵי שְׁלָמִים לַה׳ אוֹתָם**, ולא יזבחו עוד בכל
מקום שירצו. ו **וְזָרַק הַכֹּהֵן אֶת הַדָּם עַל מִזְבַּח ה׳** שב**פֶּתַח אֹהֶל מוֹעֵד,
וְהִקְטִיר הַחֵלֶב לְרֵיחַ נִיחֹחַ לַה׳**. אל לישראל בהיותם במדבר, לשחוט
בהמה לאכילה בתור חולין, עליהם לעשותה קרבן זבח שלמים:
הדם והחֵלב, האסורים בין כה וכה באכילה, קרבים על המזבח,
ואת שאר הבשר, מלבד החזה והשוק הניתנים לכהן, מותר לבעלים
לאכול.[36] ז **וְלֹא יִזְבְּחוּ עוֹד אֶת זִבְחֵיהֶם לַשְּׂעִירִם**, לשדים **אֲשֶׁר הֵם
זֹנִים אַחֲרֵיהֶם**. מלים אלו, מלבד שהן נותנות טעם לכך שאין לזבוח
זבחים בחוץ, הן מביעות איסור העומד לעצמו.[37] **חֻקַּת עוֹלָם תִּהְיֶה
זֹּאת** – האיסור על הזביחה לשעירים **לָהֶם לְדֹרֹתָם**.

ח **וגם** זאת **אֲלֵהֶם** – אל בני ישראל **תֹּאמַר**. לאחר שנצטוו על כך שבשר
יישחט רק בתור קרבן, מגיע פרט נוסף, הנוהג גם לדורות: **אִישׁ אִישׁ
מִבֵּית יִשְׂרָאֵל וּמִן הַגֵּר אֲשֶׁר יָגוּר בְּתוֹכָם אֲשֶׁר יַעֲלֶה עֹלָה**, קרבן שנשרף
כולו **אוֹ זָבַח**, שבשרו נאכל, ט **וְאֶל פֶּתַח אֹהֶל מוֹעֵד לֹא יְבִיאֶנּוּ לַעֲשׂוֹת**

הרחבות

'ולא יזבחו עוד את זבחיהם לשעירם אשר הם זנים אחריהם' ה'שעירים' והזביחה להם נזכרים כאן כתופעות ידועות. מדובר בשדים המסתובבים בחלל העולם ובחלל עולמם של בני אדם. (ראו אונקלוס, ויקרא רבה כב; מורה נבוכים ח"ג מו; רש"י ורמב"ן על אתר). באותם ימים וגם דורות רבים מאוחר יותר, בעמים שונים ולעתים אף בקהילות ישראל, הייתה כרוכה שחיטת בעלי החיים בנוהג של הקדשת חלק מן הקרבן ליצורים דמוניים או יצורים לא-טבעיים אחרים. בכך ביקשו שוחטי הבשר לפייס, כדי שלא יזיקו או על מנת שיועילו. לפעמים היו חופרים גומה באדמה ולתוכה היה נשפך הדם שאותו הקדישו למיני עבודה זרה. גם אם השחיטה לא הייתה מעיקרה מעשה פולחן, ואנשים לא הביאו קרבנות לשעירים כחוק קבוע, אך בשעת שחיטתו של בעל חיים היו מקדישים לשעירים חלק מסוים מגופו, ובעיקר מדמו – בפועל היה הדבר מעין עבודה זרה.

'אשר יעלה עלה או זבח ואל פתח אהל מועד לא יביאנו' דין זה נקרא בפי חכמים 'שחוטי חוץ'. (ראו נדרים עח ע"א). במשך אלף השנים הבאות הייתה זו בעיה מתמדת בעם ישראל. היו תקופות שבהן הייתה ההקרבה לה' בבמות – במקומות מוגדרים ועל מזבחות המיועדים לכך – מותרת באופנים מסוימים. בזמנים אחרים, כאשר עמד מקדש מרכזי פעיל, נאסר לישראל להקריב כל קרבן במקום אחר, (ראו זבחים פרק יד), גם אם נעשה לשם שמים ולא לעבודה זרה.

אֹתוֹ לַיהוָה וְנִכְרַת הָאִישׁ הַהוּא מֵעַמָּיו: וְאִישׁ אִישׁ י
מִבֵּית יִשְׂרָאֵל וּמִן־הַגֵּר הַגָּר בְּתוֹכָם אֲשֶׁר יֹאכַל
כָּל־דָּם וְנָתַתִּי פָנַי בַּנֶּפֶשׁ הָאֹכֶלֶת אֶת־הַדָּם וְהִכְרַתִּי
אֹתָהּ מִקֶּרֶב עַמָּהּ: כִּי־נֶפֶשׁ הַבָּשָׂר בַּדָּם הִוא וַאֲנִי יא
נְתַתִּיו לָכֶם עַל־הַמִּזְבֵּחַ לְכַפֵּר עַל־נַפְשֹׁתֵיכֶם כִּי־
הַדָּם הוּא בַּנֶּפֶשׁ יְכַפֵּר: עַל־כֵּן אָמַרְתִּי לִבְנֵי יִשְׂרָאֵל יב
כָּל־נֶפֶשׁ מִכֶּם לֹא־תֹאכַל דָּם וְהַגֵּר הַגָּר בְּתוֹכְכֶם
לֹא־יֹאכַל דָּם: וְאִישׁ אִישׁ מִבְּנֵי יִשְׂרָאֵל וּמִן־הַגֵּר יג
הַגָּר בְּתוֹכָם אֲשֶׁר יָצוּד צֵיד חַיָּה אוֹ־עוֹף אֲשֶׁר יֵאָכֵל
וְשָׁפַךְ אֶת־דָּמוֹ וְכִסָּהוּ בֶּעָפָר: כִּי־נֶפֶשׁ כָּל־בָּשָׂר דָּמוֹ יד
בְנַפְשׁוֹ הוּא וָאֹמַר לִבְנֵי יִשְׂרָאֵל דַּם כָּל־בָּשָׂר לֹא
תֹאכֵלוּ כִּי נֶפֶשׁ כָּל־בָּשָׂר דָּמוֹ הִוא כָּל־אֹכְלָיו יִכָּרֵת:
וְכָל־נֶפֶשׁ אֲשֶׁר תֹּאכַל נְבֵלָה וּטְרֵפָה בָּאֶזְרָח וּבַגֵּר טו

רש״י

ט] **וְנִכְרַת.** זַרְעוֹ נִכְרָת וְיָמָיו נִכְרָתִין:

י] **כָּל דָּם.** לְפִי שֶׁנֶּאֱמַר: ״בַּנֶּפֶשׁ יְכַפֵּר״ (פסוק יא), יָכוֹל לֹא יְהֵא חַיָּב אֶלָּא עַל דַּם הַמֻּקְדָּשִׁים? תַּלְמוּד לוֹמַר: ״כָּל דָּם״: **וְנָתַתִּי פָנַי.** פְּנַאי שֶׁלִּי, פּוֹנֶה אֲנִי מִכָּל עֲסָקַי וְעוֹסֵק בּוֹ:

יא] **כִּי נֶפֶשׁ הַבָּשָׂר.** שֶׁל כָּל בְּרִיָּה ״בַּדָּם הִיא״ תְּלוּיָה, וּלְפִיכָךְ נְתַתִּיו עַל הַמִּזְבֵּחַ לְכַפֵּר עַל נֶפֶשׁ הָאָדָם, תָּבוֹא נֶפֶשׁ וּתְכַפֵּר עַל הַנֶּפֶשׁ:

יב] **כָּל נֶפֶשׁ מִכֶּם.** לְהַזְהִיר גְּדוֹלִים עַל הַקְּטַנִּים:

יג] **אֲשֶׁר יָצוּד.** אֵין לִי אֶלָּא צַיִד, אַוָּזִין וְתַרְנְגוֹלִין מִנַּיִן? תַּלְמוּד לוֹמַר ״צֵיד״ – מִכָּל מָקוֹם. אִם כֵּן לָמָּה נֶאֱמַר ״אֲשֶׁר יָצוּד״? שֶׁלֹּא יֹאכַל בָּשָׂר אֶלָּא בַּהֲזָמָנָה הַזֹּאת: **אֲשֶׁר יֵאָכֵל.** פְּרָט לִטְמֵאִים:

יד] **דָּמוֹ בְנַפְשׁוֹ הוּא.** דָּמוֹ הוּא לוֹ בִּמְקוֹם הַנֶּפֶשׁ, שֶׁהַנֶּפֶשׁ תְּלוּיָה בּוֹ: **כִּי נֶפֶשׁ כָּל בָּשָׂר דָּמוֹ הִוא.** הַנֶּפֶשׁ הִיא הַדָּם. ׳דָּם׳ וּ׳בָשָׂר׳ – לְשׁוֹן זָכָר, ׳נֶפֶשׁ׳ – לְשׁוֹן נְקֵבָה:

טו] **אֲשֶׁר תֹּאכַל נְבֵלָה וּטְרֵפָה.** בְּנִבְלַת עוֹף טָהוֹר דִּבֵּר הַכָּתוּב, שֶׁאֵין לָהּ טֻמְאָה אֶלָּא בְּשָׁעָה שֶׁנִּבְלַעַת בְּבֵית הַבְּלִיעָה,

הרחבות

׳ושפך את דמו וכִסהו בעפר׳ שלוליות או גומות של דם לצורכי פולחן היו ממנהגי העבודה הזרה. היו שראו בכיסוי הדם מעין התנצלות או הצנעה של העובדה שהאדם טורף ואוכל בעלי חיים אחרים. (ראו בעל הטורים). לחלופין, יש בדין זה – הנוהג עדיין

ביאור | **אֹתוֹ לַה׳ – וְנִכְרַת הָאִישׁ הַהוּא מֵעַמָּיו.** הקרבת קרבן שלא במשכן או במקדש אסורה באיסור חמור מאוד, והעונש עליה הוא החמור ביותר. כרת אינו עונש בידי אדם אלא משמיים. האיש מת קודם זמנו, ואולי גם נפשו נענשת בעונשים שונים.

איסור נוסף הקשור גם הוא לשחיטת בעלי חיים לאכילה: י **וְאִישׁ אִישׁ מִבֵּית יִשְׂרָאֵל וּמִן הַגֵּר הַגָּר בְּתוֹכָם אֲשֶׁר יֹאכַל כָּל דָּם – וְנָתַתִּי פָנַי בַּנֶּפֶשׁ הָאֹכֶלֶת אֶת הַדָּם,** אפנה אליה ואביט בה בעין רעה, **וְהִכְרַתִּי אֹתָהּ מִקֶּרֶב עַמָּהּ.** יא **כִּי נֶפֶשׁ,** חיות **הַבָּשָׂר – בַּדָּם הִוא, וַאֲנִי נְתַתִּיו** – את הדם **לָכֶם** רק לקרבן **עַל הַמִּזְבֵּחַ, לְכַפֵּר עַל נַפְשֹׁתֵיכֶם, כִּי הַדָּם הוּא בַּנֶּפֶשׁ יְכַפֵּר.** הדם שהנפש תלויה בו, לא ניתן אלא לכפרתה של הנפש המקריבה אותו לה׳. במובן מסוים אדם מותר לאכול בשר משום שהוא בשרו של יצור שכבר מת, אבל הדם, המסמל את חיותו, אינו נתון לאדם אלא לה׳ כבדו.[38] יב **עַל כֵּן אָמַרְתִּי לִבְנֵי יִשְׂרָאֵל: כָּל נֶפֶשׁ מִכֶּם לֹא תֹאכַל דָּם, וְהַגֵּר הַגָּר בְּתוֹכְכֶם לֹא יֹאכַל דָּם.** איסור כללי זה תקף לכל בני ישראל[39] ולגרים המצטרפים אליהם.

דין נוסף: יג **וְאִישׁ אִישׁ מִבְּנֵי יִשְׂרָאֵל וּמִן הַגֵּר הַגָּר בְּתוֹכָם אֲשֶׁר יָצוּד צֵיד חַיָּה אוֹ עוֹף אֲשֶׁר יֵאָכֵל,** הראוי לאכילה לפי ההגדרות הכתובות בתורה.[40] החיות ורוב העופות אינם עולים על המזבח כקרבנות. בעלי החיים הללו ניצודים,[41] נשחטים ונאכלים. במקרה של שחיטת חיה או עוף – **וְשָׁפַךְ אֶת דָּמוֹ וְכִסָּהוּ בֶּעָפָר.** הדם אסור באכילה, ואף אין להשאירו חשוף. יד **כִּי נֶפֶשׁ כָּל בָּשָׂר, דָּמוֹ** בלוויית **נַפְשׁוֹ הוּא.** הדם קשור בנפש. **וָאֹמַר,** ולכן אמרתי **לִבְנֵי יִשְׂרָאֵל: דַּם כָּל בָּשָׂר לֹא תֹאכֵלוּ,** כי על כוח החיים עצמו אין לאדם מישראל שליטה גמורה, **כִּי נֶפֶשׁ כָּל בָּשָׂר דָּמוֹ הִוא,** הנפש היא הדם, ועל כן **כָּל אֹכְלָיו יִכָּרֵת.**

עד כה הופיעו דינים שונים הקשורים להריגת בעלי חיים: איסור אכילת ׳בשר תאווה׳ לישראל במדבר בלא שיזבחוהו תחילה לקרבן לה׳, האיסור של שחוטי חוץ בקרבנות, איסור אכילת דם והחובה לכסות דם חיה ועוף. הציווי הבא מתייחס לבעל חיים שאינו נהרג בידי אדם בהכ־ח. טו **וְכָל נֶפֶשׁ אֲשֶׁר תֹּאכַל נְבֵלָה,** בעל חיים שמת מאליו, **וּטְרֵפָה,** בעל חיים שנהרג או נפצע פצעי מוות,[42] **בָּאֶזְרָח וּבַגֵּר.**

הרחבות | הדם בעפר יש כדי לחלוק כבוד לחיות או לעופות הניצודים. (ראו קהלת רבה ג,יט).

בישראל – רמז לקבורה. כשם שיש בקבורת אדם משום מתן כבוד למת, כך בכיסוי

וְכִבֶּס בְּגָדָיו וְרָחַץ בַּמַּיִם וְטָמֵא עַד־הָעֶרֶב וְטָהֵר׃
וְאִם לֹא יְכַבֵּס וּבְשָׂרוֹ לֹא יִרְחָץ וְנָשָׂא עֲוֺנוֹ׃ טז
יד וַיְדַבֵּר יְהוָה אֶל־מֹשֶׁה לֵּאמֹר׃ דַּבֵּר אֶל־בְּנֵי יִשְׂרָאֵל א ב יח
וְאָמַרְתָּ אֲלֵהֶם אֲנִי יְהוָה אֱלֹהֵיכֶם׃ כְּמַעֲשֵׂה אֶרֶץ־ ג
מִצְרַיִם אֲשֶׁר יְשַׁבְתֶּם־בָּהּ לֹא תַעֲשׂוּ וּכְמַעֲשֵׂה
אֶרֶץ־כְּנַעַן אֲשֶׁר אֲנִי מֵבִיא אֶתְכֶם שָׁמָּה לֹא תַעֲשׂוּ
וּבְחֻקֹּתֵיהֶם לֹא תֵלֵכוּ׃ אֶת־מִשְׁפָּטַי תַּעֲשׂוּ וְאֶת־ ד

רש"י | וְלִמֶּדְךָ כָּאן שֶׁמְּטַמְּאָה בַּאֲכִילָתָהּ. וּטְרֵפָה הָאֲמוּרָה כָּאן לֹא נִכְתַּב אֶלָּא לִדְרֹשׁ, וְכֵן שָׁנִינוּ: יָכוֹל תְּהֵא נִבְלַת עוֹף טָמֵא מְטַמְּאָה בְּבֵית הַבְּלִיעָה? תַּלְמוּד לוֹמַר: "טְרֵפָה", מִי שֶׁיֵּשׁ בְּמִינוֹ טְרֵפָה, יָצָא עוֹף טָמֵא שֶׁאֵין בְּמִינוֹ טְרֵפָה:

טז| **וְנָשָׂא עֲוֺנוֹ.** אִם יֹאכַל קֹדֶשׁ אוֹ יִכָּנֵס לַמִּקְדָּשׁ, חַיָּב עַל טֻמְאָה זוֹ כְּכָל שְׁאָר טֻמְאוֹת: **וּבְשָׂרוֹ לֹא יִרְחָץ וְנָשָׂא עֲוֺנוֹ.** עַל רְחִיצַת גּוּפוֹ עָנוּשׁ כָּרֵת, וְעַל כִּבּוּס בְּגָדִים בְּמַלְקוּת:

פרק יח

ב| **אֲנִי ה' אֱלֹהֵיכֶם.** אֲנִי הוּא שֶׁאָמַרְתִּי בְּסִינַי: "אָנֹכִי ה' אֱלֹהֶיךָ" (שמות כ, ב), וְקִבַּלְתֶּם עֲלֵיכֶם מַלְכוּתִי, מֵעַתָּה קַבְּלוּ גְּזֵרוֹתַי. רַבִּי אוֹמֵר: גָּלוּי וְיָדוּעַ לְפָנָיו שֶׁסּוֹפָן לְנַתֵּק בַּעֲרָיוֹת בִּימֵי עֶזְרָא, לְפִיכָךְ בָּא עֲלֵיהֶם בִּגְזֵרָה: "אֲנִי ה' אֱלֹהֵיכֶם", דְּעוּ מִי גּוֹזֵר עֲלֵיכֶם, דַּיָּן לִפָּרַע וְנֶאֱמָן לְשַׁלֵּם שָׂכָר:

ג| **כְּמַעֲשֵׂה אֶרֶץ מִצְרַיִם.** מַגִּיד שֶׁמַּעֲשֵׂיהֶם שֶׁל מִצְרִיִּים וְשֶׁל כְּנַעֲנִיִּים מְקֻלְקָלִים מִכָּל הָאֻמּוֹת, וְאוֹתוֹ מָקוֹם שֶׁיָּשְׁבוּ בוֹ יִשְׂרָאֵל מְקֻלְקָל מִן הַכֹּל: **אֲשֶׁר אֲנִי מֵבִיא אֶתְכֶם שָׁמָּה.** מַגִּיד שֶׁאוֹתָן עֲמָמִין שֶׁכָּבְשׁוּ יִשְׂרָאֵל, מְקֻלְקָלִים יוֹתֵר מִכֻּלָּם: **וּבְחֻקֹּתֵיהֶם לֹא תֵלֵכוּ.** מָה הִנִּיחַ הַכָּתוּב שֶׁלֹּא אָמַר? אֶלָּא אֵלּוּ נִימוּסוֹת שֶׁלָּהֶן, דְּבָרִים הַחֲקוּקִין לָהֶם, כְּגוֹן טַרְטִיאוֹת וְאִצְטַדְיָאוֹת. רַבִּי מֵאִיר אוֹמֵר, אֵלּוּ דַּרְכֵי הָאֱמוֹרִי שֶׁמָּנוּ חֲכָמִים:

ד| **אֶת מִשְׁפָּטַי תַּעֲשׂוּ.** אֵלּוּ דְּבָרִים הָאֲמוּרִים בַּתּוֹרָה בְּמִשְׁפָּט, שֶׁאִלּוּ לֹא נֶאֶמְרוּ הָיוּ כְּדַאי לְאָמְרָן: **וְאֶת חֻקֹּתַי תִּשְׁמְרוּ.** דְּבָרִים שֶׁהֵם גְּזֵרַת הַמֶּלֶךְ,

הרחבות | 'אני ה' אלהיכם' אחת ממשמעויותיה של פתיחה זו היא שהדברים שלפנינו מיוחדים לבחירת עם ישראל. המלים אֲנִי ה' אֱלֹהֵיכֶם, הפותחות את הדיבור והחותמות אותו (להלן פס' ל), אינן רק אומרות: אני הוא השליט, האדון, או השופט, אלא גם: מכיוון שאתם שייכים לי, חלים עליכם חוקים ומגבלות שאינם חלים על העולם שסביבכם. (ראו ספרא).

'כמעשה ארץ מצרים אשר ישבתם בה לא תעשו וכמעשה ארץ כנען אשר אני מביא אתכם שמה לא תעשו' מבחינת התרבות האלילית ארץ מצרים וארץ כנען היו שונות זו מזו. אולם כאן מדובר בעיקר בנהגי יחסי המין וביחסים התוך-משפחתיים, ובתחום זה הוטלו מעט מאוד איסורים הן במצרים והן בכנען, אם בכלל. שתי הארצות התאפיינו בפריצות מינית והיעדר

ביאור | בעלי חיים אלה אסורים באכילה, ולא זו בלבד, אלא שבמותם הם
מטמאים במגע או במשא אף ללא מגע ישיר,[43] ולכן – **וְכִבֶּס בְּגָדָיו**
וְרָחַץ בַּמַּיִם וְטָמֵא עַד הָעֶרֶב ואז – **וְטָהֵר.** טז **וְאִם לֹא יְכַבֵּס וּבְשָׂרוֹ לֹא**
יִרְחָץ – **וְנָשָׂא עֲוֹנוֹ.** האדם אינו חייב להיטהר מיד כשנטמא. הטמא
חוטא רק כאשר הוא נוגע בקודש או נכנס למקדש. אין ספק שעניין
זה חשוב לכהנים – שחלק גדול ממזונם הוא קודשים, וכן היה מעשי
לישראל במדבר, שכן כאמור כאשר רצו לאכול בשר נדרשו להביאו
כקרבן אל פתח אוהל מועד. אולם גם לאחר שהותרה אכילת בשר
חולין, עלול הטמא לנגוע בדברים שיש בהם קדושה. משום חומרתה
של עברה זו, מודגשת כאן חשיבותה של ההיטהרות.[44]

האזהרות על גילוי עריות ותועבות אחרות

פרק יח

עד כה עסק הספר בעיקרו בעניינים הנוגעים באופן ישיר או עקיף למקדש ולכהנים. מצד אחד, דובר בהקרבת הקרבנות, ומצד שני, בדיני טומאה וטהרה, שמשמעותם מתבלטת דווקא בהיותם מגבילים את הנגיעה בקודש ואת העיסוק בו. כאן מתחיל נושא שאיננו קשור לא במקדש ולא בקודשיו, לא בטומאה ולא בטהרה, אלא הוא מערכת חוקים נבדלת.

כקודמו, גם העניין שלפנינו מתמקד בנושא מוגדר אחד – יחסי אישות. הכתובים מתמקדים בקביעת איסורי גילוי עריות, ולא בעונשים הכרוכים בהם ובתוצאות המשתלשלות מהם, אשר יידונו מאוחר יותר.[45]

העניין מוקף בפתיחה וחתימה ארוכות מן הרגיל ויוצאות דופן בסגנונן.

פרק יח א **וַיְדַבֵּר ה׳ אֶל מֹשֶׁה לֵּאמֹר:** ב **דַּבֵּר אֶל בְּנֵי יִשְׂרָאֵל וְאָמַרְתָּ**
אֲלֵהֶם: אֲנִי ה׳ אֱלֹהֵיכֶם. ג **כְּמַעֲשֵׂה אֶרֶץ מִצְרַיִם אֲשֶׁר יְשַׁבְתֶּם בָּהּ** – **לֹא**
תַעֲשׂוּ, וּכְמַעֲשֵׂה אֶרֶץ כְּנַעַן אֲשֶׁר אֲנִי מֵבִיא אֶתְכֶם שָׁמָּה – **לֹא תַעֲשׂוּ,**
וּבְחֻקֹּתֵיהֶם, במנהגיהם[46] – **לֹא תֵלֵכוּ.** ד לעומת זאת, **אֶת מִשְׁפָּטַי תַּעֲשׂוּ**

גבולות. כאשר ישראל נודדים בין מצרים לארץ כנען – שני מרחבים שאין בהם חוקים מוגדרים בנוגעים לדיני עריות – יש להזהירם על כך.

'את משפטי תעשו ואת חקתי תשמרו' הדגשת רציות לחוקי ה' מנוגדת לניסיונות אפולוגטיים להסביר את איסורי העריות כהגבלות אאוגניות

הרחבות | לשיפור התורשה האנושית. לא הטענה שיחסים בקרבה משפחתית עלולים לגרום לבעיות בריאותיות ולמחלות תורשתיות, היא שעומדת ביסוד חוקי העריות. אין מערכת חוקים זו מבוססת על טובתה של חברה אנושית מסוימת, אלא על הגדרה שנקבעה על ידי חוק עליון. (ראו רמב"ן פס' ו; ספרא קדושים כ,כו).

חֻקֹּתַי תִּשְׁמְרוּ לָלֶכֶת בָּהֶם אֲנִי יְהוָה אֱלֹהֵיכֶם׃
וּשְׁמַרְתֶּם אֶת־חֻקֹּתַי וְאֶת־מִשְׁפָּטַי אֲשֶׁר יַעֲשֶׂה אֹתָם ה
ששי הָאָדָם וָחַי בָּהֶם אֲנִי יְהוָה׃ אִישׁ אִישׁ ו
אֶל־כָּל־שְׁאֵר בְּשָׂרוֹ לֹא תִקְרְבוּ לְגַלּוֹת עֶרְוָה אֲנִי
יְהוָה׃ עֶרְוַת אָבִיךָ וְעֶרְוַת אִמְּךָ לֹא תְגַלֵּה ז
אִמְּךָ הִוא לֹא תְגַלֶּה עֶרְוָתָהּ׃ עֶרְוַת אֵשֶׁת־ ח
אָבִיךָ לֹא תְגַלֵּה עֶרְוַת אָבִיךָ הִוא׃ עֶרְוַת ט
אֲחוֹתְךָ בַת־אָבִיךָ אוֹ בַת־אִמֶּךָ מוֹלֶדֶת בַּיִת אוֹ מוֹלֶדֶת
חוּץ לֹא תְגַלֶּה עֶרְוָתָן׃ עֶרְוַת בַּת־בִּנְךָ אוֹ בַת־ י
בִּתְּךָ לֹא תְגַלֶּה עֶרְוָתָן כִּי עֶרְוָתְךָ הֵנָּה׃ עֶרְוַת יא
בַּת־אֵשֶׁת אָבִיךָ מוֹלֶדֶת אָבִיךָ אֲחוֹתְךָ הִוא לֹא תְגַלֶּה

רש"י | שֶׁיֵּצֶר הָרָע מֵשִׁיב עֲלֵיהֶם לָמָּה לָנוּ לְשָׁמְרָן, וְאֻמּוֹת הָעוֹלָם מְשִׁיבִין עֲלֵיהֶם, כְּגוֹן אֲכִילַת חֲזִיר וּלְבִישַׁת שַׁעַטְנֵז וְטָהֳרַת מֵי חַטָּאת, לְכָךְ נֶאֱמַר: "אֲנִי ה'" – גָּזַרְתִּי עֲלֵיכֶם, אִי אַתָּה רַשַּׁאי לְהִפָּטֵר: לָלֶכֶת בָּהֶם. אַל תִּפָּטֵר מִתּוֹכָם, שֶׁלֹּא תֹּאמַר: לָמַדְתִּי חָכְמַת יִשְׂרָאֵל, אֵלֵךְ וְאֶלְמַד חָכְמַת הָאֻמּוֹת:

ה| וּשְׁמַרְתֶּם אֶת חֻקֹּתַי וְגוֹ'. לְרַבּוֹת שְׁאָר דִּקְדּוּקֵי הַפָּרָשָׁה, שֶׁלֹּא פֵּרַט הַכָּתוּב בָּהֶם. דָּבָר אַחֵר, לִתֵּן שְׁמִירָה וַעֲשִׂיָּה לַחֻקִּים וּשְׁמִירָה וַעֲשִׂיָּה לַמִּשְׁפָּטִים, לְפִי שֶׁלֹּא נָתַן אֶלָּא עֲשִׂיָּה לַמִּשְׁפָּטִים וּשְׁמִירָה לַחֻקִּים (לעיל פסוק ד): וָחַי בָּהֶם. לָעוֹלָם הַבָּא, שֶׁאִם תֹּאמַר בָּעוֹלָם הַזֶּה, וַהֲלֹא סוֹפוֹ הוּא מֵת: אֲנִי ה'. נֶאֱמָן לְשַׁלֵּם שָׂכָר:

ו| לֹא תִקְרְבוּ. לְהַזְהִיר הַנְּקֵבָה כַּזָּכָר, לְכָךְ נֶאֱמַר לְשׁוֹן רַבִּים: אֲנִי ה'. נֶאֱמָן לְשַׁלֵּם שָׂכָר:

ז| עֶרְוַת אָבִיךָ. זוֹ אֵשֶׁת אָבִיךָ. אוֹ אֵינוֹ אֶלָּא כְּמַשְׁמָעוֹ? נֶאֱמַר כָּאן: "עֶרְוַת אָבִיךָ", וְנֶאֱמַר לְהַלָּן: "עֶרְוַת אָבִיו גִּלָּה" (ויקרא כ, יא), מַה לְּהַלָּן אֵשֶׁת אָבִיו, אַף כָּאן אֵשֶׁת אָבִיו: וְעֶרְוַת אִמְּךָ. לְהָבִיא אִמּוֹ שֶׁאֵינָהּ אֵשֶׁת אָבִיו:

ח| עֶרְוַת אֵשֶׁת אָבִיךָ. לְרַבּוֹת לְאַחַר מִיתָה:

ט| בַּת אָבִיךָ. אַף בַּת אֲנוּסָה בְּמַשְׁמָע: מוֹלֶדֶת בַּיִת אוֹ מוֹלֶדֶת חוּץ. בֵּין שֶׁאוֹמְרִים לוֹ לְאָבִיךָ קַיֵּם אֶת אִמָּהּ, וּבֵין שֶׁאוֹמְרִים לוֹ הוֹצֵא אֶת אִמָּהּ, כְּגוֹן מַמְזֶרֶת אוֹ נְתִינָה:

י| עֶרְוַת בַּת בִּנְךָ וְגוֹ'. בְּבִתּוֹ מֵאֲנוּסָתוֹ הַכָּתוּב מְדַבֵּר, וּבִתּוֹ וּבַת בִּתּוֹ מֵאִשְׁתּוֹ אָנוּ לְמֵדִין מֵעֶרְוַת אִשָּׁה וּבִתָּהּ, שֶׁנֶּאֱמַר בָּהֶן: "לֹא תְגַלֵּה" (להלן פסוק יז) בֵּין שֶׁהִיא מִמֶּנּוּ בֵּין שֶׁהִיא מֵאִישׁ אַחֵר: עֶרְוַת בַּת בִּנְךָ. קַל וָחֹמֶר לְבִתְּךָ, אֶלָּא לְפִי שֶׁאֵין מַזְהִירִין מִן הַדִּין, לְמָדוּהָ מִגְּזֵרָה שָׁוָה בְּמַסֶּכֶת יְבָמוֹת (דף ג ע"א):

יא| עֶרְוַת בַּת אֵשֶׁת אָבִיךָ. לִמֵּד שֶׁאֵינוֹ חַיָּב

ביאור | וְאֶת חֻקֹּתַי תִּשְׁמְרוּ לָלֶכֶת בָּהֶם, אֲנִי ה' אֱלֹהֵיכֶם. ה וּשְׁמַרְתֶּם אֶת חֻקֹּתַי וְאֶת מִשְׁפָּטַי אֲשֶׁר יַעֲשֶׂה אֹתָם הָאָדָם וָחַי בָּהֶם. החוקים הנוגעים לקדושת ישראל ולייחודם בתחום האישות הם המעצבים את הדרך הראויה לחיות. אֲנִי ה', קיים תמיד ומהווה הכול.

ו אִישׁ אִישׁ, כל גבר מכם, אֶל כָּל שְׁאֵר בְּשָׂרוֹ, קרובי משפחתו לֹא תִקְרְבוּ לְגַלּוֹת עֶרְוָה, לקיים יחסי אישות. אֲנִי ה'. יש בהכרזה כללית זו כדי להדגיש את העיקרון – במקום שיש שארות, קשר דם קרוב – היחסים המיניים אסורים.

ומכאן לרשימת העריות:

ז עֶרְוַת אָבִיךָ וְעֶרְוַת אִמְּךָ לֹא תְגַלֵּה. אִמְּךָ הִוא, לֹא תְגַלֶּה עֶרְוָתָהּ. האיסור על יחסי מין בין בן ואמו קיים כמעט בכל מקום בעולם. אף על פי שבמישרין מדובר ביחסים עם האם דווקא, בכל משפחה נורמטיבית קשורים הקלון והבושה שבמעשה כזה לשני ההורים. לכן נזכרות ערוות האב והאם יחד.[47] ח עֶרְוַת אֵשֶׁת אָבִיךָ, גם אם אינה אמך אלא אשה אחרת של אביך לֹא תְגַלֵּה. עֶרְוַת, קלון[48] אָבִיךָ הִוא. יחסים עם אשתו האחרת של האב נוגעים לקלונו ובושתו של האב.

ט עֶרְוַת אֲחוֹתְךָ בַת אָבִיךָ אוֹ בַת אִמֶּךָ, ובוודאי אם היא אחות מאב ומאם גם יחד,[49] בין שהיא מוֹלֶדֶת בַּיִת, שנולדה בתוך המשפחה אוֹ מוֹלֶדֶת חוּץ, שנולדה מחוץ לקשר נישואין[50] – לֹא תְגַלֶּה עֶרְוָתָן, כי הן קרובות דם שלך.

י עֶרְוַת בַּת בִּנְךָ אוֹ בַת בִּתְּךָ, ובוודאי בתך עצמה כלולה באיסור, למרות שאיננה נזכרת במפורש[51] – לֹא תְגַלֶּה עֶרְוָתָן, כִּי עֶרְוָתְךָ הֵנָּה, הן. הקשר של אדם עם ילדיו אינו נוגע בקרבת שארות כלפי אחרים כמו כמה מהעריות האחרות, אלא זוהי הערווה-הבושה שלו עצמו, ואף היא אסורה.

יא עֶרְוַת בַּת אֵשֶׁת אָבִיךָ, אם היא מוֹלֶדֶת אָבִיךָ – אֲחוֹתְךָ הִוא, ולכן לֹא תְגַלֶּה עֶרְוָתָהּ. יש כאן כפל אזהרה על האמור מקודם: נמצא שאחות מהאב שהיא גם בת אשת האב – אזהרתה כפולה.[52] מאידך גיסא, בת אשתו של האב שהיא אחות חורגת לגמרי – שנולדה מאב אחר ומאם אחרת – אינה נחשבת לקרובה והיא מותרת.[53]

הרחבות | 'לגלות ערוה' זהו ביטוי בלשון נקייה. לאמתו של דבר, גם המלה 'ערווה' עצמה היא לשון נקייה הקשורה למושג 'עירום' בשמעותו הפחות חיובית. המקרא מעדיף להשתמש בלשון נקייה בכלל, ובוודאי בתחומי העריות. (ראו עוד בביאור לבראשית ט,כא-כב; פסחים ג).

עֶרְוָתָהּ׃ עֶרְוַת אֲחוֹת־אָבִיךָ לֹא תְגַלֵּה יב
שְׁאֵר אָבִיךָ הִוא׃ עֶרְוַת אֲחוֹת־אִמְּךָ יג
לֹא תְגַלֵּה כִּי־שְׁאֵר אִמְּךָ הִוא׃ עֶרְוַת יד
אֲחִי־אָבִיךָ לֹא תְגַלֵּה אֶל־אִשְׁתּוֹ לֹא תִקְרָב דֹּדָתְךָ
הִוא׃ עֶרְוַת כַּלָּתְךָ לֹא תְגַלֵּה אֵשֶׁת בִּנְךָ טו
הִוא לֹא תְגַלֶּה עֶרְוָתָהּ׃ עֶרְוַת אֵשֶׁת־אָחִיךָ טז
לֹא תְגַלֵּה עֶרְוַת אָחִיךָ הִוא׃ עֶרְוַת אִשָּׁה יז
וּבִתָּהּ לֹא תְגַלֵּה אֶת־בַּת־בְּנָהּ וְאֶת־בַּת־בִּתָּהּ לֹא
תִקַּח לְגַלּוֹת עֶרְוָתָהּ שַׁאֲרָה הֵנָּה זִמָּה הִוא׃ וְאִשָּׁה יח
אֶל־אֲחֹתָהּ לֹא תִקָּח לִצְרֹר לְגַלּוֹת עֶרְוָתָהּ עָלֶיהָ
בְּחַיֶּיהָ׃ וְאֶל־אִשָּׁה בְּנִדַּת טֻמְאָתָהּ לֹא תִקְרַב לְגַלּוֹת יט

רש"י | עַל אֲחוֹתוֹ מִשִּׁפְחָה וְנָכְרִית, לְכָךְ נֶאֱמַר: "בַּת אֵשֶׁת אָבִיךָ", בִּרְאוּיָה לְקִדּוּשִׁין:

יד| **עֶרְוַת אֲחִי אָבִיךָ לֹא תְגַלֵּה.** וּמַה הִיא עֶרְוָתוֹ? "אֶל אִשְׁתּוֹ לֹא תִקְרָב":

טו| **אֵשֶׁת בִּנְךָ הִוא.** לֹא אָמַרְתִּי אֶלָּא בְּשֶׁיֵּשׁ לְבִנְךָ אִישׁוּת בָּהּ, פְּרָט לַאֲנוּסָה וְשִׁפְחָה וְנָכְרִית:

יז| **עֶרְוַת אִשָּׁה וּבִתָּהּ.** לֹא אָסַר הַכָּתוּב אֶלָּא עַל יְדֵי נִשּׂוּאֵי הָרִאשׁוֹנָה, לְכָךְ נֶאֱמַר: "לֹא תִקַּח", לְשׁוֹן קִיחָה. וְכֵן לְעִנְיַן הָעֹנֶשׁ: "אֲשֶׁר יִקַּח אֶת אִשָּׁה וְאֶת אִמָּהּ" (להלן כ, יד), לְשׁוֹן קִיחָה, אֲבָל אָנַס אִשָּׁה, מֻתָּר לִשָּׂא בִּתָּהּ: **שַׁאֲרָה הֵנָּה.** קְרוֹבוֹת זוֹ לָזוֹ: **זִמָּה.** עֵצָה, כְּתַרְגּוּמוֹ: "עֵצַת חֶטְאִין", שֶׁיִּצְרְךָ יוֹעֶצְךָ לַחְטֹא:

יח| **אֶל אֲחֹתָהּ.** שְׁתֵּיהֶן כְּאַחַת: **לִצְרֹר.** לְשׁוֹן צָרָה, לַעֲשׂוֹת אֶת זוֹ צָרָה לְזוֹ: **בְּחַיֶּיהָ.** לִמֶּדְךָ שֶׁאִם גֵּרְשָׁהּ, לֹא יִשָּׂא אֶת אֲחוֹתָהּ כָּל זְמַן שֶׁהִיא בַּחַיִּים:

הרחבות | **'אל אשתו לא תקרב דדתך היא'** זהו אחד המקורות לקביעה ההלכתית שקשר הנישואין יוצר כמעט זהות גופנית, או בלשון חכמים: 'אשה כבעלה', 'אשתו כגופו'. (ראו סנהדרין כח ע"ב; ברכות כד ע"א). להגדרה זו השלכות בתחומים רבים.

ביאור

יב **עֶרְוַת אֲחוֹת אָבִיךָ לֹא תְגַלֵּה** – **שְׁאֵר**, בשר **אָבִיךָ הִוא**.[54] יג **עֶרְוַת אֲחוֹת אִמְּךָ לֹא תְגַלֵּה, כִּי שְׁאֵר אִמְּךָ הִוא**. שתי דודות אלו קרובות קרבת דם, מצד האב או האם; יד אך גם דודה שאינה קרבת שאר אסורה – **עֶרְוַת אֲחִי אָבִיךָ לֹא תְגַלֵּה: אֶל אִשְׁתּוֹ לֹא תִקְרָב** כי **דֹּדָתְךָ הִוא**. מכיוון שדודך נשא אותה – גם היא נחשבת דודתך כאחות האב ואחות האם.

קרבות נוספות שנתהוו על ידי נישואי קרובים: טו **עֶרְוַת כַּלָּתְךָ לֹא תְגַלֵּה, אֵשֶׁת בִּנְךָ הִוא**, ולכן **לֹא תְגַלֶּה עֶרְוָתָהּ**. טז **עֶרְוַת אֵשֶׁת אָחִיךָ לֹא תְגַלֵּה, עֶרְוַת אָחִיךָ הִוא**.

רשימת העריות פתחה בקרבת דם גדולה, כגון הורים ואחים, ואחריהם איסורי קרבה שנוצרת על ידי נישואין. שני האיסורים הבאים אינם מבוססים על קרבה בין האיש לאשה אלא על קשר של איש עם שתי נשים שצירופן יוצר את האיסור. יז **עֶרְוַת אִשָּׁה וּבִתָּהּ לֹא תְגַלֵּה**. אסור לגבר אחד לקיים יחסי אישות עם אשה ועם בתה, ולא רק עם בתה ממש, אלא גם **אֶת בַּת בְּנָהּ וְאֶת בַּת בִּתָּהּ לֹא תִקַּח לְגַלּוֹת עֶרְוָתָהּ**, כי **שַׁאֲרָה הֵנָּה**, קרובות הן זו לזו. זהו שלב נוסף, משום שעקרונית יכול היה האיש לשאת כל אחת מהן לחוד, אבל עדיין שתיהן יחד נאסרות עליו. **זִמָּה**, מחשבת חוטאים[55] **הִיא**. הקשר הזה מקלקל את יחסי האם והבת.[56] ועוד, הוא יוצר בלבול, והאיש עלול לחשוב על זו כשהוא נמצא עם זו.

יח **וְ**כיוצא בכך **אִשָּׁה אֶל**, לצד **אֲחֹתָהּ לֹא תִקָּח**. אסור לשאת שתי אחיות, **לִצְרֹר**, שהן תהיינה צרות זו לזו, **לְגַלּוֹת עֶרְוָתָהּ עָלֶיהָ בְּחַיֶּיהָ**. זוהי הגדרה מאוד ברורה: כל זמן שאשתו חיה – גם אם היא כבר אינה אשתו, למשל אם הוא גירש אותה – אסור לו לשאת את אחותה. כמו במקרה של אשה ובתה, גם כאן יכול להתעורר בלבול כל זמן ששתי הנשים חיות, אלא שבמקרה של אחות אשתו ישנו דין מיוחד – שאיננו קיים באם ובתה ובשאר העריות – שהאיסור בטל לאחר מות אשתו – **בְּחַיֶּיהָ** דווקא.

הדינים הבאים אינם גילויי עריות במשמעות הפשוטה של יחסים עם שארי בשר, אך גם הם קשורים ליחסי מין. יט **וְאֶל אִשָּׁה בְּנִדַּת טֻמְאָתָהּ לֹא תִקְרַב לְגַלּוֹת עֶרְוָתָהּ**. אסור לקיים יחסים עם אשה נידה. האיסור 'לקרב לגלות ערווה' מרמז על הגבלה רחבה יותר מ'לגלות ערווה' שמשמעותו הברורה היא קיום יחסי מין. אסור לאדם לקיים סוגים שונים של מגע קרוב עם אשה נידה, ולמעשה אין הבדל אם מדובר באשה זרה כלשהי או באשתו שלו.[57]

כ עֶרְוָתָהּ: וְאֶל־אֵשֶׁת עֲמִיתְךָ לֹא־תִתֵּן שְׁכָבְתְּךָ לְזָרַע
כא לְטָמְאָה־בָהּ: וּמִזַּרְעֲךָ לֹא־תִתֵּן לְהַעֲבִיר לַמֹּלֶךְ
כב וְלֹא תְחַלֵּל אֶת־שֵׁם אֱלֹהֶיךָ אֲנִי יהוה: וְאֶת־זָכָר לֹא
כג תִשְׁכַּב מִשְׁכְּבֵי אִשָּׁה תּוֹעֵבָה הִוא: וּבְכָל־בְּהֵמָה
לֹא־תִתֵּן שְׁכָבְתְּךָ לְטָמְאָה־בָהּ וְאִשָּׁה לֹא־תַעֲמֹד

שביעי / רביעי /

רש"י | כא| לַמֹּלֶךְ. עֲבוֹדָה זָרָה הִיא שֶׁשְּׁמָהּ 'מֹלֶךְ', וְזוֹ הִיא עֲבוֹדָתָהּ, שֶׁמּוֹסֵר בְּנוֹ לַכְּמָרִים, וְעוֹשִׂין שְׁתֵּי מְדוּרוֹת גְּדוֹלוֹת, וּמַעֲבִירִין אֶת הַבֵּן בְּרַגְלָיו בֵּין שְׁתֵּי מְדוּרוֹת הָאֵשׁ: לֹא תִתֵּן. זוֹ הִיא מְסִירָתוֹ לַכְּמָרִים: לְהַעֲבִיר לַמֹּלֶךְ. זוֹ הַעֲבָרַת הָאֵשׁ:

קברי ילדים מהתופת בקרתגו ששימשה לשרפת הבנים ('מֹלך')

העולם | **העברה למולך** טקס אלילי שבו מעלה אדם את ילדיו כקרבן - שרפת הילדים הקטנים (ראו דברים יב,לא; ירמיה ז,לא; יחזקאל כג,לט) שהיתה מצויה אצל מקצת עמי האזור, כמו הפיניקים; או העברה טקסית של הילד בתוך אש בלי לשרוף ממש את גופו. (ראו עוד ב'העולם' ישעיה נז,ה).
ייתכן ש'מולך' לא היה שמו האמתי של האליל אלא שמו הישראלי של אליל בני עמון מִלכּוֹם, שכן ישראל נהגו לשנות את שמות האלילים, (ראו מלכים א' יא,ז ו–לג), ואפשר ששמו המקורי היה 'מֶלך'. (כמו במלכים ב' יז,לא: וְהַסְפַרְוִים שֹׂרְפִים אֶת בְּנֵיהֶם בָּאֵשׁ לְאַדְרַמֶּלֶךְ וַעֲנַמֶּלֶךְ אֱלֹהֵי סְפַרְוָיִם, וראו רמב"ן על אתר), שכן אחד השינויים המקובלים בהקשר זה היה העברת שם העצם למשקל המלעילי שניקודו חולם–סגול - כדוגמת המילה 'בּוֹשֶׁת' (למשל הושע ט,י, וראו עבודה זרה מה ע"א).

ביאור

כ וְאֶל אֵשֶׁת עֲמִיתְךָ, גבר מתוך עמך[58] לֹא תִתֵּן שְׁכָבְתְּךָ לְזָרַע לְטָמְאָה בָהּ. כאן נכנסת אזהרה ממין שונה: כא וּמִזַּרְעֲךָ לֹא תִתֵּן לְהַעֲבִיר, אל תעלה את בנך כקרבן סמלי או ממשי לַמֹּלֶךְ, שמו של אליל מסוים, או: כינוי לפולחן שהיה רווח אצל עובדי אלילים.[59] וְלֹא תְחַלֵּל אֶת שֵׁם אֱלֹהֶיךָ, אֲנִי ה׳. לפי הדעה ש׳מולך׳ אינו שם של אליל מסוים, אפשר לפרש: אל תעבוד באותו אופן – בהקרבת ילדים – גם לה׳ שכן מעשה מגונה זה מחלל את שמו.[60]

בהמשך לרשימת האיסורים השייכים מבחינה הלכתית לדיני עריות, אף על פי שאין הם יחסים בין שארי בשר, נידה ואשת איש: כב וְאֶת זָכָר לֹא תִשְׁכַּב מִשְׁכְּבֵי אִשָּׁה – תּוֹעֵבָה הִוא. משכב הזכר אינו מוגדר יחסי אישות אלא תועבה. כג וּבְכָל בְּהֵמָה לֹא תִתֵּן שְׁכָבְתְּךָ לְטָמְאָה בָהּ. הטומאה שבמעשה היא משום שאין בכך אפשרות של היקשרות אנושית הדדית ופורייה, אלא מעשה מיני לעצמו, שאינו מעמיד תולדות.

עד כה הפנייה הייתה לגברים – אִישׁ אִישׁ, אך מן ההקשר ומכמה מקומות אחרים עולה שהאיסור על קשרים כאלה חל גם על האשה;[61] והדיבור אל האיש נעשה משום שבדרך כלל הוא הדמות הפעילה יותר בקשר כזה, אבל יש שהאיש אינו מעורב כלל: וְאִשָּׁה לֹא תַעֲמֹד

הרחבות

׳ואל אשת עמיתך׳ למרות שהאיסור על הניאוף כבר נאמר בעשרת הדיברות (שמות כ,יב), הוא חוזר ונזכר כאן בהקשר של דיני העריות.
הלשון השגורה במקורותינו כוללת את איסור אשת איש – וכמעט את כל הדינים המופיעים כאן – בהגדרה הכללית של ׳גילוי עריות׳, (ראו למשל יבמות צא ע״א), שלא כמו בשפות אחרות ובעברית של ימינו, שבהן מתייחד המונח לאיסורים על שארי בשר בלבד, ואילו אשה נשואה נחשבת לקטגוריה בפני עצמה.

מה עניין המולך לעריות? במצרים ובתרבויות נוספות, לפחות בתוך בית המלוכה, היו מתקיימים יחסים מיניים בין אח ואחות. גם אם הדבר לא היה מקובל בכל מקום, הוא לא נאסר בתכלית בתרבויות אלה. כאשר תפיסת הבעלות מתעוותת, דווקא הקרבה בין בני משפחה היא העלולה להוביל לקשר מיני בין אב לבתו. איסורי העריות בתוך המשפחה כופים אפוא הרחקה מסוימת ומגבילים את תחושת הבעלות הגמורה של האדם על בני ביתו. פולחן המולך אומנם אינו קשור ישירות לענייני מין, אך אף בו האדם מפרש באופן מעוות את יחסי המשפחה וההורות. באיסור העברת הזרע למולך באה לביטוי הפקעת שלטונו המוחלט של האדם על ילדיו. הכתוב מדגיש כי שם ה׳ מתחלל במעשה זה, משום שיסודו של המעשה בתחושת עליונות בלתי ראויה.
ייתכן שהופעתו של איסור זה בהקשר של דיני העריות מעידה על קיומו של פולחן פוריות, שבו הקריבו ילדים לעבודה זרה על מנת להבטיח את פוריות האדמה או את פוריות המשפחה. (ראו ספורנו; מורה נבוכים ח״ג לז).

׳ואת זכר לא תשכב משכבי אשה׳ גם דין זה מבדיל את עם ישראל מן התרבויות שהיו סביבו באותה תקופה, וגם לפניה ואחריה, שבהן נחשב משכב הזכר נורמה מקובלת לחלוטין.

לִפְנֵי בְהֵמָה לְרִבְעָהּ תֶּבֶל הוּא׃ אַל־תִּטַּמְּאוּ בְּכָל־ כד
אֵלֶּה כִּי בְכָל־אֵלֶּה נִטְמְאוּ הַגּוֹיִם אֲשֶׁר־אֲנִי מְשַׁלֵּחַ
מִפְּנֵיכֶם׃ וַתִּטְמָא הָאָרֶץ וָאֶפְקֹד עֲוֺנָהּ עָלֶיהָ וַתָּקִא כה
הָאָרֶץ אֶת־יֹשְׁבֶיהָ׃ וּשְׁמַרְתֶּם אַתֶּם אֶת־חֻקֹּתַי וְאֶת־ כו
מִשְׁפָּטַי וְלֹא תַעֲשׂוּ מִכֹּל הַתּוֹעֵבֹת הָאֵלֶּה הָאֶזְרָח
וְהַגֵּר הַגָּר בְּתוֹכְכֶם׃ כִּי אֶת־כָּל־הַתּוֹעֵבֹת הָאֵל כז
עָשׂוּ אַנְשֵׁי־הָאָרֶץ אֲשֶׁר לִפְנֵיכֶם וַתִּטְמָא הָאָרֶץ׃
מפטיר וְלֹא־תָקִיא הָאָרֶץ אֶתְכֶם בְּטַמַּאֲכֶם אֹתָהּ כַּאֲשֶׁר כח
קָאָה אֶת־הַגּוֹי אֲשֶׁר לִפְנֵיכֶם׃ כִּי כָּל־אֲשֶׁר יַעֲשֶׂה כט
מִכֹּל הַתּוֹעֵבֹת הָאֵלֶּה וְנִכְרְתוּ הַנְּפָשׁוֹת הָעֹשֹׂת
מִקֶּרֶב עַמָּם׃ וּשְׁמַרְתֶּם אֶת־מִשְׁמַרְתִּי לְבִלְתִּי עֲשׂוֹת ל
מֵחֻקּוֹת הַתּוֹעֵבֹת אֲשֶׁר נַעֲשׂוּ לִפְנֵיכֶם וְלֹא תִטַּמְּאוּ
בָּהֶם אֲנִי יְהוָה אֱלֹהֵיכֶם׃

רש"י

כג) **תֶּבֶל הוּא.** לְשׁוֹן קֹדֶשׁ וְעֶרְוָה וְנִאוּף, וְכֵן: "וְאַפִּי עַל תַּבְלִיתָם" (ישעיה י, כה). דָּבָר אַחֵר, "תֶּבֶל הוּא" – לְשׁוֹן בְּלִילָה וְעִרְבּוּב, זֶרַע אָדָם וְזֶרַע בְּהֵמָה:

כח) **וְלֹא תָקִיא הָאָרֶץ אֶתְכֶם.** מָשָׁל לְבֶן מֶלֶךְ שֶׁהֶאֱכִילוּהוּ דָּבָר מָאוּס, שֶׁאֵין עוֹמֵד בְּמֵעָיו אֶלָּא מְקִיאוֹ, כָּךְ אֶרֶץ יִשְׂרָאֵל אֵינָהּ מְקַיֶּמֶת עוֹבְרֵי עֲבֵרָה. וְתַרְגּוּמוֹ: 'וְלָא תְרוֹקֵן', לְשׁוֹן רִקּוּן, מְרִיקָה עַצְמָהּ מֵהֶם:

כט) **הַנְּפָשׁוֹת הָעֹשֹׂת.** הַזָּכָר וְהַנְּקֵבָה בְּמַשְׁמָע:

ל) **וּשְׁמַרְתֶּם אֶת מִשְׁמַרְתִּי.** לְהַזְהִיר בֵּית דִּין עַל כָּךְ: **וְלֹא תִטַּמְּאוּ בָּהֶם אֲנִי ה' אֱלֹהֵיכֶם.** הָא אִם תִּטַּמְּאוּ אֵינִי אֱלֹהֵיכֶם וְאַתֶּם נִפְסָלִים מֵאַחֲרַי, וּמַה הֲנָאָה יֵשׁ לִי בָּכֶם וְאַתֶּם מִתְחַיְּבִים כְּלָיָה, לְכָךְ נֶאֱמַר: "אֲנִי ה' אֱלֹהֵיכֶם":

לִפְנֵי בְהֵמָה לְרִבְעָה, לשכב עמה. כשם שמשכב בהמה אסור לגברים | ביאור
כך הוא אסור לנשים. **תֶּבֶל הוּא**, ערבוב ובלבול בין מינים. מעשים
כאלה היו נוהגים בחברה הכנענית העממית ולא נחשבו תועבה
בתרבותה.

כד ובסופו של דבר מעבר לעצם האיסור – **אַל תִּטַּמְּאוּ בְּכָל אֵלֶּה**. בעברה
על דיני העריות שהוזכרו יש צד של טומאה, סיאוב וכיעור. זוהי
טומאה מוסרית ורוחנית שאינה קשורה לטומאה כמושג אובייקטיבי
המכיל הבחנות טכניות, כפי שהופיע בעניינים הקודמים. **כִּי בְכָל
אֵלֶּה נִטְמְאוּ הַגּוֹיִם אֲשֶׁר אֲנִי מְשַׁלֵּחַ מִפְּנֵיכֶם**. קשרי גילוי העריות
למיניהם – יחסי אישות עם אשתו של אחר, משכב זכר ומשכב
בהמה – היו חלק מהתרבות הכנענית. כה **וַתִּטְמָא הָאָרֶץ, וָאֶפְקֹד
עֲוֺנָהּ עָלֶיהָ**. המעשים הללו אינם רק חטא פרטי. כאשר הם הופכים
מקובלים ונורמטיביים, הם מטמאים את הארץ. עברות חמורות אינן
נוגעות רק בבני אדם, אלא הן מטמאות גם את סביבתן. הכיעור,
הזוועה או הבושה הכרוכים בהן חלים על הנפשות הפועלות וגורמים
אף לארץ לריענש –[62] **וַתָּקִא הָאָרֶץ אֶת יֹשְׁבֶיהָ**, אם בעקבות כיבוש או
כתוצאה מאסונות טבע. כו לעומתם – **וּשְׁמַרְתֶּם אַתֶּם** – בני ישראל,
אֶת חֻקֹּתַי, הדינים הקובעים מה מוגדר כקרבה ומה אינו קרבה בלא
היגיון מובחן, **וְאֶת מִשְׁפָּטַי**, הדינים שניתן לבססם על טיעונים בעלי
משמעות לוגית ומעשית.[63] **וְלֹא תַעֲשׂוּ מִכֹּל הַתּוֹעֵבֹת הָאֵלֶּה, הָאֶזְרָח
וְהַגֵּר הַגָּר בְּתוֹכְכֶם**, משום שהמגבלות הללו חלים על כל אדם שחי
בארץ.[64] כז **כִּי אֶת כָּל הַתּוֹעֵבֹת הָאֵל**, האלה **עָשׂוּ אַנְשֵׁי הָאָרֶץ אֲשֶׁר** היו
בה **לִפְנֵיכֶם** – הכנענים, **וַתִּטְמָא הָאָרֶץ** על ידי המעשים הללו. כח **וְלֹא
תָקִיא הָאָרֶץ אֶתְכֶם בְּטַמַּאֲכֶם אֹתָהּ, כַּאֲשֶׁר קָאָה**, הקיאה מתוכה **אֶת
הַגּוֹי אֲשֶׁר לִפְנֵיכֶם**. הארץ, בייחוד ארץ הקודש, אינה יכולה לשאת
את הכיעור והיא מקיאה את החוטאים המטמאים אותה.[65] כט **כִּי
כָּל אֲשֶׁר יַעֲשֶׂה מִכֹּל הַתּוֹעֵבוֹת הָאֵלֶּה**, שנמנו לעיל[66] – **וְנִכְרְתוּ הַנְּפָשׁוֹת
הָעֹשֹׂת מִקֶּרֶב עַמָּם**. עוד לפני שבית הדין האנושי יעסוק בדין, החוטאים
בעברות הללו חייבים בכרת בידי שמים, כלומר בכריתת הנפש ומותה
בעולם הזה ובעולם הבא.[67] ל **וּשְׁמַרְתֶּם אֶת מִשְׁמַרְתִּי**. לא די שאסור
לעשות את העברות עצמן, אלא צריך לעשות להן גם שמירה, כלומר
לבנות מחיצות והגבלות מראש על מנת למנוע את מימוש המעשה.[68]
לְבִלְתִּי עֲשׂוֹת מֵחֻקּוֹת, ממנהגי **הַתּוֹעֵבֹת אֲשֶׁר נַעֲשׂוּ לִפְנֵיכֶם** בארץ
כנען, **וְלֹא תִטַּמְּאוּ בָּהֶם**, על ידי עשייתם. **אֲנִי ה׳ אֱלֹהֵיכֶם**.

קדשים טו וַיְדַבֵּר יְהוָה אֶל־מֹשֶׁה לֵּאמֹר: דַּבֵּר אֶל־כָּל־עֲדַת א ב יט
בְּנֵי־יִשְׂרָאֵל וְאָמַרְתָּ אֲלֵהֶם קְדֹשִׁים תִּהְיוּ כִּי קָדוֹשׁ
אֲנִי יְהוָה אֱלֹהֵיכֶם: אִישׁ אִמּוֹ וְאָבִיו תִּירָאוּ וְאֶת־ ג
שַׁבְּתֹתַי תִּשְׁמֹרוּ אֲנִי יְהוָה אֱלֹהֵיכֶם: אַל־תִּפְנוּ אֶל־ ד
הָאֱלִילִם וֵאלֹהֵי מַסֵּכָה לֹא תַעֲשׂוּ לָכֶם אֲנִי יְהוָה

רש"י | פרק יט

ב] **דַּבֵּר אֶל כָּל עֲדַת בְּנֵי יִשְׂרָאֵל.** מְלַמֵּד שֶׁנֶּאֶמְרָה פָּרָשָׁה זוֹ בְּהַקְהֵל, מִפְּנֵי שֶׁרֹב גּוּפֵי תּוֹרָה תְּלוּיִין בָּהּ: **קְדֹשִׁים תִּהְיוּ.** הֱווּ פְרוּשִׁים מִן הָעֲרָיוֹת וּמִן הָעֲבֵרָה, שֶׁכָּל מָקוֹם שֶׁאַתָּה מוֹצֵא גֶּדֶר עֶרְוָה אַתָּה מוֹצֵא קְדֻשָּׁה: "אִשָּׁה זֹנָה וַחֲלָלָה" וְגוֹ', "אֲנִי ה' מְקַדִּשְׁכֶם" (ויקרא כא, ז-ח); "וְלֹא יְחַלֵּל זַרְעוֹ... אֲנִי ה' מְקַדְּשׁוֹ" (שם טו); "קְדֹשִׁים יִהְיוּ", "אִשָּׁה זֹנָה וַחֲלָלָה" וְגוֹ' (שם ו-ז):

ג] **אִישׁ אִמּוֹ וְאָבִיו תִּירָאוּ.** כָּל אֶחָד מִכֶּם תִּירְאוּ אָבִיו וְאִמּוֹ, זֶהוּ פְּשׁוּטוֹ. וּמִדְרָשׁוֹ, אֵין לִי אֶלָּא אִישׁ, אִשָּׁה מִנַּיִן? כְּשֶׁהוּא אוֹמֵר: "תִּירָאוּ" הֲרֵי כָּאן שְׁנַיִם. אִם כֵּן לָמָּה נֶאֱמַר "אִישׁ"? שֶׁהָאִישׁ סִפֵּק בְּיָדוֹ לַעֲשׂוֹת, אֲבָל אִשָּׁה – רְשׁוּת אֲחֵרִים עָלֶיהָ: **אִמּוֹ וְאָבִיו תִּירָאוּ.** כָּאן הִקְדִּים אֵם לְאָב, לְפִי שֶׁגָּלוּי לְפָנָיו שֶׁהַבֵּן יָרֵא אֶת אָבִיו יוֹתֵר מֵאִמּוֹ, וּבְכִבּוּד הִקְדִּים אָב לְאֵם, לְפִי שֶׁגָּלוּי לְפָנָיו שֶׁהַבֵּן מְכַבֵּד אֶת אִמּוֹ יוֹתֵר מֵאָבִיו, מִפְּנֵי שֶׁמְּשַׁדַּלְתּוֹ בִּדְבָרִים: **וְאֶת שַׁבְּתֹתַי תִּשְׁמֹרוּ.** סָמַךְ שְׁמִירַת שַׁבָּת לְמוֹרָא אָב, לוֹמַר, אַף עַל פִּי שֶׁהִזְהַרְתִּיךָ עַל מוֹרָא אָב, אִם יֹאמַר לְךָ חַלֵּל אֶת הַשַּׁבָּת, אַל תִּשְׁמַע לוֹ, וְכֵן בִּשְׁאָר כָּל הַמִּצְוֹת: **אֲנִי ה' אֱלֹהֵיכֶם.** אַתָּה וְאָבִיךָ חַיָּבִים בִּכְבוֹדִי, לְפִיכָךְ לֹא תִּשְׁמַע לוֹ לְבַטֵּל אֶת דְּבָרַי. אֵיזֶהוּ מוֹרָא? לֹא יֵשֵׁב בִּמְקוֹמוֹ וְלֹא יְדַבֵּר בִּמְקוֹמוֹ וְלֹא יִסְתֹּר אֶת דְּבָרָיו. וְאֵיזֶהוּ כָּבוֹד? מַאֲכִיל וּמַשְׁקֶה, מַלְבִּישׁ וּמַנְעִיל, מַכְנִיס וּמוֹצִיא:

ד] **אַל תִּפְנוּ אֶל הָאֱלִילִם.** לְעָבְדָם. "אֱלִילִים" לְשׁוֹן 'אַל', כְּלֹא הוּא חָשׁוּב: **וֵאלֹהֵי מַסֵּכָה.** תְּחִלָּתָן אֱלִילִים הֵם, וְאִם אַתָּה פּוֹנֶה אַחֲרֵיהֶם סוֹפְךָ לַעֲשׂוֹתָן אֱלוֹהוֹת: **לֹא תַעֲשׂוּ לָכֶם.** לֹא תַעֲשׂוּ לַאֲחֵרִים וְלֹא אֲחֵרִים לָכֶם, וְאִם תֹּאמַר לֹא תַעֲשׂוּ לְעַצְמְכֶם אֲבָל אֲחֵרִים עוֹשִׂין לָכֶם, הֲרֵי כְּבָר נֶאֱמַר: "לֹא יִהְיֶה לְךָ" (שמות כ, ג), לֹא שֶׁלְּךָ וְלֹא שֶׁל אֲחֵרִים:

הרחבות | **'דבר אל כל עדת בני ישראל'** פתיחה זו שונה מהפתיחה דַּבֵּר אֶל בְּנֵי יִשְׂרָאֵל, שהופיעה בפרשת העריות שבעניין הקודם, ומכל שאר הפתיחות שבספר. הפנייה היא אֶל כָּל עֲדַת בְּנֵי יִשְׂרָאֵל ולא לקהל מסוים, מכיוון שמוצגת כאן תפיסה כוללת הבאה לביטוי בפרטים רבים. ההתייחסות היא לעדה כולה, הואיל ואין הדברים נוגעים בבעיות או בחטאים מוגדרים. (ראו ספרא).

'איש אמו אביו תיראו ואת שבתֹתי תשמֹרו' גם בעשרת הדיברות סמוכים כיבוד אב ואם וקדושת השבת זה לזה. נראה כי הצמדת מורא אב ואם לשמירת השבת מבטאת שני קצוות הפוכים. היחס המיוחד להורים הוא חלק ממבנה החברה האנושית שאינו קשור לקדושת ישראל דווקא. במשך דורות רבים חולק המין האנושי כבוד לזקניו. כיבוד האב והאם נתפס בכל העולם כמעלתה המוסרית של האנושות על פני עולם החי, שבו הזקנים נעזבים ומתים לעצמם. כאן מצֻווה האדם לא רק לכבד

הציווי על הקדושה

פרקים יט–כ

עד כה עסק הספר בהלכות בתחומים מסוימים – קרבנות, איסורי אכילה, טומאות וכיוצא בהם.[1] העניין שלפנינו – הקדושה – דן בתפיסה רחבה וכוללת שאינה מצטמצמת בתחומי הלכה מבודדים.

כבר העירו שבמצוות המופיעות בפרשה שלפנינו מהדהדות עשרת הדיברות. כאן זוכה תוכנן של הדיברות לפירוט ולפיתוח של משמעויות נוספות.[2] עם זאת, קשה לראות בבהירות את העומד מאחורי מבנה הפרשה וסדר נושאיה.[3]

מורא הורים, שבת, עבודה זרה ושמירת דיני הקרבנות

פרק יט פס׳ א–ח

ביאור | פרק יט א **וַיְדַבֵּר ה׳ אֶל מֹשֶׁה לֵּאמֹר:** ב **דַּבֵּר אֶל כָּל עֲדַת בְּנֵי יִשְׂרָאֵל. וְאָמַרְתָּ אֲלֵהֶם: קְדֹשִׁים תִּהְיוּ.** לפני מתן תורה נאמרה ההבטחה – שיש בה גם חיוב – שעם ישראל יהיה מַמְלֶכֶת כֹּהֲנִים וְגוֹי קָדוֹשׁ,[4] ועכשיו הגיע זמן הפירעון, עת המימוש של ההצהרה הזו; קדושת ישראל צריכה להתבטא במעשים. **כִּי קָדוֹשׁ אֲנִי ה׳ אֱלֹהֵיכֶם.** הקדושה איננה מעשה מיוחד, טקס או פעולת חניכה מסוימת. קדושתם של ישראל באה מכוח הקשר בינם לבין ה׳, והשלכותיה כוללות מכלול עצום של מעשים והקשרים.

ג **אִישׁ אִמּוֹ וְאָבִיו תִּירָאוּ, וְאֶת שַׁבְּתֹתַי תִּשְׁמֹרוּ. אֲנִי ה׳ אֱלֹהֵיכֶם.** היו שהסבירו את הקשר בין שני הדינים הללו בכך שחשיבות שמירת השבת עולה על חובת יראת האב והאם. כלומר אף על פי שעליכם להיזהר מלהמרות את פי הוריכם, אינכם צריכים לציית לדבריהם כשהם סותרים את מצוות שמירת השבת או מצוות אחרות.[5]

ד **אַל תִּפְנוּ אֶל הָאֱלִילִם. וֵאלֹהֵי מַסֵּכָה,** אלילים בתבניות נסוכות, יצוקות **לֹא תַעֲשׂוּ לָכֶם,** מפני שאתם קדושים, **וַאֲנִי ה׳ אֱלֹהֵיכֶם.**

הרחבות |

את הוריו אלא גם לירוא מהם. התורה אינה פונה בהכרח אל ילדים קטנים, שהוריהם יכולים להעניש, אלא גם למבוגרים שאין להוריהם שליטה בחייהם. היראה מן האם והאב אינה מבוססת אפוא על יחסי כוחות אלא על גדולתה של הדמות האנושית. לעומת זאת, הציווי על השבת מדגיש שאלו הן שַׁבְּתֹתַי, שכן השבת היא יום חגו המיוחד של אלוקים. (ראו בראשית ב,ב-ג; שמות כ,ט; לא,יג-יז; דברים ה,יד). יתר על כן, שלא כבחגים אחרים – שיש להם קשר כלשהו למהלך הטבע – השבת אינה קשורה כלל למבנה העולם החומרי. הן במצוות מורא אם ואב והן במצוות שמירת השבת ישנו היבט של נתינת כבוד ושגב למי שראוי לו, אולם בשני קטבים רחוקים: בצד האנושי של דמותו השלמה של האדם, ובצד המופשט לחלוטין. שני הקצוות ישכנו כאחד בחברה הקדושה.

׳אל תפנו אל האלילים׳ בכינוי אֱלִילִים, המופיע כאן לראשונה, יש משמעות ברורה

אֱלֹהֵיכֶם: • וְכִי תִזְבְּחוּ זֶבַח שְׁלָמִים לַיהוָה לִרְצֹנְכֶם ה
תִּזְבָּחֻהוּ: בְּיוֹם זִבְחֲכֶם יֵאָכֵל וּמִמָּחֳרָת וְהַנּוֹתָר עַד־ ו
יוֹם הַשְּׁלִישִׁי בָּאֵשׁ יִשָּׂרֵף: וְאִם הֵאָכֹל יֵאָכֵל בַּיּוֹם ז
הַשְּׁלִישִׁי פִּגּוּל הוּא לֹא יֵרָצֶה: וְאֹכְלָיו עֲוֺנוֹ יִשָּׂא כִּי־ ח
אֶת־קֹדֶשׁ יְהוָה חִלֵּל וְנִכְרְתָה הַנֶּפֶשׁ הַהִוא מֵעַמֶּיהָ:
וּבְקֻצְרְכֶם אֶת־קְצִיר אַרְצְכֶם לֹא תְכַלֶּה פְּאַת שָׂדְךָ ט
לִקְצֹר וְלֶקֶט קְצִירְךָ לֹא תְלַקֵּט: וְכַרְמְךָ לֹא תְעוֹלֵל י

רש"י

ה **וְכִי תִזְבְּחוּ וְגוֹ'.** לֹא נֶאֶמְרָה פָּרָשָׁה זוֹ אֶלָּא לְלַמֵּד שֶׁלֹּא תְהֵא זְבִיחָתָן אֶלָּא עַל מְנָת לְהֵאָכֵל בְּתוֹךְ הַזְּמַן הַזֶּה, שֶׁאִם לִקְבֹּעַ לָהֶם זְמַן אֲכִילָה, הֲרֵי כְּבָר נֶאֱמַר: "וְאִם נֶדֶר אוֹ נְדָבָה זֶבַח קָרְבָּנוֹ" וְגוֹ' (לעיל ז, טז): **לִרְצֹנְכֶם תִּזְבָּחֻהוּ.** תְּחִלַּת זְבִיחָתוֹ תְּהֵא עַל מְנָת נַחַת רוּחַ שֶׁיְּהֵא לָכֶם לְרָצוֹן, שֶׁאִם תַּחְשְׁבוּ עָלָיו מַחֲשֶׁבֶת פְּסוּל לֹא יֵרָצֶה עֲלֵיכֶם לְפָנָי: **לִרְצֹנְכֶם.** אפיימי"ט, זֶהוּ לְפִי פְשׁוּטוֹ. וְרַבּוֹתֵינוּ לָמְדוּ מִכָּאן לְמִתְעַסֵּק בְּקָדָשִׁים שֶׁפָּסוּל, שֶׁצָּרִיךְ שֶׁיִּתְכַּוֵּן לִשְׁחֹט:

ו **בְּיוֹם זִבְחֲכֶם יֵאָכֵל.** כְּשֶׁתִּזְבָּחוּהוּ, תִּשְׁחָטוּהוּ עַל מְנָת זְמַן זֶה שֶׁקָּבַעְתִּי לָכֶם כְּבָר:

ז **וְאִם הֵאָכֹל יֵאָכֵל וְגוֹ'.** אִם אֵינוֹ עִנְיָן לְחוּץ לִזְמַנּוֹ, שֶׁהֲרֵי כְּבָר נֶאֱמַר: "וְאִם הֵאָכֹל יֵאָכֵל מִבְּשַׂר זֶבַח שְׁלָמָיו" וְגוֹ' (לעיל ז, יח), תְּנֵהוּ עִנְיָן לְחוּץ לִמְקוֹמוֹ. יָכוֹל יִהְיוּ חַיָּבִים כָּרֵת עַל אֲכִילָתוֹ? תַּלְמוּד לוֹמַר: "וְהַנֶּפֶשׁ הָאֹכֶלֶת מִמֶּנּוּ עֲוֺנָהּ תִּשָּׂא" (לעיל ז, יח), מִמֶּנּוּ וְלֹא מֵחֲבֵרוֹ, יָצָא הַנִּשְׁחָט בְּמַחֲשֶׁבֶת חוּץ לִמְקוֹמוֹ: **פִּגּוּל.** מְתֹעָב, כְּמוֹ: "וּמְרַק פִּגֻּלִים כְּלֵיהֶם" (ישעיה סה, ד):

ח **וְאֹכְלָיו עֲוֺנוֹ יִשָּׂא.** בְּנוֹתָר גָּמוּר הַכָּתוּב מְדַבֵּר, וְאֵינוֹ עָנוּשׁ כָּרֵת עַל הַנִּשְׁחָט חוּץ לִמְקוֹמוֹ, שֶׁכְּבָר מִעֲטוֹ הַכָּתוּב, וְזֶה בְּנוֹתָר גָּמוּר מְדַבֵּר. וּבְמַסֶּכֶת כְּרֵתוֹת (דף ה ע"א) לְמָדוּהוּ מִגְּזֵרָה שָׁוָה:

ט **לֹא תְכַלֶּה פְּאַת שָׂדְךָ.** שֶׁיַּנִּיחַ פֵּאָה בְּסוֹף שָׂדֵהוּ: **וְלֶקֶט קְצִירְךָ.** שִׁבֳּלִים הַנּוֹשְׁרִים בִּשְׁעַת קְצִירָה אַחַת אוֹ שְׁתַּיִם, אֲבָל שָׁלֹשׁ אֵינָן לֶקֶט (פאה ו, ה):

י **לֹא תְעוֹלֵל.** לֹא תִּטֹּל עוֹלֵלוֹת שֶׁבָּהּ, וְהֵן נִכָּרוֹת. אֵיזֶהוּ עוֹלֵלוֹת? כָּל שֶׁאֵין לָהּ

הרחבות

של זלזול ולעג. (ראו ספרא). הכפלת האות ל' במלה זו מקבילה להכפלת האותיות 'לב' במלה 'כלבלב'. אין בזה הדגשה של עזיבת ה' אלא הטעמת הפנייה למיני 'אלוהים קטנים'.

'ואכליו עונו ישא כי את קדש ה' חלל, ונכרתה הנפש ההוא מעמיה' גם הנביאים האשימו את ישראל באכילת קרבנות ביום השלישי במקדשים שעשו בבית אל ובדן (עמוס ד,ד). תוכחות אלה והעונש החמור על אכילת הקרבן ביום השלישי תמוהים: מדוע מי שאוכל את בשרו של קרבן המותר באכילה יום לאחר זמנו ייענש בכרת? אכן מצד אחד, זהו קרבן שבא מרצון; האדם יוזם את הבאת השלמים לשם אכילת בשר לפני ה'. חלקו של הקרבן עולה למזבח, חלקו ניתן לכהנים ורוב הבשר מגיע

ביאור

ה **וְכִי תִזְבְּחוּ זֶבַח שְׁלָמִים לַה'** – **לִרְצֹנְכֶם**, מתוך רצון טוב,[6] או: להיות
רצויים[7] **תִּזְבָּחֻהוּ**. ו על כן עליכם לשמור את משפטי הקרבן:[8] **בְּיוֹם**
זִבְחֲכֶם יֵאָכֵל וּמִמָּחֳרָת – כך דינו האמור,[9] **וְהַנּוֹתָר עַד יוֹם הַשְּׁלִישִׁי – בָּאֵשׁ**
יִשָּׂרֵף. ז **וְאִם הֵאָכֹל יֵאָכֵל** הקרבן **בַּיּוֹם הַשְּׁלִישִׁי** – **פִּגּוּל**, שיקוץ,
דבר מאוס **הוּא**. לפי הגדרות ההלכה, בשר קודשים שנשאר ביום
השלישי נקרא 'נותר' ולא 'פיגול'. 'פיגול' הוא כינויו של בשר שבזמן
ההקרבה תכנן האדם לאכלו ביום השלישי,[10] ולכן הקרבן **לֹא יֵרָצֶה**,
בעיני ה'. ח **וְאֹכְלָיו עֲוֺנוֹ יִשָּׂא**, ישא באחריות לחטאו, **כִּי אֶת קֹדֶשׁ ה'**
חִלֵּל, וְנִכְרְתָה הַנֶּפֶשׁ הַהִוא מֵעַמֶּיהָ.

מתנות עניים, יושר ואחווה

פרק יט פס' ט–יח

מן ההתייחסות לשמירת הקדושה במונחים דתיים-פולחניים: שבת, עבודה זרה, קרבנות, עובר הכתוב לפנים האחרות של הקדושה הנוגעות בחייהם של בני אדם. תפיסת הקדושה שהתורה מציבה אינה מתייחסת לפינה מוגדרת ומנותקת מחיי היומיום. החיים כולם עומדים תחת משקלה של הקדושה, והשתמעויותיה מופיעות במגוון היבטים בחיי האדם והחברה ומגיעות עד הכיס. ערכי קדושה מעצבים חובות קטנות וגדולות ביחסים שבין אדם לחברו.

ט **וּבְקֻצְרְכֶם אֶת קְצִיר אַרְצְכֶם, לֹא תְכַלֶּה**, תסיים את **פְּאַת**, פינת
שָׂדְךָ לִקְצֹר. השאר אותה בלתי קצורה. **וְלֶקֶט קְצִירְךָ**, את השיבולים
הנופלות מן החרמש בעת הקציר **לֹא תְלַקֵּט**, אלא השאר אותן
מונחות בשדה. י **וְכַרְמְךָ לֹא תְעוֹלֵל**, אל תאסוף את העוללות,

קציר
תמשיח מקבר סנדג'ם
המאה ה-13 לפנה"ס
תבי, מצרים

הרחבות

לידי המקריב, באווירת שלום ושלווה בין כל הצדדים המשתתפים בקרבן, ומכאן גם שמו של הקרבן – 'שלמים' (ספרא, דבורא דנדבה יג; רש"י ויקרא ד,י). מצד שני, קרבן השלמים הוא קודש, ואיננו סעודה אישית חגיגית שמפרישים ממנה דבר-מה לה'. אם הופכים את הקרבן לארוחה משפחתית גדולה גרידא, הוא מאבד מקדושתו. מי שאוכל אותו, או מתכנן לאכלו ביום השלישי – או אולי ביום החמישי, ואינו מקפיד היכן וכיצד, מחלל את קודשי ה'. קרבנו התחלל. העונש החמור אינו נובע מן הפיתוי שיש במעשה עצמו אלא משינוי מהותו, מהפיכת הקודש לחולין. (ראו ר"י בכור שור, ובהרחבה להלן כב,לא).

וּפֶרֶט כַּרְמְךָ לֹא תְלַקֵּט לֶעָנִי וְלַגֵּר תַּעֲזֹב אֹתָם אֲנִי
יְהוָה אֱלֹהֵיכֶם: · לֹא תִּגְנֹבוּ וְלֹא־תְכַחֲשׁוּ וְלֹא־ יא
תְשַׁקְּרוּ אִישׁ בַּעֲמִיתוֹ: וְלֹא־תִשָּׁבְעוּ בִשְׁמִי לַשָּׁקֶר יב
וְחִלַּלְתָּ אֶת־שֵׁם אֱלֹהֶיךָ אֲנִי יְהוָה: לֹא־תַעֲשֹׁק אֶת־ יג
רֵעֲךָ וְלֹא תִגְזֹל לֹא־תָלִין פְּעֻלַּת שָׂכִיר אִתְּךָ עַד־
בֹּקֶר: לֹא־תְקַלֵּל חֵרֵשׁ וְלִפְנֵי עִוֵּר לֹא תִתֵּן מִכְשֹׁל יד

רש"י | לא כתף ולא נטף: **ופרט כרמך.** גרגרי ענבים הנושרים בשעת בצירה: **אני ה' אלהיכם.** דין לפרע, ואיני גובה מכם אלא נפשות, שנאמר: "אל תגזל דל" וגו' "כי ה' יריב ריבם" וגו' (משלי כב, כב-כג):

יא| **לא תגנבו.** אזהרה לגונב ממון, אבל "לא תגנב" שבעשרת הדברות אזהרה לגונב נפשות, דבר הלמד מענינו, דבר שחיבין עליו מיתת בית דין: **ולא תכחשו.** לפי שנאמר: "וכחש בה" – משלם קרן וחמש (לעיל ה, כב-כד), למדנו ענש, אזהרה מנין? תלמוד לומר: "ולא תכחשו": **ולא תשקרו.** לפי שנאמר: "ונשבע על שקר" – ישלם קרן וחמש (לעיל ה, כב-כד), למדנו ענש, אזהרה מנין? תלמוד לומר "ולא תשקרו": **לא תגנבו ולא תכחשו ולא תשקרו... ולא תשבעו.** אם גנבת סופך לכחש, סופך לשקר, סופך להשבע לשקר:

יב| **ולא תשבעו בשמי.** למה נאמר? לפי שנאמר: "לא תשא את שם ה' אלהיך לשוא" (שמות כ, ז), יכול לא יהא חיב אלא על שם המיחד, מנין לרבות כל הכנויין? תלמוד לומר: "ולא תשבעו בשמי לשקר", כל שם שיש לי:

יג| **לא תעשק.** זה הכובש שכר שכיר: **לא תלין.** לשון נקבה, מוסב על הפעלה: **עד בקר.** בשכיר יום הכתוב מדבר, שיציאתו משתשקע החמה, לפיכך זמן גבוי שכרו כל הלילה. ובמקום אחר הוא אומר: "ולא תבוא עליו השמש" (דברים כד, טו), מדבר בשכיר לילה, שהשלמת פעלתו משיעלה עמוד השחר, לפיכך זמן גבוי שכרו כל היום, לפי שנתנה תורה זמן לבעל הבית עונה לבקש מעות:

יד| **לא תקלל חרש.** אין לי אלא חרש, מנין לרבות כל אדם? תלמוד לומר: "בעמך לא תאר" (שמות כב, כז), אם כן, למה נאמר "חרש"? מה חרש מיחד שהוא בחיים, אף כל שהוא בחיים, יצא המת שאינו בחיים: **ולפני עור לא תתן מכשל.** לפני הסומא בדבר לא תתן עצה שאינה הוגנת לו, אל תאמר מכר שדך וקח לך

הרחבות | **'אני ה' אלהיכם'** שוב חוזרת ההכרזה הזאת, המופיעה בפרשה עשר פעמים, כדי להדגיש שהמעשים הללו אינם רק התנהגות הראויה לאנשים הגונים. מאחורי כל הציוויים עומדת קדושתו של המחוקק, בורא הכול. כשם שקדושת ה' היא שעמדה מאחורי איסור הפנייה לאלילים ועשיית אלוהי מסכה, כך קדושה זו היא מקור החובה שלא לקחת הכול לעצמכם, אלא להותיר משלכם לעניים, לזרים ולנזקקים. כך חודרת הקדושה אל תוך מארג החיים הממשיים הרבה יותר מאשר באמצעות מנהגים השייכים לפולחן.

'לא תלין פעֻלת שכיר' דחיית התשלום לפועלים עשויה להביא למעסיק רווח

ביאור

האשכולות הפגומים המכילים ענבים בודדות. **וּפֶרֶט כַּרְמְךָ**, ואת הענבים שנפרטו ונפלו מן האשכול **לֹא תְלַקֵּט**. את כל אלה – פאת השדה, לקט הקציר, עוללות ופרט הכרם – אל תלקט מן השדה, אלא **לֶעָנִי וְלַגֵּר**, שאין לו בסיס כלכלי, **תַּעֲזֹב אֹתָם. אֲנִי ה' אֱלֹהֵיכֶם.**

גם הצדקה ואפילו האיסורים הבאים, שמקצתם באים למנוע עוולות חברתיות, הם כלים לכינון עדה קדושה: יא **לֹא תִּגְנֹבוּ, וְלֹא תְכַחֲשׁוּ**, כשאתם חייבים לזולתכם, אל תכחישו זאת. **וְלֹא תְשַׁקְּרוּ אִישׁ בַּעֲמִיתוֹ.** יב **וְלֹא תִשָּׁבְעוּ בִשְׁמִי לַשָּׁקֶר**, שכן על ידי כך – **וְחִלַּלְתָּ אֶת שֵׁם אֱלֹהֶיךָ**, תבזה את שם ה' בשימוש בו לשם עוול, הרי – **אֲנִי ה'**, והזכרת שמי בין דברי העוול שלכם – לשווא ולשקר – היא עוול כפול. יג **לֹא תַעֲשֹׁק**, אל תשתמש בכוח או במעמד וסמכות על מנת לנצל **אֶת רֵעֲךָ**, חברך ולמנוע ממנו את כל המגיע לו.[11] ניצול זה יכול להיות במשא ומתן, בדברי ריב, בענייני שכירת פועלים וכדומה.[12] **וְלֹא תִגְזֹל**, אל תקח מאדם את מה ששייך לו. **לֹא תָלִין** את **פְּעֻלַּת**, משכורתו של **שָׂכִיר אִתְּךָ עַד בֹּקֶר.** עליך לשלם לפועליך מיד. אם אתה מעסיק שכיר יום המקבל את התשלום בלילה, עליך לשלם לו עוד באותו לילה שבו גמר את עבודתו.

יד **לֹא תְקַלֵּל חֵרֵשׁ, וְלִפְנֵי עִוֵּר לֹא תִתֵּן מִכְשֹׁל.** על עצם הדין נוספת

הרחבות

כלכלי בחברה מפותחת, שיש בה חשבונות ריבית; היא יכולה לנבוע גם מנוחות בלבד. מכל מקום, התורה מורה על תשלום בזמן המיועד כדי למנוע עושק ולהעמיד את יחסי העבודה על אדני יושר.
השכיר הנזכר בתורה, הוא מי שנזקק לשכר, ועל כן אסור לדחות את התשלום בעבור עבודתו. אולם גם אם המצב שונה, והמעביד הוא הנזקק, משום שאין בכוחו למצוא שכירים אחרים, ואילו לשכיר יש שפע הצעות עבודה, הלנת שכר אסורה.

'לֹא תקלל חרש' אסור לקלל כל אדם, (ראו ספרא, רש"י ורמב"ן על אתר; סנהדרין סו ע"א ושבועות לו ע"א) אך כאן נזכרת קללת חירש כדי להדגיש את הפגיעה שיש בעצם אמירת הדברים, גם כאשר המקולל אינו שומע. ברור שהמקלל את החירש או המבזה אותו בפני אנשים אחרים מזיק לו, אף על פי שאין החירש מודע לפגיעה. ואולי דווקא משום כך אנשים מרשים לעצמם לעשות זאת. (ראו רמב"ן ורבנו בחיי). ועוד, גם במקום שאיש איננו שומע ולא נגרם כל נזק לחירש, הקללה לכשעצמה אסורה משום שהיא משפיעה על הלוך נפשו של המבטא אותה. (ראו דרשות הר"ן, יב).
אמנם מבחינת ההלכה יש לדין זה הגדרות מסוימות, ובכל זאת מכמה מקומות עולה שהקללה במשמעה המילולי אינה רק איחולי רעות לזולת, אלא גם דברי זלזול וביזיון שיש בהם כדי לפגוע בכבודו. (ראו דברים כא,כג; כה,ג; שמואל א' ג,יג ורש"י; שמואל ב' ו,כב; יונתן ויקרא כד,יא; רש"י ורמב"ן דברים כא,כב).

'ולפני עור לא תתן מכשל' חכמים הבינו איסור זה במשמעות מקיפה יותר ממובנו המילולי, והסבירו שכל אדם שאין לו ידע מספק בתחום מסוים, או שאיננו מודע לכל צדדיו של נושא, נחשב עיוור לאותו עניין. כל מה שעלול להכשיל אדם מחוסר ידע רלוונטי, להדריכו בדרך לא נכונה, או להביאו לידי עברה נכלל באיסור. (ראו רש"י על אתר; ספרא קדושים ב,ב; פסחים כב ע"ב).

שני / חמישי /

וְיָרֵאתָ מֵּאֱלֹהֶיךָ אֲנִי יְהוָה׃ · לֹא־תַעֲשׂוּ עָוֶל בַּמִּשְׁפָּט טו
לֹא־תִשָּׂא פְנֵי־דָל וְלֹא תֶהְדַּר פְּנֵי גָדוֹל בְּצֶדֶק תִּשְׁפֹּט
עֲמִיתֶךָ׃ לֹא־תֵלֵךְ רָכִיל בְּעַמֶּיךָ לֹא תַעֲמֹד עַל־דַּם טז

רש"י

חמור, ואתה עוקף עליו ונוטלה הימנו: **ויראת מאלהיך.** לפי שהדבר הזה אינו מסור לבריות לידע אם דעתו של זה לטובה או לרעה, ויכול להשמט ולומר: לטובה נתכוונתי, לפיכך נאמר בו: "ויראת מאלהיך", המכיר מחשבותיך. וכן כל דבר המסור ללבו של אדם העושהו, ואין אחר הבריות מכירות בו, נאמר בו: "ויראת מאלהיך":

טו) **לא תעשו עול במשפט.** מלמד שהדיין המקלקל את הדין קרוי עול, שנוי ומשקץ, חרם ותועבה, שהעול קרוי תועבה, שנאמר: "כי תועבת ה' וגו' כל עשה עול" (דברים כה, טז), והתועבה קרויה שקץ וחרם, שנאמר: "ולא תביא תועבה אל ביתך והיית חרם כמהו שקץ תשקצנו" וגו' (שם ז, כו): **לא תשא פני דל.** שלא תאמר, עני הוא זה והעשיר חיב לפרנסו, אזכנו בדין ונמצא מתפרנס בנקיות: **ולא תהדר פני גדול.** שלא תאמר, עשיר הוא זה, בן גדולים הוא זה, היאך אביישנו ואראה בבשתו? עונש יש בדבר! לכך נאמר: "ולא תהדר פני גדול": **בצדק תשפט עמיתך.** כמשמעו. דבר אחר, הוי דן את חברך לכף זכות:

טז) **לא תלך רכיל.** אני אומר על שם שכל משלחי מדנים ומספרי לשון הרע הולכים בבתי רעיהם לרגל מה יראו רע או מה ישמעו רע לספר בשוק, נקראים הולכי רכיל, הולכי רגילה, אשפיימנ"ט בלעז. וראיה לדברי, שלא מצינו רכילות שאין כתוב בלשון הליכה, "לא תלך רכיל", "הלכי רכיל נחשת וברזל" (ירמיה ו, כח). ושאר לשון הרע אין כתוב בו הליכה, "מלשני בסתר רעהו" (תהלים קא, ה), "לשון רמיה" (שם קכ, ב-ג), "לשון מדברת גדלות" (שם יב, ד). לכך אני אומר שהלשון "רכיל" לשון הולך ומרגל, שהכ"ף נחלפת בגימ"ל, שכל האותיות שמוצאיהן ממקום אחד מתחלפות זו בזו: בי"ת בפ"א, וגימ"ל בכ"ף, וקו"ף בכ"ף, ונו"ן בלמ"ד, וזי"ן בצד"י. וכן: "וירגל בעבדך" (שמואל ב' יט, כח), רגל במרמה לאמר עלי רעה, וכן: "לא רגל על לשנו" (תהלים טו, ג), וכן רוכל, הסוחר ומרגל אחר כל סחורה, וכל המוכר בשמים להתקשט בהם הנשים, על שם שמחזר תמיד בעירות נקרא רוכל, לשון רוגל. ותרגומו: "לא תיכול קורצין", כמו "ואכלו קרציהון די יהודיא" (דניאל ג, ח), "אכל ביה קרצא בי מלכא" (ברכות נח ע"א), נראה בעיני שהיה משפטם לאכול בבית המקבל דבריהם שום הלעטה, והוא גמר חזוק שדבריו מקימים ומעמידם על האמת, ואותה הלעטה נקראת 'אכילת קורצין', לשון: "קרץ בעינו" (משלי ו, יג), שכן דרך כל הולכי רכיל לקרץ בעיניהם ולרמז דברי רכילותן, שלא יבינו אחר השומעים: **לא תעמד על דם רעך.** לראות במיתתו ואתה יכול להצילו, כגון טובע בנהר וחיה או לסטים באים עליו: **אני ה'.** נאמן לשלם שכר, ונאמן לפרע:

ביאור | האזהרה – **וְיָרֵאתָ מֵּאֱלֹהֶיךָ, אֲנִי ה׳.** במקרים רבים, הנפגע איננו יודע מי פגע בו, ובקלות הפוגע יכול להימלט מאחריות – בפרט כאשר הנפגע הוא חירש, עיוור או חסר ישע שאין מי שיילחם למענו. יתר על כן, יכול אדם לפגוע בזולתו באופן שאינו ניכר גם לסובבים. לפיכך מדגיש הכתוב, שגם אם אין לאדם סיבה להתיירא מתגובת הקרבן או החברה – עליו לפחד מאלוקים, שלפניו גלויים כל המעשים וכל הכוונות.[13]

טו **לֹא תַעֲשׂוּ עָוֶל בַּמִּשְׁפָּט.** זוהי תביעה כללית ליושר במשפט, לא זו בלבד שלא תפלה לרעה את מי שבשולי החברה אלא גם **לֹא תִשָּׂא**, תגביה **פְנֵי דָל**, ומצד שני **לֹא תֶהְדַּר**, תכבד **פְּנֵי גָדוֹל**. אל תעדיף אחד מבעלי הדין, **בְּצֶדֶק תִּשְׁפֹּט עֲמִיתֶךָ**, בלא קשר לזהותו ולמעמדו.

טז **לֹא תֵלֵךְ רָכִיל**, אל תלך לספר במקום אחד שמועות או דברים פרטיים ששמעת או ראית במקום אחר,[14] **בְּעַמֶּיךָ**, בקהליך, או: בקרוביך.

בראותך שאדם מישראל נתון בסכנה או במצוקה, **לֹא תַעֲמֹד עַל דַּם רֵעֶךָ**. אל תימנע מלעשות דבר העשוי לעזור לו. אין הכרח שהפגיעה תהיה כרוכה בדם ממש.[15] **אֲנִי ה׳**, ועל כן הציוויים נובעים מסמכותי, ואינם אמירה בעלמא. יתר על כן, הצהרה זו נאמרת כאן, מפני שמן הציווי שלא לעמוד על הדם אפשר להתחמק. אדם יכול לטעון שלא

הרחבות | **׳לא תשא פני דל ולא תהדר פני גדול׳** בכל מערכת חוקים קיים בצורה כלשהי האיסור על העדפתו של העשיר, הגדול או החזק, אבל החוק האוסר לרחם על העניים במשפט הוא חריג. התואר ׳גדול׳ אינו מתייחס רק לעשיר או לבעל מעמד מכובד, לעומת העני והנתון בשולי החברה; ייתכן שמדובר גם במי שגדולתו מוסרית ורוחנית: חכם או רב גדול. (ראו שמות יא,ג).

׳לא תלך רכיל׳ הביטוי ׳ללכת רכיל׳ שאול מן הרוכל הנודד. השורש ר,כ,ל קרוב גם לשורש ר,ג,ל, (ראו רש״י), שכן שניהם קשורים לצעידה ממקום למקום. אף לשורש ר,ג,ל משמעות שלילית הקשורה לא רק לרגל אלא גם לידע ולדיבור – כך במלה ׳מרגל׳ המציינת אדם המשתמש ברגליו ובכוח הילוכו כדי להעביר ידיעות. התורה אוסרת לחשוף את המתרחש בחייו הפרטיים של הזולת. אין הכוונה לשקרים או לסיפור דברים רעים או מבישים דווקא אלא לעצם החשיפה, שהיום היא נתפסת כחובתה של העיתונות. אכן ישנם דברים שצריך לספרם לצורך מוגדר, אך על מעשים רבים אנשים נוהגים לדווח אף שאין כל ערך חיובי לפרסומם. למשל, סיפור מהימן על מריבה בין בעל ואשתו אינו חטא פלילי, אבל דיווח כזה מכניס יסוד נוסף של אי-נעימות אל תוך היחסים הללו. הולך הרכיל ששמע שמועה או סיפור והולך לגלותם לאחר, יוצר מצבים בלתי רצויים בעצם העברת המידע ממקום למקום, והוא עובר על איסור מאיסורי התורה.

האיסורים ללכת רכיל ולעמוד על דמו של אדם סמוכים בכתוב בשל הדמיון ביניהם: המרכל מבקש לראות דבר מגונה, לפעמים גם דבר שיכול לסכן אדם. הוא אינו מתערב כדי לסייע ולהציל, ולא זו בלבד, אלא הוא אף שמח במאורע ונהנה מהעברת סיפור המעשה הלאה. (ראו עוד ראב״ע ור״י בכור שור על אתר; רמב״ם, הלכות דעות ז,א).

רֵעֶךָ אֲנִי יְהוָה: לֹא־תִשְׂנָא אֶת־אָחִיךָ בִּלְבָבֶךָ הוֹכֵחַ יז
תּוֹכִיחַ אֶת־עֲמִיתֶךָ וְלֹא־תִשָּׂא עָלָיו חֵטְא: לֹא־תִקֹּם יח
וְלֹא־תִטֹּר אֶת־בְּנֵי עַמֶּךָ וְאָהַבְתָּ לְרֵעֲךָ כָּמוֹךָ אֲנִי

רש"י | יז| **וְלֹא תִשָּׂא עָלָיו חֵטְא.** לֹא תַלְבִּין אֶת פָּנָיו בָּרַבִּים:

יח| **לֹא תִקֹּם.** אָמַר לוֹ: הַשְׁאִילֵנִי מַגָּלְךָ, אָמַר לוֹ: לָאו. לְמָחָר אָמַר לוֹ: הַשְׁאִילֵנִי קַרְדֻּמְךָ, אָמַר לוֹ: אֵינִי מַשְׁאִילְךָ כְּדֶרֶךְ שֶׁלֹּא הִשְׁאַלְתַּנִי, זוֹ הִיא נְקִימָה. וְאֵיזוֹ הִיא נְטִירָה? אָמַר לוֹ: הַשְׁאִילֵנִי קַרְדֻּמְךָ, אָמַר לוֹ: לָאו. לְמָחָר אָמַר לוֹ: הַשְׁאִילֵנִי מַגָּלְךָ, אָמַר לוֹ: הֵא לְךָ, וְאֵינִי כְּמוֹתְךָ שֶׁלֹּא הִשְׁאַלְתַּנִי, זוֹ הִיא נְטִירָה, שֶׁנּוֹטֵר הָאֵיבָה בְּלִבּוֹ, אַף עַל פִּי שֶׁאֵינוֹ נוֹקֵם: **וְאָהַבְתָּ לְרֵעֲךָ כָּמוֹךָ.** אָמַר רַבִּי עֲקִיבָא: זֶה כְּלָל גָּדוֹל בַּתּוֹרָה:

הרחבות | **'לא תשנא את אחיך בלבבך, הוכח תוכיח את עמיתך'** בדרך כלל שנאה נובעת ממעשה לא הגון; מעשה טוב עשוי לעורר קנאה, ולא שנאה. ישנם אנשים המגיעים לידי קטטה בראותם את זולתם עושה מעשה שאינו טוב, במיוחד אם הדברים נוגעים להם. לעומתם, מי שנמנעים לפלוש לענייניו של הזולת, גם אם מתעוררת בלבם שנאה, הם לא יבטאו אותה. שנאה זו עלולה להישאר בלבם זמן רב, לא להתפוגג ואפילו להתעצם. לכן האדם מצווה להוכיח את עמיתו ולהגיד לו מה שיש בלבו עליו. פעמים רבות האדם אינו ער לכך שעשה מעשה לא ראוי, וכתוצאה מן התוכחה ייתכן שיחזור בו, והבעיה תיפתר. (ראו רשב"ם, רמב"ן ואברבנאל על אתר; ספר יראים לט). מכל מקום, לא נדרשת כאן פעולה פומבית אלא פנייה ישירה אל הזולת כדי לסייע לו לתקן את מעשיו. מבחינה זו מצווה זו דומה לאיסור הקודם, לֹא תַעֲמֹד עַל דַּם רֵעֶךָ.

'לא תקם ולא תטר' איסורים אלה קשורים לציווי הקודם, מפני שגם אם אין זו שנאה של ממש, יש כאן טינה שבלב. אולי לא היה האדם מגיע לידי כך לו הוכיח הנפגע את הפוגע.

'ואהבת לרעך כמוך' מדברי הלל הזקן עולה שציווי זה הוא הבסיס שעליו עומדת כל

ביאור | ראה או לא שמע את צרת חברו; הוא מיהר או היה עסוק; הוא לא חשב שעזרתו נחוצה או שהמצב מסוכן. אולם אֲנִי ה׳ היודע את האמת לאשורה.[16]

יז **לֹא תִשְׂנָא אֶת אָחִיךָ בִּלְבָבֶךָ**. נראה כאילו זה ציווי כללי, אך למעשה משמעותו מתגבלת. הכתוב אינו מתייחס לעשיית מעשים שהם ביטויי שנאה, אלא לשמירת השנאה בלב דווקא, שכן הפסוק מורה על התנהגות אלטרנטיבית: **הוֹכֵחַ תּוֹכִיחַ אֶת עֲמִיתֶךָ**, חברך, וְכך **לֹא תִשָּׂא עָלָיו**, בגללו[17] **חֵטְא**. אם תשמור את הדברים בלבך ולא תוכיח אותו, ייחשב לך הדבר לחטא.[18]

יח **לֹא תִקֹּם**, השיב לאדם כגמולו. אם עשה לך אדם רעה או מנע ממך טובה, אל תנהג בו באותו אופן שנהג עמך. יש שאדם נמנע מלנקוט פעולה ממשית, אך עדיין כועס בלבו. כנגד זה נאמר: **וְאף לֹא תִטֹּר**, תשמור לו טינה בלב. לנקמה ולנטירה אולי יש מקום כלפי אויבים זרים, אך לא **אֶת בְּנֵי עַמֶּךָ**.[19] **וְאָהַבְתָּ לְרֵעֲךָ כָּמוֹךָ**. שוב מופיעה האמירה על שתי פניה: פני הסמכות ופני הכנות: **אֲנִי ה׳**. מחד גיסא, למרות שלאהבת הרֵע יש משמעות מוסרית ואף תועלת חברתית, כאן אינך מצווה לעשות זאת מטעמים אלו, אלא כמצוותו של ה׳. ומאידך גיסא, רק אלוקים יכול לשפוט את היחס בין מעשיו של האדם לבין הרגשות לבו, ועל כן חשוב להזכיר במצווה זו, הפונה אל לבו של האדם, שזוהי מצוותו של ה׳, והוא היודע לראות ללב.[20]

הרחבות | התורה כולה. וכן אומר זאת במפורש רבי עקיבא. (ראו שבת לא ע"א; בראשית רבה כד; רש"י על אתר). אהבה אינה רק יחס חיובי כללי כלפי הזולת אלא התייחסות רגשית. הציווי על אהבת הרֵע תובע יחס אמוציונלי, אך מן ההיבט ההלכתי–חוקי אי אפשר לתבוע מאדם רגש כזה. על כן מסתבר שצו זה דורש מן האדם להתבונן כיצד ראוי היה להתייחס אל חברו, לתת את דעתו אל טובתו ורגשותיו, כפי שהוא נורג בעצמו, ולהימנע ממה שהוא עצמו רווה כמכאיב, לא נעים, לא נוח או לא יפה, כשהוא פונה אל זולתו. הלל הזקן תרגם את הפסוק: 'מה ששנאוי עליך – אל תעשה לחברך' (יונתן; וראו שבת לא ע"א). בניסוח זה מוצבת הדרישה המינימלית של הפסוק לנהוג בזולת כאילו היה כמוך. (ראו ר"י בכור שור ורמב"ן).

'ואהבת לרעך כמוך אני ה'' רשימת הציוויים שבין אדם לרעהו מעצבת מערכת יחסים שבה קנה המידה הוא הדרישה להתייחס לאחר באופן שבו האדם רוצה שיתייחסו אליו. אין פה הסבר מדוע צריך להתנהג כך, אך נראה כי טעמן של מצוות אלה הוא ראיית היסוד האלוקי בזולת. לפיכך אמרו חכמים שהרעיון המובע כאן, וְאָהַבְתָּ לְרֵעֲךָ כָּמוֹךָ, מובע באופן נרחב יותר בפסוק: זֶה סֵפֶר תּוֹלְדֹת אָדָם... בִּדְמוּת אֱלֹהִים עָשָׂה אֹתוֹ (בראשית ה,א; ירושלמי נדרים פ"ט ה"; בראשית רבה כד,ז).

★ יְהוָה: אֶת־חֻקֹּתַי֮ תִּשְׁמֹרוּ֒ בְּהֶמְתְּךָ֙ לֹא־תַרְבִּ֣יעַ יט
כִּלְאַ֔יִם שָׂדְךָ֖ לֹא־תִזְרַ֣ע כִּלְאָ֑יִם וּבֶ֤גֶד כִּלְאַ֙יִם֙ שַֽׁעַטְנֵ֔ז
לֹ֥א יַעֲלֶ֖ה עָלֶֽיךָ: וְ֠אִישׁ כִּֽי־יִשְׁכַּ֨ב אֶת־אִשָּׁ֜ה שִׁכְבַת־ כ
זֶ֗רַע וְהִ֤וא שִׁפְחָה֙ נֶחֱרֶ֣פֶת לְאִ֔ישׁ וְהָפְדֵּה֙ לֹ֣א נִפְדָּ֔תָה
א֥וֹ חֻפְשָׁ֖ה לֹ֣א נִתַּן־לָ֑הּ בִּקֹּ֧רֶת תִּהְיֶ֛ה לֹ֥א יוּמְת֖וּ כִּי־
לֹ֥א חֻפָּֽשָׁה: וְהֵבִ֤יא אֶת־אֲשָׁמוֹ֙ לַֽיהוָ֔ה אֶל־פֶּ֖תַח כא
אֹ֣הֶל מוֹעֵ֑ד אֵ֖יל אָשָֽׁם: וְכִפֶּ֨ר עָלָ֜יו הַכֹּהֵ֜ן בְּאֵ֤יל כב

רש"י

יט) **אֶת חֻקֹּתַי תִּשְׁמֹרוּ.** וְאֵלּוּ הֵן: "בְּהֶמְתְּךָ לֹא תַרְבִּיעַ כִּלְאַיִם" וְגוֹ'. חֻקִּים אֵלּוּ גְּזֵרַת מֶלֶךְ, שֶׁאֵין טַעַם לַדָּבָר: **וּבֶגֶד כִּלְאַיִם וְגוֹ'.** לָמָּה נֶאֱמַר? לְפִי שֶׁנֶּאֱמַר: "לֹא תִלְבַּשׁ שַׁעַטְנֵז צֶמֶר וּפִשְׁתִּים יַחְדָּו" (דברים כב, יא), יָכוֹל לֹא יִלְבַּשׁ גִּזֵּי צֶמֶר וַאֲנִיצֵי פִשְׁתָּן? תַּלְמוּד לוֹמַר: "בֶּגֶד", מִנַּיִן לְרַבּוֹת הַלְּבָדִים? תַּלְמוּד לוֹמַר: "שַׁעַטְנֵז", דָּבָר שֶׁהוּא שׁוּעַ טָווּי וְנוּז. וְאוֹמֵר אֲנִי, 'נוּז' לְשׁוֹן דָּבָר הַנִּמְלָל וְשָׁזוּר זֶה עִם זֶה לְחַבְּרוֹ, מישטי"ר בְּלַעַ"ז, כְּמוֹ "אַזְיָן לְנָאזֵי דְּאִית בְּהוֹן" (מועד קטן יב ע"ב), שֶׁאָנוּ מְפָרְשִׁין לְשׁוֹן כְּמוּשׁ, פיילשטר"א. וּלְשׁוֹן "שַׁעַטְנֵז" פֵּרֵשׁ מְנַחֵם, מַחְבֶּרֶת צֶמֶר וּפִשְׁתִּים:

כ) **נֶחֱרֶפֶת לְאִישׁ.** מְיֻעֶדֶת וּמְיֻחֶדֶת לְאִישׁ, וְאֵינִי יוֹדֵעַ לוֹ דִּמְיוֹן בַּמִּקְרָא. וּבְשִׁפְחָה כְּנַעֲנִית שֶׁחֶצְיָהּ שִׁפְחָה וְחֶצְיָהּ בַּת חוֹרִין הַמְאֹרֶסֶת לְעֶבֶד עִבְרִי שֶׁמֻּתָּר בְּשִׁפְחָה הַכָּתוּב מְדַבֵּר: **וְהָפְדֵּה לֹא נִפְדָּתָה.** פְּדוּיָה וְאֵינָהּ פְּדוּיָה, וּסְתָם פִּדְיוֹן בְּכֶסֶף: **אוֹ חֻפְשָׁה.** בִּשְׁטָר: **בִּקֹּרֶת תִּהְיֶה.** הִיא לוֹקָה וְלֹא הוּא. יֵשׁ עַל בֵּית דִּין לְבַקֵּר אֶת הַדָּבָר שֶׁלֹּא לְחַיְּבוֹ מִיתָה, "כִּי לֹא חֻפָּשָׁה" וְאֵין קִדּוּשֶׁיהָ קִדּוּשִׁין גְּמוּרִין. וְרַבּוֹתֵינוּ לָמְדוּ מִכָּאן, שֶׁמִּי שֶׁהוּא בְּמַלְקוּת – תְּהֵא בְּקָרְאֵי, שֶׁהַדַּיָּנִים הַמַּלְקִין קוֹרִין עַל הַלּוֹקֶה: "אִם לֹא תִשְׁמֹר לַעֲשׂוֹת וְגוֹ' וְהִפְלָא ה' אֶת מַכֹּתְךָ" וְגוֹ' (דברים כח, נח-נט): **כִּי לֹא חֻפָּשָׁה.** לְפִיכָךְ אֵין חַיָּב עָלֶיהָ מִיתָה, שֶׁאֵין קִדּוּשֶׁיהָ קִדּוּשִׁין, הָא אִם חֻפָּשָׁה קִדּוּשֶׁיהָ קִדּוּשִׁין, וְחַיָּב מִיתָה:

הרחבות

שעטנז מקורה של המלה לא ידוע, וגם פירושה אינו נהיר. לפי הכתוב במקום אחר אפשר ללמוד שהיא מורה על תערובת של צמר ופשתים (דברים כב,יא; וראו שבת כו ע"ב). אולי מלה זו קשורה לשפה אחרת, שהרי אין לה שימוש בהקשר אחר, והיא אחת המלים הבודדות בתנ"ך שלה חמש אותיות שורש. (ראו נדה סא ע"ב; ראב"ע ורמב"ן על אתר).

'בִּקֹּרֶת תהיה' ברור מן ההקשר שבִּקֹּרֶת זו אינה משמשת במשמעות המקובלת בימינו, כחיפוש או בדיקה. חכמים דרשו בִּקֹּרֶת גם מלשון בָּקָר, קריאה וביקור, כרמז לעונש מלקות האמור במקום אחר – החוטא לוקה ברצועות של בקר, ועונשו מלווה בקריאת פסוקים ובבדיקה ובחינה אישיות מדוקדקות של יכולתו לשאת את העונש. (ראו כריתות יא ע"א; פסיקתא

כלאיים, שפחה חרופה וערלה

פרק יט פס׳ יט–כה

לאחר הציוויים שהם בבחינת משפטים – דרכי חיים או הוראות חברתיות, מופיעים כמה חוקים – מצוות שהן גזרותיו של אלוקים.[21] עניינם של חלק מהחוקים הללו הוא שמירת המסגרת הטבעית החקוקה בעולם.[22]

ביאור

יט **אֶת חֻקֹּתַי תִּשְׁמֹרוּ: בְּהֶמְתְּךָ לֹא תַרְבִּיעַ**, תזווג **כִּלְאַיִם**, זיווג בין שני
מינים. לא נאמר כאן שהכלאיים אינם נוחים, מזיקים או מסוכנים.
זהו חוק שקבעתי בעולם ואין לו הסבר תועלתני. כיוצא בזה, **שָׂדְךָ
לֹא תִזְרַע כִּלְאָיִם**, בשני מיני זרעים, **וּבֶגֶד כִּלְאַיִם שַׁעַטְנֵז**, המעורב מצמר
ופשתים **לֹא יַעֲלֶה עָלֶיךָ**.

כ **וְאִישׁ כִּי יִשְׁכַּב אֶת אִשָּׁה שִׁכְבַת זֶרַע, וְהִוא שִׁפְחָה נֶחֱרֶפֶת**, מיועדת,
קשורה[23] **לְאִישׁ**. אין זו אמה עברייה אלא שפחה מעם אחר. העובדים
בביתו של אדם מישראל נעשים מעין ישראלים. בעבדותם מוגדרות
זכויות מיוחדות ואף מחויבות חלקית במצוות. שפחה זרה זו אינה
נשואה ממש, אבל היא נמצאת עם עבד עברי, כפי שנאמר בספר
שמות שהאדון יכול לתת שפחה לעבדו העברי, והילדים יהיו שייכים
לה ולאדון.[24] **וְהָפְדֵּה לֹא נִפְדָּתָה**, לא פדו אותה בכסף, **אוֹ חֻפְשָׁה לֹא
נִתַּן לָהּ**, לא שחררו אותה שחרור גמור –[25] **בִּקֹּרֶת**, עונש **תִּהְיֶה**. מכל
מקום, **לֹא יוּמְתוּ**, כדין אשה נשואה, **כִּי** השפחה **לֹא חֻפָּשָׁה**. כיוון
שהיא במעמד ביניים – קשורה במידה מסוימת לגבר, אך אינה
בת חורין ועל כן אינה יכולה להתחתן – עברה כזו אינה מחייבת
מיתה. כא אולם הואיל וזוהי בכל זאת עברה – **וְהֵבִיא אֶת אֲשָׁמוֹ לַה׳
אֶל פֶּתַח אֹהֶל מוֹעֵד, אֵיל אָשָׁם**. גם אם אין בכך עונש, המעשה צריך
תקנה, ולשם כך הוא מביא איל לקרבן. כב **וְכִפֶּר עָלָיו הַכֹּהֵן בְּאֵיל**

הרחבות

זוטרתא וראב״ע על אתר. וראו עוד אדרת אליהו שמות כא,ג).

׳והביא את אשמו׳ הבאת הקרבן, המכונה בפי חז״ל ׳אשם שפחה חרופה׳ (זבחים נד ע״ב), מוטלת על האיש, אך עונשה של האשה לא התפרש, למרות שללא ספק הקשר הזה אסור על שניהם. לפי מסורת חכמים, אם הדבר נעשה בהסכמה הדדית – האשה לוקה (כריתות י ע״ב – יא ע״א). האיש אינו נענש באחד מהעונשים הרגילים בתורה מפני מעמד הביניים האמור. מבחינה זו דומה דין זה לדין הכלאיים שלפניו; לאחר שהוזכרו בעיות שונות של תערובת – בין בהמות, בין זרעים ובין חוטי הבגד, מגיע איסור על מעין יחס כלאיים בבני אדם, בין אדם חופשי לשפחה. (ראו ראב״ע פס׳ כ).

הָאָשָׁם לִפְנֵי יְהוָה עַל־חַטָּאתוֹ אֲשֶׁר חָטָא וְנִסְלַח לוֹ
מֵחַטָּאתוֹ אֲשֶׁר חָטָא׃
שלישי טז וְכִי־תָבֹאוּ אֶל־הָאָרֶץ וּנְטַעְתֶּם כָּל־עֵץ מַאֲכָל כג
וַעֲרַלְתֶּם עָרְלָתוֹ אֶת־פִּרְיוֹ שָׁלֹשׁ שָׁנִים יִהְיֶה לָכֶם
עֲרֵלִים לֹא יֵאָכֵל׃ וּבַשָּׁנָה הָרְבִיעִת יִהְיֶה כָּל־פִּרְיוֹ כד
קֹדֶשׁ הִלּוּלִים לַיהוָה׃ וּבַשָּׁנָה הַחֲמִישִׁת תֹּאכְלוּ כה
אֶת־פִּרְיוֹ לְהוֹסִיף לָכֶם תְּבוּאָתוֹ אֲנִי יְהוָה אֱלֹהֵיכֶם׃
* לֹא תֹאכְלוּ עַל־הַדָּם לֹא תְנַחֲשׁוּ וְלֹא תְעוֹנֵנוּ׃ לֹא כו כז

רש"י

כב | **וְנִסְלַח לוֹ מֵחַטָּאתוֹ אֲשֶׁר חָטָא.** לְרַבּוֹת אֶת הַמֵּזִיד כַּשּׁוֹגֵג:

כג | **וַעֲרַלְתֶּם עָרְלָתוֹ.** וַאֲטַמְתֶּם אֲטִימָתוֹ, יְהֵא אָטוּם וְנִסְתָּם מִלֵּהָנוֹת מִמֶּנּוּ: **שָׁלֹשׁ שָׁנִים יִהְיֶה לָכֶם עֲרֵלִים.** מֵאֵימָתַי מוֹנֶה לוֹ? מִשְּׁעַת נְטִיעָתוֹ. יָכוֹל אִם הִצְנִיעוֹ לְאַחַר שָׁלֹשׁ שָׁנִים יְהֵא מֻתָּר? תַּלְמוּד לוֹמַר: "יִהְיֶה", בַּהֲוָיָתוֹ יְהֵא:

כד | **יִהְיֶה כָּל פִּרְיוֹ קֹדֶשׁ.** כְּמַעֲשֵׂר שֵׁנִי שֶׁכָּתוּב בּוֹ: "וְכָל מַעְשַׂר הָאָרֶץ וְגוֹ' קֹדֶשׁ לַה'" (ויקרא כז, ל), מַה מַּעֲשֵׂר אֵינוֹ נֶאֱכָל חוּץ לְחוֹמַת יְרוּשָׁלַיִם אֶלָּא בְּפִדְיוֹן, אַף זֶה כֵּן. וְדָבָר זֶה "הִלּוּלִים לַה'" הוּא, שֶׁנּוֹשְׂאוֹ שָׁם לְשַׁבֵּחַ וּלְהַלֵּל לַשָּׁמַיִם:

כה | **לְהוֹסִיף לָכֶם תְּבוּאָתוֹ.** הַמִּצְוָה הַזֹּאת שֶׁתִּשְׁמְרוּ תִּהְיֶה "לְהוֹסִיף לָכֶם תְּבוּאָתוֹ", שֶׁבִּשְׂכָרָהּ אֲנִי מְבָרֵךְ לָכֶם פֵּרוֹת הַנְּטִיעוֹת. הָיָה רַבִּי עֲקִיבָא אוֹמֵר: דִּבְּרָה תּוֹרָה כְּנֶגֶד יֵצֶר הָרָע, שֶׁלֹּא יֹאמַר אָדָם, הֲרֵי אַרְבַּע שָׁנִים אֲנִי מִצְטַעֵר בּוֹ חִנָּם, לְפִיכָךְ נֶאֱמַר: "לְהוֹסִיף לָכֶם תְּבוּאָתוֹ": **אֲנִי ה'.** אֲנִי ה' הַמַּבְטִיחַ עַל כָּךְ, וְנֶאֱמָן לִשְׁמֹר הַבְטָחָתִי:

כו | **לֹא תֹאכְלוּ עַל הַדָּם.** לְהַרְבֵּה פָּנִים נִדְרָשׁ בְּסַנְהֶדְרִין (דף סג ע"א), אַזְהָרָה שֶׁלֹּא יֹאכַל מִבְּשַׂר קָדָשִׁים לִפְנֵי זְרִיקַת דָּמִים, וְאַזְהָרָה לְאוֹכֵל מִבֶּהֱמַת חֻלִּין טֶרֶם שֶׁתֵּצֵא נַפְשָׁהּ, וְעוֹד הַרְבֵּה: **לֹא תְנַחֲשׁוּ.** כְּגוֹן אֵלּוּ הַמְנַחֲשִׁין בְּחֻלְדָּה וּבְעוֹפוֹת, פִּתּוֹ נָפְלָה מִפִּיו, צְבִי הִפְסִיקוֹ בַּדֶּרֶךְ: **וְלֹא תְעוֹנֵנוּ.** לְשׁוֹן עוֹנוֹת וְשָׁעוֹת, שֶׁאוֹמֵר, יוֹם פְּלוֹנִי יָפֶה לְהַתְחִיל מְלָאכָה, שָׁעָה פְּלוֹנִית קָשָׁה לָצֵאת:

הרחבות | **לאו שבכללות** הפירוש המוצע כאן הוא אחד מחמש או שש אפשרויות שנתפרשו בהלכה לאזהרה זו. זוהי דוגמא למה שקראו חכמים 'לאו שבכללות', כלומר איסור הכולל פרטים מגוונים ושונים (סנהדרין סג ע"א. וראו ברכות י ע"ב; ויקרא רבה כה,ח).

הָאָשָׁם לִפְנֵי ה׳ עַל חַטָּאתוֹ אֲשֶׁר חָטָא, וְנִסְלַח לוֹ מֵחַטָּאתוֹ אֲשֶׁר חָטָא. | ביאור

גם בהלכה הבאה קיים יסוד האיפוק והריסון: כג וְכִי, כאשר תָבֹאוּ אֶל הָאָרֶץ וּנְטַעְתֶּם כָּל עֵץ מַאֲכָל – וַעֲרַלְתֶּם עָרְלָתוֹ אֶת פִּרְיוֹ של כל עץ כזה. עליכם להתייחס לפרי הראשון כפרי של ערלה. המלה ׳ערלה׳ מופיעה גם במשמעות הכיסוי שאותו מסירים בברית המילה וכן בביטויים ׳ערל שפתיים׳, ׳ערל אזניים׳ ו׳ערל לב׳.[26] בכל הביטויים הללו הערלה היא כיסוי אוטם או מעטה שאינו ראוי לשימוש ויש להסירו.[27] פרי העץ בתחילתו ערל – שָׁלֹשׁ שָׁנִים יִהְיֶה לָכֶם עֲרֵלִים, לֹא יֵאָכֵל. אין להשתמש בפרותיו. כד וּבַשָּׁנָה הָרְבִיעִת יִהְיֶה כָּל פִּרְיוֹ קֹדֶשׁ הִלּוּלִים לַה׳. פרי השנה הרביעית של האילן – המכונה ׳נטע רבעי׳[28] – נושא קדושה. לפי המסורת, אין הוא קודש גמור, כלומר מנותק מצורכיהם של בני אדם; קדושתו מתבטאת בכך שיש לאכלו בקרבת בית המקדש באווירה של קודש והילול.[29] כה וּבַשָּׁנָה הַחֲמִישִׁת תֹּאכְלוּ אֶת פִּרְיוֹ. בשנה החמישית העץ נחשב לעץ רגיל, ואפשר לאכול את פרותיו, ואדרבא – לְהוֹסִיף לָכֶם תְּבוּאָתוֹ, בשנה זו תשרה עליכם ברכה משום ששמעתם בקולי. אֲנִי ה׳ אֱלֹהֵיכֶם. ההצהרה הזאת חוזרת כאן בשל הקושי הכרוך בקיומן של מצוות אלה. קשה למי שמשקיע בעץ להתאפק ולא לאכול מפריו יום אחרי יום ושנה אחר שנה. כדי לקיים זאת עליו לזכור מיהו שציווה עליו.[30]

אכילה על הדם, מנהגי אלילות, זנות; שבת, מורא מקדש וכיבוד הזקן

פרק יט פס׳ כו–לב

מקצת מן הדינים הבאים קשורים כנראה למנהגי עבודה זרה.

כו לֹא תֹאכְלוּ עַל, ליד הַדָּם. נראה שהאיסור מתייחס למנהג העמים לשפוך דם בעלי חיים ולאכול לידו, בתור קרבן או אמונה עממית שלפיה מעניקים את הדם למתים, לשדים וכיוצא בהם.[31]

לֹא תְנַחֲשׁוּ. אסור לעשות מעשה שיש בו ניחוש באמצעות אביזרים או פעולות שונות, וְלֹא תְעוֹנֵנוּ. אל תקסמו לדעת את העתיד באמצעות הבטה אל צורת העננים, או: באמצעות ייחוס סגולות שונות לעונות ולזמנים.[32] גם פעולות אלה אסורות מפני שיש בהן צד עבודה זרה, אם לא עבודה זרה של ממש.

תַקִּפוּ פְּאַת רֹאשְׁכֶם וְלֹא תַשְׁחִית אֵת פְּאַת זְקָנֶךָ׃
וְשֶׂרֶט לָנֶפֶשׁ לֹא תִתְּנוּ בִּבְשַׂרְכֶם וּכְתֹבֶת קַעֲקַע לֹא כח
תִתְּנוּ בָּכֶם אֲנִי יְהוָה׃ אַל־תְּחַלֵּל אֶת־בִּתְּךָ לְהַזְנוֹתָהּ כט
וְלֹא־תִזְנֶה הָאָרֶץ וּמָלְאָה הָאָרֶץ זִמָּה׃ אֶת־שַׁבְּתֹתַי ל

רש"י

כז| **לא תקפו פאת ראשכם.** זה המשוה צדעיו לאחורי אזניו ולפדחתו, ונמצא הקף ראשו עגל סביב, שאחורי אזניו עקרי שערו למעלה מצדעיו הרבה: **פאת זקנך.** סוף הזקן וגבוליו, והן חמש: שתים בכל לחי ולחי למעלה אצל הראש, שהוא רחב ויש בו שתי פאות, ואחת למטה בסנטרו, מקום חבור שני הלחיים יחד:

כח| **ושרט לנפש.** כן דרכן של אמוריים להיות משרטין בשרם כשמת להם מת: **וכתבת קעקע.** כתב המחקה ושקוע שאינו נמחק לעולם, שמקעקעו במחט והוא משחיר לעולם: **קעקע.** לשון "והוקע אותם" (במדבר כה, ד), "והוקענום" (שמואל ב׳ כא, ו), תוחבין עץ בארץ ותולין אותם עליהם ונמצאו מחקין ותחובין בקרקע, פורפוינ"ט בלע"ז:

כט| **אל תחלל את בתך להזנותה.** במוסר בתו פנויה לביאה שלא לשם קדושין: **ולא תזנה הארץ.** אם אתה עושה כן, הארץ מזנה את פרותיה לעשותן במקום אחר ולא בארצכם, וכן הוא אומר "וימנעו רביבים" וגו׳ (ירמיה ג, ג):

וְלֹא תַשְׁחִית
אֵת פְּאַת זְקָנֶךָ
ישראלים מזוקנים המגישים מנחה לשלמנאסר ה-3 מאחורי גויים מגולחים
האובליסק השחור מכלח
המאה ה-9 לפנה"ס

הרחבות

'לא תקפו פאת ראשכם ולא תשחית את פאת זקנך' מן הסמיכות למצווה הבאה, המתייחסת לזקן, עולה שגם איסור ההקפה מתייחס לגברים בלבד. ואכן על תספורתן של נשים לא חלה הגבלה כזאת (קדושין לה ע"ב).

מתוך השוואת פסוק זה לפסוקים אחרים המדברים בגילוח הזקן, למדו שהאיסור חל רק על גילוח הזקן בתער, ולא במספריים וכיוצא בזה. (ראו לעיל יד,ט, להלן כא,ה; ישעיה ז,כ; קדושין לה ע"ב).

ביאור

כז **לֹא תַקִּפוּ** את **פְּאַת רֹאשְׁכֶם**, שערות הראש הצומחות בצדדיו. אסור לספר את השֵׂער באופן שווה בכל קצות הראש ולגזוז את השערות שבין האוזניים לעיניים, אלא יש להניח להן לגדול במקומן. **וְלֹא תַשְׁחִית אֵת פְּאַת זְקָנֶךָ**. אסור לגלח את שערות הזקן עד תום.

כח **וְשֶׂרֶט**, שריטה **לָנֶפֶשׁ**, על אדם שמת[33] **לֹא תִתְּנוּ בִּבְשַׂרְכֶם**. בימי קדם היו האבלים נוהגים לשרוט את בשרם בעקבות מותו של אדם. איסור זה הוא אחת ההגבלות שהתורה מטילה באשר למנהגי אבלות. ונוסף על כך, **כְּתֹבֶת קַעֲקַע**, כתובת הנחרטת בבשר **לֹא תִתְּנוּ בָּכֶם**.[34] ועיוב – **אֲנִי ה'**, בעל הסמכות, ואין ברצוני שתעשו כך.

כט **אַל תְּחַלֵּל אֶת בִּתְּךָ לְהַזְנוֹתָהּ**. אל תמסור את בתך לזנות. מצד מסוים השמירה על צניעותה של הבת קשורה לכבודו של בית האב, אך גם אם האב מוותר על כבודו ומאפשר לבתו, או אף מעודד אותה, להתנהג בדרכי זנות – הדבר אסור לחלוטין. ובהיקף רחב יותר: **וְלֹא תִזְנֶה הָאָרֶץ, וּמָלְאָה הָאָרֶץ זִמָּה**. גם יחסים בין אנשים פנויים, שאינם נשואים, אסורים. אמנם איסור זה אינו מופיע בכתוב כאיסור לעצמו, אבל כאן מודגש כי יחסי מין צריכים להיות מוגדרים, מסודרים ומקודשים. כאשר הם נעשים הפקר, הארץ מתמלאת בזנות ואף נטמאת.[35]

כתובת קעקע

הרחבות

'**וכתֹבת קעקע לא תתנו בכם**' רבים אמרו שאף על פי שאסורה כל כתובת קעקע, האיסור החמור מן התורה חל דווקא על קעקוע שמות של עבודה זרה, ואולי אף על סמל שלה. (ראו מכות כא ע"א).

אין ספק שבמשך הדורות גברים יהודים גידלו זקנים. גם בתמונות עתיקות מאוד שנעשו עוד בימי הבית הראשון, נראים כל הגברים מבני ישראל מזוקנים – אם כי זקניהם לא היו ארוכים.

תִּשְׁמֹרוּ וּמִקְדָּשִׁי תִּירָאוּ אֲנִי יְהוָה׃ אַל־תִּפְנוּ אֶל־ לא
הָאֹבֹת וְאֶל־הַיִּדְּעֹנִים אַל־תְּבַקְשׁוּ לְטָמְאָה בָהֶם
אֲנִי יְהוָה אֱלֹהֵיכֶם׃ מִפְּנֵי שֵׂיבָה תָּקוּם וְהָדַרְתָּ פְּנֵי לב
זָקֵן וְיָרֵאתָ מֵּאֱלֹהֶיךָ אֲנִי יְהוָה׃ וְכִי־יָגוּר לג
אִתְּךָ גֵּר בְּאַרְצְכֶם לֹא תוֹנוּ אֹתוֹ׃ כְּאֶזְרָח מִכֶּם יִהְיֶה לד
לָכֶם הַגֵּר ׀ הַגָּר אִתְּכֶם וְאָהַבְתָּ לוֹ כָּמוֹךָ כִּי־גֵרִים
הֱיִיתֶם בְּאֶרֶץ מִצְרָיִם אֲנִי יְהוָה אֱלֹהֵיכֶם׃ לֹא־תַעֲשׂוּ לה

רביעי / ששי /

רש״י

ל) **וּמִקְדָּשִׁי תִּירָאוּ.** לֹא יִכָּנֵס לוֹ בְּמַקְלוֹ וּבְמִנְעָלוֹ וּבַאֲפֻנְדָּתוֹ וּבְאָבָק שֶׁעַל רַגְלָיו. וְאַף עַל פִּי שֶׁאֲנִי מַזְהִירְכֶם עַל הַמִּקְדָּשׁ, "אֶת שַׁבְּתֹתַי תִּשְׁמֹרוּ", אֵין בִּנְיַן בֵּית הַמִּקְדָּשׁ דּוֹחֶה שַׁבָּת:

לא) **אַל תִּפְנוּ אֶל הָאֹבֹת.** אַזְהָרָה לְבַעַל אוֹב וְיִדְּעוֹנִי. בַּעַל אוֹב זֶה פִּיתוֹם הַמְדַבֵּר מִשֶּׁחְיוֹ, וְיִדְּעוֹנִי – הַמַּכְנִיס עֶצֶם חַיָּה שֶׁשְּׁמָהּ 'יַדּוּעַ' לְתוֹךְ פִּיו וְהָעֶצֶם מְדַבֵּר: **אַל תְּבַקְשׁוּ.** לִהְיוֹת עֲסוּקִים בָּם, שֶׁאִם תַּעַסְקוּ בָּם אַתֶּם מִטַּמְּאִין לְפָנַי וַאֲנִי מְתַעֵב אֶתְכֶם: **אֲנִי ה' אֱלֹהֵיכֶם.** דְּעוּ אֶת מִי אַתֶּם מַחֲלִיפִין בְּמִי:

לב) **מִפְּנֵי שֵׂיבָה תָּקוּם.** יָכוֹל זָקֵן אַשְׁמַאי? תַּלְמוּד לוֹמַר: "זָקֵן", אֵין זָקֵן אֶלָּא שֶׁקָּנָה חָכְמָה: **וְהָדַרְתָּ פְּנֵי זָקֵן.** אֵיזֶהוּ הִדּוּר? לֹא יֵשֵׁב בִּמְקוֹמוֹ וְלֹא יְדַבֵּר בִּמְקוֹמוֹ וְלֹא יִסְתֹּר אֶת דְּבָרָיו. יָכוֹל יַעֲצִים עֵינָיו כְּמִי שֶׁלֹּא רָאָהוּ? לְכָךְ נֶאֱמַר: "וְיָרֵאתָ מֵּאֱלֹהֶיךָ", שֶׁהֲרֵי דָּבָר זֶה מָסוּר לְלִבּוֹ שֶׁל עוֹשֵׂהוּ, שֶׁאֵין מַכִּיר בּוֹ אֶלָּא הוּא, וְכָל דָּבָר הַמָּסוּר לַלֵּב נֶאֱמַר בּוֹ: "וְיָרֵאתָ מֵּאֱלֹהֶיךָ":

לג) **לֹא תוֹנוּ.** אוֹנָאַת דְּבָרִים, לֹא תֹאמַר לוֹ, אֶמֶשׁ הָיִיתָ עוֹבֵד עֲבוֹדָה זָרָה וְעַכְשָׁיו אַתָּה בָּא לִלְמֹד תּוֹרָה שֶׁנִּתְּנָה מִפִּי הַגְּבוּרָה:

לד) **כִּי גֵרִים הֱיִיתֶם.** מוּם שֶׁבְּךָ אַל תֹּאמַר לַחֲבֵרְךָ: **אֲנִי ה' אֱלֹהֵיכֶם.** אֱלֹהֶיךָ וֵאלֹהָיו אֲנִי:

הרחבות

'את שבתותי תשמרו ומקדשי תיראו' הציווי על שמירת השבת צמוד למצוות המקדש גם בהקשר של בניית המשכן. (ראו שמות לה). בעיקרו של דבר נראה שהשבת היא ציווי ראשוני שהוא גדול יותר ממצוות המקדש, הבאה אחריו בכתוב. (ראו יבמות ו ע"א).

'ומקדשי תיראו' מיראת הכבוד הנדרשת כלפי המקום המקודש, משתלשלים פרטים רבים. למשל כחלק מחובה זו הלכו בבית המקדש ובקרבתו ללא נעליים, וכאשר יצאו ממנו, היו פוסעים אחורנית. (ראו משנה ברכות ט,ה; סוף תמיד; יומא נג ע"א).

'אל תפנו אל האֹבֹת ואל הידעֹנִים' הדרישה אל האובות והידעונים אינה עבודה זרה כלשעצמה, אך היא קרובה לה, מפני שהיא מבטאת השתעבדות לכוחות אופל ולאמונות שווא בהעצמת המוות ויחס מכבד כלפיו. (ראו תשובת ר"א בן הרמב"ם כ). כפי שכבר הוזכר, היחס עם המוות הוא שמביא את הטומאה. (ראו הרחבות לעיל יד,מה; טו,כד). מוות מצוי מחוץ לתחומם של בני האדם, ועליהם להימנע מלעסוק בו. אמנם ראוי לחלוק כבוד לאנשים שמתו ואין איסור לבקר בבית הקברות, אך מכיוון שהמוות, הרע והשלילה קשורים זה בזה, אסור בתכלית להתקשר אל המתים על ידי חוויה או על ידי מתווכים.

ביאור

ל אֶת שַׁבְּתֹתַי תִּשְׁמֹרוּ, וּמִקְדָּשִׁי תִּירָאוּ. אֲנִי ה׳.

לא אַל תִּפְנוּ אֶל הָאֹבֹת, מדיומים המתקשרים עם המתים וְאֶל הַיִּדְּעֹנִים,
קוסמים או מכשפים הטוענים שהם מתקשרים עם המתים ושומעים
מהם ידע משמעותי. אַל תְּבַקְשׁוּ לְטָמְאָה בָהֶם. אֲנִי ה׳ אֱלֹהֵיכֶם.

לב מִפְּנֵי שֵׂיבָה, אדם זקן תָּקוּם כדי לחלוק לו כבוד. וְהָדַרְתָּ פְּנֵי זָקֵן,
אדם מכובד. אפשר שהמפגש עם אדם זקן או נכבד לא ייוודע
לרבים, ולעתים אף לא לזקן עצמו,[36] ואז יכול האדם להתחמק
מן הזקן או שלא להתייחס אליו בכבוד הראוי. אשר על כן חוזר
הכתוב ומזהיר – וְיָרֵאתָ מֵּאֱלֹהֶיךָ. ליראת הכבוד הזו יש צד משותף
עם יראת הכבוד כלפי אלוקים. אֲנִי ה׳.

השוואת הגר לאזרח וההקפדה על משא-ומתן צודק

פרק יט פס׳ לג-לו

לג וְכִי יָגוּר אִתְּךָ גֵּר, אדם שמוצאו זר בְּאַרְצְכֶם – לֹא תוֹנוּ אֹתוֹ, לא
תצערו אותו בדיבור פוגעני, ברמייה או בפגיעה מסוג אחר.[37] אין
להונות גם אנשים אחרים, אך הזר אינו מוגן, ומנהגי המקום אינם
ברורים לו, ולכן ההזדמנות או הפיתוי להסב לו צער, ללעוג ולבוז
לו קרובים יותר. לד כְּאֶזְרָח מִכֶּם יִהְיֶה לָכֶם הַגֵּר הַגָּר אִתְּכֶם. עליכם
להתייחס אליו כאילו הוא אחד מכם, וְאָהַבְתָּ לוֹ, אותו כָּמוֹךָ, כִּי
גֵרִים הֱיִיתֶם בְּאֶרֶץ מִצְרָיִם. אֲנִי ה׳ אֱלֹהֵיכֶם, שלך ושלו. או: בכבוד הגר
ובאהבתו תיבחן יראתכם את ה׳.

הרחבות

׳מפני שיבה תקום׳ ההגדרות ההלכתיות של שֵׂיבָה מתייחסות גם לגיל. אדם בן שבעים מוגדר כמי שהגיע לגיל שיבה. (ראו אבות ה,כא; תיקוני זוהר כא; רא״ש קדושין א,נג; יורה דעה רמד,א).
אין קימה זו מיועדת לפינוי מקום ישיבה לזקן, אלא היא באה לבטא כבוד כלפי האדם הזקן, כלפי השנים שחלפו עליו וכלפי ניסיון חייו. (ראו קדושין לג ע״א).

׳והדרת פני זקן׳ התואר זָקֵן אינו מתייחס דווקא למי שמופלג בשנים. לא פעם מתארים בו בעל מעמד מיוחד. הביטויים ׳זקני העדה׳ ו׳זקני העם׳ מורים בעיקר על תפקידי הנהגה ועל חכמה, למרות שלעתים קרובות אנשים אלה עשויים להיות קשישים בגילם. (ראו שמות ג,טז; שם יט,ז; לעיל ד,טו; קדושין לב ע״ב – לג ע״א). גם בשפות ותרבויות אחרות מכונים המנהיגים ׳זקני העדה׳ או ׳זקני הקהל׳.

׳כאזרח מכם יהיה לכם הגר הגר אתכם׳ רבים פירשו שמדובר כאן דווקא באדם שהתגייר, (ראו אונקלוס ויונתן ורש״י פס׳ כג; יבמות מו ע״ב), שאף לו אין קרובים, ואף הוא נעקר ממקומו, והגנתו החברתית מוגבלת. אולם ההשוואה למצבם של ישראל במצרים מטה לפרש מלים אלה כמתייחסות לכל מי שהוא זר בארץ. (ראו עוד: דברים כג,טז וספרי שם; מסכת גרים ג,ב וירושלמי יבמות

עָ֖וֶל בַּמִּשְׁפָּ֑ט בַּמִּדָּ֕ה בַּמִּשְׁקָ֖ל וּבַמְּשׂוּרָֽה׃ מֹ֧אזְנֵי לו
צֶ֜דֶק אַבְנֵי־צֶ֗דֶק אֵ֥יפַת צֶ֛דֶק וְהִ֥ין צֶ֖דֶק יִהְיֶ֣ה לָכֶ֑ם אֲנִי֙
יְהוָ֣ה אֱלֹֽהֵיכֶ֔ם אֲשֶׁר־הוֹצֵ֥אתִי אֶתְכֶ֖ם מֵאֶ֥רֶץ מִצְרָֽיִם׃
וּשְׁמַרְתֶּ֤ם אֶת־כָּל־חֻקֹּתַי֙ וְאֶת־כָּל־מִשְׁפָּטַ֔י וַעֲשִׂיתֶ֖ם לז
אֹתָ֑ם אֲנִ֖י יְהוָֽה׃

חמישי כ וַיְדַבֵּ֥ר יְהוָ֖ה אֶל־מֹשֶׁ֥ה לֵּאמֹֽר׃ וְאֶל־בְּנֵ֣י יִשְׂרָאֵל֮ א ב
תֹּאמַר֒ אִ֣ישׁ אִישׁ֩ מִבְּנֵ֨י יִשְׂרָאֵ֜ל וּמִן־הַגֵּ֣ר ׀ הַגָּ֣ר
בְּיִשְׂרָאֵ֗ל אֲשֶׁ֨ר יִתֵּ֧ן מִזַּרְע֛וֹ לַמֹּ֖לֶךְ מ֣וֹת יוּמָ֑ת עַ֥ם
הָאָ֖רֶץ יִרְגְּמֻ֥הוּ בָאָֽבֶן׃ וַאֲנִ֞י אֶתֵּ֤ן אֶת־פָּנַי֙ בָּאִ֣ישׁ ג

רש"י

לה) **לֹא תַעֲשׂוּ עָוֶל בַּמִּשְׁפָּט.** אִם לַדִּין, הֲרֵי כְּבָר נֶאֱמַר: "לֹא תַעֲשׂוּ עָוֶל בַּמִּשְׁפָּט" (לעיל פסוק טו), וּמַהוּ "מִשְׁפָּט" הַשָּׁנוּי כָּאן? הוּא הַמִּדָּה וְהַמִּשְׁקָל וְהַמְּשׂוּרָה, מְלַמֵּד שֶׁהַמּוֹדֵד נִקְרָא דַּיָּן, שֶׁאִם שִׁקֵּר בַּמִּדָּה הֲרֵי הוּא כִּמְקַלְקֵל אֶת הַדִּין, וְקָרוּי עַוָּל שָׂנוּי וּמְשֻׁקָּץ חֵרֶם וְתוֹעֵבָה, וְגוֹרֵם לַחֲמִשָּׁה דְּבָרִים הָאֲמוּרִים בַּדַּיָּן: מְטַמֵּא אֶת הָאָרֶץ, וּמְחַלֵּל אֶת הַשֵּׁם, וּמְסַלֵּק אֶת הַשְּׁכִינָה, וּמַפִּיל אֶת יִשְׂרָאֵל בַּחֶרֶב, וּמַגְלֶה אוֹתָם מֵאַרְצָם: **בַּמִּדָּה.** זוֹ מִדַּת הָאָרֶץ: **בַּמִּשְׁקָל.** כְּמַשְׁמָעוֹ: **וּבַמְּשׂוּרָה.** הִיא מִדַּת הַלַּח וְהַיָּבֵשׁ:

לו) **אַבְנֵי צֶדֶק.** הֵם הַמִּשְׁקוֹלוֹת שֶׁשּׁוֹקְלִין כְּנֶגְדָּן: **אֵיפָה.** הִיא מִדַּת הַיָּבֵשׁ: **הִין.** זוֹ הִיא מִדַּת הַלַּח: **אֲשֶׁר הוֹצֵאתִי אֶתְכֶם.** עַל מְנָת כֵּן. דָּבָר אַחֵר, אֲנִי הִבְחַנְתִּי בְּמִצְרַיִם בֵּין טִפָּה שֶׁל בְּכוֹר לְטִפָּה שֶׁאֵינָהּ שֶׁל בְּכוֹר, וַאֲנִי הַנֶּאֱמָן לִפָּרַע מִמִּי שֶׁטּוֹמֵן מִשְׁקְלוֹתָיו בַּמֶּלַח לְהוֹנוֹת אֶת הַבְּרִיּוֹת שֶׁאֵין מַכִּירִים בָּהֶם:

פרק כ

ב) **וְאֶל בְּנֵי יִשְׂרָאֵל תֹּאמַר.** עֳנָשִׁין עַל הָאַזְהָרוֹת: **מוֹת יוּמָת.** בְּבֵית דִּין. וְאִם אֵין כֹּחַ בְּבֵית דִּין, "עַם הָאָרֶץ" מְסַיְּעִין אוֹתָן: **עַם הָאָרֶץ.** שֶׁבִּגְלָלוֹ נִבְרֵאת הָאָרֶץ, שֶׁעֲתִידִין לִירַשׁ אֶת הָאָרֶץ עַל יְדֵי מִצְוֹת הַלָּלוּ:

ג) **אֶתֵּן אֶת פָּנַי.** פְּנַאי שֶׁלִּי, פּוֹנֶה אֲנִי מִכָּל עֲסָקַי וְעוֹסֵק בּוֹ: **בָּאִישׁ.** וְלֹא בַּצִּבּוּר,

הרחבות

ח,א; ראב"ע שמות כג,ט). בין כך ובין כך, מכיוון שאתם עצמכם הייתם גרים במשך שנים כה רבות, אַתֶּם יְדַעְתֶּם אֶת נֶפֶשׁ הַגֵּר (שמות כג,ט), אתם מכירים את מצבו של הגולה בארץ זרה.

'לא תעשו עָוֶל במשפט' איסור זה כבר הוזכר לעיל, אבל הוא איננו קשור רק למשפט פורמלי. ייתכן שכאן נכלל בו גם שיפוט מוטעה כלפי הזולת שאדם עושה בינו לבין עצמו – שאינו מחייב איש. הפיתוי לשפוט אנשים בצורה לא נכונה מביא אנשים להחלטות אישיות שאינן מוצדקות. הכתוב מזהיר מפני שיפוט מעוות של הזולת. (ראו ספרא).

'אני ה' אלהיכם אשר הוצאתי אתכם מארץ מצרים... אני ה'' במקום אחר נאמר שה'

ביאור

לה **לֹא תַעֲשׂוּ עָוֶל בַּמִּשְׁפָּט.** אסור לשנות מן האמת ומן השיקול הראוי
במשפט. כיוצא בזה, אסור לעשות עוול או שינוי **בַּמִּדָּה**, מידת שטח
או נפח, **בַּמִּשְׁקָל וּבַמְּשׂוּרָה**, מידת נוזלים. אסור לעוות גם את כלי
המידה. לו ובאופן מפורש יותר: **מֹאזְנֵי צֶדֶק**, מאוזנות היטב, **אַבְנֵי**
משקל של **צֶדֶק**, מדויקות, **אֵיפַת**, מידת נפח של **צֶדֶק וְהִין**, מידת
הלח של **צֶדֶק**, כל אלה **יִהְיֶה לָכֶם**. עליכם לדאוג לשמירת המידות
כדיוקן. **אֲנִי ה׳ אֱלֹהֵיכֶם אֲשֶׁר הוֹצֵאתִי אֶתְכֶם מֵאֶרֶץ מִצְרָיִם. וּשְׁמַרְתֶּם**
אֶת כָּל חֻקֹּתַי, וְאֶת כָּל מִשְׁפָּטַי, ההדרכות כיצד לנהוג בין הבריות
ובתוך המציאות, **וַעֲשִׂיתֶם אֹתָם. אֲנִי ה׳.**

העונשים על עברות חמורות בתחום המשפחה

פרק כ פס׳ א–כא

כאן חוזרים דיני רעריות והדינים הקשורים בהם שנזכרו בפרשת אחרי מות.[38] שם נאסר על מעשיב חמורים מסוימים, ולכל היותר נזכר בהם עונש כרת בידי שמים, ואילו כאן מתוארים גם העונשים בידי אדם – כיצד צריכים בתי הדין לנהוג בעבריינים בתחום זה.

פרק כ א **וַיְדַבֵּר ה׳ אֶל מֹשֶׁה לֵּאמֹר:** ב **וְאֶל בְּנֵי יִשְׂרָאֵל תֹּאמַר: אִישׁ אִישׁ**
מִבְּנֵי יִשְׂרָאֵל וּמִן הַגֵּר הַגָּר בְּיִשְׂרָאֵל אֲשֶׁר יִתֵּן מִזַּרְעוֹ לפולחן **הַמֹּלֶךְ**[39] – **מוֹת**
יוּמָת בידי אדם. **עַם הָאָרֶץ**, הציבור **יִרְגְּמֻהוּ**, יסקלוהו[40] **בָאָבֶן.** ג ואילו[41]
אֲנִי אֶתֵּן אֶת פָּנַי בָּאִישׁ הַהוּא, לא אתעלם מכך, אשים אליו לב, **וְהִכְרַתִּי**

הרחבות

הוציא את ישראל מארץ מצרים להיות לו לעבדים (להלן כה,נה), כלומר הוצאתם משם נעשתה לכבודו וכדי שישרתוהו כצבאותיו. ה׳ הוציא את ישראל ממצרים כדי שיתקיים כעם סגולה בעל סדרים משלו בכל התחומים שהלכותיהם התפרטו כאן, בין אדם לחברו ובין אדם למקום. פירושה של ההצהרה אֲנִי ה׳ הוא: אני הוא המצווה, ואני הוא היודע, ועליכם לפעול מתוך הכרה זו. מלבד זאת ההצהרה אֲנִי ה׳ אֱלֹקֵיכֶם כוללת גם את סמכותיותו של ה׳ כמלכם של ישראל. באופן כללי אֲנִי ה׳ מתייחס לעניינים שבמוסר ושבהתייחסות פנימית, ואילו אֲנִי ה׳ אֱלֹקֵיכֶם מדגיש את קביעתם של דינים וחוקים מסוימים. מעניין לציין שכל אחד משני הביטויים האלו מופיע בפרשת קדושים עשר פעמים.

הַהוּא וְהִכְרַתִּי אֹתוֹ מִקֶּרֶב עַמּוֹ כִּי מִזַּרְעוֹ נָתַן לַמֹּלֶךְ
לְמַעַן טַמֵּא אֶת־מִקְדָּשִׁי וּלְחַלֵּל אֶת־שֵׁם קָדְשִׁי:
וְאִם הַעְלֵם יַעְלִימוּ עַם הָאָרֶץ אֶת־עֵינֵיהֶם מִן־ ד
הָאִישׁ הַהוּא בְּתִתּוֹ מִזַּרְעוֹ לַמֹּלֶךְ לְבִלְתִּי הָמִית
אֹתוֹ: וְשַׂמְתִּי אֲנִי אֶת־פָּנַי בָּאִישׁ הַהוּא וּבְמִשְׁפַּחְתּוֹ ה
וְהִכְרַתִּי אֹתוֹ וְאֵת | כָּל־הַזֹּנִים אַחֲרָיו לִזְנוֹת אַחֲרֵי
הַמֹּלֶךְ מִקֶּרֶב עַמָּם: וְהַנֶּפֶשׁ אֲשֶׁר תִּפְנֶה אֶל־הָאֹבֹת ו
וְאֶל־הַיִּדְּעֹנִים לִזְנֹת אַחֲרֵיהֶם וְנָתַתִּי אֶת־פָּנַי בַּנֶּפֶשׁ
הַהִוא וְהִכְרַתִּי אֹתוֹ מִקֶּרֶב עַמּוֹ: וְהִתְקַדִּשְׁתֶּם וִהְיִיתֶם ז
ששי / שביעי / קְדֹשִׁים כִּי אֲנִי יְהוָה אֱלֹהֵיכֶם: וּשְׁמַרְתֶּם אֶת־חֻקֹּתַי ח
וַעֲשִׂיתֶם אֹתָם אֲנִי יְהוָה מְקַדִּשְׁכֶם: כִּי־אִישׁ אִישׁ ט
אֲשֶׁר יְקַלֵּל אֶת־אָבִיו וְאֶת־אִמּוֹ מוֹת יוּמָת אָבִיו וְאִמּוֹ

רש"י | שֶׁאֵין כָּל הַצִּבּוּר נִכְרָתִין. **כִּי מִזַּרְעוֹ נָתַן לַמֹּלֶךְ.** לְפִי שֶׁנֶּאֱמַר: "מַעֲבִיר בְּנוֹ וּבִתּוֹ בָּאֵשׁ" (דברים יח, י), בֵּן בְּנוֹ וּבֶן בִּתּוֹ מִנַּיִן? תַּלְמוּד לוֹמַר: "כִּי מִזַּרְעוֹ נָתַן לַמֹּלֶךְ". זֶרַע פָּסוּל מִנַּיִן? תַּלְמוּד לוֹמַר: "בְּתִתּוֹ מִזַּרְעוֹ לַמֹּלֶךְ" (להלן פסוק ד). **לְמַעַן טַמֵּא אֶת מִקְדָּשִׁי.** אֶת כְּנֶסֶת יִשְׂרָאֵל שֶׁהִיא מְקֻדֶּשֶׁת לִי, כִּלְשׁוֹן: "וְלֹא יְחַלֵּל אֶת מִקְדָּשַׁי" (להלן כא, כג).

ד **וְאִם הַעְלֵם יַעְלִימוּ.** אִם הֶעֱלִימוּ בְּדָבָר אֶחָד סוֹף שֶׁיַּעֲלִימוּ בִּדְבָרִים הַרְבֵּה, אִם הֶעֱלִימוּ סַנְהֶדְרֵי קְטַנָּה סוֹף שֶׁיַּעֲלִימוּ סַנְהֶדְרֵי גְּדוֹלָה.

ה **וּבְמִשְׁפַּחְתּוֹ.** אָמַר רַבִּי שִׁמְעוֹן: וְכִי מִשְׁפָּחָה מַה חָטְאָה? אֶלָּא לְלַמֶּדְךָ שֶׁאֵין לְךָ מִשְׁפָּחָה שֶׁיֵּשׁ בָּהּ מוֹכֵס שֶׁאֵין כֻּלָּם מוֹכְסִין, שֶׁכֻּלָּן מְחַפִּין עָלָיו. **וְהִכְרַתִּי אֹתוֹ.** לָמָּה נֶאֱמַר? לְפִי שֶׁנֶּאֱמַר: "וּבְמִשְׁפַּחְתּוֹ", יָכוֹל יִהְיוּ כָּל הַמִּשְׁפָּחָה בְּהִכָּרֵת? תַּלְמוּד לוֹמַר: "אֹתוֹ", אוֹתוֹ בְּהִכָּרֵת וְלֹא כָּל הַמִּשְׁפָּחָה בְּהִכָּרֵת אֶלָּא בְּיִסּוּרִין. **לִזְנוֹת אַחֲרֵי הַמֹּלֶךְ.** לְרַבּוֹת שְׁאָר עֲבוֹדָה זָרָה שֶׁעֲבָדָהּ כְּכָךְ, וַאֲפִלּוּ אֵין זוֹ עֲבוֹדָתָהּ.

ז **וְהִתְקַדִּשְׁתֶּם.** זוֹ פְּרִישׁוּת עֲבוֹדָה זָרָה.

ט **אָבִיו וְאִמּוֹ קִלֵּל.** לְרַבּוֹת לְאַחַר מִיתָה.

הרחבות | **'וְהִכְרַתִּי אֹתוֹ'** עונש 'כרת' התפרש בכמה אופנים (ראו ההרחבה להלן כב,ט): מות אדם קודם זמנו, או עונש חמור הרבה יותר מכך המתייחס גם לכריתתה של הנשמה מן העולם באופן כלשהו. כאשר אדם נענש בעולם הזה, עונשו מהווה כפרה על עוונותיו וסילוק חשבון חטאיו, ומכך נובע אזכורם המרובה של עונשים כאלה. לעומת זאת, אם אדם אינו נענש בעולם הזה אלא בעולם אחר בלבד, אותו

ביאור

אֹתוֹ מִקֶּרֶב עַמּוֹ. כִּי מִזַּרְעוֹ נָתַן לַמֹּלֶךְ לְמַעַן טַמֵּא אֶת מִקְדָּשִׁי וּלְחַלֵּל
אֶת שֵׁם קָדְשִׁי. מעבר לחטא העבודה הזרה, יש בכך גם היבט חמור
של חילול שם שמים. ד וְאִם הַעְלֵם יַעְלִימוּ עַם הָאָרֶץ אֶת עֵינֵיהֶם
מִן הָאִישׁ הַהוּא, בְּתִתּוֹ מִזַּרְעוֹ לַמֹּלֶךְ, לְבִלְתִּי הָמִית אֹתוֹ, ולא יקיימו
את חובתם בהמתתו, שהרי לעתים השופטים מאמינים באותן
האמונות שבהן מאמינים הנשפטים – ה וְשַׂמְתִּי אֲנִי אֶת פָּנַי בָּאִישׁ
הַהוּא וּבְמִשְׁפַּחְתּוֹ, וְהִכְרַתִּי אֹתוֹ וְאֵת כָּל הַזֹּנִים אַחֲרָיו לִזְנוֹת אַחֲרֵי הַמֹּלֶךְ
מִקֶּרֶב עַמָּם. ו וְהַנֶּפֶשׁ אֲשֶׁר תִּפְנֶה אֶל הָאֹבֹת וְאֶל הַיִּדְּעֹנִים, המתקשרים
עם המתים,[42] לִזְנֹת, לסטות אַחֲרֵיהֶם, להתייעץ בהם – וְנָתַתִּי אֶת פָּנַי
בַּנֶּפֶשׁ הַהִוא, וְהִכְרַתִּי אֹתוֹ מִקֶּרֶב עַמּוֹ. לא נאמר שיש להעניש בידי
אדם, אלא הם ייענשו בידי שמים.[43]

ז ובכללו של דבר – וְהִתְקַדִּשְׁתֶּם וִהְיִיתֶם קְדֹשִׁים. אמירה זו מתייחסת
הן למה שנאמר קודם והן למה שייאמר להלן. קצת מן החוקים
הללו חלים על ישראל דווקא ואינם אוניברסליים, וקצתם נחשבים
מאוסים בכל מקום בעולם, אך עיקרה של פרשה זו הוא בקדושה
המיוחדת המחייבת את עם ישראל, כִּי אֲנִי ה׳ אֱלֹהֵיכֶם, ומשום כך
אתם מחויבים לקדושה זו. ח וּשְׁמַרְתֶּם אֶת חֻקֹּתַי וַעֲשִׂיתֶם אֹתָם. אֲנִי
ה׳ מְקַדִּשְׁכֶם. אני מעניק לכם את מעמדכם המיוחד, ולכן עליכם
לשמור הן את הציוויים הפשוטים והן את אלה שעשויים להיראות
כגזרות מלך שרירותיות.

ט כִּי אִישׁ אִישׁ אֲשֶׁר יְקַלֵּל אֶת אָבִיו וְאֶת אִמּוֹ, גם אם לא פגע בהם
באופן אחר – מוֹת יוּמָת. אָבִיו וְאִמּוֹ קִלֵּל – דָּמָיו בּוֹ, בראשו. הוא אשם
וייענש על כך בעולם הזה. החובה לנהוג כבוד בהורים איננה חוק
יוצא דופן, והיא מופיעה גם בעשרת הדיברות,[44] אבל כאן מודגשים
במיוחד חומרת המעשה ועונשו. גם בתרבויות אחרות קללת
הזולת – ובוודאי קללת ההורים – אינה נחשבת נאה, אך במסגרת
קדושת ישראל התנהגות זו אינה נסבלת כלל. המקלל את הוריו נידון
למוות.

הרחבות

עונש חמור יותר, קבוע יותר ונוגע לעצם הקיום.

'והנפש אשר תפנה אל האבֹת ואל הידעֹנים לזנֹת אחריהם ונתתי את פני בנפש ההוא' בספר שמואל (א׳ כח,ג–כ) מסופר על שאול המלך שפנה אל האובות, ובספר דברי הימים (א׳ י,יג) נאמר במפורש שזה היה אחד הגורמים למיתתו.

קְלֵל דָּמָיו בּוֹ: וְאִישׁ אֲשֶׁר יִנְאַף אֶת־אֵשֶׁת אִישׁ אֲשֶׁר י
יִנְאַף אֶת־אֵשֶׁת רֵעֵהוּ מוֹת־יוּמַת הַנֹּאֵף וְהַנֹּאָפֶת:
וְאִישׁ אֲשֶׁר יִשְׁכַּב אֶת־אֵשֶׁת אָבִיו עֶרְוַת אָבִיו גִּלָּה יא
מוֹת־יוּמְתוּ שְׁנֵיהֶם דְּמֵיהֶם בָּם: וְאִישׁ אֲשֶׁר יִשְׁכַּב יב
אֶת־כַּלָּתוֹ מוֹת יוּמְתוּ שְׁנֵיהֶם תֶּבֶל עָשׂוּ דְּמֵיהֶם בָּם:
וְאִישׁ אֲשֶׁר יִשְׁכַּב אֶת־זָכָר מִשְׁכְּבֵי אִשָּׁה תּוֹעֵבָה יג
עָשׂוּ שְׁנֵיהֶם מוֹת יוּמָתוּ דְּמֵיהֶם בָּם: וְאִישׁ אֲשֶׁר יִקַּח יד
אֶת־אִשָּׁה וְאֶת־אִמָּהּ זִמָּה הִוא בָּאֵשׁ יִשְׂרְפוּ אֹתוֹ
וְאֶתְהֶן וְלֹא־תִהְיֶה זִמָּה בְּתוֹכְכֶם: וְאִישׁ אֲשֶׁר יִתֵּן טו
שְׁכָבְתּוֹ בִּבְהֵמָה מוֹת יוּמָת וְאֶת־הַבְּהֵמָה תַּהֲרֹגוּ:

רש"י | **דָּמָיו בּוֹ.** זוֹ סְקִילָה, וְכֵן כָּל מָקוֹם שֶׁנֶּאֱמַר: "דָּמָיו בּוֹ", "דְּמֵיהֶם בָּם". וְלָמַדְנוּ מֵאוֹב וְיִדְּעוֹנִי שֶׁנֶּאֱמַר בָּהֶם: "בָּאֶבֶן יִרְגְּמוּ אֹתָם דְּמֵיהֶם בָּם" (להלן פסוק כז). וּפְשׁוּטוֹ שֶׁל מִקְרָא, כְּמוֹ: "דָּמוֹ בְּרֹאשׁוֹ" (יהושע ב, יט), אֵין נֶעֱנָשׁ עַל מִיתָתוֹ אֶלָּא הוּא, שֶׁהוּא גָּרַם לְעַצְמוֹ שֶׁיֵּהָרֵג:

י | **וְאִישׁ.** פְּרָט לְקָטָן: **אֲשֶׁר יִנְאַף אֶת אֵשֶׁת אִישׁ.** פְּרָט לְאֵשֶׁת קָטָן, לָמַדְנוּ שֶׁאֵין לְקָטָן קִדּוּשִׁין. וְעַל אֵיזוֹ אֵשֶׁת אִישׁ חִיַּבְתִּי לְךָ? "אֲשֶׁר יִנְאַף אֶת אֵשֶׁת רֵעֵהוּ", פְּרָט לְאֵשֶׁת גּוֹי, לָמַדְנוּ שֶׁאֵין קִדּוּשִׁין לְגוֹי: **מוֹת יוּמַת הַנֹּאֵף וְהַנֹּאָפֶת.** כָּל מִיתָה הָאֲמוּרָה בַּתּוֹרָה סְתָם אֵינָהּ אֶלָּא חֶנֶק:

יב | **תֶּבֶל עָשׂוּ.** גְּנַאי. לָשׁוֹן אַחֵר, מְבַלְבְּלִין זֶרַע הָאָב בְּזֶרַע הַבֵּן:

יג | **מִשְׁכְּבֵי אִשָּׁה.** מַכְנִיס כְּמִכְחוֹל בִּשְׁפוֹפֶרֶת:

יד | **יִשְׂרְפוּ אֹתוֹ וְאֶתְהֶן.** אִי אַתָּה יָכוֹל לוֹמַר אִשְׁתּוֹ הָרִאשׁוֹנָה יִשְׂרְפוּ, שֶׁהֲרֵי נְשָׂאָהּ בְּהֶתֵּר וְלֹא נֶאֶסְרָה עָלָיו, אֶלָּא "אִשָּׁה וְאִמָּהּ" הַכְּתוּבִין כָּאן שְׁתֵּיהֶן לְאִסּוּר, שֶׁנָּשָׂא חֲמוֹתוֹ וְאִמָּהּ. וְיֵשׁ מֵרַבּוֹתֵינוּ שֶׁאוֹמְרִים, אֵין כָּאן אֶלָּא חֲמוֹתוֹ, וּמַהוּ "אֶתְהֶן"? אֶת אַחַת מֵהֶן, וּלְשׁוֹן יְוָנִי הוּא: 'הֵן' – אַחַת:

טו | **וְאֶת הַבְּהֵמָה תַּהֲרֹגוּ.** אִם אָדָם חָטָא, בְּהֵמָה מֶה חָטְאָה? אֶלָּא מִפְּנֵי שֶׁבָּאָה לָאָדָם תַּקָּלָה עַל יָדָהּ לְפִיכָךְ אָמַר הַכָּתוּב תִּסָּקֵל, קַל וָחֹמֶר לְאָדָם שֶׁיּוֹדֵעַ לְהַבְחִין בֵּין טוֹב לְרָע וְגוֹרֵם רָעָה לַחֲבֵרוֹ לַעֲבֹר עֲבֵרָה. כַּיּוֹצֵא בַּדָּבָר אַתָּה אוֹמֵר:

הרחבות | **'דמיהם בם'** לפי מסורת ההלכה, בכל מקום שנאמר דְּמֵיהֶם בָּם מרומז עונש סקילה. (ראו רש"י פס' ט; סנהדרין נד ע"א).

עונש מוות רוב העונשים אינם מתוארים בתורה לפרטיהם. עונש השרפה הנזכר כאן התבאר במסורת חכמים לא כשרפה של ממש אלא כמיתה שנגרמת בעקיפין על ידי אש, באמצעות יציקת עופרת רותחת לתוך גרונו של הנידון למוות. (ראו סנהדרין נב ע"א).

ביאור

י **וְאִישׁ אֲשֶׁר יִנְאַף אֶת**, עם **אֵשֶׁת אִישׁ**, כלומר **אֲשֶׁר יִנְאַף אֶת**, עם **אֵשֶׁת רֵעֵהוּ**. כפילות הלשון מעידה על משמעות כפולה: האיסור על ניאוף עם אשת איש מתייחס להיבט הדתי של האזהרה, ואילו האיסור על ניאוף עם אשת רעהו מתייחס להיבט החברתי שלה. לא בכל החטאים המנויים האחרים שיובאו להלן תהיה פגיעה ישירה באדם נוסף, אבל כאן הרעה כפולה: הנואף חוטא גם כלפי ה׳ וגם כלפי החבר. **מוֹת יוּמַת הַנֹּאֵף וְהַנֹּאָפֶת** השותפים בעברה.

יא **וְאִישׁ אֲשֶׁר יִשְׁכַּב אֶת**, עם **אֵשֶׁת אָבִיו** – **עֶרְוַת אָבִיו גִּלָּה**. זהו ביזיון וקלון לאביו. **מוֹת יוּמְתוּ שְׁנֵיהֶם, דְּמֵיהֶם בָּם**.

יב **וְאִישׁ אֲשֶׁר יִשְׁכַּב אֶת**, עם **כַּלָּתוֹ** – **מוֹת יוּמְתוּ שְׁנֵיהֶם. תֶּבֶל**, ביזיון ותועבה, או: בלבול **עָשׂוּ**, בכך שהאב והבן חולקים ביניהם, כביכול, אשה אחת[45] דין זה מקביל לקודמו: השוכב עם אשת אביו והשוכב עם כלתו הם שני צדדים של אותה תבנית, אלא שבמקרה הראשון מעורב גם קלון אביו, ואילו במקרה השני – מודגשים התערובת והשיתוף המגונה, שהעושים אותו – **דְּמֵיהֶם בָּם**.

יג **וְאִישׁ אֲשֶׁר יִשְׁכַּב אֶת**, עם **זָכָר מִשְׁכְּבֵי אִשָּׁה** בהסכמה ומרצון – **תּוֹעֵבָה עָשׂוּ שְׁנֵיהֶם**. כמו במקרים של איש ואשה, אף כאן חל האיסור הן על המשתתף הפעיל, הן על המשתתף הסביל. **מוֹת יוּמָתוּ** בסקילה, **דְּמֵיהֶם בָּם**.

יד **וְאִישׁ אֲשֶׁר יִקַּח אֶת אִשָּׁה וְאֶת אִמָּהּ** – או אשה ובתה, וסדר הדברים אינו מעלה ואינו מוריד – **זִמָּה**, מחשבה בזויה[46] **הִוא**. המקרה שבו שני גברים קרובים מקיימים יחסים עם אשה אחת הוגדר קודם כתבל. המקרה שבו איש אחד נמצא עם שתי נשים הקשורות זו בזו בקרבת דם מכונה זימה. הביזיון שבמעשה זה נעוץ בכך ששתי הנשים מתערבות במחשבתו, בדמיונו ובחייו של העושה זאת. **בָּאֵשׁ יִשְׂרְפוּ אֹתוֹ וְאֶתְהֶן, וְלֹא תִהְיֶה זִמָּה בְּתוֹכְכֶם**.

טו **וְאִישׁ אֲשֶׁר יִתֵּן שְׁכָבְתּוֹ בִּבְהֵמָה**, אדם השוכב עם בהמה – **מוֹת יוּמָת, וְאֶת הַבְּהֵמָה תַּהֲרֹגוּ**. מכיוון שלבהמה אין דעת, אין לה כל שותפות באחריות, כמו בעברה משותפת של שני בני אדם מרצונם.

הרחבות

חכמים קבלו במסורת ודרשו מן המקראות שעונשי המוות הקבועים בחוק התורה אפשריים רק על ידי התראה בשעת המעשה, ובקבלת ההתראה המפורשת מצד העבריין, שהוא עושה את המעשה בידיעת העונש הכרוך בו. נקל לשער אפוא כי המקרים שבהם יצא גזר דין של המתה אל הפועל היו ספורים, וכשהיו – הרי הם נעשו כלפי עבריינים העושים להכעיס, באופן מופגן והצהרתי. (ראו סנהדרין מ-מא; מכות ז ע״א; רא״ש מועד קטן פרק ג).

טז וְאִשָּׁה אֲשֶׁר תִּקְרַב אֶל־כָּל־בְּהֵמָה לְרִבְעָה אֹתָהּ
וְהָרַגְתָּ אֶת־הָאִשָּׁה וְאֶת־הַבְּהֵמָה מוֹת יוּמָתוּ
יז דְּמֵיהֶם בָּם: וְאִישׁ אֲשֶׁר־יִקַּח אֶת־אֲחֹתוֹ בַּת־אָבִיו אוֹ
בַת־אִמּוֹ וְרָאָה אֶת־עֶרְוָתָהּ וְהִיא תִרְאֶה אֶת־עֶרְוָתוֹ
חֶסֶד הוּא וְנִכְרְתוּ לְעֵינֵי בְּנֵי עַמָּם עֶרְוַת אֲחֹתוֹ גִּלָּה
יח עֲוֹנוֹ יִשָּׂא: וְאִישׁ אֲשֶׁר־יִשְׁכַּב אֶת־אִשָּׁה דָּוָה וְגִלָּה
אֶת־עֶרְוָתָהּ אֶת־מְקֹרָהּ הֶעֱרָה וְהִוא גִּלְּתָה אֶת־
יט מְקוֹר דָּמֶיהָ וְנִכְרְתוּ שְׁנֵיהֶם מִקֶּרֶב עַמָּם: וְעֶרְוַת
אֲחוֹת אִמְּךָ וַאֲחוֹת אָבִיךָ לֹא תְגַלֵּה כִּי אֶת־שְׁאֵרוֹ
כ הֶעֱרָה עֲוֹנָם יִשָּׂאוּ: וְאִישׁ אֲשֶׁר יִשְׁכַּב אֶת־דֹּדָתוֹ
כא עֶרְוַת דֹּדוֹ גִּלָּה חֶטְאָם יִשָּׂאוּ עֲרִירִים יָמֻתוּ: וְאִישׁ

רש"י

"אַבֵּד תְּאַבְּדוּן אֶת כָּל הַמְּקֹמוֹת" (דברים יב, ב), הֲרֵי דְּבָרִים קַל וָחֹמֶר: וּמָה אִילָנוֹת שֶׁאֵינָן רוֹאִין וְאֵינָן שׁוֹמְעִין, עַל שֶׁבָּאת תַּקָּלָה עַל יָדָם אָמְרָה תּוֹרָה הַשְׁחֵת שָׂרֵף וְכַלֵּה, הַמַּטֶּה אֶת חֲבֵרוֹ מִדֶּרֶךְ חַיִּים לְדַרְכֵי מִיתָה עַל אַחַת כַּמָּה וְכַמָּה:

יז **חֶסֶד הוּא.** לָשׁוֹן אֲרַמִּי "חֶרְפָּה" (בראשית לד, יד) – 'חִסּוּדָא'. וּמִדְרָשׁוֹ: אִם תֹּאמַר, קַיִן נָשָׂא אֲחוֹתוֹ! חֶסֶד עָשָׂה הַמָּקוֹם לִבְנוֹת עוֹלָמוֹ מִמֶּנּוּ, שֶׁנֶּאֱמַר: "עוֹלָם חֶסֶד יִבָּנֶה" (תהלים פט, ג):

יח **הֶעֱרָה.** גִּלָּה, וְכֵן כָּל לְשׁוֹן 'עֶרְוָה' גִּלּוּי הוּא, וְהַוָּי"ו יוֹרֶדֶת בַּתֵּבָה לְשֵׁם דָּבָר, כְּמוֹ 'זַעֲוָה' (דברים כח, כה) מִגִּזְרַת "וְלֹא קָם וְלֹא זָע" (אסתר ה, ט), וְכֵן 'אַחֲוָה' (זכריה יא, יד) מִגִּזְרַת 'אָח'. וְהָעֲרָאָה זוֹ נֶחְלְקוּ בָהּ רַבּוֹתֵינוּ: יֵשׁ אוֹמְרִים זוֹ נְשִׁיקַת שַׁמָּשׁ, וְיֵשׁ אוֹמְרִים זוֹ הַכְנָסַת עֲטָרָה:

יט **וְעֶרְוַת אֲחוֹת אִמְּךָ.** שָׁנָה הַכָּתוּב בְּאַזְהָרָתָן, לוֹמַר שֶׁהֻזְהַר עֲלֵיהֶן בֵּין עַל אֲחוֹת אָבִיו וְאִמּוֹ מִן הָאָב בֵּין עַל אַחְיוֹתֵיהֶן מִן הָאֵם, אֲבָל עַל עֶרְוַת אֵשֶׁת אֲחִי אָבִיו לֹא הֻזְהַר אֶלָּא עַל אֵשֶׁת אֲחִי אָבִיו מִן הָאָב:

כ **אֲשֶׁר יִשְׁכַּב אֶת דֹּדָתוֹ.** הַמִּקְרָא הַזֶּה בָּא לְלַמֵּד עַל כָּרֵת הָאָמוּר לְמַעְלָה, שֶׁהוּא בְּעֹנֶשׁ הֲלִיכַת עֲרִירִי: **עֲרִירִים.** כְּתַרְגּוּמוֹ, בְּלֹא וָלָד, וְדוֹמֶה לוֹ

הרחבות

דָּוָה שם זה מורה על הנידות שיש בה תחושת חולי וצער. (ראו דברים ז,טו ועוד). אולי יש קשר בין דָּוָה לבין השורש ד,ו,ב שמשמעו נזילה (קרוב אל ז,ו,ב). שמא מפני שהדווה–הדואב מזיל דמעות מעיניו. בהקשר זה הדווה קרובה לזבה ולנידה מבחינת המשמעות המילולית של שלוש המלים. (וראו עוד רלב"ג שמואל ב' י,ד).

'עוֹנם ישאו' עונשו של השוכב עם אחות אמו ואחות אביו לא הוזכר כאן במפורש, שלא כבאיסורים אחרים, שעונשם נאמר

ביאור

למרות זאת הבהמה נהרגת, לא מחמת 'אשמתה' אלא בעטיה של הבושה שנגרמה על ידה לישראל ולעולם, ומשום היותה תקלה לבני אדם.[47] האיש נהרג בגלל העברה שעבר, ואילו הבהמה נהרגת משום ששימשה למעשה העברה; כשם שיש להרוס אפילו צמחים או חפצים המשמשים לעבודה זרה,[48] כך מאבדים בעל חיים המשמש לזנות. טז ובאותו אופן, **אִשָּׁה אֲשֶׁר תִּקְרַב אֶל כָּל בְּהֵמָה לְרִבְעָה אֹתָהּ**, על מנת שהבהמה תרבע אותה, **וְהָרַגְתָּ אֶת הָאִשָּׁה וְאֶת הַבְּהֵמָה** כמו במקרה הקודם. **מוֹת יוּמָתוּ** בסקילה, **דְּמֵיהֶם בָּם**.

מכאן לעברות שיש בהן עונש כרת, אך לא ניתן להן עונש בידי אדם: יז **וְאִישׁ אֲשֶׁר יִקַּח אֶת אֲחֹתוֹ, בַּת אָבִיו אוֹ בַת אִמּוֹ**, גם אם היא אחות מאחד מן ההורים בלבד, **וְרָאָה אֶת עֶרְוָתָהּ, וְהִיא תִרְאֶה אֶת עֶרְוָתוֹ**. תיאור ההדדיות כאן מכוון ומשמעותי. אין מדובר כאן במציאות שבה אחות צעירה נופלת קרבן לפגיעתו המינית של אחיה המבוגר, כלומר באונס בתוך המשפחה, אלא במעשה הדדי, שבו שני השותפים בוגרים, מודעים למעשיהם ופועלים בכוונה תחילה.[49] **חֶסֶד**, בושה וביזיון[50] **הוּא. וְנִכְרְתוּ לְעֵינֵי בְּנֵי עַמָּם. עֶרְוַת אֲחֹתוֹ גִּלָּה – עֲוֹנוֹ יִשָּׂא**. לא נקבע עונש מסוים בידי אדם.

יח **וְאִישׁ אֲשֶׁר יִשְׁכַּב אֶת**, עם **אִשָּׁה דָּוָה**, נידה. **וְגִלָּה אֶת עֶרְוָתָהּ, אֶת מְקֹרָהּ**, מקור דמה **הֶעֱרָה**, גילה במשמעות מינית שלילית, **וְאַף הִוא גִּלְּתָה אֶת מְקוֹר דָּמֶיהָ**. שוב מודגשת ההדדיות, מכיוון שהדבר עלול להיעשות על ידי פעולה של האיש לבדו, שהרי הנידה יכולה להיות גם אשתו – שיש ביניהם יחסים מתמשכים.[51] רק כאשר גם היא גילתה את ערוותה ביודעין וברצון – **וְנִכְרְתוּ שְׁנֵיהֶם מִקֶּרֶב עַמָּם** בידי שמים.

יט **וְעֶרְוַת אֲחוֹת אִמְּךָ וַאֲחוֹת אָבִיךָ לֹא תְגַלֵּה, כִּי אֶת שְׁאֵרוֹ הֶעֱרָה**, שהרי קיימת קרבת דם ביניהן לבינו – **עֲוֹנָם יִשָּׂאוּ** שניהם.

כ **וְאִישׁ אֲשֶׁר יִשְׁכַּב אֶת**, עם **דֹּדָתוֹ – עֶרְוַת דֹּדוֹ גִּלָּה**. דודתו זו אינה אחות האב או האם אלא דווקא אשת הדוד. **חֶטְאָם יִשָּׂאוּ, עֲרִירִים**, בלא ילדים **יָמֻתוּ**.

הרחבות

בצורה ברורה מאוד – 'ונכרתו שניהם', 'מות יומת' וכיוצא בזה. אולי הטעם לכך הוא השמירה על כבודו של מנהיג ישראל, שהרי משה נולד מזיווג כזה בין עמרם ליוכבד אחות אביו. אמנם חלק מהדינים הללו אינם מתייחסים לבני נח ולכלל האנושות, אלא מיועדים באופן ספציפי לישראל לאחר שקיבלו את התורה, אך מכל מקום – למרות שבזמנו לא היה זה מעשה אסור – ראה הכתוב להשתמש בלשון מנומסת וסתומה מפני הכבוד. (ראו ראב"ע על אתר, על פי שמות ו,כ).

אֲשֶׁר יִקַּח אֶת־אֵשֶׁת אָחִיו נִדָּה הִוא עֶרְוַת אָחִיו
גִּלָּה עֲרִירִים יִהְיוּ׃ וּשְׁמַרְתֶּם אֶת־כָּל־חֻקֹּתַי וְאֶת־ כב
כָּל־מִשְׁפָּטַי וַעֲשִׂיתֶם אֹתָם וְלֹא־תָקִיא אֶתְכֶם הָאָרֶץ
שביעי אֲשֶׁר אֲנִי מֵבִיא אֶתְכֶם שָׁמָּה לָשֶׁבֶת בָּהּ׃ וְלֹא תֵלְכוּ כג
בְּחֻקֹּת הַגּוֹי אֲשֶׁר־אֲנִי מְשַׁלֵּחַ מִפְּנֵיכֶם כִּי אֶת־
כָּל־אֵלֶּה עָשׂוּ וָאָקֻץ בָּם׃ וָאֹמַר לָכֶם אַתֶּם תִּירְשׁוּ כד
אֶת־אַדְמָתָם וַאֲנִי אֶתְּנֶנָּה לָכֶם לָרֶשֶׁת אֹתָהּ אֶרֶץ
זָבַת חָלָב וּדְבָשׁ אֲנִי יהוה אֱלֹהֵיכֶם אֲשֶׁר־הִבְדַּלְתִּי
מפטיר אֶתְכֶם מִן־הָעַמִּים׃ וְהִבְדַּלְתֶּם בֵּין־הַבְּהֵמָה הַטְּהֹרָה כה
לַטְּמֵאָה וּבֵין־הָעוֹף הַטָּמֵא לַטָּהֹר וְלֹא־תְשַׁקְּצוּ
אֶת־נַפְשֹׁתֵיכֶם בַּבְּהֵמָה וּבָעוֹף וּבְכֹל אֲשֶׁר תִּרְמֹשׂ
הָאֲדָמָה אֲשֶׁר־הִבְדַּלְתִּי לָכֶם לְטַמֵּא׃ וִהְיִיתֶם לִי כו

רש״י | "וְאָנֹכִי הוֹלֵךְ עֲרִירִי" (בראשית טו, ב). יֵשׁ לוֹ בָּנִים – קוֹבְרָן, אֵין לוֹ בָּנִים – מֵת בְּלֹא בָּנִים. לְכָךְ שִׁנָּה בִּשְׁנֵי מִקְרָאוֹת הַלָּלוּ, "עֲרִירִים יָמֻתוּ" "עֲרִירִים יִהְיוּ" (להלן פסוק כא), "עֲרִירִים יָמֻתוּ" – אִם יִהְיוּ לוֹ בִּשְׁעַת עֲבֵרָה לֹא יִהְיוּ לוֹ כְּשֶׁיָּמוּת לְפִי שֶׁקּוֹבְרָן בְּחַיָּיו, "עֲרִירִים יִהְיוּ" – שֶׁאִם אֵין לוֹ בִּשְׁעַת עֲבֵרָה יִהְיֶה כָּל יָמָיו כְּמוֹ שֶׁהוּא עַכְשָׁיו:

כא] **נִדָּה הִוא.** הַשְּׁכִיבָה הַזֹּאת מְנֻדָּה הִיא וּמְאוּסָה. וְרַבּוֹתֵינוּ דָּרְשׁוּ, לֶאֱסֹר הָעֲרָוָה בָּהּ כְּנִדָּה שֶׁהָעֶרְוָה מְפֹרֶשֶׁת בָּהּ: "אֶת מְקֹרָהּ הֶעֱרָה" (לעיל פסוק יח):

כג] **וָאָקֻץ.** לְשׁוֹן מִאוּס, כְּמוֹ: "קַצְתִּי בְחַיַּי" (בראשית כז, מו), כְּאָדָם שֶׁהוּא קָץ בִּמְזוֹנוֹ:

כה] **וְהִבְדַּלְתֶּם בֵּין הַבְּהֵמָה הַטְּהֹרָה לַטְּמֵאָה.** אֵין צָרִיךְ לוֹמַר בֵּין פָּרָה לַחֲמוֹר, שֶׁהֲרֵי מֻבְדָּלִין וְנִכָּרִין הֵם, אֶלָּא בֵּין טְהוֹרָה לְךָ לִטְמֵאָה לְךָ, בֵּין שֶׁנִּשְׁחַט רֻבּוֹ שֶׁל סִימָן לְנִשְׁחַט חֶצְיוֹ. וְכַמָּה בֵּין רֻבּוֹ לְחֶצְיוֹ? מְלֹא שַׂעֲרָה: **אֲשֶׁר הִבְדַּלְתִּי לָכֶם לְטַמֵּא.** לֶאֱסֹר:

הרחבות | **׳ואיש אשר יקח את אשת אחיו נדה הוא׳** לא נזכר כאן דין הייבום – החובה לשאת את אשת אחיו שמת ללא בנים. נראה שפה מדובר במקרה שיש לאח בנים, או במקרים נוספים שלא חל דין ייבום, ולכן הדבר אסור ומאוס. כבר עמדו חכמים על הקשר הלשוני והענייני לדין הנידה. נישואים עם אשת האח מכונים כאן נִדָּה, כי שלא כאיסורי עריות אחרים, איסור אשת האח מותר במקרים מסוימים – בייבום, כשם שהאיסור על קשר עם אשה נידה מותר – לאחר זמן. (ראו ראב"ע; יבמות נד ע"ב).

כא **וְאִישׁ אֲשֶׁר יִקַּח אֶת אֵשֶׁת אָחִיו** לאשה, למרות שאפשר שאינה | ביאור
נשואה לו עוד, כי הוא גירש אותה או מת – **נִדָּה הִוא**, זהו מעשה
מאוס שיש להתרחק ממנו.[52] **עֶרְוַת אָחִיו גִּלָּה, עֲרִירִים יִהְיוּ.**

חתימת עניין הקדושה, הבדלה בין הטמא לטהור ועונש אוב וידעוני

פרק כ פס׳ כב–כז

אמירה כללית לסיום:
כב **וּשְׁמַרְתֶּם אֶת כָּל חֻקֹּתַי**, מצוותי שאינן נתונות למשפט בני אדם, **וְאֶת כָּל מִשְׁפָּטַי**, ההוראות לבתי הדין בארץ, האמוריב בעניין הזה ובעניין שלפניו, **וַעֲשִׂיתֶם אֹתָם. וְלֹא תָקִיא אֶתְכֶם הָאָרֶץ אֲשֶׁר אֲנִי מֵבִיא אֶתְכֶם שָׁמָּה לָשֶׁבֶת בָּהּ.** ומכאן שאם לא תשמרו את חוקי ואת משפטי – תוקאו מן הארץ.
כג **וְלֹא תֵלְכוּ בְּחֻקֹּת הַגּוֹי אֲשֶׁר אֲנִי מְשַׁלֵּחַ מִפְּנֵיכֶם, כִּי אֶת כָּל** המעשים **הָאֵלֶּה עָשׂוּ** העמים שהיו בארץ לפניכם **וָאָקֻץ בָּם**, מאסתי בהם.
כד **וָאֹמַר לָכֶם: אַתֶּם תִּירְשׁוּ אֶת אַדְמָתָם, וַאֲנִי אֶתְּנֶנָּה לָכֶם לָרֶשֶׁת אֹתָהּ, אֶרֶץ זָבַת חָלָב וּדְבָשׁ.** לירושת הארץ יש מטרה כפולה: מחד גיסא, מימוש הבטחתו של ה׳, ומאידך גיסא, גירוש העמים החוטאים מפני שאלו אינם ראויים לשבת בה. **אֲנִי ה׳**, בעל הרשות והסמכות **אֱלֹהֵיכֶם**, המיוחד לכם, **אֲשֶׁר הִבְדַּלְתִּי אֶתְכֶם מִן הָעַמִּים.** יש מן העוונות שנמנו עד כה שחוטאים בהם יושבי הארץ, ׳בעטיים ה׳ מואס בהם ויעבירם ממנה, ויש מהם ציוויים המוטלים דווקא על ישראל, באשר הם מובדלים משאר העמים.

כה מכיוון שאתם מיוחדים ונבדלים – **וְהִבְדַּלְתֶּם בֵּין הַבְּהֵמָה הַטְּהֹרָה**, הכשרה באכילה **לַטְּמֵאָה**, לאסורה, **וּבֵין הָעוֹף הַטָּמֵא לַטָּהֹר.** רשימות הבהמות והעופות הובאו בפרקים הקודמים,[53] והם נזכרים כאן בהקשר של ההבדלה בין ישראל לעמים, אף על פי שאיסורים אלה חמורים פחות מאיסורי עריות. **וְלֹא תְשַׁקְּצוּ**, תתעבו **אֶת נַפְשֹׁתֵיכֶם**. הנפש מישראל תזדהם באופן כלשהו בַאכילת **בְּהֵמָה וּ**באכילת **עוֹף וּ**באכילת **כֹל אֲשֶׁר תִּרְמֹשׂ הָאֲדָמָה**, אותם היצורים **אֲשֶׁר הִבְדַּלְתִּי לָכֶם לְטַמֵּא.**

הרחבות | **׳ולא תשקצו את נפשתיכם בבהמה ובעוף ובכל אשר תרמש האדמה׳** המסורת היהודית אינה מתייחסת לבעלי החיים האסורים באכילה באופן ניטרלי; אל האיסורים הללו מתלווה תיעוב כלפי החיות שאינן טהורות בהקשר של אכילה. במשך דורות רבים ישראל לא רק נמנעו מאכילת צפדות או חזיר, למשל, אלא התייחסו אליהם כשיקוץ. ברוב החברה המערבית אכילת כלבים וחתולים נחשבת לשיקוץ גם אם אין היא אסורה על פי חוק, וזהו גם אופיה של האזהרה וההוראה המיוחדת שניתנת לישראל.

קְדֹשִׁים כִּי קָדוֹשׁ אֲנִי יהוה וָאַבְדִּל אֶתְכֶם מִן־הָעַמִּים
כז לִהְיוֹת לִי: וְאִישׁ אוֹ־אִשָּׁה כִּי־יִהְיֶה בָהֶם אוֹב אוֹ יִדְּעֹנִי
מוֹת יוּמָתוּ בָּאֶבֶן יִרְגְּמוּ אֹתָם דְּמֵיהֶם בָּם:

רש"י

כו **וָאַבְדִּל אֶתְכֶם מִן הָעַמִּים לִהְיוֹת לִי.** אִם אַתֶּם מֻבְדָּלִים מֵהֶם הֲרֵי אַתֶּם שֶׁלִּי, וְאִם לָאו הֲרֵי אַתֶּם שֶׁל נְבוּכַדְנֶצַּר וַחֲבֵרָיו. רַבִּי אֶלְעָזָר בֶּן עֲזַרְיָה אוֹמֵר, מִנַּיִן שֶׁלֹּא יֹאמַר אָדָם: נַפְשִׁי קָצָה בִּבְשַׂר חֲזִיר, אִי אֶפְשִׁי לִלְבֹּשׁ כִּלְאַיִם, אֲבָל יֹאמַר: אֶפְשִׁי, וּמָה אֶעֱשֶׂה וְאָבִי שֶׁבַּשָּׁמַיִם גָּזַר עָלַי? – תַּלְמוּד לוֹמַר: "וָאַבְדִּל אֶתְכֶם מִן הָעַמִּים לִהְיוֹת לִי", שֶׁתְּהֵא הַבְדָּלַתְכֶם מֵהֶם לִשְׁמִי, פּוֹרֵשׁ מִן הָעֲבֵרָה וּמְקַבֵּל עָלָיו עֹל מַלְכוּת שָׁמַיִם:

כז **כִּי יִהְיֶה בָהֶם אוֹב וְגוֹ׳.** כָּאן נֶאֱמַר בָּהֶם מִיתָה, וּלְמַעְלָה (לעיל פסוק ו) כָּרֵת! – עֵדִים וְהַתְרָאָה בִּסְקִילָה, מֵזִיד בְּלֹא הַתְרָאָה בְּהִכָּרֵת, וּשְׁגָגָתָם חַטָּאת. וְכֵן בְּכָל חַיָּבֵי מִיתוֹת שֶׁנֶּאֱמַר בָּהֶם כָּרֵת:

ביאור

כו **וִהְיִיתֶם לִי קְדֹשִׁים** ונבדלים באופנים שונים, **כִּי קָדוֹשׁ אֲנִי ה׳**. הקדוש
הוא מה שנמצא מעבר לגבול; קדושה – פירושה היבדלות. **וָאַבְדִּל
אֶתְכֶם מִן הָעַמִּים לִהְיוֹת לִי**, שלי.

סיום הפרק נראה תמוה, אך ייתכן שאף הוא שייך לתפיסת
הבלעדיות של הקשר המיוחד בין ה׳ לישראל:[54] כז **וְאִישׁ אוֹ אִשָּׁה
כִּי יִהְיֶה בָהֶם אוֹב אוֹ יִדְּעֹנִי**. כאן אין מדובר על מי שבא לשאול בעצתם
של הדורשים אל המתים,[55] אלא על האנשים שהם עצמם בעלי אוב
או ידעונים. אנשים אלה **מוֹת יוּמָתוּ. בָּאֶבֶן יִרְגְּמוּ אֹתָם, דְּמֵיהֶם בָּם**.

הרחבות

׳כי יהיה בהם אוב או ידעני׳ פעמים רבות טוען אדם כזה לכוח כלשהו שבא בו – מת או ר״ח מדברים מתוכו, ולכן הניסוח הוא כִּי יִהְיֶה בָהֶם. מעשים אלה עלולים להיות תוצאה של שיגעון, אבל ברוב המקרים הם אינם באים בכפייה גמורה, והעושה אותם משעבד עצמו כביכול לדבר שנמצא מחוץ לתחום שה׳ מרשה לעסוק בו. (ראו עוד ספרא קדושים ג,ז).

אמר יז וַיֹּאמֶר יהוה אֶל־מֹשֶׁה אֱמֹר אֶל־הַכֹּהֲנִים בְּנֵי אַהֲרֹן א כא
וְאָמַרְתָּ אֲלֵהֶם לְנֶפֶשׁ לֹא־יִטַּמָּא בְּעַמָּיו: כִּי אִם־ ב
לִשְׁאֵרוֹ הַקָּרֹב אֵלָיו לְאִמּוֹ וּלְאָבִיו וְלִבְנוֹ וּלְבִתּוֹ
וּלְאָחִיו: וְלַאֲחֹתוֹ הַבְּתוּלָה הַקְּרוֹבָה אֵלָיו אֲשֶׁר לֹא־ ג
הָיְתָה לְאִישׁ לָהּ יִטַּמָּא: לֹא יִטַּמָּא בַּעַל בְּעַמָּיו ד
יִקְרְחוּ לְהֵחַלּוֹ: לֹא־יקרחה קָרְחָה בְּרֹאשָׁם וּפְאַת זְקָנָם ה

רש״י | פרק כא

א| **אֱמֹר אֶל הַכֹּהֲנִים.** ״אֱמֹר״ ״וְאָמַרְתָּ״, לְהַזְהִיר גְּדוֹלִים עַל הַקְּטַנִּים: **בְּנֵי אַהֲרֹן.** יָכוֹל חֲלָלִים? תַּלְמוּד לוֹמַר: ״הַכֹּהֲנִים״: **בְּנֵי אַהֲרֹן.** אַף בַּעֲלֵי מוּמִין בַּמַּשְׁמָע: **בְּנֵי אַהֲרֹן.** וְלֹא בְּנוֹת אַהֲרֹן: **לֹא יִטַּמָּא בְּעַמָּיו.** בְּעוֹד שֶׁהַמֵּת בְּתוֹךְ עַמָּיו, יָצָא מֵת מִצְוָה:

ב| **כִּי אִם לִשְׁאֵרוֹ.** אֵין ״שְׁאֵרוֹ״ אֶלָּא אִשְׁתּוֹ:

ג| **הַקְּרוֹבָה.** לְרַבּוֹת אֶת הָאֲרוּסָה: **אֲשֶׁר לֹא הָיְתָה לְאִישׁ.** לְמִשְׁכָּב: **לָהּ יִטַּמָּא.** מִצְוָה:

ד| **לֹא יִטַּמָּא בַּעַל בְּעַמָּיו לְהֵחַלּוֹ.** לֹא יִטַּמָּא לְאִשְׁתּוֹ פְּסוּלָה שֶׁהוּא מְחֻלָּל בָּהּ בְּעוֹדָהּ עִמּוֹ, וְכֵן פְּשׁוּטוֹ שֶׁל מִקְרָא: ״לֹא יִטַּמָּא בַּעַל״ בִּשְׁאֵרוֹ בְּעוֹד שֶׁהִיא בְּתוֹךְ עַמָּיו, שֶׁיֵּשׁ לָהּ קוֹבְרִין שֶׁאֵינָהּ מֵת מִצְוָה. וּבְאֵיזֶה שְׁאֵר אָמַרְתִּי? בְּאוֹתוֹ שֶׁהִיא ״לְהֵחַלּוֹ״, לְהִתְחַלֵּל הוּא מִכְּהֻנָּתוֹ:

ה| **לֹא יִקְרְחָה קָרְחָה.** עַל מֵת. וַהֲלֹא אַף יִשְׂרָאֵל הֻזְהֲרוּ עַל כָּךְ? אֶלָּא לְפִי שֶׁנֶּאֱמַר בְּיִשְׂרָאֵל: ״בֵּין עֵינֵיכֶם״ (דברים יד, א), יָכוֹל לֹא יְהֵא חַיָּב עַל כָּל הָרֹאשׁ? תַּלְמוּד לוֹמַר: ״בְּרֹאשָׁם״. וְיִלָּמְדוּ יִשְׂרָאֵל מִכֹּהֲנִים בִּגְזֵרָה שָׁוָה: נֶאֱמַר כָּאן ״קָרְחָה״ וְנֶאֱמַר לְהַלָּן בְּיִשְׂרָאֵל ״קָרְחָה״ (שם), מַה כָּאן כָּל הָרֹאשׁ אַף לְהַלָּן כָּל הָרֹאשׁ בַּמַּשְׁמָע, כָּל מָקוֹם שֶׁיִּקְרַח בָּרֹאשׁ. וּמַה לְּהַלָּן עַל מֵת, אַף כָּאן עַל מֵת: **וּפְאַת זְקָנָם לֹא יְגַלֵּחוּ.** לְפִי שֶׁנֶּאֱמַר בְּיִשְׂרָאֵל: ״וְלֹא תַשְׁחִית״ (לעיל יט, כז), יָכוֹל לִקְּטוֹ בְּמַלְקֵט וּרְהִיטְנִי יְהֵא חַיָּב? לְכָךְ נֶאֱמַר: ״לֹא יְגַלֵּחוּ״,

הרחבות | **׳אמֹר אל הכהנים בני אהרן ואמרת אלֵהם לנפש לא יִטַּמא בעמיו׳** דין זה מבליט את ההעמדה הסמלית של הכהנים בישראל אל מול המוות. לעומת המצוי באמונות ודתות רבות, שכהניהם הם המלווים את המתים וקשורים במתים – הכהן בישראל משרת במקדש אלוקים חיים, ששם אין למוות דריסת רגל.

׳לִשְׁאֵרו הקרֹב אליו׳ אמנם הקרובים המוזכרים הם שארי בשר, אך הקשר בין איש ואשתו קרוב יותר. (ראו בראשית ב,כג-כד). על כן לפי ההלכה מותר, או אף מצווה, לכהן להיטמא גם לאשתו. יתר על כן, הביטוי שְׁאֵרוֹ הַקָּרֹב אֵלָיו יכול להתפרש לא ככלל שאחריו מופיעים הפרטים, כפי שפוּסַק כאן, אלא כראשון לפירוט הקרובים. בקריאה זו מתייחס הביטוי הזה לקרובה ביותר לכהן – לאשתו. (ראו יבמות כב ע״ב; ספרי, יונתן, רש״י, אדרת

מצוות הקדושה של הכהנים והקרבנות

פרקים כא–כב

עם ישראל כולו קדוש, אך בתוכו לכהנים קדושה מיוחדת. קדושתם מתבטאת גם בדינים המגבילים אותם יותר מאשר את שאר ישראל. לאחר שנאמרו מצוות הקדושה של העם כולו, מפורטות מצוות הכהנים ומצוות המתייחסות לקדושת הקרבנות.

קדושת הכהנים

פרק כא פס׳ א–ט

כל מיני הטומאות מורחקות מן המקדש וקודשיו.[1] כאן נאסר על הכהן באשר הוא לבוא במגע עם טומאת המת דווקא.

ביאור | פרק כא א **וַיֹּאמֶר ה׳ אֶל מֹשֶׁה: אֱמֹר אֶל הַכֹּהֲנִים בְּנֵי אַהֲרֹן**, הדברים הללו, העוסקים בכהנים, יופנו בעיקר אליהם.[2] **וְאָמַרְתָּ אֲלֵהֶם: לְנֶפֶשׁ**, לאדם מת **לֹא יִטַּמָּא** הכהן **בְּעַמָּיו**, בתוך עמו.[3] על הכהן נאסר כל מגע עם טומאת המת, גם מחוץ למקדש. ב והיוצאים מן הכלל – **כִּי אִם לִשְׁאֵרוֹ הַקָּרֹב**, לבני משפחתו הקרובים **אֵלָיו** ייטמא: **לְאִמּוֹ וּלְאָבִיו וְלִבְנוֹ וּלְבִתּוֹ וּלְאָחִיו**, קרובי הדם מדרגה ראשונה. ג **וְלַאֲחֹתוֹ הַבְּתוּלָה הַקְּרוֹבָה אֵלָיו אֲשֶׁר לֹא הָיְתָה**, שלא נישאה ולא אורסה **לְאִישׁ – לָהּ יִטַּמָּא**. ד **לֹא יִטַּמָּא בַּעַל בְּעַמָּיו**, בקרוביו, אלו שאינם בדרגת קרבה גבוהה[4] **לְהֵחַלּוֹ**, להתחלל. רשימת דרגות הקִרבה המופיעה כאן לעניין טומאת הכהן מצומצמת הרבה יותר מאשר דרגות הקרבה האמורות בהקשרים אחרים, כמו באיסורי העריות.[5] הכתוב מלמד שאסור לכהן להיטמא לכל שאר הקרובים מלבד אלו שנמנו כאן.

ה **לֹא יִקְרְחוּ קָרְחָה**, ימרטו שֵׂער **בְּרֹאשָׁם**, כביטויי האבל הרגשיים האישיים שהיו מקובלים בסביבה. בחברות זרות היו אנשים שורטים את גופם מתוך צער וכאב או מתוך התרגשות.[6] **וּפְאַת זְקָנָם לֹא יְגַלֵּחוּ**.

אליהו ורש״ר הירש על אתר. וכיוצא בזה דרשו חכמים את הביטוי הדומה לעניין ירושה: לִשְׁאֵרוֹ הַקָּרֹב אֵלָיו מִמִּשְׁפַּחְתּוֹ. במדבר כז,יא. ראו בבא בתרא קיא ע״ב). אף הפסוק הבא, שלפיו אחות נשואה יוצאת ממעגל המשפחה הקרובה, יכול ללמד כי אשה המצטרפת למשפחה דרך ברית נישואין נקשרת אליה, ומעמדה דומה לאלו המצויים בקשרי קרבת דם.

הרחבות | **׳בעל בעמיו׳** היו שפירשו את המלה ׳עַם׳ על סמך הערבית – דוד. פירושים נוספים לביטוי בַּעַל בְּעַמָּיו: לא ייטמא אדם נכבד, הכהן (על פי רשב״ם ורמב״ן); לא ייטמא לנכבד (רס״ג, חזקוני); לא ייטמא הבעל הכהן לְהֵחַלּוֹ – לאשתו שהיא מחללת אותו, כלומר לאשתו האסורה, הפסולה לו (רש״י על פי ספרא).

לֹא יְגַלְּחוּ וּבִבְשָׂרָם לֹא יִשְׂרְטוּ שָׂרָטֶת׃ קְדֹשִׁים יִהְיוּ ו
לֵאלֹהֵיהֶם וְלֹא יְחַלְּלוּ שֵׁם אֱלֹהֵיהֶם כִּי אֶת־אִשֵּׁי
יְהוָה לֶחֶם אֱלֹהֵיהֶם הֵם מַקְרִיבִם וְהָיוּ קֹדֶשׁ׃ אִשָּׁה ז
זֹנָה וַחֲלָלָה לֹא יִקָּחוּ וְאִשָּׁה גְּרוּשָׁה מֵאִישָׁהּ לֹא
יִקָּחוּ כִּי־קָדֹשׁ הוּא לֵאלֹהָיו׃ וְקִדַּשְׁתּוֹ כִּי־אֶת־לֶחֶם ח
אֱלֹהֶיךָ הוּא מַקְרִיב קָדֹשׁ יִהְיֶה־לָּךְ כִּי קָדוֹשׁ אֲנִי
יְהוָה מְקַדִּשְׁכֶם׃ וּבַת אִישׁ כֹּהֵן כִּי תֵחֵל לִזְנוֹת אֶת־ ט
אָבִיהָ הִיא מְחַלֶּלֶת בָּאֵשׁ תִּשָּׂרֵף׃ וְהַכֹּהֵן י

רש"י | שֶׁאֵינוֹ חַיָּב אֶלָּא עַל דָּבָר הַקָּרוּי גִּלּוּחַ וְיֵשׁ בּוֹ הַשְׁחָתָה, וְזֶהוּ תַּעַר: **וּבִבְשָׂרָם לֹא יִשְׂרְטוּ שָׂרָטֶת.** לְפִי שֶׁנֶּאֱמַר בְּיִשְׂרָאֵל: "וְשֶׂרֶט לָנֶפֶשׁ לֹא תִתְּנוּ" (לעיל יט, כח), יָכוֹל שָׂרַט חָמֵשׁ שְׂרִיטוֹת לֹא יְהֵא חַיָּב אֶלָּא אַחַת? תַּלְמוּד לוֹמַר: "לֹא יִשְׂרְטוּ שָׂרָטֶת", לְחַיֵּב עַל כָּל שְׂרִיטָה וּשְׂרִיטָה, שֶׁתֵּבָה זוֹ יְתֵרָה הִיא לִדְרֹשׁ, שֶׁהָיָה לוֹ לִכְתֹּב "לֹא יִשְׂרְטוּ" וַאֲנִי יוֹדֵעַ שֶׁהִיא "שָׂרֶטֶת":

ו | **קְדֹשִׁים יִהְיוּ.** עַל כָּרְחָם יַקְדִּישׁוּם בֵּית דִּין בְּכָךְ:

ז | **זֹנָה.** שֶׁנִּבְעֲלָה בְּעִילַת יִשְׂרָאֵל הָאָסוּר לָהּ, כְּגוֹן חַיָּבֵי כָרֵתוֹת אוֹ נָתִין אוֹ מַמְזֵר: **חֲלָלָה.** שֶׁנּוֹלְדָה מִן הַפְּסוּלִים שֶׁבַּכְּהֻנָּה, כְּגוֹן בַּת אַלְמָנָה מִכֹּהֵן גָּדוֹל אוֹ בַּת גְּרוּשָׁה מִכֹּהֵן הֶדְיוֹט, וְכֵן שֶׁנִּתְחַלְּלָה מִן הַכְּהֻנָּה עַל יְדֵי בִּיאַת אֶחָד מִן הַפְּסוּלִים לַכְּהֻנָּה:

ח | **וְקִדַּשְׁתּוֹ.** עַל כָּרְחוֹ, שֶׁאִם לֹא רָצָה לְגָרֵשׁ הַלְקֵהוּ וְיַסְּרֵהוּ עַד שֶׁיְּגָרֵשׁ: **קָדֹשׁ יִהְיֶה לָּךְ.** נְהֹג בּוֹ קְדֻשָּׁה לִפְתֹּחַ רִאשׁוֹן בְּכָל דָּבָר וּלְבָרֵךְ רִאשׁוֹן בִּסְעוּדָה:

ט | **כִּי תֵחֵל לִזְנוֹת.** כְּשֶׁתִּתְחַלֵּל עַל יְדֵי זְנוּת, שֶׁהָיְתָה בָּהּ זִיקַת בַּעַל וְזִנְּתָה אוֹ מִן הָאֵרוּסִין אוֹ מִן הַנִּשּׂוּאִין. וְרַבּוֹתֵינוּ נֶחְלְקוּ בַּדָּבָר, וְהַכֹּל מוֹדִים שֶׁלֹּא דִבֶּר הַכָּתוּב בִּפְנוּיָה: **אֶת אָבִיהָ הִיא מְחַלֶּלֶת.** חִלְּלָה וּבִזְּתָה אֶת כְּבוֹדוֹ, שֶׁאוֹמְרִים עָלָיו: אָרוּר שֶׁזּוֹ יָלַד, אָרוּר שֶׁזּוֹ גִּדֵּל:

הרחבות | 'זונה וחללה' חֲלָלָה מוגדרת בהלכה כאשה שכהן יצר אתה קשר אסור, או כמי שנולדה כתוצאה מקשר כזה. (ראו רש"י ורשב"ם על אתר; קדושין עז ע"א). אשה כזו מותרת להינשא לכל אדם מישראל, אך אסורה על הכהן מכיוון שנפגמה מחמת איסורי כהונה. הן מן המסורת והן מן ההקשר נראה שהזונה שבה מדובר כאן איננה אשה פרוצה או מישהי שמספקת צורכי מין לרבים, כמו שמופיע במקומות אחרים. (ראו בראשית לח,טו; יהושע ב,א; שופטים טז,א). מדין התורה, 'זונה' זו היא אשה שנפגמה ברצון או שלא ברצון על ידי מעשה של ניאוף או גילוי עריות. (ראו ספרא ורש"י על אתר; יבמות סא ע"א). אין היא פגומה מבחינה מוסרית בהכרח,

ביאור | הוראה זו נאמרה לעיל לכל ישראל.[7] כאן הוכפלה אזהרת התגלחת על הכהנים בהקשר של אבלות,[8] **וּבִבְשָׂרָם לֹא יִשְׂרְטוּ שָׂרָטֶת**, שריטה.

ו **קְדֹשִׁים יִהְיוּ לֵאלֹהֵיהֶם**, וקדושתם מחייבת – **וְלֹא יְחַלְּלוּ שֵׁם אֱלֹהֵיהֶם, כִּי אֶת אִשֵּׁי**, קרבנות ה׳, **לֶחֶם אֱלֹהֵיהֶם, הֵם מַקְרִיבִם – וְהָיוּ קֹדֶשׁ**. בהיותם בני המעמד המיוחד של משרתי ה׳ מוטלות עליהם מגבלות, כגון התרחקות מן המת ואיסור מיוחד להשחית את גופם.

נוסף על האיסורים הללו, הכהנים מוגבלים גם בתחום הנישואין: ז **אִשָּׁה זֹנָה**, אשה שנפגמה על ידי קשר אסור, **וַחֲלָלָה**, שנתחללה על ידי איסור כהונה, **לֹא יִקָּחוּ**, יישאו. וכמו כן, **אִשָּׁה גְּרוּשָׁה מֵאִישָׁהּ**, מבעלה **לֹא יִקָּחוּ** הכהנים, **כִּי קָדֹשׁ הוּא**, הכהן **לֵאלֹהָיו**.

כאן פונה הכתוב אל כל אחד מהעם או אל דייני ישראל: ח **וְקִדַּשְׁתּוֹ**, נהג בכהן קדושה וכבוד, **כִּי אֶת לֶחֶם אֱלֹהֶיךָ הוּא מַקְרִיב**. לא רק הכהן מוזהר שלא לעבור עברות אלה, אלא גם אחרים מצווים לקדשו. אין זה עניין של התהדרות וסלסול שהכהנים נוהגים בעצמם,[9] אלא מצווה המוטלת על כלל הציבור לשמור את קדושת הכהנים, כך שיהיו ראויים לתפקידם.[10] **קָדֹשׁ יִהְיֶה לָּךְ, כִּי קָדוֹשׁ אֲנִי ה׳ מְקַדִּשְׁכֶם**. הקשר הקרוב אתי מחייב אותם בקדושה יתרה הכרוכה באיסורים.

פרט נוסף שנובע מכך: ט **וּבַת אִישׁ כֹּהֵן** נשואה **כִּי תֵחֵל**, תחלל את עצמה **לִזְנוֹת**,[11] **אֶת אָבִיהָ הִיא מְחַלֶּלֶת – בָּאֵשׁ תִּשָּׂרֵף**. גם לולא הייתה בת כהן, הייתה חייבת מיתה על עוונה, אך בהיותה בת כהן תיענש במוות בשרפה, שהוא עונש מודגש וחמור יותר, המורה על כפל החטא.[12]

הרחבות | כי היא עלולה להיות קרבן חף מפשע לעוול, אבל כמו החללה, עצם העובדה שהיא נפגמה באופן כזה אוסרת אותה מלהינשא לכהנים.

'אשה גרושה מאישה לא יקחו' נושא הגירושין אינו מופיע בתורה בהרחבה גדולה, וכמרות ההנחה שבדרך כלל איש מגרש את אשתו מפני פגם כלשהו, (ראו דברים כד,א), לא נראה שהדין הנוכחי קשור בחסרון הטבוע באישיותה של הגרושה עצמה. אשתו של הכהן צריכה להיות ללא כל דופי, ולכן גם אם אין הדבר באשמתה כלל – כמו שמוכח מדין החללה – אין היא ראויה להינשא לכהן.

הַגָּדוֹל מֵאֶחָיו אֲשֶׁר־יוּצַק עַל־רֹאשׁוֹ ׀ שֶׁמֶן הַמִּשְׁחָה
וּמִלֵּא אֶת־יָדוֹ לִלְבֹּשׁ אֶת־הַבְּגָדִים אֶת־רֹאשׁוֹ לֹא
יִפְרָע וּבְגָדָיו לֹא יִפְרֹם: וְעַל כָּל־נַפְשֹׁת מֵת לֹא יָבֹא יא
לְאָבִיו וּלְאִמּוֹ לֹא יִטַּמָּא: וּמִן־הַמִּקְדָּשׁ לֹא יֵצֵא וְלֹא יב
יְחַלֵּל אֵת מִקְדַּשׁ אֱלֹהָיו כִּי נֵזֶר שֶׁמֶן מִשְׁחַת אֱלֹהָיו
עָלָיו אֲנִי יְהוָה: ◦ וְהוּא אִשָּׁה בִבְתוּלֶיהָ יִקָּח: אַלְמָנָה יג יד
וּגְרוּשָׁה וַחֲלָלָה זֹנָה אֶת־אֵלֶּה לֹא יִקָּח כִּי אִם־
בְּתוּלָה מֵעַמָּיו יִקַּח אִשָּׁה: וְלֹא־יְחַלֵּל זַרְעוֹ בְּעַמָּיו טו
שני כִּי אֲנִי יְהוָה מְקַדְּשׁוֹ: ◦ וַיְדַבֵּר יְהוָה אֶל־ טז
מֹשֶׁה לֵּאמֹר: דַּבֵּר אֶל־אַהֲרֹן לֵאמֹר אִישׁ מִזַּרְעֲךָ יז

רש"י

י) **לֹא יִפְרָע.** לֹא יְגַדֵּל פֶּרַע עַל אֵבֶל, וְאֵיזֶהוּ גִּדּוּל פֶּרַע? יוֹתֵר מִשְּׁלֹשִׁים יוֹם:

יא) **וְעַל כָּל נַפְשֹׁת מֵת.** בְּאֹהֶל הַמֵּת: **נַפְשֹׁת מֵת.** לְהָבִיא רְבִיעִית דָּם מִן הַמֵּת שֶׁמְּטַמֵּא בְּאֹהֶל: **לְאָבִיו וּלְאִמּוֹ לֹא יִטַּמָּא.** לֹא בָא אֶלָּא לְהַתִּיר לוֹ מֵת מִצְוָה:

יב) **וּמִן הַמִּקְדָּשׁ לֹא יֵצֵא.** אֵינוֹ הוֹלֵךְ אַחַר הַמִּטָּה. וְעוֹד, מִכָּאן לָמְדוּ רַבּוֹתֵינוּ שֶׁכֹּהֵן גָּדוֹל מַקְרִיב אוֹנֵן, וְכֵן מַשְׁמָעוֹ: אַף אִם מֵתוּ אָבִיו וְאִמּוֹ אֵינוֹ צָרִיךְ לָצֵאת מִן הַמִּקְדָּשׁ, אֶלָּא עוֹבֵד עֲבוֹדָה: **וְלֹא יְחַלֵּל אֵת מִקְדַּשׁ.** שֶׁאֵינוֹ מְחַלֵּל בְּכָךְ אֶת הָעֲבוֹדָה, שֶׁהִתִּיר לוֹ הַכָּתוּב, הָא כֹּהֵן הֶדְיוֹט שֶׁעָבַד אוֹנֵן, חִלֵּל:

יד) **וַחֲלָלָה.** שֶׁנּוֹלְדָה מִפְּסוּלֵי כְהֻנָּה:

טו) **וְלֹא יְחַלֵּל זַרְעוֹ.** הָא אִם נָשָׂא אַחַת מִן הַפְּסוּלוֹת, זַרְעוֹ הֵימֶנָּה חָלָל מִדִּין קְדֻשַּׁת כְּהֻנָּה:

הרחבות

'וּמִלא את ידו ללבֹּש את הבגדים' אמנם לבישת בגדיו המיוחדים היא חלק מטקס הפיכתו לכהן גדול, אך ברור כי בה כשלעצמה אין תועלת אם הכהן לא התמנה לתפקיד זה.
בימי הבית השני לא השתמשו בשמן המשחה, והכהנים הגדולים התמנו רק ב'ריבוי בגדים', כלומר רק על ידי לבישת שמונת בגדי הכהן הגדול. (ראו שמות כט,כט; יומא נב ע"ב; הוריות יא ע"ב – יב ע"א).

'את ראשו לא יפרע ובגדיו לא יפרֹם' מן האיסור על הכהן הגדול לומדים חכמים שבזמן אֵבל סתם אדם אמור לפרוע את ראשו – כלומר אסור לו להסתפר, והוא חייב לקרוע את בגדיו. (ראו מועד קטן יד ע"ב והוריות יב ע"ב. ראו עוד לעיל י,ו).

קדושת הכהן הגדול

פרק כא פס׳ י–טו

כשם שישראל קדושים, ובתוכם קודשו הכהנים בקדושה יתרה, כך כהן אחד מקודש יותר מאחיו הכהניב, בחינת קודש קודשים.[13]

ביאור | י **וְהַכֹּהֵן הַגָּדוֹל מֵאֶחָיו, אֲשֶׁר יוּצַק עַל רֹאשׁוֹ שֶׁמֶן הַמִּשְׁחָה**, שהכתירוהו להיות כהן גדול ביציקת שמן המשחה על ראשו, **וּמִלֵּא אֶת יָדוֹ**, ומינו אותו **לִלְבֹּשׁ אֶת הַבְּגָדִים** המיוחדים לו – מאחר שהוא מקודש מאחרים, **אֶת שְׂעַר רֹאשׁוֹ לֹא יִפְרָע**, יגדל בעת אבלות, **וּבְגָדָיו לֹא יִפְרֹם**, יקרע. יא **וְעַל כָּל נַפְשֹׁת מֵת לֹא יָבֹא**. אסור לו לגעת במתים בשום מקרה, ואפילו **לְאָבִיו וּלְאִמּוֹ לֹא יִטַּמָּא**, וכל שכן לשאר קרוביו, שאינו חייב בכבודם.[14] יב **וּמִן הַמִּקְדָּשׁ לֹא יֵצֵא** לצורך אבלות, ללוויית המת וכדומה, **וְלֹא יְחַלֵּל אֵת מִקְדַּשׁ אֱלֹהָיו** בחריגה מהאיסורים המקדשים אותו,[15] **כִּי נֵזֶר**, כתר **שֶׁמֶן מִשְׁחַת אֱלֹהָיו**, מינויו המיוחד **עָלָיו. אֲנִי ה׳**, ומכוחי הוא מקבל את תפקידו ואת מעמדו המיוחד.

הכהן הגדול מוגבל יותר גם בעניין הנישואין: יג **וְהוּא** רק **אִשָּׁה בִבְתוּלֶיהָ יִקָּח**. יד **אַלְמָנָה וּגְרוּשָׁה וַחֲלָלָה זֹנָה – אֶת אֵלֶּה לֹא יִקָּח**. נוסף על שלושת איסורי הנישואין שהוטלו גם על שאר הכהנים, על הכהן הגדול נאסר לשאת גם אשה אלמנה. אסור לו לשאת אשה שהייתה בעבר לאיש, **כִּי אִם בְּתוּלָה מֵעַמָּיו יִקַּח אִשָּׁה**. טו **וְלֹא יְחַלֵּל זַרְעוֹ בְּעַמָּיו. כִּי אֲנִי ה׳ מְקַדְּשׁוֹ**.

אזהרת כהן בעל מום בעניין הקרבת קרבנות

פרק כא פס׳ טז–כד

עד כאן הוזכרו הגבלות הקשורות בהתנהגות הכהנים, שנועדו לייחד את הכהנים ולקדשם. להלן יפורטו מגבלות גופניות על הכהנים המשרתים במקדש.

טז **וַיְדַבֵּר ה׳ אֶל מֹשֶׁה לֵּאמֹר**: יז **דַּבֵּר אֶל אַהֲרֹן**. דין זה נאמר לאהרן עצמו כדי להסביר לו צד נוסף שיש בכהונה הניתנת לו, **לֵאמֹר**:

הרחבות | **׳ולא יחלל זרעו׳** דין זה אינו חל על ילדים הנולדים מן הכהן הגדול בלבד אלא על בניו של כל כהן הנושא אשה האסורה לו. אמנם ילדים הנולדים מקשר כזה אינם אסורים על כל ישראל – כי האיסור לא הוטל על כל ישראל – אבל הם אסורים על הכהנים. צאצאים אלה נקראים ׳חללים׳ – כמו האשה החללה שנזכרה קודם לכן, משום שהכהן שהולידם חילל את זרעו. מלבד האיסור המוטל על הילדים הללו להינשא לכהנים, לפי ההלכה הם עצמם אינם נחשבים עוד לכהנים – אף על פי שבאו מזרע אהרן – אלא מתחללים ויורדים ממעמדם המקודש ונעשים כישראל (קדושין עז ע״ב; רש״י על אתר).

לְדֹרֹתָם אֲשֶׁר יִהְיֶה בוֹ מוּם לֹא יִקְרַב לְהַקְרִיב לֶחֶם
אֱלֹהָיו׃ כִּי כָל־אִישׁ אֲשֶׁר־בּוֹ מוּם לֹא יִקְרָב אִישׁ עִוֵּר יח
אוֹ פִסֵּחַ אוֹ חָרֻם אוֹ שָׂרוּעַ׃ אוֹ אִישׁ אֲשֶׁר־יִהְיֶה בוֹ יט
שֶׁבֶר רָגֶל אוֹ שֶׁבֶר יָד׃ אוֹ־גִבֵּן אוֹ־דַק אוֹ תְּבַלֻּל בְּעֵינוֹ כ
אוֹ גָרָב אוֹ יַלֶּפֶת אוֹ מְרוֹחַ אָשֶׁךְ׃ כָּל־אִישׁ אֲשֶׁר־בּוֹ כא
מוּם מִזֶּרַע אַהֲרֹן הַכֹּהֵן לֹא יִגַּשׁ לְהַקְרִיב אֶת־אִשֵּׁי
יְהוָה מוּם בּוֹ אֵת לֶחֶם אֱלֹהָיו לֹא יִגַּשׁ לְהַקְרִיב׃
לֶחֶם אֱלֹהָיו מִקָּדְשֵׁי הַקֳּדָשִׁים וּמִן־הַקֳּדָשִׁים יֹאכֵל׃ כב

רש״י

יז | **לֶחֶם אֱלֹהָיו.** מַאֲכַל אֱלֹהָיו. כָּל סְעוּדָה קְרוּיָה לֶחֶם, כְּמוֹ: "עֲבַד לְחֶם רַב" (דניאל ה, א):

יח | **כִּי כָל אִישׁ אֲשֶׁר בּוֹ מוּם לֹא יִקְרָב.** אֵינוֹ דִּין שֶׁיִּקְרַב, כְּמוֹ: "הַקְרִיבֵהוּ נָא לְפֶחָתֶךָ" (מלאכי א, ח): **חָרֻם.** שֶׁחָטְמוֹ שָׁקוּעַ בֵּין שְׁתֵּי הָעֵינַיִם, שֶׁכּוֹחֵל שְׁתֵּי עֵינָיו כְּאַחַת: **שָׂרוּעַ.** שֶׁאֶחָד מֵאֵבָרָיו גָּדוֹל מֵחֲבֵרוֹ, עֵינוֹ אַחַת גְּדוֹלָה וְעֵינוֹ אַחַת קְטַנָּה, אוֹ שׁוֹקוֹ אַחַת אֲרֻכָּה מֵחֲבֶרְתָּהּ:

כ | **אוֹ גִבֵּן.** שורצילו״ש בְּלַעַז, שֶׁגְּבִינֵי עֵינָיו שְׂעָרָן אָרֹךְ וְשׁוֹכֵב: **אוֹ דַק.** שֶׁיֵּשׁ לוֹ בְּעֵינָיו דַּק שֶׁקּוֹרִין טייל״א, כְּמוֹ "הַנּוֹטֶה כַדֹּק" (ישעיה מ, כב): **אוֹ תְבַלֻּל.** דָּבָר הַמְבַלְבֵּל אֶת הָעַיִן, כְּגוֹן חוּט לָבָן הַנִּמְשָׁךְ מִן הַלָּבָן וּפוֹסֵק בַּסִּירָא, שֶׁהוּא עֹגֶל הַמַּקִּיף אֶת הַשָּׁחוֹר שֶׁקּוֹרְאִים פרוניל״א, וְהַחוּט הַזֶּה פּוֹסֵק אֶת הָעֹגֶל וְנִכְנָס בַּשָּׁחוֹר. וְתַרְגּוּם "תְּבַלֻּל": "חִלִּיז", לְשׁוֹן חִלָּזוֹן, שֶׁהוּא דּוֹמֶה לְתוֹלַעַת – אוֹתוֹ הַחוּט, וְכֵן כִּנּוּהוּ חַכְמֵי יִשְׂרָאֵל בְּמוּמֵי הַבְּכוֹר, חִלָּזוֹן נָחָשׁ עֵנָב: **גָרָב אוֹ יַלֶּפֶת.** מִינֵי שְׁחִין הֵם. "גָּרָב" זוֹ הַחֶרֶס, שְׁחִין הַיָּבֵשׁ מִבִּפְנִים וּמִבַּחוּץ. "יַלֶּפֶת" הִיא חֲזָזִית הַמִּצְרִית, וְלָמָּה נִקְרֵאת "יַלֶּפֶת"? שֶׁמְּלַפֶּפֶת וְהוֹלֶכֶת עַד יוֹם הַמִּיתָה, וְהוּא לַח מִבַּחוּץ וְיָבֵשׁ מִבִּפְנִים. וּבְמָקוֹם אַחֵר קוֹרֵא לְגָרָב שְׁחִין הַלַּח מִבַּחוּץ וְיָבֵשׁ מִבִּפְנִים, שֶׁנֶּאֱמַר: "וּבַגָּרָב וּבֶחָרֶס" (דברים כח, כז), כְּשֶׁסָּמַךְ גָּרָב אֵצֶל חֶרֶס קוֹרֵא לְיַלֶּפֶת "גָּרָב", וּכְשֶׁהוּא סָמוּךְ אֵצֶל יַלֶּפֶת קוֹרֵא לְחֶרֶס "גָּרָב", כָּךְ מְפֹרָשׁ בִּבְכוֹרוֹת (דף מא ע״א): **מְרוֹחַ אָשֶׁךְ.** לְפִי הַתַּרְגּוּם "מְרִיס פַּחֲדִין", שֶׁפַּחֲדָיו מְרֻסָּסִין, שֶׁבֵּיצִים שֶׁלּוֹ כְּתוּתִין. "פַּחֲדִין" כְּמוֹ: "גִּידֵי פַחֲדָו יְשֹׂרָגוּ" (איוב מ, יז):

כא | **כָּל אִישׁ אֲשֶׁר בּוֹ מוּם.** לְרַבּוֹת שְׁאָר מוּמִין: **מוּם בּוֹ.** בְּעוֹד מוּמוֹ בּוֹ פָּסוּל, הָא אִם עָבַר מוּמוֹ – כָּשֵׁר: **לֶחֶם אֱלֹהָיו.** כָּל מַאֲכָל קָרוּי לֶחֶם:

כב | **מִקָּדְשֵׁי הַקֳּדָשִׁים.** אֵלּוּ קָדְשֵׁי הַקֳּדָשִׁים: **וּמִן הַקֳּדָשִׁים יֹאכֵל.** אֵלּוּ קָדָשִׁים קַלִּים. וְאִם נֶאֶמְרוּ קָדְשֵׁי הַקֳּדָשִׁים לָמָּה נֶאֱמַר קָדָשִׁים קַלִּים? אִם לֹא נֶאֱמַר הָיִיתִי אוֹמֵר, בְּקָדְשֵׁי הַקֳּדָשִׁים יֹאכַל בַּעַל מוּם, שֶׁמָּצִינוּ שֶׁהֻתְּרוּ לְזָר, שֶׁאָכַל מֹשֶׁה בְּשַׂר הַמִּלּוּאִים, אֲבָל בְּחָזֶה וָשׁוֹק שֶׁל קָדָשִׁים קַלִּים לֹא יֹאכַל, שֶׁלֹּא מָצִינוּ זָר חוֹלֵק בָּהֶן, לְכָךְ נֶאֶמְרוּ קָדָשִׁים קַלִּים. כָּךְ מְפֹרָשׁ בִּזְבָחִים (דף קא ע״ב):

ביאור

אִישׁ מִזַּרְעֲךָ, הכהנים **לְדֹרֹתָם אֲשֶׁר יִהְיֶה בוֹ מוּם, לֹא יִקְרַב לְהַקְרִיב לֶחֶם
אֱלֹהָיו**, יכהן. יד **כִּי כָל אִישׁ אֲשֶׁר בּוֹ מוּם** כעת, גם אם הוא עתיד
לחלוף לאחר זמן,[16] **לֹא יִקְרָב**, אין ראוי שייגש אל הקודש: **אִישׁ עִוֵּר
אוֹ פִסֵּחַ**, צולע **אוֹ חָרֻם**, פחוס, שאפו שקוע פנימה וכדומה. פגמו של
החרום בולט במבט ראשון גם אם אינו מום תפקודי.[17] **אוֹ שָׂרוּעַ**,
שאחד מאיבריו מתוח ובולט מדי – היפוכו של החרום,[18] יט **אוֹ
אִישׁ אֲשֶׁר יִהְיֶה בוֹ שֶׁבֶר רָגֶל אוֹ שֶׁבֶר יָד**, כל עוד לא התרפא, כ **אוֹ
גִבֵּן**, מי שגבו עשוי בצורת גבנונית.[19] וחכמים פירשו: אדם שגבות
עיניו – 'גבינין' בארמית – מעובות מדי או מחוברות וכדומה,[20] **אוֹ
דַק**, קטן וכחוש,[21] או: מי שבעינו יש קרום או כתמים,[22] והיו שפירשו
שזהו פגם בעפעפיים המכונים 'דקים',[23] **אוֹ** מי שיש **תְּבַלֻּל**, כתם
לבן שעל פי רוב אינו גורם לעיוורון,[24] **בְּעֵינוֹ**, חלק מן המומים הללו
אינם מפריעים למי שלוקה בהם, אך הם בולטים לעין רואהו. **אוֹ
גָרָב אוֹ יַלֶּפֶת**, מחלות עור מסוימות,[25] **אוֹ מְרוֹחַ אָשֶׁךְ**, בעיה באשכים,
שחכמים נחלקו במהותה המדויקת.[26] כא **כָּל אִישׁ אֲשֶׁר בּוֹ מוּם מִזֶּרַע
אַהֲרֹן הַכֹּהֵן, לֹא יִגַּשׁ לְהַקְרִיב אֶת אִשֵּׁי ה'; מוּם בּוֹ, אֵת לֶחֶם אֱלֹהָיו לֹא
יִגַּשׁ לְהַקְרִיב**. מן הניסוח הכפול לומדים כי מומים גופניים נוספים
הבולטים בחריגותם מונעים את הכהן מלשרת במקדש. כב **לֶחֶם
אֱלֹהָיו מִקָּדְשֵׁי הַקֳּדָשִׁים** החמורים, **וּמִן הַקֳּדָשִׁים** הקלים[27] **יֹאכֵל**. אף
שאינו ראוי לגשת אל הקודש ולהקריב קרבנות, המום אינו פגם
באישיותו של הכהן ואיננו פוסל אותו מקדושתו ככהן. על כן לא

הרחבות

'איש מזרעך לדרֹתם אשר יהיה בו מום לא יקרב להקריב לחם אלהיו' מומו של אדם אינו פוגם בו בהלשרים אחרים, ואינו אמור להגביל בהכרח את עיסוקיו באשר הם, אך הכהנים העובדים במקדש נדרשים להיות שלמים בגופם. חלק מהיותם נבחרים אמור לבוא לביטוי במראה הגוף שלהם, ולאו דווקא באישיותם ובמוסריותם. כבני 'משמר הקודש' (ראו במדבר יח,א-ז; יחזקאל מד,טו; נחמיה יב; תענית כו ע"א) המשרתים בבית מלכם, אף צורת גופם צריכה להיות שלמה ככל האפשר.

'כל איש אשר בו מום מזרע אהרן הכהן' על סמך הפסוק הזה מכונים המומים מהקטגוריה שנרמזה כאן בלשון התלמוד: 'אינו שווה בזרעו של אהרן', ודרגת חומרתם נופלת מדרגת חומרתם של המומים שנתפרשו. כהן שלוקה במום מן המומים הללו ועבד במקדש – עבודתו לא נפסלה. ועוד, שלא כמומים המפורשים, המומים הללו גם אינם פוסלים את בהמת הקרבן כאשר הם נמצאים בגופה, אלא רק את הכהן העובד. מלבד אלו קיימים פגמים גופניים נוספים שאינם נחשבים למומים הפסולים מן התורה, אך כהנים הלוקים בהם נאסרו בעבודה משום 'מראית העין', כגון מי שנשרו ריסי עיניו או שניו. (ראו בפירוט בכורות מג).

כג אַךְ אֶל־הַפָּרֹכֶת לֹא יָבֹא וְאֶל־הַמִּזְבֵּחַ לֹא יִגַּשׁ כִּי־
מוּם בּוֹ וְלֹא יְחַלֵּל אֶת־מִקְדָּשַׁי כִּי אֲנִי יְהוָה מְקַדְּשָׁם׃
כד וַיְדַבֵּר מֹשֶׁה אֶל־אַהֲרֹן וְאֶל־בָּנָיו וְאֶל־כָּל־בְּנֵי
יִשְׂרָאֵל׃

כב
א ב וַיְדַבֵּר יְהוָה אֶל־מֹשֶׁה לֵּאמֹר׃ דַּבֵּר אֶל־אַהֲרֹן וְאֶל־
בָּנָיו וְיִנָּזְרוּ מִקָּדְשֵׁי בְנֵי־יִשְׂרָאֵל וְלֹא יְחַלְּלוּ אֶת־
ג שֵׁם קָדְשִׁי אֲשֶׁר הֵם מַקְדִּשִׁים לִי אֲנִי יְהוָה׃ אֱמֹר
אֲלֵהֶם לְדֹרֹתֵיכֶם כָּל־אִישׁ ׀ אֲשֶׁר־יִקְרַב מִכָּל־
זַרְעֲכֶם אֶל־הַקֳּדָשִׁים אֲשֶׁר יַקְדִּישׁוּ בְנֵי־יִשְׂרָאֵל
לַיהוָה וְטֻמְאָתוֹ עָלָיו וְנִכְרְתָה הַנֶּפֶשׁ הַהִוא מִלְּפָנַי

רש"י

כג) **אַךְ אֶל הַפָּרֹכֶת.** לְהַזּוֹת שֶׁבַע הַזָּאוֹת שֶׁעַל הַפָּרֹכֶת: **וְאֶל הַמִּזְבֵּחַ.** הַחִיצוֹן, וּשְׁנֵיהֶם הֻצְרְכוּ לִכָּתֵב, וּמְפֹרָשׁ בְּתוֹרַת כֹּהֲנִים (פרק ג, י): **וְלֹא יְחַלֵּל אֶת מִקְדָּשַׁי.** שֶׁאִם עָבַד, עֲבוֹדָתוֹ מְחֻלֶּלֶת לִפָּסֵל:

כד) **וַיְדַבֵּר מֹשֶׁה.** הַמִּצְוָה הַזֹּאת: **אֶל אַהֲרֹן וְגוֹ' וְאֶל כָּל בְּנֵי יִשְׂרָאֵל.** לְהַזְהִיר בֵּית דִּין עַל הַכֹּהֲנִים:

פרק כב

ב) **וְיִנָּזְרוּ.** אֵין נְזִירָה אֶלָּא פְּרִישָׁה, וְכֵן הוּא אוֹמֵר "וְיִנָּזֵר מֵאַחֲרַי" (יחזקאל יד, ז), "נָזֹרוּ אָחוֹר" (ישעיהו א, ד), יִפְרְשׁוּ מִן הַקֳּדָשִׁים בִּימֵי טֻמְאָתָן: **וְיִנָּזְרוּ מִקָּדְשֵׁי בְנֵי יִשְׂרָאֵל,** אֲשֶׁר הֵם מַקְדִּשִׁים לִי, וְלֹא יְחַלְּלוּ אֶת שֵׁם קָדְשִׁי. סָרֵס הַמִּקְרָא וְדָרְשֵׁהוּ: **אֲשֶׁר הֵם מַקְדִּשִׁים לִי.** לְרַבּוֹת קָדְשֵׁי כֹּהֲנִים עַצְמָן:

ג) **כָּל אִישׁ אֲשֶׁר יִקְרַב.** אֵין קְרִיבָה זוֹ אֶלָּא אֲכִילָה, וְכֵן מָצִינוּ שֶׁנֶּאֶמְרָה אַזְהָרַת אֲכִילַת קָדָשִׁים בְּטֻמְאָה בִּלְשׁוֹן נְגִיעָה: "בְּכָל קֹדֶשׁ לֹא תִגָּע" (ויקרא יב, ד) אַזְהָרָה לָאוֹכֵל, וּלְמָדוּהָ רַבּוֹתֵינוּ מִגְּזֵרָה שָׁוָה. וְאִי אֶפְשָׁר לוֹמַר שֶׁחַיָּב עַל הַנְּגִיעָה, שֶׁהֲרֵי נֶאֱמַר כָּרֵת עַל הָאֲכִילָה בְּצַו אֶת אַהֲרֹן, שְׁתֵּי כְּרֵתוֹת זוֹ אֵצֶל זוֹ (לעיל ז, כ-כא), וְאִם עַל הַנְּגִיעָה חַיָּב, לֹא הֻצְרַךְ לְחַיְּבוֹ עַל הָאֲכִילָה. וְכֵן נִדְרַשׁ בְּתוֹרַת כֹּהֲנִים (פרשתא ד, ז): וְכִי יֵשׁ נוֹגֵעַ חַיָּב? אִם כֵּן מַה תַּלְמוּד לוֹמַר: "יִקְרַב"? מִשֶּׁיִּכְשַׁר לִקָּרֵב, שֶׁאֵין חַיָּבִין עָלָיו מִשּׁוּם טֻמְאָה אֶלָּא אִם כֵּן קָרְבוּ מַתִּירָיו. וְאִם תֹּאמַר, שָׁלֹשׁ כְּרֵתוֹת בְּטֻמְאַת כֹּהֲנִים לָמָּה? כְּבָר נִדְרְשׁוּ בְּמַסֶּכֶת שְׁבוּעוֹת (דף ז ע"א), אַחַת לִכְלָל וְאַחַת לִפְרָט וְכוּ': **וְטֻמְאָתוֹ עָלָיו.** וְטֻמְאַת הָאָדָם עָלָיו. יָכוֹל בַּבָּשָׂר הַכָּתוּב מְדַבֵּר, וְטֻמְאָתוֹ שֶׁל בָּשָׂר עָלָיו, וּבְטָהוֹר שֶׁאָכַל אֶת הַטָּמֵא הַכָּתוּב מְדַבֵּר? עַל כָּרְחֲךָ מִמַּשְׁמָעוֹ אַתָּה לָמֵד, בְּמִי שֶׁטֻּמְאָתוֹ פּוֹרַחַת מִמֶּנּוּ הַכָּתוּב מְדַבֵּר, וְזֶהוּ הָאָדָם שֶׁיֵּשׁ לוֹ טָהֳרָה בִּטְבִילָה: **וְנִכְרְתָה וְגוֹ'.** יָכוֹל מִצַּד זֶה לְצַד זֶה, יִכָּרֵת מִמְּקוֹמוֹ וְיִתְיַשֵּׁב בְּמָקוֹם אַחֵר? תַּלְמוּד לוֹמַר: "אֲנִי ה'", בְּכָל מָקוֹם אֲנִי:

ביאור | נפגעו זכויותיו כאחד מציבור הכהנים. כג **אַךְ אֶל** מאחורי **הַפָּרֹכֶת לֹא יָבֹא** ככהן גדול, **וְאֶל הַמִּזְבֵּחַ לֹא יִגַּשׁ** ככל כהן, **כִּי מוּם בּוֹ. וְלֹא יְחַלֵּל אֶת מִקְדָּשַׁי.** מכאן שאם בעל מום הקריב קרבן – הקרבן מחולל.[28] **כִּי אֲנִי ה' מְקַדְּשָׁם**, את מקדשַׁי.[29]

כד **וַיְדַבֵּר מֹשֶׁה אֶל אַהֲרֹן וְאֶל בָּנָיו**, שאליהם מדובר פה במיוחד, **וְאֶל כָּל בְּנֵי יִשְׂרָאֵל**, שכן עניין זה אינו פנימי, אלא גם ישראל מוזהרים לדאוג לכך שהכהנים ישמרו את החוקים הללו ולא יסטו מהם.[30]

הראויים לאכול קודשים

פרק כב פס' א–טז

קדושת הקרבנות והתרומה מחייבת את הכול. הכהנים משרתי המקדש, שחייהם קשורים לסביבת הקודש, גם הם צריכים להיזהר בקדושת מתנות הקודשים שניתנו להם. לקדושתם יש ערך אובייקטיבי ולא משמעות רגשית בלבד.

פרק כב א **וַיְדַבֵּר ה' אֶל מֹשֶׁה לֵּאמֹר:** ב **דַּבֵּר אֶל אַהֲרֹן וְאֶל בָּנָיו וְיִנָּזְרוּ**, ויפרשו **מִקָּדְשֵׁי בְּנֵי יִשְׂרָאֵל** במקרים שיתפרשו להלן, **וְלֹא יְחַלְּלוּ אֶת שֵׁם קָדְשִׁי.** מדובר בקודשי בני ישראל **אֲשֶׁר הֵם מַקְדִּשִׁים לִי – אֲנִי ה'.** המשפט מתפרש כאילו היה כתוב: 'ויינזרו מקודשי בני ישראל אשר הם מקדישים לי, ולא יחללו וגו''.[31] מכיוון שישראל מקדישים את קודשירם לה', וחלק מהם עובר לידי הכהנים, על הכהנים לנהוג בהם בקדושה ובכבוד הראוי. ג ובאופן מעשי – **אֱמֹר אֲלֵהֶם: לְדֹרֹתֵיכֶם כָּל אִישׁ אֲשֶׁר יִקְרַב** לאכול[32] **מִכָּל זַרְעֲכֶם, אֶל הַקֳּדָשִׁים אֲשֶׁר יַקְדִּישׁוּ בְנֵי יִשְׂרָאֵל לַה' וְטֻמְאָתוֹ עָלָיו – וְנִכְרְתָה הַנֶּפֶשׁ הַהִוא מִלְּפָנַי. אֲנִי ה'.** את מתנות הכהונה המקודשות, כמו את התרומה וחלקים מהקרבנות, אין לאכול בטומאה, הנובעת במקרים רבים ממאורעות החיים הרגילים. אכן, לכל טמא אסור להתקרב אל הקודש, ובכל זאת הכתוב מייחד את האזהרה לכהנים, שכן הם המורגלים לאכול את הקודשים ולגעת בהם.

אֲנִי יְהוָה: אִישׁ אִישׁ מִזֶּרַע אַהֲרֹן וְהוּא צָרוּעַ אוֹ זָב ד
בַּקֳּדָשִׁים לֹא יֹאכַל עַד אֲשֶׁר יִטְהָר וְהַנֹּגֵעַ בְּכָל־
טְמֵא־נֶפֶשׁ אוֹ אִישׁ אֲשֶׁר־תֵּצֵא מִמֶּנּוּ שִׁכְבַת־זָרַע:
אוֹ־אִישׁ אֲשֶׁר יִגַּע בְּכָל־שֶׁרֶץ אֲשֶׁר יִטְמָא־לוֹ אוֹ ה
בְאָדָם אֲשֶׁר יִטְמָא־לוֹ לְכֹל טֻמְאָתוֹ: נֶפֶשׁ אֲשֶׁר ו
תִּגַּע־בּוֹ וְטָמְאָה עַד־הָעָרֶב וְלֹא יֹאכַל מִן־הַקֳּדָשִׁים
כִּי אִם־רָחַץ בְּשָׂרוֹ בַּמָּיִם: וּבָא הַשֶּׁמֶשׁ וְטָהֵר וְאַחַר ז
יֹאכַל מִן־הַקֳּדָשִׁים כִּי לַחְמוֹ הוּא: נְבֵלָה וּטְרֵפָה לֹא ח
יֹאכַל לְטָמְאָה־בָהּ אֲנִי יְהוָה: וְשָׁמְרוּ אֶת־מִשְׁמַרְתִּי ט
וְלֹא־יִשְׂאוּ עָלָיו חֵטְא וּמֵתוּ בוֹ כִּי יְחַלְּלֻהוּ אֲנִי יְהוָה
מְקַדְּשָׁם: וְכָל־זָר לֹא־יֹאכַל קֹדֶשׁ תּוֹשַׁב כֹּהֵן וְשָׂכִיר י

רש"י

ד | **בְּכָל טְמֵא נֶפֶשׁ.** בְּמִי שֶׁנִּטְמָא בְּמֵת:

ה | **בְּכָל שֶׁרֶץ אֲשֶׁר יִטְמָא לוֹ.** בְּשִׁעוּר הָרָאוּי לְטַמֵּא, בִּכְעֲדָשָׁה: **אוֹ בְאָדָם.** בְּמֵת: **אֲשֶׁר יִטְמָא לוֹ.** כְּשִׁעוּרוֹ לְטַמֵּא, וְזֶהוּ כַּזַּיִת: **לְכֹל טֻמְאָתוֹ.** לְרַבּוֹת נוֹגֵעַ בְּזָב וְזָבָה נִדָּה וְיוֹלֶדֶת:

ו | **נֶפֶשׁ אֲשֶׁר תִּגַּע בּוֹ.** בְּאֶחָד מִן הַטְּמֵאִים הַלָּלוּ:

ז | **וְאַחַר יֹאכַל מִן הַקֳּדָשִׁים.** נִדְרַשׁ בִּיבָמוֹת (דף עד ע"ב) בִּתְרוּמָה, שֶׁמֻּתָּר לְאָכְלָהּ בְּהַעֲרֵב הַשֶּׁמֶשׁ: **מִן הַקֳּדָשִׁים.** וְלֹא כָּל הַקֳּדָשִׁים:

ח | **נְבֵלָה וּטְרֵפָה לֹא יֹאכַל לְטָמְאָה בָהּ.** לְעִנְיַן הַטֻּמְאָה הִזְהִיר כָּאן, שֶׁאִם אָכַל נִבְלַת עוֹף טָהוֹר שֶׁאֵין לָהּ טֻמְאַת מַגָּע וּמַשָּׂא אֶלָּא טֻמְאַת אֲכִילָה בְּבֵית הַבְּלִיעָה, אָסוּר לֶאֱכֹל בַּקֳּדָשִׁים. וְצָרִיךְ לוֹמַר: "וּטְרֵפָה" – מִי שֶׁיֵּשׁ בְּמִינוֹ טְרֵפָה, יָצָא נִבְלַת עוֹף טָמֵא שֶׁאֵין בְּמִינוֹ טְרֵפָה:

ט | **וְשָׁמְרוּ אֶת מִשְׁמַרְתִּי.** מִלֶּאֱכֹל תְּרוּמָה בְּטֻמְאַת הַגּוּף: **וּמֵתוּ בוֹ.** לָמַדְנוּ שֶׁהִיא מִיתָה בִּידֵי שָׁמַיִם:

י | **לֹא יֹאכַל קֹדֶשׁ.** בִּתְרוּמָה הַכָּתוּב מְדַבֵּר, שֶׁכָּל הָעִנְיָן דִּבֵּר בָּהּ: **תּוֹשַׁב כֹּהֵן וְשָׂכִיר.** תּוֹשָׁבוֹ שֶׁל כֹּהֵן וּשְׂכִירוֹ, לְפִיכָךְ "תּוֹשַׁב" זֶה נָקוּד פַּתָּח, לְפִי שֶׁהוּא דָּבוּק. וְאֵיזֶהוּ תּוֹשָׁב? זֶה נִרְצָע שֶׁהוּא קָנוּי לוֹ עַד הַיּוֹבֵל; וְאֵיזֶהוּ שָׂכִיר? זֶה קְנוּי קִנְיַן שָׁנִים שֶׁיּוֹצֵא

הרחבות

מקרי הטומאה אינם מסודרים לפי דרגת חומרתם דווקא אלא לפי שכיחותם במציאות: תחילה הצרעת והזיבה, המופיעות לעתים רחוקות אצל אנשים מסוימים בלבד; אחר כך טומאת המת, העלולה להימצא בסביבת כל אדם; ולבסוף שכבת הזרע, שאינה בגדר מחלה או חריגה מחייהם הנורמלים של כל בני זוג.

מיתה וכרת האוכל קרבנות בטומאה עונשו

ביאור

לאחר האזהרה הכללית בא הפירוט: ד **אִישׁ אִישׁ מִזֶּרַע אַהֲרֹן וְהוּא צָרוּעַ אוֹ זָב** – **בַּקֳּדָשִׁים לֹא יֹאכַל עַד אֲשֶׁר יִטְהָר**, גם אם הדבר נמשך שנים רבות. וְכיוצא באלה, **הַנֹּגֵעַ בְּכָל טְמֵא נֶפֶשׁ**, במי או במה שנטמא בטומאת המת, ובוודאי הנוגע במת עצמו, **אוֹ אִישׁ אֲשֶׁר תֵּצֵא מִמֶּנּוּ שִׁכְבַת זָרַע** – גם הוא טמא ומנוע מלאכול קודשים. ה **אוֹ אִישׁ אֲשֶׁר יִגַּע בְּכָל שֶׁרֶץ** מת **אֲשֶׁר יִטְמָא** לוֹ, מהשרצים המטמאים שנתפרשו –[33] מאורע שאינו מתוכנן מראש ושכיח בהחלט, בפרט באזורים כפריים, **אוֹ** שייגע **בְאָדָם אֲשֶׁר יִטְמָא לוֹ**, שמיטמאים במגעו **לְכֹל טֻמְאָתוֹ**, בכל מיני הטומאות שאינן מוזכרות כאן. ו **נֶפֶשׁ אֲשֶׁר תִּגַּע בּוֹ**, בטמא – **וְטָמְאָה עַד הָעָרֶב**, שלא כמו טומאת הצרוע, הזב והנוגע במת עצמו, הטמאים בדרגת 'אב הטומאה' שתהליך טהרתם ממושך. גם מי שטומאתו קלה יותר – **וְלֹא יֹאכַל מִן הַקֳּדָשִׁים כִּי אִם רָחַץ**, עד אשר יטבול **בְּשָׂרוֹ בַּמָּיִם** ז **וּבָא**, תשקע **הַשֶּׁמֶשׁ** לאחר הטבילה במים. ורק אז – **וְטָהֵר**. **וְאַחַר** כך ישוב **וְיֹאכַל מִן הַקֳּדָשִׁים, כִּי לַחְמוֹ הוּא**. מכיוון שהוא ניזון מן הקודשים מותר לו לאכול מהם כבר בערב, לאחר שפנה היום הקודם, והלכתית הוא נחשב יום חדש, אף שלמעשה אין הוא מנותק מן היום הקודם, ואינו צריך להמתין עד למחרת.[34]

אזהרה נוספת הקשורה לעניין: ח **נְבֵלָה וּטְרֵפָה**, בהמה שנטרפה על ידי בעל חיים אחר[35] **לֹא יֹאכַל לְטָמְאָה בָהּ**. **אֲנִי ה'**. מעבר לעצם האיסור, החל על כל ישראל לאכול נבלות וטרפות, יש בהן גם צד של טומאה.[36]

ט **וְשָׁמְרוּ** הכהנים **אֶת מִשְׁמַרְתִּי**, כל דבר מקודש שניתן להם לאכילה,[37] **וְלֹא יִשְׂאוּ עָלָיו חֵטְא**, אם לא ישמרו את משמרת הקדושה בכך שיאכלו קודשים בטומאה, **וּמֵתוּ בוֹ כִּי יְחַלְּלֻהוּ**. חילול הקודשים הוא חטא חמור שעונשו כרת, כלומר מיתה בידי שמים. עונש זה מתייחס גם למי שאוכל תרומה בטומאה.[38] **אֲנִי ה' מְקַדְּשָׁם**.

בהמשך להגבלות על אכילת הקודשים – י **וְכָל זָר**, מי שאיננו כהן **לֹא יֹאכַל קֹדֶשׁ**. חכמים פירשו שהקודש המדובר בפסוקים אלו הוא תרומה. איסור זה לא חל רק על זרים גמורים, אלא גם מי שהוא **תּוֹשַׁב הַכֹּהֵן**, היושב לזמן ממושך בקרב משפחת הכהן, **וְשָׂכִיר**, או

הרחבות

'כרת' (כאמור לעיל ז,כ-כא), שהוא עונש חמור מ'מיתה' סתם האמורה בתרומה. עונש ה'כרת' יכול להיות מיתה חטופה בגיל צעיר יותר, או פטירה בלא צאצאים, וייתכן אף כריתת הנפש בעולם הבא. (ראו שבועות יג ע"א; רש"י כריתות ב ע"א ותוספות שם; תוספות שבת כה ע"א ויבמות ב ע"א; בבלי, מועד קטן כח ע"א; ירושלמי בכורים ב,א; הלכות תשובה לרמב"ם ח,א; רמב"ן ויקרא יח,כט ובספרו תורת האדם – שער הגמול. וראו הרחבה לעיל כ,ה).

לֹא־יֹאכַל קֹדֶשׁ: וְכֹהֵן כִּי־יִקְנֶה נֶפֶשׁ קִנְיַן כַּסְפּוֹ הוּא יא
יֹאכַל בּוֹ וִילִיד בֵּיתוֹ הֵם יֹאכְלוּ בְלַחְמוֹ: וּבַת־כֹּהֵן יב
כִּי תִהְיֶה לְאִישׁ זָר הִוא בִּתְרוּמַת הַקֳּדָשִׁים לֹא
תֹאכֵל: וּבַת־כֹּהֵן כִּי תִהְיֶה אַלְמָנָה וּגְרוּשָׁה וְזֶרַע יג
אֵין לָהּ וְשָׁבָה אֶל־בֵּית אָבִיהָ כִּנְעוּרֶיהָ מִלֶּחֶם אָבִיהָ
תֹּאכֵל וְכָל־זָר לֹא־יֹאכַל בּוֹ: וְאִישׁ כִּי־יֹאכַל קֹדֶשׁ יד
בִּשְׁגָגָה וְיָסַף חֲמִשִׁתוֹ עָלָיו וְנָתַן לַכֹּהֵן אֶת־הַקֹּדֶשׁ:
וְלֹא יְחַלְּלוּ אֶת־קָדְשֵׁי בְּנֵי יִשְׂרָאֵל אֵת אֲשֶׁר־יָרִימוּ טו
לַיהוָה: וְהִשִּׂיאוּ אוֹתָם עֲוֺן אַשְׁמָה בְּאָכְלָם אֶת־ טז
קָדְשֵׁיהֶם כִּי אֲנִי יְהוָה מְקַדְּשָׁם:

רש"י | בְּכֶסֶף, כָּךְ הַכָּתוּב וְלַמֶּדְךָ כָּאן שֶׁאֵין גּוּפוֹ קָנוּי לַאֲדוֹנָיו לֶאֱכֹל בִּתְרוּמָתוֹ:

יא| **וְכֹהֵן כִּי יִקְנֶה נֶפֶשׁ.** עֶבֶד כְּנַעֲנִי שֶׁקָּנוּי לְגוּפוֹ: **וִילִיד בֵּיתוֹ.** אֵלּוּ בְּנֵי הַשְּׁפָחוֹת. וְאֵשֶׁת כֹּהֵן אוֹכֶלֶת בִּתְרוּמָה מִן הַמִּקְרָא הַזֶּה, שֶׁאַף הִיא קִנְיַן כַּסְפּוֹ, וְעוֹד לָמֵד מִמִּקְרָא אַחֵר: "כָּל טָהוֹר בְּבֵיתְךָ" וְגוֹ' (במדבר יח, יא), בְּסִפְרֵי (קרח קיז):

יב| **לְאִישׁ זָר.** לְלֵוִי וְיִשְׂרָאֵל:

יג| **אַלְמָנָה וּגְרוּשָׁה.** מִן הָאִישׁ הַזָּר: **וְזֶרַע אֵין לָהּ.** מִמֶּנּוּ: **וְשָׁבָה.** הָא אִם יֵשׁ לָהּ זֶרַע מִמֶּנּוּ, אֲסוּרָה בִּתְרוּמָה כָּל זְמַן שֶׁהַזֶּרַע קַיָּם: **וְכָל זָר לֹא יֹאכַל בּוֹ.** לֹא בָּא אֶלָּא לְהוֹצִיא אֶת הָאוֹנֵן שֶׁמֻּתָּר בִּתְרוּמָה, זָרוּת אָמַרְתִּי לְךָ וְלֹא אֲנִינוּת:

יד| **כִּי יֹאכַל קֹדֶשׁ.** תְּרוּמָה: **וְנָתַן לַכֹּהֵן אֶת הַקֹּדֶשׁ.** דָּבָר הָרָאוּי לִהְיוֹת קֹדֶשׁ, שֶׁאֵינוֹ פּוֹרֵעַ לוֹ מָעוֹת אֶלָּא פֵּרוֹת שֶׁל חֻלִּין, וְהֵן נַעֲשִׂין תְּרוּמָה:

טו| **וְלֹא יְחַלְּלוּ וְגוֹ'.** לְהַאֲכִילָם לְזָרִים:

טז| **וְהִשִּׂיאוּ אוֹתָם.** אֶת עַצְמָם יַטְעִינוּ עָוֹן, "בְּאָכְלָם אֶת קָדְשֵׁיהֶם" שֶׁהֻבְדְּלוּ לְשֵׁם תְּרוּמָה וְקָדְשׁוּ, וְנֶאֶסְרוּ עֲלֵיהֶן: **וְהִשִּׂיאוּ אוֹתָם.** זֶה אֶחָד מִשְּׁלֹשָׁה אֶתִּים שֶׁהָיָה רַבִּי יִשְׁמָעֵאל דּוֹרֵשׁ בַּתּוֹרָה שֶׁמְּדַבְּרִים בָּאָדָם עַצְמוֹ, וְכֵן: "בְּיוֹם מְלֹאת יְמֵי נִזְרוֹ יָבִיא אֹתוֹ" (במדבר ו, יג) – הוּא יָבִיא אֶת עַצְמוֹ,

הרחבות | **'וכהן כי יקנה נפש קנין כספו'** אף על פי שהכוונה בעיקר לנפש אדם, (ראו יבמות סו ע"ב; רש"י על אתר), באופן מרומז נכללים כאן גם בעלי חיים הקנויים לכהן. ואכן להלכה בהמותיו של הכהן אוכלות מן התרומה. (ראו ספרא אמור ה). לא היו נותנים להן מאכלי בני אדם, אבל יבולים שמיועדים גם לבעלי חיים היו הבהמות מקבלות. מכאן עולה שלאדם מישראל – חשוב או מיודד עם הכהן ככל שיהיה – אסור לאכול תרומה, ואילו לחמורו של הכהן מותר הדבר.

אכילתן של בת כהן ואלמנת כהן מלחם הכהנים בפועל ייתכן שבת הכהן שנישאה לזר, ילדה לו, והתאלמנה או גורשה תחזור

ביאור

פועל ששכר הכהן, גם אם נשכר לכמה שנים,[39] **לֹא יֹאכַל קֹדֶשׁ**, למרות שבפועל הם כבני ביתו של הכהן. יא לעומת זאת – **וְכֹהֵן כִּי יִקְנֶה נֶפֶשׁ**, עבד כנעני, מכיוון שהוא **קִנְיַן כַּסְפּוֹ – הוּא יֹאכַל בּוֹ**. וכיוצא בזה, **יְלִיד בֵּיתוֹ**, עבדים שנולדו בביתו של הכהן – **הֵם יֹאכְלוּ בְלַחְמוֹ** המקודש של הכהן.

יב **וּבַת כֹּהֵן כִּי תִהְיֶה לְאִישׁ זָר**, בין שרק קודשה לאדם שאינו כהן ובין שנישאה לו – **הִוא בִּתְרוּמַת הַקֳּדָשִׁים לֹא תֹאכֵל**. לאחר שהייתה לו לאשה, אין היא שייכת למשפחת הכהנים, וזכותה במתנות הכהונה פוקעת. יג ואולם **בַת כֹּהֵן** כזו שנישאה לזר, **כִּי תִהְיֶה אַלְמָנָה וּגְרוּשָׁה**, אם בעלה נפטר או שהתגרשה ממנו, **וְזֶרַע אֵין לָהּ** מן הבעל הזר – **וְשָׁבָה אֶל בֵּית אָבִיהָ כִּנְעוּרֶיהָ**, כמו בצעירותה, לפני נישואיה. מאחר שלא נשאר ולד מנישואים אלו – היא חוזרת למצבה הראשון, **וּמִלֶּחֶם אָבִיהָ**, מהתרומה הניתנת לו **תֹּאכֵל**. **וְ**עם זאת, עדיין **כָל זָר לֹא יֹאכַל בּוֹ**. למשל, אם נולד לה ולד מהבעל הזר, היא וולדה אינם אוכלים מלחם אביה.[40]

יד **וְאִישׁ** שאינו כהן **כִּי יֹאכַל קֹדֶשׁ בִּשְׁגָגָה**. הדבר מצוי בתרומה, שאינה ניתנת לכהן במקדש דווקא אלא בכל מקום בארץ, ואין היא מסומנת כתרומה. עליו להחזיר לכהן את ערך הקודש, **וְיָסַף חֲמִשִׁיתוֹ עָלָיו**, מעין קנס, **וְנָתַן לַכֹּהֵן אֶת הַקֹּדֶשׁ**. טו **וְלֹא יְחַלְּלוּ אֶת קָדְשֵׁי בְּנֵי יִשְׂרָאֵל**. הציווי מתייחס לכל העם, אך הוא נאמר בפרט לכהנים – **אֵת אֲשֶׁר יָרִימוּ לַה'**. לא רק הקרבן הקרב על גבי המזבח, אלא גם התרומה שנותנים ישראל לכהן היא קודש, ומשום כך יש להיזהר בקדושתה ובטהרתה ולא לחלקה לזרים. טז **וְ**הכהנים **הִשִּׂיאוּ אוֹתָם**, יגרמו לעצמם[41] **עֲוֹן אַשְׁמָה**, אם ינהגו זלזול **בְּאָכְלָם אֶת קָדְשֵׁיהֶם, כִּי אֲנִי ה' מְקַדְּשָׁם**.

הרחבות

להתגורר בבית אביה עם ילדה, אבל מבחינה חוקית, אם יש לה ולד ממנו היא נחשבת כשייכת למשפחת בעלה הזר, למרות שלא נולדה אליה, ובתור זרה היא מוזהרת מלאכול תרומה. הדבר נכון גם במקרה ההפוך, למרות שדין זה לא נאמר בפירוש: אשה שאינה כהנת ונישאה לכהן, נחשבת ככהנת ויכולה לאכול מלחם הכהונה גם לאחר מות בעלה, אם יש לה ילד ממנו. (ראו יבמות פו ע"ב – פז ע"א; ראב"ע על אתר).

'ונתן לכהן את הקדש' מהמלים אֶת הַקֹּדֶשׁ למדו חכמים כי הוא צריך לשלם לכהן דבר הראוי להיות קודש, כלומר פֵּרות שייכנסו

שלישי יח וידבר יהוה אל־משה לאמר: דבר אל־אהרן ואל־ יז יח
בניו ואל כל־בני ישראל ואמרת אלהם איש איש
מבית ישראל ומן־הגר בישראל אשר יקריב קרבנו
לכל־נדריהם ולכל־נדבותם אשר־יקריבו ליהוה
לעלה: לרצנכם תמים זכר בבקר בכשבים ובעזים: יט
כל אשר־בו מום לא תקריבו כי־לא לרצון יהיה כ
לכם: ואיש כי־יקריב זבח־שלמים ליהוה לפלא־ כא
נדר או לנדבה בבקר או בצאן תמים יהיה לרצון
כל־מום לא יהיה־בו: עורת או שבור או־חרוץ כב
או־יבלת או גרב או ילפת לא־תקריבו אלה ליהוה
ואשה לא־תתנו מהם על־המזבח ליהוה: ושור ושה כג
שרוע וקלוט נדבה תעשה אתו ולנדר לא ירצה:

רש"י | וכן: "ויקבר אתו בגי" (דברים לד, ו) – הוא קבר את עצמו. כך נדרש בספרי (שם לב).

יח | נדריהם. הרי עלי. נדבותם. הרי זו.

יט | לרצנכם. הביאו דבר הראוי לרצות אתכם לפני, שיהא לכם לרצון, אפיימנ"ט בלעז. ואיזהו הראוי לרצון? "תמים זכר בבקר בכשבים ובעזים". אבל בעולת העוף אין צריך תמות וזכרות, ואינו נפסל במום אלא בחסרון אבר.

כא | לפלא נדר. להפריש בדבורו.

כב | עורת. שם דבר של מום עורון בלשון נקבה, שלא יהא בו מום של עורת. או שבור. לא יהיה: חרוץ. ריס של עין שנסדק או שנפגם, וכן שפתו שנסדקה או נפגמה: יבלת. ורוא"ה בלעז: גרב. מין חזזית, וכן "ילפת". ולשון "ילפת" כמו "וילפת שמשון" (שופטים טז, כט), שאחוזה בו עד יום מיתה, שאין לה רפואה: לא תקריבו. שלש פעמים (פסוקים כ, כב, כד), להזהיר על הקדשתן ועל שחיטתן ועל זריקת דמן: ואשה לא תתנו. אזהרת הקטרתן:

כג | שרוע. אבר גדול מחברו: וקלוט. פרסותיו קלוטות: נדבה תעשה אתו. לבדק הבית: ולנדר. למזבח: לא ירצה. אי

הרחבות | בפועל בקדושת תרומה תחת התרומה שנאכלה – 'תשלומי תרומה' בלשון חכמים. (ראו משנה תרומות פרק ז; בבא מציעא נד ע"א).

'איש איש' חכמים דרשו שביטוי זה בא להרחיב. קרבנות עולה של נדרים ונדבות יכולים להביא גם אנשים שאינם מישראל כלל, (ראו מנחות עג ע"ב), ואכן מפעם

קרבנות בעלי מום

פרק כב פס׳ יז–כה

ביאור | יז **וַיְדַבֵּר ה׳ אֶל מֹשֶׁה לֵּאמֹר:** יח **דַּבֵּר אֶל אַהֲרֹן וְאֶל בָּנָיו וְאֶל כָּל בְּנֵי**
יִשְׂרָאֵל. הדיבר פונה הן לכהנים והן לבני ישראל, מפני שהדינים
הבאים קשורים הן להקדשת הקרבן על ידי ישראל הן לקבלתו
והקרבתו על ידי הכהנים. **וְאָמַרְתָּ אֲלֵהֶם: אִישׁ אִישׁ מִבֵּית יִשְׂרָאֵל**
וּמִן הַגֵּר בְּיִשְׂרָאֵל אֲשֶׁר יַקְרִיב קָרְבָּנוֹ לְכָל נִדְרֵיהֶם, קרבנות שאדם
הטיל חובה על עצמו להביאם, **וּלְכָל נִדְבוֹתָם**, בהמות מסוימות
שנדב אדם מרכושו לקרבן,[42] **אֲשֶׁר יַקְרִיבוּ לַה׳ לְעֹלָה.** יט הקרבן יבוא
לִרְצֹנְכֶם, מתוך רצון טוב[43] **תָּמִים**, שלם בגופו **זָכָר בַּבָּקָר** או **בַּכְּשָׂבִים**
וּבָעִזִּים. כ ובכל אלה **כֹּל** יצור **אֲשֶׁר בּוֹ מוּם לֹא תַקְרִיבוּ** אותו לקרבן,
כִּי לֹא לְרָצוֹן, כריצוי **יִהְיֶה לָכֶם**. קרבן בעל מום לא ירצה עליכם לפני
ה׳, לא תהיו רצויים על ידו.[44]

כא **וְאִישׁ כִּי יַקְרִיב זֶבַח שְׁלָמִים לַה׳**, קרבן זכר או נקבה שאינו עולה
כליל למזבח, אלא חלקים ממנו נאכלים על ידי הכהנים והבעלים,
לְפַלֵּא לקדש ולהפריש באמצעות **נֶדֶר**, התחייבות עצמית להקריב
קרבן,[45] **אוֹ לִנְדָבָה**, ייחוד בהמה מרכושו של האדם לקרבן, **בַּבָּקָר**
אוֹ בַצֹּאן, תָּמִים דווקא **יִהְיֶה לְרָצוֹן – כָּל מוּם לֹא יִהְיֶה בּוֹ.** כב כגון:
עַוֶּרֶת, עיוורון, ואפילו בעין אחת בלבד[46] **אוֹ** איבר **שָׁבוּר אוֹ חָרוּץ**,
סדוק, פגום[47] **אוֹ יַבֶּלֶת.** לפי מסורת חכמים, זוהי יבלת שיש בה
עצם וכיוצא בה, או יבלות מסוימות בתוך העין, אך לא בליטת
בשר קטנה המצויה בגוף.[48] **אוֹ גָרָב אוֹ יַלֶּפֶת**, סוגי שחין הפוצעים
או פוגמים בעור הבהמה,[49] **לֹא תַקְרִיבוּ**, תגישו את **אֵלֶּה לַה׳, וְאִשֶּׁה**,
קרבן הנשרף באש **לֹא תִתְּנוּ מֵהֶם עַל הַמִּזְבֵּחַ לַה׳.** כג **וְשׁוֹר וָשֶׂה שָׂרוּעַ**,
שחלק בגופו התרחב שלא במידה, **וְקָלוּט**, שחלק בגופו מכווץ באופן
לא רגיל –[50] **נְדָבָה**, מתנת רכוש לה׳ שתימכר והכסף ישמש לצורך
המקדש,[51] **תַּעֲשֶׂה אֹתוֹ**, ואולם **לְנֵדֶר**, לקרבן **לֹא יֵרָצֶה.** כד **וּמָעוּךְ וְכָתוּת**,

הרחבות | מפריס פרסה – כלומר שפרסותיו סגורות ולא מפוצלות, (ראו רש״י על אתר; בכורות מ ע״א), אבל אין זו אלא דוגמא לשינוי באיברים היוצר מבנה החורג מן הנורמלי.

לפעם רצו אנשים מעמים אחרים להקריב קרבן לה׳.

׳קלוט׳ היו שפרשו: שור או שה שאיננו

כד וּמָעוּךְ וְכָתוּת וְנָתוּק וְכָרוּת לֹא תַקְרִיבוּ לַיהוָה
כה וּבְאַרְצְכֶם לֹא תַעֲשׂוּ׃ וּמִיַּד בֶּן־נֵכָר לֹא תַקְרִיבוּ אֶת־
לֶחֶם אֱלֹהֵיכֶם מִכָּל־אֵלֶּה כִּי מָשְׁחָתָם בָּהֶם מוּם
כו בָּם לֹא יֵרָצוּ לָכֶם׃ וַיְדַבֵּר יְהוָה אֶל־מֹשֶׁה
כז לֵּאמֹר׃ שׁוֹר אוֹ־כֶשֶׂב אוֹ־עֵז כִּי יִוָּלֵד וְהָיָה שִׁבְעַת יָמִים
תַּחַת אִמּוֹ וּמִיּוֹם הַשְּׁמִינִי וָהָלְאָה יֵרָצֶה לְקָרְבַּן אִשֶּׁה
כח לַיהוָה׃ וְשׁוֹר אוֹ־שֶׂה אֹתוֹ וְאֶת־בְּנוֹ לֹא תִשְׁחֲטוּ

רש"י | זֶה הֶקְדֵּשׁ בָּא לְרַצּוֹת? הֱוֵי אוֹמֵר זֶה הֶקְדֵּשׁ הַמִּזְבֵּחַ:

כד| **וּמָעוּךְ וְכָתוּת וְנָתוּק וְכָרוּת.** בַּבֵּיצִים אוֹ בַּגִּיד: **מָעוּךְ.** בֵּיצָיו מְעוּכִין בְּיָד: **כָּתוּת.** כְּתוּשִׁים יוֹתֵר מִמָּעוּךְ: **נָתוּק.** תְּלוּשִׁין בְּיָד עַד שֶׁנִּפְסְקוּ חוּטִים שֶׁתְּלוּיִים בָּהֶן, אֲבָל נְתוּנִים הֵם בְּתוֹךְ הַכִּיס, וְהַכִּיס לֹא נִתְלַשׁ: **וְכָרוּת.** כְּרוּתִין בִּכְלִי וְעוֹדָן בַּכִּיס, שֶׁלֹּא יְהֵא כִּמְחֻסַּר אֵיבָר: **וּמָעוּךְ.** תַּרְגּוּם "וְדִימְרִיס" זֶהוּ לְשׁוֹנוֹ בַּאֲרַמִּית, לְשׁוֹן כְּתִישָׁה: **וְכָתוּת.** תַּרְגּוּמוֹ "וְדִירְסִיס", כְּמוֹ "הַבַּיִת הַגָּדוֹל רְסִיסִים" (עמוס ו, יא), בְּקִיעוֹת דַּקּוֹת, וְכֵן "קָנֶה הַמְרֻסָּס" (שבת פ ע"ב) כָּתוּשׁ כְּתִיתִין: **וּבְאַרְצְכֶם לֹא תַעֲשׂוּ.** דָּבָר זֶה, לְסָרֵס שׁוּם בְּהֵמָה וְחַיָּה וַאֲפִלּוּ טְמֵאָה, לְכָךְ נֶאֱמַר: "בְּאַרְצְכֶם", לְרַבּוֹת כָּל אֲשֶׁר בְּאַרְצְכֶם; שֶׁאִי אֶפְשָׁר לוֹמַר לֹא נִצְטַוּוּ עַל הַסֵּרוּס אֶלָּא בָּאָרֶץ, שֶׁהֲרֵי סֵרוּס חוֹבַת הַגּוּף הוּא, וְכָל חוֹבַת הַגּוּף נוֹהֶגֶת בֵּין בָּאָרֶץ בֵּין בְּחוּצָה לָאָרֶץ:

כה| **וּמִיַּד בֶּן נֵכָר.** גּוֹי שֶׁהֵבִיא קָרְבָּן בְּיַד כֹּהֵן לְהַקְרִיבוֹ לַשָּׁמַיִם, לֹא תַקְרִיבוּ לוֹ בַּעַל מוּם, וְאַף עַל פִּי שֶׁלֹּא נֶאֶסְרוּ בַּעֲלֵי מוּמִים לְקָרְבַּן בְּנֵי נֹחַ אֶלָּא אִם כֵּן מְחֻסְּרֵי אֵיבָר, זֹאת נוֹהֶגֶת בְּבָמָה שֶׁבַּשָּׂדוֹת, אֲבָל עַל הַמִּזְבֵּחַ שֶׁבַּמִּשְׁכָּן לֹא תַקְרִיבוּ; אֲבָל תְּמִימָה תְּקַבְּלוּ מֵהֶם, לְכָךְ נֶאֱמַר לְמַעְלָה: "אִישׁ אִישׁ" (פסוק יח), לְרַבּוֹת אֶת הַגּוֹיִם, שֶׁנּוֹדְרִים נְדָרִים וּנְדָבוֹת כְּיִשְׂרָאֵל: **מָשְׁחָתָם.** חִבּוּלְהוֹן: **לֹא יֵרָצוּ לָכֶם.** לְכַפֵּר עֲלֵיכֶם:

כז| **כִּי יִוָּלֵד.** פְּרָט לְיוֹצֵא דֹפֶן:

כח| **אֹתוֹ וְאֶת בְּנוֹ.** נוֹהֵג בַּנְּקֵבָה, שֶׁאָסוּר

הרחבות | **'ובארצכם לא תעשו'** האיסור להקריב בעל מום מתייחס גם למומים שנעשו בידי שמים, כגון עיוורון הנובע ממחלה וכיוצא בזה. לעומת זאת, מומי הסירוס עלולים להיגרם במכוון בידי אדם, שכן מבחינות מסוימות נוח יותר להשתמש בבעלי חיים מסורסים. איסור ההקרבה נובע מן השמירה על כבוד הקודש, ולעומתו איסור הסירוס נובע מההנחה הערכית השוללת את השחתת כושר הרבייה של בעלי החיים.

המום אינו פוסל את הבהמה מכל דבר; בעלי החיים הללו אינם טמאים, והם יכולים להיות כשרים לאכילה לישראל, אבל בשל ערכו של הקרבן, אין להעלות בעל חיים פגום למקדש. מכיוון שאסור שיהיה בקרבן משום ביזיון, הרחיבו חכמים את הגדרת המומים וכללו בה מצבים נוספים שאינם ראויים. רעיון זה מבואר באופן בולט במיוחד בספר מלאכי. שם מבקר הנביא את מקריבי הקרבנות שאינם מכבדים דיים את המקדש, ויוצא חוצץ כנגד מי שמביאים לה' בהמה שלא היו מעניקים אותה לשום אדם בעל מעלה (מלאכי א,ח).

ביאור | מרוסק לגמרי, יותר ממעוך **וְנָתוּק**, מופסק **וְכָרוּת**, גזור **לֹא תַקְרִיבוּ לַה'**.
לפי המסורת, המומים הללו מתפרשים כשייכים לאיברי הרבייה,
לאמור: יצור שנכתתו, נשברו, הושחתו או נפגמו איברי הרבייה שלו
באופן ניכר, אסור להקריבו לה'.[52] בעלי החיים המסורסים לסוגיהם
נחשבים פגומים לצורך המקדש. לא זו בלבד, אלא גם - **וּבְאַרְצְכֶם**,
בשאר בעלי חיים שבארצכם **לֹא תַעֲשׂוּ** זאת, אסור לסרסם.[53] זהו
דין בפני עצמו, החורג מדיני הבהמות הראויות לקרבן. כה ולא רק
בקרבנות שאתם, בני ישראל, מביאים - **מִיַּד בֶּן נֵכָר לֹא תַקְרִיבוּ אֶת
לֶחֶם אֱלֹהֵיכֶם מִכָּל אֵלֶּה, כִּי מָשְׁחָתָם**, פגמם **בָּהֶם - מוּם בָּם - לֹא יֵרָצוּ
לָכֶם**. למרות שעל הנכרים לא נאסר לסרס בהמה, מעשה זה נחשב
בלתי ראוי כשלעצמו, וכל בהמה מסורסת אינה רצויה, ולכן אין
לקבלה לקרבן גם מידי מי שאינו מבני ישראל.

דינים נוספים הקשורים לבהמות ולהקרבת קרבנות

פרק כב פס' כו–לג

הגבלות נוספות בקרבנות: כו **וַיְדַבֵּר ה' אֶל מֹשֶׁה לֵּאמֹר:** כז **שׁוֹר אוֹ
כֶשֶׂב אוֹ עֵז כִּי יִוָּלֵד**, כל ולד מבעלי החיים הללו - **וְהָיָה שִׁבְעַת יָמִים
תַּחַת אִמּוֹ**, ואין לשחטו באותם ימים בשום פנים. ורק **מִיּוֹם הַשְּׁמִינִי
וָהָלְאָה יֵרָצֶה לְקָרְבַּן אִשֶּׁה לַה'**.

האיסור הבא איננו מתייחס לקרבנות דווקא: כח **וְשׁוֹר אוֹ שֶׂה, אֹתוֹ
וְאֶת בְּנוֹ לֹא תִשְׁחֲטוּ בְּיוֹם אֶחָד**.

הרחבות |

'ומיום השמיני והלאה יֵרָצה לקרבן' ההלכות הכתובות במקרא ממעטות בהנמקות, אך המפרשים הסבירו דין זה בשני אופנים: א. בימיו הראשונים של הוולד אין לדעת אם יוכל להמשיך לחיות. התורה קבעה כי שמונה ימים הם פרק הזמן הקובע בסבירות גבוהה את המשך חייה של בהמה, והיא אסרה להקריב בעל חיים שאינו בר-קיימא. (לגבי אדם קבעו חכמים את פרק הזמן של שלושים יום, שלאחריהם יוצא האדם מגדר נפל והופך בר-קיימא. ראו יונתן; שבת קלה ע"ב; ר"י בכור שור על אתר; מורה נבוכים ח"ג מט). ב. גם לוולד העתיד לשמש קרבן ניתן שבוע של חסד להיות עם אמו. משום כך אין לוקחים אותו ממנה מיד. הסבר זה מתקשר גם לדין הבא. (ראו אברבנאל ומשך חכמה על אתר).

'אֹתו ואת בנו לא תשחטו ביום אחד' הטעם האנושי שניתן לאיסור זה נעוץ באכזריות מסוימת הקיימת במעשה. להלכה פורש הצו אֹתוֹ וְאֶת בְּנוֹ כמוסב על נקבות השור או השה, כלומר על הפרה, הרחל או העז, שכן קשה לדעת בוודאות מיהו אביו של

בְּיוֹם אֶחָד: וְכִֽי־תִזְבְּחוּ זֶֽבַח־תּוֹדָה לַיהוָה לִרְצֹנְכֶם כט
תִּזְבָּֽחוּ: בַּיּוֹם הַהוּא יֵאָכֵל לֹֽא־תוֹתִירוּ מִמֶּנּוּ עַד־ ל
בֹּקֶר אֲנִי יְהוָה: וּשְׁמַרְתֶּם מִצְוֺתַי וַעֲשִׂיתֶם אֹתָם לא
אֲנִי יְהוָה: וְלֹא תְחַלְּלוּ אֶת־שֵׁם קָדְשִׁי וְנִקְדַּשְׁתִּי לב
בְּתוֹךְ בְּנֵי יִשְׂרָאֵל אֲנִי יְהוָה מְקַדִּשְׁכֶם: הַמּוֹצִיא לג
אֶתְכֶם מֵאֶרֶץ מִצְרַיִם לִהְיוֹת לָכֶם לֵאלֹהִים אֲנִי
יְהוָה:

רש"י | לִשְׁחוֹט הָאֵם וְהַבֵּן אוֹ הַבַּת, וְאֵינוֹ נוֹהֵג בִּזְכָרִים, וּמֻתָּר לִשְׁחוֹט הָאָב וְהַבֵּן: **אֹתוֹ וְאֶת בְּנוֹ.** אַף בְּנוֹ וְאוֹתוֹ בְּמַשְׁמָע:

כט| **לִרְצֹנְכֶם תִּזְבָּחוּ.** תְּחִלַּת זְבִיחַתְכֶם הִזָּהֲרוּ שֶׁתְּהֵא לְרָצוֹן לָכֶם. וּמַהוּ הָרָצוֹן? "בַּיּוֹם הַהוּא יֵאָכֵל" (להלן פסוק ל), לֹא בָּא לְהַזְהִיר אֶלָּא שֶׁתְּהֵא שְׁחִיטָה עַל מְנָת כֵּן, אַל תִּשְׁחָטוּהוּ עַל מְנָת לְאָכְלוֹ לְמָחָר, שֶׁאִם תַּחְשְׁבוּ בּוֹ מַחְשֶׁבֶת פְּסוּל לֹא יְהֵא לָכֶם לְרָצוֹן. דָּבָר אַחֵר "לִרְצֹנְכֶם", לְדַעְתְּכֶם, מִכָּאן לַמִּתְעַסֵּק שֶׁפָּסוּל בִּשְׁחִיטַת קָדָשִׁים. וְאַף עַל פִּי שֶׁפֵּרַט בַּנֶּאֱכָלִים לִשְׁנֵי יָמִים, חָזַר וּפֵרַט בַּנֶּאֱכָלִין לְיוֹם אֶחָד, שֶׁתְּהֵא זְבִיחָתָן עַל מְנָת לְאָכְלָן בִּזְמַנָּן:

ל| **בַּיּוֹם הַהוּא יֵאָכֵל.** לֹא בָּא לְהַזְהִיר אֶלָּא שֶׁתְּהֵא שְׁחִיטָה עַל מְנָת כֵּן, שֶׁאִם לִקְבֹּעַ לָהּ זְמַן אֲכִילָה, כְּבָר כָּתוּב: "וּבְשַׂר זֶבַח תּוֹדַת שְׁלָמָיו" וְגוֹ' (לעיל ז, טו): **אֲנִי ה'.** דַּע מִי גָּזַר עַל הַדָּבָר וְאַל יֵקַל בְּעֵינֶיךָ:

לא| **וּשְׁמַרְתֶּם.** זוֹ הַמִּשְׁנָה: **וַעֲשִׂיתֶם.** זֶה הַמַּעֲשֶׂה:

לב| **וְלֹא תְחַלְּלוּ.** לַעֲבֹר עַל דְּבָרַי מְזִידִין. מִמַּשְׁמָע שֶׁנֶּאֱמַר: "וְלֹא תְחַלְּלוּ אֶת שֵׁם קָדְשִׁי", מַה תַּלְמוּד לוֹמַר: "וְנִקְדַּשְׁתִּי"? מְסֹר עַצְמְךָ וְקַדֵּשׁ שְׁמִי. יָכוֹל בְּיָחִיד? תַּלְמוּד לוֹמַר: "בְּתוֹךְ בְּנֵי יִשְׂרָאֵל". וּכְשֶׁהוּא מוֹסֵר עַצְמוֹ יִמְסֹר עַצְמוֹ עַל מְנָת לָמוּת, שֶׁכָּל הַמּוֹסֵר עַצְמוֹ עַל מְנָת הַנֵּס אֵין עוֹשִׂין לוֹ נֵס, שֶׁכֵּן מָצִינוּ בַּחֲנַנְיָה מִישָׁאֵל וַעֲזַרְיָה שֶׁלֹּא מָסְרוּ עַצְמָן עַל מְנָת הַנֵּס, שֶׁנֶּאֱמַר: "וְהֵן לָא, יְדִיעַ לֶהֱוֵא לָךְ מַלְכָּא" וְגוֹ' (דניאל ג, יח), מַצִּיל וְלֹא מַצִּיל, "יְדִיעַ לֶהֱוֵא לָךְ" וְגוֹ':

לג| **הַמּוֹצִיא אֶתְכֶם.** עַל מְנָת כֵּן: **אֲנִי ה'.** נֶאֱמָן לְשַׁלֵּם שָׂכָר:

הרחבות | ולד מסוים, ואילו קרבתו לאמו ניכרת לעין. (ראו אונקלוס, רש"י, ר"י בכור שור ורמב"ן על אתר; חולין עח ע"ב – עט ע"א). אולם יש גם דעות אחרות בעניין. (דעת חנניה בחולין שם; וראו ראב"ע וחזקוני על אתר).

'זבח תודה' בספר תהלים (קז) מפורטים ארבעה מצבים שעליהם מביאים קרבן זה: מי שהיו בדרך רחוקה, מי שחזרו אחרי הפלגה בלב ים, מי שחלו במחלה קשה ונתרפאו או מי שהשתחררו מבית האסורים. (ראו שם פס' ד, י, כ ו-כג; ברכות נד ע"ב; רש"י ויקרא ז,יב. על מהותו ומקורו של החיוב להודות בקרבן ראו עוד רש"י ושיטה מקובצת מנחות עט ע"ב; תוספות רי"ד ראש השנה ה ע"ב; פרי מגדים, אורח חיים ריט).

ביאור

כט וְכִי תִזְבְּחוּ זֶבַח תּוֹדָה, קרבן המובא כדי להודות לַה׳ – לִרְצֹנְכֶם תִּזְבָּחוּ.
אין זה קרבן חובה, אלא הוא נובע מהתעוררות אישית בעתות
רצון. ל בַּיּוֹם הַהוּא, ביום הזביחה בלבד יֵאָכֵל קרבן זה. **לֹא תוֹתִירוּ**
מִמֶּנּוּ עַד בֹּקֶר. אֲנִי ה׳. קרבן התודה הוא זבח, כלומר קרבן שנאכל,
והבאתו כרוכה מן הסתם במשפחתיות ובהרגשה נוחה. משום כך
מדגיש הכתוב את הגדרותיו ואת ההגבלות הניתנות עליו מגבוה:
אכילתו מוגבלת ליום אחד.

לא ובכללו של דבר – **וּשְׁמַרְתֶּם**, הן הכהנים והן ישראל, את **מִצְוֹתַי**
וַעֲשִׂיתֶם אֹתָם. אֲנִי ה׳. לב ומעבר לכך, **לֹא תְחַלְּלוּ אֶת שֵׁם קָדְשִׁי** על
ידי עברות או עשייה שאינה ראויה. **וְנִקְדַּשְׁתִּי בְּתוֹךְ בְּנֵי יִשְׂרָאֵל.** כאן
חוזרת התפיסה הכללית העומדת מאחורי כל הדינים השייכים
לפרשת הקדושות: שמירת המצוות והעמידה אל מול ה׳ אינן חובתו
או זכותו של אדם פלוני בלבד, אלא הן נובעות מהבחירה בעם
ישראל והקדשתו. **אֲנִי ה׳ מְקַדִּשְׁכֶם.** הקדושה אינה נובעת מרצונכם
לעשות את הדברים, אלא באה מלמעלה, מה׳ לג **הַמּוֹצִיא אֶתְכֶם**
מֵאֶרֶץ מִצְרַיִם לִהְיוֹת לָכֶם לֵאלֹהִים. אני מקדישכם ואני מושיעכם. **אֲנִי**
ה׳. אתם שייכים לי, וקשר זה מחייב אתכם לשמור על קדושתכם.

הרחבות

׳לא תותירו ממנו עד בקר׳ ההגבלה המיוחדת לקרבן זה, שנזכרה גם לעיל (ז,טו) ומודגשת כאן שוב כהוראה החותמת את דיני הקרבנות, קובעת שאין להפוך את הקרבתו למאורע משפחתי הנמשך מספר ימים. ייתכן שההדגשה החוזרת הזו של ערכם העצמי והאובייקטיבי של הקודשים היא הקושרת את דין אכילת התודה עם הדינים שקדמו לו. הרצון להביא קרבן נבע מסיבות שונות שאפשר להבינן על רקע חיי הנפש של המביא. גם כשאדם מביא קרבן תודה, עליו לזכור שמוקד הקרבת הקרבן הוא הקדושה ולא המשפחתיות, כשם שהאיסורים על הבאת בעלי מום וכדומה נועדו לשמור על כבוד הקודש. (ראו עוד כיוצא בזה בהרחבה לעיל יט,ח).

רביעי

כג

א ב וַיְדַבֵּר יְהוָה אֶל־מֹשֶׁה לֵּאמֹר: דַּבֵּר אֶל־בְּנֵי יִשְׂרָאֵל
וְאָמַרְתָּ אֲלֵהֶם מוֹעֲדֵי יְהוָה אֲשֶׁר־תִּקְרְאוּ אֹתָם
ג מִקְרָאֵי קֹדֶשׁ אֵלֶּה הֵם מוֹעֲדָי: שֵׁשֶׁת יָמִים תֵּעָשֶׂה
מְלָאכָה וּבַיּוֹם הַשְּׁבִיעִי שַׁבַּת שַׁבָּתוֹן מִקְרָא־קֹדֶשׁ
כָּל־מְלָאכָה לֹא תַעֲשׂוּ שַׁבָּת הִוא לַיהוָה בְּכֹל
מוֹשְׁבֹתֵיכֶם:
ד אֵלֶּה מוֹעֲדֵי יְהוָה מִקְרָאֵי קֹדֶשׁ אֲשֶׁר־תִּקְרְאוּ אֹתָם
ה בְּמוֹעֲדָם: בַּחֹדֶשׁ הָרִאשׁוֹן בְּאַרְבָּעָה עָשָׂר לַחֹדֶשׁ
ו בֵּין הָעַרְבָּיִם פֶּסַח לַיהוָה: וּבַחֲמִשָּׁה עָשָׂר יוֹם לַחֹדֶשׁ
הַזֶּה חַג הַמַּצּוֹת לַיהוָה שִׁבְעַת יָמִים מַצּוֹת תֹּאכֵלוּ:

רש"י | פרק כג

ב] **דַּבֵּר אֶל בְּנֵי יִשְׂרָאֵל וְגוֹ' מוֹעֲדֵי ה'.** עֲשֵׂה מוֹעֲדוֹת שֶׁיִּהְיוּ יִשְׂרָאֵל מְלֻמָּדִין בָּהֶם, שֶׁמְּעַבְּרִים אֶת הַשָּׁנָה עַל גָּלִיּוֹת שֶׁנֶּעֶקְרוּ מִמְּקוֹמָן לַעֲלוֹת לָרֶגֶל וַעֲדַיִן לֹא הִגִּיעוּ לִירוּשָׁלַיִם:

ג] **שֵׁשֶׁת יָמִים.** מָה עִנְיַן שַׁבָּת אֵצֶל מוֹעֲדוֹת, לְלַמֶּדְךָ שֶׁכָּל הַמְחַלֵּל אֶת הַמּוֹעֲדוֹת מַעֲלִין עָלָיו כְּאִלּוּ חִלֵּל אֶת הַשַּׁבָּתוֹת, וְכָל הַמְקַיֵּם אֶת הַמּוֹעֲדוֹת מַעֲלִין עָלָיו כְּאִלּוּ קִיֵּם אֶת הַשַּׁבָּתוֹת:

ד] **אֵלֶּה מוֹעֲדֵי ה'.** לְמַעְלָה מְדַבֵּר בְּעִבּוּר שָׁנָה, וְכָאן מְדַבֵּר בְּקִדּוּשׁ הַחֹדֶשׁ:

ה] **בֵּין הָעַרְבָּיִם.** מִשֵּׁשׁ שָׁעוֹת וּלְמַעְלָה: **פֶּסַח לַה'.** הַקְרָבַת קָרְבָּן שֶׁשְּׁמוֹ פֶּסַח:

הרחבות | 'מקראי קֹדֶשׁ' הביטוי מִקְרָא קֹדֶשׁ חוזר בעניין פעמים רבות, והוא מתורגם: 'מאורע קדוש'. (ראו אונקלוס ויונתן). עדת ישראל מכריזה על הימים הללו כימי קודש, הן בקביעה מראש של בית הדין הגדול, המייצג את הקהל, מתי יהיה ראש החודש, וממילא – מתי יחול היום הקדוש, והן בהתאספות הקהל בו ביום לציין את קדושת היום. (ראו רמב"ן). משמעות דומה נושא כינויו של יום כזה בשם 'מועד', שמשמעו פגישה. המועדים הם זמני התוועדויות בין אלוקים ובין ישראל, ששני הצדדים משתתפים בהן.

המועדות

פרק כג

עד כה דובר בדינים הקשורים לכהנים ולעבודת הקודש. כאן ההתמקדות עוברת מהמקום הקדוש והאישים המוקדשים אל הזמן הקדוש. גם בהקרבתם של קרבנות מיוחדים בימי מועד יש כדי לקשר בין העניין שלפנינו לעניינים הקודמים. הקרבנות הללו, מקצתם מפורשים בעניין שלפנינו והשאר רמוזים בו בעקביות ויפורטו במקום אחר.[54] קרבנות אלו נקראים בלשון חכמים 'קרבנות המוספים' – הנוספים על עולות התמיד שבכל יום ויום.

ביאור | פרק כג א **וַיְדַבֵּר ה' אֶל מֹשֶׁה לֵּאמֹר:** ב **דַּבֵּר אֶל בְּנֵי יִשְׂרָאֵל וְאָמַרְתָּ**
אֲלֵהֶם: מוֹעֲדֵי ה' אֲשֶׁר תִּקְרְאוּ, תכריזו **אֹתָם מִקְרָאֵי**, התאספויות[55]
של **קֹדֶשׁ – אֵלֶּה הֵם מוֹעֲדָי.**

השבת קודמת לשאר המועדים:[56] ג **שֵׁשֶׁת יָמִים תֵּעָשֶׂה מְלָאכָה**, האדם
ובהמתו מותרים בעשיית כל מלאכה,[57] **וּבַיּוֹם הַשְּׁבִיעִי – שַׁבַּת שַׁבָּתוֹן**,
שביתה גמורה שאין בה שום פתח למלאכה, שלא כמו הימים
שיוזכרו להלן, שהשביתה בהם אינה מוחלטת. **מִקְרָא קֹדֶשׁ**, אספה
קדושה לשם קבלת השבת וציונה.[58] **כָּל מְלָאכָה לֹא תַעֲשׂוּ. שַׁבָּת הִוא
לַה' בְּכֹל מוֹשְׁבֹתֵיכֶם**, בכל מקום שתהיו. בבסיסה אין השבת חגם של
ישראל, אלא היא קשורה לה', ולכן אופיה ומהותה שווים בכל מקום.
ישראל מקבלים את השבת ושומרים אותה, אך אין הם שותפים
בקביעתה, משום שהיא קשורה לסדר בריאת העולם מעיקרו.[59]

ד **אֵלֶּה מוֹעֲדֵי ה' מִקְרָאֵי קֹדֶשׁ אֲשֶׁר תִּקְרְאוּ אֹתָם בְּמוֹעֲדָם**. מכאן מתחיל
פירוט הימים שעם היותם מועדי ה', ישראל הם שקובעים ומגדירים
אותם בזמנם. רשימת המועדים מאורגנת לפי סדר חודשי השנה:

ה **בַּחֹדֶשׁ הָרִאשׁוֹן**, חודש ניסן שנקבע להיות הראשון, משום שבו יצאו
ישראל ממצרים,[60] **בְּאַרְבָּעָה עָשָׂר לַחֹדֶשׁ בֵּין הָעַרְבָּיִם**, בסופו של היום,
לפנות ערב, **פֶּסַח לַה'**. דין הפסח כבר הוזכר בספר שמות,[61] והוא
יבואר גם להלן בספר במדבר.[62] כאן מוזכר הפסח רק כשמו של
המועד שמקריבים בו את קרבן הפסח לה'.[63] מאחר שהספר הוא ספר
הקרבנות, עיקר הגדרתם של המועדות בפרשה נקשר לקרבנות.[64]
ו **וּבַחֲמִשָּׁה עָשָׂר יוֹם לַחֹדֶשׁ הַזֶּה – חַג הַמַּצּוֹת לַה'. שִׁבְעַת יָמִים מַצּוֹת
תֹּאכֵלוּ.** ישנם שני מועדים צמודים: יום ארבעה-עשר בניסן, הוא

הרחבות | **'בין הערבים'** הוא ביטוי המתייחס לשעות אחר הצהריים. (ראו שמות כט,לט; ל,ז-ח). היו שהסבירו שזהו פרק הזמן שבין שני צדדים של ערוב השמש: ה'ערב' הראשון מתרחש כאשר השמש מתחילה לנטות למערב, והערב השני הוא הלילה עצמו, משששקעה החמה. (ראו שבת לד ע"ב וזבחים יא ע"ב; רש"י, ראב"ע ורמב"ן שמות יב,ו). בין הערביים הוא כנראה בין שני 'ערבים' אלה. זהו פרק זמן של כמה שעות, שבו יש להקריב את קרבן הפסח.

בַּיּוֹם הָרִאשׁוֹן מִקְרָא־קֹדֶשׁ יִהְיֶה לָכֶם כָּל־מְלֶאכֶת ז
עֲבֹדָה לֹא תַעֲשׂוּ׃ וְהִקְרַבְתֶּם אִשֶּׁה לַיהוָה שִׁבְעַת ח
יָמִים בַּיּוֹם הַשְּׁבִיעִי מִקְרָא־קֹדֶשׁ כָּל־מְלֶאכֶת עֲבֹדָה
לֹא תַעֲשׂוּ׃
וַיְדַבֵּר יְהוָה אֶל־מֹשֶׁה לֵּאמֹר׃ דַּבֵּר אֶל־בְּנֵי יִשְׂרָאֵל ט י
וְאָמַרְתָּ אֲלֵהֶם כִּי־תָבֹאוּ אֶל־הָאָרֶץ אֲשֶׁר אֲנִי נֹתֵן
לָכֶם וּקְצַרְתֶּם אֶת־קְצִירָהּ וַהֲבֵאתֶם אֶת־עֹמֶר רֵאשִׁית
קְצִירְכֶם אֶל־הַכֹּהֵן׃ וְהֵנִיף אֶת־הָעֹמֶר לִפְנֵי יְהוָה יא
לִרְצֹנְכֶם מִמָּחֳרַת הַשַּׁבָּת יְנִיפֶנּוּ הַכֹּהֵן׃ וַעֲשִׂיתֶם יב

רש"י

ח| **וְהִקְרַבְתֶּם אִשֶּׁה וְגוֹ'.** הֵם הַמּוּסָפִין הָאֲמוּרִים בְּפָרָשַׁת פִּינְחָס. וְלָמָּה נֶאֶמְרוּ כָּאן? לוֹמַר לְךָ שֶׁאֵין הַמּוּסָפִין מְעַכְּבִין זֶה אֶת זֶה: "וְהִקְרַבְתֶּם אִשֶּׁה לַה'" – מִכָּל מָקוֹם, אִם אֵין פָּרִים הָבֵא אֵילִים, וְאִם אֵין פָּרִים וְאֵילִים הָבֵא כְּבָשִׂים: **שִׁבְעַת יָמִים.** כָּל מָקוֹם שֶׁנֶּאֱמַר 'שִׁבְעַת' שֵׁם דָּבָר הוּא, שָׁבוּעַ שֶׁל יָמִים, סטיינ"א בְּלַעַז. וְכֵן כָּל לְשׁוֹן שְׁמֹנַת, שֵׁשֶׁת, חֲמֵשֶׁת, שְׁלֹשֶׁת: **מְלֶאכֶת עֲבֹדָה.** אֲפִלּוּ מְלָאכוֹת הַחֲשׁוּבוֹת לָכֶם עֲבוֹדָה וָצֹרֶךְ, שֶׁיֵּשׁ חֶסְרוֹן כִּיס בְּבַטָּלָה שֶׁלָּהֶן, כְּגוֹן דָּבָר הָאָבֵד. כָּךְ הֵבַנְתִּי מִתּוֹרַת כֹּהֲנִים (פרשתא יב, ח), דִּקְתָנֵי: יָכוֹל אַף חֻלּוֹ שֶׁל מוֹעֵד יְהֵא אָסוּר בִּמְלֶאכֶת עֲבוֹדָה? וְכוּ':

י| **רֵאשִׁית קְצִירְכֶם.** שֶׁתְּהֵא רִאשׁוֹנָה לַקָּצִיר: **עֹמֶר.** עֲשִׂירִית הָאֵיפָה, כָּךְ הָיְתָה שְׁמָהּ, כְּמוֹ: "וַיָּמֹדּוּ בָעֹמֶר" (שמות טז, יח):

יא| **וְהֵנִיף.** כָּל תְּנוּפָה מוֹלִיךְ וּמֵבִיא מַעֲלֶה וּמוֹרִיד, מוֹלִיךְ וּמֵבִיא לַעֲצֹר רוּחוֹת רָעוֹת, מַעֲלֶה וּמוֹרִיד לַעֲצֹר טְלָלִים רָעִים: **לִרְצֹנְכֶם.** אִם תַּקְרִיבוּ כַּמִּשְׁפָּט הַזֶּה יִהְיֶה לְרָצוֹן לָכֶם: **מִמָּחֳרַת הַשַּׁבָּת.** מִמָּחֳרַת יוֹם טוֹב הָרִאשׁוֹן שֶׁל פֶּסַח, שֶׁאִם אַתָּה אוֹמֵר שַׁבַּת בְּרֵאשִׁית, אִי אַתָּה יוֹדֵעַ אֵיזֶהוּ:

הרחבות

'כל מלאכת עבודה לא תעשו' לגבי השבת נאמר לעיל כָּל מְלָאכָה לֹא תַעֲשׂוּ. מְלָאכָה היא מושג כולל יותר מִמְּלֶאכֶת עֲבֹדָה האמורה בחגים. כל מעשה יצירה נקרא 'מלאכה', ואין הדבר תלוי בהיקפו ובקושי לבצעו; הצתת אש – שהיא איסור מלאכה מפורש (שמות לה,ג), או כתיבת פתק, שתיהן מלאכות. לעומת זאת, כפי שמבואר מעט יותר במקומות אחרים, 'מלאכת עבודה' היא מלאכה הנעשית בדרך כלל כמקור פרנסה, בין שזו עבודה של פועל ובין שזו יגיעת האדם ברכושו. בימי החג מותר לעשות מלאכות רבות לצורך הכנת אוכל לכבוד היום, ואילו בשבת גם מלאכות שהן לצורך אוכל נפש אסורות. חרישה או טוויה אסורות גם ביום טוב, משום שהן בכלל 'מלאכת עבודה', אבל אין בו איסור לבשל, לאפות וכיוצא באלה (על פי שמות יב,טז; רמב"ן ומנחה בלולה על אתר).

'ממחרת השבת' אילו משמעות המלה שַׁבָּת האמורה כאן הייתה שבת סתם – בלשון חכמים 'שבת בראשית', (ראו רש"י; בבא בתרא קכא ע"א) – היה הכתוב מוזר, שכן אז אפשר היה להניף את העומר בכל יום

ביאור
מועד הפסח, ואחריו, מחמישה-עשר בניסן, מתחילים שבעת ימי
חג המצות, הקרויים בלשוננו חג הפסח.[65] ז **בַּיּוֹם הָרִאשׁוֹן** משבעת
הימים הללו **מִקְרָא קֹדֶשׁ יִהְיֶה לָכֶם**, זמן שבו תתאספו ותעסקו בענייני
קדושה. **כָּל מְלֶאכֶת עֲבֹדָה לֹא תַעֲשׂוּ**. ח **וְהִקְרַבְתֶּם אִשֶּׁה**, קרבן הנשרף
באש **לַה' שִׁבְעַת יָמִים**. גם **בַּיּוֹם הַשְּׁבִיעִי** יהיה **מִקְרָא קֹדֶשׁ, כָּל מְלֶאכֶת
עֲבֹדָה לֹא תַעֲשׂוּ**. מבין שבעת הימים המוגדרים כחג של אכילת
מצות, רק היום הראשון והשביעי הם ימי חג האסורים במלאכה.
הימים שביניהם נקראו בדורות מאוחרים יותר 'חול המועד' – מעין
ימי חול הנמצאים בתוך החג.

ט **וַיְדַבֵּר ה' אֶל מֹשֶׁה לֵּאמֹר:** י **דַּבֵּר אֶל בְּנֵי יִשְׂרָאֵל וְאָמַרְתָּ אֲלֵהֶם: כִּי
תָבֹאוּ אֶל הָאָרֶץ אֲשֶׁר אֲנִי נֹתֵן לָכֶם**. מצווה זו אינה מוטלת על מי
שנמצא בחוץ לארץ. **וּקְצַרְתֶּם אֶת קְצִירָהּ – וַהֲבֵאתֶם אֶת עֹמֶר**, קבוצת
שיבולים שממנה תצא סולת בכמות של עשירית האיפה.[66] **רֵאשִׁית
קְצִירְכֶם**, הקציר הראשון של הדגן, שהוא קציר שעורים, שהרי
החיטה עדיין אינה בשלה בחג הפסח,[67] **אֶל הַכֹּהֵן**. יא **וְהֵנִיף** הכהן
אֶת הָעֹמֶר לִפְנֵי ה' לִרְצֹנְכֶם, בכפל משמעות: העומר ניתן כתשורה
המבטאת את רצון הלב,[68] ותכליתו להֵרָצות לפני ה'.[69] **מִמָּחֳרַת הַשַּׁבָּת**,
יום הרג הראשון של פסח[70] **יְנִיפֶנּוּ הַכֹּהֵן**. יב **וַעֲשִׂיתֶם בְּיוֹם הֲנִיפְכֶם**

הרחבות
ראשון מימי השנה, ולא היה לכך תאריך קבוע. נוסף על כך, ענייניו של הפרק הזה סדורים לפי הזמן, ומן ההקשר נראה כי קרבן זה קשור לחג המצות. תפיסת ההלכה אומרת כי הכתוב לא בא לטשטש אלא לפרש, ולכן השבת הנזכרת כאן מכוונת לחג שנזכר קודם לכן. ואכן גם החגים מתוארים לא פעם כימי שבתון. (ראו למשל פס' לט להלן). טיב הזיקה בין 'שבת' זו ובין החג עמד במוקדן של מחלוקות חריפות. הצדוקים והקראים חשבו שהיא מתייחסת אל השבת שאחרי החג או השבת שבתוך החג. (ראו מנחות סה; הכוזרי ח"ג מא; ראב"ע ורד"צ הופמן על אתר). בעדת 'ביתא ישראל' התפרש ביטוי באופן דומה לדרך שהוא מתפרש במסורת הרבנית המקובלת, כמוסב אל חג, אלא שמנהג היה בידה להתחיל את ספירת הימים לאחר שביעי של פסח. (אלא שלפי פירוש זה טוב היה יותר לומר 'ממחרת החג'. לעומת זאת אם כוונת הכתוב ליום טוב הראשון של הפסח, ייתכן שהמונח 'שבת' מכוון גם ל'שבת הארץ' – שכן עד לאותו יום נאסרה הקצירה מהתבואה החדשה, שהרי העומר הוא רֵאשִׁית קְצִירְכֶם. עפ"י רש"ר הירש).

בְּיוֹם הֲנִיפְכֶם אֶת־הָעֹמֶר כֶּבֶשׂ תָּמִים בֶּן־שְׁנָתוֹ
לְעֹלָה לַיהוָה׃ וּמִנְחָתוֹ שְׁנֵי עֶשְׂרֹנִים סֹלֶת בְּלוּלָה יג
בַשֶּׁמֶן אִשֶּׁה לַיהוָה רֵיחַ נִיחֹחַ וְנִסְכֹּה יַיִן רְבִיעִת
הַהִין׃ וְלֶחֶם וְקָלִי וְכַרְמֶל לֹא תֹאכְלוּ עַד־עֶצֶם הַיּוֹם יד
הַזֶּה עַד הֲבִיאֲכֶם אֶת־קָרְבַּן אֱלֹהֵיכֶם חֻקַּת עוֹלָם
יט לְדֹרֹתֵיכֶם בְּכֹל מֹשְׁבֹתֵיכֶם׃ וּסְפַרְתֶּם לָכֶם טו
מִמָּחֳרַת הַשַּׁבָּת מִיּוֹם הֲבִיאֲכֶם אֶת־עֹמֶר הַתְּנוּפָה
שֶׁבַע שַׁבָּתוֹת תְּמִימֹת תִּהְיֶינָה׃ עַד מִמָּחֳרַת הַשַּׁבָּת טז
הַשְּׁבִיעִת תִּסְפְּרוּ חֲמִשִּׁים יוֹם וְהִקְרַבְתֶּם מִנְחָה

רש"י

יב] **וַעֲשִׂיתֶם... כֶּבֶשׂ.** חוֹבָה לָעֹמֶר הוּא בָּא:

יג] **וּמִנְחָתוֹ.** מִנְחַת נְסָכָיו: **שְׁנֵי עֶשְׂרֹנִים.** כְּפוּלָה הָיְתָה: **וְנִסְכֹּה יַיִן רְבִיעִת הַהִין.** אַף עַל פִּי שֶׁמִּנְחָתוֹ כְּפוּלָה, אֵין נְסָכָיו כְּפוּלִים:

יד] **וְקָלִי.** קֶמַח עָשׂוּי מִכַּרְמֶל רַךְ שֶׁמְּיַבְּשִׁין אוֹתוֹ בַּתַּנּוּר: **וְכַרְמֶל.** הֵן קְלָיוֹת שֶׁקּוֹרִין גרנייד"ש: **בְּכֹל מֹשְׁבֹתֵיכֶם.** נֶחְלְקוּ בּוֹ חַכְמֵי יִשְׂרָאֵל, יֵשׁ שֶׁלָּמְדוּ מִכָּאן שֶׁהֶחָדָשׁ נוֹהֵג בְּחוּצָה לָאָרֶץ, וְיֵשׁ אוֹמְרִים, לֹא בָּא אֶלָּא לְלַמֵּד שֶׁלֹּא נִצְטַוּוּ עַל הֶחָדָשׁ אֶלָּא לְאַחַר יְרֻשָּׁה וִישִׁיבָה מִשֶּׁכְּבָשׁוּ וְחִלְּקוּ:

טו] **מִמָּחֳרַת הַשַּׁבָּת.** מִמָּחֳרַת יוֹם טוֹב: **תְּמִימֹת תִּהְיֶינָה.** מְלַמֵּד שֶׁמַּתְחִיל וּמוֹנֶה מִבָּעֶרֶב, שֶׁאִם לֹא כֵן אֵינָן תְּמִימוֹת:

טז] **הַשַּׁבָּת הַשְּׁבִיעִת.** כְּתַרְגּוּמוֹ: "שְׁבוּעֲתָא שְׁבִיעֲתָא": **עַד מִמָּחֳרַת הַשַּׁבָּת הַשְּׁבִיעִת תִּסְפְּרוּ.** וְלֹא עַד בִּכְלָל, וְהֵן אַרְבָּעִים וְתִשְׁעָה יוֹם: **חֲמִשִּׁים יוֹם וְהִקְרַבְתֶּם מִנְחָה חֲדָשָׁה לַה'.** בְּיוֹם הַחֲמִשִּׁים תַּקְרִיבוּהָ. וְאוֹמֵר אֲנִי, זֶהוּ מִדְרָשׁוֹ, אֲבָל פְּשׁוּטוֹ:

הרחבות

'שבע שבתות תְּמִימֹת' אף כאן חורגת משמעות השבת ממשמעה הרגיל. משמעות הביטוי שַׁבָּתוֹת תְּמִימוֹת כשבועות שלמים רווחת מאוד בדברי חכמים. (ראו כתובות סב ע"א; חולין צא ע"ב. וכך היה מקובל לומר – ראו נדרים ס ע"א). שבע השבתות הללו צריכות להיות תמימות, כלומר שבעה שבועות שלמים שאינם תלויים ביום מסוים בשבוע, שלא כפירושן של הכתות שטענו שיש למנות את ימי השבתות דווקא.

מצוות ספירת שבעת השבועות מזמן הבאת העומר נקראת 'ספירת העומר'. בסיומה, ביום החמישים, חוגגים חג שמקריבים בו קרבן מיוחד. חג זה נקרא 'חג (ה)שבועות', (שמות לד,כב; דברים ו–טז; דברי הימים ב' ח,יג. וראו במדבר כח,כו. וכן 'חג הקציר' – שמות כג,טז, וכן 'יום הביכורים' – במדבר כח,כו), משום שהוא נחוג לאחר שבעה שבועות מהקרבת העומר. ספירה זו, ולא תאריך מסוים בחודש, היא הקובעת את

ביאור

אֶת הָעֹמֶר כֶּבֶשׂ תָּמִים בֶּן שְׁנָתוֹ לְעֹלָה לַה׳. יג וּמִנְחָתוֹ המלווה אותו – שְׁנֵי עֶשְׂרֹנִים, שתי עשיריות האיפה. במידות ימינו: למעלה מ-4 ליטר סֹלֶת[71] בְּלוּלָה בַשֶּׁמֶן, וכל הקרבן הזה עולה אִשֶּׁה לַה׳ רֵיחַ נִיחֹחַ, וְנִסְכֹּה, נסכו יַיִן רְבִיעִת הַהִין, מידת נוזלים השווה לשלושה לוגים. לפי הדעה הרווחת בחישוב השיעורים – כליטר.[72] יד וְלֶחֶם וְקָלִי, גרגרי שיבולים שנקלו באש[73] וְכַרְמֶל, גרעיני תבואה בשלה טרייה הנאכלים גם כמו שהם.[74] את כל מוצרי התבואה הללו לֹא תֹאכְלוּ עַד עֶצֶם הַיּוֹם הַזֶּה, מחרת השבת, עַד הֲבִיאֲכֶם אֶת קָרְבַּן אֱלֹהֵיכֶם, העומר, חֻקַּת עוֹלָם לְדֹרֹתֵיכֶם בְּכֹל מֹשְׁבֹתֵיכֶם. עד לתאריך שבו יובא העומר למקדש אין לאכול מן התבואה החדשה.

טו וּסְפַרְתֶּם לָכֶם מִמָּחֳרַת הַשַּׁבָּת, מִיּוֹם הֲבִיאֲכֶם אֶת עֹמֶר הַתְּנוּפָה. שֶׁבַע שַׁבָּתוֹת, שבועות תְּמִימֹת, שלמות תִּהְיֶינָה. טז עַד מִמָּחֳרַת הַשַּׁבָּת הַשְּׁבִיעִת תִּסְפְּרוּ עד חֲמִשִּׁים יוֹם. שבעה שבועות הם ארבעים ותשעה יום, וביום החמישים – וְהִקְרַבְתֶּם מִנְחָה מתבואה חֲדָשָׁה

מימין: גרגרי חיטה
משמאל: גרגרי כרמל

הרחבות

זמנו של החג. (ראו דברים טז,ט-י). ואכן בפועל, כאשר אין לוח קבוע – כמו זה שמשמש בימינו – אין לחג השבועות תאריך, והוא עשוי לחול בשלושה ימים אפשריים בחודש סיון. (ראו שבת פו ע״ב – פז ע״א; ראש השנה ו ע״ב).

חמישים הימים שבין הקרבת העומר להבאת שתי הלחם הם התקופה שבין הבשלת השעורים להבשלת החיטים. מנחת העומר היא עישרון של גרגרי שעורים קלויות מהתבואה החדשה (לעיל ב,יד), ואילו שתי הלחם הן שני עשרוני חמץ מסולת החיטים החדשות. כל לחם היה גדול למדי, ולפי המסורת היו מעצבים אותו בתבנית מיוחדת ומקושטת, שכן היה כעין מתנה מיוחדת של החג הזה. (ראו מנחות צו ע״א).

חֲדָשָׁה לַיהוָה: מִמּוֹשְׁבֹתֵיכֶם תָּבִיאּוּ ׀ לֶחֶם תְּנוּפָה יז
שְׁתַּיִם שְׁנֵי עֶשְׂרֹנִים סֹלֶת תִּהְיֶינָה חָמֵץ תֵּאָפֶינָה
בִּכּוּרִים לַיהוָה: וְהִקְרַבְתֶּם עַל־הַלֶּחֶם שִׁבְעַת כְּבָשִׂים יח
תְּמִימִם בְּנֵי שָׁנָה וּפַר בֶּן־בָּקָר אֶחָד וְאֵילִם שְׁנָיִם
יִהְיוּ עֹלָה לַיהוָה וּמִנְחָתָם וְנִסְכֵּיהֶם אִשֵּׁה רֵיחַ־נִיחֹחַ
לַיהוָה: וַעֲשִׂיתֶם שְׂעִיר־עִזִּים אֶחָד לְחַטָּאת וּשְׁנֵי יט
כְבָשִׂים בְּנֵי שָׁנָה לְזֶבַח שְׁלָמִים: וְהֵנִיף הַכֹּהֵן ׀ אֹתָם כ
עַל לֶחֶם הַבִּכֻּרִים תְּנוּפָה לִפְנֵי יְהוָה עַל־שְׁנֵי כְּבָשִׂים
קֹדֶשׁ יִהְיוּ לַיהוָה לַכֹּהֵן: וּקְרָאתֶם בְּעֶצֶם ׀ הַיּוֹם כא
הַזֶּה מִקְרָא־קֹדֶשׁ יִהְיֶה לָכֶם כָּל־מְלֶאכֶת עֲבֹדָה
לֹא תַעֲשׂוּ חֻקַּת עוֹלָם בְּכָל־מוֹשְׁבֹתֵיכֶם לְדֹרֹתֵיכֶם:

רש"י | "עַד מִמָּחֳרַת הַשַּׁבָּת הַשְּׁבִיעִת שֶׁהוּא יוֹם חֲמִשִּׁים תִּסְפְּרוּ", וּמִקְרָא מְסֹרָס הוּא: מִנְחָה חֲדָשָׁה. הִיא הַמִּנְחָה הָרִאשׁוֹנָה שֶׁהוּבְאָה מִן הֶחָדָשׁ. וְאִם תֹּאמַר, הֲרֵי קָרְבָה מִנְחַת הָעֹמֶר? אֵינָהּ כִּשְׁאָר כָּל הַמְּנָחוֹת, שֶׁהִיא בָּאָה מִן הַשְּׂעוֹרִים:

יז | מִמּוֹשְׁבֹתֵיכֶם. וְלֹא מִחוּצָה לָאָרֶץ: לֶחֶם תְּנוּפָה. לֶחֶם תְּרוּמָה הַמּוּרָם לְשֵׁם גָּבוֹהַּ, וְזוֹ הִיא הַמִּנְחָה הַחֲדָשָׁה הָאֲמוּרָה לְמַעְלָה: בִּכּוּרִים. רִאשׁוֹנָה לְכָל הַמְּנָחוֹת, אַף לְמִנְחַת קְנָאוֹת הַבָּאָה מִן הַשְּׂעוֹרִים, לֹא תִּקְרַב מִן הֶחָדָשׁ קֹדֶם לִשְׁתֵּי הַלֶּחֶם:

יח | עַל הַלֶּחֶם. בִּגְלַל הַלֶּחֶם, חוֹבָה לַלֶּחֶם: וּמִנְחָתָם וְנִסְכֵּיהֶם. כְּמִשְׁפַּט מִנְחָה וּנְסָכִים הַמְּפֹרָשִׁים בְּכָל בְּהֵמָה בְּפָרָשַׁת נְסָכִים (במדבר טו, ח-טז): שְׁלֹשָׁה עֶשְׂרֹנִים לַפָּר וּשְׁנֵי עֶשְׂרֹנִים לָאַיִל וְעִשָּׂרוֹן לַכֶּבֶשׂ – זוֹ הִיא הַמִּנְחָה. וְהַנְּסָכִים: חֲצִי הַהִין לַפָּר וּשְׁלִישִׁית הַהִין לָאַיִל וּרְבִיעִית הַהִין לַכֶּבֶשׂ:

יט | וַעֲשִׂיתֶם שְׂעִיר עִזִּים. יָכוֹל שִׁבְעַת הַכְּבָשִׂים וְהַשָּׂעִיר הָאֲמוּרִים כָּאן הֵם שִׁבְעַת הַכְּבָשִׂים וְהַשָּׂעִיר הָאֲמוּרִים בְּחוּמַּשׁ הַפְּקוּדִים (שם כח, כז, ל)? כְּשֶׁאַתָּה מַגִּיעַ אֵצֶל פָּרִים וְאֵילִים אֵינָן הֵם, אֱמֹר מֵעַתָּה, אֵלּוּ לְעַצְמָן וְאֵלּוּ לְעַצְמָן, אֵלּוּ קָרְבוּ בִּגְלַל הַלֶּחֶם וְאֵלּוּ לַמּוּסָפִין:

כ | וְהֵנִיף הַכֹּהֵן אֹתָם... תְּנוּפָה. מְלַמֵּד שֶׁטְּעוּנִין תְּנוּפָה חַיִּים. יָכוֹל כֻּלָּם? תַּלְמוּד לוֹמַר: "עַל שְׁנֵי כְּבָשִׂים": קֹדֶשׁ יִהְיוּ. לְפִי שֶׁשַּׁלְמֵי יָחִיד קָדָשִׁים קַלִּים, הֻזְקַק לוֹמַר בְּשַׁלְמֵי צִבּוּר שֶׁהֵם קָדְשֵׁי קָדָשִׁים:

הרחבות | 'חֻקת עולם בכל מושבֹתיכם לדֹרֹתיכם' אולי יש כאן מעין רמיזה על העתיד לבוא. הקרבנות עלולים להיפסק, המקדש ייחרב, וישראל יגלו מאדמתם, ובכל זאת החג יישאר בקביעותו, והם יצטרכו לשמרו בכל מקום שהם. (ראו רמב"ן פס'

ביאור
לַה׳. יז מִמּוֹשְׁבֹתֵיכֶם תָּבִיאוּ לֶחֶם תְּנוּפָה שְׁתַּיִם, שתי חלות, או: שתי
מנחות,[75] שְׁנֵי עֶשְׂרֹנִים, עשירית האיפה לכל לחם, סֹלֶת, גרגרי חיטה
טחונים ומנופים תִּהְיֶינָה, חָמֵץ תֵּאָפֶינָה, שלא כשאר המנחות הנאפות
מצה,[76] בִּכּוּרִים לַה׳. יח וְהִקְרַבְתֶּם עַל, עם הַלֶּחֶם שִׁבְעַת כְּבָשִׂים תְּמִימִם
בְּנֵי שָׁנָה וּפַר בֶּן בָּקָר אֶחָד וְאֵילִם שְׁנָיִם, כל אלה יִהְיוּ עֹלָה לַה׳. וּמִנְחָתָם
וְנִסְכֵּיהֶם של הקרבנות הללו, כפי המינון הנזכר כמה פעמים בתורה
בהתאם לסוג הקרבן[77] – אִשֵּׁה רֵיחַ נִיחֹחַ לַה׳. יט וַעֲשִׂיתֶם גם שְׂעִיר
עִזִּים אֶחָד לְחַטָּאת, כמו בכל המועדים ובראשי חודשים לשם כפרה
מיוחדת[78] וקרבן ייחודי – שְׁנֵי כְבָשִׂים בְּנֵי שָׁנָה לְזֶבַח שְׁלָמִים. שלא
כשאר קרבנות שלמים, המובאים מן האדם הפרטי, קרבנות שלמים
אלה באים מן הציבור. כ וְהֵנִיף הַכֹּהֵן אֹתָם, את הקרבנות עַל, עם
שתי כיכרות לֶחֶם הַבִּכֻּרִים תְּנוּפָה לִפְנֵי ה׳ עַל, עם, או: צמודים לִשְׁנֵי
כְּבָשִׂים.[79] קֹדֶשׁ יִהְיוּ לַה׳, וממנו יינתן לַכֹּהֵן.[80] כא נוסף על הבאת
הלחם ביום החמישים, יום זה הוא גם יום חג – וּקְרָאתֶם בְּעֶצֶם הַיּוֹם
הַזֶּה, מִקְרָא קֹדֶשׁ יִהְיֶה לָכֶם, כָּל מְלֶאכֶת עֲבֹדָה לֹא תַעֲשׂוּ, והדבר יהיה
חֻקַּת עוֹלָם בְּכָל מוֹשְׁבֹתֵיכֶם לְדֹרֹתֵיכֶם.

הרחבות

טז). בתלמוד ובתפילות קשרו בין חג השבועות לבין יום מתן תורה, שאירע חמישים יום לאחר היציאה ממצרים, לפי פירוש המקראות. (ראו שבת פו ע"ב – פז ע"א; פסחים סח ע"ב; מגילה לא ע"א).

וּבְקֻצְרְכֶם אֶת־קְצִיר אַרְצְכֶם לֹא־תְכַלֶּה פְּאַת שָׂדְךָ כב
בְּקֻצְרֶךָ וְלֶקֶט קְצִירְךָ לֹא תְלַקֵּט לֶעָנִי וְלַגֵּר תַּעֲזֹב
אֹתָם אֲנִי יהוה אֱלֹהֵיכֶם׃
חמישי וַיְדַבֵּר יהוה אֶל־מֹשֶׁה לֵּאמֹר׃ דַּבֵּר אֶל־בְּנֵי יִשְׂרָאֵל כג כד
לֵאמֹר בַּחֹדֶשׁ הַשְּׁבִיעִי בְּאֶחָד לַחֹדֶשׁ יִהְיֶה לָכֶם
שַׁבָּתוֹן זִכְרוֹן תְּרוּעָה מִקְרָא־קֹדֶשׁ׃ כָּל־מְלֶאכֶת עֲבֹדָה כה
לֹא תַעֲשׂוּ וְהִקְרַבְתֶּם אִשֶּׁה לַיהוה׃ וַיְדַבֵּר כו
יהוה אֶל־מֹשֶׁה לֵּאמֹר׃ אַךְ בֶּעָשׂוֹר לַחֹדֶשׁ הַשְּׁבִיעִי כז
הַזֶּה יוֹם הַכִּפֻּרִים הוּא מִקְרָא־קֹדֶשׁ יִהְיֶה לָכֶם
וְעִנִּיתֶם אֶת־נַפְשֹׁתֵיכֶם וְהִקְרַבְתֶּם אִשֶּׁה לַיהוה׃ וְכָל־ כח
מְלָאכָה לֹא תַעֲשׂוּ בְּעֶצֶם הַיּוֹם הַזֶּה כִּי יוֹם כִּפֻּרִים
הוּא לְכַפֵּר עֲלֵיכֶם לִפְנֵי יהוה אֱלֹהֵיכֶם׃ כִּי כָל־הַנֶּפֶשׁ כט
אֲשֶׁר לֹא־תְעֻנֶּה בְּעֶצֶם הַיּוֹם הַזֶּה וְנִכְרְתָה מֵעַמֶּיהָ׃
וְכָל־הַנֶּפֶשׁ אֲשֶׁר תַּעֲשֶׂה כָּל־מְלָאכָה בְּעֶצֶם הַיּוֹם ל

רש"י

כב) **וּבְקֻצְרְכֶם.** חָזַר וְשָׁנָה לַעֲבֹר עֲלֵיהֶם בִּשְׁנֵי לָאוִין. אָמַר רַבִּי אַבְדִּימִי בְּרַבִּי יוֹסֵף, מָה רָאָה הַכָּתוּב לִתְּנָהּ בְּאֶמְצַע הָרְגָלִים, פֶּסַח וַעֲצֶרֶת מִכָּאן וְרֹאשׁ הַשָּׁנָה וְיוֹם הַכִּפּוּרִים מִכָּאן? לְלַמֶּדְךָ שֶׁכָּל הַנּוֹתֵן לֶקֶט שִׁכְחָה וּפֵאָה לֶעָנִי כָּרָאוּי, מַעֲלִין עָלָיו כְּאִלּוּ בָּנָה בֵּית הַמִּקְדָּשׁ וְהִקְרִיב עָלָיו קָרְבְּנוֹתָיו בְּתוֹכוֹ. **תַּעֲזֹב.** הַנַּח לִפְנֵיהֶם וְהֵם יִלְקְטוּ, וְאֵין לְךָ לְסַיֵּעַ לְאֶחָד מֵהֶם. **אֲנִי ה' אֱלֹהֵיכֶם.** נֶאֱמָן לְשַׁלֵּם שָׂכָר.

כד) **זִכְרוֹן תְּרוּעָה.** זִכְרוֹן פְּסוּקֵי זִכָּרוֹן וּפְסוּקֵי שׁוֹפָרוֹת, לִזְכֹּר לָכֶם עֲקֵדַת יִצְחָק שֶׁקָּרַב תַּחְתָּיו אַיִל.

כה) **וְהִקְרַבְתֶּם אִשֶּׁה.** הַמּוּסָפִים הָאֲמוּרִין בְּחוּמַשׁ הַפְּקֻדִים (במדבר כט, א-ו).

כז) **אַךְ.** כָּל אַכִין וְרַקִּין שֶׁבַּתּוֹרָה מִעוּטִין, מְכַפֵּר הוּא לַשָּׁבִים וְאֵינוֹ מְכַפֵּר עַל שֶׁאֵינָם שָׁבִים.

הרחבות

'בחודש השביעי באחד לחודש' בתורה שבכתב לא נאמר על תוכני החג הזה דבר מלבד היותו זִכְרוֹן תְּרוּעָה ויוֹם תְּרוּעָה (במדבר כט,א). על ידי חכמי תורה שבעל פה ייקרא יום זה 'ראש השנה', אף על פי שהוא נקבע ליום הראשון בחודש השביעי. תופעה זו שבה תחילת השנה אינה זהה לחודש הראשון נובעת מהתלכדותן של שתי ספירות בלוח שנה אחד. (ראו עוד ההרחבות לשמות כב,טז; לד,כב).

ביאור | הדין הבא מופיע בדרך אגב לאזכור הקציר הראשון, והוא פונה אל
בעל השדה: כב וּבְקֻצְרְכֶם אֶת קְצִיר אַרְצְכֶם, לֹא תְכַלֶּה פְּאַת, קצה
שָׂדְךָ בְּקֻצְרֶךָ, השאר פינה בלתי קצורה בשדה, וְאֶת לֶקֶט קְצִירְךָ,
השיבולים הנופלות בזמן הקציר לֹא תְלַקֵּט, אלא לֶעָנִי וְלַגֵּר תַּעֲזֹב
אֹתָם, את ה׳פאה׳ ואת ה׳לקט׳. אֲנִי ה׳ אֱלֹהֵיכֶם.

הכתוב ממשיך לפרט את המועדים לפי סדר השנה: כג וַיְדַבֵּר ה׳
אֶל מֹשֶׁה לֵּאמֹר: כד דַּבֵּר אֶל בְּנֵי יִשְׂרָאֵל לֵאמֹר: בַּחֹדֶשׁ הַשְּׁבִיעִי בְּאֶחָד
לַחֹדֶשׁ יִהְיֶה לָכֶם יוֹם שַׁבָּתוֹן, זִכְרוֹן תְּרוּעָה, זיכרון באמצעות תרועה.
ביום זה תזכרו ותזכירו את עצמכם באמצעות תרועת שופר.[81] אף
הוא מִקְרָא קֹדֶשׁ. כה כָּל מְלֶאכֶת עֲבֹדָה לֹא תַעֲשׂוּ, וְהִקְרַבְתֶּם אִשֶּׁה לַה׳,
כמפורט בספר במדבר.[82]

כו וַיְדַבֵּר ה׳ אֶל מֹשֶׁה לֵּאמֹר: כז כל שאר המועדים הם ימי משתה
ושמחה, אַךְ בֶּעָשׂוֹר לַחֹדֶשׁ הַשְּׁבִיעִי הַזֶּה מועד מסוג אחר –[83] יוֹם
הַכִּפֻּרִים, כפרה על ישראל הוּא. מִקְרָא קֹדֶשׁ יִהְיֶה לָכֶם. וְעִנִּיתֶם אֶת
נַפְשֹׁתֵיכֶם. הדרך שבה יש להתענות אינה מתוארת כאן. נראה כי
אין הכוונה לכל סוגי העינויים שיכול אדם להסב לעצמו. עינוי
הנפש מוגדר בעיקר כהימנעות מאכילה ושתייה ומשאר הנאות
הגוף הרגילים.[84] וְהִקְרַבְתֶּם אִשֶּׁה, את הקרבנות המיוחדים ליום
לַה׳. כח יום העשור שונה משאר המועדים לא רק בחובת העינוי
הכרוכה בו – וְכָל מְלָאכָה, לא רק ׳מלאכת עבודה׳ כבשאר החגים,
אלא כמו בשבת, שום מלאכה לֹא תַעֲשׂוּ בְּעֶצֶם הַיּוֹם הַזֶּה. אין האיסור
תלוי בזמן הקרבת קרבנות, אלא ביום עצמו, כִּי יוֹם כִּפֻּרִים הוּא לְכַפֵּר
עֲלֵיכֶם לִפְנֵי ה׳ אֱלֹהֵיכֶם. כט כִּי כָל הַנֶּפֶשׁ אֲשֶׁר לֹא תְעֻנֶּה בְּעֶצֶם הַיּוֹם
הַזֶּה – וְנִכְרְתָה מֵעַמֶּיהָ, ל וְכָל הַנֶּפֶשׁ אֲשֶׁר תַּעֲשֶׂה כָּל מְלָאכָה בְּעֶצֶם הַיּוֹם

הרחבות | ׳יוֹם כִּפֻּרִים׳ יום זה אינו נקשר בכתוב למאורע היסטורי מסוים, אך במדרש האגדה שבתלמוד קשרו חכמים בינו לבין מתן לוחות הברית השניים, אירוע שביטא את הכפרה על חטא העגל. (ראו תענית ל ע״ב).

לא הַזֶּה וְהַאֲבַדְתִּי אֶת־הַנֶּפֶשׁ הַהִוא מִקֶּרֶב עַמָּהּ׃ כָּל־
מְלָאכָה לֹא תַעֲשׂוּ חֻקַּת עוֹלָם לְדֹרֹתֵיכֶם בְּכֹל
לב מֹשְׁבֹתֵיכֶם׃ שַׁבַּת שַׁבָּתוֹן הוּא לָכֶם וְעִנִּיתֶם אֶת־
נַפְשֹׁתֵיכֶם בְּתִשְׁעָה לַחֹדֶשׁ בָּעֶרֶב מֵעֶרֶב עַד־עֶרֶב
תִּשְׁבְּתוּ שַׁבַּתְּכֶם׃

לג לד וַיְדַבֵּר יְהוָה אֶל־מֹשֶׁה לֵּאמֹר׃ דַּבֵּר אֶל־בְּנֵי יִשְׂרָאֵל ששי
לֵאמֹר בַּחֲמִשָּׁה עָשָׂר יוֹם לַחֹדֶשׁ הַשְּׁבִיעִי הַזֶּה חַג
לה הַסֻּכּוֹת שִׁבְעַת יָמִים לַיהוָה׃ בַּיּוֹם הָרִאשׁוֹן מִקְרָא־
לו קֹדֶשׁ כָּל־מְלֶאכֶת עֲבֹדָה לֹא תַעֲשׂוּ׃ שִׁבְעַת יָמִים
תַּקְרִיבוּ אִשֶּׁה לַיהוָה בַּיּוֹם הַשְּׁמִינִי מִקְרָא־קֹדֶשׁ
יִהְיֶה לָכֶם וְהִקְרַבְתֶּם אִשֶּׁה לַיהוָה עֲצֶרֶת הִוא כָּל־
לז מְלֶאכֶת עֲבֹדָה לֹא תַעֲשׂוּ׃ אֵלֶּה מוֹעֲדֵי יְהוָה אֲשֶׁר־
תִּקְרְאוּ אֹתָם מִקְרָאֵי קֹדֶשׁ לְהַקְרִיב אִשֶּׁה לַיהוָה
לח עֹלָה וּמִנְחָה זֶבַח וּנְסָכִים דְּבַר־יוֹם בְּיוֹמוֹ׃ מִלְּבַד
שַׁבְּתֹת יְהוָה וּמִלְּבַד מַתְּנוֹתֵיכֶם וּמִלְּבַד כָּל־
נִדְרֵיכֶם וּמִלְּבַד כָּל־נִדְבֹתֵיכֶם אֲשֶׁר תִּתְּנוּ לַיהוָה׃

רש"י

ל) **וְהַאֲבַדְתִּי.** לְפִי שֶׁהוּא אוֹמֵר כָּרֵת בְּכָל מָקוֹם וְאֵינִי יוֹדֵעַ מַה הוּא, כְּשֶׁהוּא אוֹמֵר: "וְהַאֲבַדְתִּי", לִמֵּד עַל הַכָּרֵת שֶׁאֵינוֹ אֶלָּא אֲבַדּוֹן:

לא) **כָּל מְלָאכָה וְגוֹ'.** לַעֲבֹר עָלָיו בְּלָאוִין הַרְבֵּה, אוֹ לְהַזְהִיר עַל מְלֶאכֶת לַיְלָה כִּמְלֶאכֶת יוֹם: "מִקְרָא קֹדֶשׁ" (לעיל פסוק כז) – קַדְּשֵׁהוּ בִּכְסוּת נְקִיָּה וּבִתְפִלָּה, וּבְכָל שְׁאָר יָמִים טוֹבִים – בְּמַאֲכָל וּבְמִשְׁתֶּה וּבִכְסוּת נְקִיָּה וּבִתְפִלָּה:

לו) **עֲצֶרֶת הִוא.** עָצַרְתִּי אֶתְכֶם אֶצְלִי, כְּמֶלֶךְ שֶׁזִּמֵּן אֶת בָּנָיו לִסְעוּדָה לְכָךְ וְכָךְ יָמִים, כֵּיוָן שֶׁהִגִּיעַ זְמַנָּן לִפָּטֵר אָמַר: בָּנַי בְּבַקָּשָׁה מִכֶּם, עַכְּבוּ עִמִּי עוֹד יוֹם אֶחָד, קָשָׁה עָלַי פְּרִישַׁתְכֶם: **כָּל מְלֶאכֶת עֲבֹדָה.** אֲפִלּוּ מְלָאכָה שֶׁהִיא עֲבוֹדָה לָכֶם, שֶׁאִם לֹא תַעֲשׂוּהָ יֵשׁ חֶסְרוֹן כִּיס בַּדָּבָר: **לֹא תַעֲשׂוּ.** יָכוֹל אַף חֻלּוֹ שֶׁל מוֹעֵד יְהֵא אָסוּר בִּמְלֶאכֶת עֲבוֹדָה? תַּלְמוּד לוֹמַר: "הִוא".

לז) **עֹלָה וּמִנְחָה.** מִנְחַת נְסָכִים הַקְּרֵבָה עִם הָעוֹלָה: **דְּבַר יוֹם בְּיוֹמוֹ.** חֹק הַקָּצוּב בְּחוּמַּשׁ הַפְּקוּדִים (במדבר כח-כט): **דְּבַר יוֹם בְּיוֹמוֹ.** הָא אִם עָבַר יוֹמוֹ בָּטֵל קָרְבָּנוֹ:

ביאור

הַזֶּה – **וְהַאֲבַדְתִּי אֶת הַנֶּפֶשׁ הַהִוא מִקֶּרֶב עַמָּהּ.** חומרתו של מי שעושה
מלאכה ביום רכיפורים אינה נופלת מחומרת מי שאינו מתענה.
העובר על שני האיסורים – דינו כרת. לא **כָּל מְלָאכָה לֹא תַעֲשׂוּ, חֻקַּת**
עוֹלָם לְדֹרֹתֵיכֶם בְּכֹל מֹשְׁבֹתֵיכֶם. לב **שַׁבַּת שַׁבָּתוֹן הוּא**, היום הזה **לָכֶם,**
וְעִנִּיתֶם בו אֶת נַפְשֹׁתֵיכֶם. בְּתִשְׁעָה לַחֹדֶשׁ בָּעֶרֶב, כשנגמר היום התשיעי
בחודש ומגיע הערב, מתחיל היום שבו **מֵעֶרֶב עַד עֶרֶב תִּשְׁבְּתוּ שַׁבַּתְּכֶם.**

לג **וַיְדַבֵּר ה׳ אֶל מֹשֶׁה לֵּאמֹר:** לד **דַּבֵּר אֶל בְּנֵי יִשְׂרָאֵל לֵאמֹר: בַּחֲמִשָּׁה עָשָׂר**
יוֹם לַחֹדֶשׁ הַשְּׁבִיעִי הַזֶּה חַג הַסֻּכּוֹת שִׁבְעַת יָמִים לַה׳. לה **בַּיּוֹם הָרִאשׁוֹן**
מִקְרָא קֹדֶשׁ, כָּל מְלֶאכֶת עֲבֹדָה לֹא תַעֲשׂוּ. לו במשך **שִׁבְעַת יָמִים תַּקְרִיבוּ**
אִשֶּׁה לַה׳, כפי הפירוט שיבוא בספר במדבר.[85] **בַּיּוֹם הַשְּׁמִינִי – מִקְרָא**
קֹדֶשׁ יִהְיֶה לָכֶם, וְהִקְרַבְתֶּם אִשֶּׁה לַה׳, עֲצֶרֶת, אספה כללית לה׳ ולישראל
הִוא. שלא כבפסח שבו היום השביעי הוא מקרא קודש, בסוכות
נחגג היום השמיני ולא השביעי, ועל כן הוא מכונה בדברי חכמים
׳שמיני עצרת׳.[86] **כָּל מְלֶאכֶת עֲבֹדָה לֹא תַעֲשׂוּ** בו.

לז לסיכום, **אֵלֶּה מוֹעֲדֵי ה׳ אֲשֶׁר תִּקְרְאוּ**, תקבעו ותעשו **אֹתָם, מִקְרָאֵי**
קֹדֶשׁ לְהַקְרִיב אִשֶּׁה לַה׳, עֹלָה וּמִנְחָה, זֶבַח וּנְסָכִים, דְּבַר יוֹם בְּיוֹמוֹ. בכל
יום מועד יש להקריב את הקרבנות המיוחדים לו, ובחלקם יש
לשבות ממלאכת עבודה ולעשות מעשים מסוימים. לח הקרבנות
הללו הם **מִלְּבַד** אשה[87] **שַׁבְּתֹת ה׳**, השבתות הרגילות של כל השנה,
וּמִלְּבַד מַתְּנוֹתֵיכֶם, שאינן דווקא בעלי חיים להקרבה, **וּמִלְּבַד כָּל**
נִדְרֵיכֶם, הקרבנות שמתחייבים להביא למקדש, **וּמִלְּבַד כָּל נִדְבוֹתֵיכֶם**,
הקדשת בהמות מסוימות לקרבן[88] **אֲשֶׁר תִּתְּנוּ לַה׳**, המובאות למקדש
לאו דווקא בחגים, מעבר לקרבנות המועדים שנכללו ברשימה זו.

הרחבות

׳מערב עד ערב׳ היום מוגדר בתורה כיחידת הזמן שמתחילה בערב ומסתיימת למחרת עם רדת החשכה. לכן יום הכיפורים – שהוא העשירי בחודש תשרי – מתחיל בסוף היום התשיעי לחודש. תפיסה זו מופיעה ברמז גם בספר בראשית (א,ה. ראו הרחבה שם).

אַךְ בַּחֲמִשָּׁה עָשָׂר יוֹם לַחֹדֶשׁ הַשְּׁבִיעִי בְּאָסְפְּכֶם לט
אֶת־תְּבוּאַת הָאָרֶץ תָּחֹגּוּ אֶת־חַג־יְהוָה שִׁבְעַת
יָמִים בַּיּוֹם הָרִאשׁוֹן שַׁבָּתוֹן וּבַיּוֹם הַשְּׁמִינִי שַׁבָּתוֹן׃
וּלְקַחְתֶּם לָכֶם בַּיּוֹם הָרִאשׁוֹן פְּרִי עֵץ הָדָר כַּפֹּת מ
תְּמָרִים וַעֲנַף עֵץ־עָבֹת וְעַרְבֵי־נָחַל וּשְׂמַחְתֶּם לִפְנֵי
יְהוָה אֱלֹהֵיכֶם שִׁבְעַת יָמִים׃ וְחַגֹּתֶם אֹתוֹ חַג לַיהוָה מא
שִׁבְעַת יָמִים בַּשָּׁנָה חֻקַּת עוֹלָם לְדֹרֹתֵיכֶם בַּחֹדֶשׁ
הַשְּׁבִיעִי תָּחֹגּוּ אֹתוֹ׃ בַּסֻּכֹּת תֵּשְׁבוּ שִׁבְעַת יָמִים כָּל־ מב

רש"י

לט| **אַךְ בַּחֲמִשָּׁה עָשָׂר יוֹם... תָּחֹגּוּ.** קָרְבַּן שְׁלָמִים לַחֲגִיגָה. יָכוֹל תִּדְחֶה אֶת הַשַּׁבָּת? תַּלְמוּד לוֹמַר "אַךְ", הוֹאִיל וְיֵשׁ לָהּ תַּשְׁלוּמִין כָּל שִׁבְעָה: **בְּאָסְפְּכֶם אֶת תְּבוּאַת הָאָרֶץ.** שֶׁיְּהֵא חֹדֶשׁ שְׁבִיעִי זֶה בָּא בִּזְמַן אֲסִיפָה, מִכָּאן שֶׁנִּצְטַוּוּ לְעַבֵּר אֶת הַשָּׁנִים, שֶׁאִם אֵין הָעִבּוּר, פְּעָמִים שֶׁהוּא בְּאֶמְצַע הַקַּיִץ אוֹ הַחֹרֶף: **תָּחֹגּוּ.** שַׁלְמֵי חֲגִיגָה: **שִׁבְעַת יָמִים.** אִם לֹא הֵבִיא בָּזֶה יָבִיא בָּזֶה. יָכוֹל יְהֵא מְבִיאָן כָּל שִׁבְעָה? תַּלְמוּד לוֹמַר: "וְחַגֹּתֶם אֹתוֹ", יוֹם אֶחָד בְּמַשְׁמָע וְלֹא יוֹתֵר. וְלָמָּה נֶאֱמַר שִׁבְעָה? לְתַשְׁלוּמִין:

מ| **פְּרִי עֵץ הָדָר.** עֵץ שֶׁטַּעַם עֵצוֹ וּפִרְיוֹ שָׁוֶה: **הָדָר.** הַדָּר בְּאִילָנוֹ מִשָּׁנָה לְשָׁנָה, וְזֶהוּ אֶתְרוֹג: **כַּפֹּת תְּמָרִים.** חָסֵר וָי"ו, לָמֵד שֶׁאֵינָהּ אֶלָּא אַחַת: **וַעֲנַף עֵץ עָבֹת.** שֶׁעֲנָפָיו קְלוּעִים כַּעֲבוֹתוֹת וְכַחֲבָלִים, וְזֶהוּ הֲדַס הֶעָשׂוּי כְּמִין קְלִיעָה:

מימין: אתרוג ('פרי עץ הדר')
משמאל: ערבה

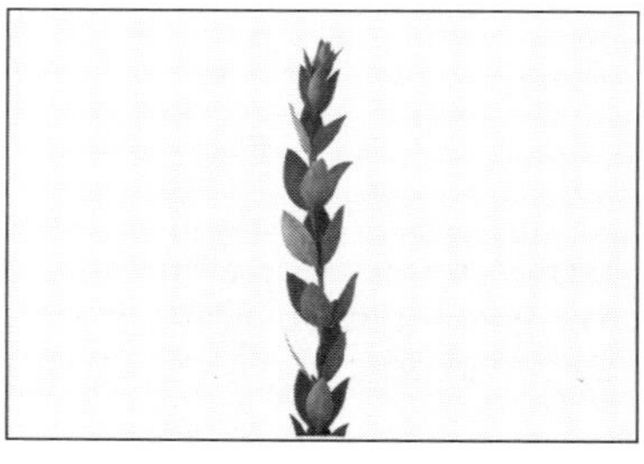
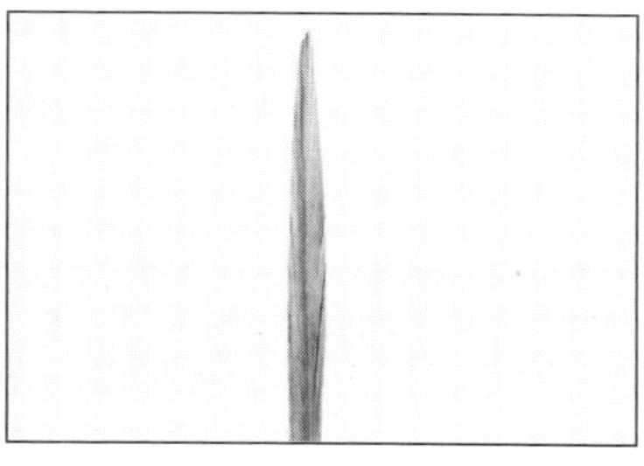

מימין: הדס ('ענף עץ עבֹת')
משמאל: לולב ('כפֹּת תמרים')

ביאור

לט **אַךְ**, מלבד מר שמשותף לימי המועדים – הקרבנות ואיסור מלאכה,
יש עוד עניין מייחד –[89] **בַּחֲמִשָּׁה עָשָׂר יוֹם לַחֹדֶשׁ הַשְּׁבִיעִי, בְּאָסְפְּכֶם אֶת
תְּבוּאַת הָאָרֶץ**. עיתוי החג בזמן שמחת האסיף משמעותי לאופיו
ולתכניו.[90] **תָּחֹגּוּ אֶת חַג ה׳ שִׁבְעַת יָמִים** ותקריבו את קרבנותיו.
בַּיּוֹם הָרִאשׁוֹן – **שַׁבָּתוֹן, וּבַיּוֹם הַשְּׁמִינִי** – **שַׁבָּתוֹן**, שהם מקראי הקודש
שנזכרו.
מ **וּלְקַחְתֶּם לָכֶם בַּיּוֹם הָרִאשׁוֹן פְּרִי עֵץ הָדָר**, אתרוג,[91] **כַּפֹּת
תְּמָרִים**, עלי הדקל, הלולב[92] **וַעֲנַף** של **עֵץ עָבֹת**, הדס[93] **וְעַרְבֵי נָחַל**,
עצים ידועים הצומחים בנחלים,[94] **וּשְׂמַחְתֶּם** בצמחים הללו **לִפְנֵי ה׳
אֱלֹהֵיכֶם שִׁבְעַת יָמִים**. לקיחת ארבעת המינים אגודים יחדיו, מבטאת
את החגיגיות ואת השמחה. ישראל יוצאים וצמחים בידיהם, והם
מנופפים בהם כמו בדגלים.
מא **וְחַגֹּתֶם אֹתוֹ חַג לַה׳ שִׁבְעַת יָמִים בַּשָּׁנָה,
חֻקַּת עוֹלָם לְדֹרֹתֵיכֶם, בַּחֹדֶשׁ הַשְּׁבִיעִי תָּחֹגּוּ אֹתוֹ**. את ימי החג מייחד
מעשה נוסף:
מב **בַּסֻּכֹּת תֵּשְׁבוּ שִׁבְעַת יָמִים**. התורה אינה מתארת
באופן מדויק את עשיית הסוכה.[95] **כָּל הָאֶזְרָח**, התושבים הקבועים[96]

העולם

עֵץ הָדָר נקרא בלשון חכמים ובלשוננו אתרוג (שם מדעי: Citrus madicia). עץ קטן מסוג הדר שבמשפחת הפיגמיים (Rutaceae), שמוצאו מדרום־מזרח אסיה. לעץ קוצים קצרים וקשים, ופרותיו דמויי ביצה או מוארכים. הפרי היה ידוע באזורנו בתקופת המקרא. בקבר בכרנך שבמצרים (1500 לפנה״ס) נמצאו ציורי קיר של פֵּרות הנראים כאתרוגים. שרידים של זרעי אתרוג מהמחצית האחרונה של האלף ה־2 לפנה״ס נמצאו בקפריסין, וכן בשרידי גן ארמון מהמאה ה־5 לפנה״ס ברמת רחל, דרומית לירושלים.

כַּפֹּת תְּמָרִים עץ התמר (שם מדעי: Phoenix dactylifera) גדל בערבה, באגן ים המלח ובעמק הירדן התחתון סמוך למעיינות או למקומות שמי התהום בהם גבוהים. גובהו 10-20 מ׳, ובראשו נישאות הכפות, עלים שאורכם מגיע עד 3 מ׳. בשני צדי שדרת העלה יוצאים עלעלים ירוקים, צרים ומחודדים. חז״ל זיהו אותו עם הלולב, העלה הצעיר, שעלעליו טרם נפרשו והם עדיין ׳כפותים׳, כלומר צמודים לשדרת העלה (סוכה לא ע״א).

עֵץ עָבֹת לפי חז״ל הוא ההדס (שם מדעי: Myrtus communis), שיח ירוק־עד שעליו צפופים, קטנים וקשים. גובהו בין 0.5-2 מ׳. הוא גדל בר בגולן, בגליל העליון, בכרמל ובגדות נחלי הצפון. ריחו טוב, ומפיקים ממנו שמן אתרי לרפואה ולבושם. בנבואות הנחמה והגאולה של ישעיה הופעתו מסמלת שינוי לברכה: אֶתֵּן בַּמִּדְבָּר אֶרֶז שִׁטָּה וַהֲדַס (מא,יט); וְתַחַת הַסִּרְפַּד יַעֲלֶה הֲדַס (נה,יג).

עַרְבֵי נָחַל על פי האפיונים של חז״ל, הם עצים הגדלים ליד מקווי מים וערוצי נחלים, מסוג Salix ומסוג Populus ממשפחת הערבתיים (שם מדעי: Salicaceae), המכילה כ־170 מינים. מהם מתאימים שני צמחים: ערבה מחודדת (שם מדעי: Salix acmophylla Boiss) וערבה לבנה (S. alba). קשה לזהות היום את הערבה המקורית בעקבות ההכלאות שנעשו בין המינים.

הָאֶזְרָח בְּיִשְׂרָאֵל יֵשְׁבוּ בַּסֻּכֹּת׃ לְמַעַן יֵדְעוּ דֹרֹתֵיכֶם מג
כִּי בַסֻּכּוֹת הוֹשַׁבְתִּי אֶת־בְּנֵי יִשְׂרָאֵל בְּהוֹצִיאִי אוֹתָם
מֵאֶרֶץ מִצְרָיִם אֲנִי יהוה אֱלֹהֵיכֶם׃ וַיְדַבֵּר מֹשֶׁה אֶת־ מד
מֹעֲדֵי יהוה אֶל־בְּנֵי יִשְׂרָאֵל׃

שביעי **כד** א ב
וַיְדַבֵּר יהוה אֶל־מֹשֶׁה לֵּאמֹר׃ צַו אֶת־בְּנֵי יִשְׂרָאֵל
וְיִקְחוּ אֵלֶיךָ שֶׁמֶן זַיִת זָךְ כָּתִית לַמָּאוֹר לְהַעֲלֹת נֵר
תָּמִיד׃ מִחוּץ לְפָרֹכֶת הָעֵדֻת בְּאֹהֶל מוֹעֵד יַעֲרֹךְ ג
אֹתוֹ אַהֲרֹן מֵעֶרֶב עַד־בֹּקֶר לִפְנֵי יהוה תָּמִיד חֻקַּת
עוֹלָם לְדֹרֹתֵיכֶם׃ עַל הַמְּנֹרָה הַטְּהֹרָה יַעֲרֹךְ אֶת־ ד
הַנֵּרוֹת לִפְנֵי יהוה תָּמִיד׃

רש"י

מב) **הָאֶזְרָח.** זֶה אֶזְרָח: **בְּיִשְׂרָאֵל.** לְרַבּוֹת אֶת הַגֵּרִים:

מג) **כִּי בַסֻּכּוֹת הוֹשַׁבְתִּי.** עַנְנֵי כָבוֹד:

פרק כד

ב) **צַו אֶת בְּנֵי יִשְׂרָאֵל.** זוֹ פָּרָשַׁת מִצְוַת הַנֵּרוֹת. וּפָרָשַׁת 'וְאַתָּה תְּצַוֶּה' (שמות כז, כ) לֹא נֶאֶמְרָה אֶלָּא עַל סֵדֶר מְלֶאכֶת הַמִּשְׁכָּן לְפָרֵשׁ צֹרֶךְ הַמְּנוֹרָה, וְכֵן מַשְׁמָע: וְאַתָּה סוֹפְךָ לְצַוּוֹת אֶת בְּנֵי יִשְׂרָאֵל עַל כָּךְ: **שֶׁמֶן זַיִת זָךְ.** שְׁלֹשָׁה שְׁמָנִים יוֹצְאִים מִן הַזַּיִת, הָרִאשׁוֹן קָרוּי זָךְ, וְהֵן מְפֹרָשִׁין בִּמְנָחוֹת (דף פו ע"א) וּבְתוֹרַת כֹּהֲנִים (פרשתא יג, א): **תָּמִיד.** מִלַּיְלָה לְלַיְלָה, כְּמוֹ: "עֹלַת תָּמִיד" (במדבר כח, ו) שֶׁאֵינָהּ אֶלָּא מִיּוֹם לְיוֹם:

ג) **לְפָרֹכֶת הָעֵדֻת.** שֶׁלִּפְנֵי הָאָרוֹן שֶׁהוּא קָרוּי עֵדוּת. וְרַבּוֹתֵינוּ דָּרְשׁוּ עַל נֵר מַעֲרָבִי, שֶׁהוּא עֵדוּת לְכָל בָּאֵי עוֹלָם שֶׁהַשְּׁכִינָה שׁוֹרָה בְּיִשְׂרָאֵל, שֶׁנּוֹתֵן בָּהּ שֶׁמֶן כְּמִדַּת חַבְרוֹתֶיהָ, וּמִמֶּנָּה הָיָה מַתְחִיל וּבָהּ הָיָה מְסַיֵּם: **יַעֲרֹךְ אֹתוֹ אַהֲרֹן מֵעֶרֶב עַד בֹּקֶר.** יַעֲרֹךְ אוֹתוֹ עֲרִיכָה הָרְאוּיָה לְמִדַּת כָּל הַלַּיְלָה, וְשִׁעֲרוּ חֲכָמִים חֲצִי לֹג לְכָל נֵר וָנֵר, וְהֵן כְּדַאי אַף לְלֵילֵי תְקוּפַת טֵבֵת, וּמִדָּה זוֹ הָקְבְּעָה לָהֶם:

ד) **הַמְּנֹרָה הַטְּהֹרָה.** שֶׁהִיא זָהָב טָהוֹר. דָּבָר אַחֵר, עַל טָהֳרָהּ שֶׁל מְנוֹרָה, שֶׁמְּטַהֲרָהּ וּמְדַשְּׁנָהּ תְּחִלָּה מִן הָאֵפֶר:

הרחבות

'בַּסֻּכֹּת תֵּשְׁבוּ... כִּי בַסֻּכּוֹת הוֹשַׁבְתִּי אֶת בְּנֵי יִשְׂרָאֵל' בחיים בתוך הסוכה יש צד רומנטי. כאשר העם כבר חי בארצו, אחרי שהסתיים איסוף היבול מן השדה, חוזרים ישראל שוב למקורם הראשון – להיותם נוודים במדבר. חזרה זו נועדה להזכיר את האהבה הראשונה בין ישראל לאלוקים – חֶסֶד נְעוּרַיִךְ, אַהֲבַת כְּלוּלֹתָיִךְ (ירמיה ב,ב). באותה תקופה ישראל עדיין לא היו בעלי ארץ, מצד אחד, אך גם לא היו משועבדים לאדמה או להתחייבויות אחרות, מצד שני. (ראו רשב"ם וכלי יקר).

'כָּתִית' הכתיתה היא הכאה על הזיתים הבשלים באמצעות אבן וכדומה, שבעקבותיה ניגר מהזיתים שמן. השמן

ביאור | בְּיִשְׂרָאֵל יֵשְׁבוּ בַּסֻּכֹּת, לעומת גר תושב, שאינו נחשב אזרח. מג לְמַעַן יֵדְעוּ דֹרֹתֵיכֶם כִּי בַסֻּכּוֹת הוֹשַׁבְתִּי אֶת בְּנֵי יִשְׂרָאֵל בְּהוֹצִיאִי אוֹתָם מֵאֶרֶץ מִצְרָיִם. אֲנִי ה׳ אֱלֹהֵיכֶם. הישיבה בסוכות באה להזכיר את יציאת מצרים. יושבי הסוכה מכניסים עצמם להוויה דומה לישראל שנדדו במדבר. ישראל ישבו בבתים הן במצרים הן בארץ כנען, ורק במדבר היו מחוסרי בית, וכנראה גרו לא באהלי יריעות, אלא חסו בצלן של סוכות, בתי עראי שנעשו מכל הבא ליד.

מד וַיְדַבֵּר מֹשֶׁה אֶת מֹעֲדֵי ה׳ אֶל בְּנֵי יִשְׂרָאֵל, אותם המועדים שנזכרו ברשימה הארוכה שבפרק – שהם כל חגי ישראל הכתובים בתורה.

עריכת המנורה והשולחן בקודש

פרק כד פס׳ א–ט

כאן באות השלמות לעניינים הקודמים, המתייחסות לסדרי הזמנים בתוך המקדש. מדובר בשתי עבודות תמידיות שנעשו במקדש שאינן כלולות בקרבנות – הדלקת הנר ועריכת הלחם רנלקחים מבני ישראל.

פרק כד א וַיְדַבֵּר ה׳ אֶל מֹשֶׁה לֵּאמֹר: ב צַו אֶת בְּנֵי יִשְׂרָאֵל, וְיִקְחוּ אֵלֶיךָ, כממונה על הדבר,[97] שֶׁמֶן זַיִת זָךְ, נקי, שלא היה קל להשיגו במדבר, כָּתִית, כתוש – לַמָּאוֹר לְהַעֲלֹת, להדליק[98] נֵר, כלי קיבול קטן, תָּמִיד. ג במנורה מִחוּץ לְפָרֹכֶת המסתירה את ארון הָעֵדֻת, בְּתוֹךְ אֹהֶל מוֹעֵד[99] יַעֲרֹךְ, יסדר ויכין,[100] יסלק את שאריות השרפה מאמש ויניח בנר פתילה חדשה, כדי שיהיה מוכן להדליק אֹתוֹ אַהֲרֹן מֵעֶרֶב עַד בֹּקֶר לִפְנֵי ה׳ תָּמִיד. על אהרן לדאוג לכך שהמנורה תדלק מערב עד בוקר בכל יום ויום. דין זה אינו מוגבל למשכן שבמדבר, אלא הוא חֻקַּת עוֹלָם לְדֹרֹתֵיכֶם. ד עַל הַמְּנֹרָה הַטְּהֹרָה, עליה ממש, ללא חציצה; העשויה כולה זהב טהור; המנורה הנקייה, לאחר הסרת השאריות של אמש;[101] או: המיועדת למטרה אחת בלבד; היא כלי שכולו מסמל טוהר וזוהר,[102] יַעֲרֹךְ אהרן אֶת הַנֵּרוֹת, לִפְנֵי ה׳ תָּמִיד.

הרחבות | המופק כך נקי יותר מזה המופק באמצעות סחיטת השמן מהזיתים במכבש לאחר הכתיתה. בכתישה ידנית על הזיתים לא יוצא כל השמן העצור בזית אלא השמן הזך בלבד. (ראו מנחות פו ע״א).

׳מערב עד בקר׳ במשך הדורות קרה שהנרות המשיכו לבעור במשך עשרים וארבע שעות ויותר, (ראו שבת כב ע״ב; יומא לט ע״ב; תמיד ל ע״ב), אך עיקר מצוותה הוא לדלוק בלילה. ככלים אחרים במשכן, אף המנורה טעונה במשמעות סמלית, ובסמליותה כרוכה חשיבותו של האור העולה ממנה בכל עת חשכה.

ה ★ ולקחת סלת ואפית אתה שתים עשרה חלות
ו שני עשרנים יהיה החלה האחת: ושמת אותם
שתים מערכות שש המערכת על השלחן הטהר
ז לפני יהוה: ונתת על־המערכת לבנה זכה והיתה
ח ללחם לאזכרה אשה ליהוה: ביום השבת ביום
השבת יערכנו לפני יהוה תמיד מאת בני־ישראל
ט ברית עולם: והיתה לאהרן ולבניו ואכלהו במקום
קדש כי קדש קדשים הוא לו מאשי יהוה חק־

רש"י

ו) **שש המערכת.** שש חלות המערכת האחת: **השלחן הטהר.** של זהב טהור. דבר אחר, על טהרו של שלחן, שלא יהיו הסניפין מגביהין את הלחם מעל גבי השלחן:

ז) **ונתת על המערכת.** על כל אחת משתי המערכות; הרי שני בזיכי לבונה, מלא קמץ לכל אחת: **והיתה.** הלבונה הזאת: **ללחם לאזכרה.** שאין מן הלחם לגבוה כלום, אלא הלבונה נקטרת כשמסלקין אותו בכל שבת ושבת, והיא לזכרון ללחם, שעל ידה הוא נזכר למעלה, כקמץ שהוא אזכרה למנחה:

ט) **והיתה.** המנחה הזאת, שכל דבר הבא מן התבואה בכלל מנחה הוא: **ואכלהו.** מוסב על הלחם שהוא לשון זכר:

ביאור

עבודה נוספת השייכת לסדר הזמנים שבמקדש: ה **וְלָקַחְתָּ סֹלֶת**
וְאָפִיתָ אֹתָהּ שְׁתֵּים עֶשְׂרֵה חַלּוֹת, שְׁנֵי עֶשְׂרֹנִים יִהְיֶה הַחַלָּה הָאֶחָת, שהן
חלות גדולות, כ-5 ליטר סולת או יותר כל חלה. ו **וְשַׂמְתָּ אוֹתָם** –
את שתים-עשרה החלות **שְׁתַּיִם מַעֲרָכוֹת**, בשני סדרים, **שֵׁשׁ** חלות
תהיה **הַמַּעֲרָכֶת**. מעל השולחן היו ניצבות קשוות – מעין עמודים,
וביניהן המנקיות – צינורות דקים, ועליהן הונח הלחם[103] **עַל הַשֻּׁלְחָן**
הַטָּהֹר, עליו ממש בלא חציצה, או: המצופה זהב טהור, או: השולחן
שאין לו שום תפקיד אחר, והוא מוקדש להעמדת הלחם בלבד **לִפְנֵי**
ה׳. ז **וְנָתַתָּ עַל הַמַּעֲרֶכֶת**, על כל אחת מהמערכות[104] – **לְבֹנָה זַכָּה. וְהָיְתָה**
הלבונה **לַלֶּחֶם לְאַזְכָּרָה**, לחלק העולה לזיכרון על המזבח[105] **אִשֶּׁה**, קרבן
הנשרף באש **לַה׳**. ח **בְּיוֹם הַשַּׁבָּת בְּיוֹם הַשַּׁבָּת יַעַרְכֶנּוּ**, את הלחם **לִפְנֵי ה׳**
תָּמִיד. בכל שבוע מביאים שתים-עשרה חלות חדשות ועורכים אותן
על השולחן. את החלות הישנות מוציאים ואת הלבונה שעליהן
מעלים באש על גבי המזבח שבחוץ. **מֵאֵת בְּנֵי יִשְׂרָאֵל**. כמו השמן
למנורה, גם הלחם הוא מתנה מכלל ישראל למקדש, הניתנת מתוך
בְּרִית עוֹלָם. ישראל חייבים תמיד לתת מתנה זו למקדש. ט **וְהָיְתָה**
המנחה הזו, או: המערכת[106] **לְאַהֲרֹן וּלְבָנָיו, וַאֲכָלֻהוּ בְּמָקוֹם קָדֹשׁ**.
הלחם דומה למנחה, והוא נאכל על ידי הכהנים בתוך המקדש
כאחת ממתנות הכהונה. **כִּי קֹדֶשׁ קָדָשִׁים הוּא לוֹ מֵאִשֵּׁי ה׳, חָק עוֹלָם**.

שתים עשרה חלות

הרחבות | **'שתים עשרה חלות'** לפי מסורת חכמים, החלות הללו – לחם הפנים – בנויות בצורה מורכבת. עיצובן המיוחד כולל דפנות. (ראו מנחות צד – צה ע"א).

★ עוֹלָם: וַיֵּצֵא בֶּן־אִשָּׁה יִשְׂרְאֵלִית וְהוּא י
בֶּן־אִישׁ מִצְרִי בְּתוֹךְ בְּנֵי יִשְׂרָאֵל וַיִּנָּצוּ בַּמַּחֲנֶה
בֶּן הַיִּשְׂרְאֵלִית וְאִישׁ הַיִּשְׂרְאֵלִי: וַיִּקֹּב בֶּן־הָאִשָּׁה יא
הַיִּשְׂרְאֵלִית אֶת־הַשֵּׁם וַיְקַלֵּל וַיָּבִיאוּ אֹתוֹ אֶל־מֹשֶׁה
וְשֵׁם אִמּוֹ שְׁלֹמִית בַּת־דִּבְרִי לְמַטֵּה־דָן: וַיַּנִּיחֻהוּ יב
בַּמִּשְׁמָר לִפְרֹשׁ לָהֶם עַל־פִּי יְהוָה:
וַיְדַבֵּר יְהוָה אֶל־מֹשֶׁה לֵּאמֹר: הוֹצֵא אֶת־הַמְקַלֵּל יג יד
אֶל־מִחוּץ לַמַּחֲנֶה וְסָמְכוּ כָל־הַשֹּׁמְעִים אֶת־יְדֵיהֶם

רש״י

י **וַיֵּצֵא בֶּן אִשָּׁה יִשְׂרְאֵלִית.** מֵהֵיכָן יָצָא? רַבִּי לֵוִי אוֹמֵר: מֵעוֹלָמוֹ יָצָא. רַבִּי בֶּרֶכְיָה אוֹמֵר: מִפָּרָשָׁה שֶׁלְּמַעְלָה יָצָא, לִגְלֵג וְאָמַר: "בְּיוֹם הַשַּׁבָּת יַעַרְכֶנּוּ" (לעיל פסוק ח), דֶּרֶךְ הַמֶּלֶךְ לֶאֱכֹל פַּת חַמָּה בְּכָל יוֹם, שֶׁמָּא פַּת צוֹנֶנֶת שֶׁל תִּשְׁעָה יָמִים? בִּתְמִיהָ. וּמַתְנִיתָא אָמְרָה: מִבֵּית דִּינוֹ שֶׁל מֹשֶׁה יָצָא מְחֻיָּב. בָּא לִטַּע אָהֳלוֹ בְּתוֹךְ מַחֲנֵה דָּן, אָמְרוּ לוֹ, מַה טִּיבְךָ לְכָאן? אָמַר לָהֶם: מִבְּנֵי דָּן אֲנִי. אָמְרוּ לוֹ: "אִישׁ עַל דִּגְלוֹ בְאֹתֹת לְבֵית אֲבֹתָם" כְּתִיב (במדבר ב, ב), נִכְנַס לְבֵית דִּינוֹ שֶׁל מֹשֶׁה וְיָצָא מְחֻיָּב, עָמַד וְגִדֵּף: **בֶּן אִישׁ מִצְרִי.** הוּא הַמִּצְרִי שֶׁהָרַג מֹשֶׁה: **בְּתוֹךְ בְּנֵי יִשְׂרָאֵל.** מְלַמֵּד שֶׁנִּתְגַּיֵּר: **וַיִּנָּצוּ בַּמַּחֲנֶה.** עַל עִסְקֵי הַמַּחֲנֶה: **וְאִישׁ הַיִּשְׂרְאֵלִי.** זֶה שֶׁכְּנֶגְדּוֹ, שֶׁמִּחָה בּוֹ מִטַּע אָהֳלוֹ:

יא **וַיִּקֹּב.** כְּתַרְגּוּמוֹ: "וּפָרֵשׁ", שֶׁנָּקַב שֵׁם הַמְיֻחָד וְגִדֵּף, וְהוּא שֵׁם הַמְפֹרָשׁ שֶׁשָּׁמַע מִסִּינַי: **וְשֵׁם אִמּוֹ שְׁלֹמִית בַּת דִּבְרִי.** שִׁבְחָן שֶׁל יִשְׂרָאֵל שֶׁפִּרְסְמָהּ הַכָּתוּב לָזוֹ, לוֹמַר שֶׁהִיא לְבַדָּהּ הָיְתָה זוֹנָה: **שְׁלֹמִית.** דַּהֲוַת פַּטְפְּטָה, שְׁלָם עֲלָךְ, שְׁלָם עֲלָךְ, שְׁלָם עֲלֵיכוֹן, מְפַטְפֶּטֶת בִּדְבָרִים, שׁוֹאֶלֶת בִּשְׁלוֹם הַכֹּל: **בַּת דִּבְרִי.** דַּבְּרָנִית הָיְתָה, מְדַבֶּרֶת עִם כָּל אָדָם, לְפִיכָךְ קִלְקְלָה: **לְמַטֵּה דָן.** מַגִּיד שֶׁהָרָשָׁע גּוֹרֵם גְּנַאי לוֹ, גְּנַאי לְאָבִיו, גְּנַאי לְשִׁבְטוֹ. כַּיּוֹצֵא בּוֹ: "אָהֳלִיאָב בֶּן אֲחִיסָמָךְ לְמַטֵּה דָן" (שמות לא, ו), שֶׁבַח לוֹ, שֶׁבַח לְאָבִיו, שֶׁבַח לְשִׁבְטוֹ:

יב **וַיַּנִּיחֻהוּ.** לְבַדּוֹ, וְלֹא הִנִּיחוּ מְקוֹשֵׁשׁ עִמּוֹ, שֶׁשְּׁנֵיהֶם הָיוּ בְּפֶרֶק אֶחָד; וְיוֹדְעִים הָיוּ שֶׁהַמְקוֹשֵׁשׁ בְּמִיתָה, אֲבָל לֹא פֹרַשׁ לָהֶם בְּאֵיזוֹ מִיתָה, לְכָךְ נֶאֱמַר: "כִּי לֹא פֹרַשׁ מַה יֵּעָשֶׂה לוֹ" (במדבר טו, לד), אֲבָל בִּמְקַלֵּל הוּא אוֹמֵר "לִפְרֹשׁ לָהֶם", שֶׁלֹּא הָיוּ יוֹדְעִים אִם חַיָּב מִיתָה אִם לָאו:

יד **הַשֹּׁמְעִים.** אֵלּוּ הָעֵדִים: **כָּל.** לְהָבִיא אֶת הַדַּיָּנִים: **אֶת יְדֵיהֶם.** אוֹמְרִים לוֹ, דָּמְךָ בְּרֹאשְׁךָ, וְאֵין אָנוּ נֶעֱנָשִׁים בְּמִיתָתְךָ

הרחבות

'בן אשה ישראלית והוא בן איש מצרי' לפי המדרש, אדם זה היה היחיד באותו הדור שבא מאשה ישראלית ומגבר מצרי. (ראו רש"י וראב"ע). מכיוון שכל המחנה היה מאורגן באופן שבטי, וחלוקת השבטים נקבעת לפי האב, בן לאב מצרי היה שייך לעם ישראל, אך לא נכלל באף שבט, ועל כן לא היה לו

פרשת המקלל והדינים שבעקבותיה

פרק כד פס׳ י–כג

כאן מתוארת התרדשות קשה שאירעה במדבר אשר הקשרה אינו ברור.[107] היו שהצביעו על הניגוד הקיצוני בין ההוראות הרבות שהופיעו בספר עד כה לגבי ההתייחסות הזהירה והמכבדת הראויה אל הקודש, לבין זלזולו הבוטה של המקלל בקדוש ברוך הוא.[108]

ביאור

י **וַיֵּצֵא בֶּן אִשָּׁה יִשְׂרְאֵלִית**, והוא לא ישראלי גמור אלא **בֶּן אִישׁ מִצְרִי,**
בְּתוֹךְ בְּנֵי יִשְׂרָאֵל. מכאן שבן הישראלית נחשב חלק מכלל ישראל.[109]
וַיִּנָּצוּ, התקוטטו **בַּמַּחֲנֶה בֶּן הַיִּשְׂרְאֵלִית וְאִישׁ הַיִּשְׂרְאֵלִי**, איש אלמוני
שהיה ישראלי גמור. יא כשהתלקחה הקטטה – **וַיִּקֹּב**, גידף במפורש[110]
בֶּן הָאִשָּׁה הַיִּשְׂרְאֵלִית אֶת הַשֵּׁם, שם ה׳ **וַיְקַלֵּל**, הוא זלזל בו וחירפו.[111]
וַיָּבִיאוּ אֹתוֹ העדים ששמעו את דבריו, שכן נראה שעשה זאת בפומבי,
אֶל מֹשֶׁה. וְשֵׁם אִמּוֹ – שְׁלֹמִית בַּת דִּבְרִי לְמַטֵּה דָן. שמו של המקלל עצמו
אינו נזכר כלל, והזכרת אמו בסיפור הזה וציון קשריה עם המצרי
בוודאי לא נאמרו לשבחה. יב **וַיַּנִּיחֻהוּ בַּמִּשְׁמָר**, במאסר, הואיל והיה
ברור לכול שעבר עברה, אך לא ידעו מהו דינו המדויק של העובר
עברה זו. **לִפְרֹשׁ**, לברר **לָהֶם עַל פִּי ה׳**. שלא כשאר הנביאים, משה רבנו
יכול היה לפנות אל ה׳ ישירות ולבקש את הנחייתו.[112]

יג **וַיְדַבֵּר ה׳ אֶל מֹשֶׁה לֵּאמֹר:** יד **הוֹצֵא אֶת הַמְקַלֵּל** להישפט **אֶל מִחוּץ**
לַמַּחֲנֶה, וְסָמְכוּ כָל הַשֹּׁמְעִים, שהיו עדים לדבר **אֶת יְדֵיהֶם עַל רֹאשׁוֹ**.

הרחבות

׳וַיַּנִּיחֻהוּ במשמר׳ בית הסוהר לא שימש דרך ענישה הקבועה בחוק בעם ישראל, אלא מקום מעצר בלבד – כמִשְׁמָר – עד שייגזר עונשו של החוטא. (ראו עוד ירמיה לב,ב).

מקום במחנה. ייתכן שמכאן נבע הסכסוך שלו עם האיש הישראלי, שאולי לא רצה בשכנותו. (ראו רש״י; ספרא אמור יד).

עַל־רֹאשׁוֹ וְרָגְמוּ אֹתוֹ כָּל־הָעֵדָה׃ וְאֶל־בְּנֵי יִשְׂרָאֵל טו
תְּדַבֵּר לֵאמֹר אִישׁ אִישׁ כִּי־יְקַלֵּל אֱלֹהָיו וְנָשָׂא חֶטְאוֹ׃
וְנֹקֵב שֵׁם־יהוה מוֹת יוּמָת רָגוֹם יִרְגְּמוּ־בוֹ כָּל־הָעֵדָה טז
כַּגֵּר כָּאֶזְרָח בְּנָקְבוֹ־שֵׁם יוּמָת׃ וְאִישׁ כִּי יַכֶּה כָּל־נֶפֶשׁ יז
אָדָם מוֹת יוּמָת׃ וּמַכֵּה נֶפֶשׁ־בְּהֵמָה יְשַׁלְּמֶנָּה נֶפֶשׁ יח
תַּחַת נָפֶשׁ׃ וְאִישׁ כִּי־יִתֵּן מוּם בַּעֲמִיתוֹ כַּאֲשֶׁר עָשָׂה יט
כֵּן יֵעָשֶׂה לּוֹ׃ שֶׁבֶר תַּחַת שֶׁבֶר עַיִן תַּחַת עַיִן שֵׁן כ
מפטיר תַּחַת שֵׁן כַּאֲשֶׁר יִתֵּן מוּם בָּאָדָם כֵּן יִנָּתֶן בּוֹ׃ וּמַכֵּה כא
בְהֵמָה יְשַׁלְּמֶנָּה וּמַכֵּה אָדָם יוּמָת׃ מִשְׁפַּט אֶחָד כב

רש"י | שֶׁאַתָּה גָּרַמְתָּ לָךְ: **כָּל הָעֵדָה.** בְּמַעֲמַד כָּל הָעֵדָה, מִכָּאן שֶׁשְּׁלוּחוֹ שֶׁל אָדָם כְּמוֹתוֹ:

טו | **וְנָשָׂא חֶטְאוֹ.** בְּכָרֵת, כְּשֶׁאֵין הַתְרָאָה:

טז | **וְנֹקֵב שֵׁם.** אֵינוֹ חַיָּב עַד שֶׁיְּפָרֵשׁ אֶת הַשֵּׁם, וְלֹא הַמְקַלֵּל בְּכִנּוּי: **וְנֹקֵב.** לְשׁוֹן קְלָלָה, כְּמוֹ: "מָה אֶקֹּב" (במדבר כג, ח):

יז | **וְאִישׁ כִּי יַכֶּה.** לְפִי שֶׁנֶּאֱמַר: "מַכֵּה אִישׁ" וְגוֹ' (שמות כא, יב), אֵין לִי אֶלָּא שֶׁהָרַג אֶת הָאִישׁ, אִשָּׁה וְקָטָן מִנַּיִן? תַּלְמוּד לוֹמַר: "כָּל נֶפֶשׁ אָדָם":

כ | **כֵּן יִנָּתֶן בּוֹ.** פֵּרְשׁוּ רַבּוֹתֵינוּ שֶׁאֵינוֹ נְתִינַת מוּם מַמָּשׁ, אֶלָּא תַּשְׁלוּמֵי מָמוֹן – שָׁמִין אוֹתוֹ כְּעֶבֶד, לְכָךְ כָּתוּב בּוֹ לְשׁוֹן נְתִינָה, דָּבָר הַנָּתוּן מִיָּד לְיָד:

כא | **וּמַכֵּה בְהֵמָה יְשַׁלְּמֶנָּה.** לְמַעְלָה דִּבֶּר בְּהוֹרֵג בְּהֵמָה, וְכָאן דִּבֶּר בְּעוֹשֶׂה בָהּ חַבּוּרָה: **וּמַכֵּה אָדָם יוּמָת.** אֲפִלּוּ לֹא הֲרָגוֹ אֶלָּא עָשָׂה בוֹ חַבּוּרָה, שֶׁלֹּא נֶאֱמַר כָּאן 'נֶפֶשׁ'. וּבְמַכֵּה אָבִיו וְאִמּוֹ דִּבֶּר הַכָּתוּב, וּבָא לְהַקִּישׁוֹ לְמַכֵּה בְהֵמָה, מַה מַּכֵּה בְהֵמָה מֵחַיִּים, אַף מַכֵּה אָבִיו מֵחַיִּים, פְּרָט לְמַכֶּה לְאַחַר מִיתָה, לְפִי שֶׁמָּצִינוּ שֶׁהַמְקַלְּלוֹ לְאַחַר מִיתָה חַיָּב, הֻצְרַךְ לוֹמַר בְּמַכֶּה שֶׁפָּטוּר. וּמַה בִּבְהֵמָה בְּחַבָּלָה, שֶׁאִם אֵין חַבָּלָה אֵין תַּשְׁלוּמִין, אַף מַכֵּה אָבִיו אֵינוֹ חַיָּב עַד שֶׁיַּעֲשֶׂה בּוֹ חַבּוּרָה:

הרחבות | **'כאשר עשה כן יעשה לו'** בפועל אין נוהגים כך, ולא נהגו כך מעולם. (ראו בבא קמא פג ע"ב – פד ע"א, ובהרחבה לשמות כא,כה). הביטויים הללו התפרשו כאומרים שהיה מגיע לאדם זה עונש כפי שעשה הוא. אולם כבר בתורה מפורש שרק על שני עוונות אין כופר כספי: מי שהרג אדם בשגגה חייב גלות, וההורג נפש במזיד נידון למוות. (ראו במדבר לה,לא-לב). מכאן למדו שבאשר לכל שאר העונשים בעברות שבין אדם לחברו, גם כאשר נאמר שראוי לאדם עונש מסוים בגופו, הוא משלם פיצויים במקומו (בבא קמא פג ע"ב; רמב"ם, הלכות חובל ומזיק א,ג והקדמה למשנה. וראו עוד מורה נבוכים ח"ג מא; הרחבה לשמות כא,כד).

ביאור | העדים הם גם שיועידו אותו לעונש,[113] ואז – **וְרָגְמוּ אֹתוֹ** למוות **כָּל הָעֵדָה.** זוהי הוראה חריגה, שכן בדרך כלל מענישים במוות רק אם העבריין ידע מראש מה יהיה עונשו, ואילו במקרה זה האיש ידע שהוא חוטא אך לא ידע מה יהיה דינו.[114] טו מכל מקום, מכאן והלאה ניתנה הוראה כללית – **וְאֶל בְּנֵי יִשְׂרָאֵל תְּדַבֵּר לֵאמֹר: אִישׁ אִישׁ כִּי יְקַלֵּל אֱלֹהָיו – וְנָשָׂא חֶטְאוֹ,** ייענש. טז **וְנֹקֵב שֵׁם ה׳ – מוֹת יוּמָת, רָגוֹם יִרְגְּמוּ בוֹ** אבן **כָּל הָעֵדָה. כַּגֵּר כָּאֶזְרָח,** דין אחד להם, **בְּנָקְבוֹ שֵׁם – יוּמָת.**

אגב כך נאמרים כמה דינים כלליים של הכאה, שזיקתם לנושא עקיפה: יז **וְאִישׁ כִּי יַכֶּה,** יהרוג **כָּל נֶפֶשׁ אָדָם – מוֹת יוּמָת** במיתת בית דין.

יח **וּמַכֵּה נֶפֶשׁ בְּהֵמָה** של זולתו – **יְשַׁלְּמֶנָּה,** ישלם כמותה, **נֶפֶשׁ תַּחַת נָפֶשׁ,** בהמה אחרת או את שוויה.[115]

יט **וְאִישׁ כִּי יִתֵּן מוּם,** יחבול **בַּעֲמִיתוֹ – כַּאֲשֶׁר עָשָׂה כֵּן יֵעָשֶׂה לּוֹ:** כ **שֶׁבֶר תַּחַת שֶׁבֶר; עַיִן תַּחַת עַיִן; שֵׁן תַּחַת שֵׁן. כַּאֲשֶׁר יִתֵּן מוּם בָּאָדָם – כֵּן יִנָּתֶן בּוֹ,** כך מגיע לו.

כא **וּמַכֵּה בְהֵמָה – יְשַׁלְּמֶנָּה,** ישלם את ערכה, **וּמַכֵּה אָדָם** גם אם לא הרגו אלא פגע בו קשה – ראוי לו **שיוּמָת.**

הרחבות | **'ומכה אדם יומת'** לעיל נאמר שהעונש על הכאת נפש, הריגה, הוא מות יומת, כלומר מוות בידי אדם. כאן מופיע ביטוי כללי יותר המתייחס גם להכאות קשות אחרות. אכן, במקום אחר מפורש שאם המוכה נשאר בחיים, המכה נפטר מעונש מוות בבית דין, אבל חייב לפצות את המוכה במכוון (ראו שמות כא,יח–יט). ולכן נראה שהעונש יוּמָת, שאינו בא בלשון החלטית, ניתן להמרה בתשלום, גם אם היה ראוי שייענש במיתה על הכאות אלה. (ראו בבא קמא פג ע"ב ור"י בכור שור על אתר. וראו שמות א,יד. ומשמעה של לשון יומת אינו בידי אדם דווקא – ראו למשל שמות כא,כט; במדבר א,נא; ג,י).

יִהְיֶה לָכֶם כַּגֵּר כָּאֶזְרָח יִהְיֶה כִּי אֲנִי יהוה אֱלֹהֵיכֶם׃
כג וַיְדַבֵּר מֹשֶׁה אֶל־בְּנֵי יִשְׂרָאֵל וַיּוֹצִיאוּ אֶת־הַמְקַלֵּל
אֶל־מִחוּץ לַמַּחֲנֶה וַיִּרְגְּמוּ אֹתוֹ אָבֶן וּבְנֵי־יִשְׂרָאֵל
עָשׂוּ כַּאֲשֶׁר צִוָּה יהוה אֶת־מֹשֶׁה׃

בהר

כה א ב וַיְדַבֵּר יהוה אֶל־מֹשֶׁה בְּהַר סִינַי לֵאמֹר׃ דַּבֵּר אֶל־
בְּנֵי יִשְׂרָאֵל וְאָמַרְתָּ אֲלֵהֶם כִּי תָבֹאוּ אֶל־הָאָרֶץ

רש״י | כב] **אֲנִי ה׳ אֱלֹהֵיכֶם.** אֱלֹהֵי כֻּלְּכֶם, כְּשֵׁם שֶׁאֲנִי מְיַחֵד שְׁמִי עֲלֵיכֶם, כָּךְ אֲנִי מְיַחֲדוֹ עַל הַגֵּרִים:

כג] **וּבְנֵי יִשְׂרָאֵל עָשׂוּ.** כָּל הַמִּצְוָה הָאֲמוּרָה בִּסְקִילָה בְּמָקוֹם אַחֵר: דְּחִיָּה, רְגִימָה וּתְלִיָּה:

פרק כה

א] **בְּהַר סִינַי.** מָה עִנְיַן שְׁמִטָּה אֵצֶל הַר סִינַי? וַהֲלֹא כָּל הַמִּצְוֹת נֶאֶמְרוּ מִסִּינַי? אֶלָּא מַה שְּׁמִטָּה נֶאֶמְרוּ כְּלָלוֹתֶיהָ וּפְרָטוֹתֶיהָ וְדִקְדּוּקֶיהָ מִסִּינַי, אַף כֻּלָּן נֶאֶמְרוּ כְּלָלוֹתֵיהֶן וְדִקְדּוּקֵיהֶן מִסִּינַי. כָּךְ שְׁנוּיָה בְּתוֹרַת כֹּהֲנִים (פרשתא א, א). וְנִרְאֶה לִי שֶׁכָּךְ פֵּרוּשָׁהּ, לְפִי שֶׁלֹּא מָצִינוּ שְׁמִטַּת קַרְקָעוֹת שֶׁנִּשְׁנֵית בְּעַרְבוֹת מוֹאָב בְּמִשְׁנֵה תּוֹרָה, לָמַדְנוּ שֶׁכְּלָלוֹתֶיהָ וּפְרָטוֹתֶיהָ כֻּלָּן נֶאֶמְרוּ מִסִּינַי, וּבָא הַכָּתוּב וְלִמֵּד כָּאן עַל כָּל דִּבּוּר שֶׁנִּדְבַּר לְמֹשֶׁה שֶׁמִּסִּינַי הָיוּ כֻּלָּם כְּלָלוֹתֵיהֶן וְדִקְדּוּקֵיהֶן, וְחָזְרוּ וְנִשְׁנוּ בְּעַרְבוֹת מוֹאָב:

הרחבות | **׳משפט אחד יהיה לכם׳** למרות שברוב מערכות החוקים בעולם קיימת ההנחה בדבר אחידות המשפט, בעולם העתיק לא התבצע עיקרון זה במלואו, ובמצבים ידועים אף בזמננו אין הוא מתממש תמיד. במערכות משפט שונות בימי קדם היו חומרת העונש והיקפו תלויים בזהותו ובמעמדו של הנהרג. לעומת זאת, בדיני ישראל כל פוגע חייב באותו עונש, וכל נפגע נמצא באותה מדרגה.

מקלל ומכה נפש אדם קיים קשר מסוים בין מקלל השם – המכונה בכתובים (שמואל א׳ ג,יג, רש״י ורד״ק שם; מלכים א׳ כא,י) ובספרות חכמינו בלשון מהופכת, כגון: ׳מברך את ה׳׳ או סתמית: ׳מגדף׳ – ובין

ביאור

כב **מִשְׁפַּט אֶחָד יִהְיֶה לָכֶם, כַּגֵּר כָּאֶזְרָח יִהְיֶה,** בין אם המכה הוא בן ישראל והמוכה גר או להיפך, **כִּי אֲנִי ה' אֱלֹהֵיכֶם,** וכלפַּי כולכם שווים, הן מבחינת החובות הן מבחינת הזכויות. לכן דין אחד לכולכם.[116]

כג **וַיְדַבֵּר מֹשֶׁה אֶל בְּנֵי יִשְׂרָאֵל** את כל הדינים הכלליים שציווה אותו ה' לומר להם. למרות שחלקם כבר נזכר,[117] כאן הם נאמרים בהקשר מובהק, שבו מיד עם האמירה מגיע גם מעשה: **וַיּוֹצִיאוּ אֶת הַמְקַלֵּל אֶל מִחוּץ לַמַּחֲנֶה וַיִּרְגְּמוּ אֹתוֹ אָבֶן. וּבְנֵי יִשְׂרָאֵל** קיבלו זאת **וְעָשׂוּ** מכאן והלאה **כַּאֲשֶׁר צִוָּה ה' אֶת מֹשֶׁה** לגבי המשפט האחיד ולגבי שאר הדינים והמשפטים.

פרשת בהר

שמיטה ויובל והמשפטים המסתעפים מהם

פרק כה

הדינים הנידונים כאן יתממשו רק לאחר שישראל יגיעו לארצם, ובכל זאת הם מובאים כאן לפרטיהם.

למרות שעיקרו של ספר ויקרא עוסק בדיני הקרבנות, יש בו גם סדרה ארוכה ומורכבת של דינים במגוון תחומים המגדירים את הסמכות האלוקית המוחלטת ואת כוח שלטונו של ה' בקרב עמו. הרעיון שגם הארץ וגם האנשים שייכים לה', עומד מאחורי שתי המצוות העיקריות בעניין זה: השמיטה – אחת לשבע שנים יש להשבית את ארץ ישראל במשך שנה אחת ולהפקיר את יבולה לכול; היובל – יכול אדם למכור את נחלתו בארץ, אבל למעשה אין זו מכירה אלא מעין השכרה לזמן מסוים, 'קניין פֵּרות' – בלשון חכמים. אחת לחמישים שנה הכול שב למקומו; בשנת היובל העולם חוזר לדרגתו הראשונה; מי שהשתעבדו נעשים שוב בני חורין, והארץ שנמכרה חוזרת לבעליה הראשונים. כך ניתנת האפשרות לחדש את החיים ולצאת למסלול חדש עד לשנת היובל הבאה.

שנת השמיטה ושנת היובל

פרק כה פס' א–כד

פרק כה א **וַיְדַבֵּר ה' אֶל מֹשֶׁה בְּהַר סִינַי,** לפני שישראל יצאו למסעיהם מהר סיני, ואף על פי שהדיבור עוסק בעניינים שיהיו מעשיים רק בבואם לארץ. **לֵאמֹר:** ב **דַּבֵּר אֶל בְּנֵי יִשְׂרָאֵל וְאָמַרְתָּ אֲלֵהֶם: כִּי**

הרחבות

מכה נפש אדם. כבקבלה, אף בהריגת אדם יש פגיעה עקיפה גם בבוראו, שכן בְּצֶלֶם אֱלֹהִים עָשָׂה אֶת הָאָדָם (בראשית ט,ו), ועל כן אין כפרה להורג אדם. מסיבה זו מתוארת ההוצאה לפועל המידית של המקלל, אף שהקשרו ומקומו של המעשה לא נכתב. סיפור מעשה זה ועונשו המידי ממחישים כי הדינים, המשפטים והחוקים שנאמרו לישראל אינם תורות ורעיונות תיאורטיים בלבד, אלא הם מתבצעים הלכה למעשה. בעניין הקודם, שעסק במועדים, אין צורך לומר שהחגים נחגגו, וגם אין כל סיבה לחשוב שהם לא נחגגו. אולם לגבי המשפט, הכרוך בשינויים חברתיים לא קלים, יש מקום לציין שהדברים אכן התבצעו בפועל.

אֲשֶׁר אֲנִי נֹתֵן לָכֶם וְשָׁבְתָה הָאָרֶץ שַׁבָּת לַיהוָה: שֵׁשׁ ג
שָׁנִים תִּזְרַע שָׂדֶךָ וְשֵׁשׁ שָׁנִים תִּזְמֹר כַּרְמֶךָ וְאָסַפְתָּ
אֶת־תְּבוּאָתָהּ: ▸ וּבַשָּׁנָה הַשְּׁבִיעִת שַׁבַּת שַׁבָּתוֹן יִהְיֶה ד
לָאָרֶץ שַׁבָּת לַיהוָה שָׂדְךָ לֹא תִזְרָע וְכַרְמְךָ לֹא תִזְמֹר:
אֵת סְפִיחַ קְצִירְךָ לֹא תִקְצוֹר וְאֶת־עִנְּבֵי נְזִירֶךָ לֹא ה
תִבְצֹר שְׁנַת שַׁבָּתוֹן יִהְיֶה לָאָרֶץ: וְהָיְתָה שַׁבַּת הָאָרֶץ ו
לָכֶם לְאָכְלָה לְךָ וּלְעַבְדְּךָ וְלַאֲמָתֶךָ וְלִשְׂכִירְךָ וּלְתוֹשָׁבְךָ
הַגָּרִים עִמָּךְ: וְלִבְהֶמְתְּךָ וְלַחַיָּה אֲשֶׁר בְּאַרְצֶךָ תִּהְיֶה ז
כָל־תְּבוּאָתָהּ לֶאֱכֹל: ▸ וְסָפַרְתָּ לְךָ שֶׁבַע ח
שַׁבְּתֹת שָׁנִים שֶׁבַע שָׁנִים שֶׁבַע פְּעָמִים וְהָיוּ לְךָ יְמֵי
שֶׁבַע שַׁבְּתֹת הַשָּׁנִים תֵּשַׁע וְאַרְבָּעִים שָׁנָה: וְהַעֲבַרְתָּ ט

רש״י

ב] **שַׁבָּת לַה׳.** לְשֵׁם ה׳, כְּשֵׁם שֶׁנֶּאֱמַר בְּשַׁבַּת בְּרֵאשִׁית:

ד] **יִהְיֶה לָאָרֶץ.** לַשָּׂדוֹת וְלַכְּרָמִים: **לֹא תִזְמֹר.** שֶׁקּוֹצְצִין זְמוֹרוֹתֶיהָ, וְתַרְגּוּמוֹ: "לָא תִכְסַח", וְדוֹמֶה לוֹ: "קוֹצִים כְּסוּחִים" (ישעיה לג, יב), "שְׂרֻפָה בָאֵשׁ כְּסוּחָה" (תהלים פ, יז):

ה] **אֵת סְפִיחַ קְצִירְךָ.** אֲפִלּוּ לֹא זְרַעְתָּהּ וְהִיא צָמְחָה מִן הַזֶּרַע שֶׁנָּפַל בָּהּ בְּעֵת הַקָּצִיר, הוּא קָרוּי 'סָפִיחַ': **לֹא תִקְצוֹר.** לִהְיוֹת מַחֲזִיק בּוֹ כִּשְׁאָר קָצִיר, אֶלָּא הֶפְקֵר יִהְיֶה לַכֹּל: **נְזִירֶךָ.** שֶׁהִנְזַרְתָּ וְהִפְרַשְׁתָּ בְּנֵי אָדָם מֵהֶם וְלֹא הִפְקַרְתָּם: **לֹא תִבְצֹר.** אוֹתָם אֵינְךָ בּוֹצֵר, אֶלָּא מִן הַמֻּפְקָר:

ו] **וְהָיְתָה שַׁבַּת הָאָרֶץ וְגוֹ׳.** אַף עַל פִּי שֶׁאֲסַרְתִּים עָלֶיךָ, לֹא בַּאֲכִילָה וְלֹא בַּהֲנָאָה אֲסַרְתִּים, אֶלָּא שֶׁלֹּא תִנְהֹג בָּהֶם כְּבַעַל הַבַּיִת, אֶלָּא הַכֹּל יִהְיוּ שָׁוִים בָּהּ, אַתָּה וּשְׂכִירְךָ וְתוֹשָׁבְךָ: **שַׁבַּת הָאָרֶץ לָכֶם לְאָכְלָה.** מִן הַשָּׁבוּת אַתָּה אוֹכֵל, וְאִי אַתָּה אוֹכֵל מִן הַשָּׁמוּר: **לְךָ וּלְעַבְדְּךָ וְלַאֲמָתֶךָ.** לְפִי שֶׁנֶּאֱמַר: "וְאָכְלוּ אֶבְיֹנֵי עַמֶּךָ" (שמות כג, יא), יָכוֹל יִהְיוּ אֲסוּרִים בַּאֲכִילָה לָעֲשִׁירִים? תַּלְמוּד לוֹמַר: "לְךָ וּלְעַבְדְּךָ וְלַאֲמָתֶךָ", הֲרֵי בְּעָלִים וַעֲבָדִים וּשְׁפָחוֹת אֲמוּרִים כָּאן: **וְלִשְׂכִירְךָ וּלְתוֹשָׁבְךָ.** אַף הַגּוֹיִם:

ז] **וְלִבְהֶמְתְּךָ וְלַחַיָּה.** אִם חַיָּה אוֹכֶלֶת, בְּהֵמָה לֹא כָּל שֶׁכֵּן, שֶׁמְּזוֹנוֹתֶיהָ עָלֶיךָ, מַה תַּלְמוּד לוֹמַר: "וְלִבְהֶמְתְּךָ"? מַקִּישׁ בְּהֵמָה לְחַיָּה, כָּל זְמַן שֶׁחַיָּה אוֹכֶלֶת מִן הַשָּׂדֶה הַאֲכֵל לִבְהֶמְתְּךָ מִן הַבַּיִת, כָּלָה לַחַיָּה מִן הַשָּׂדֶה, כַּלֵּה לִבְהֶמְתְּךָ מִן הַבַּיִת:

ח] **שַׁבְּתֹת שָׁנִים.** שְׁמִטּוֹת שָׁנִים. יָכוֹל יַעֲשֶׂה שֶׁבַע שָׁנִים רְצוּפוֹת שְׁמִטָּה וְיַעֲשֶׂה יוֹבֵל אַחֲרֵיהֶם? תַּלְמוּד לוֹמַר: "שֶׁבַע שָׁנִים שֶׁבַע פְּעָמִים", הֱוֵי אוֹמֵר כָּל שְׁמִטָּה וּשְׁמִטָּה בִּזְמַנָּהּ: **וְהָיוּ לְךָ יְמֵי שֶׁבַע וְגוֹ׳.** מַגִּיד לְךָ שֶׁאַף עַל פִּי שֶׁלֹּא עָשִׂיתָ שְׁמִטּוֹת, עֲשֵׂה יוֹבֵל לְסוֹף אַרְבָּעִים וְתֵשַׁע שָׁנִים. וּפְשׁוּטוֹ שֶׁל מִקְרָא: וְעָלוּ לְךָ חֶשְׁבּוֹן שְׁנוֹת הַשְּׁמִטּוֹת לְמִסְפַּר אַרְבָּעִים וְתֵשַׁע שָׁנִים:

ביאור

תָבֹאוּ אֶל הָאָרֶץ אֲשֶׁר אֲנִי נֹתֵן לָכֶם – **וְשָׁבְתָה הָאָרֶץ שַׁבָּת לַה׳**. כמו
שיום השבת, שבו שובת האדם, מבטא את מלכותו של ה׳ בורא
העולם, כך השנה שבה שובתת הארץ, מבטאת את ההכרה בה׳
כאדונה של הארץ. ג **שֵׁשׁ שָׁנִים תִּזְרַע שָׂדֶךָ, וְשֵׁשׁ שָׁנִים תִּזְמֹר**, תקצוץ
זמורות **כַּרְמֶךָ, וְאָסַפְתָּ אֶת תְּבוּאָתָהּ**. את כל מה שזרעת, תקצור
ותאסוף לפני השנה השביעית. ד **וּבַשָּׁנָה הַשְּׁבִיעִת** – **שַׁבַּת שַׁבָּתוֹן יִהְיֶה
לָאָרֶץ**. קודם לכן הוזכרו ימי השבתון לאדם, וכעת מדובר בשבתון
ומנוחה לארץ. **שַׁבָּת לַה׳**: **שָׂדְךָ לֹא תִזְרָע, וְכַרְמְךָ לֹא תִזְמֹר**. ה גם
אֵת סְפִיחַ קְצִירְךָ, התבואה הצומחת מאליה בלא חרישה וזריעה
מהגרגרים שנפלו בשעת הקציר – **לֹא תִקְצוֹר** כקצירה רגילה שאדם
קוצר את שדהו, אף שאינו אסור באכילה, וגם **אֶת עִנְּבֵי נְזִירֶךָ**, ענבי
הגפן שנעזבה ולא נעבדה; ענבי השנה השביעית שהם לה׳;[1] או:
הענבים המשובחים[2] **לֹא תִבְצֹר**. שנה זו אינה מיועדת למנוחת
האדם, אלא **שְׁנַת שַׁבָּתוֹן יִהְיֶה לָאָרֶץ**. ו **וְהָיְתָה שַׁבַּת הָאָרֶץ**, היבול של
שנת השבתון – הנקראת גם 'שנת השמיטה' –[3] ישמש **לָכֶם לְאָכְלָה**,
לאכילה – **לְךָ וּלְעַבְדְּךָ וְלַאֲמָתֶךָ וְלִשְׂכִירְךָ וּלְתוֹשָׁבְךָ הַגָּרִים עִמָּךְ**, לכל
האנשים החיים בארץ. ז **וְלִבְהֶמְתְּךָ**, לבעלי החיים השייכים לאדם
וְלַחַיָּה אֲשֶׁר בְּאַרְצֶךָ, חיות השדה ובכללן עופות השמים **תִּהְיֶה כָל
תְּבוּאָתָהּ** של השנה **לֶאֱכֹל**.

גם שבתות הארץ עצמן נתונות במחזור של שבע שבסופו
שבת – ח **וְסָפַרְתָּ לְךָ שֶׁבַע שַׁבְּתֹת שָׁנִים, שֶׁבַע שָׁנִים שֶׁבַע פְּעָמִים. וְהָיוּ
לְךָ יְמֵי שֶׁבַע שַׁבְּתֹת הַשָּׁנִים תֵּשַׁע וְאַרְבָּעִים שָׁנָה**, ט ולאחר ארבעים

הרחבות

'ולבהמתך ולחיה אשר בארצך תהיה כל תבואתה לאכל' בשנה זו יבול הארץ הוא של הכול – של בני האדם ושל בעלי החיים, משום שהא־ץ חוזרת מכפיפותה לבעלות האנושית אל בוראה ומקורה הראשון. (ראו עוד ירושלמי פאה ו,א; תוספות ראש השנה ט ע"ב ורש"ש שם; חזון איש שביעית יד,ד).

שׁוֹפַר תְּרוּעָה בַּחֹדֶשׁ הַשְּׁבִעִי בֶּעָשׂוֹר לַחֹדֶשׁ בְּיוֹם
הַכִּפֻּרִים תַּעֲבִירוּ שׁוֹפָר בְּכָל־אַרְצְכֶם׃ וְקִדַּשְׁתֶּם אֵת י
שְׁנַת הַחֲמִשִּׁים שָׁנָה וּקְרָאתֶם דְּרוֹר בָּאָרֶץ לְכָל־
יֹשְׁבֶיהָ יוֹבֵל הִוא תִּהְיֶה לָכֶם וְשַׁבְתֶּם אִישׁ אֶל־
אֲחֻזָּתוֹ וְאִישׁ אֶל־מִשְׁפַּחְתּוֹ תָּשֻׁבוּ׃ יוֹבֵל הִוא שְׁנַת יא
הַחֲמִשִּׁים שָׁנָה תִּהְיֶה לָכֶם לֹא תִזְרָעוּ וְלֹא תִקְצְרוּ
אֶת־סְפִיחֶיהָ וְלֹא תִבְצְרוּ אֶת־נְזִרֶיהָ׃ כִּי יוֹבֵל הִוא יב
קֹדֶשׁ תִּהְיֶה לָכֶם מִן־הַשָּׂדֶה תֹּאכְלוּ אֶת־תְּבוּאָתָהּ׃

רש״י

ט) **וְהַעֲבַרְתָּ.** לְשׁוֹן "וַיַּעֲבִירוּ קוֹל בַּמַּחֲנֶה" (שמות לו, ו), לְשׁוֹן הַכְרָזָה: **בְּיוֹם הַכִּפֻּרִים... בְּכָל אַרְצְכֶם.** מִמַּשְׁמַע שֶׁנֶּאֱמַר "בְּיוֹם הַכִּפֻּרִים" אֵינִי יוֹדֵעַ שֶׁהוּא בֶּעָשׂוֹר לַחֹדֶשׁ? אִם כֵּן לָמָּה נֶאֱמַר "בֶּעָשׂוֹר לַחֹדֶשׁ"? אֶלָּא לוֹמַר לָךְ, תְּקִיעַת עָשׂוֹר לַחֹדֶשׁ דּוֹחָה שַׁבָּת בְּכָל אַרְצְכֶם, וְאֵין תְּקִיעַת רֹאשׁ הַשָּׁנָה דּוֹחָה שַׁבָּת בְּכָל אַרְצְכֶם, אֶלָּא בְּבֵית דִּין בִּלְבַד:

י) **וְקִדַּשְׁתֶּם.** בִּכְנִיסָתָהּ מְקַדְּשִׁין אוֹתָהּ בְּבֵית דִּין, וְאוֹמְרִים 'מְקֻדֶּשֶׁת הַשָּׁנָה': **וּקְרָאתֶם דְּרוֹר.** לַעֲבָדִים, בֵּין נִרְצָע בֵּין שֶׁלֹּא כָלוּ לוֹ שֵׁשׁ שָׁנִים מִשֶּׁנִּמְכַּר. אָמַר רַבִּי יְהוּדָה: מַהוּ לְשׁוֹן 'דְּרוֹר'? כִּמְדַיֵּר בֵּי דַיָּרָא וְכוּ', שֶׁדָּר בְּכָל מָקוֹם שֶׁהוּא רוֹצֶה, וְאֵינוֹ בִּרְשׁוּת אֲחֵרִים: **יוֹבֵל הִוא.** שָׁנָה זֹאת מֻבְדֶּלֶת מִשְּׁאָר שָׁנִים בִּנְקִיבַת שֵׁם לָהּ לְבַדָּהּ, וּמַה שְּׁמָהּ? 'יוֹבֵל' שְׁמָהּ, עַל שֵׁם תְּקִיעַת שׁוֹפָר: **וְשַׁבְתֶּם אִישׁ אֶל אֲחֻזָּתוֹ.** שֶׁהַשָּׂדוֹת חוֹזְרוֹת לְבַעֲלֵיהֶן: **וְאִישׁ אֶל מִשְׁפַּחְתּוֹ תָּשֻׁבוּ.** לְרַבּוֹת אֶת הַנִּרְצָע:

יא) **יוֹבֵל הִוא שְׁנַת הַחֲמִשִּׁים שָׁנָה.** מַה תַּלְמוּד לוֹמַר? לְפִי שֶׁנֶּאֱמַר: "וְקִדַּשְׁתֶּם" וְגוֹ', כִּדְאִיתָא בְּרֹאשׁ הַשָּׁנָה (דף ח ע״ב) וּבְתוֹרַת כֹּהֲנִים (פרק ג, ח): **אֶת נְזִרֶיהָ.** אֶת הָעֲנָבִים הַמְשֻׁמָּרִים, אֲבָל בּוֹצֵר אַתָּה מִן הַמֻּפְקָרִים, כְּשֵׁם שֶׁנֶּאֱמַר בַּשְּׁבִיעִית כָּךְ נֶאֱמַר בַּיּוֹבֵל. נִמְצְאוּ שְׁתֵּי שָׁנִים קְדוֹשׁוֹת סְמוּכוֹת זוֹ לָזוֹ, שְׁנַת אַרְבָּעִים וְתֵשַׁע שְׁמִטָּה וּשְׁנַת הַחֲמִשִּׁים יוֹבֵל:

יב) **קֹדֶשׁ תִּהְיֶה לָכֶם.** תּוֹפֶסֶת דָּמֶיהָ כְּהֶקְדֵּשׁ. יָכוֹל תֵּצֵא הִיא לְחֻלִּין? תַּלְמוּד לוֹמַר: "תִּהְיֶה", בַּהֲוָיָתָהּ תְּהֵא: **מִן הַשָּׂדֶה תֹּאכְלוּ.** עַל יְדֵי הַשָּׂדֶה אַתָּה אוֹכֵל מִן הַבַּיִת, שֶׁאִם כָּלָה לַחַיָּה מִן הַשָּׂדֶה צָרִיךְ אַתָּה לְבַעֵר מִן הַבַּיִת, כְּשֵׁם שֶׁנֶּאֱמַר בַּשְּׁבִיעִית כָּךְ נֶאֱמַר בַּיּוֹבֵל:

הרחבות

'בְּיוֹם הַכִּפֻּרִים תַּעֲבִירוּ שׁוֹפָר בְּכָל אַרְצְכֶם' אף שהשנה התקדשה כבר בראש השנה. מכאן אמר רבי ישמעאל בנו של רבי יוחנן בן ברוקא: "מראש השנה עד יום הכיפורים לא היו עבדים נפטרין לבתיהן ולא משתעבדין לאדוניהם, אלא אוכלין ושותין ושמחין ועטרותיהן בראשיהן. כיוון שהגיע יום הכיפורים, תקעו בית דין בשופר, נפטרו עבדים לבתיהם, ושדות חוזרות לבעליהן" (ראש השנה ח ע״ב).

ביאור | ותשע שנים – **וְהַעֲבַרְתָּ שׁוֹפַר תְּרוּעָה בַּחֹדֶשׁ הַשְּׁבִעִי בֶּעָשׂוֹר לַחֹדֶשׁ – בְּיוֹם
הַכִּפֻּרִים תַּעֲבִירוּ**, תשמיעו קול **שׁוֹפָר בְּכָל אַרְצְכֶם** שיכריז על כניסת
השנה החדשה. י **וְקִדַּשְׁתֶּם אֵת שְׁנַת הַחֲמִשִּׁים שָׁנָה** כשנה שהשביתה
בה נושאת משמעות רחבה מזו של שנת השמיטה. **וּקְרָאתֶם דְּרוֹר**,
הכריזו על חירות מלאה **בָּאָרֶץ לְכָל יֹשְׁבֶיהָ**. דאגו לשחרורם השלם
של כל העבדים. שנת **יוֹבֵל**, שופר,[4] שנת התקיעה **הִוא תִּהְיֶה לָכֶם.
וְשַׁבְתֶּם אִישׁ אֶל אֲחֻזָּתוֹ וְאִישׁ אֶל מִשְׁפַּחְתּוֹ תָּשֻׁבוּ**. השנה החמישים
היא שנת שחרור וחזרת הדברים למצבם הראשון. יא **יוֹבֵל הִוא,
שְׁנַת הַחֲמִשִּׁים שָׁנָה תִּהְיֶה לָכֶם. לֹא תִזְרָעוּ, וְלֹא תִקְצְרוּ אֶת סְפִיחֶיהָ וְלֹא
תִבְצְרוּ אֶת נְזִרֶיהָ**, יב **כִּי יוֹבֵל הִוא, קֹדֶשׁ תִּהְיֶה לָכֶם** מכל עבודות הארץ
ומהבעלות על יבולה. **מִן הַשָּׂדֶה תֹּאכְלוּ אֶת תְּבוּאָתָהּ**, שתהיה זמינה
לאכול. כמו בשנת השמיטה, התבואה איננה רכושכם, אלא לכל

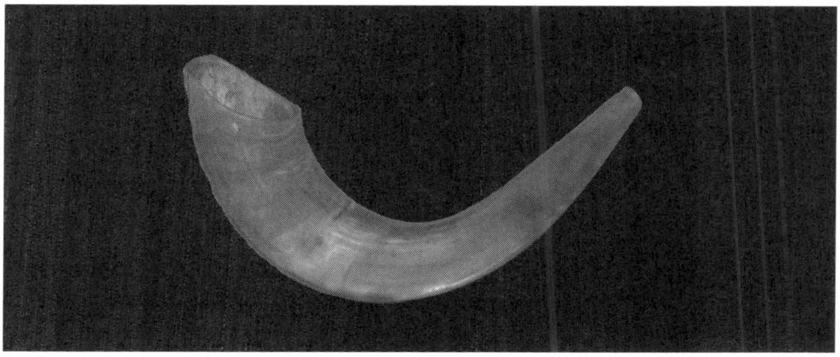
שופר

הרחבות | **'ושבתם איש אל אחזתו'** להלן יבואר שבשנה זו כל מכירות הקרקע שנעשו במשך עשרות השנים האחרונות מתבטלות, והנכסים חוזרים לבעליהם. זהו מורטוריום של החובות – איפוס כל ההתחייבויות והכבלים הקודמים.

שני כ בִּשְׁנַת הַיּוֹבֵל הַזֹּאת תָּשֻׁבוּ אִישׁ אֶל־אֲחֻזָּתוֹ: וְכִי־ יג יד
תִמְכְּרוּ מִמְכָּר לַעֲמִיתֶךָ אוֹ קָנֹה מִיַּד עֲמִיתֶךָ אַל־
תּוֹנוּ אִישׁ אֶת־אָחִיו: בְּמִסְפַּר שָׁנִים אַחַר הַיּוֹבֵל טו
תִּקְנֶה מֵאֵת עֲמִיתֶךָ בְּמִסְפַּר שְׁנֵי־תְבוּאֹת יִמְכָּר־לָךְ:
לְפִי ׀ רֹב הַשָּׁנִים תַּרְבֶּה מִקְנָתוֹ וּלְפִי מְעֹט הַשָּׁנִים טז
תַּמְעִיט מִקְנָתוֹ כִּי מִסְפַּר תְּבוּאֹת הוּא מֹכֵר לָךְ: וְלֹא יז
תוֹנוּ אִישׁ אֶת־עֲמִיתוֹ וְיָרֵאתָ מֵּאֱלֹהֶיךָ כִּי אֲנִי יְהוָה
אֱלֹהֵיכֶם: וַעֲשִׂיתֶם אֶת־חֻקֹּתַי וְאֶת־מִשְׁפָּטַי תִּשְׁמְרוּ יח
שלישי / שני / וַעֲשִׂיתֶם אֹתָם וִישַׁבְתֶּם עַל־הָאָרֶץ לָבֶטַח: וְנָתְנָה יט

רש"י

יג) **תָּשֻׁבוּ אִישׁ אֶל אֲחֻזָּתוֹ.** וַהֲרֵי כְּבָר נֶאֱמַר: "וְשַׁבְתֶּם אִישׁ אֶל אֲחֻזָּתוֹ" (לעיל פסוק י)? אֶלָּא לְרַבּוֹת הַמּוֹכֵר שָׂדֵהוּ וְעָמַד בְּנוֹ וּגְאָלָהּ, שֶׁחוֹזֶרֶת לְאָבִיו בַּיּוֹבֵל:

יד) **וְכִי תִמְכְּרוּ וְגוֹ'.** לְפִי פְּשׁוּטוֹ, כְּמַשְׁמָעוֹ. וְעוֹד יֵשׁ דְּרָשָׁה: מִנַּיִן כְּשֶׁאַתָּה מוֹכֵר, מְכֹר לְיִשְׂרָאֵל חֲבֵרְךָ? תַּלְמוּד לוֹמַר: "וְכִי תִמְכְּרוּ מִמְכָּר – לַעֲמִיתֶךָ" מְכֹר. וּמִנַּיִן שֶׁאִם בָּאתָ לִקְנוֹת, קְנֵה מִיִּשְׂרָאֵל חֲבֵרְךָ? תַּלְמוּד לוֹמַר: "אוֹ קָנֹה – מִיַּד עֲמִיתֶךָ". **אַל תּוֹנוּ.** זוֹ אוֹנָאַת מָמוֹן:

טו) **בְּמִסְפַּר שָׁנִים אַחַר הַיּוֹבֵל תִּקְנֶה.** זֶהוּ פְּשׁוּטוֹ לְיַשֵּׁב הַמִּקְרָא עַל אָפְנָיו, עַל הָאוֹנָאָה בָּא לְהַזְהִיר: כְּשֶׁתִּמְכֹּר אוֹ תִּקְנֶה קַרְקַע דְּעוּ כַּמָּה שָׁנִים יֵשׁ עַד הַיּוֹבֵל, וּלְפִי הַשָּׁנִים וּתְבוּאוֹת הַשָּׂדֶה שֶׁהִיא רְאוּיָה לַעֲשׂוֹת יִמְכֹּר הַמּוֹכֵר וְיִקְנֶה הַקּוֹנֶה, שֶׁהֲרֵי סוֹפוֹ לְהַחֲזִירָהּ לוֹ בִּשְׁנַת הַיּוֹבֵל. וְאִם יֵשׁ שָׁנִים מוּעָטוֹת וְזֶה מוֹכְרָהּ בְּדָמִים יְקָרִים – הֲרֵי נִתְאַנָּה לוֹקֵחַ, וְאִם יֵשׁ שָׁנִים מְרֻבּוֹת וְאָכַל מִמֶּנָּה תְּבוּאוֹת הַרְבֵּה – הֲרֵי נִתְאַנָּה מוֹכֵר; לְפִיכָךְ צָרִיךְ לִקְנוֹתָהּ לְפִי הַזְּמַן. וְזֶהוּ שֶׁנֶּאֱמַר: "בְּמִסְפַּר שְׁנֵי תְבוּאֹת יִמְכָּר לָךְ" – לְפִי מִנְיַן שְׁנֵי הַתְּבוּאוֹת שֶׁתְּהֵא עוֹמֶדֶת בְּיַד הַלּוֹקֵחַ תִּמְכֹּר לוֹ. וְרַבּוֹתֵינוּ דָּרְשׁוּ מִכָּאן שֶׁהַמּוֹכֵר שָׂדֵהוּ אֵינוֹ רַשַּׁאי לִגְאֹל פָּחוֹת מִשְּׁתֵּי שָׁנִים, שֶׁתַּעֲמֹד שְׁתֵּי שָׁנִים בְּיַד הַלּוֹקֵחַ מִיּוֹם לְיוֹם, וַאֲפִלּוּ יֵשׁ שָׁלֹשׁ תְּבוּאוֹת בְּאוֹתָן שְׁתֵּי שָׁנִים, כְּגוֹן שֶׁמְּכָרָהּ לוֹ בְּקָמוֹתֶיהָ. וּ"שְׁנֵי" אֵינוֹ יוֹצֵא מִפְּשׁוּטוֹ, כְּלוֹמַר, מִסְפַּר שָׁנִים שֶׁל תְּבוּאוֹת וְלֹא שֶׁל שִׁדָּפוֹן, וּמִעוּט 'שָׁנִים' שְׁנַיִם:

טז) **תַּרְבֶּה מִקְנָתוֹ.** תִּמְכְּרֶנָּה בְּיֹקֶר: **תַּמְעִיט מִקְנָתוֹ.** תַּמְעִיט בְּדָמֶיהָ:

יז) **וְלֹא תוֹנוּ אִישׁ אֶת עֲמִיתוֹ.** כָּאן הִזְהִיר עַל אוֹנָאַת דְּבָרִים, שֶׁלֹּא יַקְנִיט אִישׁ אֶת חֲבֵרוֹ וְלֹא יַשִּׂיאֶנּוּ עֵצָה שֶׁאֵינָהּ הוֹגֶנֶת לוֹ לְפִי דַּרְכּוֹ וַהֲנָאָתוֹ שֶׁל יוֹעֵץ. וְאִם תֹּאמַר, מִי יוֹדֵעַ אִם נִתְכַּוַּנְתִּי לְרָעָה? לְכָךְ נֶאֱמַר: "וְיָרֵאתָ מֵּאֱלֹהֶיךָ", הַיּוֹדֵעַ מַחְשָׁבוֹת הוּא יוֹדֵעַ. כָּל דָּבָר הַמָּסוּר לַלֵּב, שֶׁאֵין מַכִּיר אֶלָּא מִי שֶׁהַמַּחֲשָׁבָה בְּלִבּוֹ, נֶאֱמַר בּוֹ "וְיָרֵאתָ מֵּאֱלֹהֶיךָ":

יח) **וִישַׁבְתֶּם עַל הָאָרֶץ לָבֶטַח.** שֶׁבַּעֲוֹן שְׁמִטָּה יִשְׂרָאֵל גּוֹלִים, שֶׁנֶּאֱמַר: "אָז תִּרְצֶה הָאָרֶץ אֶת שַׁבְּתֹתֶיהָ... וְהִרְצָת אֶת שַׁבְּתֹתֶיהָ"

ביאור

היותר היא מעין פיקדון בידכם. יג **בִּשְׁנַת הַיּוֹבֵל הַזֹּאת תָּשֻׁבוּ אִישׁ אֶל אֲחֻזָּתוֹ**. אם אדם מכר את נחלתו במשך השנים הקודמות, אין היא נשארת לעולם בידי הקונה. המוכר יחזור אליה ביובל.

ובעניין קרוב: יד **וְכִי תִמְכְּרוּ מִמְכָּר**, נכס **לַעֲמִיתֶךָ**, לאחד מחבריך, **אוֹ קָנֹה**, כשאתם קונים **מִיַּד עֲמִיתֶךָ – אַל תּוֹנוּ**, תרמו **אִישׁ אֶת אָחִיו**. ההונאה אסורה בכלל, אך היא נזכרת כאן מסיבה מיוחדת: טו מכיוון שאין הקרקע בארץ נמכרת לצמיתות אלא רק עד היובל, **בְּמִסְפַּר שָׁנִים אַחַר הַיּוֹבֵל תִּקְנֶה מֵאֵת עֲמִיתֶךָ**. מחיר השדה ייקבע בהתאם למספר השנים שנותרו עד שנת היובל הבאה.[5] **בְּמִסְפַּר שְׁנֵי תְבוּאֹת**, לפי מספר השנים שיש בהן תבואות, להוציא שנות השמיטה שיחולו בתקופה זו, שהרי בהן אי אפשר לעבד את השדה,[6] **יִמְכָּר לָךְ**. טז **לְפִי רֹב הַשָּׁנִים**, השנים הרבות שעד היובל **תַּרְבֶּה מִקְנָתוֹ**, מחירו, **וּלְפִי מְעֹט הַשָּׁנִים תַּמְעִיט מִקְנָתוֹ, כִּי** רק **מִסְפַּר תְּבוּאֹת**, רק את זכות השימוש בשדה על מנת לקבל את מספר שנות התבואה, ולא את גוף השדה **הוּא מֹכֵר לָךְ**. יז ושוב: **לֹא תוֹנוּ אִישׁ אֶת עֲמִיתוֹ, וְיָרֵאתָ מֵאֱלֹהֶיךָ, כִּי אֲנִי ה' אֱלֹהֵיכֶם**. הדינים הללו אינם קלים לביצוע. השבת כל השדות לבעליהן היא התרחשות מורכבת, העלולה לגרור סיבוכים שונים. לכן נצרכת הזהרה נוספת.

יח **וַעֲשִׂיתֶם אֶת חֻקֹּתַי**, כגון השמיטה והיובל, **וְאֶת מִשְׁפָּטַי**, כגון דיני המכירה[7] **תִּשְׁמְרוּ וַעֲשִׂיתֶם אֹתָם**, ואז – **וִישַׁבְתֶּם עַל הָאָרֶץ לָבֶטַח**. יט **וְנָתְנָה**

הָאָרֶץ פִּרְיָהּ וַאֲכַלְתֶּם לָשֹׂבַע וִישַׁבְתֶּם לָבֶטַח עָלֶיהָ׃
וְכִי תֹאמְרוּ מַה־נֹּאכַל בַּשָּׁנָה הַשְּׁבִיעִת הֵן לֹא כ
נִזְרָע וְלֹא נֶאֱסֹף אֶת־תְּבוּאָתֵנוּ׃ וְצִוִּיתִי אֶת־בִּרְכָתִי כא
לָכֶם בַּשָּׁנָה הַשִּׁשִּׁית וְעָשָׂת אֶת־הַתְּבוּאָה לִשְׁלֹשׁ
הַשָּׁנִים׃ וּזְרַעְתֶּם אֵת הַשָּׁנָה הַשְּׁמִינִת וַאֲכַלְתֶּם כב
מִן־הַתְּבוּאָה יָשָׁן עַד ׀ הַשָּׁנָה הַתְּשִׁיעִת עַד־בּוֹא
תְּבוּאָתָהּ תֹּאכְלוּ יָשָׁן׃ וְהָאָרֶץ לֹא תִמָּכֵר לִצְמִתֻת כג
כִּי־לִי הָאָרֶץ כִּי־גֵרִים וְתוֹשָׁבִים אַתֶּם עִמָּדִי׃ וּבְכֹל כד
רביעי אֶרֶץ אֲחֻזַּתְכֶם גְּאֻלָּה תִּתְּנוּ לָאָרֶץ׃ כִּי־ כה
יָמוּךְ אָחִיךָ וּמָכַר מֵאֲחֻזָּתוֹ וּבָא גֹאֲלוֹ הַקָּרֹב אֵלָיו
וְגָאַל אֵת מִמְכַּר אָחִיו׃ וְאִישׁ כִּי לֹא יִהְיֶה־לּוֹ גֹּאֵל כו

רש״י (ויקרא כו, לד), וְשִׁבְעִים שָׁנָה שֶׁל גָּלוּת בָּבֶל כְּנֶגֶד שִׁבְעִים שְׁמִטּוֹת שֶׁבִּטְּלוּ הָיוּ (דברי הימים ב׳ לו, כא):

יט **וְנָתְנָה הָאָרֶץ וגו׳ וִישַׁבְתֶּם לָבֶטַח עָלֶיהָ.** שֶׁלֹּא תִדְאֲגוּ מִשְּׁנַת בַּצֹּרֶת: **וַאֲכַלְתֶּם לָשֹׂבַע.** אַף בְּתוֹךְ הַמֵּעַיִם תְּהֵא בּוֹ בְּרָכָה:

כ **וְלֹא נֶאֱסֹף.** אֶל הַבַּיִת: **אֶת תְּבוּאָתֵנוּ.** כְּגוֹן יַיִן וּפֵרוֹת הָאִילָן וּסְפִיחִין הַבָּאִים מֵאֲלֵיהֶם:

כא **לִשְׁלֹשׁ הַשָּׁנִים.** לִקְצָת הַשִּׁשִּׁית, מִנִּיסָן וְעַד רֹאשׁ הַשָּׁנָה, וְלַשְּׁבִיעִית וְלַשְּׁמִינִית, שֶׁיִּזְרְעוּ בַּשְּׁמִינִית בְּמַרְחֶשְׁוָן וְיִקְצְרוּ בְּנִיסָן:

כב **עַד הַשָּׁנָה הַתְּשִׁיעִת.** עַד חַג הַסֻּכּוֹת שֶׁל תְּשִׁיעִית, שֶׁהוּא עֵת בּוֹא תְּבוּאָתָהּ שֶׁל שְׁמִינִית לְתוֹךְ הַבַּיִת, שֶׁכָּל יְמוֹת הַקַּיִץ הָיוּ בַּשָּׂדֶה בַּגְּרָנוֹת, וּבְתִשְׁרֵי הוּא עֵת הָאָסִיף לַבַּיִת. וּפְעָמִים שֶׁהָיְתָה צְרִיכָה לַעֲשׂוֹת לְאַרְבַּע שָׁנִים, בַּשִּׁשִּׁית שֶׁלִּפְנֵי הַשְּׁמִטָּה הַשְּׁבִיעִית, שֶׁהֵן בְּטֵלִין מֵעֲבוֹדַת קַרְקַע שְׁתֵּי שָׁנִים רְצוּפוֹת, הַשְּׁבִיעִית וְהַיּוֹבֵל, וּמִקְרָא זֶה נֶאֱמַר בִּשְׁאָר הַשְּׁמִטּוֹת כֻּלָּן:

כג **וְהָאָרֶץ לֹא תִמָּכֵר.** לִתֵּן לָאו עַל חֲזָרַת שָׂדוֹת לַבְּעָלִים בַּיּוֹבֵל, שֶׁלֹּא יְהֵא הַלּוֹקֵחַ כּוֹבְשָׁהּ: **לִצְמִתֻת.** לִפְסִיקָה, לִמְכִירָה פְּסוּקָה עוֹלָמִית: **כִּי לִי הָאָרֶץ.** אַל תֵּרַע עֵינְךָ בָּהּ, שֶׁאֵינָהּ שֶׁלְּךָ:

כד **וּבְכֹל אֶרֶץ אֲחֻזַּתְכֶם.** לְרַבּוֹת בָּתִּים וְעֶבֶד עִבְרִי, וְדָבָר זֶה מְפֹרָשׁ בְּקִדּוּשִׁין בְּפֶרֶק רִאשׁוֹן (דף כא ע״א). וּלְפִי פְּשׁוּטוֹ סָמוּךְ לַפָּרָשָׁה שֶׁלְּאַחֲרָיו, שֶׁהַמּוֹכֵר אֲחֻזָּתוֹ רַשַּׁאי לִגְאֳלָהּ לְאַחַר שְׁתֵּי שָׁנִים, אוֹ הוּא אוֹ קְרוֹבוֹ, וְאֵין הַלּוֹקֵחַ יָכוֹל לְעַכֵּב:

כה **כִּי יָמוּךְ אָחִיךָ וּמָכַר.** מְלַמֵּד שֶׁאֵין אָדָם רַשַּׁאי לִמְכֹּר שָׂדֵהוּ אֶלָּא מֵחֲמַת דֹּחַק עֹנִי: **מֵאֲחֻזָּתוֹ.** וְלֹא כֻּלָּהּ, לִמֵּד דֶּרֶךְ אֶרֶץ שֶׁיְּשַׁיֵּר שָׂדֶה לְעַצְמוֹ: **וְגָאַל אֵת מִמְכַּר אָחִיו.** וְאֵין הַלּוֹקֵחַ יָכוֹל לְעַכֵּב:

כו **וְאִישׁ כִּי לֹא יִהְיֶה לּוֹ גֹּאֵל.** וְכִי יֵשׁ לְךָ

ביאור | **הָאָרֶץ פִּרְיָהּ**, כמו שיוסבר מיד, **וַאֲכַלְתֶּם לָשֹׂבַע, וִישַׁבְתֶּם לָבֶטַח עָלֶיהָ.**

כ **וְכִי תֹאמְרוּ: מַה נֹּאכַל בַּשָּׁנָה הַשְּׁבִיעִת? הֵן לֹא נִזְרָע וְלֹא נֶאֱסֹף אֶת תְּבוּאָתֵנוּ** בשל מצוות ה'. כא **וְצִוִּיתִי אֶת בִּרְכָתִי לָכֶם בַּשָּׁנָה הַשִּׁשִּׁית, וְעָשָׂת**, תעשה **אֶת הַתְּבוּאָה** כך שתספיק **לִשְׁלֹשׁ הַשָּׁנִים**: השנה השישית, השביעית ולפחות מקצת השנה השמינית.[8] כב **וּזְרַעְתֶּם אֵת הַשָּׁנָה הַשְּׁמִינִת**, שכן בה כבר תוכלו לשוב ולזרוע, **וַאֲכַלְתֶּם מִן הַתְּבוּאָה יָשָׁן**, מן התבואה הישנה שנותרה מהשנה השישית, **עַד הַשָּׁנָה הַתְּשִׁיעִת, עַד בּוֹא תְּבוּאָתָהּ**, יבול השנה השמינית, **תֹּאכְלוּ יָשָׁן.**

ובאופן כללי: כג **וְהָאָרֶץ**, ארץ ישראל **לֹא תִמָּכֵר**, תוכל להימכר **לִצְמִתֻת**, לחלוטין, **כִּי לִי הָאָרֶץ, כִּי גֵרִים** בארץ לא להם **וְתוֹשָׁבִים** החיים במקום לפי חוזה מיוחד, ודבר אינו שייך להם, כך **אַתֶּם עִמָּדִי.** בשמיטת הארץ בשנה השביעית ובשיבת הכול בשנת היובל יש משום הודאה שה' הוא אדון הכול. כד **וּבְכֹל אֶרֶץ אֲחֻזַּתְכֶם**, הארץ שבה תיאחזו, בכנען – **גְּאֻלָּה תִּתְּנוּ לָאָרֶץ** בכך שתחזירו את האחוזות למצבן הראשון.

מכירת מקרקעין בארץ

פרק כה פס' כה–לד

גם הדינים הבאים שייכים להלכה הכוללת של היובל: כה **כִּי יָמוּךְ**, ייעשה עני **אָחִיךָ וּמָכַר** חלק **מֵאֲחֻזָּתוֹ** לצורך מחייתו – **וּבָא גֹאֲלוֹ**, קרוב-משפחתו **הַקָּרֹב אֵלָיו וְגָאַל**, ישחרר **אֵת מִמְכַּר אָחִיו.** קרובו זכאי לקנות שוב את השדה.[9]

כו **וְאִישׁ כִּי לֹא יִהְיֶה לּוֹ גֹּאֵל**, שיוכל לממש את זכותו לקנות את הנכס,

הרחבות | **'כי לי הארץ'** דיני השמיטה בעיקרם חלים רק בארץ ישראל. אף שאומר: כִּי לִי הָאָרֶץ, הרי הארץ המיוחדת, כנחלה מלכותית פרטית, היא ארץ ישראל דווקא, ובה לבדה חלים דינים אלה.

כז וְהִשִּׂיגָה יָדוֹ וּמָצָא כְּדֵי גְאֻלָּתוֹ: וְחִשַּׁב אֶת־שְׁנֵי
מִמְכָּרוֹ וְהֵשִׁיב אֶת־הָעֹדֵף לָאִישׁ אֲשֶׁר מָכַר־לוֹ וְשָׁב
כח לַאֲחֻזָּתוֹ: וְאִם לֹא־מָצְאָה יָדוֹ דֵּי הָשִׁיב לוֹ וְהָיָה
מִמְכָּרוֹ בְּיַד הַקֹּנֶה אֹתוֹ עַד שְׁנַת הַיּוֹבֵל וְיָצָא בַּיֹּבֵל
כט וְשָׁב לַאֲחֻזָּתוֹ: וְאִישׁ כִּי־יִמְכֹּר בֵּית־מוֹשַׁב
עִיר חוֹמָה וְהָיְתָה גְּאֻלָּתוֹ עַד־תֹּם שְׁנַת מִמְכָּרוֹ יָמִים
ל תִּהְיֶה גְאֻלָּתוֹ: וְאִם לֹא־יִגָּאֵל עַד־מְלֹאת לוֹ שָׁנָה
לו תְמִימָה וְקָם הַבַּיִת אֲשֶׁר־בָּעִיר אֲשֶׁר־לא חֹמָה
לא לַצְּמִיתֻת לַקֹּנֶה אֹתוֹ לְדֹרֹתָיו לֹא יֵצֵא בַּיֹּבֵל: וּבָתֵּי
הַחֲצֵרִים אֲשֶׁר אֵין־לָהֶם חֹמָה סָבִיב עַל־שְׂדֵה
לב הָאָרֶץ יֵחָשֵׁב גְּאֻלָּה תִּהְיֶה־לּוֹ וּבַיֹּבֵל יֵצֵא: וְעָרֵי

רש"י | אָדָם בְּיִשְׂרָאֵל שֶׁאֵין לוֹ גּוֹאֲלִים? אֶלָּא גּוֹאֵל שֶׁיּוּכַל לִגְאֹל מִמְכָּרוֹ:

כז] **וְחִשַּׁב אֶת שְׁנֵי מִמְכָּרוֹ.** כַּמָּה שָׁנִים הָיוּ עַד הַיּוֹבֵל? כָּךְ וְכָךְ; וּבְכַמָּה מְכַרְתִּיהָ לְךָ? בְּכָךְ וְכָךְ; עָתִיד הָיִיתָ לְהַחֲזִירָהּ בַּיּוֹבֵל, נִמְצֵאתָ קוֹנֶה מִסְפַּר הַתְּבוּאוֹת כְּפִי חֶשְׁבּוֹן שֶׁל כָּל שָׁנָה, אָכַלְתָּ אוֹתָהּ שָׁלֹשׁ שָׁנִים אוֹ אַרְבַּע, הוֹצֵא אֶת דְּמֵיהֶן מִן הַחֶשְׁבּוֹן וְטֹל אֶת הַשְּׁאָר; וְזֶהוּ: "וְהֵשִׁיב אֶת הָעֹדֵף" בִּדְמֵי הַמֶּקַח עַל הָאֲכִילָה שֶׁאֲכָלָהּ, וְיִתְּנֵם לַלּוֹקֵחַ: **לָאִישׁ אֲשֶׁר מָכַר לוֹ.** הַמּוֹכֵר הַזֶּה שֶׁבָּא לְגָאֳלָהּ:

כח] **דֵּי הָשִׁיב לוֹ.** מִכָּאן שֶׁאֵינוֹ גּוֹאֵל לַחֲצָאִין: **עַד שְׁנַת הַיּוֹבֵל.** שֶׁלֹּא יִכָּנֵס לְתוֹךְ אוֹתָהּ שָׁנָה כְּלוּם, שֶׁהַיּוֹבֵל מְשַׁמֵּט בִּתְחִלָּתוֹ:

כט] **בֵּית מוֹשַׁב עִיר חוֹמָה.** בַּיִת בְּתוֹךְ עִיר הַמֻּקֶּפֶת חוֹמָה מִימוֹת יְהוֹשֻׁעַ בִּן נוּן: **וְהָיְתָה גְּאֻלָּתוֹ.** לְפִי שֶׁנֶּאֱמַר בְּשָׂדֶה שֶׁיָּכוֹל לִגְאָלָהּ מִשְׁתֵּי שָׁנִים וְאֵילָךְ כָּל זְמַן שֶׁיִּרְצֶה, וּבְתוֹךְ שְׁתֵּי שָׁנִים הָרִאשׁוֹנוֹת אֵינוֹ יָכוֹל לִגְאָלָהּ, הֻצְרַךְ לְפָרֵשׁ בָּזֶה שֶׁהוּא חִלּוּף, שֶׁאִם רָצָה לִגְאֹל בְּשָׁנָה רִאשׁוֹנָה גּוֹאֲלָהּ, וּלְאַחַר מִכָּאן אֵינוֹ גּוֹאֲלָהּ: **וְהָיְתָה גְּאֻלָּתוֹ.** שֶׁל בַּיִת: **יָמִים.** יְמֵי שָׁנָה שְׁלֵמָה קְרוּיִים 'יָמִים', וְכֵן: "תֵּשֵׁב הַנַּעֲרָ אִתָּנוּ יָמִים" (בראשית כד, נה):

ל] **וְקָם הַבַּיִת... לַצְּמִיתֻת.** יָצָא מִכֹּחוֹ שֶׁל מוֹכֵר וְעוֹמֵד בְּכֹחוֹ שֶׁל קוֹנֶה: **לֹא יֵצֵא בַּיֹּבֵל.** אָמַר רַב סָפְרָא: אִם פָּגַע בּוֹ יוֹבֵל בְּתוֹךְ שְׁנָתוֹ, לֹא יָצָא:

לא] **וּבָתֵּי הַחֲצֵרִים.** כְּתַרְגּוּמוֹ: "פַּצְחַיָּא", עֲיָרוֹת פְּתוּחוֹת מֵאֵין חוֹמָה, וְיֵשׁ הַרְבֵּה בְּסֵפֶר יְהוֹשֻׁעַ (פרקים יג-יט) "הֶעָרִים וְחַצְרֵיהֶם", "בְּחַצְרֵיהֶם וּבְטִירֹתָם" (בראשית כה, טז): **עַל שְׂדֵה הָאָרֶץ יֵחָשֵׁב.** הֲרֵי הֵן כְּשָׂדוֹת שֶׁנִּגְאָלִים עַד הַיּוֹבֵל, וְיוֹצְאִין בַּיּוֹבֵל לַבְּעָלִים אִם לֹא נִגְאֲלוּ: **גְּאֻלָּה תִּהְיֶה לּוֹ.** מִיָּד, אִם יִרְצֶה, וּבָזֶה יָפֶה כֹּחוֹ מִכֹּחַ שָׂדוֹת, שֶׁהַשָּׂדוֹת אֵין נִגְאָלוֹת עַד שְׁתֵּי שָׁנִים: **וּבַיֹּבֵל יֵצֵא.** בְּחִנָּם:

ביאור

אבל לאחר זמן – **וְהִשִּׂיגָה יָדוֹ** של המוכר עצמו **וּמָצָא** כסף; הוא התעשר
או חסך **כְּדֵי גְאֻלָּתוֹ**, עד שגאולת האחוזה בהישג ידו – כז **וְחִשַּׁב אֶת
שְׁנֵי מִמְכָּרוֹ**, מספר השנים של המכירה, **וְהֵשִׁיב אֶת הָעֹדֵף**, מחיר השנים
שנותרו **לָאִישׁ אֲשֶׁר מָכַר לוֹ**, לקונה. מכיוון שהמוכר מבקש לגאול את
שדהו לפני שנת היובל, עליו לשלם בעבור שימוש השנים שנותרו עד
היובל שבהן הקונה היה זכאי להשתמש בשדה, **וְשָׁב לַאֲחֻזָּתוֹ**. כח **וְאִם
לֹא מָצְאָה יָדוֹ דֵּי**, כמות מספקת **לְהָשִׁיב לוֹ**, לקונה – **וְהָיָה מִמְכָּרוֹ**, הנכס
שנמכר יישאר **בְּיַד הַקֹּנֶה אֹתוֹ עַד שְׁנַת הַיּוֹבֵל, וְיָצָא בַּיֹּבֵל** מאליו, ואין
צורך בקנייה, **וְשָׁב** הממכר **לַאֲחֻזָּתוֹ**, לנחלת האבות.

כט ואולם **אִישׁ כִּי יִמְכֹּר בֵּית מוֹשַׁב**, דירה **בְּעִיר** מוקפת **חוֹמָה, וְהָיְתָה
גְּאֻלָּתוֹ**, זכות פדיונו של המוכר **עַד תֹּם שְׁנַת מִמְכָּרוֹ. יָמִים**, עד שנה
בדיוק[10] **תִּהְיֶה גְאֻלָּתוֹ.** ל **וְאִם לֹא יִגָּאֵל** הבית **עַד מְלֹאת לוֹ שָׁנָה תְמִימָה**,
אם האיש לא הצליח לקנותו שוב בתוך שנה – **וְקָם הַבַּיִת אֲשֶׁר
בָּעִיר אֲשֶׁר־לוֹ חֹמָה**, הוא יעמוד **לַצְּמִיתֻת**, לחלוטין **לַקֹּנֶה אֹתוֹ לְדֹרֹתָיו,
לֹא יֵצֵא בַּיֹּבֵל**. הבית יישאר ביד הקונה לעולם ועד ולא יחזור לבעלים
הראשונים.

לא **וּבָתֵּי** מבָתֵּי **הַחֲצֵרִים**, יישובים פרוזים, **אֲשֶׁר אֵין לָהֶם חֹמָה סָבִיב** –
עַל, כמו **שְׂדֵה הָאָרֶץ יֵחָשֵׁב. גְּאֻלָּה תִּהְיֶה לּוֹ**, כדין השדות, **וּבַיֹּבֵל יֵצֵא.**

הרחבות

'ויצא ביבל ושב לאחזתו' באופן עקרוני שדה האחוזה הוא נחלת עולם לכל אדם מישראל. כל מכירת נחלה בארץ אינה אלא מכירה זמנית, עד שבעל הקרקע יתאושש ויגאל אותה. משמעות הדבר היא שאיש לא יגיע לידי עניות גמורה, משום שלכל אדם יש שדה אחוזה השייך לו מדורי דורות, והוא לעולם לא יימכר לצמיתות, ובסופו של דבר ישוב אליו. (ראו מורה נבוכים ח"ג לט).

'ובתי החצרים אשר אין להם חמה סביב על שדה הארץ יֵחָשֵׁב' במקרים רבים בית המושב שבעיר החומה משמש למגורים משעה לשעה או בעתות סכנה, כאשר באים לחסות בעיר כזו. (ראו למשל להלן כו,כה; שופטים ה,ז יא; ירמיה ד,ה; ח,יד). בית כזה משמש פחות למגורי הקבע הרגילים. לעומת זאת, בתי החצרים שבתוך נחלות האחוזה נחשבים רכוש קבוע ומקור פרנסה, ולכן אי אפשר למכרם לצמיתות. (ראו עוד ר"י בכור שור).

הַלְוִיִּ֔ם בָּתֵּ֖י עָרֵ֣י אֲחֻזָּתָ֑ם גְּאֻלַּ֥ת עוֹלָ֖ם תִּהְיֶ֥ה לַלְוִיִּֽם׃
לג וַאֲשֶׁ֤ר יִגְאַל֙ מִן־הַלְוִיִּ֔ם וְיָצָ֧א מִמְכַּר־בַּ֛יִת וְעִ֥יר אֲחֻזָּת֖וֹ
בַּיֹּבֵ֑ל כִּ֣י בָתֵּ֞י עָרֵ֣י הַלְוִיִּ֗ם הִ֚וא אֲחֻזָּתָ֔ם בְּת֖וֹךְ בְּנֵ֥י
לד יִשְׂרָאֵֽל׃ וּֽשְׂדֵ֛ה מִגְרַ֥שׁ עָרֵיהֶ֖ם לֹ֣א יִמָּכֵ֑ר כִּֽי־אֲחֻזַּ֥ת
כא * לה עוֹלָ֛ם ה֖וּא לָהֶֽם׃ וְכִֽי־יָמ֣וּךְ אָחִ֔יךָ וּמָ֥טָה
לו יָד֖וֹ עִמָּ֑ךְ וְהֶחֱזַ֣קְתָּ בּ֔וֹ גֵּ֧ר וְתוֹשָׁ֛ב וָחַ֖י עִמָּֽךְ׃ אַל־תִּקַּ֤ח
מֵֽאִתּוֹ֙ נֶ֣שֶׁךְ וְתַרְבִּ֔ית וְיָרֵ֖אתָ מֵֽאֱלֹהֶ֑יךָ וְחֵ֥י אָחִ֖יךָ

רש"י

לב) **וְעָרֵי הַלְוִיִּם.** אַרְבָּעִים וּשְׁמוֹנֶה עִיר שֶׁנִּתְּנוּ לָהֶם: **גְּאֻלַּת עוֹלָם.** גּוֹאֵל מִיָּד אֲפִלּוּ לִפְנֵי שְׁתֵּי שָׁנִים, אִם מָכְרוּ שָׂדֶה מִשְּׂדוֹתֵיהֶם הַנְּתוּנוֹת לָהֶם בָּאַלְפַּיִם אַמָּה סְבִיבוֹת הֶעָרִים, אוֹ אִם מָכְרוּ בַּיִת בְּעִיר חוֹמָה, גּוֹאֲלִין לְעוֹלָם וְאֵינוֹ חָלוּט לְסוֹף שָׁנָה:

לג) **וַאֲשֶׁר יִגְאַל מִן הַלְוִיִּם.** וְאִם יִקְנֶה בַּיִת אוֹ עִיר מֵהֶם, וְיָצָא בַּיּוֹבֵל אוֹתוֹ מִמְכַּר שֶׁל בַּיִת אוֹ שֶׁל עִיר וְיָשׁוּב לַלֵּוִי שֶׁמְּכָרוֹ, וְלֹא יִהְיֶה חָלוּט כִּשְׁאָר בָּתֵּי עָרֵי חוֹמָה שֶׁל יִשְׂרָאֵל; וּ'גְאֻלָּה' זוֹ לְשׁוֹן מְכִירָה. דָּבָר אַחֵר, לְפִי שֶׁנֶּאֱמַר: "גְּאֻלַּת עוֹלָם תִּהְיֶה לַלְוִיִּם" (לעיל פסוק לב), יָכוֹל לֹא דִּבֵּר הַכָּתוּב אֶלָּא בְּלוֹקֵחַ יִשְׂרָאֵל שֶׁקָּנָה בַּיִת בְּעָרֵי הַלְוִיִּם, אֲבָל לֵוִי שֶׁקָּנָה מִלֵּוִי יִהְיֶה חָלוּט? תַּלְמוּד לוֹמַר: "וַאֲשֶׁר יִגְאַל מִן הַלְוִיִּם", אַף הַגּוֹאֵל מִיַּד לֵוִי גּוֹאֵל גְּאֻלַּת עוֹלָם. "וְיָצָא מִמְכַּר בַּיִת" – הֲרֵי זוֹ מִצְוָה אַחֶרֶת: וְאִם לֹא גְאָלָהּ יוֹצְאָה בַּיּוֹבֵל, וְאֵינוֹ נֶחְלָט לְסוֹף שָׁנָה כְּבַיִת שֶׁל יִשְׂרָאֵל: **כִּי בָתֵּי עָרֵי הַלְוִיִּם הִוא אֲחֻזָּתָם.** לֹא הָיוּ לָהֶם נַחֲלַת שָׂדוֹת וּכְרָמִים אֶלָּא עָרִים לָשֶׁבֶת וּמִגְרְשֵׁיהֶם, לְפִיכָךְ הֵם לָהֶם בִּמְקוֹם שָׂדוֹת וְיֵשׁ לָהֶם גְּאֻלָּה כְּשָׂדוֹת, כְּדֵי שֶׁלֹּא תִּפְקַע נַחֲלָתָם מֵהֶם:

לד) **וּשְׂדֵה מִגְרַשׁ עָרֵיהֶם לֹא יִמָּכֵר.** מֶכֶר גִּזְבָּר, שֶׁאִם הִקְדִּישׁ בֶּן לֵוִי אֶת שָׂדֵהוּ וְלֹא גְאָלָהּ וּמְכָרָהּ גִּזְבָּר, אֵינָהּ יוֹצְאָה לַכֹּהֲנִים בַּיּוֹבֵל, כְּמוֹ שֶׁנֶּאֱמַר בְּיִשְׂרָאֵל: "וְאִם מָכַר אֶת הַשָּׂדֶה לְאִישׁ אַחֵר לֹא יִגָּאֵל עוֹד" (ויקרא כז, כ), אֲבָל בֶּן לֵוִי גּוֹאֵל לְעוֹלָם:

לה) **וְהֶחֱזַקְתָּ בּוֹ.** אַל תַּנִּיחֵהוּ שֶׁיֵּרֵד וְיִפֹּל וְיִהְיֶה קָשֶׁה לַהֲקִימוֹ, אֶלָּא חַזְּקֵהוּ מִשְּׁעַת מוֹטַת הַיָּד. לְמָה זֶה דּוֹמֶה? לְמַשּׂאוֹי שֶׁעַל הַחֲמוֹר – עוֹדֵהוּ עַל הַחֲמוֹר, אֶחָד תּוֹפֵס בּוֹ וּמַעֲמִידוֹ; נָפַל לָאָרֶץ, חֲמִשָּׁה אֵין מַעֲמִידִין אוֹתוֹ: **גֵּר וְתוֹשָׁב.** אַף אִם הוּא גֵּר אוֹ תוֹשָׁב. וְאֵיזֶהוּ תוֹשָׁב? כָּל שֶׁקִּבֵּל עָלָיו שֶׁלֹּא לַעֲבֹד עֲבוֹדָה זָרָה וְאוֹכֵל נְבֵלוֹת:

לו) **נֶשֶׁךְ וְתַרְבִּית.** חַד שַׁוִּינְהוּ רַבָּנָן, וְלַעֲבֹר עָלָיו בִּשְׁנֵי לָאוִין: **וְיָרֵאתָ מֵאֱלֹהֶיךָ.** לְפִי שֶׁדַּעְתּוֹ שֶׁל אָדָם נִמְשֶׁכֶת אַחַר הָרִבִּית וְקָשֶׁה לִפְרֹשׁ הֵימֶנּוּ, וּמוֹרֶה לְעַצְמוֹ הֶתֵּר בִּשְׁבִיל מְעוֹתָיו שֶׁהָיוּ בְּטֵלוֹת אֶצְלוֹ, הֻצְרַךְ

הרחבות

שמיטת הקרקע והחזרת הנחלות קשה לדעת עד כמה נשמרו דינים אלה, ובמשך כמה זמן. מצד אחד, נאמר שישראל גלו מארצם משום שלא שמרו אותם בפועל כראוי, (ראו להלן כו,לד-לה; ירמיה כה,ח-יד; דברי הימים ב' לו,כא). ומצד שני, מתוארת גאולת קרקע בתקופת ירמיהו ועוד. (ראו ירמיה לב,ו-ט; רות ד,ג-ה; נחמיה י,לב). בעולם העתיק היה מתקיים במדינות רבות מדי פעם מעין מורטוריום, והיו מחזירים

ביאור

לב וְאולם עָרֵי הַלְוִיִּם, כלומר בָּתֵּי עָרֵי אֲחֻזָּתָם. גם ללויים יש בתי מגורים בערים שונות – גְּאֻלַּת עוֹלָם תִּהְיֶה לַלְוִיִּם. בית בערי הלויים אינו נמכר לצמיתות, אף על פי שהעיר מוקפת חומה, כיוון שזהו רכושם הקבוע של הלויים. לגבי אדם אחר, בית העיר עשוי לשמש אותו לצורך כלשהו, אבל בדרך כלל איננו מקור פרנסתו, אך לגבי הלויים, בתיהם הם הנכס היחיד הקבוע שברשותם, ולכן הם שווי ערך לשדות של אחרים.[11] לג וַאֲשֶׁר יִגְאַל, הקונה מִן הַלְוִיִּם – וְיָצָא מִמְכַּר הַבַּיִת וְעִיר, או ממכר עיר[12] אֲחֻזָּתוֹ בַּיֹּבֵל – כִּי בָתֵּי עָרֵי הַלְוִיִּם הִיא, הם אֲחֻזָּתָם בְּתוֹךְ בְּנֵי יִשְׂרָאֵל, ולכן גם אם לא נגאלו על ידי המוכר, יחזרו לרשותו ביובל. לד וּשְׂדֵה מִגְרַשׁ עָרֵיהֶם של הלויים, השטח הריק המקיף את עריהם,[13] השייך לכלל אנשי העיר ולא ללוי מסוים,[14] לֹא יִמָּכֵר, כִּי אֲחֻזַּת עוֹלָם הוּא לָהֶם.

איסור לקיחת נשך ותרבית

פרק כה פס׳ לה–לח

ובעניין דומה, פתיחת האפשרות בפני העני להתאושש ולהיחלץ מהמצב שנקלע אליו: לה וְכִי יָמוּךְ, ייעשה עני אָחִיךָ, וּמָטָה יָדוֹ, יתמוטט כוחו של האח החי עִמָּךְ – וְהֶחֱזַקְתָּ בּוֹ, ולא רק אחיך, שהוא אזרח הארץ אלא גם גֵּר וְתוֹשָׁב – וָחַי עִמָּךְ. יש לסייע לו על מנת שיחיה אתך. לו אַל תִּקַּח מֵאִתּוֹ נֶשֶׁךְ, הלוואה נושכת, שככל שעובר עליה הזמן, על הלווה להוסיף תשלום, וְתַרְבִּית, הלוואה קצובה לזמן, שעל המלווה להחזיר יותר ממה שלקח, ואינה מוסיפה לנשוך מעבר לסך שנקצב,[15] וְיָרֵאתָ מֵאֱלֹהֶיךָ, שאסר עליך את הדבר, אף על פי שבאמות מידה אנושיות לקיחת הריבית אינה נחשבת עוולה.[16] וְחֵי אָחִיךָ עִמָּךְ. כאשר בן עמך נעשה עני והוא זקוק מאוד לכסף, טבעי להלוות לו כסף. במקרה כזה עלול המלווה לבקש רווחים

הרחבות

את הנחלות לחלוקה הראשונה, מכיוון שבמשך הזמן קיבלו מעט אנשים עשירים או משפחות אמידות את כל הכוח והנכסים לידיהם, וחיו חיי עושר נינוחים, ואילו אחרים סבלו חרפת רעב. לפי דין התורה, בשנת היובל חוזרות הנחלות לבעליהן הראשונים ומתבטלים המעמדות, כדי שהשינוי מן הסדר הראשוני לא יתקבע.

עִמָּךְ׃ אֶת־כַּסְפְּךָ לֹא־תִתֵּן לוֹ בְּנֶשֶׁךְ וּבְמַרְבִּית לֹא־ לז
תִתֵּן אָכְלֶךָ׃ אֲנִי יהוה אֱלֹהֵיכֶם אֲשֶׁר־הוֹצֵאתִי אֶתְכֶם לח
מֵאֶרֶץ מִצְרָיִם לָתֵת לָכֶם אֶת־אֶרֶץ כְּנַעַן לִהְיוֹת לָכֶם
ששי / רביעי / לֵאלֹהִים׃ וְכִי־יָמוּךְ אָחִיךָ עִמָּךְ לט
וְנִמְכַּר־לָךְ לֹא־תַעֲבֹד בּוֹ עֲבֹדַת עָבֶד׃ כְּשָׂכִיר כְּתוֹשָׁב מ
יִהְיֶה עִמָּךְ עַד־שְׁנַת הַיֹּבֵל יַעֲבֹד עִמָּךְ׃ וְיָצָא מֵעִמָּךְ מא
הוּא וּבָנָיו עִמּוֹ וְשָׁב אֶל־מִשְׁפַּחְתּוֹ וְאֶל־אֲחֻזַּת אֲבֹתָיו
יָשׁוּב׃ כִּי־עֲבָדַי הֵם אֲשֶׁר־הוֹצֵאתִי אֹתָם מֵאֶרֶץ מב
מִצְרָיִם לֹא יִמָּכְרוּ מִמְכֶּרֶת עָבֶד׃ לֹא־תִרְדֶּה בוֹ מג
בְּפָרֶךְ וְיָרֵאתָ מֵאֱלֹהֶיךָ׃ וְעַבְדְּךָ וַאֲמָתְךָ אֲשֶׁר יִהְיוּ־ מד

רש"י

לוֹמַר "וְיָרֵאתָ מֵאֱלֹהֶיךָ". אוֹ הַתּוֹלֶה מְעוֹתָיו בְּגוֹי כְּדֵי לְהַלְווֹתָם לְיִשְׂרָאֵל בְּרִבִּית, הֲרֵי זֶה דָּבָר הַמָּסוּר לְלִבּוֹ שֶׁל אָדָם וּמַחְשַׁבְתּוֹ, לְכָךְ הֻצְרַךְ לוֹמַר "וְיָרֵאתָ מֵאֱלֹהֶיךָ":

לח) אֲשֶׁר הוֹצֵאתִי וגו'. וְהִבְחַנְתִּי בֵּין בְּכוֹר לְשֶׁאֵינוֹ בְּכוֹר, אַף אֲנִי יוֹדֵעַ וְנִפְרָע מִן הַמַּלְוֶה מָעוֹת לְיִשְׂרָאֵל בְּרִבִּית וְאוֹמֵר שֶׁל גּוֹי הֵם. דָּבָר אַחֵר: "אֲשֶׁר הוֹצֵאתִי אֶתְכֶם מֵאֶרֶץ מִצְרַיִם", עַל מְנָת שֶׁתְּקַבְּלוּ עֲלֵיכֶם מִצְוֹתַי וַאֲפִלּוּ הֵן כְּבֵדוֹת עֲלֵיכֶם: לָתֵת לָכֶם אֶת אֶרֶץ כְּנָעַן. בִּשְׂכַר שֶׁתְּקַבְּלוּ מִצְוֹתַי: לִהְיוֹת לָכֶם לֵאלֹהִים. שֶׁכָּל הַדָּר בְּאֶרֶץ יִשְׂרָאֵל אֲנִי לוֹ לֵאלֹהִים, וְכָל הַיּוֹצֵא מִמֶּנָּה כְּעוֹבֵד עֲבוֹדָה זָרָה:

לט) עֲבֹדַת עָבֶד. עֲבוֹדָה שֶׁל גְּנַאי שֶׁיְּהֵא נִכָּר בָּהּ כְּעֶבֶד, שֶׁלֹּא יוֹלִיךְ כֵּלָיו אַחֲרָיו לְבֵית הַמֶּרְחָץ, וְלֹא יִנְעַל לוֹ מִנְעָלָיו:

מ) כְּשָׂכִיר כְּתוֹשָׁב. עֲבוֹדַת קַרְקַע וּמְלֶאכֶת אֻמָּנוּת, כִּשְׁאָר שְׂכִירִים הִתְנַהֵג בּוֹ: עַד שְׁנַת הַיֹּבֵל. אִם פָּגַע בּוֹ יוֹבֵל לִפְנֵי שֵׁשׁ שָׁנִים, הַיּוֹבֵל מוֹצִיאוֹ:

מא) הוּא וּבָנָיו עִמּוֹ. אָמַר רַבִּי שִׁמְעוֹן: אִם הוּא נִמְכַּר, בָּנָיו מִי מְכָרָן? אֶלָּא מִכָּאן שֶׁרַבּוֹ חַיָּב בִּמְזוֹנוֹת בָּנָיו: וְאֶל אֲחֻזַּת אֲבֹתָיו. אֶל כְּבוֹד אֲבוֹתָיו, וְאֵין לְזַלְזְלוֹ בְּכָךְ: אֲחֻזַּת. חֶזְקַת:

מב) כִּי עֲבָדַי הֵם. שְׁטָרִי קוֹדֵם: לֹא יִמָּכְרוּ מִמְכֶּרֶת עָבֶד. בְּהַכְרָזָה: 'כָּאן יֵשׁ עֶבֶד לִמְכֹּר', וְלֹא יַעֲמִידֶנּוּ עַל אֶבֶן הַלֶּקַח:

מג) לֹא תִרְדֶּה בוֹ בְּפָרֶךְ. מְלָאכָה שֶׁלֹּא לְצֹרֶךְ כְּדֵי לְעַנּוֹתוֹ, אַל תֹּאמַר לוֹ: 'הָחֵם לִי אֶת הַכּוֹס הַזֶּה' וְהוּא אֵינוֹ צָרִיךְ, 'עֲדֹר תַּחַת הַגֶּפֶן עַד שֶׁאָבוֹא'. שֶׁמָּא תֹּאמַר: אֵין מַכִּיר בַּדָּבָר אִם לְצֹרֶךְ אִם לָאו, וְאוֹמֵר אֲנִי לוֹ שֶׁהוּא לְצֹרֶךְ – הֲרֵי הַדָּבָר הַזֶּה מָסוּר לַלֵּב, לְכָךְ נֶאֱמַר "וְיָרֵאתָ":

מד) וְעַבְדְּךָ וַאֲמָתְךָ אֲשֶׁר יִהְיוּ לָךְ. אִם תֹּאמַר, אִם כֵּן בַּמָּה אֶשְׁתַּמֵּשׁ? בַּעֲבָדַי? אֵינִי

ביאור

בעד כספו, ועל כן הוא מוזהר כאן שלא לעשות זאת. לז **אֶת כַּסְפְּךָ**
לֹא תִתֵּן לוֹ בְּנֶשֶׁךְ, וּבְמַרְבִּית לֹא תִתֵּן גם את **אָכְלֶךָ**. איסור הריבית
חל על כל הלוואה ולא רק על כסף.[17] לח **אֲנִי ה' אֱלֹהֵיכֶם אֲשֶׁר**
הוֹצֵאתִי אֶתְכֶם מֵאֶרֶץ מִצְרָיִם לָתֵת לָכֶם אֶת אֶרֶץ כְּנַעַן, לִהְיוֹת לָכֶם
לֵאלֹהִים. משמעות חזרתה של אמירה נחרצת זו כאן היא: אני הוא
האדון, ואני הוא שנותן לכם את רכושכם. על כן אינכם רשאים
להשתמש בו אלא כפי שציוויתי אתכם.

עבד עברי

פרק כה פס' לט–נה

לט **וְכִי יָמוּךְ אָחִיךָ עִמָּךְ וְנִמְכַּר לָךְ** לעבד מתוך דחקו – **לֹא תַעֲבֹד בּוֹ**
עֲבֹדַת עָבֶד, עבודה בזויה. מ על העבד אין האדון מהסס מלהטיל
גם עבודות מגונות, שלא היה מטיל על השכיר, שכן השכיר חזק דיו
להתנגד לבצע עבודות המשפילות אותו.[18] **כְּשָׂכִיר כְּתוֹשָׁב**, המתגורר
בַּמקום **יִהְיֶה** אחיך העבד **עִמָּךְ**. **עַד שְׁנַת הַיֹּבֵל יַעֲבֹד עִמָּךְ**. מא **וְיָצָא**
מֵעִמָּךְ, הוּא וּבָנָיו עִמּוֹ. הקונה עבד קונה ממילא גם את משפחתו, שהרי
אין לה מפרנס אחר. לכן כאשר הוא משתחרר – משפחתו יוצאת
אתו.[19] **וְשָׁב אֶל מִשְׁפַּחְתּוֹ, וְאֶל אֲחֻזַּת אֲבֹתָיו יָשׁוּב**. מב אותו עיקרון
שנאמר לעיל בנוגע לארץ: וְהָאָרֶץ לֹא תִמָּכֵר לִצְמִתֻת כִּי לִי הָאָרֶץ,[20]
חוזר כאן ביחס לבני ישראל – אף אותם אין למכור לצמיתות, **כִּי**
עֲבָדַי הֵם אֲשֶׁר הוֹצֵאתִי אֹתָם מֵאֶרֶץ מִצְרָיִם, ועבד ה' – מעמדו מרומם.[21]
על כן **לֹא יִמָּכְרוּ מִמְכֶּרֶת עָבֶד**. אסור לנהוג בהם ביזיון, ואין למכרם
באותו אופן שבו מוכרים עבדים.[22] מג יתר על כן, **לֹא תִרְדֶּה בוֹ בְּפָרֶךְ**.
אל תעביד אותו בעבודה קשה במיוחד. **וְיָרֵאתָ מֵאֱלֹהֶיךָ**. מד וְאולם

הרחבות

איסור ריבית אין ספק ששוק שאין בו ריבית וכא רווחים גדולים מהשקעות בנכסים אחרים, יוצר מבנה כלכלי וחברתי שונה בתכלית מן המבנים המוכָּרים.

'לא תרדה בו בפרך ויראת מאלהיך' הביטוי 'ויראת מאלוהיך' התפרש בידי חכמים כמורה על מעשים שקשה להוכיח את כוונתם. (ראו בבא מציעא נח ע"ב). אחת ההגדרות של עבודת פרך היא שמטילים על האדם לעשות עבודה שאיננה נחוצה, רק כדי להעבידו. (ראו רש"י; ספרא בהר ו,ו; רמב"ם, הלכות עבדים א,ו). מכיוון שקשה מאוד להוכיח שעבודה מסוימת אינה לצורך, נוספת בצד האיסור הזה אזהרה על יראת ה'.

לְךָ מֵאֵת הַגּוֹיִם אֲשֶׁר סְבִיבֹתֵיכֶם מֵהֶם תִּקְנוּ עֶבֶד
וְאָמָה׃ וְגַם מִבְּנֵי הַתּוֹשָׁבִים הַגָּרִים עִמָּכֶם מֵהֶם מה
תִּקְנוּ וּמִמִּשְׁפַּחְתָּם אֲשֶׁר עִמָּכֶם אֲשֶׁר הוֹלִידוּ
בְּאַרְצְכֶם וְהָיוּ לָכֶם לַאֲחֻזָּה׃ וְהִתְנַחַלְתֶּם אֹתָם מו
לִבְנֵיכֶם אַחֲרֵיכֶם לָרֶשֶׁת אֲחֻזָּה לְעֹלָם בָּהֶם תַּעֲבֹדוּ
וּבְאַחֵיכֶם בְּנֵי־יִשְׂרָאֵל אִישׁ בְּאָחִיו לֹא־תִרְדֶּה בּוֹ
שביעי בְּפָרֶךְ׃ וְכִי תַשִּׂיג יַד גֵּר וְתוֹשָׁב עִמָּךְ וּמָךְ מז
אָחִיךָ עִמּוֹ וְנִמְכַּר לְגֵר תּוֹשָׁב עִמָּךְ אוֹ לְעֵקֶר
מִשְׁפַּחַת גֵּר׃ אַחֲרֵי נִמְכַּר גְּאֻלָּה תִּהְיֶה־לּוֹ אֶחָד מח
מֵאֶחָיו יִגְאָלֶנּוּ׃ אוֹ־דֹדוֹ אוֹ בֶן־דֹּדוֹ יִגְאָלֶנּוּ אוֹ־ מט
מִשְּׁאֵר בְּשָׂרוֹ מִמִּשְׁפַּחְתּוֹ יִגְאָלֶנּוּ אוֹ־הִשִּׂיגָה יָדוֹ
★ וְנִגְאָל׃ וְחִשַּׁב עִם־קֹנֵהוּ מִשְּׁנַת הִמָּכְרוֹ לוֹ עַד שְׁנַת נ

רש״י | מוֹשֵׁל, בָּאֻמּוֹת אֵינִי נוֹחֵל, שֶׁהֲרֵי הִזְהַרְתַּנִי: "לֹא תְחַיֶּה כָּל נְשָׁמָה" (דברים כ, טז), אֶלָּא מִי יְשַׁמְּשֵׁנִי? **מֵאֵת הַגּוֹיִם.** הֵם יִהְיוּ לְךָ לַעֲבָדִים: **אֲשֶׁר סְבִיבֹתֵיכֶם.** וְלֹא שֶׁבְּתוֹךְ גְּבוּל אַרְצְכֶם, שֶׁהֲרֵי בָּהֶם אָמַרְתִּי: "לֹא תְחַיֶּה כָּל נְשָׁמָה":

מה| **וְגַם מִבְּנֵי הַתּוֹשָׁבִים.** שֶׁבָּאוּ מִסְּבִיבוֹתֵיכֶם לִשָּׂא נָשִׁים בְּאַרְצְכֶם וְיָלְדוּ לָהֶם, הַבֵּן הוֹלֵךְ אַחַר הָאָב וְאֵינוֹ בִּכְלָל "לֹא תְחַיֶּה", אֶלָּא אַתָּה מֻתָּר לִקְנוֹתוֹ כְּעֶבֶד: **מֵהֶם תִּקְנוּ.** אוֹתָם תִּקְנוּ:

מו| **וְהִתְנַחַלְתֶּם אֹתָם לִבְנֵיכֶם.** הַחֲזִיקוּ בָּהֶם לְנַחֲלָה לְצֹרֶךְ בְּנֵיכֶם אַחֲרֵיכֶם. וְלֹא יִתָּכֵן לְפָרֵשׁ 'הַנְחִילוּם לִבְנֵיכֶם', שֶׁאִם כֵּן הָיָה לוֹ לִכְתֹּב 'וְהִנְחַלְתֶּם אוֹתָם לִבְנֵיכֶם': **וְהִתְנַחַלְתֶּם.** כְּמוֹ 'וְהִתְחַזַּקְתֶּם' (במדבר יג, כ): **אִישׁ בְּאָחִיו.** לְהָבִיא נָשִׂיא בְּעַמָּיו וּמֶלֶךְ בִּמְשָׁרְתָיו שֶׁלֹּא לִרְדּוֹת בְּפָרֶךְ:

מז| **יַד גֵּר וְתוֹשָׁב.** גֵּר וְהוּא תוֹשָׁב, כְּתַרְגּוּמוֹ: "עֲרַל וְתוֹתָב", וְסוֹפוֹ מוֹכִיחַ: "וְנִמְכַּר לְגֵר תּוֹשָׁב": **וְכִי תַשִּׂיג יַד גֵּר וְתוֹשָׁב עִמָּךְ.** מִי גָּרַם לוֹ שֶׁיַּעֲשִׁיר? דִּבּוּקוֹ עִמָּךְ: **וּמָךְ אָחִיךָ עִמּוֹ.** מִי גָּרַם לוֹ שֶׁיָּמוּךְ? דִּבּוּקוֹ עִמּוֹ, עַל יְדֵי שֶׁלָּמַד מִמַּעֲשָׂיו: **מִשְׁפַּחַת גֵּר.** זֶה הַגּוֹי. כְּשֶׁהוּא אוֹמֵר 'לְעֵקֶר', זֶה הַנִּמְכָּר לַעֲבוֹדָה זָרָה עַצְמָהּ לִהְיוֹת לָהּ שַׁמָּשׁ, וְלֹא לֶאֱלָהוּת אֶלָּא לַחְטֹב עֵצִים וְלִשְׁאֹב מַיִם:

מח| **גְּאֻלָּה תִּהְיֶה לּוֹ.** מִיָּד, אַל תַּנִּיחֵהוּ שֶׁיִּטָּמַע:

נ| **עַד שְׁנַת הַיֹּבֵל.** שֶׁהֲרֵי כָּל עַצְמוֹ לֹא קְנָאוֹ אֶלָּא לְעָבְדוֹ עַד הַיּוֹבֵל, שֶׁהֲרֵי בַּיּוֹבֵל יֵצֵא, כְּמוֹ שֶׁנֶּאֱמַר לְמַטָּה: "וְיָצָא בִּשְׁנַת הַיֹּבֵל" (להלן פסוק נד). וּבְגוֹי שֶׁתַּחַת יָדְךָ הַכָּתוּב מְדַבֵּר, וְאַף עַל פִּי כֵן לֹא תָבֹא עָלָיו בַּעֲקִיפִין, מִפְּנֵי חִלּוּל הַשֵּׁם, אֶלָּא כְּשֶׁבָּא לִגָּאֵל, יְדַקְדֵּק בַּחֶשְׁבּוֹן, לְפִי הַמַּגִּיעַ בְּכָל

ביאור | עַבְדְּךָ וַאֲמָתְךָ אֲשֶׁר יִהְיוּ לָךְ מֵאֵת הַגּוֹיִם אֲשֶׁר סְבִיבֹתֵיכֶם – מֵהֶם ולא
מאחיכם תִּקְנוּ עֶבֶד וְאָמָה. מן העמים השוכנים מסביב לארצכם
אתם רשאים לקנות עבד ואמה במשמעותם המלאה. מה וְגַם מִבְּנֵי
הַתּוֹשָׁבִים הַגָּרִים עִמָּכֶם, ממי שאינם מבני ישראל והם גֵרים תושבים,
אשר חיים בארץ ומקבלים על עצמם נורמות התנהגות בסיסיות,
אבל לא הפכו לחלק מעם ישראל – מֵהֶם תִּקְנוּ וּמִמִּשְׁפַּחְתָּם אֲשֶׁר
עִמָּכֶם, אֲשֶׁר הוֹלִידוּ בְּאַרְצְכֶם, וְהָיוּ לָכֶם לַאֲחֻזָּה. עבדים כאלה אפשר
לקנות, ולהשתמש בהם כל זמן שאתם חיים. מו וכן – וְהִתְנַחַלְתֶּם
אֹתָם לִבְנֵיכֶם אַחֲרֵיכֶם לָרֶשֶׁת אֲחֻזָּה. בתור חלק מרכושכם, תוכלו
להורישם גם לילדיכם. לְעֹלָם בָּהֶם תַּעֲבֹדוּ, אין להם זמן שחרור קבוע,
וגם במשמע שאין לשחררם באופן יזום.[23] ולעומת זאת, בְּאַחֵיכֶם
בְּנֵי יִשְׂרָאֵל אִישׁ בְּאָחִיו – לֹא תִרְדֶּה בּוֹ בְּפָרֶךְ, בעבודה מייגעת ביותר
אלא בעדינות ובכבוד.

מז וְכִי תַשִּׂיג יַד, ישגשג ויצליח גֵּר וְתוֹשָׁב עִמָּךְ, בן לעם אחר היושב
ביניכם שאינו עובד לאלוהים אחרים, וּמָךְ אָחִיךָ עִמּוֹ, אחד מבני ישראל
ייעשה עני לגביו, וְנִמְכַּר לְגֵר תּוֹשָׁב עִמָּךְ, לאותו תושב שעלה לגדולה,
אוֹ שיימכר לְעֵקֶר מִשְׁפַּחַת גֵּר, לצאצא או קרוב של הגר התושב העובד
לאלוהים אחרים – מח בשני המקרים המכירה תקפה, אבל אַחֲרֵי
שהעבד הישראלי נִמְכַּר, גְּאֻלָּה תִּהְיֶה לּוֹ – אֶחָד מֵאֶחָיו יִגְאָלֶנּוּ. חובה על
אחד מקרוביו להשתדל לגאול אותו.[24] מט אוֹ דֹדוֹ אוֹ בֶן דֹּדוֹ יִגְאָלֶנּוּ,
אוֹ אַחֵר מִשְּׁאֵר בְּשָׂרוֹ מִמִּשְׁפַּחְתּוֹ יִגְאָלֶנּוּ, אוֹ הִשִּׂיגָה יָדוֹ של עצמו,
שהרוויח כסף בדרך כלשהי וְנִגְאָל. נ וְחִשַּׁב עִם קֹנֵהוּ מִשְּׁנַת הִמָּכְרוֹ

הרחבות | 'עֵקֶר' מילה יחידאית זו מתפרשת באופנים שונים: מבודד ועקור, נשאר על בסיסו, צאצא, או כינוי לעבודה זרה.

הַיֹּבֵ֑ל וְהָיָ֞ה כֶּ֤סֶף מִמְכָּרוֹ֙ בְּמִסְפַּ֣ר שָׁנִ֔ים כִּימֵ֥י שָׂכִ֖יר
יִהְיֶ֥ה עִמּֽוֹ׃ אִם־ע֥וֹד רַבּ֖וֹת בַּשָּׁנִ֑ים לְפִיהֶן֙ יָשִׁ֣יב נא
גְּאֻלָּת֔וֹ מִכֶּ֖סֶף מִקְנָתֽוֹ׃ וְאִם־מְעַ֞ט נִשְׁאַ֧ר בַּשָּׁנִ֛ים נב
עַד־שְׁנַ֥ת הַיֹּבֵ֖ל וְחִשַּׁב־ל֑וֹ כְּפִ֣י שָׁנָ֔יו יָשִׁ֖יב אֶת־
גְּאֻלָּתֽוֹ׃ כִּשְׂכִ֥יר שָׁנָ֖ה בְּשָׁנָ֑ה יִהְיֶ֣ה עִמּ֑וֹ לֹֽא־יִרְדֶּ֥נּֽוּ נג
בְּפֶ֖רֶךְ לְעֵינֶֽיךָ׃ וְאִם־לֹ֥א יִגָּאֵ֖ל בְּאֵ֑לֶּה וְיָצָא֙ בִּשְׁנַ֣ת נד
מפטיר הַיֹּבֵ֔ל ה֖וּא וּבָנָ֥יו עִמּֽוֹ׃ כִּֽי־לִ֤י בְנֵֽי־יִשְׂרָאֵל֙ עֲבָדִ֔ים נה
עֲבָדַ֣י הֵ֔ם אֲשֶׁר־הוֹצֵ֥אתִי אוֹתָ֖ם מֵאֶ֣רֶץ מִצְרָ֑יִם אֲנִ֖י
יְהוָ֥ה אֱלֹהֵיכֶֽם׃ לֹֽא־תַעֲשׂ֨וּ לָכֶ֜ם אֱלִילִ֗ם וּפֶ֤סֶל וּמַצֵּבָה֙ א כו

רש"י

שָׁנָה וְשָׁנָה יְנַכֶּה לוֹ הַגּוֹי מִן דָּמָיו – אִם הָיוּ עֶשְׂרִים שָׁנָה מִשֶּׁנִּמְכַּר עַד הַיּוֹבֵל וּקְנָאוֹ בְּעֶשְׂרִים מָנֶה, נִמְצָא שֶׁקָּנָה הַגּוֹי עֲבוֹדַת שָׁנָה בְּמָנֶה, וְאִם שָׁהָה זֶה אֶצְלוֹ חָמֵשׁ שָׁנִים וּבָא לִגָּאֵל יְנַכֶּה לוֹ חֲמֵשֶׁת מָנִים וְיִתֵּן לוֹ הָעֶבֶד חֲמִשָּׁה עָשָׂר מָנִים, וְזֶהוּ: "וְהָיָה כֶּסֶף מִמְכָּרוֹ בְּמִסְפַּר שָׁנִים". כִּימֵי שָׂכִיר יִהְיֶה עִמּוֹ. חֶשְׁבּוֹן הַמַּגִּיעַ לְכָל שָׁנָה וְשָׁנָה יְחַשֵּׁב כְּאִלּוּ נִשְׂכַּר עִמּוֹ כָּל שָׁנָה בְּמָנֶה וִינַכֶּה לוֹ:

נא) **אִם עוֹד רַבּוֹת בַּשָּׁנִים.** עַד הַיּוֹבֵל: **לְפִיהֶן וְגוֹ'.** הַכֹּל כְּמוֹ שֶׁפֵּרַשְׁתִּי:

נג) **לֹא יִרְדֶּנּוּ בְּפֶרֶךְ לְעֵינֶיךָ.** כְּלוֹמַר, וְאַתָּה רוֹאֶה:

נד) **וְאִם לֹא יִגָּאֵל בְּאֵלֶּה.** בְּאֵלֶּה הוּא נִגְאָל, וְאֵינוֹ נִגְאָל בְּשֵׁשׁ:

נה) **כִּי לִי בְּנֵי יִשְׂרָאֵל עֲבָדִים.** שְׁטָרִי קוֹדֵם: **אֲנִי ה' אֱלֹהֵיכֶם.** כָּל הַמְשַׁעְבְּדָן מִלְּמַטָּה כְּאִלּוּ מְשַׁעְבֵּד מִלְמַעְלָה:

פרק כו

א) **לֹא תַעֲשׂוּ לָכֶם אֱלִילִם.** כְּנֶגֶד זֶה הַנִּמְכָּר לְגוֹי, שֶׁלֹּא יֹאמַר: הוֹאִיל וְרַבִּי מְגַלֶּה עֲרָיוֹת אַף אֲנִי כָּמוֹתוֹ, הוֹאִיל וְרַבִּי עוֹבֵד עֲבוֹדָה זָרָה אַף אֲנִי כָּמוֹתוֹ, הוֹאִיל וְרַבִּי מְחַלֵּל שַׁבָּת אַף אֲנִי כָּמוֹתוֹ, לְכָךְ נֶאֶמְרוּ מִקְרָאוֹת הַלָּלוּ. וְאַף הַפָּרָשִׁיּוֹת הַלָּלוּ נֶאֶמְרוּ עַל הַסֵּדֶר: בַּתְּחִלָּה הִזְהִיר עַל הַשְּׁבִיעִית, וְאִם חָמַד מָמוֹן וְנֶחְשַׁד עַל הַשְּׁבִיעִית סוֹפוֹ לִמְכֹּר מִטַּלְטְלָיו, לְכָךְ סָמַךְ לָהּ: "וְכִי תִמְכְּרוּ מִמְכָּר" (לעיל כה, יד). לֹא חָזַר בּוֹ, סוֹף מוֹכֵר אֲחֻזָּתוֹ. לֹא חָזַר בּוֹ, סוֹף מוֹכֵר אֶת בֵּיתוֹ. לֹא חָזַר בּוֹ, סוֹף לוֹוֶה בְּרִבִּית. כָּל אֵלּוּ הָאַחֲרוֹנוֹת קָשׁוֹת מִן הָרִאשׁוֹנוֹת. לֹא חָזַר בּוֹ, סוֹף מוֹכֵר אֶת עַצְמוֹ. לֹא חָזַר בּוֹ, לֹא דַּיּוֹ לְיִשְׂרָאֵל

ביאור
לוֹ עַד שְׁנַת הַיֹּבֵל, וְהָיָה כֶּסֶף מִמְכָּרוֹ בְּמִסְפַּר שָׁנִים. מכיוון שכל העבדים
העבריים משתחררים בשנת היובל – גם עבד שנמצא אצל הגויים
ישתחרר ביובל. על כן סכום מכירתו נקבע מראש לפי מספר השנים
שנותרו עד היובל. **כִּימֵי שָׂכִיר יִהְיֶה** העבד **עִמּוֹ.** נא **אִם עוֹד** נותרו לו
לעבוד **רַבּוֹת בַּשָּׁנִים – לְפִיהֶן יָשִׁיב גְּאֻלָּתוֹ מִכֶּסֶף מִקְנָתוֹ.** נב **וְאִם מְעַט**
נִשְׁאַר בַּשָּׁנִים עַד שְׁנַת הַיֹּבֵל – וְחִשַּׁב לוֹ. כְּפִי שָׁנָיו יָשִׁיב אֶת גְּאֻלָּתוֹ. בזמן
המכירה שולם בעדו סכום מסוים; הוא כבר עבד מספר שנים מוגדר,
ולפי זה יחושב ההפרש שאותו יצטרך לשלם, אם ירצה להשתחרר
לפני היובל. נג **כִּשְׂכִיר שָׁנָה בְּשָׁנָה יִהְיֶה עִמּוֹ.** גם הגר היושב בארץ
ישראל צריך לנהוג בעבדו הישראלי כפי שנוהגים בשכיר ולא באופן
מבזה. **לֹא יִרְדֶּנּוּ** הגר **בְּפֶרֶךְ לְעֵינֶיךָ,** לפחות כשאתה רואה, שהרי כיוון
שאיננו אחד מישראל, אולי אין הוא כופף עצמו מרצונו לחובת
התורה כאשר אין משגיחים עליו. נד **וְאִם לֹא יִגָּאֵל בְּאֵלֶּה,** על ידי
אחד מקרוביו: דודו או בן דודו, קרוב יותר או רחוק, והוא לא ישיג
כסף לפדות את עצמו – **וְיָצָא בִּשְׁנַת הַיֹּבֵל, הוּא וּבָנָיו עִמּוֹ.**

לסיום העניין: נה **כִּי לִי בְנֵי יִשְׂרָאֵל עֲבָדִים. עֲבָדַי הֵם אֲשֶׁר הוֹצֵאתִי אוֹתָם**
מֵאֶרֶץ מִצְרָיִם. אֲנִי ה' אֱלֹהֵיכֶם. כיוון שאני הוא אדונם של ישראל, והם
עבדי המיוחדים ומיועדים לי, אי אפשר להשתמש בהם כברכוש,
ודרך העבודה בהם מוגבלת באמצעות הדינים הללו.

חיזוק ברית סיני

פרק כו

כאמור, בצד העיסוק הרב בקרבנות, ספר ויקרא עוסק בדינים המתייחסים לסמכות האלוקית ולכוח שלטונו של אלוקים בתוך עמו. נושא זה סוכם בדיני השמיטה והיובל שהופיעו בעניין רקודם. לקראת סופו של הספר תודגש כאן נצחיותו של עיקרון זה. אין לנתק את המחויבות והברית עם ה'. על כן המרית פיו ואי-הציות להוראותיו יגררו תוצאות קשות. אף היחס בין העם לארצו מקשר בין ענייניו האחרונים של ספר ויקרא.

לאחר הבטחת ב־כה וחיים טובים לישראל אם ישמרו את דברי ה', מפורטים כאן העונשים הכבדים הכרוכים בנטישת העם את התורה ואת מצוותיה. לצערנו, מכל מה שנאמר כאן לא נפל דבר בהיסטוריה היהודית לדורותיה ולתפוצותיה.

במעין סיכום כללי של הדברים שנאמרו עד עתה, חוזרות ונזכרות
כמה מצוות בסיסיות: פרק כו א **לֹא תַעֲשׂוּ לָכֶם אֱלִילִם,** כינוי מבזה
לעבודה זרה, הרואה בה דברי תוהו נמוכים,[25] **וּפֶסֶל וּמַצֵּבָה,** פסל
או מצבה, בין שהם שייכים לפולחן זר ובין שהם נספחים לפולחן

לֹא־תָקִימוּ לָכֶם וְאֶבֶן מַשְׂכִּית לֹא תִתְּנוּ בְּאַרְצְכֶם
לְהִשְׁתַּחֲוֹת עָלֶיהָ כִּי אֲנִי יְהוָה אֱלֹהֵיכֶם: אֶת־שַׁבְּתֹתַי ב
תִּשְׁמֹרוּ וּמִקְדָּשִׁי תִּירָאוּ אֲנִי יְהוָה:
בחקתי כב אִם־בְּחֻקֹּתַי תֵּלֵכוּ וְאֶת־מִצְוֺתַי תִּשְׁמְרוּ וַעֲשִׂיתֶם ג
אֹתָם: וְנָתַתִּי גִשְׁמֵיכֶם בְּעִתָּם וְנָתְנָה הָאָרֶץ יְבוּלָהּ ד
וְעֵץ הַשָּׂדֶה יִתֵּן פִּרְיוֹ: וְהִשִּׂיג לָכֶם דַּיִשׁ אֶת־בָּצִיר ה
וּבָצִיר יַשִּׂיג אֶת־זָרַע וַאֲכַלְתֶּם לַחְמְכֶם לָשֹׂבַע
שני וִישַׁבְתֶּם לָבֶטַח בְּאַרְצְכֶם: · וְנָתַתִּי שָׁלוֹם בָּאָרֶץ ו

רש"י | אלא אפילו לגוי: ואבן מַשְׂכִּית. לשון כסוי, כמו: "ושכותי כפי" (שמות לג, כב), שמכסין הקרקע ברצפת אבנים: להשתחות עליה. אפילו לשמים, לפי שהשתחויה בפשוט ידים ורגלים היא, וחסרה תורה לעשות כן חוץ מן המקדש:

ב אני ה'. נאמן לשלם שכר:

ג אִם בְּחֻקֹּתַי תֵּלֵכוּ. יכול זה קיום המצוות? כשהוא אומר: "ואת מצותי תשמרו" הרי קיום המצוות אמור, הא מה אני מקיים: "אם בחקתי תלכו"? שתהיו עמלים בתורה: ואת מצותי תשמרו. הוו עמלים בתורה על מנת לשמר ולקים, כמו שנאמר: "ולמדתם אתם ושמרתם לעשתם" (דברים ה, א):

ד בעתם. בשעה שאין דרך בני אדם לצאת, כגון בלילי שבתות: ועץ השדה. הן אילני סרק, ועתידין לעשות פרות:

ה והשיג לכם דיש את בציר. שיהא הדיש מרבה ואתם עסוקים בו עד הבציר, ובבציר תעסקו עד שעת הזרע: ואכלתם לחמכם לשבע. אוכל קמעה והוא מתברך במעיו:

ו ונתתי שלום. שמא תאמרו: הרי מאכל והרי משתה, אם אין שלום אין כלום! תלמוד לומר אחר כל זאת: "ונתתי שלום

הרחבות | **'ואבן משכית לא תתנו בארצכם להשתחוֹת עליה'** בהלכה הורחב דין זה להשתחוויה על כל אבן. מחוות הגוף של השתחוויה, כלומר של השתטחות מלאה על הקרקע, היא מעשה של פולחן גמור. אין לעשותה על אבן משכית, ולא זו בלבד אלא אף על כל אבן מחוץ לבית המקדש. בני ישראל משתחווים רק בבית המקדש, ואילו בכל מקום אחר נאסר הדבר. זהו הבסיס למנהג שקיים עד היום לפרוס מפה וכדומה על רצפת בית הכנסת בזמן הכריעה הפומבית ביום הכיפורים, על מנת שלא לכרוע ברך על האבן החשופה. (וראו מגילה כב ע"ב; רמב"ם, הלכות עבודת כוכבים ו,ו-ז; רמ"א, אורח חיים קלא,ח).

'מַשְׂכִּית' מתפרשת לפי השורש ש,כ,ה, שעניינו הסתכלות, אבן שהעין נמשכת להסתכל בקישוטיה. (וראו רשב"ם. וראו עוד יחזקאל ח,יב).

ביאור | שלכם, **לֹא תָקִימוּ לָכֶם, וְאֶבֶן מַשְׂכִּית**, מעוטרת[26] **לֹא תִתְּנוּ בְּאַרְצְכֶם לְהִשְׁתַּחֲוֹת עָלֶיהָ**, כגון רצפת אבני פסיפס שהן חלק מהפולחן בשעת ההשתחוויה עליהן,[27] **כִּי אֲנִי ה׳ אֱלֹהֵיכֶם.**

כלל נוסף, הכולל את רוב הנושאים שהוזכרו בספר עד כה: ב **אֶת שַׁבְּתֹתַי**, שבתות וחגים, **תִּשְׁמֹרוּ וּמִקְדָּשִׁי תִּירָאוּ**. חובת מורא מקדש כוללת את שמירת סדריו ואת הזהירות ממה שמטמא את הקודש.[28] **אֲנִי ה׳.**

פרשת בחקתי

דברי הבטחה: ג **אִם בְּחֻקֹּתַי** שהודעתי לכם **תֵּלֵכוּ, וְאֶת מִצְוֹתַי** המגדירות גם את מה שאין לעשות,[1] **תִּשְׁמְרוּ, וַעֲשִׂיתֶם אֹתָם** – ד **וְנָתַתִּי גִשְׁמֵיכֶם בְּעִתָּם**. לעובדי האדמה חשובה לא רק כמות הגשם השנתית אלא גם פיזורב המדויק במשך עונת עיבוד האדמה. כאשר הממטרים ירדו בזמנים הרצויים – **וְנָתְנָה הָאָרֶץ יְבוּלָהּ, וְעֵץ הַשָּׂדֶה יִתֵּן פִּרְיוֹ**. שיבוש בתאריכי ירידת הגשם משבש את פריון האדמה, וגם אם הצמחים והעצים גדליב, חלות הפרעות בתהליכי צמיחתם. ה כאשר היבול מצליח, **וְהִשִּׂיג לָכֶם דַּיִשׁ**, העונה שבתחילת הקיץ, שבה מבשילה השעורה, ואחר כך מבשילה החיטה, **אֶת בָּצִיר**, קטיף הענבים, שבדרך כלל מתרחש מהבשלת הענבים בחודשים תמוז-אב. בשנה מבורכת יתארך כל אחד מן השלבים הללו, ולכן הם יגיעו ברציפות זה אחר זה. וכך **בָּצִיר יַשִּׂיג אֶת זָרַע**. עונת זריעת השדות חלה בתחילת השנה, לאחר הקיץ. סמיכות העבודות זו לזו מעידה על פוריותה של האדמה. **וַאֲכַלְתֶּם לַחְמְכֶם לָשֹׂבַע**, ועם זאת, אף על פי שארץ פורייה ועשירה מפתה אויבים לבוא עליה – **וִישַׁבְתֶּם לָבֶטַח בְּאַרְצְכֶם**.

ו מעבר לנתינת הגשם והברכה שבעקבותיו – **וְנָתַתִּי שָׁלוֹם בָּאָרֶץ**,

דַּיִשׁ

העולם | **דַּיִשׁ** מלאכת הפרדת הגרגירים מהתבואה בתום עונת הקציר, המסתיימת בסוף חודש אייר. כדי לדוש היו משטחים את התבואה על משטח סלע או בגורן, ומפעילים עליה לחץ על ידי רמיסתה תחת רגלי בהמות שהוליכו עליה, או באמצעות גרירה של לוח עץ, מורג, על גביה.

וְשְׁכַבְתֶּם וְאֵין מַחֲרִיד וְהִשְׁבַּתִּי חַיָּה רָעָה מִן־הָאָרֶץ
וְחֶרֶב לֹא־תַעֲבֹר בְּאַרְצְכֶם: וּרְדַפְתֶּם אֶת־אֹיְבֵיכֶם ז
וְנָפְלוּ לִפְנֵיכֶם לֶחָרֶב: וְרָדְפוּ מִכֶּם חֲמִשָּׁה מֵאָה ח
וּמֵאָה מִכֶּם רְבָבָה יִרְדֹּפוּ וְנָפְלוּ אֹיְבֵיכֶם לִפְנֵיכֶם
לֶחָרֶב: וּפָנִיתִי אֲלֵיכֶם וְהִפְרֵיתִי אֶתְכֶם וְהִרְבֵּיתִי ט
שלישי / חמישי אֶתְכֶם וַהֲקִימֹתִי אֶת־בְּרִיתִי אִתְּכֶם: ◦ וַאֲכַלְתֶּם י
יָשָׁן נוֹשָׁן וְיָשָׁן מִפְּנֵי חָדָשׁ תּוֹצִיאוּ: וְנָתַתִּי מִשְׁכָּנִי יא
בְּתוֹכְכֶם וְלֹא־תִגְעַל נַפְשִׁי אֶתְכֶם: וְהִתְהַלַּכְתִּי יב

רש"י

בָּאָרֶץ", מִכָּאן שֶׁהַשָּׁלוֹם שָׁקוּל כְּנֶגֶד הַכֹּל, וְכֵן הוּא אוֹמֵר: "עוֹשֶׂה שָׁלוֹם וּבוֹרֵא אֶת הַכֹּל" (על פי ישעיה מה, ז): **וְחֶרֶב לֹא תַעֲבֹר בְּאַרְצְכֶם.** אֵין צָרִיךְ לוֹמַר שֶׁלֹּא יָבוֹאוּ לְמִלְחָמָה, אֶלָּא אֲפִלּוּ לַעֲבֹר דֶּרֶךְ אַרְצְכֶם מִמְּדִינָה לִמְדִינָה:

ז **לִפְנֵיכֶם לֶחָרֶב.** אִישׁ בְּחֶרֶב רֵעֵהוּ:

ח **וְרָדְפוּ מִכֶּם.** מִן הַחַלָּשִׁים שֶׁבָּכֶם וְלֹא מִן הַגִּבּוֹרִים שֶׁבָּכֶם: **חֲמִשָּׁה מֵאָה וּמֵאָה מִכֶּם רְבָבָה.** וְכִי כָּךְ הוּא הַחֶשְׁבּוֹן? וַהֲלֹא לֹא הָיָה צָרִיךְ לוֹמַר אֶלָּא 'וּמֵאָה מִכֶּם שְׁנֵי אֲלָפִים יִרְדֹּפוּ'! אֶלָּא אֵינוֹ דּוֹמֶה מוּעָטִין הָעוֹשִׂין אֶת הַתּוֹרָה לִמְרֻבִּין הָעוֹשִׂין אֶת הַתּוֹרָה: **וְנָפְלוּ אֹיְבֵיכֶם וְגוֹ'.** שֶׁיִּהְיוּ נוֹפְלִין לִפְנֵיכֶם שֶׁלֹּא כְּדֶרֶךְ הָאָרֶץ:

ט **וּפָנִיתִי אֲלֵיכֶם.** אֶפְנֶה מִכָּל עֲסָקַי לְשַׁלֵּם שְׂכַרְכֶם. מָשָׁל לְמָה הַדָּבָר דּוֹמֶה? לְמֶלֶךְ שֶׁשָּׂכַר פּוֹעֲלִים וְכוּ' [הרבה, והיה שם פועל אחד ועשה עמו מלאכה ימים הרבה. נכנסו הפועלים ליטול שכרם ונכנס אותו הפועל עמהם. אמר לו המלך לאותו הפועל: בני, אפנה לך, הרובים הללו שעשו עמי מלאכה ממועטת ואני נותן להם שכר מועט, אבל את – חשבון רב אני עתיד לחשב עמך], כִּדְאִיתָא בְּתוֹרַת כֹּהֲנִים (ת"כ פרק ב, ה): **וְהִפְרֵיתִי אֶתְכֶם.** בִּפְרִיָּה וּרְבִיָּה: **וְהִרְבֵּיתִי אֶתְכֶם.** בְּקוֹמָה זְקוּפָה: **וַהֲקִימֹתִי אֶת בְּרִיתִי אִתְּכֶם.** בְּרִית חֲדָשָׁה, לֹא כַּבְּרִית הָרִאשׁוֹנָה שֶׁהֲפַרְתֶּם אוֹתָהּ אֶלָּא בְּרִית חֲדָשָׁה שֶׁלֹּא תוּפַר, שֶׁנֶּאֱמַר: "וְכָרַתִּי אֶת בֵּית יִשְׂרָאֵל וְאֶת בֵּית יְהוּדָה בְּרִית חֲדָשָׁה... לֹא כַבְּרִית" וְגוֹ' (ירמיה לא, ל-לא):

י **וַאֲכַלְתֶּם יָשָׁן נוֹשָׁן.** הַפֵּרוֹת יִהְיוּ מִשְׁתַּמְּרִין וְטוֹבִים לְהִתְיַשֵּׁן, שֶׁיְּהֵא יָשָׁן הַנּוֹשָׁן שֶׁל שָׁלֹשׁ שָׁנִים יָפֶה לֶאֱכֹל מִשֶּׁל אֶשְׁתָּקַד: **וְיָשָׁן מִפְּנֵי חָדָשׁ תּוֹצִיאוּ.** שֶׁיִּהְיוּ הַגְּרָנוֹת מְלֵאוֹת חָדָשׁ וְהָאוֹצָרוֹת מְלֵאוֹת יָשָׁן, וּצְרִיכִים אַתֶּם לְפַנּוֹת הָאוֹצָרוֹת לְמָקוֹם אַחֵר לָתֵת הֶחָדָשׁ לְתוֹכָן:

יא **וְנָתַתִּי מִשְׁכָּנִי.** זֶה בֵּית הַמִּקְדָּשׁ: **וְלֹא תִגְעַל נַפְשִׁי.** אֵין רוּחִי קָצָה בָּכֶם. כָּל 'גְּעִילָה' לְשׁוֹן פְּלִיטַת דָּבָר הַבָּלוּעַ בְּדָבָר, כְּמוֹ: "כִּי שָׁם נִגְעַל מָגֵן גִּבּוֹרִים" (שמואל ב' א, כא), לֹא קִבֵּל הַמְּשִׁיחָה, שֶׁמּוֹשְׁחִין מָגֵן שֶׁל עוֹר בְּחֵלֶב מְבֻשָּׁל כְּדֵי לְהַחֲלִיק מֵעָלָיו מַכַּת חֵץ אוֹ חֲנִית, שֶׁלֹּא יִקֹּב הָעוֹר:

ביאור | **וּשְׁכַבְתֶּם וְאֵין מַחֲרִיד**, בלא חשש מפני אויב. **וְהִשְׁבַּתִּי חַיָּה רָעָה מִן הָאָרֶץ**. כאשר האדמה מעובדת והכפרים מיושבים, החיות הרעות מסתלקות מחוץ לתחומי היישוב. לא רק שלא תתמודדו עם מלחמה ישירה, אלא – **וְחֶרֶב לֹא תַעֲבֹר בְּאַרְצְכֶם**, כוחות זרים לא יעזו אפילו לעבור בתוך ארצכם.[2]
ז ולא זו בלבד, אלא – **וּרְדַפְתֶּם אֶת אֹיְבֵיכֶם, וְנָפְלוּ לִפְנֵיכֶם לֶחָרֶב.**
ח יתר על כן – **וְרָדְפוּ מִכֶּם חֲמִשָּׁה – מֵאָה, וּמֵאָה מִכֶּם – רְבָבָה יִרְדֹּפוּ, וְנָפְלוּ אֹיְבֵיכֶם לִפְנֵיכֶם לֶחָרֶב.**

ט לא רק שלא תיתקלו במכשולים, אלא – **וּפָנִיתִי אֲלֵיכֶם**, ואשפיע עליכם ברכה מיוחדת **וְהִפְרֵיתִי אֶתְכֶם וְהִרְבֵּיתִי אֶתְכֶם, וַהֲקִימֹתִי אֶת בְּרִיתִי**, על כל ההבטחות הגלומות בה **אִתְּכֶם.**
י **וַאֲכַלְתֶּם יָשָׁן נוֹשָׁן.** התיישנות התבואה והפֵּרות הנאכלים מחזיקה הבטחה כפולה: ראשית, היא עדות לקיומם של עודפים גדולים מעבר לתצרוכת של העם בהווה, ועל כן משמרים אותם במחסנים, ושנית, היבולים ישתבחו עם התיישנותם.[3] כיוון שהפריון יתמשך – **וְיָשָׁן מִפְּנֵי חָדָשׁ תּוֹצִיאוּ**. תצטרכו להוציא את עודפי הפֵּרות הישנים על מנת להכניס את החדשים.

באופן מקיף יותר:
יא **וְנָתַתִּי מִשְׁכָּנִי**, אשכון **בְּתוֹכְכֶם, וְלֹא תִגְעַל נַפְשִׁי אֶתְכֶם**, אשכון עמכם ברצון.
יב **וְהִתְהַלַּכְתִּי בְּתוֹכְכֶם** בגלוי ובנחת,[4]

הרחבות | **'וחרב לא תעבר בארצכם'** ארץ ישראל הייתה מאז ומעולם ארץ מעבר. כובשים שונים התפתו כהילחם עליה, ולעתים קרובות היא אף נפלה קרבן לממלכות גדולות – מדרום ומצפון – שעברו בה בדרכם ליעד רחוק יותר, ובתוך כך כבשו גם אותה.

'ורדפו מכם חמשה מאה ומאה מכם ורבבה ירדפו' מציאות כזאת, שבה חמישה לוחמים רודפים מאה מאנשי האויב וכיוצא בזה, מוכרת הן מתולדותינו הן מן ההיסטוריה הכללית. צבא המפורסם בעצמתו עשוי להרתיע את אויביו מראש גם כאשר כוחותיו מעטים. הם נסוגים מפניו, ואף בורחים מן המערכה ומתפזרים.

בְּתוֹכְכֶם וְהָיִיתִי לָכֶם לֵאלֹהִים וְאַתֶּם תִּהְיוּ־לִי לְעָם׃
יג אֲנִי יְהוָה אֱלֹהֵיכֶם אֲשֶׁר הוֹצֵאתִי אֶתְכֶם מֵאֶרֶץ
מִצְרַיִם מִהְיֹת לָהֶם עֲבָדִים וָאֶשְׁבֹּר מֹטֹת עֻלְּכֶם
וָאוֹלֵךְ אֶתְכֶם קוֹמְמִיּוּת׃
יד וְאִם־לֹא תִשְׁמְעוּ לִי וְלֹא תַעֲשׂוּ אֵת כָּל־הַמִּצְוֹת
טו הָאֵלֶּה׃ וְאִם־בְּחֻקֹּתַי תִּמְאָסוּ וְאִם אֶת־מִשְׁפָּטַי תִּגְעַל
נַפְשְׁכֶם לְבִלְתִּי עֲשׂוֹת אֶת־כָּל־מִצְוֹתַי לְהַפְרְכֶם

רש"י

יב] **וְהִתְהַלַּכְתִּי בְּתוֹכְכֶם.** אֲטַיֵּל עִמָּכֶם בְּגַן עֵדֶן כְּאֶחָד מִכֶּם וְלֹא תִהְיוּ מִזְדַּעְזְעִים מִמֶּנִּי. יָכוֹל לֹא תִירְאוּ מִמֶּנִּי? תַּלְמוּד לוֹמַר: "וְהָיִיתִי לָכֶם לֵאלֹהִים":

יג] **אֲנִי ה' אֱלֹהֵיכֶם.** כְּדַאי אֲנִי שֶׁתַּאֲמִינוּ בִּי שֶׁאֲנִי יָכוֹל לַעֲשׂוֹת כָּל אֵלֶּה, שֶׁהֲרֵי "הוֹצֵאתִי אֶתְכֶם מֵאֶרֶץ מִצְרַיִם" וְעָשִׂיתִי לָכֶם נִסִּים גְּדוֹלִים: **מֹטֹת.** כְּמִין יָתֵד בִּשְׁנֵי רָאשֵׁי הָעֹל הַמְעַכְּבִים הַמּוֹסֵרָה שֶׁלֹּא תֵּצֵא מֵרֹאשׁ הַשּׁוֹר וְיַתִּיר הַקֶּשֶׁר, כְּמוֹ: "עֲשֵׂה לְךָ מוֹסֵרוֹת וּמֹטוֹת" (ירמיה כז, ב), קבילי"א בְּלַעַז: **קוֹמְמִיּוּת.** בְּקוֹמָה זְקוּפָה:

יד] **וְאִם לֹא תִשְׁמְעוּ לִי.** לִהְיוֹת עֲמֵלִים בַּתּוֹרָה וְלָדַעַת מִדְרַשׁ חֲכָמִים. יָכוֹל לְקִיּוּם הַמִּצְוֹת? כְּשֶׁהוּא אוֹמֵר: "וְלֹא תַעֲשׂוּ" וְגוֹ' הֲרֵי קִיּוּם מִצְוֹת אָמוּר, הָא מָה אֲנִי מְקַיֵּם: "וְאִם לֹא תִשְׁמְעוּ לִי"? לִהְיוֹת עֲמֵלִים בַּתּוֹרָה. וּמַה תַּלְמוּד לוֹמַר: "לִי"? אֵין "לִי" אֶלָּא זֶה הַמַּכִּיר אֶת רִבּוֹנוֹ וּמִתְכַּוֵּן לִמְרֹד בּוֹ, וְכֵן בְּנִמְרוֹד: "גִּבּוֹר צַיִד לִפְנֵי ה'" (בראשית י, ט), שֶׁמַּכִּירוֹ וּמִתְכַּוֵּן לִמְרֹד בּוֹ, וְכֵן בְּאַנְשֵׁי סְדוֹם: "רָעִים וְחַטָּאִים לַה' מְאֹד" (שם יג, יג), מַכִּירִים אֶת רִבּוֹנָם וּמִתְכַּוְּנִים לִמְרֹד בּוֹ: **וְלֹא תַעֲשׂוּ.** מִשֶּׁלֹּא תִלְמְדוּ לֹא תַעֲשׂוּ, הֲרֵי שְׁתֵּי עֲבֵרוֹת:

טו] **וְאִם בְּחֻקֹּתַי תִּמְאָסוּ.** מוֹאֵס בַּאֲחֵרִים הָעוֹשִׂים: **מִשְׁפָּטַי תִּגְעַל נַפְשְׁכֶם.** שׂוֹנֵא הַחֲכָמִים: **לְבִלְתִּי עֲשׂוֹת.** מוֹנֵעַ אֶת אֲחֵרִים מֵעֲשׂוֹת: **אֶת כָּל מִצְוֹתַי.** כּוֹפֵר שֶׁלֹּא צִוִּיתִים, לְכָךְ נֶאֱמַר: "אֶת כָּל מִצְוֹתַי" וְלֹא נֶאֱמַר 'אֶת כָּל הַמִּצְוֹת': **לְהַפְרְכֶם אֶת בְּרִיתִי.** כּוֹפֵר בָּעִקָּר. הֲרֵי שֶׁבַע עֲבֵרוֹת, הָרִאשׁוֹנָה גּוֹרֶרֶת הַשְּׁנִיָּה וְכֵן עַד הַשְּׁבִיעִית, וְאֵלּוּ הֵן: לֹא לָמַד, וְלֹא עָשָׂה, מוֹאֵס בַּאֲחֵרִים הָעוֹשִׂים, שׂוֹנֵא אֶת הַחֲכָמִים, מוֹנֵעַ אֶת הָאֲחֵרִים מֵעֲשׂוֹת, כּוֹפֵר בַּמִּצְוֹת, כּוֹפֵר בָּעִקָּר:

הרחבות

'ואם בחֻקֹתי תמאסו ואם את משפטי תגעל נפשכם' רשימת הביטויים הללו יוצאת מגדר אי־ציות. היא מעידה גם על אטימות כלפי תורה ומצוות, ואפילו על נטישה מעט זדונית של מערך החיים הנדרש מישראל. אי־שמירתן של מצוות מתוך זלזול היא תופעה מוכֶּרת בעמנו בעבר ואף בהווה.

ביאור | וְהָיִיתִי לָכֶם לֵאלֹהִים, וְאַתֶּם תִּהְיוּ לִי לְעָם. ההתייחסות ההדדית בין
עם ואלוקיו תהיה ניכרת. תרגישו שאתם עמי[5] לא רק בציותכם
לרצוני אלא גם בחסותכם בצלי. יג אֲנִי ה' אֱלֹהֵיכֶם אֲשֶׁר הוֹצֵאתִי
אֶתְכֶם מֵאֶרֶץ מִצְרַיִם מִהְיֹת לָהֶם עֲבָדִים, וָאֶשְׁבֹּר מֹטֹת עֻלְּכֶם, וָאוֹלֵךְ
אֶתְכֶם קוֹמְמִיּוּת. בהישבר מוטות העול, המטות את הראש למטה,
אזקוף את קומתכם.[6]

והקללה: יד וְאִם לֹא תִשְׁמְעוּ לִי וְלֹא תַעֲשׂוּ אֵת כָּל הַמִּצְוֹת הָאֵלֶּה, טו ולא
זו בלבד, אלא - וְאִם בְּחֻקֹּתַי תִּמְאָסוּ, וְאִם אֶת מִשְׁפָּטַי תִּגְעַל נַפְשְׁכֶם,
לְבִלְתִּי עֲשׂוֹת אֶת כָּל מִצְוֹתַי, לְהַפְרְכֶם אֶת בְּרִיתִי.

שבויים באשור ועול על צווארם, רישום לפי תבליט משערי העיר בלאוואת הסמוכה לנינוה, המאה ה-9 לפנה"ס

הרחבות | מֹטֹת עֻלְּכֶם ביטוי הלקוח מעולם בעלי החיים וכן מעולמם של עבדים ושבויים. אל העול שהונח על צווארם של בני בקר חורשים, חוברו מוטות לשם החזקת ראש הבהמה וכתפיה. בשבירת מוטות אלה תשתחרר הבהמה.

אֶת־בְּרִיתִי׃ אַף־אֲנִי אֶעֱשֶׂה־זֹּאת לָכֶם וְהִפְקַדְתִּי טז
עֲלֵיכֶם בֶּהָלָה אֶת־הַשַּׁחֶפֶת וְאֶת־הַקַּדַּחַת מְכַלּוֹת
עֵינַיִם וּמְדִיבֹת נָפֶשׁ וּזְרַעְתֶּם לָרִיק זַרְעֲכֶם וַאֲכָלֻהוּ
אֹיְבֵיכֶם׃ וְנָתַתִּי פָנַי בָּכֶם וְנִגַּפְתֶּם לִפְנֵי אֹיְבֵיכֶם וְרָדוּ יז

רש"י

טז) **וְהִפְקַדְתִּי עֲלֵיכֶם.** וְצִוֵּיתִי עֲלֵיכֶם: **שַׁחֶפֶת.** אֵלִי שֶׁמְּשַׁחֵף אֶת הַבָּשָׂר, אנפולי"ש בְּלַעַז, דּוֹמֶה לְנָפוּחַ שֶׁהוּקַלָּה נְפִיחָתוֹ, וּמַרְאִית פָּנָיו זְעוּפָה: **קַדַּחַת.** אֵלִי שֶׁמַּקְדִּיחַ אֶת הַגּוּף וּמְחַמְּמוֹ וּמַבְעִירוֹ, כְּמוֹ: "כִּי אֵשׁ קָדְחָה בְאַפִּי" (דברים לב, כב): **מְכַלּוֹת עֵינַיִם וּמְדִיבֹת נָפֶשׁ.** הָעֵינַיִם צוֹפוֹת וְכָלוֹת לִרְאוֹת שֶׁיֵּקַל וְיֵרָפֵא, וְסוֹף שֶׁלֹּא יֵרָפֵא וְיִדְאֲבוּ הַנְּפָשׁוֹת שֶׁל מִשְׁפַּחְתּוֹ בְּמוֹתוֹ. כָּל תַּאֲוָה שֶׁאֵינָהּ בָּאָה וְתוֹחֶלֶת מְמֻשָּׁכָה קְרוּיָה 'כִּלְיוֹן עֵינַיִם': **וּזְרַעְתֶּם לָרִיק.** תִּזְרְעוּ וְלֹא תִצְמַח, וְאִם תִּצְמַח "וַאֲכָלֻהוּ אֹיְבֵיכֶם":

יז) **וְנָתַתִּי פָנַי.** פְּנַאי שֶׁלִּי, פּוֹנֶה אֲנִי מִכָּל עֲסָקַי לְהָרַע לָכֶם: **וְרָדוּ בָכֶם שֹׂנְאֵיכֶם.** כְּמַשְׁמָעוֹ, יִשְׁלְטוּ בָּכֶם:

אַגָּדַת תּוֹרַת כֹּהֲנִים מְפָרְשָׁה זוֹ: **אַף אֲנִי אֶעֱשֶׂה זֹּאת.** אֵינִי מְדַבֵּר אֶלָּא בְּאַף, וְכֵן: "וְהָלַכְתִּי אַף אֲנִי עִמָּכֶם בְּקֶרִי" (להלן פסוק כד): **וְהִפְקַדְתִּי עֲלֵיכֶם.** שֶׁיִּהְיוּ הַמַּכּוֹת פּוֹקְדוֹת אֶתְכֶם מִזּוֹ לָזוֹ, עַד שֶׁהָרִאשׁוֹנָה פְּקוּדָה אֶצְלְכֶם אָבִיא אַחֶרֶת וְאֶסְמְכֶנָּה לָהּ: **בֶּהָלָה.** מַכָּה הַמְבַהֶלֶת אֶת הַבְּרִיּוֹת, וְאֵי זוֹ? זוֹ מַכַּת מוֹתָן: **אֶת הַשַּׁחֶפֶת.** יֵשׁ לְךָ אָדָם שֶׁהוּא חוֹלֶה וּמֻטָּל בַּמִּטָּה אֲבָל בְּשָׂרוֹ שָׁמוּר עָלָיו, תַּלְמוּד לוֹמַר: "שַׁחֶפֶת" שֶׁהוּא נִשְׁחָף. אוֹ עִתִּים שֶׁהוּא נִשְׁחָף אֲבָל נוֹחַ וְאֵינוֹ מַקְדִּיחַ, תַּלְמוּד לוֹמַר: "וְאֶת הַקַּדַּחַת", מְלַמֵּד שֶׁהוּא מַקְדִּיחַ. אוֹ עִתִּים שֶׁהוּא מַקְדִּיחַ וְסָבוּר הוּא בְּעַצְמוֹ שֶׁיִּחְיֶה, תַּלְמוּד לוֹמַר: "מְכַלּוֹת עֵינַיִם". אוֹ הוּא אֵינוֹ סָבוּר בְּעַצְמוֹ שֶׁיִּחְיֶה אֲבָל אֲחֵרִים סְבוּרִים שֶׁיִּחְיֶה, תַּלְמוּד לוֹמַר: "וּמְדִיבֹת נָפֶשׁ" (לעיל פסוק טז): **וּזְרַעְתֶּם לָרִיק זַרְעֲכֶם.** זוֹרְעָהּ וְאֵינָהּ מַצְמַחַת, וּמֵעַתָּה מָה אוֹיְבֵיכֶם בָּאִים וְאוֹכְלִים, וּמַה תַּלְמוּד לוֹמַר "וַאֲכָלֻהוּ אֹיְבֵיכֶם"? הָא כֵּיצַד? זוֹרְעָהּ שָׁנָה רִאשׁוֹנָה וְאֵינָהּ מַצְמַחַת, שָׁנָה שְׁנִיָּה מַצְמַחַת, וְאוֹיְבִים בָּאִים וּמוֹצְאִים תְּבוּאָה לִימֵי הַמָּצוֹר, וְשֶׁבִּפְנִים מֵתִים בָּרָעָב שֶׁלֹּא לִקְּטוּ תְּבוּאָה אֶשְׁתָּקַד. דָּבָר אַחֵר: "וּזְרַעְתֶּם לָרִיק זַרְעֲכֶם", כְּנֶגֶד הַבָּנִים וְהַבָּנוֹת הַכָּתוּב מְדַבֵּר, שֶׁאַתָּה עָמֵל בָּהֶם וּמְגַדְּלָן וְהַחֵטְא בָּא וּמְכַלֶּה אוֹתָם, שֶׁנֶּאֱמַר: "אֲשֶׁר טִפַּחְתִּי וְרִבִּיתִי אֹיְבִי כִלָּם" (איכה ב, כב): **וְנָתַתִּי פָנַי בָּכֶם.** כְּמוֹ שֶׁנֶּאֱמַר בַּטּוֹבָה: "וּפָנִיתִי אֲלֵיכֶם", כָּךְ נֶאֱמַר בָּרָעָה: "וְנָתַתִּי פָנַי". מָשְׁלוּ מָשָׁל, לְמֶלֶךְ שֶׁאָמַר לַעֲבָדָיו: פּוֹנֶה אֲנִי מִכָּל עֲסָקַי וְעוֹסֵק אֲנִי עִמָּכֶם לְרָעָה: **וְנִגַּפְתֶּם לִפְנֵי אֹיְבֵיכֶם.** שֶׁיְּהֵא הַמָּוֶת הוֹרֵג

הרחבות

'וזרעתם לריק זרעכם ואכלהו איביכם' בספר שופטים מתואר מימוש של קללה זו. שם מסופר על ישראל שזרעו שדותיהם והתחילו בעבודת האדמה, ואת פֵּרות עמלם קצרו האויבים לעצמם. (ראו שופטים ו,ג-ד. וראו עוד בהרחבה לישעיה סב,ח).

ביאור | טז **אַף אֲנִי** כמותכם **אֶעֱשֶׂה זֹּאת לָכֶם, וְהִפְקַדְתִּי עֲלֵיכֶם בֶּהָלָה**, חרדה קיומית, שאינה נובעת בהכרח ממאורע מסוים. אביא עליכם גם מחלות: **אֶת הַשַּׁחֶפֶת**. לפי שורש המלה ולפי התיאורים, זוהי מחלה הגורמת לרזון. **וְאֶת הַקַּדַּחַת**, מחלת חום. מחלות אלה **מְכַלּוֹת עֵינַיִם וּמְדִיבֹת נָפֶשׁ**, גורמות לצער מתמשך. ישנן מחלות חמורות הרבה יותר, אך הן מתחילות ומסתיימות בזמן מסוים. אם זיהויה המקובל של השרפת נכון, הרי שממנה ומן המלריה – דוגמה מובהקת ל'קדחת' – מתייסרים במשך זמן רב. ובתחום אחר – **וּזְרַעְתֶּם לָרִיק זַרְעֲכֶם, וַאֲכָלֻהוּ אֹיְבֵיכֶם**. יז **וְנָתַתִּי פָנַי בָּכֶם**. ביטוי ניגודי לברכה שנאמרו לעיל – וּפָנִיתִי אֲלֵיכֶם.[7] **וְנִגַּפְתֶּם**, תוכו במלחמות **לִפְנֵי אֹיְבֵיכֶם, וְרָדוּ**, ישלטו **בָכֶם שֹׂנְאֵיכֶם, וְנַסְתֶּם וְאֵין** מי **רֹדֵף אֶתְכֶם** – תיאור דומה לאמור לפני כן,[8] אך מהופך לו. הבהלה, האימה ואיבוד העשתונות מביאים לבריחה גם כשאין רודף.

העולם | **שַׁחֶפֶת** אינה בהכרח המחלה הזיהומית המדבקת הנקראת כך היום (Tuberculosis) ופוגעת בעיקר בריאות. חז"ל מפרשים את שמה כרזון המלווה בחום ובדיכאון (ספרא בחוקותי ב,ב). לפי רש"י ורמב"ם, מחלה זו גורמת להתייבשות העור ולשינוי צורתו. לעומת זאת, רש"ר הירש מפרש את שורש שמה, ש,ח,ף כקרוב לשורשים ס,ח,ב ו–ס,ח,ף, ורואה בו רמז לחולשה ותשישות. דומה לו בערבית קדומה – ضعيفة.

בָּכֶם שֹׂנְאֵיכֶם וְנַסְתֶּם וְאֵין־רֹדֵף אֶתְכֶם׃ וְאִם־עַד־ יח
אֵלֶּה לֹא תִשְׁמְעוּ לִי וְיָסַפְתִּי לְיַסְּרָה אֶתְכֶם שֶׁבַע
עַל־חַטֹּאתֵיכֶם׃ וְשָׁבַרְתִּי אֶת־גְּאוֹן עֻזְּכֶם וְנָתַתִּי אֶת־ יט
שְׁמֵיכֶם כַּבַּרְזֶל וְאֶת־אַרְצְכֶם כַּנְּחֻשָׁה׃ וְתַם לָרִיק כ
כֹּחֲכֶם וְלֹא־תִתֵּן אַרְצְכֶם אֶת־יְבוּלָהּ וְעֵץ הָאָרֶץ לֹא
יִתֵּן פִּרְיוֹ׃ וְאִם־תֵּלְכוּ עִמִּי קֶרִי וְלֹא תֹאבוּ לִשְׁמֹעַ לִי כא
וְיָסַפְתִּי עֲלֵיכֶם מַכָּה שֶׁבַע כְּחַטֹּאתֵיכֶם׃ וְהִשְׁלַחְתִּי כב

רש"י

אֶתְכֶם מִבִּפְנִים וּבַעֲלֵי דְבָבֵיכוֹן מַקִּיפִין אֶתְכֶם מִבַּחוּץ: **וְרָדוּ בָכֶם שֹׂנְאֵיכֶם.** שֶׁאֵינִי מַעֲמִיד שׂוֹנְאִים אֶלָּא מִכֶּם וּבָכֶם, שֶׁבְּשָׁעָה שֶׁאֻמּוֹת הָעוֹלָם עוֹמְדִים עַל יִשְׂרָאֵל אֵינָם מְבַקְשִׁים אֶלָּא מַה שֶּׁבַּגָּלוּי, שֶׁנֶּאֱמַר: "וְהָיָה אִם זָרַע יִשְׂרָאֵל וְעָלָה מִדְיָן וַעֲמָלֵק וּבְנֵי קֶדֶם וְגוֹ' וַיַּחֲנוּ עֲלֵיהֶם וַיַּשְׁחִיתוּ אֶת יְבוּל הָאָרֶץ" (שופטים ו, ג-ד), אֲבָל בְּשָׁעָה שֶׁאַעֲמִיד עֲלֵיכֶם מִכֶּם וּבָכֶם, הֵם מְחַפְּשִׂים אַחַר הַמַּטְמוֹנִיּוֹת שֶׁלָּכֶם, וְכֵן הוּא אוֹמֵר: "וַאֲשֶׁר אָכְלוּ שְׁאֵר עַמִּי וְעוֹרָם מֵעֲלֵיהֶם הִפְשִׁיטוּ" וְגוֹ' (מיכה ג, ג): **וְנַסְתֶּם.** מִפְּנֵי אֵימָה: **וְאֵין רֹדֵף אֶתְכֶם.** מִבְּלִי כֹּחַ:

יח) **וְאִם עַד אֵלֶּה.** וְאִם בְּעוֹד אֵלֶּה לֹא תִשְׁמְעוּ: **וְיָסַפְתִּי.** עוֹד יִסּוּרִין אֲחֵרִים: **שֶׁבַע עַל חַטֹּאתֵיכֶם.** שֶׁבַע פֻּרְעָנִיּוֹת עַל שֶׁבַע עֲבֵרוֹת הָאֲמוּרוֹת לְמַעְלָה:

יט) **וְשָׁבַרְתִּי אֶת גְּאוֹן עֻזְּכֶם.** זֶה בֵּית הַמִּקְדָּשׁ, וְכֵן הוּא אוֹמֵר: "הִנְנִי מְחַלֵּל אֶת מִקְדָּשִׁי גְּאוֹן עֻזְּכֶם" (יחזקאל כד, כא): **וְנָתַתִּי אֶת שְׁמֵיכֶם כַּבַּרְזֶל וְאֶת אַרְצְכֶם כַּנְּחֻשָׁה.** זוֹ קָשָׁה מִשֶּׁל מֹשֶׁה, שֶׁשָּׁם הוּא אוֹמֵר: "וְהָיוּ שָׁמֶיךָ אֲשֶׁר עַל רֹאשְׁךָ נְחֹשֶׁת" וְגוֹ' (דברים כח, כג), שֶׁיִּהְיוּ הַשָּׁמַיִם מַזִּיעִין כְּדֶרֶךְ שֶׁהַנְּחֹשֶׁת מַזַּעַת, וְהָאָרֶץ אֵינָהּ מַזַּעַת כְּדֶרֶךְ שֶׁאֵין הַבַּרְזֶל מַזִּיעַ וְהִיא מְשַׁמֶּרֶת פֵּרוֹתֶיהָ; אֲבָל כָּאן הַשָּׁמַיִם לֹא יִהְיוּ מַזִּיעִין כְּדֶרֶךְ שֶׁאֵין הַבַּרְזֶל מַזִּיעַ וִיהֵא חֹרֶב בָּעוֹלָם, וְהָאָרֶץ תְּהֵא מַזַּעַת כְּדֶרֶךְ שֶׁהַנְּחֹשֶׁת מַזַּעַת וְהִיא מְאַבֶּדֶת פֵּרוֹתֶיהָ:

כ) **וְתַם לָרִיק כֹּחֲכֶם.** הֲרֵי אָדָם שֶׁלֹּא עָמַל, שֶׁלֹּא חָרַשׁ, שֶׁלֹּא זָרַע, שֶׁלֹּא נִכֵּשׁ, שֶׁלֹּא כִּסַּח, שֶׁלֹּא עָדַר, וּבִשְׁעַת הַקָּצִיר בָּא שִׁדָּפוֹן וּמַלְקֶה אוֹתוֹ, אֵין בְּכָךְ כְּלוּם. אֲבָל אָדָם שֶׁעָמַל וְחָרַשׁ וְזָרַע וְנִכֵּשׁ וְכִסַּח וְעָדַר, וּבָא שִׁדָּפוֹן וּמַלְקֶה אוֹתוֹ, הֲרֵי שִׁנָּיו שֶׁל זֶה קֵהוֹת: **וְלֹא תִתֵּן אַרְצְכֶם אֶת יְבוּלָהּ.** אַף מַה שֶּׁאַתָּה מוֹבִיל לָהּ בִּשְׁעַת הַזֶּרַע: **וְעֵץ הָאָרֶץ.** אֲפִלּוּ מִן הָאָרֶץ יְהֵא לָקוּי, שֶׁלֹּא יַחֲנִיט פֵּרוֹתָיו בִּשְׁעַת הַחֲנָטָה: **לֹא יִתֵּן.** מְשַׁמֵּשׁ לְמַעְלָה וּלְמַטָּה, אַעֵץ וְאַפְּרִי: **לֹא יִתֵּן פִּרְיוֹ.** כְּשֶׁהוּא מַפְרֶה, מַשִּׁיר פֵּרוֹתָיו – הֲרֵי שְׁתֵּי קְלָלוֹת, וְיֵשׁ כָּאן שֶׁבַע פֻּרְעָנִיּוֹת:

כא) **וְאִם תֵּלְכוּ עִמִּי קֶרִי.** רַבּוֹתֵינוּ אָמְרוּ: עֲרַאי, בְּמִקְרֶה, שֶׁאֵינוּ אֶלָּא לִפְרָקִים, כֵּן תֵּלְכוּ עֲרַאי בַּמִּצְוֹת. וּמְנַחֵם פֵּרֵשׁ: לְשׁוֹן מְנִיעָה, וְכֵן "הֹקַר רַגְלְךָ" (משלי כה, יז), וְכֵן "יְקַר רוּחַ" (משלי יז, כז); וְקָרוֹב לָשׁוֹן זֶה לְתַרְגּוּמוֹ שֶׁל אוּנְקְלוֹס, לְשׁוֹן קֹשִׁי, שֶׁמַּקְשִׁים לִבָּם לְמָנַע מֵהִתְקָרֵב אֵלַי: **שֶׁבַע כְּחַטֹּאתֵיכֶם.** שֶׁבַע פֻּרְעָנִיּוֹת אֲחֵרוֹת בְּמִסְפַּר שֶׁבַע, כְּחַטֹּאתֵיכֶם:

ביאור

יח **וְאִם עַד אֵלֶּה לֹא תִשְׁמְעוּ לִי**, שכן תסרבו לפרש את צרותיכם כעונש
על מעשיכם הרעים; אם תמשיכו לחיות את חייכם באותה צורה,
בלי לתקן את מעשיכם – **וְיָסַפְתִּי לְיַסְּרָה**, אוסיף לייסר **אֶתְכֶם** פי
שֶׁבַע עַל חַטֹּאתֵיכֶם. אמנם יש המונים כאן, וכן בביטויים המקבילים
בהמשך, שבעה מיני יסורים בדיוק, אך בכללו של דבר המספר
שבע מבטא משמעות סמלית, שלעתים קרובות משמעו פי כמה
וכמה.[9] יט **וְשָׁבַרְתִּי אֶת גְּאוֹן עֻזְּכֶם**, אחריב את המקדש.[10] אפשר להבין
ביטוי זה גם במשמע של ניפוץ הרגשת הכוח והעצמה. סיבות שונות
יביאו לכך, וביניהן שנות בצורת ורעב – **וְנָתַתִּי אֶת שְׁמֵיכֶם כַּבַּרְזֶל**,
שאינו מטפטף, **וְאֶת אַרְצְכֶם כַּנְּחֻשָׁה**, כנחושת, שדבר אינו צומח
מתוכה. כ **וְתַם**, יכלה **לָרִיק**, לשווא **כֹּחֲכֶם**. בעת בצורת משקיעים
עמל רב לעבד את האדמה ולמשוך אליה מים באופנים שונים, אך
כל זה ללא תועלת – **וְלֹא תִתֵּן אַרְצְכֶם אֶת יְבוּלָהּ, וְעֵץ הָאָרֶץ לֹא יִתֵּן פִּרְיוֹ**.

כא **וְאִם תֵּלְכוּ עִמִּי קֶרִי**, במרי, **וְלֹא תֹאבוּ**, תרצו **לִשְׁמֹעַ לִי**, אם
לא תלמדו שום לקח מן המכות – **וְיָסַפְתִּי עֲלֵיכֶם מַכָּה פִּי שֶׁבַע**

הרחבות

"ואם תלכו עמי קרי" שורשה של קֶרִי היא ק,ר,ה, כמו מקרה. הליכה בקרי – פירושה חוסר התייחסות משמעותית: מאורע קרה ותו לא. המחלות, הבצורת והמלחמות שתוארו כאן הן אסונות המסבים סבל רב, ובכל זאת יהיו מי שימשיכו לראות אותם כמקריים ולא יתעוררו לשאלת מצבם המוסרי. (ראו רמב"ם, הלכות תעניות א,ג; מורה נבוכים ח"ג לו). הצרות הנקרות בדרכם יגרמו להם להיאנח ולהמשיך הלאה. אולם רבים מהמפרשים מסבירים את קֶרִי כקושי. הליכה בקרי, לפי פירוש זה, היא התעקשות נוקשה מול התוכחה. (ראו אונקלוס ורש"י).

בָּכֶם אֶת־חַיַּת הַשָּׂדֶה וְשִׁכְּלָה אֶתְכֶם וְהִכְרִיתָה אֶת־
בְּהֶמְתְּכֶם וְהִמְעִיטָה אֶתְכֶם וְנָשַׁמּוּ דַּרְכֵיכֶם: וְאִם־ כג
בְּאֵלֶּה לֹא תִוָּסְרוּ לִי וַהֲלַכְתֶּם עִמִּי קֶרִי: וְהָלַכְתִּי כד
אַף־אֲנִי עִמָּכֶם בְּקֶרִי וְהִכֵּיתִי אֶתְכֶם גַּם־אָנִי שֶׁבַע
עַל־חַטֹּאתֵיכֶם: וְהֵבֵאתִי עֲלֵיכֶם חֶרֶב נֹקֶמֶת נְקַם־ כה
בְּרִית וְנֶאֱסַפְתֶּם אֶל־עָרֵיכֶם וְשִׁלַּחְתִּי דֶבֶר בְּתוֹכְכֶם
וְנִתַּתֶּם בְּיַד־אוֹיֵב: בְּשִׁבְרִי לָכֶם מַטֵּה־לֶחֶם וְאָפוּ כו
עֶשֶׂר נָשִׁים לַחְמְכֶם בְּתַנּוּר אֶחָד וְהֵשִׁיבוּ לַחְמְכֶם
בַּמִּשְׁקָל וַאֲכַלְתֶּם וְלֹא תִשְׂבָּעוּ: וְאִם־ כז

רש"י

כב) **וְהִשְׁלַחְתִּי.** לְשׁוֹן גֵּרוּי: **וְשִׁכְּלָה אֶתְכֶם.** אֵין לִי אֶלָּא חַיָּה מְשַׁכֶּלֶת שֶׁדַּרְכָּהּ בְּכָךְ, בְּהֵמָה שֶׁאֵין דַּרְכָּהּ בְּכָךְ מִנַּיִן? תַּלְמוּד לוֹמַר: "וְשֶׁן בְּהֵמוֹת אֲשַׁלַּח בָּם" (דברים לב, כד), הֲרֵי שְׁתַּיִם. וּמִנַּיִן שֶׁתְּהֵא מְמִיתָה בִּנְשִׁיכָתָהּ? תַּלְמוּד לוֹמַר: "עִם חֲמַת זֹחֲלֵי עָפָר" (שם), מָה אֵלּוּ נוֹשְׁכִין וּמְמִיתִין, אַף אֵלּוּ נוֹשְׁכִין וּמְמִיתִין, כְּבָר הָיוּ שְׁנַיִם בְּאֶרֶץ יִשְׂרָאֵל, חֲמוֹר נוֹשֵׁךְ וּמֵמִית, עָרוֹד נוֹשֵׁךְ וּמֵמִית: **וְשִׁכְּלָה אֶתְכֶם.** אֵלּוּ הַקְּטַנִּים: **וְהִכְרִיתָה אֶת בְּהֶמְתְּכֶם.** מִבַּחוּץ: **וְהִמְעִיטָה אֶתְכֶם.** מִבִּפְנִים: **וְנָשַׁמּוּ דַּרְכֵיכֶם.** שְׁבִילִים גְּדוֹלִים וּשְׁבִילִים קְטַנִּים. הֲרֵי שֶׁבַע פֻּרְעָנֻיּוֹת: שֶׁן בְּהֵמָה, וְשֶׁן חַיָּה, חֲמַת זוֹחֲלֵי עָפָר, וְשִׁכְּלָה, וְהִכְרִיתָה, וְהִמְעִיטָה, וְנָשַׁמּוּ:

כג) **לֹא תִוָּסְרוּ לִי.** לָשׁוּב אֵלָי:

כה) **נְקַם בְּרִית.** וְיֵשׁ נָקָם שֶׁאֵינוֹ בַּבְּרִית כְּדֶרֶךְ שְׁאָר נְקָמוֹת, וְזֶהוּ סִמּוּי עֵינָיו שֶׁל צִדְקִיָּהוּ (מלכים ב׳ כה, ז). דָּבָר אַחֵר: "נְקַם בְּרִית", נִקְמַת בְּרִיתִי אֲשֶׁר עֲבַרְתֶּם. כָּל הֲבָאַת חֶרֶב שֶׁבַּמִּקְרָא הִיא מִלְחֶמֶת חַיָּלוֹת אוֹיְבִים: **וְנֶאֱסַפְתֶּם.** מִן הַחוּץ אֶל תּוֹךְ הֶעָרִים מִפְּנֵי הַמָּצוֹר: **וְשִׁלַּחְתִּי דֶבֶר בְּתוֹכְכֶם.** וְעַל יְדֵי הַדֶּבֶר "וְנִתַּתֶּם בְּיַד" הָאוֹיְבִים הַצָּרִים עֲלֵיכֶם, לְפִי שֶׁאֵין מְלִינִים אֶת הַמֵּת בִּירוּשָׁלַיִם, וּכְשֶׁהֵם מוֹצִיאִים אֶת הַמֵּת לְקָבְרוֹ נִתָּנִין בְּיַד אוֹיֵב:

כו) **מַטֵּה לֶחֶם.** לְשׁוֹן מִשְׁעָן, כְּמוֹ "מַטֵּה עֹז" (ירמיה מח, יז): **בְּשִׁבְרִי לָכֶם מַטֵּה לֶחֶם.** אֶשְׁבֹּר לָכֶם כָּל מִסְעַד אֹכֶל, וְהֵם חַיֵּי רָעָב: **וְאָפוּ עֶשֶׂר נָשִׁים לַחְמְכֶם בְּתַנּוּר אֶחָד.** מֵחֹסֶר עֵצִים: **וְהֵשִׁיבוּ לַחְמְכֶם בַּמִּשְׁקָל.** שֶׁתְּהֵא הַתְּבוּאָה נִרְקֶבֶת וְנַעֲשֵׂית פַּת נְפוּלָה וּמִשְׁתַּבֶּרֶת בַּתַּנּוּר, וְהֵן יוֹשְׁבוֹת וְשׁוֹקְלוֹת אֶת הַשְּׁבָרִים לְחַלְּקָם בֵּינֵיהֶם: **וַאֲכַלְתֶּם וְלֹא תִשְׂבָּעוּ.** זוֹהִי מְאֵרָה בְּתוֹךְ הַמֵּעַיִם בַּלֶּחֶם. הֲרֵי שֶׁבַע פֻּרְעָנֻיּוֹת: חֶרֶב, מָצוֹר, דֶּבֶר, שֶׁבֶר מַטֵּה לֶחֶם, חֹסֶר עֵצִים, פַּת נְפוּלָה, מְאֵרָה בַּמֵּעַיִם. "וְנִתַּתֶּם" אֵינָהּ מִן הַמִּנְיָן, הִיא הַחֶרֶב:

ביאור

כְּחַטֹּאתֵיכֶם. כב **וְהִשְׁלַחְתִּי,** אֲשַׁלַּח **בָכֶם אֶת חַיַּת הַשָּׂדֶה.** שלא כברכה
וְהִשְׁבַּתִּי חַיָּה רָעָה מִן הָאָרֶץ, חיית השדה תפלוש לתוך מקום היישוב.
וְשִׁכְּלָה אֶתְכֶם, בהתנפלותה על הטרף הקל ביותר – הילדים הקטנים,
וְהִכְרִיתָה אֶת בְּהֶמְתְּכֶם, וְהִמְעִיטָה אֶתְכֶם, וְנָשַׁמּוּ, ייהרסו **דַּרְכֵיכֶם.** מחמת
התמעטות ומחמת בהלה יסתגרו האנשים ביישובים, והדרכים יהיו
שוממות וחרבות.

כג **וְאִם גַּם בְּאֵלֶּה לֹא תִוָּסְרוּ לִי,** תקבלו ממני מוסר, **וַהֲלַכְתֶּם עִמִּי קֶרִי** –
כד **וְהָלַכְתִּי אַף אֲנִי עִמָּכֶם,** באותו אופן – **בְּקֶרִי,** בתוקף ובדרך קשה.
וְהִכֵּיתִי אֶתְכֶם גַּם אָנִי שֶׁבַע מכות **עַל חַטֹּאתֵיכֶם.** כה **וְהֵבֵאתִי עֲלֵיכֶם**
חֶרֶב מלחמה **נֹקֶמֶת נְקַם** הפרת **בְּרִית. וְנֶאֱסַפְתֶּם אֶל עָרֵיכֶם** מפני
האויב, **וְשִׁלַּחְתִּי דֶבֶר בְּתוֹכְכֶם.** כשתצטופפו בעריכם, המגפה תהיה
מסוכנת יותר. ולבסוף – **וְנִתַּתֶּם בְּיַד אוֹיֵב,** כי לא יהיה מגן לעריכם.
כו **בְּשִׁבְרִי,** כאשר אשבור **לָכֶם מַטֵּה לֶחֶם,** משען של מזון, **וְאָפוּ**
עֶשֶׂר נָשִׁים לַחְמְכֶם בְּתַנּוּר אֶחָד. זהו ביטוי מפריז למיעוט הלחם.
התנורים הביתיים היו עשויים ככדים קטנים יחסית, ויועדו לאפיית
לחם למשפחה אחת. **וְהֵשִׁיבוּ לַחְמְכֶם בַּמִּשְׁקָל.** מכיוון שהמזונות יהיו
מצומצמים ביותר, אנשים לא יוכלו לנהוג ברווחה ולהחליף ביניהם
את הכיכרות בפיזור דעת, אלא ישקלו כמה הכניסו וכמה הוציאו;
מהו חלקם שלהם, ומהו חלקו של השכן. ואז – **וַאֲכַלְתֶּם וְלֹא תִשְׂבָּעוּ,**
גם מפני שהמזון לא יספיק, וגם מפני שתחושת המחסור עצמה
תגרום לאכילה שאין בה שביעה.

רישום תנור
מתקופת הברזל
מתל קסילה

הרחבות

'והשלחתי בכם את חית השדה' גם בדרך הטבע, בזמן בצורת ומחסור במים חיות השדה נדחקות לתוך מקומות היישוב. קבוצות חיות נכנסות מחמת מצוקת הרעב אל המקומות המיושבים. ('משלחת זאבים', בפי חכמים, בבא מציעא צג ע"ב).

בְּזֹאת לֹא תִשְׁמְעוּ לִי וַהֲלַכְתֶּם עִמִּי בְּקֶרִי׃ וְהָלַכְתִּי כח
עִמָּכֶם בַּחֲמַת־קֶרִי וְיִסַּרְתִּי אֶתְכֶם אַף־אָנִי שֶׁבַע עַל־
חַטֹּאתֵיכֶם׃ וַאֲכַלְתֶּם בְּשַׂר בְּנֵיכֶם וּבְשַׂר בְּנֹתֵיכֶם כט
תֹּאכֵלוּ׃ וְהִשְׁמַדְתִּי אֶת־בָּמֹתֵיכֶם וְהִכְרַתִּי אֶת־ ל
חַמָּנֵיכֶם וְנָתַתִּי אֶת־פִּגְרֵיכֶם עַל־פִּגְרֵי גִּלּוּלֵיכֶם וְגָעֲלָה
נַפְשִׁי אֶתְכֶם׃ וְנָתַתִּי אֶת־עָרֵיכֶם חָרְבָּה וַהֲשִׁמּוֹתִי לא
אֶת־מִקְדְּשֵׁיכֶם וְלֹא אָרִיחַ בְּרֵיחַ נִיחֹחֲכֶם׃ וַהֲשִׁמֹּתִי לב
אֲנִי אֶת־הָאָרֶץ וְשָׁמְמוּ עָלֶיהָ אֹיְבֵיכֶם הַיֹּשְׁבִים בָּהּ׃
וְאֶתְכֶם אֱזָרֶה בַגּוֹיִם וַהֲרִיקֹתִי אַחֲרֵיכֶם חָרֶב וְהָיְתָה לג

רש"י

ל] **בָּמֹתֵיכֶם.** מִגְדָּלִים וּבִירָנִיּוֹת: **חַמָּנֵיכֶם.** מִין עֲבוֹדָה זָרָה שֶׁמַּעֲמִידִין עַל הַגַּגּוֹת, וְעַל שֵׁם שֶׁמַּעֲמִידִין בַּחַמָּה קְרוּיִין 'חַמָּנִים': **וְנָתַתִּי אֶת פִּגְרֵיכֶם.** תְּפוּחֵי רָעָב הָיוּ, וּמוֹצִיאִים יִרְאָתָם מֵחֵיקָם וּמְנַשְּׁקִים אוֹתָהּ, וּכְרֵסוֹ נִבְקַעַת וְנוֹפֵל עָלֶיהָ: **וְגָעֲלָה נַפְשִׁי אֶתְכֶם.** זֶה סִלּוּק שְׁכִינָה:

לא] **וְנָתַתִּי אֶת עָרֵיכֶם חָרְבָּה.** יָכוֹל מֵאָדָם? כְּשֶׁהוּא אוֹמֵר: "וַהֲשִׁמֹּתִי אֲנִי אֶת הָאָרֶץ" (להלן פסוק לב) הֲרֵי אָדָם אָמוּר, הָא מָה אֲנִי מְקַיֵּם "חָרְבָּה"? מֵעוֹבֵר וָשָׁב: **וַהֲשִׁמּוֹתִי אֶת מִקְדְּשֵׁיכֶם.** יָכוֹל מִן הַקָּרְבָּנוֹת? כְּשֶׁהוּא אוֹמֵר: "וְלֹא אָרִיחַ" הֲרֵי קָרְבָּנוֹת אֲמוּרִים, הָא מָה אֲנִי מְקַיֵּם "וַהֲשִׁמּוֹתִי אֶת מִקְדְּשֵׁיכֶם"? מִן הַגְּדוּדִיּוֹת – שַׁיָּרוֹת שֶׁל יִשְׂרָאֵל שֶׁהָיוּ מִתְקַדְּשׁוֹת וְנוֹעָדוֹת לָבֹא שָׁם. הֲרֵי שֶׁבַע פֻּרְעָנִיּוֹת: אֲכִילַת בְּשַׂר בָּנִים וּבָנוֹת וְהַשְׁמָדַת בָּמוֹת, הֲרֵי שְׁתַּיִם. כְּרִיתַת חַמָּנִים אֵין כָּאן פֻּרְעָנוּת, אֶלָּא עַל יְדֵי הַשְׁמָדַת הַבִּירָנִיּוֹת יִפְּלוּ הַחַמָּנִים שֶׁבְּרָאשֵׁי הַגַּגּוֹת וְיִכָּרְתוּ. "וְנָתַתִּי אֶת פִּגְרֵיכֶם" וְגוֹ', הֲרֵי שָׁלֹשׁ. סִלּוּק שְׁכִינָה, אַרְבַּע. חָרְבַּן עָרִים, שִׁמָּמוֹן מִקְדָּשׁ מִן הַגְּדוּדִיּוֹת, "וְלֹא אָרִיחַ" קָרְבָּנוֹת, הֲרֵי שֶׁבַע:

לב] **וַהֲשִׁמֹּתִי אֲנִי אֶת הָאָרֶץ.** זוֹ מִדָּה טוֹבָה לְיִשְׂרָאֵל, שֶׁלֹּא יִמְצְאוּ הָאוֹיְבִים נַחַת רוּחַ בְּאַרְצָם, שֶׁתְּהֵא שׁוֹמֵמָה מִיּוֹשְׁבֶיהָ:

לג] **וְאֶתְכֶם אֱזָרֶה בַגּוֹיִם.** זוֹ מִדָּה קָשָׁה, שֶׁבְּשָׁעָה שֶׁבְּנֵי מְדִינָה גּוֹלִים לְמָקוֹם אֶחָד רוֹאִים זֶה אֶת זֶה וּמִתְנַחֲמִין, וְיִשְׂרָאֵל נִזְרוּ כְּבַמִּזְרֶה, כְּאָדָם הַזּוֹרֶה שְׂעוֹרִים בְּנָפָה וְאֵין אַחַת מֵהֶן דְּבוּקָה בַּחֲבֶרְתָּהּ: **וַהֲרִיקֹתִי.** כְּשֶׁשּׁוֹלֵף הַחֶרֶב מִתְרוֹקֵן הַנָּדָן. וּמִדְרָשׁוֹ: חֶרֶב הַנִּשְׁמֶטֶת אַחֲרֵיכֶם אֵינָהּ

הרחבות

'ואכלתם בשר בניכם' סיפורים קשים כאלה אכן אירעו בתקופות מצור ומצוק בעם ישראל.

'ונתתי את פגריכם על פגרי גִּלוליכם' 'גילולים' הוא אחד הביטויים המבזים כלפי עבודה זרה. יש לשער שזוהי צורה אחרת של 'גלל' – צואת בעלי חיים. (ראו ספרא תחילת קדושים; רש"י דברים כט,טז). הביטוי החריף המופיע כאן מתאר מלחמה וכיבוש שבמהלכם נהרסים המקדשים, וגוויות המאמינים מתערבות בשברי פסליהם.

לא רק בגלויותיהם אלא אף בהיותם בארצם, שהייתה נתונה להשפעות של תרבויות זרות רבות, היהודים אימצו דתות

ביאור

כז וְאִם בְּזֹאת, גם ברעב של ממש, כאשר יתרבו הקשיים והאסונות,
לֹא תִשְׁמְעוּ לִי, וַהֲלַכְתֶּם עִמִּי בְּקֶרִי – כח וְהָלַכְתִּי עִמָּכֶם בַּחֲמַת, בזעם
קֶרִי. ממחסור ופגיעה ברווחתכם אעבור לזוועות – וְיִסַּרְתִּי אֶתְכֶם
אַף אָנִי שֶׁבַע עַל חַטֹּאתֵיכֶם. כט וַאֲכַלְתֶּם בְּשַׂר בְּנֵיכֶם, וּבְשַׂר בְּנֹתֵיכֶם
תֹּאכֵלוּ. מתוך הרעב הגובר, תאכלו בשר אדם, ולא סתם אדם אלא
את ילדיכם. ל וְהִשְׁמַדְתִּי אֶת בָּמֹתֵיכֶם, מבנים מוגבהים שעליהם
בנויים מזבחות, וְהִכְרַתִּי אֶת חַמָּנֵיכֶם, פסלים או מצבות של פולחן
השמש, וְנָתַתִּי אֶת פִּגְרֵיכֶם עַל פִּגְרֵי גִּלּוּלֵיכֶם. אתם תמותו, וגם אליליכם
יישברו. וְגָעֲלָה נַפְשִׁי אֶתְכֶם. תרגישו כאילו אין לכם כל דרך להגיע
אלי.[11] לא וְנָתַתִּי אֶת עָרֵיכֶם חָרְבָּה, חורבן, וַהֲשִׁמּוֹתִי, אהפוך לשממה
אֶת מִקְדְּשֵׁיכֶם, וְלֹא אָרִיחַ בְּרֵיחַ נִיחֹחֲכֶם. מצד אחד, אליליכם יישברו,
ומצד שני, אני לא אענה לכם. לב וַהֲשִׁמֹּתִי אֲנִי אֶת הָאָרֶץ עד אשר –
וְשָׁמְמוּ עָלֶיהָ אֹיְבֵיכֶם הַיֹּשְׁבִים בָּהּ. גם מי שינסה לשבת בה אחריכם,
לא יצליח להפריחה. לג הארץ תהיה שוממה, והיישוב בה – אם
בכלל – יהיה דליל וכושל, וְאֶתְכֶם אֱזָרֶה, אפזר בַגּוֹיִם, בין הגויים,
וַהֲרִיקֹתִי אַחֲרֵיכֶם חָרֶב, החרב תאכל בכם בהתמדה. זהו ביטוי ציורי

הרחבות

נכריות, ועם זאת, לאורך רוב ההיסטוריה של עם ישראל לא נזנחה אמונתו. ישראל חטאו בסינקרטיזם: אנשים עבדו גם את ה' וגם סוגים שונים של עבודה זרה.

'ושממו עליה איביכם הישבים בה' התיאורים הללו התממשו עד תומם. בתקופות שונות בהיסטוריה הארץ לא שממה רק משום שבני ישראל גלו ממנה; גם אלו שבאו לכבשה מצאו אותה הרוסה ובלתי ראויה למגורים. בעקבות החורבן וההרס הממושכים הארץ הידלדלה והידרדרה, ולא עלה בידי שום אומה להכות בה שורש.

אַרְצְכֶם שְׁמָמָה וְעָרֵיכֶם יִהְיוּ חָרְבָּה: לד אָז תִּרְצֶה
הָאָרֶץ אֶת־שַׁבְּתֹתֶיהָ כֹּל יְמֵי הָשַּׁמָּה וְאַתֶּם בְּאֶרֶץ
אֹיְבֵיכֶם אָז תִּשְׁבַּת הָאָרֶץ וְהִרְצָת אֶת־שַׁבְּתֹתֶיהָ:
לה כָּל־יְמֵי הָשַּׁמָּה תִּשְׁבֹּת אֵת אֲשֶׁר לֹא־שָׁבְתָה
בְּשַׁבְּתֹתֵיכֶם בְּשִׁבְתְּכֶם עָלֶיהָ: לו וְהַנִּשְׁאָרִים בָּכֶם
וְהֵבֵאתִי מֹרֶךְ בִּלְבָבָם בְּאַרְצֹת אֹיְבֵיהֶם וְרָדַף אֹתָם
קוֹל עָלֶה נִדָּף וְנָסוּ מְנֻסַת־חֶרֶב וְנָפְלוּ וְאֵין רֹדֵף:

רש"י | חוזרת מהר, כאדם שמריק את המים ואין סופן לחזור: **והיתה ארצכם שממה.** שלא תמהרו לשוב לתוכה, ומתוך כך "עריכם יהיו חרבה" - נראות לכם חרבות, שבשעה שאדם גולה מביתו ומכרמו ומעירו וסופו לחזור, כאלו אין כרמו וביתו חרבים. כך שנויה בתורת כהנים (פרק ז, א):

לד) **אז תרצה.** תפיס את כעס המקום שכעס על שמטותיה: **והרצת.** למלך את שבתותיה:

לה) **את אשר לא שבתה.** שבעים שנה של גלות בבל הן היו כנגד שבעים שנות השמטה ויובל שהיו בשנים שהכעיסו ישראל בארצם לפני המקום, ארבע מאות ושלשים ושש שנה. שלש מאות ותשעים היו שני עונם משנכנסו לארץ עד שגלו עשרת השבטים, ובני יהודה הכעיסו לפניו ארבעים ושש שנה משגלו עשרת השבטים עד חרבות ירושלים. הוא שנאמר ביחזקאל: "ואתה שכב על צדך השמאלי וגו' וכלית את אלה ושכבת על צדך הימני שנית, ונשאת את עון בית יהודה ארבעים יום" (יחזקאל ד, ד-ו), ונבואה זו נאמרה ליחזקאל בשנה החמישית לגלות המלך יהויכין (שם א, ב) ועוד עשו שש שנים עד גלות צדקיהו, הרי ארבעים ושש. ואם תאמר שנות מנשה חמשים וחמש היו (מלכים ב' כא, א)! מנשה עשה תשובה שלשים ושלש שנה, וכל שנות רשעו עשרים ושתים, כמו שאמרו באגדת 'חלק' (סנהדרין קג ע"א), ושל אמון שתים (מלכים ב' כא, יט) ואחת עשרה ליהויקים (שם כג, לו) וכנגדן לצדקיהו (שם כד, יח). צא וחשב לארבע מאות ושלשים ושש שנה שמטין ויובלות שבהם, והם שש עשרה למאה, ארבע עשרה שמטין ושני יובלות, הרי לארבע מאות שנה ששים וארבע, לשלשים ושש שנה חמש שמטות, הרי שבעים חסר אחת, ועוד שנה יתרה שנכנסה בשמטה המשלמת לשבעים, ועליהם נגזר שבעים שנה שלמים. וכן הוא אומר: "עד רצתה הארץ את שבתותיה... למלאות שבעים שנה" (דברי הימים ב' לו, כא):

לו) **והבאתי מרך.** פחד ורך לבב, מ"ם של "מרך" יסוד נופל הוא, כמו מ"ם של 'מועד' ושל 'מוקש': **ונסו מנסת חרב.** כאלו רודפים הורגים אותם: **עלה נדף.** שהרוח דוחפו ומכהו על עלה אחר ומקשקש ומוציא קול, וכן תרגומו: "קל טרפא דשקיף", לשון חבטה, "שדופת קדים" (בראשית מא, ו) 'שקיפן קדום', והוא לשון משקוף (שמות יב, כב) מקום חבטת הדלת, וכן תרגומו של "חבורה" (שם כא, כה) 'משקופי':

ביאור

של נדן הנותר ריק בגלל השימוש התדיר שנעשה בחרב. **וְהָיְתָה**
אַרְצְכֶם שְׁמָמָה, וְעָרֵיכֶם יִהְיוּ חָרְבָּה.

לד **אָז תִּרְצֶה**, תפרע **הָאָרֶץ אֶת שַׁבְּתֹתֶיהָ כֹּל יְמֵי הָשַּׁמָּה**, שממונה, **וְאַתֶּם**
בְּאֶרֶץ אֹיְבֵיכֶם. אָז תִּשְׁבַּת הָאָרֶץ וְהִרְצָת, ותשלם **אֶת שַׁבְּתֹתֶיהָ**. אתם לא
רציתם לשמור את חוקי שביתת הארץ, שתוארו בעניין הקודם, ועל
כן הארץ תשבות מאליה, שכן תגורשו ממנה. כביכול הארץ תשלים
את אותן השנים שבהן לא שמרתם את חוקי שביתתה. זהו ביטוי
אירוני שיש בו מידה כנגד מידה.[12] לה **כָּל יְמֵי הָשַּׁמָּה**, השיממון הארץ
תִּשְׁבֹּת מעשיית פרי. **אֵת אֲשֶׁר לֹא שָׁבְתָה בְּשַׁבְּתֹתֵיכֶם בְּשִׁבְתְּכֶם עָלֶיהָ.**
תהיה זו שבת אכזרית של הארץ. בעריכם לא יעשו עוד מלאכה
ביום השבת, כי עריכם יהיו חרבות; והאדמה לא תיעבד בשנה
השביעית, מפני שלא תשבו עוד בארץ. לו **וְהַנִּשְׁאָרִים בָּכֶם** בחיים –
וְהֵבֵאתִי מֹרֶךְ, רכרוכיות, רפיון לב ופחד **בִּלְבָבָם בְּאַרְצֹת אֹיְבֵיהֶם. וְרָדַף**
אֹתָם קוֹל עָלֶה נִדָּף, נושר, או: מקיש. בגלל הפחד המתמיד, תחושת
הפגיעות והידיעה שסכנה אורבת להם מכל צד, הם יחוו כל רעש
קטן כאילו הוא רודף אותם. **וְנָסוּ מְנֻסַת חֶרֶב**, ויברחו כמפני החרב,
וְנָפְלוּ בעת בריחתם, **וְאֵין רֹדֵף**. מתוך אימתם הם יברחו, ובריחתם

לז וְכָשְׁלוּ אִישׁ־בְּאָחִיו כְּמִפְּנֵי־חֶרֶב וְרֹדֵף אָיִן וְלֹא־
לח תִהְיֶה לָכֶם תְּקוּמָה לִפְנֵי אֹיְבֵיכֶם: וַאֲבַדְתֶּם בַּגּוֹיִם
לט וְאָכְלָה אֶתְכֶם אֶרֶץ אֹיְבֵיכֶם: וְהַנִּשְׁאָרִים בָּכֶם יִמַּקּוּ
בַּעֲוֹנָם בְּאַרְצֹת אֹיְבֵיכֶם וְאַף בַּעֲוֹנֹת אֲבֹתָם אִתָּם
מ יִמָּקּוּ: וְהִתְוַדּוּ אֶת־עֲוֹנָם וְאֶת־עֲוֹן אֲבֹתָם בְּמַעֲלָם
מא אֲשֶׁר מָעֲלוּ־בִי וְאַף אֲשֶׁר־הָלְכוּ עִמִּי בְּקֶרִי: אַף־אֲנִי
אֵלֵךְ עִמָּם בְּקֶרִי וְהֵבֵאתִי אֹתָם בְּאֶרֶץ אֹיְבֵיהֶם אוֹ־
מב אָז יִכָּנַע לְבָבָם הֶעָרֵל וְאָז יִרְצוּ אֶת־עֲוֹנָם: וְזָכַרְתִּי
אֶת־בְּרִיתִי יַעֲקוֹב וְאַף אֶת־בְּרִיתִי יִצְחָק וְאַף אֶת־
מג בְּרִיתִי אַבְרָהָם אֶזְכֹּר וְהָאָרֶץ אֶזְכֹּר: וְהָאָרֶץ תֵּעָזֵב
מֵהֶם וְתִרֶץ אֶת־שַׁבְּתֹתֶיהָ בָּהְשַׁמָּה מֵהֶם וְהֵם יִרְצוּ

רש"י

לז) **וְכָשְׁלוּ אִישׁ בְּאָחִיו.** כְּשֶׁיִּרְצוּ לָנוּס יִכָּשְׁלוּ זֶה בָּזֶה, כִּי יִבָּהֲלוּ לָרוּץ: **כְּמִפְּנֵי חָרֶב.** כְּאִלּוּ בּוֹרְחִים מִלִּפְנֵי הוֹרְגִים, שֶׁיְּהֵא בִלְבָבָם פַּחַד, וְכָל שָׁעָה סְבוּרִים שֶׁאָדָם רוֹדְפָם. וּמִדְרָשׁוֹ: "וְכָשְׁלוּ אִישׁ בְּאָחִיו", זֶה נִכְשָׁל בַּעֲוֹנוֹ שֶׁל זֶה, שֶׁכָּל יִשְׂרָאֵל עֲרֵבִין זֶה לָזֶה:

לח) **וַאֲבַדְתֶּם בַּגּוֹיִם.** כְּשֶׁתִּהְיוּ פְּזוּרִים תִּהְיוּ אֲבוּדִים זֶה מִזֶּה: **וְאָכְלָה אֶתְכֶם.** אֵלּוּ הַמֵּתִים בַּגּוֹלָה:

לט) **בַּעֲוֹנֹת אֲבֹתָם אִתָּם.** כְּשֶׁאוֹחֲזִים מַעֲשֵׂה אֲבוֹתֵיהֶם בִּידֵיהֶם: **יִמַּקּוּ.** לְשׁוֹן הֲמַסָּה, כְּמוֹ 'יִמַּסּוּ', וְכָמוֹהוּ "תִּמַּקְנָה בְּחֹרֵיהֶן" (זכריה יד, יב), "נָמַקּוּ חַבּוּרֹתָי" (תהלים לח, ו):

מא) **וְהֵבֵאתִי אֹתָם.** אֲנִי בְּעַצְמִי אֲבִיאֵם, זוֹ מִדָּה טוֹבָה לְיִשְׂרָאֵל, שֶׁלֹּא יִהְיוּ אוֹמְרִים, הוֹאִיל וְגָלִינוּ בֵּין הָאֻמּוֹת נַעֲשֶׂה כְּמַעֲשֵׂיהֶם, אֲנִי אֵינִי מַנִּיחָם, אֶלָּא מַעֲמִיד אֲנִי אֶת נְבִיאַי וּמַחֲזִירָן לְתַחַת כְּנָפַי, שֶׁנֶּאֱמַר: "וְהָעֹלָה עַל רוּחֲכֶם הָיוֹ לֹא תִהְיֶה וְגוֹ', חַי אָנִי וְגוֹ' אִם לֹא בְּיָד חֲזָקָה" וְגוֹ' (יחזקאל כ, לב-לג): **אוֹ אָז יִכָּנַע.** כְּמוֹ "אוֹ נוֹדַע כִּי שׁוֹר נַגָּח הוּא" (שמות כא, לו), אִם אָז יִכָּנַע. לָשׁוֹן אַחֵר: אוּלַי, שֶׁמָּא "אָז יִכָּנַע לְבָבָם" וְגוֹ': **וְאָז יִרְצוּ אֶת עֲוֹנָם.** יְכַפְּרוּ עַל עֲוֹנָם בְּיִסּוּרֵיהֶם:

מב) **וְזָכַרְתִּי אֶת בְּרִיתִי יַעֲקוֹב.** בַּחֲמִשָּׁה מְקוֹמוֹת נִכְתַּב מָלֵא, וְאֵלִיָּהוּ חָסֵר בַּחֲמִשָּׁה מְקוֹמוֹת – יַעֲקֹב נָטַל אוֹת מִשְּׁמוֹ שֶׁל אֵלִיָּהוּ עֵרָבוֹן שֶׁיָּבוֹא וִיבַשֵּׂר גְּאֻלַּת בָּנָיו: **וְזָכַרְתִּי אֶת בְּרִיתִי יַעֲקוֹב.** לָמָּה נִמְנוּ אֲחוֹרַנִּית? כְּלוֹמַר כְּדַי הוּא יַעֲקֹב הַקָּטָן לְכָךְ, וְאִם אֵינוֹ כְּדַי הֲרֵי יִצְחָק עִמּוֹ, וְאִם אֵינָן כְּדָאִין הֲרֵי אַבְרָהָם כְּדַי. וְלָמָּה לֹא נֶאֶמְרָה 'זְכִירָה' בְּיִצְחָק? אֶלָּא אֶפְרוֹ שֶׁל יִצְחָק נִרְאֶה לְפָנַי צָבוּר וּמֻנָּח עַל הַמִּזְבֵּחַ:

ביאור | היא שתקטול אותם. לז וְכָשְׁלוּ אִישׁ בְּאָחִיו בזמן המנוסה כְּמִפְּנֵי חֶרֶב, כמי שבורחים במלחמה ומזיקים זה לזה במרוצתם, וְרֹדֵף אָיִן, וְלֹא תִהְיֶה לָכֶם תְּקוּמָה לִפְנֵי אֹיְבֵיכֶם. לא תוכלו להתקומם או לעמוד כנגד התקפות האויבים. לח יתרה מזו – וַאֲבַדְתֶּם בַּגּוֹיִם, וְאָכְלָה אֶתְכֶם אֶרֶץ אֹיְבֵיכֶם. אינכם מובטחים שתישארו כפי שאתם, בין באופן פרטי בין כיחידה לאומית. ארצם תשמיד ותבלע אתכם. זוהי אחת הקללות הקשות ביותר.[13] לט וְהַנִּשְׁאָרִים בָּכֶם אחרי כל הפורענויות הללו, יִמַּקּוּ, יירקבו בַּעֲוֹנָם, בגלל עוונם בְּאַרְצֹת אֹיְבֵיכֶם, וְאַף בַּעֲוֹנֹת אֲבֹתָם אִתָּם יִמָּקּוּ.

מ ובסופו של דבר, וְהִתְוַדּוּ אֶת עֲוֹנָם וְאֶת עֲוֹן אֲבֹתָם, בְּמַעֲלָם, בבגידתם אֲשֶׁר מָעֲלוּ בִי, וְאַף אֲשֶׁר הָלְכוּ עִמִּי בְּקֶרִי. יגיע זמן שיתעוררו להכיר בבגידה ובמרד שבמעשיהם. תגיע העת שבה ייווכחו בעזות הפנים שלהם ובאטימת לבם אל הקריאות שקראתי אליהם, שהרי המכות, שהופיעו בהדרגה, לא באו רק כדי להענישם, באמצעותן קראתי להם להתעשת, לחדש את מבטם ולשוב אלי. מא והכתוב מסכם את מה שנאמר לעיל – אַף אֲנִי אֵלֵךְ עִמָּם בְּקֶרִי, וְהֵבֵאתִי אֹתָם בְּאֶרֶץ אֹיְבֵיהֶם. העונש האחרון הוא הגלות, שהיא שבירה של כל המסגרות. אוֹ אָז, כשיצאו לגלות יִכָּנַע לְבָבָם הֶעָרֵל, האטום והמכוסה. קודם תוארו אנשים שאינם שמים את לבם למאורעות הפוקדים אותם, וגם כאשר באים עליהם אסונות גרועים יותר ויותר, אין הם מייחסים להם חשיבות. כאשר הערלה המכסה את הלב נפגעת, הרגישות עולה. וְאָז יִרְצוּ אֶת עֲוֹנָם. בגלות יכופרו עוונותיהם לא רק משום שהעונש מכפר על החטא, אלא משום שהזעזוע שבגלות יגרום להם לחזור אלי.

מב וְזָכַרְתִּי אֶת בְּרִיתִי שכרתי עם יַעֲקוֹב וְאַף אֶת בְּרִיתִי יִצְחָק וְאַף אֶת בְּרִיתִי אַבְרָהָם אֶזְכֹּר, וגם את הָאָרֶץ שבה בחרתי, את ארצי האמורה להינתן לכם, ובעקבות חטאיכם הפכה למחוז נידח ועלוב, אֶזְכֹּר.

מג וְהָאָרֶץ הזו, שאמנם אזכור אותה, תֵּעָזֵב מֵהֶם בגלותם ממנה, וְתִרֶץ, תְּפַצה אֶת שַׁבְּתֹתֶיהָ בָּהְשַׁמָּה, בכך שהיא שוממה מֵהֶם, הארץ תגיע לריצוי ולכפרה על השבתות שלא שבתה, וְהֵם יִרְצוּ אֶת עֲוֹנָם. ישלמו

הרחבות | 'ואף בעוֹנֹת אבֹתם אִתם יִמָּקו' יש שאנשים חוטאים בעוונות שאין להם עניין מיוחד בהם, אלא הם מחרים-מחזיקים אחר חטאי אבותיהם. כיוון שהם נולדו לאבות שעזבו את הדרך הישרה, הבנים אוחזים בעוונותיהם מבלי משים ולא מתוך רצון מושכל ומבורר להרע. ובכל זאת, הם ייענשו גם על עוונות אלה.

אֶת־עֲוֺנָ֑ם יַ֣עַן וּבְיַ֔עַן בְּמִשְׁפָּטַ֣י מָאָ֔סוּ וְאֶת־חֻקֹּתַ֖י
מד גָּעֲלָ֥ה נַפְשָֽׁם׃ וְאַף־גַּם־זֹ֡את בִּֽהְיוֹתָם֩ בְּאֶ֨רֶץ אֹֽיְבֵיהֶ֜ם
לֹֽא־מְאַסְתִּ֤ים וְלֹֽא־גְעַלְתִּים֙ לְכַלֹּתָ֔ם לְהָפֵ֥ר בְּרִיתִ֖י
מה אִתָּ֑ם כִּ֛י אֲנִ֥י יְהוָ֖ה אֱלֹהֵיהֶֽם׃ וְזָכַרְתִּ֥י לָהֶ֖ם בְּרִ֣ית
רִאשֹׁנִ֑ים אֲשֶׁ֣ר הוֹצֵֽאתִי־אֹתָם֩ מֵאֶ֨רֶץ מִצְרַ֜יִם לְעֵינֵ֣י
מו הַגּוֹיִ֗ם לִהְי֥וֹת לָהֶ֛ם לֵאלֹהִ֖ים אֲנִ֥י יְהוָֽה׃ אֵ֠לֶּה הַֽחֻקִּ֣ים
וְהַמִּשְׁפָּטִים֮ וְהַתּוֹרֹת֒ אֲשֶׁר֙ נָתַ֣ן יְהוָ֔ה בֵּינ֕וֹ וּבֵ֖ין בְּנֵ֣י
יִשְׂרָאֵ֑ל בְּהַ֥ר סִינַ֖י בְּיַד־מֹשֶֽׁה׃

רביעי / ששי /

כז א-ב וַיְדַבֵּ֥ר יְהוָ֖ה אֶל־מֹשֶׁ֥ה לֵּאמֹֽר׃ דַּבֵּ֞ר אֶל־בְּנֵ֤י יִשְׂרָאֵל֙ כג
וְאָמַרְתָּ֖ אֲלֵהֶ֑ם אִ֗ישׁ כִּ֥י יַפְלִ֛א נֶ֖דֶר בְּעֶרְכְּךָ֥ נְפָשֹׁ֖ת
ג לַיהוָֽה׃ וְהָיָ֤ה עֶרְכְּךָ֙ הַזָּכָ֔ר מִבֶּן֙ עֶשְׂרִ֣ים שָׁנָ֔ה וְעַ֖ד בֶּן־

רש"י

מג] **יַעַן וּבְיַעַן.** גְּמוּל וּבִגְמוּל אֲשֶׁר בְּמִשְׁפָּטַי מָאָסוּ:

מד] **וְאַף גַּם זֹאת.** וַאֲפִלּוּ אֲנִי עוֹשֶׂה עִמָּהֶם זֹאת הַפֻּרְעָנוּת אֲשֶׁר אָמַרְתִּי, בִּהְיוֹתָם בְּאֶרֶץ אֹיְבֵיהֶם לֹא אֶמְאָסֵם לְכַלֹּתָם וּלְהָפֵר בְּרִיתִי אֲשֶׁר אִתָּם:

מה] **בְּרִית רִאשֹׁנִים.** שֶׁל שְׁבָטִים:

מו] **וְהַתּוֹרֹת.** אַחַת בִּכְתָב וְאַחַת בְּעַל פֶּה, מַגִּיד שֶׁכֻּלָּם נִתְּנוּ לְמֹשֶׁה בְּסִינַי:

פרק כז

ב] **כִּי יַפְלִא.** יַפְרִישׁ בְּפִיו: **בְּעֶרְכְּךָ נְפָשֹׁת.** לִתֵּן עֵרֶךְ נַפְשׁוֹ, לוֹמַר עֵרֶךְ דָּבָר שֶׁנַּפְשׁוֹ תְּלוּיָה בּוֹ עָלָי:

ג] **וְהָיָה עֶרְכְּךָ וְגוֹ'.** אֵין 'עֵרֶךְ' זֶה לְשׁוֹן דָּמִים, אֶלָּא בֵּין שֶׁהוּא יָקָר בֵּין שֶׁהוּא זוֹל, כְּפִי שָׁנָיו הוּא הָעֵרֶךְ הַקָּצוּב עָלָיו בְּפָרָשָׁה זוֹ: **עֶרְכְּךָ.** כְּמוֹ 'עֵרֶךְ', וְכָפֶל הַכָּפִי"ן לֹא יָדַעְתִּי מֵאֵיזֶה לָשׁוֹן הוּא:

הרחבות

'וזכרתי להם ברית ראשֹנים אשר הוצאתי אֹתם מארץ מצרים' הברית היא התחייבות העומדת בעינה גם אם אחד הצדדים אינו מקיים את חובותיו. ברית זו – שהנביא מגדיר אותה במלים חֶסֶד נְעוּרַיִךְ, אַהֲבַת כְּלוּלֹתָיִךְ (ירמיה ב,ב), עודנה קיימת. אתם תנסו להפר אותה, אני אעניש אתכם בעונשים חמורים, אבל הברית, הקשר והמחויבות שהתגלו בזמן יציאת מצרים כהבלטה של הנס, הפלא והייחודיות של עם ישראל – כל אלה יישארו לנצח.

'יַפְלִא נדר' פלא הוא אירוע החורג מגדר הרגיל, מה שמופרש מן הנורמלי והמצופה ומצוי מחוץ לתחומם. (ראו דברים ל,יא; משלי ל,יח). גם המפליא נדר מוציא מפיו הבטחה ברורה ומפורשת שבה הוא מפריש דבר מתחום שליטתו, משימושו או משימוש אחרים. הנדר אפוא הוא ביטוי מפורש, הנוגע לתיחומם של דברים.

'והיה ערכך' 'ערך' זה, אין משמעו שוויו של אותו אדם. אמנם אפשר לנדור כנגד שוויו

ביאור | בעונשם את חוב חטאיהם, כפי שתואר לעיל, **יַעַן וּבְיַעַן, כִּי בְּמִשְׁפָּטַי**
מָאָסוּ וְאֶת חֻקֹּתַי גָּעֲלָה נַפְשָׁם, תיעבו. אין מדובר בעזיבה ונטישה
בלבד אלא אף ברתיעה ובבוז.

וכאן – נקודה משמעותית מאוד: מד **וְאַף גַּם זֹאת**, אחרי צירוף העוונות
והעונשים האלה ולמרות אדישותם כלפי לקחי העבר, גם **בִּהְיוֹתָם**
בְּאֶרֶץ אֹיְבֵיהֶם בדלות, בשפלות, בנמיכות הרוח ובחולשת הגוף, **לֹא**
מְאַסְתִּים, וְלֹא גְעַלְתִּים כדי **לְכַלֹּתָם** עד תום, ובכך **לְהָפֵר בְּרִיתִי אִתָּם, כִּי**
אֲנִי ה׳ אֱלֹהֵיהֶם. גם כאשר הם הפרו את בריתי, עשו כל דבר האסור
ומרדו בכל מרד אפשרי – בריתי עדיין תקפה. מה **וְזָכַרְתִּי לָהֶם** – לאלו
שיחיו בעוד דורות רבים **בְּרִית רִאשֹׁנִים**, אלו **אֲשֶׁר הוֹצֵאתִי אֹתָם מֵאֶרֶץ**
מִצְרַיִם, לא כבריחה של פרטים אלא **לְעֵינֵי הַגּוֹיִם**, בפומבי ובהיקף
רחב, **לִהְיֹת לָהֶם לֵאלֹהִים**. ושוב החתימה: **אֲנִי ה׳**. אני הוא האחראי
לכל אלה.

מו לסיכום הדברים: **אֵלֶּה הַחֻקִּים וְהַמִּשְׁפָּטִים וְהַתּוֹרֹת אֲשֶׁר נָתַן ה׳ בֵּינוֹ**
וּבֵין בְּנֵי יִשְׂרָאֵל, בְּהַר סִינַי, עוד לפני שיצאו למסעותיהם במדבר, **בְּיַד**
מֹשֶׁה. בהר סיני קיבלו ישראל מצוות, הוראות ודינים רבים. מבחינה
מסוימת סיכם פרק זה את העניינים המרכזיים שניתנו להם שם.

דיני הֶקדשות

פרק כז

בעניין שלפני הקודם נידונה מכירתם של שדות ובתים ויציאתם ביובל. לאחר ההפסקה בפרשת הברכות והקללות – שגם בה יש אזכור בולט לשבתות הארץ – בא כאן מעין נספח העוסק בהֶקדשות למיניהם, ובכללם שדה ובית שנותן אדם למקדש. מצב הנפש שמתוכו מקדיש אדם את נכסיו עשוי להיות דומה למצב הנפשי של המקריב קרבן. יש בכך כדי לקשור בינו לבין ספר ויקרא. ועוד, בין היתר נכללים כאן זכויותיהם ותפקידיהם של הכהנים, שבענייניהם עוסק עיקרו של הספר.

נדרי ערכים

פרק כז פס׳ א–ח

פרק כז א **וַיְדַבֵּר ה׳ אֶל מֹשֶׁה לֵּאמֹר**: ב **דַּבֵּר אֶל בְּנֵי יִשְׂרָאֵל וְאָמַרְתָּ**
אֲלֵהֶם: אִישׁ כִּי יַפְלִא, ידור, יבטא במפורש **נֶדֶר בְּעֶרְכְּךָ**, של ערך[14] **נְפָשֹׁת**
לַה׳, כשאדם יתחייב לתת לה׳ את ערכו של אדם כלשהו – ג **וְהָיָה**
עֶרְכְּךָ – הַזָּכָר שגילו **מִבֶּן עֶשְׂרִים שָׁנָה וְעַד בֶּן שִׁשִּׁים שָׁנָה – וְהָיָה**

שִׁשִּׁים שָׁנָה וְהָיָה עֶרְכְּךָ חֲמִשִּׁים שֶׁקֶל כֶּסֶף בְּשֶׁקֶל
ד הַקֹּדֶשׁ: וְאִם־נְקֵבָה הִוא וְהָיָה עֶרְכְּךָ שְׁלֹשִׁים שָׁקֶל:
ה וְאִם מִבֶּן־חָמֵשׁ שָׁנִים וְעַד בֶּן־עֶשְׂרִים שָׁנָה וְהָיָה
עֶרְכְּךָ הַזָּכָר עֶשְׂרִים שְׁקָלִים וְלַנְּקֵבָה עֲשֶׂרֶת שְׁקָלִים:
ו וְאִם מִבֶּן־חֹדֶשׁ וְעַד בֶּן־חָמֵשׁ שָׁנִים וְהָיָה עֶרְכְּךָ
הַזָּכָר חֲמִשָּׁה שְׁקָלִים כָּסֶף וְלַנְּקֵבָה עֶרְכְּךָ שְׁלֹשֶׁת
ז שְׁקָלִים כָּסֶף: וְאִם מִבֶּן־שִׁשִּׁים שָׁנָה וָמַעְלָה אִם־
זָכָר וְהָיָה עֶרְכְּךָ חֲמִשָּׁה עָשָׂר שָׁקֶל וְלַנְּקֵבָה עֲשָׂרָה
ח שְׁקָלִים: וְאִם־מָךְ הוּא מֵעֶרְכֶּךָ וְהֶעֱמִידוֹ לִפְנֵי הַכֹּהֵן
וְהֶעֱרִיךְ אֹתוֹ הַכֹּהֵן עַל־פִּי אֲשֶׁר תַּשִּׂיג יַד הַנֹּדֵר
ט יַעֲרִיכֶנּוּ הַכֹּהֵן: וְאִם־בְּהֵמָה אֲשֶׁר יַקְרִיבוּ
מִמֶּנָּה קָרְבָּן לַיהוָה כֹּל אֲשֶׁר יִתֵּן מִמֶּנּוּ לַיהוָה יִהְיֶה־

רש"י

ה] **וְאִם מִבֶּן חָמֵשׁ שָׁנִים.** לֹא שֶׁיְּהֵא הַנּוֹדֵר קָטָן, שֶׁאֵין בְּדִבְרֵי קָטָן כְּלוּם, אֶלָּא גָּדוֹל שֶׁאָמַר: 'עֵרֶךְ קָטָן זֶה שֶׁהוּא בֶּן חָמֵשׁ שָׁנִים, עָלַי':

ז] **וְאִם מִבֶּן שִׁשִּׁים שָׁנָה וגו'.** כְּשֶׁמַּגִּיעַ לִימֵי הַזִּקְנָה הָאִשָּׁה קְרוֹבָה לְהֵחָשֵׁב כְּאִישׁ, לְפִיכָךְ הָאִישׁ פּוֹחֵת בְּהִזְדַּקְּנוֹ יוֹתֵר מִשְּׁלִישׁ בְּעֶרְכּוֹ וְהָאִשָּׁה אֵינָהּ פּוֹחֶתֶת אֶלָּא שְׁלִישׁ בְּעֶרְכָּהּ, דְּאָמְרֵי אֱנָשֵׁי: סָבָא בְּבֵיתָא פַּחְא בְּבֵיתָא, סַבְתָּא בְּבֵיתָא סִימָא בְּבֵיתָא וְסִימָנָא טָבָא בְּבֵיתָא:

ח] **וְאִם מָךְ הוּא.** שֶׁאֵין יָדוֹ מַשֶּׂגֶת לִתֵּן הָעֵרֶךְ הַזֶּה: **עַל פִּי אֲשֶׁר תַּשִּׂיג.** לְפִי מַה שֶּׁיֵּשׁ לוֹ יְסַדְּרֶנּוּ, וְיַשְׁאִיר לוֹ כְּדֵי חַיָּיו, מִטָּה כַּר וָכֶסֶת וּכְלֵי אֻמָּנוּת, אִם הָיָה חַמָּר מַשְׁאִיר לוֹ חֲמוֹרוֹ:

ט] **כֹּל אֲשֶׁר יִתֵּן מִמֶּנּוּ.** אָמַר: 'רַגְלָהּ שֶׁל זוֹ עוֹלָה', דְּבָרָיו קַיָּמִין, וְתִמָּכֵר לְצָרְכֵי עוֹלָה, וּדְמֵיהָ חֻלִּין חוּץ מִדְּמֵי אוֹתוֹ הָאֵבֶר:

הרחבות

של אדם, אך במקרה כזה יימדד השווי לפי ערך עבודתו, כלומר אומדים כמה תהיה שווה עבודתו של האדם המסוים. (ראו ערכין יג ע"ב). לעומת זאת, כאן הערך הוא סכום מוגדר הנקבע לפי קבוצות מין וגיל בלבד, ואינו תלוי כלל בשאלת כושר העבודה של האדם ותפוקתו. מבחינה זו אין הבדל בין ערכו של אדם שלם בגופו, חזק, מלומד ומיומן במלאכה לבין בעל מום, חלש ושאינו מסוגל לעשות דבר. לפי כמה חכמים, גם אין הבדל אם הנערך הוא מישראל אם לאו. (ראו ערכין ה ע"ב; רמב"ם, הלכות ערכין א,ו). עם זאת, ייתכן שהייתה זיקה בין התעריפים הקבועים האלה לבין מחירם של בני אדם במכירה פומבית כעבדים, אף על פי שהדבר אינו מפורש בתורה, אלא מופיע כגזרת הכתוב הקובעת שאין להתחשב אלא בגיל ובמין.

ביאור | עֶרְכְּךָ, ערכו של אדם כזה לעניין הקדשה חֲמִשִּׁים שֶׁקֶל כֶּסֶף בְּשֶׁקֶל
הַקֹּדֶשׁ. ד וְאִם נְקֵבָה הִיא בטווח גיל זה – וְהָיָה עֶרְכְּךָ שְׁלֹשִׁים שָׁקֶל,
שכן אז נחשב האדם במיטב שנותיו. ה וְאִם מִבֶּן חָמֵשׁ שָׁנִים וְעַד
בֶּן עֶשְׂרִים שָׁנָה – וְהָיָה עֶרְכְּךָ הַזָּכָר עֶשְׂרִים שְׁקָלִים, וְלַנְּקֵבָה עֲשֶׂרֶת
שְׁקָלִים. ו וְאִם מִבֶּן חֹדֶשׁ וְעַד בֶּן חָמֵשׁ שָׁנִים – וְהָיָה עֶרְכְּךָ הַזָּכָר חֲמִשָּׁה
שְׁקָלִים כָּסֶף, וְלַנְּקֵבָה עֶרְכְּךָ שְׁלֹשֶׁת שְׁקָלִים כָּסֶף. ז וְאִם מִבֶּן שִׁשִּׁים שָׁנָה
וָמַעְלָה – אִם הוא זָכָר – וְהָיָה עֶרְכְּךָ חֲמִשָּׁה עָשָׂר שָׁקֶל, וְלַנְּקֵבָה – עֲשָׂרָה
שְׁקָלִים. ח וְאִם הנודר מָךְ, עני הוּא מֵעֶרְכֶּךָ, מכדי לשלם את הערך –
וְהֶעֱמִידוֹ, הוא יתייצב לִפְנֵי הַכֹּהֵן, וְהֶעֱרִיךְ אֹתוֹ הַכֹּהֵן, עַל פִּי אֲשֶׁר תַּשִּׂיג יַד
הַנֹּדֵר יַעֲרִיכֶנּוּ הַכֹּהֵן. הוא יקבל הנחה מן הכהן.

תמורה

פרק כז פס׳ ט–י

ט וְאִם יִדור בְּהֵמָה אֲשֶׁר יַקְרִיבוּ מִמֶּנָּה, מן הבהמות הראויות להיות
מוקרבות קָרְבָּן לַה׳, כֹּל אֲשֶׁר יִתֵּן מִמֶּנּוּ לַה׳ – יִהְיֶה קֹּדֶשׁ. הקדושה
תחול על גופה של הבהמה. י על כן יש להקריב בהמה זו עצמה

'על פי אשר תשיג יד הנֹּדר יעריכנו הכהן' במקרים מסוימים התורה מגדירה הנחה שמיתנת למעוטי יכולת החייבים בקרבן – במקום קרבן בהמה יביא החייב קרבן עוף, ומי שאינו עומד גם בכך יוכל להקריב במקום קרבן עוף מנחת סולת. (ראו לעיל ה,ו–יא; יב,ח; יד,כא). במקרים אחרים אין תעריפים שונים, וחובת הקרבת הקרבן מוטלת על האדם עד שיוכל לשלמה.

הרחבות | בענייני נדרי ערכים, לעומת זאת, נמסרת כאן לכהן הרשות לקבוע את גודל ההנחה, שכן הכתוב אינו קוצב אותה. הכהן הוא שיכריע בדבר מתוך שיעריך את יכולותיו של הנודר. לפי פירוש זה, העומד והנערך המוזכר בפסוק הוא הנודר. אך אפשר גם שהדברים מוסבים על הנערך: הכהן קובע את ערכו של הנערך בהתאם להשגת ידו של הנודר. (ראו רש"י והעמק דבר).

קֹדֶשׁ: לֹא יַחֲלִיפֶנּוּ וְלֹא־יָמִיר אֹתוֹ טוֹב בְּרָע אוֹ־רַע י
בְּטוֹב וְאִם־הָמֵר יָמִיר בְּהֵמָה בִּבְהֵמָה וְהָיָה־הוּא
וּתְמוּרָתוֹ יִהְיֶה־קֹּדֶשׁ: וְאִם כָּל־בְּהֵמָה טְמֵאָה יא
אֲשֶׁר לֹא־יַקְרִיבוּ מִמֶּנָּה קָרְבָּן לַיהוָה וְהֶעֱמִיד אֶת־
הַבְּהֵמָה לִפְנֵי הַכֹּהֵן: וְהֶעֱרִיךְ הַכֹּהֵן אֹתָהּ בֵּין טוֹב יב
וּבֵין רָע כְּעֶרְכְּךָ הַכֹּהֵן כֵּן יִהְיֶה: וְאִם־גָּאֹל יִגְאָלֶנָּה יג
וְיָסַף חֲמִישִׁתוֹ עַל־עֶרְכֶּךָ: וְאִישׁ כִּי־יַקְדִּשׁ אֶת־בֵּיתוֹ יד
קֹדֶשׁ לַיהוָה וְהֶעֱרִיכוֹ הַכֹּהֵן בֵּין טוֹב וּבֵין רָע כַּאֲשֶׁר
יַעֲרִיךְ אֹתוֹ הַכֹּהֵן כֵּן יָקוּם: וְאִם־הַמַּקְדִּישׁ יִגְאַל אֶת־ טו
חמישי / שביעי / בֵּיתוֹ וְיָסַף חֲמִישִׁית כֶּסֶף־עֶרְכְּךָ עָלָיו וְהָיָה לוֹ: ו וְאִם טז
מִשְּׂדֵה אֲחֻזָּתוֹ יַקְדִּישׁ אִישׁ לַיהוָה וְהָיָה עֶרְכְּךָ לְפִי

רש"י

י] **טוֹב בְּרָע.** תָּם בְּבַעַל מוּם: **אוֹ רַע בְּטוֹב.** וְכָל שֶׁכֵּן טוֹב בְּטוֹב וְרַע בְּרָע:

יא] **וְאִם כָּל בְּהֵמָה טְמֵאָה.** בְּבַעֲלַת מוּם הַכָּתוּב מְדַבֵּר שֶׁהִיא טְמֵאָה לְהַקְרָבָה, וְלִמֶּדְךָ הַכָּתוּב שֶׁאֵין קָדָשִׁים תְּמִימִים יוֹצְאִין לְחֻלִּין בְּפִדְיוֹן, אֶלָּא אִם כֵּן הוּמְמוּ:

יב] **כְּעֶרְכְּךָ הַכֹּהֵן כֵּן יִהְיֶה.** לִשְׁאָר כָּל אָדָם הַבָּא לִקְנוֹתָהּ מִיַּד הֶקְדֵּשׁ:

יג] **וְאִם גָּאֹל יִגְאָלֶנָּה.** בַּבְּעָלִים הֶחְמִיר הַכָּתוּב לְהוֹסִיף חֹמֶשׁ, וְכֵן בְּמַקְדִּישׁ בַּיִת, וְכֵן בְּמַקְדִּישׁ אֶת הַשָּׂדֶה, וְכֵן בְּפִדְיוֹן מַעֲשֵׂר שֵׁנִי, הַבְּעָלִים מוֹסִיפִין חֹמֶשׁ וְלֹא שְׁאָר כָּל אָדָם:

טז] **וְהָיָה עֶרְכְּךָ לְפִי זַרְעוֹ.** וְלֹא כְּפִי שָׁוְיָהּ; אַחַת שָׂדֶה טוֹבָה וְאַחַת שָׂדֶה רָעָה פִּדְיוֹן הֶקְדֵּשָׁן שָׁוֶה, בֵּית כּוֹר שְׂעוֹרִים בַּחֲמִשִּׁים שְׁקָלִים, כָּךְ גְּזֵרַת הַכָּתוּב. וְהוּא שֶׁבָּא לְגָאֳלָהּ בִּתְחִלַּת הַיּוֹבֵל. וְאִם בָּא לְגָאֳלָהּ בְּאֶמְצָעוֹ נוֹתֵן לְפִי הַחֶשְׁבּוֹן, סֶלַע וּפֻנְדְּיוֹן לְשָׁנָה, לְפִי שֶׁאֵינָהּ הֶקְדֵּשׁ אֶלָּא לְמִנְיַן שְׁנוֹת הַיּוֹבֵל, שֶׁאִם נְגָאֳלָה הֲרֵי טוֹב, וְאִם לָאו – הַגִּזְבָּר מוֹכְרָהּ בְּדָמִים הַלָּלוּ לְאַחֵר וְעוֹמֶדֶת בְּיַד הַלּוֹקֵחַ עַד הַיּוֹבֵל כִּשְׁאָר כָּל הַשָּׂדוֹת הַמְּכוּרוֹת, וּכְשֶׁהִיא יוֹצְאָה מִיָּדוֹ חוֹזֶרֶת לַכֹּהֲנִים שֶׁל אוֹתוֹ מִשְׁמָר שֶׁהַיּוֹבֵל פּוֹגֵעַ בּוֹ, וּמִתְחַלֶּקֶת בֵּינֵיהֶם. זֶהוּ הַמִּשְׁפָּט הָאָמוּר בְּמַקְדִּישׁ שָׂדֶה. וְעַכְשָׁיו אֲפָרְשֶׁנּוּ עַל סֵדֶר הַמִּקְרָאוֹת:

הרחבות | **'והיה הוא ותמורתו יהיה קדש'** חצי הפסוק הזה זכה לדיונים והלכות המתפרסים על פני מסכת שלמה בתלמוד – מסכת תמורה. שם נידונות שאלות כגון האם הבהמה שנתקדשה מכוח עשיית תמורה, כמוה כהקדש הראשון, ואם

ביאור | על המזבח – **לֹא יַחֲלִיפֶנּוּ** – את הקודש באחר, **וְלֹא יָמִיר אֹתוֹ טוֹב בְּרָע אוֹ** אפילו **רַע בְּטוֹב**. כשמוקדשים פֵּרות וחפצים אחרים, אפשר להמירם, כלומר אפשר לתת את מחיר החפץ, לפי הערכה מסוימת, במקום לתת אותו; אך המרה כזאת אסורה לגבי בהמה הראויה להיקרב על המזבח, שכן קדושתה היא 'קדושת הגוף'.[15] **וְאִם הָמֵר יָמִיר בְּהֵמָה בִּבְהֵמָה**, אף על פי שאסור לומר שבהמה אחרת תבוא במקומה, אין מעשה זה חסר משמעות –[16] **וְהָיָה הוּא וּתְמוּרָתוֹ יִהְיֶה קֹּדֶשׁ**. האמירה האסורה חלה, והבהמה שאותה רצה להביא במקום הראשונה התקדשה, וגם הבהמה שהוקדשה מראש לקרבן עומדת בקדושתה.

הקדשת נכסים שאינם ראויים להקרבה

פרק כז פס' יא–טו

יא **וְאִם** יקדיש אדם **כָּל בְּהֵמָה טְמֵאָה**, ובכלל זה כל בהמה **אֲשֶׁר לֹא יַקְרִיבוּ מִמֶּנָּה קָרְבָּן לַה'** מסיבות אחרות, כגון בעלת מום –[17] **וְהֶעֱמִיד אֶת הַבְּהֵמָה לִפְנֵי הַכֹּהֵן**, יב **וְהֶעֱרִיךְ הַכֹּהֵן אֹתָהּ בֵּין טוֹב וּבֵין רָע. כְּעֶרְכְּךָ הַכֹּהֵן – כֵּן יִהְיֶה**. הכהן יעריך את שוויה של הבהמה העומדת מולו, וקביעתו תתקבל כקביעה סופית. יג **וְאִם** לאחר שבעליה הקדיש את הבהמה הטמאה, **גָּאֹל יִגְאָלֶנָּה**, יבקש לקנותה שוב מרשות ההקדש – **וְיָסַף חֲמִישִׁתוֹ עַל עֶרְכֶּךָ**. עליו להוסיף חמישית על ערכה הראשוני.

דין דומה: יד **וְאִישׁ כִּי יַקְדִּשׁ אֶת בֵּיתוֹ קֹדֶשׁ לַה'** – **וְהֶעֱרִיכוֹ הַכֹּהֵן בֵּין טוֹב וּבֵין רָע, כַּאֲשֶׁר יַעֲרִיךְ אֹתוֹ הַכֹּהֵן, כֵּן יָקוּם**. טו **וְאִם הַמַּקְדִּישׁ** עצמו **יִגְאַל אֶת בֵּיתוֹ** – **וְיָסַף חֲמִישִׁית כֶּסֶף עֶרְכְּךָ עָלָיו, וְהָיָה לוֹ**, הבית נעשה שלו.

הקדש שדה אחוזה ושדה מקנה

פרק כז פס' טז–כה

לעיל נזכר שאי אפשר להעביר שדה אחוזה, ותיאורטית הוא שייך למשפחה לעולם.[18] טז **וְאִם** בכל זאת **מִשְּׂדֵה אֲחֻזָּתוֹ יַקְדִּישׁ אִישׁ לַה'** – **וְהָיָה עֶרְכְּךָ**, ערך השדה **לְפִי זַרְעוֹ**. כיוון שהשדה איננו נמכר לצמיתות, הרי שההקדשה היא נתינה למספר שנים. וכך יחושב הערך, לעניין

הרחבות | ימירו בה בהמה אחרת, תיכנס גם האחרונה בקדושת קרבן, או שמא אין התמורה עושה תמורה נוספת, וכן: האם התמורה נתפסת רק בבהמה אחת או גם בכמה בהמות. (ראו תמורה ט ע"א; יב ע"א).

זַרְעוֹ זֶרַע חֹמֶר שְׂעֹרִים בַּחֲמִשִּׁים שֶׁקֶל כָּסֶף: אִם־ יז
מִשְּׁנַת הַיֹּבֵל יַקְדִּישׁ שָׂדֵהוּ כְּעֶרְכְּךָ יָקוּם: וְאִם־אַחַר יח
הַיֹּבֵל יַקְדִּישׁ שָׂדֵהוּ וְחִשַּׁב־לוֹ הַכֹּהֵן אֶת־הַכֶּסֶף עַל־
פִּי הַשָּׁנִים הַנּוֹתָרֹת עַד שְׁנַת הַיֹּבֵל וְנִגְרַע מֵעֶרְכֶּךָ:
★ וְאִם־גָּאֹל יִגְאַל אֶת־הַשָּׂדֶה הַמַּקְדִּישׁ אֹתוֹ וְיָסַף יט
חֲמִשִׁית כֶּסֶף־עֶרְכְּךָ עָלָיו וְקָם לוֹ: וְאִם־לֹא יִגְאַל אֶת־ כ
הַשָּׂדֶה וְאִם־מָכַר אֶת־הַשָּׂדֶה לְאִישׁ אַחֵר לֹא־יִגָּאֵל
עוֹד: וְהָיָה הַשָּׂדֶה בְּצֵאתוֹ בַיֹּבֵל קֹדֶשׁ לַיהוָה כִּשְׂדֵה כא
ששי הַחֵרֶם לַכֹּהֵן תִּהְיֶה אֲחֻזָּתוֹ: וְאִם אֶת־שְׂדֵה מִקְנָתוֹ כב
אֲשֶׁר לֹא מִשְּׂדֵה אֲחֻזָּתוֹ יַקְדִּישׁ לַיהוָה: וְחִשַּׁב־לוֹ כג
הַכֹּהֵן אֵת מִכְסַת הָעֶרְכְּךָ עַד שְׁנַת הַיֹּבֵל וְנָתַן אֶת־
הָעֶרְכְּךָ בַּיּוֹם הַהוּא קֹדֶשׁ לַיהוָה: בִּשְׁנַת הַיּוֹבֵל כד

רש"י

יז) **אם משנת היבל יקדיש וגו'.** אם משעברה שנת היובל מיד הקדישה, ובא זה לגאלה מיד: **כערכך יקום.** כערך הזה האמור יהיה, חמשים כסף יתן:

יח) **ואם אחר היבל יקדיש.** וכן אם הקדישה משנת היובל ונשתהת ביד גזבר, ובא זה לגאלה אחר היובל: **וחשב לו הכהן את הכסף על פי השנים הנותרת.** כפי חשבון. כיצד? הרי קצב דמיה של ארבעים ותשע שנה חמשים שקל, הרי שקל לכל שנה ושקל יתר על כלן, והשקל – ארבעים ושמונה פנדיון, הרי סלע ופנדיון לשנה, אלא שחסר פנדיון אחד לכלן, ואמרו רבותינו שאותו פנדיון קלבון לפרוטרוט, והבא לגאול יתן סלע ופנדיון לכל שנה לשנים הנותרות עד שנת היובל: **ונגרע מערכך.** מנין השנים שמשנת היובל עד שנת הפדיון:

יט) **ואם גאל יגאל... המקדיש אתו.** יוסיף חומש על הקצבה הזאת:

כ) **ואם לא יגאל את השדה.** המקדיש: **ואם מכר.** הגזבר: **את השדה לאיש אחר לא יגאל עוד.** לשוב ליד המקדיש:

כא) **והיה השדה בצאתו ביבל.** מיד הלוקחו מן הגזבר, כדרך שאר שדות היוצאות מיד לוקחיהם ביובל: **קדש לה'.** לא שישוב להקדש בדק הבית ליד הגזבר, אלא "כשדה החרם" הנתון לכהנים, שנאמר "כל חרם בישראל לך יהיה" (במדבר יח, יד), אף זו תתחלק לכהנים של אותו משמר שיום הכפורים של יובל פוגע בו:

כב) **ואם את שדה מקנתו וגו'.** חלוק יש בין שדה מקנה לשדה אחזה, ששדה מקנה לא תתחלק לכהנים ביובל, לפי שאינו יכול להקדישה אלא עד היובל, שהרי ביובל היתה עתידה לצאת מידו ולשוב לבעלים. לפיכך אם בא לגאלה,

ביאור | פדיונו בכסף: זֶרַע, השטח הנדרש לזריעת חֹמֶר, מידת נפח מסוימת של **שְׂעֹרִים**. השטח נקרא בלשון חכמים 'בית כור'[19] ובמידות ימינו הוא כ-18 דונם **בַּחֲמִשִּׁים שֶׁקֶל כָּסֶף**. יז **אִם מִשְּׁנַת**, מיד לאחר שנת **הַיֹּבֵל**, כשהשדה עומד לרשותו לזמן המקסימלי, **יַקְדִּישׁ** את **שָׂדֵהוּ** – **כְּעֶרְכְּךָ יָקוּם**. הערך הנקוב יעמוד במלואו. יח **וְאִם אַחַר הַיֹּבֵל יַקְדִּישׁ שָׂדֵהוּ, וְחִשַּׁב לוֹ הַכֹּהֵן אֶת הַכֶּסֶף עַל פִּי הַשָּׁנִים הַנּוֹתָרֹת עַד שְׁנַת הַיֹּבֵל, וְנִגְרַע מֵעֶרְכֶּךָ**. אם חמישים שקל כסף הם ערכו של השדה למשך ארבעים ותשע שנים, יש לחלקם לארבעים ותשעה חלקים, ולפי החשבון בעבור כל שנה שעברה יש לגרוע שקל ומשהו מן הסכום הכולל.

יט **וְאִם גָּאֹל יִגְאַל אֶת הַשָּׂדֶה**, ירצה שוב להיאחז בשדה **הָאִישׁ הַמַּקְדִּישׁ אֹתוֹ – וְיָסַף חֲמִשִׁית כֶּסֶף עֶרְכְּךָ עָלָיו, וְקָם לוֹ**. זהו הכלל בפדיון הקדשות: אדם זר הבא לקנותו ישלם בעבורו את המחיר שנקבע על פי השומה או על פי ערך קבוע, ואילו הבעלים המקוריים יצטרכו להוסיף חמישית הערך כתשלום נוסף, מעין פיצוי או עילוי להקדש. כ **וְאִם לֹא יִגְאַל אֶת הַשָּׂדֶה** מרשות ההקדש במשך כל השנים של מחזור היובל, **וְאִם**, או אם בינתיים **מָכַר** גזבר ההקדש **אֶת הַשָּׂדֶה לְאִישׁ אַחֵר – לֹא יִגָּאֵל עוֹד** על ידי הבעלים הראשונים, ותיבטל הזיקה ההיסטורית בינם לבין השדה. כא **וְהָיָה הַשָּׂדֶה בְּצֵאתוֹ בַיֹּבֵל**, ככל השדות בישראל גם השדה הזה יצא מרשות הקונה ביובל, אבל מכיוון שהבעלים הקדישוהו, הרי השדה – **קֹדֶשׁ לַה'**, בעליו הם ההקדש, ודינו **כִּשְׂדֵה הַחֵרֶם** המפורש בסמוך –[20] **לַכֹּהֵן תִּהְיֶה אֲחֻזָּתוֹ**.

כב **וְאִם אֶת שְׂדֵה מִקְנָתוֹ**, שדה שקנה מאחר, **אֲשֶׁר לֹא מִשְּׂדֵה אֲחֻזָּתוֹ, יַקְדִּישׁ לַה'**, והרי על גופו של שדה כזה אין לו בעלות גמורה אלא זכות שימוש בו, לכל היותר לחמישים שנה – כג **וְחִשַּׁב לוֹ הַכֹּהֵן אֵת מִכְסַת הָעֶרְכְּךָ עַד שְׁנַת הַיֹּבֵל**, את סכום הערך לפי חשבון השנים שנשארו מחמישים השנים, **וְנָתַן אֶת הָעֶרְכְּךָ**, הערך **בַּיּוֹם הַהוּא**, שבו בא לפדותו. בכך השדה יחזור לרשותו של הפודה, והתשלום יהיה

העולם | **חֹמֶר** מידת הנפח הגדולה ליבש, כ-250 ליטר. (באכדית דומה לה imeru, הנזכרת גם בתעודות מאוגרית). המידה ידועה גם בשם 'כור' (מלכים א' ה,ב ועוד). בימי קדם מדדו שטח לפי כמות הזרעים שזורעים בו, כגון 'בית כור' (משנה כלאים ב,ט); 'בית סאתים' (מלכים א' יח,לב); 'בית קב' (תוספתא בבא קמא ו,כא) ועוד.

יָשׁ֣וּב הַשָּׂדֶ֔ה לַאֲשֶׁ֥ר קָנָ֖הוּ מֵאִתּ֑וֹ לַאֲשֶׁר־ל֖וֹ אֲחֻזַּ֥ת
כה הָאָֽרֶץ׃ וְכָל־עֶ֨רְכְּךָ֔ יִהְיֶ֖ה בְּשֶׁ֣קֶל הַקֹּ֑דֶשׁ עֶשְׂרִ֥ים
כו * גֵּרָ֖ה יִהְיֶ֥ה הַשָּֽׁקֶל׃ אַךְ־בְּכ֞וֹר אֲשֶׁ֨ר יְבֻכַּ֤ר לַֽיהוָה֙
בִּבְהֵמָ֔ה לֹֽא־יַקְדִּ֥ישׁ אִ֖ישׁ אֹת֑וֹ אִם־שׁ֣וֹר אִם־שֶׂ֔ה
כז לַיהוָ֖ה הֽוּא׃ וְאִ֨ם בַּבְּהֵמָ֤ה הַטְּמֵאָה֙ וּפָדָ֣ה בְעֶרְכֶּ֔ךָ
וְיָסַ֥ף חֲמִשִׁת֖וֹ עָלָ֑יו וְאִם־לֹ֥א יִגָּאֵ֖ל וְנִמְכַּ֥ר בְּעֶרְכֶּֽךָ׃
כח אַ֣ךְ כָּל־חֵ֡רֶם אֲשֶׁ֣ר יַחֲרִם֩ אִ֨ישׁ לַֽיהוָ֜ה מִכָּל־אֲשֶׁר־ל֗וֹ
מֵאָדָ֤ם וּבְהֵמָה֙ וּמִשְּׂדֵ֣ה אֲחֻזָּת֔וֹ לֹ֥א יִמָּכֵ֖ר וְלֹ֣א יִגָּאֵ֑ל

רש"י | יִגְאַל בַּדָּמִים הַלָּלוּ הַקְּצוּבִים לִשְׂדֵה אֲחֻזָּה. וְאִם לֹא יִגְאַל וְיִמְכְּרֶנָּה הַגִּזְבָּר לְאַחֵר, אוֹ אִם יִגְאַל הוּא, "בִּשְׁנַת הַיּוֹבֵל יָשׁוּב הַשָּׂדֶה לַאֲשֶׁר קָנָהוּ מֵאִתּוֹ" (להלן פסוק כד), אוֹתוֹ שֶׁהִקְדִּישָׁהּ. וּפֶן תֹּאמַר: "לַאֲשֶׁר קָנָהוּ" הַלּוֹקֵחַ הַזֶּה הָאַחֲרוֹן "מֵאִתּוֹ", וְזֶהוּ הַגִּזְבָּר, לְכָךְ הֻצְרַךְ לוֹמַר: "לַאֲשֶׁר לוֹ אֲחֻזַּת הָאָרֶץ" (שם) מִירֻשַּׁת אָבוֹת, וְזֶהוּ בְּעָלִים הָרִאשׁוֹנִים שֶׁמְּכָרוּהָ לַמַּקְדִּישׁ:

כה | **וְכָל עֶרְכְּךָ יִהְיֶה בְּשֶׁקֶל הַקֹּדֶשׁ.** כָּל עֵרֶךְ שֶׁכָּתוּב בּוֹ 'שְׁקָלִים' יִהְיֶה בְּשֶׁקֶל הַקֹּדֶשׁ: **עֶשְׂרִים גֵּרָה.** עֶשְׂרִים מָעוֹת, כָּךְ הָיוּ מִתְּחִלָּה, וּלְאַחַר מִכָּאן הוֹסִיפוּ שְׁתוּת, וְאָמְרוּ רַבּוֹתֵינוּ: שֵׁשׁ מָעָה כֶּסֶף דִּינָר, עֶשְׂרִים וְאַרְבַּע מָעוֹת לְסֶלַע:

כו | **לֹא יַקְדִּישׁ אִישׁ אֹתוֹ.** לְשֵׁם קָרְבָּן אַחֵר, לְפִי שֶׁאֵינוֹ שֶׁלּוֹ:

כז | **וְאִם בַּבְּהֵמָה הַטְּמֵאָה וְגוֹ'.** אֵין הַמִּקְרָא הַזֶּה מוּסָב עַל הַבְּכוֹר, שֶׁאֵין לוֹמַר בִּבְכוֹר בְּהֵמָה טְמֵאָה "וּפָדָה בְעֶרְכֶּךָ", וַהֲמוֹר אֵין זֶה, שֶׁהֲרֵי אֵין פִּדְיוֹן פֶּטֶר חֲמוֹר אֶלָּא טָלֶה, וְהוּא מַתָּנָה לַכֹּהֵן וְאֵינוֹ לַהֶקְדֵּשׁ; אֶלָּא הַכָּתוּב מוּסָב עַל הַהֶקְדֵּשׁ, שֶׁהַכָּתוּב שֶׁל מַעְלָה דִּבֵּר בְּפִדְיוֹן בְּהֵמָה טְהוֹרָה שֶׁהוּמְמָה, וְכָאן דִּבֵּר בְּמַקְדִּישׁ בְּהֵמָה טְמֵאָה לְבֶדֶק הַבַּיִת: **וּפָדָה בְעֶרְכֶּךָ.** כְּפִי מַה שֶּׁיַּעֲרִיכֶנָּה הַכֹּהֵן: **וְאִם לֹא יִגָּאֵל.** עַל יְדֵי בְּעָלִים: **וְנִמְכַּר בְּעֶרְכֶּךָ.** לַאֲחֵרִים:

כח | **אַךְ כָּל חֵרֶם וְגוֹ'.** נֶחְלְקוּ רַבּוֹתֵינוּ בַּדָּבָר: יֵשׁ אוֹמְרִים סְתָם חֲרָמִים לַהֶקְדֵּשׁ, וּמָה אֲנִי מְקַיֵּם: "כָּל חֵרֶם בְּיִשְׂרָאֵל לְךָ יִהְיֶה" (במדבר יח, יד)? בְּחֶרְמֵי כֹּהֲנִים, שֶׁפֵּרֵשׁ וְאָמַר: 'הֲרֵי זֶה חֵרֶם לַכֹּהֵן'; וְיֵשׁ שֶׁאָמְרוּ סְתָם חֲרָמִים לַכֹּהֲנִים: **לֹא יִמָּכֵר וְלֹא יִגָּאֵל.** אֶלָּא יִנָּתֵן לַכֹּהֵן. לְדִבְרֵי הָאוֹמֵר סְתָם חֲרָמִים לַכֹּהֲנִים, מְפָרֵשׁ מִקְרָא זֶה בִּסְתָם חֲרָמִים,

הרחבות | **'כל חרם אשר יחרִם איש לה'** נראה שכאן מדובר בנדר מסוג אחר. הנדרים הנקראים חֵרֶם מתייחדים בכך שאין למכרם או לגאלם, והם עוברים לרשות 'בדק הבית' של המקדש או ניתנים לכהן. (ראו ערכין כח ע"ב – כט ע"א; נדרים ב ע"א). יש מפרשים כי חֵרֶם, משמעו קללה והריסה, והחרמתו של דבר היא איבודו מן העולם. (ראו למשל במדבר כא,ג). ולפי זה, אם הכריז אדם על משהו מנכסיו כחרם, הכתוב אומר שהדבר יהיה קדוש לה'. (ראו רמב"ן פס' כט ובספרו משפט החרם; ספר החינוך שנז).

ביאור | קֹדֶשׁ לַה׳.[21] כד בִּשְׁנַת הַיּוֹבֵל יָשׁוּב הַשָּׂדֶה לַאֲשֶׁר קָנָהוּ מֵאִתּוֹ, למוכר, לַאֲשֶׁר, שהרי לוֹ אֲחֻזַּת הָאָרֶץ. הוא הבעלים ואין בכוחו של המקדיש להקדיש דבר שאינו שלו. לסיכום, בכל המקרים חוזרים השדות לבעליהם ביובל, חוץ מאשר שדה אחוזה שהוקדש ולא נגאל.

כה וְכָל עֶרְכְּךָ, תשלומי הערכים שדובר בהם, יִהְיֶה בְּשֶׁקֶל הַקֹּדֶשׁ. עֶשְׂרִים גֵּרָה יִהְיֶה הַשָּׁקֶל. השקל שווה בערכו לעשרים גרה, שהם עשרים ׳גרגרי׳ כסף, הנקראים בלשון חכמים ׳מעות׳.[22] למרות שהיו יחידות משקל קטנות יותר, המעה הייתה יחידת כסף בסיסית שעשר כמותה שוות לשקל רגיל, ועשרים – לשקל הקודש, שהוא כפול בגודלו.[23]

בכור בהמה

פרק כז פס׳ כו–כז

אגב העיסוק בהקדשות ובפדיונם מובא דין נוסף: כו אַךְ בְּכוֹר אֲשֶׁר יְבֻכַּר לַה׳ בִּבְהֵמָה, אם נולד בכור זכר לבהמה – לֹא יַקְדִּישׁ אִישׁ אֹתוֹ, שהרי אין הוא שייך לבעליו, אִם שׁוֹר וְאִם שֶׂה – לַה׳ הוּא, כקרבן.[24] כז וְאִם הבכור נולד בַּבְּהֵמָה הַטְּמֵאָה, שאין עליה קדושת קרבן, הרי כשיוקדש – וּפָדָה אותו הבעלים בְעֶרְכֶּךָ, כפי מחירו, וְיָסַף חֲמִשִׁתוֹ עָלָיו, כמו בכל פדיון. וְאִם לֹא יִגָּאֵל על ידי בעליו – וְנִמְכַּר בְּעֶרְכֶּךָ. על בהמה טמאה לא חלה קדושת הגוף, ולכן אפשר לפדותה או להעבירה לידיים אחרות, ואת הכסף להעביר להקדש.[25] למעשה חל דין פדיון בכור בהמה טמאה בלא הקדשה מפורשת בחמור בלבד. לפי האמור במקום אחר, פודים אותו בשה, ואם הוא נפדה בכסף או בחפצים אחרים – הוא נפדה בשוויו.[26]

חרמים

פרק כז פס׳ כח–כט

כח אַךְ, לעומת ההֶקדשות, שהם נגאלים או נמכרים, כָּל חֵרֶם אֲשֶׁר יַחֲרִם אִישׁ לַה׳ מִכָּל אֲשֶׁר לוֹ – מֵאָדָם, כגון אחד מעבדיו וּמִבְּהֵמָה וּמִשְּׂדֵה אֲחֻזָּתוֹ שהוא בבעלותו הגמורה של המחרים – לֹא יִמָּכֵר וְלֹא יִגָּאֵל.

הרחבות | גֵּרָה נראה כי מקור שם מידת המשקל הזו הוא המלה גרעין, בדומה לביטוי ׳העלאת גרה׳. הרקע לשימוש בשם זה הוא הנוהג העתיק להשתמש בגרעיני תבואה ופרות, כמו שעורה (רות ג,טו) וחרוב (קראט), כמשקל ליחידות זעירות. על פי חכמים, משקל הגרה הוא 0.83 גרם, ובמחקר טוענים שהוא כ-0.5 גרם. יש הסוברים שמקור השם הוא יחידת המשקל האכדית giru, שהייתה 1:24 של השקל האכדי, ומשמעותה גרעין חרוב שמשקלו כ-0.2 גר׳. (לפי דעה זו, מצורות הריבוי של גֵּרָה – גרות – נוצר קָרָאט, המשמש עד היום כיחידת מדידה של זהב ואבני חן).

שביעי כָּל־חֵ֕רֶם קֹ֥דֶשׁ־קָֽדָשִׁ֖ים ה֖וּא לַֽיהוָֽה׃ כָּל־חֵ֗רֶם אֲשֶׁ֧ר כט
יָחֳרַ֛ם מִן־הָאָדָ֖ם לֹ֣א יִפָּדֶ֑ה מ֖וֹת יוּמָֽת׃ וְכָל־מַעְשַׂ֨ר ל
הָאָ֜רֶץ מִזֶּ֤רַע הָאָ֙רֶץ֙ מִפְּרִ֣י הָעֵ֔ץ לַֽיהוָ֖ה ה֑וּא קֹ֖דֶשׁ
לַֽיהוָֽה׃ וְאִם־גָּאֹ֥ל יִגְאַ֛ל אִ֖ישׁ מִמַּעַשְׂר֑וֹ חֲמִשִׁית֖וֹ יֹסֵ֥ף לא
מפטיר עָלָֽיו׃ וְכָל־מַעְשַׂ֤ר בָּקָר֙ וָצֹ֔אן כֹּ֥ל אֲשֶׁר־יַעֲבֹ֖ר תַּ֣חַת לב
הַשָּׁ֑בֶט הָֽעֲשִׂירִ֕י יִֽהְיֶה־קֹּ֖דֶשׁ לַֽיהוָֽה׃ לֹ֧א יְבַקֵּ֛ר בֵּֽין־ לג
ט֥וֹב לָרַ֖ע וְלֹ֣א יְמִירֶ֑נּוּ וְאִם־הָמֵ֣ר יְמִירֶ֔נּוּ וְהָֽיָה־ה֥וּא
וּתְמוּרָת֛וֹ יִֽהְיֶה־קֹּ֖דֶשׁ לֹ֥א יִגָּאֵֽל׃ אֵ֣לֶּה הַמִּצְוֺ֗ת אֲשֶׁ֨ר לד
צִוָּ֧ה יְהוָ֛ה אֶת־מֹשֶׁ֖ה אֶל־בְּנֵ֣י יִשְׂרָאֵ֑ל בְּהַ֖ר סִינָֽי׃ חזק

רש"י | **והאומר** סתם חרמים לבדק הבית, מפרש מקרא זה בחרמי כהנים, שהכל מודים שחרמי כהנים אין להם פדיון עד שיבאו ליד כהן, וחרמי גבוה נפדים: **כל חרם קדש קדשים הוא.** האומר סתם חרמים לבדק הבית מביא ראיה מכאן, והאומר סתם חרמים לכהנים, מפרש: "כל חרם קדש קדשים הוא לה'" – ללמד שחרמי כהנים חלים על קדשי קדשים ועל קדשים קלים, ונותן לכהן, כמו ששנינו במסכת ערכין (דף כח ע"ב): אם נדר נותן דמיהם, ואם נדבה נותן את טובתה: **מאדם.** כגון שהחרים עבדיו ושפחותיו הכנענים:

כט| **כל חרם אשר יחרם וגו'.** היוצא להרג ואמר אחד: 'ערכו עלי', לא אמר כלום: **מות יומת.** הרי הולך למות, לפיכך "לא יפדה", אין לו דמים ולא ערך:

ל| **וכל מעשר הארץ.** במעשר שני הכתוב מדבר: **מזרע הארץ.** דגן: **מפרי העץ.** תירוש ויצהר: **לה' הוא.** קנאו השם, ומשלחנו צוה לך לעלות ולאכל בירושלים, כמו שנאמר: "ואכלת לפני ה' אלהיך... מעשר דגנך תירשך" וגו' (דברים יד, כג):

לא| **ממעשרו.** ולא ממעשר חברו; הפודה מעשר של חברו אין מוסיף חמש. ומה היא גאלתו? כדי להתירו באכילה בכל מקום, והמעות יעלה ויאכל בירושלים, כמו שכתוב: "ונתתה בכסף" וגו' (שם, כה):

לב| **תחת השבט.** כשבא לעשרן מוציאן בפתח זה אחר זה, והעשירי מכה בשבט צבועה בסיקרא, להיות נכר שהוא מעשר, כן עושה לטלאים ולעגלים של כל שנה ושנה: **יהיה קדש.** לקרב למזבח דמו ואמוריו, והבשר נאכל לבעלים, שהרי לא נמנה עם שאר מתנות כהנה, ולא מצינו שיהא נתן לכהנים:

לג| **לא יבקר וגו'.** לפי שנאמר: "וכל מבחר נדריכם" (שם יב, יא), יכול יהא בורר ומוציא את היפה? תלמוד לומר: "לא יבקר בין טוב לרע", בין תם בין בעל מום חלה עליו קדשה. ולא שיקרב בעל מום, אלא יאכל בתורת מעשר, ואסור לגזז ולעבד:

ביאור | **כָּל חֵרֶם – קֹדֶשׁ קָדָשִׁים הוּא לַה׳.** כט **כָּל חֵרֶם אֲשֶׁר יָחֳרַם מִן הָאָדָם**, שבוי מלחמה שהוחרם שביה, או מי שנגזר עליו מוות מסיבה פוליטית או הלכתית,[27] **לֹא יִפָּדֶה; מוֹת יוּמָת.** כאן מדובר בחרם מן האדם, אך ייתכנו גם חרם של שטח או חרם של עיר. במקרים הללו הכול 'עולה לשמים' ונאסר בכל הנאה או שימוש ארצי, ואין לפדותו או למכרו.[28]

מעשר זרע ופרי ומעשר בהמה

פרק כז פס' ל–לד

ל **וְכָל מַעְשַׂר הָאָרֶץ**, עשירית המופרשת **מִזֶּרַע הָאָרֶץ**, כגון חיטה ושעורה, **מִפְּרִי הָעֵץ**, יין, שמן ואולי גם פֵּרות נוספים –[29] **לַה׳ הוּא**, **קֹדֶשׁ לַה׳**, ואין לנהוג בו כמו בפֵרות רגילים, אלא יש לאכלו סמוך לבית המקדש בטהרה.[30] לא **וְאִם גָּאֹל יִגְאַל אִישׁ מִמַּעַשְׂרוֹ**, אם ירצה אדם לקנות את המעשר בחזרה, ולנהוג בפֵרות כמו בפֵרות רגילים – **חֲמִשִׁיתוֹ יֹסֵף עָלָיו.** עליו להוסיף חמישית כמו מי שקונה קודשים מרשות ההקדש.

נוסף על מעשר התבואה, הידוע יותר, יש מעשר מן הבהמות: לב **וְכָל מַעְשַׂר בָּקָר וָצֹאן, כֹּל אֲשֶׁר יַעֲבֹר תַּחַת הַשָּׁבֶט**, השוט, מקל הרועים – **הָעֲשִׂירִי יִהְיֶה קֹּדֶשׁ לַה׳.** כל הבקר והצאן הנולדים במשך השנה יעברו ויימנו תחת השבט, וכאשר יגיע העשירי – יסמן אותו הרועה.[31] לג **לֹא יְבַקֵּר**, יבחור **בֵּין טוֹב לָרַע וְלֹא יְמִירֶנּוּ.** ספירת הבהמות נועדה לגלות מיהו המעשר. העשירי שנמנה – קדושתו בו, ואי אפשר להמירה. הוא עצמו יקרב לה׳, ואת בשרו יאכלו הבעלים לפי דיני קרבן. **וְאִם הָמֵר יְמִירֶנּוּ – וְהָיָה הוּא וּתְמוּרָתוֹ יִהְיֶה קֹּדֶשׁ**, כדין התמורה דלעיל, **לֹא יִגָּאֵל.** המעשר יישאר קדוש לה׳, ואין לגאול אותו.

ולסיכום הכפר: לד **אֵלֶּה הַמִּצְוֹת אֲשֶׁר צִוָּה ה׳ אֶת מֹשֶׁה אֶל בְּנֵי יִשְׂרָאֵל בְּהַר סִינָי.**

חזק

הפטרות

הפטרת ויקרא

ישעיה

עַם־זוּ יָצַרְתִּי לִי תְּהִלָּתִי יְסַפֵּרוּ׃ וְלֹא־אֹתִי קָרָאתָ כא כב מג
יַעֲקֹב כִּי־יָגַעְתָּ בִּי יִשְׂרָאֵל׃ לֹא־הֵבֵיאתָ לִּי שֵׂה כג
עֹלֹתֶיךָ וּזְבָחֶיךָ לֹא כִבַּדְתָּנִי לֹא הֶעֱבַדְתִּיךָ בְּמִנְחָה
וְלֹא הוֹגַעְתִּיךָ בִּלְבוֹנָה׃ לֹא־קָנִיתָ לִּי בַכֶּסֶף קָנֶה כד
וְחֵלֶב זְבָחֶיךָ לֹא הִרְוִיתָנִי אַךְ הֶעֱבַדְתַּנִי בְּחַטֹּאותֶיךָ
הוֹגַעְתַּנִי בַּעֲוֺנֹתֶיךָ׃ אָנֹכִי אָנֹכִי הוּא מֹחֶה פְשָׁעֶיךָ כה
לְמַעֲנִי וְחַטֹּאתֶיךָ לֹא אֶזְכֹּר׃ הַזְכִּירֵנִי נִשָּׁפְטָה יָחַד כו
סַפֵּר אַתָּה לְמַעַן תִּצְדָּק׃ אָבִיךָ הָרִאשׁוֹן חָטָא כז
וּמְלִיצֶיךָ פָּשְׁעוּ בִי׃ וַאֲחַלֵּל שָׂרֵי קֹדֶשׁ וְאֶתְּנָה לַחֵרֶם כח
יַעֲקֹב וְיִשְׂרָאֵל לְגִדּוּפִים׃ וְעַתָּה שְׁמַע א מד
יַעֲקֹב עַבְדִּי וְיִשְׂרָאֵל בָּחַרְתִּי בוֹ׃ כֹּה־אָמַר יְהוָה עֹשֶׂךָ ב

Cymbopogon citratus
('קנה בֹשם'?)

העולם | קָנֶה יש המזהים אותו עם קליפתו הפנימית של עץ הקינמון המתעגלת בתהליך הייבוש ונראית כקנה; ויש שזיהו אתו עם אחד הסוגים של העשב Cymbopogon ממשפחת הדגניים שמוצאו בהודו, שעליו מכילים שמנים ארומטיים, או עם Acorus calamus ממשפחת הלופיים ששורשו ריחני (פליקס).

ייעודם של ישראל

בנבואת התוכחה שבפי ישעיהו ה׳ מבהיר לעם כי עבודת הקרבנות אינה עומדת לעצמה; היא מתלוור אל התשובה ותיקון המעשים, ובלעדיהם היא יגיעה לריק שאין בה דבר לא לאלוקיב ולא לבני אדם. בהמשך מבקש הנביא להרחיק את ישראל מהאלילות. הוא מלגלג על עשיית האליל ועל הסגידה לו, ולעומת אנשים היוצרים את אלוהיהם הוא מעמיד את ישראל שנוצר על ידי אלוקיו.

ביאור | ישעיה פרק מג כא **עַם זוּ**, אשר **יָצַרְתִּי לִי**, אמורים להיות אלה אשר את
תְּהִלָּתִי יְסַפֵּרוּ. כב אך בפועל – **וְלֹא אֹתִי קָרָאתָ**, אתה קורא, **יַעֲקֹב**, **כִּי**
רק **יָגַעְתָּ בִּי יִשְׂרָאֵל**. יגיעתך בעבודתי זרה לי ואינה לרוחי.[1] משמעות
נוספת: אם אתה מתייגע, הרי שלא אותי קראת.[2] והנביא מפרט:
כג **לֹא הֵבֵיאתָ לִּי** למעני, להנאתי **שֵׂה לְעֹלֹתֶיךָ, וּזְבָחֶיךָ לֹא כִבַּדְתָּנִי.**
הבאת הקרבנות שלך איננה לכבוד לי.[3] ובכלל – **לֹא הֶעֱבַדְתִּיךָ בְּמִנְחָה,**
וְלֹא הוֹגַעְתִּיךָ, הטרחתי אותך **בִּלְבוֹנָה.** כד **לֹא קָנִיתָ לִּי בַכֶּסֶף קָנֶה.** אם
קניתם קנה בושם להקטיר במקדש, לא עשיתם בכך דבר למעני,
כמו שנדמה לכם בטעות.[4] **וְחֵלֶב זְבָחֶיךָ לֹא הִרְוִיתָנִי.** ריבוי השומן של
קרבנותיכם אינו מרווה אותי. אין לי בו צורך ולא נחת. **אַךְ** בניגוד
אלי שלא הוגעתיך, אתה **הֶעֱבַדְתַּנִי בְּחַטֹּאותֶיךָ, הוֹגַעְתַּנִי בַּעֲוֹנֹתֶיךָ.**
חטאיכם, שבעטיים אתם מרבים בקרבנות, קשים עלי.[5] כה למרות
ההתנהגות המאכזבת והקרבנות הזרים לי – **אָנֹכִי אָנֹכִי**, אני לבדי
הוּא מֹחֶה פְשָׁעֶיךָ לְמַעֲנִי, שהרי פשעיך קשים עלי,[6] **וְחַטֹּאתֶיךָ לֹא אֶזְכֹּר.**
בכוחי למחוק לחלוטין מן הזיכרון את חטאיכם.

כו **הַזְכִּירֵנִי, נִשָּׁפְטָה יָחַד.** הבה נערוך משפט בינינו, כבין שווים. **סַפֵּר**
אַתָּה טענותיך תחילה, **לְמַעַן תִּצְדָּק**, כדי שתישמע צודק, שכן כך
תוכל להטביע את הרושם הראשון.[7] כז הלוא בסופו של דבר ידעת
שכבר **אָבִיךָ הָרִאשׁוֹן**, אדם **חָטָא**, או: אבותיך הראשונים בכלל
חטאו, **וּמְלִיצֶיךָ**, המדברים בזכותך, המכפרים עליך, גם הם **פָּשְׁעוּ**
בִי. מנהיגי ישראל במשך הדורות לא נהגו כראוי בשלמות, כח ועל
כן גזרתי – **וַאֲחַלֵּל שָׂרֵי קֹדֶשׁ**, הכהנים המשמשים בקודש ועוסקים
בקרבנות יחוללו, **וְאֶתְּנָה לַחֵרֶם**, לחורבן את **יַעֲקֹב, וְיִשְׂרָאֵל** – **לְגִדּוּפִים.**

ה׳ יודע שלפי שורת הדין לא היו ישראל זוכים במשפט על חטאיהם.
ובכל זאת ימחל על פשעיהם, ובחסדו יאפשר להם להתחדש.
פרק מד א **וְעַתָּה שְׁמַע, יַעֲקֹב עַבְדִּי וְיִשְׂרָאֵל שֶׁבָּחַרְתִּי בוֹ.** ב **כֹּה אָמַר ה׳**
עֹשֶׂךָ וְיֹצֶרְךָ אשר **מִבֶּטֶן יַעְזְרֶךָּ**, קודם שנולדת כעם, מאז יצירתו של
יעקב[8] או אף קודם לכן, השגחתי עליך, תמכתי בך וטיפחתי אותך:

וְיֹצֶרְךָ מִבֶּטֶן יַעְזְרֶךָּ אַל־תִּירָא עַבְדִּי יַעֲקֹב וִישֻׁרוּן
בָּחַרְתִּי בוֹ׃ כִּי אֶצָּק־מַיִם עַל־צָמֵא וְנֹזְלִים עַל־ ג
יַבָּשָׁה אֶצֹּק רוּחִי עַל־זַרְעֶךָ וּבִרְכָתִי עַל־צֶאֱצָאֶיךָ׃
וְצָמְחוּ בְּבֵין חָצִיר כַּעֲרָבִים עַל־יִבְלֵי־מָיִם׃ זֶה יֹאמַר ד ה
לַיהוָה אָנִי וְזֶה יִקְרָא בְשֵׁם־יַעֲקֹב וְזֶה יִכְתֹּב יָדוֹ
לַיהוָה וּבְשֵׁם יִשְׂרָאֵל יְכַנֶּה׃ כֹּה־אָמַר ו
יְהוָה מֶלֶךְ־יִשְׂרָאֵל וְגֹאֲלוֹ יְהוָה צְבָאוֹת אֲנִי רִאשׁוֹן
וַאֲנִי אַחֲרוֹן וּמִבַּלְעָדַי אֵין אֱלֹהִים׃* וּמִי־כָמוֹנִי יִקְרָא ז
וְיַגִּידֶהָ וְיַעְרְכֶהָ לִי מִשּׂוּמִי עַם־עוֹלָם וְאֹתִיּוֹת וַאֲשֶׁר
תָּבֹאנָה יַגִּידוּ לָמוֹ׃ אַל־תִּפְחֲדוּ וְאַל־תִּרְהוּ הֲלֹא מֵאָז ח
הִשְׁמַעְתִּיךָ וְהִגַּדְתִּי וְאַתֶּם עֵדָי הֲיֵשׁ אֱלוֹהַּ מִבַּלְעָדַי
וְאֵין צוּר בַּל־יָדָעְתִּי׃ יֹצְרֵי־פֶסֶל כֻּלָּם תֹּהוּ וַחֲמוּדֵיהֶם ט
בַּל־יוֹעִילוּ וְעֵדֵיהֶם הֵמָּה בַּל־יִרְאוּ וּבַל־יֵדְעוּ לְמַעַן

התימנים מסיימים כאן

ערבה
כַּעֲרָבִים
עַל יִבְלֵי מָיִם

ביאור

אַל תִּירָא, עַבְדִּי יַעֲקֹב, אף על פי שחטאת לי,[9] וִישֻׁרוּן, כינוי לישראל
שיש בו כבוד, שֶׁבָּחַרְתִּי בוֹ. ג כִּי, כשם שאֶצָּק מַיִם עַל מקום[10] צָמֵא,
צחיח, וְנֹזְלִים עַל יַבָּשָׁה, שהם נקלטים בה מיד, כך אֶצֹּק רוּחִי עַל
זַרְעֶךָ, וּבִרְכָתִי עַל צֶאֱצָאֶיךָ, והיא תחלחל לתוכם, תיספג בהם ותרווה
אותם. ד וְצָמְחוּ זרע ישראל בְּבֵין, כבין חָצִיר, כמו חציר – צמיחה
מרובה, מהירה וצפופה.[11] כַּעֲרָבִים, כמו עצי ערבה הצומחים עַל יִבְלֵי
מָיִם, על נחלים. אלו הם התנאים המיטביים לצמיחת עצי הערבה
ולרעננותם.[12] ה בעת ההיא, זֶה יֹאמַר: לַה׳ אָנִי, וְזֶה יִקְרָא לעצמו בְשֵׁם
יַעֲקֹב, וְזֶה יִכְתֹּב, תכתוב[13] יָדוֹ שהוא קשור לַה׳, וּבְשֵׁם יִשְׂרָאֵל יְכַנֶּה
את עצמו.[14] כאשר בני ישראל יתרבו ורוח הגאולה תישפך עליהם,
יחסם לעמם יתהפך. אם במשך דורות רבים הסתירו יהודים את
זהותם ונמלטו ממנה, הרי שאז גם אנשים שלא היה ידוע על זיקתם
ליהדות, יזהו עצמם כיהודים, ויצהירו על השתייכותם לאלוקי
ישראל. הצמיחה תתבטא אפוא לא רק בריבויו של המוּכָּר אלא
גם בתוכפות חדשות.

ו כֹּה אָמַר ה׳, מֶלֶךְ יִשְׂרָאֵל וְגֹאֲלוֹ, ה׳ צְבָאוֹת: אֲנִי רִאשׁוֹן וַאֲנִי אַחֲרוֹן, אין
לפני ואין אחרי, וּמִבַּלְעָדַי אֵין אֱלֹהִים.

ז ומכיוון שכך, מִי כָמוֹנִי יִקְרָא, יכריז את הקורות, יזמינם לבוא, וְיַגִּידֶהָ
וְיַעְרְכֶהָ לִי, יציע לפניַ את הקריאה מִשּׂוּמִי עַם עוֹלָם, מאז בראתי את
כל יצורי העולם,[15] וְאֹתִיּוֹת, והמאורעות המתרחשים[16] וַאֲשֶׁר תָּבֹאנָה
בעתיד – יַגִּידוּ לָמוֹ, להם?! מלבדי אין מי שמסוגל לקבוע את דברי
ימי עולם ולנבא את העתיד.

ח אַל תִּפְחֲדוּ וְאַל תִּרְהוּ, תיראו. אל לכם לחשוש מן האלילים ומאיומי
עובדיהם, הֲלֹא מֵאָז, משכבר הִשְׁמַעְתִּיךָ וְהִגַּדְתִּי, וְאַתֶּם עֵדָי. הן ממה
שראיתם בעצמכם, הן בעצם קיומכם וגאולתכם הפלאיים אתם
מעידים על הדבר שהשמעתי לכם – הֲיֵשׁ אֱלוֹהַּ מִבַּלְעָדַי?! וְאֵין צוּר, כוח
בַּל יָדָעְתִּי, שאיני מכירו.[17] ט לכאורה העולם מלא באלילים, אבל
יֹצְרֵי פֶסֶל – כֻּלָּם תֹּהוּ, וַחֲמוּדֵיהֶם, מושאי הערצתם – בַּל יוֹעִילוּ. וְעֵדֵיהֶם
הֵמָּה, האלילים ועובדיהם מעידים אלה על אלה. אלו ואלו הבלים
חסרי קיום –[18] בַּל יִרְאוּ וּבַל יֵדְעוּ, לְמַעַן, כדי שהיוצרים והעובדים

הרחבות

יְשֻׁרוּן הוא שמו השלישי של ישראל. יַעֲקֹב היה שמו מלידה. יִשְׂרָאֵל הוא השם שניתן לו אחרי העמידה במאבקו עם המלאך. משמעות השם יְשֻׁרוּן – שאף הוא הופיע בתורה (ראו דברים לב,טו; לג,ה ו–כו) – הפוכה ממשמעותו של יַעֲקֹב – אם יעקב רומז לעקיבה, פתלתלות ואף רמאות, הרי שישורון מורה על יושר. (ראו רד״ק).

יֵבֹשׁוּ׃ מִי־יָצַר אֵל וּפֶסֶל נָסָךְ לְבִלְתִּי הוֹעִיל׃ הֵן כָּל־ יא
חֲבֵרָיו יֵבֹשׁוּ וְחָרָשִׁים הֵמָּה מֵאָדָם יִתְקַבְּצוּ כֻלָּם
יַעֲמֹדוּ יִפְחֲדוּ יֵבֹשׁוּ יָחַד׃ חָרַשׁ בַּרְזֶל מַעֲצָד וּפָעַל יב
בַּפֶּחָם וּבַמַּקָּבוֹת יִצְּרֵהוּ וַיִּפְעָלֵהוּ בִּזְרוֹעַ כֹּחוֹ גַּם־
רָעֵב וְאֵין כֹּחַ לֹא־שָׁתָה מַיִם וַיִּיעָף׃ חָרַשׁ עֵצִים נָטָה יג
קָו יְתָאֲרֵהוּ בַשֶּׂרֶד יַעֲשֵׂהוּ בַּמַּקְצֻעוֹת וּבַמְּחוּגָה
יְתָאֳרֵהוּ וַיַּעֲשֵׂהוּ כְּתַבְנִית אִישׁ כְּתִפְאֶרֶת אָדָם
לָשֶׁבֶת בָּיִת׃ לִכְרָת־לוֹ אֲרָזִים וַיִּקַּח תִּרְזָה וְאַלּוֹן יד
וַיְאַמֶּץ־לוֹ בַּעֲצֵי־יָעַר נָטַע אֹרֶן וְגֶשֶׁם יְגַדֵּל׃ וְהָיָה טו
לְאָדָם לְבָעֵר וַיִּקַּח מֵהֶם וַיָּחָם אַף־יַשִּׂיק וְאָפָה לָחֶם
אַף־יִפְעַל־אֵל וַיִּשְׁתָּחוּ עָשָׂהוּ פֶסֶל וַיִּסְגָּד־לָמוֹ׃
חֶצְיוֹ שָׂרַף בְּמוֹ־אֵשׁ עַל־חֶצְיוֹ בָּשָׂר יֹאכֵל יִצְלֶה צָלִי טז
וְיִשְׂבָּע אַף־יָחֹם וְיֹאמַר הֶאָח חַמּוֹתִי רָאִיתִי אוּר׃
וּשְׁאֵרִיתוֹ לְאֵל עָשָׂה לְפִסְלוֹ יסגוד־לוֹ וְיִשְׁתַּחוּ יז יִסְגָּד־

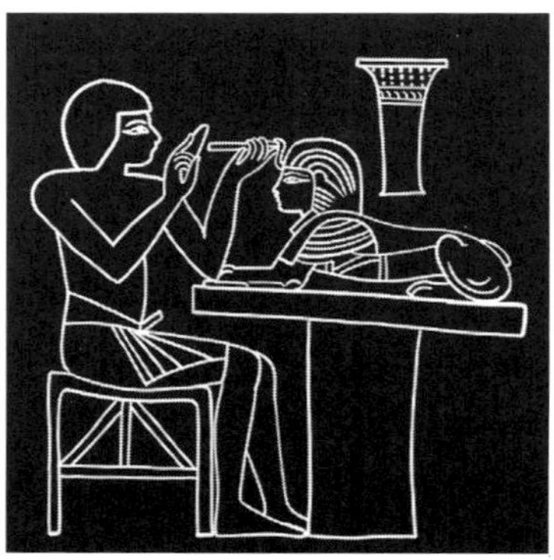

מימין:
יוצר פסל מצרי
המאה ה־14
לפנה"ס
תבי, מצרים

משמאל:
אֹרן

העולם | תִּרְזָה בניגוד לאלון, שהוא עץ מוכר (ראו ישעיה ו,יג), לגבי זיהויה של התרזה אין מסורת ברורה. בימינו שם זה ניתן לעץ טיליה (שם מדעי: Tilia) שאינו מצוי בארץ ישראל. במחקר מוצעים זיהויים שונים, כגון אלון הבלוט, הקטלב (שם מדעי: Arbutus andrachne), החרוב והאלה.

ביאור | **יֵבֹשׁוּ**, יתביישו. י **מִי יָצַר אֵל, וּפֶסֶל נָסָךְ**, יצק **לְבִלְתִּי הוֹעִיל**?! מי הם
היוצרים את האלים חסרי התועלת הללו?! יא **הֵן כָּל חֲבֵרָיו** של
הַפֶּסֶל, המשתתפים בעשייתו **יֵבֹשׁוּ, וְחָרָשִׁים הֵמָּה מִבְּנֵי אָדָם**. הפסל
אינו אלא מעשה אנוש.[19] **יִתְקַבְּצוּ כֻלָּם**, כל בעלי המלאכה, **יַעֲמֹדוּ
יִפְחֲדוּ, יֵבֹשׁוּ יָחַד** במעשיהם.

הנביא מביע את יחסו לאלילות באמצעות דוגמא סאטירית: יב **חָרַשׁ
בַּרְזֶל** תופס **בַּמַּעֲצָד**, כלי חיתוך,[20] **וּפָעַל בַּפֶּחָם** לצורך היתוך הברזל
ויציקתו.[21] ולאחר מכן **בַּמַּקָּבוֹת**, פטישים[22] **יִצְּרֵהוּ** – את האליל. **וַיִּפְעָלֵהוּ
בִּזְרוֹעַ כֹּחוֹ**. הוא מעצב אותו בכל כוחותיו.[23] הנביא מוסיף הערה
לעגנית: **גַּם רָעֵב וְאֵין כֹּחַ, לֹא שָׁתָה מַיִם וַיִּיעָף**. האומן בעבודתו הקשה
נעשה רעב, חלש וצמא, ובו בזמן שלו עצמו אין כוח, הוא מתיימר
ליצור אליל שכוחותיו ישפיעו על יוצרו ועל אחרים.[24] יג כיוצא
בזה – **חָרַשׁ עֵצִים**, נגר המפסל בעץ **נָטָה קָו**, מותח את חוט המדידה,
יְתָאֲרֵהוּ, מסמן על העץ את גבולות התבנית **בַשֶּׂרֶד**, בצבע.[25] אחר כך
יַעֲשֵׂהוּ בַּמַּקְצֻעוֹת, כלי לחיתוך העץ או להחלקתו, **וּבַמְּחוּגָה**, מכשיר
לחיתוכים עגולים[26] **יְתָאֳרֵהוּ**, יקבע את גבולותיו, **וַיַּעֲשֵׂהוּ** – את בול
העץ **כְּתַבְנִית אִישׁ, כְּתִפְאֶרֶת אָדָם** כדי **לָשֶׁבֶת בָּבָיִת**, הפסל נשאר
לשבת במקומו המכובד, ואינו זז ממנו.[27] משתיאר את מלאכת החרש,
חוזר אל חומר הגלם: יד **לִכְרָת**, כורת **לוֹ אֲרָזִים, וַיִּקַּח תִּרְזָה וְאַלּוֹן**,
עצי בניין גדולים. **וַיְאַמֶּץ לוֹ בַּעֲצֵי יָעַר**, הוא משתדל לבחור עץ טוב.
ארזים בדרך כלל לא נטעו, אלא מצאו אותם ביערות. **נָטַע אֹרֶן**,
כנראה עץ יער גדול כלשהו. **וְגֶשֶׁם יְגַדֵּל** אותו מאליו.[28] טו **וְהָיָה** העץ
לאחר הטיבתו **לְ**שימוש **אָדָם לְבָעֵר**, להבערת אש, **וַיִּקַּח מֵהֶם** האדם
וַיָּחָם, אַף יַשִּׂיק, יסיק **וְאָפָה לָחֶם**. בחלק מן העץ הוא משתמש
למדורות, בחלק להסקת תנור, ובחלק אחר **אַף יִפְעַל אֵל**, מכין אליל
וַיִּשְׁתָּחוּ לו, **עָשָׂהוּ פֶסֶל וַיִּסְגָּד לָמוֹ**, לו. הנביא חוזר וממחיש את הצרכים
האנושיים שהעץ מספק, ובכללם הצורך האנושי באליל: טז **חֶצְיוֹ
שָׂרַף בְּמוֹ**, בתוך **אֵשׁ. עַל חֶצְיוֹ בָּשָׂר יֹאכֵל**, כלומר **יִצְלֶה** עליו **צָלִי וְיִשְׂבָּע,
אַף יָחֹם וְיֹאמַר: הֶאָח! חַמּוֹתִי, רָאִיתִי אוּר**, אש. לאחר שנתחממתי,
מה טוב ונעים לראות לפני את להבת האש. יז **וּשְׁאֵרִיתוֹ** – **לְאֵל
עָשָׂה**, דהיינו **לְפִסְלוֹ** אשר **יִסְגָּד לוֹ. וְיִשְׁתַּחוּ**, ומשתחווה לו, **וְיִתְפַּלֵּל**

העולם | **אֹרֶן** למרות המסורת שהוא העץ המכונה כך בימינו (שם מדעי: Pinus), זיהויו אינו ודאי. בתעודות אכדיות נזכר ארז הלבנון בשם דומה (erinu), ואולי הוא כינוי כללי לעצי מחט. על פי התלמוד הבבלי (ראש השנה כג ע"א) הוא עץ הער (שם מדעי: Laurus anobilis).

וְיִתְפַּלֵּל אֵלָיו וְיֹאמַר הַצִּילֵנִי כִּי אֵלִי אָתָּה׃ לֹא יָדְעוּ יח
וְלֹא יָבִינוּ כִּי טַח מֵרְאוֹת עֵינֵיהֶם מֵהַשְׂכִּיל לִבֹּתָם׃
וְלֹא־יָשִׁיב אֶל־לִבּוֹ וְלֹא דַעַת וְלֹא־תְבוּנָה לֵאמֹר יט
חֶצְיוֹ שָׂרַפְתִּי בְמוֹ־אֵשׁ וְאַף אָפִיתִי עַל־גֶּחָלָיו לֶחֶם
אֶצְלֶה בָשָׂר וְאֹכֵל וְיִתְרוֹ לְתוֹעֵבָה אֶעֱשֶׂה לְבוּל עֵץ
אֶסְגּוֹד׃ רֹעֶה אֵפֶר לֵב הוּתַל הִטָּהוּ וְלֹא־יַצִּיל אֶת־ כ
נַפְשׁוֹ וְלֹא יֹאמַר הֲלוֹא שֶׁקֶר בִּימִינִי׃ זְכָר־ כא
אֵלֶּה יַעֲקֹב וְיִשְׂרָאֵל כִּי עַבְדִּי־אָתָּה יְצַרְתִּיךָ עֶבֶד־
לִי אַתָּה יִשְׂרָאֵל לֹא תִנָּשֵׁנִי׃ מָחִיתִי כָעָב פְּשָׁעֶיךָ כב
וְכֶעָנָן חַטֹּאותֶיךָ שׁוּבָה אֵלַי כִּי גְאַלְתִּיךָ׃ רָנּוּ שָׁמַיִם כג
כִּי־עָשָׂה יהוה הָרִיעוּ תַּחְתִּיּוֹת אָרֶץ פִּצְחוּ הָרִים
רִנָּה יַעַר וְכָל־עֵץ בּוֹ כִּי־גָאַל יהוה יַעֲקֹב וּבְיִשְׂרָאֵל
יִתְפָּאָר׃

ביאור
אֵלָיו, וְיֹאמַר: הַצִּילֵנִי כִּי אֵלִי אָתָּה. יח לֹא יָדְעוּ וְלֹא יָבִינוּ, כִּי טַח מֵרְאוֹת
עֵינֵיהֶם. עיניהם סתומות, כמו מכוסות בטיח. מֵהַשְׂכִּיל כוסו גם
לִבֹּתָם. יט וְלֹא יָשִׁיב אֶל לִבּוֹ, וְלֹא דַעַת וְלֹא תְבוּנָה בלבו, לֵאמֹר:
חֶצְיוֹ שָׂרַפְתִּי בְמוֹ אֵשׁ, וְאַף אָפִיתִי עַל גֶּחָלָיו לֶחֶם, אֶצְלֶה בָשָׂר וְאֹכֵל,
וְיִתְרוֹ לְתוֹעֵבָה אֶעֱשֶׂה, ומהנותר אני עושה אליל,[29] לְבוּל עֵץ שלו
אֶסְגּוֹד. לאחר שנהנה גופי משני חלקי העץ, אני הופך את סרח העודף
לדמות קדושה עבורי, שאסורה בהנאה. לה אסגוד, וממנה אבקש
עזרה. כ אדם זה רֹעֶה, נוטה אחר אֵפֶר, הולך אחרי דברים חסרי ערך,
שערכם אינו עולה על אפר – לֵב הוּתַל, שוטה הִטָּהוּ, עיקם אותו, וְלֹא
יַצִּיל אֶת נַפְשׁוֹ, וְלֹא יֹאמַר: הֲלוֹא שֶׁקֶר בִּימִינִי. העובדות הללו ניכרות
לעין, ובכל זאת אנשים ממשיכים לעבוד את אליליהם.

כא זְכָר אֵלֶּה, יַעֲקֹב וְיִשְׂרָאֵל, כִּי עַבְדִּי אָתָּה. זכור מי אתה ומה אתה
צריך להיות. יְצַרְתִּיךָ עֶבֶד לִי, אַתָּה, יִשְׂרָאֵל, לֹא תִנָּשֵׁנִי, לא תזנח אותי.
צורת הפועל הסבילה משמעה גם לא תישָׁכח ממני, כלומר, אני לא
אעזבך. כב מָחִיתִי כָעָב, כענן מאפיל שנשבה בו הרוח ואינו, את
פְּשָׁעֶיךָ, וְכֶעָנָן מתפזר העברתי את חַטֹּאותֶיךָ. אינך מקובע בחטא.
על כן, שׁוּבָה אֵלַי כִּי גְאַלְתִּיךָ. כג רָנּוּ, שִׂמחו ושירו שָׁמַיִם כִּי עָשָׂה ה׳,
הָרִיעוּ תַּחְתִּיּוֹת אָרֶץ, פִּצְחוּ הָרִים רִנָּה, שירה, יַעַר וְכָל עֵץ בּוֹ – כִּי גָאַל ה׳
את יַעֲקֹב וּבְיִשְׂרָאֵל יִתְפָּאָר. הכול יראו זאת.

הפטרת צו

ירמיה

כֹּה אָמַר יְהוָה צְבָאוֹת אֱלֹהֵי יִשְׂרָאֵל עֹלוֹתֵיכֶם כא ז
סְפוּ עַל־זִבְחֵיכֶם וְאִכְלוּ בָשָׂר׃ כִּי לֹא־דִבַּרְתִּי אֶת־ כב
אֲבוֹתֵיכֶם וְלֹא צִוִּיתִים בְּיוֹם הוֹצִיאִ אוֹתָם מֵאֶרֶץ
מִצְרָיִם עַל־דִּבְרֵי עוֹלָה וָזָבַח׃ כִּי אִם־אֶת־הַדָּבָר כג
הַזֶּה צִוִּיתִי אוֹתָם לֵאמֹר שִׁמְעוּ בְקוֹלִי וְהָיִיתִי לָכֶם
לֵאלֹהִים וְאַתֶּם תִּהְיוּ־לִי לְעָם וַהֲלַכְתֶּם בְּכָל־הַדֶּרֶךְ
אֲשֶׁר אֲצַוֶּה אֶתְכֶם לְמַעַן יִיטַב לָכֶם׃ וְלֹא שָׁמְעוּ כד
וְלֹא־הִטּוּ אֶת־אָזְנָם וַיֵּלְכוּ בְּמֹעֵצוֹת בִּשְׁרִרוּת לִבָּם
הָרָע וַיִּהְיוּ לְאָחוֹר וְלֹא לְפָנִים׃ לְמִן־הַיּוֹם אֲשֶׁר יָצְאוּ כה
אֲבוֹתֵיכֶם מֵאֶרֶץ מִצְרַיִם עַד הַיּוֹם הַזֶּה וָאֶשְׁלַח
אֲלֵיכֶם אֶת־כָּל־עֲבָדַי הַנְּבִיאִים יוֹם הַשְׁכֵּם וְשָׁלֹחַ׃
וְלוֹא שָׁמְעוּ אֵלַי וְלֹא הִטּוּ אֶת־אָזְנָם וַיַּקְשׁוּ אֶת־עָרְפָּם כו
הֵרֵעוּ מֵאֲבוֹתָם׃ וְדִבַּרְתָּ אֲלֵיהֶם אֶת־כָּל־הַדְּבָרִים כז
הָאֵלֶּה וְלֹא יִשְׁמְעוּ אֵלֶיךָ וְקָרָאתָ אֲלֵיהֶם וְלֹא
יַעֲנוּכָה׃ וְאָמַרְתָּ אֲלֵיהֶם זֶה הַגּוֹי אֲשֶׁר לוֹא־שָׁמְעוּ כח
בְּקוֹל יְהוָה אֱלֹהָיו וְלֹא לָקְחוּ מוּסָר אָבְדָה הָאֱמוּנָה
וְנִכְרְתָה מִפִּיהֶם׃* גָּזִּי נִזְרֵךְ וְהַשְׁלִיכִי כט

התימנים מדלגים עד פרק ט

תוכחה לבאי המקדש

אל הקריאה הפותחת את הפרשה בדבר ציווי על קרבן העולה, מצורפת קריאת הפטרה הפותחת בדחיית ה׳ את העולות המובאות לשמו ללא ציות לדבריו. נבואת תוכחה זו נאמרת מפי ירמיהו, כפי הנראה בשערי המקדש או בתוכו – כהמשך לנבואה הקודמת לה. הנביא משמיע דברים קשים באוזני הבאים לבית ה׳: למקדש ולקרבנות אין הצדקה בלא שמיעה לדבר ה׳. בהמשך מנבא ירמיהו חורבן קשה עקב השבר באמונתם של בני ציון ועבודתם הזרה שהפכה לנורמה חברתית גלויה בצד עבודת המקדש. ההפטרה חותמת – לאחר דילוג פסוקי פורענות – במוסר השכל.

ירמיה פרק ז | ביאור
כא **כֹּה אָמַר ה׳ צְבָאוֹת אֱלֹהֵי יִשְׂרָאֵל:** את **עֹלוֹתֵיכֶם**,
הקרבנות שאתם שורפים כליל לשמי, **סְפוּ**, הוסיפו **עַל זִבְחֵיכֶם**, זבחי
השלמים שלכם, שאת רוב בשרם אוכל מביא הקרבן.[30] מבחינתי,
אתם יכולים לצרף את קרבנות העולה שחשבתם בטעות שהעליתם
למעני, לחגיגות הזבחים העממיות שלכם, **וְאִכְלוּ בָשָׂר**. חבל שתפסידו
בשר לשווא.[31] כב הקרבנות אינם מוקד עבודת ה׳, **כִּי לֹא דִבַּרְתִּי אֶת**
אֲבוֹתֵיכֶם וְלֹא צִוִּיתִים בְּיוֹם, בזמן[32] **הוֹצִיאִי אוֹתָם מֵאֶרֶץ מִצְרָיִם עַל דִּבְרֵי**
עוֹלָה וָזָבַח. דברי התורה היסודיים אינם עוסקים בצורך להקריב
קרבנות. מצע ייעודו של העם ששטחתי בפני אבותיכם כשנתתי
להם את התורה, אינו כולל את הקרבנות.[33] כג **כִּי אִם אֶת הַדָּבָר הַזֶּה**
צִוִּיתִי אוֹתָם לֵאמֹר: שִׁמְעוּ בְקוֹלִי, וְהָיִיתִי לָכֶם לֵאלֹהִים, וְאַתֶּם תִּהְיוּ לִי
לְעָם, וַהֲלַכְתֶּם בְּכָל הַדֶּרֶךְ אֲשֶׁר אֲצַוֶּה אֶתְכֶם לְמַעַן יִיטַב לָכֶם. ההוראה
הבסיסית המופנית אל ישראל היא ללכת בדרך ה׳ ולנהוג כעמו.
בעשרת הדיברות לא מופיע אף ציווי הנוגע לקרבנות.[34] כד **וְלֹא**
שָׁמְעוּ וְלֹא הִטּוּ אֶת אָזְנָם, וַיֵּלְכוּ בְּמֹעֵצוֹת, בעצות ורעיונות אחרים
בִּשְׁרִרוּת לִבָּם הָרָע, וַיִּהְיוּ לְאָחוֹר וְלֹא לְפָנִים, הם פנו תמיד לכיוון הנגדי,
נסוגו ולא התקדמו,[35] כה **לְמִן הַיּוֹם אֲשֶׁר יָצְאוּ אֲבוֹתֵיכֶם מֵאֶרֶץ מִצְרַיִם**
עַד הַיּוֹם הַזֶּה. וָאֶשְׁלַח אֲלֵיכֶם אֶת כָּל עֲבָדַי הַנְּבִאִים בכל **יוֹם הַשְׁכֵּם**
וְשָׁלֹחַ, כו **וְלוֹא שָׁמְעוּ אֵלַי** ואף[36] **לֹא הִטּוּ אֶת אָזְנָם, וַיַּקְשׁוּ אֶת עָרְפָּם**,
הֵרֵעוּ יותר **מֵאֲבוֹתָם**.

כז **וְדִבַּרְתָּ**, דַּבֵּר, ירמיהו, **אֲלֵיהֶם אֶת כָּל הַדְּבָרִים** הקשים **הָאֵלֶּה, וְ**אילו
הם **לֹא יִשְׁמְעוּ אֵלֶיךָ, וְקָרָאתָ אֲלֵיהֶם וְלֹא יַעֲנוּכָה**, יענו לך. אתה תעמוד
בשער ותוכיח, והם ימשיכו לדרכם ולא יתייחסו אליך. כח **וְאָמַרְתָּ**
אֲלֵיהֶם דברים שאינם זרים להם: **זֶה הַגּוֹי אֲשֶׁר לוֹא**, לא **שָׁמְעוּ בְּקוֹל**
ה׳ אֱלֹהָיו וְלֹא לָקְחוּ מוּסָר. אמנם דבריך מוכרים להם, ודברי האמת
שבפיך ניכרים, אבל **אָבְדָה הָאֱמוּנָה** מלבם[37] **וְנִכְרְתָה מִפִּיהֶם**. הם
מעדיפים להתעלם מן הנושא ואינם מדברים בו.

וּשְׂאִי עַל־שְׁפָיִם קִינָה כִּי מָאַס יהוה וַיִּטֹּשׁ אֶת־דּוֹר
עֶבְרָתוֹ׃ כִּי־עָשׂוּ בְנֵי־יְהוּדָה הָרַע בְּעֵינַי נְאֻם־יהוה ל
שָׂמוּ שִׁקּוּצֵיהֶם בַּבַּיִת אֲשֶׁר־נִקְרָא־שְׁמִי עָלָיו
לְטַמְּאוֹ׃ וּבָנוּ בָּמוֹת הַתֹּפֶת אֲשֶׁר בְּגֵיא בֶן־הִנֹּם לא
לִשְׂרֹף אֶת־בְּנֵיהֶם וְאֶת־בְּנֹתֵיהֶם בָּאֵשׁ אֲשֶׁר לֹא
צִוִּיתִי וְלֹא עָלְתָה עַל־לִבִּי׃ לָכֵן הִנֵּה יָמִים לב
בָּאִים נְאֻם־יהוה וְלֹא־יֵאָמֵר עוֹד הַתֹּפֶת וְגֵיא בֶן־
הִנֹּם כִּי אִם־גֵּיא הַהֲרֵגָה וְקָבְרוּ בְתֹפֶת מֵאֵין מָקוֹם׃
וְהָיְתָה נִבְלַת הָעָם הַזֶּה לְמַאֲכָל לְעוֹף הַשָּׁמַיִם לג
וּלְבֶהֱמַת הָאָרֶץ וְאֵין מַחֲרִיד׃ וְהִשְׁבַּתִּי ׀ מֵעָרֵי יְהוּדָה לד
וּמֵחֻצוֹת יְרוּשָׁלַם קוֹל שָׂשׂוֹן וְקוֹל שִׂמְחָה קוֹל חָתָן
וְקוֹל כַּלָּה כִּי לְחָרְבָּה תִּהְיֶה הָאָרֶץ׃ בָּעֵת הַהִיא א ח
יוֹצִיאוּ נְאֻם־יהוה ויוציאו אֶת־עַצְמוֹת מַלְכֵי־יְהוּדָה וְאֶת־
עַצְמוֹת שָׂרָיו וְאֶת־עַצְמוֹת הַכֹּהֲנִים וְאֵת ׀ עַצְמוֹת
הַנְּבִיאִים וְאֵת עַצְמוֹת יוֹשְׁבֵי־יְרוּשָׁלָם מִקִּבְרֵיהֶם׃

העולם | **גֵּיא בֶן־הִנֹּם** העמק המקיף את העיר העתיקה והר ציון ממערב, עובר בבְרֵכת הסולטן של ימינו, עובר מדרום לעיר דוד, ומתחבר לנחל קדרון. עמק זה היה גבול בין נחלת בנימין לנחלת יהודה (יהושע טו,ח; יח,טז).

הרחבות | **'אשר לא צויתי ולא עלתה על לבי'** מכאן וממקומות אחרים (ראו ירמיה יט,ה; לב,לה; שופטים יא; מיכה ו,ז) משתמע שמקריבי הילדים לא ראו בכך פולחן לאל זר דווקא. תפיסתם הדתית אפשרה להם לעבוד את ה' בבית המקדש לפי חוקי התורה ולפי הנהוג במקדש ה', ואחר כך לרדת אל גיא בן הינום הסמוך ולערוך בו טקס שונה בתכלית, שייתכן שגם הוא 'לשם שמיים'. (ראו רש"י ורד"ק על אתר; דברים יב,כט-לא; ויקרא יח,כא. ראו עוד ההרחבה לשמואל א' ז,ג).

ביאור כט ציון, גָּזִּי, גוזי נִזְרֵךְ, שערך וְהַשְׁלִיכִי אותו לאות אבל וניוול, וּשְׂאִי,
השמיעי עַל שְׁפָיִם, גבעות קינָה, כִּי מָאַס ה׳ וַיִּטֹּשׁ, עזב אֶת דּוֹר עֶבְרָתוֹ,
הדור המכעיס אותו. ל כִּי עָשׂוּ בְנֵי יְהוּדָה הָרַע בְּעֵינַי, נְאֻם ה׳, שָׂמוּ
שִׁקּוּצֵיהֶם בַּבַּיִת אֲשֶׁר נִקְרָא שְׁמִי עָלָיו לְטַמְּאוֹ. בצד שימושי הקודש
בבית המקדש, ריכזו בו גם צלמים ומזבח לאלוהים אחרים.[38] לא וּבָנוּ
את בָּמוֹת הַתֹּפֶת אֲשֶׁר בְּגֵיא בֶן הִנֹּם, עמק סמוך לירושלים שבו
קיימו פולחנים שונים, ובו הוקמו מוקדי התופת[39] לִשְׂרֹף אֶת בְּנֵיהֶם
וְאֶת בְּנֹתֵיהֶם בָּאֵשׁ. בין אם שרפה ממש כקרבן, בין העברה סמלית
בתוך מדורות פולחניות למולך,[40] אֲשֶׁר לֹא צִוִּיתִי, וממילא הדבר
עומד באיסורו,[41] וְלֹא עָלְתָה עַל לִבִּי. לב לָכֵן הִנֵּה יָמִים בָּאִים, נְאֻם
ה׳, וְלֹא יֵאָמֵר עוֹד הַתֹּפֶת וְגֵיא בֶן הִנֹּם. המקום הזה לא ייקרא עוד
בשמות הללו, כִּי אִם גֵּיא הַהֲרֵגָה, זה יהיה שמו החדש. וְקָבְרוּ בְתֹפֶת
מֵאֵין מָקוֹם. מרוב גופות, המקום שבו עמדו במות ההקרבה ישמש
לקבורה, למרות שקברי מתים נחשבו טמאים גם בדתות אחרות.[42]
לג מכיוון שהגיא יתמלא בגוויות – וְהָיְתָה נִבְלַת הָעָם הַזֶּה לְמַאֲכָל
לְעוֹף הַשָּׁמַיִם וּלְבֶהֱמַת הָאָרֶץ וְאֵין מַחֲרִיד, מפריע. לד וְהִשְׁבַּתִּי מֵעָרֵי
יְהוּדָה וּמֵחֻצוֹת יְרוּשָׁלִַם קוֹל שָׂשׂוֹן וְקוֹל שִׂמְחָה, קוֹל חָתָן וְקוֹל כַּלָּה. לא
יישמעו כאן עוד קולות שמחה וחיים, כִּי לְחָרְבָּה, לחורבן תִּהְיֶה הָאָרֶץ.
פרק ח א בָּעֵת הַהִיא, כאשר הארץ תיחרב, נְאֻם ה׳, יוֹצִיאוּ אֶת עַצְמוֹת
מַלְכֵי יְהוּדָה וְאֶת עַצְמוֹת שָׂרָיו וְאֶת עַצְמוֹת הַכֹּהֲנִים וְאֵת עַצְמוֹת
הַנְּבִיאִים וְאֵת עַצְמוֹת יוֹשְׁבֵי יְרוּשָׁלִָם מִקִּבְרֵיהֶם. בהרס הרב לא יתחשבו

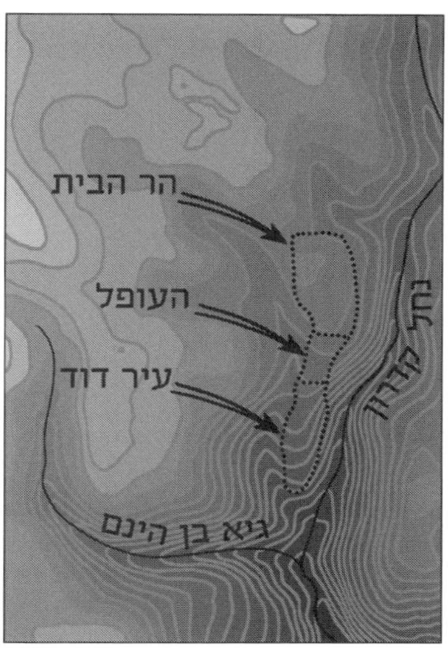

אזור גיא בן הִנֹּם

וּשְׁטָחוּם֩ לַשֶּׁ֨מֶשׁ וְלַיָּרֵ֜חַ וּלְכֹ֣ל ׀ צְבָ֣א הַשָּׁמַ֗יִם אֲשֶׁ֨ר ב
אֲהֵב֜וּם וַאֲשֶׁ֣ר עֲבָד֗וּם וַאֲשֶׁ֨ר הָלְכ֤וּ אַֽחֲרֵיהֶם֙ וַאֲשֶׁ֣ר
דְּרָשׁ֔וּם וַאֲשֶׁ֥ר הִֽשְׁתַּחֲו֖וּ לָהֶ֑ם לֹ֤א יֵאָֽסְפוּ֙ וְלֹ֣א יִקָּבֵ֔רוּ
לְדֹ֛מֶן עַל־פְּנֵ֥י הָאֲדָמָ֖ה יִהְיֽוּ׃ וְנִבְחַ֥ר מָ֙וֶת֙ מֵֽחַיִּ֔ים ג
לְכֹ֗ל הַשְּׁאֵרִית֙ הַנִּשְׁאָרִ֔ים מִן־הַמִּשְׁפָּחָ֥ה הָרָעָ֖ה
הַזֹּ֑את בְּכָל־הַמְּקֹמ֤וֹת הַנִּשְׁאָרִים֙ אֲשֶׁ֣ר הִדַּחְתִּ֣ים
שָׁ֔ם נְאֻ֖ם יְהוָ֥ה צְבָאֽוֹת׃ כֹּ֣ה ׀ אָמַ֣ר יְהוָ֗ה כב ט
אַל־יִתְהַלֵּ֤ל חָכָם֙ בְּחָכְמָת֔וֹ וְאַל־יִתְהַלֵּ֥ל הַגִּבּ֖וֹר
בִּגְבֽוּרָת֑וֹ אַל־יִתְהַלֵּ֥ל עָשִׁ֖יר בְּעָשְׁרֽוֹ׃ כִּ֣י אִם־בְּזֹ֞את כג
יִתְהַלֵּ֣ל הַמִּתְהַלֵּ֗ל הַשְׂכֵּל֮ וְיָדֹ֣עַ אוֹתִי֒ כִּ֚י אֲנִ֣י יְהוָ֔ה
עֹ֥שֶׂה חֶ֛סֶד מִשְׁפָּ֥ט וּצְדָקָ֖ה בָּאָ֑רֶץ כִּֽי־בְאֵ֥לֶּה חָפַ֖צְתִּי
נְאֻם־יְהוָֽה׃

ביאור בקברים ישנים. קיימות גם עדויות שמלכי אשור היו נוהגים לבזות את
אויביהם בהוצאת עצמותיהם מקברותיהם ובהשלכתם. ב ובתיאור
אירוני חריף – **וּשְׁטָחוּם** – את העצמות **לַשֶּׁמֶשׁ וְלַיָּרֵחַ וּלְכֹל צְבָא הַשָּׁמַיִם**
אֲשֶׁר אֲהֵבוּם וַאֲשֶׁר עֲבָדוּם וַאֲשֶׁר הָלְכוּ אַחֲרֵיהֶם וַאֲשֶׁר דְּרָשׁוּם וַאֲשֶׁר
הִשְׁתַּחֲווּ לָהֶם. כאן מודגשים ריבוי הפנים והלהיטות של הקשר בין בני
יהודה לעבודה זרה. **לֹא יֵאָסְפוּ וְלֹא יִקָּבֵרוּ, לְדֹמֶן**, לזבל[43] **עַל פְּנֵי הָאֲדָמָה**
יִהְיוּ. ג **וְנִבְחַר** אז **מָוֶת מֵחַיִּים**. החיים יהיו קשים ואומללים מאוד, עד
שאנשים יעדיפו את המוות – שאין עמו קבורה – על פניהם, **לְכֹל**
הַשְּׁאֵרִית הַנִּשְׁאָרִים מִן הַמִּשְׁפָּחָה הָרָעָה הַזֹּאת, לא רק לשרידים שבארץ
אלא **בְּכָל הַמְּקֹמוֹת, הַנִּשְׁאָרִים אֲשֶׁר הִדַּחְתִּים שָׁם, נְאֻם ה׳ צְבָאוֹת**.

פרק ט כב **כֹּה אָמַר ה׳: אַל יִתְהַלֵּל חָכָם בְּחָכְמָתוֹ**, אף שהחכמה חשובה,
אין להתפאר בה, **וְאַל יִתְהַלֵּל הַגִּבּוֹר בִּגְבוּרָתוֹ. אַל יִתְהַלֵּל עָשִׁיר בְּעָשְׁרוֹ**.
גם בתכונות הנחשבות, גבורה ועושר, אין טעם להתהלל, שהרי
החכמים, הגיבורים והעשירים שבבני ישראל לא התנהגו כראוי;
חכמתם, גבורתם ועושרם לא הצילו אותם.[44] כג **כִּי אִם בְּזֹאת יִתְהַלֵּל**
הַמִּתְהַלֵּל – הַשְׂכֵּל וְיָדֹעַ אוֹתִי. התהילה האמתית ראויה ליודעי ה׳.
שאר התכונות עשויות להועיל, אך הן עראיות. קיום בטוח, יציב
ואמתי ייווסד רק על הידיעה **כִּי אֲנִי ה׳ עֹשֶׂה חֶסֶד מִשְׁפָּט וּצְדָקָה בָּאָרֶץ**,
ובהתאם לדרכַי, שאני מראה לכם, צריכים אתם לנהוג, **כִּי** בעשייתם
של **אֵלֶּה חָפַצְתִּי, נְאֻם ה׳**.

הפטרת שמיני

שמואל ב

וַיֹּסֶף עוֹד דָּוִד אֶת־כָּל־בָּחוּר בְּיִשְׂרָאֵל שְׁלֹשִׁים אָלֶף׃ א ו
וַיָּקָם ׀ וַיֵּלֶךְ דָּוִד וְכָל־הָעָם אֲשֶׁר אִתּוֹ מִבַּעֲלֵי יְהוּדָה ב
לְהַעֲלוֹת מִשָּׁם אֵת אֲרוֹן הָאֱלֹהִים אֲשֶׁר־נִקְרָא שֵׁם
שֵׁם יְהוָה צְבָאוֹת יֹשֵׁב הַכְּרֻבִים עָלָיו׃ וַיַּרְכִּבוּ אֶת־ ג
אֲרוֹן הָאֱלֹהִים אֶל־עֲגָלָה חֲדָשָׁה וַיִּשָּׂאֻהוּ מִבֵּית
אֲבִינָדָב אֲשֶׁר בַּגִּבְעָה וְעֻזָּא וְאַחְיוֹ בְּנֵי אֲבִינָדָב
נֹהֲגִים אֶת־הָעֲגָלָה חֲדָשָׁה׃ וַיִּשָּׂאֻהוּ מִבֵּית אֲבִינָדָב ד
אֲשֶׁר בַּגִּבְעָה עִם אֲרוֹן הָאֱלֹהִים וְאַחְיוֹ הֹלֵךְ לִפְנֵי
הָאָרוֹן׃ וְדָוִד ׀ וְכָל־בֵּית יִשְׂרָאֵל מְשַׂחֲקִים לִפְנֵי ה
יְהוָה בְּכֹל עֲצֵי בְרוֹשִׁים וּבְכִנֹּרוֹת וּבִנְבָלִים וּבְתֻפִּים

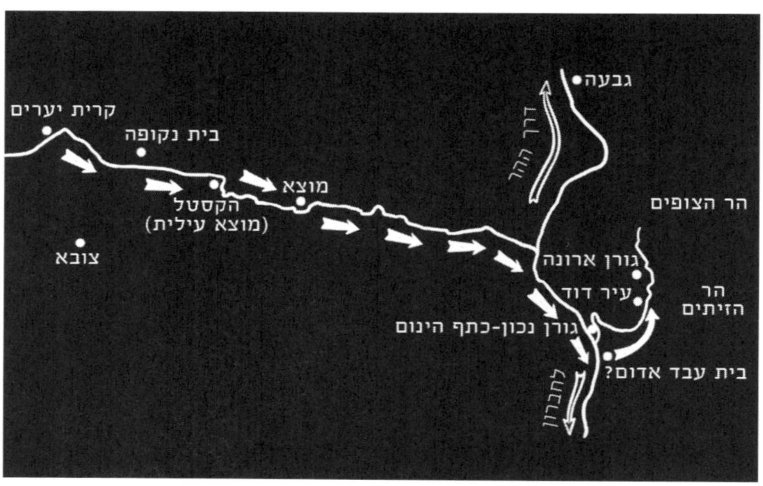

מסלול העלאת ארון האלוקים

הכנת משכן לארון ה׳

לאחר מלחמות ההגנה עם הפלשתים דוד פונה למשימה נוספת השייכת ללא ספק למורשת המלוכה בישראל – כינון בית המקדש. כצעד ראשון הוא מעלה את ארון הברית ממקומו הזמני אל העיר שבה יהיה משכנו הקבוע. המאורע המשמח נקטע באסון מותו של אחד ממלווי הארון שנהג בו בפזיזות.

כמו במיתת שני בני אהרן בחנוכת המשכן, גם כאן מומחשת הסכנה הטמונה בחריגה מחוקי הקודש. נוכח מותם של נכבדי העם תוך כדי ההתעסקות בעשיית מקום לשכינה, למדו הכול כה נחוצות הזהירות ויראת הכבוד אל מול הארון והמשכן.[45] העשייה בקרבת הקודש כרוכה גם בהתעלות מעל הרגשות האישיים. כך בפרשה אהרן צֻוּה להימנע ממנהגי אבלות על מות בניו בשעה החגיגית של חנוכת המשכן, וכך בהמשך ההפטרה נהג דוד בעצמו, כשפיזז בכל עוז לפני ארון האלוקים ולא חש לכבודו האישי.

ביאור

שמואל ב׳ פרק ו א **וַיֹּסֶף**, ויאסוף[46] **עוֹד דָּוִד אֶת כָּל בָּחוּר**, נבחר **בְּיִשְׂרָאֵל**,
שְׁלֹשִׁים אָלֶף, קבוצה גדולה ומובחרת מן העם.[47] ב **וַיָּקָם וַיֵּלֶךְ דָּוִד**
וְכָל הָעָם אֲשֶׁר אִתּוֹ מִבַּעֲלֵי יְהוּדָה, נכבדי שבט יהודה **לְהַעֲלוֹת מִשָּׁם**
אל עיר דוד **אֵת אֲרוֹן הָאֱלֹהִים אֲשֶׁר נִקְרָא שֵׁם** מיוחד – הוא[48] **שֵׁם ה׳**
צְבָאוֹת יֹשֵׁב הַכְּרֻבִים – עָלָיו. ארון הברית מסמל את הנוכחות האלוקית
בתוך ישראל. דוד רצה אפוא להביאו למקום קבוע ומכובד יותר, סמוך
לביתו. ג **וַיַּרְכִּבוּ אֶת אֲרוֹן הָאֱלֹהִים אֶל**, על **עֲגָלָה חֲדָשָׁה** הראויה לכך,
שלא היה בה שום דבר טמא או פגום.[49] אף על פי שגם כשהארון חזר
מארץ פלשתים הוא הובא על גבי עגלה, וייתכן שגם עכשיו השתמשו
באותה עגלה,[50] מעשה זה מנוגד לדיני ישראל, שלפיהם הלויים
צריכים לשאת את הארון על כתפיהם.[51] **וַיִּשָּׂאֻהוּ מִבֵּית אֲבִינָדָב אֲשֶׁר**
בַּגִּבְעָה, וְעֻזָּא וְאַחְיוֹ בְּנֵי אֲבִינָדָב נֹהֲגִים אֶת הָעֲגָלָה חֲדָשָׁה. וכך התנהלה
התהלוכה: ד **וַיִּשָּׂאֻהוּ מִבֵּית אֲבִינָדָב אֲשֶׁר בַּגִּבְעָה**, הנושאים מהלכים
עִם, בצד **אֲרוֹן הָאֱלֹהִים, וְאַחְיוֹ הֹלֵךְ לִפְנֵי הָאָרוֹן**, ואילו עוזא הולך סמוך
לארון מאחוריו.[52] ה **וְדָוִד וְכָל בֵּית יִשְׂרָאֵל מְשַׂחֲקִים לִפְנֵי ה׳ בְּכֹל עֲצֵי**
בְרוֹשִׁים, נופפו בשמחתם בענפי ברוש.[53] או: עצים ששימשו לכלי
נגינה, אולי לכלי הקשה, וניגנו בכלים מגוונים – **בְּכִנֹּרוֹת וּבִנְבָלִים וּבְתֻפִּים**

העולם

בְּרֹשִׁים עצי הערער (שם מדעי: Juniperus excelsa) הגדלים בהרי הלבנון הגבוהים. אין אלו העצים המכונים היום ברוש. הברוש שימש לייצור דלתות, רהיטים וחיפוי בבניין בית המקדש של שלמה (מלכים א׳ ו,טו ו–לד). הוא נזכר גם בשיר השירים (א,יז): קֹרוֹת בָּתֵּינוּ אֲרָזִים רַהִיטֵנוּ בְּרוֹתִים. ייתכן שעצי הברושים הנזכרים כאן הם לוחות עץ ששימשו כלי נגינה ואולי כלי הקשה.

וּבִמְנַעַנְעִים וּבְצֶלְצֶלִים׃ וַיָּבֹאוּ עַד־גֹּרֶן נָכוֹן וַיִּשְׁלַח ו
עֻזָּה אֶל־אֲרוֹן הָאֱלֹהִים וַיֹּאחֶז בּוֹ כִּי שָׁמְטוּ הַבָּקָר׃
וַיִּחַר־אַף יהוה בְּעֻזָּה וַיַּכֵּהוּ שָׁם הָאֱלֹהִים עַל־הַשַּׁל ז
וַיָּמָת שָׁם עִם אֲרוֹן הָאֱלֹהִים׃ וַיִּחַר לְדָוִד עַל אֲשֶׁר ח
פָּרַץ יהוה פֶּרֶץ בְּעֻזָּה וַיִּקְרָא לַמָּקוֹם הַהוּא פֶּרֶץ
עֻזָּה עַד הַיּוֹם הַזֶּה׃ וַיִּרָא דָוִד אֶת־יהוה בַּיּוֹם הַהוּא ט
וַיֹּאמֶר אֵיךְ יָבוֹא אֵלַי אֲרוֹן יהוה׃ וְלֹא־אָבָה דָוִד י
לְהָסִיר אֵלָיו אֶת־אֲרוֹן יהוה עַל־עִיר דָּוִד וַיַּטֵּהוּ דָוִד
בֵּית עֹבֵד־אֱדֹם הַגִּתִּי׃ וַיֵּשֶׁב אֲרוֹן יהוה בֵּית עֹבֵד יא
אֱדֹם הַגִּתִּי שְׁלֹשָׁה חֳדָשִׁים וַיְבָרֶךְ יהוה אֶת־עֹבֵד
אֱדֹם וְאֶת־כָּל־בֵּיתוֹ׃ וַיֻּגַּד לַמֶּלֶךְ דָּוִד לֵאמֹר בֵּרַךְ יב
יהוה אֶת־בֵּית עֹבֵד אֱדֹם וְאֶת־כָּל־אֲשֶׁר־לוֹ בַּעֲבוּר
אֲרוֹן הָאֱלֹהִים וַיֵּלֶךְ דָּוִד וַיַּעַל אֶת־אֲרוֹן הָאֱלֹהִים
מִבֵּית עֹבֵד אֱדֹם עִיר דָּוִד בְּשִׂמְחָה׃ וַיְהִי כִּי צָעֲדוּ יג
נֹשְׂאֵי אֲרוֹן־יהוה שִׁשָּׁה צְעָדִים וַיִּזְבַּח שׁוֹר וּמְרִיא׃

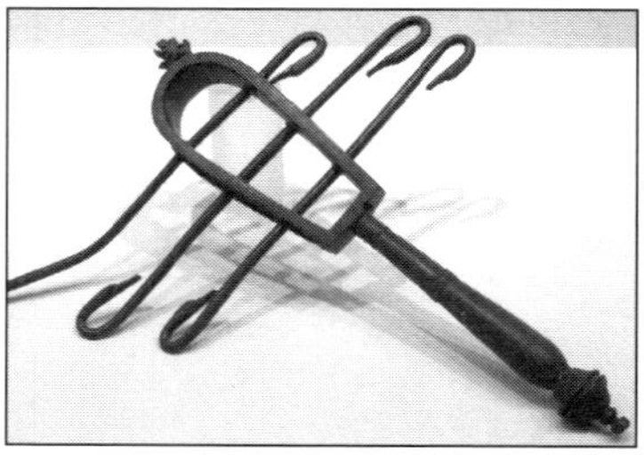
מנענע

העולם | **מְנַעַנְעִים** כלים המשמיעים קול בנענועם. מתקופת המקרא ידועים שני סוגי כלים כאלה: שקשקת - מעין מכל שאורכו בין 6-8 ס"מ שבדפנותיו נקבים ובתוכם שברי חרס להשמעת הקול; וסיסטרום - ידית המחוברת למסגרת מתכת בצורת פרסה שלרוחבה קבועים מוטות ועליהם טבעות מתכת. בשעה שמטלטלים את הכלי, הטבעות מצלצלות.

וּבִמְנַעַנְעִים וּבְצֶלְצֱלִים. ביאור

י **וַיָּבֹאוּ עַד** למקום שנקרא **גֹּרֶן נָכוֹן, וַיִּשְׁלַח עֻזָּא** את ידו **אֶל אֲרוֹן**
הָאֱלֹהִים וַיֹּאחֶז בּוֹ, כִּי שָׁמְטוּ, הזיזו **בני הַבָּקָר** את הארון ממקומו.
תנועת בני הבקר שהוליכו את העגלה גרמה להטיית הארון הצדה,
והוא נראה כעומד ליפול. באופן טבעי מיהר עוזא והושיט ידו אל
הארון להחזיק בו.[54]

ז **וַיִּחַר אַף ה' בְּעֻזָּה,** ה' כעס על עוזה, שהרי גם על הלויים נאסר
לגעת בארון.[55] **וַיַּכֵּהוּ שָׁם הָאֱלֹהִים עַל הַשַּׁל,** הטעות שעשה.[56] **וַיָּמָת**
שָׁם עִם, ליד **אֲרוֹן הָאֱלֹהִים.**

ח **וַיִּחַר לְדָוִד,** דוד הצטער[57] **עַל אֲשֶׁר** ביום שבו כל ישראל שמחים
בהולכת ארון ה', **פָּרַץ ה' פֶּרֶץ בְּעֻזָּה,** ה' המית את עוזה בהתערבות
נסית.[58] **וַיִּקְרָא לַמָּקוֹם הַהוּא פֶּרֶץ עֻזָּה,** וכך נקרא אותו גורן נכון **עַד**
הַיּוֹם הַזֶּה.

ט בעקבות המוות שנגרם במישרין מן הארון – **וַיִּרָא דָוִד אֶת ה' בַּיּוֹם**
הַהוּא, וַיֹּאמֶר: אֵיךְ יָבוֹא אֵלַי אֲרוֹן ה'? י **וְלֹא אָבָה,** רצה **דָּוִד לְהָסִיר**
אֵלָיו אֶת אֲרוֹן ה' עַל, אל **עִיר דָּוִד, וַיַּטֵּהוּ,** הפנה אותו **דָּוִד** אל **בֵּית**
עֹבֵד אֱדוֹם הַגִּתִּי, תושב גת שהיה לוי, ולאחר זמן שירת עם בניו
במקדש.[59] יא **וַיֵּשֶׁב אֲרוֹן ה' בְּבֵית עֹבֵד אֱדֹם הַגִּתִּי שְׁלֹשָׁה חֳדָשִׁים. וַיְבָרֶךְ**
ה' אֶת עֹבֵד אֱדֹם וְאֶת כָּל בֵּיתוֹ. הברכה ניכרה בביתו, ובמשפחתו
גולדו בנים רבים מאוד.[60]

יב **וַיֻּגַּד לַמֶּלֶךְ דָּוִד לֵאמֹר: בֵּרַךְ ה' אֶת בֵּית עֹבֵד אֱדֹם וְאֶת כָּל אֲשֶׁר לוֹ**
בַּעֲבוּר אֲרוֹן הָאֱלֹהִים. אם עד כה נתפס הארון כגורם מאיים[61] המסַכן
את סביבתו,[62] כעת התברר שהוא יכול להיות מקור לברכת ה'.[63]
וַיֵּלֶךְ דָּוִד וַיַּעַל אֶת אֲרוֹן הָאֱלֹהִים מִבֵּית עֹבֵד אֱדֹם אל **עִיר דָּוִד בְּשִׂמְחָה.**
העלאת הארון נעשתה בטקס גדול. יג עתה כבר נשאו אותו על
הכתפיים ולא בעגלה – **וַיְהִי כִּי צָעֲדוּ נֹשְׂאֵי אֲרוֹן ה' שִׁשָּׁה צְעָדִים – וַיִּזְבַּח**
שׁוֹר וּמְרִיא, שור מפוטם.[64] המרחק לא היה גדול, ואחרי כל שישה

הרחבות

'נשאי ארון ה'' הכהנים אינם מוזכרים בטקס העלאת הארון. גם מספר דברי הימים (א' טו,יא-טז) משתמע שלא הכהנים נשאו את הארון כאן, כנראה משום שבאותה עת היו הכהנים המשרתים מועטים מדי. כהנים בודדים התלוו אל דוד, אבל גם אם נמלטו כהנים מן הטבח שטבח דואג (שמואל א' כב,יח), לא נשארו כהנים ליד המקדש. על מנת לשאת את הארון היה צורך בקבוצת אנשים, וקבוצה כזו התגבשה רק לאחר זמן. הלויים, לעומתם, חיו בשקט במקומותיהם ולא נרדפו על ידי איש. לכן הם נטלו חלק בכל הטקסים. (ראו עוד במדבר רבה ד,כ; רמב"ן על ספר המצוות לרמב"ם, שורש ג).

יד וְדָוִד מְכַרְכֵּר בְּכָל־עֹז לִפְנֵי יְהוָה וְדָוִד חָגוּר אֵפוֹד
טו בָּד׃ וְדָוִד וְכָל־בֵּית יִשְׂרָאֵל מַעֲלִים אֶת־אֲרוֹן יְהוָה
טז בִּתְרוּעָה וּבְקוֹל שׁוֹפָר׃ וְהָיָה אֲרוֹן יְהוָה בָּא עִיר
דָּוִד וּמִיכַל בַּת־שָׁאוּל נִשְׁקְפָה ׀ בְּעַד הַחַלּוֹן וַתֵּרֶא
אֶת־הַמֶּלֶךְ דָּוִד מְפַזֵּז וּמְכַרְכֵּר לִפְנֵי יְהוָה וַתִּבֶז לוֹ
יז בְּלִבָּהּ׃ וַיָּבִאוּ אֶת־אֲרוֹן יְהוָה וַיַּצִּגוּ אֹתוֹ בִּמְקוֹמוֹ
בְּתוֹךְ הָאֹהֶל אֲשֶׁר נָטָה־לוֹ דָּוִד וַיַּעַל דָּוִד עֹלוֹת לִפְנֵי
יח יְהוָה וּשְׁלָמִים׃ וַיְכַל דָּוִד מֵהַעֲלוֹת הָעוֹלָה וְהַשְּׁלָמִים
יט וַיְבָרֶךְ אֶת־הָעָם בְּשֵׁם יְהוָה צְבָאוֹת׃ וַיְחַלֵּק לְכָל־
הָעָם לְכָל־הֲמוֹן יִשְׂרָאֵל לְמֵאִישׁ וְעַד־אִשָּׁה לְאִישׁ
חַלַּת לֶחֶם אַחַת וְאֶשְׁפָּר אֶחָד וַאֲשִׁישָׁה אֶחָת וַיֵּלֶךְ
כ כָּל־הָעָם אִישׁ לְבֵיתוֹ׃* וַיָּשָׁב דָּוִד לְבָרֵךְ אֶת־בֵּיתוֹ (הספרדים מסיימים כאן)
וַתֵּצֵא מִיכַל בַּת־שָׁאוּל לִקְרַאת דָּוִד וַתֹּאמֶר מַה־
נִּכְבַּד הַיּוֹם מֶלֶךְ יִשְׂרָאֵל אֲשֶׁר נִגְלָה הַיּוֹם לְעֵינֵי
כא אַמְהוֹת עֲבָדָיו כְּהִגָּלוֹת נִגְלוֹת אַחַד הָרֵקִים׃ וַיֹּאמֶר
דָּוִד אֶל־מִיכַל לִפְנֵי יְהוָה אֲשֶׁר בָּחַר־בִּי מֵאָבִיךְ

הרחבות | **׳כְּהִגָּלוֹת נִגְלוֹת אחד הָרֵקִים׳** באותם זמנים היו בגדי הגברים דומים לשמלות הנשים של היום. המכנסיים נזכרים באופן מיוחד כבגד של כהנים, (ראו שמות כח,מב), משום שלא כל גבר הלך במכנסיים. יש להניח שגם דוד לא לבש מכנסיים אלא רק שמלה ואפוד. (ראו עוד בביאור לשמות כ,כב). כנראה אפוד זה נפתח בזמן שהמלך כרכר בכל עוז, ואם עשה תנועות אקרובטיות בכרכורו או התהפך במהלך ריקודיו, נחשף גופו לעיני הקהל. דוד עצמו לא חשש לכך כלל, כי כאשר רקד לפני ה׳, לא נתן דעתו כלל למראהו בעיני האנשים ולמחשבותיהם עליו; ואילו מיכל לא יכלה להתאפק מלהעיר לו על מראהו הבזוי והשפל בעיניה. (ראו במדבר רבה ד,כ).

ביאור | צעדים עצרו וזבחו בהמות. יד וְדָוִד מְכַרְכֵּר בְּכָל עֹז לִפְנֵי ה׳. מכיוון
ששמח מאוד בכל הטוב, לא רקד בשקט ובאיפוק אלא בהתלהבות
גדולה. הוא רקד ריקוד-יחיד כמלך ישראל וכחתן השמחה הראשי.[65]
וְדָוִד לא לבש את בגדי המלך אלא היה חָגוּר אֵפוֹד בָּד, מעין חצאית
הדומה במקצת לבגדי הכהנים. לגופו היה לבושם של העומדים לפני
ה׳, כאחד מעבדי ה׳ הפשוטים.[66] טו וְדָוִד וְכָל בֵּית יִשְׂרָאֵל מַעֲלִים אֶת
אֲרוֹן ה׳ בִּתְרוּעָה וּבְקוֹל שׁוֹפָר.

טז וְהָיָה כאשר אֲרוֹן ה׳ בָּא עִיר דָּוִד, וּמִיכַל בַּת שָׁאוּל נִשְׁקְפָה בְּעַד
הַחַלּוֹן. מיכל, שחזרה להיות אשתו של דוד, לא השתתפה באופן
פעיל בשמחה – שהייתה ככל הנראה שמחתם של הגברים – אך
היא צפתה בתהלוכה, ומן הסתם כך עשו נשים אחרות.[67] וַתֵּרֶא
אֶת הַמֶּלֶךְ דָּוִד מְפַזֵּז וּמְכַרְכֵּר, מרקד כאחד הנערים או כפחותים מהם,
לִפְנֵי ה׳, וַתִּבֶז, היא לעגה לוֹ בְּלִבָּהּ.

יז וַיָּבִאוּ אֶת אֲרוֹן ה׳, וַיַּצִּגוּ, הציבו אֹתוֹ בִּמְקוֹמוֹ בְּתוֹךְ הָאֹהֶל אֲשֶׁר
נָטָה, פרש לוֹ דָּוִד, מקום מוצנע שייחד דוד לארון. וַיַּעַל דָּוִד עֹלוֹת לִפְנֵי ה׳
וּשְׁלָמִים. כל עוד לא עמד משכן או בית הבחירה, היה כל אדם רשאי
להקריב קרבנות. ייתכן אפוא שדוד הקריב בעצמו. יח וַיְכַל, סיים דָּוִד
מֵהַעֲלוֹת הָעוֹלָה וְהַשְּׁלָמִים, וַיְבָרֶךְ אֶת הָעָם בְּשֵׁם ה׳ צְבָאוֹת. יט ובצד
הברכות המילוליות הוא נתן מתנות לכל המשתתפים – וַיְחַלֵּק
לְכָל הָעָם, לְכָל הֲמוֹן יִשְׂרָאֵל שנכחו שם לְמֵאִישׁ וְעַד אִשָּׁה לאכילה
בבתיהם, לְאִישׁ, לכל אחד – חַלַּת לֶחֶם אַחַת וְאֶשְׁפָּר אֶחָד, מנה אחת
מבשר הפר שהקריבו,[68] שהרי זבחו שור ומריא כל שישה צעדים,
וַאֲשִׁישָׁה אֶחָת, משקה או מאכל מענבים, ואולי כד יין.[69] וַיֵּלֶךְ כָּל הָעָם
בשמחה אִישׁ לְבֵיתוֹ. תמה חגיגת העלאת ארון ה׳ לעיר דוד. אמנם
עדיין לא הוכן לו בית קבע, אבל מעתה הארון כבר איננו מופקד
בבית נידח, אלא עומד במקום מכובד סמוך לארמון המלך, בעיר
שבה הוא עתיד להישאר.

כ וַיָּשָׁב דָּוִד לְבָרֵךְ בשלום ובטובה אֶת בֵּיתוֹ, וַתֵּצֵא מִיכַל בַּת שָׁאוּל
לִקְרַאת דָּוִד, והיא מצאה הזדמנות לבטא את רגשותיה. וַתֹּאמֶר
באירוניה: מַה נִּכְבַּד, כל כך התבזה הַיּוֹם מֶלֶךְ יִשְׂרָאֵל, אֲשֶׁר נִגְלָה,
נחשף גופו הַיּוֹם לְעֵינֵי אַמְהוֹת, שפחות עֲבָדָיו, כְּהִגָּלוֹת נִגְלוֹת, כפי
שנחשף אַחַד האנשים הָרֵקִים.

כא וַיֹּאמֶר דָּוִד אֶל מִיכַל: לִפְנֵי ה׳ עשיתי זאת, אֲשֶׁר בָּחַר בִּי מֵאָבִיךָ וּמִכָּל

וּמִכׇּל־בֵּיתוֹ לְצַוֺּת אֹתִי נָגִיד עַל־עַם יְהֹוָה עַל־
יִשְׂרָאֵל וְשִׂחַקְתִּי לִפְנֵי יְהֹוָה׃ וּנְקַלֹּתִי עוֹד מִזֹּאת כב
וְהָיִיתִי שָׁפָל בְּעֵינָי וְעִם־הָאֲמָהוֹת אֲשֶׁר אָמַרְתְּ עִמָּם
אִכָּבֵדָה׃ וּלְמִיכַל בַּת־שָׁאוּל לֹא־הָיָה לָהּ יָלֶד עַד כג
יוֹם מוֹתָהּ׃ וַיְהִי כִּי־יָשַׁב הַמֶּלֶךְ בְּבֵיתוֹ א ז
וַיהֹוָה הֵנִיחַ־לוֹ מִסָּבִיב מִכׇּל־אֹיְבָיו׃ וַיֹּאמֶר הַמֶּלֶךְ ב
אֶל־נָתָן הַנָּבִיא רְאֵה נָא אָנֹכִי יוֹשֵׁב בְּבֵית אֲרָזִים
וַאֲרוֹן הָאֱלֹהִים יֹשֵׁב בְּתוֹךְ הַיְרִיעָה׃ וַיֹּאמֶר נָתָן ג
אֶל־הַמֶּלֶךְ כֹּל אֲשֶׁר בִּלְבָבְךָ לֵךְ עֲשֵׂה כִּי יְהֹוָה
עִמָּךְ׃* וַיְהִי בַּלַּיְלָה הַהוּא וַיְהִי ד

התימנים מסיימים כאן

דְּבַר־יְהֹוָה אֶל־נָתָן לֵאמֹר׃ לֵךְ וְאָמַרְתָּ אֶל־עַבְדִּי אֶל־ ה
דָּוִד כֹּה אָמַר יְהֹוָה הַאַתָּה תִּבְנֶה־לִּי בַיִת לְשִׁבְתִּי׃
כִּי לֹא יָשַׁבְתִּי בְּבַיִת לְמִיּוֹם הַעֲלֹתִי אֶת־בְּנֵי יִשְׂרָאֵל ו
מִמִּצְרַיִם וְעַד הַיּוֹם הַזֶּה וָאֶהְיֶה מִתְהַלֵּךְ בְּאֹהֶל
וּבְמִשְׁכָּן׃ בְּכֹל אֲשֶׁר־הִתְהַלַּכְתִּי בְּכׇל־בְּנֵי יִשְׂרָאֵל ז
הֲדָבָר דִּבַּרְתִּי אֶת־אַחַד שִׁבְטֵי יִשְׂרָאֵל אֲשֶׁר צִוִּיתִי
לִרְעוֹת אֶת־עַמִּי אֶת־יִשְׂרָאֵל לֵאמֹר לָמָּה לֹא־
בְנִיתֶם לִי בֵּית אֲרָזִים׃ וְעַתָּה כֹּה־תֹאמַר לְעַבְדִּי ח

הרחבות | **בית שאול ובית דוד** כבר העירו חכמים שאנשי בית שאול היו צנועים באופן בולט. על שאול עצמו נזכר העניין במפורש. (ראו שמואל א׳ כד,ג וההרחבה שם). אפילו הגברים במשפחתו היו מכסים את עצמם בכל עת, ויש לשער שהנשים היו מכוסות אף יותר (ראו רד״ק לפס׳ כ; ירושלמי סוכה ה,ד). מיכל גדלה כאריסטוקרטית בבית מלוכה, ובמשפחתה לא נמצא דופי. (ראו יומא כב ע״ב). דוד בא מסביבה פחות מעודנת. ייתכן שבפגישתם הראשונה דווקא ההבדלים באופיים של הגיבור הכפרי ובת המלך יצרו משיכת לב ביניהם. אכן, דוד היה מעוניין לחדש את הקשר עם מיכל (שמואל ב׳ ג,יד), אך נראה שלא היה פשוט לאחות מחדש את הקשר לאחר שעברו מה שעברו בשנות הנתק הממושך ביניהם. ייתכן

ביאור | בֵּיתוֹ לְצַוֹּת, למנות אֹתִי נָגִיד, מלך עַל עַם ה׳, עַל יִשְׂרָאֵל. את אומרת
שאינני מתנהג כראוי למלך ישראל, אבל ה׳ בחר בי למלוך יותר
מאשר באביך במשפחתו המכובדת והמיוחסת. וְשִׂחַקְתִּי, שמחתי
והשתעשעתי לִפְנֵי ה׳, כי אני מכיר לו תודה על כל החסדים שעשה
אתי.[70] כב וּנְקַלֹּתִי עוֹד, ואני מוכן להתבזות אף יותר מִזֹּאת, וְהָיִיתִי,
ואהיה שָׁפָל, בזוי וקל ערך בְּעֵינָי. וְעִם הָאֲמָהוֹת אֲשֶׁר אָמַרְתְּ שאני
מבייש את עצמי בפניהן – עִמָּם אִכָּבֵדָה. אני דווקא מתכבד בעיניהן,[71]
והן חשובות בעיני להתכבד עמהן.[72]

כג וּלְמִיכַל בַּת שָׁאוּל – לֹא הָיָה לָהּ יָלֶד עַד יוֹם מוֹתָהּ, כעונש על התגרותה
בדוד, במקום לכבדו, שכן עבד את ה׳ בכל לבו.[73] אפשרות אחרת:
כתוצאה מהמריבה נוצר ריחוק בין מיכל ודוד, ודוד – שהיו לו עוד
כמה וכמה נשים – רחק ממנה.[74]

פרק ז א וַיְהִי כִּי יָשַׁב הַמֶּלֶךְ בְּבֵיתוֹ וַה׳ הֵנִיחַ לוֹ מִסָּבִיב מִכָּל אֹיְבָיו. לא
היו מלחמות באותה שעה. ב וַיֹּאמֶר הַמֶּלֶךְ אֶל נָתָן הַנָּבִיא: רְאֵה נָא,
אָנֹכִי יוֹשֵׁב בְּבֵית אֲרָזִים שבנה לי חירם, וַאֲרוֹן הָאֱלֹהִים יֹשֵׁב בְּתוֹךְ
הַיְרִיעָה. אין זה נאה. יש לבנות בית לה׳.

ג וַיֹּאמֶר נָתָן אֶל הַמֶּלֶךְ: כֹּל אֲשֶׁר בִּלְבָבְךָ – לֵךְ עֲשֵׂה, כִּי ה׳ עִמָּךְ. נתן
מדעתו הסכים לרצון דוד.

ד ואולם – וַיְהִי בַּלַּיְלָה הַהוּא, וַיְהִי דְּבַר ה׳ אֶל נָתָן לֵאמֹר: ה לֵךְ וְאָמַרְתָּ
אֶל עַבְדִּי, אֶל דָּוִד: כֹּה אָמַר ה׳: הַאם אַתָּה תִּבְנֶה לִּי בַיִת לְשִׁבְתִּי?! אין
זה תפקידך, ו כִּי לֹא יָשַׁבְתִּי בְּבַיִת לְמִיּוֹם הַעֲלֹתִי אֶת בְּנֵי יִשְׂרָאֵל מִמִּצְרַיִם
וְעַד הַיּוֹם הַזֶּה, וָאֶהְיֶה מִתְהַלֵּךְ בְּאֹהֶל וּבְמִשְׁכָּן. גם משכן שילה לא היה
בית של ממש. אמנם קירותיו היו קירות אבן, אך הוא היה מקורה
ביריעות משכן.[75] ז בְּכֹל הזמנים אֲשֶׁר הִתְהַלַּכְתִּי בְּכָל בְּנֵי יִשְׂרָאֵל, הֲאם
דָּבָר דִּבַּרְתִּי אֶת, עם אַחַד שִׁבְטֵי, מנהיגי[76] יִשְׂרָאֵל אֲשֶׁר צִוִּיתִי לִרְעוֹת,
להנהיג אֶת עַמִּי אֶת יִשְׂרָאֵל, לֵאמֹר: ״לָמָּה לֹא בְנִיתֶם לִי בֵּית אֲרָזִים?!״
מעולם לא ביקשתי זאת מהם. ח וְעַתָּה, כֹּה תֹאמַר לְעַבְדִּי לְדָוִד:

הרחבות | שהוא ובתו מיכל היו אנשים מיושבים ומסודרים, המדגישים את הצד הטקסי, השקט והמכובד בעבודת ה׳. לכל אחת מן הגישות הללו יש מקום, אך כאן הן הגיעו לידי התנגשות. הנתק שנוצר בין מיכל בת שאול לדוד יורשו מדגיש את ההבדל בין גישותיהם, ומאפיין כל אחת מהן בהקשר האישי והמשפחתי.

שהניסיון לחידוש הקשר ביניהם לא עלה יפה.
דוד מופיע כאן – וכך גם מתגלה בספר תהלים – כדמות אקסטטית, סוערת, ספונטנית ולוהטת. הוא חש שלפני ה׳ הכול שווים, ועל כן בנסיבות אלה אין הוא מחשיב את דעת הבריות. תכונות אלה זרות לאישיות מאופקת וסגורה כמו שאול,

לְדָוִד כֹּה אָמַר יְהוָה צְבָאוֹת אֲנִי לְקַחְתִּיךָ מִן־הַנָּוֶה
מֵאַחַר הַצֹּאן לִהְיוֹת נָגִיד עַל־עַמִּי עַל־יִשְׂרָאֵל׃
וָאֶהְיֶה עִמְּךָ בְּכֹל אֲשֶׁר הָלַכְתָּ וָאַכְרִתָה אֶת־כָּל־ ט
אֹיְבֶיךָ מִפָּנֶיךָ וְעָשִׂתִי לְךָ שֵׁם גָּדוֹל כְּשֵׁם הַגְּדֹלִים
אֲשֶׁר בָּאָרֶץ׃ וְשַׂמְתִּי מָקוֹם לְעַמִּי לְיִשְׂרָאֵל וּנְטַעְתִּיו י
וְשָׁכַן תַּחְתָּיו וְלֹא יִרְגַּז עוֹד וְלֹא־יֹסִיפוּ בְנֵי־עַוְלָה
לְעַנּוֹתוֹ כַּאֲשֶׁר בָּרִאשׁוֹנָה׃ וּלְמִן־הַיּוֹם אֲשֶׁר צִוִּיתִי יא
שֹׁפְטִים עַל־עַמִּי יִשְׂרָאֵל וַהֲנִיחֹתִי לְךָ מִכָּל־אֹיְבֶיךָ
וְהִגִּיד לְךָ יְהוָה כִּי־בַיִת יַעֲשֶׂה־לְּךָ יְהוָה׃ כִּי ׀ יִמְלְאוּ יב
יָמֶיךָ וְשָׁכַבְתָּ אֶת־אֲבֹתֶיךָ וַהֲקִימֹתִי אֶת־זַרְעֲךָ
אַחֲרֶיךָ אֲשֶׁר יֵצֵא מִמֵּעֶיךָ וַהֲכִינֹתִי אֶת־מַמְלַכְתּוֹ׃
הוּא יִבְנֶה־בַּיִת לִשְׁמִי וְכֹנַנְתִּי אֶת־כִּסֵּא מַמְלַכְתּוֹ יג
עַד־עוֹלָם׃ אֲנִי אֶהְיֶה־לּוֹ לְאָב וְהוּא יִהְיֶה־לִּי לְבֵן יד
אֲשֶׁר בְּהַעֲוֺתוֹ וְהֹכַחְתִּיו בְּשֵׁבֶט אֲנָשִׁים וּבְנִגְעֵי
בְּנֵי אָדָם׃ וְחַסְדִּי לֹא־יָסוּר מִמֶּנּוּ כַּאֲשֶׁר הֲסִרֹתִי טו
מֵעִם שָׁאוּל אֲשֶׁר הֲסִרֹתִי מִלְּפָנֶיךָ׃ וְנֶאְמַן בֵּיתְךָ טז
וּמַמְלַכְתְּךָ עַד־עוֹלָם לְפָנֶיךָ כִּסְאֲךָ יִהְיֶה נָכוֹן עַד־
עוֹלָם׃ כְּכֹל הַדְּבָרִים הָאֵלֶּה וּכְכֹל הַחִזָּיוֹן הַזֶּה כֵּן יז
דִּבֶּר נָתָן אֶל־דָּוִד׃

ביאור

כֹּה אָמַר ה׳ צְבָאוֹת: אֲנִי לְקַחְתִּיךָ מִן הַנָּוֶה, ממקום המרעה,[77] מֵאַחַר
הַצֹּאן, לִהְיוֹת נָגִיד, מלך[78] עַל עַמִּי, עַל יִשְׂרָאֵל. ט וָאֶהְיֶה עִמְּךָ בְּכֹל אֲשֶׁר
הָלַכְתָּ, וָאַכְרִתָה אֶת כָּל אֹיְבֶיךָ מִפָּנֶיךָ, וְעָשִׂתִי לְךָ שֵׁם גָּדוֹל כְּשֵׁם הַגְּדֹלִים
אֲשֶׁר בָּאָרֶץ. שמך כמלך גדול יצא בכל ארצות המזרח.[79] י וְשַׂמְתִּי
מָקוֹם בטוח לְעַמִּי לְיִשְׂרָאֵל, וּנְטַעְתִּיו וְשָׁכַן תַּחְתָּיו וְלֹא יִרְגַּז, יזדעזע עוֹד,
וְלֹא יֹסִיפוּ בְנֵי עַוְלָה, רשעים לְעַנּוֹתוֹ כַּאֲשֶׁר בָּרִאשׁוֹנָה, קודם שהקמתי
להם שופטים, יא וגם לְמִן הַיּוֹם אֲשֶׁר צִוִּיתִי, מיניתי שֹׁפְטִים עַל עַמִּי
יִשְׂרָאֵל. אתה אינך נתון באותן מצוקות שעמד ישראל בפניהן
בעבר – וַהֲנִיחֹתִי לְךָ מִכָּל אֹיְבֶיךָ. ממלכתך יציבה. וְהִגִּיד לְךָ ה׳ כִּי בַיִת,
בית מלוכה[80] יַעֲשֶׂה לְּךָ ה׳. יב כִּי, כאשר יִמְלְאוּ יָמֶיךָ, תגיע שעתך
למות, וְשָׁכַבְתָּ אֶת, עם אֲבֹתֶיךָ – וַהֲקִימֹתִי אֶת זַרְעֲךָ אַחֲרֶיךָ אֲשֶׁר יֵצֵא
מִמֵּעֶיךָ, שעתיד להיוולד לך, וַהֲכִינֹתִי, אייסד ואבסס אֶת מַמְלַכְתּוֹ.
בנך ימלוך אחריך. יג אותו מלך שייוולד במציאות נינוחה ושלווה,
הוּא יִבְנֶה בַּיִת לִשְׁמִי, וְכֹנַנְתִּי, אייסד אֶת כִּסֵּא מַמְלַכְתּוֹ עַד עוֹלָם. מלכותו
לא תתבטל. יד אתו יהיה לי קשר מיוחד – אֲנִי אֶהְיֶה לּוֹ לְאָב, וְהוּא
יִהְיֶה לִּי לְבֵן אֲשֶׁר בְּהַעֲוֺתוֹ, אם הוא יעשה עוול כלשהו, וְהֹכַחְתִּיו
בְּשֵׁבֶט, בשוט שֶׁאֲנָשִׁים מכים בו את בניהם וּבְנִגְעֵי, במכות בְּנֵי אָדָם.
אעניש אותו כמו שמענישים בן.[81] טו וְאולם חַסְדִּי לֹא יָסוּר מִמֶּנּוּ
כַּאֲשֶׁר הֲסִרֹתִי מֵעִם שָׁאוּל, אֲשֶׁר הֲסִרֹתִי מִלְּפָנֶיךָ. טז בריתי עם בניך
תישאר לעד – וְנֶאְמַן, יתקיים בֵּיתְךָ וּמַמְלַכְתְּךָ עַד עוֹלָם לְפָנֶיךָ, בחייך.
כִּסְאֲךָ יִהְיֶה נָכוֹן עַד עוֹלָם.״

יז כְּכֹל הַדְּבָרִים הָאֵלֶּה וּכְכֹל הַחִזָּיוֹן, מראה הנבואה הלילי הַזֶּה, כֵּן דִּבֶּר
נָתָן אֶל דָּוִד

הפטרת תזריע

מלכים ב

ד מב וְאִישׁ בָּא מִבַּעַל שָׁלִשָׁה וַיָּבֵא לְאִישׁ הָאֱלֹהִים
לֶחֶם בִּכּוּרִים עֶשְׂרִים־לֶחֶם שְׂעֹרִים וְכַרְמֶל בְּצִקְלֹנוֹ
מג וַיֹּאמֶר תֵּן לָעָם וְיֹאכֵלוּ: וַיֹּאמֶר מְשָׁרְתוֹ מָה אֶתֵּן זֶה
לִפְנֵי מֵאָה אִישׁ וַיֹּאמֶר תֵּן לָעָם וְיֹאכֵלוּ כִּי כֹה אָמַר
מד יְהוָה אָכֹל וְהוֹתֵר: וַיִּתֵּן לִפְנֵיהֶם וַיֹּאכְלוּ וַיּוֹתִרוּ
ה א כִּדְבַר יְהוָה: וְנַעֲמָן שַׂר־צְבָא מֶלֶךְ־
אֲרָם הָיָה אִישׁ גָּדוֹל לִפְנֵי אֲדֹנָיו וּנְשֻׂא פָנִים כִּי־בוֹ
נָתַן־יְהוָה תְּשׁוּעָה לַאֲרָם וְהָאִישׁ הָיָה גִּבּוֹר חַיִל
ב מְצֹרָע: וַאֲרָם יָצְאוּ גְדוּדִים וַיִּשְׁבּוּ מֵאֶרֶץ יִשְׂרָאֵל
ג נַעֲרָה קְטַנָּה וַתְּהִי לִפְנֵי אֵשֶׁת נַעֲמָן: וַתֹּאמֶר אֶל־
גְּבִרְתָּהּ אַחֲלֵי אֲדֹנִי לִפְנֵי הַנָּבִיא אֲשֶׁר בְּשֹׁמְרוֹן אָז
ד יֶאֱסֹף אֹתוֹ מִצָּרַעְתּוֹ: וַיָּבֹא וַיַּגֵּד לַאדֹנָיו לֵאמֹר כָּזֹאת
ה וְכָזֹאת דִּבְּרָה הַנַּעֲרָה אֲשֶׁר מֵאֶרֶץ יִשְׂרָאֵל: וַיֹּאמֶר

ערמת כרמל

אלישע מרפא את צרעת נעמן

בין סיפורי כופתי אלישע הנביא, שנעשו למען אנשים אנונימיים, מופיע הסיפור שבו מושיע אלישע את השר הארמי מצרעתו. רפואתו של נעמן שר צבא האויב התקיף מצילה את כבוד ישראל. למופת זה לא היו השלכות פוליטיות בלבד; הוא עורר את נעמן גם למסקנות דתיות. המצורעים הנזכרים במקרא הם מנהיגים ובעלי שם. נראה כי הם פגיעים יותר בפני הצרעת, כאיתות משמיים על גאוותם או על פלישתם אל תחום לא להם.[82] מכיוון שהצרעת נתפסת כמחלה הנושאת מסר משמיים על התנהגות לא תקינה, ריפויה לא נמסר לידי רופאים אלא לידיהם של העוסקים בקודש.

ביאור | מלכים ב׳ פרק ד מב **וְאִישׁ בָּא מִבַּעַל שָׁלִשָׁה וַיָּבֵא לְ**אלישע **אִישׁ**
הָאֱלֹהִים מתנה – **לֶחֶם בִּכּוּרִים**, מן התבואה החדשה – **עֶשְׂרִים לֶחֶם שְׂעֹרִים וְכַרְמֶל**, תבואה לחה שאינה בשלה לגמרי **בְּצִקְלֹנוֹ**, מתוך תרמילו.[83]

וַיֹּאמֶר אלישע: **תֵּן לָעָם וְיֹאכֵלוּ.**

מג **וַיֹּאמֶר מְשָׁרְתוֹ: מָה אֶתֵּן** מאכל מועט **זֶה לִפְנֵי מֵאָה אִישׁ?!** הרי לא יהיה בכך די לכולם.

וַיֹּאמֶר: אף על פי כן **תֵּן לָעָם וְיֹאכֵלוּ, כִּי כֹה אָמַר ה׳: אָכֹל וְהוֹתֵר.** לאחר שיאכלו – עדיין יישאר מהאוכל.

מד **וַיִּתֵּן לִפְנֵיהֶם** את המזון, **וַיֹּאכְלוּ וַיּוֹתִרוּ כִּדְבַר ה׳.** אירע נס והלחם והכרמל הספיקו להשבעת מאה אנשים, ולא זו בלבד אלא נותרו מהם שאריות.

פרק ה א **וְנַעֲמָן שַׂר צְבָא מֶלֶךְ אֲרָם הָיָה אִישׁ גָּדוֹל לִפְנֵי אֲדֹנָיו**, מלך ארם,
וּנְשֻׂא פָנִים. הוא נחשב בעיני מלכו, וגם היה מכובד בעיני הבריות. **כִּי בוֹ**, באמצעותו **נָתַן ה׳ תְּשׁוּעָה לַאֲרָם.** הוא היה מצביא שניצח במלחמות. **וְהָאִישׁ הָיָה גִּבּוֹר חַיִל מְצֹרָע.** אף שהיה חשוב ונכבד, הצרעת שלו הרתיעה את סובביו, והדבר העיק עליו.[84]

ב **וַאֲרָם יָצְאוּ** ב**גְדוּדִים** לערוך פשיטות, ובאחת מהן – **וַיִּשְׁבּוּ מֵאֶרֶץ**
יִשְׂרָאֵל נַעֲרָה קְטַנָּה, וַתְּהִי לִפְנֵי אֵשֶׁת נַעֲמָן. היא התגלגלה לשרת בביתו של נעמן.[85] עם הזמן התקרבו זו לזו, והנערה הישראלית, שראתה
בצרתו של נעמן ובבידודו, נרתמה לעזור לאדוניה. ג **וַתֹּאמֶר אֶל**
גְּבִרְתָּהּ: הביאו את **אַחֲלֵי**, משאלותיו ובקשותיו[86] של **אֲדֹנִי לִפְנֵי הַנָּבִיא אֲשֶׁר בְּשֹׁמְרוֹן** – **אָז** הנביא **יֶאֱסֹף אֹתוֹ מִצָּרַעְתּוֹ**, יסיר ממנו את הצרעת.

אשת נעמן העבירה את הצעתה של הנערה לבעלה. ד **וַיָּבֹא וַיַּגֵּד**
לַאדֹנָיו, מלך ארם **לֵאמֹר: כָּזֹאת וְכָזֹאת דִּבְּרָה הַנַּעֲרָה אֲשֶׁר מֵאֶרֶץ יִשְׂרָאֵל.** היא טוענה שיש דרך לרפא אותי.

מֶלֶךְ־אֲרָם לֶךְ־בֹּא וְאֶשְׁלְחָה סֵפֶר אֶל־מֶלֶךְ יִשְׂרָאֵל
וַיֵּלֶךְ וַיִּקַּח בְּיָדוֹ עֶשֶׂר כִּכְּרֵי־כֶסֶף וְשֵׁשֶׁת אֲלָפִים
זָהָב וְעֶשֶׂר חֲלִיפוֹת בְּגָדִים׃ וַיָּבֵא הַסֵּפֶר אֶל־מֶלֶךְ ו
יִשְׂרָאֵל לֵאמֹר וְעַתָּה כְּבוֹא הַסֵּפֶר הַזֶּה אֵלֶיךָ הִנֵּה
שָׁלַחְתִּי אֵלֶיךָ אֶת־נַעֲמָן עַבְדִּי וַאֲסַפְתּוֹ מִצָּרַעְתּוֹ׃
וַיְהִי כִּקְרֹא מֶלֶךְ־יִשְׂרָאֵל אֶת־הַסֵּפֶר וַיִּקְרַע בְּגָדָיו ז
וַיֹּאמֶר הַאֱלֹהִים אָנִי לְהָמִית וּלְהַחֲיוֹת כִּי־זֶה שֹׁלֵחַ
אֵלַי לֶאֱסֹף אִישׁ מִצָּרַעְתּוֹ כִּי אַךְ־דְּעוּ־נָא וּרְאוּ כִּי־
מִתְאַנֶּה הוּא לִי׃ וַיְהִי כִּשְׁמֹעַ ׀ אֱלִישָׁע אִישׁ־הָאֱלֹהִים ח
כִּי־קָרַע מֶלֶךְ־יִשְׂרָאֵל אֶת־בְּגָדָיו וַיִּשְׁלַח אֶל־הַמֶּלֶךְ
לֵאמֹר לָמָּה קָרַעְתָּ בְּגָדֶיךָ יָבֹא־נָא אֵלַי וְיֵדַע כִּי יֵשׁ
נָבִיא בְּיִשְׂרָאֵל׃ וַיָּבֹא נַעֲמָן בְּסוּסָו וּבְרִכְבּוֹ וַיַּעֲמֹד ט
פֶּתַח־הַבַּיִת לֶאֱלִישָׁע׃ וַיִּשְׁלַח אֵלָיו אֱלִישָׁע מַלְאָךְ י
לֵאמֹר הָלוֹךְ וְרָחַצְתָּ שֶׁבַע־פְּעָמִים בַּיַּרְדֵּן וְיָשֹׁב
בְּשָׂרְךָ לְךָ וּטְהָר׃ וַיִּקְצֹף נַעֲמָן וַיֵּלַךְ וַיֹּאמֶר הִנֵּה יא
אָמַרְתִּי אֵלַי ׀ יֵצֵא יָצוֹא וְעָמַד וְקָרָא בְּשֵׁם־יְהוָה
אֱלֹהָיו וְהֵנִיף יָדוֹ אֶל־הַמָּקוֹם וְאָסַף הַמְּצֹרָע׃ הֲלֹא יב
אֲמָנָה טוֹב אבנה וּפַרְפַּר נַהֲרוֹת דַּמֶּשֶׂק מִכֹּל מֵימֵי יִשְׂרָאֵל

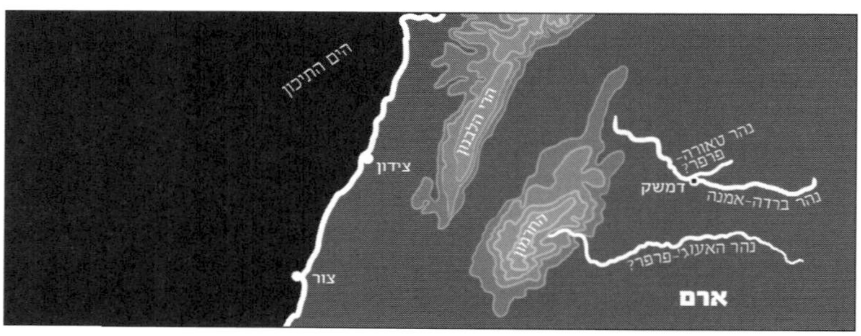

מפת אמנה ופרפר

ה וַיֹּאמֶר מֶלֶךְ אֲרָם, שלא היה מצוי בהתנהלותם של הדברים בישראל: | ביאור
לֶךְ בֹּא וְאֶשְׁלְחָה סֵפֶר, מכתב בעניינך אֶל מֶלֶךְ יִשְׂרָאֵל.

וַיֵּלֶךְ נעמן וַיִּקַּח בְּיָדוֹ מתנות לנביא – עֶשֶׂר כִּכְּרֵי כֶסֶף וְשֵׁשֶׁת אֲלָפִים
מטבעות זָהָב וְעֶשֶׂר חֲלִיפוֹת בְּגָדִים. ו וַיָּבֵא נעמן את הַסֵּפֶר אֶל
מֶלֶךְ יִשְׂרָאֵל, ובו כתוב לֵאמֹר: וְעַתָּה כְּבוֹא הַסֵּפֶר הַזֶּה אֵלֶיךָ, הִנֵּה שָׁלַחְתִּי
אֵלֶיךָ אֶת נַעֲמָן עַבְדִּי – וַאֲסַפְתּוֹ מִצָּרַעְתּוֹ. עליך לדאוג שהוא יתרפא.
באותה עת לא יכלו ישראל להתגונן כראוי מפני הארמים שפלשו
לארצם שוב ושוב. ידו של מלך ארם הייתה על העליונה, וכך ניסח
את פנייתו.

ז וַיְהִי כִּקְרֹא מֶלֶךְ יִשְׂרָאֵל אֶת הַסֵּפֶר, וַיִּקְרַע בְּגָדָיו, וַיֹּאמֶר: הַאֱלֹהִים
אָנִי לְהָמִית וּלְהַחֲיוֹת, כִּי זֶה שֹׁלֵחַ אֵלַי לֶאֱסֹף אִישׁ מִצָּרַעְתּוֹ?! לא אוכל
למלא דרישה זו, כִּי אַךְ דְּעוּ נָא וּרְאוּ כִּי מִתְאַנֶּה, מחפש תואנה הוּא
לִי. אם אומר לו שאינני יכול לרפא את שר הצבא שלו, הוא יאשים
אותי בכך שאינני רוצה לרפאו, וכך ימצא עילה להתנכל לנו.[87]

ח וַיְהִי כִּשְׁמֹעַ אֱלִישָׁע אִישׁ הָאֱלֹהִים כִּי קָרַע מֶלֶךְ יִשְׂרָאֵל אֶת בְּגָדָיו,
וַיִּשְׁלַח אֶל הַמֶּלֶךְ לֵאמֹר: לָמָּה קָרַעְתָּ בְּגָדֶיךָ?! אינך צריך לדאוג. יָבֹא
נָא אֵלַי, ואני אטפל בו, וְיֵדַע כִּי יֵשׁ נָבִיא בְּיִשְׂרָאֵל.

ט וַיָּבֹא נַעֲמָן בְּסוּסָו וּבְרִכְבּוֹ, עם פמלייתו, וַיַּעֲמֹד פֶּתַח הַבַּיִת לֶאֱלִישָׁע,
של אלישע. י וַיִּשְׁלַח אֵלָיו אֱלִישָׁע מַלְאָךְ, שליח, אולי מפני שלא רצה
להתקרב אל המצורע, לֵאמֹר: הָלוֹךְ וְרָחַצְתָּ שֶׁבַע פְּעָמִים בַּיַּרְדֵּן, וְיָשֹׁב
בְּשָׂרְךָ לְךָ וּטְהָר, כך תתרפא מהצרעת.

יא וַיִּקְצֹף, כעס נַעֲמָן על דברי השליח וַיֵּלַךְ. וַיֹּאמֶר: הִנֵּה אָמַרְתִּי אֵלַי יֵצֵא
יָצוֹא, חשבתי שהנביא יֵצא אלי,[88] וְעָמַד וְקָרָא בְּשֵׁם ה׳ אֱלֹהָיו, וְהֵנִיף
יָדוֹ אֶל הַמָּקוֹם הנגוע[89] וְאָסַף, וכך יסיר את הַמְּצֹרָע. או: יכניסנו בין
אנשים, כלומר ירפא אותו.[90] ציפיתי למופת של ממש, הכולל מחוות
ידיים מרשימות, ובמקומו הנביא מורה לי להתרחץ?! יב הֲלֹא טוֹב,
עדיפים אֲמָנָה וּפַרְפַּר, נַהֲרוֹת דַּמֶּשֶׂק, מִכֹּל מֵימֵי יִשְׂרָאֵל, הֲלֹא אֶרְחַץ בָּהֶם
וְטָהָרְתִּי. אם רחצה במים מפיגה את הצרעת – הרי יכול אני לרחוץ
בנהרות שלנו ולהיטהר.[91]

העולם | **אֲמָנָה וּפַרְפַּר** מקובל לזהות את אמנה עם נהר ברדה, החוצה את דמשק. זיהוי נהר פרפר אינו ודאי. יש המזהים אותו עם נהר העוג׳ הזורם מהחרמון כ-13 ק״מ מדרום לדמשק. ויש המזהים אותו עם נהר הטאורה, יובלו הצפוני של נהר הברדה. יש לציין שעד היום הערבים נותנים שמות שונים לקטעי אותו נהר.

הֲלֹא־אֶרְחַץ בָּהֶם וְטָהַרְתִּי וַיִּפֶן וַיֵּלֶךְ בְּחֵמָה: וַיִּגְּשׁוּ יג
עֲבָדָיו וַיְדַבְּרוּ אֵלָיו וַיֹּאמְרוּ אָבִי דָּבָר גָּדוֹל הַנָּבִיא
דִּבֶּר אֵלֶיךָ הֲלוֹא תַעֲשֶׂה וְאַף כִּי־אָמַר אֵלֶיךָ רְחַץ
וּטְהָר: וַיֵּרֶד וַיִּטְבֹּל בַּיַּרְדֵּן שֶׁבַע פְּעָמִים כִּדְבַר אִישׁ יד
הָאֱלֹהִים וַיָּשָׁב בְּשָׂרוֹ כִּבְשַׂר נַעַר קָטֹן וַיִּטְהָר: וַיָּשָׁב טו
אֶל־אִישׁ הָאֱלֹהִים הוּא וְכָל־מַחֲנֵהוּ וַיָּבֹא וַיַּעֲמֹד
לְפָנָיו וַיֹּאמֶר הִנֵּה־נָא יָדַעְתִּי כִּי אֵין אֱלֹהִים בְּכָל־
הָאָרֶץ כִּי אִם־בְּיִשְׂרָאֵל וְעַתָּה קַח־נָא בְרָכָה מֵאֵת
עַבְדֶּךָ: וַיֹּאמֶר חַי־יְהוָה אֲשֶׁר־עָמַדְתִּי לְפָנָיו אִם־ טז
אֶקָּח וַיִּפְצַר־בּוֹ לָקַחַת וַיְמָאֵן: וַיֹּאמֶר נַעֲמָן וָלֹא יז
יֻתַּן־נָא לְעַבְדְּךָ מַשָּׂא צֶמֶד־פְּרָדִים אֲדָמָה כִּי לוֹא־
יַעֲשֶׂה עוֹד עַבְדְּךָ עֹלָה וָזֶבַח לֵאלֹהִים אֲחֵרִים כִּי
אִם־לַיהוָה: לַדָּבָר הַזֶּה יִסְלַח יְהוָה לְעַבְדֶּךָ בְּבוֹא יח
אֲדֹנִי בֵית־רִמּוֹן לְהִשְׁתַּחֲוֺת שָׁמָּה וְהוּא ׀ נִשְׁעָן עַל־
יָדִי וְהִשְׁתַּחֲוֵיתִי בֵּית רִמֹּן בְּהִשְׁתַּחֲוָיָתִי בֵּית רִמֹּן
יִסְלַח־נָא יְהוָה לְעַבְדְּךָ בַּדָּבָר הַזֶּה: וַיֹּאמֶר לוֹ לֵךְ יט
לְשָׁלוֹם וַיֵּלֶךְ מֵאִתּוֹ כִּבְרַת אָרֶץ:

משא פרדים

ביאור

וַיִּפֶן וַיֵּלֶךְ בְּחֵמָה, בכעס.

יג **וַיִּגְּשׁוּ עֲבָדָיו** של נעמן **וַיְדַבְּרוּ אֵלָיו, וַיֹּאמְרוּ: אָבִי**, אדוננו, **דָּבָר גָּדוֹל**
הַנָּבִיא דִּבֶּר אֵלֶיךָ – **הֲלוֹא תַעֲשֶׂה**. לו היה הנביא מבקש ממך לעשות
מעשה גדול וקשה – הרי היית עושה אותו, **וְאַף כִּי אָמַר אֵלֶיךָ** רק:
"**רְחַץ וּטְהָר**". מדוע אתה כועס על כך?! הלוא היית מוכן למלא את
הוראותיו, והנה הורה לך לעשות מעשה פעוט. מוטב שתנסה.[92]

יד **וַיֵּרֶד וַיִּטְבֹּל בַּיַּרְדֵּן שֶׁבַע פְּעָמִים כִּדְבַר אִישׁ הָאֱלֹהִים, וַיָּשָׁב בְּשָׂרוֹ** להיות
נקי מפגם וקמט **כִּבְשַׂר נַעַר קָטֹן, וַיִּטְהָר**. סימני הצרעת שהיו על
בשרו נעלמו.

כשנעמן נוכח בכוחו הנסי של הנביא, הוא התחרט על דבריו. טו **וַיָּשָׁב**
מן הירדן **אֶל אִישׁ הָאֱלֹהִים הוּא וְכָל מַחֲנֵהוּ, וַיָּבֹא וַיַּעֲמֹד לְפָנָיו וַיֹּאמֶר: הִנֵּה**
נָא יָדַעְתִּי כִּי אֵין אֱלֹהִים אמתי **בְּכָל הָאָרֶץ כִּי אִם בְּיִשְׂרָאֵל. וְעַתָּה, קַח נָא**
בְרָכָה, מתנה **מֵאֵת עַבְדֶּךָ**, מפני שאני רוצה להביע את תודתי לך.[93]

טז **וַיֹּאמֶר** אלישע בשבועה: **חַי ה' אֲשֶׁר עָמַדְתִּי לְפָנָיו**, שאני משרת
אותו,[94] **אִם אֶקָּח**, שלא אקח ממך דבר.

וַיִּפְצַר, נעמן הפציר **בּוֹ לָקַחַת** את מתנתו, **וַיְמָאֵן** הנביא.

יז **וַיֹּאמֶר נַעֲמָן וָלֹא** – אם אינך לוקח ממני את המתנה, לפחות הסכם
לבקשתי הבאה: **יֻתַּן נָא לְעַבְדְּךָ מַשָּׂא צֶמֶד פְּרָדִים אֲדָמָה**, אדמת ארצך
בכמות ששני פרדים יכולים לשאתה, **כִּי לוֹא יַעֲשֶׂה עוֹד עַבְדְּךָ עֹלָה וָזֶבַח**
לֵאלֹהִים אֲחֵרִים כִּי אִם לַה'. אני מקבל על עצמי את אלוקי ישראל,
וכדי להקריב לו קרבנות אני זקוק לאדמה טהורה שעליה אוכל
לעבדו כראוי.[95] והוא מוסיף ומבקש: יח **לַדָּבָר הַזֶּה יִסְלַח ה' לְעַבְדֶּךָ**,
בְּבוֹא אֲדֹנִי, מלך ארם אל **בֵּית רִמּוֹן**, בית העבודה הזרה **לְהִשְׁתַּחֲוֹת**
שָׁמָּה, וְהוּא נִשְׁעָן עַל יָדִי, שכן אני המשנה לו, ואז – **וְהִשְׁתַּחֲוֵיתִי בֵּית**
רִמֹּן. ובעל כורחי גם אני אשתחווה שם. **בְּהִשְׁתַּחֲוָיָתִי בֵּית רִמֹּן יִסְלַח**
ה' לְעַבְדְּךָ בַּדָּבָר הַזֶּה.

יט **וַיֹּאמֶר לוֹ: לֵךְ לְשָׁלוֹם**. אלישע נענה לדבריו[96] ושילח אותו לדרכו.
וַיֵּלֶךְ נעמן **מֵאִתּוֹ כִּבְרַת אָרֶץ**, מידת מרחק מסוימת.

הַפְטָרַת מְצֹרָע

מלכים ב

התימנים מתחילים כאן

ז א וַיֹּאמֶר אֱלִישָׁע שִׁמְעוּ דְּבַר־יְהוָה כֹּה ׀ אָמַר יְהוָה כָּעֵת ׀
מָחָר סְאָה־סֹלֶת בְּשֶׁקֶל וְסָאתַיִם שְׂעֹרִים בְּשָׁקֶל
ב בְּשַׁעַר שֹׁמְרוֹן: וַיַּעַן הַשָּׁלִישׁ אֲשֶׁר לַמֶּלֶךְ נִשְׁעָן
עַל־יָדוֹ אֶת־אִישׁ הָאֱלֹהִים וַיֹּאמַר הִנֵּה יְהוָה עֹשֶׂה
אֲרֻבּוֹת בַּשָּׁמַיִם הֲיִהְיֶה הַדָּבָר הַזֶּה וַיֹּאמֶר הִנְּכָה
ג רֹאֶה בְּעֵינֶיךָ וּמִשָּׁם לֹא תֹאכֵל: *וְאַרְבָּעָה

האשכנזים והספרדים מתחילים כאן

אֲנָשִׁים הָיוּ מְצֹרָעִים פֶּתַח הַשָּׁעַר וַיֹּאמְרוּ אִישׁ אֶל־
ד רֵעֵהוּ מָה אֲנַחְנוּ יֹשְׁבִים פֹּה עַד־מָתְנוּ: אִם־אָמַרְנוּ
נָבוֹא הָעִיר וְהָרָעָב בָּעִיר וָמַתְנוּ שָׁם וְאִם־יָשַׁבְנוּ
פֹה וָמָתְנוּ וְעַתָּה לְכוּ וְנִפְּלָה אֶל־מַחֲנֵה אֲרָם אִם־
ה יְחַיֻּנוּ נִחְיֶה וְאִם־יְמִיתֻנוּ וָמָתְנוּ: וַיָּקֻמוּ בַנֶּשֶׁף לָבוֹא
אֶל־מַחֲנֵה אֲרָם וַיָּבֹאוּ עַד־קְצֵה מַחֲנֵה אֲרָם וְהִנֵּה
ו אֵין־שָׁם אִישׁ: וַאדֹנָי הִשְׁמִיעַ ׀ אֶת־מַחֲנֵה אֲרָם קוֹל
רֶכֶב קוֹל סוּס קוֹל חַיִל גָּדוֹל וַיֹּאמְרוּ אִישׁ אֶל־אָחִיו
הִנֵּה שָׂכַר־עָלֵינוּ מֶלֶךְ יִשְׂרָאֵל אֶת־מַלְכֵי הַחִתִּים
ז וְאֶת־מַלְכֵי מִצְרַיִם לָבוֹא עָלֵינוּ: וַיָּקוּמוּ וַיָּנוּסוּ

הצלת העיר שומרון

סכנת רעב וחרב ריחפה על שומרון הנצורה על ידי צבא ארם. מלך ישראל, יורם בן אחאב, האשים את אלישע במצב החמור, שהרי לא נרתם להצלת עמו ואולי אף קטרג עליו.[97] כאשר הגיע המלך לבית הנביא לבקש את ראשו, התנבא אלישע על הצלה פתאומית. ההצלה מיהרה לבוא בסיועם של מצורעים שמושבם מחוץ לעיר. אותם שנדחו מהחברה ונחשבו כמתים, הם שבישרו בשורת חיים לעיר הגוועת.

ביאור | מלכים ב׳ פרק ז א **וַיֹּאמֶר אֱלִישָׁע: שִׁמְעוּ דְּבַר ה׳! כֹּה אָמַר ה׳: כָּעֵת מָחָר,** בעוד 24 שעות בדיוק תימכר **סְאָה סֹלֶת** חיטים **בְּשֶׁקֶל, וְסָאתַיִם שְׂעֹרִים בְּשֶׁקֶל בְּשַׁעַר שֹׁמְרוֹן.** קודם נאמר שבעיר הנצורה היו ראש חמור וצואת יונים יקרים מאוד, והנה צפה אלישע שלמחרת יתרחש נס, ואפילו מחירי התבואה המבוקשת בעיר המורעבת יֵרדו פלאים.

ב **וַיַּעַן הַשָּׁלִישׁ אֲשֶׁר לַמֶּלֶךְ,** המשרת שהמלך **נִשְׁעָן עַל יָדוֹ, אֶת אִישׁ הָאֱלֹהִים וַיֹּאמַר:** הדבר לא ייתכן. **הִנֵּה ה׳ עֹשֶׂה אֲרֻבּוֹת בַּשָּׁמַיִם,** כדי להגיע להוזלה כה קיצונית של המחירים ה׳ צריך לבקוע חלונות בשמיים ולהוריד דרכם תבואה אל הארץ.[98] **הֲיִהְיֶה הַדָּבָר הַזֶּה?!**

וַיֹּאמֶר לו הנביא בנבואה: **הִנְּכָה,** הנך **רֹאֶה בְּעֵינֶיךָ, וּמִשָּׁם לֹא תֹאכֵל.** תראה זאת בעצמך, אבל לא תזכה ליהנות מן השפע.

ג **וְאַרְבָּעָה אֲנָשִׁים הָיוּ מְצֹרָעִים** וישבו באותו זמן על **פֶּתַח הַשָּׁעַר.** האויבים לא פגעו במצורעים שישבו מחוץ למחנה, אולי לא התעניינו בהם, וגם חששו להתקרב אליהם, ובכל זאת איש לא דאג להם. **וַיֹּאמְרוּ אִישׁ אֶל רֵעֵהוּ: מָה אֲנַחְנוּ יֹשְׁבִים פֹּה עַד מָתְנוּ,** שנמות?! ד **אִם אָמַרְנוּ: נָבוֹא הָעִיר,** אם נחליט להיכנס העירה, ואם יניחו לנו להיכנס – **וְהָרָעָב** כבד **בָּעִיר, וָמַתְנוּ שָׁם. וְאִם יָשַׁבְנוּ פֹה,** מחוץ לחומותיה – **וָמָתְנוּ** גם פה, מחוסר מזון. **וְעַתָּה לְכוּ וְנִפְּלָה אֶל מַחֲנֵה אֲרָם.** הבה נלך למחנה האויב. **אִם יְחַיֻּנוּ,** אם ירחמו עלינו, ישאירו אותנו בחיים ואולי ידאגו לנו למעט אוכל – **נִחְיֶה, וְאִם יְמִיתֻנוּ – וָמָתְנוּ.**

ה **וַיָּקוּמוּ בַנֶּשֶׁף,** בשעת דמדומי ערב **לָבוֹא אֶל מַחֲנֵה אֲרָם. וַיָּבֹאוּ עַד קְצֵה מַחֲנֵה אֲרָם, וְהִנֵּה אֵין שָׁם אִישׁ.** האוהלים עמדו במקומם, אבל האנשים לא היו בהם, ו הואיל **וַאדֹנָי הִשְׁמִיעַ אֶת,** באוזני **מַחֲנֵה אֲרָם קוֹל רֶכֶב, קוֹל סוּס, קוֹל חַיִל גָּדוֹל,** והם חשבו שצבא גדול מתקרב.[99] **וַיֹּאמְרוּ** אנשי ארם **אִישׁ אֶל אָחִיו: הִנֵּה שָׂכַר עָלֵינוּ,** נגדנו **מֶלֶךְ יִשְׂרָאֵל אֶת מַלְכֵי הַחִתִּים,** הממלכות הקטנות שהיו באזור לאחר שהתפוררה האימפריה החתית מצפון, **וְאֶת מַלְכֵי מִצְרַיִם,** מלך מצרים העליונה ומלך מצרים התחתונה מדרום **לָבוֹא עָלֵינוּ.** וכנגד מתקפה משותפת כזאת איננו מוכנים ואיננו מוגנים.

בַּנֶּשֶׁף וַיַּעַזְבוּ אֶת־אׇהֳלֵיהֶם וְאֶת־סוּסֵיהֶם וְאֶת־
חֲמֹרֵיהֶם הַמַּחֲנֶה כַּאֲשֶׁר הִיא וַיָּנֻסוּ אֶל־נַפְשָׁם׃
וַיָּבֹאוּ הַמְצֹרָעִים הָאֵלֶּה עַד־קְצֵה הַמַּחֲנֶה וַיָּבֹאוּ ח
אֶל־אֹהֶל אֶחָד וַיֹּאכְלוּ וַיִּשְׁתּוּ וַיִּשְׂאוּ מִשָּׁם כֶּסֶף
וְזָהָב וּבְגָדִים וַיֵּלְכוּ וַיַּטְמִנוּ וַיָּשֻׁבוּ וַיָּבֹאוּ אֶל־אֹהֶל
אַחֵר וַיִּשְׂאוּ מִשָּׁם וַיֵּלְכוּ וַיַּטְמִנוּ׃ וַיֹּאמְרוּ אִישׁ אֶל־ ט
רֵעֵהוּ לֹא־כֵן ׀ אֲנַחְנוּ עֹשִׂים הַיּוֹם הַזֶּה יוֹם־בְּשֹׂרָה
הוּא וַאֲנַחְנוּ מַחְשִׁים וְחִכִּינוּ עַד־אוֹר הַבֹּקֶר וּמְצָאָנוּ
עָווֹן וְעַתָּה לְכוּ וְנָבֹאָה וְנַגִּידָה בֵּית הַמֶּלֶךְ׃ וַיָּבֹאוּ י
וַיִּקְרְאוּ אֶל־שֹׁעֵר הָעִיר וַיַּגִּידוּ לָהֶם לֵאמֹר בָּאנוּ
אֶל־מַחֲנֵה אֲרָם וְהִנֵּה אֵין־שָׁם אִישׁ וְקוֹל אָדָם כִּי
אִם־הַסּוּס אָסוּר וְהַחֲמוֹר אָסוּר וְאֹהָלִים כַּאֲשֶׁר
הֵמָּה׃ וַיִּקְרָא הַשֹּׁעֲרִים וַיַּגִּידוּ בֵּית הַמֶּלֶךְ פְּנִימָה׃ יא
וַיָּקָם הַמֶּלֶךְ לַיְלָה וַיֹּאמֶר אֶל־עֲבָדָיו אַגִּידָה־נָּא יב
לָכֶם אֵת אֲשֶׁר־עָשׂוּ לָנוּ אֲרָם יָדְעוּ כִּי־רְעֵבִים
בַּשָּׂדֶה אֲנַחְנוּ וַיֵּצְאוּ מִן־הַמַּחֲנֶה לְהֵחָבֵה בהשדה לֵאמֹר
כִּי־יֵצְאוּ מִן־הָעִיר וְנִתְפְּשֵׂם חַיִּים וְאֶל־הָעִיר נָבֹא׃
וַיַּעַן אֶחָד מֵעֲבָדָיו וַיֹּאמֶר וְיִקְחוּ־נָא חֲמִשָּׁה מִן־ יג
הַסּוּסִים הַנִּשְׁאָרִים אֲשֶׁר נִשְׁאֲרוּ־בָהּ הִנָּם כְּכׇל־
הֶהָמוֹן ההמון יִשְׂרָאֵל אֲשֶׁר נִשְׁאֲרוּ־בָהּ הִנָּם כְּכׇל־הֲמוֹן
יִשְׂרָאֵל אֲשֶׁר־תָּמּוּ וְנִשְׁלְחָה וְנִרְאֶה׃ וַיִּקְחוּ שְׁנֵי רֶכֶב יד

ביאור

ז **וַיָּקוּמוּ וַיָּנוּסוּ בַנֶּשֶׁף**, ולא חיכו שהצבא יגיע אליהם, **וַיַּעַזְבוּ אֶת אָהֳלֵיהֶם וְאֶת סוּסֵיהֶם וְאֶת חֲמֹרֵיהֶם**, את **הַמַּחֲנֶה כַּאֲשֶׁר הִיא, וַיָּנֻסוּ אֶל**, על **נַפְשָׁם**.

ח **וַיָּבֹאוּ הַמְצֹרָעִים הָאֵלֶּה**, שלא ידעו דבר על כך, **עַד קְצֵה הַמַּחֲנֶה** הנטוש, **וַיָּבֹאוּ אֶל אֹהֶל אֶחָד, וַיֹּאכְלוּ וַיִּשְׁתּוּ** מן המזון שנשאר כפי שהוא, מפני שהארמים ברחו בבהלה ולא טרחו לקחת אִתם צידה לדרך. **וַיִּשְׂאוּ מִשָּׁם כֶּסֶף וְזָהָב וּבְגָדִים, וַיֵּלְכוּ וַיַּטְמִנוּ** אותם, **וַיָּשֻׁבוּ וַיָּבֹאוּ אֶל אֹהֶל אַחֵר**, ושוב – **וַיִּשְׂאוּ מִשָּׁם** את מה שמצאו, **וַיֵּלְכוּ וַיַּטְמִנוּ**. המחנה כולו היה ריק, והם יכלו להיכנס לכל אוהל ולבזוז את תכולתו.

ט **וַיֹּאמְרוּ אִישׁ אֶל רֵעֵהוּ: לֹא כֵן**, לא נכון הדבר **שֶׁאֲנַחְנוּ עֹשִׂים. הַיּוֹם הַזֶּה יוֹם** הראוי **לִבְשֹׂרָה הוּא, וַאֲנַחְנוּ מַחְשִׁים**, שותקים, בין מחמת עצלות ובין משום שאנחנו מנסים לזכות בשלל נוסף. **וְחִכִּינוּ**, ואם נחכה **עַד אוֹר הַבֹּקֶר**, שאז נוח יותר לבוא העירה ולבשר – **וּמְצָאָנוּ עָווֹן**. העיכוב ייחשב לנו לחטא.[100] **וְעַתָּה לְכוּ וְנָבֹאָה וְנַגִּידָה**, נבשר את הבשורה **בְּבֵית הַמֶּלֶךְ**, במפקדה העליונה עוד לפני זריחת השמש.

י **וַיָּבֹאוּ וַיִּקְרְאוּ אֶל שֹׁעֵר הָעִיר**, השומרים שבשער, **וַיַּגִּידוּ לָהֶם לֵאמֹר: בָּאנוּ אֶל מַחֲנֵה אֲרָם, וְהִנֵּה אֵין שָׁם אִישׁ וְקוֹל אָדָם, כִּי אִם הַסּוּס אָסוּר**, קשור במקומו **וְהַחֲמוֹר אָסוּר, וְאֹהָלִים** מלאים[101] **כַּאֲשֶׁר הֵמָּה**.

יא **וַיִּקְרָא** שוער העיר אל **הַשֹּׁעֲרִים, וַיַּגִּידוּ בֵּית הַמֶּלֶךְ פְּנִימָה**. יב **וַיָּקָם הַמֶּלֶךְ בַּלַיְלָה, וַיֹּאמֶר אֶל עֲבָדָיו: אַגִּידָה נָּא לָכֶם אֵת אֲשֶׁר עָשׂוּ לָנוּ אֲרָם** – הארמים **יָדְעוּ כִּי רְעֵבִים אֲנַחְנוּ** במצור, **וַיֵּצְאוּ מִן הַמַּחֲנֶה** שלהם **לְהֵחָבֵה**, להתחבא **בַשָּׂדֶה** בקרבת מקום, **לֵאמֹר: "כִּי יֵצְאוּ מִן הָעִיר**, שכן הרעב ידחק בהם לצאת ממנה – **וְנִתְפְּשֵׂם חַיִּים** חשופים ובלתי מוגנים, **וְאֶל הָעִיר נָבֹא** ונשתלט עליה".

יג **וַיַּעַן אֶחָד מֵעֲבָדָיו וַיֹּאמֶר: וְיִקְחוּ נָא חֲמִשָּׁה מִן הַסּוּסִים הַנִּשְׁאָרִים אֲשֶׁר נִשְׁאֲרוּ בָהּ**, בעיר. בעלי החיים היו הראשונים שמתו ברעב. בכל זאת השאירו בחיים סוסים מעטים, כדי שישמשו רכב צבאי כל עוד לא נכנעה העיר. הסוסים הללו ורוכביהם **הִנָּם כְּכָל הֲמוֹן יִשְׂרָאֵל אֲשֶׁר נִשְׁאֲרוּ בָהּ**, גם עתה מצב הסוסים ופרשיהם דומה למצבם המסוכן של יושבי העיר הנצורים. ואם יתברר שהארמים הערימו עלינו,[102] ואין זה אלא מארב, **הִנָּם**, עתיד הסוסים והפרשים יהיה **כְּ**עתידם של **כָל הֲמוֹן יִשְׂרָאֵל אֲשֶׁר תָּמּוּ**, מתו ברעב. **וְנִשְׁלְחָה** אותם **וְנִרְאֶה**, ולפחות נדע את המצב לאשורו.

סוּסִים וַיִּשְׁלַח הַמֶּלֶךְ אַחֲרֵי מַחֲנֵה־אֲרָם לֵאמֹר לְכוּ
וּרְאוּ: וַיֵּלְכוּ אַחֲרֵיהֶם עַד־הַיַּרְדֵּן וְהִנֵּה כָל־הַדֶּרֶךְ טו
בְּחָפְזָם מְלֵאָה בְגָדִים וְכֵלִים אֲשֶׁר־הִשְׁלִיכוּ אֲרָם בהחפזם
וַיָּשֻׁבוּ הַמַּלְאָכִים וַיַּגִּדוּ לַמֶּלֶךְ: וַיֵּצֵא הָעָם וַיָּבֹזּוּ טז
אֵת מַחֲנֵה אֲרָם וַיְהִי סְאָה־סֹלֶת בְּשֶׁקֶל וְסָאתַיִם
שְׂעֹרִים בְּשֶׁקֶל כִּדְבַר יְהוָה: וְהַמֶּלֶךְ הִפְקִיד אֶת־ יז
הַשָּׁלִישׁ אֲשֶׁר־נִשְׁעָן עַל־יָדוֹ עַל־הַשַּׁעַר וַיִּרְמְסֻהוּ
הָעָם בַּשַּׁעַר וַיָּמֹת כַּאֲשֶׁר דִּבֶּר אִישׁ הָאֱלֹהִים אֲשֶׁר
דִּבֶּר בְּרֶדֶת הַמֶּלֶךְ אֵלָיו: וַיְהִי כְּדַבֵּר אִישׁ הָאֱלֹהִים יח
אֶל־הַמֶּלֶךְ לֵאמֹר סָאתַיִם שְׂעֹרִים בְּשֶׁקֶל וּסְאָה־
סֹלֶת בְּשֶׁקֶל יִהְיֶה כָּעֵת מָחָר בְּשַׁעַר שֹׁמְרוֹן: וַיַּעַן יט
הַשָּׁלִישׁ אֶת־אִישׁ הָאֱלֹהִים וַיֹּאמַר וְהִנֵּה יְהוָה עֹשֶׂה
אֲרֻבּוֹת בַּשָּׁמַיִם הֲיִהְיֶה כַּדָּבָר הַזֶּה וַיֹּאמֶר הִנְּךָ רֹאֶה
בְּעֵינֶיךָ וּמִשָּׁם לֹא תֹאכֵל: וַיְהִי־לוֹ כֵּן וַיִּרְמְסוּ אֹתוֹ כ
הָעָם בַּשַּׁעַר וַיָּמֹת:

התימנים מוסיפים וַיָּחָן יְהוָה אֹתָם וַיְרַחֲמֵם וַיִּפֶן אֲלֵיהֶם לְמַעַן בְּרִיתוֹ כג יג
אֶת־אַבְרָהָם יִצְחָק וְיַעֲקֹב וְלֹא אָבָה הַשְׁחִיתָם וְלֹא־
הִשְׁלִיכָם מֵעַל־פָּנָיו עַד־עָתָּה:

הרחבות | ׳וַיְהִי סְאָה סֹלֶת בְּשֶׁקֶל וְסָאתַיִם שְׂעֹרִים בְּשֶׁקֶל׳ התמורה הכלכלית העצומה נבעה מן המזון הרב שלקחו ממחנה ארם. חלק מהשלל הזה הובא עם הארמים ממקומם, בתור צידתם של הלוחמים, והיֶּתר בא מן התבואה שקצרו הארמים

ביאור

יד וַיִּקְחוּ שְׁנֵי רֶכֶב סוּסִים. הם לא לקחו אפילו חמישה סוסים, אלא
שני רכב, שהם לכל היותר ארבעה סוסים.[103] וַיִּשְׁלַח הַמֶּלֶךְ אַחֲרֵי
מַחֲנֵה אֲרָם לֵאמֹר: לְכוּ וּרְאוּ לאן הם נעלמו.

טו וַיֵּלְכוּ הרוכבים אַחֲרֵיהֶם, בעקבות מחנה ארם עַד הַיַּרְדֵּן, כי במנוסת
הארמים לארצם מן הסתם חצו את הירדן. וְהִנֵּה כָל הַדֶּרֶךְ מְלֵאָה
בְּגָדִים וְכֵלִים אֲשֶׁר הִשְׁלִיכוּ אֲרָם בְּחָפְזָם, במנוסת הבהלה שלהם. מתוך
חרדתם השליכו כל מה שעלול היה להפריע להם במרוצתם. וַיָּשֻׁבוּ
הַמַּלְאָכִים וַיַּגִּדוּ לַמֶּלֶךְ שהארמים אכן נעלמו.

טז וַיֵּצֵא הָעָם מהעיר, וַיָּבֹזּוּ, בזזו אֵת מַחֲנֵה אֲרָם, שהיה בו מזון לרוב.
וַיְהִי סְאָה סֹלֶת בְּשֶׁקֶל וְסָאתַיִם שְׂעֹרִים בְּשֶׁקֶל, כִּדְבַר ה׳. מחנה ארם
היה מחנה גדול, והעיר שומרון לא הייתה גדולה. שפע האוכל
שהופיע פתאום, השפיע על ירידה תלולה של המחירים. יז וְהַמֶּלֶךְ
הִפְקִיד, מינה אֶת הַשָּׁלִישׁ אֲשֶׁר נִשְׁעָן עַל יָדוֹ עַל הַשַּׁעַר, לעמוד בשער
כדי לפקח שלא תיווצר מהומה רבה מדי בזמן שהאנשים הרעבים
הסתערו על המזון. השליש לא הצטייד בכלי נשק, משום שהניח
שיוכל לכוון את העם בכוח סמכותו וכוח ידיו. וַיִּרְמְסֻהוּ תוך כדי
מרוצתם בְנֵי הָעָם, שהיו להוטים אחר המזון בַּשַּׁעַר, וַיָּמֹת, כַּאֲשֶׁר,
בדיוק כפי שדִּבֶּר אִישׁ הָאֱלֹהִים אֲשֶׁר דִּבֶּר בְּרֶדֶת הַמֶּלֶךְ אֵלָיו. יח וַיְהִי
כְּדַבֵּר אִישׁ הָאֱלֹהִים את נבואתו אֶל הַמֶּלֶךְ אמש לֵאמֹר: סָאתַיִם
שְׂעֹרִים בְּשֶׁקֶל וּסְאָה סֹלֶת בְּשֶׁקֶל יִהְיֶה כָּעֵת מָחָר בְּשַׁעַר שֹׁמְרוֹן, יט וַיַּעַן
הַשָּׁלִישׁ אֶת אִישׁ הָאֱלֹהִים וַיֹּאמַר: וְהִנֵּה ה׳ עֹשֶׂה אֲרֻבּוֹת בַּשָּׁמַיִם – הֲיִהְיֶה
כַּדָּבָר הַזֶּה? וַיֹּאמֶר לו אז הנביא: הִנְּךָ רֹאֶה בְּעֵינֶיךָ, וּמִשָּׁם לֹא תֹאכֵל. כ וַיְהִי
לוֹ כֵן, וַיִּרְמְסוּ אֹתוֹ הָעָם בַּשַּׁעַר וַיָּמֹת. הוא ראה שמחירי התבואה חזרו
וירדו, אבל לא עלה בידו לאכול ממנה משום שהוטל עליו לשמור
בשער, ושם נהרג.

פרק יג כג וַיָּחָן, חמל ה׳ אֹתָם – את בני ישראל וַיְרַחֲמֵם, וַיִּפֶן אֲלֵיהֶם
לְמַעַן בְּרִיתוֹ אֶת, שעם אַבְרָהָם יִצְחָק וְיַעֲקֹב, וְלֹא אָבָה, רצה לְהַשְׁחִיתָם
וְלֹא הִשְׁלִיכָם מֵעַל פָּנָיו עַד עָתָּה, ולכן לא נחלו מפלה גמורה מארם.

הרחבות

בשדות שמסביב. באותם ימים היו עורכים את המצור בדרך כלל בזמן הקציר, וכך צבא האויב היה ניזון מתבואת הארץ שקצר. כך זכה באספקה חינם לעצמו ואף גרם לעיר הנצורה לאבד את מזונותיה.

הפטרת אחרי מות

יחזקאל

כב א ב וַיְהִ֥י דְבַר־יְהוָ֖ה אֵלַ֥י לֵאמֹֽר׃ וְאַתָּ֣ה בֶן־אָדָ֔ם הֲתִשְׁפֹּ֥ט
הֲתִשְׁפֹּ֖ט אֶת־עִ֣יר הַדָּמִ֑ים וְה֣וֹדַעְתָּ֔הּ אֵ֖ת כָּל־
ג תּוֹעֲבוֹתֶֽיהָ׃ וְאָמַרְתָּ֗ כֹּ֤ה אָמַר֙ אֲדֹנָ֣י יֱהֹוִ֔ה עִ֣יר
שֹׁפֶ֥כֶת דָּ֛ם בְּתוֹכָ֖הּ לָב֣וֹא עִתָּ֑הּ וְעָשְׂתָ֧ה גִלּוּלִ֛ים עָלֶ֖יהָ
ד לְטָמְאָֽה׃ בְּדָמֵ֨ךְ אֲשֶׁר־שָׁפַ֜כְתְּ אָשַׁ֗מְתְּ וּבְגִלּוּלַ֤יִךְ
אֲשֶׁר־עָשִׂית֙ טָמֵ֔את וַתַּקְרִ֣יבִי יָמַ֔יִךְ וַתָּב֖וֹא עַד־
שְׁנוֹתָ֑יִךְ עַל־כֵּ֗ן נְתַתִּ֤יךְ חֶרְפָּה֙ לַגּוֹיִ֔ם וְקַלָּסָ֖ה לְכָל־
ה הָאֲרָצֽוֹת׃ הַקְּרֹב֛וֹת וְהָרְחֹק֥וֹת מִמֵּ֖ךְ יִתְקַלְּסוּ־בָ֑ךְ
ו טְמֵאַ֣ת הַשֵּׁ֔ם רַבַּ֖ת הַמְּהוּמָֽה׃ הִנֵּה֙ נְשִׂיאֵ֣י יִשְׂרָאֵ֔ל
ז אִ֥ישׁ לִזְרֹע֖וֹ הָ֣יוּ בָ֑ךְ לְמַ֖עַן שְׁפָךְ־דָּֽם׃ אָ֤ב וָאֵם֙ הֵקַ֣לּוּ
בָ֔ךְ לַגֵּ֥ר עָשׂ֛וּ בַעֹ֖שֶׁק בְּתוֹכֵ֑ךְ יָת֥וֹם וְאַלְמָנָ֖ה ה֥וֹנוּ בָֽךְ׃
ח ט קָדָשַׁ֖י בָּזִ֑ית וְאֶת־שַׁבְּתֹתַ֖י חִלָּֽלְתְּ׃ אַנְשֵׁ֥י רָכִ֛יל הָ֥יוּ
בָ֖ךְ לְמַ֣עַן שְׁפָךְ־דָּ֑ם וְאֶל־הֶ֨הָרִים֙ אָ֣כְלוּ בָ֔ךְ זִמָּ֖ה עָשׂ֥וּ

משפטה של ירושלים ערב החורבן

עיקרה של נבואה זו דברי תוכחה נוקבים ביותר לירושלים. יחזקאל שוטח רשימה מגוונת של חטאים שהפכו לשגרה בעיר, ובהם העברות החמורות ביותר. לעיר שכזו אין תקנה אלא בחורבנה ובפיזור אנשיה בגלות. כך גם נאמר בסוף הפרשה ביחס לטומאות העריות והמולך, הגורמות לארץ להקיא את החטאים.

קריאת הפטרה זו היא הנדירה מכל ההפטרות. כאשר פרשות אחרי-מות וקדושים מחוברות – כך ברוב השנים – קוראים את הפטרת הפרשה האחרונה, קדושים. גם כאשר הפרשות נכרדות, ופרשת אחרי-מות אינה חלה בשבת מיוחדת, כגון שבת הגדול או פסח, גם אז למנהג רבים אין קוראים בה את הפטרתה – אם בפרשת קדושים יקראו הפטרה אחרת, כגון שזו חלה בשבת ראש חודש או ערב ראש חודש. במקרה כזה יקראו ב'אחרי מות' את הפטרת קדושים, שתכניה רכים יותר. רק כאשר שתי הפרשות חלות בשתי שבתות 'רגילות' יקראו באחרי-מות את הפטרתה. מקרה כזה חל בממוצע אחת לכעשרים שנה.

יחזקאל פרק כב א וַיְהִי דְבַר ה׳ אֵלַי לֵאמֹר: ב וְאַתָּה, בֶן אָדָם, הֲתִשְׁפֹּט | ביאור
הֲתִשְׁפֹּט אֶת עִיר הַדָּמִים, האם תרצה, יחזקאל, לפסוק את דינה
של עיר שופכי הדמים, ירושלים,[104] וְהוֹדַעְתָּהּ, גלה לה אֵת כָּל
תּוֹעֲבוֹתֶיהָ. ג וְאָמַרְתָּ: כֹּה אָמַר ה׳ אֱלוֹהִים: עִיר אשר שֹׁפֶכֶת דָּם בְּתוֹכָהּ
כדי[105] לָבוֹא עִתָּהּ, לקרב את קצה. העיר במעשיה מביאה עליה את
סופה, ואשר עָשְׂתָה גִלּוּלִים עָלֶיהָ לְטָמְאָה, להיטמא בהם. ד בְּדָמֵךְ
אֲשֶׁר שָׁפַכְתְּ אָשַׁמְתְּ, וּבְגִלּוּלַיִךְ אֲשֶׁר עָשִׂית טָמֵאת, נטמאת, וַתַּקְרִיבִי
יָמַיִךְ, הבאת את ימייך אל סופם, וַתָּבוֹא עַד שְׁנוֹתָיִךְ, והגעת לאחרית
שנותייך. עַל כֵּן, נְתַתִּיךְ, אתן אותך חֶרְפָּה לַגּוֹיִם, וְקַלָּסָה, ביזיון
לְכָל הָאֲרָצוֹת – ה הארצות הַקְּרֹבוֹת וְהָרְחֹקוֹת מִמֵּךְ יִתְקַלְּסוּ בָךְ,
יתלוצצו עלייך, טְמֵאַת הַשֵּׁם, בעלת השם הטמא, רַבַּת הַמְּהוּמָה,
העיר הפרועה, מלאת המהומות.

ו הִנֵּה, נְשִׂיאֵי יִשְׂרָאֵל, מלכי יהודה, אשר אִישׁ איש מהם פונה
לִזְרֹעוֹ,[106] הָיוּ בָךְ. מלכייך היו כוחניים ודורסניים לְמַעַן, עד כדי שְׁפָךְ
דָּם. ז ירושלים, בְּאָב וָאֵם הֵקַלּוּ, זלזלו בָךְ, לַגֵּר עָשׂוּ, עם הזרים התנהגו,
או: לחצו[107] בַעֹשֶׁק בְּתוֹכֵךְ. יָתוֹם וְאַלְמָנָה, לא זו בלבד שלא תמכו
בהם, אלא גם הונו, הציקו ורימו בָךְ. ח אֶת קֳדָשַׁי בָּזִית וְאֶת שַׁבְּתֹתַי
חִלָּלְתְּ, ט אַנְשֵׁי רָכִיל הָיוּ בָךְ לְמַעַן שְׁפָךְ דָּם, על ידי לשונות רעים
על אנשים, גרמו לשפוך את דמם. וְאֶל, על הֶהָרִים אָכְלוּ בָךְ זבחי
עבודה זרה, שנעשתה בדרך כלל על הרים רמים. אפשר שהפולחן
כוון לעתים להרים עצמם. חטאייך החמורים אינם מסתכמים
בשפיכות דמים ועבודה זרה – גם זִמָּה, פריצות בעריות עָשׂוּ בְתוֹכֵךְ.

בְּתוֹכֵךְ: עֶרְוַת־אָב גִּלָּה־בָךְ טְמֵאַת הַנִּדָּה עִנּוּ־בָךְ: י
וְאִישׁ ׀ אֶת־אֵשֶׁת רֵעֵהוּ עָשָׂה תּוֹעֵבָה וְאִישׁ אֶת־ יא
כַּלָּתוֹ טִמֵּא בְזִמָּה וְאִישׁ אֶת־אֲחֹתוֹ בַת־אָבִיו עִנָּה־
בָךְ: שֹׁחַד לָקְחוּ־בָךְ לְמַעַן שְׁפָךְ־דָּם נֶשֶׁךְ וְתַרְבִּית יב
לָקַחַתְּ וַתְּבַצְּעִי רֵעַיִךְ בַּעֹשֶׁק וְאֹתִי שָׁכַחַתְּ נְאֻם אֲדֹנָי
יֱהֹוִה: וְהִנֵּה הִכֵּיתִי כַפִּי אֶל־בִּצְעֵךְ אֲשֶׁר עָשִׂית וְעַל־ יג
דָּמֵךְ אֲשֶׁר הָיוּ בְּתוֹכֵךְ: הֲיַעֲמֹד לִבֵּךְ אִם־תֶּחֱזַקְנָה יד
יָדַיִךְ לַיָּמִים אֲשֶׁר אֲנִי עֹשֶׂה אוֹתָךְ אֲנִי יְהֹוָה דִּבַּרְתִּי
וְעָשִׂיתִי: וַהֲפִיצוֹתִי אוֹתָךְ בַּגּוֹיִם וְזֵרִיתִיךְ בָּאֲרָצוֹת טו
וַהֲתִמֹּתִי טֻמְאָתֵךְ מִמֵּךְ: וְנִחַלְתְּ בָּךְ לְעֵינֵי גוֹיִם טז
וְיָדַעַתְּ כִּי־אֲנִי יְהֹוָה:

ביאור | והנביא מפרט חלק מהעריות שנעשות בדרך כלל בהיחבא, בתוך המשפחה: י **עֶרְוַת אָב גִּלָּה בָךְ**, אנשים חטאו עם נשי אביהם,[108] **טְמֵאַת הַנִּדָּה עִנּוּ בָךְ**, בעלו נשים בנידתן. יא **וְאִישׁ אֶת**, עם **אֵשֶׁת רֵעֵהוּ עָשָׂה תּוֹעֵבָה, וְאִישׁ אֶת כַּלָּתוֹ טִמֵּא בְזִמָּה, וְאִישׁ אֶת אֲחֹתוֹ בַת אָבִיו עִנָּה בָךְ**. לעתים חטאים אלה נעשים בביתו של אדם באונס, כגון אחות צעירה הנופלת קרבן לפגיעת אחיה המבוגר, או אשה המצויה לבעלה האלים גם בנידותה. אולי זו הסיבה שבשתי אלו נאמר לשון עינוי.[109] יב **שֹׁחַד לָקְחוּ בָךְ** שופטייך **לְמַעַן שְׁפָךְ דָּם**, כדי שיגנו על רוצחים או יצדיקו רציחות. **נֶשֶׁךְ וְתַרְבִּית**, ריבית[110] **לָקַחַתְּ, וַתְּבַצְּעִי**, הענקת בצע-כסף **לְרֵעַיִךְ** בממון שמקורו **עֹשֶׁק**, או: שברתם את רעיכם באמצעות עשיקתם.[111] **וְאֹתִי** – שהזהרתי אותך על כל אלה – **שָׁכַחַתְּ, נְאֻם ה׳ אֱלוֹהִים**.

יג **וְהִנֵּה הִכֵּיתִי כַפִּי**, מחאתי כף כביטוי של צער וכאב **אֶל**, על **בִּצְעֵךְ אֲשֶׁר עָשִׂית, וְעַל דָּמֵךְ**, שפיכות הדם **אֲשֶׁר הָיוּ בְּתוֹכֵךְ**. יד **הֲיַעֲמֹד לִבֵּךְ**, האם נדמה לך שלבך יחזיק מעמד?! **הַאִם תֶּחֱזַקְנָה יָדַיִךְ**, כוחך **לַיָּמִים**, ימי הנקם **אֲשֶׁר אֲנִי עֹשֶׂה אוֹתָךְ**, מכין לך?! הרי תיהרסי כולך עד היסוד. **אֲנִי ה׳ דִּבַּרְתִּי וְעָשִׂיתִי**, וכך אעשה. טו ואז – **וַהֲפִיצוֹתִי אוֹתָךְ בַּגּוֹיִם, וְזֵרִיתִיךְ**, פיזרתי אותך **בָּאֲרָצוֹת**, ובשלב זה **הֲתִמֹּתִי טֻמְאָתֵךְ מִמֵּךְ**. אולי עקב פיזור בנייך בגלויות תכלה הטומאה שדבקה בך. טז **וְנִחַלְתְּ בָךְ**, תיווכחי שאת מחוללת[112] **לְעֵינֵי גוֹיִם**, ואז – **וְיָדַעַתְּ כִּי אֲנִי ה׳**.

הרחבות | **החטאים הנמנים כאן** בחלקם הגדול הם אותם שנתייחדה להם קללה במעמד הברית כשנכנסו ישראל לארץ (ראו דברים כז). רשימת הפשעים בספר יחזקאל ממשיכה בנבואה הסמוכה, והיא מסמנת בשלילה סעיף אחר סעיף במילוי המצוות והמשפטים. כך מונכחת באופן ישיר ומפורט השחתה גמורה של חברה שאיבדה את זכות קיומה.

הפטרת קדשים
יחזקאל

התימנים מתחילים כאן

וַיְהִי ׀ בַּשָּׁנָה הַשְּׁבִיעִית בַּחֲמִשִׁי בֶּעָשׂוֹר לַחֹדֶשׁ א כ
בָּאוּ אֲנָשִׁים מִזִּקְנֵי יִשְׂרָאֵל לִדְרֹשׁ אֶת־יְהוָה וַיֵּשְׁבוּ
לְפָנָי׃ *וַיְהִי דְבַר־יְהוָה אֵלַי לֵאמֹר׃ בֶּן־ ב ג

הספרדים מתחילים כאן

אָדָם דַּבֵּר אֶת־זִקְנֵי יִשְׂרָאֵל וְאָמַרְתָּ אֲלֵהֶם כֹּה
אָמַר אֲדֹנָי יֱהוִה הֲלִדְרֹשׁ אֹתִי אַתֶּם בָּאִים חַי־אָנִי
אִם־אִדָּרֵשׁ לָכֶם נְאֻם אֲדֹנָי יֱהוִה׃ הֲתִשְׁפֹּט אֹתָם ד
הֲתִשְׁפּוֹט בֶּן־אָדָם אֶת־תּוֹעֲבֹת אֲבוֹתָם הוֹדִיעֵם׃
וְאָמַרְתָּ אֲלֵיהֶם כֹּה־אָמַר אֲדֹנָי יֱהוִה בְּיוֹם בָּחֳרִי ה
בְיִשְׂרָאֵל וָאֶשָּׂא יָדִי לְזֶרַע בֵּית יַעֲקֹב וָאִוָּדַע לָהֶם
בְּאֶרֶץ מִצְרָיִם וָאֶשָּׂא יָדִי לָהֶם לֵאמֹר אֲנִי יְהוָה
אֱלֹהֵיכֶם׃ בַּיּוֹם הַהוּא נָשָׂאתִי יָדִי לָהֶם לְהוֹצִיאָם ו
מֵאֶרֶץ מִצְרָיִם אֶל־אֶרֶץ אֲשֶׁר־תַּרְתִּי לָהֶם זָבַת חָלָב
וּדְבַשׁ צְבִי הִיא לְכָל־הָאֲרָצוֹת׃ וָאֹמַר אֲלֵהֶם אִישׁ ז
שִׁקּוּצֵי עֵינָיו הַשְׁלִיכוּ וּבְגִלּוּלֵי מִצְרַיִם אַל־תִּטַּמָּאוּ
אֲנִי יְהוָה אֱלֹהֵיכֶם׃ וַיַּמְרוּ־בִי וְלֹא אָבוּ לִשְׁמֹעַ אֵלַי ח
אִישׁ אֶת־שִׁקּוּצֵי עֵינֵיהֶם לֹא הִשְׁלִיכוּ וְאֶת־גִּלּוּלֵי

פרות הארץ
('ארץ זבת חלב ודבש')

תוכחה על מעשי ישראל במצרים ובמדבר

הפטרה זו היא חלק מנבואת תוכחה ארוכה המקיפה את קורות עם ישראל מאז היותו לעם. ה׳ מוכיח את בני ישראל על כך שעוד בתחילת דרכם כעם לא השכילו להפנים את ייעודם להיות עם קדוש המיוחד לה׳ לבדו. עבודת אלילים וחילול שבת הם החטאים העומדים במרכזה של התוכחה, והם גם הציוויים הפותחים את פרשת קדשים ונשנים בהמשכה.

יחזקאל פרק כ א **וַיְהִי בַּשָּׁנָה הַשְּׁבִיעִית** לגלות יהויכין,[113] **בַּחֲמִשִׁי**, ביאור
בחודש אב, **בֶּעָשׂוֹר לַחֹדֶשׁ, בָּאוּ** אלי **אֲנָשִׁים מִזִּקְנֵי יִשְׂרָאֵל לִדְרֹשׁ אֶת**
ה׳. דרישת ה׳ אצל הנביא יכולה להיות בירור עניין העומד על הפרק
או בקשה לשמוע על העתיד לבוא, ולעתים ייתכן שהיא משאלה
לשמוע דברי תורה.[114] **וַיֵּשְׁבוּ לְפָנָי.**

ב **וַיְהִי דְבַר ה׳ אֵלַי לֵאמֹר:** ג **בֶּן אָדָם, דַּבֵּר אֶת זִקְנֵי יִשְׂרָאֵל, וְאָמַרְתָּ**
אֲלֵהֶם: כֹּה אָמַר ה׳ אֱלוֹהִים: הֲלִדְרֹשׁ אֹתִי אַתֶּם בָּאִים?! דרישתכם אותי
אינה כנה.[115] **חַי אָנִי, אִם אִדָּרֵשׁ**, אני נשבע שלא איענה **לָכֶם, נְאֻם ה׳**
אֱלוֹהִים. ד ובשאלה רטורית ליחזקאל – **הֲתִשְׁפֹּט אֹתָם, הֲתִשְׁפּוֹט, בֶּן**
אָדָם?! אל תדון בעניינם של האנשים מזקני ישראל היושבים לפניך,
אֶת תּוֹעֲבֹת אֲבוֹתָם הוֹדִיעֵם. עליהם לשמוע את החשבון הגדול של
המציאות, לא את חשבונם הפרטי.[116]

ה **וְאָמַרְתָּ אֲלֵיהֶם: כֹּה אָמַר ה׳ אֱלוֹהִים: בְּיוֹם בָּחֳרִי**, בזמן שבחרתי
בְּיִשְׂרָאֵל, וָאֶשָּׂא יָדִי, נשבעתי[117] **לְזֶרַע בֵּית יַעֲקֹב, וָאִוָּדַע**, התגליתי
לָהֶם בְּאֶרֶץ מִצְרָיִם, וָאֶשָּׂא יָדִי לָהֶם, לֵאמֹר: אֲנִי ה׳ אֱלֹהֵיכֶם, אתם
עמי. ו **בַּיּוֹם הַהוּא נָשָׂאתִי יָדִי לָהֶם לְהוֹצִיאָם מֵאֶרֶץ מִצְרָיִם אֶל**
אֶרֶץ אֲשֶׁר תַּרְתִּי, חיפשתי **לָהֶם**, ארץ **זָבַת חָלָב וּדְבַשׁ, צְבִי**, יפי, חמדה[118]
הִיא לְכָל הָאֲרָצוֹת. ז **וָאֹמַר אֲלֵהֶם** באותו הזמן: **אִישׁ** את **שִׁקּוּצֵי**, אלילי
עֵינָיו, שהעיניים נשואות אליהם,[119] או: אלוהויות הנראות לעיניים[120]
הַשְׁלִיכוּ, וּבְגִלּוּלֵי, כינוי גנאי לעבודה זרה[121] **מִצְרַיִם אַל תִּטַּמָּאוּ.** השליכו
את פסיליכם ועבדו אותי בלבד, כי **אֲנִי ה׳ אֱלֹהֵיכֶם.**

ח **וַיַּמְרוּ בִי, וְלֹא אָבוּ**, רצו **לִשְׁמֹעַ אֵלַי – אִישׁ אֶת שִׁקּוּצֵי עֵינֵיהֶם לֹא הִשְׁלִיכוּ**
וְאֶת גִּלּוּלֵי מִצְרַיִם לֹא עָזָבוּ. כבר בארץ מצרים היו בני ישראל מרדנים.

מִצְרַ֖יִם לֹ֣א עָזָ֑בוּ וָאֹמַ֞ר לִשְׁפֹּ֧ךְ חֲמָתִ֣י עֲלֵיהֶ֗ם לְכַלּ֥וֹת
ט אַפִּי֙ בָּהֶ֔ם בְּת֖וֹךְ אֶ֥רֶץ מִצְרָֽיִם׃ וָאַ֙עַשׂ֙ לְמַ֣עַן שְׁמִ֔י
לְבִלְתִּ֥י הֵחֵ֖ל לְעֵינֵ֣י הַגּוֹיִ֑ם אֲשֶׁר־הֵ֣מָּה בְתוֹכָ֔ם אֲשֶׁ֙ר
נוֹדַ֤עְתִּי אֲלֵיהֶם֙ לְעֵ֣ינֵיהֶ֔ם לְהוֹצִיאָ֖ם מֵאֶ֥רֶץ מִצְרָֽיִם׃
י יא וָאוֹצִיאֵ֖ם מֵאֶ֣רֶץ מִצְרָ֑יִם וָאֲבִאֵ֖ם אֶל־הַמִּדְבָּֽר׃ וָאֶתֵּ֤ן
לָהֶם֙ אֶת־חֻקּוֹתַ֔י וְאֶת־מִשְׁפָּטַ֖י הוֹדַ֣עְתִּי אוֹתָ֑ם אֲשֶׁ֙ר
יב יַעֲשֶׂ֥ה אוֹתָ֛ם הָאָדָ֖ם וָחַ֥י בָּהֶֽם׃ וְגַ֤ם אֶת־שַׁבְּתוֹתַי֙
נָתַ֣תִּי לָהֶ֔ם לִהְי֣וֹת לְא֔וֹת בֵּינִ֖י וּבֵינֵיהֶ֑ם לָדַ֕עַת כִּ֛י
יג אֲנִ֥י יְהוָ֖ה מְקַדְּשָֽׁם׃ וַיַּמְרוּ־בִ֨י בֵֽית־יִשְׂרָאֵ֜ל בַּמִּדְבָּ֗ר
בְּחֻקּוֹתַ֣י לֹא־הָלָ֡כוּ וְאֶת־מִשְׁפָּטַ֣י מָאָ֡סוּ אֲשֶׁר֩ יַעֲשֶׂ֨ה
אֹתָ֤ם הָאָדָם֙ וָחַ֣י בָּהֶ֔ם וְאֶת־שַׁבְּתֹתַ֖י חִלְּל֣וּ מְאֹ֑ד
וָאֹמַ֞ר לִשְׁפֹּ֨ךְ חֲמָתִ֧י עֲלֵיהֶ֛ם בַּמִּדְבָּ֖ר לְכַלּוֹתָֽם׃
יד וָאֶעֱשֶׂ֖ה לְמַ֣עַן שְׁמִ֑י לְבִלְתִּ֤י הֵחֵל֙ לְעֵינֵ֣י הַגּוֹיִ֔ם אֲשֶׁ֥ר
טו הוֹצֵאתִ֖ים לְעֵינֵיהֶֽם׃ וְגַם־אֲנִ֗י נָשָׂ֧אתִי יָדִ֛י לָהֶ֖ם
בַּמִּדְבָּ֑ר לְבִלְתִּ֡י הָבִיא֩ אוֹתָ֨ם אֶל־הָאָ֜רֶץ אֲשֶׁר־נָתַ֗תִּי
זָבַ֤ת חָלָב֙ וּדְבַ֔שׁ צְבִ֥י הִ֖יא לְכָל־הָאֲרָצֽוֹת׃* התימנים מסיימים כאן
טז יַ֚עַן בְּמִשְׁפָּטַ֣י מָאָ֔סוּ וְאֶת־חֻקּוֹתַי֙ לֹא־הָלְכ֣וּ בָהֶ֔ם
וְאֶת־שַׁבְּתוֹתַ֖י חִלֵּ֑לוּ כִּ֛י אַחֲרֵ֥י גִלּוּלֵיהֶ֖ם לִבָּ֥ם הֹלֵֽךְ׃
יז וַתָּ֧חָס עֵינִ֛י עֲלֵיהֶ֖ם מִשַּׁחֲתָ֑ם וְלֹא־עָשִׂ֧יתִי אוֹתָ֛ם
יח כָּלָ֖ה בַּמִּדְבָּֽר׃ וָאֹמַ֤ר אֶל־בְּנֵיהֶם֙ בַּמִּדְבָּ֔ר בְּחוּקֵּ֣י
אֲבֽוֹתֵיכֶם֙ אַל־תֵּלֵ֔כוּ וְאֶת־מִשְׁפְּטֵיהֶ֖ם אַל־תִּשְׁמֹ֑רוּ
יט וּבְגִלּוּלֵיהֶ֖ם אַל־תִּטַּמָּֽאוּ׃ אֲנִי֙ יְהוָ֣ה אֱלֹהֵיכֶ֔ם בְּחֻקּוֹתַ֖י

ביאור

וְאֹמַר לִשְׁפֹּךְ חֲמָתִי, כעסי עֲלֵיהֶם, לְכַלּוֹת אַפִּי בָּהֶם, בְּתוֹךְ אֶרֶץ מִצְרָיִם.

ט וָאַעַשׂ לְמַעַן שְׁמִי, לְבִלְתִּי הֵחֵל, כדי ששמי לא יתחלל לְעֵינֵי הַגּוֹיִם אֲשֶׁר
הֵמָּה בְתוֹכָם, אֲשֶׁר נוֹדַעְתִּי אֲלֵיהֶם – לבני ישראל לְעֵינֵיהֶם – לעיני הגויים,
ונשבעתי לישראל לְהוֹצִיאָם מֵאֶרֶץ מִצְרָיִם. י לכן – וָאוֹצִיאֵם מֵאֶרֶץ
מִצְרָיִם למרות שלא היו ראויים, וָאֲבִאֵם אֶל הַמִּדְבָּר. יא וָאֶתֵּן לָהֶם אֶת
חֻקּוֹתַי, וְאֶת מִשְׁפָּטַי הוֹדַעְתִּי אוֹתָם, אֲשֶׁר יַעֲשֶׂה אוֹתָם הָאָדָם וָחַי בָּהֶם.
משפטי ה׳ הם המעצבים את הדרך שבה ראוי לחיות. יב וְגַם אֶת
שַׁבְּתוֹתַי נָתַתִּי לָהֶם, לִהְיוֹת לְאוֹת בֵּינִי וּבֵינֵיהֶם, לָדַעַת כִּי אֲנִי ה׳ מְקַדְּשָׁם.

יג וַיַּמְרוּ בִי בֵית יִשְׂרָאֵל בַּמִּדְבָּר – בְּחֻקּוֹתַי לֹא הָלָכוּ, וְאֶת מִשְׁפָּטַי מָאָסוּ,
החוקים והמשפטים אֲשֶׁר יַעֲשֶׂה אֹתָם הָאָדָם וָחַי בָּהֶם, וְאֶת שַׁבְּתֹתַי
חִלְּלוּ מְאֹד, וָאֹמַר לִשְׁפֹּךְ חֲמָתִי עֲלֵיהֶם בַּמִּדְבָּר, לְכַלּוֹתָם.

יד ובכל זאת – וָאֶעֱשֶׂה לְמַעַן שְׁמִי, לְבִלְתִּי הֵחֵל לְעֵינֵי הַגּוֹיִם, אֲשֶׁר
הוֹצֵאתִים לְעֵינֵיהֶם. טו וְגַם אֲנִי נָשָׂאתִי יָדִי לָהֶם בַּמִּדְבָּר, לְבִלְתִּי הָבִיא
אוֹתָם – את היוצאים ממצרים אֶל הָאָרֶץ אֲשֶׁר נָתַתִּי להם, ארץ זָבַת
חָלָב וּדְבַשׁ, צְבִי הִיא לְכָל הָאֲרָצוֹת.

טז יַעַן בְּמִשְׁפָּטַי מָאָסוּ, וְאֶת חֻקּוֹתַי לֹא הָלְכוּ בָהֶם, וְאֶת שַׁבְּתוֹתַי חִלֵּלוּ,
כִּי אַחֲרֵי גִלּוּלֵיהֶם לִבָּם הֹלֵךְ. יז ועם זאת – וַתָּחָס עֵינִי, ריחמתי עֲלֵיהֶם
מִשַּׁחֲתָם, מלהרוס אותם ולהמיתם וְלֹא עָשִׂיתִי אוֹתָם כָּלָה, לא כיליתי
אותם בַּמִּדְבָּר.

יח וָאֹמַר אֶל בְּנֵיהֶם של היוצאים ממצרים בַּמִּדְבָּר: בְּחוּקֵי אֲבוֹתֵיכֶם
אַל תֵּלֵכוּ, וְאֶת מִשְׁפְּטֵיהֶם אַל תִּשְׁמֹרוּ, וּבְגִלּוּלֵיהֶם אַל תִּטַּמָּאוּ. יט כִּי אֲנִי

לְכוּ וְאֶת־מִשְׁפָּטַי שִׁמְרוּ וַעֲשׂוּ אוֹתָם׃ וְאֶת־שַׁבְּתוֹתַי כ
קַדֵּשׁוּ וְהָיוּ לְאוֹת בֵּינִי וּבֵינֵיכֶם לָדַעַת כִּי אֲנִי יְהוָה
אֱלֹהֵיכֶם׃

עמוס

ט ז הֲלוֹא כִבְנֵי כֻשִׁיִּים אַתֶּם לִי בְּנֵי יִשְׂרָאֵל נְאֻם־יְהוָה לאשכנזים
הֲלוֹא אֶת־יִשְׂרָאֵל הֶעֱלֵיתִי מֵאֶרֶץ מִצְרַיִם וּפְלִשְׁתִּיִּים
ח מִכַּפְתּוֹר וַאֲרָם מִקִּיר׃ הִנֵּה עֵינֵי ׀ אֲדֹנָי יְהוִה בַּמַּמְלָכָה
הַחַטָּאָה וְהִשְׁמַדְתִּי אֹתָהּ מֵעַל פְּנֵי הָאֲדָמָה אֶפֶס
כִּי לֹא הַשְׁמֵיד אַשְׁמִיד אֶת־בֵּית יַעֲקֹב נְאֻם־יְהוָה׃
ט כִּי־הִנֵּה אָנֹכִי מְצַוֶּה וַהֲנִעוֹתִי בְכָל־הַגּוֹיִם אֶת־בֵּית
יִשְׂרָאֵל כַּאֲשֶׁר יִנּוֹעַ בַּכְּבָרָה וְלֹא־יִפּוֹל צְרוֹר אָרֶץ׃
י בַּחֶרֶב יָמוּתוּ כֹּל חַטָּאֵי עַמִּי הָאֹמְרִים לֹא־תַגִּישׁ
יא וְתַקְדִּים בַּעֲדֵינוּ הָרָעָה׃ בַּיּוֹם הַהוּא אָקִים אֶת־סֻכַּת

כברה

ביאור | **ה׳ אֱלֹהֵיכֶם, בְּחֻקּוֹתַי לֵכוּ, וְאֶת מִשְׁפָּטַי שִׁמְרוּ וַעֲשׂוּ אוֹתָם,** כ **וְאֶת שַׁבְּתוֹתַי**
קַדֵּשׁוּ, וְהָיוּ לְאוֹת בֵּינִי וּבֵינֵיכֶם, לָדַעַת כִּי אֲנִי ה׳ אֱלֹהֵיכֶם.

תקומת ישראל לאחר נפילתו

הפטרה קצרה זו, שבה נבואת עמוס מסתיימת, היא המשך לנבואת חורבן המקדש ושתי הממלכות שחזה הנביא בעוד ישראל ויהודה יושבים שאננים. הנביא מתריע בעם שלא יבטח בבחירת ה׳ בו. ה׳ לא יעלים עיניו מחטאי עמו בגלל בחירתו, אדרבא, הוא הוציא את ישראל ממצרים כדי שיהיה לו לעם קדוש, ואם ישראל אינם ממלאים את ייעודם, אין הצדקה למעלתם המיוחדת. הרעיון שקדושתו של העם מתחייבת מיציאת מצרים, חוזר ונשנה בכמה מקומות בספר ויקרא, כמו בפסוק: כִּי אֲנִי ה׳ הַמַּעֲלֶה אֶתְכֶם מֵאֶרֶץ מִצְרַיִם לִהְיֹת לָכֶם לֵאלֹהִים, וִהְיִיתֶם קְדֹשִׁים כִּי קָדוֹשׁ אָנִי.[122]

בצד התוכחה והפורענות הנביא מבטיח בשם ה׳ כי בסופו של דבר תהיה לעמו תקומה, לאחר שילמד את לקח הנפילה.

עמוס פרק ט ז **הֲלוֹא כִבְנֵי כֻשִׁיִּים, כך אַתֶּם לִי בְּנֵי יִשְׂרָאֵל**, ולמה תחשבו
את עצמכם למיוחדים?! אינכם מיוחסים לפני יותר מבני כוש, בכורו
של חם.[123] **נְאֻם ה׳. הֲלוֹא**, אמנם **אֶת יִשְׂרָאֵל הֶעֱלֵיתִי מֵאֶרֶץ מִצְרַיִם**, ובזה
אתם רואים סימן לייחודכם, אך גם בכך אינכם ייחודיים – **וּפְלִשְׁתִּיִּים**,
שגם הם מצאצאי חם,[124] העליתי **מִכַּפְתּוֹר**, כְּרֵתִים. הפלשתים לא היו
במקורם תושבי הארץ הקדמונים, אלא באו אליה מכרתים.[125] ואת
אֲרָם מִקִּיר. עשיתי כך לכמה עמים וממלכות; הרי שאינכם מיוחדים.[126]

ח **הִנֵּה עֵינֵי ה׳ אֱלֹהִים בַּמַּמְלָכָה הַחַטָּאָה**, כך דרכי לעשות בממלכה
המרבה לחטוא, **וְהִשְׁמַדְתִּי אֹתָהּ מֵעַל פְּנֵי הָאֲדָמָה, אֶפֶס**, ובכל זאת דעו
לכם **כִּי לֹא הַשְׁמֵיד אַשְׁמִיד אֶת בֵּית יַעֲקֹב, נְאֻם ה׳**. גם אם לעמים אחרים
אין אחרית, לכם יש תקווה. אף שתוכו ותגלו, לא תושמדו. ט **כִּי**
הִנֵּה אָנֹכִי מְצַוֶּה, וַהֲנִעוֹתִי בְכָל הַגּוֹיִם אֶת בֵּית יִשְׂרָאֵל, אטלטל אתכם
בכל העמים **כַּאֲשֶׁר יִנּוֹעַ** הדגן **בַּכְּבָרָה**, כלי סינון, **וְלֹא יִפּוֹל צְרוֹר**, גרגר
גדול **לאָרֶץ**. אף על פי שהגרגרים מתנועעים בכברה ממקום למקום,
והפסולת הדקה נופלת, הצרור נשאר בתוכה.[127] י **בַּחֶרֶב יָמוּתוּ כֹּל**
חַטָּאֵי, רשעי **עַמִּי, הָאֹמְרִים: לֹא תַגִּישׁ וְתַקְדִּים בַּעֲדֵינוּ**, לא תתקרב
אלינו **הָרָעָה**.

יא **בַּיּוֹם הַהוּא אָקִים אֶת סֻכַּת דָּוִיד הַנֹּפֶלֶת**, ממלכת דוד או עירו

העולם | קִיר שם עיר או חבל ארץ שהיה מקום מוצאם של ארם. להערכת החוקרים שכנה קיר במזרחה של בבל, ואליה הגלו האשורים את דמשק וארם במאה ה-8 לפנה״ס, כפי שנאמר: וַיַּעַל מֶלֶךְ אַשּׁוּר אֶל דַּמֶּשֶׂק וַיִּתְפְּשֶׂהָ וַיַּגְלֶהָ קִירָה (מלכים ב׳ טז,ט).

דָּוִ֖יד הַנֹּפֶ֑לֶת וְגָדַרְתִּ֣י אֶת־פִּרְצֵיהֶ֗ן וַהֲרִֽסֹתָיו֙ אָקִ֔ים
וּבְנִיתִ֖יהָ כִּימֵ֥י עוֹלָֽם׃ לְמַ֨עַן יִֽירְשׁ֜וּ אֶת־שְׁאֵרִ֤ית יב
אֱדוֹם֙ וְכָל־הַגּוֹיִ֔ם אֲשֶׁר־נִקְרָ֥א שְׁמִ֖י עֲלֵיהֶ֑ם נְאֻם־
יְהוָ֖ה עֹ֥שֶׂה זֹּֽאת׃ הִנֵּ֨ה יָמִ֤ים בָּאִים֙ נְאֻם־ יג
יְהוָ֔ה וְנִגַּ֤שׁ חוֹרֵשׁ֙ בַּקֹּצֵ֔ר וְדֹרֵ֥ךְ עֲנָבִ֖ים בְּמֹשֵׁ֣ךְ הַזָּ֑רַע
וְהִטִּ֤יפוּ הֶֽהָרִים֙ עָסִ֔יס וְכָל־הַגְּבָע֖וֹת תִּתְמוֹגַֽגְנָה׃
וְשַׁבְתִּי֮ אֶת־שְׁב֣וּת עַמִּ֣י יִשְׂרָאֵל֒ וּבָנ֞וּ עָרִ֤ים נְשַׁמּוֹת֙ יד
וְיָשָׁ֔בוּ וְנָטְע֣וּ כְרָמִ֔ים וְשָׁת֖וּ אֶת־יֵינָ֑ם וְעָשׂ֣וּ גַנּ֔וֹת
וְאָכְל֖וּ אֶת־פְּרִיהֶֽם׃ וּנְטַעְתִּ֖ים עַל־אַדְמָתָ֑ם וְלֹ֨א טו
יִנָּתְשׁ֜וּ ע֗וֹד מֵעַ֤ל אַדְמָתָם֙ אֲשֶׁ֣ר נָתַ֣תִּי לָהֶ֔ם אָמַ֖ר
יְהוָ֥ה אֱלֹהֶֽיךָ׃

ביאור

המתמוטטת, שבמצבה הנוכחי אינה אלא סוכה עראית המטה
ליפול, לעתיד תהיה לה תקומה. **וְגָדַרְתִּי אֶת פִּרְצֵיהֶן** – של חומות דוד,
וַהֲרִסֹתָיו אָקִים, וּבְנִיתִיהָ כִּימֵי עוֹלָם. סוכת דוד תשוב ותיבנה לתפארת
כמו בשנותיה היפות. יב **לְמַעַן יִירְשׁוּ** ישראל **אֶת שְׁאֵרִית אֱדוֹם וְ**את **כָּל
הַגּוֹיִם, אֲשֶׁר,** כי **נִקְרָא שְׁמִי עֲלֵיהֶם** – על ישראל. ישראל יצאו לגלות,
אבל הם ישרדו ויחזרו לארצם כדי לרשת את כל ארצות אויביהם.
נְאֻם ה' עֹשֶׂה זֹּאת.

ספר עמוס מסתיים בדברי נחמה על אחרית הימים: יג **הִנֵּה יָמִים
בָּאִים, נְאֻם ה', וְנִגַּשׁ,** ייפגש **חוֹרֵשׁ בַּקֹּצֵר** בעבודתם, כי הארץ תהיה
פורייה, ועונות החרישה והקצירה יגיעו זו לזו בקצותיהן. **וְדֹרֵךְ
עֲנָבִים** ייפגש **בְּמֹשֵׁךְ,** גורר **הַזָּרַע** בשדה לזרעו. בדרך כלל עוברים כמה
חודשים בין זמן דריכת הענבים בסוף הקיץ, לבין עת הזריעה, אבל
לעתיד לבוא גם הם ייפגשו. **וְהִטִּיפוּ הֶהָרִים עָסִיס,** מיץ הפֵּרות, **וְכָל
הַגְּבָעוֹת תִּתְמוֹגַגְנָה,** תימסנה ותיזלנה מגדים. יד **וְשַׁבְתִּי אֶת שְׁבוּת
עַמִּי יִשְׂרָאֵל, וּבָנוּ עָרִים נְשַׁמּוֹת,** שוממות **וְיָשָׁבוּ** בהן, **וְנָטְעוּ כְרָמִים וְשָׁתוּ
אֶת יֵינָם, וְעָשׂוּ גַנּוֹת וְאָכְלוּ אֶת פְּרִיהֶם,** טו **וּנְטַעְתִּים,** אקבע אותם **עַל
אַדְמָתָם וְלֹא יִנָּתְשׁוּ,** ייעקרו **עוֹד מֵעַל אַדְמָתָם אֲשֶׁר נָתַתִּי לָהֶם. אָמַר ה'
אֱלֹהֶיךָ.** אחרי הניעור והבירור יזכו הנשארים לראות בתקומת סוכת
דוד, בשפע הברכה ובתקומת ארצם, ובה יישארו לעולם.

הפטרת אמר

יחזקאל

וְהַכֹּהֲנִים הַלְוִיִּם בְּנֵי צָדוֹק אֲשֶׁר שָׁמְרוּ אֶת־מִשְׁמֶרֶת טו מד
מִקְדָּשִׁי בִּתְעוֹת בְּנֵי־יִשְׂרָאֵל מֵעָלַי הֵמָּה יִקְרְבוּ אֵלַי
לְשָׁרְתֵנִי וְעָמְדוּ לְפָנַי לְהַקְרִיב לִי חֵלֶב וָדָם נְאֻם אֲדֹנָי
יֱהוִה: הֵמָּה יָבֹאוּ אֶל־מִקְדָּשִׁי וְהֵמָּה יִקְרְבוּ אֶל־ טז
שֻׁלְחָנִי לְשָׁרְתֵנִי וְשָׁמְרוּ אֶת־מִשְׁמַרְתִּי: וְהָיָה בְּבוֹאָם יז
אֶל־שַׁעֲרֵי הֶחָצֵר הַפְּנִימִית בִּגְדֵי פִשְׁתִּים יִלְבָּשׁוּ
וְלֹא־יַעֲלֶה עֲלֵיהֶם צֶמֶר בְּשָׁרְתָם בְּשַׁעֲרֵי הֶחָצֵר
הַפְּנִימִית וָבָיְתָה: פַּאֲרֵי פִשְׁתִּים יִהְיוּ עַל־רֹאשָׁם יח
וּמִכְנְסֵי פִשְׁתִּים יִהְיוּ עַל־מָתְנֵיהֶם לֹא יַחְגְּרוּ בַּיָּזַע:
וּבְצֵאתָם אֶל־הֶחָצֵר הַחִיצוֹנָה אֶל־הֶחָצֵר הַחִיצוֹנָה יט
אֶל־הָעָם יִפְשְׁטוּ אֶת־בִּגְדֵיהֶם אֲשֶׁר־הֵמָּה מְשָׁרְתִם
בָּם וְהִנִּיחוּ אוֹתָם בְּלִשְׁכֹת הַקֹּדֶשׁ וְלָבְשׁוּ בְּגָדִים
אֲחֵרִים וְלֹא־יְקַדְּשׁוּ אֶת־הָעָם בְּבִגְדֵיהֶם: וְרֹאשָׁם לֹא כ

הרחבות | **בני צדוק** הכהונה הגדולה לא עברה מדור לדור בקו שושלתי אחד, והיו זמנים שבהם היא נדדה בין שני בתי הכהונה – של אלעזר ושל איתמר בני אהרן. כך למשל, עֵלי היה מבני איתמר הצעיר, ועקב מעשי בניו ניטלה הכהונה

הכהנים במקדש העתיד

בפרשת 'אמֹר אל הכהנים' מפטירים בנבואת יחזקאל העוסקת בדיני הכהנים בבית המקדש העתידי – בתפקידיהם ובמתנותיהם. מעבר להלכות המפורשות גם בתורה, יש בפשטה של הנבואה הגבלות נוספות לגבי קדושת הכהנים. לא ברור אם אלו הן הוראות חדשות שנהגו בזמן מסוים, או אולי מסורות מקובלות, מעין 'תורה שבעל פה' שיחזקאל העלה על הכתב.[128]

ביאור | יחזקאל פרק מד טו **וְהַכֹּהֲנִים הַלְוִיִּם**, השייכים לשבט לוי[129] **בְּנֵי צָדוֹק**. צדוק היה כהן חשוב בימי דוד ושימש בכהונה גדולה גם בימי שלמה,[130] **אֲשֶׁר שָׁמְרוּ אֶת מִשְׁמֶרֶת מִקְדָּשִׁי בִּתְעוֹת**, כאשר סרו **בְנֵי יִשְׂרָאֵל מֵעָלַי, הֵמָּה**, הם בלבד ולא כהנים רבים אחרים שאינם מזרע צדוק, **יִקְרְבוּ אֵלַי לְשָׁרְתֵנִי, וְעָמְדוּ לְפָנַי לְהַקְרִיב לִי חֵלֶב וָדָם, נְאֻם ה' אֱלוֹהִים.** טז **הֵמָּה יָבֹאוּ אֶל מִקְדָּשִׁי, וְהֵמָּה יִקְרְבוּ אֶל שֻׁלְחָנִי**, מזבחי[131] **לְשָׁרְתֵנִי, וְשָׁמְרוּ אֶת מִשְׁמַרְתִּי.**

דיני הכהנים בבואם לשרת ובצאתם: יז **וְהָיָה בְּבוֹאָם** – בבוא הכהנים **אֶל שַׁעֲרֵי הֶחָצֵר הַפְּנִימִית**, העזרה הסמוכה לאולם, שבתוכה ניצב המזבח, רק **בִּגְדֵי פִשְׁתִּים יִלְבָּשׁוּ, וְלֹא יַעֲלֶה עֲלֵיהֶם צֶמֶר**, ובוודאי לא שאר אריגים, שלא נחשבו עיקריים כצמר ופשתן ולכן לא נזכרו.[132] **בְּשָׁרְתָם בְּשַׁעֲרֵי הֶחָצֵר הַפְּנִימִית וָבָיְתָה**, ופנימה. יח **פַּאֲרֵי**, המגבעות הניתנות לפאר, גם הן עשויות **פִשְׁתִּים, יִהְיוּ עַל רֹאשָׁם וּמִכְנְסֵי פִשְׁתִּים יִהְיוּ עַל מָתְנֵיהֶם, לֹא יַחְגְּרוּ** את המכנסיים ואת האבנט **בַּיָּזַע**, במקום שבו הזיעה מוגברת. החלק המוצמד אל הגוף לא יהיה סמוך לרגליים, כדרך שנהוג כיום לחגור, אלא באזור המותניים, בערך בקו המקביל למרפק.[133] יט **וּבְצֵאתָם אֶל הֶחָצֵר הַחִיצוֹנָה אֶל הֶחָצֵר הַחִיצוֹנָה**, החיצונה ביותר,[134] **אֶל הָעָם, יִפְשְׁטוּ אֶת בִּגְדֵיהֶם אֲשֶׁר הֵמָּה מְשָׁרְתִם בָּם**, את בגדי הכהונה, **וְהִנִּיחוּ אוֹתָם בְּלִשְׁכֹת הַקֹּדֶשׁ, וְלָבְשׁוּ בְּגָדִים אֲחֵרִים.** בגדי הכהונה נועדו לשרת בקודש בלבד ואינם בגדים אישיים להתהלך בהם בחוץ.[135] הסיבה לאיסור זה – **וְלֹא יְקַדְּשׁוּ**, ירחיקו, יבדילו **אֶת הָעָם בְּ**אמצעות **בִגְדֵיהֶם**. הלשון מהופכת מפני הכבוד: 'ולא יקדשו יטמאו את בגדיהם בעם'. או: אילו הכהנים התהלכו בבגדיהם בתוך העם, הם היו מרחיקים את העם.[136] כ **וְרֹאשָׁם לֹא יְגַלֵּחוּ**, להבדיל

הרחבות | הגדולה מזרעו ועברה לבני אלעזר. נראה שהכהנים משושלת צדוק שירתו ברציפות במשך תקופת בית המקדש הראשון, וכך אוישה הכהונה הגדולה בצאצאי צדוק הכהן עד ימי עזרא הסופר, שהיה גם הוא מזרעו. (ראו רד"ק יחזקאל מ,מו; הרחבות לבמדבר כה,יג ושמואל א' ב,לה).

יְגַלֵּחוּ וּפֶרַע לֹא יְשַׁלֵּחוּ כָּסוֹם יִכְסְמוּ אֶת־רָאשֵׁיהֶם׃
כא וְיַיִן לֹא־יִשְׁתּוּ כָּל־כֹּהֵן בְּבוֹאָם אֶל־הֶחָצֵר הַפְּנִימִית׃
כב וְאַלְמָנָה וּגְרוּשָׁה לֹא־יִקְחוּ לָהֶם לְנָשִׁים כִּי אִם־
בְּתוּלֹת מִזֶּרַע בֵּית יִשְׂרָאֵל וְהָאַלְמָנָה אֲשֶׁר־תִּהְיֶה
כג אַלְמָנָה מִכֹּהֵן יִקָּחוּ׃ וְאֶת־עַמִּי יוֹרוּ בֵּין קֹדֶשׁ לְחֹל
כד וּבֵין־טָמֵא לְטָהוֹר יוֹדִיעֻם׃ וְעַל־רִיב הֵמָּה יַעַמְדוּ
לשפט בְּמִשְׁפָּטַי ושפטהו וְאֶת־תּוֹרֹתַי וְאֶת־חֻקֹּתַי
כה בְּכָל־מוֹעֲדַי יִשְׁמֹרוּ וְאֶת־שַׁבְּתוֹתַי יְקַדֵּשׁוּ׃ וְאֶל־
מֵת אָדָם לֹא יָבוֹא לְטָמְאָה כִּי אִם־לְאָב וּלְאֵם וּלְבֵן
וּלְבַת לְאָח וּלְאָחוֹת אֲשֶׁר־לֹא־הָיְתָה לְאִישׁ יִטַּמָּאוּ׃
כו כז וְאַחֲרֵי טָהֳרָתוֹ שִׁבְעַת יָמִים יִסְפְּרוּ־לוֹ׃ וּבְיוֹם בֹּאוֹ
אֶל־הַקֹּדֶשׁ אֶל־הֶחָצֵר הַפְּנִימִית לְשָׁרֵת בַּקֹּדֶשׁ
כח יַקְרִיב חַטָּאתוֹ נְאֻם אֲדֹנָי יֱהֹוִה׃ וְהָיְתָה לָהֶם לְנַחֲלָה

לְמִשְׁפָּט
יִשְׁפְּטֻהוּ

הרחבות **'כָּסוֹם יִכְסְמוּ'** נראה ממדרש חכמים שעל שֵׂער הכהנים להיות קצוץ כצמיחתה של הכוסמת בשדות או כצורת השיבולת – לא גבוה מדי, לא פרוע ולא מגולח. (ראו עוד רש"י ור"א מבלגנצי על אתר; ישעיה כח,כה ורש"י שם). בהקשר זה אמרו שתספורתו של הכהן הגדול הייתה מיוחדת במינה, והשקיעו בה עבודה רבה. היא הייתה בנויה משורות ארוכות של תלתלים מסודרים, ומעצב השער צריך היה לשמור שיישארו במקומם. (ראו סנהדרין כב ע"ב ותוספות שם).

איסורי חיתון בכהנים בתורה כתוב שאסור לכהנים לשאת גרושות, ואילו האיסור לשאת אלמנות נאמר רק לכהן הגדול, ובו גם נאמר שעליו לשאת רק בתולה מעמיו. (ויקרא כא,ז יג ו–יד). גם ההבחנה האמורה

ביאור | מכהני מצרים שגולחו לגמרי, וּפֶרַע, שער פרוע לֹא יְשַׁלֵּחוּ. שערותיהם
לא יהיו כרועות ושלוחות לכל עבר אלא גזוזות ומסודרות – כָּסוֹם
יִכְסְמוּ, יספרו אֶת רָאשֵׁיהֶם.

כא וְיַיִן לֹא יִשְׁתּוּ, כָּל כֹּהֵן, בְּבוֹאָם אֶל הֶחָצֵר הַפְּנִימִית. אסור לכל כהן
ששתה יין להיכנס לעזרה הפנימית – בין האולם ולמזבח.[137]

דיני קדושה הקשורים לנישואין: כב וְאַלְמָנָה וּגְרוּשָׁה לֹא יִקְחוּ לָהֶם
לְנָשִׁים, כִּי אִם בְּתוּלֹת מִזֶּרַע בֵּית יִשְׂרָאֵל, וְהָאַלְמָנָה אֲשֶׁר תִּהְיֶה אַלְמָנָה
מִכֹּהֵן – יִקָּחוּ.

תפקידיהם הציבוריים: כג וְאֶת עַמִּי יוֹרוּ, בֵּין קֹדֶשׁ לְחֹל וּבֵין טָמֵא
לְטָהוֹר יוֹדִיעֻם, כד וְעַל רִיב הֵמָּה יַעַמְדוּ לְמִשְׁפָּט, בְּמִשְׁפָּטַי יִשְׁפְּטֻהוּ.
מלבד עבודת המקדש ישמשו הכהנים מורי העם ושופטיו. גם אם
במשך הדורות תפקיד זה לא היה רשמי, בין מורי ההוראה לישראל
בדורותיהם היה אחוז גבוה של כהנים.[138] וְאֶת תּוֹרֹתַי וְאֶת חֻקֹּתַי בְּכָל
מוֹעֲדַי יִשְׁמֹרוּ הן בהבאת קרבנות המועד במקדש, הן בשמירת המועד
בכל מקום,[139] וְאֶת שַׁבְּתוֹתַי יְקַדֵּשׁוּ.

דיני טומאה וטהרה: כה וְאֶל מֵת אָדָם לֹא יָבוֹא לְטָמְאָה, לכהנים
אסור להיטמא למת, כִּי אִם לְאָב וּלְאֵם וּלְבֵן וּלְבַת, לְאָח וּלְאָחוֹת
אֲשֶׁר לֹא הָיְתָה לְאִישׁ, רווקה – יִטַּמָּאוּ, ככתוב בתורה.[140] כו וְאַחֲרֵי
טָהֳרָתוֹ, כאשר הכהן נטמא למת ופרש ממנו[141] – שִׁבְעַת יָמִים יִסְפְּרוּ
לוֹ, כמשך תהליך הטהרה המפורש בתורה.[142] כז וּבְיוֹם בֹּאוֹ אֶל הַקֹּדֶשׁ
אֶל הֶחָצֵר הַפְּנִימִית לְשָׁרֵת בַּקֹּדֶשׁ יַקְרִיב חַטָּאתוֹ, נְאֻם ה׳ אֱלוֹהִים. חכמים
פירשו זאת על כהן הנכנס לראשונה לעבודת המקדש, שעליו להביא
מנחה מיוחדת, ככתוב בתורה. מנחת חינוך זו מטהרת את הכהן
ומכשירה אותו לעבודה.[143]

מתנות כהונה ועניני ממון: כח וְהָיְתָה לָהֶם הכהונה לְנַחֲלָה. אֲנִי

הרחבות | ביחזקאל בין אלמנת ישראל לאלמנת כהן אינה תואמת את הדין האמור בתורה. חכמים פירשו פסוקים אלו באופן שיהלמו את דין התורה. (ראו קדושין עח; רש״י על אתר) נראה מפשוטם של דברים כי יש כאן תוספת הרחקה לכהנים שתנהג לעתיד לבוא. (ראו רד״ק ומלבי״ם). יש מקום להשערה שביד הכהנים הייתה מסורת קדומה שקיבלו על עצמם כמנהג של הידור מצווה, שלא לשאת אלמנות על אף ההיתר שבדבר. וכיוון שמצד הדין הדבר מותר, הם נשאו רק אלמנות שבאו מחוגם, אלמנות של כהנים. (על פי קדמוניות היהודים).
ההוראה ׳כי אם בתולֹת מזרע בית ישראל׳, היא אחד המקורות, אולי המקור הראשון, לאיסור שחל על כהן לשאת גיורת, דבר שאינו מפורש בתורה (ראו עוד קדושין עח ע״א; שו״ת רדב״ז ב׳ אלפים ש).

אֲנִי נַחֲלָתָם וַאֲחֻזָּה לֹא־תִתְּנוּ לָהֶם בְּיִשְׂרָאֵל אֲנִי
אֲחֻזָּתָם׃ הַמִּנְחָה וְהַחַטָּאת וְהָאָשָׁם הֵמָּה יֹאכְלוּם כט
וְכָל־חֵרֶם בְּיִשְׂרָאֵל לָהֶם יִהְיֶה׃ וְרֵאשִׁית כָּל־בִּכּוּרֵי ל
כֹל וְכָל־תְּרוּמַת כֹּל מִכֹּל תְּרוּמוֹתֵיכֶם לַכֹּהֲנִים יִהְיֶה
וְרֵאשִׁית עֲרִיסוֹתֵיכֶם תִּתְּנוּ לַכֹּהֵן לְהָנִיחַ בְּרָכָה אֶל־
בֵּיתֶךָ׃ כָּל־נְבֵלָה וּטְרֵפָה מִן־הָעוֹף וּמִן־הַבְּהֵמָה לֹא לא
יֹאכְלוּ הַכֹּהֲנִים׃

ביאור

נַחֲלָתָם, העבודה שהם עובדים אותי במקדשי היא נחלת הכהנים
בני צדוק. אין להם נחלה אחרת – **וַאֲחֻזָּה לֹא תִתְּנוּ לָהֶם בְּיִשְׂרָאֵל,
אֲנִי אֲחֻזָּתָם.** כט את קרבנות **הַמִּנְחָה וְהַחַטָּאת וְהָאָשָׁם** המובאים על
ידי ישראל, **הֵמָּה** – אותם כהנים **יֹאכְלוּם, וְכָל חֵרֶם**, סוג של הֶקדש[144]
בְּיִשְׂרָאֵל לָהֶם יִהְיֶה. ל **וְרֵאשִׁית כָּל בִּכּוּרֵי כֹל**, היבול הצומח ראשון
בכל שנה מן המינים השונים[145] **וְכָל תְּרוּמַת כֹּל מִכֹּל תְּרוּמֹתֵיכֶם,**
החלקים המורמים מהפֵּרות ומהקרבנות השונים –[146] **לַכֹּהֲנִים יִהְיֶה,
וְרֵאשִׁית עֲרִיסוֹתֵיכֶם**, החלה שאתם מפרישים מהעיסה,[147] **תִּתְּנוּ לַכֹּהֵן,
לְהָנִיחַ בְּרָכָה אֶל בֵּיתֶךָ.** הנתינה לכהן אינה רק מצווה; היא מביאה
ברכה לבית.[148]

וכאן באה אזהרה מפתיעה: לא **כָּל נְבֵלָה וּטְרֵפָה מִן הָעוֹף וּמִן הַבְּהֵמָה
לֹא יֹאכְלוּ הַכֹּהֲנִים.** למרות שהאיסור לאכול נבלה וטרפה נאמר
בתורה לכל נפש מישראל,[149] לכהנים הוכפלו האיסורים בעניין זה,
אם משום חשש היטמאות במגע עם הנבלות, או בשל קדושתם
היתרה של הכהנים.[150] חכמים פירשו שהנבלות והטרפות בסביבת
הכהנים רבות יותר, שהרי קרבנות העופות אינם נשחטים, אלא
ראשם נמלק, והכהנים אוכלים אותם. לכן הוצרכו הכהנים לכפל
אזהרה על כל הנבלות והטרפות האחרות.

הפטרת בהר

ירמיה

לאשכנזים ולספרדים
התימנים מפטירים בהפטרה הבאה

לב ו וַיֹּאמֶר יִרְמְיָהוּ הָיָה דְּבַר־יְהוָה אֵלַי לֵאמֹר׃ הִנֵּה
חֲנַמְאֵל בֶּן־שַׁלֻּם דֹּדְךָ בָּא אֵלֶיךָ לֵאמֹר קְנֵה לְךָ
אֶת־שָׂדִי אֲשֶׁר בַּעֲנָתוֹת כִּי לְךָ מִשְׁפַּט הַגְּאֻלָּה
ח לִקְנוֹת׃ וַיָּבֹא אֵלַי חֲנַמְאֵל בֶּן־דֹּדִי כִּדְבַר יְהוָה אֶל־
חֲצַר הַמַּטָּרָה וַיֹּאמֶר אֵלַי קְנֵה נָא אֶת־שָׂדִי אֲשֶׁר־
בַּעֲנָתוֹת אֲשֶׁר ׀ בְּאֶרֶץ בִּנְיָמִין כִּי לְךָ מִשְׁפַּט הַיְרֻשָּׁה
וּלְךָ הַגְּאֻלָּה קְנֵה־לָךְ וָאֵדַע כִּי דְבַר־יְהוָה הוּא׃
ט וָאֶקְנֶה אֶת־הַשָּׂדֶה מֵאֵת חֲנַמְאֵל בֶּן־דֹּדִי אֲשֶׁר
בַּעֲנָתוֹת וָאֶשְׁקֲלָה־לּוֹ אֶת־הַכֶּסֶף שִׁבְעָה שְׁקָלִים
י וַעֲשָׂרָה הַכָּסֶף׃ וָאֶכְתֹּב בַּסֵּפֶר וָאֶחְתֹּם וָאָעֵד עֵדִים
יא וָאֶשְׁקֹל הַכֶּסֶף בְּמֹאזְנָיִם׃ וָאֶקַּח אֶת־סֵפֶר הַמִּקְנָה
יב אֶת־הֶחָתוּם הַמִּצְוָה וְהַחֻקִּים וְאֶת־הַגָּלוּי׃ וָאֶתֵּן אֶת־

הרחבות | *'שבעה שקלים ועשרה הכסף'* לא נאמר מה היה גודל השדה, אך לפי הפשט יש לשער ששבעה שקלים ועשר מעות היו מחיר נמוך למדי עבור שדה. (ראו ר"י מטראני). במצב מלחמה, כששורר חוסר ודאות כללי נראה שדי בכסף מועט לקניית שדה, משום שמדובר בצעד סמלי יותר מאשר בערך ממשי. ואולם לדברי חכמים מדובר

קניית השדה ובשורת הגאולה המלווה לה

הנבואה שלפנינו נאמרה סמוך לנפילת ירושלים בידי הבבלים. העיר נתונה במצור, שלעת עתה איננו חמור ביותר. בשעה שהחורבן בפתח מצווה ירמיהו על מעשה המפגין ביטחון בעתיד הטוב. עליו לגאול שדה מבן דודו ולשמור את שטר המכירה לימים עתידיים, שבהם תמומש קנייתו. גאולת נחלה של קרוב משפחה היא אחת מהמצוות המוזכרות בפרשה, וכאן היא מסמלת את חידוש קשר הברית שבין ה׳ לעמו ואת חידוש הקשר בין העם לארצו – קשרים הרמוזים בפרשה.

ביאור | ירמיה פרק לב ו **וַיֹּאמֶר יִרְמְיָהוּ: הָיָה דְּבַר ה׳ אֵלַי** בתוך כל מאורעות
המצור, **לֵאמֹר:** ז **הִנֵּה חֲנַמְאֵל בֶּן שַׁלֻּם-דֹּדְךָ בָּא, יבוא אֵלֶיךָ לֵאמֹר: קְנֵה
לְךָ אֶת שָׂדִי אֲשֶׁר בַּעֲנָתוֹת.** זוהי כמובן הצעה מוזרה במצב הנוכחי, אבל נראה שחנמאל ינסה בכל זאת למכור את השדה, אולי יצליח לקבל כסף כלשהו בעדו. הוא יפנה אליך כבן דוד, **כִּי לְךָ מִשְׁפַּט הַגְּאֻלָּה לִקְנוֹת.** חוקי הגאולה שבתורה קובעים שהמוכר שטח מנחלתו, אחד מקרוביו גואל את הנכס מיד הקונה. לקרוב ביותר במשפחת האב ניתנת זכות קדימה לקנות את השדה.[151] חנמאל מציע לירמיהו לממש את זכות הראשונים הזו עוד קודם מכירתה לאחר, בתור הגואל הקרוב ביותר.[152]

ח ואכן – **וַיָּבֹא אֵלַי** לבקר אותי במעצר, **חֲנַמְאֵל בֶּן דֹּדִי** שַׁלֻּם, **כִּדְבַר ה׳, אֶל חֲצַר הַמַּטָּרָה, וַיֹּאמֶר אֵלַי: ״קְנֵה נָא אֶת שָׂדִי אֲשֶׁר בַּעֲנָתוֹת, אֲשֶׁר בְּאֶרֶץ בִּנְיָמִין,** כִּי לְךָ מִשְׁפַּט הַיְרֻשָּׁה, אתה היורש הקרוב ובתור שכזה לְךָ זכות הַגְּאֻלָּה. קְנֵה לָךְ״.

וָאֵדַע כִּי דְבַר ה׳ הוּא. ט **וָאֶקְנֶה אֶת הַשָּׂדֶה מֵאֵת חֲנַמְאֵל בֶּן דֹּדִי אֲשֶׁר
בַּעֲנָתוֹת, וָאֶשְׁקְלָה לּוֹ אֶת הַכֶּסֶף** שביקש בעד השדה – **שִׁבְעָה שְׁקָלִים וַעֲשָׂרָה הַכָּסֶף.**

י **וָאֶכְתֹּב בַּסֵּפֶר** את חוזה הקניין, **וָאֶחְתֹּם וָאָעֵד עֵדִים, וָאֶשְׁקֹל הַכֶּסֶף בְּמֹאזְנָיִם.** באותה תקופה עדיין לא השתמשו באזור הזה במטבעות, והשקלים היו גושים קטנים במשקל מסוים ולא יחידות
מוטבעות. יא **וָאֶקַּח אֶת סֵפֶר הַמִּקְנָה,** חוזה המכר – **אֶת הֶחָתוּם,** החלק בשטר שנשמר סגור, הכולל את **הַמִּצְוָה וְהַחֻקִּים** של המכירה, פרטיה ותנאיה, **וְאֶת הַגָּלוּי,** החלק הפתוח לכול של החוזה, אולי העתק

הרחבות | כאן בסכום גדול הרבה יותר: שבעה מנים ועשרה סלעי כסף (המנה הוא מאה דינרים והסלע – ארבעה. ראו יונתן ורש״י על אתר; בכורות נ ע״א). לפי זה מעשה הקניין ביטא את הביטחון בדברי הנבואה שבהמשך בדבר חזרתם של הגולים לאדמתם.

הַסֵּ֖פֶר הַמִּקְנָ֑ה אֶל־בָּר֣וּךְ בֶּן־נֵרִיָּה֮ בֶּן־מַחְסֵיָה֒ לְעֵינֵ֗י
חֲנַמְאֵל֙ דֹּדִ֔י וּלְעֵינֵי֙ הָֽעֵדִ֔ים הַכֹּתְבִ֖ים בְּסֵ֣פֶר הַמִּקְנָ֑ה
לְעֵינֵי֙ כָּל־הַיְּהוּדִ֔ים הַיֹּשְׁבִ֖ים בַּחֲצַ֥ר הַמַּטָּרָֽה׃ וָאֲצַוֶּה֙ יג
אֶת־בָּר֔וּךְ לְעֵינֵיהֶ֖ם לֵאמֹֽר׃ כֹּֽה־אָמַ֞ר יְהוָ֤ה צְבָאוֹת֙ יד
אֱלֹהֵ֣י יִשְׂרָאֵ֔ל לָק֣וֹחַ אֶת־הַסְּפָרִ֣ים הָאֵ֗לֶּה אֵ֣ת סֵ֠פֶר
הַמִּקְנָ֨ה הַזֶּ֜ה וְאֵ֤ת הֶֽחָתוּם֙ וְאֵ֨ת סֵ֤פֶר הַגָּלוּי֙ הַזֶּ֔ה
וּנְתַתָּ֖ם בִּכְלִי־חָ֑רֶשׂ לְמַ֥עַן יַעַמְד֖וּ יָמִ֥ים רַבִּֽים׃ כִּ֣י כֹ֥ה טו
אָמַ֛ר יְהוָ֥ה צְבָא֖וֹת אֱלֹהֵ֣י יִשְׂרָאֵ֑ל ע֣וֹד יִקָּנ֥וּ בָתִּ֛ים
וְשָׂד֥וֹת וּכְרָמִ֖ים בָּאָ֥רֶץ הַזֹּֽאת׃ וָאֶתְפַּלֵּ֖ל טז
אֶל־יְהוָ֑ה אַחֲרֵ֣י תִתִּי֙ אֶת־סֵ֣פֶר הַמִּקְנָ֔ה אֶל־בָּר֥וּךְ
בֶּן־נֵרִיָּ֖ה לֵאמֹֽר׃ אֲהָהּ֮ אֲדֹנָ֣י יֱהֹוִה֒ הִנֵּ֣ה ׀ אַתָּ֣ה עָשִׂ֗יתָ יז
אֶת־הַשָּׁמַ֙יִם֙ וְאֶת־הָאָ֔רֶץ בְּכֹחֲךָ֙ הַגָּד֔וֹל וּבִזְרֹעֲךָ֖
הַנְּטוּיָ֑ה לֹֽא־יִפָּלֵ֥א מִמְּךָ֖ כָּל־דָּבָֽר׃ עֹ֤שֶׂה חֶ֙סֶד֙ לַאֲלָפִ֔ים יח

קנקן חרס מקומרן שנשמרו בו מגילות (ספרים) יותר מאלפיים שנה

ביאור

של החלק החתום.[153] יב **וָאֶתֵּן אֶת הַסֵּפֶר הַמִּקְנָה אֶל בָּרוּךְ בֶּן נֵרִיָּה בֶּן**
מַחְסֵיָה, מזכירו-סופרו של ירמיהו,[154] **לְעֵינֵי חֲנַמְאֵל** בן[155] **דֹּדִי וּלְעֵינֵי**
הָעֵדִים הַכֹּתְבִים את חתימותיהם **בְּסֵפֶר הַמִּקְנָה, לְעֵינֵי כָּל הַיְּהוּדִים**,
בני יהודה **הַיֹּשְׁבִים בַּחֲצַר הַמַּטָּרָה.** לאחר הכתיבה והחתימות ניתן
הספר ביד ירמיהו כאישור המכירה, וירמיהו נתן אותו למזכירו
למשמרת. יג **וָאֲצַוֶּה אֶת בָּרוּךְ לְעֵינֵיהֶם לֵאמֹר:** יד **כֹּה אָמַר ה' צְבָאוֹת**
אֱלֹהֵי יִשְׂרָאֵל: לָקוֹחַ, קח **אֶת הַסְּפָרִים הָאֵלֶּה, אֵת סֵפֶר הַמִּקְנָה הַזֶּה**
וְאֵת, את **הֶחָתוּם וְאֵת סֵפֶר הַגָּלוּי הַזֶּה, וּנְתַתָּם בִּכְלִי חָרֶשׂ**, חרס, **לְמַעַן**
יַעַמְדוּ, יתקיימו **יָמִים רַבִּים.** הספרים באותם הימים היו מגילות
כתובות על גבי עור או קלף. כדי שלא יתעפשו, יש להצניען במקום
יבש. בכלי חרס סגור היטב הן עשויות להחזיק מעמד גם אלפי
שנים. טו **כִּי כֹה אָמַר ה' צְבָאוֹת אֱלֹהֵי יִשְׂרָאֵל: עוֹד יִקָּנוּ בָתִּים וְשָׂדוֹת**
וּכְרָמִים בָּאָרֶץ הַזֹּאת. הקניין הזה לא נעשה לשם עסקה מסחרית,
שהרי קיומה בנסיבות אלו מוזר, אלא כטקס הצהרתי. שמירת
השטר היא פעולה סמלית שנועדה להפגין שלשטרות הללו יש
ערך. כאמור, מחמת המצור אין דעתם של אנשים פנויה לעסקים
ולהשקעות עתידיות. קניית השדה, שאיננה למראית עין בלבד,
היא צעד נושא משמעות המבטא את הנבואה שעוד ייקנו קרקעות
בארץ, ושלחיים בה עוד תהיה תקומה.

טז **וָאֶתְפַּלֵּל אֶל ה' אַחֲרֵי תִתִּי אֶת סֵפֶר הַמִּקְנָה אֶל בָּרוּךְ בֶּן נֵרִיָּה**
לֵאמֹר: יז **אֲהָהּ**, אוי, **ה' אֱלוֹהִים! הִנֵּה אַתָּה עָשִׂיתָ אֶת הַשָּׁמַיִם וְאֶת**
הָאָרֶץ בְּכֹחֲךָ הַגָּדוֹל וּבִזְרֹעֲךָ הַנְּטוּיָה, לֹא יִפָּלֵא, ייבצר **מִמְּךָ כָּל דָּבָר.**
אתה יוצר הכ־ל, יודע כול, וכול יכול. יח **עֹשֶׂה חֶסֶד לַאֲלָפִים וּמְשַׁלֵּם**

וּמְשַׁלֵּם עֲוֹן אָבוֹת אֶל־חֵיק בְּנֵיהֶם אַחֲרֵיהֶם הָאֵל
הַגָּדוֹל הַגִּבּוֹר יְהוָה צְבָאוֹת שְׁמוֹ׃ גְּדֹל הָעֵצָה וְרַב יט
הָעֲלִילִיָּה אֲשֶׁר־עֵינֶיךָ פְקֻחוֹת עַל־כָּל־דַּרְכֵי בְּנֵי
אָדָם לָתֵת לְאִישׁ כִּדְרָכָיו וְכִפְרִי מַעֲלָלָיו׃ אֲשֶׁר כ
שַׂמְתָּ אֹתוֹת וּמֹפְתִים בְּאֶרֶץ מִצְרַיִם עַד־הַיּוֹם הַזֶּה
וּבְיִשְׂרָאֵל וּבָאָדָם וַתַּעֲשֶׂה־לְּךָ שֵׁם כַּיּוֹם הַזֶּה׃ וַתֹּצֵא כא
אֶת־עַמְּךָ אֶת־יִשְׂרָאֵל מֵאֶרֶץ מִצְרָיִם בְּאֹתוֹת
וּבְמוֹפְתִים וּבְיָד חֲזָקָה וּבְאֶזְרוֹעַ נְטוּיָה וּבְמוֹרָא
גָּדוֹל׃ וַתִּתֵּן לָהֶם אֶת־הָאָרֶץ הַזֹּאת אֲשֶׁר־נִשְׁבַּעְתָּ כב
לַאֲבוֹתָם לָתֵת לָהֶם אֶרֶץ זָבַת חָלָב וּדְבָשׁ׃ וַיָּבֹאוּ כג
וַיִּרְשׁוּ אֹתָהּ וְלֹא־שָׁמְעוּ בְקוֹלֶךָ ובתרותך לֹא־ וּבְתוֹרָתְךָ
הָלָכוּ אֵת כָּל־אֲשֶׁר צִוִּיתָה לָהֶם לַעֲשׂוֹת לֹא עָשׂוּ
וַתַּקְרֵא אֹתָם אֵת כָּל־הָרָעָה הַזֹּאת׃ הִנֵּה הַסֹּלְלוֹת כד
בָּאוּ הָעִיר לְלָכְדָהּ וְהָעִיר נִתְּנָה בְּיַד הַכַּשְׂדִּים
הַנִּלְחָמִים עָלֶיהָ מִפְּנֵי הַחֶרֶב וְהָרָעָב וְהַדָּבֶר וַאֲשֶׁר
דִּבַּרְתָּ הָיָה וְהִנְּךָ רֹאֶה׃ וְאַתָּה אָמַרְתָּ אֵלַי אֲדֹנָי יֱהוִה כה
קְנֵה־לְךָ הַשָּׂדֶה בַּכֶּסֶף וְהָעֵד עֵדִים וְהָעִיר נִתְּנָה
בְּיַד הַכַּשְׂדִּים׃ וַיְהִי דְּבַר־יְהוָה אֶל־יִרְמְיָהוּ כו
לֵאמֹר׃ הִנֵּה אֲנִי יְהוָה אֱלֹהֵי כָּל־בָּשָׂר הֲמִמֶּנִּי יִפָּלֵא כז
כָּל־דָּבָר׃

הרחבות | דברי השבח הפותחים את תפילת ירמיהו – כדברי שבח הבאים בראשה של כל תפילה (ראו ברכות לב ע"א. וראו עוד: בראשית לב,י–יא; דברים ג,כו; מלכים א' ח,כג וישעיה לז,טז) – נועדו להדגיש כאן שה' יכול לעשות הכול, ועל כן אין מקום לקושיות כיצד ייתכן הדבר. תמיהות מעין אלה ביחס לדברי הנביאים מופיעות למשל אצל אלישע, המתנבא על שפע אוכל שיבוא לעיר הנצורה בן לילה ומישהו תוהה

ביאור עֲוֹן אָבוֹת אֶל חֵיק בְּנֵיהֶם אַחֲרֵיהֶם, ככתוב בתורה,[156] הָאֵל הַגָּדוֹל הַגִּבּוֹר,
ה' צְבָאוֹת שְׁמוֹ. יט גְּדֹל הָעֵצָה, מחשבותיך גדולות, וְרַב הָעֲלִילִיָּה,
מעשיך רבים.[157] אתה הוא אֲשֶׁר עֵינֶיךָ פְקֻחוֹת עַל כָּל דַּרְכֵי בְּנֵי אָדָם, לָתֵת
לְאִישׁ כִּדְרָכָיו וְכִפְרִי מַעֲלָלָיו. אתה המתכנן, העושה והמשגיח, כ אֲשֶׁר
שַׂמְתָּ אֹתוֹת וּמֹפְתִים בְּאֶרֶץ מִצְרַיִם עַד הַיּוֹם הַזֶּה, וּבְיִשְׂרָאֵל ובשאר
בני אָדָם,[158] וַתַּעֲשֶׂה לְּךָ שֵׁם כַּיּוֹם הַזֶּה, כפי שברור עכשיו. כא וַתֹּצֵא
אֶת עַמְּךָ, אֶת יִשְׂרָאֵל, מֵאֶרֶץ מִצְרָיִם בְּאֹתוֹת וּבְמוֹפְתִים וּבְיָד חֲזָקָה
וּבְאֶזְרוֹעַ, זרוע נְטוּיָה וּבְמוֹרָא גָּדוֹל, כב וַתִּתֵּן לָהֶם אֶת הָאָרֶץ הַזֹּאת
אֲשֶׁר נִשְׁבַּעְתָּ לַאֲבוֹתָם לָתֵת לָהֶם, אֶרֶץ זָבַת חָלָב וּדְבָשׁ. כג וַיָּבֹאוּ
וַיִּרְשׁוּ אֹתָהּ וְלֹא שָׁמְעוּ בְקוֹלֶךָ וּבְתוֹרָתְךָ לֹא הָלָכוּ. אֵת כָּל אֲשֶׁר צִוִּיתָה
לָהֶם לַעֲשׂוֹת – לֹא עָשׂוּ, וַתַּקְרֵא, זימנת, גרמת שתקרה אֹתָם אֵת כָּל
הָרָעָה הַזֹּאת – כד הִנֵּה הַסֹּלְלוֹת, סוללות העפר של האויב בָּאוּ,
נערמות ליד הָעִיר לְלָכְדָהּ. הסוללות היו אחד האמצעים להכניע
עיר חומה הנתונה במצור. הן הורמו עד לגובה החומה, ובאמצעותן
אפשר היה לחדור אל העיר מעל החומה.[159] וְהָעִיר נִתְּנָה להיכבש
בְּיַד הַכַּשְׂדִּים הַנִּלְחָמִים עָלֶיהָ, מִפְּנֵי הַחֶרֶב וְהָרָעָב וְהַדָּבֶר שבעיר, וַאֲשֶׁר
דִּבַּרְתָּ, ה', שיקרה אכן הָיָה, וְהִנְּךָ רֹאֶה. כה וְעם כל זאת, אַתָּה אָמַרְתָּ
אֵלַי, ה' אֱלוֹהִים: "קְנֵה לְךָ הַשָּׂדֶה בַּכֶּסֶף וְהָעֵד עֵדִים" – מה הפשר ואיזו
משמעות יש לדבר והלוא הָעִיר נִתְּנָה בְּיַד הַכַּשְׂדִּים?

כו וַיְהִי דְּבַר ה' אֶל יִרְמְיָהוּ לֵאמֹר: כז הִנֵּה אֲנִי ה' אֱלֹהֵי כָּל בָּשָׂר – הֲמִמֶּנִּי
יִפָּלֵא כָּל דָּבָר?! לא ייבצר ממני כלום, כדבריך. עוד אגאל את
ישראל ואשיבם לארצם.

הרחבות העובדות הן שהסוללות קרובות לעיר, ובמוקדם או במאוחר הבבלים יכבשו אותה – לשם מה אפוא אמרת לי לקנות את השדה ולקיים את הקנייה? כנגדו: וְהִנֵּה ה' עֹשֶׂה אֲרֻבּוֹת בַּשָּׁמַיִם – הֲיִהְיֶה כַּדָּבָר הַזֶּה? (ראו הפטרת מצורע לעיל – מלכים ב' ז,ב), ולמחרת הנבואה אכן מתגשמת. אמנם כן, אומר ירמיהו, ה' הוא כול יכול ואיני מפקפק בדבר, אבל

הפטרת בחקתי

ירמיה

לספרדים ולאשכנזים

יְהוָ֞ה עֻזִּ֧י וּמָעֻזִּ֛י וּמְנוּסִ֖י בְּי֣וֹם צָרָ֑ה אֵלֶ֗יךָ גּוֹיִ֤ם יָבֹ֙אוּ֙ יט טז
מֵֽאַפְסֵי־אָ֔רֶץ וְיֹֽאמְר֗וּ אַךְ־שֶׁ֙קֶר֙ נָחֲל֣וּ אֲבוֹתֵ֔ינוּ
הֶ֖בֶל וְאֵֽין־בָּ֥ם מוֹעִֽיל׃ הֲיַעֲשֶׂה־לּ֥וֹ אָדָ֖ם אֱלֹהִ֑ים כ
וְהֵ֖מָּה לֹ֥א אֱלֹהִֽים׃ לָכֵן֙ הִנְנִ֣י מֽוֹדִיעָ֔ם בַּפַּ֣עַם הַזֹּ֔את כא
אוֹדִיעֵ֥ם אֶת־יָדִ֖י וְאֶת־גְּבֽוּרָתִ֑י וְיָדְע֖וּ כִּֽי־שְׁמִ֥י
יְהוָֽה׃ חַטַּ֣את יְהוּדָ֗ה כְּתוּבָ֛ה בְּעֵ֥ט בַּרְזֶ֖ל א יז
בְּצִפֹּ֣רֶן שָׁמִ֑יר חֲרוּשָׁה֙ עַל־ל֣וּחַ לִבָּ֔ם וּלְקַֽרְנ֖וֹת
מִזְבְּחוֹתֵיכֶֽם׃ כִּזְכֹּ֤ר בְּנֵיהֶם֙ מִזְבְּחוֹתָ֔ם וַאֲשֵׁרֵיהֶ֖ם עַל־ ב
עֵ֣ץ רַעֲנָ֑ן עַ֖ל גְּבָע֥וֹת הַגְּבֹהֽוֹת׃ הֲרָרִי֙ בַּשָּׂדֶ֔ה חֵילְךָ֥ כָל־ ג
אוֹצְרוֹתֶ֖יךָ לָבַ֣ז אֶתֵּ֑ן בָּמֹתֶ֕יךָ בְּחַטָּ֖את בְּכָל־גְּבוּלֶֽיךָ׃
וְשָׁמַטְתָּ֗ה וּבְךָ֙ מִנַּחֲלָֽתְךָ֙ אֲשֶׁ֣ר נָתַ֣תִּי לָ֔ךְ וְהַעֲבַדְתִּ֙יךָ֙ ד
אֶת־אֹ֣יְבֶ֔יךָ בָּאָ֖רֶץ אֲשֶׁ֣ר לֹֽא־יָדָ֑עְתָּ כִּֽי־אֵ֛שׁ קְדַחְתֶּ֥ם
בְּאַפִּ֖י עַד־עוֹלָ֥ם תּוּקָֽד׃ כֹּ֣ה ׀ אָמַ֣ר ה
יְהוָ֗ה אָר֤וּר הַגֶּ֙בֶר֙ אֲשֶׁ֣ר יִבְטַ֣ח בָּֽאָדָ֔ם וְשָׂ֥ם בָּשָׂ֖ר

הברכה והקללה כרוכות בזיקת העם והאדם לאלוקיו

הברכה האצורה בנאמנות העם לבריתו עם ה׳ והקללה שבעקבות הפרת הברית, הן המסר המרכזי של פרשת ׳אם בחֻקֹּתַי תלכו׳, וגם של הפסוקים הנקראים בהפטרתה. בשתי הקריאות מוּכרת גם הזיקה בין התנהגות העם להישארותו בארצו.

לפי מנהג התימנים וקהילות נוספות, הפטרה זו נקראת בפרשת בהר, המסתיימת בחיזוק ברית סיני ובאזהרה מפני עבודת האלילים – עניינה של ההפטרה.

ביאור | לנוכח דברי ה׳ אל ירמיהו על העם שעזבו ופנה לאלוהים אחרים,
הנביא מגיב: ירמיה פרק טז יט **ה׳ עֻזִּי**, כוחי **וּמָעֻזִּי**, מבצרי **וּמְנוּסִי**,
אליו אני נס **בְּיוֹם צָרָה. אֵלֶיךָ גּוֹיִם יָבֹאוּ מֵאַפְסֵי**, מקצווי **אָרֶץ, וְיֹאמְרוּ:**
״אַךְ שֶׁקֶר נָחֲלוּ אֲבוֹתֵינוּ דור אחר דור, **הֶבֶל** נחלו **וְאֵין בָּם מוֹעִיל**,
תועלת״. לעתיד לבוא יכירו הגויים בכך שאין ממש בעבודתם
הזרה של אבותיהם, כ שהרי – **הֲיַעֲשֶׂה לּוֹ אָדָם אֱלֹהִים?! – וְהֵמָּה**
לֹא אֱלֹהִים. כא **לָכֵן הִנְנִי מוֹדִיעָם** – מודיע לעם בשמך: **בַּפַּעַם הַזֹּאת**
אוֹדִיעֵם אֶת יָדִי וְאֶת גְּבוּרָתִי, וְיָדְעוּ כִּי שְׁמִי ה׳. בסופו של דבר אפילו
הגויים יכירו בשם ה׳, אבל תחילה יקבלו ישראל את עונשם.[160]
פרק יז א **חַטַּאת יְהוּדָה כְּתוּבָה**, חקוקה **בְּעֵט בַּרְזֶל, בְּצִפֹּרֶן**, חרט חד
של **שָׁמִיר**, חומר או יצור כלשהו שבכוחו לבקוע אבנים, לחרוץ
בהן ואף לחתך אותן.[161] חטאתם של בני יהודה **חֲרוּשָׁה**, חרותה
עַל לוּחַ לִבָּם וּלְקַרְנוֹת מִזְבְּחוֹתֵיכֶם, על קרנות מזבחות העבודה הזרה
שלכם. ב חטאת יהודה איננה שטחית – **כִּזְכֹּר**, כפי שהם זוכרים את
בְּנֵיהֶם, כך הם זוכרים את **מִזְבְּחוֹתָם וַאֲשֵׁרֵיהֶם**, עצי הפולחן שלהם **שֶׁעַל**
עֵץ רַעֲנָן וְעַל גְּבָעוֹת הַגְּבֹהוֹת. אנשים זוכרים ומזכירים את מזבחותיהם
ואשריהם באותה ערגה ותדירות שהם זוכרים את בניהם.[162] ג **הֲרָרִי**,
הרִי, או: הרים **שֶׁבַּשָּׂדֶה**! כינוי לירושלים או לארץ יהודה ההררית
שמימינה ומשמאלה ארץ מישור.[163] **את חֵילְךָ**, הונך **וְכָל אוֹצְרוֹתֶיךָ**
לָבַז אֶתֵּן. בָּמֹתֶיךָ כרוכות **בְּחַטָּאת בְּכָל גְּבוּלֶיךָ**. ד **וְשָׁמַטְתָּה**, תיעזב –
וּבְךָ, בגללך – **מִנַּחֲלָתְךָ אֲשֶׁר נָתַתִּי לָךְ, וְהַעֲבַדְתִּיךָ**, אעביד אותך **אֶת**
אֹיְבֶיךָ בָּאָרֶץ רחוקה **אֲשֶׁר לֹא יָדָעְתָּ, כִּי אֵשׁ קְדַחְתֶּם**, הדלקתם **בְּאַפִּי**,
הרגזתם אותי,[164] **עַד עוֹלָם תּוּקָד**, אש שתבער שנים רבות.

עד כה תוארו חטא העבודה הזרה ועונשה החמור. מכאן והלאה
ידבר הנביא על דברים אנושיים ופרטיים יותר. ה **כֹּה אָמַר ה׳: אָרוּר**
הַגֶּבֶר אֲשֶׁר יִבְטַח רק **בָּאָדָם, וְשָׂם בָּשָׂר זְרֹעוֹ**, ומבסס את כוחו על בשר

ו זַרְעוֹ וּמִן־יְהוָה יָסוּר לִבּוֹ׃ וְהָיָה כְּעַרְעָר בָּעֲרָבָה
וְלֹא יִרְאֶה כִּי־יָבוֹא טוֹב וְשָׁכַן חֲרֵרִים בַּמִּדְבָּר אֶרֶץ
ז מְלֵחָה וְלֹא תֵשֵׁב׃ בָּרוּךְ הַגֶּבֶר אֲשֶׁר יִבְטַח
ח בַּיהוָה וְהָיָה יְהוָה מִבְטַחוֹ׃ וְהָיָה כְּעֵץ ׀ שָׁתוּל עַל־
מַיִם וְעַל־יוּבַל יְשַׁלַּח שָׁרָשָׁיו וְלֹא יִרְאָ כִּי־יָבֹא חֹם
וְהָיָה עָלֵהוּ רַעֲנָן וּבִשְׁנַת בַּצֹּרֶת לֹא יִדְאָג וְלֹא
ט יָמִישׁ מֵעֲשׂוֹת פֶּרִי׃ עָקֹב הַלֵּב מִכֹּל וְאָנֻשׁ הוּא מִי
י יֵדָעֶנּוּ׃ אֲנִי יְהוָה חֹקֵר לֵב בֹּחֵן כְּלָיוֹת וְלָתֵת לְאִישׁ
יא כִּדְרָכָו כִּפְרִי מַעֲלָלָיו׃ קֹרֵא דָגַר וְלֹא
יָלָד עֹשֶׂה עֹשֶׁר וְלֹא בְמִשְׁפָּט בַּחֲצִי יָמָו יַעַזְבֶנּוּ
יב וּבְאַחֲרִיתוֹ יִהְיֶה נָבָל׃ כִּסֵּא כָבוֹד מָרוֹם מֵרִאשׁוֹן
יג מְקוֹם מִקְדָּשֵׁנוּ׃ מִקְוֵה יִשְׂרָאֵל יְהוָה כָּל־עֹזְבֶיךָ
יֵבֹשׁוּ יסורי בָּאָרֶץ יִכָּתֵבוּ כִּי עָזְבוּ מְקוֹר מַיִם־חַיִּים וְסוּרַי

מימין: ערער בערבה

משמאל: קורא

העולם | קֹרֵא (שם מדעי: Ammoperdix heyi) עוף קרקע מדברי ממשפחת התרנגולאים הדומה לחוגלה ומשקלו כ–200 גרם. יש שגם הקורא הזכר דוגר על הביצים, ויש ששתי נקבות מטילות בקן אחד, ואחת הנקבות משתלטת על הקן ודוגרת לבדה, אך היא דוגרת רק על חלק מהביצים. שתי התכונות הללו מאשרות את דברי הפסוק: קֹרֵא דָגַר וְלֹא יָלָד.

ביאור | ודם בלבד,[165] **וּמִן ה׳ יָסוּר לִבּוֹ.** אנשים אלה מתכננים תכניות ראליות
גדולות, המתבססות אך ורק על בני אדם, על פעולות עסקיות
וכיוצא בכך. ו **וְהָיָה** האיש הזה **כְּעַרְעָר**, כשיח עלוב, ערום וערירי,
אילן שאינו עושה פֵּרות ומתקיים בקושי **בָּעֲרָבָה**, מישור שאין
בו עצים אלא שיחים נמוכים. **וְלֹא יִרְאֶה כִּי יָבוֹא טוֹב, וְשָׁכַן חֲרֵרִים,**
בסביבה יבשה ושרופה מחום **בַּמִּדְבָּר, בְּאֶרֶץ מְלֵחָה וְלֹא תֵשֵׁב**, חרבה
שאינה מיושבה. ז לעומתו, **בָּרוּךְ הַגֶּבֶר אֲשֶׁר יִבְטַח בַּה׳, וְהָיָה ה׳ מִבְטַחוֹ**
של איש זה. ח **וְהָיָה כְּעֵץ שָׁתוּל עַל מַיִם, וְעַל יוּבַל**, נחל, פלג מים **יְשַׁלַּח
שָׁרָשָׁיו**, ועל כן **לֹא יִרְאֶה** – או לא ייִרא, כפי הכתיב בפסוק[166] – **כִּי
יָבֹא חֹם.** הוא אינו חושש מהתייבשות. **וְהָיָה עָלֵהוּ רַעֲנָן**, ואפילו **בִּשְׁנַת
בַּצֹּרֶת לֹא יִדְאָג, וְלֹא יָמִישׁ**, יחדל **מֵעֲשׂוֹת פֶּרִי.** ט אכן, **עָקֹב**, עקום,
מטעה ומִרמה הוא **הַלֵּב** האנושי **מִכֹּל, וְאָנֻשׁ**, חולה מאוד **הוּא – מִי
יֵדָעֶנּוּ?!** אין לדעת חייו של מי בנויים רק על תאוות העולם הזה,
ומיהו זה שסומך על ה׳ באמת והולך בדרכיו. הלב כה עקלקל
וחולה, שלפעמים גם האדם עצמו איננו מכיר את עצמו.[167] י רק
אֲנִי ה׳ חֹקֵר לֵב, בֹּחֵן כְּלָיוֹת, וְלָתֵת, כדי לתת **לְאִישׁ כִּדְרָכָיו, כִּפְרִי מַעֲלָלָיו.**

בהמשך לענייני הפרט האנושי: יא **קֹרֵא**, עוף קטן ממשפחת
התרנגולים. כאשר כמה מהעופות הללו מקננים יחד, הם נוטים
לגרש זה את זה ולאסוף את ביצי זולתם מתחת לכנפיו. **דָגַר**, אוסף
ביצים[168] **וְלֹא**, שאותן לא **יָלָד.** הקורא הדוגר על ביצים לא לו משמש
דימוי לאדם **שעֹשֶׂה עֹשֶׁר וְלֹא בְמִשְׁפָּט**, מוסיף לעצמו ממון שאינו
שלו.[169] באותו אופן, האיש שהתעשר שלא כדין, **בַּחֲצִי יָמָיו**, באמצע
חייו **יַעַזְבֶנּוּ** – את עושרו, **וּבְאַחֲרִיתוֹ יִהְיֶה נָבָל**, בזוי ונבול,[170] או: יתגלה
כרשע ופורע חוק.[171]

יב מנגד – **כִּסֵּא כָבוֹד** שהוא **מָרוֹם מֵרִאשׁוֹן**, מרומם מאז ומקדם – **מְקוֹם
מִקְדָּשֵׁנוּ.** יג **מִקְוֵה**, מושא התקווה של **יִשְׂרָאֵל – ה׳**, השוכן במקדש
ישראל. על כן **כָּל עֹזְבֶיךָ יֵבֹשׁוּ**, יתביישו. **וְסוּרַי**, אלה הסרים מעל ה׳
ומתרחקים ממרום הקודש, **בָּאָרֶץ**, בתחתיות, באדמה **יִכָּתֵבוּ**, ושמם
לא ייוודע בעולם, **כִּי** האנשים החמדניים שלבם מעוקם **עָזְבוּ מְקוֹר**

הרחבות |

׳והיה כעץ שתול...׳ הניסוח והדימויים הללו דומים מאוד לאמור במזמור הראשון בספר תהלים (פס׳ ג-ד), ובהחלט ייתכן שיש כאן ניסיון מודע לחזור על דברי משורר תהלים.

׳מקוה ישראל ה׳׳ ביטוי זה נדרש גם כדימוי למקור טהרה, כמדרשו של רבי עקיבא על הפסוק הזה: ״מה מקווה (מים) מטהר את הטמאים, אף הקדוש ברוך הוא מטהר את ישראל״ (משנה סוף יומא), ובדומה לסוף הפסוק: כִּי עָזְבוּ מְקוֹר מַיִם חַיִּים – אֶת ה׳.

אֶת־יְהוָה׃ רְפָאֵנִי יְהוָה וְאֵרָפֵא הוֹשִׁיעֵנִי יד
וְאִוָּשֵׁעָה כִּי תְהִלָּתִי אָתָּה׃

יחזקאל

לתימנים

וַיְהִי דְבַר־יְהוָה אֵלַי לֵאמֹר׃ בֶּן־אָדָם הִנָּבֵא עַל־רוֹעֵי א ב לד
יִשְׂרָאֵל הִנָּבֵא וְאָמַרְתָּ אֲלֵיהֶם לָרֹעִים כֹּה־אָמַר ׀
אֲדֹנָי יֱהוִה הוֹי רֹעֵי יִשְׂרָאֵל אֲשֶׁר הָיוּ רֹעִים אוֹתָם
הֲלוֹא הַצֹּאן יִרְעוּ הָרֹעִים׃ אֶת־הַחֵלֶב תֹּאכֵלוּ וְאֶת־ ג
הַצֶּמֶר תִּלְבָּשׁוּ הַבְּרִיאָה תִּזְבָּחוּ הַצֹּאן לֹא תִרְעוּ׃
אֶת־הַנַּחְלוֹת לֹא חִזַּקְתֶּם וְאֶת־הַחוֹלָה לֹא־רִפֵּאתֶם ד
וְלַנִּשְׁבֶּרֶת לֹא חֲבַשְׁתֶּם וְאֶת־הַנִּדַּחַת לֹא הֲשֵׁבֹתֶם
וְאֶת־הָאֹבֶדֶת לֹא בִקַּשְׁתֶּם וּבְחָזְקָה רְדִיתֶם אֹתָם
וּבְפָרֶךְ׃ וַתְּפוּצֶינָה מִבְּלִי רֹעֶה וַתִּהְיֶינָה לְאָכְלָה ה
לְכָל־חַיַּת הַשָּׂדֶה וַתְּפוּצֶינָה׃ יִשְׁגּוּ צֹאנִי בְּכָל־ ו
הֶהָרִים וְעַל כָּל־גִּבְעָה רָמָה וְעַל כָּל־פְּנֵי הָאָרֶץ
נָפֹצוּ צֹאנִי וְאֵין דּוֹרֵשׁ וְאֵין מְבַקֵּשׁ׃ לָכֵן רֹעִים שִׁמְעוּ ז
אֶת־דְּבַר יְהוָה׃ חַי־אָנִי נְאֻם ׀ אֲדֹנָי יֱהוִה אִם־לֹא ח

ביאור

מַיִם חַיִּים, אֶת ה׳. על כן העושר אינו נשמר בידם לאורך זמן; ולא זו בלבד אלא הם עצמם נשארים עזובים, זנוחים ומושפלים.[172]

ההפטרה מסתיימת בתפילה, בפסוק אחד מתוך דברי ירמיהו
המביעים את מצוקתו: יד **רְפָאֵנִי, ה׳, וְאֵרָפֵא, הוֹשִׁיעֵנִי וְאִוָּשֵׁעָה, כִּי
תְהִלָּתִי אָתָּה.**

הנהגת ישראל העתידה

בנבואה שלפנינו דברים קשים למנהיגי ישראל לדורותיהם, בצד דברי נחמה לעם. המנהיגים המתוארים כאן עסוקים בעצמם ומזניחים את עמם, והם גורמים במעשיהם ובמחדליהם לשחיתות, עזובה וגלות. לעתיד יפוטרו רועים אלו מתפקידם, בעל הצאן ישיב את צאנו למקומו הבטוח, ויעמיד לישראל רועה מסור אחד. ביטויי הברכות בסופה של ההפטרה זהים במידה רבה לברכות שבפרשת בחֻקֹּתַי.

יחזקאל פרק לד א **וַיְהִי דְבַר ה׳ אֵלַי לֵאמֹר:** ב **בֶּן אָדָם, הִנָּבֵא עַל רוֹעֵי
יִשְׂרָאֵל,** המנהיגים, **הִנָּבֵא וְאָמַרְתָּ אֲלֵיהֶם, לָרֹעִים: כֹּה אָמַר ה׳ אֱלוֹהִים:
הוֹי רֹעֵי יִשְׂרָאֵל, אֲשֶׁר הָיוּ רֹעִים אוֹתָם,** את עצמם, **הֲלוֹא** את **הַצֹּאן
יִרְעוּ הָרֹעִים!** על הרועים לפקח ולפרנס את הצאן, לא את עצמם.[173]
אפשרות נוספת: שמעו, רועי ישראל, האם ייתכן שהצאן ירעה את
הרועים?! ג אתם, הרועים, **אֶת הַחֵלֶב,** המובחר **תֹּאכֵלוּ, וְאֶת הַצֶּמֶר** של
הכבשים **תִּלְבָּשׁוּ. הַבְּרִיאָה** שבהן **תִּזְבָּחוּ,** תעשו אותה קרבן הנאכל.
אתם מנצלים את הצאן להנאותיכם, ואילו את **הַצֹּאן לֹא תִרְעוּ.**
אינכם ממלאים את חובותיכם בניהול העם ובדאגה לו. ד **אֶת
הַנַּחְלוֹת,** הצאן החלשות **לֹא חִזַּקְתֶּם, וְאֶת הַחוֹלָה לֹא רִפֵּאתֶם, וְלַנִּשְׁבֶּרֶת,**
שנשברה לה עצם **לֹא חֲבַשְׁתֶּם, וְאֶת הַנִּדַּחַת,** המורחקת **לֹא הֲשֵׁבֹתֶם,
וְאֶת הָאֹבֶדֶת** שאין מקומה ידוע **לֹא בִקַּשְׁתֶּם,** חיפשתם. לא נהגתם
עם הצאן בררמים – **וּבְחָזְקָה רְדִיתֶם אֹתָם, וּבְפָרֶךְ.** ניצלתם את העם
בעבודה קשה. ה **וַתְּפוּצֶינָה,** הצאן התפזרו **מִבְּלִי רֹעֶה** דואג ומשגיח.
ומכיוון שיצאו מהעדר, הן מועדות לפורענות – **וַתִּהְיֶינָה לְאָכְלָה לְכָל
חַיַּת הַשָּׂדֶה, וַתְּפוּצֶינָה** עוד ועוד – ו **יִשְׁגּוּ,** יתעו **צֹאנִי בְּכָל הֶהָרִים וְעַל
כָּל גִּבְעָה רָמָה, וְעַל כָּל פְּנֵי הָאָרֶץ נָפֹצוּ צֹאנִי, וְאֵין דּוֹרֵשׁ וְאֵין מְבַקֵּשׁ.**
המנהיגים עוסקים בעצמם, ואינם מתעניינים בשאלות היכן
הצאן והשלוב לו. ייתכן שהתעייה בהרים מרמזת על עבודה זרה,
שכן עבדו לה בדרך כלל בהרים.[174]

ז **לָכֵן, רֹעִים, שִׁמְעוּ אֶת דְּבַר ה׳:** ח **חַי אָנִי,** בשבועה, **נְאֻם ה׳ אֱלוֹהִים,**

יַ֣עַן הֱיֽוֹת־צֹאנִ֣י ׀ לָבַ֡ז וַתִּהְיֶ֣ינָה צֹאנִ֩י לְאׇכְלָ֨ה לְכׇל־
חַיַּ֤ת הַשָּׂדֶה֙ מֵאֵ֣ין רֹעֶ֔ה וְלֹֽא־דָרְשׁ֥וּ רֹעַ֖י אֶת־צֹאנִ֑י
ט וַיִּרְע֤וּ הָֽרֹעִים֙ אוֹתָ֔ם וְאֶת־צֹאנִ֖י לֹ֥א רָעֽוּ׃ לָכֵ֣ן הָֽרֹעִ֔ים
י שִׁמְע֖וּ דְּבַר־יְהֹוָֽה׃ כֹּֽה־אָמַ֞ר אֲדֹנָ֣י יֱהֹוִ֗ה
הִנְנִ֨י אֶל־הָרֹעִ֜ים וְדָרַשְׁתִּ֧י אֶת־צֹאנִ֣י מִיָּדָ֗ם וְהִשְׁבַּתִּים֙
מֵרְע֣וֹת צֹ֔אן וְלֹֽא־יִרְע֥וּ ע֛וֹד הָרֹעִ֖ים אוֹתָ֑ם וְהִצַּלְתִּ֤י
יא צֹאנִי֙ מִפִּיהֶ֔ם וְלֹא־תִהְיֶ֥יןָ לָהֶ֖ם לְאׇכְלָֽה׃ כִּ֛י
כֹּ֥ה אָמַ֖ר אֲדֹנָ֣י יֱהֹוִ֑ה הִנְנִי־אָ֕נִי וְדָרַשְׁתִּ֥י אֶת־צֹאנִ֖י
יב וּבִקַּרְתִּֽים׃ כְּבַקָּרַת֩ רֹעֶ֨ה עֶדְר֜וֹ בְּיוֹם־הֱיוֹת֤וֹ בְתוֹךְ־
צֹאנוֹ֙ נִפְרָשׁ֔וֹת כֵּ֖ן אֲבַקֵּ֣ר אֶת־צֹאנִ֑י וְהִצַּלְתִּ֣י אֶתְהֶ֗ם
מִכׇּל־הַמְּקוֹמֹת֙ אֲשֶׁ֣ר נָפֹ֣צוּ שָׁ֔ם בְּי֖וֹם עָנָ֥ן וַעֲרָפֶֽל׃
יג וְהוֹצֵאתִ֣ים מִן־הָעַמִּ֗ים וְקִבַּצְתִּים֙ מִן־הָ֣אֲרָצ֔וֹת
וַהֲבִיאוֹתִ֖ים אֶל־אַדְמָתָ֑ם וּרְעִיתִים֙ אֶל־הָרֵ֣י יִשְׂרָאֵ֔ל
יד בָּאֲפִיקִ֕ים וּבְכֹ֖ל מוֹשְׁבֵ֥י הָאָֽרֶץ׃ בְּמִרְעֶה־טּוֹב֙ אֶרְעֶ֣ה
אֹתָ֔ם וּבְהָרֵ֥י מְרוֹם־יִשְׂרָאֵ֖ל יִהְיֶ֣ה נְוֵהֶ֑ם שָׁ֤ם תִּרְבַּ֙צְנָה֙
טו בְּנָ֣וֶה טּ֔וֹב וּמִרְעֶ֥ה שָׁמֵ֛ן תִּרְעֶ֖ינָה אֶל־הָרֵ֥י יִשְׂרָאֵֽל׃ אֲנִ֨י
טז אֶרְעֶ֤ה צֹאנִי֙ וַאֲנִ֣י אַרְבִּיצֵ֔ם נְאֻ֖ם אֲדֹנָ֥י יֱהֹוִֽה׃ אֶת־
הָאֹבֶ֤דֶת אֲבַקֵּשׁ֙ וְאֶת־הַנִּדַּ֣חַת אָשִׁ֔יב וְלַנִּשְׁבֶּ֣רֶת
אֶחֱבֹ֔שׁ וְאֶת־הַחוֹלָ֖ה אֲחַזֵּ֑ק וְאֶת־הַשְּׁמֵנָ֧ה וְאֶת־
יז הַחֲזָקָ֛ה אַשְׁמִ֖יד אֶרְעֶ֥נָּה בְמִשְׁפָּֽט׃ וְאַתֵּ֥נָה צֹאנִ֛י כֹּ֥ה
אָמַ֖ר אֲדֹנָ֣י יֱהֹוִ֑ה הִנְנִ֤י שֹׁפֵט֙ בֵּֽין־שֶׂ֣ה לָשֶׂ֔ה לָאֵילִ֖ים
יח וְלָעַתּוּדִֽים׃ הַמְעַ֣ט מִכֶּ֗ם הַמִּרְעֶ֤ה הַטּוֹב֙ תִּרְע֔וּ וְיֶ֙תֶר֙

ביאור

אִם לֹא יַעַן הֱיוֹת צֹאנִי לָבַז, לביזה וַתִּהְיֶינָה צֹאנִי לְאָכְלָה לְכָל חַיַּת
הַשָּׂדֶה מֵאֵין רֹעֶה, וְלֹא דָרְשׁוּ רֹעַי אֶת צֹאנִי, וַיִּרְעוּ הָרֹעִים אוֹתָם – את
עצמם, וְאֶת צֹאנִי לֹא רָעוּ. אנשי השלטון לא דאגו לאיש זולת
עצמם. ט לָכֵן, הָרֹעִים, שִׁמְעוּ דְּבַר ה׳: י כֹּה אָמַר ה׳ אֱלוֹהִים: הִנְנִי
פונה אֶל הָרֹעִים, וְדָרַשְׁתִּי אֶת צֹאנִי מִיָּדָם. הצאן שהם רועים אותו הוא
שלי, ואני אדרוש מהם לדעת מה קרה לו. וְהִשְׁבַּתִּים מֵרְעוֹת צֹאן, וְלֹא
יִרְעוּ עוֹד הָרֹעִים אוֹתָם. אפטר אותם מתפקידם. וְהִצַּלְתִּי צֹאנִי מִפִּיהֶם,
וְלֹא תִהְיֶיןָ לָהֶם לְאָכְלָה.

יא כִּי כֹּה אָמַר ה׳ אֱלוֹהִים: הִנְנִי אָנִי וְדָרַשְׁתִּי, אני עצמי אחפש אֶת צֹאנִי
וּבִקַּרְתִּים, אבדוק את מצבם, יב כְּבַקָּרַת רֹעֶה עֶדְרוֹ בְּיוֹם הֱיוֹתוֹ בְתוֹךְ
צֹאנוֹ נִפְרָשׁוֹת, בהמות שהובדלו והורחקו, כֵּן אֲבַקֵּר אֶת צֹאנִי וְהִצַּלְתִּי
אֶתְהֶם, אותן מִכָּל הַמְּקוֹמֹת אֲשֶׁר נָפֹצוּ שָׁם בְּיוֹם עָנָן וַעֲרָפֶל. ביום מעונן
הצאן תועות ונפוצות למקומות רחוקים. כך הוגלו ישראל בין
העמים בימים קודרים כיוון שמנהיגיהם עשו לביתם-הם, והזניחו
את קהלם. יג וְהוֹצֵאתִים מִן הָעַמִּים וְקִבַּצְתִּים מִן הָאֲרָצוֹת וַהֲבִיאוֹתִים
אֶל אַדְמָתָם וּרְעִיתִים אֶל הָרֵי יִשְׂרָאֵל, בָּאֲפִיקִים, בנחלים וּבְכֹל מוֹשְׁבֵי
הָאָרֶץ. יד בְּמִרְעֶה טּוֹב אֶרְעֶה אֹתָם, וּבְהָרֵי מְרוֹם יִשְׂרָאֵל יִהְיֶה נְוֵהֶם, מקום
רעיית הצאן ומנוחתו. שָׁם תִּרְבַּצְנָה בְּנָוֶה טּוֹב, וּמִרְעֶה שָׁמֵן תִּרְעֶינָה אֶל
הָרֵי יִשְׂרָאֵל. כשאשיב את עמי ישראל אל ארצו, הוא יגיע למקום
הנכון. שם יתפרנס, ושם ימצא מנוחה. טו לא אתם, מנהיגי ישראל,
תנהיגו את עמי – אֲנִי אֶרְעֶה צֹאנִי, וַאֲנִי אַרְבִּיצֵם, אכין להם מקום מרבץ,
נְאֻם ה׳ אֱלוֹהִים. טז אֶת הָאֹבֶדֶת אֲבַקֵּשׁ, וְאֶת הַנִּדַּחַת אָשִׁיב, וְלַנִּשְׁבֶּרֶת
אֶחֱבֹשׁ, וְאֶת הַחוֹלָה אֲחַזֵּק, וְאֶת הַשְּׁמֵנָה וְאֶת הַחֲזָקָה הפוגעות בצאן
אַשְׁמִיד. לא אתן לחזקים להשתלט ולפגוע. אֶרְעֶנָּה, ארעה אותן
בְמִשְׁפָּט. אני אדאג לכל הצאן.

כאן ה׳ פונה אל כבשות העדר עצמן: יז וְאַתֵּנָה, לכן, צֹאנִי, כֹּה אָמַר
ה׳ אֱלוֹהִים: הִנְנִי שֹׁפֵט בֵּין שֶׂה לָשֶׂה, ובין השה[175] לָאֵילִים, זכרי הכבשים
וְלָעַתּוּדִים, תיישים, זכרי העזים. יח הַמְעַט מִכֶּם, כלום אין די לכם,

מִרְעֵיכֶם תִּרְמְסוּ בְּרַגְלֵיכֶם וּמִשְׁקַע־מַיִם תִּשְׁתּוּ וְאֵת
הַנּוֹתָרִים בְּרַגְלֵיכֶם תִּרְפֹּשׂוּן׃ וְצֹאנִי מִרְמַס רַגְלֵיכֶם יט
תִּרְעֶינָה וּמִרְפַּשׂ רַגְלֵיכֶם תִּשְׁתֶּינָה׃ לָכֵן כ
כֹּה אָמַר אֲדֹנָי יֱהֹוִה אֲלֵיהֶם הִנְנִי־אָנִי וְשָׁפַטְתִּי בֵּין־
שֶׂה בִרְיָה וּבֵין שֶׂה רָזָה׃ יַעַן בְּצַד וּבְכָתֵף תֶּהְדֹּפוּ כא
וּבְקַרְנֵיכֶם תְּנַגְּחוּ כָּל־הַנַּחְלוֹת עַד אֲשֶׁר הֲפִיצוֹתֶם
אוֹתָנָה אֶל־הַחוּצָה׃ וְהוֹשַׁעְתִּי לְצֹאנִי וְלֹא־תִהְיֶינָה כב
עוֹד לָבַז וְשָׁפַטְתִּי בֵּין שֶׂה לָשֶׂה׃ וַהֲקִמֹתִי עֲלֵיהֶם כג
רֹעֶה אֶחָד וְרָעָה אֶתְהֶן אֵת עַבְדִּי דָוִיד הוּא יִרְעֶה
אֹתָם וְהוּא יִהְיֶה לָהֶן לְרֹעֶה׃ וַאֲנִי יְהֹוָה אֶהְיֶה לָהֶם כד
לֵאלֹהִים וְעַבְדִּי דָוִד נָשִׂיא בְתוֹכָם אֲנִי יְהֹוָה דִּבַּרְתִּי׃
וְכָרַתִּי לָהֶם בְּרִית שָׁלוֹם וְהִשְׁבַּתִּי חַיָּה־רָעָה מִן־ כה
הָאָרֶץ וְיָשְׁבוּ בַמִּדְבָּר לָבֶטַח וְיָשְׁנוּ ביעורים׃ וְנָתַתִּי כו בַּיְעָרִים
אוֹתָם וּסְבִיבוֹת גִּבְעָתִי בְּרָכָה וְהוֹרַדְתִּי הַגֶּשֶׁם
בְּעִתּוֹ גִּשְׁמֵי בְרָכָה יִהְיוּ׃ וְנָתַן עֵץ הַשָּׂדֶה אֶת־פִּרְיוֹ כז
וְהָאָרֶץ תִּתֵּן יְבוּלָהּ וְהָיוּ עַל־אַדְמָתָם לָבֶטַח וְיָדְעוּ
כִּי־אֲנִי יְהֹוָה בְּשִׁבְרִי אֶת־מֹטוֹת עֻלָּם וְהִצַּלְתִּים מִיַּד
הָעֹבְדִים בָּהֶם׃

ביאור

הגדולים החזקים, **הַמִּרְעֶה הַטּוֹב אשר תִּרְעוּ**?! בשל כוחכם וזריזותכם
אתם זוכים בכרי המרעה הדשנים ואינכם מסתפקים בכך – **וְיֶתֶר**
מִרְעֵיכֶם, כי את שאר כרי המרעה **תִּרְמְסוּ בְּרַגְלֵיכֶם**, ואינכם דואגים
להשאירם לאחרים, לחלשים מכם. וכן **מִשְׁקַע מַיִם**, מים צלולים,
שהרפש שקע בהם, **תִּשְׁתּוּ, וְאֵת** המים **הַנּוֹתָרִים בְּרַגְלֵיכֶם תִּרְפֹּשׂוּן**, תעלו
בוץ וטיט, יט **וְשאר צֹאנִי את מִרְמַס רַגְלֵיכֶם תִּרְעֶינָה**, ואת **מִרְפַּשׂ רַגְלֵיכֶם**
תִּשְׁתֶּינָה. אתם, החזקים בעם, דורסים מבלי משים את מקורות הלחם
והמים של האחרים, ומותירים להם את השאריות שלכם. כ **לָכֵן כֹּה**
אָמַר ה' אֱלוֹהִים אֲלֵיהֶם: הִנְנִי אָנִי וְשָׁפַטְתִּי בֵּין שֶׂה בִרְיָה, בריאה, **וּבֵין שֶׂה**
רָזָה, כא **יַעַן בְּצַד וּבְכָתֵף תֶּהְדֹּפוּ**, אתן, הכבשים הגדולות והחזקות,
דוחפות את החלשות. **וּבְקַרְנֵיכֶם תְּנַגְּחוּ כָּל הַנַּחְלוֹת**, החלשות, **עַד אֲשֶׁר**
הֲפִיצוֹתֶם אוֹתָנָה אותן, את אלה שלא החזיקו מעמד, **אֶל הַחוּצָה**.
דחפתן אותן בכוח אל מחוץ לעדר. כב **וְהוֹשַׁעְתִּי לְצֹאנִי, וְלֹא תִהְיֶינָה**
עוֹד לָבַז, וְשָׁפַטְתִּי בֵּין שֶׂה לָשֶׂה.

כג לאחר שאפטר את הרועים ואשיב בעצמי את הצאן למצב בריא
ומסודר – **וַהֲקִמֹתִי עֲלֵיהֶם רֹעֶה אֶחָד וְרָעָה אֶתְהֶן, אֵת עַבְדִּי דָוִיד**,[176] **הוּא**
יִרְעֶה אֹתָם, וְהוּא יִהְיֶה לָהֶן לְרֹעֶה. דוד, שהיה רועה צאן בתחילתו,
יחזור להיות הרועה, והוא לבדו ירעה את עמי.[177] כד **וַאֲנִי, ה', אֶהְיֶה**
לָהֶם לֵאלֹהִים, וְעַבְדִּי דָוִד יהיה **נָשִׂיא בְתוֹכָם. אֲנִי ה' דִּבַּרְתִּי**. כה **וְכָרַתִּי**
לָהֶם בְּרִית שָׁלוֹם, אדאג לכך שעמי יחיה בשלום עם שכניו,[178] **וְהִשְׁבַּתִּי**
חַיָּה רָעָה מִן הָאָרֶץ, וְיָשְׁבוּ צאני **בַמִּדְבָּר לָבֶטַח וְיָשְׁנוּ בַּיְּעָרִים**. מאחר
שהחיות הרעות ייכחדו, ישכון העם במקומות שאינם מוגנים ללא
חשש. כו **וְנָתַתִּי אוֹתָם**, ואת **סְבִיבוֹת גִּבְעָתִי**, הר הבית, **לִבְרָכָה, וְהוֹרַדְתִּי**
הַגֶּשֶׁם בְּעִתּוֹ, גִּשְׁמֵי בְרָכָה יִהְיוּ. כז **וְנָתַן עֵץ הַשָּׂדֶה אֶת פִּרְיוֹ, וְהָאָרֶץ תִּתֵּן**
יְבוּלָהּ. וְהָיוּ ישראל **עַל אַדְמָתָם לָבֶטַח, וְיָדְעוּ כִּי אֲנִי ה', בְּשִׁבְרִי אֶת מֹטוֹת**
עֻלָּם. קורות העול המשעבד אותם יישברו, **וְהִצַּלְתִּים מִיַּד הָעֹבְדִים**
בָּהֶם, משעבדיהם המנצלים אותם.

הפטרת שבת ערב ראש חודש

שמואל א

כ יח ויאמר־לו יהונתן מחר חדש ונפקדת כי יפקד
יט מושבך: ושלשת תרד מאד ובאת אל־המקום
אשר־נסתרת שם ביום המעשה וישבת אצל האבן
כ האזל: ואני שלשת החצים צדה אורה לשלח־לי
כא למטרה: והנה אשלח את־הנער לך מצא את־
החצים אם־אמר אמר לנער הנה החצים ׀ ממך
והנה קחנו ובאה כי־שלום לך ואין דבר חי־יהוה:
כב ואם־כה אמר לעלם הנה החצים ממך והלאה לך
כג כי שלחך יהוה: והדבר אשר דברנו אני ואתה
כד הנה יהוה ביני ובינך עד־עולם: ויסתר
דוד בשדה ויהי החדש וישב המלך על־הלחם אל־
כה לאכול: וישב המלך על־מושבו כפעם ׀ בפעם אל־
מושב הקיר ויקם יהונתן וישב אבנר מצד שאול

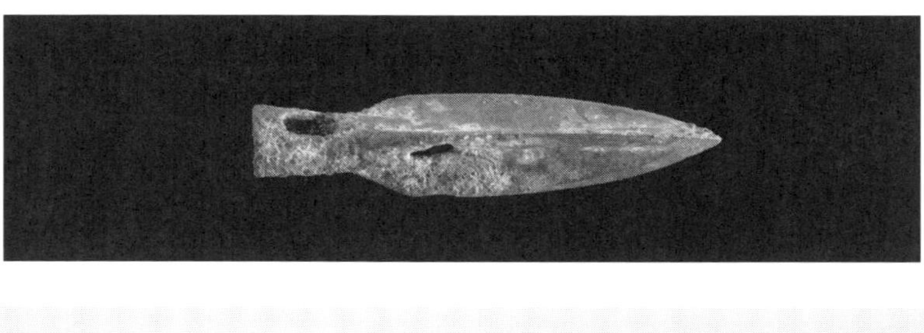

ראש חץ מהמאה ה-8 לפנה"ס

הרחבות | **ראש חודש** באותם זמנים היה יום זה נחוג כחג של ממש. ממועד זה לא נותר הרבה בימינו, אם כי גם כיום מצווה להרבות בו בסעודה, והנשים נוהגות להימנע בו ממלאכה גמורה. (ירושלמי פסחים ד,א; רד"ק ואברבנאל להלן פס' יט; ספר הרוקח

בריחת דוד האחרונה מבית שאול ופרדתו מיהונתן

מלבד פתיחתה של ההפטרה, המציינת את ראש החודש שיחול מחר, ייתכן שגם נושא ההפטרה קשור לעניין ראשי חדשים. הסתתרויותיו הזמניות הרבות של דוד וברית קיומו הנצחית מרמזים על ייחודיותו של ישראל כעם נצחי על כל התלאות, הגלויות וההסתרות שהוא עובר. ייחודיות זו מתבטאת גם בכך שישראל קובעים את תאריכיהם וחגיהם לפי הלבנה המסתתרת ונגלית חליפות, הַחֹדֶשׁ הַזֶּה – לָכֶם.

ביאור | שמואל א׳ פרק כ יח וַיֹּאמֶר לוֹ יְהוֹנָתָן: מָחָר רֹאשׁ חֹדֶשׁ, וְנִפְקַדְתָּ, אתה
תיזכר כִּי יִפָּקֵד, ייחסר מוֹשָׁבֶךָ. כיסאך בסעודת ראש החודש יהיה
ריק, וכך יבחינו בהיעדרך.[179] יט וְשִׁלַּשְׁתָּ, המתן עד היום השלישי,
וְתֵרֵד מְאֹד, העמק להתחבא היטב,[180] וּבָאתָ אֶל הַמָּקוֹם אֲשֶׁר נִסְתַּרְתָּ
שָּׁם בְּיוֹם הַמַּעֲשֶׂה, כשנסתרת בפעם הקודמת, אולי ביום הניצחון
על הפלשתים.[181] פירושים אחרים: ביום חול, בניגוד לראש חודש
שנמנעו בו מעשיית מלאכה; ביום המיועד או ביום שבו תכננו
לעשות את המעשה שלנו. וְיָשַׁבְתָּ אֵצֶל הָאֶבֶן הָאָזֶל. כך היה שמה
של אבן מסוימת. כ וַאֲנִי אצא לשדה עם שְׁלֹשֶׁת הַחִצִּים שבצִדָּה של
האבן[132] אוֹרֶה, אירה לְשַׁלַּח לִי לְמַטָּרָה. אעמיד פנים שאני מתאמן
בירייה בקשת.[183] כא וְהִנֵּה אֶשְׁלַח אֶת הַנַּעַר שאקח אתי ואומר
לו: "לֵךְ מְצָא אֶת הַחִצִּים". אִם אָמֹר אֹמַר לַנַּעַר: "הִנֵּה הַחִצִּים מִמְּךָ וָהֵנָּה,
הם קרובים ואינך צריך להתרחק" – קָחֶנּוּ וָבֹאָה, תוכל אתה לצאת
ממחבואך ולהביא אלי בעצמך את החץ,[184] כִּי שָׁלוֹם לְךָ וְאֵין דָּבָר,
אין כל חשש, חַי ה׳. כב וְאִם כֹּה אֹמַר לָעֶלֶם: "הִנֵּה הַחִצִּים מִמְּךָ
וָהָלְאָה" – לֵךְ, כִּי שִׁלַּחֲךָ ה׳. כך תקבל את המסר ותוכל להמשיך
להיסתר בלי שאיש כלשהו, אם יהיה במקום, יבין. כג מכיוון שייתכן
שהם לא יתראו יותר, הוסיף יהונתן: וְהַדָּבָר, הברית אֲשֶׁר דִּבַּרְנוּ אֲנִי
וָאָתָּה – הִנֵּה ה׳ מעיד עליה[185] בֵּינִי וּבֵינְךָ עַד עוֹלָם.

כד וַיִּסָּתֵר דָּוִד בַּשָּׂדֶה. וַיְהִי הַחֹדֶשׁ, וַיֵּשֶׁב הַמֶּלֶךְ אֶל הַלֶּחֶם, הסעודה
הגדולה לֶאֱכוֹל. כה וַיֵּשֶׁב הַמֶּלֶךְ עַל מוֹשָׁבוֹ הרגיל כְּפַעַם בְּפַעַם
אֶל הַמּוֹשַׁב שגבו צמוד אל הַקִּיר, מטעמי נוחות או משום שחשש
לביטחונו.[186] וַיָּקָם יְהוֹנָתָן מצד אביו[187] וַיֵּשֶׁב אַבְנֵר שר הצבא מִצַּד שָׁאוּל

הרחבות | רכח; שולחן ערוך, אורח חיים תיז,א). מהמסופר כאן עולה שראש החודש היה לעתים יומיים, ואף ידעו על כך מראש, כמו שקורה גם כיום בחלק מחודשי השנה. (ראו ירושלמי תענית ד,ג; ר"י מטראני על אתר).

כו וַיִּפָּקֵד מְקוֹם דָּוִד׃ וְלֹא־דִבֶּר שָׁאוּל מְאוּמָה בַּיּוֹם
הַהוּא כִּי אָמַר מִקְרֶה הוּא בִּלְתִּי טָהוֹר הוּא כִּי־לֹא
כז טָהוֹר׃ וַיְהִי מִמָּחֳרַת הַחֹדֶשׁ הַשֵּׁנִי וַיִּפָּקֵד
מְקוֹם דָּוִד וַיֹּאמֶר שָׁאוּל אֶל־יְהוֹנָתָן בְּנוֹ מַדּוּעַ לֹא־
כח בָא בֶן־יִשַׁי גַּם־תְּמוֹל גַּם־הַיּוֹם אֶל־הַלָּחֶם׃ וַיַּעַן
יְהוֹנָתָן אֶת־שָׁאוּל נִשְׁאֹל נִשְׁאַל דָּוִד מֵעִמָּדִי עַד־
כט בֵּית לָחֶם׃ וַיֹּאמֶר שַׁלְּחֵנִי נָא כִּי זֶבַח מִשְׁפָּחָה לָנוּ
בָּעִיר וְהוּא צִוָּה־לִי אָחִי וְעַתָּה אִם־מָצָאתִי חֵן
בְּעֵינֶיךָ אִמָּלְטָה נָּא וְאֶרְאֶה אֶת־אֶחָי עַל־כֵּן לֹא־
ל בָא אֶל־שֻׁלְחַן הַמֶּלֶךְ׃ וַיִּחַר־אַף שָׁאוּל
בִּיהוֹנָתָן וַיֹּאמֶר לוֹ בֶּן־נַעֲוַת הַמַּרְדּוּת הֲלוֹא יָדַעְתִּי
כִּי־בֹחֵר אַתָּה לְבֶן־יִשַׁי לְבָשְׁתְּךָ וּלְבֹשֶׁת עֶרְוַת
לא אִמֶּךָ׃ כִּי כָל־הַיָּמִים אֲשֶׁר בֶּן־יִשַׁי חַי עַל־הָאֲדָמָה
לֹא תִכּוֹן אַתָּה וּמַלְכוּתֶךָ וְעַתָּה שְׁלַח וְקַח אֹתוֹ אֵלַי
לב כִּי בֶן־מָוֶת הוּא׃ וַיַּעַן יְהוֹנָתָן אֶת־שָׁאוּל
לג אָבִיו וַיֹּאמֶר אֵלָיו לָמָּה יוּמַת מֶה עָשָׂה׃ וַיָּטֶל שָׁאוּל
אֶת־הַחֲנִית עָלָיו לְהַכֹּתוֹ וַיֵּדַע יְהוֹנָתָן כִּי־כָלָה
לד הִיא מֵעִם אָבִיו לְהָמִית אֶת־דָּוִד׃ וַיָּקָם
יְהוֹנָתָן מֵעִם הַשֻּׁלְחָן בָּחֳרִי־אָף וְלֹא־אָכַל בְּיוֹם־
הַחֹדֶשׁ הַשֵּׁנִי לֶחֶם כִּי נֶעְצַב אֶל־דָּוִד כִּי הִכְלִמוֹ
לה אָבִיו׃ וַיְהִי בַבֹּקֶר וַיֵּצֵא יְהוֹנָתָן הַשָּׂדֶה
לו לְמוֹעֵד דָּוִד וְנַעַר קָטֹן עִמּוֹ׃ וַיֹּאמֶר לְנַעֲרוֹ רֻץ מְצָא־

ביאור | **וַיִּפָּקֵד**, חסר **מְקוֹם דָּוִד**. כו **וְלֹא דִבֶּר שָׁאוּל מְאוּמָה** על כך **בַּיּוֹם הַהוּא**,
כִּי אָמַר בלבו: **מִקְרֶה הוּא, בִּלְתִּי טָהוֹר הוּא**. דוד טמא מחמת קרי לילה
וכדומה, ולא בא אל סעודת הזבח המקודשת, **כִּי לֹא טָהוֹר**. טומאה
קלה ושכיחה מעין זו, שיכולה לקרות לאדם בעצמו או מתוך יחסיו
עם אשתו, היא ההסבר הפשוט ביותר להיעדרות שאינה צפויה. מן
הסתם יבוא למחרת, לאחר שיטבול בלילה ויטהר.[188]

כז **וַיְהִי מִמָּחֳרַת**, שהוא יום **הַחֹדֶשׁ הַשֵּׁנִי**,[189] **וַיִּפָּקֵד** שוב **מְקוֹם דָּוִד**.
וַיֹּאמֶר שָׁאוּל אֶל יְהוֹנָתָן בְּנוֹ, חברו של דוד: **מַדּוּעַ לֹא בָא בֶן יִשַׁי גַּם
תְּמוֹל**, אתמול **גַּם הַיּוֹם אֶל הַלָּחֶם**?

כח **וַיַּעַן יְהוֹנָתָן אֶת שָׁאוּל: נִשְׁאֹל נִשְׁאַל**, ביקש **דָּוִד מֵעִמָּדִי** רשות ללכת
עַד בֵּית לָחֶם. כט **וַיֹּאמֶר: "שַׁלְּחֵנִי נָא, כִּי זֶבַח מִשְׁפָּחָה לָנוּ בָּעִיר, וְהוּא
צִוָּה לִי** לבוא, **אָחִי** הגדול.[190] **וְעַתָּה אִם מָצָאתִי חֵן בְּעֵינֶיךָ – אִמָּלְטָה**,
אשתחרר וארוץ **נָּא וְאֶרְאֶה אֶת אֶחָי", עַל כֵּן לֹא בָא** דוד **אֶל שֻׁלְחַן הַמֶּלֶךְ**.
אין בהיעלמותו פגיעה בכבודך, שהרי ביקש את רשותי.

ל **וַיִּחַר אַף**, כעס **שָׁאוּל בִּיהוֹנָתָן, וַיֹּאמֶר לוֹ: בֶּן נַעֲוַת הַמַּרְדּוּת**, אשה
מעוותת ומרדנית! שאול מקלל את אם יהונתן ומבזה אותה. והוא
מחריף את התבטאותו:[191] **הֲלוֹא יָדַעְתִּי כִּי בֹחֵר אַתָּה לְבֶן**, בבן **יִשַׁי**,
אתה מעדיף שדוד יהיה המלך,[192] **לְבָשְׁתְּךָ וּלְבֹשֶׁת עֶרְוַת אִמֶּךָ**. לא **כִּי
כָל הַיָּמִים אֲשֶׁר בֶּן יִשַׁי חַי עַל הָאֲדָמָה לֹא תִכּוֹן**, תתקיים **אַתָּה וּמַלְכוּתֶךָ,
וְעַתָּה שְׁלַח** אנשים **וְקַח אֹתוֹ אֵלַי כִּי בֶן מָוֶת הוּא**. הוא חייב מיתה.

לב **וַיַּעַן יְהוֹנָתָן אֶת שָׁאוּל אָבִיו, וַיֹּאמֶר אֵלָיו: לָמָּה יוּמַת? מֶה עָשָׂה?**

לג **וַיָּטֶל שָׁאוּל אֶת הַחֲנִית עָלָיו לְהַכֹּתוֹ**, לא כדי להרוג את בנו, אלא
לבטא את זעמו.

וַיֵּדַע יְהוֹנָתָן כִּי כָלָה הִיא, מנוי וגמור **מֵעִם אָבִיו לְהָמִית אֶת דָּוִד**. שאול
לא הצניע את הדבר אלא גילה את רצונו ברבים פעם אחר פעם,
שהרי שריו ומקורביו של שאול בוודאי נכחו בסעודה החגיגית.
יתרה מזו, לראשונה הוא גם העליב את יהונתן וגם ניסה לפגוע
בו. ליונתן לא נותר כל ספק באשר לכוונותיו. לד **וַיָּקָם יְהוֹנָתָן מֵעִם
הַשֻּׁלְחָן בָּחֳרִי אָף**, בכעס **וְלֹא אָכַל בְּיוֹם הַחֹדֶשׁ הַשֵּׁנִי לֶחֶם, כִּי נֶעְצַב
אֶל דָּוִד וְכִי הִכְלִמוֹ**, ביישו **אָבִיו**. יונתן חש זעם, עצב ובושה גם יחד.

לה **וַיְהִי בַבֹּקֶר, וַיֵּצֵא יְהוֹנָתָן הַשָּׂדֶה לְמוֹעֵד**, לזמן שקבע **עִם דָּוִד, וְנַעַר
קָטֹן**, שלא יבין ויחשוד בדבר[193] **עִמּוֹ**.

נָא֙ אֶת־הַ֣חִצִּ֔ים אֲשֶׁ֥ר אָנֹכִ֖י מוֹרֶ֑ה הַנַּ֣עַר רָ֔ץ וְהֽוּא־
לו יָרָ֥ה הַחֵ֖צִי לְהַעֲבִרֽוֹ׃ וַיָּבֹ֤א הַנַּ֙עַר֙ עַד־מְק֣וֹם הַחֵ֔צִי
אֲשֶׁ֥ר יָרָ֖ה יְהוֹנָתָ֑ן וַיִּקְרָ֨א יְהוֹנָתָ֜ן אַחֲרֵ֤י הַנַּ֙עַר֙ וַיֹּ֔אמֶר
לח הֲל֥וֹא הַחֵ֖צִי מִמְּךָ֥ וָהָֽלְאָה׃ וַיִּקְרָ֤א יְהוֹנָתָן֙ אַחֲרֵ֣י
הַנַּ֔עַר מְהֵרָ֥ה ח֖וּשָׁה אַל־תַּעֲמֹ֑ד וַיְלַקֵּ֞ט נַ֤עַר יְהוֹנָתָן֙
לט אֶת־הַ֣חִצִּ֔י וַיָּבֹ֖א אֶל־אֲדֹנָֽיו׃ וְהַנַּ֖עַר לֹא־יָדַ֣ע מְא֑וּמָה הַֽחִצִּ֔ים
מ אַ֤ךְ יְהוֹנָתָן֙ וְדָוִ֔ד יָדְע֖וּ אֶת־הַדָּבָֽר׃ וַיִּתֵּ֤ן יְהוֹנָתָן֙ אֶת־
כֵּלָ֔יו אֶל־הַנַּ֖עַר אֲשֶׁר־ל֑וֹ וַיֹּ֣אמֶר ל֔וֹ לֵ֖ךְ הָבֵ֥יא הָעִֽיר׃
מא הַנַּעַר֮ בָּא֒ וְדָוִ֗ד קָ֚ם מֵאֵ֣צֶל הַנֶּ֔גֶב וַיִּפֹּ֨ל לְאַפָּ֥יו אַ֛רְצָה
וַיִּשְׁתַּ֖חוּ שָׁלֹ֣שׁ פְּעָמִ֑ים וַיִּשְּׁק֣וּ ׀ אִ֣ישׁ אֶת־רֵעֵ֗הוּ וַיִּבְכּוּ֙
מב אִ֣ישׁ אֶת־רֵעֵ֔הוּ עַד־דָּוִ֖ד הִגְדִּֽיל׃ וַיֹּ֧אמֶר יְהוֹנָתָ֛ן לְדָוִ֖ד
לֵ֣ךְ לְשָׁל֑וֹם אֲשֶׁר֩ נִשְׁבַּ֨עְנוּ שְׁנֵ֜ינוּ אֲנַ֗חְנוּ בְּשֵׁ֤ם יְהוָה֙
לֵאמֹ֔ר יְהוָ֞ה יִהְיֶ֣ה ׀ בֵּינִ֣י וּבֵינֶ֗ךָ וּבֵ֥ין זַרְעִ֛י וּבֵ֥ין זַרְעֲךָ֖
עַד־עוֹלָֽם׃

לו וַיֹּאמֶר לְנַעֲרוֹ: רֻץ מְצָא נָא אֶת הַחִצִּים אֲשֶׁר אָנֹכִי מוֹרֶה, יורה. | ביאור

הַנַּעַר רָץ, וְהוּא יָרָה הַחֵצִי, את החץ[194] לְהַעֲבִרוֹ, כדי שהחץ יעבור את
הנער. לז וַיָּבֹא הַנַּעַר עַד מְקוֹם הַחֵצִי אֲשֶׁר יָרָה יְהוֹנָתָן. התברר שיהונתן
ירה מעבר למטרה היעודה,[195] וַיִּקְרָא יְהוֹנָתָן אַחֲרֵי הַנַּעַר וַיֹּאמֶר: הֲלוֹא
הַחֵצִי מִמְּךָ וָהָלְאָה. לח וַיִּקְרָא יְהוֹנָתָן אַחֲרֵי הַנַּעַר: מְהֵרָה חוּשָׁה, הזדרז,
אַל תַּעֲמֹד.

וַיְלַקֵּט נַעַר יְהוֹנָתָן אֶת הַחִצִּים, וַיָּבֹא אֶל אֲדֹנָיו, כדי שיהונתן יניח אותם
באשפת החצים. לט וְהַנַּעַר לֹא יָדַע מְאוּמָה, אַךְ יְהוֹנָתָן וְדָוִד יָדְעוּ אֶת
הַדָּבָר.

מ וַיִּתֵּן יְהוֹנָתָן אֶת כֵּלָיו, הקשת ואשפת החצים,[196] אֶל הַנַּעַר אֲשֶׁר לוֹ,
וַיֹּאמֶר לוֹ: לֵךְ הָבֵיא אותם אל הָעִיר.

מא הַנַּעַר בָּא, פנה לדרכו, וכאשר לא היה איש בשדה, דָּוִד קָם מֵאֵצֶל
הַנֶּגֶב, מן הצד הדרומי של השדה או של האבן האזל, וַיִּפֹּל לְאַפָּיו, לפני
יהונתן אַרְצָה וַיִּשְׁתַּחוּ, השתחווה לו שָׁלֹשׁ פְּעָמִים כאות תודה.[197] וַיִּשְּׁקוּ
אִישׁ אֶת רֵעֵהוּ וַיִּבְכּוּ אִישׁ אֶת רֵעֵהוּ, כי ידעו שמן הסתם לא ייפגשו עוד,
עַד שדָּוִד הִגְדִּיל, הרבה לבכות מיהונתן. אף על פי שיונתן אהב אותו
לא פחות. דוד ידע שמעתה הוא נידון לחיי קושי, רדיפות וסבל.[198]

מב וַיֹּאמֶר יְהוֹנָתָן לְדָוִד: לֵךְ לְשָׁלוֹם, והוא שב והזכיר לו: אֲשֶׁר נִשְׁבַּעְנוּ
שְׁנֵינוּ אֲנַחְנוּ בְּשֵׁם ה׳ לֵאמֹר: ״ה׳ יִהְיֶה בֵּינִי וּבֵינֶךָ וּבֵין זַרְעִי וּבֵין זַרְעֲךָ עַד
עוֹלָם״.

הפטרת שבת ראש חודש

ישעיה

כֹּה אָמַר יְהוָֹה הַשָּׁמַיִם כִּסְאִי וְהָאָרֶץ הֲדֹם רַגְלָי אֵי־ א סו
זֶה בַיִת אֲשֶׁר תִּבְנוּ־לִי וְאֵי־זֶה מָקוֹם מְנוּחָתִי׃ וְאֶת־ ב
כָּל־אֵלֶּה יָדִי עָשָׂתָה וַיִּהְיוּ כָל־אֵלֶּה נְאֻם־יְהוָֹה וְאֶל־
זֶה אַבִּיט אֶל־עָנִי וּנְכֵה־רוּחַ וְחָרֵד עַל־דְּבָרִי׃ שׁוֹחֵט ג
הַשּׁוֹר מַכֵּה־אִישׁ זוֹבֵחַ הַשֶּׂה עֹרֵף כֶּלֶב מַעֲלֵה מִנְחָה
דַּם־חֲזִיר מַזְכִּיר לְבֹנָה מְבָרֵךְ אָוֶן גַּם־הֵמָּה בָּחֲרוּ
בְּדַרְכֵיהֶם וּבְשִׁקּוּצֵיהֶם נַפְשָׁם חָפֵצָה׃ גַּם־אֲנִי אֶבְחַר ד
בְּתַעֲלוּלֵיהֶם וּמְגוּרֹתָם אָבִיא לָהֶם יַעַן קָרָאתִי וְאֵין
עוֹנֶה דִּבַּרְתִּי וְלֹא שָׁמֵעוּ וַיַּעֲשׂוּ הָרַע בְּעֵינַי וּבַאֲשֶׁר
לֹא־חָפַצְתִּי בָּחָרוּ׃ שִׁמְעוּ דְּבַר־יְהוָֹה ה
הַחֲרֵדִים אֶל־דְּבָרוֹ אָמְרוּ אֲחֵיכֶם שֹׂנְאֵיכֶם מְנַדֵּיכֶם

עץ לבונה

העולם | **לְבֹנָה** שרף ריחני שצבעו לבן־צהבהב המופק מעצים המכונים גם היום לבונה (שם מדעי: Boswellia) ממשפחת הבשמיים, Burseraceae. זהו עץ קטן ממדים, העשוי להגיע עד גובה של 7 מטרים. עליו צרים ופרחיו לבנים־ורודים

הגמול העתיד לבוא

בצד דברי תוכחה לנוהגים שלא כהוגן המתרחקים מה', מתארת חתימת ספר ישעיה את התגלותו של ה'. הגאולה העתידית אינה מצטיירת כרצף של מתנות, ישועות ונחמות בלבד, אלא כעת של גמול. על כן כוללת הנבואה הן את השכר המיועד להולכים בדרך הטוב והן את הפורענות שתגיע לעושי רע. ההפטרה מסיימת בנבואה שלעתיד לבוא יעלו הכול לַמקדש בשבתות ובראשי חדשים.

ביאור | ישעיה פרק סו א **כֹּה אָמַר ה'**: **הַשָּׁמַיִם** הם **כִּסְאִי, וְהָאָרֶץ** היא **הֲדֹם**,
שרפרף להנחת **רַגְלָי**. על כן – **אֵי זֶה בַיִת אֲשֶׁר תִּבְנוּ לִי, וְאֵי זֶה מָקוֹם**
מְנוּחָתִי?! בניית בית לה' אינה אמורה להיות אפשרית.[199] ב **וְאֶת כָּל**
אֵלֶּה, השמים והארץ, כיסאי והדומי, **יָדִי עָשָׂתָה, וַיִּהְיוּ**, ונתקיימו **כָל**
אֵלֶּה מאז, **נְאֻם ה'**. אין דבר שיכיל אותי, ואין דבר שלא נברא על ידי,
וְלמרות רוממותי על הכול[200] **אֶל זֶה אַבִּיט – אֶל עָנִי וּנְכֵה רוּחַ**, מדוכדך
וְהוא **חָרֵד עַל דְּבָרִי**, לעשותו. בניגוד למחשבותיהם של אנשים, כאילו
יוכלו לשמח את לבו של ה' בניסיונותיהם לבנות לו בתים וארמונות
ובמעשיהם החיצוניים – כל אלה אינם חשובים בעיניו. העני שרוחו
עצובה עליו, ועם זאת הוא דואג לדבר ה' שייעשה, הוא היקר בעיני
ה'.[201] ג לעומת זה – מי **שׁוֹחֵט** את **הַשּׁוֹר** לצורך קרבן, דומה **לְמַכֵּה**,
להורג **אִישׁ**. **זוֹבֵחַ הַשֶּׂה** דומה בעיני **לְעֹרֵף כֶּלֶב**, שאין בו קדושה
או מעלה. **מַעֲלֵה מִנְחָה** על המזבח – כאילו הביא **דַּם חֲזִיר**. **מַזְכִּיר**,
מקטיר[202] **לְבֹנָה** אינו אלא **מְבָרֵךְ אָוֶן**, מעלה מתנת מרמה שאין בה
כל תועלת.[203] **גַּם הֵמָּה**, אותם מקריבי קרבנות **בָּחֲרוּ בְּדַרְכֵיהֶם** הרעות,
וּבְשִׁקּוּצֵיהֶם נַפְשָׁם חָפֵצָה. הם חושבים שמעשי הפולחן פוטרים אותם
מכל חובה אחרת, ולכן המעשים הללו משוקצים בעיני. לא מפני
שיש פסול בהקרבת הקרבנות כשלעצמה, אלא משום שמקריבי
הקרבנות ממשיכים ללכת בדרכיהם הרעות.[204] ד לפיכך **גַּם אֲנִי אֶבְחַר**
בְּתַעֲלֻלֵיהֶם, אתמקד במעשיהם השליליים,[205] ואת **מְגוּרֹתָם**, פחדיהם,
הדברים שהם חוששים מפניהם,[206] **אָבִיא לָהֶם, יַעַן קָרָאתִי – וְאֵין עוֹנֶה**,
נעתר לקריאתי, **דִּבַּרְתִּי – וְלֹא שָׁמֵעוּ**, קיבלו, **וַיַּעֲשׂוּ הָרַע בְּעֵינַי, וּבַאֲשֶׁר**
לֹא חָפַצְתִּי בָּחָרוּ. זה יהיה עונשם של הפונים לעניינים חיצוניים
ומתעלמים מן הנושאים החשובים.

ה **שִׁמְעוּ דְּבַר ה', הַחֲרֵדִים אֶל דְּבָרוֹ** והמקשיבים לו באמת: **אָמְרוּ אֲחֵיכֶם**
שהם לפעמים **שֹׂנְאֵיכֶם** ולפעמים **מְנַדֵּיכֶם**, המחרימים אתכם ואינם

העולם | חיורים. העץ גדל באיזור סומליה, אתיופיה ודרום חצי־האי ערב. את השרף מפיקים באמצעות חריצת קליפת העץ ואיסוף השרף המטפטף בכלי. משתמשים בגרגירים המתגבשים מן השרף הנוזלי המתקשה במשך הזמן.

לְמַ֤עַן שְׁמִי֙ יִכְבַּ֣ד יְהוָ֔ה וְנִרְאֶ֥ה בְשִׂמְחַתְכֶ֖ם וְהֵ֥ם
ו יֵבֹֽשׁוּ׃ ק֤וֹל שָׁאוֹן֙ מֵעִ֔יר ק֖וֹל מֵֽהֵיכָ֑ל ק֣וֹל יְהוָ֔ה מְשַׁלֵּ֥ם
ז גְּמ֖וּל לְאֹיְבָֽיו׃ בְּטֶ֥רֶם תָּחִ֖יל יָלָ֑דָה בְּטֶ֨רֶם יָב֥וֹא חֵ֛בֶל
ח לָ֖הּ וְהִמְלִ֥יטָה זָכָֽר׃ מִֽי־שָׁמַ֣ע כָּזֹ֗את מִ֤י רָאָה֙ כָּאֵ֔לֶּה
הֲי֤וּחַל אֶ֙רֶץ֙ בְּי֣וֹם אֶחָ֔ד אִם־יִוָּ֥לֵד גּ֖וֹי פַּ֣עַם אֶחָ֑ת כִּֽי־
ט חָ֛לָה גַּם־יָלְדָ֥ה צִיּ֖וֹן אֶת־בָּנֶֽיהָ׃ הַאֲנִ֥י אַשְׁבִּ֛יר וְלֹ֥א
אוֹלִ֖יד יֹאמַ֣ר יְהוָ֑ה אִם־אֲנִ֧י הַמּוֹלִ֛יד וְעָצַ֖רְתִּי אָמַ֥ר
י אֱלֹהָֽיִךְ׃ שִׂמְח֧וּ אֶת־יְרוּשָׁלִַ֛ם וְגִ֥ילוּ בָ֖הּ
כָּל־אֹהֲבֶ֑יהָ שִׂ֤ישׂוּ אִתָּהּ֙ מָשׂ֔וֹשׂ כָּל־הַמִּֽתְאַבְּלִ֖ים
יא עָלֶֽיהָ׃ לְמַ֤עַן תִּֽינְקוּ֙ וּשְׂבַעְתֶּ֔ם מִשֹּׁ֖ד תַּנְחֻמֶ֑יהָ לְמַ֧עַן
יב תָּמֹ֛צּוּ וְהִתְעַנַּגְתֶּ֖ם מִזִּ֥יז כְּבוֹדָֽהּ׃ כִּֽי־כֹ֣ה ׀
אָמַ֣ר יְהוָ֗ה הִנְנִ֣י נֹטֶֽה־אֵ֠לֶיהָ כְּנָהָ֨ר שָׁל֜וֹם וּכְנַ֧חַל
שׁוֹטֵ֛ף כְּב֥וֹד גּוֹיִ֖ם וִֽינַקְתֶּ֑ם עַל־צַד֙ תִּנָּשֵׂ֔אוּ וְעַל־
יג בִּרְכַּ֖יִם תְּשָׁעֳשָֽׁעוּ׃ כְּאִ֕ישׁ אֲשֶׁ֥ר אִמּ֖וֹ תְּנַחֲמֶ֑נּוּ כֵּ֤ן אָנֹכִי֙
יד אֲנַֽחֶמְכֶ֔ם וּבִירוּשָׁלִַ֖ם תְּנֻחָֽמוּ׃ וּרְאִיתֶם֙ וְשָׂ֣שׂ לִבְּכֶ֔ם

שטף זרימת נהר
כְּנָהָר שָׁלוֹם
וּכְנַחַל שׁוֹטֵף

ביאור | מעוניינים לשתף אתכם עמם:[207] "לְמַעַן שְׁמִי, בגללנו, בזכותנו יִכְבַּד,
יכובד ה'".[208] הם חושבים שבהם ובקרבנותיהם הכול תלוי, ומגנים את
זולתם על מעשיהם ועל מחדליהם. וְאולם לבסוף נֵרָאֶה בְשִׂמְחַתְכֶם,
אתם תזכו לשמחה וְאילו הֵם יֵבֹשׁוּ, יתביישו.[209] ו כך יקרה, כאשר קוֹל
שָׁאוֹן, רעש, יֵצא מֵעִיר, מציון.[210] קוֹל יֵצא מֵהֵיכָל. זהו קוֹל ה' הַמְשַׁלֵּם
גְּמוּל לְאֹיְבָיו. השילום בזמן הגאולה יבוא ברעש גדול.

ז כדימוי לתהליך הגאולה – בְּטֶרֶם תָּחִיל, לפני שחשה ציון צירים – יָלָדָה,
הלידה כבר תהיה מאחוריה. בְּטֶרֶם יָבוֹא חֵבֶל, ציר לָהּ – והנה כבר
הִמְלִיטָה זָכָר. הגאולה תבוא במהירות ובמפתיע, כלידה שלא קדמו
לה סימני הלידה. ח מִי שָׁמַע גאולה פלאית כָּזֹאת?! מִי רָאָה אירועים
כָּאֵלֶּה?! הֲיוּחַל אֶרֶץ בְּיוֹם אֶחָד?! האם ייתכן שארץ שלמה תיהרה
ותיוולד[211] ביום אחד, אִם יִוָּלֵד גּוֹי, עַם בְּפַעַם אֶחָת?! הרי לידתו של
עם היא תהליך ממושך. כִּי, הנה חָלָה, הרתה וכאבה וּגַם יָלְדָה צִיּוֹן
אֶת בָּנֶיהָ בבת אחת. ט הַאֲנִי אַשְׁבִּיר, אושיב את ציון על המשבר,
מקום הלידה, וְלֹא אוֹלִיד, לא אסייע לה ללדת?! יֹאמַר ה'. אִם אֲנִי
הַמּוֹלִיד את רכול, וְעָצַרְתִּי את ציון מללדת?! אָמַר אֱלֹהָיִךְ. אני הדואג
לכל התהליכים הללו מתחילתם, ועל כן אביאם לידי גמר.[212]

י לאחר הלידה – שִׂמְחוּ אֶת, עם יְרוּשָׁלִַם הנפקדת, וְגִילוּ בָהּ, כָּל אֹהֲבֶיהָ,
הכואבים עתה את עליבותה. שִׂישׂוּ אִתָּהּ מָשׂוֹשׂ, כָּל הַמִּתְאַבְּלִים
עָלֶיהָ בחורבנה. השתתפו בשמחתה – יא לְמַעַן תִּינְקוּ וּשְׂבַעְתֶּם מִשֹּׁד,
משַׁד תַּנְחֻמֶיהָ. בני ירושלים יינקו ממנה את תנחומיה, יתנחמו יירגעו
ויתענגו. והדימוי הסמלי ממשיך – לְמַעַן תָּמֹצּוּ, תמצצו, וְהִתְעַנַּגְתֶּם
מִזִּיז, מזיו[213] כְּבוֹדָהּ. ולפי הדימוי רומז לפטמות שדיה.[214]

יב בהמשך לדימוי לידת ציון את בניה – כִּי כֹה אָמַר ה': הִנְנִי נֹטֶה,
מַפנה אֵלֶיהָ – אל ירושלים כְּנָהָר – שָׁלוֹם, את הברכה המושלמת,
וּכְנַחַל שׁוֹטֵף אביא כְּבוֹד, חשיבות או הון גּוֹיִם, וִינַקְתֶּם שפע זה. עַל
צַד תִּנָּשֵׂאוּ, יישאו אתכם כמו שנושאים תינוקות קטנים על צד
הגוף. וְעַל בִּרְכַּיִם תְּשָׁעֳשָׁעוּ, כדרך שמחזיקים ומשעשעים פעוטות.
תשובו לציון כילדים קטנים, בהתחדשות גמורה ובשמחה תמה, בלי
טרדות וייסורים. יג כְּאִישׁ אֲשֶׁר אִמּוֹ תְּנַחֲמֶנּוּ מצרה שעברה עליו,
אולי מעזיבתה אותו,[215] בדברים רכים היוצאים מלב רחמן,[216] כֵּן אָנֹכִי
אֲנַחֶמְכֶם, וּבִירוּשָׁלִַם שהתאבלתם עליה, על ידה ובה תְּנֻחָמוּ. יד וּרְאִיתֶם
את הגאולה וְשָׂשׂ לִבְּכֶם, וְעַצְמוֹתֵיכֶם כַּדֶּשֶׁא תִפְרַחְנָה, דימוי העצמות

וְעַצְמוֹתֵיכֶם כַּדֶּשֶׁא תִפְרַחְנָה וְנוֹדְעָה יַד־יהוה אֶת־
עֲבָדָיו וְזָעַם אֶת־אֹיְבָיו: כִּי־הִנֵּה יהוה בָּאֵשׁ יָבוֹא טו
וְכַסּוּפָה מַרְכְּבֹתָיו לְהָשִׁיב בְּחֵמָה אַפּוֹ וְגַעֲרָתוֹ
בְּלַהֲבֵי־אֵשׁ: כִּי בָאֵשׁ יהוה נִשְׁפָּט וּבְחַרְבּוֹ אֶת־כָּל־ טז
בָּשָׂר וְרַבּוּ חַלְלֵי יהוה: הַמִּתְקַדְּשִׁים וְהַמִּטַּהֲרִים יז
אַחַת אֶל־הַגַּנּוֹת אַחַר אחד בַּתָּוֶךְ אֹכְלֵי בְּשַׂר הַחֲזִיר
וְהַשֶּׁקֶץ וְהָעַכְבָּר יַחְדָּו יָסֻפוּ נְאֻם־יהוה: וְאָנֹכִי יח
מַעֲשֵׂיהֶם וּמַחְשְׁבֹתֵיהֶם בָּאָה לְקַבֵּץ אֶת־כָּל־הַגּוֹיִם
וְהַלְּשֹׁנוֹת וּבָאוּ וְרָאוּ אֶת־כְּבוֹדִי: וְשַׂמְתִּי בָהֶם אוֹת יט
וְשִׁלַּחְתִּי מֵהֶם ׀ פְּלֵיטִים אֶל־הַגּוֹיִם תַּרְשִׁישׁ פּוּל
וְלוּד מֹשְׁכֵי קֶשֶׁת תֻּבַל וְיָוָן הָאִיִּים הָרְחֹקִים אֲשֶׁר
לֹא־שָׁמְעוּ אֶת־שִׁמְעִי וְלֹא־רָאוּ אֶת־כְּבוֹדִי וְהִגִּידוּ

הרחבות

'אֹכלי בשר החזיר והשקץ והעכבר' לשון בלתי עדינה זו מתייחסת אף לאוכלים במסעדות גורמה, שבהן לא נאכלים השקצים כמות שהם אלא הם מתובלים בטוב טעם ומקושטים יפה. העונש יחול בשווה על החוטאים בפשעים חמורים כמו עבודה זרה, העשויה לכלול גם פולחן אינטלקטואלי, גילוי עריות ושפיכות דמים, המרומזים גם הם בפרשה זו, ועל מי שחטאו באכילתו של מזון שאינו כשר.

'ואנכי מעשיהם ומחשבֹתיהם באה לקבץ את כל הגוים' ייתכן שלכך מכוונים הדברים לעיל (פס' ד): גַּם אֲנִי אֶבְחַר בְּתַעֲלֻלֵיהֶם. ויש מי שמפרש כנגד מחשבות האחים השונאים באמרם: לְמַעַן שְׁמִי יִכְבַּד ה' – יבואו הגויים ויראו את כבודי. ויש מפרשים: באה כל אחת ואחת ממחשבותיהם; באה רעת מעשיהם ומחשבותיהם לפני; לנוכח מעשיהם ומחשבותיהם באה העת לקבץ.

גם בנבואות אחרות של אחרית הימים מופיע הרעיון שלא רק ישראל אלא כל בני העולם יעריצו את ה' ויבואו לעבדו. (ראו לעיל ב,ב; נו,ו–ז; ירמיה ג,יז; זכריה יד,ב טז).

ביאור | המתרעננת והמתרחבות מבטא חידוש נעורים ושמחה, והוא עומד
כנגד הגוף המצטמק, המשתופף והנראה יבש בתהליכי זקנה.[217]
וְנוֹדְעָה, תתגלה **יַד ה' אֶת**, אצל **עֲבָדָיו**, בכך שהיא תתמוך בהם
ותנקום נקמתם,[218] ומצד אחר – **וְזָעַם אֶת אֹיְבָיו**. ה' יכעס על אלה
שעמדו כנגדו.

טו **כִּי הִנֵּה** באחרית הימים **ה' בָּאֵשׁ יָבוֹא**, יתגלה, **וְכַסּוּפָה** ידהרו **מַרְכְּבֹתָיו**
לְהָשִׁיב לשכך,[219] או: להחזיר[220] **בְּחֵמָה** את **אַפּוֹ**, כעסו, **וְ**את **גַעֲרָתוֹ**
ישיב **בְּלַהֲבֵי**, בלהבות **אֵשׁ**. טז **כִּי בָאֵשׁ ה' נִשְׁפָּט**, יתדיין, **וּבְחַרְבּוֹ** יבוא
במשפט **אֶת**, עם **כָּל בָּשָׂר** – **וְרַבּוּ חַלְלֵי ה'**. יז **הַמִּתְקַדְּשִׁים**, המכינים
עצמם לפולחן **וְהַמִּטַּהֲרִים** בפנותם **אֶל הַגַּנּוֹת** לעבודה זרה שהיתה
נעשית בהן,[221] **אַחַר אַחַת בַּתָּוֶךְ**. קבוצה אחר קבוצה היו עובדים
לדמות שניצבה במרכז.[222] **אֹכְלֵי בְּשַׂר הַחֲזִיר וְהַשֶּׁקֶץ וְהָעַכְבָּר**. אוכלי
טרפות ונבלות, כל אלה **יַחְדָּו יָסֻפוּ**, יאבדו, **נְאֻם ה'**.

יח וה' אומר: **וְאָנֹכִי** כך אפעל: **מַעֲשֵׂיהֶם וּמַחְשְׁבֹתֵיהֶם**, תוכניתם של
עובדי האלילים להיוועד על ירושלים[223] **בָּאָה**, תתממש – **לְקַבֵּץ אֶת**
כָּל הַגּוֹיִם וְהַלְּשֹׁנוֹת, ואז – **וּבָאוּ וְרָאוּ אֶת כְּבוֹדִי** – יט **וְשַׂמְתִּי בָהֶם**, בגויים
שייאלכפו **אוֹת**, סימן שאני הוא העומד מאחורי גאולה זו. **וְשִׁלַּחְתִּי**
מֵהֶם פְּלֵיטִים, שיבואו כשליחים **אֶל הַגּוֹיִם, תַּרְשִׁישׁ פּוּל וְלוּד**, שחלקם
שוכנים בקצוות שונים של הים התיכון, והם **מֹשְׁכֵי קֶשֶׁת**, אנשי
מלחמה המפורסמים כקשתים, וגם אל **תֻּבַל וְיָוָן, הָאִיִּים הָרְחֹקִים** מארץ
ישראל. בזמנים שבהם ההפלגות נעשו באניות מפרש בלתי אמינות,
האיים שאחרי יוון נחשבו רחוקים. **אֲשֶׁר לֹא שָׁמְעוּ אֶת שִׁמְעִי, וְלֹא רָאוּ**
אֶת כְּבוֹדִי. וְהִגִּידוּ השליחים הללו **אֶת כְּבוֹדִי בַּגּוֹיִם**. כ **וְהֵבִיאוּ** הגויים

העולם |

תַּרְשִׁישׁ מזוהה עם תרסוס שבדרום־מזרח אסיה הקטנה (תורכיה של היום) או עם תרתיסוס (Tartessos) שבדרום־מערב חצי־האי האיברי.

פּוּל יש המזהים אותו עם בני פוט, המוזכרים כבעלי ברית של המצרים והיו אנשי מלחמה המומחים בהגנה: "כּוּשׁ וּפוּט אִתָּם כֻּלָּם מָגֵן וְכוֹבָע" (יחזקאל לח,ה, וראו ירמיה מו,ט; נחום ג,ט). יש חוקרים שזיהו אותו עם שבט ששכן בלוב, ואחרים שיערו שהוא 'ארץ פונט' שמדרום למצרים, הנזכרת בתעודות מצריות עתיקות.

לוּד בלוח העמים בפרשת נח הלודיים סמוכים לעמי כוש ופוט, ששכנו סמוך למצרים (ישעיה סו,יט; יחזקאל כז,י). הם נזכרים בנביאים כעם שכירי חרב בשירות הצורים, הצידונים והמצרים. בתעודות היסטוריות נזכר לוד כעם שישב לחופי מערב אסיה הקטנה (Lydia), ועל כן היה מי ששיער כי מדובר בעם נודד שמקורו מצרי.

אֶת־כְּבוֹדִ֖י בַּגּוֹיִֽם׃ וְהֵבִ֣יאוּ אֶת־כָּל־אֲחֵיכֶ֣ם ׀ מִכָּל־ כ
הַגּוֹיִ֣ם ׀ מִנְחָ֣ה ׀ לַֽיהוָ֡ה בַּסּוּסִ֡ים וּ֠בָרֶכֶב וּבַצַּבִּ֨ים
וּבַפְּרָדִ֜ים וּבַכִּרְכָּר֗וֹת עַ֣ל הַ֥ר קָדְשִׁ֛י יְרוּשָׁלִַ֖ם אָמַ֣ר
יְהוָ֑ה כַּאֲשֶׁ֣ר יָבִיאוּ֩ בְנֵ֨י יִשְׂרָאֵ֧ל אֶת־הַמִּנְחָ֛ה בִּכְלִ֥י
טָה֖וֹר בֵּ֥ית יְהוָֽה׃ וְגַם־מֵהֶ֥ם אֶקַּ֛ח לַכֹּהֲנִ֥ים לַלְוִיִּ֖ם כא
אָמַ֥ר יְהוָֽה׃ כִּ֣י כַאֲשֶׁ֣ר הַשָּׁמַ֣יִם הַ֠חֲדָשִׁים וְהָאָ֨רֶץ כב
הַחֲדָשָׁ֜ה אֲשֶׁ֨ר אֲנִ֥י עֹשֶׂ֛ה עֹמְדִ֥ים לְפָנַ֖י נְאֻם־יְהוָ֑ה כֵּ֛ן
יַעֲמֹ֥ד זַרְעֲכֶ֖ם וְשִׁמְכֶֽם׃ וְהָיָ֗ה מִדֵּי־חֹ֙דֶשׁ֙ בְּחָדְשׁ֔וֹ וּמִדֵּ֥י כג
שַׁבָּ֖ת בְּשַׁבַּתּ֑וֹ יָב֧וֹא כָל־בָּשָׂ֛ר לְהִשְׁתַּחֲוֺ֥ת לְפָנַ֖י אָמַ֥ר
יְהוָֽה׃ וְיָצְא֣וּ וְרָא֔וּ בְּפִגְרֵי֙ הָאֲנָשִׁ֔ים הַפֹּשְׁעִ֖ים בִּ֑י כִּ֣י כד
תוֹלַעְתָּ֞ם לֹ֣א תָמ֗וּת וְאִשָּׁם֙ לֹ֣א תִכְבֶּ֔ה וְהָי֥וּ דֵרָא֖וֹן
לְכָל־בָּשָֽׂר׃

והיה מדי־חדש בחדשו ומדי שבת בשבתו יבוא
כל־בשר להשתחות לפני אמר יהוה:

ביאור
שיעלו לרגל לציון **אֶת כָּל אֲחֵיכֶם** שבגלות **מִכָּל הַגּוֹיִם** אחיכם יובאו
על ידי הגויים בתור **מִנְחָה**, מתנה **לַה׳**, בכל כלי הרכב האפשריים:
בַּסּוּסִים וּבָרֶכֶב וּבַצַּבִּים, עגלות מטוקסות, ערוכות ומסודרות **וּבַפְּרָדִים**
וּבַכִּרְכָּרוֹת עַל אל **הַר קָדְשִׁי יְרוּשָׁלִַם, אָמַר ה׳, כַּאֲשֶׁר יָבִיאוּ בְנֵי יִשְׂרָאֵל**
אֶת הַמִּנְחָה בִּכְלִי טָהוֹר לְבֵית ה׳. נדחי ישראל בכל האומות יובאו
במהירות ובכבוד, כמו שמביאים לה׳ קרבן מכובד ונאה בטהרה
ובשמחת לב. כא **וְגַם מֵהֶם**, מאותם הגולים שישובו ויתגלו,[224] **אֶקַּח**
לַכֹּהֲנִים לַלְוִיִּם, אָמַר ה׳.

כב **כִּי כַאֲשֶׁר הַשָּׁמַיִם הַחֲדָשִׁים וְהָאָרֶץ הַחֲדָשָׁה אֲשֶׁר אֲנִי עֹשֶׂה** – כמו
שהוזכר כבר[225] – **עֹמְדִים לְפָנַי, נְאֻם ה׳, כֵּן יַעֲמֹד זַרְעֲכֶם וְשִׁמְכֶם**. גם אתם
תישארו לנצח. כג **וְהָיָה מִדֵּי חֹדֶשׁ בְּחָדְשׁוֹ וּמִדֵּי שַׁבָּת בְּשַׁבַּתּוֹ יָבוֹא**
כָל בָּשָׂר, כל יצורי עולם, **לְהִשְׁתַּחֲוֹת לְפָנַי, אָמַר ה׳**. בכל חודש ושבת
יבואו אנשים אחרים, ולאו דווקא בבת אחת.[226] העולם יכבד את
אלוקי ישראל. כד כאשר הם יגיעו – **וְיָצְאוּ וְרָאוּ בְּפִגְרֵי הָאֲנָשִׁים**
הַפֹּשְׁעִים, שפשעו **בִּי, כִּי תוֹלַעְתָּם** האוכלת את הפגרים הללו **לֹא**
תָמוּת, וְאִשָּׁם, האש היוקדת בהם **לֹא תִכְבֶּה, וְהָיוּ דֵרָאוֹן**, חרפה **לְכָל**
בָּשָׂר. עונשם של הפושעים וביזיונם יהיו אות עולם לעיני כול.[227]

כדי שלא לסיים את הספר בדבר שלילי, נהוג מזה דורות רבים
לחזור שנית על קריאת הפסוק שלפני האחרון:
והיה מדי חדש בחדשו ומדי שבת בשבתו יבוא כל בשר להשתחות לפני, אמר ה׳.

הפטרת פרשת זכור
שמואל א

התימנים מתחילים כאן

יד נב וַתְּהִי הַמִּלְחָמָה חֲזָקָה עַל־פְּלִשְׁתִּים כֹּל יְמֵי שָׁאוּל
וְרָאָה שָׁאוּל כָּל־אִישׁ גִּבּוֹר וְכָל־בֶּן־חַיִל וַיַּאַסְפֵהוּ

הספרדים מתחילים כאן

טו א אֵלָיו׃ ★וַיֹּאמֶר שְׁמוּאֵל אֶל־שָׁאוּל אֹתִי
שָׁלַח יְהוָה לִמְשָׁחֳךָ לְמֶלֶךְ עַל־עַמּוֹ עַל־יִשְׂרָאֵל

האשכנזים מתחילים כאן

ב וְעַתָּה שְׁמַע לְקוֹל דִּבְרֵי יְהוָה׃ ★כֹּה אָמַר
יְהוָה צְבָאוֹת פָּקַדְתִּי אֵת אֲשֶׁר־עָשָׂה עֲמָלֵק
לְיִשְׂרָאֵל אֲשֶׁר־שָׂם לוֹ בַּדֶּרֶךְ בַּעֲלֹתוֹ מִמִּצְרָיִם׃
ג עַתָּה לֵךְ וְהִכִּיתָה אֶת־עֲמָלֵק וְהַחֲרַמְתֶּם אֶת־כָּל־
אֲשֶׁר־לוֹ וְלֹא תַחְמֹל עָלָיו וְהֵמַתָּה מֵאִישׁ עַד־
אִשָּׁה מֵעֹלֵל וְעַד־יוֹנֵק מִשּׁוֹר וְעַד־שֶׂה מִגָּמָל וְעַד־
ד חֲמוֹר׃ וַיְשַׁמַּע שָׁאוּל אֶת־הָעָם וַיִּפְקְדֵם
בַּטְּלָאִים מָאתַיִם אֶלֶף רַגְלִי וַעֲשֶׂרֶת אֲלָפִים אֶת־
ה אִישׁ יְהוּדָה׃ וַיָּבֹא שָׁאוּל עַד־עִיר עֲמָלֵק וַיָּרֶב בַּנָּחַל׃
ו וַיֹּאמֶר שָׁאוּל אֶל־הַקֵּינִי לְכוּ סֻּרוּ רְּדוּ מִתּוֹךְ עֲמָלֵקִי
פֶּן־אֹסִפְךָ עִמּוֹ וְאַתָּה עָשִׂיתָה חֶסֶד עִם־כָּל־בְּנֵי
יִשְׂרָאֵל בַּעֲלוֹתָם מִמִּצְרָיִם וַיָּסַר קֵינִי מִתּוֹךְ עֲמָלֵק׃
ז וַיַּךְ שָׁאוּל אֶת־עֲמָלֵק מֵחֲוִילָה בּוֹאֲךָ שׁוּר אֲשֶׁר עַל־

הרחבות | **׳עשרת אלפים את איש יהודה׳** שבט יהודה היה מבחינות רבות מעין יחידה פוליטית בפני עצמה. (ראו שמואל א׳ יא,ח). את מספרם המפתיע בקוטנו של בני השבט אפשר לייחס דווקא למיקומה של המלחמה. שלא כשבטים האחרים, שיצאו למסע המלחמה באופן מאורגן, ייתכן שרבים מאנשי יהודה הצטרפו למלחמה

מלחמת שאול בעמלק

שאול נשלח על ידי שמואל הנביא להחרים את עמלק. הוא ניצח במלחמה, אך משיקולים שונים חמל על מלך עמלק וחס על מיטב בהמותיו. ה׳ מודיע לשמואל כי שאול כבר אינו רצוי לפניו כמלך ישראל.

ביאור | שמואל א׳ פרק יד נב וַתְּהִי הַמִּלְחָמָה חֲזָקָה עַל פְּלִשְׁתִּים כֹּל יְמֵי שָׁאוּל,
ובינתיים – וְרָאָה, כשהיה רואה שָׁאוּל כָּל אִישׁ גִּבּוֹר וְכָל בֶּן חַיִל – וַיַּאַסְפֵהוּ
אֵלָיו, לצבא הקבע שלו. הוא דאג לכך שאנשיו יהיו הטובים ביותר
מבין אנשי ישראל.

פרק טו א וַיֹּאמֶר שְׁמוּאֵל אֶל שָׁאוּל: אֹתִי שָׁלַח ה׳ לִמְשָׁחֳךָ לְמֶלֶךְ
עַל עַמּוֹ, עַל יִשְׂרָאֵל. אינך מולך מכוח עצמך, אלא כשליח שנשלח
על ידי בשם ה׳, וְלכן, עַתָּה שְׁמַע לְקוֹל דִּבְרֵי ה׳.[228]

ב כֹּה אָמַר ה׳ צְבָאוֹת: פָּקַדְתִּי, אני זוכר אֵת אֲשֶׁר עָשָׂה עֲמָלֵק לְיִשְׂרָאֵל,
אֲשֶׁר שָׂם לוֹ מארב ונלחם בו בַּדֶּרֶךְ בַּעֲלֹתוֹ מִמִּצְרָיִם.[229] זיכרון נצחי
זה מופיע גם בתורה.[230] ג עַתָּה לֵךְ וְהִכִּיתָה, והכית, הכה אֶת עֲמָלֵק,
וְהַחֲרַמְתֶּם, אבדו אֶת כָּל אֲשֶׁר לוֹ, וְלֹא תַחְמֹל עָלָיו. וְהֵמַתָּה, המת
מֵאִישׁ עַד אִשָּׁה, מֵעֹלֵל, מתינוק שזה עתה נולד[231] וְעַד יוֹנֵק, מִשּׁוֹר וְעַד
שֶׂה, מִגָּמָל וְעַד חֲמוֹר. אין להשאיר דבר מכל אשר לעמלק, כלשון
הציווי תִּמְחֶה אֶת זֵכֶר עֲמָלֵק.[232]

ד וַיְשַׁמַּע, הכריז, הקהיל[233] שָׁאוּל אֶת הָעָם, וַיִּפְקְדֵם, ספר אותם בַּטְּלָאִים,
באמצעות טלאים. כל איש מאנשיו נתן טלה, כדי שיספרו את
הטלאים במקום לספור את בני האדם,[234] ונמצאו מָאתַיִם אֶלֶף רַגְלִי,
חיילים הנעים ברגלם משאר השבטים, וַעֲשֶׂרֶת אֲלָפִים אֶת אִישׁ יְהוּדָה.

ה וַיָּבֹא שָׁאוּל עַד עִיר עֲמָלֵק, העיר הראשית של עמלק. וַיָּרֶב בַּנָּחַל.
שאול פתח בפעולות איבה ומריבה בנחל הסמוך לעיר.[235]

ו וַיֹּאמֶר שָׁאוּל אֶל הַקֵּינִי, שבט בני יתרו: לְכוּ סֻּרוּ רְדוּ, היפרדו והתרחקו
מִתּוֹךְ הָעֲמָלֵקִי. פֶּן, שמא אֹסִפְךָ, אכלה אותך עִמּוֹ במהלך הקרב, ואיני
רוצה בכך, והרי אַתָּה, כלומר אביך הראשון, עָשִׂיתָה חֶסֶד עִם כָּל בְּנֵי
יִשְׂרָאֵל בַּעֲלוֹתָם מִמִּצְרָיִם.

ואכן – וַיָּסַר קֵינִי מִתּוֹךְ עֲמָלֵק.

ז וַיַּךְ שָׁאוּל אֶת עֲמָלֵק מֵחֲוִילָה עד בּוֹאֲךָ שׁוּר אֲשֶׁר עַל פְּנֵי, לפני מִצְרָיִם.

הרחבות | רצו להתיישב במקום קבוע, אלא נשארו נודדים במשך כל הדורות (ראו שופטים א,טז). מבחינה דתית שבט זה השתייך לישראל, אבל מבחינה מדינית ולאומית

ממקומם ללא מסדר ומשמעת. (ראו עוד ר"י מטראני).

׳הקֵינִי׳ הקינים לא קיבלו נחלה או שלא

פְּנֵי מִצְרָיִם׃ וַיִּתְפֹּשׂ אֶת־אֲגַג מֶלֶךְ־עֲמָלֵק חָי וְאֶת־ ח
כָּל־הָעָם הֶחֱרִים לְפִי־חָרֶב׃ וַיַּחְמֹל שָׁאוּל וְהָעָם עַל־ ט
אֲגָג וְעַל־מֵיטַב הַצֹּאן וְהַבָּקָר וְהַמִּשְׁנִים וְעַל־הַכָּרִים
וְעַל־כָּל־הַטּוֹב וְלֹא אָבוּ הַחֲרִימָם וְכָל־הַמְּלָאכָה
נְמִבְזָה וְנָמֵס אֹתָהּ הֶחֱרִימוּ׃ וַיְהִי דְּבַר י
יְהוָה אֶל־שְׁמוּאֵל לֵאמֹר׃ נִחַמְתִּי כִּי־הִמְלַכְתִּי יא
אֶת־שָׁאוּל לְמֶלֶךְ כִּי־שָׁב מֵאַחֲרַי וְאֶת־דְּבָרַי לֹא
הֵקִים וַיִּחַר לִשְׁמוּאֵל וַיִּזְעַק אֶל־יְהוָה כָּל־הַלָּיְלָה׃
וַיַּשְׁכֵּם שְׁמוּאֵל לִקְרַאת שָׁאוּל בַּבֹּקֶר וַיֻּגַּד לִשְׁמוּאֵל יב
לֵאמֹר בָּא־שָׁאוּל הַכַּרְמֶלָה וְהִנֵּה מַצִּיב לוֹ יָד
וַיִּסֹּב וַיַּעֲבֹר וַיֵּרֶד הַגִּלְגָּל׃ וַיָּבֹא שְׁמוּאֵל אֶל־שָׁאוּל יג
וַיֹּאמֶר לוֹ שָׁאוּל בָּרוּךְ אַתָּה לַיהוָה הֲקִימֹתִי אֶת־
דְּבַר יְהוָה׃ וַיֹּאמֶר שְׁמוּאֵל וּמֶה קוֹל־הַצֹּאן הַזֶּה יד
בְּאָזְנָי וְקוֹל הַבָּקָר אֲשֶׁר אָנֹכִי שֹׁמֵעַ׃ וַיֹּאמֶר שָׁאוּל טו
מֵעֲמָלֵקִי הֱבִיאוּם אֲשֶׁר חָמַל הָעָם עַל־מֵיטַב הַצֹּאן
וְהַבָּקָר לְמַעַן זְבֹחַ לַיהוָה אֱלֹהֶיךָ וְאֶת־הַיּוֹתֵר

הרחבות

אולי ראה בעצמו יחידה נבדלת. באותה שעה הקינים הנודדים שכנו סמוך לעמלק. (ראו שופטים ד,יז; שמואל א׳ כז,ח–י).

ויחר לשמואל קשה היה לשמואל להלום את החלטתו של ה׳ להסיר את שאול ממלכותו, היות ששאול לא פעל מתוך כוונות רעות. חטאו היה בכך שלא היה חזק ותקיף דיו ונכנע ללחצים. אמנם שמואל חזר וגער בשאול בתקיפות פעם אחר פעם, אבל שאול נשאר גם בן טיפוחיו. חרה לו אפוא שה׳ פסל את מי שהוא גידל וטיפח. (ראו תענית ה ע״ב; רות רבה ז,יג; אברבנאל על אתר).

שאול מציב לו יד לניצחון על עמלק יש גם

ביאור | נראה שבתקופה זו נעשה עמלק עם גדול, ועל כל פנים היה מפוזר
באזורים נרחבים בדרום הנגב, אולי גם בעבר הירדן הדרומי. ח וַיִּתְפֹּשׂ
בשבי אֶת אֲגַג מֶלֶךְ עֲמָלֵק חָי, וְאֶת כָּל הָעָם הֶחֱרִים לְפִי חָרֶב, כפי שציווהו
שמואל. ט וַיַּחְמֹל שָׁאוּל וְהָעָם עַל אֲגָג. לא ידוע אם אגג היה אדם
בולט או שעשה רושם על אנשי שאול כגיבור מלחמה, מכל מקום
לא הרגו אותו יחד עם כולם. וְנוסף על כך הם חסו עַל מֵיטַב, החלק
המובחר ביותר של הַצֹּאן וְהַבָּקָר וְעַל הַמִּשְׁנִים, השניים להם,[236] וְעַל
הַכָּרִים, אילים או כבשים מפוטמים, וְעַל כָּל הַטּוֹב, וְלֹא אָבוּ, רצו הַחֲרִימָם,
למרות שנאמר להם להשמיד הכול. וְכָל הַמְּלָאכָה, המקנה, הרכוש
או: התוצרת, שהיא נְמִבְזָה, בזויה וְנָמֵס, ומאוסה – אֹתָהּ הֶחֱרִימוּ. הם
איבדו רק דברים קטני ערך וחסרי חשיבות.[237]

י וַיְהִי דְּבַר ה׳ אֶל שְׁמוּאֵל לֵאמֹר: יא נִחַמְתִּי, התחרטתי כביכול[238]
כִּי הִמְלַכְתִּי אֶת שָׁאוּל לְמֶלֶךְ, כִּי שָׁב מֵאַחֲרַי, נטש את דרכי, וְאֶת
דְּבָרַי לֹא הֵקִים.

וַיִּחַר, היה קשה לִשְׁמוּאֵל, וַיִּזְעַק אֶל ה׳ כָּל הַלָּיְלָה בתחנונים, בטענה
ובבכייה.

יב אף על פי כן, וַיַּשְׁכֵּם שְׁמוּאֵל לִקְרַאת שָׁאוּל בַּבֹּקֶר, וכנראה לא גילה
דבר מרגשותיו ומזעקותיו, אלא הזדרז לבצע את תפקידו. וַיֻּגַּד
לִשְׁמוּאֵל לֵאמֹר: בָּא שָׁאוּל הַכַּרְמֶלָה, מקום בדרום נחלת יהודה.[239]
וְהִנֵּה מַצִּיב לוֹ יָד, מצבת זיכרון לניצחון הגדול על עמלק.[240] וַיִּסֹּב
וַיַּעֲבֹר וַיֵּרֶד אל הַגִּלְגָּל. יג וַיָּבֹא שְׁמוּאֵל אֶל שָׁאוּל.

וַיֹּאמֶר לוֹ שָׁאוּל: בָּרוּךְ אַתָּה לַה׳! ברוך הבא![241] הֲקִימֹתִי אֶת דְּבַר ה׳.
נלחמתי בעמלק וניצחתיו.

יד וַיֹּאמֶר שְׁמוּאֵל: וּמֶה קוֹל הַצֹּאן הַזֶּה בְּאָזְנָי, וְקוֹל הַבָּקָר אֲשֶׁר אָנֹכִי שֹׁמֵעַ?
מאין באו הבהמות הללו שאני שומע את קולן?

טו וַיֹּאמֶר שָׁאוּל: מֵעֲמָלֵקִי הֱבִיאוּם, אֲשֶׁר חָמַל הָעָם עַל מֵיטַב הַצֹּאן
וְהַבָּקָר, אבל לא חמד בהם כשלל אישי, חלילה, אלא לְמַעַן זְבֹחַ
לַה׳ אֱלֹהֶיךָ. הבאנו מקצת הבהמות, משום שהעם לא רצה להרגן

הרחבות | משמעות היסטורית וגם משמעות אישית. אמנם לא היתה זו השמדה גמורה של העמלקים, והם יחזרו ויופיעו בהמשך (ראו שמואל א׳ כז,ח; ל,א; שמואל ב׳ א,ח; דברי הימים א׳ ד,מג. גם המן צורר היהודים הוא מזרע אגג – אסתר ג,א), אבל היתה זו מלחמה גדולה בעם שקשה לנצחו, משום שאין הוא מרוכז במקום אחד, אלא בניו יכולים לשרוד בפינות שונות במדבר.

׳לה׳ אלהיך׳ על פי הפשט ביטוי זה אין בו משמעות שלילית. מופיע בכמה מקומות במקרא בעיקר כלפי כהן או אישיות חשובה. (ראו רד״ק).

הֶחֱרַֽמְנוּ׃ וַיֹּ֤אמֶר שְׁמוּאֵל֙ אֶל־שָׁא֔וּל הֶ֚רֶף טז
וְאַגִּ֣ידָה לְּךָ֔ אֵת֩ אֲשֶׁ֨ר דִּבֶּ֧ר יְהֹוָ֛ה אֵלַ֖י הַלָּ֑יְלָה ויאמרו וַיֹּ֥אמֶר
ל֖וֹ דַּבֵּֽר׃ וַיֹּ֣אמֶר שְׁמוּאֵ֔ל הֲל֗וֹא אִם־קָטֹ֤ן יז
אַתָּה֙ בְּעֵינֶ֔יךָ רֹ֛אשׁ שִׁבְטֵ֥י יִשְׂרָאֵ֖ל אָ֑תָּה וַיִּמְשָׁחֲךָ֧
יְהֹוָ֛ה לְמֶ֖לֶךְ עַל־יִשְׂרָאֵֽל׃ וַיִּשְׁלָחֲךָ֥ יְהֹוָ֖ה בְּדָ֑רֶךְ יח
וַיֹּ֗אמֶר לֵ֣ךְ וְהַחֲרַמְתָּ֞ה אֶת־הַֽחַטָּאִים֙ אֶת־עֲמָלֵ֔ק
וְנִלְחַמְתָּ֣ ב֔וֹ עַד־כַּלּוֹתָ֖ם אֹתָֽם׃ וְלָ֥מָּה לֹֽא־שָׁמַ֖עְתָּ יט
בְּק֣וֹל יְהֹוָ֑ה וַתַּ֙עַט֙ אֶל־הַשָּׁלָ֔ל וַתַּ֥עַשׂ הָרַ֖ע בְּעֵינֵ֥י
יְהֹוָֽה׃ וַיֹּ֨אמֶר שָׁא֜וּל אֶל־שְׁמוּאֵ֗ל אֲשֶׁ֤ר כ
שָׁמַ֙עְתִּי֙ בְּק֣וֹל יְהֹוָ֔ה וָאֵלֵ֕ךְ בַּדֶּ֖רֶךְ אֲשֶׁר־שְׁלָחַ֣נִי יְהֹוָ֑ה
וָאָבִ֗יא אֶת־אֲגַג֙ מֶ֣לֶךְ עֲמָלֵ֔ק וְאֶת־עֲמָלֵ֖ק הֶחֱרַֽמְתִּי׃
וַיִּקַּ֨ח הָעָ֧ם מֵהַשָּׁלָ֛ל צֹ֥אן וּבָקָ֖ר רֵאשִׁ֣ית הַחֵ֑רֶם לִזְבֹּ֛חַ כא
לַיהֹוָ֥ה אֱלֹהֶ֖יךָ בַּגִּלְגָּֽל׃ וַיֹּ֣אמֶר שְׁמוּאֵ֗ל כב
הַחֵ֤פֶץ לַֽיהֹוָה֙ בְּעֹל֣וֹת וּזְבָחִ֔ים כִּשְׁמֹ֖עַ בְּק֣וֹל יְהֹוָ֑ה
הִנֵּ֤ה שְׁמֹ֙עַ֙ מִזֶּ֣בַח ט֔וֹב לְהַקְשִׁ֖יב מֵחֵ֥לֶב אֵילִֽים׃ כִּ֤י כג
חַטַּאת־קֶ֙סֶם֙ מֶ֔רִי וְאָ֥וֶן וּתְרָפִ֖ים הַפְצַ֑ר יַ֗עַן מָאַ֙סְתָּ֙
אֶת־דְּבַ֣ר יְהֹוָ֔ה וַיִּמְאָסְךָ֖ מִמֶּֽלֶךְ׃ וַיֹּ֨אמֶר כד

סתם, והעדיף להשתמש בהן לצורך קרבנות. **וְאֶת הַיּוֹתֵר**, השאר | ביאור
הֶחֱרַמְנוּ. שאול מתנצל ומסביר שגם אם הם לא מילאו את פרטי
ההוראות במלואן, הם התכוונו רק לשם שמים.

טז **וַיֹּאמֶר שְׁמוּאֵל אֶל שָׁאוּל: הֶרֶף**, הנח לי, וגם: הפסק להתנצל ולתרץ,[242]
וְאַגִּידָה לְּךָ אֵת אֲשֶׁר דִּבֶּר ה׳ אֵלַי הַלָּיְלָה.
וַיֹּאמֶר לוֹ שאול: **דַּבֵּר.**

יז **וַיֹּאמֶר שְׁמוּאֵל: הֲלוֹא אִם קָטֹן אַתָּה בְּעֵינֶיךָ**, ולכן אינך תקיף די הצורך –
עדיין **רֹאשׁ שִׁבְטֵי יִשְׂרָאֵל אָתָּה, וַיִּמְשָׁחֲךָ ה׳ לְמֶלֶךְ עַל יִשְׂרָאֵל**. גם לפי
דבריך, שלא אתה יזמת את המעשה אלא נכנעת ללחצי העם, הרי
אתה המנהיג ואתה אחראי כלפי המשימה שהוטלה עליך. אל לך
להצדיק את התנהגותך ברצונם של אחרים.[243] יח **וַיִּשְׁלָחֲךָ ה׳ בְּדָרֶךְ**,
במגמה מסוימת **וַיֹּאמֶר: "לֵךְ וְהַחֲרַמְתָּה אֶת הַחַטָּאִים**, אנשי החטא,
אֶת עֲמָלֵק, וְנִלְחַמְתָּ בוֹ עַד כַּלּוֹתָם, שבני ישראל יכלו **אֹתָם".** יט **וְלָמָּה**
לֹא שָׁמַעְתָּ בְּקוֹל ה׳, וַתַּעַט, התנפלת **אֶל הַשָּׁלָל. וַתַּעַשׂ הָרַע בְּעֵינֵי ה׳?!**

כ שאול מת־עם מיד[244] – **וַיֹּאמֶר שָׁאוּל אֶל שְׁמוּאֵל: אֲשֶׁר**, אכן **שָׁמַעְתִּי**
בְּקוֹל ה׳, וָאֵלֵךְ בַּדֶּרֶךְ אֲשֶׁר שְׁלָחַנִי ה׳. עמלק אינו מאיים עתה על
ישראל, ובכל זאת יצאתי למלחמה יזומה זו, מפני שאני עושה את
דבר ה׳, **וָאָבִיא אֶת אֲגַג מֶלֶךְ עֲמָלֵק** שבוי, **וְאֶת עֲמָלֵק הֶחֱרַמְתִּי**, כמו
שאמרת. זהו ניצחון מוחלט. כא **וַיִּקַּח הָעָם מֵהַשָּׁלָל צֹאן וּבָקָר, רֵאשִׁית**,
מיטב[245] **הַחֵרֶם**, השלל כדי **לִזְבֹּחַ לַה׳ אֱלֹהֶיךָ בַּגִּלְגָּל**. הרי מילאנו
את השליחות – ניצחנו במלחמה, השמדנו והרגנו את העם כולו,
אלא שאנשים חשבו שעדיף להפיק תועלת מן הבהמות הללו.

כב **וַיֹּאמֶר שְׁמוּאֵל: הַחֵפֶץ לַה׳**, האם ה׳ רוצה **בְּעֹלוֹת וּזְבָחִים, כִּשְׁמֹעַ**, יותר
מאשר את השמיעה **בְּקוֹל ה׳**?! ציוויו של ה׳ מחייב, והקרבנות אינם
מעלים ואינם מורידים לעניין זה. אין הם תכלית בפני עצמה, ואין
ה׳ זקוק להם.[246] **הִנֵּה שְׁמֹעַ**, ציות – **מִזֶּבַח טוֹב**, עדיף מהקרבת זבח;
לְהַקְשִׁיב לה׳ עדיף **מֵחֵלֶב אֵילִים**. כג **כִּי חַטַּאת קֶסֶם**, חטא הכישוף
והניחוש הוא **הַמֶּרִי**, המרידה. החטא שבקסם אינו המעשה כשלעצמו
אלא אי הציות, **וְאָוֶן**, הבל או חטא **וּתְרָפִים**, אלילי בית – **הַפְצַר**,
התעקשות. ההפצרה וההצטדקות שאינן במקומן הן החטא
החמור.[247] **יַעַן**, מכיוון **שֶׁמָּאַסְתָּ**, דחית **אֶת דְּבַר ה׳**, המרית את פיו
והלכת אחר רצון העם או רצונות לבך, **וַיִּמְאָסְךָ מִמֶּלֶךְ**. בעיני ה׳
הפסקת להיות המלך הנבחר. למרות שאתה בעמדת שלטון, מעתה
אתה כשאר האדם.

שָׁאוּל אֶל־שְׁמוּאֵל חָטָאתִי כִּי־עָבַרְתִּי אֶת־פִּי־יְהוָה
וְאֶת־דְּבָרֶיךָ כִּי יָרֵאתִי אֶת־הָעָם וָאֶשְׁמַע בְּקוֹלָם׃
כה וְעַתָּה שָׂא נָא אֶת־חַטָּאתִי וְשׁוּב עִמִּי וְאֶשְׁתַּחֲוֶה
כו לַיהוָה׃ וַיֹּאמֶר שְׁמוּאֵל אֶל־שָׁאוּל לֹא אָשׁוּב עִמָּךְ
כִּי מָאַסְתָּה אֶת־דְּבַר יְהוָה וַיִּמְאָסְךָ יְהוָה מִהְיוֹת
כז מֶלֶךְ עַל־יִשְׂרָאֵל׃ וַיִּסֹּב שְׁמוּאֵל לָלֶכֶת וַיַּחֲזֵק בִּכְנַף־
כח מְעִילוֹ וַיִּקָּרַע׃ וַיֹּאמֶר אֵלָיו שְׁמוּאֵל קָרַע יְהוָה
אֶת־מַמְלְכוּת יִשְׂרָאֵל מֵעָלֶיךָ הַיּוֹם וּנְתָנָהּ לְרֵעֲךָ
כט הַטּוֹב מִמֶּךָּ׃ וְגַם נֵצַח יִשְׂרָאֵל לֹא יְשַׁקֵּר וְלֹא יִנָּחֵם
ל כִּי לֹא אָדָם הוּא לְהִנָּחֵם׃ וַיֹּאמֶר חָטָאתִי עַתָּה
כַּבְּדֵנִי נָא נֶגֶד זִקְנֵי־עַמִּי וְנֶגֶד יִשְׂרָאֵל וְשׁוּב עִמִּי
לא וְהִשְׁתַּחֲוֵיתִי לַיהוָה אֱלֹהֶיךָ׃ וַיָּשָׁב שְׁמוּאֵל אַחֲרֵי
לב שָׁאוּל וַיִּשְׁתַּחוּ שָׁאוּל לַיהוָה׃ וַיֹּאמֶר
שְׁמוּאֵל הַגִּישׁוּ אֵלַי אֶת־אֲגַג מֶלֶךְ עֲמָלֵק וַיֵּלֶךְ
אֵלָיו אֲגַג מַעֲדַנֹּת וַיֹּאמֶר אֲגָג אָכֵן סָר מַר־הַמָּוֶת׃
לג וַיֹּאמֶר שְׁמוּאֵל כַּאֲשֶׁר שִׁכְּלָה נָשִׁים חַרְבֶּךָ כֵּן־תִּשְׁכַּל
מִנָּשִׁים אִמֶּךָ וַיְשַׁסֵּף שְׁמוּאֵל אֶת־אֲגָג לִפְנֵי יְהוָה
לד בַּגִּלְגָּל׃* וַיֵּלֶךְ שְׁמוּאֵל הָרָמָתָה וְשָׁאוּל התימנים מסיימים כאן
עָלָה אֶל־בֵּיתוֹ גִּבְעַת שָׁאוּל׃

ביאור

כד **וַיֹּאמֶר שָׁאוּל אֶל שְׁמוּאֵל: חָטָאתִי כִּי עָבַרְתִּי אֶת פִּי ה׳ וְאֶת דְּבָרֶיךָ,**
כִּי יָרֵאתִי אֶת הָעָם וָאֶשְׁמַע בְּקוֹלָם. לולא כן הייתי עושה בדיוק מה
שאמרת לי.[248] כה **וְעַתָּה שָׂא,** סלח **נָא אֶת חַטָּאתִי, וְשׁוּב עִמִּי וְאֶשְׁתַּחֲוֶה**
לַה׳ אתך, כדי שיראו שאתה עדיין תומך בי ועומד לצדי.

כו **וַיֹּאמֶר שְׁמוּאֵל אֶל שָׁאוּל: לֹא אָשׁוּב עִמָּךְ, כִּי מָאַסְתָּה אֶת דְּבַר**
ה׳, וַיִּמְאָסְךָ ה׳ מִהְיוֹת מֶלֶךְ עַל יִשְׂרָאֵל.

כז **וַיִּסֹּב שְׁמוּאֵל לָלֶכֶת, וַיַּחֲזֵק** שאול **בִּכְנַף מְעִילוֹ** של שמואל כדי לעכבו,
וַיִּקָּרַע המעיל מפני משיכתו.[249]

כח **וַיֹּאמֶר אֵלָיו שְׁמוּאֵל:** הקריעה הזו היא סמל - **קָרַע ה׳ אֶת**
מַמְלְכוּת יִשְׂרָאֵל מֵעָלֶיךָ הַיּוֹם וּנְתָנָהּ לְרֵעֲךָ הַטּוֹב מִמֶּךָּ. כט **וְגַם נֵצַח**
יִשְׂרָאֵל, ה׳[250] **לֹא יְשַׁקֵּר וְלֹא יִנָּחֵם,** יתחרט, לאחר שאמר לך שאיבדת
את מעמדך. אינך יכול לפייס אותו ולבקש שישוב מדבריו, **כִּי לֹא**
אָדָם הוּא לְהִנָּחֵם.

ל **וַיֹּאמֶר** שאול שוב: **חָטָאתִי.** אני מקבל את דברי התוכחה והגזרה.
עַתָּה כַּבְּדֵנִי נָא נֶגֶד זִקְנֵי עַמִּי וְנֶגֶד יִשְׂרָאֵל, וְשׁוּב עִמִּי, וְהִשְׁתַּחֲוֵיתִי לַה׳
אֱלֹהֶיךָ. בבקשה בוא אתי להתפלל ולזבוח, כדי שלכל הפחות לא
ייראה בפומבי שאתה זונח אותי. הנבואה הפרטית שהשמעת
באוזניי תיתפס על ידי הקהל כמאורע טרגי.

לא למרות ששמואל פנה ללכת לדרכו, הוא נענה להפצרתו של
שאול. **וַיָּשָׁב שְׁמוּאֵל אַחֲרֵי שָׁאוּל, וַיִּשְׁתַּחוּ שָׁאוּל לַה׳.** הוא לא חזר בו,
אבל הואיל ושאול ביקש בקשה טכנית פוליטית, שמואל הסכים
למנוע ממנו את הביזיון והמהומה האפשריים.

לב **וַיֹּאמֶר שְׁמוּאֵל: הַגִּישׁוּ אֵלַי אֶת אֲגַג מֶלֶךְ עֲמָלֵק,** שכן רצה להביא
לסיומו של העניין.
וַיֵּלֶךְ אֵלָיו אֲגַג מַעֲדַנֹּת, הולך ומועד,[251] או: באופן מהודר ובגאון,[252]
או: קשור.[253] **וַיֹּאמֶר אֲגָג: אָכֵן סָר** הגיע אלי **מַר,** מרירות **הַמָּוֶת,**[254] שכן
הבין ששמואל מתכוון להרגו מיד.

לג **וַיֹּאמֶר שְׁמוּאֵל: כַּאֲשֶׁר** כשם **שִׁשְּׁכְּלָה נָשִׁים חַרְבֶּךָ, כֵּן תִּשְׁכַּל מִנָּשִׁים**
אִמֶּךָ. לא תוכל לטעון לחסות או להגנה כלשהן. **וַיְשַׁסֵּף,** ביקע, חתך[255]
שְׁמוּאֵל אֶת אֲגָג לִפְנֵי ה׳ בַּגִּלְגָּל. שמואל לא הרג את אגג בדרך מכובדת,
אלא באופן שמשמידים בעלי חיים שאינם נאכלים.

לד **וַיֵּלֶךְ שְׁמוּאֵל הָרָמָתָה,** אל הרמה, מקומו, **וְשָׁאוּל עָלָה אֶל בֵּיתוֹ**
בְּגִבְעַת שָׁאוּל.

הפטרת פרשת פרה

יחזקאל

לו טז יז ויהי דבר־יהוה אלי לאמר: בן־אדם בית ישראל
ישבים על־אדמתם ויטמאו אותה בדרכם
ובעלילותם כטמאת הנדה היתה דרכם לפני:
יח ואשפך חמתי עליהם על־הדם אשר־שפכו על־
יט הארץ ובגלוליהם טמאוה: ואפיץ אתם בגוים ויזרו
כ בארצות כדרכם וכעלילותם שפטתים: ויבוא אל־
הגוים אשר־באו שם ויחללו את־שם קדשי באמר
כא להם עם־יהוה אלה ומארצו יצאו: ואחמל על־שם
קדשי אשר חללהו בית ישראל בגוים אשר־באו
כב שמה: לכן אמר לבית־ישראל כה אמר
אדני יהוה לא למענכם אני עשה בית ישראל כי
אם־לשם־קדשי אשר חללתם בגוים אשר־באתם
כג שם: וקדשתי את־שמי הגדול המחלל בגוים אשר
חללתם בתוכם וידעו הגוים כי־אני יהוה נאם
כד אדני יהוה בהקדשי בכם לעיניהם: ולקחתי אתכם
מן־הגוים וקבצתי אתכם מכל־הארצות והבאתי
כה אתכם אל־אדמתכם: וזרקתי עליכם מים טהורים
וטהרתם מכל טמאותיכם ומכל־גלוליכם אטהר
כו אתכם: ונתתי לכם לב חדש ורוח חדשה אתן
בקרבכם והסרתי את־לב האבן מבשרכם ונתתי
כז לכם לב בשר: ואת־רוחי אתן בקרבכם ועשיתי

נבואת טהרה ותקומה לישראל

טהרת המים החיים מטומאת המת, הנקראת לקראת הפסח, חג החירות, משמשת בנבואת יחזקאל כדימוי לטהרת עוונות והתחדשות רוחנית של העם השב לארצו. תקומת העם והארץ מודגשת בהפטרה כמעשה ה' הפועל למען שמו ולא בגלל צדקתם של ישראל. אף רגשות הבושה והחרטה המתלווים אל הידיעה הזו, חשובים לתהליך התקומה עצמו.

ביאור

יחזקאל פרק לו טז וַיְהִי דְבַר ה' אֵלַי לֵאמֹר: תחילה סקירה
היסטורית – יז בֶּן אָדָם, בֵּית יִשְׂרָאֵל הָיוּ יֹשְׁבִים עַל אַדְמָתָם וַיְטַמְּאוּ
אוֹתָהּ בְּדַרְכָּם, באורח חייהם וּבַעֲלִילוֹתָם, ובמעשיהם. כְּטֻמְאַת הַנִּדָּה,
המרחיקה אותה מבעלה, כך הָיְתָה דַרְכָּם לְפָנָי. יח וָאֶשְׁפֹּךְ חֲמָתִי
עֲלֵיהֶם – על בית ישראל עַל הַדָּם אֲשֶׁר שָׁפְכוּ עַל הָאָרֶץ, ברציחות.[256]
או שמא זהו המשך הדימוי לדם הנידה הנשפך על הארץ ומטמא
אחרים,[257] וּבְגִלּוּלֵיהֶם, ובעבודתם הזרה טִמְּאוּהָ. יט וָאָפִיץ אֹתָם בַּגּוֹיִם
וַיִּזָּרוּ, התפזרו בָּאֲרָצוֹת. כְּדַרְכָּם וְכַעֲלִילוֹתָם שְׁפַטְתִּים. בני ישראל לא
נענשו מתוך רשעות, אלא היו ראויים לעונשים אלה בשל חומרת
מעשיהם. כ וַיָּבוֹא בית ישראל אֶל הַגּוֹיִם אֲשֶׁר בָּאוּ שָׁם – וַיְחַלְּלוּ אֶת
שֵׁם קָדְשִׁי, בֶּאֱמֹר לָהֶם, עליהם: הנה עַם ה' אֵלֶּה, וּמֵאַרְצוֹ יָצָאוּ. בן
לעם ישראל הנמצא בגולה גורם לחילול ה', שהרי ידוע שהוא שייך
לעם ה', ועם זאת אין הוא נמצא בארצו של ה'. כשהגויים רואים
אותו בארצם, הם תמהים מדוע אין ה' דואג לו ומשיבו לארצו.
כא וָאֶחְמֹל, אני חס עַל שֵׁם קָדְשִׁי אֲשֶׁר חִלְּלֻהוּ בֵּית יִשְׂרָאֵל בַּגּוֹיִם
אֲשֶׁר בָּאוּ שָׁמָּה. כב לָכֵן אֱמֹר לְבֵית יִשְׂרָאֵל: כֹּה אָמַר ה' אֱלוֹהִים: את
מה שאני עתיד לעשות לֹא לְמַעַנְכֶם אֲנִי עֹשֶׂה, בֵּית יִשְׂרָאֵל, כִּי אִם
לְמַעַן שֵׁם קָדְשִׁי אֲשֶׁר חִלַּלְתֶּם בַּגּוֹיִם אֲשֶׁר בָּאתֶם שָׁם. כג וְקִדַּשְׁתִּי
אֶת שְׁמִי הַגָּדוֹל הַמְחֻלָּל בַּגּוֹיִם, אֲשֶׁר חִלַּלְתֶּם בְּתוֹכָם, וְיָדְעוּ הַגּוֹיִם
כִּי אֲנִי ה', נְאֻם ה' אֱלוֹהִים, בְּהִקָּדְשִׁי בָכֶם, באמצעותכם לְעֵינֵיהֶם.
כך יתקדש שם ה' מחדש לעיני כל העמים: כד וְלָקַחְתִּי אֶתְכֶם מִן הַגּוֹיִם,
וְקִבַּצְתִּי אֶתְכֶם מִכָּל הָאֲרָצוֹת, וְהֵבֵאתִי אֶתְכֶם אֶל אַדְמַתְכֶם. כה ושם,
בארץ ישראל – וְזָרַקְתִּי עֲלֵיכֶם מַיִם טְהוֹרִים, וּטְהַרְתֶּם מִכֹּל טֻמְאוֹתֵיכֶם,
וּמִכָּל גִּלּוּלֵיכֶם אֲטַהֵר אֶתְכֶם. כו יותר על כן – וְנָתַתִּי לָכֶם לֵב, יצר חָדָשׁ,
וְרוּחַ חֲדָשָׁה אֶתֵּן בְּקִרְבְּכֶם, וַהֲסִרֹתִי אֶת לֵב הָאֶבֶן מִבְּשַׂרְכֶם וְנָתַתִּי לָכֶם
לֵב בָּשָׂר. לבבכם הקשה ייעקר ויוחלף בלב רך ומרגיש. גם רוחכם
הישנה תוחלף – כז וְאֶת רוּחִי, רוח ה' אֶתֵּן בְּקִרְבְּכֶם, וְעָשִׂיתִי, ובכך

אֶת אֲשֶׁר־בְּחֻקַּי תֵּלֵכוּ וּמִשְׁפָּטַי תִּשְׁמְרוּ וַעֲשִׂיתֶם׃
וִישַׁבְתֶּם בָּאָרֶץ אֲשֶׁר נָתַתִּי לַאֲבֹתֵיכֶם וִהְיִיתֶם לִי לְעָם כח
וְאָנֹכִי אֶהְיֶה לָכֶם לֵאלֹהִים׃ וְהוֹשַׁעְתִּי אֶתְכֶם מִכֹּל כט
טֻמְאוֹתֵיכֶם וְקָרָאתִי אֶל־הַדָּגָן וְהִרְבֵּיתִי אֹתוֹ וְלֹא־אֶתֵּן
עֲלֵיכֶם רָעָב׃ וְהִרְבֵּיתִי אֶת־פְּרִי הָעֵץ וּתְנוּבַת הַשָּׂדֶה ל
לְמַעַן אֲשֶׁר לֹא תִקְחוּ עוֹד חֶרְפַּת רָעָב בַּגּוֹיִם׃ וּזְכַרְתֶּם לא
אֶת־דַּרְכֵיכֶם הָרָעִים וּמַעַלְלֵיכֶם אֲשֶׁר לֹא־טוֹבִים
וּנְקֹטֹתֶם בִּפְנֵיכֶם עַל עֲוֺנֹתֵיכֶם וְעַל תּוֹעֲבוֹתֵיכֶם׃ לֹא לב
לְמַעַנְכֶם אֲנִי־עֹשֶׂה נְאֻם אֲדֹנָי יֱהֹוִה יִוָּדַע לָכֶם בּוֹשׁוּ
וְהִכָּלְמוּ מִדַּרְכֵיכֶם בֵּית יִשְׂרָאֵל׃
כֹּה אָמַר אֲדֹנָי יֱהֹוִה בְּיוֹם טַהֲרִי אֶתְכֶם מִכֹּל עֲוֺנוֹתֵיכֶם לג
וְהוֹשַׁבְתִּי אֶת־הֶעָרִים וְנִבְנוּ הֶחֳרָבוֹת׃ וְהָאָרֶץ לד
הַנְּשַׁמָּה תֵּעָבֵד תַּחַת אֲשֶׁר הָיְתָה שְׁמָמָה לְעֵינֵי כָּל־
עוֹבֵר׃ וְאָמְרוּ הָאָרֶץ הַלֵּזוּ הַנְּשַׁמָּה הָיְתָה כְּגַן־עֵדֶן לה
וְהֶעָרִים הֶחֳרֵבוֹת וְהַנְשַׁמּוֹת וְהַנֶּהֱרָסוֹת בְּצוּרוֹת
יָשָׁבוּ׃ וְיָדְעוּ הַגּוֹיִם אֲשֶׁר יִשָּׁאֲרוּ סְבִיבוֹתֵיכֶם כִּי ׀ לו
אֲנִי יְהֹוָה בָּנִיתִי הַנֶּהֱרָסוֹת נָטַעְתִּי הַנְּשַׁמָּה אֲנִי יְהֹוָה
דִּבַּרְתִּי וְעָשִׂיתִי׃* כֹּה אָמַר אֲדֹנָי יֱהֹוִה עוֹד לז

הספרדים והתימנים מסיימים כאן

זֹאת אִדָּרֵשׁ לְבֵית־יִשְׂרָאֵל לַעֲשׂוֹת לָהֶם אַרְבֶּה אֹתָם
כַּצֹּאן אָדָם׃ כְּצֹאן קָדָשִׁים כְּצֹאן יְרוּשָׁלַםִ בְּמוֹעֲדֶיהָ לח
כֵּן תִּהְיֶינָה הֶעָרִים הֶחֳרֵבוֹת מְלֵאוֹת צֹאן אָדָם וְיָדְעוּ
כִּי־אֲנִי יְהֹוָה׃

ביאור
אעשה אֵת אֲשֶׁר בְּחֻקַּי תֵּלֵכוּ וּמִשְׁפָּטַי תִּשְׁמְרוּ וַעֲשִׂיתֶם. כח אז ישוב
הכול למקומו, וִישַׁבְתֶּם בָּאָרֶץ אֲשֶׁר נָתַתִּי לַאֲבֹתֵיכֶם וִהְיִיתֶם לִי לְעָם,
וְאָנֹכִי אֶהְיֶה לָכֶם לֵאלֹהִים. כט וְהוֹשַׁעְתִּי אֶתְכֶם מִכֹּל טֻמְאוֹתֵיכֶם.
טומאותיכם, עוונותיכם וכל הכרוך בהם יסתלקו מכם. וְקָרָאתִי
אֶל הַדָּגָן וְהִרְבֵּיתִי אֹתוֹ, אצווה שהדגן יפרה וירבה, וְלֹא אֶתֵּן עֲלֵיכֶם
רָעָב, ל וְהִרְבֵּיתִי אֶת פְּרִי הָעֵץ וּתְנוּבַת הַשָּׂדֶה בארצכם, לְמַעַן אֲשֶׁר לֹא
תִקְחוּ עוֹד חֶרְפַּת רָעָב בַּגּוֹיִם, הרעב שבגללו אתם מבקשים נדבות
מאחרים. לא וּזְכַרְתֶּם, אז תזכרו אֶת דַּרְכֵיכֶם הָרָעִים מהעבר וּמַעַלְלֵיכֶם
אֲשֶׁר לֹא טוֹבִים, וּנְקֹטֹתֶם בִּפְנֵיכֶם. לאחר שתיטהרו ועולמכם ייהפך
טוב יותר, תוכלו להסתכל על עצמכם בעבר ברגשי חרטה ובוז עַל
עֲוֹנֹתֵיכֶם וְעַל תּוֹעֲבוֹתֵיכֶם. לב ושוב – לֹא לְמַעַנְכֶם אֲנִי עֹשֶׂה, נְאֻם ה׳
אֱלוֹהִים. יִוָּדַע לָכֶם דבר זה. בּוֹשׁוּ וְהִכָּלְמוּ מִדַּרְכֵיכֶם בֵּית יִשְׂרָאֵל. הידיעה
שגאולתכם והיטהרותכם היא מעשה ידי ולמעני, תמיט עליכם בושה
וכלימה.

לג כֹּה אָמַר ה׳ אֱלוֹהִים: בְּיוֹם טַהֲרִי אֶתְכֶם מִכֹּל עֲוֹנוֹתֵיכֶם, וְהוֹשַׁבְתִּי
אֶת הֶעָרִים השוממות וְנִבְנוּ הֶחֳרָבוֹת. לד וְהָאָרֶץ הַנְּשַׁמָּה, השוממה
תֵּעָבֵד, תַּחַת אֲשֶׁר הָיְתָה שְׁמָמָה לְעֵינֵי כָּל עוֹבֵר. לה וְאָמְרוּ זה לזה
מי שיראו זאת: הָאָרֶץ הַלֵּזוּ, ההיא הַנְּשַׁמָּה, השוממה הָיְתָה כְּגַן עֵדֶן
וְהֶעָרִים הֶחֳרֵבוֹת וְהַנְּשַׁמּוֹת וְהַנֶּהֱרָסוֹת – בְּצוּרוֹת יָשָׁבוּ, הן נעשו מיושבות
כערים מבוצרות. לו וְיָדְעוּ הַגּוֹיִם אֲשֶׁר יִשָּׁאֲרוּ סְבִיבוֹתֵיכֶם, כשייראו
את שיקום הארץ ועמה, כִּי אֲנִי ה׳ בָּנִיתִי הַנֶּהֱרָסוֹת, נָטַעְתִּי הַנְּשַׁמָּה, אֲנִי
הוא ה׳ שדִּבַּרְתִּי וְעָשִׂיתִי הן את הרעות שהתקיימו, הן את הטובות.

לז כֹּה אָמַר ה׳ אֱלוֹהִים: עוֹד זֹאת אִדָּרֵשׁ, איענה[258] לְבֵית יִשְׂרָאֵל לַעֲשׂוֹת
לָהֶם: אַרְבֶּה אֹתָם כַּצֹּאן-אָדָם, הם יתרבו כצאן, ועם זאת יהיו בני
אדם. לח כְּצֹאן קָדָשִׁים, כְּצֹאן יְרוּשָׁלִַם בְּמוֹעֲדֶיהָ, כעדרי הצאן הגדולים
שהיו מובאים להקרבה בבית המקדש, בעיקר במועדים, כֵּן תִּהְיֶינָה
הֶעָרִים הֶחֳרֵבוֹת מְלֵאוֹת צֹאן אָדָם, וְיָדְעוּ כִּי אֲנִי ה׳.

הפטרת פרשת החֹדש

יחזקאל

התימנים מתחילים כאן

כֹּה־אָמַר אֲדֹנָי יֱהֹוִה רַב־לָכֶם נְשִׂיאֵי יִשְׂרָאֵל חָמָס וָשֹׁד ט מה
הָסִירוּ וּמִשְׁפָּט וּצְדָקָה עֲשׂוּ הָרִימוּ גְרֻשֹׁתֵיכֶם מֵעַל
עַמִּי נְאֻם אֲדֹנָי יֱהֹוִה׃ מֹאזְנֵי־צֶדֶק וְאֵיפַת־צֶדֶק וּבַת־ י
צֶדֶק יְהִי לָכֶם׃ הָאֵיפָה וְהַבַּת תֹּכֶן אֶחָד יִהְיֶה לָשֵׂאת יא
מַעְשַׂר הַחֹמֶר הַבָּת וַעֲשִׂירִת הַחֹמֶר הָאֵיפָה אֶל־
הַחֹמֶר יִהְיֶה מַתְכֻּנְתּוֹ׃ וְהַשֶּׁקֶל עֶשְׂרִים גֵּרָה עֶשְׂרִים יב
שְׁקָלִים חֲמִשָּׁה וְעֶשְׂרִים שְׁקָלִים עֲשָׂרָה וַחֲמִשָּׁה שֶׁקֶל
הַמָּנֶה יִהְיֶה לָכֶם׃ זֹאת הַתְּרוּמָה אֲשֶׁר תָּרִימוּ שִׁשִּׁית יג
הָאֵיפָה מֵחֹמֶר הַחִטִּים וְשִׁשִּׁיתֶם הָאֵיפָה מֵחֹמֶר

מאזניים

ציור מהמאה ה־14 לפנה"ס
קבר נבמון, תבי, מצרים

חוקי תרומה, קרבנות ונחלות הקשורים בנשיא ובבניין הבית

משכן משה נחנך ביום הראשון בחודש הראשון, באחד בניסן, ובו ביום ייחנך אף הבית העתיד שבנבואת יחזקאל. יום זה מבטא ראשוניות וחידוש בכל הנוגע לעבודת הקודש ולמלכות ישראל. במרכז הנבואה עומד הנשיא, שהוא הדמות העליונה בעם. (מתוך הדברים לא ברור אם מדובר על המנהיג המדיני העליון, כמו המלך, או על הכהן הגדול). הנביא מדבר על הסדרת היחסים בינו לבין העם בתחומים שונים: סדרי שלטון תקינים מבחינה משכטית וממונית, מימונם ואחריות הבאתם של קרבנות הציבור, ואופיים של ביקורי הנשיא והעם במקדש.

ביאור | יחזקאל פרק מה

ט הנבואה פותחת בקריאה לראש העם להגינות
שלטונית. **כֹּה אָמַר אֲדֹנָי אֱלוֹהִים: רַב**, די **לָכֶם, נְשִׂיאֵי יִשְׂרָאֵל! חָמָס וָשֹׁד**
שנהגו בהם מלכים עד עתה, **הָסִירוּ, וּמִשְׁפָּט וּצְדָקָה עֲשׂוּ.** התנהגו
ביושר וברחמים עם העם, **הָרִימוּ גְרֻשֹׁתֵיכֶם**, הסירו גירוש **מֵעַל עַמִּי.**
היו מלכים בישראל שנישלו אנשים פרטיים מאדמותיהם בעלילות
או באמצעות הטלים כבדים. עליכם להילחם בתופעות אלו, **נְאֻם**
אֲדֹנָי אֱלוֹהִים.

על נשיאי ישראל לדאוג לתקינות התנהלות המסחר במדינה:
י **מֹאזְנֵי צֶדֶק**, מאזניים מכוונות **וְאֵיפַת**, מידת נפח יבש (שהיא למעלה
מ-21 ליטר) של **צֶדֶק, וּבַת**, מידת נפח לח של **צֶדֶק יְהִי לָכֶם.** יא **הָאֵיפָה**
וְהַבַּת - תֹּכֶן, חשבון **אֶחָד יִהְיֶה**, נפח שווה לשניהם, **לָשֵׂאת**, להכיל,
או ליטול[259] **מַעְשַׂר הַחֹמֶר - הַבָּת.** מידת הבת, שבה מודדים נוזלים,
תהיה מכוונת לעשירית החומר, ובמקביל - **עֲשִׂירִת הַחֹמֶר**, שהיא
מידת **הָאֵיפָה**, ביבש - **אֶל הַחֹמֶר יִהְיֶה מַתְכֻּנְתּוֹ**, חשבונו. השגיחו
שכלי המידה, הבת והאיפה, יהיו מכוונים לפי חשבון נפח החומר
הידוע. יב ובמשקל - **וְהַשֶּׁקֶל**, יחידת משקל הקרובה ל-10 גרם - שווה
לְעֶשְׂרִים גֵּרָה, גרעין, כפי שכבר נאמר בתורה,[260] **עֶשְׂרִים שְׁקָלִים** ועוד
חֲמִשָּׁה וְעֶשְׂרִים שְׁקָלִים, ועוד **עֲשָׂרָה וַחֲמִשָּׁה**, חמשה עשר **שֶׁקֶל**, סך
הכול שישים שקלים - **הַמָּנֶה יִהְיֶה לָכֶם.** הכסף, שבאותה תקופה לא
היה מצוי במטבעות, היה נשקל ביחידות משקל אלו. יחס המשקולות
יהיה מדויק: המנה יהיה משקל שישים שקלים והשקל - עשרים גרה,
שהיא נקראת גם 'מעה' כסף. אולי נבעה החלוקה לקבוצות השקלים
הללו: 20, 25, ו-15 - מכך שאלו היו יחידות משקל מצויות.[261]

יג **זֹאת הַתְּרוּמָה אֲשֶׁר תָּרִימוּ** לקרבנות הציבור שיקריב הנשיא: **שִׁשִּׁית**
הָאֵיפָה, אחד משישים **מֵחֹמֶר הַחִטִּים**, שהרי האיפה היא עשירית

הַשְּׂעֹרִים׃ וְחֹק הַשֶּׁמֶן הַבַּת הַשֶּׁמֶן מַעְשַׂר הַבַּת מִן־ יד
הַכֹּר עֲשֶׂרֶת הַבַּתִּים חֹמֶר כִּי־עֲשֶׂרֶת הַבַּתִּים חֹמֶר׃
וְשֶׂה־אַחַת מִן־הַצֹּאן מִן־הַמָּאתַיִם מִמַּשְׁקֵה יִשְׂרָאֵל טו
לְמִנְחָה וּלְעוֹלָה וְלִשְׁלָמִים לְכַפֵּר עֲלֵיהֶם נְאֻם אֲדֹנָי
יֱהֹוִה׃ *כֹּל הָעָם הָאָרֶץ יִהְיוּ אֶל־הַתְּרוּמָה טז האשכנזים מתחילים כאן
הַזֹּאת לַנָּשִׂיא בְּיִשְׂרָאֵל׃ וְעַל־הַנָּשִׂיא יִהְיֶה הָעוֹלוֹת יז
וְהַמִּנְחָה וְהַנֵּסֶךְ בַּחַגִּים וּבֶחֳדָשִׁים וּבַשַּׁבָּתוֹת בְּכָל־
מוֹעֲדֵי בֵּית יִשְׂרָאֵל הוּא־יַעֲשֶׂה אֶת־הַחַטָּאת וְאֶת־
הַמִּנְחָה וְאֶת־הָעוֹלָה וְאֶת־הַשְּׁלָמִים לְכַפֵּר בְּעַד
בֵּית־יִשְׂרָאֵל׃ * כֹּה־אָמַר אֲדֹנָי יֱהֹוִה יח הספרדים מתחילים כאן
בָּרִאשׁוֹן בְּאֶחָד לַחֹדֶשׁ תִּקַּח פַּר־בֶּן־בָּקָר תָּמִים
וְחִטֵּאתָ אֶת־הַמִּקְדָּשׁ׃ וְלָקַח הַכֹּהֵן מִדַּם הַחַטָּאת יט
וְנָתַן אֶל־מְזוּזַת הַבַּיִת וְאֶל־אַרְבַּע פִּנּוֹת הָעֲזָרָה
לַמִּזְבֵּחַ וְעַל־מְזוּזַת שַׁעַר הֶחָצֵר הַפְּנִימִית׃ וְכֵן כ
תַּעֲשֶׂה בְּשִׁבְעָה בַחֹדֶשׁ מֵאִישׁ שֹׁגֶה וּמִפֶּתִי וְכִפַּרְתֶּם
אֶת־הַבָּיִת׃ בָּרִאשׁוֹן בְּאַרְבָּעָה עָשָׂר יוֹם לַחֹדֶשׁ יִהְיֶה כא
לָכֶם הַפָּסַח חָג שְׁבֻעוֹת יָמִים מַצּוֹת יֵאָכֵל׃ וְעָשָׂה כב
הַנָּשִׂיא בַּיּוֹם הַהוּא בַּעֲדוֹ וּבְעַד כָּל־עַם הָאָרֶץ פַּר
חַטָּאת׃ וְשִׁבְעַת יְמֵי־הֶחָג יַעֲשֶׂה עוֹלָה לַיהוָה שִׁבְעַת כג
פָּרִים וְשִׁבְעַת אֵילִים תְּמִימִם לַיּוֹם שִׁבְעַת הַיָּמִים
וְחַטָּאת שְׂעִיר עִזִּים לַיּוֹם׃ וּמִנְחָה אֵיפָה לַפָּר וְאֵיפָה כד
לָאַיִל יַעֲשֶׂה וְשֶׁמֶן הִין לָאֵיפָה׃ בַּשְּׁבִיעִי בַּחֲמִשָּׁה כה

ביאור
החומר כאמור. וְשִׁשִּׁיתֶם, ושישית הָאֵיפָה מֵחֹמֶר הַשְּׂעֹרִים. יד וְחֹק,
וקצבת הַשֶּׁמֶן לתרומה – הַבַּת היא כלי מידת הַשֶּׁמֶן – מַעְשַׂר הַבַּת
מִן הַכֹּר. כור הוא שם מידת נפח מקבילה לחומר. הבת היא אפוא
עשירית מכור, שהרי עֲשֶׂרֶת הַבַּתִּים מכיל החֹמֶר, כִּי עליכם להקפיד
על יחס זה גם לעתיד[262] – עֲשֶׂרֶת הַבַּתִּים חֹמֶר. טו ומתרומות הצומח
לבעלי הריים: וְשֶׂה אַחַת מִן הַצֹּאן מִן הַמָּאתַיִם, מכל מאתיים צאן תורם
בהמה אחת מִמַּשְׁקֵה, ממקום המרעה הרווי[263] של יִשְׂרָאֵל. תרומות
אלו של הדגן, השמן והצאן מיועדות לְמִנְחָה וּלְעוֹלָה וְלִשְׁלָמִים לְכַפֵּר
עֲלֵיהֶם – על ישראל, נְאֻם אֲדֹנָי אֱלוֹהִים.

טז כֹּל הָעָם, עם הָאָרֶץ יִהְיוּ שייכים אֶל הַתְּרוּמָה הַזֹּאת, שפורטה,
המיועדת לַנָּשִׂיא בְּיִשְׂרָאֵל, המנהיג העליון של העם או הכהן
הגדול.[264] יז וְעַל הַנָּשִׂיא יִהְיֶה מוטל להביא מתרומות כל הציבור את
הָעוֹלוֹת וְהַמִּנְחָה וְהַנֵּסֶךְ, היין ששופכים על המזבח עם הקרבנות,[265]
בַּחַגִּים וּבֶחֳדָשִׁים, בראשי החודשים וּבַשַּׁבָּתוֹת בְּכָל מוֹעֲדֵי בֵּית
יִשְׂרָאֵל. הוּא יַעֲשֶׂה, יביא אֶת הַחַטָּאת וְאֶת הַמִּנְחָה וְאֶת הָעוֹלָה וְאֶת
הַשְּׁלָמִים לְכַפֵּר בְּעַד בֵּית יִשְׂרָאֵל.

פירוט הקרבנות שיביא הנשיא בחנוכת הבית שייבנה.[266] יח כֹּה אָמַר
אֲדֹנָי אֱלוֹהִים: בחודש הָרִאשׁוֹן, הוא ניסן, בְּאֶחָד לַחֹדֶשׁ תִּקַּח פַּר בֶּן
בָּקָר תָּמִים וְחִטֵּאתָ, טהר בו אֶת הַמִּקְדָּשׁ, כנראה פר החטאת הקרב
בחנוכת הבית, כאמור בנבואת יחזקאל.[267] יט וְלָקַח הַכֹּהֵן מִדַּם
הַחַטָּאת וְנָתַן אֶל מְזוּזַת, דופן סף הַבַּיִת וְאֶל אַרְבַּע פִּנּוֹת הָעֲזָרָה לַמִּזְבֵּחַ,
הריבוע הגדול הסובב את המזבח,[268] וְעַל מְזוּזַת שַׁעַר הֶחָצֵר הַפְּנִימִית,
העזרה הסמוכה לאולם, שבה ניצב המזבח. כ וְכֵן תַּעֲשֶׂה בְּשִׁבְעָה
בַחֹדֶשׁ, ביום השביעי או בשבעת ימי החודש הראשון,[269] לחטא מֵאִישׁ
שֹׁגֶה וּמִפֶּתִי, שטימא את הבית בשגגה או מחוסר ידיעה, וְכִפַּרְתֶּם,
תנקו מכל חטא אֶת הַבָּיִת.

כא בחודש הָרִאשׁוֹן, בְּאַרְבָּעָה עָשָׂר יוֹם לַחֹדֶשׁ יִהְיֶה לָכֶם קרבן
הַפָּסַח, הוא תחילתו של חַג שְׁבֻעוֹת, שבעת יָמִים – מַצּוֹת ולא חמץ
יֵאָכֵל. כב וְעָשָׂה הַנָּשִׂיא בַּיּוֹם הַהוּא, יום י״ד בניסן בַּעֲדוֹ וּבְעַד כָּל
עַם הָאָרֶץ פַּר חַטָּאת. כג וּבשִׁבְעַת יְמֵי הֶחָג יַעֲשֶׂה עוֹלָה לַה׳: שִׁבְעַת
פָּרִים וְשִׁבְעַת אֵילִים תְּמִימִם, לַיּוֹם – כך יעשה במשך שִׁבְעַת הַיָּמִים,
וְחַטָּאת שְׂעִיר עִזִּים לַיּוֹם. כד וּמִנְחָה – אֵיפָה סולת לַפָּר וְאֵיפָה סולת
לָאַיִל יַעֲשֶׂה, וְשֶׁמֶן – הִין, מידת נוזלים שהיא שישית הבת, לָאֵיפָה

עָשָׂר יוֹם לַחֹדֶשׁ בֶּחָג יַעֲשֶׂה כָאֵלֶּה שִׁבְעַת הַיָּמִים
מו א כַּחַטָּאת כָּעֹלָה וְכַמִּנְחָה וְכַשָּׁמֶן׃ כֹּה־
אָמַר אֲדֹנָי יֱהוִה שַׁעַר הֶחָצֵר הַפְּנִימִית הַפֹּנֶה קָדִים
יִהְיֶה סָגוּר שֵׁשֶׁת יְמֵי הַמַּעֲשֶׂה וּבְיוֹם הַשַּׁבָּת יִפָּתֵחַ
ב וּבְיוֹם הַחֹדֶשׁ יִפָּתֵחַ׃ וּבָא הַנָּשִׂיא דֶּרֶךְ אוּלָם הַשַּׁעַר
מִחוּץ וְעָמַד עַל־מְזוּזַת הַשַּׁעַר וְעָשׂוּ הַכֹּהֲנִים אֶת־
עוֹלָתוֹ וְאֶת־שְׁלָמָיו וְהִשְׁתַּחֲוָה עַל־מִפְתַּן הַשַּׁעַר
ג וְיָצָא וְהַשַּׁעַר לֹא־יִסָּגֵר עַד־הָעָרֶב׃ וְהִשְׁתַּחֲווּ עַם־
הָאָרֶץ פֶּתַח הַשַּׁעַר הַהוּא בַּשַּׁבָּתוֹת וּבֶחֳדָשִׁים
ד לִפְנֵי יְהוָה׃ וְהָעֹלָה אֲשֶׁר־יַקְרִב הַנָּשִׂיא לַיהוָה בְּיוֹם
ה הַשַּׁבָּת שִׁשָּׁה כְבָשִׂים תְּמִימִם וְאַיִל תָּמִים׃ וּמִנְחָה
אֵיפָה לָאַיִל וְלַכְּבָשִׂים מִנְחָה מַתַּת יָדוֹ וְשֶׁמֶן הִין
ו לָאֵיפָה׃ וּבְיוֹם הַחֹדֶשׁ פַּר בֶּן־בָּקָר תְּמִימִם וְשֵׁשֶׁת
ז כְּבָשִׂים וָאַיִל תְּמִימִם יִהְיוּ׃ וְאֵיפָה לַפָּר וְאֵיפָה
לָאַיִל יַעֲשֶׂה מִנְחָה וְלַכְּבָשִׂים כַּאֲשֶׁר תַּשִּׂיג יָדוֹ
ח וְשֶׁמֶן הִין לָאֵיפָה׃ וּבְבוֹא הַנָּשִׂיא דֶּרֶךְ אוּלָם הַשַּׁעַר
ט יָבוֹא וּבְדַרְכּוֹ יֵצֵא׃ וּבְבוֹא עַם־הָאָרֶץ לִפְנֵי יְהוָה
בַּמּוֹעֲדִים הַבָּא דֶּרֶךְ שַׁעַר צָפוֹן לְהִשְׁתַּחֲוֹת יֵצֵא
דֶּרֶךְ־שַׁעַר נֶגֶב וְהַבָּא דֶּרֶךְ־שַׁעַר נֶגֶב יֵצֵא דֶּרֶךְ־
שַׁעַר צָפוֹנָה לֹא יָשׁוּב דֶּרֶךְ הַשַּׁעַר אֲשֶׁר־בָּא בוֹ כִּי
י נִכְחוֹ יֵצְאוּ׃ וְהַנָּשִׂיא בְּתוֹכָם בְּבוֹאָם יָבוֹא וּבְצֵאתָם יֵצֵא

לאיפת הסולת. שיעורי המנחה המצוינים בתורה שונים מאלו. ייתכן | ביאור
שכאן מדובר בהקרבה חד פעמית ששיעוריה שונים.[270]

כה בְּחודש הַשְּׁבִיעִי, תשרי, בַּחֲמִשָּׁה עָשָׂר יוֹם לַחֹדֶשׁ, בֶּחָג, חג הסוכות,
הקרוי 'החג' סתם,[271] יַעֲשֶׂה כָאֵלֶּה שִׁבְעַת הַיָּמִים, כַּחַטָּאת כָּעֹלָה
וְכַמִּנְחָה וְכַשָּׁמֶן.

פרק מו א כֹּה אָמַר אֲדֹנָי אֱלוֹהִים: שַׁעַר הֶחָצֵר הַפְּנִימִית הַפֹּנֶה קָדִים,
השער המזרחי של עזרת הכהנים יִהְיֶה סָגוּר שֵׁשֶׁת יְמֵי הַמַּעֲשֶׂה,
ימי החול שבו נעשית מלאכה, וּבְיוֹם הַשַּׁבָּת יִפָּתֵחַ וכן בְּיוֹם ראש
הַחֹדֶשׁ יִפָּתֵחַ. ב וּבָא הַנָּשִׂיא דֶּרֶךְ אוּלָם הַשַּׁעַר מִחוּץ וְעָמַד עַל מְזוּזַת
הַשַּׁעַר הפתוח. הנשיא לא נכנס לתוך העזרה אלא עומד בחלל
השער לנוכח המזבח, וְעָשׂוּ הַכֹּהֲנִים לעיניו אֶת עוֹלָתוֹ וְאֶת שְׁלָמָיו,
ולאחר מכן הִשְׁתַּחֲוָה עַל מִפְתַּן הַשַּׁעַר כנגד הקודש וְיָצָא. וְהַשַּׁעַר
לֹא יִסָּגֵר עַד הָעָרֶב, ג השער יישאר פתוח כל היום לקהל הרחב הבא
למקדש בימי שבת וראש חודש[272] – וְהִשְׁתַּחֲווּ עַם הָאָרֶץ פֶּתַח הַשַּׁעַר
הַהוּא בַּשַּׁבָּתוֹת וּבֶחֳדָשִׁים לִפְנֵי ה'.

ד וְהָעֹלָה אֲשֶׁר יַקְרִב הַנָּשִׂיא לַה' בְּיוֹם הַשַּׁבָּת: שִׁשָּׁה כְבָשִׂים תְּמִימִם
וְאַיִל תָּמִים, ה וּמִנְחָה – אֵיפָה לָאַיִל, וְלַכְּבָשִׂים – מִנְחָה מַתַּת, כפי
מתנת יָדוֹ,[273] או: כשיעור התרומה הקצוב לו למעלה,[274] שישית
האיפה[275] וְשֶׁמֶן – הִין לָאֵיפָה. ו ועולת הנשיא בְּיוֹם ראש הַחֹדֶשׁ:
פַּר בֶּן בָּקָר תְּמִימִם, תמים וְשֵׁשֶׁת כְּבָשִׂים וָאַיִל, תְּמִימִם יִהְיוּ.
ז וְאֵיפָה לַפָּר וְאֵיפָה לָאַיִל יַעֲשֶׂה מִנְחָה, וְלַכְּבָשִׂים כַּאֲשֶׁר תַּשִּׂיג יָדוֹ,
וְשֶׁמֶן – הִין לָאֵיפָה.

ח וּבְבוֹא הַנָּשִׂיא בשבת וביום ראש החודש לעמוד על קרבנו –
דֶּרֶךְ אוּלָם הַשַּׁעַר המזרחי יָבוֹא וּבְדַרְכּוֹ, באותה דרך שנכנס הוא גם
יֵצֵא.

ט וּבְבוֹא עַם הָאָרֶץ לִפְנֵי ה' בַּמּוֹעֲדִים, בחגים העם בא בהמוניו להיראות
בעזרה, סדרי הכניסה והיציאה שונים – הַבָּא דֶּרֶךְ שַׁעַר צָפוֹן לְהִשְׁתַּחֲוֹת,
יֵצֵא דֶּרֶךְ שַׁעַר נֶגֶב, השער הדרומי, וְהַבָּא דֶּרֶךְ שַׁעַר נֶגֶב יֵצֵא דֶּרֶךְ שַׁעַר
צָפוֹנָה. לֹא יָשׁוּב אדם דֶּרֶךְ הַשַּׁעַר אֲשֶׁר בָּא בוֹ כִּי נִכְחוֹ, אלא כנגדו
יֵצֵא. י וְכן הַנָּשִׂיא הבא במועדים בְּתוֹכָם, בתוך כל העם – בְּבוֹאָם
יָבוֹא וּבְצֵאתָם יֵצֵאוּ, יצא גם הוא עם העם בשער נגדי לזה שנכנס
בו, ככל העם. ההיראות בעזרה במועדים מתבצעת אפוא תוך כדי
תנועה רבתי מצדה האחד של העזרה לצדה השני.

יֵצֵאוּ: וּבַחַגִּים וּבַמּוֹעֲדִים תִּהְיֶה הַמִּנְחָה אֵיפָה יא
לַפָּר וְאֵיפָה לָאַיִל וְלַכְּבָשִׂים מַתַּת יָדוֹ וְשֶׁמֶן הִין
לָאֵיפָה:★ וְכִי־יַעֲשֶׂה הַנָּשִׂיא נְדָבָה עוֹלָה יב
(התימנים מסיימים כאן)
אוֹ־שְׁלָמִים נְדָבָה לַיהוָה וּפָתַח לוֹ אֶת־הַשַּׁעַר הַפֹּנֶה
קָדִים וְעָשָׂה אֶת־עֹלָתוֹ וְאֶת־שְׁלָמָיו כַּאֲשֶׁר יַעֲשֶׂה
בְּיוֹם הַשַּׁבָּת וְיָצָא וְסָגַר אֶת־הַשַּׁעַר אַחֲרֵי צֵאתוֹ:
וְכֶבֶשׂ בֶּן־שְׁנָתוֹ תָּמִים תַּעֲשֶׂה עוֹלָה לַיּוֹם לַיהוָה יג
בַּבֹּקֶר בַּבֹּקֶר תַּעֲשֶׂה אֹתוֹ: וּמִנְחָה תַעֲשֶׂה עָלָיו יד
בַּבֹּקֶר בַּבֹּקֶר שִׁשִּׁית הָאֵיפָה וְשֶׁמֶן שְׁלִישִׁית הַהִין
לָרֹס אֶת־הַסֹּלֶת מִנְחָה לַיהוָה חֻקּוֹת עוֹלָם תָּמִיד: טו
ועשו (יַעֲשׂוּ) אֶת־הַכֶּבֶשׂ וְאֶת־הַמִּנְחָה וְאֶת־הַשֶּׁמֶן בַּבֹּקֶר
בַּבֹּקֶר עוֹלַת תָּמִיד:★ כֹּה־אָמַר אֲדֹנָי טז
(הספרדים מסיימים כאן)
יֱהוִה כִּי־יִתֵּן הַנָּשִׂיא מַתָּנָה לְאִישׁ מִבָּנָיו נַחֲלָתוֹ
הִיא לְבָנָיו תִּהְיֶה אֲחֻזָּתָם הִיא בְּנַחֲלָה: וְכִי־יִתֵּן יז
מַתָּנָה מִנַּחֲלָתוֹ לְאַחַד מֵעֲבָדָיו וְהָיְתָה לּוֹ עַד־שְׁנַת
הַדְּרוֹר וְשָׁבַת לַנָּשִׂיא אַךְ נַחֲלָתוֹ בָּנָיו לָהֶם תִּהְיֶה:
וְלֹא־יִקַּח הַנָּשִׂיא מִנַּחֲלַת הָעָם לְהוֹנֹתָם מֵאֲחֻזָּתָם יח
מֵאֲחֻזָּתוֹ יַנְחִל אֶת־בָּנָיו לְמַעַן אֲשֶׁר לֹא־יָפֻצוּ עַמִּי
אִישׁ מֵאֲחֻזָּתוֹ:

ביאור | יא וּבַחַגִּים וּבַמּוֹעֲדִים תִּהְיֶה הַמִּנְחָה – אֵיפָה לַפָּר וְאֵיפָה לָאַיִל, וְלַכְּבָשִׂים
מַתַּת יָדוֹ, וְשֶׁמֶן הִין לָאֵיפָה.

יב וְכִי יַעֲשֶׂה הַנָּשִׂיא נְדָבָה ביום חול, עוֹלָה אוֹ שְׁלָמִים הבאים נְדָבָה
לַה׳, וּפָתַח, יפתחו לוֹ אֶת הַשַּׁעַר הַפֹּנֶה קָדִים, הסגור בימי חול, כאמור,
וְעָשָׂה, יביא אֶת עֹלָתוֹ וְאֶת שְׁלָמָיו כַּאֲשֶׁר יַעֲשֶׂה בְּיוֹם הַשַּׁבָּת, באותה
דרך שהתפרשה לעיל – הנשיא עומד בחלל השער המזרחי, שממול
המזבח. אלא שבחול השער סגור ולא נפתח אלא לצורך כניסת
הנשיא, לכן – וְיָצָא וְסָגַר אֶת הַשַּׁעַר אַחֲרֵי צֵאתוֹ, שלא כמו בשבת
וראש חודש, שבהם השער נשאר פתוח עד הערב.

יג וְכֶבֶשׂ בֶּן שְׁנָתוֹ תָּמִים תַּעֲשֶׂה עוֹלָה לַיּוֹם לַה׳ בַּבֹּקֶר בַּבֹּקֶר תַּעֲשֶׂה אֹתוֹ.
זו עולת התמיד האמורה בתורה.[276] יד וּמִנְחָה תַעֲשֶׂה עָלָיו בַּבֹּקֶר
בַּבֹּקֶר: שִׁשִּׁית הָאֵיפָה, וְשֶׁמֶן שְׁלִישִׁית הַהִין לָרֹס, לזלף, להרטיב אֶת
הַסֹּלֶת, מנחה לַה׳, חֻקּוֹת עוֹלָם תָּמִיד טו יַעֲשׂוּ אֶת הַכֶּבֶשׂ וְאֶת הַמִּנְחָה
וְאֶת הַשֶּׁמֶן בַּבֹּקֶר בַּבֹּקֶר – עוֹלַת תָּמִיד.

מחוקי קרבנות הנשיא עוברת הנבואה למשפט מקרקעיו: טז כֹּה
אָמַר אֲדֹנָי אֱלוֹהִים: כִּי יִתֵּן הַנָּשִׂיא מַתָּנָה לְאִישׁ אחד מִבָּנָיו – נַחֲלָתוֹ,
קניינו המוחלט של אותו בן הִיא, ולכן לְבָנָיו תִּהְיֶה, הבן שקיבל
את המתנה יוריש את המתנה לזרעו, שהרי אֲחֻזָּתָם של בני הנשיא
הִיא בְּנַחֲלָה, בירושה. יז ואולם כִּי יִתֵּן הנשיא מַתָּנָה מִנַּחֲלָתוֹ לְאַחַד
מֵעֲבָדָיו – וְהָיְתָה לּוֹ לעבד עַד שְׁנַת הַדְּרוֹר, היובל, וְשָׁבַת, ושבה
ביובל לַנָּשִׂיא, אַךְ נַחֲלָתוֹ לבָנָיו, לָהֶם תִּהְיֶה.

יח וְלֹא יִקַּח הַנָּשִׂיא מִנַּחֲלַת הָעָם לְהוֹנֹתָם, לנשל אותם מֵאֲחֻזָּתָם, כי
רק מֵאֲחֻזָּתוֹ יַנְחִל אֶת בָּנָיו, לְמַעַן אֲשֶׁר לֹא יָפֻצוּ, יתפרדו עַמִּי אִישׁ
מֵאֲחֻזָּתוֹ. כדי שהעם לא ינושל מאדמותיו.

הפטרת שבת הגדול

מלאכי

לאשכנזים ולספרדים

ג ד וְעָֽרְבָה֙ לַֽיהוָ֔ה מִנְחַ֥ת יְהוּדָ֖ה וִירוּשָׁלִָ֑ם כִּימֵ֣י עוֹלָ֔ם
ה וּכְשָׁנִ֖ים קַדְמֹנִיּֽוֹת׃ וְקָרַבְתִּ֣י אֲלֵיכֶם֮ לַמִּשְׁפָּט֒ וְהָיִ֣יתִי ׀
עֵ֣ד מְמַהֵ֗ר בַּֽמְכַשְּׁפִים֙ וּבַמְנָ֣אֲפִ֔ים וּבַנִּשְׁבָּעִ֖ים לַשָּׁ֑קֶר
וּבְעֹשְׁקֵ֣י שְׂכַר־שָׂ֠כִיר אַלְמָנָ֨ה וְיָת֤וֹם וּמַטֵּי־גֵר֙ וְלֹ֣א
ו יְרֵא֔וּנִי אָמַ֖ר יְהוָ֥ה צְבָאֽוֹת׃ כִּ֛י אֲנִ֥י יְהוָ֖ה לֹ֣א שָׁנִ֑יתִי
ז וְאַתֶּ֥ם בְּנֵי־יַעֲקֹ֖ב לֹ֥א כְלִיתֶֽם׃ לְמִימֵ֨י אֲבֹתֵיכֶ֜ם
סַרְתֶּ֤ם מֵֽחֻקַּי֙ וְלֹ֣א שְׁמַרְתֶּ֔ם שׁ֤וּבוּ אֵלַי֙ וְאָשׁ֣וּבָה
אֲלֵיכֶ֔ם אָמַ֖ר יְהוָ֣ה צְבָא֑וֹת וַאֲמַרְתֶּ֖ם בַּמֶּ֥ה נָשֽׁוּב׃

הרחבות | למנהג התימנים אין הפטרה מיוחדת לשבת הגדול אלא מפטירים בפרשת השבוע. ולפי מנהג חב"ד מפטירים בהפטרה זו רק בשבת שבערב פסח.

הפטרת שבת הגדול

לקראת יום ה׳ הגדול

נבואתו האחרונה של מלאכי, החותמת את ספרי הנביאים, עוסקת בתוכחה ובעידוד לקראת "יום ה׳ הגדול והנורא" באחרית הימים. הפטרה זו אינה שייכת לקריאת התורה של השבת אלא לתאריך שבו היא נאמרת – ערב חג הפסח. לגאולה הראשונה ולגאולה האחרונה מוטיבים משותפים הבאים לידי ביטוי בהפטרה: משפט ועונש בצד פסיחה וחמלה; עבודת האלוקים הכרוכה באופן מובהק בגאולה; מסורת הדורות והקשר בין האבות לבנים.

בנוסף לכך, הנביא מעורר את העם לתת את התרומות והמעשרות לכהנים וללויים ומדבר על הברכה שתבוא בעקבות זאת. עניין זה מתאים לתחילת עונת קציר התבואה ולערב חג הפסח שהוא זמן ביעור מעשרות השנים הקודמות מהבית ונתינתם ליעדם.

מלאכי פרק ג | ביאור

ד ביום הדין, כאשר הכהנים והלויים ינוקו מהפגמים
האישיים והמערכתיים, ויהיו ראויים לתפקידם – **וְעָרְבָה**, תערב **לַה׳**
מִנְחַת יְהוּדָה וִירוּשָׁלָ͏ִם כִּימֵי עוֹלָם וּכְשָׁנִים קַדְמֹנִיּוֹת. המנחות לה׳ יעלו
לרצון כמו בתקופות היפות ביותר.
ה **וְ**אז **קָרַבְתִּי אֲלֵיכֶם לַמִּשְׁפָּט**,
כתובע וכשופט **וְהָיִיתִי** בעצמי **עֵד מְמַהֵר**, זריז **בַּמְכַשְּׁפִים וּבַמְנָאֲפִים**
העושים מעשיהם בסתר,[277] **וּבַנִּשְׁבָּעִים לַשָּׁקֶר וּבְעֹשְׁקֵי שְׂכַר שָׂכִיר**,
המנצלים את כוחם ואינם משלמים לפועל את שכרו, ובעושקי
אַלְמָנָה וְיָתוֹם, שאין בכוחם לעמוד על שלהם. **וּמַטֵּי** משפט[278] **הַגֵּר**,
שאף לו אין הגנה בהיותו זר. **וְ**כל אלה **לֹא יְרֵאוּנִי. אָמַר ה׳ צְבָאוֹת.**
הם פועלים בהיחבא או מנצלים את החלשים, אבל אני הוא היודע
ועד, אגלה מעשיהם ואביאם למשפט.[279]

ו יום הדין, שהוא גם היום שבו ה׳ יתגלה וינקה אתכם, בוא יבוא,
כִּי אֲנִי ה׳ לֹא שָׁנִיתִי, השתניתי. לא הזקנתי, כביכול, ולא חדלתי
מלהתערב בעולמי. **וְאַתֶּם, בְּנֵי יַעֲקֹב, לֹא כְלִיתֶם**, אבדתם, מפני
שאני שומר עליכם. גם אם אתם מוכים ונענשים בשל מעשיכם,
הקשר נשאר לעולם.[280] אלו הם שתי הפנים של נצח ישראל שאינו
פוסק – נצחיות ה׳ והישרדותו של עם ישראל.[281]

ושוב לדברי התוכחה:
ז **לְמִימֵי אֲבֹתֵיכֶם סַרְתֶּם מֵחֻקַּי וְלֹא שְׁמַרְתֶּם**
אותם, ואין זו תופעה חדשה. **שׁוּבוּ אֵלַי, וְאָשׁוּבָה אֲלֵיכֶם**, עשו
תשובה ואז אשוב גם אני אליכם. **אָמַר ה׳ צְבָאוֹת.** זוהי קריאה
כללית שמופיעה כמה פעמים בספרי הנבואה.[282]

וַאֲמַרְתֶּם כדרככם: **בַּמֶּה נָשׁוּב?** על מה אנו צריכים לעשות תשובה?
מכיוון שהמבנה החיצוני של החברה יציב לכאורה, אין התפוררות
גלויה לעין, וגם החטאים שהוזכרו נעשים בדרך כלל בסתר, אנשים
יכולים להיתמם ולחוש שהם בסדר.

ח הֲיִקְבַּע אָדָם אֱלֹהִים כִּי אַתֶּם קֹבְעִים אֹתִי וַאֲמַרְתֶּם
ט בַּמֶּה קְבַעֲנוּךָ הַמַּעֲשֵׂר וְהַתְּרוּמָה׃ בַּמְּאֵרָה אַתֶּם
י נֵאָרִים וְאֹתִי אַתֶּם קֹבְעִים הַגּוֹי כֻּלּוֹ׃ הָבִיאוּ אֶת־כָּל־
הַמַּעֲשֵׂר אֶל־בֵּית הָאוֹצָר וִיהִי טֶרֶף בְּבֵיתִי וּבְחָנוּנִי
נָא בָּזֹאת אָמַר יְהוָה צְבָאוֹת אִם־לֹא אֶפְתַּח לָכֶם
אֵת אֲרֻבּוֹת הַשָּׁמַיִם וַהֲרִיקֹתִי לָכֶם בְּרָכָה עַד־בְּלִי־
יא דָי׃ וְגָעַרְתִּי לָכֶם בָּאֹכֵל וְלֹא־יַשְׁחִת לָכֶם אֶת־פְּרִי
הָאֲדָמָה וְלֹא־תְשַׁכֵּל לָכֶם הַגֶּפֶן בַּשָּׂדֶה אָמַר יְהוָה
יב צְבָאוֹת׃ וְאִשְּׁרוּ אֶתְכֶם כָּל־הַגּוֹיִם כִּי־תִהְיוּ אַתֶּם
יג אֶרֶץ חֵפֶץ אָמַר יְהוָה צְבָאוֹת׃ חָזְקוּ עָלַי
דִּבְרֵיכֶם אָמַר יְהוָה וַאֲמַרְתֶּם מַה־נִּדְבַּרְנוּ עָלֶיךָ׃
יד אֲמַרְתֶּם שָׁוְא עֲבֹד אֱלֹהִים וּמַה־בֶּצַע כִּי שָׁמַרְנוּ
מִשְׁמַרְתּוֹ וְכִי הָלַכְנוּ קְדֹרַנִּית מִפְּנֵי יְהוָה צְבָאוֹת׃

ביאור

ח הֲיִקְבַּע אָדָם האם אדם יכול לגזול[283] את אֱלֹהִים?! כִּי אַתֶּם קֹבְעִים
אֹתִי.

וַאֲמַרְתֶּם: בַּמֶּה קְבַעֲנוּךָ?

והתשובה – הַמַּעֲשֵׂר וְהַתְּרוּמָה. שימו לב להתנהגותכם בעניין מעשרות
ותרומות ותראו כיצד אתם גוזלים אותי. ט בַּמְּאֵרָה אַתֶּם נֵאָרִים. אתם
סופגים קללות שונות, ובשל כך[284] אֹתִי אַתֶּם קֹבְעִים, אתם מרמים,
או: מקמצים בנתינת המעשרות. כך נוהג הַגּוֹי, העם כֻּלּוֹ. י אם
אינכם נותנים את המעשרות בעצמכם, הָבִיאוּ אֶת כָּל הַמַּעֲשֵׂר אֶל
בֵּית הָאוֹצָר, מקום שבו ירוכזו כל המעשרות, וִיהִי המעשר טֶרֶף,
אוכל בְּבֵיתִי. המעשר יחולק ללויים בבית ה׳. וּבְחָנוּנִי, בחנו אותי נָא
בָּזֹאת, אָמַר ה׳ צְבָאוֹת, אִם לֹא אֶפְתַּח לָכֶם אֵת אֲרֻבּוֹת הַשָּׁמַיִם וַהֲרִיקֹתִי
לָכֶם בְּרָכָה עַד בְּלִי דָי, ללא גבול. אף על פי שאסור לנסות את ה׳,
בתחום זה הוא מציע לבחון אותו, ומבטיח שכשיביאו את המעשר
כראוי, תושפע עליהם הברכה.[285] יא וְגָעַרְתִּי לָכֶם, למענכם בָּאֹכֵל,
במיני המזיקים האוכלים את התבואה, ואסלק אותם מכם, וְלֹא
יַשְׁחִת לָכֶם האוכל אֶת פְּרִי הָאֲדָמָה, וְלֹא תְשַׁכֵּל לָכֶם הַגֶּפֶן בַּשָּׂדֶה. הגפן,
המסמלת במקרא את האימהות והאומה,[286] לא תשכל אשכולותיה,
אלא תניב פרותיה בשלמות, כאשר אתם תתנו את המוטל עליכם
בלב שלם וביד רחבה. אָמַר ה׳ צְבָאוֹת. יב כאשר כך תעשו, וְאִשְּׁרוּ,
ישבחו ויעודדו אֶתְכֶם כָּל הַגּוֹיִם. כִּי תִהְיוּ אַתֶּם אֶרֶץ חֵפֶץ, ארץ חמדה,[287]
מיוחדת ומשובחת. אָמַר ה׳ צְבָאוֹת.

דיאלוג נוסף: יג חָזְקוּ, קשים עָלַי דִּבְרֵיכֶם. אָמַר ה׳.

וַאֲמַרְתֶּם: מַה נִּדְבַּרְנוּ, שוחחנו עָלֶיךָ?

יד אֲמַרְתֶּם, לאו דווקא בדברים ישירים או במחאות פומביות, אלא
בשיחות שבין אדם לחברו וברטינות אדם בביתו: שָׁוְא, לחינם
עֲבֹד אֱלֹהִים, וּמַה בֶּצַע, תועלת כִּי שָׁמַרְנוּ מִשְׁמַרְתּוֹ וקיימנו את
מצוותיו, וְכִי הָלַכְנוּ קְדֹרַנִּית מִפְּנֵי ה׳ צְבָאוֹת?! אנחנו הולכים באפלה,
שפופים ומוגבלים מרוב מצוות ומחויבויות, ומה אנו מרוויחים
מכך?![288] טו וְעַתָּה, בסופו של דבר אֲנַחְנוּ מְאַשְּׁרִים, נשבח ונחזק זֵדִים,
בראותנו את הרשעים מצליחים ומאושרים. גַּם נִבְנוּ, שוקמו, העמידו

הרחבות

לקבוע פועל זה, שמשמעו גזלה ורמאות, (חילוף האותיות של הפועל 'קבע' הוא 'עקב' – עקף), לא היה ידוע גם לחכמים בעבר במשמעות זו, אבל הוא היה ונשאר בשימוש בלשון העם. (ראו ראש השנה כו).

וְעַתָּה אֲנַחְנוּ מְאַשְּׁרִים זֵדִים גַּם־נִבְנוּ עֹשֵׂי רִשְׁעָה טו
גַּם בָּחֲנוּ אֱלֹהִים וַיִּמָּלֵטוּ׃ אָז נִדְבְּרוּ יִרְאֵי יְהוָה אִישׁ טז
אֶל־רֵעֵהוּ וַיַּקְשֵׁב יְהוָה וַיִּשְׁמָע וַיִּכָּתֵב סֵפֶר זִכָּרוֹן
לְפָנָיו לְיִרְאֵי יְהוָה וּלְחֹשְׁבֵי שְׁמוֹ׃ וְהָיוּ לִי אָמַר יְהוָה יז
צְבָאוֹת לַיּוֹם אֲשֶׁר אֲנִי עֹשֶׂה סְגֻלָּה וְחָמַלְתִּי עֲלֵיהֶם
כַּאֲשֶׁר יַחְמֹל אִישׁ עַל־בְּנוֹ הָעֹבֵד אֹתוֹ׃ וְשַׁבְתֶּם יח
וּרְאִיתֶם בֵּין צַדִּיק לְרָשָׁע בֵּין עֹבֵד אֱלֹהִים לַאֲשֶׁר לֹא
עֲבָדוֹ׃ כִּי־הִנֵּה הַיּוֹם בָּא בֹּעֵר כַּתַּנּוּר וְהָיוּ יט
כָל־זֵדִים וְכָל־עֹשֵׂה רִשְׁעָה קַשׁ וְלִהַט אֹתָם הַיּוֹם
הַבָּא אָמַר יְהוָה צְבָאוֹת אֲשֶׁר לֹא־יַעֲזֹב לָהֶם שֹׁרֶשׁ
וְעָנָף׃ וְזָרְחָה לָכֶם יִרְאֵי שְׁמִי שֶׁמֶשׁ צְדָקָה וּמַרְפֵּא כ
בִּכְנָפֶיהָ וִיצָאתֶם וּפִשְׁתֶּם כְּעֶגְלֵי מַרְבֵּק׃ וְעַסּוֹתֶם כא
רְשָׁעִים כִּי־יִהְיוּ אֵפֶר תַּחַת כַּפּוֹת רַגְלֵיכֶם בַּיּוֹם אֲשֶׁר
אֲנִי עֹשֶׂה אָמַר יְהוָה צְבָאוֹת׃ זִכְרוּ תּוֹרַת כב

עגלי מרבק

ביאור בנים[289] עֹשֵׂי רִשְׁעָה, והם גַּם בָּחֲנוּ את אֱלֹהִים בחטאם – וַיִּמָּלֵטוּ מן
העונש. אלו הדברים שקשה לי לשמוע, אומר ה׳.

טז לאמתו של ־בר, אָז נִדְבְּרוּ יִרְאֵי ה׳ אִישׁ אֶל רֵעֵהוּ. בשעה שעובדי
האלוקים ושומרי משמרתו מרגישים שהחיים מדכאים, ובמקום
להתלונן הם משוחחים זה עם זה כדי לעודד איש את רעהו,
דיבוריהם אינם יוצאים לריק. וַיַּקְשֵׁב ה׳ וַיִּשְׁמָע את שיחותיהם
השקטות על אודות יראת ה׳ ומה שמתחייב ממנה, וַיִּכָּתֵב השיח
בְּסֵפֶר זִכָּרוֹן לְפָנָיו לְיִרְאֵי ה׳ וּלְחֹשְׁבֵי שְׁמוֹ, ההוגים בדרכי ה׳ ובידיעתו.[290]
לכם נדמה שדיבוריכם ומאמציכם אינם נושאים פרי; דעו לכם שה׳
שומע הכול ומנציח הכול. וכך ה׳ משיב על תלונותיכם הקשות,
בראותכם צדיקים קדורניים ורשעים מאושרים: יז וְהָיוּ אותם יראי
ה׳ לִי, אָמַר ה׳ צְבָאוֹת, לַיּוֹם אֲשֶׁר אֲנִי עֹשֶׂה סְגֻלָּה, מכין אוצר. בבוא
היום המיוחד, יום הדין והגאולה, אני מבטיח לגונן עליהם – וְחָמַלְתִּי
עֲלֵיהֶם כַּאֲשֶׁר יַחְמֹל אִישׁ עַל בְּנוֹ הָעֹבֵד אֹתוֹ. אז יתברר עד כמה הם
קרובים אלי, לא רק כילדי האהובים אלא כבנים אוהבים הרוצים
לעשות נחת לאביהם.[291] יח כשיבוא יום המשפט ההוא – וְשַׁבְתֶּם
וּרְאִיתֶם בֵּין צַדִּיק לְרָשָׁע, בֵּין עֹבֵד אֱלֹהִים לַאֲשֶׁר לֹא עֲבָדוֹ. העניינים
הללו, שעכשיו אינם נראים, יתגלו בפומבי.

בהמשך לנבואה על העתיד לקרות ביום הגאולה – יט כִּי הִנֵּה הַיּוֹם
הגדול בָּא, והוא יהיה בֹּעֵר כַּתַּנּוּר. וְהָיוּ כָל זֵדִים וְכָל עֹשֵׂה רִשְׁעָה כמו
קַשׁ, וְלִהַט אֹתָם הַיּוֹם הַבָּא, אָמַר ה׳ צְבָאוֹת. השמש הלוהט ישרוף
את כל הרשעים כאילו היו קש, אֲשֶׁר לֹא יַעֲזֹב, ישאיר לָהֶם שֹׁרֶשׁ
וְעָנָף, שריד ופליט. כ ובצד הפורענות לרשעים, וְזָרְחָה לָכֶם יִרְאֵי שְׁמִי
שֶׁמֶשׁ צְדָקָה, ישועה וּמַרְפֵּא בִּכְנָפֶיהָ, בקרני אורה הפרושות, וִיצָאתֶם
וּפִשְׁתֶּם, תשמינו ותעודנו,[292] תתרחבו,[293] או: תרקדו בשמחה[294] כְּעֶגְלֵי
מַרְבֵּק, כמו עגלים שמפטמים אותם. בזמן שכל הרשעים יושמדו,
אתם תתפנקו ותיהנו מן השפע. כא וְעַסּוֹתֶם, תמעכו כעיסה את
הָרְשָׁעִים,[295] כִּי יִהְיוּ אֵפֶר תַּחַת כַּפּוֹת רַגְלֵיכֶם, בַּיּוֹם אֲשֶׁר אֲנִי עֹשֶׂה.
אָמַר ה׳ צְבָאוֹת. כשתזרח האמת, יכלו עושי הרשע לאורה, ואילו
הצדיקים ישמחו בה.

לאחר כמה וכמה נבואות שחלקן עסקו בנושאים פרטיים וחלקן
בבעיות כלליות, נחתם ספר מלאכי במסר של פרדה, ובו עניינים
גדולים ועיקריים הקשורים להתנהגות ויחס: כב לגבי העבר – זִכְרוּ

מֹשֶׁ֣ה עַבְדִּ֑י אֲשֶׁר֩ צִוִּ֨יתִי אוֹת֤וֹ בְחֹרֵב֙ עַל־כָּל־יִשְׂרָאֵ֔ל
חֻקִּ֖ים וּמִשְׁפָּטִֽים׃ הִנֵּ֤ה אָנֹכִי֙ שֹׁלֵ֣חַ לָכֶ֔ם אֵ֖ת אֵלִיָּ֣ה כג
הַנָּבִ֑יא לִפְנֵ֗י בּ֚וֹא י֣וֹם יְהוָ֔ה הַגָּד֖וֹל וְהַנּוֹרָֽא׃ וְהֵשִׁ֤יב כד
לֵב־אָבוֹת֙ עַל־בָּנִ֔ים וְלֵ֥ב בָּנִ֖ים עַל־אֲבוֹתָ֑ם פֶּן־אָב֕וֹא
וְהִכֵּיתִ֥י אֶת־הָאָ֖רֶץ חֵֽרֶם׃

הנה אנכי שלח לכם את אליה הנביא לפני בוא יום
יהוה הגדול והנורא:

ביאור **תּוֹרַת מֹשֶׁה עַבְדִּי, אֲשֶׁר צִוִּיתִי אוֹתוֹ**, את משה **בְחֹרֵב עַל כָּל יִשְׂרָאֵל**
חֻקִּים וּמִשְׁפָּטִים. כג ולגבי העתיד – **הִנֵּה אָנֹכִי שֹׁלֵחַ לָכֶם אֵת אֵלִיָּה**
הַנָּבִיא, לִפְנֵי בּוֹא יוֹם ה׳ הַגָּדוֹל וְהַנּוֹרָא. יום ה׳ מתואר פה ובמקומות אחרים כיום מאיים ולא ברור, שבו נעשה דין ברשעים, וניתן שכר לצדיקים.[296] לפני בואו יתגלה אליהו הנביא. אליהו, מבשר הגאולה, יבוא כדי להכין את הדברים ולתקן כל מה שאפשר
לקראתה –[297] כד **וְהֵשִׁיב לֵב אָבוֹת עַל בָּנִים וְלֵב בָּנִים עַל אֲבוֹתָם.**
קורה שהבנים והאבות מתרחקים אלו מאלו. אליהו יגרום לפיוס גדול ביניהם.[298] הוא יעורר להזדמנות האחרונה לחרטה ולשיבה מן הדרך הרעה; שאם לא כן – **פֶּן אָבוֹא וְהִכֵּיתִי אֶת הָאָרֶץ חֵרֶם.** בין כך ובין כך אתגלה באותו יום, אבל אם אמצא שלב האבות והבנים לא הושלם, וכתוצאה מכך אנשים עדיין עומדים ברשעותם, העולם עלול להתמוטט.[299]

מסורת עתיקה היא שבארבעה ספרים במקרא המסתיימים בפסוק לא מעודד, גומרים את הקריאה בפסוק שנאה ונעים יותר לסיים בו. למעשה, חוזרים על הפסוק שלפני האחרון: **הנה אנכי שלח לכם את אליה הנביא לפני בוא יום ה׳ הגדול והנורא.** זוהי בשורת הנחמה החותמת את תקופת הנביאים, והיא הנבואה האחרונה בתנ״ך: שמרו את ברית העבר וזכרו את העתיד לבוא.

מקורות והערות

מקורות והערות לפרשת ויקרא

1. העולה מוגדרת בלשון חכמים 'דורון' ראו זבחים ז ע"ב; נזיר יח ע"ב; רמב"ם, הלכות מעשה הקרבנות יח,ט. וראו עוד הערה להלן כב,יט והרחבה להלן יד,יט.
2. ראו בראשית ד,ג; ח,כ; כב,יג.
3. ראו שמות כד,טו-טז; כה,כב; רשב"ם ור"י בכור שור על אתר.
4. ראו במדבר ז,פט; יב,ד; יד,י; יהושע יח,א.
5. שפירוטם יופיע להלן כב,יז-כו.
6. שמות ל,כח; לא,ט; להלן ד,י ועוד.
7. בעלי התוספות.
8. ראו ראב"ע וחזקוני.
9. ראו רשב"ם ור"י בכור שור.
10. ראו עוד ירמיה ו,כ; הערה לויקרא כב,יט.
11. ראו שופטים טז,כט; מלכים ב' יח,כא.
12. ראו משנה פרה א,ב; בבלי ראש השנה י ע"א; בכור שור על אתר.
13. וכך התקבלה ההלכה לדורות ללא חולק, יומא כז ע"א.
14. ראו שמות כז,ג; במדבר ז,יג.
15. משנה תמיד ד,א; זבחים נג ע"ב.
16. ראו להלן ו,ה; עירובין סג ע"א.
17. ראו אונקלוס, ראב"ע, רשב"ם ורמב"ן.
18. ראו רס"ג ור"י אבן גנאח.
19. על פי ראב"ע ורמב"ן.
20. ספרי במדבר קמג; רש"י על אתר.
21. לעיל פס' ה.
22. ראו רש"י ורמב"ן על אתר; זבחים סה ע"א ובראשונים.
23. ראו משנה זבחים ו,ו.
24. להלן ו,ג.
25. ראו מנחות עד-עה.
26. ראו ספרא על אתר; מנחות יג; שם קו ע"ב.
27. ראו מנחות ס ע"ב; חזקוני להלן כג,יג.
28. ראו מנחות עד ע"ב – עה ע"א בעניין הגדרתה המדויקת של משיחת הרקיקים.
29. ראו מנחות סג ע"א.
30. מנחות עד ע"ב – עה ע"א.
31. ראו רש"י ורס"ג.
32. על פי משנה מנחות ה,ה וגמרא שם. וראו בכור שור להלן ו,ז.
33. ראו דברים ח,ח; דברי הימים ב' לא,ה; רש"י על אתר. עם זאת, במקרא משמשת מלה זו גם לדבש דבורים (ראו שופטים יד,ח), למרות שהן מבחינת המראה והן מבחינת הטעם שני הנוזלים הללו שונים למדי זה מזה.
34. להלן כג,יז.
35. ראו דברים כו,ב; יונתן ורש"י על אתר.
36. להלן כג,ט-יד. על פי ספרא ורש"י על אתר; מנחות סח ע"ב; פד ע"א. וראו עוד ראב"ע.
37. ראו ספרא על אתר; מנחות סח ע"ב.
38. ראו לעיל פס' ו.
39. ראו משנה מנחות ו,א.
40. ראו שמות כ,כא; כד,ה; כט,כח; לב,ו.
41. ראו להלן ז,יא-לד.
42. ראו ספרא; תנחומא צו,ד; רש"י פס' א.
43. ראו שמואל א' כ,כט; ר"י בכור שור שמות כט,א; רי"ש ריג'יו על אתר.
44. ראו חולין מט; רלב"ג על אתר.
45. ראו שו"ת הרמ"ע מפאנו קיג. ויש אומרים שהכסלים הם השרירים הפנימיים של הירכיים. ראו עוד רש"ר הירש.
46. ראו אונקלוס ורש"י.
47. ראו ספרא.
48. ראו ספרא; אברבנאל.
49. ראו רש"י.
50. ראו מנחות צ ע"ב.
51. א,ו-ז.
52. החזרות מעוררת שאלות, שעסקו בהן מדרשי ההלכה. ראו ספרא, דבורא דנדבה יד,יח.
53. ראו רמב"ן. ויש מפרשים כמו 'חלבו והאליה'.
54. לעיל פס' ג-ד.
55. ראו במדבר טו,יט; מלכים א' ה,ב. גם בשפות אחרות המלה 'לחם' כוללת מפעם לפעם גם בשר.
56. ראו פסחים צו ע"ב. וראו עוד במבוא לשמות מ על תופעת החזרות בתורה בענייני המקדש וקודשיו.
57. יוצאים מן הכלל מקרה אחד של קרבן חטאת 'עולה ויורד' ושני מקרים של קרבן אשם, (ראו להלן ה,א כא-כו; יט,כ-כב), שהם באים על המזיד. אכן עברתם של אלו קלה יחסית לשאר עברות המחייבות קרבן.
58. ספרא; הוריות ב ע"א ועוד.
59. ראו עירובין סה ע"א.
60. בכמה מקומות במקרא הוא נקרא הַכֹּהֵן הַגָּדוֹל (כמו בבמדבר לה,כה; כח), כקיצור של הביטוי הַכֹּהֵן הַגָּדוֹל מֵאֶחָיו (להלן כא,י).
61. ראו משנה הוריות ג,ד.
62. ראו רש"י ומשך חכמה.

63. ראו יומא לו ע"א; חזקוני על אתר.
64. ואם כהן אחר עבד במקומו חלוקות הדעות אם הקרבן כשר. ראו תורת כהנים על אתר; ספרי בהעלתך ו ומשך חכמה שם.
65. שמות ל,ט-י.
66. זבחים נא ע"א.
67. ראו בפירוט לעיל ג,ג. בלשון חכמים נקראים החלקים המוקטרים 'אֵמורים'.
68. להלן ו,א-ד.
69. ראו תורת כהנים ורבנו בחיי על אתר. בכמה מקומות בית דין נקרא 'העדה', מפני שחבריו הם מייצגי הציבור. ראו במדבר לה,כד-כה; יהושע כ,ו. וראו עוד להלן על ח,ה.
70. משנה הוריות א,א-ה.
71. ראו הרחבה לעיל פס' ב.
72. רמב"ן.
73. ראו הוריות יא ע"ב; רמב"ן שמות כב,כ וראב"ע על אתר.
74. רשב"ם. והרבה פירשו אוֹ הוֹדַע אֵלָיו אם הודע אליו.
75. לעיל א,יא.
76. ראו פס' כג.
77. ראו לעיל ג,ט, יונתן ורש"י שם.
78. כריתות י ע"ב. על פי ר"י בכור שור, המאפיין את האשמה בשלושת המעשים הללו הוא שבדרך כלל אין החוטא נהנה מהם, שלא כבשאר עברות שמביא עליהן חטאת קבועה, שיש בהן תועלת והנאה אישית.
79. ראו ספרא ד,י; ראש השנה טז ע"ב; רש"י וראב"ע ויקרא יא,ח; מורה נבוכים ח"ג מז.
80. ראו להלן ז,כ; טו,לא; כב,ג-טז; במדבר ה,א-ד; ט,ו; יט,כ. על פי שבועות ו ע"ב; ז ע"ב; רמב"ן על אתר.
81. ראו שבועות יד ע"ב; ה ע"א.
82. משנה שבועות ד,ג ועוד.
83. שבועות כה ע"ב ועוד.
84. ראו ראב"ע פס' ד.
85. לחלופין, יש מפרשים וְהֵבִיא אֶת אֲשָׁמוֹ את קרבנו. ראו רס"ג ור"י אבן גנאח.
86. חולין יט ע"ב.
87. דיון התנאים אם פסל את הקרבן במקרה שהבדיל, ראו זבחים סה ע"ב – סו ע"א.
88. על ידי לחיצת העוף אל הקיר או על ידי לחיצה באצבעות על הצוואר. ראו רש"י ויקרא א,טו וזבחים סד ע"ב לעומת רש"י מנחות ב ע"ב; צז ע"ב.
89. ראו ראב"ע; אור שמח הלכות מעשר שני ז,ג ובמילואים.
90. לעיל א,יד-יז.
91. ראו מנחות ו ע"א-ע"ב.
92. בפרק ז.
93. ראו מנחות עז ע"א וכריתות כו ע"ב. ראו עוד ההרחבה לשמות לט,כו.
94. ראו רשב"ם ויקרא כז,ג; ראב"ע שם ב.
95. משנה זבחים ה,ה.
96. ראו ספורנו.
97. בפס' טו.
98. שלא כבקרבנות החטאת שנאמר בהם וְהוּא יָדַע (פס' ג, ד), אוֹ הוֹדַע אֵלָיו (לעיל ד,כג; כח) שבהם רק כשנודע לו חטאו מביא קרבן.
99. על פי רמב"ן.
100. ראו ספרא; רס"ג וראב"ע.
101. ראו במדבר ה,ז ורש"י; יונתן ורבנו בחיי על אתר.
102. ראו משנה בבא קמא ט,יב; ספורנו על אתר.
103. משנה זבחים ה,ה.
104. להלן ז,א-ה יבוא לכהנים ציווי מפורט על מעשה קרבן האשם.

מקורות והערות לפרשת צו

1. לעיל פרק א.
2. ראו זבחים נו; צח ע"א.
3. ראו שמות כט,לט-מב.
4. ר"י בכור שור כתב כי על דרך הפשט נראה שחייבים להשאיר את איברי העולה להקטיר בלילה כדי שלא יהיה המזבח בטל, לא ביום ולא בלילה.
5. ראו יומא כג ע"ב, אונקלוס ורשב"ם על אתר.
6. ראו יומא כג ע"ב.
7. ראו זבחים יח, יומא כג ע"ב ורמב"ן על אתר.
8. כך היא מסורת ההלכה. ועל פי הפשט, כשרוצים לפנות את המזבח מהדשן שעליו, לובש הכהן בגדי כהונה כדי לעלות על המזבח להוריד את הדשן, ולאחר שהוריד לובש בגדים אחרים ומוציא. ר"י בכור שור.
9. ראו יומא סח; כפתור ופרח ו.
10. ראו להלן יד,מ-מה; ר"י בכור שור על אתר.
11. ראו ראב"ע.
12. כאמור בשמות כט,לח-מו ובבמדבר כח,א-ה.
13. הַקְרֵב אינו פועל בצורת ציווי אלא מקור. על פי אונקלוס וראב"ע.
14. ראו זבחים מו ע"ב.
15. לעיל ב,יא.

16. ראו מנחות נה ע"א – נו ע"א.
17. ראו להלן כב,יא-יג.
18. ראו יומא לד ע"א.
19. ראו מנחות נ ע"ב – נא ע"ב; עח ע"א.
20. ספרא; רש"י.
21. ראו מנחות נ ע"ב.
22. ראו רש"י על אתר; מנחות עה ע"ב.
23. פרקים ד-ה לעיל.
24. לעיל א,יא.
25. רש"י.
26. ראו רש"י.
27. ראו להלן ז,טו-יז; רש"י על אתר.
28. ראו פסחים ל ע"ב. דוגמא מקבילה: כלי חרס אינו נטהר בהטבלה במים או באופן אחר, וכאשר הוא נטמא הוא נשאר טמא לעולם עד שיישבר. ראו להלן יא,לג.
29. ראו זבחים צז ע"א.
30. ראו למשל זבחים יד ע"א.
31. לפי דברי רבי עקיבא, מכאן שכל חטאת, גם זו החיצונית, אם ייכנס מדמה אל הקודש תיפסל כולה. ראו להלן י,יח; זבחים פא ע"ב – פב ע"א.
32. לעיל ה, יד-כו.
33. ראו משנה זבחים ה,ה-ז.
34. לעיל א,יא.
35. כדלעיל ה,טו; להלן יד,יב; במדבר ו,יב.
36. על פי משנה שקלים ו,ו; זבחים יב,ג; ספרא; רמב"ן על אתר.
37. המוזכרת לעיל ב,א.
38. לעיל ה,יא.
39. לעיל פרק ג.
40. ראו יונתן ורש"י על אתר; רמב"ם, הלכות מעשה הקרבנות ט,יט. וראו לעיל ו,יד.
41. כיוצא בזה להלן ח,כו.
42. משנה פסחים י,ט.
43. ספרא; רש"י.
44. זבחים מג ע"ב; ספרא; רש"י על אתר.
45. ראו להלן יא,כג-טו,לג; במדבר יט,יד-כב; דברים כג,יא-יב.
46. ראו להלן יא,כ-מג.
47. ראו פסחים כג ע"ב.
48. סוף פרק ג.
49. שם.
50. אך לא בעלי חיים נמוכים יותר, כמו דם דגים וחגבים. כך דרשו חכמים מן המקרא. ראו כריתות כא ע"א.
51. ראו להלן יז,י-יד, ור"י בכור שור ומשך חכמה שם; רש"ר הירש על אתר.
52. ראו העמק דבר על אתר; ר"י בכור שור לעיל א,ג.
53. ראו ר"י בכור שור במדבר ח,יא.
54. ראו יבמות פז ע"א.
55. פרק כט. וראו ר"י בכור שור על אתר.
56. לעיל ו,יג. רש"י.
57. ראו רמב"ן.
58. על פי יונתן.
59. שמות כט.
60. תענית יא ע"ב.
61. שמות כח-כט. וראו רמב"ן על אתר.
62. יונתן ורש"י שמות כט,ד. וראו מלכים ב' ה,י יד.
63. ראו שמות כח,ל.
64. ראו הרחבה לשמות כח,מ.
65. יונתן. אם כי ממה שנאמר מיד וַיִּקַּח מֹשֶׁה, אפשר להבין שלא היה הכרחי שמשה הוא שישחט.
66. ראו לעיל ו,יט; רש"י על אתר.
67. ראו ספרא; תוספתא פרה א,א; זבחים ז ע"ב.
68. גם כאן, במעשה הניתוח וההדחה לא מוזכר 'משה' אלא במעשה ההקטרה, אולי מפני שאלו כשרים בזר ראו יומא כו ע"ב – כז ע"א; רמב"ן ויקרא א,ו.
69. ראו להלן פס' לג: כִּי שִׁבְעַת יָמִים יְמַלֵּא אֶת יֶדְכֶם; שמות כט,כט: לְמָשְׁחָה בָהֶם וּלְמַלֵּא בָם אֶת יָדָם.
70. ראו רס"ג וראב"ע.
71. ראו שמות כט,לד; רמב"ן על אתר.
72. ראו עוד ראב"ע, רמב"ן ורש"ר הירש על אתר; תוספות סוכה מג ע"ב.

מקורות והערות לפרשת שמיני

1. ראו שמות מ,יז; יונתן, רש"י, ראב"ע ופירוש הרוקח על אתר; ספרא שמיני א; שבת פז ע"א.
2. ראו שמות רבה נב,ב; תנחומא פקודי יא.
3. ראב"ע. ראו כיוצא בזה יומא ג ע"ב; נא ע"ב.
4. ר"י בכור שור.
5. ראו ספורנו.
6. ראו רש"י וחזקוני. ייתכן שלא נאכלה מפני שטרם חונכו הכהנים ועדיין אין מי שראוי לאכול בשר החטאת.
7. לעיל א,ה.
8. ראו ראב"ע ובעלי התוספות על אתר. וראו עוד להלן טז,יד-טו; יומא מג ע"ב; בבא מציעא קז ע"ב.
9. על פי ספורנו. ויש אומרים שבשר חטאת העם נאכל. ראו רש"י להלן י,טז מספרא. וראו יונתן על אתר.
10. לעיל א.
11. לעיל ג,ב.
12. במדבר ו,כד-כו; על פי ספרא; ירושלמי תענית ד,א.

מקורות והערות

13. ראו ספרא ור"י בכור שור.
14. ראו רס"ג וראב"ע.
15. כיוצא בזה בבראשית יז,ג ו-יז; שמות לד,ח.
16. וראו רשב"ם.
17. ראו סנהדרין נב ע"א; יונתן; רש"י פס' ה.
18. ראו רמב"ן ורא"ש.
19. ראו סנהדרין נב ע"א.
20. על פי אונקלוס; ספרא; רש"י וראב"ע.
21. ראו בעל הטורים.
22. ראו אונקלוס, יונתן ורס"ג; נזיר ד ע"א.
23. ראו נזיר לח ע"א. על תפקיד הכהנים כמורי העם ראו דברים טז,ט; יז,ט יח; יט,יז; לג,י. יחזקאל מד,כב-כג; מלאכי ב,ז.
24. ראו ספרא שמיני א,ב; רש"י.
25. לעיל ו,כג.
26. ראו רש"י.
27. 'אמנות' בלשון חכמים. ראו סנהדרין פ"ז מ"ו.
28. ראו דברים כז,ז; זבחים צט ע"ב; קא ע"א.
29. ראו ר"י בכור שור.
30. ראו רמב"ן. (על כן הזכיר הכתוב בעניין זה כמה פעמים וְטָמֵא עַד הָעָרֶב, כי אמנם לצורכי אכילת חולין ומעשר נטהר מיד כשטובל, אבל לאכילת קודש אינו נטהר עד הערב, כדלהלן כב,ז. על פי בעל הטורים). וראו עוד מורה נבוכים ח"ג מז.
31. על פי יונתן, ראב"ע ורמב"ן.
32. רס"ג, ראב"ע ור"י בכור שור.
33. קשה לדעת מדוע נקראת הארנבת תמיד בלשון נקבה שלא כשאר הבהמות המוזכרות כאן. מרבית ההסברים שניתנו לכך הם דרשות. וראו עוד רד"ק.
34. ראו ראש השנה טז ע"ב.
35. ראו חולין סו; ר"י בכור שור על אתר.
36. ראו רבנו בחיי ומנחה בלולה, שבכלל הרחקה זו איסור סחורה בדברים האסורים באכילה.
37. ראו חולין סא; סג ע"א ותוספות.
38. ראו חולין סג ע"ב: מאה עופות טמאים יש במזרח וכולן מין איה.
39. ראו חולין סב ותוספות; סג ע"א; סד ע"א; שו"ת רדב"ז ח"ה תשובה א' תקסה.
40. ראו אונקלוס ורש"י; חולין סג ע"א.
41. ראו פסיקתא זוטרתא (לקח טוב) שמיני יא,טז; שו"ת הרא"ש כ,כ.
42. שכן החרקים המעופפים הם בעלי שש גפיים לפחות.
43. יוצאי תימן נוהגים היתר באכילתם, כפי המסורת שבידם.
44. ספרא; רשב"ם.
45. ראו רש"י ויונתן. ראו עוד שמירת שבת כהלכתה פרק כז הערה קנד בשם הרש"ז אוירבך.
46. ראו חולין כה.
47. ראו ירושלמי תרומות יא,ב.
48. ראו פסחים טז; רמב"ם, הלכות טומאת אוכלין א.
49. ראו זכריה יב,ו; שבת לח ע"ב.
50. ראו עירובין קד ע"ב; רש"י על אתר.
51. ראו משנה מכשירין ו,ד; תוספתא טהרות י,ד.
52. חכמים דרשו את הכפילות של 'אוכל' ו'נושא' בכמה פנים. ראו חולין עא ע"א; נדה מב ע"ב. וראו חזקוני ורש"ר הירש על אתר.
53. לעיל פס' כט.
54. ראו חולין סז ע"ב.
55. שמות יט,ו.
56. ראו למשל להלן כ,כה; כז,כז.

מקורות והערות לפרשת תזריע

1. ראו רס"ג, האמונות והדעות ו,ד; רמב"ם, סוף ספר טהרה.
2. קרוב ל'נדד' ול'נידוי'.
3. ראו רשב"ם.
4. בראשית יז,יב.
5. לעיל פרק א.
6. קנים פ"ב מ"א.
7. ראו פירוש הרמב"ם למשנה נגעים יב,ה; מורה נבוכים ח"ג מז; רמב"ן וספורנו להלן פס' מז; רש"ר הירש ורד"צ הופמן על אתר.
8. ראו במדבר יב,י; מלכים ב' ה; דברי הימים ב' כו,טז-כג. וכן מצינו על אודות גחזי, תלמיד אלישע, שדבקה בו צרעת עד יום מותו. ראו אבות דרבי נתן ט. וכן בשבנא הסופר, הממונה על בית המלך חזקיהו. סנהדרין כו ע"א. וכן אמרו שדוד נצטרע ששה חדשים. ראו יומא כב ע"ב. וראו עוד מי השלוח על אתר.
9. ראו ערכין טז ע"א; ויקרא רבה טז,א; תנחומא, מצורע ד ועוד.
10. ראו ראב"ע, חזקוני ורמב"ן.
11. ראו ערכין ג ע"א.
12. ראו משנה נגעים א,א.
13. ראו משנה נגעים ד,ג; חזקוני על אתר.

14. ספרא ורש"י על אתר; שבועות ו ע"ב.
15. ראו משנה מגילה א,ז ובבלי שם ח ע"ב.
16. ראו רמב"ם, הלכות טומאת צרעת א,יא; משך חכמה.
17. ראו יונתן; שאלתות דרב אחאי, קד; רמב"ן והעמק דבר פס' ג; השגות הראב"ד, הלכות טומאת צרעת א,ו. ויש מפרשים שהשאת נראית גבוהה ביחס לבהרת, אך אינה נראית גבוהה מהעור. ויש סוברים שהשאת בולטת בעור.
18. משורש ח,י,ה במשמעות ריפוי והבראה. ואברבנאל הבין מלשון מסמוס וריכוך, משורש מ,ח,ה, ופירש שיש בנגע בשר חי המוציא ליחה.
19. גם כאן, לפי מסורת חכמים מתפרשת ו' החיבור במלה וּמִחְיַת כ–ו' מחלקת, כלומר: או שער לבן או מחיית בשר הן הקובעות מה דין הנגע. ראו ספרא ורמב"ן על אתר; רמב"ם, הלכות טומאת צרעת ג,ד.
20. בהתאם למשמעות השורש ש,ח,ן, חם, ולעתים גם יבש. ראו ספרא על אתר; משנה נגעים ט,א; חולין ח ע"א. ראו עוד: תענית כד ע"ב; רש"י שם, בשמות ט,ט ובחולין ח; תוספות בבא קמא קא ע"ב; ריטב"א סוכה מ ע"א; תשב"ץ 'קטן' קלא.
21. ראו משנה נגעים ו,ח; רמב"ם, הלכות טומאת צרעת ה.
22. והוא מכונה בלשון חכמים 'פתוך'. משנה נגעים א,ב.
23. העמק דבר.
24. ראו אברבנאל. ויש מפרשים: איננה שפלה ואיננה כהה. על פי חזקוני.
25. ראו לעיל פס' ד.
26. ראו לעיל פס' כא.
27. מן הפשט נראה שכדי לטהר יש צורך בשני תנאים: לא פשתה וגם כהה, אבל לפי מסורת ההלכה די בכך שלא פשתה או בכיהיון (למטה מארבע דרגות לובן של הנגעים). רש"ר הירש פירש וְהִיא כֵהָה אפילו אם היא כהה מעט, כגון גון בהרת שנהפך לגון שאת הכהה מעט מבהרת טהורה רק אם לא פשתה. פירוש החזקוני: לֹא פָשְׂתָה בָעוֹר וְהִיא [לא] כֵהָה, אף על פי שנשארה בלבנוניתה החזקה טהורה.
28. ראו רש"י ורמב"ן. יש מהראשונים שפירשו את עיקר הנתק כניתוק בלתי מסובב של שערות באזור מסוים, גם בלא מראה עור שונה. ראו רמב"ם וראב"ד, הלכות טומאת צרעת ח,א.
29. התנאים נחלקו בפירוש 'דק' דקיק או קצר. ראו משנה נגעים י,א.
30. ראו משנה נגעים י,ה.
31. ראו נגעים י,ה; רש"י ורמב"ן על אתר.
32. מאחר שהדבר מצוי יותר בגברים, נקט אִישׁ. ראו ספרא וחזקוני.
33. ראו רש"י.
34. ראו משנה נגעים י,י ור"ש. שם מבואר שגם כשצומח בנגע שבקרחת מעט שער לבן, אין זה סימן טומאה.
35. ראו לעיל י,ו ולהלן כא,י; מועד קטן טו ע"א; רש"י על אתר.
36. מועד קטן טו ע"א; רש"י וראב"ע על אתר. ויש מפרשים: ראשו יהיה מגולה.
37. ראו רמב"ן; רמב"ם, הלכות טומאת צרעת טז,י.
38. ראו רמב"ם, הלכות טומאת צרעת יג,א ד. ויש סוברים שגם עור שלא עובד נטמא בטומאת נגעים, כמו השתי והערב, שאינם מיטמאים בשאר טומאות מלבד בנגע. ראו רש"י ור"י בכור שור.
39. ראו שבת כח ע"א.
40. יש כורכים 'ממאיר' עם מארה, קללה וחיסרון. ויש מפרשים מלשון דקירה וכאב. ראו רש"י, ראב"ע, רשב"ם ורמב"ן על אתר; רש"י, רד"ק ור"א מבלגנצי יחזקאל כח,כד.
41. ראו זבחים צה.
42. רס"ג ורשב"ם.
43. רש"ר הירש.
44. על פי רס"ג וראב"ע כפירוש קָרַחַת וגַבַּחַת שבראש האדם (לעיל פס' מ–מא) מאחורי הגולגולת ומלפניה.
45. רש"י על פי אונקלוס.

מקורות והערות לפרשת מצרע

1. יש מי שנתן טעם לחציצת צרעת הבגד בין שני הדיונים בצרעת הגוף, והציע שנגעי הבגדים קשורים לנגעי העור ובאים מהם, על ידי חיכוכם בבשר האדם. ושמא ההשהיה הזאת, בין טומאת המצורע לטהרתו, מדגישה את הימים, שלעתים הם רבים, שחייו של המצורע מוקפאים.
2. ראו ר"י בכור שור, חזקוני, רלב"ג וספורנו.
3. ראו למשל לעיל יג,יג ו–לז.
4. ראו סוטה טז ע"ב; ראב"ע ורמב"ן על אתר; חזון איש, נגעים יא,י.
5. ראו משנה נגעים יד,ו; רש"י על אתר.
6. ראו ספרא.

מקורות והערות

7. ראו ספרא ומפרשיו; משנה נגעים יד,א
8. ראו משנה נגעים יד,א ורמב"ם שם. כך הכנפיים נשארות מחוץ לדם ולא יידבקו, כדי שהציפור תוכל לעוף על פני השדה.
9. ראו חזקוני.
10. ראו מלכים ב' ה,י; יד.
11. משנה נגעים יד,ב; רש"י על אתר.
12. בבא בתרא ט ע"ב.
13. ראו סוטה טז ע"א. יש מי שצידד בדעה שמדין תורה די במקום כינוס שער שנראה, ומדברי חכמים עליו לגלח הכול. ראו שפת אמת שם בדעת הרמב"ן.
14. לפי הדעה המגדילה את המידות, שלושה עשרונים הם נפח המקביל לכ-12.8 ליטר.
15. לפי הדעה הרווחת. ולפי דעה אחרת קרוב ל-600 סמ"ק.
16. ואם הניפם כל אחד בפני עצמו יצא ידי חובתו. מנחות סא ע"א.
17. לעיל א,יא; ו,יח.
18. על פי רש"י.
19. משך חכמה.
20. ראו הרחבה לעיל ח,כג.
21. ראו משנה נגעים יד,י; ראב"ע על אתר.
22. ראו סנהדרין עא ע"א.
23. ראו ספורנו לעיל יג,מז.
24. ראו רמב"ם, הלכות טומאת צרעת טז,י, ופירושו למשנה נגעים יב,ה.
25. משנה נגעים יב,ה; ספרא ורש"י על אתר.
26. ראו תוספות, ר"ן ורא"ש נדרים נו ע"ב ורש"י חולין י ע"ב; משנה למלך הלכות טומאת צרעת יד,ה.
27. ראו ר"י בכור שור לעיל ו,ד.
28. ראו אונקלוס ורש"י.
29. לפי ספרא, ומובא ברש"י: קוצים רק את העפר שמסביב לנגע. ראו עוד: תוספתא נגעים ו,ז; רמב"ם, הלכות טומאת צרעת טו,ב; משנה אחרונה נגעים יב,ו.
30. ראו לעיל יג,נא.
31. ראו משנה נגעים יג,ט.
32. ראו: במדבר יט; דברים כג,י-יב.
33. המילה בְּשָׂרוֹ, החוזרת ומודגשת בפסוקים אלו, משמשת בשתי משמעויות: כאן היא כינוי בלשון נקייה לאיבר המין הזכרי וכך הוא מופיע גם בבראשית יז,יג, שמות כח,מב ויחזקאל מד,ז ועוד. בהופעותיה של המלה בהמשך הפרשה היא משמשת במשמעותה הרגילה, ככינוי לגוף כולו.
34. רש"י.
35. ראו ספרא; נדה נו ע"א.
36. ראו משנה כלים כג,ב. ויש דעות שהאוכף דינו כ'מושב', ואילו ה'מרכב' הוא כלי רכיבה שנשענים עליו ולא יושבים עליו. ראו מפרשי המשנה שם וכלים א,ג; ספרא על אתר.
37. רש"י, עפ"י ספרא.
38. כגון ישיבה הנזכרת בפסוק ו. וראו בפירוט משנה זבים ב,ד.
39. ראו רש"י על פי תורת כהנים, רשב"ם, ראב"ע ורמב"ן.
40. ראו לעיל יא,לג.
41. ראו במדבר לא,כג; לעיל יא,לב.
42. ראו משנה מקוואות א,ח; פרה ו,ה; ח,ח.
43. ראו נדה עב ע"ב - עג ע"א.
44. ראו רש"י.
45. ראב"ע.
46. ראו חזקוני.
47. ראו נדה לג ע"א; ספרא ורש"י על אתר.
48. כאן לא נאמר שמשכבו של בועל הנידה מטמא אדם במגע או במשא, כפי שנאמר בנידה עצמה. חכמים דרשו את הכתוב שמשכב בועל הנדה, טומאתו קלה יותר, ואינו נעשה 'אב הטומאה' לטמא אדם או כלים אחרים, אלא רק אוכלים ומשקים, כדינו של 'ולד הטומאה'. ראו משנה כלים א,ג; בבלי נדה לג ע"א; יומא ו.
49. כלעיל פס' יט.
50. ראו רש"י ור"י בכור שור.
51. ראו לעיל יא,ח ובהערה שם; מורה נבוכים ח"ג מז; ספר החינוך קנט ור"י בכור שור ויקרא יא,ח.
52. ראב"ע ויקרא כ,יח. ייתכן גם שהַדָּוָה עניינו נזילה, כמו המלה 'זבה'. ראו הערה להלן כ,יח.
53. ראו ספרא; הקדמת הרמב"ם לסדר טהרות, ט.

מקורות והערות לפרשת אחרי מות

1. ראו לעיל י,א; במדבר ג,ד; וראו תנחומא אחרי מות ז.
2. ראו ספרא.
3. רס"ג, רש"י ורשב"ם.
4. רש"י ור"י בכור שור. יש סוברים שאהרן הכהן, אך לא אחר, יכול בכל

עת להיכנס אם יעשה כסדר האמור. ראו ויקרא רבה כא; הגר"א; משך חכמה.

5. יש דעות בין התנאים והאמוראים שלפיהן באבנט הכהנים הרגילים היו שזורים פשתן וצמר צבעוני. לפי זה, אבנטו של הכהן הגדול ביום הכיפורים שהיה פשתן בלבד היה פשוט מזה של כהן הדיוט. ראו יומא יב.

6. משנה יומא ו,א. יש הרואים בצורת הנסמך שְׁנֵי, בניגוד לצורת הנפרד שְׁנַיִם, הדגשה על השוויון. ראו עלה יונה עמ' שנט ואילך.

7. ראו יומא לו ע"ב; מגילה כ ע"ב.

8. ראו שבועות יג ע"ב – יד ע"א.

9. ולפי דעה אחרת "ה" בלא ל' השימוש.

10. ראו יומא לט ע"א.

11. ספורנו.

12. ראו יונתן ורש"י; שבועות יד ע"א.

13. ספרא; פסחים עה ע"ב.

14. ראו עוד שו"ת הרא"ש יג,כא; פרי צדיק, אחרי מות ב.

15. ראו שמות כה,כב ורש"י שם; ספרא, אחרי מות ה.

16. ראו יומא נג ע"ב; נה ע"א; פיוט 'סדר העבודה'.

17. ראו עוד לעיל ט,טו.

18. ספרא.

19. על פי רס"ג.

20. ראו רש"י וראב"ע.

21. ראב"ע, חזקוני.

22. ראו יומא מד ע"א.

23. ראו שמות ל,ט-י; לעיל ד,ז.

24. ראו ירושלמי שבת א,ג וקרבן העדה: "זריזות מביאה לידי נקיות וְכַלָּה מְכַפֵּר". כלומר ימהר ולא יפסיק לנוח מהעבודה הקשה כשהוא בתענית, אלא ייגש מיד אל השעיר המשתלח להתנקות מהחטא. עלה יונה עמ' שו.

25. ראו ספרא, רש"י ורשב"ם.

26. ראו ספרא ורש"י פס' ח.

27. אבן ג'אנח; רשב"ם ור"י בכור שור על אתר; מורה נבוכים ח"ג מו.

28. פסחים כו ע"א; ירושלמי יומא ז,ג.

29. ראו ויקרא רבה כא,י.

30. לעיל ד,א-כא; ו,כג.

31. ראו יומא עד ע"ב; ספרא וראב"ע על אתר.

32. ראו ספרא על אתר; רמב"ם, הלכות תשובה א,ג-ד.

33. ראו שמות לא,טו; להלן כג,כו-לב.

34. ראו ראב"ע.

35. רש"י.

36. כאמור לעיל ג; ז,כח-לו.

37. ראו ספרא.

38. ראו רמב"ן.

39. כפי שדרשו בספרא: כָּל נֶפֶשׁ מִכֶּם אף קטן, להזהיר הגדולים על הקטנים.

40. העופות לעיל יא,יג-יט ודברים יד,יא-יח. והחיות דברים יד,ד-ה.

41. למעשה, כיסוי הדם נוהג רק בחיה ובעוף, אף אלו שאינם ניצודים, כמו אווזים ותרנגולים, אך לא בבהמה. ראו ספרא על אתר; חולין פד ע"א.

42. ראו רמב"ן להלן כב,ח.

43. ראו לעיל יא,כח-כט לט-מ. חכמים דרשו שמדובר כאן בייחוד בנבלת עוף טהור שאינה מטמאת במגע ובמשא, ורק בבליעתה מטמאת את האדם האוכל. ספרא ועוד.

44. ראו עוד לעיל יא,ח; טו,לא ובהערות שם; ספר המצוות לרמב"ם, עשה קט.

45. להלן כ; דברים כג,ג; כז,כא-כג.

46. לשון הספרא: "שלא תלכו בנימוסות שלהם, בדברים החקוקים להם".

47. ראו רמב"ן.

48. למונח 'ערווה' יש בלשון המקרא משמעות צרה של עירום ושל איברי המין, אך הוא משמש גם במובן של בושה וקלון. ראו בראשית מב,ט; שמואל א' כ,ל; ישעיה מז,ג; וראו יונתן וראב"ע פס' ו.

49. אף על פי שהדבר איננו מפורש. ראו מכות ה ע"ב.

50. ראו ראב"ע, רשב"ם, ר"י בכור שור ורמב"ן. וראו עוד יבמות כג ע"א.

51. ראו רש"י על אתר; יבמות ג ע"א.

52. ראו יבמות כב ע"ב; שו"ת יכין ובועז לו.

53. ראו סוטה מג ע"ב. ידועים מקרים היסטוריים של אנשים שנשאו את אחיותיהם החורגות. ראו הרחבה לשמואל ב' יג,יג.

54. ראו יונתן.

55. ראו אונקלוס. קרוב ל'מזימה'.

56. ראו מלבי"ם יחזקאל טז,מג 'באור המלות'.

57. ראו שבת יג.

58. ראו בבא מציעא נט.

59. ראו רש"י, ראב"ע ורמב"ן על אתר; סנהדרין סד; שמואל ב' יב,ל; ירמיה יט,ה.

60. פירוש זה הולם גם את הפסוקים בספר דברים העוסקים בנושא שרפת

הבנים והבנות ־או דברים יב,כט-לא. וראו שו"ת יכ"ן ובועז קה; הרחבה לירמיה ז,לא.

61. ראו להלן פס' בט; כ,י-כא; ספרא על אתר ויבמות כד ע"ב.

62. ראו גם בראשית יט; ישעיה כד,ה; ירמיה טז,יח ורד"ק שם; יחזקאל לו,יז-יט.

63. ראו ראב"ע; רש"י פס' ד; רמב"ן פס' ו; יומא סז ע"ב.

64. ראו ר"י בכור שור פס' כט.

65. ראו במדבר לה,לג; דברים יא,י-כא; יחזקאל לו,טז-כא; רמב"ן על אתר ובבראשית יט,ה.

66. להוצ־א איסורים אחרים הקשורים ביחס־ אישות וקרבה, שאינם מופיעים כאן, שעונשם אינו חמור כל כך. ראו להלן יט,כ; כא,ז; דברים ז,ג; כג,ב-ד.

67. ראו רמב"ם, הלכות תשובה ח,א; רמב"ן, שער הגמול, ועוד.

68. ראו מועד קטן ה ע"א; יבמות כא ע"א

מקורות והערות לפרשת קדשים

1. חלוקה זו לחטיבות מוגדרות ניכרת גם במדרש ההלכה לויקרא הספרא.
2. ראו רשב"ם וראב"ע; ויקרא רבה כד,ה.
3. כמה מהמפרשים ניסו לבאר את מבנה הפ־שה או את החלוקה הפנימית של מצוותיה. ראו למשל רש"ר הירש, רד"צ הופמן, ספר הפרשיות וא' ארנד, 'דף שבועי' 599.
4. שמות יט,־.
5. ראו ספרא ורש"י על אתר; יבמות ה ע"ב.
6. ראו חזקוני.
7. רש"י ורמב"ן.
8. רשב"ם.
9. כדלעיל ז,טז.
10. ראו רש"י ורשב"ם; זבחים כט ע"א.
11. השוו בראשית כו,כ.
12. ראו דברים כד,יד; מלאכי ג,ה; ספרא על אתר; רמב"ם, הלכות גזלה ואבדה א,ד.
13. ראו רש"י, רבנו בחיי ואברבנאל על אתר; בבא מציעא נח ע"ב.
14. ראו ספרא על אתר; רמב"ם, הלכות דעות ז,ב.
15. ראו ספרא.
16. ראו ראב"ע; חכמת שלמה בבא מציעא סא ע"ב.
17. על פי חזקוני וראב"ע.
18. ראו רמב"ם, הלכות דעות ו,ה וספר המצוות שב; ספר החינוך רלח.
19. ראו ספרא, קדושים ב,ד; במדבר לא,ב.
20. ראו אברבנאל.
21. ראו רש"י.
22. ראו ירושלמי כלאים א,ז; בבלי סנהדרין ס ע"א; רמב"ן על אתר; רד"ק בראשית א,יב.
23. ראו אונקלוס ויונתן ורש"י. ויש מפרשים על פי הערבית: נעתקה מקניין העבדות אל נישואי איש. ר"י בן ג'אנח; מורה נבוכים ח"א לט.
24. ראו שמות כא,ד; קדושין טו ע"א.
25. ראו כריתות יא ע"א.
26. ראו בראשית יז,יא-כה; שמות ו,יב; להלן כו,מא; ירמיה ו,י; יחזקאל מד,ט.
27. ראו רמב"ן.
28. ראו ברכות לה ע"א.
29. ראו רש"י ורמב"ן על אתר; דברים כ,ו; ירמיה לא,ה; מעשר שני ה,ב; ירושלמי פאה ז,ה; בבלי ראש השנה לא ע"ב.
30. ראו רש"י.
31. ראו רשב"ם ורמב"ן; מורה נבוכים ח"ג מו. ראו עוד שמואל א' יד,לב.
32. סנהדרין סה ע"ב – סו ע"א: "היום יפה לצאת, למחר יפה ליקח" [=לקנות]; ראב"ע על אתר.
33. כפי שייאמר באופן בהיר יותר בנוגע לאיסור להתגודד ראו דברים יא ע"א; מכות כ ע"ב – כא ע"א.
34. המלה קעקע יחידאית, ואין גיזרונה ותוכנה המדויק בהירים. ואולם סמיכותה לאיסור שרט לנפש מלמדת שמדובר בכתיבה על הבשר באופן שהצבע נשאר בו לעולם. ראו ראב"ע.
35. ראו רמב"ן.
36. ראו רש"י.
37. ראו רש"י על אתר; בבא מציעא נח ע"ב.
38. לעיל פרק יח.
39. ראו הרחבה לעיל יח,כא.
40. ראו סנהדרין מד ע"ב – מה ע"ב.
41. ראו ראב"ע. וראו עוד שבועות יג ע"א, רש"י ומהרש"א.
42. ראו לעיל פירוש יט,לא.
43. כך מתפרש הכתוב לדעת רבי אליעזר ממיץ, בעל ספר יראים, רעב. אך לפי דעת שאר הראשונים הפונה לבעל האוב אינו נענש בכרת אלא באזהרה. ראו סנהדרין סה ע"א וראשונים שם.
44. שמות כ,יא.
45. ראו רש"י.
46. ראו אונקלוס וראב"ע.

47. ראו סנהדרין נד-נה.
48. ראו שמות לד,יג.
49. ראו ראב"ע.
50. על דרך 'חיסודא' בארמית. ראו רש"י. המלה 'חסד' היא אחת המלים המשמשות לשתי משמעויות מהופכות.
51. ראו עוד יחזקאל כב,ח-יא.
52. ראו רש"י.
53. לעיל יא,א-לא.
54. לדברי ספר החינוך רח, מכיוון שהיו אדוקים בפולחן זה מאוד באותו הזמן, נתייחדה לו אזהרה לעצמה בתוך האזהרות הכלליות על עבודה זרה.
55. כמו לעיל יט,לא.

מקורות והערות לפרשת אמר

1. ראו לעיל ז,כ; טו,לא; להלן כב,א-ז ועוד.
2. בפס' כד להלן ימסור משה את הדברים לכל ישראל, משום שעליהם מוטל לשמור את הכהנים בקדושתם.
3. מכאן שבקבורתו של 'מת מצוה' מת שאין מי שיטפל בו הכהן חייב להתעסק. ראו ספרא; נזיר מג ע"ב וברכות יט ע"ב.
4. על פי ר"י בן ג'אנח ור"י בכור שור פס' א. וראו חזקוני ואדרת אליהו.
5. לעיל יח,ו-יח.
6. ראו למשל ירמיה טז,ו; יחזקאל ז,יח.
7. לעיל יט,כז-כח; וראו גם דברים יד א.
8. ראו עוד ר"י בכור שור ואברבנאל על אתר; רמב"ם, הלכות עבודה זרה יב,ז.
9. ראו יבמות פח ע"ב; ירושלמי ביכורים ה,ה.
10. ראו רמב"ם, הלכות כלי המקדש ד,א-ב; ספר המצוות עשה לב.
11. על פי סנהדרין נ ע"ב; רש"י על אתר.
12. ראו סנהדרין נ ורש"י שם.
13. ראו דברי הימים א' כג,יג.
14. על פי אברבנאל.
15. לא סביר לפרש את הפסוק כמשמעו שהכהן אמור להישאר רק במקדש ולא לצאת ממנו אלא כחלק מן האיסור המוטל עליו להיטמא אף למשפחתו הקרובה. ראו סנהדרין יח ע"א - יט ע"א מחלוקת תנאים אם לא יצא כלל אחר המיטה או יוצא ושומר מרחק. וראו רש"י, ראב"ע, רמב"ן ומשך חכמה על אתר.
16. ראו ספרא; הכתב והקבלה.
17. ראו בכורות מג ע"ב; ספרא, רש"י ורמב"ן על אתר.
18. ראו ספרא; בכורות מג ע"ב – מד ע"א.
19. רס"ג. הגדרת המום אינה נהירה שכן הוא מופיע בצורות שונות מן הסובלים מבליטה בגב שהיא עיוות מולד, ועד ההולכים באופן כפוף מאוד. וראו עוד חזקוני.
20. על פי בכורות מג ע"ב, רש"י ורמב"ן על אתר. לפי זה המלה בְּעֵינוֹ האמורה בהמשך, מתייחסת לכל האמור בפסוק. רמב"ן.
21. ראב"ע וחזקוני.
22. ראו בכורות לח – לט ע"א; מד ע"א; רמב"ן על אתר. ראו עוד 'העולם' דברים כח,כז.
23. ראו רש"י בכורות טז ע"א.
24. ראו יונתן ורש"י; בכורות לח.
25. ראו רש"י על אתר; בכורות מא ע"א.
26. ראו יונתן ורש"י; בכורות מד ע"ב.
27. רש"י וראב"ע.
28. ספרא ורש"י על אתר; בכורות מג ע"ב.
29. ראו חזקוני ורש"ר הירש.
30. ראו רש"י.
31. ראו רש"י.
32. ראו רש"י ורשב"ם. וראו עוד זבחים מה ע"ב.
33. לעיל יא,כט-לא.
34. חלק מהטומאות שנמנו כאן, כגון מצורע וזב, טעונות הבאת קרבן לאחר הטהרה, והכהן שנטמא בהן אינו רשאי לאכול מקודשי המקדש עד שיביא את הקרבן לכפרתו. לעומת זאת, תרומה המכונה כאן 'קודשים' נאכלת מיד בהערב שמש, ואין הכהן צריך להמתין להבאת כפרתו. כך דרשו חכמים מן המקראות שבפרשה זו ובמקומות אחרים. ראו יבמות עד ע"א.
35. ראו רמב"ן, וכיוצא בזה לעיל יז,טו. יש מקרי טרפה שאפילו הנטרף עדיין מפרכס ואינו מת, הוא מטמא טומאת נבלה. ראו חולין כא ע"א; רמב"ם, הלכות שחיטה ג,יט.
36. לעיל ה,ב. וראו רש"י ויקרא יא,ח הכהן מוזהר מלטמא את עצמו. וכן נראה מדבריו בעירובין לא ע"א; יומא פ ע"ב וחולין לה ע"א; ויש שכתבו על פי הפשט כי לכהנים נכפלה האזהרה על אכילת נבלה וטרפה. ראו רד"ק יחזקאל ד,יד; אברבנאל על אתר.
37. על פי רש"י. וייתכן שרומז גם למקדש ראו ראב"ע ומשך חכמה.
38. ראו רש"י.
39. ראו יבמות ע ע"ב: "תושב זה הקנוי

קנין עולם [=עבד נרצע המשועבד עד היובל], שכיר זה הקנוי קנין שנים". וראו עוד רס"ג על אתר.

40. ראו ראב"ע ואברבנאל.

41. באופן יוצא דופן מתפרשת כאן המילה אֹתָם 'את עצמם'. ראו במדבר ו,יג וספרי שם. וראו עוד משך חכמה על אתר.

42. "איזהו נדר האומר: 'הרי עלי עולה'. ואיזוהי נדבה האומר: 'הרי זו עולה'. ומה בין זה לזה? שהנדרים אם מתו או נגנבו - חייב באחריותן, ונדבות אם מתו או נגנבו אין חייב באחריותן". משנה קנים א,א.

43. אמנם יש שהעולה באה כחובה ראו לעיל יב,ו; טז,ג, אך בעיקרו של דבר זהו קרבן נדבה שצריך לבטא את רצונו של המקריב. וראו מנחות קי ע"א: "לא אמרתי אליכם זבחו, כדי שתאמרו אעשה רצונו ויעשה רצוני. לא לרצוני אתם זובחים אלא לרצונכם". רש"י: "כלומר לא להנאתי, שאיני רוצה להטריח אתכם לעשות על כרחכם, אלא לצורך עצמכם, לקיים מצוותי שתהא כפרה לכם בכך".

44. ראו רש"י פס' יט. המלה 'רצון' בפסוק זה משמשת במשמעות כפולה: רצון שלכם ורצון של ה'.

45. ראו רש"י וראב"ע.

46. ספרא.

47. ראו בכורות לח ע"א; לט ע"א; מא ע"א; רש"י על אתר.

48. ראו בכורות לח-מ; תורה תמימה על אתר.

49. ראו בכורות מא ע"א.

50. ראו ראב"ע.

51. ראו תמורה ז ע"ב; רש"י, רמב"ן ורש"ר הירש על אתר. וראו עוד ר"י בכור שור וחזקוני.

52. ראו רש"י; בכורות לט ע"ב.

53. ראו רש"י; חגיגה יד ע"ב.

54. במדבר כח-כט.

55. ראו יואל א,יד; רמב"ן על אתר.

56. ראו רמב"ן ואברבנאל.

57. הפועל הסביל תֵּעָשֶׂה מורה שעשיית מלאכה בששת הימים אינה חובה אלא היתר.

58. ראו רמב"ן פס' ב.

59. ראו ספרא.

60. שמות יב,ב.

61. פרק יב.

62. כח,טז-כה.

63. ראו במדבר לג,ג; תוספות קדושין לז ע"ב ד"ה ממחרת; באור הגר"א יורה דעה שצט,ט; העמק דבר על אתר.

64. ראו ר"י בכור שור פס' ד.

65. לשימוש הרווח היום יש סימוכין גם במקרא. ראו יחזקאל מה,כא-כג, וראו עוד בהערה ליהושע ד,יא ובחזקוני על אתר.

66. ראו ר"י בכור שור; מנחות סג ע"ב.

67. ראו שמות ט,לא-לב; מנחות סח ע"ב.

68. ראו במבוא לפרק ב לעיל.

69. ראו לעיל א,ג ובמבוא לפרק ב.

70. ראו מנחות סה ע"ב – סו ע"א.

71. פי שתיים מכמות הסולת שבמנחה המתלווה אל הכבש בכל מקום. מנחות פט ע"ב. וייתכן שהעישרון השני הוא מנחת העומר האמורה קודם. ראו ר"י בכור שור וחזקוני. וראו עוד שו"ת רדב"ז ב' אלפים שי.

72. כנסך הרגיל המלווה קרבן עולה או שלמים.

73. ראו רש"י כריתות ד ע"ב. וכאן פירשו רש"י ואחרים קמח קלוי.

74. ראו מנחות סד ע"ב; סו ע"ב.

75. ראו אונקלוס ומשך חכמה.

76. ראו לעיל ב,יא.

77. ראו במדבר טו,א-יג; כח,יב-יד ועוד.

78. חכמים פירשו שחטאות הציבור מכפרות על טומאות המקדש והקודשים שאירעו בלא ידיעה במשך השנה. ראו שבועות ב.

79. קיימים תיאורים שונים בדברי חכמים כיצד נעשה הדבר בדיוק ראו מנחות סב ע"א. מכל מקום ההנפה לא הייתה בשאר קרבנות היום, אף על פי שגם הם באים עַל הַלֶּחֶם (פס' יח). ומכאן הצורך בהכפלה: אֹתָם... עַל שְׁנֵי כְּבָשִׂים. ורס"ג פירש אֹתָם מהם (ראו יחזקאל ג,ט ועוד), ולדעתו הכהן הניף רק את החזה, השוק והחלבים. וראו עוד רש"ר הירש.

80. ראו מנחות מה ע"ב: "קנאו השם ונתנו לכהן".

81. ראו ראש השנה טז ע"א. וראו עוד רסיסי לילה נ-נא.

82. כט,א-ו.

83. רשב"ם ור"י בכור שור.

84. ראו במדבר ל,יד; יומא עד ע"ב.

85. כט,יב-לד.

86. כדי להבחינו מ'עצרת' סתם, כינויו של חג השבועות בלשון חכמים. במקרא 'עצרת' נקרא רק היום השמיני של סוכות כאן, בבמדבר כט,לה ובנחמיה ח,יח, והיום השביעי של פסח בדברים טז,ח.

87. שהוזכרו במקום אחר במדבר כח,ט. ראו חזקוני על אתר ורמב"ן לעיל פס' ב.
88. ראו לעיל כב,כא.
89. ראו בעלי התוספות וספורנו.
90. ראו ר"י בכור שור.
91. זיהוי זה נשען על המסורת. ראו סוכה לה ע"א ובהקדמת הרמב"ם למשנה; רמב"ן על אתר.
92. גם לגבי הלולב ואופן נטילתו ישנה מסורת ארוכה. ראו סוכה לב ע"א.
93. ראו סוכה לב ע"ב.
94. ראו סוכה לג ע"ב – לד ע"א.
95. דינים אלה יוצאים בחלקם מדקדוקים בדברי הכתוב, וחלקם מן התורה שבעל פה. ראו סוכה ו ע"ב; יא ע"ב – יב ע"א ועוד.
96. ראו שמות יב,יח; לעיל טז,כט; יז,טו. ראו עוד סוכה כח ע"ב.
97. ראו ספרא.
98. על פי אונקלוס ורס"ג על אתר. וראו רש"י במדבר ח,ב.
99. ראו ספרא וחזקוני.
100. רס"ג.
101. ראו ספרא ורש"י.
102. ראו הרחבה לשמות לא,ח.
103. שמות כד,כט.
104. עליה ממש או בסמוך לה. ראו מנחות צח ע"א; חזקוני על אתר.
105. רש"י.
106. ראו רש"י ורמב"ן.
107. קשר דרשני בין פרשה זו לבין קודמתה מופיע ברש"י פס' י, על פי ויקרא רבה לב,ג.
108. על פי אברבנאל, תולדות יצחק ועוד.
109. ראו עוד ברמב"ן.
110. ראו סנהדרין נו ע"א ורש"י על אתר. השורש מופיע במשמעות זו גם במקומות אחרים ראו במדבר כב,יא; משלי יא,כו.
111. ראו יונתן על אתר והרחבה לעיל יט,יד.
112. ראו במדבר ט,ח; יב,ו-ח; יונתן על אתר.
113. על פי ספרא. וראו עוד חזקוני ואדרת אליהו.
114. ראו סנהדרין עח ע"ב.
115. ראו בבא קמא פג ע"ב – פד ע"א; רס"ג ורמב"ן על אתר.
116. ראו רש"י וראב"ע.
117. שמות כא,יב; כד.

מקורות והערות לפרשת בהר

1. על פי אונקלוס, רשב"ם, חזקוני ורמב"ן. וראו רש"ר הירש.
2. ראו רס"ג.
3. ראו דברים טו,א-ט.
4. ראו שמות יט,יג ורש"י על אתר.
5. אַחַר הַיֹּבֵל אל היובל, כמו אַחַר הַמִּדְבָּר (שמות ג,א) למדבר.
6. על פי בבא מציעא קו ע"א.
7. על פי רמב"ן וספורנו.
8. ראו ספרא.
9. להלכה, גאולת השדה על ידי הקרוב היא רשות ואינה חובה. ראו קדושין כא ע"א; רמב"ם, הלכות שמיטה ויובל יא,יח.
10. על פי אונקלוס ורש"י על אתר; ערכין לא ע"א.
11. חזקוני.
12. ראו רש"י וראב"ע.
13. ראו במדבר לה,ב.
14. ראו ר"י בכור שור. וראו עוד ערכין לג ע"ב.
15. על פי רמב"ן. וראו בבא מציעא סא ע"א.
16. ראו רש"ר הירש.
17. ראו דברים כג,כ; בבא מציעא ס ע"ב – סא ע"א.
18. על פי רש"י ור"י בכור שור.
19. ראו קדושין כב ע"א; רש"י על אתר.
20. פס' כג לעיל.
21. ראו הרחבה לבמדבר יב,ז.
22. ראו רש"י על אתר; רמב"ם, הלכות עבדים א,ה.
23. משפט זה נתפס גם כמצווה, ואף על פי כן מותר לשחרר לצורך מצווה ומטעמי מוסר. ראו גטין לח ע"ב ורש"ר הירש על אתר.
24. ראו ספרא.
25. ספרא. וראו הרחבה לעיל יט,ד.
26. על פי רס"ג.
27. ראו ר"י בכור שור.
28. ראו לעיל טז,טז; יט,ל.

מקורות והערות לפרשת בחקתי

1. ראו אור החיים.
2. ראו רש"י.
3. ראו ספרא.
4. ראו ספרא, רש"י ורמב"ן.
5. ראו במדבר יא,כט; יחזקאל לו,כ; צפניה ב,י.

מקורות והערות

6. ר"י בכור שור וחזקוני.
7. פס' ט. וראו גם יחזקאל לו,ט; שופטים ו,יד; מלכים ב' יג,כג. הפנייה משמשת תמיד לחיוב ולחיבה, ואילו נתינת פנים, המורה גם היא על השגחה, משמעה: אני מביט בכם בצורה שלילית. ראו למשל לעיל כ,ג-ו; ירמיה כא,י; יחזקאל יד,ח.
8. פס' ח.
9. ראו רשב"ם על אתר; בראשית ד,טו כד; שמואל א ב,ה; ישעיה ד,א; ל,כו; ירמיה טו,ט; תהלים עט,יב; שו"ת הרמב"ם רעא.
10. ראו יחזקאל כד,כא; יונתן ורש"י.
11. ראו ירמיה יד,יט.
12. ראו אבות דרבי נתן לח; תנחומא בהר א.
13. ראו מכות כד ע"א.
14. לביטוי הסתום עֶרְכְּךָ ראו הרחבה לעיל ה,טו.
15. ראו בבא בתרא צז ע"א. לעומת 'קדושת דמים' של חפץ שאינו קרב על המזבח, שהוא נמכר ונפדה.
16. שלא כמו במצבים אחרים, בהם אין ההלכה מכירה כלל בחלותו של מעשר שנעשה באיסור. בלשון התלמוד: "כלתא דאמר רחמנא לא תעביד, אי עביד לא מהני" (תרגום: דבר שאמר ה': לא תעשה, אם עשה אינו מועיל). ראו תמורה ד ע"ב.
17. ראו רש"י ורשב"ם; תמורה לב ע"ב – לג ע"א.
18. ראו לעיל פרק כה.
19. ה'חומר' המקראי הוא הכור במידות חכמים, שהוא 30 סאה. ראו יחזקאל מה,יא; ערכין כה ע"א.
20. פס' כח להלן.
21. כאן אין מוזכרת הוספת חומש, ואכן המקדיש שדה מקנה נחשב כאדם זר, ואינו מוסיף חומש; ונחלקו תנאים אם השדה נפדה בשוויו או כפי הערך הנקוב לשדה אחוזה. ראו ערכין יד ע"א.
22. ראו אונקלוס ורש"י; בכורות נ ע"א.
23. ראו בכורות ה. ראו עוד הרחבה לשמות לח,כו.
24. כפי שנאמר בשמות יג,א יב טו; לד,יט; במדבר ח,יז; יח,טו; דברים טו,יט.
25. ראו רמב"ן.
26. ראו שמות לד,כ; בכורות יא ע"א. ראב"ע על אתר פירש את המקרא על פטר חמור.
27. ראו רש"י, ר"י בכור שור ורמב"ן על אתר; ערכין ו ע"ב.
28. ראו במדבר כא,ב-ג; דברים ב,לד.
29. ראו דברים יד,כב; כריתות ד ע"ב; בכורות נד ע"א; ירושלמי ביכורים א,ג.
30. ראו דברים יד,כב-כז. זהו הקרוי בפי חכמים 'מעשר שני'.
31. ראו בכורות נח ע"ב.

מקורות והערות להפטרות

1. מלבי"ם.
2. ר"י מדובנא, משלי יעקב, נצבים. לפי זה כִּי יָגַעְתָּ מתפרש כנתינת טעם, אלא, או: כאשר. הראשונים פירשו באופנים אחרים.
3. על פי מלבי"ם.
4. השוו ירמיה ו,כ.
5. ראו מלבי"ם; וראו עוד ישעיה א,יד: חָדְשֵׁיכֶם וּמוֹעֲדֵיכֶם שָׂנְאָה נַפְשִׁי, הָיוּ עָלַי לָטֹרַח, נִלְאֵיתִי נְשֹׂא.
6. ר"י קרא.
7. ראו רד"ק.
8. ראו ראב"ע.
9. ר"י מטראני.
10. ראב"ע ורד"ק.
11. ראו מצודת דוד וראב"ע. ואפשר לפרש: בין החציר, שהוא מקום יבש בדרך כלל (ראו ישעיה ז,ה: וְהָיָה הַשָּׁרָב לַאֲגַם, וְצִמָּאוֹן לְמַבּוּעֵי, בִּנְוֵה תַנִּים רִבְצָהּ, חָצִיר לְקָנֶה וָגֹמֶא), יצמחו ישראל כערבה בנחל.
12. ראו רד"ק ומצודת דוד.
13. רד"ק יחזקאל ב,ט.
14. ראו רד"ק וראב"ע.
15. על פי רש"י ורד"ק; וראו כיוצא בזה ישעיה מ,ז ובהערה. ורבים מפרשים עַם עוֹלָם – ישראל.
16. ראו בהערה לישעיה מא,כג.
17. ראו ר"י מטראני, אברבנאל ומצודת דוד.
18. ראו רש"י ומלבי"ם; וראו עוד עבודה זרה ב.
19. ראו רש"י ורד"ק.
20. ראו משנה שבת יב,א ובבא קמא י,י ורש"י; רמב"ן איוב מא,כא; מלבי"ם על אתר.
21. ראו רש"י.
22. ראו שופטים ד,כא; ירמיה י,ד; מצודת ציון על אתר.
23. ראו רד"ק.
24. ראו רש"י.
25. על פי ראב"ע ורד"ק. ויש מפרשים שֶׂרֶד – כלי נגרים, אולי קרוב ללשון שרטוט, על משקל כלי החריטה 'חרט'.

מקורות והערות

26. ראו ראב"ע ומלבי"ם.
27. ראו רד"ק.
28. ראו יונתן, רש"י ורד"ק.
29. תּוֹעֵבָה הוא כינוי הנביא ואיננו לשון המצוטט. כיוצא בזה בישעיה ג,ו.
30. ראו ויקרא ג,א; ז,יא; שמואל א' י,ח; משלי ז,יד.
31. רש"י.
32. על 'יום' במשמעות זמן - ראו הפניות מישעיה מג,יג. וראו עוד מורה נבוכים ח"ג לב.
33. ראו רש"י. אם משום שהבאת קרבנות איננה תכלית לעצמה, אם משום שהקרבנות באים לכפר על סטיות, ובעולם אידיאלי אין בהם טעם. ראו עוד מורה נבוכים ח"ג לב; אברבנאל על אתר; בית יעקב אמור מו.
34. ראו רד"ק פס' כב. ומנגד, בפס' ט בפרק זה הוכיחם הנביא על שבעה מתוך עשרת הדיברות.
35. ראו רד"ק, אברבנאל ושד"ל.
36. אלשיך.
37. מצודת דוד.
38. ראו רד"ק ומצודת דוד. כך נהג מנשה, וכך נהגו בימי יהויקים ערב החורבן. ראו מלכים ב' כא,ה-ז; יחזקאל ח,י-טז.
39. ראו ירמיה לב,לה. במשך הזמן הכינוי תופת ניתן לשאול וגיהינום. ראו למשל ישעיה ל,לג.
40. ראו ההפניות מויקרא יח,כא; ירמיה יט,ה.
41. ראו ר"י בכור שור ויקרא י,א.
42. ראו מלכים ב' כג,טז.
43. רש"י.
44. ראו רד"ק ואברבנאל.
45. ראו עוד תנחומא בשלח כא.
46. רד"ק.
47. ראו ירושלמי סנהדרין י,ב; מלבי"ם על אתר.
48. ראו רש"י. ייתכן שמובנו של ה'שם' הראשון הוא כבוד.
49. ראו רד"ק. ראו עוד שמואל א' ו,ז; מועד קטן כה ע"א.
50. ראו מועד קטן כה,א ורש"י שם.
51. ראו סוטה לה ע"א; במדבר רבה ד,כ; רש"י על אתר ורד"ק פס' ו; במדבר ז,ט; דברי הימים א' טו,יב-טו.
52. ראו במדבר רבה ד,כ.
53. כשם שבמקומות או בזמנים אחרים היו מנופפים בכפות דקלים בשעת חגיגה. ראו סוכה מה. וראו עוד במדבר רבה ד,כ.
54. ראו רש"י, רד"ק ומצודת דוד.
55. בארון היו קבועים מוטות נשיאה, ורק באמצעותם מותר היה לשאתו. ראו שמות כה,יד-טו; במדבר ד,טו. ראו עוד סוטה לה ע"א.
56. ראו יונתן, רש"י ורד"ק; סוטה לה ע"א.
57. ראו רש"י במדבר טז,טו.
58. ראו שמות יט,כב.
59. ראו דברי הימים א' טו,יח; כו,ח; במדבר רבה ד,כ.
60. ראו דברי הימים א' כו,ד-ח; ברכות סג ע"ב - סד ע"א; שיר השירים רבה ב,יח.
61. ככתוב בבמדבר י,לה: קוּמָה, ה', וְיָפֻצוּ אֹיְבֶיךָ. ומשום כך לקחו אותו למלחמה בשעתו. ראו שמואל א' ד,ג.
62. ראו במדבר ד,יח-כ; יז,כח; שמואל א' ה. וראו עוד ההרחבה לשמואל א' ו,כא.
63. ראו מלבי"ם; מכילתא דר"י מסכתא דויסע ו; תנחומא בשלח.
64. יונתן.
65. ראו אברבנאל.
66. ראו במדבר רבה ד,כ; מצודת דוד ומלבי"ם על אתר. וראו עוד ההרחבה לשמואל א' ב,יט.
67. במדבר רבה ד,כ.
68. ראו פסחים לו ע"ב.
69. ראו רד"ק; פסחים לו ע"ב.
70. ראו יונתן ומצודת דוד.
71. רש"י.
72. ראו במדבר רבה ד,כ.
73. ראו סנהדרין כא ע"א; ירושלמי סוכה ה,ד; רד"ק על אתר.
74. ראו רלב"ג.
75. ראו זבחים קיב ע"ב; קיח ע"א; רש"י על אתר.
76. ר"י בן ג'אנח ורד"ק. ראו דברי הימים א' יז,ו; ההרחבה לבמדבר יז,יז.
77. ראו רש"י ורד"ק.
78. יונתן.
79. ראו דברי הימים א' יד,יז.
80. יונתן; רד"ק.
81. רד"ק ומצודת דוד.
82. ראו במדבר יב,י; מלכים ב' ה,כו; דברי הימים ב' כו,טז-כג. וכן מצינו בדברי חכמים בשבנא הסופר, הממונה על בית המלך חזקיהו. סנהדרין כו ע"א. וכן אמרו שדוד נצטרע שישה חודשים. ראו יומא כב ע"ב.
83. ראו רלב"ג.
84. ראו מצודת דוד.
85. יונתן.
86. רש"י, רד"ק ורלב"ג.

87. ראו רש"י ומצודת דוד.
88. רש"י.
89. יונתן.
90. ראו במדבר יב,יד-טו.
91. רד"ק.
92. רד"ק ורלב"ג.
93. רד"ק.
94. כך נוכח שבועתו במקום אחר - מלכים ב' ג,יד. ולשון שבועת רבו - מלכים א' יח,טו.
95. ראו רש"י ורלב"ג. וראו עוד ההרחבה לשמואל א' כו,א.
96. ראו רלב"ג.
97. ראו מלכים ב' ו,לא, רש"י ורלב"ג.
98. ראו רד"ק ורכב"ג.
99. רש"י.
100. רלב"ג.
101. רש"י.
102. יונתן ורש"י.
103. ראו רד"ק ומלבי"ם.
104. רד"ק על אתר; רמב"ן בראשית יז,יז.
105. ר"י מטראני.
106. ראו ר"מ בן שמעון.
107. ראו ר"מ בן שמעון.
108. ראו ויקרא יח,ח; כ,יא.
109. ראו הביאור לויקרא כ,יז-יח.
110. מבחינת ההלכה אין הבחנה בין 'נשך' ל'תרבית'. ראו בבא מציעא ס ע"ב - סא ע"א. אך יש מבחינים מילולית בין הנשך, שהוא תשלום על הלוואה שפירעונה אינו מוגבל בזמן, והוא הולך וגדל ככל שעובר הזמן, לבין התרבית, שבה הלווה משלם סכום קצוב הגדול מסכום ההלוואה, בלא נשיכה תופחת. ראו רמב"ן ויקרא כה,לו.
111. ראו רש"י ורד"ק.
112. ר"י אבן ג'אנח; ר"א מבלגנצי.
113. ראו עוד יחזקאל א,ב; ח,א; רד"ק על אתר.
114. ראו בראשית כה,כב, רש"י, רמב"ן ור"ן שם; הערה לישעיה לד,יז.
115. ראו ר"י קרא ור"א מבלגנצי.
116. ראשונים פירשו הֲתִשְׁפֹּט אֹתָם כשאלה המטה לחיוב - נא שפוט אותם לאור עלילות אבותיהם.
117. ראו שמות ו,ח; דברים לב,מב; ישעיה סב,ח.
118. ראו רד"ק, ר"א מבלגנצי ור"מ בן שמעון - כמשמעות הארמית של 'צבי' - רצון, הארץ הרצויה, בדומה לבינויים אֶרֶץ חֶמְדָּה, אֶרֶץ חֵפֶץ. ירמיה ג,יט ומלאכי ג,יב.
119. ראו רד"ק.
120. ראו אברבנאל.
121. ראו הרחבות לויקרא כו,ל.
122. ויקרא יא,מה.
123. בראשית י,ו.
124. בראשית י,יד.
125. ראו בראשית י,יד; דברים ב,כג; ירמיה מז,ד.
126. על פי רש"י.
127. רד"ק.
128. ראו רד"ק, אברבנאל ומלבי"ם לאורך פרקים מג-מה, וההרחבה להלן פס' כב.
129. המונח 'כהן' יכול לחול על כל נושא משרה חשובה. ראו למשל שמואל ב' ח,יח; מלכים א' ד,ה. כאן מודגש שמדובר בכהנים השייכים לזרע אהרן הכהן.
130. ראו מלכים א' א,לט; ב,כז.
131. יחזקאל מא,כב.
132. ראו דברים י,יא; מנחות לט ע"ב.
133. ראו זבחים יח ע"ב.
134. לפי רש"י על אתר. וראו דעות נוספות בתוספות ישנים יומא סט ע"ב ורד"ק על אתר.
135. עם זאת, נדונו גם מקרים שבהם לבשו כהנים בגדי כהונה מחוץ למקדש. לא ברור אם היו אלה הוראות שעה או היתר אחר. ראו יומא סט; קידושין סו ע"א ותוספות.
136. כיוצא בזה בישעיה סה,ה: אַל תִּגַּשׁ בִּי כִּי קְדַשְׁתִּיךָ - ריחקתיך. ראו רש"י דברים כב,ט. לחלופין, ייתכן שהמלה 'יקדשו' משמעה כפשוטה - שהבגדים הקדושים לא יגעו בעם, וכביכול יקדשו אותו. ראו רש"י, רד"ק ור"א מבלגנצי.
137. ראו משנה כלים א,ט; רמב"ם הלכות ביאת המקדש כ,טו ורד"ק על אתר.
138. ראו ויקרא י,י; דברים טז,ט; יז,ט ו-יח; יט,יז; לג,י; מלאכי ב,ז; יומא כא ע"א.
139. ראו רד"ק ומלבי"ם.
140. ויקרא כא,א-ג.
141. מועד קטן טו ע"ב.
142. במדבר יט,יד-יט.
143. ראו ויקרא ו,יג; מועד קטן טו ע"ב - טז ע"א.
144. ראו ויקרא כז,כח.
145. ראו במדבר יט,יג; דברים כו,א-י.
146. ראו במדבר יט,יט ו-כח; ויקרא ו,לב; ז,יד.
147. ראו במדבר טו,כ.
148. ראו גם מלאכי ג,י.

149. ויקרא יז,טו.
150. ראו גם ויקרא כב,ח ואברבנאל שם; רד"ק על אתר וביחזקאל ד,יד.
151. ראו ויקרא כה,כה מט; רות ג,יב ד,ג.
152. ראו רד"ק ומצודת דוד; רמב"ן ויקרא כה,לג.
153. מעין ההבחנה המאוחרת בין 'שטר מקושר' ו'שטר פשוט'. ראו רד"ק ומלבי"ם על אתר; משנה בבא בתרא י,א.
154. ראו ירמיה לו,ד.
155. ראו כיוצא בזה בהרחבה לבראשית כ,יב.
156. ראו שמות כ,ד-ו; לד,ז.
157. ראו רד"ק.
158. רש"י.
159. ראו יונתן על אתר; ההרחבה לשמואל ב' כ,טו.
160. ראו ר"י קרא.
161. ראו רד"ק על אתר; גיטין סח; סוטה מח ע"ב.
162. אפשרות שנייה: חטאת יהודה חרושה כאשר הבנים זוכרים את כל הפולחנים הזרים. עובדה זו מלמדת על כך שהנושא פשה בעם ומושרש בו.
163. ראו דעת מקרא.
164. חרון אף הוא הביטוי הציורי לכעס, כאילו מרוב התחממות אש בוערת באפו.
165. ראו מצודת דוד ומלבי"ם.
166. ראו שד"ל.
167. ראו רד"ק ומצודת דוד.
168. ר"י קרא.
169. ראו ר"י מטראני.
170. ראו ר"י מטראני, רד"ק ומצודת דוד.
171. ראו יונתן.
172. ראו רד"ק ומלבי"ם.
173. רש"י, רד"ק ועוד.
174. על פי ר"י קרא. ראו למשל יחזקאל ו,יג ו-יג; יח,ו ו-טו; כב,ט.
175. אברבנאל.
176. ראו רש"י, רד"ק ואברבנאל על אתר; ההרחבה לירמיה ל,ט.
177. כמו במקומות אחרים בספר יחזקאל ובספרי נביאים אחרים, מדובר כאן על איחוד הממלכות יהודה וישראל סביב מלך מבית דוד. ראו ר"א מבלגנצי ור"מ בן שמעון על אתר.
178. ר"י קרא.
179. ראו יונתן, רש"י ורד"ק.
180. ראו רש"י, רד"ק ורלב"ג.
181. ראו שמואל א' יח,ל-יט,ב.
182. רד"ק.
183. ראו רש"י ורד"ק.
184. רש"י.
185. על פי רש"י.
186. על פי ר"י אייבשיץ, מובא בדעת מקרא.
187. רד"ק ור"י מטראני.
188. ראו דברים כג,יא: כִּי יִהְיֶה בְךָ אִישׁ אֲשֶׁר לֹא יִהְיֶה טָהוֹר מִקְּרֵה לָיְלָה וְיָצָא אֶל מִחוּץ לַמַּחֲנֶה... וּכְבֹא הַשֶּׁמֶשׁ יָבֹא אֶל תּוֹךְ הַמַּחֲנֶה. ראו רש"י, רלב"ג, אברבנאל ומלבי"ם על אתר.
189. ראו יונתן, ר"י בן ג'אנח ורד"ק.
190. רש"י ור"י מטראני.
191. ראו רד"ק ומצודת דוד.
192. רלב"ג.
193. ר"י כספי.
194. כיוצא בזה במלכים ב' ט,כד.
195. ראו רלב"ג.
196. רד"ק.
197. על פי רלב"ג.
198. על פי רלב"ג.
199. כדברי שלמה בתפילתו בשעת חנוכת המקדש: הַאֻמְנָם יֵשֵׁב אֱלֹקִים עַל הָאָרֶץ?! הִנֵּה הַשָּׁמַיִם וּשְׁמֵי הַשָּׁמַיִם לֹא יְכַלְכְּלוּךָ, אַף כִּי הַבַּיִת הַזֶּה אֲשֶׁר בָּנִיתִי (מלכים א' ח,כז).
200. ראו רד"ק, ראב"ע ומצודת דוד.
201. ראו רד"ק ומלבי"ם. ויש מי שמפרש: המקדש והגאולה אינם צורך ה' כלל. אין הוא עושה אותם אלא בשביל ישראל, עם עני ונכה רוח.
202. הלבונה המוקטרת נקראת בתורה אַזְכָּרָה (ראו ויקרא ב,ב; כד,ז). על כן המקטיר אותה מכונה 'מזכיר'. על פי רש"י ורד"ק על אתר.
203. ראו רש"י ורד"ק.
204. ראו ראב"ע ורד"ק. ויש מפרשים את כל הפרשה על עובדי עבודה זרה - ראו אברבנאל.
205. ראו רד"ק.
206. רש"י.
207. כדוגמת האמור בישעיה סה,ה: הָאֹמְרִים קְרַב אֵלֶיךָ, אַל תִּגַּשׁ בִּי כִּי קְדַשְׁתִּיךָ.
208. על פי רש"י ור"י קרא ומלבי"ם; וראו עוד ר"א מבלגנצי ור"י מטראני.
209. ראו רש"י על אתר; וראו עוד בבא מציעא לג ע"ב.
210. ראב"ע.
211. ראו בהערה על ישעיה מה,י.
212. ראו רש"י.
213. רד"ק.
214. ראו ר"א מבלגנצי ומלבי"ם.
215. ראו מלבי"ם.

216. ראו ראב"ע ורד"ק.
217. ראו רד"ק.
218. ראו יונתן, רש"י ורד"ק.
219. ר"א מבלגנצי.
220. רש"י, ראב"ע ורד"ק.
221. כמוזכר בישעיה סה,ג.
222. על פי יונתן ורש"י; מצודת דוד.
223. ראו ראב"ע ור"י מטראני ומלבי"ם על אתר, על פי תהלים ב.
224. על פי רש"י רד"ק ומלבי"ם ממדרש תהליב. ויש מפרשים: מהגויים, או מכלי הרכיבה, אקח לסייע לכהנים.
225. ישעיה סה,יז.
226. מלבי"ם; וראו פסיקתא רבתי: והיה מדי חדש.
227. ראו יונתן ושד"ל.
228. על פי רד"ק.
229. ראו יונתן ורד"ק.
230. ראו שמות יז,יד-טז.
231. ראו דעת מקרא על פי איוב ג,טז.
232. דברים כה,יט; פסיקתא זוטרתא, מובא ברש"י דברים כה,יט.
233. ראו רד"ק ור"י מטראני.
234. ראו יונתן, רש"י ורד"ק. ויש מפרשים טְלָאִים - שם מקום או אזור. ראו יהושע טו,כד.
235. ראו רלב"ג ומלבי"ם.
236. על פי מלבי"ם. ויש מפרשים מִשְׁנִים - שניים לבטן, שמנים, או: כפולים.
237. ראו רד"ק.
238. ראו מצודת ציון ומלבי"ם.
239. המקום נזכר גם ביהושע טו,נה; שמואל א' כה,ב.
240. מלבי"ם.
241. ראו ר"י קרא.
242. ראו רש"י, מצודת דוד ומלבי"ם.
243. על פי רד"ק ור"י קרא.
244. ראו רד"ק.
245. רש"י ורד"ק.
246. מורה נבוכים ח"ג לג. ראו ההפניות מירמיה ז,בב.
247. ראו עוד ספר העיקרים ד,כו. יש מפרשים כאילו חסרה כ' הדמיון: כמו הקסם וכמו השאלה בתרפים - כן המרי והרפצר. עניינם המשותף הוא חוסר תמימות עם ה'. ראו דברים יר,י-יג; יונתן, רד"ק, ר"י מטראני, אברבנאל ומצודת דוד על אתר. סגנון הפסוק מזכיר את המופיע בנבואות הסדורות שבספרי הנביאים הגדולים. במקום שיהיו מנוסחים בפרוזה, משפטי הנבואה קצובים, והם כוללים מלים לא רגילות.
248. דבר דומה קרה לו גם בעבר. ראו שמואל א' יג,יד; יג,כז.
249. ראו רש"י ורד"ק; רות רבה ז,יג.
250. ראו רש"י ורלב"ג.
251. ראו דעת מקרא על פי תרגום השבעים.
252. יונתן.
253. חילופי השורש ע,ד,ן עם ע,נ,ד. ראו איוב לח,לא; פירוש הרמב"ם למשנה כלים כ,ח; רלב"ג על אתר.
254. ראו יונתן, רש"י ורד"ק.
255. ראו רלב"ג ור"י מטראני.
256. ר"י קרא.
257. אברבנאל.
258. ראו רש"י.
259. ראו רש"י. לפי זה המעשר המוזכר יכול להתפרש על מצוות המעשר הניתן ללויים. או שמא מדובר על המס מהיבול שיוזכר בהמשך, שניתן לנשיא. ראו רד"ק ור"א מבלגנצי.
260. שמות ל,יג ועוד.
261. ראו רש"י, רד"ק ומלבי"ם על אתר; בבא בתרא צ. לחלופין, ייתכן שסכומים אלו הם סוגים שונים של יחידות המָּנֶה - מנה בינוני בן 20 שקלים, מנה מצומצם בן 15 וגדול של 25. ראו ר"א מבלגנצי.
262. רד"ק.
263. ראו בראשית יג,י; ר"א מבלגנצי על אתר.
264. ראו רש"י פס' יז.
265. ראו במדבר טו,א-יג; כח-כט. יצוין שהיין לא נמנה בתרומות עם הארץ. יש מי שסובר שלעתיד לא יביאו יין לקרבנות מלבד בימי שבת ומועד, מפני שהיין היה מקור חטאם וגלותם של ישראל. ראו ר"א מבלגנצי פס' יד.
266. על פי רמב"ם הלכות מעשה הקרבנות ב,יד. ויש סוברים שהקרבנות המפורטים בהמשך יהיו במקדש העתיד דרך קבע. ראו רד"ק מה,כב; מו,ד ו.
267. יחזקאל מג,יח-כא.
268. יחזקאל מג,כ.
269. ראו רש"י.
270. על פי רמב"ם הלכות מעשה הקרבנות ב,יד.
271. ראו למשל מלכים א' ח,ב ו-סה; יב,לה; נחמיה ח,יד. גם בלשון חכמים סתם 'חג' הוא חג הסוכות.
272. ראו ישעיה סו,כג.
273. רד"ק.
274. מה,יג.
275. מלבי"ם, וכלהלן פס' יד.
276. שמות כט,לח-מו; במדבר כח,א-ח.
277. ר"א מבלגנצי.
278. רד"ק.

279. אלוקים הוא העד, הוא הדיין והוא בעל הדין. ראו אבות ד,כב.
280. ראו רש"י ורד"ק.
281. ראו שמואל א' טו,כט.
282. ראו ירמיה ג,כב; זכריה א,ג.
283. ראש השנה כו ע"ב; רש"י, ראב"ע ורד"ק על אתר.
284. ראב"ע.
285. ראו תענית ט ע"א.
286. ראו יחזקאל יט,י; תהלים קכח,ג. ראו עוד ההרחבה לירמיה ב,כא.
287. ר"י מטראני; וראו ירמיה ג,יט.
288. ראו ר"י מטראני, מצודת דוד ומלבי"ם.
289. ר"י מטראני.
290. ראו רד"ק וראב"ע.
291. ראו רד"ק.
292. ראו רש"י ור"י מטראני.
293. ראו רד"ק.
294. ר"א מבלגנצי.
295. רש"י.
296. ראו ישעיה יג,ו-יג; יואל ב,א-יא; עמוס ה,יח-כ.
297. ראו תחילת הפרק, פס' א-ג.
298. ראו משנה עדויות ח,ז.
299. ראו רד"ק ומלבי"ם.

כל הזכויות על התמונות שמורות להוצאת קורן ירושלים ולרב עדין אבן-ישראל (שטיינזלץ) מלבד הזכויות על התמונות הבאות:

עמ' 19:	בקר
עמ' 23:	עז
עמ' 23:	כבש - SuperJew
עמ' 25:	תור - Paco Gómez
עמ' 25:	יונה
עמ' 29:	גרגרי שרף הלבונה - Peter Presslein
עמ' 42:	מזבח העולה במשכן - באדיבות 'והראנו בבניינו' - לימודי המקדש והקדשים (הרב מנחם מקובר)
עמ' 62:	תל אלמסאבין
עמ' 82:	בגדי הכהן הגדול - באדיבות מכון המקדש
עמ' 85:	בגדי כהן הדיוט - באדיבות מכון המקדש
עמ' 91:	תיש - Mimicki
עמ' 91:	עגל - Paul Bischoff
עמ' 107:	מפריס שוסע שסע - Marion Wacker
עמ' 107:	מפריס ואינו שוסע שסע
עמ' 108:	ופרסה איננו מפריס - RSPCA WOAW
עמ' 108:	שפן סלע - Derkarts
עמ' 109:	ארנבת - Natural England
עמ' 109:	חזיר בר
עמ' 111:	סימני כשרות הדג - Smithsonian Environmental Research Center
עמ' 112:	נשר - Lip Kee Yap
עמ' 112:	עזניה - Yathin sk
עמ' 113:	דיה - Sergey Yeliseev
עמ' 113	איית הצרעים - Ed Dunens
עמ' 114:	יען - Stig Nygaard
עמ' 114:	סיס - Dave Curtis
עמ' 114:	בז מצוי - Ferran Pestaña
עמ' 114:	שחף - Jörg Hempel
עמ' 115:	נץ - Ian
עמ' 115:	כוס החרבות - محمد الفلسطيني
עמ' 115:	קטופה - brian washburn
עמ' 15:	ינשוף השדות - MOCHO-DOS-BANHADOS (Asio flammeus)
עמ' 116:	תנשמת - Laura Ngo
עמ' 116:	אוח עיטי - Piotr J
עמ' 117:	שרקרק - Dûrzan cîrano
עמ' 117:	רחם - Arjan Haverkamp
עמ' 117:	חסידה - serguei_30
עמ' 119:	אנפה - Rushen
עמ' 119:	דוכיפת - Umberto Salvagnin
עמ' 119:	עטלף - Michael Pennay

עמ' 119: חגב - Library of Congress
עמ' 121: חולד - (обговорення · внесок)Zag
עמ' 121: חרדון צב
עמ' 122: חדף - Michael Höhne
עמ' 122: עלוקה - GlebK
עמ' 123: כח - Derek Keats
עמ' 123: חמט - קלרה מטוסביץ (Klaram)
עמ' 151: חוטי שתי וערב - מוזיאון חי עין יעל
עמ' 153: עץ ארז - Patche99z
עמ' 153: אזוב - Benjamin Shafir
עמ' 163: אבנים וטיח בקירות הבית - Institute for the Study of the Ancient World
עמ' 167: כרמיל הקוצים על עץ אלון - Spodek M. Ben-Dov Y
עמ' 171: כלי חרס - Hanay
עמ' 171: כלי עץ - צילום: קלרה עמית, יורם להמן, יעל יולוביץ, מיקי קורן, מריאנה סלצברגר; באדיבות רשות העתיקות
עמ' 202: קברי ילדים מהתופת בקרתגו - GIRAUD Patrick
עמ' 221: כתובת קעקע - Meena Kadri
עמ' 261: כרמל
עמ' 268: אתרוג
עמ' 268: הדס - אליהו משגב
עמ' 268: לולב - אליהו משגב
עמ' 268: ערבה
עמ' 273: שתים עשרה חלות - באדיבות 'והראנו בבניינו' - לימודי המקדש והקדשים (הרב מנחם מקובר)
עמ' 283: שופר - אליהו משגב
עמ' 299: דיש
עמ' 330: קנה בושם? - RaffiKojian
עמ' 332: ערבה
עמ' 334: אורן
עמ' 341: אזור גיא בן הינום
עמ' 346: מנענע - Lalupa
עמ' 354: ערמת כרמל
עמ' 358: משא פרדים - Karunakar Rayker
עמ' 370: פרות הארץ - מימין
עמ' 370: פרות הארץ - משמאל: Mariluna
עמ' 374: כברה - יוחנן בן יעקב
עמ' 386: קנקן חרס מקומרן - Museum purchase, 1952
עמ' 392: ערער בערבה - Geagea
עמ' 392: קורא - Philip Sapirstein
עמ' 400: ראש חץ
עמ' 406: עץ לבונה - Mauro Raffaelli
עמ' 408: שטף זרימת נהר - צילום: ד"ר אבישי טייכר
עמ' 438: עגלי מרבק